Contraste insuffisant

NF Z 43-120-14

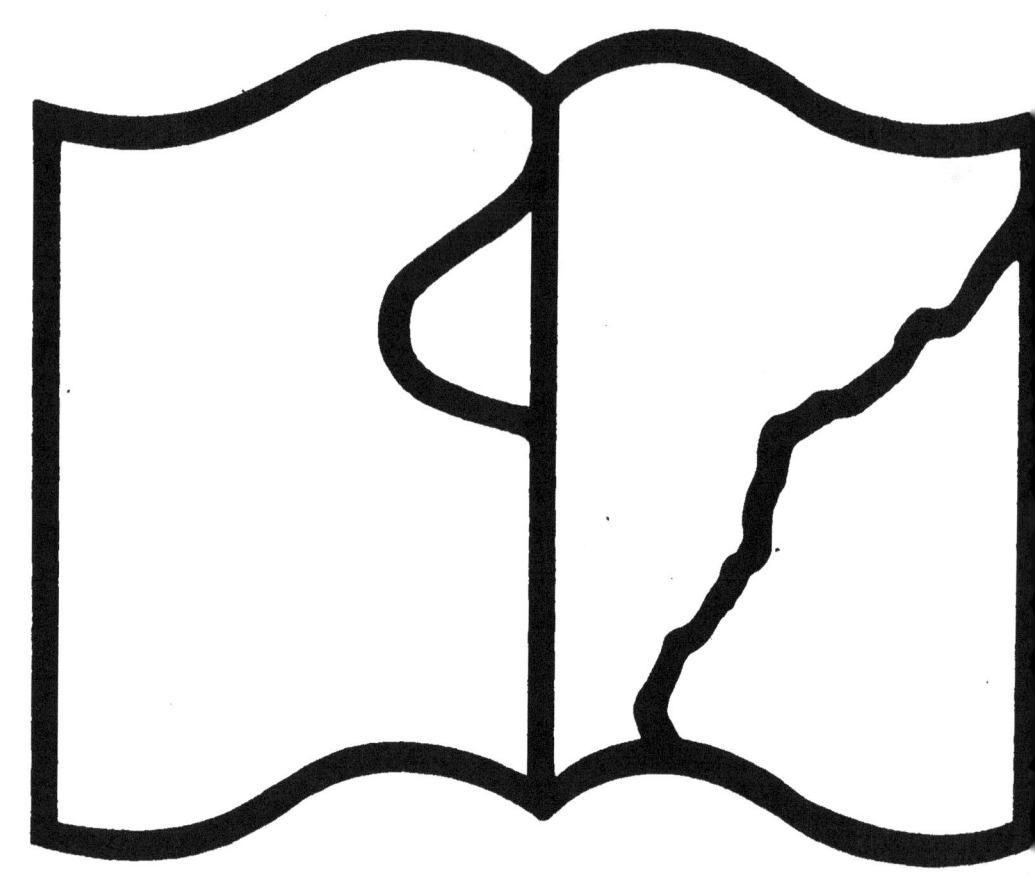

Texte détérioré — reliure défectueuse

NF Z 43-120-11

ŒUVRES ILLUSTRÉES

DE

GEORGE SAND

CE VOLUME CONTIENT

Le Piccinino — La dernière Aldini — Le Poeme de Myra — Simon — Le Secrétaire intime — Georges de Guérin.

OEUVRES ILLUSTRÉES

DE

GEORGE SAND

PRÉFACES ET NOTICES NOUVELLES PAR L'AUTEUR

DESSINS

DE TONY JOHANNOT

ET MAURICE SAND

ÉDITION J. HETZEL

LIBRAIRIE BLANCHARD   **1854**   MALMENAYDE ET RIBEROLLES

78 RUE RICHELIEU, 78.   —   LIBRAIRES, 3 RUE DU PONT-DE-LODI.

PARIS

LIBRAIRIE BLANCHARD
RUE RICHELIEU, 78

ÉDITION J. HETZEL

LIBRAIRIE MARESCQ ET Cⁱᵉ
5, RUE DU PONT-DE-LODI

LE PICCININO

NOTICE

Le *Piccinino* est un roman de fantaisie qui n'a la prétention ni de peindre une époque historique précise, ni de décrire fidèlement un pays. C'est une étude de couleur, rêvée plutôt que sentie, et où quelques traits seulement se sont trouvés justes comme par hasard. La scène de ce roman pourrait se trouver placée partout ailleurs, sous le ciel du midi de l'Europe, et ce qui m'a fait choisir la Sicile, c'est tout bonnement un recueil de belles gravures que j'avais sous les yeux en ce moment-là.

J'avais toujours eu envie de faire, tout comme un autre, mon petit chef de brigands. Le chef de brigands qui a défrayé tant de romans et de mélodrames sous l'Empire, sous la Restauration, et jusque dans la littérature romantique, a toujours amusé tout le monde, et l'intérêt principal s'est toujours attaché à ce personnage terrible et mystérieux. C'est naïf, mais c'est comme cela. Que le type soit effrayant comme ceux de Byron, ou comme ceux de Cooper digne du prix Monthyon, il suffit que ces héros du désespoir aient mérité légalement la corde ou les galères pour que tout bon et honnête lecteur les chérisse dès les premières pages, et fasse des vœux pour le succès de leurs entreprises. Pourquoi donc, sous prétexte d'être une personne raisonnable, me serais-je privé d'en créer un à ma fantaisie?

Bien persuadé que le chef de brigands était tombé dans le domaine public, et appartenait à tout romancier comme les autres types classiques lui appartiennent, je voulus au moins essayer de faire possible et réel de sa nature, ce personnage bizarre dans sa position. Un tel mystère enveloppe les pirates de Byron, qu'on n'oserait les questionner, et qu'on les redoute ou les plaint sans les connaître. Il faut même dire bien vite que c'est par ce mystère inexpliqué qu'ils nous saisissent; mais je ne suis pas Byron, et les romans ne sont pas des poëmes. Je souhaitais, moi, faire un personnage très-expliqué, entouré de circonstances romanesques, un peu exceptionnel par lui-même, mais avec qui, cependant, mon bon lecteur pût faire connaissance peu à peu, comme avec un simple particulier.

GEORGE SAND.

Nohant 22 avril 1853.

TYPOGRAPHIE J. CLAYE, 7 RUE SAINT-BENOÎT. — H. DELAVILLE, SC.

A MON AMI EMMANUEL ARAGO

SOUVENIR D'UNE VEILLÉE DE FAMILLE.

I.

LE VOYAGEUR.

La région, dite *piedimonta*, qui s'étend autour de la base de l'Etna, et dont Catane marque le point le plus abaissé vers la mer, est, au dire de tous les voyageurs, la plus belle contrée de l'univers. C'est ce qui me détermine à y placer la scène d'une histoire qu'on m'a racontée, mais dont on m'a recommandé de ne dire ni le lieu, ni les personnages véritables. Ainsi donc, ami lecteur, donne-toi la peine de te transporter en imagination jusqu'au pays nommé Valdémona, ou *Val des Démons*. C'est un bel endroit que je ne me propose pourtant pas de te décrire très-exactement, par une assez bonne raison : c'est que je ne le connais pas, et qu'on ne peut jamais très-bien ce que l'on ne connaît que par ouï-dire. Mais il y a tant de beaux livres de voyages que tu peux consulter !... A moins que tu ne préfères y aller de ta personne, ce que je voudrais pouvoir faire aussi, dès demain, pourvu que ce ne fût pas avec toi, lecteur : car, en présence des merveilles de ce lieu, tu me reprocherais de t'en avoir si mal parlé, et il n'y a rien de plus maussade qu'un compagnon de voyage qui vous sermonne.

En attendant mieux, ma fantaisie éprouve le besoin de te mener un peu loin, par delà les monts, et de laisser reposer les campagnes tranquilles où j'aime le plus souvent à encadrer mes récits. Le motif de cette fantaisie est fort puéril ; mais je veux te le dire.

Je ne sais si tu te souviens, toi qui as la bonté de me lire, que, l'an dernier, je te présentai un roman intitulé le *Péché de M. Antoine*, dont la scène se passait aux bords de la Creuse, et principalement dans les ruines du vieux manoir de Châteaubrun. Or, ce château existe, et je vais m'y promener tous les ans, au moins une fois, quoiqu'il soit situé à une dizaine de lieues de ma demeure. Cette année, je fus assez mal accueilli par la vieille paysanne qui garde les ruines.

« Oui-da! me dit-elle, dans son parler demi-berrichon, demi-marchois : *i'* ne suis point contente de vous : *i'* ne m'appelle point *Janille*, mais *Jennie*; *i'* n'ai point de fille et ne mène point mon maître par le bout du nez. Mon maître ne porte point de blouse, vous avez menti; *i'* ne l'ai jamais vu en blouse! etc... etc., *i'* ne sais pas lire, mais *i'* sais que vous avez écrit du mal de mon maître et de moi; *i'* ne vous aime plus. »

Ceci m'apprit qu'il existait encore, non loin des ruines de Châteaubrun, un vieillard nommé M. de Châteaubrun, lequel ne porte jamais de blouse. C'est tout ce que je sais de lui.

Mais cela m'a prouvé qu'il fallait être fort circonspect quand on parlait de la Marche et du Berri. Voilà bien la dixième fois que cela m'arrive, et chaque fois, il se trouve que des individus, portant le nom de quelqu'un de mes personnages, ou demeurant dans la localité que j'ai décrite, se fâchent tout rouge contre moi, et m'accusent de les avoir calomniés, sans daigner croire que j'ai pris leur nom par hasard et que je ne connaissais pas même leur existence.

Pour leur donner le temps de se calmer, en attendant que je recommence, je vais faire un tour en Sicile... Mais comment m'y prendrai-je pour ne pas me servir d'un nom appartenant à une personne ou à une localité de cette île célèbre? Un héros sicilien ne peut pas s'appeler Durand ou Wolf, et je ne peux pas trouver, sur toute la carte du pays, un nom qui rime avec Pontoise ou avec Baden-Baden. Il faudra bien que je baptise mes acteurs et ma scène de noms qui aient quelque rime en *a*, en *o* ou en *i*. Je les prendrai le plus faciles à prononcer qu'il me sera possible, sans m'inquiéter de l'exactitude géographique, et en déclarant d'avance que je ne connais pas un chat en Sicile, même de réputation ; qu'ainsi, je ne puis avoir l'intention de désigner personne.

Ceci posé, je suis libre de mon choix, et le choix des noms est ce qu'il y a de plus embarrassant pour un romancier qui veut s'attacher sincèrement aux figures qu'il crée. D'abord, j'ai besoin d'une princesse qui ait un beau nom, de ces noms qui vous donnent une haute idée de la personne : et il y a de si jolis noms dans ce pays-là! Acalia, Madonia, Valcorrente, Valverde, Primosole, Tremisteri, etc., tout cela sonne à l'oreille comme des accords parfaits! Mais si par hasard il est jamais arrivé, dans quelqu'une des familles patriciennes qui portent les noms de ces localités seigneuriales, une aventure du genre de celle que je vais raconter, aventure délicate, je l'avoue, me voilà encore une fois accusé de médisance ou de calomnie. Heureusement, Catane est bien loin d'ici; mes romans ne passent probablement pas le phare de Messine, et j'espère que le nouveau pape fera par charité ce que son prédécesseur avait fait sans savoir pourquoi, c'est-à-dire qu'il me maintiendra à l'index, ce qui me donnera beau jeu pour parler de l'Italie sans que l'Italie, et à plus forte raison la Sicile, s'en doutent.

En conséquence, ma princesse se nommera la princesse de Palmarosa. Je défie qu'on trouve des sons plus doux et un sens plus fleuri à un nom de roman. Quant à son prénom, il est temps d'y songer, nous lui donnerons celui d'Agathe, parce que sainte Agathe est la patronne vénérée de Catane. Mais je prierai le lecteur de prononcer *Agata*, sous peine de manquer à la couleur locale, quand même il m'arriverait par inadvertance d'écrire tout bonnement en non-français.

Mon héros s'appellera Michel-Ange Lavoratori, qu'il ne faudra jamais confondre avec le célèbre Michel-Ange Buonarotti, mort au moins deux cents ans avant la naissance de mon personnage.

Quant à l'époque où la scène se passe, autre nécessité fâcheuse d'un roman qui commence, vous serez parfaitement libre de la choisir vous-même, cher lecteur. Mais comme mes personnages seront pleins des idées qui sont actuellement en circulation dans le monde, et qu'il me serait impossible de vous parler comme je le voudrais des hommes du temps passé, je me figure que l'histoire de la princesse Agathe de Palmarosa et de Michel-Ange Lavoratori prend naturellement place entre 1810 et 1840. Précisez à votre guise l'année, le jour et l'heure où nous entrons en matière; cela m'est indifférent, car mon roman n'est ni historique, ni descriptif, et ne se pique en aucune façon d'exactitude sous l'un ou l'autre rapport.

Ce jour-là... c'était en automne et en plein jour, si vous voulez, Michel-Ange Lavoratori descendait en biais les gorges et les ravins qui se creusent et se relèvent alternativement des flancs de l'Etna jusqu'à la fertile plaine de Catane. Il venait de Rome; il avait traversé le détroit de Messine, il avait suivi la route jusqu'à Taormina. Là, enivré du spectacle qui s'offrait à ses yeux de toutes parts, et ne sachant lequel choisir, ou des bords de la mer ou de l'intérieur des montagnes, il était venu un peu au hasard, partagé entre l'impatience d'aller embrasser son père et sa sœur, dont il était séparé depuis un an, et la tentation d'approcher un peu du volcan gigantesque auprès duquel il trouvait, comme Spallanzani, que le Vésuve n'est qu'un volcan de cabinet.

Comme il était seul et à pied, il s'était perdu plus d'une fois en traversant cette contrée sillonnée par d'énormes courants de laves, qui forment partout des montagnes escarpées et des vallons couverts d'une végétation luxuriante. On fait bien du chemin et on avance bien peu quand il faut toujours monter et descendre sur un espace quadruplé par des barrières naturelles. Michel avait mis deux jours à franchir les dix lieues environ, qui, à vol d'oiseau, séparent Taormina de Catane; mais enfin il approchait, il arrivait même : car, après avoir passé le Cantaro et traversé Mascarello, Piano-Grande, Valverde et Mascalucia, il venait enfin de laisser Santa-Agata sur sa droite et Ficarazzi sur sa gauche. Il n'était donc plus qu'à une distance d'un mille environ des faubourgs de la ville : qu'il eût encore marché un quart-d'heure et il en avait fini avec les aventures d'un voyage pédestre, durant lequel, malgré le ravissement et les transports d'admiration qu'une telle nature inspire à un jeune artiste, il avait passablement souffert du chaud dans les gorges, du froid sur la cime des montagnes, de la faim et de la fatigue.

Mais comme il longeait la clôture d'un parc immense, au versant de la dernière colline qu'il eût encore à franchir, et que, les yeux fixés sur la ville et le port, il marchait vite pour réparer le temps perdu, son pied heurta contre une souche d'olivier. La douleur fut aiguë; car, depuis deux jours qu'il foulait des scories tranchantes et une pouzzolane chaude comme la cendre rouge, sa chaussure s'était amincie et ses pieds s'étaient meurtris assez cruellement.

Forcé de s'arrêter, il se trouva tout à coup devant une niche qui faisait saillie sur la muraille et qui contenait une statuette de madone. Cette petite chapelle, ombragée d'un dais de pierre et garnie d'un banc, offrait un abri hospitalier aux passants et en lieu d'attente pour les mendiants, moines ou autres, à la porte même de la *villa*, dont notre voyageur pouvait apercevoir les constructions élégantes à travers les orangers d'une longue avenue à triple rang.

Michel, plus irrité qu'abattu par cette subite souffrance, jeta son sac de voyage, s'assit sur le banc, secoua son pied malade, puis l'oublia bientôt pour se perdre dans ses rêveries.

Pour initier le lecteur aux réflexions que la circonstance suggérait à ce jeune homme, il est nécessaire que je le lui fasse un peu connaître. Michel avait dix-huit ans, et il étudiait la peinture à Rome. Son père, Pier-Angelo Lavoratori, était un simple barbouilleur à la colle, peintre en décors, mais fort habile dans sa partie. Et l'on sait qu'en Italie les artisans chargés de couvrir de fresques les plafonds et les murailles sont presque des artistes. Soit tradition, soit goût naturel, ils produisent des ornements fort agréables; et dans les plus modestes demeures, jusque dans de pauvres auberges, l'œil est réjoui par des guirlandes et des rosaces d'un charmant style, ou seulement par des bordures, dont les couleurs sont heureusement opposées à celle de la teinte plate des panneaux et des lambris. Ces fresques sont parfois aussi parfaitement exécutées que nos papiers de tenture, et elles sont bien supérieures, en ce que l'on y sent le laisser-aller des ouvrages faits à la main. Rien de triste comme les ornements d'une régularité rigoureuse que produisent les machines. La beauté des vases, et en général des ouvrages chinois, tient à cet abandon capricieux que la main humaine peut seule donner à ses œuvres. La grâce, la liberté, la hardiesse, l'imprévu, et même la maladresse naïve sont, dans l'ornementation, des conditions de charme qui se perdent chaque jour chez nous, où tout s'obtient au moyen des mécaniques et des métiers.

Pier-Angelo était un des plus expéditifs et des plus ingénieux parmi ces ouvriers ornateurs (*adornatori*). Natif de Catane, il y avait élevé sa famille jusqu'à la naissance de Michel, époque où il quitta brusquement son pays pour aller se fixer à Rome. Le motif qu'il donna à cet exil volontaire fut que sa famille augmentait, qu'il s'établissait à Catane une trop grande concurrence, que son travail par conséquent devenait insuffisant; enfin qu'il allait chercher fortune ailleurs. Mais on disait tout bas qu'il avait fui les ressentiments de certains patriciens tout-puissants, et tout dévoués à la cour de Naples.

On sait la haine que ce peuple conquis et opprimé porte au gouvernement de l'autre côté du détroit. Fier et vindicatif, le Sicilien gronde sans cesse comme son volcan et s'agite parfois. On disait que Pier-Angelo avait été compromis dans un essai de conspiration populaire, et qu'il avait dû fuir, emportant ses pinceaux et ses pénates. Pourtant, son caractère enjoué et bienveillant semblait démentir une telle supposition; mais il fallait bien aux vives imaginations des habitants du faubourg de Catane un motif extraordinaire à la brusque disparition de cet artisan aimé et regretté de tous ses confrères.

A Rome, il ne fut guère plus heureux, car il y eut la douleur de perdre tous ses enfants, excepté Michel, et peu de temps après, sa femme mourut en donnant le jour à une fille, dont le jeune frère fut parrain, et qui reçut le nom de Mila, contraction de Michel'Angela.

Réduit à ces deux enfants, Pier-Angelo, plus triste, fut du moins plus aisé, et il vint à bout, en travaillant avec ardeur, de faire donner à son fils une éducation très supérieure à celle qu'il avait reçue lui-même. Il montra pour cet enfant une prédilection qui allait jusqu'à la faiblesse, et, quoique pauvre et obscur, Michel fut un véritable enfant gâté.

Ainsi, Pier-Angelo avait poussé ses autres fils au travail et leur avait communiqué de bonne heure cette ardeur qui le dévorait. Mais, soit qu'ils eussent succombé à un excès de labeur pour lequel ils n'avaient pas reçu du ciel la même force que leur père, soit que Pier-Angelo, voyant sa famille réduite à trois personnes, lui compris, ne jugeât plus nécessaire de se faire aider, il sembla s'attacher à ménager la santé de ce dernier fils, plus qu'à se hâter de lui donner un gagne-pain.

Néanmoins, l'enfant aimait la peinture, et il créait, en se jouant, des fruits, des fleurs et des oiseaux d'un coloris charmant. Un jour, il demanda à son père pourquoi il ne plaçait pas des figures dans ses fresques.

« Oui-da! des figures! répondit le bonhomme plein de sens : il faut les faire fort belles, ou ne s'en point mêler. Ceci dépasse le talent que j'ai pu acquérir, et, tandis qu'on approuve mes guirlandes et mes arabesques, je serais bien sûr de faire rire les connaisseurs si je m'avisais de faire danser des amours boiteux ou des nymphes bossues sur mes plafonds.

— Et si j'essayais, moi! dit l'enfant qui ne doutait de rien.

— Essaie sur du papier, et quelque succès que tu aies pour ton âge, tu verras bientôt qu'avant de savoir il faut apprendre. »

Michel essaya. Pierre montra les croquis de son fils à des amateurs et même à des peintres, qui reconnurent que l'enfant avait beaucoup de dispositions et qu'il serait heureux pour lui de n'être pas trop enchaîné à la tâche du manœuvre. Dès lors, Pier-Angelo résolut d'en faire un peintre, l'envoya dans un des premiers ateliers de Rome, et le dispensa entièrement de préparer les couleurs et de barbouiller les murailles.

« De deux choses l'une, se disait-il avec raison; ou cet enfant deviendra un maître, ou, s'il n'a eu qu'un faible talent, il reviendra à la peinture d'ornement avec des connaissances que je n'ai pas, et il sera un ouvrier de premier ordre dans sa partie. De toute façon il aura une existence plus libre et plus aisée que la mienne. »

Ce n'est pas que Pier-Angelo fût mécontent de son sort. Il était doué de cette imprévoyance, et même de cette insouciance qui font les hommes très-laborieux et très-robustes. Il comptait toujours sur la destinée, peut-être parce qu'il comptait surtout sur ses bras et sur son courage. Mais, comme il était fort intelligent et très observateur, il avait déjà vu poindre chez Michel une étincelle d'ambition que ses autres enfants n'avaient jamais eue. Il en conclut que le bonheur dont il s'arrangeait, lui, ne suffirait pas à cette organisation plus exquise. Tolérant à l'excès, et bien convaincu que chaque homme a des aptitudes que nul autre ne peut mesurer exactement, il respecta les instincts et les penchants de Michel comme des volontés du ciel, et, en cela, il fut aussi imprudent que généreux.

Car il devait résulter, et il résulta en effet de cette condescendance aveugle, que Michel-Ange s'habitua à ne jamais souffrir, à ne jamais être contrarié, et à regarder sa personnalité comme plus importante et plus intéressante que celle des autres. Il prit souvent ses fantaisies pour des volontés, et ces volontés pour des droits. De plus, il fut atteint de bonne heure de la maladie des gens heureux, c'est-à-dire de la crainte de n'être pas toujours heureux; et au milieu de ses progrès, il fut souvent paralysé par la crainte d'échouer. Une vague inquiétude s'empara de lui, et, comme il était naturellement énergique et audacieux, elle le rendit parfois chagrin et irritable...

Mais nous pénétrerons plus avant encore son caractère, en le suivant dans les réflexions qu'il fit lui-même aux portes de Catane, dans la petite chapelle où il venait de s'arrêter.

II.

L'HISTOIRE DU VOYAGEUR.

J'ai oublié de vous dire, et il est urgent que vous sachiez pourquoi, depuis un an, Michel était séparé de son père et de sa sœur.

Quoiqu'il gagnât fort bien sa vie à Rome, et malgré son heureux caractère, Pier-Angelo n'avait jamais pu s'habituer à vivre à l'étranger, loin de sa chère patrie. En véritable insulaire qu'il était, il regardait la Sicile comme une terre privilégiée du ciel sous tous les rapports, et le continent comme un lieu d'exil. Quand les Catanais parlent de ce volcan terrible qui les écrase et les ruine si souvent, ils poussent l'amour du sol jusqu'à dire : *Notre Etna.* « Ah! disait Pier-Angelo le jour qu'il passa près des laves du Vésuve, si vous aviez vu notre fameuse lame de Catane! c'est cela qui est beau et grand! Vous n'oseriez plus parler des vôtres! » Il faisait allusion à cette terrible éruption de 1669 qui apporta, au centre même de la ville, un fleuve de feu, et détruisit la moitié de la population et des édifices. La destruction d'Herculanum et de Pompéïa lui semblait une plaisanterie. « Bah! disait-il avec orgueil, j'ai vu bien d'autres tremblements de terre! C'est chez nous qu'il faut aller pour savoir ce que c'est! »

Enfin il soupirait sans cesse après le moment où il pourrait revoir sa chère fournaise et sa bouche d'enfer bien-aimée.

Lorsque Michel et Mila, qui étaient habitués à sa bonne humeur, le voyaient rêveur et abattu, ils s'affligeaient et s'inquiétaient, comme il arrive toujours à l'égard des personnes qui ne sont tristes que par exception. Il avouait alors à ses enfants qu'il pensait à son pays. « Si je n'étais d'une forte santé, leur disait-il, et si je ne me faisais une raison, il y a longtemps que le mal du pays m'aurait fait mourir. »

Mais lorsque ses enfants lui parlaient de retourner en Sicile, il remuait un doigt d'une manière significative, comme pour leur dire : « Je ne puis plus franchir le détroit : je n'échapperais à Charybde que pour tomber dans Scylla. »

Une fois ou deux il lui échappa de leur dire « : Le prince Dionigi est mort depuis longtemps, mais son frère Ieronimo ne l'est pas. » Et quand ses enfants le questionnèrent sur ce qu'il avait à craindre du prince Ieronimo, il remua encore le doigt et ajouta : « Silence là-dessus! c'est encore trop pour moi que de nommer devant vous ces princes-là. »

Enfin, un jour, Pier-Angelo, travaillant dans un palais de Rome, ramassa une gazette qu'il trouva par terre, et la montrant à Michel qui, au sortir du musée de peinture, était venu le voir. — « Quel chagrin pour moi, lui dit-il, de ne savoir pas lire! Je parie qu'il y a là-dedans quelque nouvelle de ma chère Sicile. Tiens, tiens, Michel, qu'est-ce que c'est que ce mot-là? Je jurerais que c'est le nom de Catane. Oui, oui, je sais lire ce nom! Eh bien! regarde, et dis-moi ce qui se passe à Catane, à l'heure qu'il est. »

Michel jeta les yeux sur le journal, et vit qu'il était question d'éclairer les principales rues de Catane au gaz hydrogène.

— Vive Dieu! s'écria Pier-Angelo; voir l'Etna à la clarté du gaz! Que ce sera beau!

Et de joie, il fit sauter son bonnet au plafond.

— Il y a encore une nouvelle, dit le jeune homme en parcourant le journal. « Le cardinal-prince Ieronimo de Palmarosa a été obligé de suspendre l'exercice des fonctions importantes que le gouvernement napolitain lui avait confiées. Son Éminence vient d'être frappée d'une attaque de paralysie qui a fait craindre pour ses jours. En attendant que la science médicale puisse se prononcer sur la situation morale et physique de ce noble personnage, le gouvernement a confié ses fonctions provisoirement à Son Excellence le marquis de... »

— Et que m'importe à qui? s'écria Pier-Angelo en arrachant le journal des mains de son fils avec un enthousiasme extraordinaire, le prince Ieronimo va rejoindre son frère Dionigi dans la tombe, et nous sommes sauvés!... » Puis, essayant d'épeler lui-même le nom du prince Ieronimo, comme s'il eût craint une méprise de la part de son fils, il lui rendit le papier public, en lui disant de relire bien exactement et bien lentement le paragraphe.

Quand ce fut fait, Pier-Angelo fit un grand signe de croix :

— O Providence! s'écria-t-il, tu as permis que le vieux Pier-Angelo vît l'extinction de ses persécuteurs, et qu'il pût retourner dans sa ville natale! Michel, embrasse-moi! cet événement n'a pas moins d'importance pour toi que pour moi-même. Quoi qu'il arrive, mon enfant, souviens-toi que Pier-Angelo Lavoratori a été pour toi un bon père!

— Que voulez-vous dire, mon père? courez-vous encore quelque danger? Si vous devez retourner en Sicile, je vous y suivrai.

— Nous parlerons de cela, Michel. En attendant, silence!... Oublie même les paroles qui me sont échappées. »

Deux jours après, Pier-Angelo pliait bagage et partait pour Catane avec sa fille. Il ne voulut pas emmener Michel, quelque instance que ce dernier pût lui faire.

— Non, lui dit-il. Je ne sais pas au juste si je pourrai m'installer à Catane, car je me suis fait lire les gazettes, ce matin encore, et on ne dit point que le cardinal Ieronimo soit mort. On n'en parle point. Un personnage si protégé du gouvernement et si riche ne pourrait ni guérir ni trépasser sans qu'on en fît grand bruit. J'en conclus qu'il respire encore, mais qu'il n'en vaut guère mieux. Son remplaçant par *interim* est un brave seigneur, bon patriote et ami du peuple. Je n'ai rien à craindre de la police tant que nous aurons affaire à lui. Mais enfin, si par miracle ce prince Ieronimo revenait à la vie et à la santé, il me faudrait revenir ici au plus vite ; et alors à quoi bon t'avoir fait faire ce voyage qui interromprait tes études?

— Mais, dit Michel, pourquoi ne pas attendre que le sort de ce prince se décide, pour partir vous-même? Je ne sais pas ce que vous avez à craindre de lui et du séjour de Catane, mon père ; car vous n'avez jamais voulu vous expliquer clairement à cet égard; mais je suis effrayé de vous voir partir seul avec cette enfant, pour une terre où vous n'êtes pas sûr d'être bien accueilli. Je sais que la police des gouvernements absolus est ombrageuse, tracassière; et n'eussiez-vous à redouter qu'un emprisonnement momentané, que deviendrait notre petite Mila, seule, dans une ville où vous ne connaissez plus personne? Laissez-moi vous accompagner, au nom du ciel ! je serai le défenseur et le gardien de Mila, et, quand je vous verrai tranquilles et bien installés, s'il vous plaît de rester en Sicile, je reviendrai reprendre mes études à Rome.

— Oui, Michel, je le sais, et je le comprends, repartit Pier-Angelo. Tu n'as aucun désir de rester en Sicile, et ta jeune ambition s'arrangerait mal du séjour d'une île que tu crois privée des ressources et des monuments de l'art.... Tu te trompes; nous avons de si beaux monuments! Palerme en fourmille, l'Etna est le plus grand spectacle que la nature puisse offrir à un peintre, et, quant aux peintures, nous en avons. Le Moréalèse a rempli notre patrie de chefs-d'œuvre comparables à ceux de Rome et de Florence!...

— Pardon, mon père, dit Michel en souriant. Le Morealèse n'est point à comparer à Raphaël, à Michel-Ange, ni à aucun des maîtres de l'école florentine.

— Qu'en sais-tu? Voilà bien les enfants! Tu n'as pas vu ses grandes œuvres, ses meilleurs morceaux; tu les verrais chez nous. Et quel climat! quel ciel! quels fruits! quelle terre promise!

— Eh bien, père, permets-moi de t'y suivre, dit Michel. C'est précisément ce que je te demande.

— Non! non! s'écria Pier-Angelo vivement. Je m'oubliais à te vanter Catane, et je ne veux pas que tu m'y suives maintenant; je sais que ton bon cœur et ta sollicitude pour nous te le conseillent; mais je sais aussi que la fantaisie ne t'y porte pas. Je veux que cela te vienne naturellement, quand l'heure de ta destinée aura sonné, et que tu baises alors le sol de ta patrie avec amour, au lieu de le fouler aujourd'hui avec dédain.

— Ce sont là, mon père, des raisons de peu de valeur auprès des inquiétudes que je vais éprouver en votre absence. J'aime mieux m'ennuyer et perdre mon temps en Sicile que de vous y laisser aller sans moi, et de rêver ici périls et catastrophes pour vous.

— Merci, mon enfant, et adieu! lui dit le vieillard en l'embrassant avec tendresse. Si tu veux que je te le dise clairement, je ne peux pas t'emmener. Voici la moitié de l'argent que je possède, ménage-le jusqu'à ce que je puisse t'en envoyer d'autre. Tu peux compter que je ne perdrai pas mon temps à Catane, et que j'y travaillerai assidûment pour te procurer de quoi continuer la peinture. Il me faut le temps d'arriver et de m'installer, après quoi, je trouverai de l'ouvrage, car j'avais beaucoup d'amis et de protecteurs dans mon pays, et je sais que j'en retrouverai quelques-uns. Ne rêve pas périls et catastrophes. Je serai prudent, et, quoique la fausseté et la peur ne soient pas mes défauts habituels, j'ai trop de sang sicilien dans les veines pour ne savoir pas trouver au besoin la finesse d'un vieux renard. Je connais l'Etna comme ma poche, et ses gorges sont assez profondes pour tenir longtemps caché un pauvre homme comme moi. Enfin, j'ai gardé, comme tu le sais, de bonnes relations, quoiqu'en secret, avec mes parents. J'ai un frère capucin, qui est un *grand homme*. Mila trouverait chez eux asile et protection au besoin. Je t'écrirai, c'est-à-dire je lui écrirai pour moi, le plus souvent possible, et tu ne seras pas longtemps incertain de notre sort. Ne m'interroge pas dans tes lettres; la police les ouvre. Ne prononce pas le nom des princes de Palmarosa, si nous ne t'en parlons pas les premiers....

— Et jusque-là, dit Michel, ne saurai-je pas ce que j'ai à craindre ou à espérer de la part de ces princes?

— Toi? Rien, en vérité, répondit Pier-Angelo; mais tu ne connais pas la Sicile; tu n'aurais pas la prudence qu'il faut garder dans les pays soumis à l'étranger. Tu as les idées d'un jeune homme, toutes les idées ardentes qui pénètrent ici sous le manteau des abus, mais qui, en Sicile, se cachent et se conservent sous la cendre des volcans. Tu me compromettrais, et, d'un mot échappé à ta ferveur libérale, on ferait un complot contre la cour de Naples. Adieu encore, ne me retiens plus. Il faut que je revoie mon pays, vois-tu! Tu ne sais pas ce que c'est que d'être né à Catane, et d'en être absent depuis dix-huit ans, ou plutôt tu ne le comprends pas, car il est bien vrai que tu es né à Catane, et que l'histoire de mon exil est celle du tien! Mais tu as été élevé à Rome, et tu crois, hélas! que c'est là ta patrie. »

Au bout d'un mois, Michel reçut, de la main d'un ouvrier qui arrivait de Sicile, une lettre de Mila, qui lui annonçait que leur voyage avait été des plus heureux, qu'ils avaient été reçus à bras ouverts par leurs parents et anciens amis, que Pier-Angelo avait trouvé de l'ouvrage et de belles protections; mais que le cardinal était toujours vivant, peu redoutable à la vérité, car il était retiré du monde et des affaires; cependant, Pier-Angelo ne souhaitait pas encore que Michel vint le rejoindre, car on ne savait *ce qui pouvait arriver*.

Jusque-là Michel avait été triste et inquiet, car il aimait tendrement ses parents; mais, dès qu'il fut rassuré sur leur compte, il se réjouit involontairement d'être à Rome, et non à Catane. Son existence y était fort agréable depuis que son père lui avait permis de se consacrer à la grande peinture. Protégé par ses maîtres, auxquels il plaisait, non-seulement à cause de ses heureuses dispositions, mais encore à cause d'une certaine élévation d'esprit et d'expressions au-dessus de son âge et de sa condition, lancé dans la société de jeunes gens plus riches et plus répandus que lui (et il faut avouer qu'il se laissait gagner aux avances de ceux-là plus qu'à celles des fils d'artisans, ses égaux), il consacrait ses loisirs à orner son cerveau et à agrandir le cercle de ses idées. Il lisait vite et beaucoup, il fréquentait les théâtres; il causait avec les artistes; en un mot, il se formait extraordinairement pour une existence libre et noble, à laquelle il n'était pourtant pas assuré de pouvoir prétendre.

Car les ressources du pauvre peintre en détrempe, qui lui consacrait la moitié de ses salaires, n'étaient pas inépuisables. La maladie pouvait les faire cesser, et la peinture est un art si sérieux et si profond, qu'il faut l'apprendre bien des années avant de pouvoir s'en servir lucrativement.

Cette pensée effrayait Michel et le jetait parfois dans de grands accablements. « Oh! mon père! » pensait-il encore, au moment où nous le rencontrons à la porte d'un palais voisin de sa ville natale, « n'avez-vous pas fait, par excès d'amour pour moi, une grande faute contre vous et contre moi-même, en me poussant dans la carrière de l'ambition? J'ignore si je parviendrai, et pourtant je sens que j'aurais bien de la peine à reprendre la vie que vous menez et que la fortune m'avait destinée. Je ne suis pas aussi robuste que vous; j'ai dégénéré sous le rapport de la force physique, qui est le cachet de noblesse de notre race. Je ne sais pas marcher, je me fatigue à outrance de ce qui ne serait pour vous, à soixante ans, qu'une promenade de santé. Me voilà accablé, blessé au pied par ma faute ou par ma distraction ou ma maladresse. Je suis pourtant né dans ces montagnes, et je vois les enfants courir sur ces laves tranchantes, comme je marcherais sur un tapis. Oui, mon père avait raison, c'est là une belle patrie; on peut être fier d'être sorti, comme la lave, des flancs de cette montagne terrible! Mais il faudrait être digne d'une telle origine et ne l'être pas à demi. Il faudrait être un grand homme et remplir le monde de foudres et d'éclairs, ou bien il faudrait être un paysan intrépide, un bandit déterminé, et vivre au désert, sans autre ressource qu'une carabine et une âme implacable. Cela aussi est une destinée poétique. Mais il est déjà trop tard pour moi; j'ai appris trop de choses, je connais trop les lois, les sociétés et les hommes. Ce qui est héroïsme, chez ces montagnards naïfs et sauvages, serait crime et lâcheté chez moi. Ma conscience me reprocherait d'avoir pu parvenir à la grandeur par le génie et les dons de la civilisation, et d'être retombé, par impuissance, à la condition de brigand. Il faudra donc vivre obscur et petit! »

Laissons encore un peu Michel rêver et secouer machinalement son pied engourdi, et disons au lecteur pourquoi, malgré son amour pour Rome et les jours agréables qu'il y passait, il se trouvait maintenant aux portes de Catane.

De mois en mois, sa sœur lui avait écrit sous la dictée de son père : « Tu ne peux venir encore, et nous ne pouvons rien arrêter pour notre propre avenir. Le malade est aussi bien portant que peut l'être un homme qui a perdu l'usage de ses bras et de ses jambes. Mais sa tête vit encore et conserve un reste de pouvoir. Voici de l'argent; ménage-le, mon enfant; car, bien que j'aie de l'ouvrage à discrétion, les salaires sont moins forts ici qu'à Rome. »

Michel essayait de ménager cet argent, qui représentait pour lui les sueurs de son père. Il frémissait de honte et d'effroi lorsque sa jeune sœur, qui travaillait à filer la soie (industrie très-répandue dans cette partie de la Sicile), ajoutait en cachette une pièce d'or à l'envoi de son père. C'était évidemment au prix de grandes privations que la pauvre enfant procurait à son frère de quoi se divertir pendant une heure. Michel fit le serment de ne pas toucher à ces pièces d'or, de les rassembler, et de reporter à Mila toutes ses petites économies.

Mais Michel aimait le plaisir; il avait besoin d'un certain luxe, il ne savait pas épargner. Il avait des goûts de prince, c'est-à-dire qu'il aimait à donner, et qu'il récompensait largement le premier facchino qui lui apportait une toile ou une lettre. Et puis, les matériaux du peintre sont fort coûteux. Et puis, enfin, quand Michel se trouvait avec des jeunes gens aisés, il eût rougi de ne point payer son écot comme les autres... Si bien qu'il s'endetta d'une petite somme, bien grosse pour le budget d'un pauvre peintre en bâtiments. Il arriva un moment où la dette, les pièces d'or qu'il avait résolu de reporter un jour à Mila. Mais, se voyant encore loin de compte, il avoua tout dans une lettre à son père, en s'accusant avec une sorte de désespoir. Huit jours après, un banquier fit remettre au jeune homme la somme nécessaire pour s'acquitter et vivre encore quelque temps sur le même pied. Puis, arriva une lettre de Mila, qui disait toujours, sous la dictée de Pier-Angelo : « Une bonne âme m'a prêté l'argent que je t'ai fait passer; mais il me faudra travailler six mois pour m'acquitter. Tâche, mon enfant, de ne pas t'endetter jusque-là, car nous aurions un arriéré dont nous ne pourrions peut-être pas sortir. »

Quoique Michel n'eût jamais subi aucune réprimande de la part de son père, il s'était attendu, cette fois, à quelque reproche. En voyant la bonté inépuisable et le courage philosophique de ce brave ouvrier, il fut navré, et, ne pouvant s'en prendre à lui-même des fautes que sa position l'avait entraîné à commettre, il se reprocha comme un crime d'avoir accepté cette position trop brillante. Il prit une grande résolution, et ce qui l'aida à y persister, ce fut l'idée qu'il accomplissait un grand sacrifice, et que s'il n'avait pas en lui l'étoffe d'un grand peintre, il avait au moins l'héroïsme d'un grand caractère. La vanité entra donc pour beaucoup dans cet effort, mais ce fut une vanité généreuse et naïve. Il paya ses dettes, dit adieu à ses amis, en leur déclarant qu'il abandonnait la peinture, et qu'il allait se faire ouvrier avec son père.

Puis, sans s'annoncer à celui-ci, il mit dans un sac quelques hardes choisies, un album, quelques pastilles d'aquarelle, sans s'apercevoir que c'était encore un reste de luxe et d'art dont il emportait avec lui la pensée, et il partit pour Catane, où nous venons de le voir presque arriver.

III.

MONSEIGNEUR.

Malgré ce renoncement héroïque à tous les rêves de sa jeunesse, le pauvre Michel éprouvait en lui-même une sorte de terreur douloureuse. Le voyage l'avait étourdi sur les conséquences de son sacrifice. La vue de l'Etna l'avait exalté. La joie qu'il éprouvait de revoir son excellent père et sa chère petite sœur l'avait soutenu. Mais cet accident fortuit d'une légère blessure au pied, et la nécessité de s'arrêter un instant, lui donnèrent, pour la première fois depuis son départ de Rome, le temps de la réflexion.

Il y avait aussi dans cet instant quelque chose de bien solennel pour la jeune âme. Il saluait les coupoles de sa ville natale, une des plus belles villes du monde, même pour quiconque vient de Rome, et celle dont la situation offre peut-être le coup d'œil le plus imposant.

Cette ville, si souvent bouleversée par le volcan, n'est pas fort ancienne, et le style du dix-septième siècle, qui y domine, n'a pas la grandeur ou la pureté des époques antérieures. Nanmoins, Catane, bâtie sur un plan vaste et avec une largeur antique, a un caractère grec dans son ensemble. La couleur sombre des laves dont elle est sortie, après avoir été engloutie par elles, comme si elle avait repris la vie dans ses propres cendres, à la manière du phénix, la plaine ouverte qui l'environne et les durs rochers de lave qui ont pris racine dans son port, comme pour assombrir de leur reflet austère jusqu'à l'éclat des flots, tout en elle est triste et majestueux.

Mais ce n'était pas l'aspect de cette cité qui préoccupait le plus notre jeune voyageur. Sa propre situation la lui faisait paraître plus morne et plus terrible que ne l'a rendue le passage des feux vomis de l'antre des Cyclopes. Il voyait là un lieu d'épreuves et d'expiations, devant lequel une sueur froide parcourait ses membres. C'est là qu'il allait dire adieu au monde des arts, à la société des gens éclairés, aux libres rêveries, aux loisirs érudits de l'artiste destiné à de hautes destinées. C'est là qu'il fallait reprendre, après dix ans d'une existence privilégiée, le tablier du manœuvre, le hideux pot à colle, le feston classique, la peinture d'antichambre et de corridor. C'est là surtout qu'il faudrait travailler douze heures par jour et se coucher brisé de fatigue, sans avoir le temps ou la force d'ouvrir un livre ou de rêver dans un musée; là qu'il faudrait ne plus connaître d'autre intimité que celle de ce peuple sicilien, si pauvre et si malpropre, que la poésie de ses traits et de son intelligence peut à peine percer sous les haillons et l'accablement de la misère. Enfin, la porte de Catane était, pour ce pauvre proscrit, celle de la cité maudite dépeinte par le Dante.

A cette idée, un torrent de larmes, longtemps contenu ou détourné, s'échappa de ses yeux, et, qui l'eût vu ainsi, jeune, beau, pâle, assis à la porte d'un palais, et la main négligemment posée sur sa jambe douloureuse, eût songé au gladiateur antique blessé dans le combat, mais pleurant sa défaite plus que sa souffrance.

Les grelots de plusieurs mulets qui montaient la colline, et l'apparition d'une étrange caravane qui se dirigeait sur lui, apportèrent une distraction forcée aux pénibles réflexions de Michel-Ange Lavoratori. Les mulets étaient superbes et richement caparaçonnés et empanachés. Sur leurs longues housses de pourpre brillaient les insignes du cardinalat, la triple croix d'or, surmontée du petit chapeau et des glands. Ils étaient chargés de bagages et menés en main par des valets vêtus de noir, à figure triste et méfiante; puis venaient des abbés et d'autres personnages ecclésiastiques avec des culottes noires, des bas rouges et de larges boucles d'argent sur leurs souliers; les uns à cheval, les autres en litière. Un personnage fort gros, en habit noir, cheveux en bourse, le diamant au doigt, l'épée au côté, venait gravement, sur un âne magnifique. A son air d'importance, plus naïf que les physionomies cauteleuses des gens d'église qui l'entouraient, on pouvait reconnaître le médecin de Son Eminence. Il escortait pas à pas Son Eminence elle-même, portée dans une chaise, ou plutôt dans une grande boîte, par deux hommes vigoureux auprès desquels se tenaient quatre porteurs de rechange. Ce cortège se composait d'une quarantaine de personnes, et l'inutilité de chacune d'elles pouvait se mesurer au degré de recueillement et d'humilité qui se montrait sur sa figure.

Michel, curieux de voir défiler ce cortège qui renchérissait sur tout ce que Rome pouvait lui offrir de plus classique et de plus suranné en ce genre, se leva et se tint près de la porte, afin de regarder de plus près la figure du personnage principal. Il fut d'autant plus à même de satisfaire sa curiosité, que les porteurs s'arrêtèrent devant la vaste grille dorée, tandis qu'une espèce d'abbé à figure repoussante, mettant pied à terre, l'ouvrait lui-même d'un air d'autorité et avec un étrange sourire.

Le cardinal était un homme fort âgé, qui, de replet et coloré, était devenu maigre et pâle, par l'effet d'une lente et cruelle destruction. La peau de son visage, détendue et relâchée, formait mille plis et faisait ressembler sa face à une terre sillonnée par le passage des torrents. Malgré cette affreuse décomposition, il y avait un reste de beauté impérieuse sur cette figure morne, qui ne pouvait ou ne voulait plus faire aucun mouvement, mais où brillaient encore deux grands yeux noirs, dernier sanctuaire d'une vie obstinée.

Le contraste d'un regard perçant et dur avec une figure de cadavre frappa tellement Michel, qu'il ne put se défendre d'un sentiment de respect, et qu'il se découvrit instinctivement devant ce vestige d'une volonté puissante. Tout ce qui offrait un caractère de force et d'autorité agissait sur l'imagination de ce jeune homme, parce qu'il portait en lui-même l'ambition de ces choses, et, sans l'expression de ces yeux tyranniques, il n'eût peut-être pas songé à ôter son chapeau de paille.

Mais comme sa mise modeste et sa chaussure poudreuse annonçaient un homme du peuple beaucoup plus qu'un grand peintre en herbe, les gens du cardinal et le cardinal lui-même devaient s'attendre à ce qu'il se mît à genoux, ce que Michel ne fit point, et ce qui les scandalisa énormément.

Le cardinal s'en aperçut le premier, et, au moment où ses porteurs allaient franchir la grille, il fit avec les sourcils un signe qui fut aussitôt compris de son médecin, lequel, marchant toujours à sa portière, avait la consigne de tenir toujours ses yeux attachés sur ceux de Son Éminence.

Le docteur avait tout juste assez d'esprit pour comprendre au regard du cardinal que celui-ci voulait manifester une volonté quelconque ; alors il commandait la halte et avertissait l'abbé Ninfo, secrétaire de Son Éminence, le même qui venait d'ouvrir la grille de sa propre main, avec une clef tirée de sa propre poche. L'abbé accourait, comme il accourut en ce moment même, et, couvrant de son corps la portière de la chaise, il la cachait au reste du cortége. Alors il s'établissait entre lui et l'Éminence un dialogue mystérieux, tellement mystérieux que nul ne pouvait dire si l'Éminence se faisait comprendre au moyen de la parole ou par le seul jeu de sa physionomie. A l'ordinaire, le cardinal paralytique ne faisait entendre qu'une sorte de grognement inintelligible, qui devenait un affreux hurlement lorsqu'il était en colère ; mais l'abbé Ninfo comprenait si bien ce grognement, aidé du regard expressif de Son Éminence et de la connaissance qu'il avait de son caractère et de ses desseins, qu'il traduisait et faisait exécuter les volontés de son maître avec une intelligence, une rapidité et une précision de détails qui tenaient du prodige. Cela paraissait même trop surnaturel pour être accepté par les autres subalternes, et ils prétendaient que Son Éminence avait conservé l'usage de la parole ; mais que, par une intention diplomatique des plus profondes, elle ne voulait plus s'en servir qu'avec l'abbé Ninfo. Le docteur Recuperati assurait pourtant que la langue de Son Éminence était aussi bien paralysée que ses bras et ses jambes, et que les seules parties vivantes de son être étaient les organes du cerveau et ceux de la digestion.

« Avec cela, disait-il, on peut vivre jusqu'à cent ans, et remuer encore le monde, comme Jupiter ébranlait l'Olympe avec le seul froncement de son arcade sourcilière. »

Du dialogue fantastique qui s'établit encore, cette fois, entre les yeux pénétrants de l'abbé Ninfo et les sourcils éloquents de Son Éminence, il résulta que l'abbé se retourna brusquement vers Michel et lui fit signe d'approcher. Michel eut grande envie de n'en rien faire et de forcer l'abbé à marcher vers lui ; mais tout à coup l'esprit sicilien se réveilla en lui, et il se mit sur ses gardes. Il se rappela tout ce que son père lui avait dit des dangers qu'il avait à craindre de l'ire d'un certain cardinal, et quoiqu'il ne vît point si celui-ci était paralysé ou non, il s'avisa tout de suite que ce pouvait bien être le cardinal prince Ieronimo de Palmarosa. Dès lors il résolut de dissimuler et approcha de la chaise dorée, fleuronnée et armoriée de Son Éminence.

— Que faites-vous à cette porte ? lui demanda l'abbé d'un ton rogue. Êtes-vous de la maison ?

— Non, Excellence, répondit Michel avec un calme apparent, bien qu'il fût tenté de souffleter ce personnage. Je passe.

L'abbé regarda dans la chaise, et apparemment on lui fit comprendre qu'il était inutile d'effrayer les passants, car il changea tout à coup de langage et de manières en se retournant vers Michel :

— Mon ami, dit-il d'un air bénin, vous ne paraissez pas heureux ; vous êtes ouvrier ?

— Oui, Excellence, répondit Michel résolu à parler le moins possible.

— Et vous êtes fatigué ? vous venez de loin ?

— Oui, Excellence.

— Cependant vous êtes fort pour votre âge. Quel âge avez-vous bien ?

— Vingt et un ans.

Michel pouvait risquer ce mensonge ; car, quoiqu'il n'eût encore presque pas de barbe au menton, il était arrivé à toute sa croissance, et son cerveau actif et inquiet avait déjà fait perdre la première fraîcheur de l'adolescence. Dans cette dernière réponse, il se conformait à une instruction particulière que son père lui avait donnée en le quittant, et qui lui revenait fort à propos dans la mémoire. « Si tu viens me rejoindre un jour ou l'autre, lui avait dit le vieux Pier-Angelo, souviens-toi bien, tant que tu ne seras pas auprès de moi, de ne jamais répondre un mot de vérité aux gens qui te paraîtront curieux et questionneurs. Ne leur dis ni ton nom, ni ton âge, ni ta profession, ni la mienne, ni d'où tu viens, ni où tu vas. La police est plus tracassière que clairvoyante. Mens effrontément et ne crains rien. »

« Si mon père m'entendait, pensa Michel, après s'être ainsi tiré d'affaire, il serait content de moi. »

— C'est bien, dit l'abbé, et il se retira de la portière du prélat, afin que celui-ci pût voir le pauvre diable qui avait attiré ainsi son attention. Michel rencontra le regard terrible de ce moribond, et, cette fois, il sentit plus de méfiance et d'aversion pour ce front étroit et despotique. Averti par un pressentiment intérieur qu'il courait un certain danger, il changea l'expression habituelle de sa figure, et, mettant une feinte puérilité à la place de l'orgueil, il plia le genou, puis, baissant la tête pour échapper à l'examen du prélat, il feignit d'attendre sa bénédiction.

— Son Éminence vous bénit mentalement, répondit l'abbé après avoir consulté les yeux du cardinal, et il fit signe aux porteurs de se remettre en marche.

La chaise franchit la grille et pénétra lentement dans l'avenue.

« Je voudrais bien savoir, se disait Michel en regardant passer le cortége, si mon instinct ne m'a pas trompé et si c'est là l'ennemi de ma famille. »

Il allait se retirer, lorsqu'il remarqua que l'abbé Ninfo n'avait pas suivi le cardinal, et qu'il attendait, pour refermer la grille et remettre la clef dans sa poche, que le dernier mulet eût passé. Ce soin étrange, de la part d'un homme attaché de si près à la personne du cardinal, avait lieu de le frapper, et le regard oblique et attentif que ce personnage déplaisait jetait sur lui à la dérobée le frappait encore plus.

« Il est évident qu'on m'observe déjà dans ce pays de malheur, pensa-t-il ; et que mon père n'avait pas rêvé les inimitiés contre lesquelles il me mettait en garde. »

L'abbé lui fit signe à travers la grille, au moment où il retirait la clef. Michel, convaincu qu'il fallait jouer son rôle avec plus de soin que jamais, approcha d'un air humble :

— Tenez, mon garçon, lui dit l'abbé en lui présentant un tharin, voilà pour vous rafraîchir au premier cabaret, car vous me paraissez bien fatigué.

Michel s'abstint de tressaillir. Il accepta l'outrage, tendit la main et remercia humblement ; puis il se hasarda à dire :

— Ce qui m'afflige, c'est que Son Éminence n'ait pas daigné m'octroyer sa bénédiction. »

Cette platitude bien jouée effaça les méfiances de l'abbé.

« Console-toi, mon enfant, répondit-il d'un ton dégagé : la divine Providence a voulu éprouver notre saint cardinal en lui retirant l'usage de ses membres. La pa-

Tenez, mon garçon. (Page 7.)

ralysie ne lui permet plus de bénir les fidèles qu'avec l'esprit et le cœur.

— Que Dieu la guérisse et la conserve! reprit Michel; et il s'éloigna, bien certain, cette fois, qu'il ne s'était pas trompé, et qu'il venait d'échapper à une rencontre périlleuse.

Il n'avait pas descendu dix pas sur la colline qu'il se trouva face à face, au détour d'un rocher, avec un homme qui vint tout près de lui sans que ni l'un ni l'autre se reconnussent, tant ils s'attendaient peu à se rencontrer en ce moment. Tout à coup ils s'écrièrent tous les deux à la fois, et s'unirent dans une étreinte passionnée. Michel embrassait son père.

— O mon enfant! mon cher enfant! toi, ici! s'écria Pier-Angelo. Quelle joie et quelle inquiétude pour moi! Mais la joie l'emporte et me donne l'esprit plus courageux que je ne l'avais il y a un instant. En songeant à toi, je me disais : Il est heureux que Michel ne soit pas ici, car nos affaires pourraient bien se gâter. Mais te voilà, et je ne puis pas m'empêcher d'être le plus heureux des hommes.

— Mon père, répondit Michel, n'ayez pas peur : je suis devenu prudent en mettant le pied sur le sol de ma patrie. Je viens de rencontrer notre ennemi face à face, j'ai été interrogé par lui, et j'ai menti à faire plaisir.

Pier-Angelo pâlit. — Qui? qui? s'écria-t-il, le cardinal?

— Oui, le cardinal en personne, le paralytique dans sa grande boîte dorée. Ce doit être le fameux prince Ieromino, dont mon enfance a été si effrayée, et qui me paraissait d'autant plus terrible que je ne savais pas la cause de ma peur. Eh bien, cher père, je vous assure que s'il a encore l'intention de nuire, il ne lui en reste guère les moyens, car toutes les infirmités semblent s'être donné le mot pour l'accabler. Je vous raconterai notre entrevue; mais parlez-moi d'abord de ma sœur, et courons la surprendre.

— Non, non, Michel, le plus pressé c'est que tu me racontes comment tu as vu de si près le cardinal. Entrons dans ce fourré, je ne suis pas tranquille. Dis-moi, dis-moi vite!... Il t'a parlé, dis-tu?... Cela est donc certain, il parle?

— Rassurez-vous, père, il ne parle pas.

— Tu en es sûr? Tu me disais qu'il t'avait interrogé?

Au lieu de gronder, vous devriez aider à clouer. (Page 15.)

— J'ai été interrogé de sa part, à ce que je suppose ; mais, comme j'observais tout avec sang-froid, et que l'espèce d'abbé qui lui sert de truchement est trop mince pour cacher tout l'intérieur de la chaise, j'ai fort bien vu que Son Éminence ne pouvait parler qu'avec les yeux. De plus, Son Éminence est affligée de surdité complète, car, lorsque j'ai fait savoir mon âge, qu'on me demandait, je ne sais trop pourquoi, j'ai vu l'abbé se pencher vers monseigneur et lui montrer deux fois de suite ses dix doigts, puis le pouce de sa main droite.

— Muet, impotent, et sourd par-dessus le marché ! Je respire. Mais quel âge t'es-tu donc donné ? vingt et un ans ?

— Vous m'aviez recommandé de mentir dès que j'aurais mis le pied en Sicile ?

— C'est bien, mon enfant, le ciel t'a assisté et inspiré en cette rencontre.

— Je le crois, mais j'en serais encore plus certain si vous me disiez comment le cardinal peut s'intéresser à ce que j'aie dix-huit ou vingt et un ans.

— Cela ne peut l'intéresser en aucune façon, dit Pier-Angelo en souriant. Mais je suis charmé que tu te sois souvenu de mes conseils et que tu aies acquis soudainement cette prudence dont je ne te croyais pas capable. Eh, dis-moi encore, l'abbé Ninfo, car c'était lui qui t'interrogeait, j'en suis sûr... il est fort laid ?

— Il est affreux, louche, camard.

— C'est bien cela ! Que t'a-t-il demandé encore ? Ton nom, ton pays ?

— Non, aucune autre question directe que celle de mon âge, et la manière brillante dont je lui ai répondu l'a tellement satisfait apparemment, qu'il m'a tourné le dos en me promettant la bénédiction de Son Éminence.

— Et Son Éminence ne te l'a pas donnée ? elle n'a pas levé une main ?

— L'abbé lui-même m'a dit, un peu plus tard, que Son Éminence était complètement privée de l'usage de ses membres.

— Quoi ! cet homme t'a encore parlé ? Il est revenu vers toi, ce suppôt d'enfer ?

En parlant ainsi, Pier-Angelo se grattait la nuque, le seul endroit de sa tête où sa main agitée pût trouver des cheveux. C'était, chez lui, le signe d'une grande contention d'esprit.

IV.
MYSTÈRES.

Quand Michel eut raconté, dans le plus petit détail, la fin de son aventure, et que Pier-Angelo eut admiré et approuvé son hypocrisie : « Ah çà ! mon père, dit le jeune homme, expliquez-moi donc comment vous vivez ici, à visage découvert et sous votre véritable nom sans être tourmenté, tandis que moi je dois, en arrivant, user de feinte et me tenir sur mes gardes ? »

Pier-Angelo parut hésiter un instant, puis répondit :

— Mais c'est tout simple, mon enfant ! On m'a fait passer autrefois pour un conspirateur ; j'ai été mis en prison, je n'ai peut-être échappé à la potence que par la fuite. Il y avait déjà un commencement d'instruction contre moi. Tout cela est oublié, et, quoique le cardinal ait dû, dans le temps, connaître mon nom et ma figure, il paraît que j'ai bien changé, ou que sa mémoire est fort affaiblie, car il m'a revu ici, et peut-être m'a-t-il entendu nommer, sans me reconnaître et sans se rien rappeler : c'est une épreuve que j'ai voulu faire. J'ai été mandé par l'abbé Ninfo pour travailler dans son palais ; j'y ai été très-hardiment, après avoir pris mes mesures pour que Mila pût être en sûreté, au cas où l'on me jetterait en prison sans forme de procès. Le cardinal m'a vu et ne m'a pas reconnu. L'abbé Ninfo ne sait rien de moi ; je suis donc, ou du moins j'étais tranquille pour mon propre compte, et j'allais justement l'engager à venir me voir, lorsqu'on a dit par la ville, depuis quelques jours, que la santé de Son Éminence était sensiblement améliorée, à tel point qu'elle allait passer quelque temps dans sa maison de campagne, tiens, là-bas, à Ficarazzi ; on voit d'ici le palais, au revers de la colline.

— La villa que voici à deux pas de nous, et où je viens de voir entrer le cardinal, n'est donc pas sa propre résidence ?

— Non, c'est celle de sa nièce, la princesse Agathe, et, sans doute, il a voulu faire un détour et lui rendre une visite comme en passant ; mais cette visite-là me tourmente. Je sais qu'elle ne s'y attendait point, qu'elle n'avait rien préparé pour recevoir son oncle. Il aura voulu lui faire une surprise désagréable ; car il ne peut pas ignorer qu'il n'a guère sujet d'être aimé d'elle. Je crains que cela ne cache quelque mauvais dessein. Dans tous les cas, cette activité subite de la part d'un homme qui, depuis un an, ne s'est promené que sur un fauteuil à roulettes, dans la galerie de son palais de ville, me donne à penser, et je dis qu'il faut faire attention à tout maintenant.

— Mais enfin, mon père, tout cela ne m'apprend pas quel danger je peux courir personnellement ! J'avais à peine six mois, je crois, quand nous avons quitté la Sicile ; je ne pense pas que je fusse impliqué dans la conspiration où vous vous êtes trouvé compromis ?

— Non, certes ; mais on observe les nouveaux-venus. Tout homme du peuple, jeune, intelligent et venant du dehors, est supposé dangereux, imbu d'idées nouvelles. Il ne faudrait qu'un mot de toi, prononcé devant un espion ou extorqué par un agent provocateur, pour te faire mettre en prison, et quand j'irais t'y réclamer comme mon fils, ce serait pire, si, par hasard, le maudit cardinal était revenu à la santé et à l'exercice du pouvoir. Il pourrait se rappeler alors que j'ai été accusé autrefois ; il nous appliquerait, en guise de sentence, le proverbe : Tel père, tel fils. Comprends-tu, maintenant ?

— Oui, mon père, et je serai prudent. Comptez sur moi.

— Cela ne suffit pas. Il faut que je m'assure de l'état du cardinal. Je ne veux pas te faire entrer dans Catane sans savoir à quoi m'en tenir.

— Et que ferez-vous pour cela, mon père ?

— Je me tiendrai caché ici avec toi jusqu'à ce que nous ayons vu le cardinal et sa livrée descendre vers Ficarazzi. Il ne tardera pas. S'il est vrai qu'il soit sourd et muet, il ne fera pas de longue conversation avec sa nièce. Aussitôt que nous ne risquerons plus de le rencontrer, nous irons là, au palais de Palmarosa, où je travaille maintenant ; je t'y cacherai dans un coin, et j'irai consulter la princesse.

— Cette princesse est donc dans vos intérêts ?

— C'est ma plus puissante et ma plus généreuse cliente. Elle m'emploie beaucoup ; et, grâce à elle, j'espère que nous ne serons point persécutés.

— Ah ! mon père ! s'écria Michel, c'est elle qui vous a donné l'argent avec lequel j'ai pu payer mes dettes ?

— Prêté, mon enfant, prêté. Je savais bien que tu n'accepterais pas une aumône ; mais elle me donne assez d'ouvrage pour que je puisse m'acquitter peu à peu envers elle.

— Vous pouvez dire : « Bientôt », mon père, car me voici ! Je viens pour m'acquitter envers vous, et mon voyage n'a pas d'autre but.

— Comment, cher enfant ! tu as vendu un tableau ? tu as gagné de l'argent ?

— Hélas ! non ! Je ne suis pas encore assez habile et assez connu pour gagner de l'argent. Mais j'ai des bras, et j'en sais assez pour peindre des fresques d'ornement. Nous allons donc travailler ensemble mon bon père, et je ne rougirai plus jamais de mener la vie d'un artiste, tandis que vous épuisez vos forces pour satisfaire mes goûts déplacés.

— Parles-tu sérieusement, Michel ? s'écria le vieillard. Tu voudrais te faire ouvrier ?

— J'y suis bien résolu. J'ai revendu mes toiles, mes gravures, mes livres. J'ai donné congé de mon logement, j'ai remercié mon maître, j'ai dit adieu à mes amis, à Rome, à la gloire... Cela m'a un peu coûté, ajouta Michel, qui sentait ses yeux se remplir de larmes ; mais embrassez-moi, mon père, dites-moi que vous êtes content de votre fils, et je serai fier de ce que j'ai fait !

— Oui, embrasse-moi, ami ! s'écria le vieil artisan en pressant son fils contre sa poitrine, et en mêlant ses larmes aux siennes. C'est bien, c'est beau ce que tu as fait là, et Dieu te donnera une belle récompense, c'est moi qui t'en réponds. J'accepte ton sacrifice ; mais, entendons-nous ! pour un temps seulement, pour un temps que nous ferons le plus court possible, en travaillant vite à nous acquitter. Cette épreuve te sera bonne, et ton génie y grandira au lieu de s'éteindre. A nous deux, grâce à la bonne princesse, qui nous paiera bien, nous aurons bientôt gagné assez d'argent pour que tu puisses reprendre la grande peinture, sans aucun remords et sans m'imposer aucune privation. C'est entendu. Maintenant parlons de ta sœur. C'est un prodige d'esprit que cette petite fille. Et comme tu vas la trouver grandie et belle ! belle que c'est effrayant pour un pauvre diable de père comme moi.

— Je veux rester ouvrier, s'écria Michel, puisque avec un gagne-pain modeste, mais assuré, je puis arriver à établir ma sœur suivant sa condition. Pauvre chère ange, qui m'envoyait ses petites épargnes ! Et moi, malheureux, qui voulais les lui rapporter, et qui me suis vu forcé de les sacrifier ! Ah ! c'est affreux, c'est peut-être infâme, de vouloir être artiste quand on a des parents pauvres !...

— Nous parlerons de cela, et je te ferai reprendre goût à ta destinée, mon enfant ; mais écoute : J'entends crier la grille... c'est le cardinal qui sort de la villa ; ne nous montrons pas : nous les verrons bientôt descendre sur la droite... Tu dis que le Ninfo a ouvert la porte lui-même avec une clef qu'il avait ? C'est fort étrange et fort inquiétant de voir que cette bonne princesse n'est pas chez elle, que ces gens-là ont de fausses clefs pour violer sa demeure à l'improviste, et qu'ils la soupçonnent, apparemment, puisqu'ils l'épient de la sorte !

— Mais de quoi peuvent-ils donc la soupçonner ?

— Eh ! quand ce ne serait que de protéger les gens qu'ils persécutent ! Tu déclares que tu es devenu prudent, et d'ailleurs, tu comprendras l'importance de ce que je vais te dire : Tu sais déjà que les Palmarosa étaient autrefois tout puissants à la cour de Naples ; que le prince Dionigi, l'aîné de la famille, père de la princesse Agathe et frère du cardinal, était le plus mauvais Sicilien qu'on ait jamais connu, l'ennemi de sa patrie et le persécuteur de ses compatriotes ; et cela, non par lâcheté, comme tous ceux qui se donnent au vainqueur, ni par cupidité comme ceux qui se vendent ; il était riche et hardi, mais par ambition, par la passion qu'il avait de dominer, enfin par une sorte de méchanceté qui était dans son sang et qui lui faisait trouver un plaisir extrême à effrayer, à tourmenter et à humilier son prochain. Il fut tout-puissant du temps de la reine Caroline, et, jusqu'à ce qu'il ait plu à Dieu de nous débarrasser de lui, il a fait aux nobles patriotes et aux pauvres gens qui aimaient leur pays tout le mal possible. Son frère l'a continué, ce mal ; mais le voilà qui s'en va aussi, et, si la lampe épuisée jette encore une petite clarté, c'est la preuve qu'elle va s'éteindre. Alors, tout ce qui forme, dans le peuple de Catane et surtout dans le faubourg que nous habitons, la clientèle des Palmarosa pourra respirer en paix. Il n'y a plus de mâles dans la famille, et tous ces grands biens, desquels le cardinal avait encore une grande partie en jouissance, vont retomber dans les mains d'une seule héritière, la princesse Agathe. Celle-là est aussi bonne que ses parents ont été pervers, et celle-là pense bien ! Celle-là est Sicilienne dans l'âme et déteste les Napolitains ! Celle-là aura de l'influence quand elle sera tout à fait maîtresse de ses biens et de ses actions. Si Dieu voulait permettre qu'elle se mariât et qu'elle mît dans sa maison un bon seigneur bien pensant comme elle, cela changerait un peu l'esprit de l'administration et adoucirait notre sort !

— Cette princesse est donc une jeune personne ?

— Oui, jeune encore, et qui pourrait bien se marier ; mais elle ne l'a pas voulu jusqu'à cette heure, dans la crainte, à ce que je puis croire, de n'être pas libre de choisir à son gré.

Mais nous voici près du parc, ajouta Pier-Angelo ; nous pourrions rencontrer du monde, ne parlons plus que de choses indifférentes. Je te recommande bien, mon enfant, de ne te servir ici que du dialecte sicilien, comme nous en avions gardé si longtemps, à Rome, la louable habitude. Depuis que nous nous sommes quittés, tu n'as point oublié ta langue, j'espère ?

— Non, certes, répondit Michel. »

Et il se mit à parler sicilien avec volubilité pour montrer à son père que rien en lui ne sentait l'étranger.

« C'est fort bien, reprit Pier ; tu n'as pas le moindre accent. »

Ils avaient fait un détour et étaient arrivés à une grille assez distante de celle où Michel avait fait la rencontre de monsignor Ieronimo ; cette entrée était ouverte, et de nombreuses traces sur le sable attestaient que beaucoup d'hommes, de chevaux et de voitures y passaient habituellement.

« Tu vas voir un grand remue-ménage ici et bien contraire aux habitudes de la maison, dit le vieux peintre à son fils. Je t'expliquerai cela. Mais ne disons rien encore, c'est le plus sûr. Ne regarde pas trop autour de toi, n'aie pas l'air étonné d'un nouveau-venu. Et d'abord cache-moi ce sac de voyage ici, dans les rochers, auprès de la cascade ; je reconnaîtrai bien l'endroit. Passe ta chaussure dans l'herbe pour n'avoir pas l'air d'un voyageur. Mais je crois que tu boites : es-tu blessé ?

— Rien, rien ; un peu de fatigue.

— Je vais te conduire en un lieu où tu te reposeras sans que personne te dérange. »

Pier-Angelo fit plusieurs détours dans le parc, dirigeant son fils par des sentiers ombragés, et ils parvinrent ainsi jusqu'au palais sans avoir rencontré personne, quoiqu'ils entendissent beaucoup de bruit à mesure qu'ils en approchaient. Ils y pénétrèrent par une galerie basse et passèrent rapidement devant une salle immense, remplie d'ouvriers et de matériaux de toute espèce, rassemblés pour une construction incompréhensible. Ces gens étaient si affairés et faisaient si grand tapage, qu'ils ne remarquèrent pas Michel et son père. Michel n'eut pas le temps de se rendre compte de ce qu'il voyait. Son père lui avait recommandé de le suivre pas à pas, et celui-ci marchait si vite que le jeune voyageur, épuisé de fatigue,

avait peine à franchir, comme lui, les escaliers étroits et rapides où il l'entraînait.

Le voyage qu'ils firent dans ce labyrinthe de passages dérobés parut fort long à Michel. Enfin, Pier-Angelo tira une clef de sa poche et ouvrit une petite porte située sur un couloir obscur. Ils se trouvèrent alors dans une longue galerie, ornée de statues et de tableaux. Mais les jalousies étant fermées partout, il y régnait une telle obscurité que Michel n'y put rien distinguer.

— Tu peux faire la sieste ici, lui dit son père après avoir refermé avec soin la petite porte, dont il retira la clef ; je t'y laisse ; je reviendrai le plus tôt possible, et je te dirai alors comment nous devons nous conduire. »

Il traversa la galerie dans toute sa longueur, et, soulevant une portière armoriée, il tira un cordon de sonnette. Au bout de quelques instants, une voix lui répondit de l'intérieur, un dialogue s'établit si bas que Michel ne put rien entendre. Enfin une porte mystérieuse s'ouvrit à demi, et Pier-Angelo disparut, laissant son fils dans l'obscurité, la fraîcheur et le silence de ce grand vaisseau désert.

Par moments, cependant, les voix sonores des ouvriers qui travaillaient en bas, le bruit de la scie et du marteau, des chansons, des rires et des juremens, montaient jusqu'à lui. Mais peu à peu ce bruit diminua en même temps que le jour baissait, et, au bout de deux heures, le silence le plus complet régna dans cette demeure inconnue, où Michel-Angelo se trouvait enfermé, mourant de faim et de lassitude.

Ces deux heures d'attente lui eussent paru bien longues si le sommeil ne fût venu à son secours. Quoique ses yeux se fussent habitués à l'obscurité de la galerie, il ne fit aucun effort pour regarder les objets d'art qu'elle contenait. Il s'était laissé tomber sur un tapis, et il s'abandonnait à un assoupissement parfois interrompu par le vacarme d'en bas, et l'espèce d'inquiétude qu'on éprouve toujours à s'endormir dans un lieu inconnu. Enfin, quand la fin du jour eut fait cesser les travaux, il s'endormit profondément.

Mais un cri étrange, qui lui parut sortir d'une des rosaces à jour qui donnaient de l'air à la galerie, le réveilla en sursaut. Il leva instinctivement la tête et crut voir une faible lueur courir sur le plafond. Les figures peintes sur cette voûte parurent s'agiter un instant. Un nouveau cri plus faible que le premier, mais d'une nature si particulière que Michel en fut atteint et bouleversé jusqu'au fond des entrailles, vibra encore au-dessus de lui. Puis la lueur s'éteignit. Le silence et les ténèbres redevinrent tels, qu'il put se demander s'il n'a pas fait un rêve.

Un quart d'heure s'écoula encore, pendant lequel Michel, agité de ce qui venait de lui arriver, ne songea plus à se rendormir. Il craignait pour son père quelque danger inqualifiable. Il s'effrayait de se voir enfermé et hors d'état de le secourir. Il interrogeait toutes les issues, et toutes étaient solidement closes. Enfin, il n'osait faire aucun bruit, car, après tout, c'était la voix d'une femme qu'il avait entendue, et il ne voyait pas quel rapport ce cri ou cette plainte pouvait avoir avec sa situation ou celle de Pier-Angelo.

Enfin, la porte mystérieuse s'ouvrit, et Pier-Angelo reparut portant une bougie, dont la clarté vacillante donna un aspect fantastique aux statues qu'elle éclaira successivement. Quand il fut auprès de Michel : « Nous sommes sauvés, lui dit-il à voix basse ; le cardinal est en enfance, et l'abbé Ninfo ne sait rien qui nous concerne. La princesse, que j'ai été forcé d'attendre bien longtemps, parce qu'elle avait tout le monde autour d'elle, est d'avis que nous ne fassions aucun mystère à propos de toi. Elle pense que ce serait pire que de te montrer sans affectation. Nous allons donc rejoindre ta sœur qui, sans doute, s'inquiète de ne pas me voir rentrer. Mais nous avons un bout de chemin à faire, et je présume que tu meurs de faim et de soif. L'intendant de la maison, qui est très bon pour moi, m'a dit d'entrer dans un petit office, où nous trouverons de quoi nous restaurer. »

Michel suivit son père jusqu'à une pièce qui était fermée, sur une de ses faces, par un vitrage sur lequel un rideau retombait à l'extérieur. Cette pièce, qui n'avait rien de remarquable, était éclairée de plusieurs bougies, circonstance qui étonna légèrement Michel. Pier-Angelo, qui s'en aperçut, lui dit que c'était un endroit où la première femme de chambre de la princesse venait présider, le soir, à la collation que l'on préparait pour sa maîtresse. Puis il se mit, sans façon, à ouvrir les armoires et à en tirer des confitures, des viandes froides, du vin, des fruits, et mille friandises qu'il plaça pêle-mêle sur la table, en riant à chaque découverte qu'il faisait dans ces inépuisables buffets, le tout à la grande stupéfaction de Michel, qui ne reconnaissait point là la discrétion et la fierté habituelles de son père.

V.

LE CASINO.

« Eh bien, dit Pier-Angelo, tu ne m'aides point? Tu te laisses servir par ton père et tu restes les bras croisés? Au moins, tu vas te donner la peine de boire et de manger toi-même?

— Pardon, cher père, vous me paraissez faire les honneurs de la maison avec une aisance que j'admire, mais que je n'oserais pas imiter. Il me semble que vous êtes ici comme chez vous.

— J'y suis mieux que chez moi, répondit Pierre en mordant une aile de volaille et en présentant l'autre aile à son fils. Ne compte pas que je te ferai faire souvent de pareils soupers. Mais profite de celui-ci sans mauvaise honte ; je t'ai dit que le majordome m'y avait autorisé.

— Le majordome n'est qu'un premier domestique qui gaspille comme les autres, et qui invite ses amis à prendre ses aises aux frais de sa patronne. Pardon, mon père, mais ce souper me répugne ; tout mon appétit s'en va, à l'idée que nous volons le souper de la princesse ; car ces assiettes du Japon chargées de mets succulents n'étaient pas destinées pour notre bouche, ni même pour celle de monsieur le majordome.

— Eh bien, s'il faut te le dire, c'est vrai ; mais c'est la princesse elle-même qui m'a commandé de manger son souper, parce qu'elle n'a pas faim ce soir et qu'elle a supposé que tu aurais quelque répugnance à souper avec ses gens.

— Voilà une princesse d'une étrange bonté, dit Michel, et une exquise délicatesse à mon égard ! J'avoue que je n'aimerais pas à manger avec ses laquais. Pourtant, mon père, si vous le faites, si c'est l'habitude de la maison et une nécessité de ma position nouvelle, je ne serai pas plus délicat que vous, je m'y accoutumerai. Mais comment cette princesse a-t-elle songé à m'épargner, pour ce soir, ce petit désagrément?

— C'est que je lui ai parlé de toi. Comme elle s'intéresse à moi particulièrement, elle m'a fait beaucoup de questions sur ton compte, et, en apprenant que tu étais un artiste, elle m'a déclaré qu'elle te traiterait en artiste, qu'elle te trouverait dans sa maison une besogne d'artiste, enfin qu'on y aurait pour toi tous les égards que tu pourrais souhaiter.

— C'est une dame bien libérale et bien généreuse, reprit Michel en soupirant, mais je n'abuserai pas de sa bonté. Je rougirais d'être traité comme un artiste, à côté de mon père l'artisan. Non, non, je suis artisan moi-même, rien de plus et rien de moins. Je veux être traité comme mes pareils, et, si je mange ici ce soir, je veux manger demain où mangera mon père.

— C'est bien, Michel ; ce sont là de nobles sentiments. A ta santé ! Ce vin de Syracuse me donne du cœur et me fait paraître le cardinal aussi peu redoutable qu'une momie ! Mais que regardes-tu ainsi?

— Il me semble voir ce rideau s'agiter à chaque instant derrière le vitrage. Il y a là certainement quelque domestique curieux qui nous voit de mauvais œil manger un si bon souper à sa place. Ah ! ce sera désagréable d'avoir des relations de tous les instants avec ces gens-là ! Il faut les ménager, sans doute, car ils peuvent nous desservir auprès de leurs maîtres et priver d'une bonne pratique un honnête ouvrier qui leur déplaît.

— C'est vrai, en général, mais ici ce n'est point à craindre ; j'ai la confiance de la princesse ; je traite avec elle directement et sans recevoir d'ordres du majordome. Et puis, il n'est servi que par d'honnêtes gens. Allons, mange tranquille et ne regarde pas toujours ce rideau agité par le vent.

— Je vous assure, mon père, que ce n'est pas le vent, à moins que Zéphyre n'ait une jolie petite main blanche avec un diamant au doigt.

— En ce cas, c'est la première femme de chambre de la princesse. Elle m'aura entendu dire à sa maîtresse que tu étais un joli garçon, et elle est curieuse de te voir. Place-toi bien de ce côté, afin qu'elle puisse satisfaire sa fantaisie.

— Mon père, je suis plus pressé d'aller voir Mila que d'être vu par madame la première femme de chambre de céans. Me voilà rassasié, partons.

— Je ne partirai pas sans avoir encore une fois demandé du cœur et des jambes à ce bon vin. Trinque avec moi de nouveau, Michel ! je suis si heureux de me trouver avec toi, que je me griserais si j'en avais le temps !

— Moi aussi, mon père, je suis heureux ; mais je le serai encore plus quand nous serons chez nous auprès de ma sœur. Je ne me sens pas aussi à l'aise que vous dans ce palais mystérieux : il me semble que j'y suis épié, ou que j'y effraie quelqu'un. Il y a ici un silence et un isolement qui ne me semblent pas naturels. On n'y marche pas, on n'y s'y montre pas comme ailleurs. Nous y sommes furtivement, et c'est furtivement aussi qu'on nous y observe. Partout ailleurs je casserais une vitre pour regarder ce qu'il y a derrière ce rideau... et tout à l'heure, dans la galerie, j'ai eu une émotion terrible : j'ai été réveillé par un cri tel que je n'en ai jamais entendu de pareil.

— Un cri, vraiment? comment se fait-il qu'étant peu éloigné, dans cette partie du palais, je n'aie rien entendu? Tu auras rêvé !

— Non ! non ! je l'ai entendu deux fois ; un cri faible, il est vrai, mais si nerveux et si étrange que le cœur me bat quand j'y songe.

— Ah ! voilà bien ton esprit romanesque ! A la bonne heure, Michel, je te reconnais ; cela me fait plaisir, car je craignais que tu ne fusses devenu trop raisonnable. Cependant je suis fâché pour ton aventure d'être forcé de te dire ce que j'en pense : c'est que la première femme de chambre de Son Altesse aura vu une araignée ou une souris, en passant dans un des couloirs qui longent le plafond de la grande galerie de peinture. Toutes les fois qu'elle voit une de ces bestioles, elle fait des cris affreux, et je me permets de me moquer d'elle. »

Cette explication prosaïque contraria un peu le jeune artiste. Il entraîna son père, qui penchait à s'oublier à l'endroit du vin de Syracuse, et, une demi-heure après, il était dans les bras de sa sœur.

Dès le lendemain, Michel-Ange Lavoratori était installé avec son père au palais de Palmarosa, pour y travailler assidûment le reste de la semaine. Il s'agissait de décorer une immense salle de bal construite en bois et en toile pour la circonstance, attenant au péristyle de cette belle villa, et ouvrant de tous côtés sur les jardins. Voici à propos de quoi la princesse, ordinairement très-retirée du monde, donnait cette fête splendide, à laquelle devaient prendre part tous les riches et nobles habitants de Catane et des villas environnantes.

Tous les ans, la haute société de cette contrée se réunissait pour donner un bal par souscription au profit des pauvres, et chaque personnage, propriétaire d'un vaste local, soit à la ville, soit à la campagne, prêtait son palais et faisait même une partie des frais de la fête quand sa fortune le lui permettait.

Quoique la princesse fût fort charitable, son goût pour la retraite lui avait fait différer d'offrir son palais ; mais enfin son tour était venu ; elle avait pris magnifiquement son parti en se chargeant de tous les frais du bal, tant pour le décor de la salle que pour le souper, la musique, etc. Moyennant cette largesse, la somme des pauvres promettait d'être fort ronde, et la villa Palmarosa étant la plus belle résidence du pays, la réception étant organisée d'une manière splendide, cette fête devait être la plus éclatante qu'on eût encore vue.

La maison était donc pleine d'ouvriers qui travaillaient depuis quinze jours à la salle du bal, sous la direction du majordome Barbagallo, homme très-entendu dans cette partie, et sous l'influence très-prépondérante de maître Pier-Angelo Lavoratori, dont le goût et l'habileté étaient avérés et fort prisés déjà dans tout le pays.

Le premier jour, Michel, fidèle à sa parole et résigné à son sort, fit des guirlandes et des arabesques avec son père et les apprentis employés par lui; mais là se borna son épreuve; car, dès le lendemain, Pier-Angelo annonça que la princesse lui confiait le soin de peindre des figures allégoriques sur le plafond et les parois de toile de la salle. On lui laissait le choix et la dimension des sujets; on lui fournissait tous les matériaux; on l'invitait seulement à se dépêcher et à avoir confiance en lui-même. Cette œuvre ne demandait pas le soin et le fini d'une œuvre durable; mais elle ouvrait carrière à son imagination; et, quand il se vit en possession de ce vaste emplacement où il était libre de jeter ses fantaisies à pleines mains, il eut un instant de véritable transport, et il se retrouva plus enivré que jamais de sa destinée d'artiste.

Ce qui acheva de l'enthousiasmer pour cette tâche, c'est que la princesse lui faisait savoir par son père que, si sa composition était seulement passable, elle lui serait comptée comme servant à l'acquittement de la somme prêtée pour lui à Pier-Angelo; mais que, si elle obtenait les éloges des connaisseurs, elle lui serait payée le double.

Ainsi, Michel allait redevenir libre à coup sûr, et peut-être riche pour un an encore, s'il faisait preuve de talent.

Une seule terreur, mais bien grande, vint refroidir sa joie : le jour du bal était fixé, et il n'était pas au pouvoir de la princesse de le reculer. Huit jours restaient, rien que huit jours ! Pour un décorateur exercé c'en est assez, mais pour Michel, qui n'avait pas encore taillé en grand dans cette partie, et qui ne pouvait se défendre d'y porter un vif amour-propre, c'était si peu qu'il en avait une sueur froide rien que d'y songer.

Heureusement pour lui, ayant travaillé dans son enfance avec son père, et l'ayant vu travailler mille fois depuis, les procédés de la détrempe lui étaient familiers, ainsi que la géométrie des ornements; mais, quand il voulut choisir ses sujets, il fut assailli par la surabondance de ses fantaisies, et la prodigalité de son imagination le mit à la torture. Il passa deux nuits à dessiner ses compositions, et tout le jour sur son échafaud pour les adapter au local. Il ne songea ni à dormir, ni à manger, ni même à renouer très-ample connaissance avec sa jeune sœur, tant qu'il ne fut pas fixé. Enfin, il arrêta son sujet et il s'en alla au milieu du parc, où sa toile de ciel, longue de cent palmes, était étendue dans le parvis d'une ancienne chapelle en ruines. Là, aidé de quelques bons apprentis, qui lui présentaient ses couleurs toutes prêtes, et marchant, pieds nus, sur son firmament mythologique, il demanda aux muses de donner à sa main tremblante l'expérience et la *maestria* nécessaires; puis, enfin, armé d'un pinceau gigantesque, qu'on eût bien pu qualifier de balai, il esquissa son Olympe et travailla avec tant de fougue et d'espérance, que, deux jours avant le bal, les toiles se trouvèrent prêtes à être mises en place.

Il fallut encore assister à leur installation et refaire quelques parties endommagées nécessairement par cette opération. Enfin, il lui fallut aussi aider à son père, qui, ayant été retardé par lui, avait encore beaucoup de bordures de lambris et de corniches à rajuster.

Ces huit jours passèrent comme un rêve pour Michel, et le peu d'instants de repos qu'il se permit lui parurent délicieux. La villa était admirable au dedans comme au dehors. Les jardins et le parc donnaient une idée du paradis terrestre. La nature est si féconde dans cette contrée, les fleurs si belles et si suaves, la végétation si splendide, les eaux si claires et si courantes, que l'art a bien peu de chose à faire pour créer des lieux de délices autour des palais. Ce n'est pas que, çà et là, des blocs de lave et des plaines de cendres n'offrent l'image de la désolation à côté de l'Elysée. Mais ces horreurs ajoutent au charme des oasis qu'a épargnées le passage des feux volcaniques.

La villa Palmarosa, située à mi-côte d'une colline qui présentait son élévation ardue aux ravages de l'Etna, subsistait depuis des siècles au milieu des continuels désastres qu'elle avait pu tranquillement contempler. Le palais était fort ancien, et d'une architecture élégante, empruntée au goût sarrasin. La salle de bal, qui enveloppait maintenant les premiers plans de sa façade, offrait un contraste étrange avec la couleur sombre et les ornements sérieux des plans élevés. A l'intérieur, le contraste était plus frappant encore. Tandis que tout était bruit et confusion au rez-de-chaussée, tout était calme, ordre et mystère à l'étage le plus élevé, habité par la princesse. Michel pénétrait dans cette partie réservée, à l'heure de ses repas, car le petit office vitré, où il avait soupé le premier jour avec son père, lui était réservé comme par une gracieuseté spéciale et mystérieuse. Ils y étaient toujours seuls, et, si le rideau s'agita encore, ce fut d'une manière si peu sensible que Michel ne put être certain d'avoir inspiré une passion romanesque à madame la première femme de chambre.

Le palais étant adossé au rocher, des appartements de la princesse, on entrait de plain-pied sur des terrasses ornées de fleurs et de jets d'eau, et même on pouvait, en descendant un escalier étroit, hardiment taillé dans la lave, aller gagner le parc et la campagne. Michel pénétra une fois dans ces parterres babyloniens suspendus au-dessus d'un ravin effroyable. Il vit les fenêtres du boudoir de la princesse, qui se trouvait à deux cents pieds plus haut que l'entrée principale du palais, et d'où elle pouvait aller se promener sans descendre une seule marche. Tant de hardiesse et de délices dans le plan d'une habitation lui donna le vertige au physique et au moral. Mais il ne vit jamais la reine de ce séjour enchanté. Aux heures où il montait chez elle, elle faisait la sieste ou recevait des visites d'intimité dans les salons du second étage.

Cet usage sicilien d'habiter l'étage le plus élevé, pour y jouir de la fraîcheur et du repos, est commun à plusieurs villes d'Italie. Ces appartements réservés, petits et tranquilles, s'appellent quelquefois le *Casino*, et grâce à leur jardin particulier, forment comme une habitation distincte au-dessus du palais. Celui dont nous parlons reculait sur la façade et sur les côtés, de toute la largeur d'une vaste terrasse, et se trouvait ainsi caché et comme isolé. Sur l'autre face, il formait, au niveau du parterre, un étage unique, puisque la masse de l'édifice inférieur était adossée au rocher. On eût dit, de ce côté, qu'une coulée de laves était venue s'adosser et se figer contre le palais, dont elle aurait envahi toute une face jusqu'au pied du Casino. Mais la construction de cette villa avait été ainsi conçue pour échapper au danger de nouvelles éruptions. A la voir, du côté de l'Etna, on l'eût prise pour un léger pavillon planté à la cime d'un rocher. Ce n'est qu'en tournant cette masse de déjections volcaniques qu'on découvrait un palais splendide, composé de trois grands corps superposés, et gravissant la colline à reculons.

En d'autres circonstances, Michel eût été fort curieux de savoir si cette dame, qu'on disait belle et bonne, était, par droit de poésie, bien digne d'habiter une si noble demeure; mais son imagination, absorbée par le travail brûlant avec lequel on l'avait mise aux prises, ne s'occupa guère d'autre chose.

Il se sentait si fatigué lorsqu'il abandonnait un instant son rude pinceau, qu'il était forcé de lutter contre le sommeil pour ne pas prolonger sa sieste au delà d'une demi-heure. Il craignait même tellement de voir ses compagnons se refroidir, qu'il allait en cachette prendre cet instant de repos dans la galerie de peinture, où son père l'enfermait, et où il semblait que personne ne mit jamais les pieds. Deux ou trois fois, il n'eut pas le courage d'aller passer la nuit jusqu'au faubourg de Catane, où sa maison était pourtant une des premières sur le chemin de la villa, et il consentit à ce que son père lui fît donner un lit dans le palais. Lorsqu'il se retrouvait dans la misérable demeure où Mila fleurissait comme une rose sous un châssis, il ne voyait et ne comprenait rien à ce qui se passait dans son intérieur. Il se bornait à embrasser sa sœur, à lui dire qu'il était heureux de la voir, et il n'avait pas le temps de l'examiner et de causer avec elle.

Enfin, la veille de la fête se trouva un dimanche. Il n'y avait plus qu'un dernier coup d'œil et de main à donner aux travaux; la journée du lundi devait suffire, et, d'ailleurs, dans ce pays de dévotion ardente, il ne faut pas songer à l'art le jour du repos.

Michel ne s'intéressait à rien qu'à ses toiles, et son père fut forcé d'insister beaucoup pour qu'il allât prendre l'air. Il se décida enfin à faire un peu de toilette et à parcourir la ville après avoir mené Mila aux offices du soir. Il prit vite connaissance des églises, des places et des édifices principaux. Enfin son père le présenta à quelques-uns de ses amis et de ses parents, qui lui firent bon accueil, et avec lesquels il s'efforça d'être aimable. Mais la différence de son milieu avec celui qu'il avait fréquenté à Rome le rendit triste malgré lui, et il se retira de bonne heure, aspirant au lendemain; car, en présence de son ouvrage et sous le prestige de la belle résidence où il travaillait, il oubliait qu'il était peuple pour se souvenir seulement qu'il était artiste.

Enfin arriva ce jour d'espoir et de crainte où Michel devait voir son œuvre applaudie ou raillée par l'élite de la société sicilienne.

VI.

L'ESCALIER.

« Eh quoi! pas plus avancés que cela? s'écriait avec désespoir le majordome, en se précipitant au milieu des ouvriers. Mais à quoi songez-vous, grand Dieu? Sept heures vont sonner; à huit, les voitures arriveront, et la moitié de cette salle n'est pas encore tendue! »

Comme cette admonestation ne s'adressait à personne en particulier, personne n'y répondit, et les ouvriers continuèrent à se hâter plus ou moins, chacun dans la mesure de ses forces et de son habileté.

— Place, place aux fleurs! cria l'ordonnateur de cette partie notable de l'établissement du palais. Échelonnez ici cent caisses de camélias, le long des gradins.

— Et comment voulez-vous placer les caisses de fleurs avant que les tapis soient posés? demanda maître Barbagallo avec un profond soupir.

— Et où voulez-vous que je dépose mes caisses et mes vases? reprit le maître jardinier. Pourquoi vos tapissiers n'ont-ils pas fini?

— Ah! voilà! pourquoi n'ont-ils pas fini! dit l'autre avec l'accent d'une indignation profonde.

— Place! place pour mes échelles, cria une autre voix; on veut que tout soit éclairé à huit heures précises, et j'en ai encore pour longtemps à allumer tant de lustres. Place! place, s'il vous plaît!

— Messieurs les peintres, enlevez vos échelles, crièrent à leur tour les tapissiers, nous ne pouvons rien faire tant que vous serez là.

— C'est une confusion, c'est une cohue, c'est une seconde tour de Babel, murmura le majordome en s'essuyant le front. J'ai eu beau faire pour que chaque chose se fît à son heure et en son lieu; j'ai averti chacun plus de cent fois, et voici que vous êtes tous pêle-mêle, vous disputant la place, vous gênant, et n'avançant à rien. C'est désolant! c'est révoltant!

— A qui la faute? dit l'homme aux fleurs. Puis-je poser mes guirlandes sur des murailles nues, et mes vases sur des planches brutes?

— Et moi, puis-je grimper aux plafonds, dit l'homme aux bougies, si on soulève mes échelles pour étendre les tapis? Prenez-vous mes ouvriers pour des chauves-souris, et voulez-vous que je fasse casser le cou à trente bons garçons?

— Comment voulez-vous que mes ouvriers étendent leurs tapis, dit à son tour le maître tapissier, si les échelles des peintres décorateurs ne sont pas enlevées?

— Et comment voulez-vous que nos échelles soient emportées si nous sommes encore dessus? cria un des peintres.

— Toute la faute est à vous, messieurs les barbouilleurs, s'écria le majordome exaspéré; ou plutôt c'est votre maître qui est le seul coupable, ajouta-t-il en voyant le jeune homme auquel il s'adressait, rouler des yeux terribles à cette épithète de barbouilleur. C'est ce vieux fou de Pier-Angelo, qui n'est même pas là, je parie, pour vous diriger. Où sera-t-il? Au plus prochain cabaret, je gage! »

Une voix, encore pleine et sonore, qui partait de la coupole, fit entendre le refrain d'une antique chanson, et, en levant les yeux, l'intendant courroucé vit briller la tête-chauve et luisante du peintre décorateur en chef. Évidemment, le vieillard narguait l'intendant, et, maître du terrain, il voulait mettre complaisamment la dernière main à son ouvrage.

— Pier-Angelo, mon ami, dit l'autre, vous vous moquez de nous! C'est trop fort. Vous vous conduisez comme un vieux enfant gâté que vous êtes; mais nous finirons par nous fâcher. Ce n'est point le moment de rire et de chanter vos vers bachiques. »

Pier-Angelo ne daigna pas répondre; il se contenta de lever l'épaule, tout en parlant avec son fils, placé encore plus haut que lui, et activement occupé à mettre des tons à la robe d'une danseuse d'Herculanum, nageant dans un ciel de toile bleue.

— C'est bien assez de figures, c'est bien assez de teintes et de plis! s'écria encore l'intendant hors de lui. Qui diable ira regarder là haut, s'il manque quelque chose à vos divinités perdues dans la voûte céleste? L'ensemble y est, c'est tout ce qu'il faut. Allons, descendez, vieux sournois, ou je secoue l'échelle où vous perchez.

— Si vous touchez à l'échelle de mon père, dit le jeune Michel d'une voix retentissante, je vous écrase avec ce lustre. Pas de plaisanteries de ce genre, monsieur Barbagallo, ou vous vous en repentirez.

— Laisse-le donc dire, et continue ton ouvrage, dit alors, d'un ton calme, le vieux Pierre. La dispute prend du temps, ne t'amuse pas à de vaines paroles.

— Descendez, mon père, descendez, reprit le jeune homme. Je crains que, dans cette confusion, on ne vous fasse tomber; moi, j'ai fini dans un instant. Descendez, je vous en prie, si vous voulez que je garde ma présence d'esprit. »

Pier-Angelo descendit lentement, non pas qu'il eût perdu, à soixante ans, la force et l'agilité de la jeunesse, mais afin de faire paraître moins long le temps que son fils voudrait encore donner à son œuvre.

— Quelle niaiserie, quelle puérilité, disait le majordome, en s'adressant au vieux peintre; pour des toiles volantes qui seront demain roulées dans un grenier et qu'il faudra couvrir d'autres sujets à la première fête, vous vous appliquez comme s'il s'agissait de les envoyer dans un musée! Qui vous en saura gré? Qui y fera la moindre attention?

— Pas vous, on le sait de reste, répondit le jeune peintre, d'un ton méprisant, du haut de son échelle.

— Tais-toi, Michel, et va ton train, lui dit son père. Chacun son amour-propre où il peut se prendre, ajouta-t-il en regardant l'intendant. Il y en a qui mettent le leur à se faire honneur de toutes nos peines! Allons! les tapissiers peuvent commencer. Donnez-moi un marteau et des clous, vous autres! puisque je vous ai retardés, il est juste que je vous aide.

— Toujours bon camarade! dit un des ouvriers tapissiers, en présentant les outils au vieux peintre. Allons, maître Pier-Angelo, que les arts et les métiers se donnent la main! Il faudrait être fou pour se brouiller avec vous.

— Oui, oui, grommela Barbagallo, qui, contrairement à ses habitudes de réserve et de politesse, était, ce soir-là, d'une humeur massacrante : voilà comme chacun lui fait la cour, à ce vieux entêté, et il se soucie fort peu de faire damner les autres.

— Au lieu de gronder, vous devriez aider à clouer, ou à allumer les lustres, dit Pier-Angelo d'un air moqueur. Mais, bah! vous craindriez de gâter vos culottes de satin et de déchirer vos manchettes!

— Maître Pier-Angelo, vous devenez trop familier, et je vous jure que je vous emploie aujourd'hui pour la dernière fois.

— Plût au ciel! répliqua l'autre avec son flegme accoutumé, en s'accompagnant de vigoureux coups de marteau, frappés en cadence sur les nombreux clous qu'il plantait rapidement; mais, à la prochaine occasion, vous viendrez encore me supplier, me dire que rien ne peut se faire sans moi : et moi, comme à l'ordinaire, je vous pardonnerai vos impertinences.

— Allons! dit l'intendant au jeune Michel, qui descendait lentement de son échelle, c'est donc fini? C'est bien heureux! Vite! vite! aidez aux tapissiers, ou aux fleuristes, ou aux allumeurs. Faites quelque chose pour réparer le temps perdu. »

Michel toisa le majordome d'un air hautain. Il avait si bien oublié jusqu'à la pensée de se faire ouvrier, qu'il ne concevait pas que ce subalterne lui ordonnât de prendre part à des travaux en dehors de ses attributions; mais, au moment où il allait lui répondre avec vivacité, il entendit la voix de son père qui l'appelait.

Allons, Michel, apporte-nous ici des clous, et viens aider à ces bons compagnons, qui n'arriveront pas à temps sans nous.

— Rien de plus juste, répondit le jeune homme. Je ne serai peut-être pas très-adroit à ce travail; mais j'ai des bras solides pour tendre. Voyons, que faut-il faire? commandez-moi, vous autres!

— A la bonne heure! dit Magnani, un jeune ouvrier tapissier, plein de feu et de franchise, qui demeurait dans le faubourg, porte à porte, avec la famille Lavoratori. Sois bon camarade comme ton père, que tout le monde aime, et tu seras aimé comme lui. On nous disait que, pour avoir étudié la peinture à Rome, tu faisais un peu le glorieux, et il est certain que tu vas par la ville avec un habit qui ne convient guère à un artisan. Tu as pourtant une jolie figure qui plaît, mais on te reproche d'avoir de l'ambition.

— Où serait le mal? répondit Michel, tout en travaillant avec Magnani. A qui cela est-il défendu?

— J'aime la bonne foi de ta réponse; mais quiconque veut être admiré doit commencer par se faire aimer.

— Suis-je donc haï dans ce pays où j'arrive, où je ne connais encore personne?

— Ce pays est le tien : tu y as vu le jour, ta famille y est connue, ton père estimé; et c'est parce que tu arrives, que tout le monde a les yeux sur toi. On te trouve beau garçon, bien mis et bien tourné. Autant que je puis m'y connaître, tu as du talent, les figures que tu as dessinées et enluminées là-haut ne sont pas des barbouillages vulgaires. Ton père est fier de toi; mais tout cela n'est pas une raison pour que tu sois déjà fier de toi-même. Tu es encore un enfant, tu es plus jeune que moi de plusieurs années; tu n'as guère de barbe au menton, tu n'as pas pu faire encore les preuves de courage et de vertu... Quand tu auras un peu souffert, sans te plaindre, des maux de la condition, nous te pardonnerons de porter haut la tête et de te balancer sur tes hanches en traversant les rues, le bonnet sur l'oreille. Autrement nous te dirons que tu veux t'en faire accroire, et que si tu n'es pas un artisan, mais un artiste, il faut aller en voiture et ne pas regarder de si haut les jeunes gens de ta classe; car enfin ton père est un ouvrier comme nous; il a du talent dans sa partie, et il peut être plus difficile de peindre des fleurs, des fruits et des oiseaux sur une corniche, que de suspendre des draperies à une fenêtre et d'assortir des couleurs dans un ameublement. Mais la différence n'est pas si grande qu'on ne soit cousin-germain dans le travail. Je ne me crois pas plus que le menuisier et le maçon; pourquoi te croirais-tu au-dessus de moi?

— Je n'ai pas cette pensée, répondit Michel; Dieu m'en préserve!

— Et alors, pourquoi n'es-tu pas venu à notre bal d'artisans, hier soir? Je sais que ton cousin Vincenzo a voulu t'y mener et que tu as refusé.

— Ami, ne me juge pas mal pour cela; peut-être suis-je d'un caractère triste et sauvage.

— Je n'en crois rien. Ta figure annonce autre chose. Pardonne-moi de te parler sans façon; c'est parce que tu me plais, que je t'adresse ces reproches. Mais, voici notre tapis cloué par ici. Il faut aller ailleurs.

— Mettez-vous donc deux et trois à chaque lustre! criait le maître lampiste à ses ouvriers; vous n'en finirez jamais si vous vous divisez ainsi!

— Eh! moi, je suis tout seul! criait à son tour Visconti, un gros allumeur, bon vivant, qui, ayant déjà un peu de vin dans la cervelle, plaçait toujours la mèche enflammée à deux doigts de la bougie. Michel, frappé de la leçon que Magnani lui avait donnée, dressa un escabeau et se mit en devoir d'aider à Visconti.

— Ah! c'est bien! dit l'ouvrier; maître Michel est un bon garçon, et il sera récompensé. La princesse paie bien, et, de plus, elle veut que tout le monde s'amuse chez elle les jours de fête. Il y aura souper pour nous, de la desserte du souper des seigneurs, et le bon vin ne sera pas épargné. J'ai déjà pris un petit à compte en passant par l'office.

— Aussi vous vous brûlez les doigts! dit Michel en souriant.

— Vous n'aurez peut-être pas la main aussi sûre que vous l'avez maintenant, dans deux ou trois heures d'ici, reprit Visconti : car vous viendrez souper avec nous, n'est-ce pas, jeune homme? Votre père nous chantera ses vieilles chansons, qui font toujours rire. Nous serons plus de cent à table à la fois. Oh! va-t-on se divertir!

— Place, place! cria un grand laquais, galonné sur toutes les coutures; voici la princesse qui vient voir si tout est prêt. Dépêchez-vous, rangez-vous! Ne secouez pas les tapis si fort, vous faites de la poussière. Hé! là-haut, les allumeurs, ne répandez pas de bougie! Otez vos outils, ouvrez le passage!

— Bon, dit le majordome, vous allez vous taire, j'espère, messieurs les ouvriers! Allons, hâtez-vous; que, si vous êtes en retard, vous ayez au moins l'air de vous dépêcher. Je ne réponds pas des reproches que vous allez recevoir. J'en suis fâché pour vous. Mais c'est votre faute; je ne saurais vous justifier. Ah! maître Pier-Angelo, cette fois-ci, vous n'avez que faire de venir quêter des compliments.

Ces paroles arrivèrent aux oreilles du jeune Michel, et toute sa fierté lui revint au cœur. L'idée que son père pût quêter des compliments et recevoir des affronts lui était insupportable. S'il n'avait pas encore pu voir la princesse, il pouvait se rendre cette justice qu'il n'avait guère cherché à la voir. Il n'était pas de ceux qui courent avidement sur les traces d'un personnage riche et puissant, pour repaître leurs regards d'une banale et servile admiration. Mais, cette fois, il se pencha sur son escabeau, cherchant des yeux cette altière personne qui, au dire de maître Barbagallo, devait humilier d'un geste et d'un mot d'intelligents et généreux travailleurs. Il restait ainsi matériellement au-dessus du niveau de la foule, afin de mieux voir, mais tout prêt à descendre, à s'élancer auprès de son vieux père et à répondre pour lui, si, dans un accès d'humeur bienveillante, l'insouciant vieillard venait à se laisser outrager.

L'immense salle que l'on se hâtait de terminer n'était autre chose qu'une vaste terrasse de jardin recouverte extérieurement de tant de feuillages, de guirlandes et de banderoles, qu'on eût dit un berceau gigantesque dans le goût de Watteau. A l'intérieur, on avait établi des parquets volants sur le terrain sablé. Trois grandes fontaines de marbre, ornées de personnages mythologi-

Eh, moi, je suis tout seul, criait à son tour Visconti. (Page 15.)

ques, loin de gêner cet intérieur improvisé, en faisaient le plus bel ornement. Il y avait, entre leurs masses élégantes, assez de place pour circuler et pour danser. Elles lançaient leurs gerbes d'eau cristalline au milieu de buissons de fleurs, sous la clarté resplendissante des grands lustres qui les semaient d'étincelles. Des gradins, disposés comme dans un amphithéâtre antique et coupés de buissons fleuris, offraient une libre circulation et des siéges nombreux pour les assistants.

La hauteur de la voûte factice était telle que le grand escalier du palais, admirable morceau d'architecture, tout orné de statues antiques et de vases de jaspe du plus beau style, s'y encadrait tout entier. Les degrés de marbre blanc étaient fraîchement recouverts d'un immense tapis de pourpre, et le laquais qui précédait la princesse, en ayant balayé la foule des ouvriers, il y avait là un vide solennel. Un silence instinctif se fit dans l'attente d'une apparition majestueuse.

Les ouvriers, partagés entre un sentiment de curiosité, naïf et respectueux chez les uns, insouciant et railleur chez les autres, regardèrent tous à la fois vers la grande porte fleuronnée qui s'ouvrait à deux battants au haut de l'escalier. Michel sentit battre son cœur, mais c'était de colère autant que d'impatience. « Que sont donc ces nobles et ces riches de la terre, se disait-il, pour qu'ils marchent avec tant d'orgueil sur les autels, sur les tréteaux, que nos mains aviliès leur dressent? Une déesse de l'Olympe serait à peine digne de se montrer ainsi, du haut d'un pareil temple, aux vils mortels prosternés à ses pieds. Oh! insolence, mensonge et dérision! La femme qui va se produire ici, devant mes regards, est peut-être un esprit borné, une âme vulgaire; et, pourtant, voilà tous ces hommes forts et hardis qui se découvriront à son approche. »

Michel avait fait très-peu de questions à son père sur les goûts et les facultés de la princesse Agathe; à ce peu de questions, le bon Pier-Angelo n'avait guère répondu, surtout dans les derniers jours, qu'avec distraction, selon sa coutume, lorsqu'on mêlait une idée étrangère à la contention de son esprit absorbé par le travail. Mais Michel était orgueilleux, et la pensée qu'il allait être aux prises avec un être quelconque plus orgueilleux que lui, faisait entrer du dépit et une sorte de haine dans son cœur.

Il vit que le hallebardier qui gardait la porte... (Page 24.)

VII.

UN REGARD.

Lorsque la princesse de Palmarosa parut au haut de l'escalier, Michel crut voir une fille de quinze ans, tant elle était svelte et souple dans sa taille et dans son attitude ; mais, à chaque marche qu'elle descendit, il vit apparaître une année de plus sur son front ; et, quand il l'observa de près, il put juger qu'elle en avait trente. Cela ne l'empêchait pas d'être belle ; non pas éclatante et superbe, mais pure et suave comme le bouquet de cyclamens blancs qu'elle portait à la main. Elle avait une réputation de grâce et de charme plus que de beauté, car elle n'avait jamais été coquette et ne cherchait point à faire de l'effet. Beaucoup de femmes beaucoup moins belles avaient allumé des passions, parce qu'elles l'avaient voulu. La princesse Agathe n'avait jamais fait parler d'elle, et, s'il y avait eu des émotions dans sa vie, les gens du monde n'en avaient rien su positivement.

Elle était fort charitable, et comme exclusivement occupée de répandre des aumônes ; mais cela se faisait sans faste et sans ostentation, et on ne la nommait point la mère des pauvres. La plupart du temps, les gens qu'elle secourait ignoraient la source du bienfait. Elle n'était pas très-assidue à l'église et au sermon, sans cependant fuir les cérémonies religieuses. Elle avait des goûts d'artiste et s'entourait avec discernement des plus belles choses et des plus nobles esprits. Mais elle ne brillait point au centre, et ne se faisait un piédestal ni de ses relations, ni de ses richesses. En tout, il semblait qu'elle aimât à faire comme tout le monde, et que, soit apathie, soit bon goût, soit timidité intérieure, elle eût pris à tâche de ne point se faire remarquer. Il n'était point de femme plus inoffensive. On l'estimait, on l'aimait sans enthousiasme, on l'appréciait sans jalousie. Mais l'appréciait-on à sa juste valeur ? C'est ce qu'il eût été difficile de dire. Elle ne passait point pour un grand esprit. Ses plus anciens amis disaient d'elle, comme éloge culminant, que c'était une personne très-sûre et d'une humeur toujours égale.

Tout cela pouvait se juger dès le premier coup d'œil jeté sur elle, et le jeune Michel, en la voyant descendre l'escalier avec une grâce nonchalante, sentit son aversion se dissiper avec sa crainte. Il était impossible de se conserver irrité en présence d'un visage si pur, si calme et si doux. Mais comme, au milieu de sa colère, il s'était préparé à affronter le terrible regard d'une beauté arrogante et splendide, il éprouva comme un soulagement intérieur à voir une femme ordinaire. Déjà il pressentait que, si elle venait pour gronder, elle n'aurait ni l'énergie, ni peut-être l'esprit d'être blessante. Son cœur s'apaisa, et il la regarda avec une tranquillité croissante, comme si le fluide rafraîchissant émané d'une sérénité intérieure se fût communiqué d'elle à lui.

Elle était simplement et richement vêtue d'une robe d'étoffe de soie lourde et mate d'un blanc lacté, sans aucun ornement. Une légère guirlande de diamants ornait ses cheveux d'un noir doux, séparés en bandeaux sur un front lisse et pur. Sans doute elle eût pu avoir de plus riches pierreries, mais sa couronne était une œuvre d'art d'un excellent travail, et ne fatiguait point d'un poids abrutissant sa tête fine et admirablement attachée. Ses épaules, à demi découvertes, avaient perdu l'intéressante maigreur de l'adolescence et ne se noyaient pas encore dans l'embonpoint fastueux de la troisième ou quatrième jeunesse des femmes. Il y avait encore des contours délicats dans ses formes, et dans tous ses mouvements une souplesse abandonnée, qui semblait s'ignorer elle-même et ne poser pour personne.

Elle écarta lentement, du bout de son éventail, le laquais et l'intendant qui s'évertuaient à lui faire faire place, et passa devant eux, enjambant avec facilité et sans empressement maladroit les planches et les tapis roulés qui s'opposaient encore à sa marche; laissant traîner, avec une sorte d'insouciance humble ou opulente, les longs plis de sa belle robe de soie blanche sur la poussière qu'avaient laissée les pieds des manœuvres. Elle effleura, sans éprouver de dégoût ou sans les remarquer, les ouvriers baignés de sueur, qui ne pouvaient se ranger assez vite. Elle passa dans un groupe de jardiniers qui remuaient des caisses énormes, et ne parut pas s'apercevoir ou se soucier du danger d'être écrasée ou blessée. Elle salua ceux qui la saluaient, sans prendre aucun air de commandement ou de protection; et, quand elle fut au milieu de la cohue des hommes, des toiles, des planches et des échelles, elle s'arrêta fort tranquillement, promena ses regards sur ce qui était achevé et sur ce qui ne l'était pas, et dit une voix douce et encourageante :

— Eh bien, Messieurs, espérez-vous avoir fini à temps? Nous n'avons plus guère qu'une demi-heure.

— Je vous réponds de tout, ma chère princesse, répondit Pier-Angelo en s'approchant d'elle d'un air enjoué; ne voyez-vous pas que je mets la main à tout?

— En ce cas, je suis tranquille, répondit-elle, et je compte aussi sur tout le monde. Il serait fâcheux de laisser imparfait un aussi bel ouvrage. Je suis extrêmement contente. Tout cela est conçu avec goût et exécuté avec soin. Je vous remercie beaucoup de la peine que vous prenez pour bien faire, Messieurs, et cette fête sera à votre gloire.

— Mon fils Michel en aura sa part, j'espère, reprit le vieux peintre en décors; Votre Seigneurie veut-elle me permettre de le lui présenter? Allons, Michel, approche, et baise la main de la princesse, mon enfant : c'est une bonne princesse, tu vois!

Michel ne fit pas un mouvement pour s'approcher. Quoique la manière dont la princesse venait de gronder son père l'eût attendri et gagné, il ne se souciait pas de faire acte de servilité devant elle. Il savait bien que la coutume italienne de baiser la main à une dame est l'hommage d'un ami ou la prosternation d'un inférieur, et, ne pouvant prétendre à l'un, il ne voulait pas descendre à l'autre. Il ôta son bonnet de velours et se tint droit, affectant de regarder la princesse avec aplomb.

Elle fixa alors ses yeux sur lui, et soit, qu'il y eût dans son regard une habitude de bonté et d'effusion qui fit contraste avec la nonchalante bienveillance de ses manières, soit que Michel fût frappé d'une étrange hallucination, il fut remué jusqu'au fond des entrailles par ce regard inattendu. Il lui sembla qu'une flamme insinuante, mais intense et profonde, pénétrait en lui à travers les douces paupières de la grande dame; qu'une ineffable tendresse, partant de cette âme inconnue, venait s'emparer souverainement de tout son être; enfin que la tranquille princesse Agathe lui disait dans un langage plus éloquent que toutes les paroles humaines : « Viens dans mes bras, viens sur mon cœur. »

Michel étourdi, fasciné, hors de lui, tressaillit, pâlit, s'approcha par un mouvement convulsif et involontaire, prit en tremblant la main de la princesse, et au moment de la porter à ses lèvres, leva encore ses yeux sur les siens, croyant s'être trompé et pouvoir sortir d'un rêve à la fois pénible et délicieux. Mais ces yeux purs et transparents lui exprimaient un amour si absolu et si confiant qu'il perdit la tête, se sentit défaillir et tomba comme terrassé aux pieds de la signora.

Quand il recouvra sa présence d'esprit, la princesse était déjà à quelques pas de lui. Elle s'éloignait suivie de Pier-Angelo, et, quand ils furent isolés au bout de la salle, ils parurent s'entretenir de quelque détail de la fête. Michel était honteux : son émotion se dissipait rapidement, à la pensée qu'il avait donné à tous ses compagnons le spectacle d'une faiblesse et d'une présomption inouïes : mais, comme les bonnes paroles de la princesse les avaient tous électrisés, comme on s'était remis au travail avec une sorte de rage joyeuse, on remuait, on chantait, on frappait autour de lui, et son aventure n'était qu'un incident perdu, ou du moins incompris, dans la foule. Quelques-uns avaient remarqué, en souriant, qu'il saluait plus bas qu'il n'était besoin, et qu'apparemment c'était une manière aristocratique et galante qu'il avait apportée de loin avec son air fier et ses beaux habits. D'autres pensèrent qu'il avait trébuché sur des planches en voulant s'incliner, et que sa maladresse lui avait fait perdre contenance.

Le seul Magnani l'avait observé attentivement et à moitié deviné.

— Michel, lui dit-il au bout de quelques instants, quand un travail commun les eut rapprochés, tu parais fort timide, mais je te crois follement hardi. Il est certain que la princesse t'a trouvé beau garçon et qu'elle t'a regardé d'une certaine manière qui aurait pu signifier tout autre chose de la part d'une autre femme; mais ne sois pas trop présomptueux, mon enfant; cette bonne princesse est une dame très vertueuse; on ne lui a jamais connu d'amant, et si elle en voulait prendre un, il n'est pas probable qu'elle commencerait par un petit peintre à la détrempe, lorsque tant d'illustres seigneurs...

— Taisez-vous, Magnani, dit Michel avec impétuosité; vos plaisanteries me blessent, et je ne vous ai point autorisé à me railler de la sorte; je ne le souffrirai pas.

— Allons, pas de colère, reprit le jeune artisan; je n'ai pas l'intention de t'offenser, et quand on a des bras comme les miens, on serait lâche de provoquer un enfant tel que toi. D'ailleurs, je n'ai pas l'âme malveillante, et, je te l'ai dit, si je te parle franchement, c'est parce que je me sens disposé à t'aimer. Je sens en toi un esprit au-dessus du mien qui me plaît et me charme. Mais je sens aussi que ton caractère est faible et ton imagination folle. Si tu as plus d'intelligence et de finesse, j'ai plus de raison et d'expérience. Ne prends pas mes réflexions en mauvaise part. Tu n'as pas encore d'amis parmi nous, et déjà tu compterais plus d'une antipathie prête à éclater, si tu cherchais à voir clair autour de toi. Je pourrai t'être bon à quelque chose, et, si tu écoutes mes avertissements, tu éviteras beaucoup d'ennuis que tu ne prévois point. Voyons, Michel, me dédaignes-tu, et refuses-tu mon amitié?

— Je te la demande, au contraire, répondit Michel, ému et subjugué par l'accent de franchise de Magnani; et, pour m'en montrer digne, je veux me justifier. Je ne sais rien, je ne crois rien, je ne pense rien de la princesse. Je vois, pour la première fois, d'aussi près, une aussi grande dame, et..... Mais pourquoi souris-tu?

— Tu t'arrêtes à mon sourire pour ne point achever ta phrase. Je vais la compléter pour toi. Tu trouves qu'une grande dame est quelque chose de divin, et tu en tombes épris comme un fou. Tu aimes la grandeur ! J'ai bien compris cela le premier jour où je l'ai vu.

— Non, non ! s'écria Michel, je ne tombe pas amoureux ; je ne connais pas cette femme, et, quant à sa grandeur, j'ignore où elle réside. Autant vaudrait dire que je suis épris de son palais, de sa robe ou de ses diamants, car jusqu'ici je ne lui vois d'autre supériorité que celle d'un goût auquel nous aidons beaucoup, ce me semble, ainsi que son joaillier et sa couturière.

— Puisque tu ne la connais pas autrement, c'est assez bien parlé, reprit Magnani ; mais alors m'expliqueras-tu pourquoi tu as failli t'évanouir en lui baisant la main ?

— Explique-le-moi toi-même si tu peux ; quant à moi je l'ignore. Je savais bien que les dames avaient une manière de se servir de leurs yeux, qui était plus hardie que celle des courtisanes, et en même temps plus dédaigneuse que celle des nonnes. Oui, j'avais remarqué cela : et ce mélange de provocation et de fierté me mettait hors de moi quand il m'arrivait, malgré moi, d'en coudoyer quelques-unes dans la foule. Et c'est pour cela que je haïssais les grandes dames... Mais celle-ci a un regard qui ne ressemble à celui de personne. Je ne saurais dire si c'est langueur voluptueuse ou stupidité bienveillante ; mais jamais aucune femme ne m'a regardé ainsi, et... que veux-tu, Magnani ? je suis jeune, impressionnable, et cela m'a donné le vertige : voilà tout. Je ne suis point enivré de vanité, je le jure, car je suis bien certain qu'elle t'eût regardé de même si le hasard eût mis ta figure devant elle à la place de la mienne.

— Je n'en crois rien, dit Magnani tout pensif.

Il avait laissé tomber son marteau ; il s'était assis sur un gradin. Il paraissait chercher assez péniblement à résoudre un problème.

— Ah ! jeunes gens ! leur dit le vieux Pier-Angelo, en passant auprès d'eux ; vous babillez et ne travaillez pas ; il n'y a que les vieux qui sachent se dépêcher.

Sensible au reproche, Michel courut aider à son père, après avoir dit à demi-voix à son nouvel ami qu'il reprendrait plus tard cet entretien avec lui

— Le mieux pour toi, lui dit à la dérobée Magnani d'un air singulier, sera d'y penser le moins possible.

Michel aimait ardemment son père, et il avait raison. Pier-Angelo était un homme de cœur, de courage et de sens Artiste à sa manière, il suivait, dans son travail, de bonnes vieilles traditions et ne s'irritait point de voir innover autour de lui. Tout au contraire, il s'assimilait très-vite les progrès qu'on lui faisait comprendre. C'était un caractère facile et enjoué, optimiste en général et tolérant en particulier, ne croyant presque jamais aux mauvaises intentions, mais ne transigeant point avec elles quand il ne pouvait plus se faire d'illusion généreuse ; une âme droite, simple, désintéressée, se contentant de peu, s'amusant de tout, aimant le travail pour lui-même et l'argent pour les autres, c'est-à-dire vivant au jour le jour, et ne sachant rien refuser à son prochain.

La Providence avait donné au bouillant Michel le seul guide qu'il fût capable d'accepter : car ce jeune homme était tout le contraire de son père sous plusieurs rapports. Il était inquiet, ombrageux, un peu personnel, porté à l'ambition, au doute et à la colère. Et pourtant c'était une belle âme aussi, parce qu'elle était sincèrement éprise du beau et du grand, et s'abandonnait avec enthousiasme quand on avait justifié sa confiance. Mais il est bien certain que le caractère était moins heureux qu'il n'eût pu l'être, que l'intelligence active et chercheuse se dévorait souvent elle-même ; enfin, que l'esprit tumultueux et délicat livrait parfois une bataille acharnée à la tranquillité du cœur.

Si une main rude, la pesante main d'un ouvrier acharné au gain, ou porté à toutes les jalouses indignations républicaines, eût voulu manier le caractère mobile et l'âme souffrante du jeune Michel, elle les eût exaspérés et promptement brisés ou éteints. L'humeur imprévoyante et joviale du vieux Pier-Angelo avait servi de contre-poids et de calmant à ses instincts exaltés. Il lui parlait rarement le langage de la raison froide, et ne contrariait jamais ses inclinations changeantes. Mais il y a dans l'insouciance vaillante de certaines natures une action sympathique qui nous fait rougir de nos faiblesses, et qui agit plus sur nous par l'exemple, par le précepte mis en action simplement et noblement, que tous les discours et les sermons ne sauraient le faire. C'est par là que le bon Pier-Angelo, tout en paraissant céder aux désirs et aux fantaisies de Michel, exerçait pourtant sur lui le seul ascendant qu'il eût été jusque-là capable de subir.

VIII.

L'INTRUS.

Cette fois encore, en voyant son père travailler pour deux, Michel eut honte de ses distractions, et se hâta de le seconder. Il y avait encore un escalier volant à dresser sur un des côtés de la salle, pour communiquer avec une galerie plus élevée, et ouvrir à la foule qu'on attendait une nouvelle voie de circulation.

On entendait déjà rouler au loin de nombreuses voitures sur cette magnifique rue qu'on nomme pompeusement la *Voie Etnéenne*, et qui traverse Catane en droite ligne, du bord de la mer au pied de l'Etna, comme si, a dit un voyageur, les habitants qui ont planté leurs fiers palais le long de cette voie avaient voulu offrir aux colères du volcan un chemin digne de lui.

Dans les moments de crise où le temps ne suffit plus, où l'heure semble courir plutôt que marcher, où les forces humaines sont aux prises avec l'impossible dans un travail ardent, bien peu d'hommes sont doués d'assez de volonté pour conserver l'espoir de triompher. Il s'agit tout simplement, dans ces moments-là, de décupler ses propres facultés et d'accomplir un miracle. La plupart des ouvriers se sentirent découragés, et proposèrent d'abandonner cette construction volante, de masquer le passage avec des fleurs et des toiles ; enfin, de laisser aux ordonnateurs de la fête la désagréable surprise d'une infraction à leur plan. Pier-Angelo ranima ceux qui parurent de bonne volonté et se mit à l'ouvrage. Michel fit des prodiges pour les seconder, et, en dix minutes, l'ouvrage qu'on avait déclaré devoir durer deux heures fut terminé comme par magie.

« Michel, dit alors le vieillard en essuyant son front nu jusqu'à l'occiput, je suis content de toi, et je vois que tu es un bon ouvrier ; ce qui, à mes yeux, est indispensable à quiconque veut devenir un grand artiste. Ne se dépêche pas qui veut, et la plupart de ceux qui font vite font mal. Il ne faut pas les mépriser pour cela. Selon le cours ordinaire des choses, tout travail demande du sang-froid, du calcul, de l'ordre, de la prévoyance, enfin du raisonnement... oui, même pour charger une charrette de cailloux, il y a mille manières de s'y prendre, et une seule bonne. Celui-ci en prend trop avec sa pelle, celui-là pas assez ; l'un élève trop le bras, et jette par dessus sur la charrette ; l'autre ne lève pas assez, et jette tout dans les roues. N'as-tu pas examiné, comparé et réfléchi, en regardant les plus simples travaux de la campagne ? As-tu vu bêcher la terre ? Pour cela comme pour le reste, il y a un bon ouvrier sur vingt maladroits. Et que sait-on, si celui qui bêche à lui seul autant que quatre, sans se fatiguer et sans perdre une seconde, n'est pas un homme supérieur qui ferait admirablement bien des choses plus savantes ? Voyons, que t'en semble ? Moi, je me suis toujours imaginé cela, et en voyant les jeunes filles cueillir des fraises dans la montagne, j'aurais deviné celle qui devait un jour le mieux tenir son ménage et le mieux élever ses enfants. Crois-tu que je divague ? réponds.

— Je pense que vous avez raison, mon père, répliqua Michel en souriant ; pour aller vite et bien, il faut savoir réunir la présence d'esprit à l'ardeur de la volonté ; il faut avoir la fièvre dans le sang et la tête lucide. Il faut penser et agir simultanément. Non, certes, cela n'est pas donné à tous ; et c'est une chose affligeante de voir tant d'organisations débiles et incomplètes, pour un si petit nombre de calmes et de puissantes. Hélas! je m'effraie de moi-même, malgré les éloges que vous venez de me donner ; car je me sens rarement dans cette disposition souveraine et féconde, et, si j'y ai été tout à l'heure, c'est à votre exemple que je le dois.

— Non, non, Michel, il n'y a pas d'exemple qui serve aux impuissants. Pauvres êtres! ils font ce qu'ils peuvent, et c'est une raison pour que les plus robustes et les plus capables se fassent un devoir de les soulager. Ne sens-tu pas du contentement et de l'orgueil de l'avoir fait?

— Vous avez raison, mon père! vous savez trouver le côté noble et légitime de mes instincts mieux que moi-même. Ah! Pier-Angelo! tu ne sais pas lire, et tu m'as fait apprendre mille choses que tu ne connais pas. Pourtant, tu es la lumière de mon âme, et, à chaque pas, je sens que tu ouvres les yeux à un aveugle.

— C'est bien dit, cela! s'écria le bon Pierre avec un ravissement naïf. Je voudrais que cela fût écrit. C'était comme quand les acteurs récitent de belles sentences sur la scène. Voyons, comment as-tu dit? répète cela. Tu m'as tutoyé, tu m'as appelé par mon nom, comme si je n'étais pas là et que tu vinsses à penser à ton vieux ami... Oh! j'aime les belles paroles, moi! *Pier-Angelo, tu ne sais pas lire...* tu as commencé ainsi... Et puis, tu t'es comparé à un aveugle dont j'étais la lumière, moi, pauvre ignorant, mais dont le cœur voit clair pour toi, Michel... Je voudrais savoir faire des vers en pur toscan ; mais je ne sais qu'improviser dans mon dialecte de Sicile, où, pourvu qu'on rime en *i* et en *a*, on arrive toujours à faire quelque chose qui ressemble à des vers. Si je pouvais, je ferais une belle chanson sur l'amour et la modestie d'un fils qui attribue à son vieux bonhomme de père tout ce qu'il découvre de lui-même : une chanson!... il n'y a rien de plus parfait au monde qu'une bonne chanson... J'en sais beaucoup, mais il y en a peu dont je sois parfaitement content. Je voudrais pouvoir refaire à toutes quelque chose qui manque. Cela me fait penser qu'il faudra que je chante ce soir à souper. Hum! après avoir avalé tant de poussière! mais il y aura de bon vin à la buvette des ouvriers. Tu ne veux donc pas y venir? Décidément tu n'aimes pas à trinquer avec tout le monde. Tu as peut-être raison, toi. On te dit fier ; mais, d'un autre côté, tu es sobre et digne. Il faut faire ce qui te convient. Après tout, tu as beau dire, tu ne seras jamais, quoi que tu fasses, un simple ouvrier comme moi. Tu m'aides comme un manœuvre à l'heure qu'il est, et c'est bien. Mais une fois nos petites dettes payées, tu retourneras à Rome, car j'entends que tu continues ces nobles études qui te charment.

— Ah! mon père, chacune de vos paroles me perce le cœur. Nos petites dettes! c'est moi qui les ai contractées, et non pas seulement pour de bonnes études, mais pour de sots amusements et de folles vanités d'enfant. Et quand je songe que chaque année passée par moi à Rome vous coûte tout le fruit de votre labeur!

— Eh bien! pour qui donc gagnerais-je de l'argent, si ce n'était pour mon fils?

— Mais vous vous privez!

— De rien du tout. Je trouve, partout où l'on m'emploie, de l'amitié, de la confiance ; et, sauf un peu de bon vin, qui est le lait des vieillards, et qui, Dieu merci, n'est ni rare ni cher dans nos heureux climats, je n'ai besoin de rien. Que faut-il à un homme de mon âge? Ai-je besoin de songer à l'avenir? Ta sœur est laborieuse : elle trouvera un bon mari. Mon sort n'est-il pas ce qu'il sera jusqu'à ma dernière heure? Je n'ai rien de nouveau à apprendre dont je puisse faire usage. Pourquoi amasserais-je de l'argent? En amasser pour ton âge mûr, serait folie : ce serait priver ta jeunesse des moyens de se développer et de s'assurer l'avenir.

— Hélas! c'est votre avenir qui m'effraie justement, mon père! L'avenir d'un vieillard, c'est la perte des forces, les infirmités, l'abandon, la misère! Et, si tous vos sacrifices étaient perdus! Si j'étais sans vertu, sans intelligence, sans courage, sans talent! Si je n'arrivais pas à faire fortune, à bien marier ma sœur et à vous assurer de l'aisance et de la sécurité pour vos vieux jours!

— Allons, allons! c'est outrager la Providence que de douter de soi-même quand on se sent porté à bien faire. D'ailleurs, mettons tout au pire, et tu verras que rien n'est perdu. Je suppose que tu ne sois qu'un artiste ordinaire ; tu gagneras toujours ton pain, et, comme tu as de l'esprit, tu sauras te contenter des plaisirs qui seront à ta portée. Tu feras comme moi, qui, sans jamais être riche, ne me suis jamais considéré comme pauvre, n'ayant jamais eu plus de besoins que de ressources. C'est une philosophie que tu ne connais pas encore, parce que tu es dans l'âge des grands désirs et des grandes espérances, mais qui te viendra si tes projets échouent. Je n'admets pas encore qu'ils puissent échouer. Voilà pourquoi je ne te prêche pas maintenant la modération. La puissance vaut encore mieux. Celui qui court bien au jeu de bagues est enivré de joie. Il remporte le prix et s'applaudit d'avoir osé courir. Mais celui qui a rompu des lances en pure perte s'en va chez lui en disant : j'ai du malheur, je ne jouerai plus. Et celui-là est encore content d'avoir profité de l'expérience et de pouvoir se donner une sage leçon à lui-même. Mais je sens la brise du soir sécher un peu trop vite la sueur sur mon vieux front ; je vais me rafraîchir à l'office. Toi, puisque tu n'as plus rien à faire ici, rassemble nos outils et va-t-en à la maison.

— Et vous, mon père, quand donc rentrerez-vous à la maison?

— Ah! moi, Michel, je ne sais trop ni quand ni comment! cela dépendra du plaisir que j'aurai à souper. Tu sais qu'au fond je suis sobre et ne bois pas plus que ma soif ; mais si l'on me fait chanter et rire, et babiller, je m'exalte, j'entre dans des accès de joie et de poésie qui m'emmènent jusque dans la lune ; et, alors, il ne faut plus me parler d'aller me coucher. Ne sois pas inquiet de moi. Je ne tomberai pas dans un coin, je n'ai pas l'ivresse des brutes ; j'ai celle des beaux esprits, au contraire, et je ne me conduis jamais plus raisonnablement que quand je me sens un peu fou ; c'est-à-dire que je travaillerai encore ici demain au grand jour, pour aider à défaire tout ce que nous avons fait cette semaine, et que je serai moins fatigué que si j'avais passé la nuit dans mon lit.

— Vous devez bien me mépriser de ne savoir pas trouver dans le vin cette force surhumaine qu'il vous donne!

— Tu n'as jamais voulu essayer!... s'écria le vieillard ; et il reprit tout aussitôt : Et tu as bien fait! parce qu'à ton âge c'est un stimulant inutile. Ah! quand j'étais jeune, le moindre regard de femme m'eût donné plus de force que toute la cave de la princesse ne m'en donnerait à l'heure qu'il est! Allons, bonsoir, mon enfant. »

En parlant ainsi, Pier-Angelo remontait le perron de bois qu'il venait de construire, car il avait causé avec son fils dans le jardin, où il s'était jeté sur le gazon pour reprendre haleine. Michel l'arrêta, et, au lieu de le quitter :

« Mon père, dit-il avec une émotion extraordinaire, est-ce que vous aurez le droit de rester dans ce bal après que le beau monde sera entré?

— Mais certainement, répondit Pier-Angelo surpris du mouvement du jeune homme. Nous avons été choisis plusieurs de chaque profession, en tout une centaine d'ouvriers d'élite, pour veiller à ce que rien ne se dérangeât durant la fête. Au milieu d'un semblable mouvement, une charpente peut fléchir, une toile se détacher et s'enflammer aux lustres ; mille accidents doivent toujours être prévus, et un certain nombre de bras éprouvés tout prêts à y porter remède. Nous n'aurons peut-être rien à faire, et alors nous passerons joyeusement la nuit à table ; mais, à tout événement, nous sommes là. De plus, nous avons le droit de circuler partout, afin de donner notre coup d'œil et de prévenir l'incendie, la confusion, la mauvaise odeur des lumières qui s'éteignent, la chute d'un tableau, d'un lustre, d'un vase, que sais-je? On a toujours besoin de nous, et, à tour de rôle, nous faisons notre ronde, ne fût-ce que pour empêcher les filous de s'introduire.

— Et vous êtes payés pour faire ce métier de serviteurs?

— Nous sommes payés si bon nous semble. A ceux qui le font par pure amitié, la princesse fait toujours quelque agréable présent, et, pour les vieux amis comme moi, elle a toujours de bonnes paroles et des attentions délicates. Et puis, d'ailleurs, quand même cela ne rapporterait rien, n'est-ce pas un devoir pour moi de mettre ma prévoyance, mon activité et ma fidélité au service d'une femme que j'estime autant qu'elle? Je n'ai pas encore eu besoin d'elle; mais j'ai vu comment elle secourait ceux qui tombent dans la peine, et je sais qu'elle me panserait de ses mains si elle me voyait blessé.

— Oui, oui, je sais cela, dit Michel d'un air sombre : bienfaisance, charité, compassion, aumône!

— Allons! allons! maître Pier-Angelo, dit un valet en passant auprès d'eux, voici le moment de remettre vos habits. Otez votre tablier, le monde arrive; passez au vestiaire, ou à la buvette d'abord, si bon vous semble.

— C'est juste, dit Pier-Angelo, nous sommes un peu mal peignés pour coudoyer de si belles toilettes. Adieu, Michel, je vais me faire beau. Va-t-en te reposer. »

Michel jeta un regard sur ses vêtements poudreux et tachés en mille endroits. L'orgueil lui revint; il descendit lentement les gradins qui le ramenaient à la grande salle et la traversa au milieu des groupes étincelants qui commençaient à s'y répandre. Un jeune homme, qui entrait au moment où Michel allait sortir, le heurta assez rudement. Michel allait se fâcher; mais il se calma en voyant que ce jeune homme était aussi préoccupé que lui.

C'était un garçon de vingt-cinq ans environ, d'une petite taille et d'une figure charmante. Cependant sa physionomie et sa démarche avaient quelque chose de singulier qui fixa l'attention de Michel, sans qu'il pût trop se rendre compte à lui-même de l'intérêt qu'il pouvait prendre à cet inconnu. Il fallait bien pourtant qu'il y eût en lui quelque chose d'insolite, car le gardien auquel il avait remis son billet d'entrée reporta plusieurs fois ses yeux de lui à la carte, et réciproquement, comme s'il eût voulu bien s'assurer qu'il était en règle. A peine l'inconnu eut-il fait trois pas que les regards des autres arrivants se portèrent sur lui, comme par un instinct de contagion, et Michel, resté debout près la porte, entendit une dame dire au cavalier qui l'accompagnait : « Qui est-ce? je ne le connais pas.

— Ni moi, répondit le cavalier; mais que vous importe? Dans une réunion aussi nombreuse que va l'être celle-ci, croyez-vous donc que vous ne rencontrerez pas beaucoup de figures nouvelles?

— Certes, je m'y attends, reprit la dame, et nous allons avoir, dans ce bal payant, je m'amuse de ce personnage qui vient d'entrer et qui s'arrête court sous le premier lustre, comme s'il cherchait son chemin dans cette grande salle. Regardez-le donc, il est fort étrange; c'est un joli garçon.

— Vous êtes vraiment fort occupée de ce garçon-là, dit le cavalier, qui, amant ou mari, connaissait sa Sicilienne par cœur. Aussi, au lieu de regarder celui qu'on lui montrait, il regarda derrière lui, pour voir si, pendant qu'on occupait son attention d'un côté, on ne tendait pas un billet doux, ou si on n'échangeait pas un regard d'intelligence du côté opposé. Mais soit vertu, soit hasard, la dame était de bonne foi dans ce moment-là et ne regardait que l'inconnu.

Michel ne s'en allait pas, et pourtant il ne pensait plus à l'étourdi qui l'avait heurté : il avait aperçu, tout au fond de la salle, le cavalier, une robe blanche et une couronne de diamants qui scintillaient comme de pâles étoiles. Il n'avait vu la princesse qu'un instant, et il y avait, dans le bal, bien d'autres femmes en blanc, bien d'autres diadèmes de pierreries. Pourtant il ne s'y trompait point et ne pouvait en détacher ses regards.

La dame et le cavalier qui venaient de commenter l'arrivée du jeune homme inconnu s'éloignaient, et un autre groupe parlait à côté de Michel.

« J'ai vu cette figure-là je ne sais où, disait une dame. »

Une belle personne pâle, qui donnait le bras à celle-ci, s'écria, avec un accent qui tira Michel de sa rêverie :

« Ah! mon Dieu! quelle ressemblance!

— Eh bien! qu'avez-vous donc, ma chère?

— Rien; un souvenir, une ressemblance; mais ce n'est point cela...

— Mais quoi donc?

— Je vous le dirai plus tard. Regardez d'abord cet homme-là.

— Ce petit jeune homme? décidément je ne le connais pas.

— Ni moins non plus; mais il ressemble d'une manière effrayante à un homme que.... »

Michel n'en entendit pas davantage; la belle dame avait baissé la voix en s'éloignant.

Quel était donc ce personnage qui ne faisait que d'entrer, et qui, déjà, produisait une impression si marquée? Michel le regarda et le vit revenir sur ses pas, comme s'il voulait sortir; mais il s'arrêta devant lui, et lui dit d'une voix douce comme celle d'une femme : « Mon ami, voulez-vous bien me dire laquelle de toutes les dames qui sont déjà ici est la princesse Agathe de Palmarosa?

— Je n'en sais rien, répondit Michel, poussé par je ne sais quel instinct de méfiance et de jalousie.

— Vous ne la connaissez donc pas? reprit l'inconnu.

— Non, Monsieur, répondit Michel d'un ton sec. »

L'inconnu rentra dans le bal, et se perdit dans la foule, qui grossissait rapidement. Michel le suivit des yeux et remarqua quelque chose de singulier dans son allure. Quoiqu'il fût mis à la dernière mode et avec une recherche qui frisait le mauvais goût, il semblait gêné dans ses habits, comme s'il n'aurait jamais porté un frac noir et des chaussures fermées. Il y avait pourtant dans ses traits et dans son air quelque chose de fier et de distingué qui ne sentait point le petit bourgeois endimanché.

Comme Michel se retournait pour s'en aller décidément, il vit que le hallebardier qui gardait la porte était préoccupé aussi de la tournure de l'inconnu.

« Je ne sais pas, disait-il au majordome Barbagallo, qui venait d'approcher de lui, apparemment pour l'interroger; je connais un paysan qui lui ressemble, mais ce n'est pas lui. »

Un troisième subalterne approcha et dit :

« Ce doit être le prince grec arrivé hier ou quelqu'un de son escorte.

— Ou bien, reprit le hallebardier, quelque attaché de l'envoyé égyptien.

— Ou bien encore, ajouta Barbagallo, quelque négociant levantin. Quand ces gens-là quittent leur costume pour s'habiller à l'européenne, on ne les reconnaît plus. A-t-il son billet à la porte? C'est ce que vous ne devez permettre à personne.

— Il avait son billet à la main, je l'ai vu le présenter ouvert, et le contrôleur a même dit : « La signature de Son Altesse. »

Michel n'avait pas écouté cette discussion; il était déjà loin sur le chemin de Catane.

Il regagna son pauvre logis et s'assit sur son lit; mais il oublia de se coucher. En rejetant en arrière sa chevelure, dont le poids lui brûlait le front, il en fit tomber une petite fleur. C'était une fleur de cyclamen blanc. Comment s'était-elle brisée et accrochée à ses cheveux? Il n'y avait pas de quoi s'étonner ni s'inquiéter beaucoup. Le lieu où il avait travaillé, remué, passé et repassé cent fois, était tapissé, en mille endroits, de tant de fleurs de toutes sortes!

Michel ne s'en souvint pourtant pas. Il se rappela seulement un énorme bouquet de cyclamen que la princesse de Palmarosa tenait à la main, au moment où il s'était penché avec agitation pour la lui baiser. Il approcha cette fleur de ses lèvres; elle exhalait une odeur enivrante. Il prit sa tête à deux mains. Il lui sembla qu'il devenait fou.

IX.

MILA.

Le trouble qu'éprouvait notre jeune peintre avait deux causes qui tenaient, l'une à une sorte de jalousie absurde qui venait de s'emparer de lui, comme un accès de fièvre, à propos de la princesse Agathe ; l'autre à l'inquiétude de n'avoir pas obtenu le suffrage de cette noble dame à propos de ses peintures. On pense bien que ce n'était pas l'amour du gain, le désir d'être payé plus ou moins largement qui l'agitait ainsi. Tant qu'il avait été dans sa fièvre de production, il s'était fort peu occupé de l'opinion personnelle de la signora ; il n'avait songé qu'à réussir, qu'à se contenter lui-même ; puis, ayant à peu près réussi à ses propres yeux, et n'ayant pas encore vu sa mystérieuse patronne, il s'était demandé avec plus d'espoir que d'effroi s'il trouverait assez de juges éclairés dans ce pays pour enter sa réputation sur un essai de ce genre. En somme, il avait eu tant à faire jusqu'au dernier moment qu'il n'avait pu encore se rendre bien compte de l'anxiété de son esprit.

Quand il se vit seul, il s'aperçut qu'il souffrait étrangement de savoir qu'on était en train de le juger, et de ne pouvoir être là. Qui l'en empêchait? Aucune consigne relative à sa chétive position dans le monde, mais une fausse honte poignante, et qu'il ne se sentait pas la force de surmonter.

Pourtant Michel n'était pusillanime, ni comme homme, ni comme artiste. Malgré son jeune âge, il avait déjà beaucoup réfléchi sur les chances de son avenir, et il résumait déjà d'une manière assez serrée le chapitre des succès et des revers attachés à sa destinée. En se sentant saisi de défaillance au début, il s'étonna et chercha à se combattre. Mais plus il s'interrogea, plus il reconnut sa faiblesse sans vouloir s'en avouer la cause. Nous la dirons donc au lecteur.

Au fond de cette tristesse et de cette terreur, il y avait l'incertitude du jugement que la princesse avait porté sur son compte. Pier-Angelo lui avait dit, le matin, que dans la journée du dimanche Son Altesse était venue examiner la salle ; mais que, comme il n'était pas présent, il ne savait point ce qu'elle avait dit. Maître Barbagallo, ayant pris de l'humeur à cause des grands embarras de la fête, s'en était expliqué avec lui très-froidement, sans dire toutefois que la princesse eût paru mécontente, ni qu'elle eût rien critiqué. Puis, le bon Pierre avait ajouté, avec sa confiance ordinaire : « Sois tranquille, elle s'y connaît. Il est impossible qu'elle ne soit pas satisfaite au delà de ce qu'elle attendait. » Michel s'était laissé aller à cette confiance, sans tenir beaucoup à ce qu'elle fût justifiée. Il s'était dit que, quand même la princesse ne s'y connaîtrait pas, il y aurait bientôt assez de connaisseurs autour d'elle pour redresser son jugement.

Et puis, maintenant il avait peur de tout le monde, parce qu'il avait peur de la princesse. Elle l'avait bien regardé d'une manière qui l'avait bouleversé ; mais elle ne lui avait rien dit : pas un mot d'éloge ou d'encouragement n'avait accompagné ce regard plus que bienveillant, il est vrai, mais par cela même incompréhensible. Et, s'il s'était trompé sur l'expression de son visage ! si, en attachant ainsi sur lui ses beaux yeux enivrés, elle avait pensé à tout autre qu'à lui… à son amant, par exemple, car elle devait avoir un amant, quoi qu'on pensât Magnani !

A cette seule idée, Michel se sentait transir ; il croyait alors voir la princesse appuyée sur le bras de l'heureux mortel pour qui elle affectait de renoncer au mariage. Ils jetaient un regard distrait sur les peintures du jeune artiste, et ils souriaient en se regardant l'un l'autre, comme pour se dire :

« Que nous importe? rien n'est beau, rien n'existe pour nous deux que nous-mêmes. »

Las de souffrir si follement, Michel crut se vaincre et se calmer en prenant une résolution superbe.

« Je vais me coucher et m'endormir comme un prince, comme un héros, se dit-il, pendant qu'on me juge, qu'on discute, qu'on s'agite peut-être beaucoup à propos de moi là-bas. Demain matin, mon père viendra me secouer pour me dire que je suis couronné ou sifflé. Que m'importe, après tout ? »

Il lui importait si peu, en effet, qu'au lieu de se déshabiller pour dormir, il s'habilla pour aller au bal. Emporté par une distraction prodigieuse, il arrangea sa belle chevelure, qui eût été un peu trop longue pour un patricien austère, mais qui était un magnifique cadre pour sa figure intelligente et passionnée. Il se purifia avec le plus grand soin de toutes les traces du travail ; il endossa son plus beau linge et ses meilleurs habits ; et, quand il eut jeté un regard sur son petit miroir, il se trouva, avec raison, aussi distingué que quelque invité que ce fût au bal de la princesse.

Ainsi préparé à se mettre au lit, il prit le chemin de la porte, et quand il eut fait dix pas dehors, il s'aperçut qu'une étrange préoccupation le conduisait au palais Palmarosa. Indigné contre lui-même, il rentra, ôta son habit, le jeta sur son lit, et, ouvrant sa fenêtre, il resta partagé entre le projet héroïque de se coucher et l'irrésistible tentation d'aller voir la fête.

Les mille lumières du palais brillaient devant lui, et les sons de l'orchestre arrivaient à son oreille dans la nuit sonore. Les voitures roulaient de tous côtés ; personne ne dormait dans la ville ni dans la campagne environnante. Au fait, il n'était pas neuf heures, et Michel se sentait peu disposé au sommeil. Il ferma sa fenêtre et voulut prendre un livre ; mais le cyclamen qu'il avait jeté sur sa table, dans un mouvement de dépit contre lui-même, fut le seul objet qui lui tomba sous la main.

Alors, à travers la fine et pénétrante odeur de musc qu'exhalait le nectaire rosé de cette jolie petite plante, il lui sembla voir des images palpables se former et se répandre autour de lui. Des femmes, des lumières, des fleurs, des eaux jaillissantes, des diamants au feu bleuâtre ; et, à ces choses qui semblaient réelles, des choses fantastiques se mêlaient comme dans un rêve. Les belles danseuses antiques, que Michel avait peintes à la coupole, se détachaient mollement de la toile, et, relevant au-dessus du genou leur tunique d'azur et de pourpre, elles se glissaient dans la foule, lui jetaient, en passant, des regards lascifs et de mystérieux sourires. Enivré de désirs, il les suivait, les perdait, les cherchait encore, saisissant à l'une sa ceinture flottante, à l'autre son peplum transparent, mais s'épuisant en vains efforts, en vaines prières, pour les retenir et les fixer.

Alors une femme blanche passait lentement et s'emparait seule de sa passion vagabonde. Elle s'arrêtait devant lui et le regardait, d'abord avec des yeux pétrifiés, qui s'animaient peu à peu et finissaient par lui lancer des flammes dont il se sentait consumé. Immobile à ses pieds, il la voyait se pencher sur lui. Il croyait sentir son haleine effleurer son front ; mais aussitôt la bande échevelée des courtisanes latines l'enlaçait dans un réseau d'étoffes diaprées et l'entraînait dans un tourbillon jusque sous les combles de la voûte. Il se trouvait alors seul sur son échelle, barbouillé de peinture, couvert de taches, accablé, haletant, dans une effrayante solitude, et à peine éclairé d'un jour incertain. Le silence planait sur les salles vides et froides ; il ne lui restait de sa vision qu'une petite fleur brisée, dont il avait épuisé le parfum à force de l'aspirer.

Cette fantasmagorie devint si pénible que Michel, effrayé, repoussa encore une fois le cyclamen, pensant que ses émanations avaient quelque chose de narcotique et de vénéneux. Cependant, il ne put se résoudre à l'anéantir. Il le plaça dans un verre d'eau, et, ouvrant de nouveau sa fenêtre :

« Pourquoi souffrir ainsi sans cause et sans but? se dit-il ; est-ce un regard de femme, est-ce la vue lointaine d'une grande fête, qui font travailler ainsi mon imagination désordonnée ? Eh bien ! si la folle est indomptable, donnons-lui carrière ; sans doute, le spectacle de la réalité va ou l'éteindre ou lui fournir des aliments nouveaux. Où je me calmerai ou je changerai de souffrance; qu'importe!

— Qu'as-tu donc à parler ainsi tout seul, Michel? lui dit une voix douce, en même temps que la porte de la petite chambre s'entr'ouvrait derrière lui. Et Michel, en se retournant, vit sa petite sœur Mila, qui, les pieds nus et le corps enveloppé dans une piddemia (mante brune à l'usage des femmes du peuple), s'approchait avec précaution.

Il n'y avait rien au monde d'aussi joli, d'aussi gracieux et d'aussi aimable que Mila. Michel l'avait toujours tendrement aimée. Cependant, son apparition, en cet instant, lui causa un peu d'humeur.

« Que viens-tu faire ici, petite? lui dit-il, et pourquoi ne dors-tu pas?

— Dormir déjà! dit-elle, quand j'entends rouler les carrosses dans le faubourg, et quand je vois le palais de la princesse briller là-bas comme une étoile? Oh! je ne saurais reposer! Notre père m'avait fait promettre de me coucher comme à l'ordinaire, et de ne pas aller courir autour du palais avec les autres jeunes filles pour tâcher de regarder la fête par les portes entr'ouvertes. Je m'étais donc couchée, et, quoique ces violons, qu'on entend d'ici, me fissent sauter le cœur en mesure, j'allais m'endormir résolument, lorsque mon amie Nenna est venue me demander d'aller avec elle.

— Et tu veux y aller, Mila? désobéir à ton père? Courir la nuit aux abords de cette maison entourée de valets, de mendiants et de vagabonds, avec une petite écervelée comme Nenna? Tu ne le feras pas, je m'y oppose!

— Eh! il n'est pas nécessaire de prendre ces grands airs paternels, monsieur mon frère, répondit Mila d'un ton piqué. Me croyez-vous assez folle pour écouter Nenna? Je l'ai renvoyée; elle est déjà loin d'ici, et j'allais me rendormir quand je vous ai entendu marcher et parler. J'ai cru que mon père était avec vous; mais, en regardant par la fente de la porte, j'ai vu que vous étiez seul, et alors...

— Et alors, tu viens babiller pour te dispenser de t'endormir?

— Le fait est que je n'ai nulle envie de me coucher si tôt, et que le père ne m'a pas défendu d'écouter et de regarder de loin ce qui se passe là-bas! Oh! que cela doit être beau! On voit bien mieux de ta fenêtre que de la mienne, Michel; laisse-moi donc rassasier mes yeux de cette grande clarté si réjouissante!

— Non, petite. La brise est fraîche cette nuit, et tu es à peine vêtue. Je vais fermer la fenêtre et me coucher. Fais-en autant, bonsoir.

— Tu vas te coucher, toi; et tu viens de t'habiller! à quel propos, je te prie? Michel, tu me trompes, tu vas voir le bal, tu vas y entrer! Je parie que tu es invité, et que tu ne m'en dis rien!

— Invité! on n'invite pas les gens comme nous à de pareilles fêtes, ma pauvre petite! Quand nous entrons là, c'est comme ouvriers et non comme amis.

— Qu'est-ce que cela fait, pourvu qu'on y soit? Tu y entreras donc? Oh! que je voudrais être à ta place!

— Mais quelle est donc cette rage de voir?

— Voir ce qui est beau, Michel, n'est-ce pas tout? Quand tu dessines une belle figure, j'ai du plaisir à la regarder peut-être plus que toi qui l'as faite.

— Mais si tu étais là, ce serait à la condition de te tenir cachée dans quelque petite niche, car si l'on te voyait on te ferait sortir; tu ne pourrais ni danser, ni te montrer!

— Fort bien; mais je verrais danser, ce serait beaucoup.

— Tu es un enfant. Bonsoir.

— Je vois bien que tu ne veux pas m'emmener!

— Non, certes, je ne le puis. On te chasserait, et il me faudrait casser la tête à l'insolent valet qui t'insulterait à mon bras.

— Comment! il n'y a pas un petit coin grand comme la main où je pourrais me cacher? Je suis si petite! Vois, Michel, je tiendrais dans ton armoire. D'ailleurs, sans me faire entrer, tu pourrais bien me conduire à la porte,

et notre père ne serait pas mécontent de me savoir là avec toi. »

Michel fit un beau sermon à Mila sur la curiosité puérile, et sur ce besoin instinctif et violent qu'elle éprouvait d'aller s'enivrer du spectacle des grandeurs patriciennes. Il oublia qu'il était dévoré du même désir, et qu'il lui tardait de se trouver seul pour s'y abandonner.

Mila entendit raison lorsque Michel lui dit qu'il allait aider son père à surveiller l'ordonnance matérielle de la fête; mais elle n'en fit pas moins un gros soupir.

« Allons, dit-elle en s'arrachant de la fenêtre, il n'y faut plus songer. Au reste, c'est bien ma faute; car si j'avais pu prévoir que cela me donnerait tant d'envie, j'aurais très-bien pu dire à la princesse de m'inviter.

— Voilà que tu redeviens folle au moment où je te croyais raisonnable, Mila! Est-ce que la princesse pourrait t'inviter, quand même elle en aurait la fantaisie?

— Mais certainement; n'est-elle pas maîtresse de son propre logis?

— Oui-da! et que diraient toutes ces antiques douairières, toutes ces augustes pécores, si elles voyaient sauter au milieu de leurs nobles poupées de filles, la petite Mila avec son corset de velours et son jupon rayé?

— Tiens! j'y ferais peut-être meilleure figure qu'elles toutes, jeunes et vieilles!

— Ce n'est pas une raison.

— Cela, je le sais; mais la princesse est reine dans sa maison, et je parie qu'elle m'invite au premier bal qu'il lui plaira de donner.

— Tu le lui demanderas, n'est-ce pas?

— Certes! je la connais et elle m'aime beaucoup; c'est mon amie. »

Et, en disant cela, Mila se redressa et prit un air d'importance si drôle et si joli que Michel l'embrassa en riant.

« J'aime à voir, Mila, dit-il, que tu ne doutes de rien. Et pourquoi te détromperais-je? Tu perdras assez tôt les illusions confiantes de ton âge d'or! Mais, puisque tu connais si bien cette princesse, parle-m'en donc un peu, ma bonne petite sœur, et dis-moi comment il se fait que tu sois si intimement liée avec elle, sans que j'en sache rien.

— Ah! ah! Michel, tu es curieux de savoir cela, à présent! et jusqu'ici pourtant tu ne l'étais guère. Mais, puisque tu as été si peu pressé de me questionner, tu attendras bien encore jusqu'à ce qu'il me plaise de te répondre.

— C'est donc un secret?

— Peut-être! que t'importe?

— Il m'importe fort peu, en effet, de savoir quoi que ce soit touchant cette princesse. Elle a un beau palais, j'y travaille, elle me paie, je ne me soucie pas d'autre chose pour le moment. Mais rien de ce qui intéresse ma petite Mila ne peut m'être indifférent et ne doit m'être caché, ce me semble?

— Tu me flattes maintenant pour me faire parler. Eh bien, je ne parlerai pas, voilà! Seulement, je te montrerai quelque chose qui te fera ouvrir de grands yeux. Tiens, regarde, que dis-tu de ce bijou? »

Et Mila tira de son sein un médaillon entouré de gros diamants.

« Ils sont fins, dit-elle, et valent je ne sais combien d'argent. Il y aurait de quoi me faire une dot si je voulais les vendre; mais je ne m'en séparerai jamais, puisque cela me vient de ma meilleure amie.

— Et cette amie, c'est la princesse de Palmarosa?

— Oui, c'est Agathe Palmarosa; ne vois-tu pas son chiffre gravé sur l'or du médaillon?

— Oui, en vérité! Mais qu'y a-t-il dans ce bijou précieux?

— Des cheveux, de beaux cheveux châtain clair, nuancés de blond, frisés naturellement, et si fins! dit la jeune fille en ouvrant le médaillon. N'est-ce pas qu'ils sont doux et brillants?

— Ce ne sont pas ceux de la princesse, car les siens sont noirs.

— Tu l'as donc vue, enfin?

— Oui, je l'ai aperçue tantôt. Mais dites-moi donc,

Que viens-tu faire ici, petite? (Page 23.)

Mila, quels sont ces cheveux que vous portez sur votre cœur et dans un médaillon si précieux?

— Curieux que tu es! tu es aveugle et lourd comme tous les curieux. Tu ne les reconnais pas? Tu ne te souviens pas d'où ils me viennent?

— Non, en vérité.

— Eh bien, pose-les auprès des tiens, et tu les reconnaîtras, quoique ta tête ait un peu bruni depuis un an.

— Chère petite sœur! oui, je me souviens, en effet, que tu les a coupés sur mon front le jour où tu as quitté Rome... et tu les a conservés ainsi!...

— Je les portais dans un petit sac noir. Mon amie Agathe m'a demandé de quel saint était la relique de mon scapulaire, et quand je lui ai dit que c'étaient les cheveux de mon frère unique et bien-aimé, elle les a pris en me disant qu'elle me les renverrait le lendemain; et, le lendemain, elle me faisait remettre par notre père ce beau joyau plein de tes cheveux. Pourtant il en manquait. Le bijoutier qui les a enchâssés là-dedans en aura volé ou perdu.

— Perdu, cela se peut, dit Michel en souriant, mais volé!... Ces cheveux n'ont de prix que pour toi, Mila!

X.

PROBLÈME.

— Mais, enfin, d'où vient cette amitié de la princesse, reprit Michel après une pause, et quel service lui as-tu jamais rendu pour qu'elle te fasse de pareils présents?

— Aucun. Mon père, qui est bien avec elle, m'a emmenée un jour au palais pour me présenter. Je lui ai plu; elle m'a fait mille caresses; elle m'a demandé mon amitié, je la lui ai promise et donnée tout de suite. J'ai passé la journée toute seule avec elle à me promener dans sa villa et dans ses jardins. Depuis ce temps-là, j'y vais quand je veux, et je suis toujours sûre d'être bien reçue.

— Et tu y vas souvent?

— Je n'y suis encore retournée que deux fois, car il n'y a pas longtemps que j'ai fait connaissance avec elle. Depuis huit jours, je sais que le palais a été sens-dessus-dessous pour les apprêts de ce bal, et j'aurais craint de gêner ma chère Agathe dans un moment où elle avait sans doute beaucoup d'occupations. Mais j'irai dans deux ou trois jours.

Mais la princesse n'était pas seule... (Page 28.)

— Ainsi, voilà tout le mystère? Pourquoi te faisais-tu prier pour me le dire?
— Ah! parce que la princesse m'a dit en me quittant: « Mila, je te prie de ne parler à personne de la bonne journée que nous avons passée ensemble, et de l'amitié que nous avons contractée. J'ai mes raisons pour te demander le secret là-dessus. Tu les sauras plus tard, et je sais que je peux compter sur ta parole, si tu veux bien me la donner. » Tu penses bien, Michel, que je ne la lui ai pas refusée?
— Fort bien; mais tu y manques, maintenant.
— Je n'y manque pas. Tu n'es pas un autre pour moi, et certainement la princesse n'a pas compté que j'aurais un secret pour mon frère ou pour mon père.
— Mon père sait donc tout cela?
— Certainement, je lui ai bien vite tout raconté.
— Et il n'a été ni surpris ni inquiet de ce caprice de la princesse?
— Et pourquoi surpris? C'est ta surprise qui est singulière et un peu impertinente, Michel. Est-ce que je ne peux pas inspirer de l'amitié, même à une princesse?

Et pourquoi inquiet? Est-ce que l'amitié n'est pas une bonne et douce chose?
— Mon enfant, je suis cependant, sinon inquiet, du moins étonné de cette amitié-là, moi. Dis-moi quelque chose qui me l'explique, au moins? Notre père a donc rendu quelque grand service à la princesse Agathe?
— Il a fait beaucoup de belles peintures de décor dans le palais. Il a fait des feuillages superbes dans la salle à manger, entre autres.
— J'ai vu tout cela; mais il est bien payé. La princesse l'a pris en amitié pour son activité et son désintéressement, n'est-ce pas?
— Oui, cela doit être. Tous ceux qui voient mon père pendant quelque temps, ne l'aiment-ils pas?
— C'est juste. Allons, c'est à cause de notre digne père que tu inspires tant d'intérêt à cette grande dame!
— Oh! ce n'est pas une grande dame, va, Michel! c'est une bonne femme, une excellente personne.
— Et qu'a-t-elle pu te dire, à toi, enfant, durant toute une journée?
— Elle m'a fait mille questions, sur moi, sur mon

père, sur toi, sur notre séjour à Rome, sur les occupations, sur notre vie de famille, sur nos goûts. Je crois qu'elle m'a fait raconter notre histoire, jour par jour, depuis que je suis au monde; à tel point que j'étais fatiguée, le soir, d'avoir tant parlé.

— Elle est donc terriblement curieuse, cette dame; car, que lui importe tout cela?

— Tu m'y fais songer; oui, je la crois un peu curieuse; mais il y a du plaisir à lui répondre : elle vous écoute avec tant d'intérêt, et elle est si aimable ! Tiens, ne m'en dis pas de mal, je me fâcherais contre toi !

— Eh bien, n'en parlons plus, et Dieu me préserve de te faire connaître la méfiance et la crainte, à toi, mon beau cœur d'ange! Va te coucher; mon père m'attend. Demain, nous causerons encore de ton aventure, car c'est déjà une aventure merveilleuse dans la vie que cette grande amitié contractée avec une belle princesse... qui ne pense plus à toi, à l'heure qu'il est, qu'à la dernière paire de pantoufles qu'elle a mise... N'importe! ne prends pas un air offensé. Dans un jour de solitude et de désœuvrement, il se pourra que la princesse de Palmarosa te fasse venir pour s'amuser encore de ton caquet.

— Vous ne savez pas ce que vous dites, Michel. La princesse n'est point désœuvrée, et, si vous voulez le prendre ainsi, je vous dirai que, quoique bonne, elle passe pour être assez froide avec les gens comme nous. Les uns disent qu'elle est haute, d'autres qu'elle est timide. Le fait est qu'elle parle toujours avec douceur et politesse aux ouvriers et aux serviteurs qui l'approchent, mais qu'elle leur parle si peu, si peu !... qu'en vérité elle est renommée pour cela, et que des gens qui ont travaillé pour elle, durant des années, n'ont pas su la couleur de ses paroles et l'ont à peine vue dans sa propre maison. Ainsi, son amitié pour mon père et pour moi n'est pas banale ; c'est de l'amitié véritable, et vos moqueries ne m'empêcheront pas d'y compter. Bonsoir, Michel, je ne suis pas trop contente de toi, ce soir; je ne t'ai jamais vu cet air railleur. Tu as l'air de me dire que je ne suis qu'une petite fille et qu'on ne peut pas m'aimer !

— Ce n'est pas là ma pensée, en ce qui me concerne, toujours! puisque, toute petite fille que tu es, je t'adore !

— Comment dis-tu cela, mon frère? Tu m'adores? c'est beau, ce mot là. Embrasse-moi. »

L'enfant vint se jeter dans ses bras. Michel l'y pressa tendrement, et comme elle appuyait sa belle tête brune sur son épaule, il baisa les longs cheveux qui retombaient sur le dos à demi nu de la jeune fille.

Mais tout à coup il la repoussa avec un frémissement douloureux. Toutes les pensées brûlantes qui avaient agité son cerveau une heure auparavant se présentaient à lui comme un remords, et il lui semblait que ses lèvres n'étaient plus assez pures pour bénir sa petite sœur.

Il se vit à peine seul, qu'il franchit tout d'un trait la porte de la vieille maison qu'il habitait, sans avoir daigné fermer la porte de sa chambre. A vrai dire, il ne s'aperçut pas de la distance qu'il franchissait, et, toujours poursuivi par ses rêves, il s'imagina passer de plain-pied du palier de sa mansarde au péristyle de la villa. Il y avait pourtant un mille de chemin à peu près entre ce palais et les dernières maisons du faubourg de Catane.

La première figure qui frappa ses regards, comme il allait entrer dans la salle, fut celle de l'inconnu qui l'avait occupé au moment d'en sortir. Ce jeune homme se retirait lentement et s'essuyait le front avec un mouchoir garni de dentelles. Michel, intrigué, et se demandant si ce n'était point une femme déguisée, l'accosta résolûment. « Eh bien! mon maître, lui dit-il, avez-vous réussi à voir la princesse Agathe? »

L'inconnu, qui paraissait absorbé dans ses pensées, releva brusquement la tête, et lança à Michel un regard d'une défiance et même d'une malveillance si étranges, que le jeune homme en eut comme une sensation de froid. Ce n'était pas là le regard d'une femme, mais bien celui d'un homme énergique et irascible. Le sentiment de l'hostilité est étranger aux jeunes cœurs, et celui de Michel se serra comme à une douleur imprévue. Il lui sembla que l'inconnu faisait le geste de chercher un couteau dans son gilet de satin broché d'or, et il s'arrêta pour suivre ses mouvements avec surprise.

« D'où vient, lui dit l'autre de sa voix douce qui contrastait avec un accent de colère et de menace, que vous étiez tout à l'heure un ouvrier, et qu'à présent vous êtes un gentilhomme?

— C'est que je ne suis ni l'un ni l'autre, répondit Michel en souriant ; je suis un artiste employé au palais. Êtes-vous rassuré? ma question paraît vous avoir choqué beaucoup. Pourtant, une question en vaut une autre. Ne m'en aviez-vous pas fait une sans me connaître?

— Avez-vous l'intention de railler, Monsieur? reprit l'inconnu, qui s'exprimait en bon italien, sans aucun accent qui pût justifier l'origine grecque ou égyptienne que Barbagallo lui avait attribuée.

— Pas le moins du monde, répondit Michel, et si je vous ai adressé la parole, pardonnez à un mouvement de curiosité qui n'avait rien de malveillant.

— Curiosité? pourquoi curiosité! reprit l'inconnu en serrant ses dents et ses paroles d'une manière tout indigène.

— Ma foi! je n'en sais rien, répondit Michel. Voilà bien trop d'explications pour une parole oiseuse; je n'ai pas eu l'intention de vous blesser. Si votre mécontentement persiste, ne cherchez pas de prétextes pour engager une querelle, je n'ai pas l'intention de reculer.

— N'est-ce pas vous plutôt qui voudriez me chercher querelle? répondit l'inconnu en lui lançant un regard plus sombre que le premier.

— Ma foi ! Monsieur, vous êtes fou, dit Michel en haussant les épaules.

— Vous avez raison, repartit l'inconnu, car je m'arrête ici à écouter les discours d'un sot. »

A peine cette parole fut-elle lâchée, que Michel s'élança vers l'inconnu avec la résolution soudaine de lui donner un soufflet. Mais, craignant de frapper une femme, car le sexe du personnage lui paraissait encore suspect, il s'arrêta; et il s'en applaudit en voyant cet être problématique s'enfuir et disparaître si vite que Michel ne put comprendre quelle direction il avait prise, et crut avoir fait un rêve de plus.

« Assurément, se dit-il, je suis, ce soir, assiégé par des fantômes. »

Mais à peine fut-il en présence d'êtres réels qu'il recouvra la notion de la réalité. On lui demanda sa carte d'entrée. Il se nomma.

« Ah! Michel! lui dit le gardien de la porte, je ne te reconnaissais pas. Tu es si brave! Tu as l'air d'un invité. Passe, mon garçon, et fais bien attention aux lumières. Le feu prendrait si vite aux jolis oripeaux que tu as tendus sur nos têtes! Il paraît qu'on te donne de grands éloges. Tout le monde dit que les figures sont faites de main de maître! »

Michel fut offensé d'être tutoyé par un valet, offensé d'être rappelé à l'office de pompier, et secrètement flatté pourtant d'avoir obtenu un succès qui faisait déjà la nouvelle de l'antichambre.

Il se glissa dans la foule, espérant passer inaperçu et gagner quelque recoin d'où il pourrait voir et entendre à son aise; mais il y avait tant de monde dans la grande salle, on se froissait de si près et se marchait sur les pieds. Il se trouva porté à l'autre extrémité de cette vaste construction sans se rendre compte du mouvement que la masse compacte lui imprimait, et arriva ainsi au pied du grand escalier. Là seulement il put s'arrêter, haletant, et ouvrir ses yeux, ses narines, ses oreilles, son âme, au spectacle enchanteur de la fête.

Placé à une certaine élévation sur les gradins fleuris et ombragés, il pouvait embrasser d'un coup d'œil, et les danses qui tournoyaient autour des fontaines, et les spectateurs qui s'entassaient et s'étouffaient pour regarder les danses. Que de bruit, de lumière et de mouvement à éblouir et à faire tourner une tête plus mûre que celle de Michel ! que de belles femmes, de parures merveilleuses, de blanches épaules et de chevelures splendides ! que de grâces majestueuses ou agaçantes ! que de gaieté feinte ou réelle ! que de langueurs jouées ou mal dissimulées !

Michel fut enivré un instant ; mais, quand l'ensemble commença à s'éclaircir et à se détailler sous ses yeux, quand il se demanda laquelle de ces femmes serait, à son sens, un modèle idéal, il reporta ses regards vers les figures qu'il avait peintes au plafond et fut plus content, l'orgueilleux ! de son œuvre que de celle de Dieu.

Il avait rêvé la beauté parfaite. Il avait cru la trouver sous ses pinceaux. Il s'était probablement trompé ; car il est impossible de créer une image divine sans la revêtir de traits humains, et rien sur la terre n'est doué d'une perfection absolue. Quoi qu'il en soit, Michel, encore hésitant et maladroit dans son art, sous plusieurs rapports, avait approché, autant que possible, de la beauté vraie dans ses types. C'était là ce qui frappait tous ceux qui regardaient son œuvre ; ce fut là surtout ce qui le frappa lui-même lorsqu'il chercha, dans la réalité, la personnification de ses idées. Sur la quantité, il ne vit que deux ou trois femmes qui lui parurent véritablement belles, et encore eût-il voulu les tenir sur sa toile, pour ôter à l'une ou donner à l'autre certain contour ou certaine teinte, qui lui paraissait manquer de plénitude ou de pureté.

Il se sentit alors très-froid, froid comme un artiste qui analyse, et il reconnut que la physionomie humaine rachetait seule par l'expression de la vie ce qui manquait à la perfection des linéaments. « J'ai inventé de plus belles têtes, se dit-il, mais elles ne sont pas vraies. Elles ne pensent pas, elles ne respirent pas. Elles n'aiment pas. Il vaudrait mieux qu'elles fussent moins régulières et plus animées. En roulant ces toiles demain, je les crèverai toutes, et désormais je modifierai, je bouleverserai peut-être toutes les notions d'après lesquelles je me suis dirigé jusqu'ici. »

Et il ne s'occupa plus de chercher l'idéal de la forme parmi les danseuses vivantes qu'il étudiait, mais le mouvement, la grâce, l'attitude du corps, l'expression du regard et du sourire, en un mot, le secret de la vie.

Ravi d'abord, il se sentit encore une fois refroidi en prenant chaque être en particulier. Probablement il existe chez les femmes et chez les hommes beaucoup d'âmes naïves ; mais il n'est guère de figures naïves dans un bal du grand monde. On s'y compose un maintien presque toujours opposé à son propre caractère, soit qu'on cherche ou qu'on craigne les regards. Michel crut voir que les uns cachaient hypocritement leur vanité, que les autres l'étalaient avec arrogance ; que telle jeune fille, qui voulait paraître pudique, avait un fonds d'audace ; que telle femme, qui voulait sembler amoureuse, était froide et blasée ; que la gaieté de celle-ci était morne, et la mélancolie de celle-là minauderie. Un parvenu voulait avoir l'air noble ; un noble voulait avoir l'allure populaire. Tout le monde posait plus ou moins. Les plus humbles cherchaient à se donner de l'aplomb, et l'intéressante timidité elle-même se contraignait pour éviter la gaucherie qui triomphait de ses efforts.

Michel vit passer quelques jeunes ouvriers de sa connaissance. Ils vaquaient au service qu'ils avaient accepté, et se faisaient remarquer par leur bonne mine et quelque chose de pittoresque dans l'arrangement de leur toilette de gala. L'intendant les avait choisis évidemment parmi les plus *présentables*, et ils le savaient bien ; car, eux aussi, se maniéraient ingénûment : l'un avançait alternativement chaque épaule pour en déployer la vaste carrure ; l'autre ne perdait pas un pouce de sa haute taille en passant auprès de maint petit grand personnage ; un troisième raidissait l'arc de ses sourcils pour montrer aux belles dames un œil brillant comme l'escarboucle.

Michel s'étonna de voir ces garçons se transformer de la sorte et perdre les avantages de leur belle prestance ou de leur agréable extérieur par une affectation involontaire, mais à coup sûr ridicule. « Je savais bien, pensa-t-il, que tous les hommes cherchaient ardemment l'approbation dans quelque classe et dans quelque genre que ce fût. Mais pourquoi ce besoin d'attirer les regards nous ôte-t-il tout à coup le charme ou la dignité de nos manières ? Serait-ce que le désir est immodéré, ou que le but est méprisable ? Faut-il nécessairement que la beauté s'ignore pour ne rien perdre de son éclat ? Ou bien suis-je seul doué d'une insupportable clairvoyance ? Où est le plaisir enthousiaste que je croyais trouver ici ? Au lieu de subir l'action des autres, j'exerce la mienne sur moi-même pour juger sèchement tout ce qui frappe mes regards et m'ôter toute jouissance extérieure ! »

À tant regarder et à tant comparer, Michel avait oublié le principal but de sa présence au bal. Il se rappela enfin qu'il voulait surtout étudier avec calme une certaine figure, et il allait se disposer à monter le grand escalier et à parcourir l'intérieur du palais, où tout était ouvert et éclairé, lorsqu'en se retournant il vit, à deux pas de lui, un détail de la fête, dont il avait oublié d'observer l'effet.

C'était une grotte en rocaille, qui formait, sous le profil du grand escalier, un assez vaste enfoncement. Lui-même avait orné de coquillages, de branches de corail et de plantes pittoresques ce frais réduit, au fond duquel une naïade d'albâtre versait son urne dans une vaste coupe toujours pleine d'eau limpide et courante.

Le goût que Michel avait montré dans tous les détails dont il avait été chargé, avait déterminé le majordome à lui laisser arranger beaucoup de choses à sa guise ; et comme il avait trouvé cette naïade charmante, il s'était plu à placer dans sa grotte les plus jolis vases, les plus fraîches guirlandes et les plus beaux tapis. Il avait bien perdu une heure à encadrer la conque nacrée d'une bordure de mousse fine et douce comme du velours, à choisir et à disposer avec grâce et mollesse des touffes d'iris, de nénuphar ; et de ces longues feuilles rubanées qui s'harmonisent si bien avec les mouvements onduleux des eaux courantes.

Maintenant la grotte était éclairée d'une pâle lumière cachée derrière des feuillages, et, comme tout le monde était occupé à voir la danse, l'entrée en était libre. Michel y entra furtivement ; mais, à peine y eut-il fait trois pas, qu'il vit au fond une personne assise ou plutôt couchée, dans le demi-jour, aux pieds de la naïade. Il se dissimula précipitamment derrière une saillie du rocher, et il allait se retirer lorsqu'une invincible fascination le retint.

XI.

LA GROTTE DE LA NAIADE.

La princesse Agathe était assise sur un divan de velours sombre, où sa forme élégante et noble se dessinait pâle comme une ombre au clair de la lune. Michel la voyait de profil, dans la demi-teinte, et un reflet de la lumière voilée, placée derrière elle, dessinait avec une admirable pureté cette silhouette fine et suave comme celle d'une jeune vierge. Sa longue et ample robe blanche prenait, sous cette molle clarté, toutes les nuances de l'opale, et les diamants de sa couronne lançaient des feux changeants tantôt comme le saphir, tantôt comme l'émeraude. Cette fois, Michel perdit tout à fait la notion qu'il avait pu prendre de son âge à la première vue. Il lui sembla que c'était une enfant, et, quand il se souvint qu'il lui avait attribué une trentaine d'années, il se demanda si c'était un rayon céleste qui la transfigurait désormais, ou une lueur infernale dont, comme une magicienne, elle savait s'envelopper pour tromper les sens.

Elle paraissait fatiguée et accablée. Pourtant son attitude était chaste et sa figure sereine. Elle respirait un bouquet de cyclamen et jouait languissamment avec son éventail. Michel la regarda longtemps avant d'entendre, ou, du moins, d'attacher un sens aux paroles qu'elle disait. Il la trouvait plus belle qu'aucune des beautés qu'il venait d'examiner avec tant d'attention, et il ne pouvait se rendre compte de l'admiration sans mélange et sans bornes qu'elle lui inspirait. Il s'efforçait en vain de se faire à lui-même le détail de ses traits et l'analyse de ses charmes; il n'en venait point à bout. Il semblait qu'elle nageât dans un fluide magique qui la préservait d'être étudiée comme une autre femme. De temps en temps, croyant l'avoir comprise, il fermait les yeux et tâchait de faire son portrait dans sa mémoire, de la dessiner en imagination, avec des traits de feu, sur ce voile noir qu'il tendait lui-même devant lui en abaissant ses paupières. Mais, alors, il ne voyait plus que des lignes confuses et ne se représentait aucune figure distincte. Il était forcé de rouvrir les yeux à la hâte et de la contempler avec anxiété, avec délices, avec surprise surtout.

Car il y avait en elle quelque chose d'inouï. Elle était naturelle; seule de toutes les femmes que Michel venait de voir, elle ne paraissait pas songer à elle-même; elle ne s'était composé aucun air, aucun maintien; elle ne savait pas ou ne voulait pas savoir ce qu'on penserait d'elle, ce qu'on sentirait pour elle en la regardant : elle avait la tranquillité d'un esprit détaché de toutes les choses humaines, et l'abandon qu'elle aurait eu dans une solitude complète.

Et pourtant elle était parée comme une vraie princesse; elle donnait un bal, elle étalait son luxe, elle jouait son rôle de grande dame et de femme du monde, tout comme une autre, apparemment. Pourquoi donc cet air de madone, cette méditation intérieure, ou ce ravissement de l'âme au-dessus des vanités terrestres?

Elle était une énigme vivante pour l'imagination inquiète du jeune artiste. Quelque chose de plus étrange encore le bouleversait, c'est qu'il lui semblait ne pas l'avoir vue ce jour-là pour la première fois.

Où pouvait-il l'avoir déjà rencontrée? Il rassemblait en vain tous ses souvenirs. Lorsqu'il était arrivé à Catane, son nom même lui avait été nouveau pour lui. Une personne d'aussi grande maison et si remarquable par sa richesse, sa beauté et sa réputation de vertu, n'avait pu venir à Rome incognito. Michel se creusait l'esprit. Il ne se rappelait aucune circonstance où il eût pu la voir; d'autant plus qu'en la regardant, il ne se figurait pas la connaître un peu, mais la connaître intimement depuis longtemps, depuis qu'il était au monde.

Quand il eut bien cherché, il se dit qu'il y avait à cela une raison abstraite. C'est qu'elle était le vrai type de beauté qu'il avait toujours rêvé sans pouvoir lo saisir et le produire. C'était un lieu commun poétique. Il lui fallait bien s'en contenter, faute de mieux.

Mais la princesse n'était pas seule, car elle parlait, et Michel s'aperçut bientôt qu'elle était là, tête à tête avec un homme. C'était certainement une raison pour l'engager à se retirer, mais la retraite était difficile. Pour conserver à la grotte son obscurité mystérieuse et empêcher l'éclat des lumières de la salle de bal d'y pénétrer, on avait masqué l'entrée par un grand rideau de velours bleu, que notre curieux venait, par le plus grand hasard du monde, d'écarter un peu pour passer, sans que les deux personnes occupées à causer y fissent attention. L'entrée de cette grotte, étant de moitié moins grande que l'intérieur, formait un cadre, non de rochers factices, comme cela pourrait être arrangé chez nous, dans nos imitations de *rococo*, mais de véritables blocs de lave vitrifiés ou nuancés de diverses couleurs, échantillons étranges et précieux qu'on avait recueillis jadis dans le cratère même du volcan, pour les enchâsser comme les joyaux dans la maçonnerie. Cette corniche brillante formait donc une saillie assez considérable pour cacher Michel, qui pouvait regarder à travers ses anfractuosités. Mais, pour sortir tout à fait, il fallait encore toucher au rideau, et, cette fois, il était difficile d'espérer que la princesse ou son interlocuteur fussent assez distraits pour ne pas s'en apercevoir.

Michel s'avisa de tout cela trop tard pour réparer son imprudence. Il n'était plus temps de sortir naturellement, comme il était entré. Et puis, il était cloué à sa place par une inquiétude et une curiosités ardentes. Cet homme, qui était là, c'était sans doute l'amant de la princesse.

C'était un homme de trente-cinq ans environ, d'une haute stature et d'une figure grave et douce, admirablement belle et régulière. Dans sa manière d'être assis en face d'Agathe, à une distance qui tenait le milieu entre le respect et l'intimité, il n'y avait pourtant rien à reprendre; mais quand Michel eut recouvré assez de sang-froid pour entendre les paroles qui frappaient ses oreilles, il crut voir un indice certain d'affection partagée dans cette phrase que prononça la princesse :

— Dieu merci, personne ne s'est encore avisé de lever ce rideau et de découvrir cette retraite charmante : malgré l'espèce de coquetterie que je pourrais mettre à y conduire mes hôtes (car elle est décorée à ravir, ce soir), je voudrais pouvoir y passer cette nuit toute seule, ou avec vous, marquis, pendant que le bal, le bruit et la danse iraient leur train derrière le rideau.

Le marquis répondit, d'un ton qui n'indiquait pas un homme avantageux :

— Vous auriez dû faire fermer tout à fait la grotte, par une porte dont vous auriez eu la clé, et vous en faire un salon réservé, où vous seriez venue de temps en temps vous reposer de la chaleur, de la lumière et des compliments. Vous n'êtes plus habituée au monde, et vous avez trop compté sur vos forces. Vous serez horriblement fatiguée demain matin.

— Je le suis déjà; mais ce n'est pas le monde et le bruit qui m'ont brisée ainsi en un instant.

— Cela, je le conçois, chère amie, dit le marquis en pressant fraternellement la main d'Agathe dans les siennes. Tâchez de vous en distraire, du moins pour quelques heures, afin qu'il n'y paraisse point; car vous ne pouvez échapper aux regards, et, hormis cette grotte, vous ne vous êtes pas laissé, dans tout votre palais, un coin où vous puissiez vous réfugier, sans traverser une foule de salutations obséquieuses, de regards curieux...

— Et de phrases banales dont je me sens déjà le cœur affadi, répondit la princesse en s'efforçant de sourire. Comment peut-on aimer le monde, marquis! concevez-vous cela?

— Je le conçois pour les gens satisfaits d'eux-mêmes, qui croient toujours avoir du profit à se montrer.

— Tenez, le bal est charmant ainsi, à distance, quand on ne le voit pas, et qu'on n'y est pas vu. Ce bourdonnement, cette musique qui nous arrivent, et l'idée qu'on s'amuse ou qu'on s'ennuie là-bas, sans que nous soyons forcés de nous en mêler, ont du piquant et presque de la poésie.

— On dit pourtant aujourd'hui que vous allez vous réconcilier avec le monde, et que cette fête splendide à laquelle vous a décidé l'amour des bonnes œuvres, va vous donner le goût d'en donner ou d'en voir d'autres. Enfin, c'est un bruit que vous allez changer toutes vos habitudes, et reparaître comme un astre trop longtemps éclipsé.

— Et pourquoi dit-on une si étrange chose?

— Ah! pour vous répondre, il faudrait que je me fisse l'écho de tous les éloges que vous n'avez pas voulu recueillir, et je n'ai pas l'habitude de vous dire même des vérités, quand cela pourrait ressembler à des fadeurs.

— Je vous rends cette justice, et je vous autorise, ce soir, à me redire tout ce que vous avez entendu.

— Eh bien! l'on dit que vous êtes encore plus belle que toutes celles qui se donnent de la peine pour le paraître; que vous effacez les femmes les plus brillantes et les plus admirées, par une certaine grâce qui n'appartient qu'à vous, et par un air de simplicité noble qui vous gagne tous les cœurs. On recommence à s'étonner que vous viviez dans la solitude, et... faut-il tout dire?

— Oui, tout absolument.

— On dit (je l'ai entendu de mes oreilles, en coudoyant des gens qui ne me croyaient pas si près) : « Quelle fantaisie singulière a-t-elle donc de ne pas épouser le marquis de la Serra? »

— Allez, allez, marquis, dites encore, ne craignez rien; on dit sans doute que j'ai d'autant plus de tort que vous êtes mon amant?

— Non, Madame, on ne dit point cela, répondit le marquis d'un ton chevaleresque, et on ne le dira point tant qu'il me restera une langue pour le nier et un bras pour venger votre honneur.

— Excellent et admirable ami ! dit la princesse en lui tendant la main ; tu prends cela trop au sérieux. Je parie bien que tout le monde dit et pense que nous nous aimons.

— On peut dire et penser que je vous aime, puisque c'est la vérité, et, qu'à la longue, la vérité perce toujours. C'est pour cela qu'on sait aussi que vous ne m'aimez point.

— Noble cœur ! Mais, à présent moins que jamais... Demain, je te parlerai de cela plus que je ne l'ai fait encore. Il le faut. Je te dirai tout. Ce n'est pas ici le lieu et le moment. Il faut que je reparaisse dans ce bal où l'on s'étonne peut-être de ne me point voir.

— Etes-vous assez reposée, assez calme ?

— Oui ; maintenant je puis reprendre mon masque d'impassibilité.

— Ah ! il t'en coûte peu de le prendre, femme terrible ! s'écria le marquis en se levant et en pressant convulsivement contre sa poitrine le bras qu'elle venait d'appuyer sur le sien. Au fond de l'âme, tu es aussi invulnérable qu'à la surface.

— Ne dites pas cela, marquis, dit la princesse en l'arrêtant et en le regardant avec des yeux clairs qui firent tressaillir Michel. Dans ce moment solennel de ma vie, c'est une cruauté dont vous ne sentez pas la portée. Demain, pour la première fois, depuis douze ans que nous parlons sans nous comprendre, vous me comprendrez parfaitement ! Allons ! ajouta-t-elle en secouant sa tête charmante, comme pour en chasser les pensées sérieuses, allons danser ! Mais, auparavant, disons adieu à cette naïade si bien éclairée, et à cette grotte charmante, qui sera bientôt profanée par la foule des indifférents.

— Est-ce le vieux Pier-Angelo qui l'a si bien ornée ? demanda le marquis, en se tournant vers la naïade.

— *Non*, répondit la princesse, *c'est lui !*

Et, s'élançant dans le bal, comme par l'effet d'une résolution courageuse, elle tira brusquement le rideau et le rejeta sur Michel, qui, par un hasard inespéré, se trouva ainsi doublement caché au moment où elle passait près de lui.

Le trouble que sa situation personnelle lui causait fut à peine dissipé, qu'il entra dans la grotte, et, s'y voyant seul, il se laissa tomber sur le divan, à côté de la place que venait d'y occuper la princesse. Tout ce qu'il avait entendu l'avait agité singulièrement; mais toutes les réflexions qu'il eût pu faire étaient dominées maintenant par le dernier mot que cette femme étrange venait de prononcer.

Ce mot eût pu être une énigme pour un jeune homme tout à fait humble et candide : *Non, ce n'est pas Pier-Angelo, c'est lui !* Quelle mystérieuse réponse, ou quelle distraction singulière ! Mais, pour Michel, ce n'était pas une distraction : ce *lui* ne se rapportait pas à Pier-Angelo, mais à lui-même. Pour la princesse, il était donc *celui* qu'on n'a pas besoin de nommer, et c'est avec cette concision énergique qu'elle le désignait à un homme épris d'elle.

Cette inexplicable parole, et les réticences qui l'avaient précédée, le refus qu'elle avait fait d'aimer le marquis, ce *moment solennel de sa vie* dont elle avait parlé, *cette émotion terrible* qu'elle disait avoir éprouvée dans la soirée, cette confidence importante qu'elle devait faire le lendemain, tout cela se rapportait-il donc à Michel ?

Quand il se rappelait l'incroyable regard qu'elle avait jeté sur lui en le voyant pour la première fois avant l'ouverture du bal, il était tenté de se livrer aux plus folles présomptions. Il est vrai qu'en parlant au marquis, il y avait un instant où ses yeux rêveurs avaient brillé aussi d'un éclat extraordinaire; mais il ne semblait pas à Michel qu'ils eussent alors la même expression que lorsqu'ils avaient plongé dans les siens. Regard pour regard, il aimait encore mieux celui qu'il avait obtenu.

Qui pourrait raconter les étranges et magnifiques romans que, pendant un quart d'heure, forgea la cervelle de ce téméraire enfant? Ils étaient tous bâtis sur la même donnée, sur le génie extraordinaire d'un jeune artiste qui s'ignorait lui-même, et qui venait de se révéler subitement dans une grande et vive peinture de décor. La belle princesse qui avait fait exécuter cet essai, était venue souvent, à la dérobée, pendant huit jours, examiner les progrès de l'œuvre magistrale; et, pendant huit jours que l'artiste avait fait la sieste et mangé à de certains moments, dans de certaines salles mystérieuses du palais enchanté, cette belle fée invisible était venue le contempler, tantôt de derrière un rideau, tantôt d'une rosace du plafond. Elle s'était prise d'amour pour sa personne, ou d'admiration pour son talent, enfin, d'un engouement quelconque pour lui, et ce sentiment était trop vif pour qu'elle eût trouvé le sang-froid de le lui manifester par des paroles. Son regard lui avait tout révélé malgré elle; et lui, tremblant et bouleversé, comment s'y prendrait-il pour lui dire qu'il avait bien compris?

Il en était là, lorsque le marquis de la Serra, l'adorateur de la princesse, reparut tout à coup devant lui et le surprit, tenant dans ses mains, et contemplant sans le voir, l'éventail qu'elle avait oublié sur le divan.

— Pardon, mon cher enfant, lui dit le marquis en le saluant avec une courtoisie charmante, je suis forcé de vous reprendre cet objet qu'une dame redemande. Mais si les peintures chinoises de cet éventail vous intéressent, je pourrai mettre à votre disposition une collection de vases et d'images curieuses, où vous serez libre de choisir.

— Vous êtes beaucoup trop bon, monsieur le marquis, répondit Michel, blessé d'un ton de bienveillance où il crut voir une impertinente protection ; cet éventail ne m'intéresse point, et la peinture chinoise n'est pas de mon goût.

Le marquis s'aperçut fort bien du dépit de Michel, il reprit en souriant :

— C'est apparemment que vous n'avez vu que des échantillons grossiers de l'art de ce peuple; mais il existe des dessins coloriés, qui, malgré la simplicité élémentaire du procédé, sont assez dignes, pour la pureté des lignes et la naïveté charmante des mouvements, d'être comparés aux étrusques. Je serais heureux de vous montrer ceux que je possède. C'est un petit plaisir que je voudrais vous procurer et m'acquitterais par encore envers vous, car j'en ai eu un bien grand à voir vos peintures.

Le marquis parlait d'un air si sincère, et il y avait sur sa noble figure une bienveillance si marquée, que Michel, attaqué par son côté sensible, ne put s'empêcher de lui avouer naïvement ce qu'il éprouvait.

— Je crains, dit-il, que Votre Seigneurie ne veuille m'encourager par plus d'indulgence que je n'en mérite ; car je ne suppose pas qu'elle s'abaisse à railler un jeune artiste, au début délicat de sa carrière.

— Dieu m'en préserve, mon jeune maître ! répondit M. de la Serra, en lui tendant la main d'un air de franchise irrésistible. Je connais et j'estime trop votre père pour lui avoir été disposé d'avance en votre faveur; cela, je dois l'avouer ; mais, sincèrement, je puis vous affirmer que vos peintures révèlent du génie et promettent du talent. Voyez, je ne vous flatte pas; il y a encore de grandes fautes d'inexpérience, ou peut-être d'emportement d'imagination, dans votre œuvre; mais il y a un cachet de grandeur et une originalité de conception qui ne s'acquièrent ni ne se perdent. Travaillez, travaillez, mon jeune Michel-Ange, et vous justifierez le beau nom que vous portez.

— Votre avis est-il partagé, monsieur le marquis, demanda Michel, violemment tenté d'amener le nom de la princesse dans cette conversation.

— Mon avis est, je crois, celui de tout le monde. On critique vos défauts avec indulgence, on loue de grand cœur vos qualités ; on ne s'étonne pas de vos dispositions brillantes quand on apprend que vous êtes de Catane, et fils de Pier-Angelo Lavoratori, excellent artisan, plein de cœur et de feu. On est bon compatriote ici, Michel-Ange ! On se réjouit du succès qu'obtient un enfant du pays, et chacun en prend généreusement sa part. On estime tant ceux qui sont nés sur le sol bien-aimé, qu'on oublie toutes les distinctions de caste, et que, nobles ou paysans, ouvriers ou artistes, se pardonnent les antiques préjugés respectifs pour confondre leurs vœux dans le sentiment de l'unité de race.

— Oh! pensa Michel, le marquis me parle politique! Je ne connais point ses opinions. Peut-être, s'il a deviné les sentiments de la princesse, va-t-il travailler à me perdre! Je ne me fierai point à lui. — Puis-je savoir de Votre Seigneurie, dit-il, si la princesse de Palmarosa a daigné lever les yeux sur mes peintures, et si elle n'est pas trop mécontente de mes décors?

— La princesse est enchantée, n'en doutez pas, mon cher maître, répondit le marquis avec une merveilleuse cordialité; et, si elle vous savait ici, elle y viendrait pour vous le dire elle-même. Mais elle est trop occupée en ce moment pour que vous puissiez l'approcher. Demain, sans doute, elle vous donnera les éloges que vous méritez, et vous ne perdrez rien pour attendre... A propos, dit le marquis en se retournant, au moment de quitter Michel, voulez-vous venir voir mes peintures chinoises et d'autres peintures qui ne sont pas sans mérite? Je serai charmé de vous recevoir souvent. Ma maison de campagne est à deux pas d'ici.

Michel s'inclina comme pour remercier et accepter; mais, quoiqu'il eût dû être flatté de la grâce du marquis à son égard, il demeura triste et comme accablé. Évidemment le marquis n'était pas jaloux de lui. Il n'était pas même inquiet.

XII.

MAGNANI.

Rien n'est si mortifiant que d'avoir cru, ne fût-ce que pendant une heure, à une aventure romanesque, enivrante, et de s'apercevoir tout doucement qu'on a bien pu faire un rêve absurde. Chaque nouvelle réflexion de notre jeune artiste refroidissait sa cervelle et le ramenait à la triste notion de la vraisemblance. Sur quoi avait-il pu bâtir tant de châteaux en Espagne! Sur un regard qu'il avait sans doute mal interprété, sur une parole qu'il devait avoir mal entendue. Toutes les raisons probantes qui donnaient un démenti formel à son extravagante présomption se dressèrent devant lui comme une montagne, et il se sentit retomber du ciel sur terre.

« Je suis bien fou, se dit-il enfin, de m'occuper des yeux problématiques et des paroles inintelligibles d'une femme que je ne connais pas, et que par conséquent je n'aime point, quand il s'agit pour moi de choses bien autrement sérieuses. Allons donc voir si ce marquis ne m'a pas trompé, et si tout le monde trouve qu'il y a du génie à défaut de science dans ma peinture!

« Et cependant, se disait-il encore en quittant la grotte, il y a toujours au fond de tout ceci quelque chose qui sent le mystère. D'où ce marquis me connaît-il, moi qui ne l'ai jamais vu? D'où vient qu'il m'a abordé sans hésitation, avec une telle familiarité, en m'appelant par mon nom, comme si nous étions de vieux amis? »

Il est vrai que Michel se disait aussi : « Il a bien pu être à une fenêtre, ou dans une église, ou sur la place publique le jour où je me suis promené avec mon père dans la ville; ou encore, lorsque j'ai regardé les jardins suspendus de la Sémiramis qui me fait travailler, il pouvait être dans un de ces boudoirs si bien fermés en apparence, dont les croisées donnent de ce côté, et où il est autorisé, sans doute, à venir soupirer sans espoir pour ses beaux yeux fantasques. »

Michel parcourut la foule, et il n'attira l'attention de personne. On ne connaissait pas ses traits, quoique son nom eût passé dans beaucoup de bouches, et on parlait librement de ses peintures à ses oreilles.

« Cela promet, disaient les uns.
— Il a encore beaucoup à apprendre, disaient les autres.
— Il y a de la fantaisie, du goût; cela plaît aux yeux et amuse la pensée.
— Oui, mais il y a de trop grands bras, de trop petites jambes, des raccourcis d'une ignorance extrême; des mouvements impossibles.
— D'accord, mais toujours gracieux. Je vous dis que ce garçon, car on prétend que c'est presque un enfant, ira loin.
— C'est un enfant de notre ville.
— Eh bien! il en fera le tour et il n'ira pas plus loin, répondait un Napolitain. »

Somme toute, Michel-Ange Lavoratori entendit plus d'éloges bienveillants que de critiques amères; mais il sentit beaucoup d'épines en cueillant beaucoup de roses, et il reconnut que le succès est un mets sucré où il n'entre pas mal de fiel. Il en fut attristé d'abord; puis, croisant ses bras sur sa poitrine, regardant son œuvre, et cessant d'écouter l'avis des autres, il se rendit compte à lui-même de ses qualités et de ses défauts avec une impartialité qui triompha de l'amour-propre.

« Ils ont tous raison, dit-il. Cela promet, mais ne tient pas d'avance. Je me l'étais déjà dit, je crèverai ces toiles en les rangeant dans les greniers du palais, et je ferai mieux dorénavant. J'ai fait sur moi-même une expérience que je ne regrette pas, quoique je n'en sois pas fort content; mais je saurai en profiter, et favorable ou non à ma fortune, cet essai le sera à mon talent. »

Michel ayant recouvré toute la lucidité de ses pensées, et se disant qu'il n'était point un des patrons qui payaient à leur entrée un droit pour les pauvres, il résolut de s'abstenir du spectacle de la fête et de se promener à l'écart dans quelque partie tranquille du palais, en attendant qu'il se sentît absolument calme et disposé à aller se reposer. Sa raison était revenue, mais la fatigue des jours précédents avait laissé dans son sang et dans ses nerfs un peu d'agitation fébrile. Il essaya de monter jusqu'au Casino, d'où l'on pouvait sortir sur les terrasses naturelles de la montagne.

Toute cette belle maison était éclairée et ornée de fleurs; le public y circulait librement; mais, après un tour de promenade, la foule cessa de s'y porter. Le gros du spectacle, les danses, la jeunesse, la musique, le bruit, l'amour, étaient en bas, dans la grande salle artificielle. Il ne resta plus dans les galeries supérieures, dans les élégants escaliers et dans les vastes appartements, que des groupes majestueux ou discrets, quelques graves personnages s'occupant d'affaires d'État, ou quelques grandes coquettes accaparant et retenant par leur conversation raffinée certains hommes autour de leur fauteuil.

Vers minuit, toutes les personnes qui ne prenaient pas un plaisir marqué ou un intérêt direct à la réunion se retirèrent, et la fête, devenue moins nombreuse, fut plus belle et mieux encadrée.

Michel arriva par un petit escalier dérobé jusqu'au parterre aérien de la princesse. A cette hauteur, la brise était très-fraîche, et il éprouva un grand bien-être à s'asseoir sur la dernière marche de cet escalier, auprès d'une plate-bande embaumée. Ce parterre était désert. On voyait à travers des rideaux de gaze d'argent l'intérieur, désert aussi, des appartements de la princesse. Mais Michel n'y fut pas longtemps seul; Magnani vint l'y joindre.

Magnani était un des plus beaux garçons parmi les ouvriers de la ville. Il était laborieux, intelligent, brave et probe. Michel ne se défendit point de l'amitié qu'il lui inspirait, et oublia avec lui l'espèce de gêne et de défiance que lui avaient causée tous les artisans avec lesquels la position de son père le forçait de se mettre à l'unisson. Il souffrait, le pauvre enfant, après des années de loisir, de se retrouver parmi des garçons un peu rudes, un peu bruyants, qui lui reprochaient de les dédaigner et qu'il faisait de vains efforts pour regarder comme ses pareils.

Il avoua tout à Magnani, qu'il voyait être le plus distingué de tous, et dont la cordiale franchise n'avait rien de blessant ni de tyrannique. Il lui confia toutes les ambitions, toutes les faiblesses, tous les enivrements et toutes les souffrances, enfin tous les petits secrets de son jeune cœur. Magnani le comprit, l'excusa et lui parla raison.

« Vois-tu, Michel, lui dit-il, tu n'as pas tort à mes yeux ; l'inégalité des positions est jusqu'à présent la loi du monde ; chacun veut monter, aucun ne veut descendre. S'il en était autrement, le peuple resterait à l'état de brute. Dieu merci, le peuple veut grandir, et il grandit, quoi qu'on fasse pour l'en empêcher. Moi-même, je cherche à parvenir, à posséder quelque chose, à ne pas obéir toujours, à être libre, enfin ! Mais à quelque félicité que je puisse arriver, il ne me semble pas que je doive oublier le point d'où je serai parti. L'injuste hasard fait rester dans la misère bien des gens qui mériteraient aussi bien que moi, et mieux que moi, peut-être, d'en sortir. Voilà pourquoi je ne mépriserai jamais ceux que j'aurai laissés derrière moi, et ne cesserai pas de les aimer de toute mon âme et de les aider de tout mon pouvoir.

« Je sais bien que tu fais tes frères d'origine sans les mépriser, sans les haïr ; tu te déplais avec eux, et tu les obligerais pourtant dans l'occasion ; mais, prends-y garde ! il y a un peu d'orgueil mal entendu dans cette espèce d'affection protectrice, et, si elle devient légitime un jour, songe qu'à l'heure qu'il est, elle pourrait bien être déplacée. Tu es plus d'intelligence et de savoir-vivre que la plupart d'entre nous, je l'accorde ; mais est-ce là une supériorité bien réelle ? Tel pauvre diable qui aura plus de sagesse, de vertu ou de courage que toi, n'aurait-il pas le droit de se croire au moins ton égal, quand même il aurait la parole brusque et le langage vulgaire ?

« Il t'arrivera plus d'une fois, dans ta carrière d'artiste, d'avoir à prendre patience devant l'impertinence des riches ; et même, si je ne me trompe, la vie des artistes doit être une attention continuelle à préserver le mérite personnel des dédains du mérite imaginaire attaché à la naissance, au pouvoir et à la fortune.

« Cependant, tu t'élances vers ce monde-là, sans effroi et sans honte ; tu acceptes le défi d'avance, tu vas te mesurer avec la vanité amère des grands ; d'où vient donc que cela te semble moins blessant et moins rude que la familiarité naïve des petits ? J'excuserais plus volontiers l'offense d'un ignorant que celle d'un fachée, et je me sentirais plus à l'aise au milieu des coups de poing de mes camarades que sous les gracieux quolibets de mes prétendus supérieurs.

« Est-ce l'ennui qui te chasse du milieu de nous ? Est-ce parce que nous avons peu d'idées et point d'art pour les exprimer ? Mais nous avons peut-être autre chose qui t'intéresserait, si tu le comprenais. Cette simplicité qui nous caractérise a son beau côté, qui devrait frapper de respect et d'attendrissement ceux qui l'ont perdue. Sont-ce les défauts, les vices mêmes qui se rencontrent parmi nous, qui te soulèvent le cœur de dégoût ? Mais ces vices qui me font mal à voir, et dont je veille sans cesse à me préserver, les hautes classes en sont-elles exemptes ? De ce qu'elles les cachent mieux, ou de ce que, chez elles, le dévergondage de l'esprit colore et stimule celui des sens, s'ensuit-il que ces vices soient plus tolérables ? Ils ont beau se cacher, ces heureux du siècle, leurs fautes, leurs crimes transpirent jusqu'à nous, et c'est souvent, presque toujours parmi nous qu'ils cherchent leurs complices ou leurs victimes.

« Va, Michel, travaille, espère, monte, mais que ce ne soit pas au détriment de l'esprit de justice et de bonté ; car, alors, si tu grandissais dans l'opinion de quelques-uns, tu descendrais à proportion dans l'estime de la plupart.

— « Tout ce que tu dis est vrai et sage, répondit Michel ; mais la conclusion est-elle bien posée ? Dois-je poursuivre la carrière des arts, et faire en même temps ma société exclusive, ou du moins préférée, de ces ouvriers parmi lesquels le sort m'a fait naître ? Tu verras, si tu y songes bien, que cela est incompatible, que les œuvres de l'art sont dans la main des riches, qu'eux seuls possèdent, achètent et commandent des tableaux, des statues, des vases, des ouvrages de ciselure et de gravure. Pour être employé par eux, il faut bien vivre avec eux, comme eux ; sinon l'oubli, l'obscurité, la misère sont le partage du génie. Nos pères, les nobles artisans de la renaissance et du moyen âge, étaient à la fois des artistes et des ouvriers. Leur position était nette, et le plus ou moins de talent la faisait plus ou moins brillante. Aujourd'hui, tout est changé. Les artistes sont plus nombreux et les riches sont moins grands seigneurs. Le goût s'est corrompu, les Mécènes ne s'y connaissent plus. On bâtit moins de palais : pour un musée qui se forme, trente sont vendus en détail pour payer des dettes, ou parce que les héritiers des grandes maisons préfèrent l'argent aux monuments du génie. Il ne suffit donc plus d'être un homme supérieur pour trouver de l'emploi et de l'honneur dans son métier. C'est le hasard et encore plus souvent l'intrigue, qui font que quelques-uns naviguent, tandis que beaucoup d'autres, qui peut-être valaient mieux, sont submergés.

« Pourtant je ne me fie point au hasard, et ma fierté se refuse à l'intrigue. Que ferai-je donc ? Attendrai-je que quelque amateur apprécie une figure de décor assez largement conçue, sur une toile peinte à la colle, et qu'il en soit assez frappé pour venir le lendemain me chercher au cabaret afin de me commander un tableau ? Cette bonne fortune peut m'arriver une fois sur cent : mais encore, le jour où elle m'arrivera, il faudra que je doive mon pain à la protection du riche, qui aura commencé à s'intéresser à moi. Tôt ou tard, il faudra bien que je me courbe devant lui et que je le prie de me recommander aux autres.

« Ne vaut-il pas mieux que, le plus tôt possible, et dès que je serai sûr de moi-même, je quitte l'échelle et le tablier, que je prenne l'extérieur d'un homme qui ne mendie point, et que je me présente, le front levé, parmi les riches ? Si je sors du cabaret bras dessus, bras dessous, avec les joyeux compagnons de la scie ou de la truelle, il est évident que je ne pourrai pas entrer dans le palais comme un hôte, mais comme un salarié ; et qu'aujourd'hui même, si je voulais aborder une de ces belles dames et l'inviter à danser, je serais bafoué et chassé au bout d'un quart d'heure. Un temps doit venir pourtant où elles me feront des avances, et où mon talent sera pour moi un titre qui pourra lutter avec avantage contre celui de duc ou de marquis, dans les succès de ce monde-là. Mais c'est à la condition que mes habitudes et mes manières auront pris l'empreinte et le cachet de l'aristocratie. Il faudra que je sois ce qu'ils appellent un homme de bonne compagnie ; autrement, je serais en vain un homme de génie ; personne ne s'en aviserait.

« Je ne ferai donc mon chemin, comme artiste, qu'en détruisant en moi l'artisan. Il faut que j'arrive à être libre possesseur de mes œuvres, et à les vendre comme fait un propriétaire, au lieu de les exécuter comme fait un journalier. Eh bien ! pour cela, il faut que j'aie de la réputation, et la réputation aujourd'hui, ne vient pas chercher l'artiste au fond de son grenier ; il est obligé de se la donner lui-même en payant de sa personne, en fréquentant ceux qui la dispensent, en la réclamant comme un droit et non en l'implorant comme une aumône. Vois, Magnani, si je puis sortir de ce dilemme ! Pourtant, je souffre mortellement, je te le jure, en songeant qu'il faut que je renie en quelque sorte la race de mes pères, et que je dois me laisser accuser de sottise et d'impudence par des hommes dont je me sens le frère et l'ami. Tu vois bien qu'il faut que je m'éloigne d'un pays où la popularité de mon père rendrait ce divorce plus choquant pour les autres et plus douloureux pour moi-même que partout ailleurs. J'y suis venu remplir un devoir, expier des égarements ; mais quand ma tâche sera remplie, il faut que je retourne à Rome, et que, de là, je parcoure le monde sous le déguisement peut-être anticipé d'un homme libre. Si je ne le fais point, adieu tout mon avenir ; j'y puis renoncer dès aujourd'hui.

— « Oui ! oui ! je comprends, reprit Magnani, il faut s'affranchir à tout prix. Le travail du journalier c'est le servage ; l'œuvre de l'artiste c'est le titre d'homme. Tu as raison, Michel, c'est ton droit, par conséquent ton devoir et ta destinée. Mais qu'elle est sombre et cruelle la destinée des hommes intelligents ! Quoi, répudier sa

Il avoua tout à Magnani. (Page 30.)

famille, quitter sa terre natale, jouer une sorte de comédie pour se faire accepter des étrangers, prendre le masque pour recevoir la couronne, entrer en guerre contre les pauvres qui vous condamnent et les riches qui vous admettent à peine ! C'est affreux, cela ! c'est à dégoûter de la gloire ! Qu'est-ce donc que la gloire pour qu'on l'achète à ce prix ?

— « La gloire, comme on l'entend dans le sens vulgaire, n'est rien en effet, mon ami, répondit Michel avec feu, si ce n'est rien de plus que le petit bruit qu'un homme peut faire dans le monde. Honte à celui qui trahit son sang et brise ses affections pour satisfaire sa vanité ! Mais la gloire, telle que je la conçois, ce n'est pas cela ! C'est la manifestation et le développement du génie qu'on porte en soi. Faute de trouver des juges éclairés, des admirateurs enthousiastes, des critiques sévères, et même des détracteurs envieux, faute enfin de goûter tous les avantages, de recevoir tous les conseils et de subir toutes les persécutions que soulève la renommée, le génie s'éteint dans le découragement, l'apathie, le doute ou l'ignorance de soi-même. Grâce à tous les triomphes, à tous les combats, à toutes les blessures qui nous attendent dans une haute carrière, nous arrivons à faire de nos forces le plus magnifique usage possible, et à laisser, dans le monde de la pensée, une trace puissante, ineffaçable, à jamais féconde. Ah ! celui qui aime vraiment son art veut la gloire de ses œuvres, non pas pour que son nom vive, mais pour que l'art ne meure point. Et que m'importerait de n'avoir pas les lauriers de mon patron Michel-Ange, si je laissais à la postérité une œuvre anonyme comparable à celle du *Jugement dernier !* Faire parler de soi est plus souvent un martyre qu'un enivrement. L'artiste sérieux cherche ce martyre et l'endure avec patience. Il sait que c'est la dure condition de son succès ; et son succès, ce n'est pas d'être applaudi et compris de tous, c'est de produire et de laisser quelque chose en quoi il ait foi lui-même. Mais qu'as-tu, Magnani ? tu es triste et ne m'écoutes plus ? »

XIII.

AGATHE.

« Je t'écoute, Michel, je t'écoute beaucoup, au contraire, répondit Magnani, et je suis triste parce que je

Son père faisant une partie de flageolet à l'orchestre. (Page 35.)

sens la force de ton raisonnement. Tu n'es pas le premier avec lequel je cause de ces choses-là : j'ai déjà connu plus d'un jeune ouvrier qui aspirait à quitter son métier, à devenir commerçant, avocat, prêtre ou artiste; et, il est vrai de dire que, tous les ans, le nombre de ces déserteurs augmente. Quiconque se sent de l'intelligence parmi nous se sent aussitôt de l'ambition, et jusqu'ici, j'ai combattu avec force ces velléités dans les autres et dans moi-même. Mes parents, fiers et entêtés comme de vieilles gens et de sages travailleurs qu'ils étaient, m'ont enseigné, comme une religion, de rester fidèle aux traditions de famille, aux habitudes de caste; et mon cœur a goûté cette morale sévère et simple. Voilà pourquoi j'ai résolu, en brisant parfois mon propre élan, de ne pas chercher le succès hors de ma profession ; voilà pourquoi aussi j'ai rudement tancé l'amour-propre de mes jeunes camarades aussitôt que je l'ai vu poindre ; voilà pourquoi mes premières paroles de sympathie et d'intérêt pour toi ont été des avertissements et des reproches.

« Il me semble que jusqu'à toi j'ai eu raison, parce que les autres étaient réellement vaniteux, et que leur vanité tendait à les rendre ingrats et égoïstes. Je me sentais donc bien fort pour les blâmer, les railler et les prêcher tour à tour. Mais avec toi je me sens faible, parce que tu es plus fort que moi dans la théorie. Tu peins l'art sous des couleurs si grandes et si belles, tu sens si fortement la noblesse de sa mission, que je n'ose plus te combattre. Il me semble que toi, tu as droit de tout briser pour parvenir, même ton cœur, comme j'ai brisé le mien pour rester obscur... Et pourtant ma conscience n'est pas satisfaite de cette solution. Cette solution ne m'en paraît pas une. Voyons, Michel, tu es plus savant que moi ; dis-moi qui de nous deux a tort devant Dieu.

— Ami, je crois que nous avons tous deux raison, répondit Michel. Je crois qu'à nous deux, dans ce moment, nous représentons ce qui se passe de contradictoire, et pourtant de simultané, dans l'âme du peuple, chez toutes les nations civilisées. Tu plaides pour le sentiment. Ton sentiment fraternel est saint et sacré. Il lutte contre mon idée : mais l'idée que je porte en moi est aussi sacrée, dans son élan vers le combat, que l'est ton sentiment dans sa loi de renoncement et de silence. Tu es dans le devoir, je suis dans le droit. Tolère-moi, Magnani, car moi, je te respecte, et l'idéal de chacun de nous est incomplet s'il ne se complète par celui de l'autre.

— Oui, tu parles de choses abstraites, reprit Magnani tout pensif, je crois te comprendre; mais dans le fait, la question n'est pas tranchée. Le monde actuel se débat entre deux écueils, la résignation et la lutte. Par amour pour ma race, je voudrais souffrir et protester avec elle. Par le même motif peut-être, tu veux combattre et triompher en son nom. Ces deux moyens d'être homme semblent s'exclure et se condamner mutuellement. Qui doit prévaloir devant la justice divine, du sentiment ou de l'idée? Tu l'as dit : « Tous deux ! » Mais sur la terre, où les hommes ne se gouvernent point par des lois divines, où trouver l'accord possible de ces deux termes? Je le cherche en vain !

— Mais à quoi bon le chercher? dit Michel, il n'existe pas sur la terre à l'heure qu'il est. Le peuple peut s'affranchir et s'illustrer en masse par les glorieux combats, par les bonnes mœurs, par les vertus civiques, mais individuellement, chaque homme du peuple a une destinée particulière : à celui qui se sent né pour toucher les cœurs, de vivre fraternellement avec les simples; à celui qui se sent appelé à éclairer les esprits, de chercher la lumière, fût-ce dans la solitude, fût-ce parmi les ennemis de sa race. Les grands maîtres de l'art ont travaillé matériellement pour les riches, mais moralement pour tous les hommes, car le dernier des pauvres peut puiser dans leurs œuvres le sentiment et la révélation du beau. Que chacun suive donc son inspiration et obéisse aux vues mystérieuses de la Providence à son égard. Mon père aime à chanter de généreux refrains dans les tavernes; il y électrise ses compagnons; ses récits, sur un banc, au coin de la rue, sa gaieté et son ardeur au chantier, dans le travail en commun, font grandir tous ceux qui le voient et l'entendent. Le ciel l'a doué d'une action immédiate, par les moyens les plus simples, sur la fibre vitale de ses frères, l'enthousiasme dans le labeur, l'expansion dans le repos. Moi, j'ai le goût des temples solitaires, des vieux palais riches et sombres, des antiques chefs-d'œuvre, de la rêverie chercheuse, des jouissances épurées de l'art. La société des patriciens ne m'alarme pas. Je les trouve trop dégénérés pour les craindre; leurs noms sont à mes yeux une poésie qui les relève à l'état de figures, d'ombres si tu veux, et j'aime à passer en souriant parmi ces ombres qui ne me font point peur. J'aime les morts; je vis avec le passé; et c'est par lui que j'ai la notion de l'avenir; mais j'avoue que je n'ai guère celle du présent, que le moment précis où j'existe n'existe pas pour moi, parce que je vais toujours fouillant en arrière, en avant, en avant toutes les choses réelles. C'est ainsi que je les transforme et les idéalise. Tu vois bien que je ne servirais pas aux mêmes fins que mon père et toi, si j'employais les mêmes moyens. Ils ne sont pas en moi.

« Michel, dit Magnani en se frappant le front, tu l'emportes! Il faut bien que je t'absolve, et que je te délivre de mes remontrances! Mais je souffre, vois-tu, je souffre beaucoup! Tes paroles me font un grand mal !

— Et pourquoi donc, cher Magnani?

— C'est mon secret, et pourtant je veux te le dire sans en trahir la sainteté. Crois-tu donc que, moi aussi, je n'aie pas quelque ambition permise, quelque désir secret et profond de m'affranchir de la servitude où je vis? Ignores-tu que tous les hommes ont au fond du cœur le désir d'être heureux? Et crois-tu que le sentiment d'un sombre devoir ne me fasse nager dans les délices?

« Tiens ! juge de mon martyre. J'aime éperdument, depuis cinq ans, une femme que son rang dans le monde place aussi loin de moi que le ciel l'est de la terre. Ayant toujours regardé comme impossible qu'elle eût seulement un regard de compassion pour moi, je me suis rattaché à l'enthousiasme de ma souffrance, de ma pauvreté, de ma nullité forcée parmi les hommes. C'est avec une sorte d'amertume que j'ai résolu de ne point imiter ceux qui veulent parvenir et qui s'exposent à être bafoués en haut et en bas. Si j'étais de ceux-là, pensais-je, un jour viendrait peut-être où je pourrais porter galamment à mes lèvres la main de celle que j'adore. Mais dès que j'ouvrirais la bouche pour trahir le mystère de ma passion, je serais sans doute repoussé, raillé, foulé aux pieds; j'aime mieux rester perdu dans la poussière de mon métier, et ne jamais élever jusqu'à elle des prétentions insensées. J'aime mieux qu'elle croie à jamais impossible une aspiration de moi vers elle! Au moins, sous la livrée de l'ouvrier, elle respectera ma souffrance ignorée; elle ne l'enveniméra point en la découvrant, en rougissant de l'avoir inspirée, en croyant nécessaire de s'en préserver. A l'heure qu'il est, elle passe près de moi comme à côté d'une chose qui lui est indifférente, mais qu'elle ne se croirait pas le droit d'insulter et de briser. Elle me salue, me sourit et me parle comme à un être d'une autre nature que la sienne : il n'y paraît point, mais cet instinct est en elle, je le sens et m'en rends compte. Du moins elle ne songe pas à m'humilier, elle ne le voudrait pas; et, moins j'ai l'orgueil de lui plaire, moins je crains qu'elle ne m'outrage par sa pitié. Tout cela changerait si j'étais peintre ou poëte, si je lui présentais son portrait fait de ma main tremblante, ou un sonnet de ma façon en son honneur; elle sourirait autrement, elle me parlerait autrement. Il y aurait de la réserve, de la raillerie ou de la compassion dans sa bonté, soit que j'eusse réussi ou échoué dans ma tentative d'art. Oh ! que cela m'éloignerait d'elle et me ferait descendre plus bas que je ne suis ! J'aime mieux être l'ouvrier qui lui rend service en lui vendant l'emploi de ses bras, que le débutant qu'elle protégerait comme faible ou qu'elle plaindrait comme fou !

— Je t'approuve, ami, dit Michel, devenu pensif à son tour. J'aime ta fierté, et je crois que ce serait un bon exemple à suivre, même dans ma position et avec les projets que je nourris, d'ailleurs, si j'étais tenté de chercher l'amour au delà de certains obstacles, absurdes, il est vrai, mais énormes !

— Oh ! toi, Michel, c'est bien différent. Ces obstacles qui existeraient aujourd'hui entre toi et une grande dame seront rapidement franchis, et, tu l'as dit toi-même, un jour viendra où ces femmes-là te feront des avances. Cette parole, qui s'est échappée de ton cœur, m'a d'abord semblé présomptueuse et ridicule. A présent que je te comprends, je la trouve naturelle et légitime. Oui, tu plairas aux femmes les plus haut placées, toi, parce que tu es dans la fleur de la jeunesse, parce que ta beauté a un caractère délicat et un peu efféminé qui te fait ressembler aux hommes nés pour l'oisiveté, parce que tu as l'habitude de l'élégance, l'instinct des belles manières et de l'aisance dans les habits que tu portes; car il faut tout cela, joint au génie et au succès, pour que ces femmes orgueilleuses oublient l'origine plébéienne de l'artiste. Oui, tu pourras leur paraître un homme, tandis que moi je voudrais en vain me farder; je ne serai jamais qu'un manœuvre, et la rude enveloppe percera malgré moi. Il serait trop tard à présent : j'ai vingt-six ans !.... Mais je frissonne sous une émotion étrange, en pensant qu'il y a cinq ans, quand j'étais encore maniable comme la cire, comme l'enfance, si quelqu'un eût légitimité et ennobli à mes yeux les instincts qui naissaient en moi, si quelqu'un m'eût parlé comme tu viens de le faire, j'eusse pu suivre une direction analogue à la tienne, et m'élancer dans une carrière enivrante. J'avais l'esprit ouvert au sentiment du beau; je pouvais chanter comme le rossignol, sans m'expliquer mes propres accents, mais avec la puissance de l'inspiration sauvage. Je pouvais lire, comprendre et retenir beaucoup de livres; je comprenais aussi la nature; je lisais dans le ciel et dans l'horizon des mers, dans la verdure des forêts et l'azur des grandes montagnes. Il me semble que j'aurais pu être musicien, poëte ou paysagiste. Et déjà l'amour parlait à mon cœur ; déjà il m'était apparue celle dont je ne puis détacher ma pensée. Quel stimulant pour moi si je m'étais livré à de violentes tentations !

« Mais j'ai tout refoulé dans mon cœur, craignant d'être parjure envers mes parents et mes amis, craignant de m'avilir à leurs yeux et aux miens en voulant m'élever. Je me suis endurci au travail : mes mains sont devenues calleuses, et mon esprit aussi. Ma poitrine s'est élargie, il est vrai, et mon cœur s'y est développé comme un polype qui me ronge, qui absorbe toute ma vie; mais mon front s'est rétréci, j'en suis certain; l'imagination s'est affaissée sur elle-même; la poésie est morte en moi; il ne m'est resté que la raison, le dévouement, la fermeté, le sacrifice... c'est-à-dire la souffrance! Ah! Michel, déploie tes ailes et quitte cette terre de douleurs! vole, comme un oiseau, aux coupoles des palais et des temples, et, de là-haut, regarde ce pauvre peuple qui se traîne et gémit sous tes pieds. Plains-le, du moins, aime-le si tu peux, et ne fais jamais rien qui puisse le rabaisser dans ta personne. »

Magnani était profondément ému; mais tout à coup son agitation sembla changer de nature : il tressaillit, se retourna vivement et porta la main sur les branches d'un épais buisson de myrte rose qui masquait derrière lui un enfoncement obscur de la muraille. Ce rideau de verdure, qu'il entr'ouvrit convulsivement, ne cachait qu'une entrée de corridor dérobé, lequel, ne conduisant probablement qu'à des chambres de service, n'était pas indiqué à la circulation du public invité. Michel, étonné du mouvement de Magnani, jeta un regard sur ce couloir à peine éclairé d'une lampe pâlissante et dont l'extrémité se perdait dans les ténèbres. Il lui sembla qu'une forme blanche glissait dans ces ombres, mais si vague, qu'elle était presque insaisissable, et qu'on pouvait avoir abusé par un reflet de lumière plus vive, que l'écartement du buisson entr'ouvert aurait fait passer sur cette profondeur. Il voulut y pénétrer; Magnani le retint en lui disant :

« Nous n'avons pas le droit d'épier ce qui se passe dans les parties voilées de ce sanctuaire. Mon premier mouvement de curiosité a été irréfléchi : j'avais cru entendre marcher légèrement auprès de moi... et j'ai rêvé, sans doute! je m'imaginais voir remuer ce buisson. Mais c'est une illusion produite par la peur qui s'emparait de moi à l'idée que mon secret allait s'échapper de mes lèvres. Je te quitte, Michel; ces épanchements sont dangereux, ils me troublent; j'ai besoin de rentrer en moi-même et de laisser à la raison le temps de calmer les tempêtes soulevées dans mon sein par ta parole et ton exemple!... »

Magnani s'éloigna précipitamment, et Michel recommença à parcourir le bal. L'aveu de son jeune compagnon, pris d'amour insensé pour une grande dame, avait réveillé en lui une émotion dont il croyait avoir triomphé. Il erra autour des danses pour chercher à s'en distraire, car il sentait sa folie aussi dangereuse, pour le moment, que celle de Magnani. Bien des années devaient s'écouler encore avant qu'il pût se croire de niveau, par son génie, avec toutes les positions sociales: aussi se fit-il un amusement plein d'angoisses à regarder les plus jeunes danseuses, et à chercher en rêve, parmi elles, celle qu'un jour il pourrait regarder avec des yeux enflammés d'amour et d'audace. Probablement il ne la découvrit pas, car il attacha successivement sa fantaisie à plusieurs; et, comme dans ces sortes de châteaux en Espagne, on ne risque rien à être fort difficile, il ne cessa pas de chercher et de discuter avec lui-même le mérite comparé de ces jeunes beautés.

Mais, au milieu de ces aberrations de son cerveau, il vit passer tout à coup la princesse de Palmarosa. Attentif jusque-là à se tenir à une certaine distance des groupes dansants, et à circuler discrètement derrière les gradins de l'amphithéâtre, il se rapprocha involontairement; et, quoique la foule ne fût pas assez compacte pour autoriser ou masquer sa présence, il se trouva presque aux premiers rangs parmi des personnes plus titrées ou plus riches les unes que les autres.

Cette fois, son instinct de fierté ne l'avertit point du péril de sa situation. Un invincible aimant l'attirait et le retenait : la princesse dansait.

Sans doute c'était par la forme, par convenance, ou par obligation, car elle ne faisait que marcher, et ne paraissait pas y prendre le moindre plaisir. Mais elle marchait mieux que les autres ne dansaient, et, sans songer à chercher aucune grâce, elle les avait toutes. Cette femme avait réellement un charme étrange qui s'insinuait comme un parfum subtil et finissait par tout dominer ou tout effacer autour d'elle. On eût dit d'une reine au milieu de sa cour, dans quelque royaume où règnerait la perfection morale et physique.

C'était la chasteté des vierges célestes avec leur sérénité puissante, une pâleur qui n'avait rien d'exagéré ni de maladif, et qui proclamait l'absence d'émotions vives. On disait cette mystérieuse consacrée à une abstinence systématique ou à une indifférence exceptionnelle. Pourtant ce n'était point l'apparence d'une froide statue. La bonté animait son regard un peu distrait, et donnait à son faible sourire une suavité inexprimable.

Là, au feu de mille lumières, elle apparaissait à Michel tout autre qu'il ne l'avait vue dans la grotte de la Naïade, une heure auparavant, lorsqu'une étrange clarté ou sa propre imagination la lui avaient fait trouver un peu effrayante. Sa nonchalance était maintenant plus calme que mélancolique, plus habituelle que forcée. Elle avait repris juste assez de vie pour s'emparer du cœur et laisser les sens tranquilles.

XIV.

BARBAGALLO.

Si Michel eût pu détourner les yeux de l'objet de sa contemplation, il eût vu, à quelques pas de lui, son père faisant une partie de flageolet à l'orchestre. Pier-Angelo avait la passion de l'art, sous quelque forme qu'il pût se l'assimiler. Il aimait et devinait la musique, et jouait d'instinct de plusieurs instruments, à peu de chose près dans le ton et dans la mesure. Après avoir surveillé plusieurs détails de la fête qui lui avaient été confiés, n'ayant plus rien à faire, il n'avait pu résister au désir de se mêler aux musiciens, qui le connaissaient et qui s'amusaient de sa gaieté, de sa belle et bonne figure et de l'air enthousiaste avec lequel il faisait entendre, de temps en temps, une ritournelle criarde sur son instrument. Quand le ménétrier dont il avait pris la place revint de la buvette, Pier-Angelo s'empara des cymbales vacantes, et, à la fin du quadrille, il râclait avec délices les grosses cordes d'une contre-basse.

Il était surtout ravi de faire danser la princesse, qui, ayant aperçu sa tête chauve sur l'estrade de l'orchestre, lui avait envoyé de loin un sourire et un imperceptible signe d'amitié, que le bonhomme avait recueilli dans son cœur. Michel-Ange eût trouvé peut-être que son père se prodiguait trop au service de la patronne chérie, et ne portait pas avec assez de sévérité sa dignité d'artisan. Mais, en ce moment, Michel, qui s'était cru distrait ou guéri du regard de la princesse Agathe, était si bien retombé sous le prestige, qu'il ne songeait plus qu'à en rencontrer un second.

L'unique toilette que, par un reste d'aristocratie incurable, il avait courageusement apportée sur ses épaules dans un sac de voyage, à travers les défilés de l'Etna, était à la mode et de bon goût. Sa figure était si noble et si belle, qu'il n'y avait certes rien à reprendre dans sa personne et dans sa tenue. Pourtant, depuis quelques minutes, sa présence, dans le cercle qui entourait immédiatement la princesse, importunait les yeux de maître Barbagallo, le majordome du palais.

Ce personnage, habituellement doux et humain, avait pourtant ses antipathies et ses moments d'indignation comique. Il avait reconnu du talent chez Michel; mais l'air impatient de ce jeune homme lorsqu'il lui adressait quelques observations puériles, et le peu de respect qu'il avait paru éprouver pour son autorité, le lui avaient fait prendre en défiance et quasi en aversion. Dans ses idées, à lui qui avait fait une étude particulière des titres et des blasons, il n'y avait de noble que les *nobles*, et il confondait dans un dédain muet, mais invincible, toutes les autres classes de la société. Il était donc blessé et froissé de voir le fier palais de ses maîtres ouvert à ce qu'il appelait une cohue, à des commerçants, à des hommes de loi, à des dames israélites, à des voyageurs suspects, à des étudiants, à de petits officiers, enfin à quiconque, pour une pièce d'or, pouvait s'arroger le droit de danser au quadrille de la princesse. Cette fête par souscription était une invention nouvelle, venue de l'étranger, et qui renversait toutes ses notions sur le décorum.

La retraite où la princesse avait toujours vécu avait aidé ce digne majordome à conserver toutes ses illusions et tous ses préjugés sur l'excellence des races; voilà pourquoi, à mesure que la nuit avançait, il était de plus en plus triste, inquiet et morose. Il venait de voir la princesse promettre une contredanse à un jeune avocat qui avait eu l'audace de l'inviter, et, en regardant Michel-Ange Lavoratori la contempler de si près avec des yeux ravis, il se demanda si ce barbouilleur n'allait pas aussi se mettre sur les rangs pour danser avec elle.

« Le monde est renversé depuis vingt ans, je le vois bien, se disait-il; si on eût donné un pareil bal ici, du temps du prince Dionigi, les choses se fussent passées autrement. Chaque société se fût tenue à l'écart des autres; on eût formé divers groupes qui ne se fussent pas mêlés à leurs supérieurs ou à leurs inférieurs. Mais ici tous les rangs sont confondus, c'est un bazar, une saturnale!

« Mais, à propos, s'avisa-t-il de penser, que fait là ce petit peintre? Il n'a pas payé, lui; il n'a pas même le droit qu'on achète aujourd'hui, hélas! à la porte du noble palais de Palmarosa. Il n'est admis ici que comme ouvrier. S'il veut jouer du tambourin à côté de son père ou veiller aux quinquets, qu'il se range d'où il est. Mais, à coup sûr, je rabattrai maintenant son petit amour-propre, et il aura beau trancher du grand peintre, je le renverrai à sa colle. C'est une petite leçon que je lui dois, puisque son vieux extravagant de père le gâte et ne sait pas le conduire. »

Armé de cette belle résolution, messire Barbagallo, qui n'osait lui-même approcher du cercle de la princesse, s'efforça d'attirer de loin l'attention de Michel, en lui faisant force signes, que celui-ci n'aperçut pas le moins du monde. Alors le majordome, voyant que la contredanse allait finir, et que la princesse ne pourrait manquer de voir le jeune Lavoratori ainsi installé cavalièrement sur son passage, se décida à en finir par un coup d'État. Il se glissa parmi les assistants comme un chien d'arrêt dans les blés, et, passant doucement son bras sous celui du jeune homme, il s'efforça de l'attirer à l'écart, sans éclandre et sans bruit.

Michel venait, en cet instant, de rencontrer ce regard de la princesse qu'il cherchait et attendait depuis si longtemps.

Ce regard l'avait électrisé, quoiqu'il lui parût voilé par un sentiment de prudence; et, lorsqu'il se sentit prendre le bras, sans détourner la tête, sans daigner seulement savoir à qui il avait affaire, il repoussa d'un coup de coude énergique la main indiscrète qui s'attachait à lui.

« Maître Michel, que faites-vous ici? lui dit à l'oreille le majordome indigné.

— Que vous importe? répondit-il en lui tournant le dos et haussant les épaules.

— Vous ne devez pas être ici, reprit Barbagallo prêt à perdre patience, mais se contenant assez pour parler bas.

— Vous y êtes bien, vous! répondit Michel en le regardant avec des yeux enflammés de colère, espérant s'en débarrasser par l'intimidation. »

Mais Barbagallo avait sa bravoure à lui; il se fût laissé cracher au visage plutôt que de manquer d'un iota à ce qu'il regardait comme son devoir.

« Moi, Monsieur, dit-il, je fais mon service; allez faire le vôtre. Je suis fâché de vous contrarier; mais il faut que chacun se tienne à sa place. Oh! ne faites pas l'insolent! Où est votre carte d'entrée? Vous n'avez pas de carte d'entrée, je le sais. Si l'on vous a permis de voir la fête, c'est apparemment à condition que vous veillerez au service comme votre père, au buffet, au luminaire... voyons, de quoi vous a-t-on chargé? Allez trouver le maître d'hôtel du palais pour qu'il vous emploie, et, s'il n'a plus besoin de vous, allez-vous-en, au lieu de regarder les dames sous le nez. »

Maître Barbagallo parlait toujours assez bas pour n'être entendu que de Michel; mais ses yeux courroucés et sa gesticulation convulsive en disaient assez, et déjà l'attention se fixait sur eux. Michel était bien résolu à se retirer, car il sentait qu'il n'avait aucun moyen de résister à la consigne. Frapper un vieillard lui faisait dégoût, et pourtant jamais il ne sentit le sang populaire lui démanger plus fort au creux de la main. Il eût cédé en souriant à une impertinence tournée poliment; mais, ne sachant que faire pour sauver sa dignité de cette ridicule atteinte, il crut qu'il allait mourir de rage et de honte.

Barbagallo menaçait déjà, à demi-voix, d'appeler main-forte pour vaincre sa résistance. Les personnes qui les serraient de près regardaient d'un air de surprise railleuse ce jeune homme inconnu aux prises avec le majordome du palais. Les dames froissaient leurs atours, en se rejetant sur la foule environnante, pour s'éloigner de lui. Elles pensaient que c'était peut-être quelque filou qui s'était introduit dans le bal, ou quelque intrigant audacieux qui allait faire un esclandre.

Mais au moment où le pauvre Michel allait tomber évanoui de colère et de douleur, car le sang bourdonnait déjà dans ses oreilles et ses jambes fléchissaient, un faible cri, qui partit à deux pas de lui, ramena tout le sang vers son cœur. Ce cri, il l'avait déjà entendu, à ce qu'il lui semblait, mêlé de douleur, de surprise et de tendresse, au milieu de son sommeil, le soir de son arrivée au palais. Par un instinct de confiance et d'espoir qu'il ne put s'expliquer à lui-même, il se retourna vers cette voix amie et s'élança au hasard comme pour chercher un refuge dans le sein qui l'exhalait. Tout à coup il se trouva auprès de la princesse, et sa main dans la sienne, qui tremblait en la serrant avec force. Ce mouvement et cette émotion mutuelle furent aussi rapides que le passage d'un éclair. Les spectateurs étonnés s'ouvrirent devant la princesse, qui traversa la salle, appuyée sur Michel, laissant là son danseur au milieu de son salut final, l'intendant effaré, qui eût voulu se cacher sous terre, et les assistants qui riaient de la surprise du bonhomme et jugeaient que Michel était quelque jeune étranger de distinction nouvellement arrivé à Catane, envers qui la princesse se hâtait de réparer délicatement, et sans explication inutile, la bévue de son majordome.

Quand madame Agathe fut arrivée au bas du grand escalier, où il y avait peu de monde, elle avait repris tout son calme; mais Michel tremblait plus que jamais.

« Sans doute elle va me mettre elle-même à la porte, pensait-il, sans que personne puisse comprendre son intention. Elle est trop grande et trop bonne pour ne pas me soustraire aux insultes de ses laquais et au mépris de ses hôtes; mais l'avis qu'elle va me donner n'en sera pas moins mortel. Ici peut-être finit tout mon avenir, et le naufrage de la vie que j'ai rêvée est là sur le seuil de son palais. »

« Michel-Ange Lavoratori, dit la princesse en approchant son bouquet de son visage, pour étouffer le son de sa voix qui eût pu frapper quelque oreille ouverte à la curiosité, j'ai reconnu aujourd'hui que tu étais un artiste véritable et qu'un noble avenir s'ouvrait devant toi. Encore quelques années d'un travail sérieux, et tu peux devenir un maître. Alors le monde t'admettra comme tu mérites dès à présent de l'être, car celui qui n'a encore que des espérances fondées de gloire personnelle, est au moins l'égal de ceux qui n'ont que le souvenir de la gloire de leurs aïeux.

« Dis-moi pourtant si tu es pressé de débuter dans ce monde que tu viens de voir et dont tu peux déjà pressentir l'esprit. Pour que cela soit, je n'ai qu'une parole à dire, qu'un geste à faire. Tout ce qu'il y a ici de connaisseurs ont remarqué tes figures et n'ont demandé ton nom, ton âge et tes antécédents. Je n'ai qu'à présenter à mes amis, à te proclamer artiste, et dès aujourd'hui tu seras considéré comme tel, et suffisamment émancipé de ta classe. L'humble profession de ton père, loin de te nuire, sera une cause d'intérêt envers toi ; car le monde s'étonne toujours de voir un pauvre naître avec du génie, comme si le génie des arts n'était pas toujours sorti du peuple, et comme si notre caste était encore féconde en hommes supérieurs. Réponds-moi donc, Michel ; veux-tu souper ce soir à ma table, à mes côtés, ou préfères-tu souper à l'office, à côté de ton père? »

Cette dernière question était si nettement posée, que Michel crut y lire son arrêt. « C'est une délicate mais profonde leçon que je reçois, pensa-t-il, ou c'est une épreuve. J'en sortirai pur! » Et, retrouvant aussitôt ses esprits, violemment bouleversés une minute auparavant : « Madame, répondit-il avec fierté, bien heureux ceux qui s'asseyent à vos côtés et que vous traitez d'amis! Mais la première fois que je souperai avec des gens du grand monde, ce sera à ma propre table, avec mon père en face de moi. C'est vous dire que cela ne sera probablement jamais, ou que, si cela arrive, bien des années me séparent encore de la gloire et de la fortune. En attendant, je souperai avec mon père dans l'office de votre palais, pour vous prouver que je ne suis point orgueilleux et que j'accepte votre invitation.

— Cette réponse me plaît, dit la princesse ; eh bien ! continue à être un homme de cœur, Michel, et la destinée te sourira ; c'est moi qui te le prédis ! »

En parlant ainsi, elle le regardait en face, car elle avait quitté son bras et se préparait à s'éloigner. Michel fut ébloui du feu qui jaillissait de ces yeux si doux et si rêveurs à l'ordinaire, animés pour lui seul, cela était désormais bien certain, d'une affection irrésistible. Pourtant, il n'en fut pas troublé comme la première fois. Ou c'était une expression différente, ou il avait mal interprété d'abord. Ce qu'il avait pris pour de la passion était plutôt de la tendresse, et la volupté dont il s'était senti inondé se changeait en lui en une sorte d'enthousiaste adoration, chaste comme celle qui l'inspirait.

« Mais écoute, ajouta la princesse en faisant signe au marquis de la Serra, qui passait près d'elle en cet instant, de venir lui donner le bras, et l'appelant ainsi en tiers dans cet entretien : quoiqu'il n'y ait rien d'humiliant pour un esprit sage à manger à l'office ; quoiqu'il n'y ait rien d'enivrant non plus à souper au salon, je désire que tu ne paraisses ni à l'un ni à l'autre. J'ai pour cela des raisons qui te sont personnelles et que ton père a dû t'expliquer. Tu as déjà assez attiré l'attention aujourd'hui par tes ouvrages. Évite, pendant quelques jours encore, de montrer ta personne, sans pourtant te cacher avec une affectation de mystère qui aurait aussi son danger. J'eusse souhaité que tu ne vinsses pas à cette fête. Tu aurais dû comprendre pourquoi je ne te faisais pas remettre une carte d'entrée, et, en t'annonçant que tu serais chargé, si tu restais, d'un office qui te sied mal, ton père essayait de t'en ôter l'envie. Pourquoi es-tu venu ? Voyons, réponds-moi franchement : tu aimes donc beaucoup le spectacle d'un bal ? Tu as dû en voir à Rome d'aussi beaux que celui-ci ?

— Non, Madame, répondit Michel, je n'en ai jamais vu de beaux, car vous n'y étiez point.

— Il veut me faire croire, dit la princesse avec un sourire d'une mansuétude extrême, en s'adressant au marquis, qu'il est venu au bal à cause de moi. Le croyez-vous, marquis ?

— J'en suis persuadé, répondit M. de la Serra en pressant la main de Michel avec affection. Allons, maître Michel-Ange, quand venez-vous voir mes tableaux et dîner avec moi ?

— Il prétend encore, dit vivement la princesse, qu'il ne dînera jamais avec des gens comme nous, sans son père.

— Et pourquoi donc cette timidité exagérée ? répondit le marquis en attachant sur les yeux de Michel des yeux d'une intelligence pénétrante, où quelque chose de sévère se mêlait à la bonté ; Michel craindrait-il que vous ou moi le fissions rougir de n'être pas encore aussi respectable que son père ? Vous êtes jeune, mon enfant, et personne ne peut exiger de vous les vertus qui font admirer et chérir le noble Pier-Angelo ; mais votre intelligence et vos bons sentiments suffisent pour que vous entriez partout avec confiance, sans être forcé de vous effacer dans l'ombre de votre père. Pourtant, rassurez-vous, votre père m'a déjà promis de venir dîner avec moi après-demain. Ce jour vous convient-il pour l'accompagner ?

Michel ayant accepté, en s'efforçant de cacher son trouble et sa surprise sous un air aisé, le marquis ajouta :

« Maintenant, permettez-moi de vous dire que nous dînerons ensemble en cachette : votre père a été accusé jadis ; moi je suis mal vu du gouvernement ; nous avons des ennemis qui pourraient nous accuser de conspirer.

— Allons, bonsoir, Michel-Ange, et à bientôt ! dit la princesse, qui remarquait fort bien la stupéfaction de Michel ; fais-nous la charité de croire que nous savons apprécier le vrai mérite, et que, pour nous apercevoir de celui de ton père, nous n'avons pas attendu que le tien se révélât. Ton père est notre ami depuis longtemps, et, s'il ne mange pas tous les jours à ma table, c'est que je crains de l'exposer à la persécution de ses ennemis en le mettant en vue. »

Michel se sentit troublé et décontenancé, quoiqu'en cet instant il n'eût voulu, pour rien au monde, paraître ébloui des soudaines faveurs de la fortune ; mais dans le fond il se sentait plutôt humilié que ravi de la leçon affectueuse qu'il venait de recevoir. « Car c'en est une, se disait-il lorsque la princesse et le marquis, accostés par d'autres personnes, se furent éloignés en lui faisant un signe d'adieu amical ; ils m'ont fait fort bien comprendre, ces grands seigneurs esprits forts et philosophes, que leur bienveillance était un hommage rendu à mon père plus qu'à moi-même. C'est moi qu'on invite à cause de lui, et non lui à cause de moi ; ce n'est donc pas mon propre mérite qui m'attire ces distinctions, c'est la vertu de mon père ! Ô mon Dieu ! pardonnez-moi les pensées d'orgueil qui m'ont fait désirer de commencer ma carrière loin de lui ! J'étais insensé, j'étais criminel ; je reçois un enseignement profond de ces grands seigneurs, auxquels je voulais imposer le respect de mon origine, et qui l'ont, ou font semblant de l'avoir plus avant que moi dans le cœur. »

Puis, tout à coup, l'orgueil blessé du jeune artiste se releva de cette atteinte. « J'y suis ! s'écria-t-il après avoir rêvé seul quelques instants. Ces gens-ci s'occupent de politique. Ils conspirent toujours. Peut-être qu'ils n'ont pas même pris la peine de regarder mes peintures, ou qu'ils ne s'y connaissent pas. Ils choient et flattent mon père qui est un de leurs instruments, et ils cherchent aussi à s'emparer de moi. Eh bien ! s'ils veulent réveiller dans mon sein le patriotisme sicilien, qu'ils s'y prennent autrement et n'espèrent pas exploiter ma jeunesse sans profit pour ma gloire ! Je les vois venir ; mais eux, ils apprendront à me connaître. Je veux bien être victime d'une noble cause, mais non pas dupe des ambitions d'autrui. »

XV.

AMOUR ROMANESQUE.

« Mais, se disait encore Michel, les patriciens sont-ils tous de même dans ce pays-ci ? L'âge d'or règne-t-il à Catane, et n'y a-t-il que les valets qui conservent l'orgueil du préjugé ? »

L'intendant venait de passer près de lui et de le saluer d'un air triste et accablé. Sans doute il avait été réprimandé, ou il s'attendait à l'être.

Michel traversa le vestiaire, résolu à s'en aller, lorsqu'il trouva Pier-Angelo occupé à tenir la douillette d'un vieux seigneur à perruque blonde, qui cherchait ses manches en tremblotant. Michel rougit à ce spectacle et doubla le pas. Selon lui, son père était beaucoup trop débonnaire, et l'homme qui se faisait servir ainsi donnait un démenti formel aux conjectures qu'il venait de faire sur la noble bonté des grands.

Mais il n'échappa point à l'humiliation qu'il fuyait. « Ah! s'écria Pier-Angelo, le voilà, monseigneur! Tenez, vous me demandiez s'il est beau garçon, vous voyez!

— Eh! certes, il est fort bien tourné, ce drôle-là! dit le vieux noble en se plaçant devant Michel, et en le toisant de la tête aux pieds, tout en roulant sa douillette autour de lui. Eh bien! je suis très-content de ta peinture en décor, mon garçon; je l'ai remarquée. Je le disais à ton père, que je connais depuis longtemps : tu mériteras un jour de lui succéder dans la possession de sa clientèle, et, si tu ne cours pas trop la prétentaine, tu ne seras jamais sur le pavé, toi! Du moins, si cela t'arrive, ce sera bien ta faute. Appelle-moi ma voiture; dépêche-toi : il fait un petit vent frais, cette nuit, qui n'est pas bon quand on sort d'une cohue étouffante.

— Mille pardons, Excellence, répondit Michel furieux, je crains cette brise pour moi-même.

— Que dit-il? demanda le vieillard à Pier-Angelo.

— Il dit que la voiture de Votre Excellence est devant la porte, répondit Pierre, qui se tenait à quatre pour ne pas éclater de rire.

— C'est bien; je le prendrai à la journée chez moi, avec toi, quand j'aurai de l'ouvrage à te donner.

— Ah! mon père! s'écria Michel dès que le vieux seigneur fut sorti, vous riez! cet homme inepte vous traite comme un valet, et vous vous prêtez à cet office en riant!

— Cela te fâche, répondit Pierre, pourquoi donc? Je ris de ta colère et non du sans-gêne du bonhomme. N'ai-je pas promis d'aider les domestiques de la maison en toutes choses? Je me trouve là, il me demande sa douillette, il est vieux, infirme, bête, trois raisons pour que j'aie compassion de lui. Et pourquoi le mépriserais-je?

— Parce qu'il vous méprise, lui!

— Selon toi, mais non selon l'idée qu'il se fait des choses de ce monde. C'est un vieux dévot, jadis libertin. Autrefois, il corrompait les filles du peuple; aujourd'hui il fait l'aumône aux pauvres mères de famille. Dieu lui pardonnera ses vieux péchés sans nul doute. Pourquoi serais-je plus collet-monté que le bon Dieu? Va, la différence que la société établit parmi les hommes n'est ni si réelle ni si sérieuse que tu crois, mon enfant. Tout cela s'en va *a volo*, peu à peu, et si ceux qui ont le cœur chatouilleux se raidissaient moins, toutes ces barrières ne seraient bientôt plus que de vaines paroles. Moi, je ris de ceux qui se croient plus que moi, et je ne me fâche jamais. Il n'est au pouvoir d'aucun homme de m'humilier, tant que je suis en paix avec ma conscience.

— Savez-vous, mon père, que vous êtes invité à dîner demain chez le marquis de la Serra?

— Oui, c'est convenu, répondit tranquillement Pier-Angelo. J'ai accepté, parce que cet homme n'est pas ennuyeux comme la plupart des grands seigneurs. Ah! qu'il faudrait me payer cher pour me décider à passer deux heures de suite avec certains d'entre eux! Mais le marquis est homme d'esprit. Veux-tu venir avec moi chez lui? N'accepte qu'autant que cela te plaira, Michel, entends-tu bien? Il ne faut se gêner avec personne, si l'on veut garder la franchise du cœur. »

Il y avait bien loin appartement de l'idée que Pier-Angelo se faisait de l'honneur d'une pareille invitation à celle que Michel s'était forgée de son entrée triomphante dans le monde. Enivré d'abord de ce qui lui semblait être de l'amour chez la princesse, puis, étourdi de la bienveillance du marquis, qui atténuait le prodige sans l'expliquer, enfin, irrité de l'insolence de l'homme à la douillette, il ne savait plus où se prendre. Ses théories sur les victoires du talent tombaient devant la simplicité insouciante de son père, qui acceptait tout, l'hommage et le dédain, avec une gratitude tranquille ou une gaieté railleuse.

Aux portes du palais, Michel rencontra Magnani, qui se retirait aussi. Mais, au bout de cent pas, les deux jeunes gens, ranimés par l'air matinal, résolurent, au lieu de s'aller coucher, de tourner la colline et de contempler le lever du jour qui commençait à blanchir les flancs de l'Etna. Arrivés à mi-côte, sur une colline intermédiaire, ils s'assirent sur un rocher pittoresque, ayant à leur droite la villa Palmarosa, tout éblouissante encore de lumières et retentissante des sons de l'orchestre; de l'autre, la fière pyramide du volcan, avec les régions immenses qui montent en gradins de verdure, de rochers et de neiges jusqu'à son sommet. C'était un spectacle étrange et magnifique. Tout était vague dans cette perspective infinie, et la région *piedimonta* se distinguait à peine de la zone supérieure, dite région *nemorosa* ou *silvosa*. Mais, tandis que l'aube, reflétée par la mer, glissait en lueurs pâles et confuses sur le bas du tableau, la cime du mont dessinait avec netteté ses déchirures grandioses et ses neiges immaculées sur l'air transparent de la nuit, qui restait bleu et semé d'étoiles sur la tête du géant.

Le calme sublime, l'imposante sérénité de ce pic voisin de l'empyrée, contrastaient avec l'agitation répandue dans les alentours du palais. Cette musique, ces cris des valets et ce roulement des voitures semblaient, en face de l'Etna paisible et muet, un résumé dérisoire de la vie humaine en face de l'abîme mystérieux de l'éternité. A mesure que le jour augmenta, les cimes pâlirent encore, et la splendide banderole de fumée rougeâtre qui avait traversé le ciel bleu, devint bleue elle-même et se déroula comme un serpent d'azur sur un fond d'opale.

Alors, le tableau changea d'aspect, et le contraste se trouva renversé. Le bruit et le mouvement s'apaisaient rapidement vers le palais, et les horreurs du volcan devenaient visibles; ses aspérités redoutables, ses gouffres béants, et toutes les traces de désolation qu'il avait imprimées au sol, de son cratère jusqu'à ses pieds, jusque bien au delà de la place d'où Michel et Magnani le contemplaient, jusqu'à la rade enfin, où Catane se trouve enfermée par de nombreux blocs de lave noire comme l'ébène. Cette nature terrible semblait bravée et insultée par les phrases rieuses dont l'orchestre ne jouait plus que mollement et par les clartés mourantes qui couronnaient le frontispice du palais. Par instants, la musique et la lumière des flambeaux semblaient vouloir se ranimer. Des danseurs acharnés forçaient sans doute les ménétriers à secouer leur engourdissement. Les bougies consumées enflammaient peut-être leurs collerettes de papier rose. Il est certain qu'on eût dit, de cet édifice lumineux et sonore, que l'insouciante gaieté de la jeunesse y luttait contre l'accablement du sommeil ou les langueurs de la volupté, tandis que l'impérissable fléau de ce pays superbe envoyait dans les airs sa fumée ardente, comme une menace de destruction qu'on ne braverait pas toujours en vain.

Michel-Ange Lavoratori était absorbé par la vue du volcan. Magnani avait plus souvent les yeux fixés sur la villa. Tout à coup il laissa échapper une exclamation, et son jeune ami, suivant la direction de ses regards, vit une forme blanche qui semblait flotter comme un point dans l'espace. C'était une femme qui marchait lentement sur la terrasse escarpée du palais.

— Elle aussi, s'écria involontairement Magnani, contemple le lever du jour sur la montagne. Elle aussi rêve et soupire peut-être!

— Qui? demanda Michel, dont l'esprit s'était un peu raidi contre sa propre chimère. As-tu d'assez bons yeux pour voir d'ici si c'est la princesse Agathe ou sa camériste qui prend le frais sur le balcons? »

Magnani cacha sa tête dans ses deux mains et ne répondit point.

« Ami, reprit Michel, frappé d'une subite divination, veux-tu être sincère avec moi? La grande dame dont tu es épris, c'est madame Agathe!

— Eh bien, pourquoi ne l'avouerais-je pas? répondit le jeune artisan avec un accent de profonde douleur : peut-être me repentirai-je tout à l'heure d'avoir livré à un enfant que je connais à peine, un secret que je n'ai pas laissé pressentir à ceux qui devraient être mes meilleurs amis. Il y a apparemment une raison fatale au besoin d'épanchement qui m'entraîne tout à coup vers toi. Peut-être que c'est l'heure avancée, la fatigue, l'excitation que m'ont causée cette musique, ces lumières et ces parfums : je ne sais. C'est peut-être plutôt parce que je sens que tu es ici le seul être capable de me comprendre, et assez fou toi-même pour ne pas trop railler ma folie. Eh bien, oui, je l'aime ! je la crains, je la hais et je l'adore en même temps, cette femme, qui ne ressemble à aucune autre, que personne ne connaît et que je ne connais pas moi-même.

— Je ne te raillerai certainement pas, Magnani ; je te plains, je te comprends et je t'aime, parce que je crois sentir une certaine similitude entre toi et moi. Moi aussi, je suis excité par les parfums, la vive clarté de ce bal, et cette bruyante musique de danse qui a quelque chose de si lugubre pour mon imagination, à travers sa fausse gaieté. Moi aussi, je me sens exalté et un peu fou dans ce moment-ci. Je me figure qu'il y a un mystère dans la sympathie que nous éprouvons l'un pour l'autre...

— Parce que nous l'aimons tous les deux ! s'écria Magnani, hors de lui. Eh bien, Michel, je l'ai deviné dès le premier regard que tu as jeté sur elle; toi aussi tu l'aimes ! Mais toi, tu es aimé ou tu le seras, et moi je ne le serai jamais !

— Aimé, je serai aimé, ou je le suis déjà ! Que dis-tu là, Magnani? tu parles dans le délire.

— Écoute, il faut que tu saches comment ce mal s'est emparé de moi, et tu comprendras peut-être ce qui se passe en toi-même. Il y a cinq ans, ma mère était malade. Le médecin qui la soignait par charité l'avait presque abandonnée ; son état semblait désespéré. Je pleurais, la tête dans mes mains, assis à l'entrée de notre petit jardin, qui donne sur une rue presque toujours déserte, et qui se perd dans la campagne à la limite du faubourg. Une femme, enveloppée d'une mante, passa près de moi et s'arrêta : « Jeune homme, me dit-elle, pourquoi t'affliges-tu ainsi? que peut-on faire pour soulager ta peine ? » Il faisait presque nuit, son visage était caché ; je ne voyais pas ses traits, et le son de sa voix, d'une douceur extrême, m'était inconnu. Mais, à sa prononciation et à son attitude, je sentais que ce n'était pas une personne de notre classe.

— Madame, lui répondis-je en me levant, ma pauvre mère se meurt. Je devrais être auprès d'elle ; mais, comme elle a toute sa connaissance, et que je suis à bout de mon courage, je suis venu pleurer dehors, afin qu'elle ne m'entendît pas. Je vais la rejoindre, car c'est lâche de pleurer ainsi...

— Oui, dit-elle, il faut avoir assez de courage pour en donner à ceux qui se débattent dans l'agonie. Va retrouver ta mère ; mais avant, dis-moi, tout espoir est-il perdu? n'a-t-elle pas de médecin ?

— Le médecin n'est pas revenu aujourd'hui, et je comprends qu'il n'y a plus rien à faire.

« Elle me demanda le nom du médecin et celui de ma mère, et, quand elle eut entendu ma réponse : « Quoi ! dit-elle, le mal a donc bien empiré cette nuit? car, hier soir, il me disait encore qu'il espérait la sauver.

« Ces paroles, qui lui échappèrent dans un mouvement de sollicitude, ne m'apprirent pourtant pas que c'était la princesse de Palmarosa qui me parlait. J'ignorais alors ce que bien des gens ignorent encore aujourd'hui, que cette femme charitable payait plusieurs médecins pour les pauvres gens de la ville, des faubourgs et de la campagne; qu'enfin, sans jamais paraître et sans vouloir recueillir la récompense de ses bonnes œuvres dans l'estime et la reconnaissance d'autrui, elle s'occupait, avec une assiduité étonnante, de tous les détails de nos maux et de nos besoins.

« J'étais trop absorbé par ma douleur pour faire à ses paroles l'attention que j'y portai depuis. Je la quittai ; mais, en entrant dans la chambre de ma pauvre malade, je vis que la dame voilée m'avait suivi. Elle s'approcha, sans rien dire, du lit de ma mère, prit sa main qu'elle tint longtemps dans les siennes, se pencha sur son visage, consulta son regard, son souffle, et me dit ensuite à l'oreille : Jeune homme, votre mère n'est pas si mal que vous croyez. Il y a encore de la force et de la vie chez elle. Le médecin a eu tort de désespérer. Je vais vous l'envoyer, et je suis sûre qu'il la sauvera.

— Quelle est donc cette femme? demanda ma mère d'une voix affaiblie ; je ne vous reconnais pas, ma chère, et pourtant je reconnais tout mon monde ici.

— Je suis une de vos voisines, répondit la princesse, et je viens vous dire que le médecin va venir.

« Elle sortit, et aussitôt mon père s'écria : Cette femme, c'est la princesse Agathe ! je l'ai bien reconnue.

« Nous ne pouvions en croire mon père ; nous supposions qu'il se trompait, mais nous n'avions pas le loisir de nous consulter beaucoup là-dessus. Ma mère disait qu'elle se sentait mieux, et bientôt le médecin arriva, lui donna de nouveaux soins, et nous quitta en nous disant qu'elle était sauvée.

« Elle l'était en effet; et, depuis, elle a toujours dit que la femme voilée qu'elle avait vue à son lit de mort, était sa sainte patronne, qui lui était apparue au moment où elle la priait, et que le souffle de cet esprit bienheureux lui avait rendu la vie par miracle. On n'ôterait pas cette pieuse et poétique idée de l'esprit de ma bonne mère, et mes frères et sœurs, qui étaient alors des enfants, la partagent avec elle. Le médecin n'a jamais voulu avoir l'air de comprendre ce que nous lui disions quand nous lui parlions d'une femme en mazzaro noir, qui n'avait fait qu'entrer chez nous et sortir, en nous annonçant sa visite et le salut de ma mère.

« On dit que la princesse exige de tous ceux qu'elle emploie à ses bonnes œuvres un secret absolu, et on ajoute même que sa modestie à cet égard est poussée presque à l'état de manie. Pendant bien des années, son secret a été gardé ; mais, à la fin, la vérité perce toujours, et, à l'heure qu'il est, plusieurs personnes savent qu'elle est la providence cachée des malheureux. Vois pourtant l'injustice et la folie des jugements humains ! Quelques-uns disent, parmi nous, qu'elle a commis un crime, qu'elle a fait un vœu pour l'expier ; que sa noble et sainte vie est une pénitence volontaire et terrible; qu'au fond, elle hait tous les hommes au point de ne vouloir échanger aucune parole de sympathie avec ceux qu'elle assiste ; mais que la peur du châtiment éternel la force à consacrer ainsi sa vie aux œuvres de charité.

« C'est affreux, n'est-ce pas, de juger ainsi? Voilà pourtant ce que j'ai entendu dire, bien bas il est vrai, par de vieilles matrones réunies autour de ma mère pendant la veillée, et ce que répètent parfois des jeunes gens, frappés de ces étranges suppositions. Pour moi, j'étais bien persuadé que je n'avais pas vu un fantôme, et, quoique mon père, craignant de perdre la protection de la princesse, s'il trahissait son *incognito*, n'osât plus affirmer que ce fût elle qui nous était apparue, il l'avait dit d'abord avec tant de naturel et d'assurance que je n'en pouvais pas douter.

« Dès que ma mère fut en voie de guérison, j'allai offrir au médecin le paiement de ses soins ; mais, chez lui, comme chez le pharmacien du quartier, mon argent fut refusé. A mes questions, ils répondirent, selon la leçon qui leur a été faite, qu'une secrète association de riches et pieuses personnes les indemnisait de leurs peines et de leurs dépenses. »

XVI.

SUITE DE L'HISTOIRE DE MAGNANI.

« Mon cerveau commençait à travailler, dit Magnani, poursuivant son récit. A mesure que le chagrin qui m'avait accablé faisait place à la joie, ce qu'il y avait eu de romanesque dans mon aventure me revenait dans la mémoire. Les moindres détails s'y retraçaient et prenaient un charme enivrant. La voix douce, la stature élégante, la démarche noble, la main blanche de cette femme, étaient toujours devant mes yeux. Une bague d'une certaine forme qu'elle portait m'avait frappé, au moment où elle interrogeait le pouls de la pauvre agonisante.

« Je n'étais jamais entré dans le palais Palmarosa. Il n'est point ouvert aux étrangers ou aux curieux des en-

Pier-Angelo occupé à tenir la douillette d'un vieux seigneur. (Page 37.)

virons, comme la plupart des antiques demeures de nos patriciens. La princesse y a vécu retirée et pour ainsi dire cachée depuis la mort de son père, n'y recevant que peu de personnes, n'en sortant que le soir et rarement. Il me fallait donc guetter et chercher l'occasion de la voir de près, car je voulais la voir avec les yeux que j'avais désormais pour elle. Je n'avais jamais désiré, jusque-là, de connaître ses traits, et, depuis dix ans, elle les avait si peu montrés, que les gens du faubourg les avaient oubliés. Quand elle sortait en voiture, les stores étaient baissés, et quand elle allait à l'église, elle était enveloppée de sa mantille noire jusqu'au-dessous du menton. C'était au point que l'on disait parmi nous que, après avoir été très-belle, elle avait eu au visage une lèpre qui la rendait si effrayante, qu'elle ne voulait plus se montrer.

« Tout cela n'était qu'un bruit vague, car mon père et d'autres ouvriers employés chez elle riaient de ces histoires et assuraient qu'elle était toujours la même. Mais ma jeune tête n'en était pas moins impressionnée de toutes ces rumeurs contradictoires, et à mon désir de voir cette femme se mêlait je ne sais quelle terreur qui me préparait insensiblement à la folie d'en devenir amoureux.

« Une particularité ajoutait encore à mon angoisse ardente. Mon père, qui allait souvent chez elle aider, comme simple ouvrier, le maître tapissier à lever et à poser les tentures, refusait de m'emmener avec lui à la villa Palmarosa, quoique j'eusse coutume de l'accompagner partout ailleurs. Il m'avait souvent payé de défaites dont je m'étais contenté sans examen; mais quand j'eus pris un intérêt violent à pénétrer dans ce sanctuaire, il fut forcé de m'avouer que la princesse n'aimait pas à voir des jeunes gens dans sa maison, et que le maître tapissier les excluait avec soin quand il se rendait chez elle avec ses ouvriers.

« Cette bizarre restriction ne servit qu'à m'enflammer davantage. Un matin, je pris résolument mon marteau, mon tablier, et j'entrai au palais Palmarosa, portant un prie-dieu couvert de velours que mon père venait de terminer dans l'atelier du maître. Je le savais destiné à madame Agathe : je ne consultai personne, je m'en emparai, je partis.

« Il y a de cela cinq ans, Michel ! Le palais que tu

Je pleurais, la tête dans mes mains. (Page 39.)

vois aujourd'hui si brillant, si ouvert et si rempli de monde, était encore, il y a un mois, ce qu'il était à l'époque que je te raconte, ce qu'il avait été déjà depuis cinq ans qu'elle était libre et orpheline, ce qu'il sera peut-être de nouveau demain. C'était un tombeau où elle semblait s'être ensevelie vivante. Toutes les richesses aujourd'hui étalées aux regards, étaient enfouies dans l'obscurité et sous la poussière, comme des reliques dans un caveau funèbre. Deux ou trois serviteurs, tristes et silencieux, marchaient sans bruit dans les longues galeries fermées au soleil et à l'air extérieur. Partout, d'épais rideaux tendus devant les fenêtres, des portes rouillées qui ne tournaient plus sur leurs gonds, un air d'abandon solennel, des statues qui se dressaient, dans l'ombre, comme des spectres; des portraits de famille qui vous suivaient du regard, d'un air de méfiance: j'eus peur, et pourtant j'avançai toujours. La maison n'était pas gardée comme je m'y attendais. Elle avait, pour sentinelles invisibles, sa réputation de tristesse inhospitalière et l'effroi de sa propre solitude. J'y portais l'audace insensée de mes vingt ans, la témérité funeste d'un cœur épris d'avance et courant à sa perte.

« Par un hasard qui tient de la fatalité, je ne fus interrogé par personne. Les rares serviteurs de cette maison lugubre ne me virent pas, ou ne songèrent point à m'empêcher d'avancer, s'en remettant peut-être à quelque cerbère plus intime de la patronne, qui devait garder la porte de ses appartements, et qui, par miracle, ne s'y trouva point.

« L'instinct ou la destinée me guidaient. Je traversai plusieurs salles, je soulevai des portières lourdes et poudreuses; je franchis une dernière porte ouverte, je me trouvai dans une pièce fort riche, où un grand portrait d'homme occupait un panneau en face de moi. Je m'arrêtai. Ce portrait fit passer un frisson dans mes veines.

« Je le reconnaissais d'après la description que mon père m'en avait faite, car l'original de ce portrait défrayait encore alors les histoires et les propos de notre peuple, beaucoup plus que les singularités de la princesse. C'était le portrait de Dionigi Palmarosa, le père de madame Agathe, et il faut que je te parle de cet homme terrible, Michel; car peut-être ne l'as-tu pas encore entendu nommer dans ce pays, où on ne le nomme qu'en tremblant. Je m'aperçois aussi que j'aurais dû t'en parler plus tôt, car la haine et l'effroi qu'inspire sa mémoire t'auraient un peu expliqué la méfiance et même la malveillance dont, malgré toutes ses vertus, sa fille porte encore la peine dans l'esprit de certaines personnes de notre condition.

« Le prince Dionigi était un caractère farouche, despotique, cruel et insolent. L'orgueil de sa race le rendait presque fou, et toute marque de fierté ou de résistance chez ses inférieurs était punie avec une morgue et une dureté inconcevables. Vindicatif à l'excès, il avait, dit-on, tué de sa propre main l'amant de sa femme, et fait mourir cette malheureuse dans une sorte de captivité. Haï de ses pareils, il l'était encore plus des pauvres gens, qu'il secourait pourtant, dans l'occasion, avec une libéralité seigneuriale, mais avec des formes si humiliantes, qu'on se sentait avili par ses bienfaits.

« Tu comprendras mieux désormais le peu de sympathie qu'a conquis et recherché sa fille. Il me semble, moi, que la contrainte où elle a passé sa première jeunesse, sous la loi d'un père aussi détestable, doit nous expliquer la réserve de son caractère et cette espèce d'étiolement ou de refoulement prématuré de son cœur. Sans doute elle craint de réveiller bien des aversions attachées au nom qu'elle porte, en se communiquant à nous, et, si elle évite le commerce des humains, il y a à cela des motifs qui devaient exciter la compassion et l'intérêt des âmes justes.

« Un seul et dernier fait te fera connaître l'humeur du prince Dionigi. Il y a environ quinze ou seize ans, je crois (cela est resté vague dans mes souvenirs d'enfance), un jeune montagnard attaché à son service, poussé à bout par la rudesse de son langage, haussa, dit-on, les épaules, en lui tenant l'étrier pour descendre de cheval; ce garçon était brave et probe, mais fier et violent aussi. Le prince le frappa outrageusement. Une haine profonde s'alluma entre eux, et l'écuyer (il s'appelait Ercolano), quitta le palais Palmarosa en disant qu'il savait le grand secret de la famille et qu'il serait bientôt vengé. Quel était ce secret? Il n'eut pas le temps de le divulguer, et personne ne l'a jamais su; car, le lendemain matin, on trouva Ercolano assassiné au bord de la mer, avec un poignard aux armes de Palmarosa, dans la poitrine... Ses parents, n'osèrent demander justice, ils étaient pauvres! »

Magnani en était là lorsque l'ombre pâle qu'ils avaient déjà vue errer sur la terrasse du palais, traversa de nouveau le parterre et rentra dans l'intérieur. Michel frémit de la tête aux pieds.

— Je ne sais pourquoi ton récit me fait tant de mal, dit-il. Je crois sentir le froid de ce poignard dans mon sein. Cette femme me fait peur. Une étrange superstition s'empare de moi... On n'est pas du sang des meurtriers sans avoir, ou l'âme perverse, ou l'esprit dérangé... Laisse-moi respirer, Magnani, avant d'achever ton histoire.

— L'émotion pénible que tu éprouves, les pensées sombres qui te viennent, reprit Magnani, tout cela eut lieu en moi à la vue du portrait de Dionigi; mais je passai outre, je franchis une dernière porte; l'escalier du casino s'offrit devant moi, et je me trouvai dans l'oratoire de la princesse; j'y déposai le prie-dieu, je regardai autour de moi. Personne! je n'avais pas de prétexte pour pénétrer plus loin; l'hôtesse de cette triste résidence était sortie apparemment. Il fallait donc me retirer sans l'avoir vue, perdre le fruit de mon audace et ne retrouver jamais peut-être le courage ou l'occasion.

« J'imaginai de faire du bruit pour l'attirer, au cas où elle serait dans une chambre voisine, car j'étais bien dans son appartement, je n'en pouvais douter. Je pris mon marteau, je frappai sur les clous dorés du prie-dieu, comme si j'y mettais la dernière main.

« Mon stratagème réussit. — Qui est là? qui frappe ainsi? dit une voix faible, mais avec une prononciation pure et nette qui ne me laissa aucun doute sur l'identité de cet accent avec celui de la femme mystérieuse, dont la voix n'avait cessé de vibrer en moi comme une ineffable mélodie.

« Je me dirigeai vers une portière de velours que je soulevai avec la résolution d'un dernier espoir. Je vis alors, dans une chambre richement décorée à l'ancienne mode, une femme couchée sur un lit de repos : c'était la princesse; je l'avais réveillée au milieu de sa sieste.

« Ma vue lui causa un effroi inconcevable : elle sauta au milieu de la chambre, comme si elle voulait prendre la fuite. Sa belle figure, dont j'avais pu, pendant une seconde admirer la sérénité douce et un peu languissante, était bouleversée par une terreur puérile, inouïe.

« Le pas que j'avais fait en avant, je me hâtai de le faire en arrière. — Que Votre Excellence ne s'effraie pas, lui dis-je; je ne suis qu'un pauvre ouvrier tapissier, un maladroit, honteux de sa méprise. Je croyais Son Altesse à la promenade, et je travaillais ici...

— Sortez ! dit-elle, sortez !...

« Et, d'un geste où il y avait plus d'égarement et d'épouvante que d'autorité et de colère, elle me montra la porte.

« Je voulais me retirer, mais je me sentais enchaîné comme dans un rêve.

« Tout à coup je vis la princesse, qui s'était levée avec une animation extraordinaire, devenir pâle comme un beau lis; sa respiration s'arrêta, sa tête se pencha en arrière, ses mains se détendirent. Elle serait tombée par terre, si, m'élançant vers elle, je ne l'eusse retenue dans mes bras.

« Elle avait perdu connaissance. Je la déposai sur son sofa; éperdu que j'étais, je ne songeai point à appeler du secours. A quoi d'ailleurs eût servi de sonner? Tout le monde dormait, ou vaquait à ses affaires dans cette maison où le silence et l'abandon semblaient être les seuls maîtres absolus. Que Dieu me le pardonne ! Vingt fois depuis j'ai été tenté d'entrer à son service comme valet !

« Te dire ce qui se passa en moi durant deux ou trois minutes que cette femme resta étendue et comme morte sous mes yeux, avec ses lèvres blanches et sèches comme la cire vierge, ses yeux à demi ouverts, mais fixes et sans regard, ses cheveux bruns épars sur son front baigné d'une sueur froide, et toute cette beauté exquise, délicate, sans point de comparaison dans ma pensée, oh ! Michel, ce me serait impossible aujourd'hui. Ce n'était pas l'ivresse d'une passion grossière qui s'allumait dans mon vigoureux sang de plébéien. C'était une adoration chaste, craintive, délicate et mystérieuse comme l'être qui me l'inspirait. J'éprouvais comme un besoin de me prosterner devant la châsse d'une martyre trépassée, car je la croyais morte, et je sentais mon âme prête à quitter la terre avec la sienne.

« Je n'osais la toucher, je ne savais que faire pour la secourir, je n'avais point de voix pour appeler au secours. J'étais immobile dans mon anxiété, comme lorsqu'on se débat contre un songe terrible. Enfin, un flacon me tomba sous la main, je ne sais comment; elle se ranima peu à peu, me regarda sans me voir, sans comprendre et sans chercher qui je pouvais être, se souleva enfin sur son coude et parut rassembler ses idées.

— Qui êtes-vous, mon ami, me dit-elle, en me voyant à genoux devant elle, et que demandez-vous? vous paraissez avoir beaucoup de chagrin.

— Oh ! oui, Madame, je suis bien malheureux d'avoir ainsi effrayé Votre Altesse; Dieu m'est témoin.

— Vous ne m'avez point effrayée..., dit-elle avec un embarras qui m'étonna. Est-ce que j'ai crié?... Ah ! oui, ajouta-t-elle en tressaillant et en s'abandonnant encore à un sentiment de méfiance ou de terreur... Je dormais, vous êtes entré ici, vous m'avez fait peur... Je n'aime pas qu'on me surprenne de la sorte... Mais vous ai-je dit quelque chose d'offensant, que vous pleurez?

— Non, Madame, répondis-je, vous vous êtes évanouie, et je voudrais être mort plutôt que de vous avoir causé ce mal.

— Mais je suis donc seule ici? s'écria-t-elle avec un accent de détresse qui me navra. Tout le monde peut donc entrer chez moi pour m'insulter? Elle se releva et courut à sa sonnette. Elle avait un air d'égarement désespéré. Ses paroles et son émotion m'étaient si douloureuses, que je ne songeais point à fuir. Cependant, si elle eût sonné, et si quelqu'un fût venu, on m'eût traité peut-être comme un malfaiteur. Mais elle s'arrêta, et ce qui se peignit sur son visage m'éclaira en un instant sur son véritable caractère.

« C'était un mélange de méfiance maladive et de bonté compatissante. Elle avait été si malheureuse dans sa première jeunesse, à ce qu'on dit ! Elle ne pouvait ignorer, du moins, l'atroce caractère de son père. Elle avait peut-être assisté à quelque meurtre dans son enfance. Qui sait quelles scènes de violence et d'épouvante ont caché les murailles épaisses de cette muette demeure ? Il n'y avait rien d'impossible à ce qu'il en fût resté quelque maladie morale dont je venais de voir un accès ; et, pourtant, que de douceur exprimait son regard, lorsqu'elle quitta le cordon de sa sonnette, vaincue apparemment par mon humble attitude et la tristesse qui m'accablait !

— Vous êtes entré ici par hasard, n'est-ce pas ? me dit-elle. Vous ne saviez pas que j'ai le caprice de ne pas aimer les nouveaux visages... ; ou bien, si vous le saviez, vous avez eu le courage d'enfreindre ma défense, parce que vous avez éprouvé quelque malheur que je puis adoucir ? Je vous ai vu quelque part, j'ai un vague souvenir de vos traits... Votre nom ?

— Antonio Magnani. Mon père travaille ici quelquefois.

— Je le connais ; il a quelque aisance. Est-il donc malade ? endetté ?

— Non, Madame, répondis-je ; je ne demande point l'aumône, quoique vous soyez la seule personne au monde de qui je l'accepterais peut-être sans rougir. J'ai désiré depuis longtemps vous voir, non pour vous implorer, mais pour vous bénir. Vous avez sauvé ma mère, vous me l'avez guérie ; vous vous êtes courbée sur son chevet, vous m'avez rendu l'espoir et à elle la vie... Cela est certain ! vous ne vous en souvenez certainement pas ; mais moi je ne l'oublierai jamais. Que Dieu vous rende le bien que vous m'avez fait ! Voilà tout ce que je voulais dire à Votre Altesse, et, à présent, je me retire, en la suppliant de ne gronder personne, car toute la faute vient de moi seul.

— Et je ne dirai à personne que, malgré mes ordres, vous êtes entré dans ma maison, reprit-elle. Votre maître et votre père vous en blâmeraient. Ne dites pas non plus, par conséquent, que vous m'avez vue si effrayée devant vous. On dirait que je suis folle, on le dit déjà, je crois, et je n'aime pas beaucoup qu'on parle de moi. Quant à vos remercîments, je ne les mérite pas. Vous vous êtes trompé, je n'ai jamais rien fait pour vous, mon enfant.

— Oh ! je ne me trompe pas, Madame ; je vous aurais reconnue entre mille. Le cœur a des instincts plus profonds et plus sûrs que les sens. Vous ne voulez pas qu'on devine vos bienfaits ; aussi ce n'est pas de cela que je vous parle. Je ne songe pas à vous remercier d'avoir payé le médecin : non, vous êtes riche, donner vous est facile. Mais vous n'êtes pas obligée d'aimer et de plaindre ceux que vous assistez. Pourtant vous m'avez plaint en me voyant pleurer à la porte de la maison où ma mère agonisait, et vous avez aimé ma mère en vous penchant vers son lit de douleur...

— Mais, mon enfant, je vous répète que je ne connais pas votre mère.

— C'est possible ; mais vous saviez qu'elle était malade, vous avez voulu la voir, et la charité était dans votre âme, ardente à ce moment-là, puisque votre regard, votre voix, votre main, votre souffle, l'ont guérie avec la soudaineté du miracle. Ma mère l'a senti, elle s'en souvient ; elle croit que c'est un ange qui lui est apparu ; elle vous adresse ses prières, parce qu'elle croit que vous êtes dans le ciel. Mais moi, je savais bien que je vous trouverais sur la terre, et que je pourrais vous remercier.

« La physionomie froide et contenue de madame Agathe s'était attendrie comme involontairement. Elle s'éclaira un instant d'un chaud rayon de sympathie, et je vis qu'un trésor de bonté luttait encore dans cette âme souffrante contre je ne sais quelle misanthropie douloureuse.

— Allons ! dit-elle avec un sourire divin, je vois, du moins, que tu es un bon fils, et que tu adores ta mère. Fasse le ciel qu'en effet je lui aie porté bonheur ! mais je crois que c'est Dieu seul qui mérite les actions de grâces. Remercie-le et adore-le, mon enfant, il n'y a que lui qui connaisse et soulage certaines douleurs, car les hommes ne peuvent pas grand'chose les uns pour les autres. Quel âge as-tu ?

« J'avais alors vingt ans. Elle écouta ma réponse, et, me regardant, comme si elle n'avait pas encore fait attention à mes traits : — C'est vrai, dit-elle, vous êtes moins jeune que je ne croyais. Tu peux revenir travailler ici quand tu voudras. Me voici habituée à ta figure, elle ne m'effraiera plus ; mais, une autre fois, ne me réveille pas en sursaut en frappant ainsi à mes oreilles, car j'ai le réveil triste et peureux. C'est ma maladie !

« En disant ces mots, et, tandis qu'elle me suivait des yeux jusqu'à la porte, ses yeux exprimaient cette pensée intérieure : « Je ne t'offre pas mon assistance dans la vie, mais je veillerai sur toi, comme sur tant d'autres, et je saurai te servir à ton insu ; et je m'arrangerai de manière à ne plus entendre tes remercîments. »

« Oui, Michel, voilà ce que disait cette figure à la fois angélique et froide, maternelle et insensible ; énigme fatale, que je n'ai pu sonder davantage, et que je devine aujourd'hui moins que jamais ! »

XVII.

LE CYCLAMEN.

Magnani ne parlait plus, et Michel ne songeait plus à l'interroger. Enfin, ce dernier, revenant à lui-même, demanda à son ami la fin de son histoire.

— Mon histoire est terminée, répondit le jeune artisan. Depuis ce jour-là, j'ai été admis comme ouvrier au palais. J'ai souvent aperçu la princesse, et je ne lui ai jamais parlé.

— Et d'où vient donc que tu l'aimes ? car, enfin, tu ne la connais pas ? tu ne sais pas le fond de sa pensée ?

— Je croyais la deviner. Mais, depuis huit jours qu'elle semble vouloir tout à coup sortir de sa tombe, ouvrir sa maison, se lancer dans la vie du monde, depuis aujourd'hui surtout qu'elle se répand et se communique aux gens de notre classe avec des paroles bienveillantes et des invitations libérales (car j'ai entendu la conversation que tu as eue sur le grand escalier avec elle et le marquis de la Serra ; j'étais là, tout près de vous), je ne sais plus que penser d'elle. Oui, naguère encore, je croyais avoir deviné son caractère. Deux fois par an, au printemps et à l'automne, j'entrais ici avec les ouvriers, je la voyais de temps en temps passer, à pas lents, l'air distrait, mélancolique, et pourtant calme. Si, parfois, elle semblait abattue et souffrante, la sérénité de son regard n'en était point troublée. Elle nous saluait collectivement avec une politesse plus grande que ne l'observent ordinairement les personnes de son rang à notre égard. Quelquefois elle accordait au maître tapissier ou à mon père un ou deux mots d'une bienveillance sans morgue, mais sans chaleur. Elle semblait éprouver un respect instinctif pour leur âge. J'étais le seul ouvrier jeune, admis chez elle, mais elle n'a jamais paru faire la moindre attention à moi. Elle n'évitait pas mes regards, elle les rencontrait sans les voir.

« Dans de certains moments j'ai remarqué pourtant qu'elle voyait beaucoup plus de choses qu'elle n'en avait l'air, et que des gens qui se plaignaient, sans qu'elle parût les entendre, obtenaient justice ou assistance aussitôt, sans savoir quelle était la main mystérieuse étendue sur eux.

« C'est qu'elle cache sa charité immense comme les autres cachent leur égoïsme honteux. Et tu me demandes comment il se fait que je l'aime ! Sa vertu m'enthousiasme, et le muet désespoir qui semble l'opprimer m'inspire une compassion tendre et profonde. Admirer et plaindre, n'est-ce pas adorer ? Les païens, qui ont laissé sur notre sol tant de ruines superbes, sacrifiaient à leurs dieux, tout rayonnants de force, de gloire et de beauté; mais ils ne les aimaient pas; et nous, chrétiens, nous avons senti la foi passer de notre esprit dans notre cœur, parce qu'on nous a montré notre Dieu sous l'aspect d'un Christ sanglant et baigné de larmes. Oh! oui, je l'aime, cette femme qui a pâli, comme une pauvre fleur des bois, sous l'ombre terrible de la tyrannie paternelle. Je ne sais pas l'histoire de son enfance, mais je la devine à l'abattement de sa jeunesse. On dit que, lorsqu'elle avait quatorze ans, son père, ne pouvant la contraindre à se marier selon ses vues d'orgueil et d'ambition, auxquelles il voulait la sacrifier, l'enferma pendant longtemps dans une chambre reculée de ce palais, et qu'elle y souffrit la faim, la soif, la chaleur, l'abandon, le désespoir..... On n'a jamais eu là-dessus de données certaines. Une autre version circulait à cette époque : on disait qu'elle était dans un couvent; mais l'air consterné de ses serviteurs disait assez que sa disparition cachait quelque châtiment injuste et dénaturé.

« Quand Dionigi mourut, on vit reparaître son héritière dans le palais, avec une vieille tante qui n'était guère meilleure que lui, et qui pourtant la laissait respirer un peu plus à l'aise. On dit qu'à cette époque il fut encore question de plusieurs brillants mariages pour elle, mais qu'elle s'y refusa obstinément, ce qui irrita fort contre elle la princesse sa tante. Enfin, la mort de celle-ci mit fin aux persécutions, et, à vingt ans, elle se vit libre et seule dans la maison de ses pères. Mais sans doute il était trop tard pour qu'elle se réveillât de l'abattement où tant de chagrins l'avaient plongée. Elle avait perdu la force et la volonté d'être heureuse. Elle demeura inerte, un peu sauvage, et comme incapable de chercher l'affection d'autrui. Elle l'a trouvée pourtant chez quelques personnes de son rang, et il est certain que le marquis de la Serra, qu'elle a refusé pour époux lorsqu'il s'est mis sur les rangs, il y a plusieurs années, n'a jamais cessé d'en être ardemment épris. Tout le monde l'a dit, et moi je le sais; je vais te dire comment.

« Quoique je me pique, sans vanterie, d'être un bon ouvrier, je t'avoue que, quand je suis ici, je me trouve être, malgré moi, le dernier des paresseux. Je suis agité, oppressé. Le bruit des marteaux m'agace les nerfs, comme si j'étais une demoiselle; la chaleur m'accable au moindre effort des bras. Je me sens, à chaque instant, ou prêt à défaillir, ou tenté de me glisser dans les endroits sombres, pour m'y blottir et m'y laisser oublier. Je me surprends à écouter, à fureter, à espionner. Je n'ose plus pénétrer seul dans l'oratoire ni dans la chambre de la princesse. Oh! non, quoique j'en sache bien le chemin ! Désormais, le respect est plus fort que mon inquiète et folle passion ! Mais, si je puis respirer le parfum qui s'échappe de son boudoir à travers les fentes d'une porte; si je puis entendre, seulement à quelque distance, le bruit léger de ses pas que je connais si bien !... je suis satisfait, je suis enivré.

« J'ai donc entendu, je n'ose pas dire malgré moi (car si le hasard me plaçait à portée d'entendre, ma volonté n'était pas assez forte pour m'empêcher d'écouter), plus d'un entretien de la princesse avec le marquis. Combien de temps n'ai-je pas été consumé d'une jalousie insensée ! mais j'ai acquis la certitude qu'il n'était que son ami, un ami fidèle, respectueux, soumis.

« Un jour, entre autres, ils eurent une conversation dont tous les mots se sont gravés, je crois, dans ma mémoire avec une netteté fatale.

« La princesse disait, au moment où j'arrivais dans la pièce voisine : — Oh ! pourquoi donc m'interroger toujours? Vous savez pourtant bien, mon ami, que je suis ridiculement impressionnable; que l'idée du passé me glace, et que si je pouvais me décider à en parler... je crois, oui, je crois que je deviendrais folle !

— Eh bien, eh bien, s'écriait-il avec empressement, n'en parlons point, n'y pensons plus ; soyons au présent, à l'amitié, au repos. Regardez ce beau ciel et ces charmantes fleurs de cyclamen qui semblent sourire dans vos mains.

— Ces fleurs, reprit Agathe, elles ne sourient point, vous ne comprenez point leur langage, et je puis vous dire pourquoi je les aime. C'est qu'elles sont à mes yeux l'emblème de ma vie et l'image de mon âme. Regardez leur étrange désinvolture; elles sont pures, elles sont fraîches, embaumées; mais n'ont-elles pas, par le renversement et l'enroulement forcé de leurs pétales, quelque chose de maladif et de décrépit qui vous frappe?

— Il est vrai, dit le marquis, elles ont l'air échevelé; elles naissent en général sur les cimes battues des vents. On dirait qu'elles veulent s'envoler de leurs tiges comme si elles ne tenaient à rien, et que la nature les a pourvues d'ailes comme des papillons.

— Et pourtant elles ne s'envolent pas, reprit Agathe; elles sont attachées solidement à leur tige. Frêles en apparence, il n'est point de plantes plus robustes, et la fougue des brises ne les effeuille jamais. Tandis que la rose succombe à une journée de chaleur et sème de ses pétales la terre brûlante, le cyclamen persiste et vit bien des jours et bien des nuits retiré et comme crispé sur lui-même : c'est une fleur qui n'a pas de jeunesse. Vous n'avez pas sans doute observé le moment de son éclosion. Moi, j'ai patiemment assisté à ce mystère; lorsque le bouton s'entr'ouvre, les pétales roulés et serrés en spirale se séparent avec effort. Le premier qui se détache s'étend comme l'aile d'un oiseau, puis aussitôt se renverse en arrière et reprend son pli contourné. Un autre le suit, et la fleur, à peine ouverte, est déjà flottante et froissée comme si elle allait mourir de vieillesse. C'est sa manière de vivre, et elle vit longtemps ainsi. Ah ! c'est une triste fleur, et c'est pour cela que je la porte partout avec moi.

— Non, non, elle ne vous ressemble pas, dit le marquis, car son sein découvert exhale généreusement son parfum à toutes les brises, tandis que votre cœur est mystérieusement fermé, même à l'affection la plus discrète et la moins exigeante !

« Ils furent interrompus; mais j'en savais assez. Depuis ce jour-là, moi aussi, j'ai aimé le cyclamen, et j'en cultive toujours dans mon petit jardin; mais je n'ose les cueillir et les respirer. Leur parfum me fait mal et me rend fou ! »

— C'est comme moi, s'écria Michel. Oui, c'est une odeur dangereuse !.... Mais je n'entends plus rouler les voitures, Magnani. Sans doute on va fermer le palais. Il faut que je rejoigne mon père, car il doit être brisé de fatigue, quoi qu'il en dise, et il peut avoir besoin de mon aide. »

Ils se dirigèrent vers la salle du bal.

Elle était déserte; Visconti et ses compagnons éteignaient les lumières qui luttaient encore contre le jour.

« Et pourquoi cette fête ? disait Magnani en promenant ses regards sur cette vaste salle dont l'élévation semblait doubler en se plongeant rapidement dans l'obscurité, tandis que les reflets bleuâtres du matin pénétraient mélancoliquement dans les parties basses par les portes ouvertes. La princesse pouvait secourir autrement les pauvres, et je n'ai pas encore compris pourquoi elle se soumettait à une convenance de charité publique, elle qui faisait le bien avec tant de mystère jusqu'à présent. Qu'est-il survenu de miraculeux dans l'existence de notre discrète bienfaitrice? Au lieu de m'en réjouir, moi, qui donnerais pourtant ma vie pour elle, j'en suis blessé, et n'y pense qu'avec amertume. Je l'aimais comme elle était; je ne la comprends pas guérie, expansive et consolée. Tout le monde va donc la connaître et l'aimer maintenant? On ne dira plus qu'elle est folle, qu'elle a fait un crime, qu'elle cache un secret affreux, qu'elle rachète son âme par des œuvres pies, quoiqu'elle déteste le genre humain ! Insensé que je suis ! j'ai peur de guérir moi-même, et je suis jaloux du bonheur qu'elle peut avoir retrouvé !... Michel, dis-moi, peut-être qu'elle s'est décidée à aimer le marquis de la Serra, et qu'elle invite la cour, la ville et les faubourgs à célébrer chez elle l'éclat de ses fiançailles ? Elle donnait aujourd'hui une fête royale, peut-être donnera-t-elle demain une fête populaire. Elle se réconcilie avec tout le monde; petits et grands vont se réjouir à ses noces!.... Oh! nous allons danser! quel plaisir pour nous, n'est-ce pas? et que la princesse est bonne!... »

Michel remarqua l'aigreur et l'ironie de son compagnon ; mais bien qu'il se sentît frémir d'une étrange émotion à l'idée du mariage d'Agathe avec le marquis, il se contint davantage. Il avait été vivement frappé au cœur, lui aussi ; mais le choc était trop récent pour qu'il osât ou daignât donner le nom d'amour à ce qu'il éprouvait. L'égarement de Magnani lui servait de préservatif ; il le plaignait, mais il trouvait, dans la situation bizarre de ce jeune homme, quelque chose d'humiliant dont il ne voulait pas être solidaire.

« Reprends ta raison, ami, lui dit-il. Une si belle fête de nuit exalte, surtout lorsqu'on n'en est que spectateur ; mais voici le soleil qui monte sur l'horizon et qui doit dissiper tous les fantômes et tous les songes. Je me sens comme éveillé après un rêve fantasque. Écoute! les oiseaux chantent dehors, il n'y a plus ici que poussière et fumée. Je suis bien sûr que la folie n'est pas aussi intense à toutes les heures de ta vie que tu te l'imagines dans ce moment d'agitation et d'abandon. Je parie que quand tu auras dormi deux heures, et que tu retourneras au travail, tu te sentiras un autre homme. Moi, déjà, j'éprouve les salutaires influences de la réalité, et je te promets que, la prochaine fois que nous verrons ensemble passer le spectre auprès de nous, je ne chercherai pas à te disputer son regard.

— Son regard! s'écria Magnani avec amertume, son regard! Ah! tu me rappelles celui qu'elle a arrêté sur toi avant que le bal fût ouvert, lorsque, pour la première fois, elle a remarqué ta figure... Quel regard! mon Dieu! S'il fût tombé sur moi, une seule fois dans ma vie, je me serais tué aussitôt pour ne plus vivre de certitude et de raison, après une illusion, après un délire semblables. Et toi, Michel, tu l'as senti, ce feu dévorant qu'elle te communiquait ; tu en as été consumé un instant, et, sans mes railleries, tu le savourerais encore avec ivresse. Mais que m'importe maintenant? Je vois bien qu'elle a perdu l'esprit, qu'elle a dépouillé la sainteté de sa douleur solitaire, qu'elle aime quelqu'un, toi ou le marquis, qu'importe? Pourquoi cette manifestation particulière d'amitié pour ton père, qu'elle ne connaît guère que depuis un an? Le mien travaille pour elle depuis qu'elle est née, et elle sait à peine son nom. Veut-elle couronner sa vie d'excentricité par un acte de haute démence? Veut-elle réparer la tyrannie et l'impopularité de son père, à elle, en épousant un enfant du peuple, un adolescent?

— C'est toi qui es fou, dit Michel troublé et presque irrité. Va prendre l'air, Magnani, et ne me mets pas de moitié dans les aberrations que te suggère la fièvre. Madame Agathe s'endort tranquillement à l'heure qu'il est sans se rappeler ni ton nom, ni le mien. Si elle m'a honoré d'un regard de bonté, c'est parce qu'elle aime la peinture, et qu'elle a été contente de mon ouvrage.

« Tiens, vois-tu, mon ami, ajouta le jeune artiste en montrant à son compagnon les figures de sa fresque, qu'un rayon rosé du soleil matinal effleurait à travers les ouvertures de la salle. Voilà, quant à moi, les seules réalités enivrantes de mon existence! Que la belle princesse épouse M. de la Serra, j'en serai fort aise ; c'est un galant homme et sa figure me plaît. Je peindrai, quand je le voudrai, une divinité plus parfaite et moins problématique que la pâle Agathe.

— Toi? malheureux! jamais! s'écria Magnani indigné.

— Je conviens qu'elle est belle, reprit Michel en souriant ; je l'ai bien regardée, et j'ai fait mon profit de cet examen. J'ai obtenu d'elle tout ce que je ne lui demanderai jamais, le spectacle de sa grâce et de ses charmes, pour les reproduire et les idéaliser à ma fantaisie.

— On m'avait toujours dit que les artistes avaient un cœur de glace, dit Magnani en regardant Michel avec stupeur ; tu as vu l'orage qui me bouleverse, et tu restes froid, tu me railles! Ah! je rougis de t'avoir révélé ma folie, et je vais me cacher! »

Magnani s'enfuit exaspéré, et Michel resta seul dans la salle à peu près déserte. Visconti achevait d'éteindre les dernières bougies ; Pier-Angelo, avant de se retirer, aidait à remettre un peu d'ordre provisoire dans cette salle qu'on devait faire disparaître le soir même.

Michel aida aussi, mais mollement ; ses propres réflexions ayant calmé son enthousiasme, il se sentait brisé de fatigue au moral et au physique.

L'emportement subit de Magnani l'affligeait ; il se reprochait, après avoir subi en silence le contre-coup des agitations de ce jeune homme, de n'avoir pas su mieux compatir à sa peine et de l'avoir laissé partir sans le consoler. Mais, à son tour, il ne pouvait se défendre d'un peu d'irritation. Il lui semblait que Magnani avait poussé l'expansion trop loin en voulant lui persuader qu'il était l'objet de la subite passion de la princesse. Cela était si absurde, si invraisemblable, que Michel, plus de sang-froid et homme du monde, à dix-huit ans, que Magnani ne pouvait jamais l'être, en haussait les épaules de pitié.

Et pourtant, l'amour-propre est un si tenace et si impertinent conseiller, que, par moments encore, Michel entendait au dedans de lui une voix qui lui disait : « Magnani a deviné juste. La jalousie lui a donné une clairvoyance que tu n'as pas toi-même ; Agathe t'aime, elle s'est enflammée à la première vue. Et pourquoi ne t'aimerait-elle pas? »

Michel était à la fois enivré et honteux de ces bouffées de vanité qui lui montaient au visage. Il avait hâte de rentrer chez lui pour retrouver tout à fait le calme avec le sommeil. Pourtant il voulait attendre son père qui, assidu et infatigable, vaquait obstinément à mille soins minutieux, à mille précautions inutiles en apparence.

« Patience! lui dit le bon Pier-Angelo, je vais avoir fini dans un instant ; mais je veux que notre bonne princesse puisse dormir tranquille, que personne ne puisse revenir ici lui faire du vacarme avant ce soir, et surtout qu'il ne reste pas une bougie allumée dans le moindre coin. C'est maintenant que l'incendie est le plus à craindre! Tiens, l'étourdi de Visconti! la lampe de la grotte brûle encore, je la vois d'ici. Va donc l'éteindre, Michel, et prends garde que l'huile ne se répande sur le divan. »

Michel entra dans la grotte de la Naïade ; mais, avant d'éteindre la lampe, il ne put s'empêcher de contempler encore un instant la ravissante statue, les beaux feuillages dont il l'avait ornée, et ce divan où il avait vu Agathe comme dans un songe.

« Qu'elle paraissait jeune et qu'elle était belle! se disait-il, et comme cet homme épris d'elle la regardait avec un sentiment d'adoration qui se trahissait malgré lui, et qui se communiquait à la partie la plus éthérée de mon âme! J'en ai remarqué d'autres, dans le bal, qui la regardaient avec une audace de désirs dont tout mon être frémissait d'indignation! Ils l'aiment tous, chacun à sa manière, ces grands seigneurs, et elle n'en aime aucun! »

Et le regard d'Agathe passait dans son souvenir comme un éclair, dont l'éblouissement faisait disparaître toute raison, toute crainte de ridicule, toute méfiance de lui-même.

En rêvant ainsi, il avait éteint la lampe, et il s'était affaissé sur les coussins du divan, comptant que son père allait l'appeler et qu'il pouvait bien savourer un dernier instant de bien-être avant de quitter cette grotte délicieuse.

Mais la fatigue le dominait. Il ne pouvait plus lutter contre les chimères de son imagination. Assis mollement et seul pour la première fois depuis vingt-quatre heures, il s'engourdissait rapidement. Un instant il rêva tout éveillé. Un instant après il était profondément endormi.

XVIII.

LES MOINES.

Combien de minutes, ou de secondes seulement, s'écoulèrent pendant que Michel fut plongé dans cet accablement insurmontable, il n'en eut pas conscience. La force de l'imagination, rapidement emportée dans le domaine des songes, fait tant de chemin et franchit tant d'obstacles d'un seul bond, que le temps ne peut plus lui servir de mesure, surtout dans le premier sommeil.

Michel fit un rêve étrange. Une femme entrait doucement dans la grotte, elle s'approchait de lui, elle se penchait sur son visage, elle le contemplait longtemps; il sentait sa respiration embaumée caresser son front, il croyait sentir aussi la chaleur de son regard attaché sur lui avec passion. Mais il ne pouvait la voir, il faisait nuit dans la grotte, et, d'ailleurs, il lui était impossible de soulever ses paupières appesanties; mais c'était Agathe: le sein de Michel, embrasé par la présence de cette femme, le lui disait assez.

Enfin, il essayait de s'éveiller pour lui parler, elle posa ses lèvres fraîches et douces sur son front, et y imprima un baiser si long, mais si léger, qu'il ne trouva pas la force d'y répondre, vaincu qu'il était par la joie, et en même temps par la crainte que ce ne fût un rêve.

« Mais c'est un rêve en effet, hélas! ce n'est qu'un rêve, » se disait-il tout en dormant; et pourta, la crainte de s'éveiller fit qu'il s'éveilla. C'est ainsi que, dans le sommeil, le désir instinctif et violent de prolonger l'illusion la fait envoler plus vite.

Mais quel rêve étrange et obstiné! Michel, les yeux ouverts, et à demi soulevé sur son bras tremblant, vit et entendit fuir cette femme. Le rideau qui ornait l'entrée de la grotte étant baissé, il ne put distinguer qu'une forme vague; il sentit le frôlement d'une robe de soie; le rideau s'entr'ouvrit et se referma si vite qu'il lui sembla que le fantôme le traversait sans y toucher.

Il fit un mouvement pour le suivre; mais tout son sang refluait vers son cœur avec tant de violence qu'il ne put se soutenir, et, forcé de retomber sur le divan, ce ne fut qu'au bout d'une minute environ qu'il put se précipiter vers la portière de velours bleu qui le séparait de la salle.

Il l'entr'ouvrit d'une main convulsive, et se trouva en face de son père, qui lui dit d'un air riant et tranquille : « Il me paraît que nous avons fait un somme, enfant? Maintenant, tout est rangé, allons-nous-en voir si la petite Mila est éveillée chez nous.

— Mila? s'écria Michel, Mila est-elle ici, mon père?

— Il se pourrait bien qu'elle ne fût pas loin, répondit le vieillard. Je parie qu'elle n'a pas fermé l'œil de la nuit; elle avait tant d'envie de venir voir le bal! Mais je lui avais défendu de sortir avant qu'il fît grand jour.

— Il fait grand jour, en effet, dit Michel, et Mila doit être ici! Mon père, dites-moi, une femme, ma sœur, peut-être, vient d'entrer dans la grotte?

— Tu as rêvé cela? je n'ai vu personne. Il est vrai que je n'ai pas eu les yeux toujours attachés de ce côté, et que j'ai vu rôder dehors des jupons bariolés qui m'annoncent que de jeunes curieuses ont pénétré dans les jardins. Mila serait-elle entrée jusqu'ici pendant que j'avais le dos tourné?

— Mais, à l'instant même, mon père, comme vous approchiez de ce rideau, quelqu'un en sortait, une femme... j'en suis certain!

— Pour le coup, tu divagues, car je n'ai vu que mon ombre sur ce rideau. Allons, tu as besoin d'un bon somme, rentrons. Voici la dernière porte qui va se fermer. Si ta sœur est là, nous la retrouverons bien. »

Michel s'apprêta à suivre son père; mais quelque chose qu'il vit briller dans la grotte, au moment de s'en éloigner, l'engagea à y jeter un dernier regard. Était-ce une étincelle tombée sur le tapis, auprès du divan? Il se baissa : c'était un bijou qu'il examina au jour après l'avoir ramassé. C'était le médaillon d'or entouré de brillants et orné du chiffre de la princesse, que celle-ci avait donné à Mila. Il l'ouvrit pour bien s'assurer que c'était le même. Il y reconnut une mèche de ses propres cheveux.

« Je savais bien que Mila était entrée dans la grotte, dit-il à son père en s'avançant vers le jardin; elle m'a donné un baiser qui m'a réveillé.

— Apparemment, Mila est entrée dans la grotte, répéta Pier-Angelo avec insouciance. Mais je ne l'ai point vue. »

Au même instant, Mila sortit d'un massif de magnolias, et s'avança en riant et en sautant au-devant de son père, qu'elle embrassa tendrement ainsi que Michel.

« Il est bien temps de venir vous reposer, dit-elle ; je venais vous dire que votre déjeuner vous attend. J'étais impatiente de vous revoir! Êtes-vous bien fatigué, pauvre père?

— Pas du tout, répondit le bonhomme, je suis habitué à ces choses-là, et une nuit blanche n'est que plaisir quand on soupe jusqu'au matin. Ton déjeuner aura tort, Mila ; mais voici ton frère qui dort debout. Allons, enfants! sortons, voilà qu'on ferme aussi les grilles du jardin. »

Mais, au lieu de continuer à fermer les grilles, les portiers du palais se mirent à les rouvrir toutes grandes, et Michel vit entrer une procession de moines de divers ordres, portant tous des besaces et des escarcelles : c'étaient les frères quêteurs de tous les ordres mendiants, qui ont de nombreux établissements à Catane et dans les environs. Ils venaient faire leur ronde et recueillir les restes de la fête pour leurs couvents respectifs. Il en passa lentement une quarantaine ; la plupart avaient un âne pour emporter le produit de leur quête. Leur attitude obséquieuse et leur démarche solennelle, lorsqu'ils franchirent la grille, escortés de leurs baudets, hôtes étranges d'une matinée de bal, avaient quelque chose de si imprévu et de si comique, que Michel, distrait de son émotion, eut beaucoup de peine à s'empêcher de rire.

Mais, à peine ces capucins furent-ils entrés dans le jardin, que, rompant leurs rangs, et secouant leur mine empesée et discrète, ils se mirent à courir vers la salle de bal, qui poussant son voisin pour le devancer, qui battant son âne pour le faire marcher plus vite, tous se hâtaient, se disputant la place, et laissant voir leur convoitise et leur jalousie. Ils se répandirent dans la salle de bal, dont ils forcèrent presque les portes fragiles, et tentèrent de monter le grand escalier du péristyle, ou de s'introduire dans les cuisines. Mais le maître d'hôtel et ses *officiers*, préparés à l'assaut, et connaissant leurs allures, avaient barricadé avec soin toutes les issues, et apportèrent leur pitance, qui fut distribuée avec autant d'impartialité que possible. C'étaient des plats de viande, des restes de pâtisserie, des cruches de vin, et jusqu'à des débris de verres et de porcelaines qui s'étaient brisés durant le service, et que les bons frères recueillaient avec soin et raccommodaient ensuite avec art pour en orner leurs buffets ou les revendre aux amateurs. Ils se disputaient le butin avec peu de discrétion, et reprochaient aux domestiques de ne pas leur donner tout ce qui leur revenait de droit, de traiter l'un mieux que l'autre, de manquer de respect au saint patron du couvent. Ils les menaçaient même des infirmités que ces saints étaient réputés guérir spécialement quand on se les rendait favorables.

« Fi! le pauvre jambon que tu me donnes! s'écriait l'un. Tu es déjà sourd d'une oreille, tu peux bien compter que l'autre n'entendra pas le tonnerre.

— Voici une bouteille à moitié vide, criait l'autre. Il ne sera pas fait de prières pour toi chez nous, et tu ne guériras jamais de la pierre, si tu prends cette vilaine maladie. »

D'autres mendiaient gaiement avec des lazzis qui faisaient rire les distributeurs, et montraient tant d'esprit et de bonhomie que les valets leur glissaient de meilleures parts en cachette des autres frères.

Michel avait vu à Rome de beaux capucins, parfumés sous leur froc, et traînant avec une sérénité poétique leurs sandales tout auprès de la pantoufle sacrée du saint-père. Les pauvres moines de Sicile lui parurent bien malpropres, bien grotesques et tant soit peu cyniques, lorsqu'ils s'abattirent, comme une nuée de corbeaux avides et de pies babillardes, sur les miettes de ce festin. Cependant, quelques-uns lui plurent par leur physionomie hardie et intelligente. C'était encore le peuple sicilien sous la bure du cloître, noble race que le joug fait plier et ne peut jamais rompre.

Le jeune artiste était rentré dans la salle de bal pour assister à ce curieux spectacle, et il en observait les incidents avec l'attention d'un peintre qui fait son profit de tout. Il remarqua surtout un de ces moines qui avait le capuchon rabattu jusque sur le bout de sa barbe, et qui ne mendiait pas. Il s'éloignait des autres et se promenait dans la salle, comme s'il se fût plus intéressé au local de la fête qu'au profit qu'il pouvait en retirer. Michel essaya plusieurs fois d'apercevoir ses traits, et de juger, à sa physionomie, si l'intelligence d'un artiste ou les regrets d'un homme du monde se cachaient sous ce froc. Mais ce ne fut qu'une seule fois, et à la dérobée, qu'il put le voir écarter son capuchon, et il fut frappé de sa laideur repoussante. Au même instant, les yeux du moine se portèrent sur lui avec une expression de curiosité malveillante, et s'en détournèrent aussitôt, comme si cet homme eût craint d'être surpris en examinant les autres.

« J'ai déjà vu cette laide figure quelque part, dit Michel à sa sœur, qui se tenait près de lui.

— Tu appelles cela une figure ? répondit la jeune fille. Je n'ai vu qu'une barbe de bouc, des yeux de chouette et un nez qui ressemble à une vieille figue écrasée... Tu ne feras pas son portrait, j'espère ?

— Mila, tu me disais-tu à l'heure, plusieurs de ces moines pour les avoir vus quêter dans le faubourg : n'as-tu jamais rencontré celui-ci ?

— Je ne le crois pas ; mais, si tu es désireux de savoir son nom, ce sera très-facile, car voici un frère qui me le dira. »

Et la jeune fille courut à la rencontre d'un moine qui arrivait le dernier, sans besace et sans âne, avec une petite escarcelle seulement. C'était un grand et bel homme, entre deux âges ; sa barbe était encore noire comme de l'ébène, quoique sa couronne de cheveux commençât à blanchir. Le noir de ses yeux vifs, la noblesse de son nez aquilin et le sourire de sa bouche vermeille, annonçaient une belle santé jointe à un caractère heureux et ferme. Il n'avait ni la maigreur maladive ni l'obésité ridicule de la plupart de ses confrères. Son vêtement marron était propre, et il le portait avec une certaine majesté.

Ce capucin gagna, dès les premiers regards, la confiance de Michel ; mais il fut subitement courroucé de voir Mila sauter presque à son cou, et lui prendre la barbe dans ses deux petites mains, en riant et en feignant de vouloir l'embrasser malgré lui.

« Allons, petite, modère-toi, dit le frère en la repoussant avec une douceur paternelle. J'ai beau être ton oncle, on ne doit pas embrasser un moine. »

Michel se souvint alors du capucin Paolo-Angelo, dont son père lui avait si souvent parlé, et qu'il n'avait encore jamais vu. Fra-Angelo était, par le sang comme par le cœur, le frère de Pier-Angelo. C'était le plus jeune des oncles de Michel. Son intelligence et la dignité de son caractère faisaient l'orgueil de la famille, et, dès que Pier-Angelo l'aperçut, il courut prendre Michel pour le lui présenter.

« Frère, dit le vieil artisan en serrant cordialement la main du capucin, donne ta bénédiction à mon fils ; je l'aurais déjà conduit à ton couvent pour te la demander, si nous n'eussions été occupés ici un peu au delà de nos forces.

— Mon enfant, répondit Fra-Angelo en s'adressant au jeune homme, je te donne la bénédiction d'un parent et d'un ami ; je suis heureux de te voir, et ta figure me plaît.

— C'est bien réciproque, lui dit Michel en mettant sa main dans celle de son oncle. »

Mais, pour lui témoigner son affection, le bon moine, qui avait les muscles et sans âne d'un athlète, lui serra les doigts si fort que le jeune artiste crut un instant les sentir brisés. Il ne voulut pas avoir l'air de trouver cette caresse trop rude ; mais il baissa lui en vint au front, et il se dit en souriant qu'un homme de l'étoffe de son oncle le capucin était plus propre à exiger l'aumône qu'à la demander.

Mais, comme la force est presque toujours unie à la douceur, Fra-Angelo s'approcha de l'éléemosinaire du palais avec autant de retenue et de discrétion que ses confrères y avaient mis d'ardeur et d'insistance. Il le salua d'un sourire, lui ouvrit son escarcelle sans daigner tendre la main, et la referma sans regarder ce qu'on y avait mis, en murmurant une formule de remercîment très-laconique, après quoi il revint vers son frère et son neveu, refusant de se charger de vivres d'aucune espèce.

« En ce cas, lui dit un valet fort dévot en s'approchant de lui, vous n'avez pas reçu assez d'argent !

— Vous croyez ? répondit le moine. Je n'en sais rien. Quoi que ce soit, il faudra bien que le couvent s'en contente.

— Voulez-vous que j'aille réclamer pour vous, mon frère ? Si vous voulez me promettre de prier pour moi tous les jours de cette semaine, je vous ferai donner davantage.

— Eh bien, ne prends pas cette peine, repartit en souriant le fier capucin ; je prierai pour toi gratis, et ma prière en vaudra mieux. Ta patronne, la princesse Agathe, fait bien assez d'aumônes, et je ne viens chez elle que pour obéir à ma consigne.

— Mon oncle, dit la petite Mila en lui parlant bas, il y a là-bas un frère de votre ordre dont la figure tourmente mon père et mon frère. Ils trouvent qu'il ressemble à un autre.

— A un autre ? Que veux-tu dire ?

— Regarde-le, répondit Pier-Angelo. Michel a raison, il a une mauvaise figure. Tu dois le connaître. Il se tient là-bas tout seul, sous l'estrade des musiciens.

— A sa taille et à sa démarche, je ne le reconnais pour aucun frère de mon couvent. Pourtant, il a la robe d'un capucin. Mais en quoi cela peut-il vous intéresser ?

— C'est que nous trouvons, répondit Pierre en baissant la voix, qu'il ressemble à l'abbé Ninfo.

— En ce cas, allez-vous-en, dit vivement Fra-Angelo ; moi, je vais lui adresser la parole, et je saurai bien ce qu'il est et ce qu'il vient faire ici.

— Oui, oui, partons, répondit Pier-Angelo. Enfants, passez devant. Je vous suis. »

Michel prit le bras de sa sœur sous le sien, et fut bientôt sur le chemin de Catane.

« Il paraît, dit Mila à son frère, que cet abbé Ninfo nous en veut et peut nous faire du mal ? Sais-tu pourquoi, Michel ?

— Pas très-bien ; mais je me méfie d'un homme qui se déguise, apparemment pour espionner. Que ce soit à propos de nous ou de tout autre, le mystère cache ici de mauvais desseins.

— Bah ! dit l'insouciante Mila après un moment de silence, ce n'est peut-être qu'un moine comme les autres. Il se tenait à l'écart et furetait dans les coins, comme quelques-uns font souvent après le passage des foules dans les processions et les fêtes, pour voir s'ils ne trouveraient pas quelque bijou perdu... Alors, ils le ramassent sans rien dire, et portent cela à leur couvent, pour le rendre, moyennant une ou deux messes bien payées, ou pour découvrir quelque secret d'amour ; car ils sont, en général, assez curieux, ces bons pères !

— Tu n'aimes pas les moines, Mila ? Tu n'es qu'à demi Sicilienne.

— C'est selon. J'aime mon oncle et ceux qui lui ressemblent.

— A propos ! reprit Michel, ramené par le mot bijou perdu à l'aventure dont les capucins l'avaient distrait ; tu étais entrée dans la salle du bal avant le moment où je t'ai rencontrée dans le jardin ?

— Non, répondit-elle ; si tu ne m'y avais fait entrer pour assister à la quête, je n'y aurais pas songé. Pourquoi me demandes-tu cela ? J'avais vu la salle terminée avant la fête. Que m'importe une salle vide où l'on ne danse pas ? C'est le bal, et la danse, et les toilettes, que j'aurais voulu voir ! Mais tu n'as pas voulu m'emmener seulement à la porte, cette nuit !

— Pourquoi ne pas me dire la vérité, lorsque le fait n'a aucune importance ? Il n'y a rien d'étonnant, chère petite sœur, à ce que tu sois venue tout à l'heure me réveiller dans la grotte de la Naïade.

— Mon père dit que tu dors debout, Michel, et je vois

Le lendemain matin, on trouva Ercolano assassiné... (Page 42.)

bien qu'il dit vrai. Je te fais serment que, depuis hier matin, lorsque je t'ai apporté les feuillages que tu m'avais demandé de cueillir, je ne suis pas entrée dans la grotte.

— Ah! Mila, c'est trop fort. Tu n'étais pas menteuse autrefois, et je suis fâché de te voir ce vilain défaut maintenant.

— Taisez-vous, frère, vous m'offensez, dit Mila en retirant son bras avec fierté. Je n'ai jamais menti, et je ne commencerai pas aujourd'hui pour vous faire plaisir.

— Petite sœur, reprit Michel en se rapprochant d'elle et en doublant le pas pour la suivre, car elle s'en allait en avant, piquée et affligée, voulez-vous bien me montrer le bijou que madame Agathe vous a donné?

— Non, maître Michel-Ange, répondit la jeune fille; vous n'êtes pas digne de le regarder. Dans le temps où je coupais vos cheveux pour les porter sur mon cœur, vous n'étiez pas méchant comme vous l'êtes devenu depuis.

— A votre place, j'ôterais le médaillon de mon sein, dit Michel avec ironie, et je le jetterais tout de suite au nez du méchant frère qui me tourmente de la sorte.

— Tenez! le voilà! dit la petite fille en saisissant dans son corset le médaillon, et en le remettant à Michel avec dépit; vous pouvez reprendre vos cheveux, je n'y tiens plus. Seulement, rendez-moi le bijou : j'y tiens, parce que c'est le don d'une personne meilleure que vous.

— Deux médaillons semblables! se dit Michel en les réunissant dans sa main : est-ce la suite de ma vision? »

XIX.

JEUNES AMOURS.

Michel n'osa point demander à sa sœur l'explication d'un tel prodige. Il courut s'enfermer dans sa petite chambre, et, s'asseyant sur son lit, au lieu de dormir, il ouvrit et compara le contenant et le contenu de ces joyaux identiques. Ils étaient absolument pareils : ils renfermaient les mêmes cheveux, à tel point que lorsqu'il les eut examinés et touchés longtemps, il ne sut plus lequel appartenait à sa sœur. Il se rappela alors une parole de celle-ci, qui l'avait peu frappé, quoiqu'elle lui eût paru singulière au premier instant. Mila prétendait qu'entre les mains du bijoutier la mèche de cheveux qu'elle avait confiée à la princesse avait diminué de moitié.

Mais il l'oublia, ce vœu formidable... (Page 51.)

Point d'éclaircissements possibles à ce fait bizarre. La princesse ne connaissait pas Michel ; elle ne l'avait jamais vu, il n'était point encore à Catane lorsqu'elle avait pris le scapulaire de Mila pour l'échanger contre cette riche monture. Il est difficile de croire qu'une femme puisse s'éprendre d'un homme à la seule vue de la couleur de ses cheveux. Michel eut beau chercher, il ne trouva que cette explication peu satisfaisante pour son ardente curiosité : la princesse avait peut-être aimé une personne dont les cheveux étaient absolument de la même nuance et de la même finesse que ceux de Michel. Elle les portait dans un médaillon. En voyant le culte de la jeune Mila pour cette relique fraternelle, elle avait fait faire un médaillon tout pareil au sien, et le lui avait donné.

Mais que les vraisemblances de la vie sont invraisemblables pour une tête de dix-huit ans ! Michel trouvait bien plus probable d'avoir été aimé avant d'avoir été vu ; et, quand il fut vaincu enfin par le sommeil, les deux médaillons étaient encore dans sa main entr'ouverte.

Quand il s'éveilla, vers midi, il n'en trouva plus qu'un : l'autre était tombé dans ses draps, apparemment. Il défit et bouleversa son lit, passa une heure à fouiller toutes les fentes de son plancher, tous les plis de ses vêtements étendus sur une chaise à son chevet. Un des deux talismans avait disparu.

« Ceci, pensa-t-il, est un tour de mademoiselle Mila. » La porte de sa chambrette ne fermait qu'au loquet, et la jeune fille travaillait, en chantant, dans la mansarde contiguë à la sienne.

« Ah ! vous voici enfin levé ? lui dit-elle d'un air boudeur, lorsqu'il se présenta devant elle. C'est fort heureux ! Voulez-vous maintenant me rendre mon médaillon ?

— Il me semble, petite, que vous êtes venue le reprendre pendant que je dormais.

— Puisque vous le tenez dans votre main ! s'écria-t-elle en lui saisissant la main à l'improviste. Voyons, ouvrez-la, ou je vous pique les doigts avec mon aiguille.

— Je le veux bien, dit-il, mais ce bijou n'est pas le vôtre. Vous m'avez déjà repris celui qui vous appartient.

— Vraiment ! dit Mila en arrachant le bijou de la main de son frère, qui se défendait faiblement en la regardant avec attention ; ceci n'est pas à moi ? Vous croyez que je peux m'y tromper ?

— En ce cas, vous avez l'autre, Mila.
— Quel autre? En avez-vous un aussi? Je n'en sais rien ; mais celui-ci est à moi : c'est le chiffre de la princesse, c'est mon bien, c'est ma relique. Reprenez vos cheveux, si nous sommes brouillés, je le veux bien ; mais le bijou ne me quittera plus jamais. »

Et elle le remit dans son sein, fort peu décidée à ôter les cheveux, auxquels elle tenait plus qu'elle ne voulait en convenir dans son dépit enfantin.

Michel retourna dans sa chambre. L'autre médaillon devait s'y trouver. Mila avait tant d'assurance et de conviction dans sa physionomie et dans ses paroles ! Mais il ne trouva rien, et résolut de fouiller la chambre de sa sœur aussitôt qu'elle serait sortie. En attendant, il essaya de se réconcilier avec elle. Il lui adressa de douces cajoleries, et, jurant que tout ce qui s'était passé n'était qu'une plaisanterie de sa part, il lui reprocha d'être fière et susceptible.

Mila consentit à faire la paix et à embrasser son frère ; mais elle resta un peu triste, et ses belles joues étaient colorées d'un rose moins doux que de coutume.

« Tenez, lui dit-elle, vous avez mal pris votre temps pour me tourmenter; il est des jours où l'on ne se sent pas disposé à supporter la raillerie, et j'ai cru que vous le faisiez exprès pour vous moquer de mes chagrins.
— Tes chagrins, Mila? s'écria Michel en la pressant sur son cœur avec un sourire, tu as des chagrins, toi? Pour n'avoir pas vu le bal cette nuit, n'est-ce pas? Oh ! en effet, tu es une petite fille bien malheureuse !
— D'abord, Michel, je ne suis pas une petite fille. J'ai quinze ans bientôt, et je suis en âge d'avoir des chagrins. Quant au bal, je m'en souciais fort peu ; et, maintenant qu'il est fini, je n'y pense plus.
— Eh bien, quel est donc ce grand chagrin? voudrais-tu une robe neuve ?
— Non.
— Ton rossignol n'est pas mort?
— Est-ce que vous ne l'entendez pas chanter?
— Le gros matou de notre voisin Magnani a peut-être croqué ta tourterelle?
— Je voudrais bien qu'il en eût la pensée ! Je vous dis que je ne m'occupe ni de M. Magnani, ni de son chat. »

Le ton dont elle prononça le nom de Magnani fit ouvrir l'oreille à Michel, et, en regardant le visage de sa petite sœur, il vit qu'elle avait les yeux attachés, non sur son ouvrage, quoiqu'elle eût la tête baissée, mais sur une galerie de bois où Magnani travaillait ordinairement, en face de la chambre de Mila. En ce moment, Magnani traversait la galerie. Il ne regardait pas la fenêtre de Mila, et Mila ne regardait pas son ouvrage.

« Mila, mon cher ange, lui dit Michel en prenant ses deux mains et en les laisant, vous voyez bien ce jeune homme qui passe d'un air distrait?
— Eh bien, répondit Mila, pâlissant et rougissant tour à tour, qu'est-ce que cela me fait?
— C'est pour vous dire, mon enfant, que si jamais votre cœur avait besoin d'aimer, ce n'est pas à ce jeune homme-là qu'il faudrait songer.
— Quelle folie ! dit la petite en hochant la tête et en s'efforçant de rire. C'est bien le dernier auquel je songerais, vraiment !
— Alors, vous auriez grandement raison, reprit Michel, car le cœur de Magnani n'est pas libre, il y a longtemps qu'il aime une autre femme.
— Cela ne me regarde point et ne m'intéresse nullement, répondit Mila ; » et, baissant le front sur son ouvrage, elle tourna son rouet avec rapidité. Mais Michel vit avec douleur deux grosses larmes tomber sur son écheveau de soie vierge.

Michel avait une grande délicatesse de cœur. Il comprit la honte qui accablait sa jeune sœur, et qui ajoutait une nouvelle souffrance à celle de son âme froissée. Il vit les efforts surhumains que faisait la pauvre enfant pour étouffer ses sanglots et surmonter sa confusion. Il sentit que ce n'était pas le moment de l'humilier davantage en provoquant une explication.

Il feignit donc de ne rien voir, et, se promettant de la raisonner lorsqu'elle serait plus maîtresse d'elle-même, il sortit de la chambre où elle travaillait.

Mais il était si agité lui-même qu'il ne put tenir dans la sienne. Il se livra à une dernière et inutile perquisition, et, renonçant à mettre la main sur le talisman disparu, espérant le voir reparaître au moment où il y songerait le moins, comme il arrive souvent des objets perdus, il résolut d'aller trouver Magnani pour se réconcilier avec lui ; car ils s'étaient séparés avec humeur, et Michel ne pouvant plus se défendre du secret orgueil d'être follement aimé de la princesse, éprouvait un redoublement de sollicitude généreuse pour son infortuné rival.

Il traversa la cour et entra au rez-de-chaussée, dans l'atelier du père de Magnani. Mais il chercha en vain Antonio jusque dans sa chambre. Sa vieille mère lui dit qu'il venait de sortir un instant auparavant, et ne put lui apprendre quelle direction il avait prise. Michel sortit alors dans la campagne, moitié songeant à le rejoindre, moitié plongé dans ses propres rêveries.

De son côté, Magnani, poussé par le même sentiment de sympathie et de loyauté, avait résolu d'aller trouver Michel. Son modeste logis avait une seconde issue, et celle qu'il avait prise conduisait moins directement, par un passage étroit et sombre, situé sur les derrières des deux maisons mitoyennes, à la maison pauvre et antique qu'habitait Pier-Angelo avec ses enfants.

Les deux jeunes gens ne pouvaient donc pas se rencontrer. Magnani monta et regarda dans une grande pièce nue et délabrée, où il vit Pier-Angelo étendu sur son grabat, et se livrant à un repos que ne troublaient plus les émotions de l'amour et de la jeunesse.

Magnani prit alors l'escalier, ou plutôt l'échelle de bois qui conduisait aux mansardes, et pénétra dans la chambre de Michel, contiguë à celle de Mila.

La porte de Michel était restée ouverte; Magnani entra, et, ne trouvant personne, il allait sortir, lorsque le cyclamen, que Michel avait mis précieusement dans un vieux verre de Venise bizarrement travaillé, frappa ses regards. Certes, Magnani était la probité même, l'honneur scrupuleux incarné ; pourtant il n'est pas certain que, s'il eût présumé que cette fleur s'était détachée du bouquet de la princesse, il ne l'eût pas dérobée.

Mais il ne le devina pas, et se borna à remarquer que Michel aussi rendait un culte au cyclamen.

Tout à coup Magnani fut tiré de sa contemplation par un bruit qui le fit tressaillir. On pleurait dans la chambre voisine. Des sanglots étouffés, mais poignants, retentissaient faiblement derrière la cloison, non loin de la porte qui séparait les chambres des deux enfants de Pier-Angelo. Magnani savait bien que Mila demeurait à cet étage. Il l'avait bien souvent saluée, en souriant, de sa galerie, lorsqu'il la voyait, brillante de jeunesse et de beauté, à sa fenêtre. Mais, comme elle n'avait fait aucune impression sur son cœur, et qu'il ne lui avait jamais parlé que comme à un enfant, il ne se rendit pas compte, en cet instant, de la situation de sa mansarde, et même il ne pensa point à elle. Sa manière de pleurer n'avait rien de mâle, à coup sûr, mais Michel avait dans la voix des accents si jeunes et si doux, que ce pouvait bien être lui qui gémissait ainsi. Magnani ne songea qu'à son jeune camarade, et, plein de sollicitude, il poussa vivement la porte et entra dans la chambre de Mila.

A son apparition, la jeune fille fit un grand cri et s'enfuit au fond de sa chambre en cachant son visage.

« Mila, chère petite voisine, s'écria le bon Magnani en restant respectueusement près de la porte, pardonnez-moi, n'ayez aucune peur de moi. Je me suis trompé, j'ai entendu pleurer à fendre le cœur, j'ai cru que c'était votre frère... Je n'ai pas réfléchi, je suis entré plein d'inquiétude... mais, mon Dieu, pourquoi pleurez-vous ainsi, chère enfant?
— Je ne pleure pas, répondit Mila en essuyant ses yeux à la dérobée et en feignant de chercher quelque chose dans un vieux meuble accolé à la muraille ; vous vous êtes tout à fait trompé. Je vous remercie, monsieur Magnani ; mais, laissez-moi, vous ne devez pas entrer ainsi dans ma chambre.

— Oui, oui, je le sais, je m'en vais, Mila ; mais pourtant, je n'ose pas vous laisser ainsi, vous êtes trop affectée, je le vois bien. Je crains que vous ne soyez malade. Permettez-moi d'aller réveiller votre père pour qu'il vienne vous consoler.

— Non, non ! gardez-vous-en bien ! Je ne veux pas qu'on l'éveille !

— Mais, ma chère...

— Non, vous dis-je, Magnani ; vous me feriez beaucoup plus de mal si vous causiez ce chagrin à mon père.

— Mais qu'y a-t-il donc, Mila ? Votre père ne vous a pas grondée ? Vous ne méritez jamais de reproches, vous ! Et lui, il est si bon, si doux, il vous aime tant !

— Oh ! bien certainement, il ne m'a jamais dit un mot qui ne fût pas une parole d'amour et de bonté. Vous voyez bien que vous rêvez, Magnani ; je n'ai pas de chagrin, je ne pleure pas.

— Eh ! je vois d'ici que vous avez la figure enflée et les yeux rouges, ma chère petite. Quel chagrin si profond peut-on donc avoir à votre âge, belle, et chérie de tous, comme vous l'êtes ?

— Ne vous moquez pas de moi, je vous en prie, dit Mila avec fierté. » Mais elle devint pâle, et, voulant s'asseoir avec calme, elle tomba suffoquée sur sa chaise.

Magnani croyait si peu qu'il pût être à ses yeux autre chose qu'un ami, et le sentiment qu'il éprouvait pour elle était si calme, qu'il ne songea plus à la quitter. Il s'approcha sans autre émotion que celle d'un tendre intérêt, s'assit à ses pieds sur un coussin de paille tressée, et, prenant ses mains dans les siennes, il l'interrogea avec une sorte d'autorité paternelle.

La pauvre Mila fut si troublée qu'elle n'eut pas la force de le repousser. C'était la première fois qu'il lui parlait d'aussi près et avec une affection si marquée. Oh ! qu'elle eût été heureuse sans les fatales paroles que Michel lui avait dites !

Mais ces paroles retentissaient encore à ses oreilles, et Mila était trop fière pour laisser soupçonner son secret. Elle fit un grand effort sur elle-même, et répondit en souriant que son chagrin avait peu d'importance et ne venait que d'une petite querelle qu'elle venait d'avoir avec son frère.

« Une querelle avec vous, mon pauvre ange ? lui dit Magnani en l'examinant avec attention, est-ce possible ? Oh non ! vous me trompez. Michel vous aime plus que tout au monde, et il a bien raison. Si vous vous étiez querellés, il serait là, comme moi, à vos pieds, et plus éloquent que moi pour vous consoler ; car il est votre frère, et je ne suis que votre ami. Mais, quoi qu'il en soit, je vais chercher Michel ; je lui ferai de grands reproches s'il a quelque tort... Mais il suffit qu'il vous voie abattue et changée comme vous l'êtes, pour qu'il en ait plus de douleur que vous-même.

— Magnani, répondit Mila en le retenant comme il se levait, je vous défends d'aller chercher Michel. Ce serait donner trop d'importance à un enfantillage. N'y faites plus attention, et n'en parlez ni à lui, ni à mon père. Je vous assure que je n'y pense déjà plus, et que, ce soir, mon frère et moi serons parfaitement réconciliés.

— Si ce n'est qu'un enfantillage, dit Magnani en s'asseyant auprès d'elle, vous avez une sensibilité trop vive, ma bonne Mila. J'ai des sœurs aussi, et quand j'étais moins raisonnable, quand j'avais l'âge de Michel, je les taquinais un peu. Mais elles ne pleuraient pas ; elles me rendaient mes malices avec usure, et j'avais toujours le dessous.

— C'est qu'elles ont de l'esprit, et qu'apparemment je n'en ai point assez pour me défendre, répondit tristement Mila.

— Vous avez beaucoup d'esprit, Mila, je l'ai fort bien remarqué ; vous n'êtes pas pour rien la fille de Pier-Angelo et la sœur de Michel, vous êtes mieux élevée que toutes les jeunes personnes de votre classe. Mais vous avez encore plus de cœur que d'esprit, puisque vous ne savez vous défendre qu'avec vos larmes ! »

Les éloges de Magnani faisaient à la fois du bien et du mal à la jeune fille. Elle était flattée de voir qu'en n'ayant point l'air de s'occuper d'elle, il l'avait assez observée pour savoir lui rendre justice. Mais le calme bienveillant de ses manières lui disait assez que Michel ne l'avait pas trompée.

XX.

BEL PASSO ET MAL PASSO.

Tout à coup Mila prit une résolution prompte et ferme ; car Magnani l'avait dit sans flatterie, elle était supérieure à la plupart des jeunes filles de sa classe par l'éducation, et Pier-Angelo avait su lui donner des idées aussi nobles que les siennes. Elle joignait à cela une certaine dose d'exaltation juvénile, mêlée à des habitudes de courage et de dévouement, que, par bon goût et simplicité de cœur, elle voilait sous une apparente insouciance. C'est le comble du stoïcisme que de savoir se sacrifier en riant et en ayant l'air de ne pas souffrir.

« Mon bon Magnani, lui dit-elle en se levant et en reprenant la sérénité de son regard, je vous remercie de l'amitié que vous me témoignez ; vous m'avez fait du bien, je me sens calme. Laissez-moi travailler, maintenant, car je n'ai pas fait comme vous ma *journée* pendant la nuit : il faut que je remplisse ma tâche et que je gagne mon salaire. Allez-vous-en, pour qu'on ne dise pas que je suis une paresseuse, et que je perds mon temps à babiller avec les voisins.

— Adieu, Mila, répondit le jeune homme. Je demande à Dieu qu'il vous rende le calme aujourd'hui, et qu'il vous comble de bonheur tous les jours de votre vie.

— Merci, Magnani, dit Mila en lui tendant la main ; je compte, dès ce jour, sur votre amitié. »

L'air de noble résolution avec lequel cette jeune fille, tout à l'heure brisée, tendit sa main, et la manière dont elle prononçait le mot d'amitié, comme un adieu héroïque à toutes ses illusions, ne fut pas compris de Magnani ; et pourtant il y avait dans ce geste et dans cet accent quelque chose qui l'émut sans qu'il pût en deviner la cause. Mila se transformait devant lui en un clin d'œil : elle n'avait plus l'air d'un enfant gracieux, elle était sérieuse et belle comme une femme.

Il reçut cette petite main dans sa main rude et forte, qui n'hésitait pas à consacrer, par une fraternelle étreinte, ce pacte d'amitié, mais qui trembla tout à coup au contact d'une main aussi souple et aussi mignonne que celle d'une princesse ; car Mila était fort soigneuse de sa beauté, et savait être à la fois laborieuse et recherchée dans ses occupations.

Magnani crut sentir la main d'Agathe, qu'il avait touchée une seule fois dans sa vie, par une fortune singulière. Il s'émut soudainement et attira vers lui sur son cœur la fille de Pier-Angelo, comme pour lui donner un baiser fraternel. Pourtant il n'osait point ; mais elle lui tendit son front avec ingénuité, en se disant à elle-même que ce serait le premier et le dernier, et qu'elle voulait garder ce souvenir comme la consécration d'un éternel adieu à toutes ses espérances.

Magnani vivait, depuis cinq ans, sous la loi d'une chasteté exemplaire. Il semblait qu'il eût fait serment d'imiter l'austérité exceptionnelle d'Agathe, et qu'absorbé par une idée fixe, il eût résolu de se consumer lentement, sans connaître l'amour et l'hyménée. Il n'avait jamais donné un baiser à une femme, pas même à ses sœurs, depuis qu'il portait en lui cette chimère de passion sans espoir. Peut-être en avait-il prononcé le vœu dans quelque moment d'exaltation douloureuse. Mais il l'oublia, ce vœu formidable, en sentant la belle tête brune de la jeune Mila s'appuyer avec confiance sur sa poitrine. Il la contempla un instant, et la limpidité de ces yeux noirs, qui lui exprimaient une douleur et un courage incompréhensibles, lui jeta sans le savoir une sorte de surprise et de volupté. Ses lèvres ne rencontrèrent pas le front de Mila ; elles s'éloignèrent en frémissant de sa bouche vermeille, et s'arrêtèrent sur son cou brun et velouté, peut-être une ou deux secondes de plus qu'il n'était nécessaire pour cimenter un lien de fraternité.

Mila pâlit, ses yeux se fermèrent, et un soupir douloureux s'exhala de son cœur brisé. Magnani, épouvanté, la déposa sur sa chaise, et s'enfuit plein d'effroi, d'étonnement, et peut-être de remords.

Mila, restée seule, faillit s'évanouir; puis elle alla, en chancelant, fermer sa porte au verrou; elle s'agenouilla par terre contre son lit, cacha sa figure dans ses mains, et resta absorbée.

Mais elle ne pleura plus, et la douleur fit place en elle à une agitation pleine d'énergie et d'aspirations brûlantes. Là encore l'optimisme de Pier-Angelo, cette foi au destin qui est comme une superstition des âmes fortes et des esprits actifs, se révéla en elle. Elle se releva, rajusta ses cheveux, regarda son miroir, et dit tout haut, en prenant son ouvrage :

« Je ne sais pas pourquoi, ni quand, ni comment, mais il m'aimera ; je dois le vouloir, je le veux, Dieu m'assistera ! »

Lorsque Michel rentra, il la trouva calme et belle, absorbée dans la contemplation d'une copie de la *Vierge à la Chaise*, qu'il avait faite avec soin pour elle, et qu'elle avait placée, non dans son alcôve, mais au-dessus de son miroir. Il s'applaudit de l'avoir laissée s'abandonner à un premier mouvement de douleur, et de voir qu'elle avait retrouvé des forces dans sa méditation solitaire. Il arriva jusque auprès d'elle sans qu'elle l'entendît venir ; mais elle vit son visage dans la glace, au moment où il se penchait vers elle pour lui donner un baiser sur le cou :

« Embrassez-moi là, lui dit-elle en lui offrant sa joue ; mais sur mon cou jamais !

— Et pourquoi cette interdiction à ton frère, petite fantasque ?

— C'est mon idée, répondit-elle. Vous commencez à avoir de la barbe, et je ne veux pas que vous flétrissiez ma peau.

— Ah ! tu me flattes beaucoup ! dit Michel en riant, et cette crainte fait trop d'honneur à ma moustache naissante ! je ne croyais pas qu'elle pût encore faire peur à personne ! Mais tu tiens donc moins à la fraîcheur de ta joue qu'à celle de ton joli cou, petite Mila ? Est-ce parce que tu viens d'admirer celui de cette belle Madone ?

— Peut-être ! dit-elle. Il est bien beau, en effet, et je voudrais ressembler, de tous points, à cette figure-là.

— Il me semble que tu t'y essayais devant ton miroir ? Ce sont des idées bien profanes devant cette sainte image !

— Non, Michel, répondit Mila d'un air sérieux. Il n'y a rien de profane dans l'idée que je me fais de sa beauté. Je ne l'avais pas encore comprise comme aujourd'hui, et je me figurais que personne n'avait pu créer une aussi belle figure que celle de la princesse Agathe. Mais maintenant je vois que Raphaël a été plus loin. Il a donné à sa madone plus de force, sinon plus de tranquillité. Elle est très-vivante, cette figure divine ; elle a beaucoup de volonté ; elle est sûre d'elle-même... C'est la plus chaste, elle est la plus aimante des femmes ; elle a l'air de dire : Aimez-moi, parce que je vous aime.

— Vraiment, Mila, où prends-tu ce que tu dis là ? s'écria Michel en regardant sa sœur avec surprise. Je crois rêver en t'écoutant parler ! »

L'entretien de ces deux enfants fut interrompu par l'arrivée de leur père. Il venait proposer à Michel de procéder à la démolition de la salle de bal. Tous les ouvriers qui y avaient travaillé s'étaient donné rendez-vous à trois heures de l'après-midi, pour débarrasser le palais de cette construction volante.

« Je sais, dit Pier-Angelo, que la princesse tient à conserver tes fresques sur toile, et je désire que tu m'aides à les rouler et à les transporter sans dommage dans une des galeries du palais. »

Michel suivit son père ; mais ils furent à peine sortis de la ville, que celui-ci s'arrêtant :

« Mon ami, dit-il, je vais me rendre seul à la villa, où je veux avoir un mot d'entretien avec la princesse, relativement à cet abbé maudit qui se déguise en moine pour venir espionner je ne sais quoi et je ne sais qui dans sa maison. Toi, tu vas marcher pendant deux milles vers le nord-ouest, en suivant toujours le sentier qui s'ouvre ici, sans te détourner ni à droite, ni à gauche. Tu arriveras dans une heure au couvent des Capucins de Bel Passo, où ton oncle Fra-Angelo m'a dit qu'il t'attendrait jusqu'au coucher du soleil. Il s'est assuré que le confrère suspect que nous lui avions désigné n'était autre que le Ninfo, et, sans vouloir s'expliquer avec moi sur les vues qu'il lui suppose, il m'a déclaré vouloir s'entretenir avec toi sérieusement. Je doute que ton oncle en sache plus long que nous sur l'état du cardinal et les desseins de l'abbé ; mais il est homme de sens et de prévoyance. Il a dû s'enquérir dans la matinée, et je serai bien aise d'avoir son avis. »

Michel prit le sentier, et, au bout d'une heure de marche à travers les plus admirables sites que l'imagination puisse se représenter, il arriva à la porte du couvent de son oncle.

Ce couvent était situé au-dessus d'un village dans la région cultivée et fleurie semée de maisons de campagne, qui occupe la base de l'Etna. De grandes masses d'arbres séculaires protégeaient l'édifice, et le jardin, tourné vers le soleil d'Afrique, dominait une vue magnifique terminée par la mer.

Ce lieu romantique, tout sillonné de laves formidables, portait deux noms qui lui avaient été donnés tour à tour, et que, dans le doute de celui qu'on devait lui conserver, on lui conférait indifféremment à cette époque. Le site étant superbe, le sol fertile, et le climat agréable, on l'avait nommé, dans le principe, *Bel passo*. Puis, étaient venues les terribles éruptions de l'Etna et du Monte-Rosso, qui l'avaient ruiné et bouleversé. Alors, on l'avait nommé *Mal passo*. Puis, le temps avait marché, on avait rebâti le village et le couvent, brisé les laves, repris la culture, et on était revenu peu à peu au doux nom primitif. Mais ces deux qualifications opposées se confondaient encore dans les habitudes et les souvenirs des habitants. Les vieillards, qui avaient vu leur pays dans sa splendeur primitive, disaient Bel passo, ainsi que les enfants, qui ne l'avaient vu que sorti du chaos et ressuscité. Mais les hommes que le spectacle et les malheurs de la catastrophe avaient frappés dans leurs premières années, ceux-là qui n'avaient eu que le travail et l'effroi pour berceau, et qui commençaient à peine à retirer quelque fruit de leurs peines, disaient plus souvent encore *Mal passo* que *Bel passo*.

Il y avait peut-être bien longtemps que, deux ou trois fois par siècle, cette gorge changeait ainsi de nom, suivant la circonstance ; exemple de la courageuse insouciance de l'espèce humaine, qui rebâtit son nid à côté de la branche brisée, et se remet à aimer, à caresser et à vanter son domaine à peine reconquis sur les orages de la veille.

Cette contrée justifiait également, du reste, les deux noms qu'elle se disputait. C'était le résumé de toutes les horreurs et de toutes les beautés de la nature. Là où le fleuve de feu avait établi ses courants destructeurs, les arêtes de laves, les scories livides, les ruines de l'ancien sol creusé, inondé ou brûlé, rappelaient les jours néfastes, la population réduite à la mendicité, les mères et les épouses en deuil ; Niobé changée en pierre à la vue de ses enfants foudroyés. Mais tout à côté, à une ligne de lisière, de vieux figuiers, réchauffés par le passage de la flamme, avaient poussé des branches nouvelles, et semaient de leurs fruits succulents les frais gazons et l'antique sol imbibé des sucs les plus généreux.

Tout ce qui ne s'était pas trouvé sur le passage de la lave en fusion, tout ce qui avait été préservé par un accident de terrain, avait profité de la destruction voisine. Il en est ainsi dans l'espèce humaine, et partout où la mort fait place à la vie. Michel remarqua qu'en certains endroits, de deux arbres jumeaux, l'un avait disparu comme emporté par un boulet de canon, et présentait sa souche calcinée, à côté de la tige superbe qui semblait triompher sur ses ruines.

Il trouva son oncle occupé à tailler le roc pour élargir une plate-bande de légumes splendides. Le jardin du couvent avait été creusé en pleine lave. Ses allées étaient recouvertes de mosaïques en faïence émaillée, et les carrés de légumes et de fleurs, taillés dans le sein même du roc, et remplis de terres rapportées, offraient le spectacle de caisses gigantesques enfouies jusqu'aux bords. Pour rendre l'identité plus frappante, entre la terre cultivée et l'allée de faïence, on avait laissé dépasser le rebord de lave noire, en guise de bordure de buis ou de thym, et à chaque coin des carrés, on avait taillé cette lave en boule, comme l'ornement classique de nos caisses d'oranger.

Il n'y avait donc rien de plus propre et de plus laid, de plus symétrique et de plus triste, de plus monastique en somme, que ce jardin, sujet d'orgueil et objet d'amour des bons moines. Mais la beauté des fleurs, l'éclat des grappes de raisin qui s'étalaient en berceau sur de lourds piliers de lave, le doux murmure de la fontaine qui se distribuait en mille filets argentés, pour aller rafraîchir chaque plante dans sa prison de roches, et surtout la vue qu'on découvrait de cette terrasse ouverte au midi, offraient une compensation à la mélancolie d'un si rude et si patient labeur.

Fra-Angelo, armé d'une massue de fer, avait ôté son froc pour être plus libre dans ses mouvements. Vêtu d'un court sayon brun, il déployait au soleil les muscles formidables de ses bras velus, et, à chaque coup qui faisait voler la lave en éclats, il poussait une sorte de rugissement sauvage. Mais lorsqu'il aperçut le jeune artiste, il se releva et lui montra une physionomie douce et sereine.

« Tu viens à point, jeune homme, lui dit-il. Je pensais à toi, et j'ai beaucoup de questions à te faire.

— Je pensais, au contraire, mon oncle, que vous aviez beaucoup de choses à m'apprendre.

— Oui, sans doute, j'en aurais, si je savais qui tu es; mais, sans le lien de parenté qui nous unit, tu serais un étranger pour moi; et, quoi qu'en dise ton père, aveuglé peut-être par sa tendresse, j'ignore si tu es un homme sérieux. Réponds-moi donc. Que penses-tu de la situation où tu te trouves?

— Pour éviter que je sois forcé de répondre à vos questions par d'autres questions, vous devriez peut-être, mon cher oncle, les poser tout de suite clairement. Quand je connaîtrai ma situation, je pourrai vous dire ce que j'en pense.

— Alors, dit le capucin, examinant Michel avec une attention un peu sévère, tu ne sais rien des secrets qui te concernent, et tu ne les pressens même pas? Tu n'as jamais rien deviné? On ne t'a jamais rien confié?

— Je sais que mon père a été compromis autrefois, à l'époque de ma naissance, je crois, dans une conspiration politique. Mais il m'était bien permis alors d'ignorer s'il était accusé à tort ou à raison. Depuis, mon père ne s'est jamais expliqué avec moi à cet égard.

— Il manque donc de confiance en toi, ou tu ne t'intéresses guère à son sort?

— Je l'ai interrogé quelquefois; il m'a toujours répondu d'une manière évasive. Je n'en ai pas tiré comme vous, mon oncle, la conséquence qu'il se défiait de moi; cela m'eût paru impossible; mais j'ai toujours pensé qu'ayant réellement trempé dans cette affaire, il était lié par des serments, ainsi qu'il arrive dans toutes les sociétés secrètes. J'aurais donc cru manquer au respect que je lui dois si j'avais insisté davantage.

— C'est bien parlé; mais cela ne cache-t-il pas une profonde insouciance des affaires de ton pays, et un égoïste abandon de la sainte cause de sa liberté? »

Michel fut un peu embarrassé de cette question si nettement posée, cette fois.

« Allons, reprit Fra Angelo, réponds sans crainte, je ne te demande que la vérité.

— Eh bien! je vais vous répondre, mon oncle, dit Michel, bravant les regards froids du moine, qui l'attristaient malgré lui, car il eût voulu plaire à cet homme, dont la figure, la voix et l'attitude lui commandaient le respect et la sympathie. Je vous dirai ce que je pense, puisque vous voulez le savoir, et ce que je suis, au risque de perdre votre bienveillance. Faites que la cause de la liberté soit vraiment, pour l'Italie et la Sicile, la cause des hommes privés de liberté, et vous me verrez m'y jeter, je ne dis pas avec enthousiasme, mais avec fureur. Mais hélas! jusqu'ici, j'ai toujours vu que les hommes se sacrifiaient pour changer d'esclavage, et que les classes riches et nobles les exploitaient à leur profit, au nom de telle ou telle idée. Voilà pourquoi, sans rester froid au spectacle des misères et de l'oppression de mes compatriotes, je n'ai jamais désiré de conspirer sous les auspices et pour les intérêts des patriciens qui nous y pousseraient volontiers.

— O hommes, ô hommes! *chacun pour soi* sera donc toujours votre devise! s'écria le capucin, en se levant, comme transporté d'indignation; puis, se rasseyant avec un rire étrange et plein d'amertume : Seigneur prince, *eccelenza*, dit-il en regardant Michel avec ironie, vous vous moquez de nous, je pense! »

XXI.

FRA-ANGELO.

La bizarre sortie du capucin jeta Michel dans une confusion pénible; mais, résolu de garder l'indépendance et la sincérité de son caractère, il affecta une tranquillité qu'il n'éprouvait point.

« Pourquoi me traitez-vous de *prince* et d'*excellence*, mon cher oncle? dit-il en s'efforçant de sourire ; est-ce que je viens de parler comme un patricien?

— Précisément, chacun pour soi! te dis-je, répondit Fra-Angelo reprenant son sérieux mélancolique. Si c'est l'esprit du siècle que tu as été étudier à Rome, si c'est la philosophie nouvelle dont les jeunes gens du dehors sont nourris, nous ne sommes pas au bout de nos malheurs, et nous pouvons bien encore égrener nos chapelets en silence. Hélas! hélas! voilà de belles choses! les enfants de notre peuple ne voudront point remuer, de peur de sauver leurs anciens maîtres avec eux; et les patriciens n'oseront pas bouger non plus, dans la crainte d'être dévorés par leurs anciens esclaves! A la bonne heure! Pendant ce temps, la tyrannie étrangère s'engraisse et rit sur nos dépouilles; nos mères et nos sœurs demandent l'aumône ou se prostituent; nos frères et nos amis meurent sur un fumier ou sur la potence. C'est un beau spectacle, et j'en suis étonné, Michel-Angelo, que vous soyez venu tout exprès de Rome, où vous n'aviez sous les yeux que les pompes du saint-siège ou les chefs-d'œuvre de l'art, pour contempler cette pauvre Sicile, avec son peuple de mendiants, ses nobles ruinés, ses moines fainéants et abrutis! Que n'alliez-vous faire un voyage d'agrément à Naples? vous y auriez vu des seigneurs plus riches et un gouvernement plus opulent, grâce aux impôts qui nous font mourir de faim; un peuple fort tranquille qui se soucie fort peu du sort de ses voisins : « Que nous importe la Sicile? c'est notre conquête, et ses habitants ne sont point nos frères. » Voilà ce qu'on dit à Naples. Allez à Palerme, on vous y dira que Catane n'est point à plaindre et peut se sauver toute seule avec ses vers à soie. Allez à Messine, on vous y dira que Palerme ne fait point partie de la Sicile, et qu'on n'a que faire de ses mauvais conseils et de son mauvais esprit. Allez en France, on y imprime tous les jours que les peuples dévots et lâches comme nous ont bien mérité leur sort. Allez en Irlande, on vous dira qu'on ne veut pas du concours des hérétiques de France. Allez partout, vous serez partout à la hauteur des idées de votre temps, car on vous dira partout ce que vous venez de dire « Chacun pour soi! »

Les paroles, l'accent et la physionomie de Fra-Angelo firent sur Michel une impression profonde, et il eut la bonne foi d'en convenir tout de suite avec lui-même. Il se sentit pris par la fibre artiste, et ce qui lui eût paru, de la part de tout autre, sophisme et déclamation, se montra à lui simple et grand dans la bouche de ce moine.

« Mon père, dit-il avec un abandon naïf, il se peut que vous ayez raison de me gourmander comme vous le faites. Je n'en sais rien, j'aurais à vous fournir, pour la défense de mon scepticisme, beaucoup d'arguments qui sortent de ma mémoire pendant que je vous écoute. Il ne me semble pas que je sois aussi mauvais et aussi méprisable que vous le pensez. Mais, avec vous, je me sens plus pressé de m'améliorer que de me défendre. Parlez toujours.

— Oui, oui, j'entends, dit Fra-Angelo avec fierté, vous êtes peintre et vous m'étudiez, voilà tout. Ce langage vous paraît nouveau dans la bouche d'un moine, et vous ne pensez qu'au premier tableau que vous ferez de saint-Jean prêchant... dans le désert?

— Ne me raillez pas, je vous en supplie, mon oncle; cela est inutile pour me faire savoir que vous avez plus de finesse et d'esprit que moi. Vous avez voulu me questionner; je vous ai dit sincèrement ma pensée. Je hais l'oppression, qu'elle se présente sous la forme du passé ou sous celle du présent. Je n'aimerais pas à être l'instrument des passions d'autrui et à sacrifier mon avenir d'artiste au rétablissement des honneurs et de la fortune de quelques grandes familles, naturellement ingrates et instinctivement despotiques. Je crois qu'une révolution, dans un pays comme le nôtre, n'aurait pas d'autre résultat. Je me sens de force à prendre un fusil pour défendre la vie de mon père et l'honneur de ma sœur. Mais, s'il est question de s'affilier à quelque société mystérieuse, dont les aveptes agissent les yeux fermés, et sans voir la main qui les pousse ni le but où ils marchent..., à moins que vous ne me prouviez éloquemment et victorieusement que c'est mon devoir, je ne le ferai point, dussiez-vous me maudire, mon cher oncle, ou vous moquer de moi, ce qui est encore pis.

— Et où prenez-vous que je veuille vous affilier à quoi que ce soit de ce genre? dit Fra-Angelo levant les épaules. J'admire vos méfiances, et que le premier sentiment qui vous vienne envers le frère de votre père, soit la crainte d'être joué par lui. J'ai voulu vous connaître, jeune homme, et me voilà fort triste de ce que je sais de vous.

— Que savez-vous donc de moi? s'écria Michel impatienté; voyons, faites-moi mon procès en règle, et que je connaisse enfin mes torts.

— Tout votre tort est de n'être pas l'homme que vous devriez être, répondit Fra-Angelo, et cela est fâcheux pour nous.

— Je ne comprends pas mieux.

— Je sais que vous ne pouvez pas comprendre ce que je pense en ce moment-ci; autrement vous n'auriez pas parlé ainsi devant moi.

— Au nom du ciel, expliquez-vous, dit Michel, incapable de supporter plus longtemps ces attaques. Il me semble que nous nous battons en duel dans les ténèbres. Je ne puis parer vos coups, et je vous frappe apparemment quand je crois me défendre. Que me reprochez-vous, ou que me demandez-vous? Si je suis l'homme de mon temps et de ma caste, est-ce ma faute? J'arrive pour la première fois sur cette terre vouée au culte du passé. Je ne suis pas athée, mais je ne suis pas dévot. Je ne crois pas à l'excellence de certaines races, ni à l'infériorité nécessaire de l'humaine. Je ne me sens point le serviteur-né des vieux patriciens, des vieux préjugés et des vieilles institutions de mon pays. Je me mets au niveau des têtes les plus orgueilleuses et les plus révérées pour les juger, afin de savoir si je dois m'incliner devant un vrai mérite ou me préserver d'un vain prestige. Voilà tout, mon oncle; je vous le jure. Maintenant, vous me connaissez. J'admire ce qui est beau, grand et sincère devant Dieu. Mon cœur est sensible à l'affection et mon esprit prosterné devant la vertu. J'aime l'art, et j'ambitionne la gloire, j'en conviens; mais je veux l'art sérieux et la gloire pure. Je n'y sacrifierai aucun de mes devoirs, mais je n'accepterai pas de faux devoirs et je repousserai les faux principes. Suis-je donc un misérable? et faut-il que, pour avoir l'honneur d'être un vrai Sicilien, je me fasse moine dans votre couvent ou bandit sur la montagne?

L'accès de vivacité auquel Michel venait de s'abandonner, n'avait pas déplu au capucin. Il l'avait écouté avec intérêt, et sa figure s'était adoucie. Mais, les dernières paroles du jeune homme firent sur lui l'effet d'une décharge électrique. Il bondit sur son banc, et, saisissant le bras de Michel, avec cette force herculéenne dont il lui avait déjà donné un échantillon le matin : « Quelle est cette métaphore? s'écria-t-il, et de qui voulez-vous parler? »

Mais, voyant l'air stupéfait de Michel à cette nouvelle sortie, il se prit à rire : « Eh bien! quand tu le sauras, quand ton père te l'aurait dit, ajouta-t-il, que m'importe? D'autres le savent, et je n'en suis pas plus malheureux. Eh bien! enfant, vous avez dit, sans y songer, une parole bien forte; c'est ce qu'on pourrait appeler la moelle de la vérité. Tous les hommes ne sont pas faits pour s'en nourrir, il y a des vérités plus faciles et plus douces qui suffisent au grand nombre. Mais, pour ceux qui ont soif de la logique absolue dans leurs sentiments et dans leurs actions, ce qui vous paraît un paradoxe n'est ici qu'un lieu commun. Vous me regardez avec étonnement? Je vous dis que vous avez, sans le savoir, parlé comme un oracle, en disant que, pour avoir l'honneur d'être un vrai Sicilien, il faudrait être moine dans mon couvent, ou bandit sur la montagne. J'aimerais mieux que vous fussiez l'un ou l'autre, qu'artiste cosmopolite comme vous aspirez à l'être. Écoutez une histoire, et tâchez de la comprendre :

« Il y avait en Sicile un homme, un pauvre diable, mais doué d'une imagination vive et d'un certain courage, qui ne pouvant supporter les malheurs dont son pays était la proie, prit, un beau matin, son fusil et s'en fut dans la montagne, résolu à se faire tuer, ou à détruire en détail le plus d'ennemis possible, en attendant le jour où il pourrait tomber dessus en masse, avec les partisans auxquels il se joignait. La bande était nombreuse et choisie. Elle était commandée par un noble, le dernier rejeton d'une des plus grandes familles du pays, le prince César de Castro-Reale. Souvenez-vous de ce nom-là : si vous ne l'avez jamais entendu prononcer, un temps viendra où il vous intéressera davantage.

« Dans les bois et dans la montagne, le prince avait pris le nom de *Destatore*[1], sous lequel on l'a connu, aimé et redouté dix ans, sans se douter qu'il fût le jeune et brillant seigneur qu'on avait vu à Palerme manger follement sa fortune et mener la plus joyeuse vie avec ses amis et ses maîtresses.

« Avant de vous parler du pauvre diable qui se fit brigand par désespoir patriotique, il faut que je vous parle du noble patricien qui s'était fait chef de brigands par la même raison. Ceci vous aidera à connaître votre pays et vos compatriotes. Il *Destatore* était un homme de trente ans, beau, instruit, aimable, brave et généreux, une nature de héros; mais persécuté et accablé de vexations par le gouvernement napolitain, qui le haïssait particulièrement à cause de l'influence qu'il exerçait sur les gens du peuple. Il résolut d'en finir avec la vie qu'il menait, de manger le reste de sa fortune que l'impôt réquisait chaque jour au profit de l'ennemi ; enfin, de s'étourdir sur sa douleur, et de se tuer ou de s'abrutir dans la débauche.

« Il ne réussit qu'à se ruiner. Sa robuste santé résista à tous les excès, sa douleur survécut à ses égarements, et, quand il vit qu'au lieu de s'endormir, il s'exaltait dans l'ivresse, qu'une rage profonde s'emparait de lui, et qu'il lui fallait se passer une épée au travers du corps, ou, comme il disait, *manger du Napolitain*, il disparut et se fit bandit. On le crut noyé, et sa succession ne donna pas de grands embarras à ses neveux, ni de grands profits aux gens de loi.

« Ce fut alors un tigre, un lion terrible qui portait la terreur dans les campagnes et qui vengeait son pays d'une sanglante manière. Le pauvre diable que j'ai montré au commencement de mon histoire s'attacha passionnément à lui et le servit avec fanatisme. Il ne s'inquiéta pas de savoir si c'était *rendre un culte au passé*, plier le genou devant un homme qui ne se croyait plus que lui et qui n'était devant Dieu que son égal et son semblable; s'il se battait et s'exposait au profit d'un *maître* qui pourrait bien devenir *ingrat et despotique*; enfin, si,

[1] Celui qui éveille.

après avoir détruit la tyrannie étrangère, comme on s'en flattait, on retomberait sous le joug des *vieux préjugés*, des *vieux abus*, des nobles et des moines. Non, toutes ces méfiances étaient trop subtiles pour un esprit droit et simple comme était le sien. Mendier lui eût paru une bassesse dans ce temps-là ; travailler !... il n'avait fait que cela toute sa vie et avec ardeur, car il aimait le travail et ne redoutait point la peine. Mais je ne sais pas si vous vous êtes déjà aperçu qu'en Sicile ne travaille pas qui veut. Sur le sol le plus riche et le plus généreux de l'univers, les impôts exorbitants ont détruit le commerce, l'agriculture, toutes les industries et tous les arts. L'homme dont je vous parle avait cherché les travaux les plus ingrats et les plus rudes dans les salines, dans les mines, et jusque dans les entrailles de cette terre désolée et délaissée à la surface. L'ouvrage manquait partout, et toutes les entreprises successives abandonnées, il lui fallait demander l'aumône à ses compatriotes aussi malheureux que lui, ou voler furtivement. Il aima mieux *prendre ouvertement*.

« Mais on prenait avec discernement et justice dans la bande du *Destatore*. On ne maltraitait ou on ne rançonnait que les ennemis du pays ou les traîtres. On liait des intelligences avec tout ce qui était brave ou malheureux. On espérait former un parti assez considérable pour tenter un coup de main sur quelqu'une des trois villes principales, Palerme, Catane ou Messine.

« Mais Palerme voulait, pour prendre confiance en nous, que nous fussions commandés par un noble, et le *Destatore*, passant pour un aventurier de bas étage, fut rejeté. S'il eût dit son véritable nom, c'eût été pis. Il était décrié dans son pays pour ses déportements, et là était le mal qu'il ne pouvait reprocher qu'à lui-même.

« A Messine, on repoussa nos offres sous prétexte que le gouvernement napolitain avait fait de grandes choses en faveur du commerce de cette ville, et que, tout bien considéré, la paix à tout prix valait mieux, avec l'industrie et l'espoir de s'enrichir, que la guerre patriotique avec le désordre et l'anarchie. A Catane, on nous répondit qu'on ne pouvait rien faire sans le concours de Messine, et qu'on ne voulait rien faire avec celui de Palerme. Que sais-je ? on nous refusa définitivement toute assistance ; et, après nous avoir remis d'année en année, on en vint à nous dire que le métier de bandit était passé de mode, et qu'il était de mauvais goût de s'y obstiner quand on pouvait se laisser acheter par le gouvernement et faire fortune à son service.

« On oubliait d'ajouter, il est vrai, que, pour reprendre sa place dans la société, il eût fallu que le prince de Castro-Reale devînt l'ennemi de son pays et acceptât quelque fonction militaire ou civile, consistant à disperser les émeutes à coups de canon ou à poursuivre, dénoncer et faire pendre ses anciens camarades.

« Le *Destatore*, voyant que sa mission était finie, et, que, pour vivre de son espingole, il faudrait désormais s'attaquer à ses propres compatriotes, tomba dans une profonde mélancolie. Errant dans les gorges les plus sauvages de l'intérieur de l'île, et poussant de hardies expéditions jusqu'aux portes des cités, il vécut quelque temps sur les voyageurs étrangers qui venaient imprudemment visiter le pays. Ce métier n'était pas digne de lui, car ces étrangers étaient, pour la plupart, innocents de nos maux, et si peu capables de se défendre que c'était pitié de les détrousser. Les braves qui le secondaient se dégoûtèrent d'un si pauvre métier, et chaque jour amena une désertion. Il est vrai que ces hommes scrupuleux firent encore pis en le quittant ; car les uns, repoussés de partout, tombèrent dans la paresse et dans la misère ; les autres furent forcés de se rallier au gouvernement, qui voyait en eux de bons soldats et en fit des gendarmes et des espions.

« Il ne resta donc auprès du *Destatore* que des malfaiteurs déterminés, qui tuaient et pillaient, sans examen, tout ce qui se rencontrait devant eux. Un seul était encore honnête et ne voulait pas tremper dans ce métier de voleur de grands chemins. C'était le pauvre diable dont je vous raconte l'histoire. Il ne voulait pourtant non plus quitter son malheureux capitaine ; il l'aimait, et son cœur se brisait à l'idée de l'abandonner à des traîtres qui l'assassineraient un beau matin, n'ayant plus personne à voler, ou qui l'entraîneraient dans des crimes gratuits pour leur propre compte.

« *Il Destatore* rendait justice au dévoûment de son pauvre ami. Il l'avait nommé son lieutenant, titre dérisoire dans une troupe qui ne se composait plus que d'une poignée de misérables. Il lui permettait quelquefois encore de lui dire la vérité et de lui donner de bons conseils ; mais, le plus souvent, il le repoussait avec humeur, car le caractère de ce chef s'aigrissait de jour en jour, et les sauvages vertus qu'il avait acquises dans sa vie d'enthousiasme et de bravoure faisaient place aux vices du passé, enfants du désespoir, hôtes funestes qui revenaient prendre possession de son âme battue.

« L'ivrognerie et le libertinage s'emparèrent de lui, comme aux jours de son oisiveté et de son découragement. Il retomba au dessous de lui-même, et un jour... un jour maudit qui ne sortira jamais de ma mémoire, il commit un grand crime, un crime lâche, odieux ! Si j'en avais été témoin..., je l'aurais tué sur l'heure... Mais le dernier ami du *Destatore* ne l'apprit que le lendemain, et le lendemain, il le quitta après lui avoir durement reproché son infamie.

« Alors ce pauvre diable, n'ayant plus personne à aimer, et ne pouvant plus rien pour son malheureux pays, se demanda ce qu'il allait devenir. Son cœur, toujours ardent et jeune, se tourna vers la piété, et s'étant avisé qu'un bon moine, pénétré des idées de l'Évangile, pouvait encore faire du bien, prêcher la vertu aux puissants, donner de l'instruction et des secours aux ignorants et aux pauvres, il prit l'habit de capucin, reçut les ordres mineurs, et se retira dans le couvent que voici. Il accepta la mendicité imposée à son ordre, comme une expiation de ses fautes, et il la trouva meilleure que le pillage, en ce qu'elle s'adressait désormais aux riches en faveur des pauvres, sans violence et sans ruse. Elle est inférieure, dans un sens ; elle est moins sûre et moins lucrative. Mais, tout bien considéré, pour un homme qui veut faire le plus de bien possible, il fallait être bandit, dans ma jeunesse ; et, pour celui qui ne veut plus que faire le moins de mal possible, il faut être moine à présent : c'est toi qui l'as dit.

« Voilà mon histoire, la comprends-tu ?

— Très-bien, mon oncle ; elle m'intéresse beaucoup, et le principal héros de ce roman, ce n'est pas pour moi le prince de Castro-Reale, c'est le moine qui me parle. »

XXII.

LE PREMIER PAS SUR LA MONTAGNE.

Fra-Angelo et son neveu gardèrent quelques instants le silence. Le capucin était plongé dans l'amer et glorieux souvenir de ses jours passés. Michel le contemplait avec plaisir, et, ne s'étonnant plus de cet air martial et de cette force d'athlète ensevelis sous le froc, il admirait en artiste l'étrange poésie de cette existence de dévoûment absolu à une seule idée. S'il y avait quelque chose de monstrueux et de quasi divertissant dans le fait de ce capucin, qui vantait et regrettait encore sérieusement sa vie de bandit, il y avait quelque chose de vraiment beau dans la manière dont l'ex-brigand conservait sa dignité personnelle socialement compromise dans des aventures si excentriques. Le poignard ou le crucifix à la main, assommant les traîtres dans la forêt, ou mendiant pour les pauvres à la porte des palais, c'était toujours le même homme, fier, naïf et inflexible dans ses idées, voulant le bien par les moyens les plus énergiques, haïssant les actions lâches jusqu'à être encore capable de les châtier de sa propre main, ne pouvant rien comprendre aux questions d'intérêt personnel qui gouvernent le monde, et ne concevant pas qu'on ne fût pas toujours prêt à tenter l'impossible, plutôt que de transiger avec les calculs d'une froide prudence.

« Pourquoi admires-tu le héros secondaire de l'histoire que je viens de te raconter ? dit-il à son neveu, lorsqu'il

Seigneur prince, *eccellenza*, dit-il... (Page 33.)

sortit de sa rêverie. Le dévoûment et le patriotisme sont donc quelque chose, car cet homme n'avait pas d'autre mobile, et n'eût été, dans le monde actuel, qu'une pauvre tête, et peut-être un esprit dérangé?

— Oui, mon oncle, le dévoûment sincère et le sacrifice de toute personnalité en présence d'une idée, sont de grandes choses, et, si je vous avais connu dans ce temps-là, si j'avais eu âge d'homme, il est probable que je vous aurais suivi sur la montagne. J'aurais peut-être été moins attaché que vous au prince de Castro-Reale, mais j'espère que j'aurais eu les mêmes illusions et le même amour pour la cause du pays.

— Vrai, jeune homme? dit Fra-Angelo en attachant ses yeux pénétrants sur Michel.

— Vrai, mon oncle, répondit le jeune homme en levant fièrement la tête, et en soutenant ce regard avec l'assurance de la conviction.

— Eh bien! mon pauvre enfant, reprit Fra-Angelo avec un soupir, il est donc trop tard désormais pour tenter quelque chose? Le temps de croire au triomphe de la vérité est donc passé, et le monde nouveau, que du fond de mon cloître, comme du fond de ma caverne de brigands, je n'ai pas pu bien connaître, est donc déterminé sans retour à se laisser écraser?

— J'espère que non, mon oncle. Si je le croyais, il me semble que je n'aurais plus de sang dans les veines, de feu dans le cerveau, d'amour dans le sein, et que je ne serais plus capable d'être artiste. Mais il faut bien reconnaître, hélas! que le monde n'est plus ce qu'il pouvait être encore dans ce pays, au début de vos entreprises. S'il a fait un pas vers les découvertes de l'intelligence, il est certain que l'élan du cœur s'est refroidi en lui.

— Et vous appelez cela un progrès? s'écria le capucin avec douleur.

— Non, tant s'en faut, répondit Michel; mais ceux qui sont nés dans cette phase, et qui sont destinés à la remplir peuvent-ils respirer un autre air que celui qui les a fait éclore, et nourrir d'autres idées que celles dont on les a imbus? Ne faut-il pas se rendre à l'évidence et plier sous le joug de la réalité? Vous-même, mon digne oncle, lorsque, de la condition fougueuse de libre aventurier, vous êtes passé à la règle inflexible du cloître, n'avez-vous pas reconnu que le monde n'était pas ce que vous pensiez, et qu'il n'y avait plus rien de possible par la violence?

Tiens, la voilà, cette croix !... (Page 60.)

— Hélas ! il est vrai ! répondit le moine. Pendant ces dix années que j'avais passées dans les montagnes, je n'avais pas vu quelles révolutions s'opéraient dans les mœurs des hommes civilisés. Lorsque le *Destatore* m'envoya dans les villes, avec ses députés, pour tâcher d'établir des intelligences avec les seigneurs qu'il avait connus bons patriotes, et les bourgeois riches et instruits qu'il avait vus ardents libéraux, je fus bien forcé de constater que ces gens-là n'étaient plus les mêmes, qu'ils avaient élevé leurs enfants dans d'autres idées, qu'ils ne voulaient plus risquer leur fortune et leur vie dans ces entreprises hasardeuses où la foi et l'enthousiasme peuvent seuls accomplir des miracles.

« Oui, oui, le monde avait bien marché... en arrière, selon moi. On ne parlait plus que d'entreprises d'argent, de monopole à combattre, de concurrence à établir, d'industries à créer. Tous se croyaient déjà riches, tant ils avaient hâte de le devenir, et, pour le moindre privilége à garantir, le gouvernement achetait qui bon lui semblait. Il suffisait de promettre, de faire espérer des moyens de fortune, et les plus ardents patriotes se jetaient sur cette espérance, disant : l'industrie nous rendra la liberté.

« Le peuple aussi croyait à cela, et chaque patron pouvait amener ses clients aux pieds des nouveaux maîtres, ces pauvres gens s'imaginant que leurs bras allaient leur rapporter des millions. C'était une fièvre, une démence générale. Je cherchais des hommes, je ne trouvai que des machines. Je parlai d'honneur et de patrie, on me répondit soufre et filature de soie. Je m'en allai triste, mais incertain, n'osant pas trop fronder ce que je venais de voir, et me disant que ce n'était pas à moi, ignorant et sauvage, de juger les ressources nouvelles que ces mystérieuses découvertes allaient créer pour mon pays.

« Mais depuis, mon Dieu ! j'ai vu le résultat de ces belles promesses pour le peuple ! J'ai vu quelques praticiens relever leur fortune et, en ruinant leurs amis et faisant la cour au pouvoir. J'ai vu plusieurs familles de minces bourgeois arriver à l'opulence ; mais j'ai vu les honnêtes gens de plus en plus vexés et persécutés ; j'ai vu surtout, et je vois tous les jours plus de mendiants et plus de misérables sans pain, sans aveu, sans éducation, sans avenir. Et je me demande ce que vous avez fait de bon avec vos idées nouvelles, votre progrès, vos théories d'égalité! Vous méprisez le passé, vous crachez sur les vieux abus, et vous avez tué l'avenir en créant des abus nouveaux plus monstrueux que les anciens. Les meilleurs parmi vous, jeunes gens, sont à l'affût des principes révolutionnaires des nations plus avancées que la nôtre. Vous vous croyez bien éclairés, bien forts, quand vous pouvez dire : « Plus de nobles, plus de prêtres, « plus de couvents, plus rien du passé! » Et vous ne vous apercevez pas que vous n'avez plus la poésie, la foi et l'orgueil qui ranimaient encore le passé.

« Voyons! ajouta le capucin, en croisant ses bras sur sa poitrine ardente, et en toisant Michel d'un air moitié père, moitié spadassin : vous êtes un tout jeune homme, un enfant! Vous vous croyez bien habile, parce que vous savez ce qu'on dit et ce qu'on pense dans le monde, à l'heure qu'il est. Vous regardez ce moine abruti qui passe la journée à briser le roc pour faire pousser, l'année prochaine, une rangée de piments ou de tomates sur la lave, et vous dites :

« Voilà une existence d'homme singulièrement employée! Pourtant cet homme n'était ni paresseux ni stupide. Il eût pu être avocat ou marchand, et gagner de l'argent tout comme un autre. Il eût pu se marier, avoir des enfants, et leur enseigner à se tirer d'affaire dans la société. Il a préféré s'ensevelir vivant dans une chartreuse et tendre la main aux aumônes! C'est qu'il est sous l'empire du passé, et qu'il a été dupe des vieilles chimères et des vieilles idolâtries de son pays!

« Eh bien! moi, savez-vous ce que je pense en vous regardant? Je me dis : « Voilà un jeune homme qui s'est beaucoup frotté à l'esprit des autres, qui s'est émancipé bien vite de sa classe, qui ne veut point partager les misères de son pays et les labeurs de ses parents. Il en viendra à bout; c'est un beau jeune homme, plus raisonneur et plus subtil dans ses idées et ses paroles, à dix-huit ans, que je ne l'étais à trente. Il sait une foule de choses qui m'eussent paru inutiles, et dont je ne me doutais seulement pas avant que les loisirs du cloître m'eussent permis de m'instruire un peu. Il est là, qui sourit de mon enthousiasme, et qui, à cheval sur sa raison, sur son expérience anticipée, sur sa connaissance des hommes, et sur sa grande science de l'intérêt personnel, me traite intérieurement comme un pédagogue traiterait un écolier. C'est lui qui est l'homme mûr; et moi, vieux bandit, vieux moine, je suis l'adolescent intrépide, l'enfant aveugle et naïf! Singulier contresens! Il représente le siècle nouveau, tout d'or et de gloire! et moi, la poussière des ruines, le silence des tombeaux!

« Eh bien! cependant, quand le tocsin sonne, que le volcan gronde, que le peuple rugisse, que ce point noir que l'on voit d'ici dans la rade et qui est le vaisseau de l'État se hérisse de canons pour foudroyer la ville au premier soupir exhalé vers la liberté; que les brigands descendent de la montagne, que l'incendie s'élève dans les nues; et, dans cette dernière convulsion de la patrie expirante, le jeune artiste prendra ses pinceaux; il ira s'asseoir à l'écart, sur la colline, à l'abri de tout danger, et il composera un tableau, en se disant : Quel pauvre peuple et quel beau spectacle! Hâtons-nous de peindre! Dans un instant, ce peuple n'existera plus, et voici sa dernière heure qui sonne! »

« Au lieu que le vieux moine prendra son fusil... qui n'est pas encore rouillé;... il retroussera ses manches jusqu'à l'épaule, et, sans se demander ce qui va résulter de tout cela, il se jettera dans la mêlée, et il se battra pour son peuple, jusqu'à ce que son corps broyé sous les pieds n'ait plus figure humaine. Eh bien! enfant, j'aimerais mieux mourir ainsi que de survivre comme toi à la destruction de ma race!

— Mon père! mon père! ne le croyez pas, s'écria Michel, entraîné et vaincu par l'exaltation du capucin. Je ne suis point un lâche! et si mon sang sicilien s'est engourdi sur la terre étrangère, il peut se ranimer au souffle de feu que votre poitrine exhale. Ne m'écrasez pas sous cette malédiction terrible! Prenez-moi dans vos bras et embrasez-moi de votre flamme. Je me sens vivre auprès de vous, et cette vie nouvelle m'enivre et me transporte!

— A la bonne heure! voici enfin un bon mouvement, dit le moine en le pressant dans ses bras. J'aime mieux cela que les belles théories sur l'art, que tu as persuadé à ton père de respecter aveuglément.

— Pardon, mon oncle, je ne me rends point à ceci, reprit Michel en souriant. Je défendrai jusqu'à mon dernier soupir la dignité et l'importance des arts. Vous disiez tout à l'heure qu'au milieu de la guerre civile j'irais froidement m'asseoir dans un coin pour recueillir des épisodes au lieu de me battre. Je me battrais, je vous prie de le croire, et je me battrais fort bien, si c'était tout de bon chasser l'ennemi. Je me ferais beaucoup de grand cœur; la gloire me viendrait plus vite ainsi que je ne l'atteindrai en étudiant la peinture, et j'aime la gloire : là-dessus, je crains d'être incorrigible. Mais si, en effet, j'étais condamné à survivre à la destruction de mon peuple après avoir combattu en vain pour son salut, il est probable que, recueillant mes cruels souvenirs, je ferais beaucoup de tableaux pour retracer et immortaliser la mémoire de ses sanglants désastres. Plus je serais ému et désespéré, meilleure et plus frappante serait mon œuvre. Elle parlerait au cœur des hommes; elle exciterait l'admiration pour notre héroïsme, la pitié pour nos malheurs, et je vous assure que j'aurais peut-être mieux servi notre cause avec mes pinceaux que je ne l'aurais fait avec mon fusil.

— Fort bien! fort bien! reprit le moine avec un élan de sympathie naïve. C'est bien dit et bien pensé. Nous avons ici un frère qui fait de la sculpture, et j'estime que son travail n'est pas moins utile à la piété que le mien ne l'est au couvent quand je brise cette lave. Mais ce moine a la foi, et peut créer les traits de la céleste madone sans avilir l'idée que nous nous en faisons. Tu feras de beaux tableaux, Michel; mais ce sera à la condition d'avoir eu le cœur et la main au combat, et d'avoir été acteur passionné, et non pas froid spectateur de ces événements.

— Nous voici d'accord tout à fait, mon père; sans conviction et sans émotion, point de génie dans les arts : mais, puisque nous n'avons plus rien à discuter, si vous êtes enfin content de moi, dites-moi donc ce qui se prépare et ce que vous attendez de mon concours. Nous sommes donc à la veille de quelque tentative importante? »

Fra-Angelo s'était animé au point de perdre la notion de la réalité. Tout à coup ses yeux étincelants se remplirent de larmes, sa poitrine gonflée s'abaissa sous un profond soupir, ses mains, qui frémissaient comme si elles cherchaient des pistolets à sa ceinture, retombèrent sur sa corde de moine et rencontrèrent son chapelet.

« Hélas! non, dit-il en promenant des regards effarés autour de lui comme un homme qui s'éveille en sursaut, nous ne sommes à la veille de rien, et peut-être mourrai-je dans ma cellule sans avoir renouvelé l'amorce de mon fusil. Tout cela était un rêve que tu as partagé avec moi un instant; mais ne le regrette pas, jeune homme, ce rêve était beau, et cet instant qui m'a fait ou bien t'a peut-être rendu meilleur. Il m'a servi à te connaître et à t'estimer. Maintenant, c'est entre nous à la vie et à la mort. Ne désespérons pourtant de rien. Regarde l'Etna! il est paisible, radieux; il fume à peine, il ne gronde pas. Demain, peut-être, il vomira encore ses laves ardentes et détruira de fond en comble le sol où nous marchons. Il est l'emblème et l'image du peuple sicilien, et l'heure des Vêpres peut sonner au milieu des danses ou du sommeil.

« Mais voici que le soleil qui baisse, et je n'ai plus de temps à perdre pour t'informer de ce qui te concerne. C'est une affaire toute personnelle à toi dont je voulais t'entretenir, et cette affaire est grave. Tu ne peux sortir qu'avec mon aide et celle d'autres personnes qui vont risquer, ainsi que moi, leur liberté, leur honneur et leur vie pour te sauver.

— Est-il possible, mon oncle? s'écria Michel; ne puis-je m'exposer seul, et faut-il que vous soyez enveloppé dans les périls mystérieux qui m'environnent à mon insu? N'est-ce pas mon père seul qui est menacé, et ne puis-je le sauver, moi?

— Ton père est menacé aussi, mais tu l'es davantage. Ne m'interroge pas, crois-moi. Je te l'ai dit, je hais les violences inutiles, mais je ne recule devant rien qui soit bon et nécessaire. Il faut que je t'aide et je t'aiderai. Ton père et toi ne pouvez rien sans le capucin de l'Etna et les restes de la bande du *Destatore*. Tout cela est prêt. Tu me pardonneras si, avant de risquer des choses graves, j'ai voulu savoir à quel point tu méritais le dévoûment dont tu vas recueillir les fruits. Si tu n'avais été qu'un égoïste, je t'aurais aidé à fuir; mais si tu es digne du titre de Sicilien, nous allons t'aider à triompher de la destinée.

— Et vous ne m'expliquerez pas...

— Je ne t'expliquerai que ce que tu dois savoir. Il ne m'est point permis de faire autrement; et souviens-toi d'une chose, c'est qu'en essayant d'en savoir plus long qu'on ne peut t'en apprendre, tu augmenterais nos périls en compliquant les embarras de ta propre situation. Allons, fais-moi le plaisir de t'en rapporter à ton oncle et de surmonter l'inquiète et vaine curiosité de l'enfance. Tâche de te faire homme, d'ici à ce soir, car ce soir, peut-être, il te faudra agir.

— Je ne vous demanderai qu'une chose, mon oncle, c'est de veiller à la sûreté de mon père et de ma sœur, avant de songer à moi.

— C'est fait, mon enfant; au premier signal, ton père trouverait un asile dans la montagne, et ta sœur chez la dame qui a donné un bal cette nuit. Allons, voici l'office qui sonne. Je vais demander au supérieur la permission de sortir avec mon neveu pour une affaire de famille. Il ne me la refusera pas. Attends-moi à la porte de notre chapelle.

— Et s'il vous la refusait, pourtant?

— Il me forcerait à lui désobéir, ce qui me serait pénible, je l'avoue, non à cause de la pénitence de demain, mais parce que je n'aime pas à manquer à mon devoir. Le vieux soldat se fait une loi de sa consigne. »

Au bout de cinq minutes, Fra-Angelo vint rejoindre Michel à l'entrée de l'église.

« Accordé, lui dit-il; mais il m'est enjoint, pour payer ma dette à Dieu, de faire, devant l'autel de la Vierge, un acte de foi et une courte prière. Puisque je me fais dispenser ces offices du soir, c'est bien le moins que j'en demande excuse à mon premier supérieur. Viens prier avec moi, jeune homme, cela ne peut te faire de mal et te donnera des forces. »

Michel suivit son oncle au pied de l'autel. Le soleil couchant embrasait les vitraux coloriés et semait de rubis et de saphirs le pavé où s'agenouilla le capucin. Michel s'agenouilla aussi, et le regarda prier avec ferveur et simplicité. Une vitre couleur de feu, dont le reflet frappait précisément sa tête tondue, la faisait paraître lumineuse et comme enflammée. Le jeune peintre fut saisi de respect et d'enthousiasme en contemplant cette noble figure, énergique et naïve, qui s'humiliait de bonne foi dans la prière; et lui aussi, touché jusqu'au fond du cœur, il se mit à prier pour son pays, pour sa famille et pour lui-même, avec une foi et une candeur qu'il n'avait pas connues depuis les jours de son enfance.

XXIII.
IL DESTATORE.

« M'est-il permis, mon bon oncle, de vous demander où nous allons? dit Michel lorsqu'ils se furent engagés dans un sentier étroit et sombre, qui s'enfonçait sous les vieux oliviers de la montagne.

— Parfaitement, répondit Fra-Angelo; nous allons trouver les derniers bandits sérieux de la Sicile.

— Il en existe donc encore?

— Quelques-uns, quoique bien dégénérés; ils seraient encore prêts à se battre pour le pays, et ils nourrissent la dernière étincelle du feu sacré. Cependant, je ne dois pas te cacher que c'est une espèce mixte entre les braves d'autrefois, qui se fussent fait conscience d'ôter un cheveu de la tête d'un bon patriote, et les assassins d'à présent, qui tuent et dépouillent tout ce qu'ils rencontrent. Ceux-ci choisissent quand ils peuvent; mais, comme le métier est devenu bien mauvais, et que la police est plus redoutable que de mon temps, ils ne peuvent pas toujours choisir; si bien que je ne te les donne pas pour irréprochables : mais, tels qu'ils sont, ils ont encore certaines vertus qu'on chercherait en vain ailleurs : la religion du serment, le souvenir des services rendus, l'esprit révolutionnaire, l'amour du pays; enfin, tout ce qui reste de l'esprit chevaleresque de nos anciennes bandes jette encore une petite clarté dans l'âme de quelques-uns, qui font société à part et qui vivent moitié sédentaires, moitié errants. C'est-à-dire qu'ils sont tous établis dans les villages ou dans les campagnes, qu'ils y ont leurs familles, et qu'ils passent même quelquefois pour de tranquilles cultivateurs, soumis à la loi, et n'ayant rien à démêler avec les *campieri*[1]. S'il y en a de soupçonnés et même de compromis, ils s'observent davantage, ne viennent voir leurs femmes et leurs enfants que la nuit, ou bien ils établissent leurs demeures dans des sites presque inaccessibles. Mais celui que nous allons chercher est encore vierge de toute poursuite directe. Il habite, à visage découvert, un bourg voisin, et peut se montrer partout. Tu ne seras pas fâché d'avoir fait connaissance avec lui, et je t'autorise à étudier son caractère, car c'est une nature intéressante et remarquable.

— Serai-je trop curieux si je vous prie de me renseigner un peu à l'avance?

— Certes, tu dois être renseigné, et je vais le faire. Mais c'est un grave secret que je vais te confier, Michel, et encore une histoire à raconter. Sais-tu que je vais mettre dans tes mains le sort d'un homme que la police poursuit avec autant d'acharnement et d'habileté qu'elle en est capable, sans avoir pu, depuis six ou sept ans que cet homme a commencé à reprendre l'œuvre du *Destatore*, réussir à connaître ses traits et son nom véritable? Voyons, ami, n'as-tu pas encore entendu parler, depuis que tu es en Sicile, du *Piccinino* et de sa bande?

— Il me semble que si... Oui, oui, mon oncle, ma sœur Mila a des histoires fantastiques sur ce Piccinino, qui défraie toutes les causeries des jeunes fileuses de Catane. C'est, disent-elles, un brigand redoutable, qui enlève les femmes et tue les hommes jusqu'à l'entrée du faubourg. Je ne croyais point à ces contes.

— Il y a du vrai au fond de tous les contes populaires, reprit le moine : le Piccinino existe et agit. Il y a en lui deux hommes, celui que les *campieri* poursuivent en vain, et celui que personne ne s'avise de soupçonner. Celui qui dirige des expéditions périlleuses et qui rassemble, à un signal mystérieux, tous les *nottoloni*[2] un peu importants, épars sur tous les points de l'île, pour les employer à des entreprises plus ou moins bonnes; et celui qui demeure, non loin d'ici, dans une jolie maison de campagne, à l'abri de toute recherche et avec la réputation d'un homme intelligent, mais tranquille, ennemi des luttes sanglantes et des opinions hardies. Eh bien! dans une heure, tu seras en présence de cet homme, tu sauras son vrai nom, tu connaîtras sa figure, et tu seras le seul, avec deux autres personnes, en dehors de l'affiliation qu'il commande, qui porteras la responsabilité de son secret. Tu vois que je le traite comme un homme, mon enfant; mais on ne découvre pas le danger d'autrui sans s'y trouver exposé soi-même. Il te faudrait décor mais payer de la vie la plus légère indiscrétion, et en outre, commettre plus qu'une lâcheté, un crime affreux, dont tu sauras bientôt la portée.

— Tous ces avertissements sont inutiles, mon oncle; il me suffit de savoir que ce serait un abus de confiance.

— Je le crois, et pourtant je ne connais pas assez ta prudence pour ne pas te dire tout ce qui peut t'aider. Ton père, la princesse Agathe, ta sœur peut-être, et moi-même, à coup sûr, payerions pour toi de la vie et de l'honneur, si tu manquais au serment que j'exige. Engage-toi donc sur ce qu'il y a de plus sacré, sur l'évangile, à ne

1. Ce sont les gendarmes, les sbires du pays.
2. Les gens qui vont de nuit à leurs affaires.

jamais trahir, même sur l'échafaud, le vrai nom du Piccinino.
— Je m'y engage, mon oncle. Êtes-vous content?
— Oui.
— Et le Piccinino aura-t-il dans mon serment la même confiance que vous?
— Oui, quoique la confiance ne soit pas son défaut. Mais, en t'annonçant à lui, je lui ai donné des garanties dont il ne saurait douter.
— Eh bien! dites-moi donc quelles relations vont s'établir entre cet homme et moi?
— Patience, enfant! je t'ai promis encore une histoire, et la voici :
« Il *Destatore* s'étant adonné au vin, dans ses dernières années...
— Le *Destatore* est donc mort, mon oncle? Vous ne m'avez pas parlé de sa fin?
— Je te la dirai, quoi qu'il m'en coûte! Je dois te la dire! Je t'ai parlé d'un crime exécrable qu'il avait commis. Il avait surpris et enlevé une jeune fille, une enfant, qui se promenait avec une femme de service dans les parages où nous nous trouvons, et qu'il rendit à la liberté au bout de deux heures... Mais, hélas! deux heures trop tard! Personne ne fut témoin de son infamie, mais le soir même il s'en vanta à moi et railla mon indignation. Je fus alors transporté d'horreur et de colère, au point de le maudire, de le dévouer aux furies, et de l'abandonner pour entrer dans le couvent où, bientôt, je prononçai mes vœux. J'aimais cet homme, j'avais subi longtemps son influence : je craignais, en le voyant se perdre et s'avilir, de me laisser entraîner par son exemple. Je voulais mettre entre lui et moi une barrière insurmontable, je me fis moine; ce fut là un des plus puissants motifs de cette détermination.

« Ma désertion lui fut plus sensible que je ne m'y étais attendu. Il vint secrètement à Bel-Passo, et mit tout en usage, prières et menaces, pour me ramener. Il était éloquent, parce qu'il avait une âme ardente et sincère, en dépit de ses égarements. Je fus pourtant inexorable, et je m'attachai à le convertir. Je ne suis pas éloquent, moi; je l'étais encore moins alors; mais j'étais si pénétré de ce que je lui disais, et la foi s'était si bien emparée de mon cœur, que mes remontrances lui firent une grande impression. J'obtins qu'il réparerait son crime autant que possible, en épousant l'innocente victime de sa violence. J'allai la chercher de nuit, et je la fis consentir à revoir les traits de ce brigand abhorré. Ils furent mariés cette nuit-là, en secret, mais bien légitimement, dans la chapelle et devant l'autel où tu viens de prier tout à l'heure avec moi... Et, en voyant cette jeune fille si belle, si pâle, si effrayée, le prince de Castro-Reale eut des remords et se mit à aimer celle qui devait toujours le haïr!

« Il la supplia de fuir avec lui, et, irrité de sa résistance, il songea à l'enlever. Mais j'avais donné ma parole à cette enfant, et l'enfant déploya un caractère de force et de fierté bien au-dessus de son âge. Elle lui dit qu'elle ne le reverrait jamais, et s'attachant à ma robe et à celle de notre prieur... (un digne homme qui a emporté tous ses secrets dans la tombe!) «Vous m'avez juré de ne pas me laisser seule une minute avec cet homme, s'écria-t-elle, et de me reconduire à la porte de ma demeure, aussitôt que la cérémonie de ce mariage serait terminée; ne m'abandonnez pas, ou je me brise la tête sur les marches de votre église. »

« Elle l'aurait fait comme elle le disait, la noble fille! D'ailleurs, je l'avais juré! Je la reconduisis chez elle, et jamais elle n'a revu le *Destatore*.

« Quant à lui, sa douleur fut inouïe. La résistance enflammait sa passion, et, pour la première fois de sa vie, peut-être! lui qui avait séduit et abandonné tant de femmes, il connut l'amour.

« Mais il connut en même temps le remords, et, dès ce jour-là, son esprit tomba malade. J'espérais de lui qu'il arriverait à une véritable conversion. Je n'avais pas la pensée d'en faire un moine comme moi, je voulais qu'il reprît son œuvre, qu'il renonçât aux crimes inutiles, à la débauche et à la folie. J'essayai de lui persuader que, s'il redevenait le vengeur de sa patrie et l'espoir de notre délivrance, sa jeune épouse lui pardonnerait et consentirait à partager sa destinée pénible et glorieuse. Moi-même, j'aurais jeté sans doute le froc aux orties pour le suivre.

« Mais, hélas! il serait trop facile de s'amender si le crime et le vice lâchaient leur proie aussitôt que nous en éprouvons le désir. Le *Destatore* n'était plus lui-même, ou plutôt il était trop redevenu l'homme du passé. Les remords que j'excitais en lui troublaient sa raison sans corriger ses instincts farouches. Tantôt fou furieux, tantôt craintif et superstitieux, un jour il priait, noyé dans ses larmes, au fond de notre humble chapelle; le lendemain, il retournait, comme dit l'Écriture, à son *vomissement*. Il voulait tuer tous ses compagnons, il voulait me tuer moi-même. Il commit encore beaucoup d'excès, et, un matin... J'ai peine à mener ce récit jusqu'au bout, Michel, il me fait tant de mal!... Un matin on le trouva mort, au pied d'une croix, non loin de notre couvent : il s'était fait sauter la tête d'un coup de pistolet!...

— Voilà une affreuse destinée, dit Michel, et je ne sais, mon oncle, si c'est l'accent de votre voix, ou l'horreur du lieu où nous sommes, mais j'éprouve une émotion des plus pénibles. Peut-être ai-je entendu raconter cette histoire à mon père, dans mon enfance, et c'est peut-être le souvenir de l'effroi qu'elle m'a causé alors, qui se réveille en moi!

— Je ne crois pas que ton père t'en ait jamais parlé, dit le capucin après un intervalle de lugubre silence. Si je t'en parle, c'est parce qu'il le faut, mon enfant; car ce souvenir m'est plus pénible qu'à qui que ce soit, et le lieu où nous sommes n'est pas propre, en effet, à me donner des idées riantes. Tiens, la voilà, cette croix dont la base fut inondée de son sang, et où je le trouvai étendu et défiguré. C'est moi qui ai creusé sa tombe de mes propres mains, sous ce rocher qui est là, au fond du ravin; c'est moi qui ai dit les prières que tout autre lui eût refusées.

— Pauvre Castro-Reale, pauvre chef, pauvre ami! continua le capucin en se découvrant et en étendant le bras vers une grande roche noire qui gisait au bord du torrent, à cinquante pieds au-dessous du chemin. Que Dieu, qui est l'inépuisable bonté et l'infinie mansuétude, te pardonne les erreurs de ta vie, comme je te pardonne les chagrins que tu m'as causés! Je ne me souviens plus que de tes années de vertu, de tes grandes actions, de tes nobles sentiments, et des émotions ardentes que nous avons partagées. Dieu ne sera pas plus rigoureux qu'un pauvre homme comme moi, n'est-ce pas, Michel?

— Je ne crois pas aux ressentiments éternels de l'Être suprême et parfait qui nous gouverne, répondit le jeune homme; mais, passons, mon oncle! j'ai froid ici, et j'aime mieux vous confesser l'étrange faiblesse que j'éprouve, que de rester un instant de plus au pied de cette croix... J'ai peur!

— J'aime mieux te voir trembler que rire ici! répondit le moine. Viens, donne-moi la main, et passons. »

Ils marchèrent quelque temps en silence; puis Fra-Angelo, comme s'il eût voulu distraire Michel, reprit ainsi son propos : « Après la mort du *Destatore*, beaucoup de gens, des femmes surtout, car il en avait séduit plus d'une, coururent à sa retraite, espérant s'emparer de l'argent qu'il pouvait avoir laissé pour les enfants dont il était, ou dont il passait pour être le père : mais il avait porté, le matin même de son suicide, le butin de ses dernières prises à celle de ses maîtresses qu'il aimait le mieux, ou, pour mieux dire, à celle qu'il détestait le moins; car, s'il avait beaucoup de fantaisies, il en inspirait encore davantage, et toutes ces femmes, qui lui formaient une sorte de sérail ambulant, l'importunaient et l'irritaient au dernier point. Toutes voulaient se faire épouser, elles ne savaient point qu'il était marié. La seule Mélina de Nicolosi ne l'accabla jamais ni de ses reproches ni de ses exigences.

« Elle l'avait aimé sincèrement; elle s'était abandonnée à lui sans résistance et sans arrière-pensée; elle lui avait donné un fils qu'il préférait aux douze ou quinze bâtards qu'on élevait sous son nom dans la montagne. La plupart de ces bâtards existent, et, à tort ou à raison, se vantent de lui appartenir. Tous sont plus ou moins bandits. Mais celui que le *Destatore* n'a jamais renié, celui qui lui ressemble trait pour trait, quoique ce soit une empreinte très-réduite et un peu effacée de sa beauté mâle et vivace; celui qui a grandi avec la pensée d'être l'héritier de son œuvre, avec des soins et des ressources auxquels les autres ne pouvaient prétendre, c'est le fils de la Mélina; c'est le jeune homme que nous allons voir tout à l'heure; c'est le chef des bandits dont je t'ai parlé, et dont quelques-uns sont peut-être effectivement ses frères; c'est enfin celui que tu dois connaître sous son vrai nom : c'est Carmelo Tomabene, que l'on nomme ailleurs le *Piccinino*.

— Et celle que Castro-Reale avait enlevée, celle que vous avez mariée avec lui, ne me direz-vous pas son nom, mon oncle?

— Son nom et son histoire sont un secret que trois personnes seulement connaissent aujourd'hui, elle, moi et un autre. Halte-là, Michel, plus de questions sur ce sujet. Revenons au Piccinino, fils du prince de Castro-Reale et de la paysanne de Nicolosi.

« Cette aventure du *Destatore* était antérieure de plusieurs années à son crime et à son mariage. Le trésor qu'il lui laissa n'était pas bien considérable ; mais, comme tout est relatif, ce fut une fortune pour la Mélina. Elle fit élever son fils comme si elle l'eût destiné à sortir de sa condition ; elle désirait, au fond du cœur, en faire un prêtre, et, pendant quelques années, j'ai été son instituteur et son guide : mais, à peine eut-il quinze ans, qu'ayant perdu sa mère, il quitta notre couvent et mena une vie errante jusqu'à sa majorité. Il avait toujours nourri l'idée de retrouver les anciens compagnons de son père et d'organiser avec leur aide une bande nouvelle ; mais, par respect pour la volonté de sa mère, qu'il aimait réellement, je dois le dire, il avait travaillé à s'instruire comme s'il eût dû, en effet, se consacrer à l'état ecclésiastique. Lorsqu'il eut recouvré sa liberté, il s'en servit, sans me faire connaître son dessein. Il avait toujours pensé que je le blâmerais. Plus tard, il a été forcé de me confier son secret et de me demander mes conseils.

« Je ne fus pas fâché, je te l'avoue, d'être délivré de la tutelle de ce jeune loup, car c'était bien la nature la plus indomptable que j'aie jamais rencontrée. Aussi brave et encore plus intelligent que son père, il a de tels instincts de prudence, de moquerie et de ruse, que je ne savais parfois si j'avais affaire au plus pervers des hypocrites, ou au plus grand des diplomates qui aient jamais embrouillé le sort des empires. C'est un étrange composé de perfidie et de loyauté, de magnanimité et de ressentiment. Il y a en lui une partie des vertus et des qualités de son père. Les travers et les défauts sont autres. Il a, comme son père, la fidélité du cœur dans l'amitié et la religion du serment : mais, tandis que son père, emporté par des passions fougueuses, restait croyant et même dévot au fond du cœur, il est, lui, si je ne me suis pas trompé, et s'il n'a pas changé, l'athée le plus calme et le plus froid qui ait jamais existé. S'il a des passions, il les satisfait si secrètement qu'on ne peut les pressentir. Je ne lui en connais qu'une, et, celle-là, je n'ai pas travaillé à la vaincre, c'est la haine de l'étranger et l'amour du pays. Cet amour est si vif en lui, qu'il le pousse jusqu'à l'amour de la localité. Loin d'être prodigue comme son père, il est économe et rangé, et possède à Nicolosi une jolie habitation, des terres et un jardin où il vit presque toujours seul, en apparence, lorsqu'il n'est pas en excursion secrète dans la montagne. Mais il opère ses sorties avec tant de prudence, ou il reçoit ses compagnons avec tant de mystère, qu'on ne sait jamais s'il est absent de sa maison, ou occupé dans son jardin à lire ou à fumer. Pour conserver cette indépendance habilement ménagée, il affecte, quand on frappe chez lui, de ne pas répondre et de se laisser apercevoir. De sorte que, lorsqu'il est à dix lieues de là, on ne peut dire si un caprice sauvage ne le retient pas dans sa forteresse.

« Il a conservé l'habit et les mœurs apparentes d'un paysan riche, et, quoiqu'il soit fort instruit et très-éloquent au besoin, quoiqu'il soit propre à toutes les carrières et capable de se distinguer dans quelques-unes, il a une telle aversion pour la société et les lois qui la régissent chez nous, qu'il aime mieux rester bandit. Ne rien être qu'un *villano* aisé, ne lui suffirait point. Il a de l'ambition, de l'activité, le génie des ruses de guerre et la passion des aventures. Quoiqu'il entre dans ses desseins de cacher son habileté et son instruction, ces qualités percent malgré lui, et il a une grande influence dans son bourg. Il y passe pour un caractère original, mais on fait cas de ses conseils, et on le consulte sur toutes choses. Il s'est fait un devoir d'obliger tout le monde, parce qu'il s'est fait une politique de n'avoir point d'ennemis. Il explique ses fréquentes absences et les nombreuses visites qu'il reçoit, par un petit commerce de denrées agricoles qui nécessite des voyages dans l'intérieur des terres et des relations un peu étendues. Il cache son patriotisme avec soin, mais il sonde et connaît celui des autres, et, au premier mouvement sérieux, il n'aurait guère qu'un signe à faire pour ébranler toute la population de la montagne, et la montagne marcherait avec lui.

— Eh bien! mon oncle, je comprends que cet homme-là soit un héros à vos yeux, tandis que vous avez peine à estimer un être aussi faiblement dessiné que moi.

— Ce n'est pas le nombre, mais la qualité des paroles que j'estime, répondit le capucin. Tu m'en as dit deux ou trois qui me suffisent, et, quant à mon héros, comme tu l'appelles, il en est si peu prodigue, que j'ai dû le juger sur les faits plus que sur les discours. Moi-même je parle rarement de ce que je sens fortement, et si tu me trouves prolixe aujourd'hui, c'est qu'il faut que je te dise en deux heures ce que je n'ai pu te dire depuis dix-huit ans que tu es au monde, sans que je te connaisse. D'ailleurs, la réserve ne me déplaît point. J'ai aimé Castro-Reale comme je n'aimerai plus jamais personne, et nous passions ensemble des journées entières, tête à tête, sans nous dire un mot. Il était méfiant comme tout vrai Sicilien doit l'être, et, tant qu'il s'est méfié de lui-même et des autres, il a été un grand cœur et un grand esprit.

— Le jeune homme que nous allons voir a donc conservé pour vous un grand attachement, mon oncle, puisque vous êtes sûr de le trouver prêt à m'accueillir?

— S'il aime quelqu'un au monde, c'est moi, quoique je l'aie bien grondé et bien tourmenté lorsqu'il était mon élève. Pourtant, je ne suis pas bien certain qu'il nous accorde ce que j'ai à lui demander pour toi. Il aura quelque répugnance à vaincre ; mais, j'espère.

— Et, sans doute, il sait de mes affaires et de ma destinée tout ce que vous ne me permettez pas d'en savoir moi-même?

— Lui? il ne sait rien du tout, et il ne doit rien savoir avant toi. Le peu que vous devez savoir jusqu'à présent l'un et l'autre, je le dirai à vous deux. Après cela, le Piccinino devinera peut-être plus qu'il ne faudrait. Sa pénétration est grande; mais ce qu'il devinera, il ne te le dira pas, et, ce qu'il voudra découvrir, il ne te le demandera jamais ; je suis fort tranquille là-dessus. Maintenant, silence, nous quittons les bois pour rentrer dans le versant de la montagne cultivée et habitée. Nous devons pénétrer inaperçus, autant que possible, dans la retraite où notre homme nous attend. »

Le moine et Michel marchèrent en silence et avec précaution le long des haies et des massifs d'arbres, cherchant l'ombre et fuyant les routes tracées ; et bientôt ils arrivèrent, à la faveur du crépuscule, à la demeure du Piccinino.

XXIV.

LE PICCININO.

Au flanc de la montagne que Fra-Angelo et Michel n'avaient cessé de gravir pendant deux heures, le grand bourg de Nicolosi, dont la population est considérable, est la dernière étape civilisée où le voyageur qui veut visiter l'Etna s'arrête, avant de s'engager dans la région austère et grandiose des forêts. Cette seconde région s'appelle *Silvosa* ou *Nemorosa*, et le froid s'y fait vivement sentir. La végétation y prend un grand caractère d'horreur et d'abandon, jusqu'à ce qu'elle disparaisse sous les lichens et les graviers arides, après lesquels il n'y a plus que de la neige, du soufre et de la fumée.

Nicolosi et le magnifique paysage qui l'entoure étaient déjà perdus dans la vapeur du soir, lorsque Michel essaya de se rendre compte du lieu où il se trouvait. La masse imposante de l'Etna ne présentait plus qu'une teinte uniforme, et c'est tout au plus s'il pouvait distinguer à un mille au-dessus de lui le sinistre mamelon de *Monte-Rosso*, ce volcan inférieur, un des vingt ou trente fils de l'Etna, fournaises éteintes ou récemment ouvertes, qui se dressent en batterie à ses pieds. C'est le Monte-Rosso qui ouvrit sa bouche noire, il n'y a pas deux siècles, pour vomir cette affreuse lave dont la mer de Catane est encore sillonnée. Aujourd'hui, les paysans y cultivent la vigne et l'olivier sur des débris qui ont l'air de brûler encore.

L'habitation du Piccinino, isolée dans la montagne, à un demi-mille du bourg, dont un ravin assez escarpé la séparait, marquait la limite d'un terrain fertile, baigné d'une atmosphère tiède et suave. A quelques centaines de pas plus haut, il faisait froid déjà, et déjà l'horreur du désert s'annonçait par l'absence de culture, et des courants de laves si nombreux et si larges, que la montagne de ce côté ne semblait plus accessible. Michel observa que cette situation favorisait parfaitement les vues d'un homme qui s'était fait moitié citoyen, moitié sauvage. Chez lui, il pouvait goûter toutes les aises de la vie; au sortir de chez lui, il pouvait échapper à la présence de l'homme et aux exigences de la loi.

La colline, escarpée d'un côté, adoucie et fertile sur son autre face, était couverte, à son sommet, d'une magnifique végétation, qu'une main laborieuse et intelligente entretenait à dessein la splendeur mystérieuse. Le jardin de Carmelo Tomabene était renommé pour sa beauté et l'abondance de ses fruits et de ses fleurs. Mais il en défendait l'entrée avec jalousie, et de grandes palissades couvertes de verdure le fermaient de tous côtés. La maison, assez vaste et bien bâtie, quoique sans luxe apparent, avait été élevée sur les ruines d'un petit fort abandonné. Quelques restes de murailles épaisses, et la base d'une tour carrée, dont on avait tiré parti pour étayer et augmenter la nouvelle construction, et qui portaient les traces de réparations bien entendues, donnaient au modeste édifice un caractère de solidité et un certain air d'importance demi-rustique, demi-seigneuriale. Ce n'était pourtant que la maison d'un cultivateur aisé, mais on sentait bien qu'un homme distingué dans ses habitudes et dans ses goûts pouvait y vivre sans déplaisir.

Fra-Angelo approcha de la porte ombragée, et prit, dans les chèvrefeuilles qui l'encadraient d'un riche berceau, une corde qui suivait une longue tonnelle de vigne, et qui répondait à une cloche placée dans l'intérieur de la maison; mais le bruit de cette cloche était si étouffé qu'on ne l'entendait pas du dehors. La corde, glissant dans la verdure, n'était point apparente, et il fallait être initié à l'existence de ce signal pour s'en servir. Le moine tira la corde à trois reprises différentes, avec attention et lenteur; puis il la tira cinq fois, puis deux, puis trois encore; après quoi il se croisa les bras pendant cinq minutes, et recommença les mêmes signaux dans le même ordre et avec la même circonspection. Un coup de plus ou de moins, et l'hôte mystérieux les eût fort bien laissés attendre toute la nuit sans ouvrir.

Enfin, la porte du jardin s'ouvrit. Un homme de petite taille, enveloppé d'un manteau, s'approcha, prit Fra-Angelo par la main, lui parla à l'oreille quelques instants, revint vers Michel, le fit entrer, et marcha devant eux après avoir refermé la porte avec soin. Ils suivirent la longue tonnelle, qui dessinait une croix dans toute l'étendue du jardin, et traversèrent une sorte de péristyle champêtre formé de piliers grossiers, tout couverts de vigne et de jasmin; après quoi leur hôte les introduisit dans une grande pièce propre et simple, où tout annonçait l'ordre et la sobriété. Là, il les fit asseoir, et, s'étendant sur un vaste canapé couvert d'indienne rouge, il alluma tranquillement son cigare; puis, sans regarder Michel, sans faire aucune démonstration d'amitié au moine, il attendit que celui-ci portât la parole. Il ne montrait aucune impatience, aucune curiosité. Il n'était occupé qu'à se débarrasser lentement de son manteau brun, doublé de rose, à en plier le collet avec soin, et à rajuster sa ceinture de soie, comme s'il eût eu besoin d'être parfaitement à son aise pour écouter ce qu'on avait à lui confier.

Mais quelle fut la surprise de Michel lorsqu'il reconnut, peu à peu, dans le jeune *villano* de Nicolosi, l'étrange cavalier qui avait fait sensation un instant au bal de la princesse, et avec lequel il avait échangé, sur le perron du palais, des paroles fort peu amicales!

Il se troubla en pensant que cet incident disposerait mal en sa faveur l'homme auquel il venait demander un service. Mais le Piccinino ne parut pas le reconnaître, et Michel pensa qu'il ferait aussi bien de ne pas réveiller le souvenir de cette fâcheuse aventure.

Il eut donc le loisir d'examiner ses traits et de chercher, dans sa physionomie, quelque révélation de son caractère. Mais il lui fut impossible, dans ces derniers moments, de constater une émotion quelconque, une volonté, un sentiment humain, sur cette figure terne et impassible. Il n'y avait pas même de l'impertinence, quoique son attitude et son silence pussent indiquer l'intention de se montrer dédaigneux.

Le Piccinino était un jeune homme de vingt-cinq ans environ. Sa petite taille et ses formes délicates justifiaient le surnom qu'on lui avait donné, et qu'il portait avec plus de coquetterie que de dépit[1]. Il était impossible d'une organisation plus fine, plus délicate, et en même temps plus parfaite que celle de ce petit homme. Admirablement proportionné, et modelé comme un bronze antique, il rachetait le défaut de force musculaire par une souplesse extrême. Il passait pour n'avoir point d'égal dans tous les exercices du corps, quoiqu'il ne pût se servir que de son adresse, de son sang-froid, de son agilité et de la précision de son coup d'œil. Personne ne pouvait le fatiguer à la marche, ni le suivre à la course. Il franchissait les précipices avec l'aplomb d'un chamois; il visait au fusil comme au pistolet ou à la fronde, et, dans tous les jeux de ce genre, il était tellement sûr de gagner tous les prix, qu'il ne se donnait plus la peine de concourir. Excellent cavalier, nageur intrépide, il n'y avait aucun moyen de locomotion ou de combat qui ne lui assurât une supériorité marquée sur quiconque oserait s'attaquer à lui. Connaissant bien les avantages de la force physique dans un pays de montagnes, et avec une destinée de partisan, il avait voulu acquérir de bonne heure, à cet égard, les facultés que la nature semblait lui avoir refusées. Il les avait exercées et développées en lui avec une âpreté et une persistance incroyables, et il était parvenu à faire de son organisation débile l'esclave fidèle et l'instrument docile de sa volonté.

Cependant, à le voir ainsi couché sur son lit de repos, on eût dit d'une femme maladive ou nonchalante. Michel ne savait point qu'après avoir fait vingt lieues à pied, dans la journée, il prenait un nombre d'heures de repos systématique, et qu'il savait exactement, tant il s'observait et s'étudiait en toutes choses, ce qu'il devait passer d'instants dans la position horizontale, pour échapper à l'inconvénient d'une courbature.

Sa figure était d'une beauté étrange : c'était le type siculo-arabe dans toute sa pureté. Une netteté de lignes incroyable, un profil oriental un peu exagéré, de longs yeux noirs veloutés et pleins de langueur, un sourire fin et paresseux, un charme tout féminin, une grâce de chat dans les mouvements de tête, et je ne sais quoi de doux et de froid qu'il était impossible d'expliquer au premier examen.

1. Le Piccinino est un diminutif amical que les montagnards aventuriers avaient pu lui donner à cause de sa petite taille. Mais la locution *piccin-piccino* (*farsi*), signifie aussi l'action de se cacher afin de prouver son *alibi*.

Le Piccinino était vêtu avec une recherche extrême et une propreté scrupuleuse. Il portait le costume pittoresque des paysans montagnards, mais composé d'étoffes fines et légè es. Ses braies, courtes et collantes, étaient en laine moelleuse rayée de soie, jaune sur brun ; il laissait voir sa jambe nue, blanche c mme l'albâtre, et chaussée de spadrilles é arlates. Sa chemise était en batiste brodée garnie de dentelle, et laissait voir une chaîne de cheveux enroulée à une grosse chaîne d'or sur sa poitrine. Sa ceinture était de soie verte brochée d'argent. De la tête aux pieds il était couvert de contrebande, ou de quelque chose de pis ; car, si on eût examiné la marque de son linge, on eût pu se convaincre qu'il sortait de la dernière valise qu'il avait pillée.

Tandis que Michel admirait avec un peu d'ironie intérieure l'aisance avec laquelle ce beau garçon roulait dans ses doigts, effilés comme ceux d'un bédouin, sa cigarette de tabac d'Alger, Fra-Angelo, qui ne paraissait ni surpris ni choqué de son accueil, fit le tour de la chambre, ferma la porte au verrou, et, lui ayant demandé s'ils étaient bien seuls dans la maison, ce à quoi le Piccinino répondit par un signe de tête affirmatif, il commença ainsi :

« Je te remercie, mon fils, de ne m'avoir point fait attendre ce rendez-vous ; je viens te demander un service : As-tu le pouvoir et la volonté d'y consacrer quelques jours ?

— Quelques jours ? dit le Piccinino d'un son de voix si doux que Michel eut besoin de regarder le muscle d'acier de sa jambe pour ne point croire encore une fois qu'il entendait parler une femme ; mais l'inflexion de cette parole signifiait, à ne pas s'y méprendre : « Vous vous moquez ! »

— J'ai dit quelques jours, reprit le moine avec tranquillité ; il faut descendre de la montagne, suivre à Catane le jeune homme que voici, et qui est mon neveu, et demeurer près de lui jusqu'à ce que tu aies réussi à le délivrer d'un ennemi qui l'obsède. »

Le Piccinino se retourna lentement vers Michel et le regarda comme s'il ne l'eût pas encore aperçu ; puis, tirant de sa ceinture un stylet richement monté, il le lui présenta avec un imperceptible sourire d'ironie et de dédain, comme pour lui dire : « Vous êtes d'âge et de force à vous défendre vous-même. »

Michel, blessé de la situation où son oncle le plaçait sans son aveu, allait répondre avec vivacité, lorsque Fra-Angelo lui coupa la parole en lui mettant sa main de fer sur l'épaule.

— Tais-toi, mon enfant, dit-il ; tu ne sais pas de quoi il s'agit, et tu n'as rien à dire ici. Ami, ajouta-t-il en s'adressant à l'aventurier, si mon neveu n'était pas un homme et un Sicilien, je ne te l'aurais pas présenté. Je vais te dire ce que nous attendons de toi, à moins que tu ne me dises d'avance que tu ne veux pas ou que tu ne peux pas nous servir.

— Père Angelo, répondit le bandit en prenant la main du moine, et la portant à ses lèvres avec une grâce caressante et un regard affectueux qui changèrent entièrement sa physionomie, quelque chose que ce soit, pour vous je veux toujours. Mais aucun homme ne peut faire tout ce qu'il veut. Il faut donc que je sache ce que c'est.

— Un homme nous gène...
— J'entends bien.
— Nous ne voulons pas le tuer.
— Vous avez tort.
— En le tuant nous nous perdons ; en l'éloignant nous sommes sauvés.
— Il faut donc l'enlever ?
— Oui, mais nous ne savons comment nous y prendre.
— Vous ne le savez pas, vous, père Angelo ! dit le Piccinino en souriant.
— Je l'aurais su autrefois, répondit le capucin. J'avais des amis, des lieux de refuge. A présent, je suis moine.
— Vous avez tort, répéta le bandit avec la même tranquillité. Donc, il faut que j'enlève un homme. Est-il bien gros, bien lourd ?
— Il est fort léger, répondit le moine, qui parut comprendre cette métaphore, et personne ne te donnera un ducat de sa peau.

— En ce cas, bonsoir père ; je ne peux pas le prendre seul et le mettre dans ma poche comme un mouchoir. Il me faut des hommes, et l'on n'en trouve plus pour rien comme de votre temps.

— Tu ne m'as pas compris, tu taxeras toi-même le salaire de tes hommes, et ils seront payés.
— Est-ce vous qui répondez de cela, mon père ?
— C'est moi.
— Vous seul ?
— Moi seul Et, quant à ce qui te concerne, si l'affaire n'eût pas été magnifique, je ne t'aurais pas choisi.
— Eh bien, nous verrons cela la semaine prochaine, dit le bandit pour amener un plus ample exposé des produits de l'affaire.
— En ce cas, n'en parlons plus, dit le moine un peu blessé de sa méfiance ; il faut marcher sur l'heure, ou point.
— Marcher sur l'heure ? Et le temps de rassembler mes hommes, de les décider et de les instruire ?
— Tu le feras demain matin, et demain soir ils seront à leur poste.
— Je vois que vous n'êtes pas pressés, car vous m'auriez dit de partir cette nuit. Si vous pouvez attendre jusqu'à demain, vous pouvez attendre quinze jours.
— Non ; car je compte t'emmener tout de suite, t'envoyer dans une villa où tu parleras avec une des personnes intéressées au succès, et te donner jusqu'à demain soir pour visiter les environs, connaître tous les détails nécessaires, dresser tes batteries, avertir tes hommes, les distribuer, établir des intelligences dans la place... Bah ! c'est plus de temps qu'il ne t'en faut ! A ton âge, je n'en eusse pas demandé la moitié à ton père. »

Michel vit que le capucin avait enfin touché la corde sensible ; car, à ce titre de fils du prince de Castro-Reale, que tout le monde n'osait pas ou ne voulait pas lui accorder ouvertement, le Piccinino tressaillit, se redressa, et bondit sur ses pieds comme prêt à se mettre en route. Mais tout d'un coup, portant la main à sa jambe et se laissant retomber sur son sofa :

« C'est impossible, dit-il ; je souffre trop.
— Qu'y a-t-il donc ? dit Fra-Angelo. Es-tu blessé ? Est-ce donc toujours cette balle morte de l'année dernière ? Autrefois, nous marchions avec des balles dans la chair. Ton père a fait trente lieues sans songer à faire extraire celle qu'il reçut dans la cuisse à Léon-Forte, mais les jeunes gens d'aujourd'hui ont besoin d'un an pour guérir une contusion. »

Michel crut que son oncle avait été un peu trop loin, car le Piccinino se recoucha avec un mouvement de dépit concentré, s'étendit sur le dos, envoya au plafond plusieurs bouffées de cigare, et laissa malicieusement au bon père l'embarras de renouer la conversation.

Mais Fra-Angelo savait bien que l'idée des ducats avait remué l'esprit positif du jeune bandit, et il reprit sans la moindre hésitation :

« Mon fils, je te donne une demi-heure, s'il te la faut absolument ; une demi-heure, c'est beaucoup pour le sang qui coule dans tes veines ! après quoi nous partirons tous les trois.

— Qu'est-ce que c'est donc que ce garçon-là ? dit le Piccinino en désignant Michel du bout du doigt, sans déranger ses yeux et son visage tournés vers la muraille.

— C'est mon neveu ; je te l'ai dit : et le neveu de Fra-Angelo est bon pour agir. Mais il ne connaît pas le pays et n'a pas les relations nécessaires pour une affaire du genre de celle-ci.

— Craint-il de se compromettre, le *signorino* ?
— Non, Monsieur ! » s'écria Michel impatienté et incapable de supporter plus longtemps l'insolence du bandit et la contrainte que lui imposait son oncle. Le bandit se retourna, le regarda en face avec ses longs yeux un peu relevés vers les tempes, et dont l'expression railleuse était parfois insupportable. Cependant, en voyant la figure animée et les lèvres pâles de Michel, il passa à

Michel observa que cette situation favorisait... (Page 62.)

une expression plus bienveillante, quoiqu'un peu suspecte, et, lui tendant la main :

« Soyons amis, lui dit-il; en attendant que nous n'ayons plus d'ennemis sur les bras; c'est ce que nous avons de mieux à faire. »

Comme Michel était assis à quelque distance, il lui eût fallu se lever pour prendre cette main royalement tendue vers lui. Il sourit et ne se dérangea point, au risque de mécontenter son oncle et de perdre le fruit de sa démarche.

Mais le moine ne fut pas fâché de voir Michel prendre de suite cette attitude vis-à-vis du bandit. Ce dernier comprit qu'il n'avait point affaire à une âme molle, et, se levant avec effort, il alla lui prendre la main en disant :

« Vous êtes cruel, mon jeune maître, de ne point vouloir faire deux pas vers un homme brisé de fatigue. Vous n'avez pas fait vingt lieues dans votre journée, vous, et vous voulez que je parte, quand j'ai pris à peine deux heures de repos!

— A ton âge, dit le moine impitoyable, je faisais vingt lieues le jour, et je ne prenais pas le temps de souper pour recommencer. Voyons, es-tu décidé? partons-nous?

— Vous y tenez donc beaucoup? l'affaire vous intéresse donc personnellement?

— J'y tiens comme à mon salut éternel, et l'affaire intéresse ce que j'ai de plus cher au monde, aujourd'hui que ton père est dans la tombe. Mon frère est compromis ainsi que ce brave jeune homme, pour lequel j'exige ton amitié sincère et loyale.

— Ne lui ai-je pas serré la main?

— Aussi je compte sur toi. Quand je te verrai prêt, je te dirai ce qui doit t'allécher plus que l'or et la gloire.

— Je suis prêt. Est-ce un ennemi du pays qu'il faut tuer?

— Je t'ai dit qu'il n'y avait personne à tuer; tu oublies que je sers le Dieu de paix et de miséricorde. Mais il y a quelqu'un à contrarier beaucoup et à faire échouer complètement dans ses desseins perfides; et, cet homme-là, c'est un espion et un traître.

— Son nom?

— Viendras-tu?

— Ne suis-je pas debout?

Il se lança au milieu des rochers... (Page 67.)

— C'est l'abbé Ninfo. »

Le Piccinino se mit à rire d'une manière silencieuse qui avait quelque chose d'effrayant.

« Il me sera permis de le contrarier? dit-il.

— Moralement. Mais pas une goutte de sang répandu!

— Moralement! allons, j'aurai de l'esprit. Aussi bien le courage n'est pas de mise avec cet homme-là; mais puisque nous voici d'accord ou à peu près, il est temps de m'expliquer pourquoi cet enlèvement.

— Je te l'expliquerai en route, et tu réfléchiras chemin faisant.

— Impossible. Je ne sais pas faire deux choses à la fois. Je ne réfléchis que quand j'ai le corps en repos. »

Et il se recoucha tranquillement après avoir rallumé sa cigarette.

Fra-Angelo vit bien qu'il ne se laisserait pas emmener les yeux fermés.

— Tu sais, dit-il sans laisser percer aucune impatience, que l'abbé Ninfo est le suppôt, l'espion, l'âme damnée d'un certain cardinal?

— Ieromino de Palmarosa.

— Tu sais aussi qu'il y a dix-huit ans, mon frère aîné, Pier-Angelo, a été forcé de fuir...

— Je le sais. C'était bien sa faute! Mon père vivait encore. Il eût pu se joindre à lui au lieu d'abandonner son pays.

— Tu te trompes; ton père venait de périr. Tu étais enfant; j'étais moine! Il n'y avait plus rien à faire ici.

— Continuez.

— Mon frère est revenu, comme tu sais, il y a un an; et son fils, Michel-Angelo que voici, est revenu il y a huit jours.

— Pourquoi faire?

— Pour aider son père dans son métier, et son pays dans l'occasion. Mais une dénonciation pèse déjà sur sa tête ainsi que sur celle de son père. Le cardinal a encore de la mémoire et ne pardonne point. L'abbé Ninfo est prêt à agir en son nom.

— Qu'attendent-ils?

— J'ignore ce que le cardinal attend pour mourir; mais je puis dire que l'abbé Ninfo attend la mort du cardinal.

— Pourquoi?

— Pour s'emparer de ses papiers avant qu'on ait eu le temps de mettre les scellés et d'avertir l'héritière.
— Qui est l'héritière?
— La princesse Agathe de Palmarosa.
— Ah! oui! dit le bandit en changeant de position. Une belle femme, à ce qu'on dit!
— Cela ne fait rien à l'affaire. Mais, comprends-tu maintenant pourquoi il est nécessaire que l'abbé Ninfo disparaisse pendant les derniers moments du cardinal?
— Pour qu'il ne s'empare point des papiers, vous l'avez dit. Il peut frustrer la princesse Agathe de titres importants, soustraire un testament. L'affaire est grave pour elle. Elle est fort riche, cette dame? Grâce aux *bons sentiments* de son père et de son oncle, le gouvernement lui a laissé tous ses biens et ne l'écrase pas de contributions forcées.
— Elle est fort riche, donc c'est pour toi une grande affaire, car la princesse est aussi généreuse qu'opulente.
— J'entends. Et puis, c'est une très-belle femme! »

L'insistance de cette réflexion fit passer un frisson de colère dans les veines de Michel; l'impertinence du bandit lui paraissait intolérable; mais Fra-Angelo ne s'en inquiéta point. Il croyait savoir que c'était, chez le Piccinino, une manière de voiler sa cupidité sous un air de galanterie.

« Ainsi, reprit le bandit, c'est pour votre frère et votre neveu que je dois agir incidemment, tandis qu'en réalité j'ai à sauver la fortune à venir de madame de Palmarosa en m'emparant de la personne suspecte de l'abbé Ninfo? C'est bien cela?
— C'est bien cela, dit le moine. La signora doit veiller à ses intérêts et moi à ma famille. Voilà pourquoi je lui ai conseillé de te demander ton aide, et pourquoi j'ai voulu être porteur de sa requête. »

Le Piccinino parut rêver un instant; puis, tout à coup, se renversant sur ses coussins: « L'excellente histoire! dit-il d'une voix entrecoupée par de grands éclats de rire. C'est une des meilleures aventures où je me sois trouvé. »

XXV.

LA CROIX DU DESTATORE.

Cet accès de gaieté, qui parut passablement insolent à Michel, inquiéta enfin le moine; mais, sans lui donner le temps de l'interroger, le Piccinino reprit son sérieux aussi brusquement qu'il l'avait perdu.

« L'affaire s'éclaircit, dit-il. Un point reste obscur. Pourquoi ce Ninfo attend-il la mort de son patron pour dénoncer vos parents?

— Parce qu'il sait que la princesse les protège, répondit le capucin; qu'elle a de l'amitié et de l'estime pour le vieux et honnête artisan qui travaille, depuis un an, dans son palais, et que, pour les préserver de la persécution, elle se laisserait rançonner par cet infâme abbé. Il se dit aussi, lui, qu'alors il tiendra peut-être, de tous points, le tendre et noble dame entre ses mains, et qu'il sera libre de la ruiner à son profit. Ne te semble-t-il pas qu'il vaut mieux que la princesse Agathe, qui est une bonne Sicilienne, jouisse paisiblement des biens du cardinal, et qu'elle récompense les services d'un brave tel que toi, au lieu de dépenser son argent à endormir le venin d'une vipère comme Ninfo?

— C'est mon avis. Mais qui vous répond que le testament n'ait pas déjà été soustrait?

— Nous savons de bonne part qu'il n'a pu l'être encore.

— Il faut que j'en sois certain, moi! car je ne veux pas agir pour ne rien faire qui vaille.

— Que t'importe, si tu es récompensé de même?

— Ah çà, frère Angel, dit le Piccinino en se relevant sur son coude, et en prenant un air de fierté qui fit étinceler un instant ses yeux languissants, pour qui me prenez-vous? Il me semble que vous m'avez un peu oublié. Suis-je un *bravo* qu'on paie à la tâche ou à la journée? Je me flattais jusqu'ici d'être un ami fidèle, un homme d'honneur, un partisan dévoué; et voilà que, rougissant apparemment de l'élève que vous avez formé, vous me traitez comme un mercenaire prêt à tout pour un peu d'or? Détrompez-vous, de grâce. Je suis un *justicier d'aventure*, comme était mon père; et, si j'opère autrement que lui, si, me conformant aux temps où nous vivons, j'use plus souvent de mon habileté que de mon courage, je n'en suis pas moins un talent fier et indépendant. Plus utile et plus recherché qu'un notaire, un avocat ou un médecin, si je mets un prix élevé à mes services, ou si je les donne *gratis*, selon la condition des gens qui les réclament, je n'en ai pas point l'amour de mon art et le respect de ma propre intelligence. Je ne perdrai jamais mon temps et ma peine à gagner de l'argent sans sauver les intérêts de mes clients; et, de même que l'avocat renommé refuse une cause qu'il serait sûr de perdre, de même qu'un capitaine ne risque pas ses hommes dans une action inutile, de même qu'un médecin honnête discontinue ses visites quand il sait ne pouvoir soulager son malade, de même, moi, mon père, je refuse vos offres, car elles ne satisfont point ma conscience.

— Tu n'avais pas besoin de me dire tout cela, dit Fra-Angelo toujours calme. Je sais qui tu es, et je croirais m'avilir moi-même en réclamant l'aide d'un homme que je n'estimerais pas.

— Alors, reprit le Piccinino avec une émotion croissante, pourquoi manquez-vous de confiance en moi? Pourquoi ne me dites-vous qu'une partie de la vérité?

— Tu veux que je te dise où est caché le testament du cardinal? Cela, je l'ignore, et n'ai pas seulement songé à le demander.

— C'est impossible.

— Je te jure devant Dieu, enfant, que je n'en sais rien. Je sais qu'il est hors des atteintes de Ninfo, jusqu'à présent, et qu'il ne pourrait s'en emparer du vivant du cardinal que par un acte de la volonté de ce prélat.

— Et qui vous dit que ce n'est pas fait?

— La princesse Agathe en est certaine; elle me l'a dit, et cela me suffit.

— Et si cela ne me suffit pas, à moi? Si je n'ai pas confiance dans la prévoyance et l'habileté de cette femme? Est-ce que les femmes ont le moindre génie dans ces sortes de choses? Est-ce qu'elles ont d'autres talents, dans l'art de deviner ou de feindre, que ceux qu'elles mettent au service de l'amour?

— Tu es devenu bien savant dans cette question, et moi je suis resté fort ignorant; au reste, ami, si tu veux savoir plus de détails, demande-les à la princesse elle-même, et probablement tu seras satisfait. Je comptais te mettre, ce soir, en rapport avec elle.

— Dès ce soir, en rapport direct? Je pourrai lui parler sans témoins?

— À coup sûr, si tu le crois utile au succès de nos desseins. »

Le Piccinino se tourna brusquement vers Michel et le regarda sans rien dire.

Le jeune artiste ne put soutenir cet examen sans un trouble mortel. La manière dont l'aventurier parlait d'Agathe l'avait déjà irrité profondément, et, pour se donner une contenance, il fut forcé de prendre une cigarette que le bandit lui offrit tout à coup d'un air ironique et quasi protecteur.

Car le Piccinino venait de se lever tout à fait, et, cette fois, avec la résolution arrêtée de partir. Il commença à défaire sa ceinture, tout en secouant et tiraillant ses jambes comme le chien de chasse qui s'éveille et se prépare à la course.

Il passa dans une autre pièce et en revint bientôt, habillé avec plus de soin et de décence. Il avait couvert ses jambes nues des longues guêtres de laine blanche drapée que portent les montagnards italiens. Mais tous les boutons de sa chaussure, de la cheville au genou, étaient d'or fin. Il avait endossé le double justaucorps, celui de dessus en velours vert brodé d'or, celui de dessous, plus court, plus étroit, et d'une coupe élégante, était de moiré lilas, brodé d'argent. Une ceinture de peau blanche serrait sa taille souple; mais, au lieu de la boucle de cuivre, il portait une superbe agrafe de cornaline antique richement montée. On ne lui voyait point d'armes; mais, à coup sûr, il était muni des meilleurs moyens de défense personnelle. Enfin, il avait échangé son manteau de fantaisie contre le manteau classique de laine noire en dessus, blanche en dessous, et il se couvrit la tête de ce capuchon pointu qui donne l'air de moines ou de spectres à toutes ces mystérieuses figures qu'on rencontre sur les chemins de la montagne.

« Allons, dit-il en se regardant à un large miroir penché sur la muraille, je puis me présenter devant une femme sans lui faire peur. Qu'en pensez-vous, Michel-Ange Lavoratori? »

Et, sans s'inquiéter de l'impression que pourrait produire sur le jeune artiste ce ton de fatuité, il se mit à fermer sa maison avec un soin extrême. Après quoi, il passa gaîment son bras sous celui de Michel, et se prit à marcher si vite, que ses deux compagnons avaient peine à le suivre.

Lorsqu'ils eurent dépassé la hauteur de Nicolosi, Fra-Angelo, s'arrêtant à la bifurcation du sentier, prit congé des deux jeunes gens pour retourner à son monastère, et leur conseilla de ne pas perdre leur temps à le reconduire.

« La permission qui m'est accordée expire dans une demi-heure, dit-il; j'aurai peut-être, d'ici à peu de temps, bien d'autres permissions à demander, et je ne dois point abuser de celle-ci. Voilà votre route directe pour gagner la villa Palmarosa sans passer par Bel-Passo. Vous n'avez aucun besoin de moi pour être introduits auprès de la princesse. Elle est prévenue, elle vous attend. Tiens, Michel, voici une clé du parc et celle du petit jardin qui touche au casino. Tu connais l'escalier dans le roc; tu sonneras deux fois, trois fois, quatre fois à la petite grille dorée, tout en haut. Jusque-là, évitez d'être vus, et ne vous laissez suivre par personne. Pour mot de passe, vous direz à la camériste qui vous ouvrira le parterre réservé: *Sainte madone de Bel-Passo*. Ne te dessaisis pas de ces clés, Michel. Depuis quelques jours, on a changé secrètement toutes les serrures, et on en a mis de si compliquées, qu'à moins de s'adresser à l'ouvrier qui les a livrées, et qui est incorruptible, il sera désormais impossible au Ninfo de s'introduire dans la villa à l'aide de fausses clés...

« Encore un mot, mes enfants. Si quelque événement imprévu vous rendait mon concours pressant, durant la nuit, le Piccinino connaît du reste ma cellule et le moyen de s'introduire dans le couvent.

— Je le crois bien! dit le Piccinino, quand ils furent éloignés du capucin; j'ai fait assez d'escapades, la nuit, je suis rentré assez souvent aux approches du jour, pour savoir comment on franchit les murs du monastère de Mal-Passo. Ah çà, mon camarade, nous n'avons plus à ménager les jambes du bon frère Angelo; nous allons courir un peu sur ce versant, et vous aurez l'obligeance de ne pas rester en arrière, car je ne suis pas d'avis de suivre les chemins tracés. Ce n'est pas mon habitude, et le vol d'oiseau est beaucoup plus sûr et plus expéditif. »

En parlant ainsi, il se lança au milieu des rochers qui descendaient à pic vers le lit du torrent, comme s'il eût voulu s'y précipiter. La nuit était fort claire, comme presque toutes les nuits de ce beau climat. Néanmoins la lune qui commençait à s'élever dans le ciel, et qui projetait de grandes ombres sur les profondeurs, rendait incertain et trompeur l'aspect de ces abîmes. Si Michel n'eût serré de près son guide, il n'eût su absolument comment se diriger à travers des masses de laves et des escarpements qui paraissaient impossibles à franchir. Quoique le Piccinino connût parfaitement les endroits praticables, il y eut quelques passages si dangereux et si difficiles, que, sans la crainte de passer pour un poltron et un maladroit, Michel eût refusé de s'y hasarder. Mais la rivalité d'amour-propre est un stimulant qui décuple les facultés humaines, et, au risque de se tuer vingt fois, le jeune artiste suivit le bandit sans broncher et sans faire la moindre réflexion qui trahît son malaise et sa méfiance.

Nous disons méfiance, parce qu'il crut bientôt s'apercevoir que toute cette peine et cette témérité ne servaient point à abréger le chemin. Ce pouvait être une malice de l'aventurier pour éprouver ses forces, son adresse et son courage, ou une tentative pour lui échapper. Il s'en convainquit presque, lorsque, après une demi-heure de cette course extravagante, et après avoir franchi trois fois les méandres du même torrent, ils se trouvèrent au fond d'un ravin que Michel crut reconnaître pour l'avoir côtoyé par en haut avec le capucin, en se rendant à Nicolosi. Il ne voulut pas en faire la remarque; mais involontairement, il s'arrêta un instant pour regarder la croix de pierre au pied de laquelle *il Destatore* s'était brûlé la cervelle, et qui se dessinait au bord du ravin. Puis, cherchant des yeux autour de lui, il reconnut le bloc de lave noire que Fra-Angelo lui avait montré de loin et qui servait de monument funèbre au chef des bandits. Il n'en était qu'à trois pas, et le Piccinino, se dirigeant vers cette roche, venait de s'y arrêter, les bras croisés, dans l'attitude d'un homme qui reprend haleine.

Quelle pouvait être la pensée du Piccinino en faisant ce détour périlleux et inutile, pour passer sur le tombeau de son père? Pouvait-il ignorer que c'était là le lieu de sa sépulture, ou bien craignait-il moins de marcher sur sa dépouille qu'au pied de la croix, témoin de son suicide? Michel n'osa l'interroger sur un sujet si pénible et si délicat; il s'arrêta aussi, garda le silence, et se demanda à lui-même pourquoi il avait éprouvé une si affreuse émotion, lorsque, deux heures auparavant, Fra-Angelo lui avait raconté, en ce lieu même, la fin tragique du *Destatore*. Il se connaissait assez pour savoir qu'il n'était ni pusillanime, ni superstitieux, et, en ce moment, il se sentit calme et au-dessus de toute frayeur. Il n'éprouvait qu'une sorte de dégoût et d'indignation, à l'aspect du jeune bandit, qui s'était appuyé contre le fatal rocher, et qui battait tranquillement le briquet pour allumer une nouvelle cigarette.

« Savez-vous ce que c'est que cette roche? lui dit tout à coup l'étrange jeune homme; et ce qui s'est passé au pied de cette croix qui, d'ici, nous coupe la lune en quatre?

— Je le sais, répondit Michel froidement, et j'espérais pour vous que vous ne le saviez pas.

— Ah! vous êtes comme le frère Angelo, vous? reprit le bandit d'un ton dégagé; vous êtes étonné que, lorsque je passe par ici, je ne me mette point, les deux genoux en terre, à réciter quelque *oremus* pour l'âme de mon père? Pour accomplir cette formalité classique, il faudrait trois croyances que je n'ai point: la première, c'est qu'il y ait un Dieu; la seconde, que l'homme ait une âme immortelle; la troisième, que mes prières puissent lui faire le moindre bien, au cas où celle de mon père subirait un châtiment mérité. Vous me trouvez impie, n'est-ce pas? Je gage que vous l'êtes autant que moi, et que n'était le respect humain et une certaine convenance hypocrite à laquelle tout le monde, même les gens d'esprit, croient devoir se soumettre, vous diriez que j'ai parfaitement raison?

— Je ne me soumettrai jamais à aucune convenance hypocrite, répondit Michel. J'ai très-sincèrement et très-fermement les trois principes de croyance que vous vous vantez de ne point avoir.

— Ah! en ce cas, vous avez horreur de mon athéisme?

— Non; car je veux croire qu'il est involontaire et de bonne foi, et je n'ai pas le droit de me scandaliser d'une erreur, moi, qui, certes, à beaucoup d'autres égards, n'ai pas l'esprit ouvert à la vérité absolue. Je ne suis pas dévot, pour blâmer et damner ceux qui ne pensent pas comme moi. Pourtant, je vous dirai avec franchise qu'il y a une sorte d'athéisme qui m'épouvante et me repousse: c'est celui du cœur, et je crains que le vôtre ne prenne pas seulement sa source dans une disposition de l'esprit.

— Bien! bien! continuez! dit le Piccinino en s'entourant de bouffées de tabac avec une vivacité insouciante un peu forcée. Vous pensez que je suis un cœur de roche, parce que je ne verse point, dans ce lieu où je repasse forcément tous les jours, et sur cette pierre où je

me suis assis cent fois, des torrents de larmes au souvenir de mon père?
— Je sais que vous l'avez perdu dans un âge si tendre, que vous ne pouviez connaître le regret de son intimité. Je sais que vous devez être habitué, presque blasé, sur les souvenirs sinistres attachés à ce lieu. Je me dis tout ce qui peut excuser votre indifférence; mais cela ne justifie point à mes yeux l'espèce de bravade dont vous me donnez, à dessein je crois, le spectacle bizarre. Moi, qui n'ai point connu votre père, et qui n'ai aucun lien de parenté avec lui, il me suffit que mon oncle l'ait beaucoup aimé, et qu'une partie de la vie de ce chef de bandes ait été illustrée par des actes de patriotisme et de bravoure, pour qu'un certain respect s'empare de moi à côté de sa tombe, et pour que je me sente navré et révolté de l'attitude que vous avez en ce moment.
— Maître Michel, dit le Piccinino en jetant brusquement sa cigarette, et en se tournant vers lui avec un geste menaçant, je vous trouve singulier, dans la position où nous sommes vis-à-vis l'un de l'autre, d'oser me faire une pareille réprimande. Vous oubliez, je crois, que je sais vos secrets; que je suis libre d'être votre ami ou votre ennemi; enfin, qu'à cette heure, dans cette solitude, à cette place maudite où je ne suis peut-être pas dans mon sang-froid autant que vous le croyez, votre vie est entre mes mains?
— La seule chose que je puisse craindre ici, répondit Michel avec le plus grand calme, c'est de faire mal à propos le pédagogue. Ce rôle n'irait point à mon âge et à mes goûts. Je vous ferai donc observer que si vous n'aviez provoqué mes réponses avec une sorte d'insistance, je vous aurais dispensé de mes observations. Quant à vos menaces, je ne vous dirai pas que je me crois aussi fort et aussi calme pour me défendre que vous pouvez l'être pour m'attaquer. Je sais que, d'un coup de sifflet, vous pouvez faire sortir un homme armé de derrière chaque rocher qui nous avoisine. Je me suis fié à votre parole, et je ne me suis point armé pour marcher à côté d'un homme qui m'a tendu la main en me disant : Soyons amis. Si, mon oncle s'est trompé sur votre loyauté, et si vous m'avez attiré dans un piège, ou même (ce que j'aimerais mieux croire pour votre caractère) si l'effet du lieu où nous sommes trouble votre raison et vous rend furieux, je ne vous en dirai pas moins ma pensée et ne m'abaisserai point à flatter les travers dont vous semblez faire gloire en ma présence. »
Ayant ainsi parlé, Michel ouvrit son manteau pour montrer au bandit qu'il n'avait pas même un couteau sur lui, et s'assit en face du Piccinino en le regardant au visage avec le plus grand sang-froid. C'était la première fois qu'il se trouvait dans une situation à laquelle il n'avait, certes, pas eu le loisir de se préparer, et dont il n'était point facile de se retirer sans encombre; car la lune, sortant de derrière la Croce del Destatore, et venant à donner en plein sur la figure du jeune bandit, l'expression féroce et perfide de sa physionomie ne resta plus douteuse pour Michel. Néanmoins, le fils de Pier-Angelo, le neveu du hardi capucin de Bel-Passo, sentit que son cœur était inaccessible à la crainte, et que le premier danger sérieux qui menaçait sa jeune existence le trouvait résolu et fier.
Le Piccinino, se voyant si près de lui et si bien éclairé par la lune, essaya un instant l'effet terrifiant de ses yeux de tigre; mais, n'ayant pu faire baisser ceux de Michel, et ne découvrant aucun indice de poltronnerie dans sa figure ou dans son attitude, il vint tout à coup s'asseoir à son côté et lui prit la main.

« Décidément, lui dit-il, quoique je m'efforce de te dédaigner et de te haïr, je n'en puis venir à bout; j'imagine que tu es assez pénétrant pour deviner que j'aimerais mieux te tuer que de te préserver, comme je me suis engagé à le faire. Tu me gênes dans certaines illusions que tu peux fort bien pressentir : tu me frustres dans certaines espérances que je nourrissais et auxquelles je ne suis nullement disposé à renoncer. Mais ce n'est pas seulement ma parole qui me lie, c'est une certaine sympathie dont je ne puis me défendre pour toi. Je mentirais si je te disais que je t'aime, et qu'il m'est agréable de défendre tes jours. Mais je t'estime, et c'est beaucoup. Tiens, tu as bien fait de me répondre ainsi; car, je puis te l'avouer maintenant, ce lieu m'inspire parfois des accès de frénésie, et j'y ai pris, en mainte occasion décisive, des résolutions terribles. Tu n'y étais pas en sûreté avec moi tout à l'heure, et je ne voudrais pas encore t'y entendre prononcer certain nom. N'y restons donc pas davantage, et prends ce stylet que je t'ai déjà offert. Un Sicilien doit toujours être prêt à s'en servir, et je te trouve bien insensé de marcher ainsi désarmé, dans la situation où tu es.
— Partons, dit Michel en prenant machinalement le poignard du bandit. Mon oncle dit que le temps presse et qu'on nous attend.
— On *nous* attend ! s'écria le bandit en bondissant sur ses pieds. Tu veux dire qu'on t'attend ! Malédiction ! Je voudrais que cette croix et ce rocher pussent rentrer sous terre tous les deux ! Jeune homme, tu peux croire que je suis athée, et que j'ai le cœur dur; mais si tu crois que ce cœur est de glace... Tiens, portes-y la main, et sache que le désir et la volonté ont là leur siège aussi bien que dans la tête. »
Il prit violemment la main de Michel et la plaça sur sa poitrine. Elle était soulevée tout entière par des palpitations si violentes, qu'on eût dit qu'elle allait se briser.
Mais, quand ils furent sortis du ravin, et qu'ils eurent laissé derrière eux la Croce del Destatore, le Piccinino se mit à fredonner, d'une voix suave et pure comme l'haleine de la nuit, une chanson en dialecte sicilien dont le refrain était :

« Le vin rend fou, l'amour rend sot, mon nectar c'est
« le sang des lâches, ma maîtresse c'est ma carabine. »

Après cette sorte de bravade contre lui-même et contre les oreilles des sbires napolitains, qui pouvaient bien se trouver à portée, le Piccinino se mit à parler avec Michel, sur un ton d'aisance et de désintéressement remarquable. Il l'entretint des beaux-arts, de la littérature, de la politique extérieure et des nouvelles du jour avec autant de liberté d'esprit, de politesse et d'élégance, que s'ils eussent été dans un salon ou sur une promenade, et comme s'ils n'eussent eu l'un et l'autre aucune affaire grave à éclaircir, aucune préoccupation émouvante à se communiquer.
Michel reconnut bientôt que le capucin ne lui avait pas exagéré les connaissances variées et les facultés heureuses de son élève. En fait de langues mortes et d'études classiques, Michel était incapable de lui tenir tête, car il n'avait eu, avant d'embrasser la carrière de l'art, ni le moyen ni le loisir d'aller au collège. Le Piccinino, voyant qu'il ne connaissait que les traductions dont il lui citait les textes avec une netteté de mémoire à toute épreuve, se rejeta sur l'histoire, sur la littérature moderne, sur la poésie italienne, sur les romans et sur le théâtre. Quoique Michel eût énormément lu pour son âge, et qu'il eût, comme il le disait lui-même, nettoyé et assaini son esprit, à la hâte, en s'assimilant tout ce qui lui était tombé sous la main, il reconnut encore que le paysan de Nicolosi, dans les intervalles de ses expéditions périlleuses, et dans la solitude d'un son jardin ombragé, avait mis encore mieux que lui le temps à profit. C'était merveille de voir qu'un homme qui ne savait pas marcher avec des bottes et respirer avec une cravate, qui n'était pas descendu à Catane dix fois en sa vie, un homme enfin qui, retiré dans sa montagne, n'avait jamais vu le monde ni fréquenté les beaux esprits, eût acquis, par la lecture, le raisonnement, ou la divination d'un esprit subtil, la connaissance du monde moderne dans ses moindres détails, comme il avait acquis dans le cloître la science du monde ancien. Aucun sujet ne lui était étranger : il avait appris tout seul plusieurs langues vivantes, et il affectait de s'exprimer avec Michel en pur toscan, pour lui montrer que personne à Rome ne le prononçait et ne le parlait avec plus de correction et de mélodie.
Michel prit tant de plaisir à l'écouter et à lui répondre, qu'il oublia un instant la méfiance que lui inspirait à

juste titre un esprit si compliqué et un caractère si difficile à définir. Il fit le reste de la route sans en avoir conscience, car ils suivaient alors un chemin facile et sûr; et, lorsqu'ils arrivèrent au parc de Palmarosa, il tressaillit de surprise à l'idée de se trouver sitôt en présence de la princesse Agathe.

Alors tout ce qui lui était arrivé pendant et après le bal repassa dans sa mémoire comme une suite de rêves étranges. Une émotion délicieuse le gagna, et il ne se sentit plus ni très-courroucé ni très-effrayé des prétentions de son compagnon de voyage, en résumant celles qu'il caressait lui-même.

XXVI.

AGATHE.

Michel ouvrit lui-même la petite porte à laquelle aboutissait le sentier qu'ils avaient suivi, et, après avoir traversé le parc en biais, il se trouva au pied de l'escalier de laves qui gravissait le rocher. Le lecteur n'a pas oublié que le palais de Palmarosa était adossé à une colline escarpée, et formait trois édifices distincts, qui montaient, pour ainsi dire à reculons, sur cette montagne; que l'étage le plus élevé, appelé le Casino, offrant plus de solitude et de fraîcheur que les autres, était habité, suivant l'usage de tout le pays, par la personne la plus distinguée de la maison; c'est-à-dire que les appartements de maître donnaient de plain-pied sur la cime du rocher, formant là un jardin peu étendu, mais ravissant, à une grande élévation, et sur la partie opposée au fronton de la façade. C'est là que la princesse vivait retirée comme dans un ermitage splendide, n'ayant pas besoin de descendre l'escalier de son palais, ni d'être vue de ses serviteurs pour se donner le plaisir de la promenade.

Michel avait déjà vu ce sanctuaire, mais très à la hâte, comme on sait, et, lorsqu'il s'y était assis, durant le bal, avec Magnani, il était si agité et parlait d'une manière si animée, qu'il n'en avait pas observé la disposition et les abords.

En s'y introduisant par l'escarpement du rocher avec le Piccinino, il se rendit mieux compte de la situation de ce belvédère, et remarqua qu'il était taillé dans un style si hardi, que c'était, en fait, une petite forteresse: l'escalier creusé dans le roc offrait un moyen de sortie plus qu'une entrée; car il était si serré entre deux murailles de laves, et si rapide, que la main d'une femme eût suffi pour repousser et précipiter un visiteur indiscret ou dangereux. En outre, il y avait, à la dernière marche de cette échelle, sans transition de la moindre plate-forme, une petite grille dorée d'une étroitesse et d'une hauteur singulière, enchâssée entre deux légères colonnes de marbre, lisses comme des mâts. A droite et à gauche, la partie extérieure de chaque pilier était le précipice à pic, couronné seulement de ces lourds enroulements de fer dans le goût du dix-septième siècle, qui ressemblent à des dragons fantastiques, hérissés de dards sur toute leur circonférence; ornement à deux fins qu'il est malaisé de franchir quand on n'a aucun point d'appui et un précipice sous les pieds.

Cette espèce de fortification n'était pas inutile dans un pays où les brigands de la montagne s'aventurent dans la vallée et dans la plaine, jusqu'aux portes des cités. Michel les examina avec la satisfaction d'un amant jaloux; mais le Piccinino les regarda d'un air de mépris, et se permit même de dire, en montant l'escalier, que c'était une citadelle de bonbon, qui ferait grand effet dans un dessert.

Michel sonna le nombre de coups convenu, et immédiatement la porte s'ouvrit. Une femme voilée était là toute prête, attendant avec impatience. Elle saisit, dans l'obscurité, la main de Michel, au moment où il entrait, et, dans cette douce étreinte, le jeune artiste, reconnaissant la princesse Agathe, trembla et perdit la tête, si bien que le Piccinino, qui ne la perdait point, retira la clé que Michel, tout en sonnant pour avertir, avait placée dans la serrure. Le bandit la mit dans sa ceinture en refermant la grille, et, lorsque Michel s'avisa de cet oubli, il n'était plus temps de le réparer. Ils étaient entrés tous les trois dans le boudoir de la princesse, et ce n'était point le moment de chercher querelle à un homme aussi dépourvu de timidité que l'était le fils du *Destatore*.

Agathe était avertie et aussi bien renseignée que possible sur le caractère et les habitudes de l'homme avec lequel il lui fallait entrer en relations; elle était trop de son pays pour avoir des préjugés sérieux contre la profession de bandit, et elle était résolue à faire les plus grands sacrifices d'argent pour s'assurer les services du Piccinino. Néanmoins elle éprouva en le voyant, une émotion fâcheuse qu'elle eut bien de la peine à lui cacher; et, lorsqu'il lui baisa la main en la regardant avec ses yeux hardis et railleurs, elle fut saisie d'un malaise douloureux, et sa figure s'altéra sensiblement, quoiqu'elle sût se maintenir avenante et polie.

Elle savait que la première précaution à observer, c'était de flatter la secrète vanité de l'aventurier, en lui témoignant beaucoup d'égards, et en lui donnant du *capitaine* à discrétion. Elle ne manqua donc pas de lui conférer ce titre, en le faisant asseoir à sa droite, tandis qu'elle traita Michel avec une bienveillance plus familière en lui désignant un siége quasi derrière elle, près du dossier de son lit de repos. Là, penchée vers lui sans le regarder, et appuyant son coude tout près de son épaule, comme pour être prête à l'avertir par des mouvements fortuits en apparence, elle voulut entrer en matière.

Mais le Piccinino, remarquant cet essai de connivence, et se trouvant apparemment trop loin d'elle, quitta son fauteuil, et vint, sans façon, s'asseoir à ses côtés sur le sofa.

En ce moment, le marquis de la Serra, qui attendait probablement, dans une pièce voisine, que la conversation fût engagée, entra sans bruit, salua le bandit avec une politesse silencieuse, et alla s'asseoir auprès de Michel, après lui avoir serré la main. Michel se sentit rassuré par la présence de celui qu'il ne pouvait s'empêcher de considérer comme son rival. Il s'était déjà demandé s'il ne serait pas tenté bientôt de jeter le Piccinino par les fenêtres; et, comme cette vivacité aurait bien pu avoir quelque grave inconvénient, il espéra que le bandit, contenu par la figure grave et le personnage sérieux du marquis, n'oserait pas sortir des bornes de la convenance.

Le Piccinino savait fort bien qu'il ne courait aucun risque d'être trahi par M. de la Serra; même il lui plut de voir ce noble seigneur lui donner des gages de l'alliance qu'on faisait avec lui, et dans laquelle, nécessairement, le marquis allait se trouver engagé.

« M. de la Serra est donc aussi mon ami et mon complice? dit-il à Agathe d'un ton de reproche.

— Signor Carmelo, répondit le marquis, vous n'ignorez pas, sans doute, que j'étais le proche parent du prince de Castro-Reale, et que, par conséquent, je suis le vôtre. J'étais bien jeune encore lorsque le vrai nom du *Destatore* fut découvert enfin par la police de Catane, et vous n'ignorez peut-être pas non plus que je rendis alors au proscrit d'importants services.

— Je connais assez bien l'histoire de mon père, répondit le jeune bandit, et il me suffit de savoir que M. de la Serra reporte sur moi la bienveillance qu'il lui accordait. »

Satisfait dans sa vanité, et bien résolu à ne pas jouer un rôle ridicule, bien décidé aussi à faire plier autour de lui toutes les volontés, le Piccinino voulut le faire avec esprit et bon goût. Il s'arrangea donc bien vite, sur le sofa, une attitude à la fois convenable et gracieuse, et donna à son regard insolent et lascif une expression d'intérêt bienveillant et presque respectueux.

La princesse rompit la glace la première, et lui exposa l'affaire laconiquement, à peu près dans les mêmes termes dont Fra-Angelo s'était servi pour faire sortir le jeune loup de sa tanière. Le Piccinino écouta cet exposé, et rien ne trahit, sur sa figure, la profonde incrédulité qu'il apportait dans son attention.

Mais, lorsque la princesse eut fini, il renouvela avec aplomb sa question *sine qua non*, du testament, et déclara que, dans un cas semblable, l'enlèvement de l'abbé Ninfo lui paraissait une précaution bien tardive, et sa propre intervention une peine et une *dépense* inutiles.

La princesse Agathe n'avait pas été pour rien horriblement malheureuse. Elle avait appris à connaître les ruses des passions cachées ; et l'habileté qu'elle n'eût point puisée dans son âme simple et droite, elle l'avait acquise à ses dépens dans ses relations avec des natures tout opposées à la sienne. Elle pressentit donc bien vite que les scrupules du *capitaine* étaient joués, et qu'il avait un motif secret qu'il fallait deviner.

« Monsieur le capitaine, lui dit-elle, si vous jugez ainsi ma position, nous devons en rester là ; car je vous ai fait demander de vous voir, beaucoup plus pour avoir vos conseils que pour vous faire part de mes idées. Cependant, veuillez écouter des éclaircissements qu'il n'était pas au pouvoir de Fra-Angelo de vous donner.

« Mon oncle le cardinal a fait un testament où il me constitue son héritière universelle, et il n'y a pas plus de dix jours que, se rendant de Catane à sa villa de Ficarazzi, où il est maintenant, il s'est détourné de son chemin pour me faire une visite à laquelle je ne m'attendais pas. J'ai trouvé mon oncle dans la même situation physique où je l'avais vu peu avant à Catane ; c'est-à-dire impotent, sourd, et ne pouvant parler assez distinctement pour se faire comprendre sans l'aide de l'abbé Ninfo, qui connaît ou devine ses intentions avec une rare sagacité... à moins qu'il ne les interprète ou ne les traduise avec une impudence sans bornes ! Néanmoins, dans cette occasion, l'abbé Ninfo me parut suivre, de tous points, les volontés de mon oncle ; car le but de cette visite était de me montrer le testament, et de me faire savoir que les affaires du cardinal étaient en règle.

— Qui vous montra ce testament, signora ? dit le Piccinino ; car Son Eminence ne peut faire le moindre mouvement du bras ni de la main ?

— Patience, capitaine, je n'omettrai aucun détail. Le docteur Recuperati, médecin du cardinal, était porteur du testament, et je compris suffisamment aux regards et à l'agitation de mon oncle, qu'il ne voulait point que cet acte sortit de ses mains. Deux ou trois fois, l'abbé Ninfo s'avança pour le prendre, sous prétexte de me le présenter, et mon oncle fit briller ses yeux terribles, en rugissant comme un lion mourant. Le docteur remit le testament dans son portefeuille, et me dit : « Quo Votre Seigneurie ne partage point l'inquiétude de Son Eminence. Quelle que soit l'estime et la confiance que doit nous inspirer l'abbé Ninfo, ce papier étant confié à ma garde, nul autre que moi, fût-ce le pape ou le roi, ne touchera à un acte si important pour vous. » Le docteur Recuperati est un homme d'honneur, incorruptible, et d'une fermeté rigide dans les grandes occasions.

— Oui, Madame, dit le bandit, mais il est stupide, et l'abbé Ninfo ne l'est point.

— Je sais fort bien que l'abbé Ninfo est assez audacieux pour inventer je ne sais quelle fable et faire tomber le bon docteur dans un piège grossier. Voilà pourquoi je vous ai prié, capitaine, d'éloigner pour un temps cet intrigant détestable.

— Je le ferai, s'il n'est pas trop tard ; car je ne voudrais pas risquer mes os pour rien, et surtout compromettre ma réputation de talent à laquelle je tiens plus qu'à ma vie. Mais, encore une fois, croyez-vous, Madame, qu'il soit encore temps de s'aviser d'un expédient semblable ?

— S'il n'est plus temps, capitaine, c'est depuis deux heures seulement, répondit Agathe en le regardant avec attention ; car, il y a deux heures, j'ai rendu visite à mon oncle, et le docteur, sur un signe de lui, m'a montré encore une fois cet acte, en présence de l'abbé Ninfo.

— Et c'était bien le même ?

— C'était parfaitement le même.

— Il n'y avait pas un codicille en faveur de l'abbé Ninfo ?

— Il n'y avait pas un mot d'ajouté ou de changé. L'abbé lui-même, qui affecte platement d'être dans mes intérêts, et dont chaque regard louche semble me dire :

« Vous aurez à me payer mon zèle, » a insisté pour que je relise l'acte avec attention.

— Et vous l'avez fait ?

— Je l'ai fait. »

Le Piccinino, voyant l'aplomb et la sécurité d'esprit de la princesse, commença à prendre une plus haute idée de son mérite ; car, jusque là, il n'avait vu en elle qu'une femme gracieuse et séduisante.

« Je suis fort satisfait de ces explications, dit-il ; mais, avant que j'agisse, il m'en faut encore quelques-unes. Etes-vous bien sûre, Madame, que, depuis les deux heures qui se sont écoulées, l'abbé Ninfo n'ait pas pris le docteur Recuperati à la gorge pour lui arracher ce papier ?

— Comment puis-je le savoir, capitaine ? vous seul pourrez me l'apprendre, quand vous aurez bien voulu commencer votre enquête secrète. Cependant le docteur est un homme robuste et courageux, et sa simplicité n'irait pas jusqu'à se laisser dépouiller par un homme frêle et lâche comme l'abbé Ninfo.

— Mais qui empêcherait le Ninfo, qui est un roué de premier ordre, et qui a des accointances avec ce qu'il y a de plus perverti dans la contrée, d'avoir été chercher un *bravo*, qui, pour une récompense *honnête*, aurait guetté et assassiné le docteur... ou bien qui serait tout prêt à le faire ? »

La manière dont le Piccinino présenta cette objection fit tressaillir les trois personnes qui l'écoutaient. « Malheureux docteur ! s'écria la princesse en pâlissant, ce crime aurait donc été résolu ou consommé ? Au nom du ciel, expliquez-vous, monsieur le capitaine !

— Rassurez-vous, Madame, ce crime n'a pas été commis ; mais il aurait déjà pu l'être, car il a été résolu.

— En ce cas, Monsieur, dit la princesse en saisissant les deux mains du bandit dans ses mains suppliantes, partez à l'instant même. Préservez les jours d'un honnête homme, et assurez-vous de la personne d'un scélérat, capable de tous les crimes.

— Et si, dans ce conflit, le testament tombe entre mes mains ? dit le bandit en se levant, sans quitter les mains de la princesse, dont il s'était emparé avec force dès qu'elles avaient touché les siennes.

— Le testament, monsieur le capitaine ? répondit-elle avec énergie. Et que m'importe une moitié de ma fortune, quand il s'agit de sauver des victimes du poignard des assassins ? Le testament deviendra ce qu'il pourra. Emparez-vous du monstre qui le convoite. Ah ! si je croyais apaiser ses ressentiments en le lui laissant, il y a longtemps qu'il pourrait s'en regarder comme le tranquille possesseur !

— Mais si j'en deviens possesseur, moi ! dit l'aventurier en attachant ses yeux de lynx sur ceux d'Agathe, cela ne ferait pas le compte de l'abbé Ninfo, qui sait fort bien que Son Eminence est hors d'état d'en faire, ou seulement d'en dicter un autre. Mais vous, Madame, qui avez eu l'imprudence de m'apprendre ce que j'ignorais, vous qui venez de me faire savoir à quel grotesque gardien une pièce si importante est confiée, serez-vous bien tranquille ? »

Il y avait déjà longtemps que la princesse avait compris que le bandit n'agirait point sans voir la possibilité de s'emparer du testament à son profit. Elle avait des raisons majeures pour être prête à lui en faire le sacrifice et à transiger sans regret avec lui pour des sommes immenses, lorsqu'il en viendrait à lui vendre la restitution de son titre ; car tout le monde savait, et le bandit n'ignorait probablement pas, lui qui semblait avoir si bien étudié l'affaire d'avance, qu'il existait dans les mains d'un notaire un acte antérieur qui déshéritait Agathe au profit d'une parente éloignée. Dans une phase de haine et de ressentiment contre sa nièce, le cardinal avait fait ce premier testament et l'avait dit très-haut. Il est vrai que, se voyant malade, et recevant d'elle des marques de déférence sincères, il avait changé ses dispositions. Mais il aurait toujours voulu laisser subsister l'acte antérieur, au cas où il lui plairait d'anéantir le nouveau. Quand les méchants ont un bon mouvement, ils le laissent toujours une porte ouverte au retour de leur mauvais génie.

À l'égard des ambitions du Piccinino, Agathe avait donc déjà pris son parti; mais, à la manière dont il les faisait pressentir, elle comprit qu'il entrait une bonne dose de vanité dans son avarice, et elle eut l'heureuse inspiration de satisfaire l'une et l'autre passion du bandit, à l'heure même.

« Monsieur de Castro-Reale, lui dit-elle en faisant un effort pour prononcer un nom détesté, et pour le conférer comme un titre acquis au bâtard du *Destatore*, le testament sera si bien dans vos mains, que je voudrais pouvoir l'y mettre moi-même. »

Agathe avait vaincu. La tête tourna au bandit, et une autre passion, qui luttait en lui contre la cupidité, prit le dessus en un clin d'œil. Il porta à ses lèvres les deux mains tremblantes de la signora et les couvrit d'un baiser si long et si voluptueux, que Michel et M. de la Serra lui-même en frémirent. Une autre espérance que celle de la fortune s'empara de la cervelle du Piccinino. Un violent désir s'était insinué en lui, la nuit du bal, lorsqu'il avait vu Agathe admirée et convoitée par tant d'hommes qu'elle n'avait pas seulement remarqués, lui compris ; car elle croyait le voir pour la première fois en cet instant, bien qu'il espérât qu'elle feignait de ne point reconnaître ses traits.

Il avait été enflammé surtout par l'impossibilité apparente d'une semblable conquête. Dédaigneux et chaste en apparence avec les femmes de sa classe, le Piccinino avait les appétits d'une bête fauve ; mais la vanité se mêlait trop à tous ses instincts pour qu'il eût souvent l'occasion de les assouvir. Cette fois, l'occasion était douteuse encore, mais enivrante pour son esprit entreprenant, obstiné, fécond en ressources, et amoureux des choses difficiles, réputées impossibles.

— Eh bien, Madame, s'écria enfin le Piccinino avec un accent chevaleresque, votre confiance en moi est d'une belle âme, et je saurai la justifier. Rassurez-vous sur le compte du docteur Recuperati : il ne court aucun danger. Il est bien vrai qu'aujourd'hui même l'abbé Ninfo s'est entendu avec un homme qui a promis de l'assassiner ; mais, outre que l'abbé veut attendre pour cela que le cardinal soit sur son lit de mort, et que le cardinal n'en est pas encore là, le poignard qui doit frapper votre ami ne sortira point du fourreau sans ma permission. Il n'y a donc pas lieu de nous trop presser, et je puis retourner dans ma montagne pour quelques jours encore. L'abbé Ninfo doit venir en personne nous avertir du moment favorable pour frapper dans le vaste gilet du gros docteur, et c'est à ce moment-là, qu'au lieu de remplir cet agréable office, nous nous emparerons de la personne de l'abbé, en le priant de prendre l'air de la montagne avec nous, jusqu'à ce qu'il plaise à Votre Seigneurie de lui rendre la liberté. »

La princesse, qui avait été jusque-là parfaitement maîtresse d'elle-même, se troubla et répondit d'une voix émue :

« Je croyais, capitaine, que vous connaissiez une autre circonstance qui nous rend tous très-impatients de savoir l'abbé Ninfo dans la montagne. Le docteur Recuperati n'est pas le seul de mes amis qui soit menacé, et j'avais chargé Fra-Angelo de vous dire les autres motifs qui nous font désirer d'être immédiatement délivrés de sa présence. »

Le chat Piccinino n'avait pas fini de jouer avec la proie qu'il convoitait. Il feignait de ne pas comprendre ou de ne pas se souvenir que Michel et son père fussent principalement intéressés à l'enlèvement de l'abbé.

« Je pense, dit-il, que Votre Altesse s'exagère les dangers de la présence du Ninfo auprès du cardinal. Elle doit bien savoir que Son Éminence a le plus profond mépris pour ce subalterne ; qu'elle le supporte avec peine, tout en ayant pris pour agréable le secours d'un truchement si actif et si pénétrant ; enfin que le cardinal, en ayant besoin de lui, ne lui permettra jamais de mettre la main à ses affaires. Votre Excellence sait bien qu'il y a, dans le testament, un petit legs pour ce pauvre abbé, et je ne pense pas qu'elle daigne le lui contester.

— Non certes ! répondit la princesse, surprise de voir que le Piccinino connaissait si bien le testament ; mais ce n'est pas la misérable crainte de voir l'abbé obtenir de mon oncle plus ou moins d'argent qui m'occupe en ce moment, je vous assure. Je vous ai déjà dit, capitaine, et Fra-Angelo a dû vous dire que son frère et son neveu couraient de grands dangers, tant que l'abbé Ninfo serait à portée de leur nuire auprès de mon oncle et de la police napolitaine.

— Ah ! dit le malin Piccinino en se frappant le front, j'avais oublié cela, et pourtant ce n'est pas sans importance pour vous, princesse, j'en conviens... J'ai même plusieurs choses à vous apprendre là-dessus, que vous ne savez point ; mais le sujet est fort délicat, ajouta-t-il en feignant un peu d'irrésolution, et il me serait difficile de m'expliquer en présence des deux personnes qui m'honorent ici de leur attention.

— Vous pouvez tout dire devant M. le marquis de la Serra et devant Michel-Ange Lavoratori, répondit la princesse un peu effrayée.

— Non, Madame, je connais trop mon devoir pour le faire, et le respect que je vous porte est trop grand pour que j'oublie à ce point les convenances. Si Votre Altesse est disposée à m'écouter sans témoin, je l'instruirai de ce qui a été comploté et résolu. Sinon, ajouta-t-il en feignant de se disposer à partir, j'irai attendre à Nicolosi qu'elle veuille bien me faire avertir du jour et de l'heure où il lui aura pour agréable de m'entendre.

— Tout de suite, Monsieur, tout de suite, dit la princesse avec vivacité. L'existence de mes amis compromise à cause de moi m'intéresse et m'alarme beaucoup plus que ma fortune. Venez, dit-elle en se levant, et en passant résolument son bras sous celui du bandit, nous causerons dans mon parterre, et ces messieurs nous attendront ici. Restez, restez, mes amis, dit-elle au marquis et à Michel, qui voulaient se retirer, bien qu'ils ne vissent pas ce tête-à-tête sans une sorte de terreur indéfinissable ; j'ai vraiment besoin de prendre l'air, et M. de Castro-Reale veut bien me donner le bras.

Michel et M. de la Serra, dès qu'ils se virent seuls, se regardèrent comme frappés de la même pensée, et, courant chacun à une fenêtre, ils se tinrent à portée, non d'entendre une conversation dont la princesse elle-même semblait vouloir les exclure, mais de ne pas la perdre un seul instant de vue.

XXVII.

DIPLOMATIE.

« Comment se fait-il, chère princesse, dit le bandit d'un ton dégagé, dès qu'il se vit bras dessus bras dessous avec Agathe, que vous commettiez l'imprudence de vouloir me faire parler de Michel en présence d'un sigisbée aussi précieux que le marquis de la Serra ? Votre Altesse oublie donc une chose : c'est que si je sais les secrets de la villa Ficarazzi, je sais apparemment aussi ceux du palais Palmarosa, puisque l'abbé Ninfo exerce une surveillance assidue sur ces deux résidences.

— Ainsi, capitaine, dit la princesse en essayant de prendre aussi un ton dégagé, l'abbé Ninfo vous a vu avant moi, et, pour tâcher de vous mettre dans ses intérêts, il vous a fait toutes ses confidences ? »

Agathe savait fort bien à quoi s'en tenir à cet égard. Certes, si elle n'eût pas découvert que l'abbé avait déjà recherché l'appui du Piccinino pour faire enlever ou peut-être assassiner Michel, elle n'eût pas cru nécessaire de recourir au Piccinino pour faire enlever l'abbé. Mais elle se garda bien de laisser pressentir son véritable motif. Elle voulut que l'amour-propre du bandit fût flatté de ce qu'il pouvait regarder comme un premier mouvement de sa part.

— De quelque part que me viennent mes renseignements, dit le Piccinino en souriant, je vous fais juge de leur exactitude. La dernière fois que le cardinal est venu voir Votre Altesse, il y avait à la grille de votre parc un jeune homme, dont les traits distingués et l'air fier con-

Il se trouva bientôt dans la campagne et distingua deux hommes sur un sentier. (Page 77.)

trastaient avec des vêtements poudreux et usés par un long voyage. Par quel caprice le cardinal s'attacha-t-il à examiner ce jeune homme et à vouloir s'enquérir de lui? c'est ce que l'abbé Ninfo lui-même ne sait point et m'a chargé de pénétrer, s'il est possible. Il y a une chose certaine : c'est que la manie qui, depuis longtemps, possède le cardinal de s'enquérir du nom et de l'âge de tous les gens du peuple dont la figure le frappe, a survécu à la perte de son activité et de sa mémoire. C'est comme une inquiétude vague qui lui reste de ses fonctions de haute police, et, par ses regards impérieux, il fait comprendre à l'abbé Ninfo qu'il ait à interroger et à lui rendre compte. Il est vrai que lorsque l'abbé lui montra ensuite le résumé écrit de ses interrogations, il parut n'y prendre aucun intérêt : de même que, toutes les fois que l'abbé l'importune de ses demandes indiscrètes ou de ses questions insidieuses, Son Éminence, après avoir lu les premiers mots, ferme les yeux d'un air courroucé, pour montrer qu'elle ne veut pas être fatiguée davantage. Peut-être Votre Altesse ne savait-elle pas ces détails, dont le docteur Recuperati n'est jamais témoin; car, pendant le peu d'heures de sommeil qu'il est permis à ce bon docteur de goûter, la surveillance des serviteurs dévoués, dont Votre Altesse a su entourer le cardinal, n'est pas telle que le Ninfo ne s'introduise auprès de lui, pour le réveiller sans façon et lui placer devant les yeux certaines phrases écrites dont il espère un heureux effet. Le cardinal, ainsi éveillé, a, grâce à la souffrance et à la colère, un instant de lucidité plus grande que de coutume; il lit, paraît comprendre et essaie de murmurer des mots dont quelques syllabes sont intelligibles pour son persécuteur; mais aussitôt après il retombe dans un nouvel accablement, et la faible lumière de sa vie est usée et amoindrie d'autant plus.

« Ainsi, s'écria la princesse indignée, de flatteur et d'espion, ce scélérat s'est fait le bourreau et l'assassin de mon malheureux oncle! Vous voyez bien, monsieur le capitaine, qu'il faut l'en délivrer au plus vite, et qu'il n'est pas besoin d'autre motif pour me faire désirer qu'il soit éloigné de nous.

— Pardon, Madame, répondit l'obstiné bandit. Si je ne vous avais pas informée de ces choses, vous auriez des motifs plus personnels encore, que vous ne voulez pas me dire, mais que je me suis fait dire par le Ninfo. Je

DELAVILLE   M SAND

Mais elle eut à peine fait trois pas. (Page 79.)

ne m'engage jamais dans une affaire sans la connaître à fond, et il m'arrive parfois, comme vous voyez, d'interroger les deux parties. Permettez donc que je poursuive mes révélations, et j'espère qu'elles amèneront les vôtres.

« L'abbé Ninfo n'avait pas beaucoup examiné ni beaucoup interrogé le quidam qui se trouvait à la grille du parc de Votre Altesse. Au bout d'un instant, voyant le cardinal conserver de cette rencontre une sorte d'agitation, comme si cette figure eût réveillé en lui des souvenirs qu'il ne venait point à bout de rassembler et d'éclaircir (car Son Éminence s'épuise souvent, à ce qu'il paraît, à ce douloureux travail d'esprit), l'abbé revint sur ses pas, et examina le jeune homme avec soin. Le jeune homme avait des raisons pour se préserver, car il se moqua de l'abbé, qui le prit définitivement pour un pauvre diable et lui fit même l'aumône. Mais, deux jours après, l'abbé, espionnant chez vous, sous le déguisement d'un ouvrier employé aux préparatifs de votre bal, découvrit aisément que son quidam était un brillant artiste, très-choyé et très-employé par Votre Altesse, et nullement en position d'accepter un *tarin* à la porte d'un palais, puisqu'il est le fils d'un artisan aisé, Pier-Angelo Lavoratori.

« L'abbé ne manqua pas, la nuit qui suivit cette découverte, de placer devant les yeux de monsignor Ieronimo une bande de papier qui contenait cette dénonciation en grosses lettres. Mais, à force de vouloir stimuler les dernières cordes de l'instrument, l'abbé les a brisées. Le cardinal n'a pas compris. Les noms de Pier-Angelo et de Michel-Angelo Lavoratori ne lui ont offert aucun sens. Il murmura un jurement énergique contre le Ninfo qui troublait son sommeil... — Ainsi, ajouta le Piccinino avec une malice insinuante, les craintes que Votre Altesse éprouve, ou feint d'éprouver à l'égard de Pier-Angelo, sont tout à fait dénuées de fondement. Si le cardinal a autrefois poursuivi ce brave homme comme conspirateur, il l'a si bien oublié que l'abbé Ninfo lui-même ne songe pas à réveiller le souvenir d'une affaire qu'il ignore, et qu'aucune dénonciation de sa part ne menace, quant à présent, votre protégé...

— Je respire, dit la princesse en laissant le bandit prendre sa main dans la sienne, et même en répondant à la pression de cette main avec une préoccupation généreuse. Vos paroles me font du bien, capitaine, et je vous bénis de la confiance que vous me témoignez en me révélant la vérité. Toute ma crainte était là, en effet; mais, puisque le cardinal ne se souvient de rien, et que l'abbé ignore tout, je m'en remets à votre sagesse pour le reste. Tenez, capitaine, je crois que voici ce qui reste à faire. Trouvez, dans votre génie, un moyen de vous emparer du testament, et faites-le savoir à l'abbé, afin qu'il ne songe plus à persécuter le digne docteur, et occupez l'abbé de manière à ce qu'il laisse mourir en paix mon malheureux oncle. Ce sera terminer diplomatiquement une affaire où j'ai tremblé qu'il n'y ait du sang répandu pour de misérables intérêts d'argent.

— Votre Excellence va bien vite! reprit le Piccinino. L'abbé n'est pas si facile à endormir sur un autre point, qu'il m'est impossible, malgré mon respect, ma crainte et mon embarras, de passer sous silence.

— Parlez! parlez! dit Agathe vivement.

— Eh bien, puisque Votre Altesse m'y autorise et ne veut pas comprendre à demi-mot, je lui dirai que l'abbé Ninfo, tout en cherchant des intrigues politiques qu'il n'a pu découvrir, a mis la main sur une affaire d'amour dont il a fait son profit.

— Je ne comprends pas, dit la princesse avec un accent de candeur qui fit tressaillir l'aventurier. « Le Ninfo m'aurait-il joué, pensa-t-il, ou bien cette femme est-elle de force à lutter contre moi? Nous verrons bien. »

— Madame, dit-il d'un ton mielleux, en attirant et en retenant contre sa poitrine la belle main d'Agathe, vous allez me haïr.... Mais il faut bien que je vous serve malgré vous en vous éclairant. L'abbé a découvert que Michel-Ange Lavoratori était introduit tous les jours, à certaines heures, dans les appartements réservés de votre casino; qu'il ne mangeait point avec vos gens ni avec les autres ouvriers, mais avec vous, en secret; enfin, que s'il faisait sa sieste, c'était entre les bras de la plus belle et de la plus aimable des femmes qu'il se reposait de ses travaux d'artiste.

— C'est faux! s'écria la princesse; c'est une infâme calomnie. J'ai traité ce jeune homme avec la distinction que je croyais devoir à son talent et à ses idées. Il a mangé avec son père dans une pièce voisine, et il a fait la visite dans ma galerie de peinture. L'abbé Ninfo n'a pas bien observé, car il aurait pu vous dire que Michel, accablé de fatigue, a passé deux ou trois nuits dans un coin de ma maison.

— Il me l'a dit aussi, répondit le Piccinino, qui ne voulait jamais avoir l'air d'ignorer ce qu'on lui apprenait.

— Eh bien, monsieur de Castro-Reale, reprit Agathe d'une voix ferme et en le regardant en face, le fait est certain; mais je puis vous jurer sur l'âme de ma mère et sur celle de la vôtre, que ce jeune homme ne m'avait encore jamais vue avant le jour du bal où son père me l'a présenté pour la première fois, en présence de deux cents ouvriers. Je lui ai parlé durant le bal, sur l'escalier du palais, au milieu de la foule, et M. de la Serra, qui me donnait le bras, lui a fait, ainsi que moi, compliment de ses peintures. Depuis ce moment-là, jusqu'à celui où nous sommes, Michel ne m'avait pas revue; demandez-le-lui à lui-même! Capitaine, vous n'êtes pas un homme qu'on puisse tromper; faites usage de votre clairvoyance, et je m'en rapporte à elle. »

En présence d'une déclaration si nette, et faite avec l'assurance que peut seule donner la vérité, le Piccinino frémit de plaisir, et pressa si fort contre son sein la main d'Agathe, qu'elle pressentit enfin les sentiments du bandit. Elle eut un moment de terreur, auquel vint se joindre un souvenir affreux. Mais elle comprit, d'un seul coup d'œil, toute l'étendue du péril qui avait menacé Michel, et, remettant à un moment plus favorable d'aviser à sa propre sûreté, elle se promit de ménager l'orgueil de Carmelo Tomabene.

« Quel intérêt, s'écria celui-ci, l'abbé Ninfo avait-il donc à nous débiter cette étrange histoire? »

Agathe crut comprendre que l'abbé avait deviné l'extravagante passion dont elle voyait enfin le bandit possédé pour elle, et qu'il avait voulu stimuler sa vengeance par cette délation. « S'il en est ainsi, pensait-elle, je me servirai des mêmes armes que toi, misérable Ninfo, puisque aussi bien tu me les avais fournies d'avance.

« Écoutez, capitaine, reprit-elle; vous qui connaissez si bien les hommes, et qui plongez si aisément dans les replis de la conscience, n'avez-vous point découvert qu'à tous ses vices apparents l'abbé joignait un dévergondage effréné d'imagination? Croyez-vous qu'il se soit borné à convoiter mon héritage? et ne vous a-t-il pas laissé entrevoir que ce n'est pas seulement à prix d'argent qu'il tenterait de m'en revendre une partie, s'il parvenait à s'en emparer?

— Oui! s'écria le Piccinino avec un accent très-sincère cette fois; j'ai cru l'apercevoir des désirs et des espérances révoltantes de ce monstre de laideur et de concupiscence. L'incrédulité qu'il affecte pour la résistance possible d'une femme, en pareil cas, est la consolation qu'il cherche se donner quand il songe à sa laideur physique et morale. Oui, oui, je l'avais pressenti, malgré son hypocrisie. Je ne dirai pas qu'il vous aime, lui; ce serait profaner le mot d'amour; mais il vous veut, et il est jaloux. Jaloux, lui! Ah! c'est encore un mot trop relevé! La jalousie est la passion des âmes jeunes, et la sienne est décrépite. Le soupçon et détestes tout ce qui vous entoure. Enfin, il a rêvé un moyen infernal de vous vaincre: pensant bien que le désir de racheter votre héritage ne suffirait pas, et supposant que vous aimiez ce jeune artiste, il a résolu de s'en faire un otage pour vous contraindre à lui racheter à tout prix la vie et la liberté de Michel-Angelo.

— J'aurais dû m'attendre à cela, répondit la princesse baignée d'une sueur froide, mais affectant un calme dédaigneux. C'est donc vous, capitaine, qu'il a voulu associer à une entreprise digne de ces hommes qui se consacrent au plus hideux de tous les métiers, et dont le nom est si honteux qu'une femme ne saurait le prononcer dans aucune langue. Il me semble que vous devez à cette marque de confiance de M. l'abbé Ninfo un châtiment un peu sévère! »

Agathe avait touché fort juste. Les vues infâmes de l'abbé, qui jusque-là n'avaient excité que le mépris ironique du jeune bandit, se présentèrent à ses yeux comme un outrage personnel et allumèrent en lui la soif de la vengeance. Tant il est vrai que l'amour, même dans une âme sauvage et sans frein, réveille le sentiment de la dignité humaine.

« Un châtiment sévère! dit-il d'une voix profonde avec des dents contractées, il l'aura! — Mais, ajouta le bandit, ne vous inquiétez plus de rien, Signora, et daignez remettre votre sort entre mes mains, sans arrière-pensée.

— Mon sort est tout entier dans vos mains, capitaine, répondit Agathe; ma fortune, ma réputation et la vie de mes amis : trouvez-vous que j'aie l'air inquiet? »

Et elle pénétra d'un regard où la prudence supérieure de la femme forte l'inspira si bien, que le Piccinino subit le prestige et s'aperçut que le respect et la crainte se mêlaient à son enthousiasme. « Ah! femme romanesque, pensa-t-il, tu en es encore à croire qu'un chef de brigands doit être un héros de théâtre ou un chevalier du moyen âge! Et me voilà forcé de jouer ce rôle vis-à-vis de toi pour te plaire! Eh bien, je le jouerai. Rien n'est difficile à celui qui a beaucoup lu et beaucoup deviné.

« Et pourquoi ne serais-je pas réellement un héros? se disait-il encore, tout en marchant silencieusement auprès d'elle, en pressant de son bras tremblant le bras de cette femme qu'il croyait si confiante. Si je n'ai pas daigné l'être jusqu'à présent, c'est que l'occasion ne s'en offrait point et que ma grandeur eût été ridicule. Avec une femme comme celle-ci, le but est digne de l'œuvre, et je ne vois pas qu'il soit si difficile d'être sublime quand la récompense doit être si douce. C'est un calcul d'intérêt personnel plus élevé, mais non pas moins positif et moins logique que les autres. »

Avant de se poser complétement en chevalier de la princesse, il voulut en finir avec un reste de méfiance, et cette fois il fut presque naïf en cherchant à s'en guérir.

« La seule faiblesse que je me connaisse, dit-il, c'est la crainte de jouer un rôle ridicule. Le Ninfo voulait me faire jouer un rôle infâme, il en sera puni; mais si Votre Altesse aimait réellement ce jeune homme.... ce jeune homme aurait aussi à se repentir de m'avoir trompé !

— Comment l'entendez-vous? répondit Agathe en l'amenant dans le rayon de lumière que projetait sur le jour le lustre de son boudoir; j'aime réellement Michel-Angelo, Pier-Angelo, Fra-Angelo, comme des amis dévoués et des hommes estimables. Pour les soustraire à l'inimitié d'un scélérat, je donnerais tout l'argent qu'on me demanderait. Mais regardez-moi, capitaine, et regardez ce jeune homme qui rêve derrière cette fenêtre. Trouvez-vous qu'il y ait un rapport possible d'affection impure entre nos âges et nos situations dans la vie? Vous ne connaissez pas mon caractère. Il n'a jamais été compris de personne. Sera-ce vous enfin qui lui rendrez justice? Je le souhaite, car je tiens beaucoup à votre estime, et je croirais la mériter fort peu, si j'avais pour cet enfant des sentiments que je craindrais de vous laisser deviner. »

En parlant ainsi, Agathe qui avait quitté le bras du Piccinino, le reprit pour rentrer dans le boudoir ; et le bandit lui sut un tel gré de cette marque d'intimité confiante, dont elle voulait rendre Michel et le marquis témoins jusqu'au bout, qu'il se sentit enivré et comme hors de lui.

XXVIII.

JALOUSIE.

Ni le marquis ni Michel n'avaient entendu un mot de la conversation que nous venons de rapporter. Mais le premier était tranquille et l'autre ne l'était point. Il avait suffi à M. de la Serra de s'assurer que la princesse paraissait calme, pour ne point craindre qu'elle courût un danger immédiat avec le brigand ; tandis que Michel, ne connaissant point le caractère de la signora, souffrait mortellement à l'idée que le Piccinino avait pu sortir, dans ses discours, des bornes du respect. Sa souffrance empira lorsqu'il vit la figure du Piccinino au moment où celui-ci rentra dans le boudoir.

Cette figure, si nonchalante ou si composée à l'ordinaire, était comme illuminée par la confiance et le bonheur. Le petit homme semblait avoir grandi d'une coudée, et ses yeux noirs lançaient des flammes qu'on n'eût jamais cru pouvoir couver dans une tête si froide et si calculatrice.

A peine la princesse, un peu fatiguée d'avoir marché longtemps dans un petit espace, se fut-elle assise sur le divan, où il la reconduisit avec des manières de courtoisie élégante, qu'il se laissa tomber, plutôt qu'il ne s'assit, sur une chaise, à l'autre paroi de l'étroit boudoir, mais en face d'elle, comme s'il se fût installé là pour la contempler à son aise sous le reflet du lustre. En effet, le Piccinino, après avoir savouré, dans le jardin, la suavité de sa voix, le sens flatteur de ses paroles et la souplesse de sa main, voulait, pour compléter les voluptés délicates qu'il goûtait pour la première fois de sa vie, la regarder à loisir, sans effort de langage et sans préoccupation d'esprit. Il tomba donc dans une méditation muette, plus éloquente que Michel ne l'eût souhaité. Il rassasiait ses regards audacieux de la vue de cette femme exquise et charmante qu'il croyait posséder déjà, comme d'un trésor qu'il aurait dérobé et qu'il se donnerait le plaisir de voir briller devant lui.

Ce qui acheva de désespérer le jeune peintre, c'est que, sous l'influence mystérieuse de cette passion envahissante, qui ne faisait que de naître et qui se développait déjà avec la rapidité d'un incendie, le bandit acquérait une séduction étrange. Son exquise beauté se manifestait enfin comme le feu d'une étoile sortant des vapeurs de l'horizon. Ce qu'il y avait d'un peu singulier dans la forme de ses traits, et d'inquiétant dans leur expression voilée, faisait place à un charme subtil, à une expansion dévorante, bien que muette et comme accablée de sa propre ardeur. Il était affaissé sur lui-même et ne portait plus l'indifférence et la distraction. Ses bras pendants, sa poitrine pliée, ses yeux fixes, humides et ravis laissaient voir qu'il était comme brisé par l'explosion d'une force inconnue à lui-même, et comme noyé dans les délices anticipées de son triomphe. Michel eut peur de lui pour la première fois. Il l'eût encore affronté sans crainte dans la sinistre solitude de la *Croce del Destatore;* mais là, rayonnant d'une extase inconnue, il semblait trop puissant pour qu'aucune femme pût échapper à la fascination de ce basilic.

Pourtant Agathe ne paraissait point s'en apercevoir, et chaque fois que Michel porta ses regards d'elle au bandit et réciproquement, il la vit brave et franche, ne songeant ni à attaquer ni à se défendre.

« Mes amis, dit-elle après avoir respiré un instant, nous pouvons nous dire bonsoir et nous séparer tranquilles. Je place toute ma confiance dans ce nouvel ami que la Providence, agissant par le génie de Fra-Angelo, vient de nous envoyer. Vous la partagerez, cette confiance, quand vous saurez qu'il connaissait d'avance, et mieux que nous, ce que nous avions à craindre et à espérer.

— Il est vrai que l'aventure est assez piquante, dit le Piccinino, faisant un effort pour sortir de ses rêves ; et il est temps que ce jeune homme sache pourquoi j'ai été pris d'un grand accès de rire lorsqu'il est venu me trouver. Vous en rirez aussi, j'espère, maître Michel-Ange, quand vous apprendrez que vous êtes venu confier votre sort à l'homme qu'on avait prié, une heure auparavant, de vous faire un mauvais parti ; et, si je n'étais prudent et calme dans ces sortes d'affaires, si je m'en rapportais aveuglément aux paroles de ceux qui viennent me consulter, tandis que vous m'engagiez à enlever l'abbé Ninfo de la part de Son Altesse, je me serais emparé de vous et vous aurais jeté dans ma cave, bien garrotté et bâillonné, de la part de l'abbé Ninfo. Je vois à votre air que vous seriez bien défendu. Oh ! je sais que vous êtes brave, et je pense que vous êtes plus fort que moi. Vous avez un oncle qui s'est exercé à casser des pierres avec tant de zèle, depuis une vingtaine d'années, qu'il n'a dû rien perdre de la vigueur qui le fit surnommer jadis *Bras-de-fer,* lorsqu'il faisait un autre métier sur la montagne ; mais, quand il s'agit de *haute politique,* on prend ses précautions, et je n'avais qu'à remuer une petite cloche pour que ma maison fût cernée par dix hommes déterminés, qui ne vous eussent pas seulement laissé le plaisir de la résistance. »

Après avoir parlé ainsi, en regardant Michel d'un air enjoué, le Piccinino se retourna vers la princesse. Elle avait dissimulé sa pâleur sous un éventail, et, lorsque le bandit rencontra ses yeux, ils étaient armés d'une tranquillité qui fit tomber les derniers accès de son ironie. Le secret plaisir qu'il éprouvait toujours à effrayer ceux qui se risquaient avec lui disparut devant ce regard de femme, qui semblait lui dire : « Tu ne le feras pas, c'est moi qui te le défends. »

Aussi, donna-t-il à sa physionomie une expression de loyale bienveillance, en disant à Michel :

« Vous voyez bien, mon jeune ami, que j'avais mes raisons pour ne me faire expliquer l'affaire et ne pas me trop presser. A présent que je vois l'honneur et la vérité d'un côté, l'infamie et le mensonge de l'autre, mon choix est fait, et vous pouvez dormir sur les deux oreilles. Je vais, ajouta-t-il en s'adressant à Michel à demi-voix, vous accompagner jusqu'à Catane, où il faut que je concerte pour demain le départ de monsieur l'abbé. Mais j'ai absolument besoin de deux heures de repos. Pouvez-vous m'assurer un coin dans votre maison où je puisse m'abandonner au sommeil le plus profond sans craindre d'être vu ? Car mes traits sont fort peu connus à la ville, et je veux les faire connaître le plus tard possible. Voyons, puis-je entrer chez vous sans craindre les curieux et surtout les curieuses ? »

— J'ai une jeune sœur qui l'est passablement, répondit Michel en souriant ; mais elle sera couchée à cette heure-ci. D'ailleurs, fiez-vous à moi, comme je me suis fié à vous ; je vous donnerai mon propre lit, et je veillerai dans la chambre si vous le désirez.

— J'accepte, dit le bandit, » qui, tout en causant avec Michel, essayait d'entendre les paroles sans importance directe que, pour ne pas gêner l'entretien des deux jeunes gens, la princesse échangeait avec le marquis. Michel remarqua que, malgré la prétention du Piccinino à ne pouvoir faire deux choses à la fois, tandis qu'il lui parlait, il ne perdait pas un geste, un mot, un mouvement d'Agathe.

Quand il se fut assuré, auprès de Michel, des deux heures de repos absolu qui lui étaient, disait-il, indispensables pour le rendre capable d'agir ensuite, le Piccinino se leva et se disposa à la retraite. Mais la lenteur coquette avec laquelle il drapait son manteau sur sa taille souple, la grâce languissante de son air distrait durant cette opération importante, et l'imperceptible frémissement de sa moustache noire et soyeuse, annonçaient assez qu'il s'en allait à regret, et un peu comme un homme qui s'efforce de chasser les fumées de l'ivresse pour retourner au travail.

« Vous voulez n'être pas vu? lui dit Agathe ; montez avec Michel dans la voiture du marquis, il vous conduira jusqu'à l'entrée du faubourg, et vous pourrez vous glisser par les petites rues...

— Grand merci, Signora ! répondit le bandit. Je n'ai pas envie de mettre vos gens et ceux de M. le marquis dans la confidence. Demain matin, l'abbé Ninfo, qui est plus pénétrant qu'ils ne sont discrets, saurait qu'un montagnard est sorti de vos appartements sans qu'on l'y ait vu entrer ; et M. l'abbé, trouvant à cela un air de bravo, me ferait l'affront de me retirer la confiance dont il m'honore. Il faut que je sois son fidèle Achates et son excellent ami pendant douze heures encore. Je m'en irai avec Michel par où je suis venu.

— Et quand vous reverrai-je? lui dit Agathe en lui tendant courageusement la main, malgré le feu lascif de ses yeux obstinés.

— Vous ne me reverrez, dit-il en pliant un genou et en baisant sa main avec une sorte de fureur qui contrastait avec l'humilité de son attitude, que lorsque vos ordres seront exécutés. J'ignore le jour et l'heure, mais je vous réponds de tous vos amis, même du gros docteur, sur ma vie! Je suis le chemin de votre casino. Quand je sonnerai un, trois et sept à la grille du parterre, Votre Seigneurie daignera-t-elle me faire admettre en sa présence?

— Vous pouvez y compter, capitaine, répondit-elle sans laisser rien paraître de l'effroi que lui causait cette demande. »

Le marquis de la Serra se hâta de partir en même temps que les deux jeunes gens, qui sortaient du boudoir. Son respect pour la princesse était si ombrageux, qu'il n'eût voulu pour rien au monde se donner l'attitude d'un amant favorisé. Mais il descendit lentement l'escalier du palais, toujours inquiet, et prêt à remonter au moindre bruit.

En sortant du parterre, le Piccinino referma lui-même la grille, et rendit la clé à Michel en lui reprochant son étourderie.

« Sans moi, dit-il, cette clé importante, cette clé inimitable serait restée dans la serrure. »

Un instant de sang-froid, avant son entrée dans le boudoir, avait suffi au bandit pour prendre l'empreinte de cette clé sur une boule de cire qu'il portait toujours avec lui à tout événement.

A peine étaient-ils sur l'escalier, qu'une caméristé dévouée vint dire à Agathe :

« Le jeune homme que Votre Altesse a fait demander l'attend dans la galerie de peinture. »

Agathe plaça son doigt sur ses lèvres, pour que la camériste eût à parler encore plus bas dans ces sortes d'occasions, et elle descendit un étage pour rejoindre Magnani qui l'attendait, en effet, dans la galerie, depuis plus d'une demi-heure.

Le pauvre Magnani, depuis qu'il avait reçu le message mystérieux de la princesse, était plus mort que vif. Bien différent du Piccinino, il était si loin de concevoir la moindre espérance, qu'il imaginait tout ce qu'il y a de pire. « J'aurai commis une énorme faute, se disait-il, en confiant à Michel le secret de ma folie. Il en aura parlé avec sa sœur ; Mila aura vu la princesse, qui la traite en enfant gâté. Le babillage de cet enfant, qui ne peut comprendre la gravité d'une semblable révélation, aura effrayé et révolté la princesse. Mais pourquoi ne pas me bannir sans explication? Que pourra-t-elle me dire qui ne soit mortellement douloureux et inutilement cruel? »

Cette heure d'attente lui parut un siècle. Il avait froid, il se sentait mourir, quand la porte secrète de la galerie s'ouvrit sans bruit, et qu'il vit approcher la blanche Agathe, pâle des émotions qu'elle venait d'affronter, et diaphane dans sa mante de dentelle blanche. L'immense galerie n'était éclairée que par une petite lampe ; il lui sembla que la princesse ne marchait pas, et qu'elle glissait vers lui à la manière des ombres.

Elle s'approcha sans hésitation, et lui tendit la main comme à un ami intime. Et, comme il hésitait à avancer la sienne, croyant rêver ou craignant de se méprendre sur l'intention de ce geste, elle lui dit d'une voix douce, mais ferme :

« Donne-moi ta main, mon enfant, et dis-moi si tu as conservé pour moi l'amitié que tu m'as témoignée une fois, lorsque tu as cru me devoir une vive reconnaissance pour la guérison de ta mère. T'en souviens-tu? Moi, je ne l'ai jamais oublié, cet élan de ton généreux cœur pour moi ! »

Magnani ne put répondre. Il n'osa porter à ses lèvres la main d'Agathe. Il la serra doucement dans la sienne en se courbant. Elle sentit qu'il tremblait.

« Tu es fort timide, lui dit-elle ; j'espère que, si tu as peur de moi, il n'entre aucune méfiance dans ton embarras. Il faut que je te parle vite ; réponds-moi de même. Est-tu disposé à me rendre un grand service, au péril de ta vie? Je te le demande au nom de ta mère ! »

Magnani se mit à genoux. Ses yeux remplis de larmes purent seuls répondre de son enthousiasme ou de son dévoûment. Agathe le comprit.

« Tu vas retourner à Catane, lui dit-elle, et courir jusqu'à ce que tu rencontres deux hommes qui sortent d'ici, et qui n'auront pas cinq minutes d'avance sur toi.

« L'un est Michel-Ange Lavoratori ; tu le reconnaîtras facilement au clair de la lune, l'autre est un montagnard roulé dans son manteau ; tu les suivras sans paraître les observer ; mais tu ne les perdras pas de vue. Tu seras prêt, au moindre geste suspect de cet homme, à te jeter sur lui et à le terrasser. Tu es fort, ajouta-t-elle en touchant le bras robuste du jeune artisan ; mais il est agile et perfide. Méfie-toi! Tiens, voici un poignard, ne t'en sers que pour ta défense. Cet homme est mon ennemi ou mon sauveur, je l'ignore. Ménage ses jours. Fuis avec Michel, si tu peux éviter une lutte sanglante... Tu demeures dans la même maison que Michel, n'est-ce pas?

— A peu près, Signora.

— Tiens-toi à portée de le secourir à la moindre alarme. Ne te couche pas ; passe cette nuit à veiller aussi près de sa chambre que tu le pourras. Cet homme sortira avant le jour ; ne sors pas de ta maison et ne laisse Michel s'en éloigner que vous ne soyez ensemble, toujours ensemble, entends-tu? Et prêt à tout événement, jusqu'à ce que je fasse lever la consigne. Demain, je t'expliquerai tout. Je te verrai. Compte que tu auras en moi, dès ce jour, une seconde mère. Viens, mon enfant, suis-moi ; je vais te mettre sur les traces de Michel et de son compagnon. »

Elle le prit par le bras, et l'emmena vivement dans le casino, qu'elle traversa avec lui sans ajouter un mot. Elle lui ouvrit la grille du parterre, et lui montrant l'escalier de laves, « Va, dit-elle, promptitude, précaution, et ton grand cœur d'homme du peuple pour boucher à ton ami ! »

Magnani descendit l'escalier avec autant de rapidité et

aussi peu de bruit que le vol d'une flèche. Il ne perdit point de temps à réfléchir, et il n'usa pas, à se tourmenter, l'élan de sa volonté. Il ne se demanda pas seulement si Michel était son heureux rival, et s'il ne serait pas tenté de lui percer le cœur. Poussé par la force magique que lui avait imprimée la main et le souffle d'Agathe, il était tout prêt à se faire tuer pour cet enfant privilégié, et il n'éprouvait plus de tristesse que d'hésitation à se sacrifier ainsi. Il y a plus, il se sentit heureux et fier d'obéir à celle qu'il aimait, et ses paroles vibraient en lui comme une voix du ciel.

Il se trouva bientôt dans la campagne, et distingua deux hommes sur un sentier. C'était bien Michel, c'était bien le manteau du montagnard. Il eut soin de ne pas se montrer; mais il mesura d'un regard la distance et les obstacles qu'il aurait à franchir pour les rejoindre en cas d'alarme. Un instant, le montagnard s'arrêta, en causant. Magnani, d'un élan vigoureux et souple, qui, en toute autre circonstance, eût été au-dessus des forces humaines, se trouva assez près d'eux pour entendre que l'inconnu parlait d'amour et de poésie.

Il leur laissa gagner encore du terrain, et, se glissant par un passage étroit dans les laves qui s'amoncellent à l'entrée du faubourg, il se trouva avant eux dans la cour des maisons contiguës qu'habitaient sa famille et celle de Michel. Il vit passer son jeune ami et l'hôte suspect qu'il introduisait dans sa demeure. Alors Magnani fit un détour et chercha une retraite où il pût passer la nuit, inaperçu et attentif au moindre bruit, au moindre mouvement de l'intérieur.

XXIX.

APPARITION.

Pier-Angelo avait reçu avis de la princesse, et de la part du moine de Mal-Passo, qu'il n'eût point à s'inquiéter de l'absence de son fils, et qu'en cas de danger, ce jeune homme passerait la nuit, soit dans le couvent de Fra-Angelo, soit dans le palais du marquis de la Serra. C'est ce que la princesse eût souhaité; mais la nécessité de montrer une entière confiance au brigand, sur les susceptibilités duquel Fra-Angelo l'avait amplement renseignée, avait dû l'emporter sur ses inquiétudes. Dans sa prévoyance, elle avait fait venir Magnani, et l'on a vu qu'elle pouvait bien compter sur le dévoûment de ce généreux jeune homme.

Pier-Angelo, naturellement optimiste, et rassuré par l'avis qu'on lui avait donné, s'était mis au lit, et se dédommageait de la fatigue du bal, en homme qui sait mettre les heures à profit. Mila aussi s'était retirée dans sa chambre; mais elle ne dormait pas. Elle avait passé l'après-midi avec la princesse, et, interrogée par elle sur ses relations d'amitié, elle avait parlé entre autres d'Antonio Magnani, d'une vive effusion qui eût trahi le secret de son cœur quand même Agathe n'eût pas été attentive et pénétrante. C'est le bien qu'elle avait dit de son jeune voisin qui avait achevé de décider la princesse à le faire intervenir dans les embarras de la situation. Elle s'était dit que Magnani pourrait bien devenir un jour l'époux de Mila, et que, dès lors, il n'y avait rien de plus naturel que de l'associer aux destinées de Michel-Angelo. C'est Mila qu'elle avait chargée de lui envoyer Magnani à la nuit, et le pauvre Magnani, en recevant cet avis, avait failli s'évanouir.

N'est-ce pas plutôt *pauvre Mila* qu'il faudrait dire? Eh bien! Mila n'avait attribué le trouble du jeune homme qu'à sa timidité. Agathe était la dernière qu'elle eût soupçonnée d'être sa rivale, non qu'elle ne fût à ses yeux la plus belle des femmes, mais parce que, dans un cœur pur, il n'y a pas de place pour la jalousie envers les êtres qu'on aime. Elle était heureuse, au contraire, la noble enfant, de la marque d'estime et de confiance dont sa chère Agathe avait honoré Magnani. Elle en était fière pour lui, et eût voulu pouvoir lui porter tous les jours des messages semblables.

Mais la princesse n'avait pas cru devoir cacher à Mila que Michel était forcément engagé dans une aventure où il pouvait courir quelque danger, dont Magnani l'aiderait pourtant à se préserver.

Mila était donc inquiète : elle n'avait rien dit à son père de ses craintes; mais elle avait été plus de dix fois sur le chemin de la villa, prêtant l'oreille aux bruits lointains, épiant la démarche de tous les passants, et rentrant chaque fois, plus triste et plus effrayée. Enfin, quand onze heures sonnèrent, elle n'osa plus sortir et se tint dans sa chambre, tantôt près de la fenêtre, où elle fatiguait ses yeux à regarder en vain, tantôt près de son lit, où elle tombait, brisée de découragement, la tête sur son chevet. Par moments, les battements de ses artères étaient si élevés, qu'elle les prenait pour un bruit de pas auprès d'elle. Elle tressaillait, levait la tête, et, n'entendant plus rien, elle essayait de prier Dieu.

Enfin, vers minuit, elle crut saisir distinctement dans la cour un léger bruit de pas irréguliers. Elle regarda, et crut voir une ombre se glisser le long des murs et se perdre dans l'obscurité. C'était Magnani; mais elle ne put distinguer aucune forme, et ne fut pas sûre de n'avoir pas été dupe de sa propre imagination.

Peu d'instants après, deux hommes entrèrent sans bruit, et montèrent l'escalier extérieur de la maison. Mila s'était remise à prier, elle ne les entendit que lorsqu'ils furent sous sa fenêtre. Elle y courut, et, ne voyant que leurs têtes, sur lesquelles son regard plongeait perpendiculairement, elle ne douta point que ce ne fussent son frère et Magnani qui rentraient ensemble. Elle rajusta à la hâte sa belle chevelure dénouée, et courut à leur rencontre. Mais, comme elle passait dans la chambre de Michel, la porte de cette chambre s'ouvrit, et elle se trouva face à face avec lui et un homme plus petit de toute la tête qu'Antonio Magnani.

Le Piccinino, dont la figure était cachée par le capuchon de son manteau, se retira vivement, et, refermant la porte : « Michel, dit-il, vous n'attendiez probablement pas votre maîtresse cette nuit. En toute autre circonstance, j'aurais du plaisir à la voir, car elle m'a semblé belle comme la madone; mais, en ce moment, vous m'obligerez beaucoup si vous pouvez l'éloigner sans qu'elle me voie.

— Soyez sans crainte, répondit le jeune peintre. Cette femme est ma sœur, et je vais la renvoyer dans sa chambre. Restez là, un instant, derrière la porte.

— Mila, dit-il en entrant et en plaçant le battant de la porte entre lui et son compagnon, vous avez donc pris la manie de veiller comme un oiseau de nuit? Rentrez chez vous, ma chère âme, je ne suis pas seul. Un des apprentis de mon père m'a demandé l'hospitalité, et je partage ma couche avec lui. Vous pensez bien que vous ne devez pas rester un instant de plus, à moins que vous ne vouliez être vue mal coiffée et mal agrafée.

— Je m'en vais, dit Mila; mais auparavant, dites-moi, Michel, si Magnani est revenu avec vous!

— Que vous importe? répondit Michel avec humeur. »

Mila soupira profondément et rentra dans sa chambre, où, toute découragée, elle se jeta sur son lit, résolue à faire semblant de dormir, mais à écouter ce qui se disait dans la chambre voisine. Peut-être était-il arrivé malheur à Magnani, et la brusquerie de son frère lui paraissait de mauvais augure.

Dès que le Piccinino se vit seul avec Michel, il le pria de tirer les verrous et de placer un matelas du lit sur la porte mince et déjetée de la chambre voisine, qui laissait passer la lumière et le son de la voix. Et puis cela fait, il le pria encore d'aller s'assurer que son père dormait, ou, s'il veillait encore, de lui souhaiter le bonsoir, afin qu'il ne prît point fantaisie au vieillard de monter. En parlant ainsi, le bandit se jeta sans façon sur le lit de Michel après avoir ôté son riche pourpoint, et se couvrant la tête de son manteau, il parut ne pas vouloir perdre un instant pour se livrer au sommeil.

Michel descendit, en effet; mais à peine était-il sur l'escalier, que le jeune bandit, avec la promptitude et la légèreté d'un oiseau, sauta au milieu de la chambre, jeta de côté le matelas, tira le verrou, ouvrit la porte, et s'approcha du lit de Mila, auprès duquel brûlait encore sa petite lampe.

Mila l'entendit bien entrer; mais elle crut que c'était Michel qui venait s'assurer qu'elle était couchée. La pensée ne lui vint pas qu'un autre homme pût avoir l'audace de pénétrer ainsi chez elle, et, comme un enfant qui craint d'être grondé, elle ferma les yeux et resta immobile.

Le Piccinino n'avait jamais entrevu une belle femme sans être inquiet et agité, jusqu'à ce qu'il l'eût bien regardée, afin de n'y plus penser si sa beauté était incomplète, ou de jeter son dévolu sur elle si son genre de beauté parvenait à réveiller son âme dédaigneuse, étrange composé d'ardeur et de paresse, de puissance et de torpeur. Peu d'hommes de vingt-cinq ans ont une jeunesse aussi chaste et aussi retenue que l'était celle du bandit de l'Etna; mais peu d'imaginations sont aussi fécondes en rêves de plaisirs et en appétits sans bornes. Il semblait qu'il cherchât toujours à exciter ses passions pour en éprouver l'intensité, mais que, la plupart du temps, il s'abstînt de les satisfaire, de crainte de trouver sa jouissance au-dessous de l'idée qu'il s'en était faite. Il est certain que toutes les fois, ou pour mieux dire, le peu de fois qu'il y avait cédé, il avait éprouvé une profonde tristesse et s'était reproché d'avoir dépensé tant de volonté pour une ivresse si vite épuisée.

Il avait peut-être d'autres raisons pour vouloir connaître les traits de la sœur de Michel, à l'insu de Michel lui-même. Quoi qu'il en soit, il la regarda attentivement pendant une minute, et, ravi de sa beauté, de sa jeunesse et de son air d'innocence, il se demanda s'il ne ferait pas mieux d'aimer cette charmante enfant, qu'une femme plus âgée que lui et plus difficile sans doute à persuader.

En ce moment, Mila, fatiguée de feindre le sommeil, et plus avide de nouvelles de Magnani que honteuse des reproches de son frère, ouvrit les yeux et vit l'inconnu penché vers elle. Elle vit briller ses yeux à travers la fente de son capuchon, et, saisie de terreur, elle allait crier lorsqu'il lui mit la main sur la bouche.

« Enfant, lui dit-il à voix basse, si tu dis un mot, tu es morte. Tais-toi et je m'en vais. Allons, mon bel ange, ajouta-t-il d'un ton caressant, n'ayez pas peur de l'ami de votre famille; bientôt peut-être, vous le remercierez d'avoir troublé votre sommeil. »

Et, ne pouvant résister à un de ces accès de coquetterie insensée qui le faisaient manquer tout d'un coup à ses résolutions et à ses instincts de prudence, il se découvrit et lui montra ses traits charmants, embellis encore par un sourire tendre et fin. L'innocente Mila crut avoir une vision. Les diamants qui scintillaient sur la poitrine de ce beau jeune homme ajoutèrent tellement au prestige, qu'elle ne sut si c'était un ange ou un prince déguisé qui lui apparaissait. Éblouie, incertaine, elle lui sourit aussi, moitié charmée, moitié terrifiée. Il prit alors une lourde tresse de ses cheveux noirs, qui était retombée sur son épaule, et la porta à ses lèvres. La peur prit le dessus. Mila voulut crier encore. L'inconnu lui lança un regard si terrible que la voix lui manqua. Il éteignit la lampe, rentra dans la chambre de Michel, replaça le verrou et le matelas sur la porte; puis, s'élançant sur le lit et cachant sa tête, il parut dormir profondément endormi quand Michel rentra. Tout cela s'était passé en moins de temps qu'il n'en a fallu pour le raconter.

Mais, pour la première fois de sa vie peut-être, le Piccinino ne put forcer le sommeil à engourdir l'activité de ses pensées. Son imagination était un coursier sauvage avec lequel il avait tant lutté, qu'il croyait lui avoir imposé pour toujours un frein. C'en était fait; le frein était brisé, et cette volonté puissante, usée en des combats puérils, ne suffisait plus à dominer les instincts farouches trop longtemps comprimés. Il était là, entre deux tentations violentes, qui lui apparaissaient sous la forme de deux femmes presque également désirables, et dont l'infâme Ninfo lui avait presque offert de partager la possession avec lui. Michel était l'otage qu'il tenait dans ses mains, et pour la rançon duquel il pouvait tout exiger et peut-être tout obtenir.

Il est vrai qu'il ne croyait plus à l'amour d'Agathe pour ce jeune homme; mais il voyait son désintéressement à l'endroit de la fortune, lorsqu'il s'agissait de sauver ses amis menacés. Cela suffisait-il pour qu'elle crût devoir sacrifier plus que sa fortune pour le rachat de cet artiste protégé? Probablement non, et alors il fallait que le bandit comptât sur ses moyens personnels de séduction et ne vît dans Michel que l'occasion de les exercer en approchant d'elle.

Quant à la jeune sœur, il lui paraissait plus facile de vaincre un enfant si naïf, non-seulement à cause de l'amour plus direct qu'elle devait porter à son frère, mais encore à cause de son inexpérience et de la fraîcheur de son imagination que, d'un regard, il avait déjà éprouvées.

Comme jeunesse et comme beauté matérielle, Mila effaçait Agathe; mais Agathe était princesse, et il y avait de grands instincts de vanité chez le bâtard de Castro-Reale. Elle passait pour n'avoir jamais eu d'amant, elle paraissait forte et prudente. Elle avait eu vingt ans peut-être pour s'exercer à la défense et soutenir l'assaut des passions qu'elle avait inspirées : car elle avait au moins trente ans, et, en Sicile, sous un climat de feu, qui mûrit les plantes en moins de temps qu'il n'en faut chez nous pour les faire éclore, une petite fille de dix ans est presque une femme.

C'était donc la plus glorieuse conquête à rêver, et, par cela même, la plus enivrante. Mais il s'y mêlait la crainte d'échouer, et Carmelo pensait qu'il en mourrait de honte et de rage. Il n'avait jamais connu la douleur; c'était presque un mot vide de sens pour lui jusqu'à ce moment.

Il commençait à deviner qu'on peut souffrir autrement encore que de colère ou d'ennui. Comme il ne dormait point, il observait Michel à l'insu de ce dernier. Il vit ce jeune homme, assis devant sa table, prendre son front à deux mains dans l'attitude de l'abattement le plus complet.

Michel était profondément triste. Tous ses rêves s'étaient évanouis comme une vaine fumée. Sa situation lui paraissait suffisamment expliquée par l'entretien qu'il avait eu avec le bandit en revenant de la villa. Pour l'éprouver, le Piccinino lui avait rapporté les calomnies de l'abbé Ninfo, en feignant d'y ajouter foi et d'en prendre généreusement son parti. L'âme droite et noble du jeune peintre s'était révoltée contre un soupçon qui attentait à la dignité de la princesse : ses dénégations et sa manière de raconter sa première entrevue avec elle dans la salle de bal s'étaient trouvées si conformes à la manière dont elle-même avait présenté les faits au bandit, que ce dernier, après un interrogatoire plus subtil et plus insidieux que celui d'un inquisiteur, avait fini par ne plus pouvoir incriminer les relations de la princesse et de l'artiste.

Alors le Piccinino, voyant qu'au fond de cette modestie et de cette loyauté il y avait de la douleur chez Michel, en avait conclu que, s'il n'était point aimé, du moins il eût souhaité de l'être, et qu'à partir du moment où il avait vu la princesse il en était tombé amoureux. Il se souvenait de la sèche réponse et de l'ironique apostrophe de Michel durant ce bal, et il goûta un cruel plaisir à lui faire sentir qu'il ne pouvait pas être aimé d'une telle femme. Il en vint même à lui avouer qu'il ne l'interrogeait que pour éprouver la délicatesse de son caractère, et il finit par lui rapporter, mot pour mot, les paroles d'Agathe, au moment où, se plaçant devant la fenêtre du boudoir et lui montrant Michel, elle lui avait dit : « Regardez ce jeune homme, et dites-moi s'il peut s'établir des rapports suspects entre nos âges et notre mutuelle position dans la vie. » Puis, il avait ajouté, en entrant dans le faubourg avec Michel, et en lui serrant la main : « Mon enfant, je suis content de vous; car tout autre que vous, à votre âge, se fût fait volontiers passer pour le héros d'une aventure mystérieuse avec cette femme adorable. A présent, je vois que vous êtes déjà un homme sérieux et je puis vous confier qu'elle m'a fait une impression ineffaçable, et que je serai comme une pierre dans la bouche du volcan jusqu'à ce que je l'aie revue. »

Le ton dont le Piccinino proclama, pour ainsi dire, cet

aveu, joint au souvenir de sa figure enivrée et de son attitude triomphante lorsqu'il était rentré dans le boudoir avec Agathe, jetèrent Michel dans une véritable consternation. Il ne s'était pas cru obligé en conscience de lui dire ce qu'il avait nourri d'illusions, ce qu'il avait cru lire dans certains regards, encore moins ce qu'il avait cru ne pas rêver tout à fait dans la grotte de la Naïade. Il se serait fait même un devoir religieux de le nier de toutes ses forces, si son rival eût pu le soupçonner. Mais tous ses fantômes d'orgueil et de bonheur s'envolaient devant les paroles froides d'Agathe, rapportées d'un ton sec et tranchant par le Piccinino. Il ne restait qu'un point obscur dans sa destinée. C'était l'amitié particulière que la princesse portait à son père et à sa sœur. Mais en quoi pouvait-il s'en attribuer l'honneur? Il y avait au fond de tout cela une ancienne liaison politique, où la reconnaissance de quelque service rendu par Pier-Angelo. Son fils en subissait les dangers, en même temps qu'il en partageait les bienfaits. Cette dette de cœur payée, Michel ne pouvait intéresser d'aucune façon particulière la généreuse patronne de sa famille. Les mystères qui l'avaient charmé tombaient dans le domaine de la réalité, et au lieu du doux travail de combattre des illusions charmantes, il lui restait la mortification de les avoir mal combattues et la douleur de ne pouvoir plus les faire renaître.

« Pourquoi serais-je donc jaloux de la joie insolente qui brillait dans les yeux de ce bandit? se disait-il avec angoisse. Dois-je seulement songer à l'émotion agréable ou pénible que son étrange manière d'être peut causer à la princesse? Qu'y a-t-il de commun entre elle et moi? Que suis-je pour elle? Le fils de Pier-Angelo! Et lui, cet aventurier audacieux, il est son appui et son sauveur. Il aura bientôt des droits à sa reconnaissance, peut-être à son estime et à son affection; car il ne tient qu'à lui de les acquérir: il l'aime, et, s'il n'est pas fou, il saura se faire aimer d'une manière quelconque. Et moi, en quoi puis-je mériter qu'elle me distingue? Que sont les productions novices de mon art, en comparaison des secours énergiques qu'elle réclame? Il semble qu'elle me regarde comme un enfant, puisqu'au lieu de m'appeler à son aide et de me confier quelque mission importante pour ses intérêts et sa défense personnelle, elle ne m'a même pas cru capable de défendre ma propre vie. Elle m'a jugé si faible ou si timide qu'elle a fait intervenir dans nos dangers communs un étranger, un allié peut-être plus dangereux qu'utile. O mon Dieu! qu'elle est loin, en effet, de me regarder comme un homme! Pourquoi ne m'a-t-elle pas dit tout simplement: « Ton père et moi sommes menacés par un ennemi; prends un poignard, laisse là tes pinceaux; défends ton père ou venge-moi! » Fra-Angelo me reprochait mon indifférence; mais, au lieu de m'en corriger, ne traite-t-on pas comme un enfant dont on a pitié, et dont on sauve les jours sans se soucier plus longtemps de son âme? »

En s'abandonnant à ces tristes réflexions, Michel-Angelo se sentit navré de douleur, et, trouvant devant lui la fleur de cyclamen qui vivait encore dans son verre de Venise, il y laissa tomber une larme brûlante.

XXX.
LE FAUX MOINE.

Mila était restée si étonnée et si alarmée de l'apparition du Piccinino, qu'elle ne pouvait pas dormir non plus. Ce qui l'effrayait, c'était de ne pas entendre parler auprès d'elle, et de ne pouvoir s'assurer que son frère était là. Elle ne voulut point se coucher, et, au bout de peu d'instants, ses réflexions ne servant qu'à redoubler sa terreur, elle se leva et alla ouvrir une autre porte de sa chambre qui donnait sur une galerie couverte, ou plutôt sur un couloir délabré, abrité d'un auvent, et terminé par un escalier qui servait de communication entre son logement et celui des autres habitants de la maison. Jamais Mila n'ouvrait cette porte la nuit; mais, cette fois, elle sortit sur la galerie, bien décidée à se réfugier auprès de son père et à attendre le jour sur une chaise, dans la chambre de Pier-Angelo.

Mais elle eut à peine fait trois pas, qu'une nouvelle frayeur l'arrêta. Un homme était appuyé contre le mur de la galerie, immobile comme un voleur aux aguets. Elle allait fuir, lorsqu'une voix lui dit avec précaution: « Mila, est-ce vous? » Et cet homme faisant un pas vers elle, elle reconnut Magnani.

« N'ayez pas peur, lui dit-il, je veille ici par l'ordre d'une personne qui vous est chère. Sans doute vous savez pourquoi, vous qui m'avez transmis son message?

— Je sais que mon frère a couru ce soir des dangers, répondit la jeune fille; mais il paraît que vous n'êtes pas le seul que notre chère princesse ait placé auprès de lui pour sa défense. Il y a dans sa chambre un autre jeune homme que je ne connais pas.

— Je le sais, Mila; mais ce jeune homme est précisément celui dont on se méfie, et je dois veiller, aussi près que possible, du lieu où il repose, jusqu'à ce qu'il soit sorti.

— Vous êtes cependant bien loin! dit Mila épouvantée, et mon frère pourrait être assassiné sans que vous pussiez l'entendre d'ici.

— Et que faire? reprit Magnani. Je n'ai pu me glisser plus près de sa chambre. Il a fermé avec soin l'entrée de l'autre escalier. Je suis là; j'ai l'oreille ouverte et l'œil aussi, je vous en réponds!

— Je veillerai aussi, dit la jeune fille avec résolution, et vous veillerez près de moi, Magnani. Venez dans ma chambre. Dût-on en médire, si l'on s'en aperçoit, dussent mon père et mon frère me blâmer sévèrement, peu m'importe! je n'ai peur que de l'homme qui s'est enfermé avec Michel, ou seul...; car ils ont mis un matelas devant ma porte, et je ne peux pas savoir si Michel est réellement avec lui. J'ai peur pour Michel, j'ai peur pour moi-même. »

Et elle raconta comment le bandit était entré dans sa chambre, sans que Michel fût à portée apparemment de s'y opposer.

Magnani, ne pouvant s'expliquer des faits si étranges, accepta sans hésiter l'offre de Mila. Il entra chez elle, laissant la porte de la galerie entr'ouverte, afin de se retirer au besoin sans être vu, mais tout prêt à enfoncer la porte de Michel au moindre bruit alarmant.

Quand il eut écouté avec sang-froid et précaution, l'œil et l'oreille collés contre la cloison:

« Soyez tranquille, dit-il à Mila en lui parlant très-bas au fond de sa chambre, ils ne sont pas si bien barricadés que je ne l'aperçoive Michel assis devant sa table et paraissant réfléchir. Je n'ai pu distinguer l'autre, mais je vous assure qu'ils ne pourront faire un mouvement que je ne l'entende d'ici, et que leur verrou ne tiendra pas une seconde contre mon poignet. Je suis armé; n'ayez donc plus peur, ma chère Mila.

— Non, non, je n'ai plus peur, dit-elle; depuis que vous êtes là, j'ai retrouvé l'usage de ma raison. Avant, j'étais comme folle; je ne voyais ni n'entendais rien qu'à travers un voile. Vous n'avez donc éprouvé aucun accident, Magnani, couru aucun danger pour vous-même, ce soir?

— Aucun; mais que cherchez-vous, Mila? Vous allez faire du bruit en touchant à ce meuble.

— Non, non, dit-elle. Je prends une arme, moi aussi; car je me sens devenir brave auprès de vous. »

Et elle lui montra un fuseau de bois d'ébène sculpté et monté en argent, dont la pointe forte et acérée pouvait, au besoin, faire l'office d'un stylet.

« En me le donnant aujourd'hui, ajouta-t-elle, cette bonne princesse ne se doutait pas qu'il servirait peut-être à la défense de mon frère. Mais, dites-moi donc, Magnani, comment la princesse vous a-t-elle reçu, et comment vous a-t-elle expliqué ces mystères qui se passent autour de nous, et auxquels je ne comprends rien? Nous pouvons bien causer là, tout bas, sur cette porte; personne ne nous entendra, et cela nous aidera à trouver le temps moins triste et moins long.

Elle s'assit sur la marche extérieure de la porte qui donnait sur la galerie. Magnani s'assit auprès d'elle, prêt à fuir si quelque indiscret s'approchait d'eux, prêt à se

Il s'était placé au-dessous... (Page 81.)

montrer si l'hôte de Michel devenait hostile. Le jeune couple parla tout bas, et le faible chuchotement de leurs paroles se perdait dans cette galerie ouverte à l'air extérieur, sans leur ôter à l'un ou à l'autre la présence d'esprit de s'interrompre et d'écouter attentivement le plus léger souffle de la nuit.

Quand Magnani eut raconté à Mila le peu qu'il savait, elle se perdit en conjectures pour deviner quel pouvait être ce jeune homme si beau, dont l'air était à la fois doucereux et terrible, qui s'intitulait auprès d'elle l'ami de sa famille, et dont la princesse avait dit, en parlant à Magnani : « C'est notre sauveur ou notre ennemi. » Et, comme Magnani l'engageait à ne pas chercher à pénétrer un secret que la princesse et sa famille jugeaient apparemment nécessaire de lui cacher, elle reprit : « Ne croyez pas que je sois tourmentée d'une sotte curiosité d'enfant ! Non, je n'ai pas ce vilain défaut. Mais j'ai eu peur toute la journée, et pourtant je ne suis pas peureuse, non plus. Il se passe autour de moi quelque chose d'incompréhensible, et moi aussi, je crois être menacée par ces ennemis que je ne connais pas. Je n'ose en parler à mon père, ni à la princesse ; je crains qu'on s'embarrassant de moi, ils ne négligent une partie des soins que réclame leur propre sûreté. Mais enfin, il faut que moi aussi je songe à ma défense; demain, quand vous irez à l'ouvrage, et que mon frère et mon père seront sortis, je recommencerai à trembler pour eux, pour vous et pour moi-même.

— Mila, je n'irai point travailler demain, dit Magnani. La princesse m'a ordonné de ne pas quitter votre frère, soit qu'il sorte, soit qu'il reste à la maison. Elle ne m'a point parlé de vous, ce qui me fait être presque certain que vous n'êtes pas comprise dans la secrète persécution dont elle s'alarme. Mais, quoi qu'il arrive, je ne bougerai pas d'ici, sans m'être assuré que personne ne peut venir vous y effrayer.

— Ecoutez, dit-elle, je veux vous raconter, à vous, ce qui m'est arrivé aujourd'hui. Vous savez qu'il vient souvent, dans notre cour, des frères quêteurs, qui tourmentent tout le monde, même les pauvres gens, et dont on ne peut se débarrasser qu'en leur donnant quelque chose. Il en est venu un, aussitôt après que mon père et Michel ont été sortis, et jamais je n'avais encore vu un moine si obstiné, si hardi et si indiscret. Imaginez que

Retourner à la fontaine..... (Page 85.)

me voyant travailler à ma fenêtre, il s'était placé au-dessous et se tenait là, me regardant avec des yeux qui m'embarrassaient, quoique je ne voulusse pas les rencontrer. Je lui avais jeté une aumône afin de m'en délivrer. Il n'avait pas daigné la ramasser. « Jeune fille, me disait-« il, ce n'est pas ainsi qu'on présente l'offrande à un « frère de mon ordre. On se donne la peine de descendre, « de venir à lui, et de se recommander à ses prières, au « lieu de lui jeter un morceau de pain comme à un chien. « Vous n'êtes point une fille pieuse, et vos parents vous « ont mal élevée. Je gage que vous n'êtes pas du pays? »
« J'eus le tort de lui répondre. Il m'avait mise de mauvaise humeur, avec ses sermons, et il était si laid, si malpropre, si insolent, que je ne pouvais m'empêcher de lui témoigner mon dégoût. Il me semblait le reconnaître pour l'avoir vu, le matin, au palais Palmarosa. Mon frère s'était inquiété alors de sa figure, et avait questionné mon oncle Fra-Angelo. Il nous avait fait partir, en nous promettant de découvrir qui ce pouvait être, car il ne le reconnaissait point pour un capucin, et mon père disait qu'il ressemblait à un certain abbé Ninfo, qui nous en veut, à ce qu'il paraît.

« Pourtant, soit que ce ne fût pas le même, soit qu'il eût changé son déguisement, il avait l'habit d'un carme déchaussé lorsqu'il vint ici ; et, au lieu d'une grosse barbe noire et frisée, il avait une barbe rouge, courte et raide comme le poil d'un sanglier. Il était encore plus affreux de cette façon-là, et, si ce n'est pas le même homme, je puis bien dire que j'ai vu aujourd'hui les deux plus vilains moines qu'il y ait dans Valdemona.

— Vous avez donc eu l'imprudence de causer avec lui? dit Magnani.

— Causer n'est pas le mot ; je l'ai prié d'aller prêcher plus loin, en lui disant que je n'avais ni le temps de descendre, ni celui d'écouter ses réprimandes ; que, s'il ne trouvait pas mon aumône digne de lui, il la ramassât pour le premier pauvre qu'il rencontrerait, et qu'enfin, s'il était né orgueilleux, il avait eu grand tort de se faire moine mendiant.

— Sans doute, il fut irrité de vos réponses?

— Non, car si je l'avais vu mortifié ou en colère, j'aurais eu la charité ou la prudence de n'en pas tant dire. Mais, au lieu de continuer à me gronder, il se mit à sourire, d'un sourire affreux, il est vrai, mais où il n'entrait point trop de ressentiment..

« Vous êtes une plaisante petite fille, me dit-il, et je vous pardonne votre inconvenance à cause de votre esprit et de vos yeux noirs. »

« Je vous demande si ce n'était pas fort vilain pour un moine, de faire attention à la couleur de mes yeux? Je lui répondis qu'il pourrait bien rester un an sous ma fenêtre, sans que je voulusse regarder la couleur des siens. Il me traita de coquette, singulière expression, n'est-ce pas, dans la bouche d'un homme qui ne devrait pas seulement connaître ce mot-là? Je fermai ma fenêtre, mais quand je la rouvris, au bout d'un quart d'heure, ne pouvant tenir à l'étouffante chaleur qu'il fait dans cette chambre quand le soleil est un peu haut, il me regardait toujours.

« Je ne voulais plus lui parler. Il me dit qu'il resterait là jusqu'à ce que je lui eusse donné quelque chose de mieux que du pain; qu'il savait bien que je n'étais point une pauvre fille; que j'avais une belle épingle d'or ciselé dans les cheveux, et qu'il accepterait de bon cœur cette épingle, à moins que je n'aimasse mieux donner, à la place, une mèche de mes cheveux. Et, de là, des compliments si ridicules et si exagérés, que je les pris et les prends encore pour des moqueries, et pour une méchante et ircoxy nante manière de me témoigner son dépit.

« Comme il y avait du monde dans la maison, et notamment votre père et un de vos frères, que je voyais travailler chez eux à portée de ma voix, je n'étais pas inquiète des singulières paroles et des regards impertinents de ce vilain moine; je ne lui répondis qu'en me moquant de lui, et, pour m'en débarrasser, je lui promis de lui donner quelque chose, à condition qu'il s'en irait tout de suite après. Il prétendit qu'il avait le droit d'accepter ou de refuser mon offrande, et que si je voulais le laisser choisir, il serait très-modeste et ne me ruinerait pas. — Que voulez-vous donc? lui dis-je; un écheveau de soie pour raccommoder votre froc en guenilles? — Non, me dit-il, elle est trop mal filée. — Voulez-vous mes ciseaux pour couper votre barbe qui pousse tout de travers? — Non, je m'en servirais peut-être pour couper le bout rose de cette petite langue impertinente. — Alors une aiguille pour coudre votre bouche qui ne sait ce qu'elle dit? — Non, car je crains que votre aiguille ne pique pas mieux que vos épigrammes.

« Nous badinâmes quelque temps ainsi! tout en m'impatientant, il me faisait rire, car il me semblait qu'il était devenu plus paternel qu'inquiétant, que c'était bien un vrai moine, un de ces facétieux importuns comme il y en a, qui obtiennent par la taquinerie ce qu'ils n'ont pu arracher par la prière; enfin, je remarquai qu'il avait de l'esprit, et je ne fis pas cesser cet enfantillage de ma part aussi vite que je l'aurais dû. Il décrocha un petit miroir de nulle valeur, grand comme la main, qu'il voyait briller près de ma fenêtre, et à propos duquel il me demandait combien d'heures par jour je passais à le consulter. Je le lui descendis au bout d'un fil de soie, en lui disant qu'il aurait certainement beaucoup plus de plaisir à s'y contempler que je n'en avais, pour mon compte, à avoir sa figure si longtemps sous les yeux.

« Il le prit avidement et le baisa en s'écriant d'un ton qui m'épouvanta : « A-t-il conservé un reflet de « ta beauté, ô jeune fille dangereuse? Rien qu'un reflet, « c'est bien peu; mais encore, si je pouvais l'y fixer, je « n'en détacherais plus jamais ma bouche. »

— Fi! lui dis-je en me retirant, voilà des paroles qui déshonorent l'habit que vous portez, et ces plaisanteries-là ne vont point à un religieux.

« Je fermai encore ma fenêtre et me retirai vers cette porte où nous voici, que j'ouvris afin de pouvoir respirer en travaillant. Mais je n'y étais pas depuis cinq minutes que je vis le capucin devant moi. Il avait osé entrer, je ne sais par où; car j'avais fermé la porte de notre maison, et il faut qu'il ait rôdé dans les habitations voisines, ou qu'il connaisse toutes les issues de celle-ci. — Allez-vous-en, lui dis-je; on ne pénètre pas ainsi dans les maisons, et si vous approchez de ma porte, j'appelle mon frère et mon père, qui sont dans la chambre à côté.

— Je sais bien qu'ils n'y sont point, répondit-il avec un rire odieux, et, quant aux voisins, rien ne servirait de les appeler, je serai loin d'ici avant qu'ils en approchent. Que crains-tu de moi, jeune fille? Je n'ai voulu que voir de près tes doux yeux et ta bouche de rose ; la madone de Raphaël n'est qu'une servante auprès de toi. Tiens, n'aie pas peur de moi (et, en me parlant ainsi, il retenait fortement la porte que je voulais lui pousser au visage). Je donnerais ma vie pour un baiser de toi ; mais, si tu me le refuses, donne-moi du moins la rose qui parfume ton sein, je mourrai de plaisir en rêvant que...

« Je n'en entendis pas davantage, car il venait de lâcher le battant de la porte pour me prendre dans ses bras. J'eus plus de présence d'esprit, malgré ma peur, qu'il ne s'y attendait; car je fis un rapide mouvement de côté, je lui frappai le visage avec cette porte, et, profitant de ce qu'il était étourdi du choc, je m'enfuis par la chambre de Michel. Je descendis en courant de toutes mes forces et ne me ralentis que quand j'eus gagné la rue, car il ne se trouvait aucun voisin assez à portée pour me rassurer. Quand je me vis au milieu des passants, je ne craignais plus le moine, mais, pour rien au monde, je ne serais rentrée chez moi. Je marchai jusqu'à la villa Palmarosa, où je ne me sentis à l'aise que quand la princesse m'eut fait entrer dans sa chambre. J'y ai passé le reste de la journée, et n'en suis revenue qu'avec mon père. Mais je n'ai osé rien dire de tout cela, par la raison que je vous ai donnée... et s'il faut être tout à fait franche, parce que je sentais que j'avais été imprudente de plaisanter avec ce vilain quêteur, et que je méritais un peu de l'âme. Un reproche de mon père me ferait une peine mortelle ; mais un reproche de la princesse Agathe.. j'aimerais autant être damnée tout de suite pour l'éternité !

— Chère enfant, puisque vous craignez tant les reproches, répondit Magnani, je garderai votre secret, et ne me permettrai pas de vous faire la moindre observation.

— Au contraire, je vous prie de m'en adresser de très-sévères, Magnani. De votre part, cela ne m'humiliera point. Je n'ai pas la prétention de vous plaire, moi, et je sais que mes défauts de petite fille ne vous causeraient pas le plus petit chagrin. C'est parce que je sais combien je suis aimée de mon père et de la princesse Agathe, que je redoute tant de les affliger. Mais vous, qui ne ferez que rire de mon étourderie, vous pouvez bien me dire tout ce que vous voudrez.

— Vous croyez donc m'être bien indifférente? repartit Magnani, que cette histoire du moine avait troublé et agité singulièrement. »

Puis, s'étonnant de cette parole qui venait de lui échapper, il se leva pour aller, sur la pointe du pied, écouter à la porte de Michel. Il crut entendre la respiration égale d'une personne endormie. Le Piccinino avait fini, en effet, par dominer le tumulte de ses pensées, et Michel, vaincu par la fatigue, s'était assoupi, le front dans ses mains.

Magnani revint auprès de Mila; mais il n'osa plus s'asseoir à ses côtés. « Et moi aussi, se disait-il honteux et comme effrayé de lui-même, je suis un moine que dévore l'imagination et que la continence exalte. Cette enfant est trop belle, trop pure, trop confiante, pour vivre ainsi de la vie libre et abandonnée des filles de notre classe; nul ne peut la voir sans émotion, qu'il soit moine condamné au célibat, ou amoureux sans espoir d'une autre femme. Je voudrais tenir là ce moine impur pour lui briser la tête; et pourtant je me sens frémir aussi à l'idée que cette jeune fille sans méfiance est là, seule avec moi, dans le silence de la nuit, prête à chercher un refuge dans mes bras à la moindre alarme ! »

XXXI.

SORCELLERIE.

Magnani essaya de se distraire de ses pensées en parlant de la princesse avec Mila. La naïve jeune fille l'y provoquait, et il accepta ce sujet de conversation comme un préservatif. On voit que, depuis deux jours, il s'était opéré une singulière révolution dans le moral de ce jeune homme, puisqu'il en était déjà à regarder son amour pour Agathe comme un devoir, ou comme ce que les médecins appelleraient un dérivatif.

S'il eût été certain que la princesse aimait Michel, comme par moments il se le persuadait avec stupeur, il se fût senti presque entièrement guéri de cette folle passion. Car il l'avait pris si haut dans sa pensée, qu'il en était venu, à force de ne rien espérer, à ne quasi plus rien désirer. Cette passion était passée à une sorte d'habitude religieuse entièrement idéale, qu'elle ne touchait plus à la terre, et qu'en la partageant Agathe l'eût peut-être détruite subitement. Qu'elle eût aimé un homme quelconque, celui-là même qui nourrissait une adoration si exaltée pour elle, et elle n'était plus pour lui qu'une femme dont il pouvait combattre le prestige. C'était là le résultat de cinq ans de souffrance sans la moindre présomption et sans distraction aucune. Dans une âme de cette force et de cette pureté, l'ordre le plus rigide s'était maintenu au sein même d'un amour qui ressemblait à un point de démence ; et c'était précisément là ce qui pouvait sauver Magnani. Ses efforts pour s'étourdir n'eussent servi qu'à l'exalter davantage, et, après de vulgaires enivrements, il serait retombé dans sa chimère avec plus de douleur et de faiblesse ; au lieu qu'en se livrant tout entier, sans résistance, sans désir de repos et sans effroi, à un martyre qui pouvait être éternel, il avait laissé la flamme se concentrer et brûler sourdement, privée d'excitation extérieure et d'aliments nouveaux.

Magnani était donc arrivé à ce moment de crise imminente où il fallait mourir ou guérir sans transition aucune. Il ne s'en rendait point compte, mais il en était là certainement, puisque ses sens se réveillaient d'un long assoupissement, et qu'Agathe, bien loin d'y contribuer, était la seule femme qu'il eût rougi d'associer dans sa pensée au trouble qu'il ressentait.

Peu à peu il se pencha vers la jeune fille pour ne pas perdre une seule de ses paroles, et il finit par se rasseoir auprès d'elle, en lui demandant pourquoi elle avait eu l'idée de parler de lui à la princesse Agathe.

« Mais c'est tout simple, répondit Mila ; elle m'y provoquait, elle venait de me demander avec lequel des jeunes artisans de ma connaissance Michel s'était le plus lié depuis son arrivée dans le pays ; et comme j'hésitais entre ceux et quelques-uns des apprentis de mon père qui ont aidé Michel et dont il s'est montré content, la princesse m'a dit d'elle-même :

« Tiens, Mila, tu n'en es peut-être pas sûre ; mais moi, « je parierais que c'est un certain Magnani qui travaille « souvent chez moi, et dont je pense beaucoup de bien. « Pendant le bal, ils étaient assis ensemble dans mon « parterre, et j'étais tout auprès d'eux, derrière le buis-« son de myrte que tu vois ici. J'étais venue me réfugier « là et je n'y cachais presque, pour échapper un instant « au supplice d'une si longue représentation. J'ai entendu « leur conversation, qui m'a intéressée et touchée au « dernier point. Ton frère est un noble esprit, Mila, mais « ton voisin Magnani est un grand cœur. Ils parlaient « d'art et de travail, d'ambition et de devoir, de bon-« heur et de vertu. J'admirais les idées de l'artiste, mais « j'aimais les sentiments de l'artisan. Je souhaite pour « ton jeune frère que Magnani soit toujours son meilleur « ami, le confident de toutes ses pensées et son conseil « dans les occasions délicates de sa vie. Tu peux bien le « lui conseiller de ma part, s'il vient à te parler de lui, « et si tu confies à l'un ou à l'autre que j'ai écouté leurs « honnêtes épanchements, tu ne manqueras pas de leur « dire que j'ai été discrète ; car il y a eu un moment où « Magnani allait révéler à Michel-Ange quelque chose de « personnel que je n'ai pas voulu surprendre. Je me suis « retirée précipitamment dès le premier mot. » Tout cela est-il exact, Magnani ? et vous souvenez-vous du sujet de votre conversation avec Michel dans le parterre du Casino ?

— Oui, oui, dit Magnani en soupirant, tout cela est exact, et je me suis aperçu même de la retraite de la princesse, quoique je n'eusse jamais pensé que ce fût elle qui nous écoutait.

— Eh bien, Magnani, vous devez en être fier et content, puisqu'elle a pris tant d'amitié et d'estime pour vous d'après vos discours. J'ai cru même voir qu'elle préférait votre manière de penser à celle de mon frère, et qu'elle vous regardait comme le plus sage et le meilleur des deux, quoiqu'elle dise avoir pris, dès ce moment-là, un intérêt maternel au bonheur de l'un comme de l'autre. Est-ce que vous ne pourriez pas me redire toutes ces belles paroles que la princesse a entendues avec tant de plaisir ? J'aimerais bien à en faire mon profit, car je suis une pauvre petite fille avec laquelle Michel lui-même daigne à peine parler raison.

— Ma chère Mila, dit Magnani en lui prenant la main, honneur à celui que vous croirez digne de former votre cœur et votre esprit ! Mais, quand même je me rappellerais tout ce que nous nous sommes dit dans ce parterre, Michel et moi, je n'aurais pas la prétention que vous pussiez y gagner quelque chose. N'êtes-vous pas meilleure que nous deux ? Et quant à l'esprit, quelqu'un peut-il en avoir plus que vous ?

— Oh ! pour cela, vous vous moquez ! madame Agathe en a plus que nous trois réunis, et je ne crois même pas que mon père en ait plus qu'elle. Ah ! si vous la connaissiez comme moi, Magnani ! Quelle femme de tête et de cœur ! quelle grâce, quelle bonté ! Je passerais ma vie à l'entendre, et si mon père et elle voulaient le permettre, j'ambitionnerais d'être sa servante, bien que l'obéissance ne soit pas ma qualité dominante. »

Magnani garda quelques instants le silence. Il ne pouvait réussir à voir clair dans son émotion. Jusque-là Agathe lui avait paru tellement au-dessus de tout éloge, qu'il s'indignait et souffrait lorsque quelqu'un s'avisait de dire qu'elle était belle, secourable et douce. Il aimait, presque mieux écouter ceux qui la disaient laide et folle, sans la connaître, sans l'avoir jamais vue. Du moins, ceux-ci ne disaient rien d'elle qui eût le moindre sens, tandis que les autres la louaient trop faiblement et impatientaient Magnani par leur impuissance à la comprendre. Mais, dans la bouche de Mila, Agathe ne perdait rien de l'idée qu'il s'en était faite. Mila seule lui semblait assez pure pour prononcer son nom sans le profaner, et, en partageant le culte qu'il lui rendait, elle s'égalait presque à son idole.

« Bonne Mila, lui dit-il enfin sans quitter sa main qu'il avait oublié de lui rendre, aimer et comprendre comme vous le faites est aussi d'un grand esprit. Mais qu'avez-vous dit de moi à la princesse, vous ? Est-ce une indiscrétion de vous le demander ? »

Mila rendit grâce à l'obscurité qui cachait sa rougeur, et elle s'enhardit comme une femme craintive qui s'enivre à peu à peu de l'impunité du bal masqué.

« Je crains justement d'être indiscrète en vous le répétant, dit-elle, et je n'oserais !

— Vous avez donc dit du mal de moi, méchante Mila ?

— Non pas. Puisque madame Agathe avait dit tant de bien de vous, il m'eût été impossible d'en penser du mal. Je ne puis plus voir que par ses yeux. Mais j'ai trahi une confidence que Michel m'avait faite.

— En vérité ? Je ne sais ce que vous voulez dire. »

Mila remarqua que la main de Magnani tremblait. Elle se hasarda à frapper un grand coup.

« Eh bien, dit-elle d'un ton franc et presque dégagé, j'ai répondu à madame Agathe que vous étiez effectivement très-bon, très-aimable et très-instruit. Mais qu'il fallait vous bien connaître ou vous deviner pour s'en apercevoir !...

— Parce que ?...

— Parce que vous étiez amoureux, et que cela vous rendait si triste, que vous viviez presque toujours seul, plongé dans vos réflexions. »

Magnani tressaillit.

« C'est Michel qui vous a confié cela ? dit-il d'une voix altérée qui fit saigner le cœur de Mila. Et sans doute, ajouta-t-il, il a trahi ma confiance jusqu'au bout; il vous a dit le nom...

— Oh! Michel est incapable de trahir la confiance de personne, répondit-elle, soutenant son courage à la hauteur de la crise qu'elle provoquait; et moi, Magnani, je suis incapable d'exciter mon frère à une si mauvaise action. D'ailleurs, en quoi cela eût-il pu m'intéresser, je vous le demande?

— Il est certain que cela ne peut que vous être fort indifférent, répondit Magnani abattu.

— Indifférent n'est pas le mot, reprit-elle; j'ai pour vous beaucoup d'estime et d'amitié, Magnani, et je fais des vœux pour votre bonheur. Mais moi, je suis occupée du mien aussi, ce qui ne me permet pas trop d'être oisive et curieuse des secrets d'autrui.

— Votre bonheur! A votre âge, Mila, le bonheur, c'est l'amour; vous aimez donc aussi?

— Aussi? et pourquoi pas? Me trouvez-vous trop jeune pour songer à cela?

— Ah! chère enfant, c'est à ton âge qu'il y faut songer, car au mien, l'amour, c'est le désespoir.

— Vous n'êtes donc point aimé? Je ne m'étais pas trompée en pensant que vous étiez malheureux?

— Non, je ne suis point aimé, répondit-il avec abandon, et je ne le serai jamais; je n'ai même jamais songé à l'être. »

Une femme plus romanesque et plus cultivée que Mila eût pu regarder cet aveu comme l'obstacle formel à toute espérance; mais elle prenait la vie plus simplement et avec une logique plus vraie : S'il n'a point d'espoir, il guérira, pensa-t-elle.

« Je vous plains bien, dit-elle à Magnani, car c'est un si grand bonheur que de se sentir aimé, et il doit être si affreux d'aimer seul!

— Vous ne connaîtrez jamais une pareille infortune, répondit Magnani; et celui que vous aimez doit être le plus reconnaissant, le plus fier des hommes!

— Je ne suis pas trop mécontente de lui, reprit-elle, satisfaite du mouvement de jalousie qu'elle sentait s'élever dans le cœur troublé et irrésolu de ce jeune homme; mais écoutez, Magnani, on a fait du bruit dans la chambre de mon frère! »

Magnani courut vers l'autre porte; mais, tandis qu'il faisait de vains efforts pour distinguer la nature du bruit qui avait frappé l'oreille de Mila, elle entendit un frôlement dans la cour. Elle regarda à travers la jalousie, et, faisant signe à Magnani, elle lui montra l'hôte mystérieux de Michel, qui gagnait la rue avec tant d'adresse et de légèreté, qu'à moins d'avoir l'oreille fine, l'œil sûr, et d'être aux aguets avec connaissance de cause, il eût été impossible de s'apercevoir de sa retraite.

Michel lui-même n'avait pas été tiré du faible assoupissement où il était tombé.

Mila encore inquiète, bien que Magnani la pressât de prendre du repos, lui promettant qu'il veillerait encore dans la cour ou sur la galerie, et que Michel ne sortirait pas sans lui. Dès que Magnani l'eut quittée, elle fit tomber une chaise et tira bruyamment sa table sur le plancher pour entendre Michel s'éveiller et remuer à son tour.

Le jeune homme ne tarda pas à entrer chez elle, après avoir regardé avec étonnement son propre lit, où le corps léger du Piccinino n'avait guère laissé plus de traces que s'il eût été un spectre. Il trouva Mila encore debout et lui reprocha son insomnie volontaire. Mais elle lui expliqua ses inquiétudes; et, sans parler de Magnani, car la présence lui avait bien recommandé de ne pas l'informer Michel de son assistance, elle lui raconta l'impertinente et bizarre visite du Piccinino. Elle lui dit aussi quelques mots du moine, et lui fit promettre qu'il ne la quitterait pas de la matinée, et qu'ensuite, s'il était mandé auprès de la princesse, il ne sortirait pas sans la prévenir, parce qu'elle était résolue à chercher un asile chez quelque amie et à ne pas rester seule dans la maison.

Michel s'y engagea sans peine. Il ne comprenait rien à la conduite du bandit en cette circonstance. Mais on pense bien qu'une telle audace jointe à l'impudence du prétendu moine ne lui laissaient guère l'esprit en repos.

Lorsqu'il retourna dans sa chambre, après avoir barricadé lui-même la porte de la galerie, pour mettre sa sœur à l'abri de quelque nouvelle tentative, il chercha des yeux le cyclamen qu'il avait contemplé si douloureusement en s'assoupissant devant sa table. Mais le cyclamen avait disparu. Le Piccinino avait remarqué que la princesse avait, comme le jour du bal, un bouquet de ces fleurs à la main ou sous sa main, et qu'elle paraissait même avoir contracté l'habitude de jouer avec ce bouquet plus qu'avec l'éventail, inséparable compagnon de toutes les femmes du midi. Il avait remarqué aussi que Michel conservait bien précieusement une de ces fleurs, et qu'il l'avait attirée plusieurs près de son visage, puis éloignée avec vivacité, durant les premières agitations de sa veillée. Il avait deviné le charme mystérieux attaché à cette plante, et il n'était pas sorti sans l'ôter malicieusement du verre que Michel tenait encore dans sa main engourdie. Il avait jeté la petite fleur au fond de la gaîne de son poignard, en se disant : Si je frappe quelqu'un aujourd'hui, ce stigmate de la dame de mes pensées restera peut-être dans la blessure.

Michel essaya de faire comme le Piccinino, c'est-à-dire de retrouver la lucidité de ses pensées, en s'abandonnant à une ou deux heures de sommeil véritable. Il avait exigé que Mila aussi se couchât réellement, et, pour être plus sûr de la bien garder, il avait laissé ouverte la porte qui séparait leurs chambres. Il eut un sommeil lourd, comme on l'a dans la première jeunesse, mais agité de rêves pénibles et confus, comme cela est inévitable dans une situation telle que la sienne. Lorsqu'il s'éveilla, peu après le jour, il essaya de rassembler ses pensées, et une des premières qui lui vint fut de regarder s'il n'avait pas rêvé la soustraction du précieux cyclamen.

Sa surprise fut grande lorsqu'en jetant les yeux sur le verre qu'il avait laissé vide en s'endormant, il le trouva rempli de cyclamens éclants de fraîcheur.

« Mila, dit-il en apercevant sa sœur déjà relevée et rhabillée, vous avez donc encore, malgré nos inquiétudes et nos dangers, des idées riantes et poétiques? Voilà des fleurs presque aussi belles que toi; mais elles ne remplaceront jamais celle que j'ai perdue.

— Tu te figurais, répondit-elle, que je l'avais prise ou renversée après le départ de ton singulier acolyte; tu me grondais presque, et tu ne voulais pas te souvenir que je n'avais seulement pas songé à remettre le pied dans ta chambre *mystérieuse*! A présent, tu m'accuses d'avoir remplacé cette fleur par d'autres, ce qui n'est pas moins extravagant; car, où les aurais-je prises? Ne suis-je pas enfermée du côté de la galerie? N'as-tu pas ma clef sous ton chevet? A moins qu'il ne pousse de ces jolies fleurettes sur le mien, ce qui est possible... en rêve.

— Mila, tu es persifleuse à tout propos et en toute saison. Tu pouvais avoir ce bouquet hier soir. N'avais-tu pas été à la villa Palmarosa dans l'après-midi?

— Ces fleurs ne poussent donc que dans le boudoir de madame Agathe? Je comprends maintenant pourquoi tu les aimes tant. Et où donc avais-tu cueilli celle que tu as cherchée si longtemps ce matin, au lieu de te coucher bien vite?

— Je l'avais cueillie dans mes cheveux, petite, et je crois que mon esprit était sorti de ma tête avec elle.

— Ah! c'est très-bien; je comprends pourquoi tu déraisonnes maintenant.»

Michel n'en put savoir davantage. Mila était aussi calme et aussi rieuse en s'éveillant qu'elle s'était endormie troublée et poltronne. Il n'en obtint pas autre chose que des quolibets comme elle savait les dire, empreints toujours d'un sens métaphorique et d'une sorte de poésie enfantine.

Elle lui redemanda la clef de sa chambre, et, tandis qu'il s'habillait en rêvant, elle se mit à vaquer, avec sa promptitude et son enjouement accoutumés, aux soins du ménage. Elle franchissait les escaliers et les corridors en chantant comme l'alouette matinale. Michel, triste comme un soleil d'hiver sur les glaces du pôle, l'entendait faire crier les planches sous ses pieds bondissants, rire d'une voix fraîche en recevant le premier baiser de son père, à l'étage au-dessous, remonter, comme une balle bien lancée, les marches de sa chambre, retourner à la fontaine pour remplir ces belles amphores de grès que l'on fabrique à Siacca, d'après les traditions du goût mauresque, et qui servent usuellement aux habitants de ces contrées; saluer les voisines par des agaceries caressantes, et lutiner les enfants demi-nus qui commençaient à se rouler sur les dalles de la cour.

Pier-Angelo s'habillait aussi, plus vite et plus gaiement que Michel. Il chantait comme Mila, mais d'une voix plus forte et plus martiale, en secouant sa casaque brune doublée de rouge. Il était quelquefois interrompu par un reste de sommeil, et bégayait en bâillant les paroles de sa chanson, pour achever ensuite victorieusement la ritournelle. C'était sa manière de s'éveiller, et il ne tonnait jamais mieux à ses propres oreilles que lorsque la voix venait de lui manquer.

« Heureuse insouciance des véritables organisations populaires ! se disait Michel à demi-vêtu, en s'accoudant sur sa fenêtre. On dirait qu'il ne se passe rien d'étrange dans ma famille, que nous ne sommes pas environnés d'ennemis et de pièges; que, cette nuit, ma sœur a dormi comme de coutume, qu'elle ne connaît point l'amour sans espoir, le danger d'être belle et pauvre devant les entreprises des âmes vicieuses, et celui d'être privée, d'un moment à l'autre, de ses appuis naturels. Mon père, qui doit tout savoir, a l'air de ne se douter de rien. Tout s'oublie ou se transforme en un clin d'œil dans ce malheureux climat. Le volcan, la tyrannie, la persécution, rien ne peut interrompre les chants et les rires..... A midi, accablés par le soleil, ils dormiront tous et paraîtront comme morts. La fraîcheur du soir les fera revivre comme des plantes vivaces. L'effroi et la témérité, la douleur et la joie se succèdent en eux comme les vagues sur la plage. Qu'une des cordes de leur âme se détende, vingt autres se réveillent, comme dans un verre d'eau une fleur enlevée a fait place à un bouquet tout entier ! Moi seul, au milieu de ces fantastiques transformations, je porte une vie toujours intense, mais toujours sérieuse, des pensées toujours lucides, mais toujours sombres. Ah ! que ne suis-je resté l'enfant de ma race et l'homme de mon pays ! »

XXXII.

L'ESCALADE.

Le groupe de maisons dont celle de Michel faisait partie était pauvre et laid en réalité, mais infiniment pittoresque. Bâties sur des blocs de laves et en partie taillées dans la lave même, ces constructions grossières portaient la trace des derniers tremblements de terre qui les avaient bouleversées. Les parties basses assises sur le roc conservaient leur caractère d'antiquité irrécusable, et les étages supérieurs, bâtis à la hâte après le désastre, ou déjà ébranlés par des secousses nouvelles, avaient déjà un air caduc, de grandes lézardes, des toits d'une inclinaison menaçante et de hardis escaliers dont les rampes s'en allaient à la renverse. De folles vignes s'enlaçant de tous côtés aux saillies ébréchées des corniches et des auvents, des aloès épineux, brisant leurs vieux vases de terre cuite et promenant leurs rudes arêtes sur les petites terrasses qui s'avançaient d'une manière insensée aux plus hauts points de ces misérables édifices, des linges blancs ou des vêtements de couleurs tranchantes accrochés à toutes les lucarnes, ou voltigeant comme des bannières sur les cordes tendues d'une maison à l'autre, tout cela formait un tableau hardi et bizarre. On voyait des enfants bondir et des femmes travailler près des nuages, sur d'étroites plates-formes assaillies par les pigeons et les hirondelles, et à peine soutenues dans le vide du ciel brillant par quelques pieux noirs et vermoulus que le premier coup de vent semblait devoir emporter. La moindre déviation dans ce sol volcanique, la moindre convulsion dans cette nature splendide et funeste, et cette population apathique et insouciante allait être engloutie dans un enfer ou balayée comme des feuilles par la tempête.

Mais le danger n'agit sur le cerveau des hommes qu'en proportion de son éloignement. Au sein d'une sécurité réelle, l'idée d'une catastrophe se présente sous des couleurs terribles. Quand on naît, qu'on respire et qu'on existe au sein du péril même, sous une incessante menace, l'imagination s'éteint, la crainte s'émousse, et il se fait un étrange repos de l'âme qui tient plus de la torpeur que du courage.

Quoique ce tableau eût, dans sa pauvreté et dans son désordre, une poésie réelle, Michel ne l'avait pas encore apprécié, et se sentait moins disposé que jamais à en goûter le caractère. Il avait passé son enfance à Rome, dans des demeures sinon plus riches, du moins mieux établies et de plus correcte apparence, et ses rêves le portaient toujours vers le luxe des palais. La maison paternelle, cette masure que le bon Pierre avait habitée dès son enfance, et où il était revenu s'installer avec tant d'amour, ne paraissait au jeune Michel qu'un bouge infect qu'il eût souhaité voir rentrer dans les laves d'où il était sorti. C'est en vain que Mila, par contraste avec ses voisines, tenait leur petit logis avec une propreté presque élégante. C'est en vain que les plus belles fleurs ornaient leur escalier et que le soleil radieux du matin tranchait de grandes lignes d'or sur les ombres des murs noirâtres et sur les lourdes arcades des plans enfoncés ; Michel ne songeait qu'à la grotte de la naïade, aux fontaines de marbre du palais Palmarosa, et au portique où Agathe lui était apparue comme une déesse sur le seuil de son temple.

Enfin, après avoir donné un dernier regret à sa récente chimère, il eut honte de son découragement. « Je suis venu dans ce pays où mon père ne m'appelait pas, se dit-il ; et mon oncle le moine me l'a fait sentir, il faut que je subisse les inconvénients de ma position et que j'en accepte les devoirs. Je m'étais soumis à une rude épreuve lorsque je quittai Rome et l'espérance de la gloire pour me faire ouvrier obscur en Sicile. L'épreuve eût été trop douce et trop courte, si, dès le premier essai, aimé ou admiré d'une grande et noble dame, je n'avais eu qu'à me baisser pour ramasser les lauriers et les piastres. Au lieu de cela, il faut que je sois un bon fils et un bon frère, et, de plus, un solide compagnon pour défendre au besoin la vie et l'honneur de ma famille. Je sens bien que l'estime réelle de la signora, et la mienne propre, peut-être, seront à ce prix. Eh bien, acceptons gaiement ma destinée, et sachons souffrir sans regret ce que mes proches supportent avec tant de vaillance. Soyons homme avant l'âge, et dépouillons la personnalité trop caressée de mon adolescence. Si je dois rougir de quelque chose, c'est d'avoir été longtemps un enfant gâté, et d'avoir ignoré qu'il faudrait bientôt secourir et protéger ceux qui se dévouaient à moi si généreusement. »

Cette résolution ramena la paix dans son cœur. Les chants de son père et de la petite Mila devinrent pour lui une douce mélodie.

« Oui, oui, chantez, pensait-il, heureux oiseaux du Midi, purs comme le ciel qui vous a vus naître ! Cette gaieté est chez vous l'indice d'un grand contentement de la conscience, et le rire vous sied, à vous qui n'avez jamais eu l'idée du mal ! Saintes chansons de mon vieux père, qui avez bercé les soucis de son existence et adouci les fatigues de son travail, je dois vous écouter avec respect, au lieu de sourire de vos naïvetés. Rires mutins de ma jeune sœur, je dois vous accueillir avec tendresse, comme des preuves de courage et d'innocence ! Allons, arrière mes égoïstes rêveries et ma froide curiosité ! Je traverserai l'orage avec vous, et je jouirai comme vous d'un rayon de soleil entre deux nuages. Mon front soucieux est une insulte à votre candeur, une noire ingratitude envers votre bonté. Je veux être votre soutien dans la détresse, votre compagnon dans le travail, et votre convive dans la joie !

« Douces et tristes fleurs, ajouta-t-il en se penchant avec amour sur le bouquet de cyclamens, quelle que soit la main qui vous a cueillies, quel que soit le sentiment dont vous êtes un gage, mon souffle, embrasé de mauvais désirs, ne vous ternira plus. Si parfois je me replie sur moi-même comme vous, je veux que mon cœur soit aussi pur que vos calices de pourpre ; et s'il saigne, comme vous semblez saigner, je veux que la vertu s'exhale de ma blessure comme le parfum de votre sein. »

Aussitôt après avoir pris ces bonnes résolutions, que vint charmer un rayon de poésie, le jeune Michel acheva sa toilette sans vaine complaisance, et courut rejoindre son père, qui déjà travaillait à broyer des couleurs pour aller faire des *raccords* de peinture à divers endroits de la villa Palmarosa, endommagés par les lustres et les guirlandes du bal.

« Tiens, lui dit le bonhomme en lui présentant une grosse bourse de soie de Tunis toute pleine d'or, voici le salaire de ton beau plafond.

— C'est la moitié trop, dit Michel en regardant la bourse ingénieusement brodée et nuancée, avec plus d'intérêt que les onces qu'elle contenait. Notre dette envers la princesse ne serait pas acquittée, et je veux qu'elle le soit aujourd'hui même.

— Elle l'est, mon enfant.

— C'est donc sur votre salaire et non sur le mien ? Car, si je sais évaluer le contenu d'une bourse, il y a là plus que je n'entends accepter. Mon père, je ne veux pas que vous ayez travaillé pour moi. Non, je le jure sur vos cheveux blancs, jamais plus vous ne travaillerez pour votre fils, car c'est à son tour de travailler pour vous. Je n'entends pas non plus accepter l'aumône de madame Agathe ; c'est bien assez de protection et de bonté comme cela !

— Tu me connais assez, répondit Pier-Angelo en souriant, pour penser que, loin d'empêcher ta fierté et tes pieux sentiments, je les encouragerai toujours. Crois-moi donc ; accepte cet or. Il est bien à toi ; il ne me coûte rien, et celle qui te le donne est libre d'évaluer comme elle l'entend le mérite de ton travail. C'est la différence qu'il y aura toujours entre ton père et toi, Michel. Il n'y a point de prix fait pour les artistes. Un jour d'inspiration leur suffit pour être riches. Beaucoup de peine ne nous suffit pas, à nous autres ouvriers, pour sortir de la pauvreté. Mais Dieu, qui est bon, a établi des compensations. L'artiste conçoit et enfante ses œuvres dans la douleur. L'artisan exécute sa tâche au milieu des chansons et des rires. Moi, qui suis habitué à cela, je n'échangerais pas ma profession contre la tienne.

— Laissez-moi du moins retirer de la mienne le bonheur qu'elle peut me donner, répondit Michel. Prenez cette bourse, mon père, et qu'il n'en soit jamais rien distrait pour mon usage. C'est la dot de ma sœur, c'est l'intérêt de l'argent qu'elle m'a prêté lorsque j'étais à Rome ; et si je ne gagne jamais de quoi la faire plus riche, que, du moins, elle profite de mon jour de succès. O mon père ! s'écria-t-il avec des yeux pleins de larmes, en voyant que Pier-Angelo ne voulait point accepter son sacrifice, ne me refusez pas, vous me briseriez le cœur ! Votre tendresse aveugle a failli corrompre mon caractère. Aidez-moi à sortir de la condition d'égoïste que vous vouliez me faire accepter. Encouragez mes bons mouvements, au lieu de m'en ôter le fruit. Celui-ci n'est que trop tardif.

— C'est vrai, enfant, je le devrais, dit Pier-Angelo attendri ; mais songe qu'ici ce n'est point un vulgaire sacrifice d'argent que tu veux faire. S'il s'agissait de te retrancher quelques plaisirs, ce serait peu de chose et je n'hésiterais pas. Mais c'est ton avenir d'artiste, c'est la culture de ton intelligence, c'est la flamme même de ta vie qui sont là, contenus dans ce petit réseau de soie ! C'est un an d'études à Rome ! Et qui sait quand tu pourras en gagner autant ? La princesse ne donnera plus de bals, peut-être. Les autres nobles ne sont ni si riches, ni si généreux. De telles occasions ne se rencontrent pas souvent, et peuvent même ne pas se rencontrer deux fois. Je me fais vieux, je peux tomber demain de mon échelle et m'estropier ; avec quoi reprendrais-tu la vie d'artiste ? Tu n'es donc pas effrayé à l'idée que, pour le plaisir de donner une dot à ta sœur, tu t'exposes à redevenir artisan et à rester artisan toute ta vie ?

— Soit ! s'écria Michel ; cela ne me fait plus peur, mon père. J'ai réfléchi ; je trouve autant d'honneur et de plaisir à être ouvrier qu'à être riche et fier. J'aime la Sicile, moi ! n'est-ce pas ma patrie ? Je ne veux plus quitter ma sœur. Elle a besoin d'un protecteur jusqu'à ce qu'elle se marie, et je veux qu'elle puisse choisir sans se hâter. Vous êtes vieux, dites-vous ! vous pouvez être estropié demain ? Eh bien donc ! qui vous soignerait, qui vous nourrirait, qui vous consolerait si j'étais absent ? Est-ce que ma sœur pourra y suffire, lorsqu'elle sera mère de famille ? Un gendre ? mais pourquoi laisserais-je à un autre le soin de remplir mes devoirs ? Pourquoi me volerait-il mon bonheur et ma gloire ? car c'est là que je les veux placer désormais, et mes chimères ont fait place à la vérité. Vois, bon père, ne suis-je pas gai aussi ce matin ? Veux-tu que je fasse la seconde partie de la chanson que tu disais tout à l'heure ? Me trouves-tu l'air désespéré d'un homme qui se sacrifie ? Tu ne m'aimes donc pas, que tu refuses d'être mon patron ?

— Eh bien, répondit Pier-Angelo en le regardant avec des yeux clairs et avec un tremblotement de mains qui trahissait une émotion particulière : vous êtes un homme de cœur, vous ! et je ne regretterai jamais ce que j'ai fait pour vous ! »

En parlant ainsi, Pier-Angelo ôta son bonnet et découvrit sa tête chauve en se tenant debout, dans l'attitude à la fois respectueuse et fière d'un vieux soldat devant son jeune officier. C'était la première fois de sa vie qu'il disait *vous* à Michel, et cette locution, qui eût paru froideur et mécontentement dans la bouche d'un autre père, prit dans la sienne une étrange expression de tendresse et de majesté. Il sembla au jeune peintre qu'il venait d'être salué homme par son père, et que ce *vous*, cette tête découverte et ces trois paroles calmes et graves, le récompensaient et l'honoraient plus que l'éloquence d'un éloge académique.

Pendant qu'ils se mettaient au travail ensemble, Mila s'occupait à préparer leur déjeuner. Elle allait et venait toujours, mais elle passait plus souvent que de besoin par la galerie dont nous avons déjà parlé. Il y avait à cela une raison secrète. La chambre de Magnani, qui n'était, à vrai dire, qu'une pauvre soupente avec une fenêtre sans vitres (la chaleur du climat ne rendant pas de luxe nécessaire aux gens bien portants), se trouvait enfoncée sous l'angle de la maison qu'avoisinait cette galerie, et, de la balustrade, en se penchant un peu, on pouvait causer avec la personne qui se serait placée à la lucarne de cette demeure modeste. Magnani n'était pas dans sa chambre ; il n'y passait que la nuit, et, dès le jour, il allait travailler dehors ou sur la galerie qui faisait face à celle où Mila s'asseyait souvent pour travailler aussi. C'est de là qu'elle le voyait sans le regarder, durant des heures entières, et ne perdait pas un seul de ses mouvements, bien qu'elle n'eût pas l'air de quitter des yeux son ouvrage.

Mais, ce matin-là, elle passa et repassa en vain ; il n'était point sur la galerie, bien qu'il lui eût promis, ainsi qu'à la princesse, de ne pas sortir. S'était-il laissé vaincre par le sommeil, après deux nuits blanches ? Cela n'était point conforme à ses habitudes de volonté stoïque et de vigueur à toute épreuve. Sans doute il déjeunait avec ses parents. Pourtant Mila, qui s'était arrêtée plus d'une fois pour écouter les voix bruyantes de la famille Magnani, n'avait pas distingué le timbre grave et mâle qu'elle connaissait si bien.

Elle regarda la fenêtre de sa soupente. La chambre était vide et obscure comme de coutume. Magnani n'avait pas, comme Michel, des habitudes de bien-être, et il s'était interdit tout besoin d'élégance. Tandis que, dans la prévision de la mort du cardinal et de l'arrivée du jeune peintre, Pier-Angelo et sa fille avaient préparé à l'avance, pour cet enfant bien-aimé, une mansarde propre, blanche, aérée, et garnie des meilleurs meubles qu'ils avaient pu retrancher de leur propre ameublement, Magnani dormait sur une natte jetée à terre, auprès de sa fenêtre, pour profiter du peu d'air que cette lucarne, enfoncée entre deux pans de mur, pouvait recevoir. Le seul embellissement qu'il se fût permis d'y introduire, c'était une caisse étroite qu'il avait placée sur le rebord extérieur de cette croisée étroite et béante, et dans laquelle il avait semé de beaux liserons blancs qui l'encadraient d'une fraîche guirlande.

Il les arrosait tous les jours; mais, depuis quarante-huit heures, il avait été si occupé qu'il les avait oubliés; les jolies clochettes blanches s'étaient fermées et retombaient languissamment sur leur feuillage demi-flétri.

Mila, en portant légèrement une de ses amphores de grès sur sa tête, à laquelle une énorme natte de cheveux trois fois roulée en couronne servait de coussinet, observa que les liserons de son voisin mouraient de soif; c'eût été un prétexte pour lui parler s'il eût été quelque part aux alentours; mais il n'y avait personne dans ce coin retiré et abrité. Mila essaya d'allonger le bras par-dessus la balustrade pour donner quelques gouttes d'eau à ces pauvres plantes. Mais son bras fut trop court, et l'aiguière n'atteignait pas la caisse. Les enfants n'aiment point l'impossible, et ce qu'ils ont entrepris ils le poursuivent au péril de la vie. Combien de fois n'avons-nous pas grimpé sur une fenêtre pour atteindre au nid de l'hirondelle et compter, du bout des doigts, les petits œufs tièdes sur leur couche de duvet?

La petite Mila avisa une grosse branche de vigne qui faisait cordon le long de la muraille et venait s'accrocher à la balustrade de la galerie. Enjamber la balustrade et marcher sur la branche ne lui parut pas bien difficile. Elle atteignit ainsi à la lucarne. Mais, comme elle élevait son beau bras nu pour arroser le liseron, une forte main saisit son poignet délicat, et une figure brune, où le sourire faisait briller de larges dents blanches, se pencha vers la sienne.

Magnani ne voulant ni dormir, ni paraître observer ce qui se passait dans la maison, conformément aux ordres d'Agathe, s'était couché sur sa natte pour reposer ses membres fatigués. Mais il avait l'esprit et les yeux bien ouverts, et, à tout hasard, il s'était emparé de ce bras furtif, dont l'ombre avait passé sur son visage.

« Laissez, Magnani, dit la jeune fille, plus émue de cette rencontre que du danger qu'elle pouvait courir; vous allez me faire tomber! cette vigne plie sous moi.

— Vous faire tomber, chère enfant! répondit le jeune homme en passant un bras vigoureux autour de sa taille. A moins qu'on ne coupe ce bras, et l'autre ensuite, vous ne tomberez jamais!

— Jamais, c'est beaucoup dire, car j'aime à grimper, et vous ne serez pas partout avec moi.

— Heureux celui qui sera toujours et partout avec toi, belle petite Mila!.... Mais que venez-vous faire ici avec les oiseaux?

— Je voyais de ma fenêtre que cette belle plante avait soif. Tenez, elle penche sa jolie tête, et les feuilles languissent. Je ne vous croyais pas ici, et je venais donner à boire à ces pauvres racines. Voici l'aiguière. Vous me la rapporterez tantôt. Je retourne à mon ouvrage.

— Déjà! Mila?

— D'autant plus que je suis fort mal à l'aise ainsi perchée. J'en ai assez. Lâchez-moi, que je m'en retourne par où je suis venue.

— Non, non, c'est trop dangereux. La vigne plie toujours, et mes bras ne sont pas assez longs pour vous soutenir jusqu'à la galerie. Laissez-moi vous attirer jusqu'ici, Mila, et vous passerez par ma chambre pour vous en aller.

— Cela ne se peut pas, Magnani; les voisins diraient du mal de moi s'ils me voyaient entrer dans votre chambre par la fenêtre ou par la porte.

— Eh bien, restez là, tenez-vous bien; je vais sauter par la fenêtre pour vous aider ensuite à descendre. »

Mais il était trop tard : la vigne plia brusquement; Mila fit un cri, et si Magnani ne l'eût saisie dans ses deux bras et assise sur le bord de sa croisée, en brisant un peu ses chers liserons, elle serait tombée de dix pieds de haut.

« Maintenant, lui dit-il, petite imprudente, vous ne pouvez plus vous en retourner que par ma chambre. Entrez-y bien vite, car j'entends marcher sous la galerie, et personne encore ne vous a vue. »

Il l'attira vivement dans sa pauvre demeure, et elle se dirigeait aussi vite vers la porte qu'elle était entrée par la fenêtre, lorsqu'en jetant un regard par cette porte entr'ouverte, elle vit que celle du voisin, le cordonnier, qui demeurait sur le même palier, était ouverte toute grande, et que le cordonnier en personne, le plus médisant de tous les voisins, était là, travaillant et chantant, si bien qu'il était impossible de passer devant lui sans s'exposer à ses quolibets désagréables.

XXXIII.

LA BAGUE.

« Voilà! dit la jeune fille en refermant la porte avec un peu de dépit, le malin esprit m'en veut! C'est assez que j'aie eu la fantaisie d'arroser une pauvre fleur, pour que je risque d'être déchirée par les mauvaises langues et grondée par mon père!... et surtout par Michel, qui est si taquin avec moi!

— Cher enfant, dit Magnani, on n'oserait parler de vous comme on parle des autres; vous êtes si différente de toutes les jeunes filles du faubourg! On vous aime et on vous respecte comme aucune d'elles ne le sera jamais. D'ailleurs, puisque c'est à cause de moi... ou plutôt seulement à cause de mes fleurs, que vous courez ce risque... soyez tranquille... Malheur à qui oserait en médire!

— N'importe, je n'oserai jamais passer devant ce maudit cordonnier.

— Et vous ferez bien. L'heure de son repas est venue. Sa femme l'a déjà appelé deux fois. Il va s'en aller. Attendez ici quelques instants, une minute peut-être... D'autant plus que je voudrais bien vous dire un mot, Mila.

— Et qu'avez-vous à me dire? » répondit-elle en s'asseyant sur une chaise qu'il lui offrait, et qui était la seule de l'appartement. Elle tremblait d'une violente émotion intérieure, mais elle affectait un air dégagé que semblait lui imposer la circonstance. Ce n'est pas qu'elle eût peur de Magnani; elle le connaissait trop pour craindre qu'il prît avantage du tête-à-tête; mais elle craignait, plus que jamais, qu'il ne devinât le secret de son cœur.

« Je ne sais pas trop ce que j'ai à vous dire, reprit Magnani un peu troublé. Il me semblait que ce serait à vous de me dire quelque chose?

— Moi! s'écria la fière Mila en se levant : je n'ai rien à vous dire, je vous jure, signor Magnani! »

Et elle allait sortir, préférant les propos du voisinage au danger d'être devinée par celui qu'elle aimait, lorsque Magnani, surpris de son mouvement, et remarquant sa rougeur subite, commença à pressentir la vérité.

« Chère Mila, lui dit-il en se plaçant devant la porte, un moment de patience, je vous en supplie; ne vous exposez pas aux regards et ne vous fâchez pas contre moi, si je vous retiens un instant. Les conséquences d'un cas pareil peuvent être bien graves pour un homme résolu à tuer ou être tué pour défendre l'honneur d'une femme.

— En ce cas, ne parlez pas si haut, dit Mila, frappée de l'expression de Magnani; car ce cordonnier de malheur pourrait nous entendre. Je sais bien, dit-elle en se laissant ramener à sa chaise, que vous êtes brave et généreux, et que vous feriez pour moi ce que vous feriez pour une de vos sœurs. Mais, moi, je ne me soucie pas que cela arrive, car vous n'êtes pas mon frère, et vous ne me justifieriez pas en prenant mon parti. On n'en dirait que plus de mal de moi, ou bien nous serions forcés de nous marier ensemble, ce qui ne ferait plaisir ni à vous ni à moi. »

Magnani examina les yeux noirs de Mila, et les voyant

Le cordonnier qui demeurait sur le même palier... (Page 87.)

si fiers, il renonça vite à l'éclair de présomption qui venait de lui faire à la fois peur et plaisir.

« Je comprends fort bien que vous ne m'aimiez pas, ma bonne Mila, lui dit-il avec un sourire mélancolique; je ne suis pas aimable; et ce qu'il y aurait de plus triste au monde, après avoir été compromise par moi, ce serait de passer votre vie avec un être aussi maussade.

— Ce n'est pas là ce que j'ai voulu dire, reprit l'adroite petite fille; j'ai beaucoup d'estime et d'amitié pour vous, je n'ai pas de raisons pour vous le cacher; mais j'ai une inclination pour un autre. Voilà pourquoi je souffre et je tremble de me trouver ici enfermée avec vous.

— S'il en est ainsi, Mila, dit Magnani en poussant le verrou de sa porte et en allant fermer le contrevent de sa fenêtre, avec tant de vivacité qu'il faillit briser le reste de son liseron, prenons toutes les précautions possibles pour que personne ne sache que vous êtes ici; je vous jure que vous en sortirez sans que personne s'en doute, dussé-je écarter de force tous les voisins, dussé-je faire le guet jusqu'à ce soir. »

Magnani essayait d'être enjoué, et se croyait fort soulagé de n'avoir pas à se défendre de l'amour de Mila; mais il venait d'être frappé d'une tristesse subite en entendant cette jeune fille déclarer son affection pour un autre, et sa figure candide exprimait malgré lui un désappointement assez pénible. Ne le lui avait-elle pas avoué déjà durant leur veillée, et, par cette confidence, ne l'avait-elle pas investi, en quelque sorte, des devoirs d'un frère? Il était résolu à remplir dignement cette mission sacrée; mais, d'où vient qu'un instant auparavant il venait de tressaillir en la voyant courroucée; et pourquoi son cœur, nourri d'une amère et folle passion, s'était-il senti vivifié et rajeuni par la présence inattendue de cette enfant qui était entrée par sa fenêtre comme un rayon du soleil?

Mila l'observait à la dérobée. Elle vit qu'elle avait touché juste. « O cœur sauvage! se dit-elle avec une joie muette et forte, je te tiens; tu ne m'échapperas point.

« Mon cher voisin, lui dit cette petite rusée, ne soyez pas offensé de ce que je viens de vous confier, et n'y voyez pas une insulte à votre mérite. Je sais que toute autre que moi serait flattée d'être compromise par vous,

Elle lui présenta son aiguière. (Page 91.)

avec l'espoir d'être votre femme; mais je ne suis ni menteuse, ni coquette. J'aime, et comme j'ai confiance en vous, je vous le dis. Je sais que cela ne peut vous faire aucune peine, puisque vous avez renoncé au mariage, et que vous détestez toutes les femmes, hormis une seule qui n'est pas moi. »

Magnani ne répondit rien. Le cordonnier chantait toujours. « Il est dans ma destinée, pensait Magnani, de n'être aimé d'aucune femme et de ne pouvoir guérir. »

Mila, inspirée par l'espèce de divination que l'amour donne aux femmes, même sans expérience et sans lecture, se disait avec raison que Magnani, étant stimulé dans sa passion par la souffrance et le manque d'espoir, serait effrayé et révolté à l'idée d'une affection qui s'offrirait à lui, facile et provoquante; en conséquence, elle lui montrait son cœur comme invulnérable et préservé de lui par une autre inclination. C'était le prendre par la douleur, et c'était là la seule manière de le prendre, en effet. En le faisant changer de supplice, elle préparait sa guérison.

« Mila, lui dit-il enfin, en lui montrant une grosse bague d'or ciselé qu'il avait au doigt et qu'elle avait déjà remarquée, pouvez-vous m'apprendre d'où me vient ce riche présent?

— Cela? dit-elle en regardant la bague avec un feint étonnement. Il m'est impossible de vous en rien dire.... Mais, je n'entends plus votre voisin, adieu. Tenez, Magnani, vous avez l'air bien fatigué. Vous reposiez quand je suis entrée, vous feriez bien de reposer encore un peu. Il n'y a de danger pour aucun de nous dans ce moment-ci. Il n'y en a pas pour moi, puisque mon père et mon frère sont debout. Il n'y en a pas pour eux, puisqu'il fait grand jour et que la maison est pleine de monde. Dormez, mon brave voisin. Ne fût-ce qu'une heure, cela vous rendra la force de recommencer votre rôle de gardien de la famille.

— Non, non, Mila. Je ne dormirai pas, et je n'en aurai même plus envie; car, quoi que vous en disiez, il se passe encore dans cette maison des choses bizarres, inexplicables. J'avoue que, lorsque le jour commençait à poindre, j'ai eu un instant d'engourdissement. Vous reposiez, vous étiez enfermée, l'homme au manteau était parti. J'étais assis sous votre galerie, me disant que le premier pas qui l'ébranlerait me réveillerait vite si je me laissais vaincre par le sommeil. Et alors, en effet, le sommeil m'a vaincu. Cinq minutes peut-être, pas davantage, car le jour n'avait fait qu'un progrès insensible pendant ce temps-là. Eh bien ! quand j'ai ouvert les yeux, j'ai cru voir un pan de robe ou de voile noir, qui passait près de moi et disparaissait comme un éclair. Ma main entr'ouverte à mon côté et pendante sur le banc fit un mouvement vague et fort inutile pour saisir cette vision. Mais il y avait dans ma main, ou à côté, je ne sais lequel, un objet que je fis tomber à mes pieds, et que je ramassai aussitôt : c'était cette bague ; savez-vous à qui elle peut appartenir ?

— Une si belle bague ne peut appartenir à personne de la maison, répondit Mila ; mais je crois pourtant la connaître.

— Et moi aussi, je la connais, dit Magnani : elle appartient à la princesse Agathe. Il y a cinq ans que je la vois à son doigt, et elle y était déjà le jour où elle entra chez ma mère.

— C'est une bague qui lui vient de la sienne ; elle me l'a dit, à moi ! Mais comment se trouve-t-elle à votre main aujourd'hui ?

— Je comptais précisément sur vous pour m'expliquer ce prodige, Mila ; c'est là ce que j'avais à vous demander.

— Sur moi ? Et pourquoi donc sur moi ?

— Vous seule ici êtes assez protégée par la princesse pour avoir reçu ce riche présent.

— Et si je l'avais reçu, dit-elle d'un ton moqueur et superbe, vous pensez que je m'en serais dessaisie en votre faveur, maître Magnani ?

— Non, certes, vous n'auriez pas dû le faire, vous ne l'eussiez pas fait ; mais vous auriez pu passer sur la galerie et le laisser tomber, puisque j'étais précisément au-dessous de la balustrade.

— Cela n'est point ! Et, d'ailleurs, n'avez-vous pas vu flotter une robe noire à côté de vous ? Est-ce que je suis habillée de noir ?

— J'ai pensé pourtant aussi que vous étiez sortie dans la cour pendant cet instant de sommeil qui m'avait surpris, et que, pour m'en punir ou m'en railler, vous m'aviez fait cette plaisanterie. S'il en est ainsi, Mila, convenez-en, la punition était trop douce, et vous eussiez dû m'arroser le visage, au lieu de réserver l'eau de votre aiguière pour mes liserons. Mais reprenez votre bague, je ne veux pas la garder plus longtemps. Il ne me conviendrait pas de la porter, et je craindrais de la perdre.

— Je vous jure que cette bague ne m'a pas été donnée, que je ne suis pas sortie dans la cour pendant que vous dormiez, et je ne prendrai pas ce qui vous appartient.

— Comme il est impossible que la princesse Agathe soit venue ici ce matin...

— Oh ! certes, cela est impossible ! dit Mila avec un sérieux plein de malice.

— Et pourtant elle y est venue ! dit Magnani, qui crut lire la vérité dans ses yeux brillants. Oui, oui, Mila, elle est venue ici ce matin ! Je sens que vous êtes imprégnée du parfum que ses vêtements exhalent ; ou vous avez touché à sa mantille, ou elle vous a embrassée, il n'y a pas plus d'une heure. »

« Mon Dieu ! pensa la jeune fille, comme il connaît tout ce qui tient à la princesse Agathe ! comme il devine, quand il s'agit d'elle ! Si c'était d'elle qu'il est si amoureux ? Eh bien ! veuille le ciel que cela soit, car elle m'aiderait à le guérir : elle m'aime tant ! »

« Vous ne répondez plus, Mila ! reprit Magnani. Puisque vous êtes devinée, avouez donc.

— Je ne sais pas seulement ce que vous avez dit, répondit-elle ; je pensais à autre chose... à m'en aller !

— Je vais vous y aider ; mais auparavant, je vous prierai de mettre cette bague à votre doigt pour la rendre à madame Agathe, car, à coup sûr, elle l'a perdue en passant près de moi.

— En supposant qu'elle fût venue ici en effet, ce qui est absurde, mon cher voisin, pourquoi ne vous aurait-elle pas fait ce présent ?

— C'est qu'elle doit me connaître assez pour être certaine que je ne l'accepterais pas.

— Vous êtes fier !

— Très-fier, vous l'avez dit, ma chère Mila ! Il n'est au pouvoir de personne de mettre un prix matériel au dévouement que mon âme donne avec joie. Je conçois qu'un grand seigneur présente une chaîne d'or, ou un diamant, à l'artiste qui l'a charmé une heure par son génie, mais je ne comprendrais jamais qu'il entendît payer à prix d'or l'homme du peuple auquel il a cru pouvoir demander une preuve d'affection. D'ailleurs, ce ne serait pas ici le cas. En m'avertissant que votre frère courait un danger, madame Agathe ne faisait que m'indiquer un devoir que j'aurais rempli avec le même zèle, si tout autre m'eût donné le même avis. Il me semble que je suis assez son ami, celui de votre père, et j'oserai dire aussi le vôtre, pour être prêt à veiller, à me battre, et à me faire mettre en prison pour l'un de vous, sans y être excité par qui que ce soit. Vous ne le croyez pas, Mila ?

— Je le crois, mon ami, répondit-elle ; mais je crois aussi que vous interprétez très-mal ce cadeau, si cadeau il y a. Madame Agathe est femme à savoir encore mieux que vous et moi qu'on ne paie pas l'amitié avec de l'argent et des bijoux. Mais elle doit sentir, comme vous et moi, que quand des cœurs amis se réunissent pour s'entr'aider, l'estime et la sympathie augmentent en raison du zèle que chacun y porte. Dans bien des cas, une bague est un gage d'amitié et non le paiement d'un service : car vous avez rendu service à la princesse en nous protégeant, cela est certain : quoique je ne sache pas comment cela se fait, sa cause est liée à la nôtre, et notre ennemi est le sien. Si vous pensiez à ce que je vous ai dit, vous reconnaîtriez bien que cette bague est moralement précieuse à la princesse, et non pas matériellement, comme vous le dites ; car c'est un joyau qui n'a pas une grande valeur par lui-même.

— Vous m'avez dit qu'il lui venait de sa mère ? dit Magnani ému.

— Et vous avez remarqué vous-même qu'elle la portait toujours ! A votre place, si j'étais sûr que cette bague m'eût été donnée, je ne m'en séparerais jamais. Je ne la porterais pas à mon doigt, où elle fixerait trop l'attention des envieux, mais sur mon cœur, où elle serait comme une relique.

— En ce cas, ma chère Mila, dit Magnani, attendri des soins délicats que prenait cette jeune fille pour adoucir l'amertume de son âme, pour lui faire accepter avec bonheur le don de sa rivale, reportez-lui cette bague, et, si elle a voulu me la donner en effet, si elle insiste pour que je la garde, je la garderai.

— Et vous la porterez sur votre cœur comme je vous l'ai dit ? demanda Mila en le pénétrant d'un regard plein de courage et d'anxiété. Songez, ajouta-t-elle avec énergie, que c'est le gage d'une sainte patronne ; que la femme dont vous êtes épris, quelle qu'elle soit, ne peut pas mériter que vous lui en fassiez le sacrifice, et qu'il vaudrait mieux jeter ce gage dans la mer que de le profaner par une ingratitude ! »

Magnani fut ébloui du feu qui jaillissait des grands yeux noirs de Mila. Devinait-il la vérité ? Peut-être ! mais si elle se bornait à pressentir la vénération de Magnani pour celle qui avait sauvé sa mère, elle n'en était pas moins belle et grande, en voulant lui procurer la douceur de croire à l'amitié de cette bonne fée. Il commençait à se sentir gagné par l'ardeur chaste et profonde qu'elle portait cachée dans son cœur, et ce cœur fier et passionné se révélait malgré lui, au milieu de ses efforts pour se vaincre ou se taire.

Un élan de reconnaissance et de tendresse fit plier les genoux de Magnani auprès de la jeune fille.

« Mila, lui dit-il, je sais que la princesse Agathe est une sainte, et j'ignore si mon cœur serait digne de receler une relique d'elle. Mais je sais qu'il n'existe au monde qu'un seul autre cœur auquel je voudrais le confier ; ainsi, soyez tranquille ; aucune femme, si ce n'est vous, ne me paraîtra jamais assez pure pour porter cette bague. Mettez-la à votre doigt maintenant, afin de la rendre à la princesse ou de me la conserver. »

Mila, rentrée dans sa demeure, eut un instant d'éblouissement, comme si elle allait s'évanouir. Un mélange de consternation et d'ivresse, de terreur et de joie enthousiaste faisait bondir sa poitrine. Elle entendit enfin la voix de son père, qui s'impatientait pour son déjeuner : « Eh bien, petite! criait-il, nous avons faim, et soif surtout! car il fait déjà chaud, et les couleurs nous prennent à la gorge. »

Mila courut les servir ; mais, quand elle posa son aiguière sur le banc où ils déjeunaient, elle s'aperçut qu'elle était vide. Michel voulut aller la remplir, après avoir raillé sa sœur de ses distractions. Sensible au reproche, et se faisant un point d'honneur d'être l'unique servante de son vieux père, Mila lui arracha l'amphore et se dirigea légère et bondissante vers la fontaine.

Cette fontaine était une belle source qui jaillissait du sein même de la lave, dans une sorte de précipice situé derrière la maison. Ces phénomènes de sources envahies par les matières volcaniques et retrouvées au bout de quelques années, se produisent au milieu des laves. Les habitants creusent et cherchent l'ancien lit. Parfois, il n'est que couvert ; d'autres fois, il s'est détourné à peu de distance. L'eau s'est frayé un passage sous les feux refroidis du volcan, et, dès qu'on lui ouvre une issue, elle s'élance à la surface, aussi pure, aussi saine qu'auparavant. Celle qui baignait le pied de la maison de Pier-Angelo était située au fond d'une excavation profonde que l'on avait pratiquée dans le roc, et où l'on descendait par un escalier pittoresque. Elle formait un petit bassin pour les laveuses, et une quantité de linge blanc suspendu à toutes les parois de la grotte y entretenait l'ombre et la fraîcheur. La belle Mila, descendant et remontant dix fois le jour cet escalier difficile, avec son amphore sur la tête, était le plus parfait modèle pour ces figures classiques que les peintres du siècle dernier plaçaient inévitablement dans tous leurs paysages d'Italie ; et au fait, quel accessoire plus naturel et quelle plus gracieuse *couleur locale* pourrait-on donner à ces tableaux, que la figure, le costume, l'attitude à la fois majestueuse et leste de ces nymphes brunes et fières ?

XXXIV.

A LA FONTAINE.

Lorsque Mila descendit l'escalier entaillé dans le roc, elle vit un homme assis au bord de la source, et ne s'en inquiéta point. Elle avait la tête toute remplie d'amour et d'espérance, et le souvenir de ses dangers ne pouvait plus l'atteindre. Lorsqu'elle fut au bord de l'eau, cet homme, qui lui tournait le dos, et qui avait la tête et le corps couverts de la longue veste à capuchon que portent les gens du peuple [1], ne l'inquiéta pas encore ; mais, lorsqu'il se retourna pour lui demander, d'une voix douce, si elle voulait bien lui permettre de boire à son aiguière, elle tressaillit ; car il lui sembla reconnaître cette voix, et elle remarqua qu'il n'y avait personne, ni en haut ni en bas de la fontaine ; que pas un enfant ne jouait comme à l'ordinaire sur l'escalier, enfin, qu'elle était seule avec cet inconnu, dont l'organe lui faisait peur.

Elle feignit de ne l'avoir pas entendu, remplit sa cruche à la hâte, et se disposa à remonter. Mais l'étranger, se couchant sur les dalles, comme pour lui barrer le passage, ou comme pour se reposer nonchalamment, lui dit, avec la même douceur caressante :

« Rebecca, refuseras-tu une goutte d'eau à Jacob, l'ami et le serviteur de la famille ?

— Je ne vous connais pas, répondit Mila en tâchant de prendre un ton calme et indifférent. Ne pouvez-vous approcher vos lèvres de la cascade ? Vous y boirez beaucoup mieux que dans une aiguière. »

[1]. C'est un surtout de laine drapée double, tissue de couleurs différentes sur chaque face de l'étoffe. On le porte pour se préserver de l'ardeur du soleil aussi bien que pour se garantir du froid.

L'inconnu passa tranquillement son bras autour des jambes de Mila, et la força, pour ne pas tomber, de s'appuyer sur son épaule.

« Laissez-moi, dit-elle, effrayée et courroucée, ou j'appelle au secours. Je n'ai pas le temps de plaisanter avec vous, et je ne suis pas de celles qui folâtrent avec le premier venu. Laissez-moi, vous dis-je, ou je crie.

— Mila, dit l'étranger en rabattant son capuchon, je ne suis pas le premier venu pour vous, quoiqu'il n'y ait pas longtemps que nous avons fait connaissance. Nous avons ensemble des relations qu'il n'est pas en votre pouvoir de rompre et qu'il n'est pas de votre devoir de méconnaître. La vie, la fortune et l'honneur de ce que vous avez de plus cher au monde reposent sur mon zèle et sur ma loyauté. J'ai à vous parler ; présentez-moi votre aiguière, afin que, si quelqu'un nous observe, il trouve naturel que vous vous arrêtiez ici un instant avec moi.

En reconnaissant l'hôte mystérieux de la nuit, Mila fut comme subjuguée par une sorte de crainte qui n'était pas sans mélange de respect. Car il faut tout dire : Mila était femme, et la beauté, la jeunesse, le regard et l'organe suave du Piccinino n'étaient pas sans une secrète influence sur ses instincts délicats et un peu romanesques.

« Seigneur, lui dit-elle, car il lui était impossible de ne pas le prendre pour un noble personnage affublé d'un déguisement, je vous obéirai ; mais ne me retenez pas de force, et parlez plus vite, car ceci n'est pas sans danger pour vous et pour moi. » Elle lui présenta son aiguière à laquelle le bandit but sans se hâter ; car, pendant ce temps, il tenait dans sa main le bras nu de la jeune fille et en contemplait la beauté, tout en le pressant, pour le forcer à incliner le vase par degrés, à mesure qu'il étanchait sa soif feinte ou réelle.

« Maintenant, Mila, lui dit-il en couvrant sa tête qu'il lui avait laissé le loisir d'admirer, écoutez ! Le moine qui vous a effrayée hier viendra aussitôt que votre père et votre frère seront sortis : ils doivent dîner aujourd'hui chez le marquis de la Serra. Ne cherchez pas à les retenir, au contraire ; s'ils restaient, s'ils voyaient le moine, s'ils cherchaient à le chasser, ce serait le signal de quelque malheur auquel je ne pourrais m'opposer. Si vous êtes prudente, et dévouée à votre famille, vous éviterez même au moine le danger de se montrer dans votre maison. Vous viendrez ici comme pour laver ; je sais qu'avant d'entrer chez vous, il rôdera de ce côté et cherchera à vous surprendre hors de la cour, où il craint vos voisins. N'ayez pas peur de lui ; il est seul, et jamais en plein jour, jamais au risque d'être découvert, il ne cherchera à vous faire violence. Il vous parlera encore de ses ignobles désirs. Coupez court à tout entretien ; mais faites semblant de vous être ravisée. Dites-lui de s'éloigner, parce qu'on vous surveille ; mais donnez-lui un rendez-vous pour vingt heures [1] dans un lieu que je vais vous désigner, et où il faudra vous rendre seule, une heure d'avance. J'y serai. Vous n'y courrez donc aucun danger. Je m'emparerai alors du moine, et vous n'en entendrez plus jamais parler de ma vie. Vous serez délivrée d'un persécuteur infâme ; la princesse Agathe ne courra plus le risque d'être déshonorée par d'atroces calomnies ; votre père ne sera plus sous la menace incessante de la prison, et votre frère Michel sous celle du poignard d'un assassin.

— Mon Dieu, mon Dieu ! dit Mila haletante de peur et de surprise, cet homme nous veut tant de mal, et il le peut ! C'est donc l'abbé Ninfo ?

— Parlez plus bas, jeune fille, et que ce nom maudit ne frappe pas d'aujourd'hui les oreilles qui vous entourent. Soyez calme, paraissez ne rien savoir et ne rien agir. Si vous dites un mot de tout ceci à qui que ce soit, on vous empêchera de sauver ceux que vous aimez. On vous dira de vous méfier de moi-même, parce qu'on se méfiera de votre prudence et de votre volonté. Qui sait si on ne me prendra pas pour votre ennemi ? Je ne crains

[1]. C'est-à-dire quatre heures avant la chute du jour.

personne, moi, mais je crains que mes amis ne se perdent eux-mêmes par leur indécision. Vous seule, Mila, pouvez les sauver : le voulez-vous?

— Oui, je le veux, dit-elle; mais que deviendrai-je si vous me trompez? si vous n'êtes pas au rendez-vous?

— Ne sais-tu donc pas qui je suis?

— Non, je ne le sais pas; personne ne me l'a voulu dire.

— Alors, regarde-moi encore; ose me bien regarder, et tu me connaîtras mieux à mon visage que tous ceux qui te parleraient de moi. »

Il entr'ouvrit son capuchon, et sut donner à son beau visage une expression si rassurante, si affectueuse et si douce, que l'innocente Mila en subit le dangereux prestige.

— Il me semble, dit-elle en rougissant, que vous êtes bon et juste; car si le diable était en vous, il aurait pris le masque d'un ange.

Le Piccinino referma son capuchon pour cacher la voluptueuse satisfaction que lui causait cet aveu naïf sortant de la plus belle bouche du monde.

— Eh bien, reprit-il, suis ton instinct. N'obéis qu'à l'inspiration de ton cœur; sache d'ailleurs que ton oncle de Bel-Passo m'a élevé comme son fils, que ta chère princesse Agathe a remis sa fortune et son honneur entre mes mains, et que, si elle n'était femme, c'est-à-dire un peu prude, elle aurait donné à l'abbé Ninfo ce rendez-vous nécessaire.

— Mais je suis femme aussi, dit Mila, et j'ai peur. Pourquoi ce rendez-vous est-il si nécessaire?

— Ne sais-tu pas que je dois enlever l'abbé Ninfo? Comment puis-je m'en emparer au milieu de Catane, ou aux portes de la Villa-Ficarazzi? Ne faut-il pas que je le fasse sortir de son antre, que je l'attire dans un piège? Son mauvais destin a voulu qu'il se prît pour toi d'un amour insensé...

— Ah! ne dites pas de mot d'amour à propos d'un tel homme, cela me fait horreur. Et vous voulez que j'aie l'air de l'encourager! J'en mourrai de honte et de dégoût.

— Adieu Mila, dit le bandit, en feignant de vouloir se relever. Je vois que tu es, en effet, une femme comme les autres, un être faible et vain, qui ne songe qu'à se préserver, sans se soucier de laisser flétrir et frapper autour de soi les têtes les plus sacrées!

— Eh bien, non, je ne suis pas ainsi! reprit-elle avec fierté. Je sacrifierai mes craintes à l'épreuve; car, quant à mon honneur, je saurai mourir avant qu'on y attente.

— A la bonne heure, ma brave fille! c'est parler comme il convient à la nièce de Fra-Angelo. Au reste, tu me vois fort tranquille sur ton compte, parce que je sais qu'il n'y a point de danger pour toi.

— Il y en a donc pour vous, Seigneur? Si vous y succombez, qui me protégera contre le moine?

— Un coup de poignard..., non pas dans ton beau sein, pauvre ange, comme tu nous en menaces, mais dans la gorge d'un animal immonde, qui n'est pas digne de périr de la main d'une femme, et qui ne s'y exposera même pas.

— Et où faut-il lui donner ce rendez-vous?

— A Nicolosi, dans la maison de Carmelo Tomabene, cultivateur, que tu diras être ton parent et ton ami. Tu ajouteras qu'il est absent, que tu as les clefs de sa maison, un grand jardin couvert où l'on entre sans être vu, en descendant par la gorge de *Croce del Destator*. Tu te souviendras de tout cela?

— Parfaitement; et il y ira?

— Il y viendra, sans nul doute, et sans se douter que ce Tomabene est fort lié avec un certain Piccinino qu'on dit chef de bandes, et auquel il a offert hier la fortune d'un prince, à la condition d'enlever ton frère et de l'assassiner au besoin.

— Sainte Madone, protégez-moi! Le Piccinino! J'ai entendu parler de lui; c'est un homme terrible. Est-ce qu'il viendra avec vous? Je mourrais de peur si je le voyais!

— Et pourtant, dit le bandit, charmé de découvrir que Mila était si peu au courant de l'aventure, je gage que, comme toutes les jeunes filles du pays, tu meurs d'envie de le voir.

— J'en serais curieuse parce qu'on le dit si laid! Mais je voudrais être sûre qu'il ne me vit point.

— Sois tranquille, il n'y aura que moi, moi tout seul, chez le paysan de Nicolosi. As-tu peur de moi aussi, voyons, enfant que tu es? Ai-je l'air bien redoutable? bien méchant?

— Non, en vérité! Mais pourquoi faut-il donc que j'aille à ce rendez-vous? Ne suffit-il pas que j'y envoie l'abbé... je veux dire le moine?

— Il est méfiant comme le sont tous les criminels; il n'entrera jamais dans le jardin de Carmelo Tomabene s'il ne t'y voit promener seule. En venant une heure d'avance, tu ne risques point de le rencontrer en chemin; d'ailleurs, viens par la route de Bel-Passo que tu connais sans doute mieux que l'autre. As-tu jamais été à Nicolosi?

— Jamais, Seigneur; y a-t-il bien loin?

— Trop loin pour tes petits pieds, Mila; mais tu sais bien te tenir sur une mule?

— Oh! oui, je le crois.

— Tu en trouveras une parfaitement sûre et douce, derrière le palais de Palmarosa; un enfant te la présentera avec une rose blanche pour mot de passe; mets la bride sur le cou de cette bonne servante, et laisse-la sans crainte marcher vite; en moins d'une heure elle t'amènera à ma porte sans se tromper, et sans faire un faux pas, quelque effrayant que te paraisse le chemin qu'il lui plaira de choisir. Tu n'auras pas peur, Mila?

— Et, si je rencontre l'abbé?

— Fouette ta monture, et ne crains pas qu'on t'atteigne.

— Mais, puisque c'est du côté de Bel-Passo, vous me permettrez de me faire conduire par mon oncle?

— Non! ton oncle a affaire ailleurs pour la même cause; mais, si tu l'avertis, il voudra t'accompagner; s'il te voit, il te suivra, et tout ce que nous aurons tenté deviendra inutile; je n'ai pas le temps de t'en dire davantage; il me semble qu'on t'appelle; tu hésites, donc tu refuses?

— Je n'hésite pas, j'irai! Seigneur, vous croyez en Dieu? »

Cette question ingénue et brusque fit pâlir et sourire en même temps le Piccinino.

« Pourquoi me demandes-tu cela? dit-il en croisant son capuchon sur sa figure.

— Ah! vous comprenez bien, dit-elle, Dieu entend tout et voit tout; il punit le mensonge et assiste l'innocence! »

La voix de Pier-Angelo, qui appelait sa fille, retentit pour la seconde fois.

« Va-t'en, dit le Piccinino en la soutenant dans ses bras pour l'aider à remonter vite l'escalier; seulement, si un seul mot t'échappe, nous sommes perdus.

— Vous aussi?

— Moi aussi!

— Ce serait dommage, pensait Mila en se retournant du haut de l'escalier pour jeter un dernier regard sur le bel étranger, dont il lui était impossible de ne pas faire un héros et un ami d'un rang supérieur, qu'elle plaçait, dans sa riante imagination, à côté d'Agathe. Il avait une si douce voix et un si doux sourire! son accent était si noble, son air d'autorité si convaincant! « J'aurai de la discrétion et du courage, se dit-elle; je ne suis qu'une petite fille, et pourtant c'est moi qui sauverai tout le monde! » De tout temps, hélas, le passereau s'est laissé fasciner par le vautour.

Dans tout cela, le Piccinino cédait à un besoin inné de compliquer à son profit, ou seulement pour son amusement, les difficultés d'une aventure. Il est vrai qu'il n'y avait pas de meilleur moyen d'attirer chez lui l'abbé Ninfo, que de l'y faire entraîner par un appât de libertinage. Mais il eût pu choisir toute autre femme que la candide Mila pour jouer, à l'aide d'une certaine ressemblance, ou d'un costume analogue, le rôle de la personne qui devait se montrer dans son jardin. L'abbé était parfois d'une méfiance outrageante, parce qu'il était horriblement poltron ; mais, aveuglé par une sotte présomption et troublé par une grossière impatience, il se fût laissé prendre au piège. Un peu de violence, un homme aposté derrière la porte, eût suffi pour le faire tomber dans les mains du bandit. Il y avait encore bien d'autres ruses avec lesquelles le Piccinino était habitué à se jouer, et qui eussent aussi bien réussi; car l'abbé, avec toutes ses intrigues, sa curiosité, son espionnage perpétuel, ses mensonges effrontés et sa persévérance sans pudeur, était un misérable du dernier ordre, et l'homme le plus borné et le moins habile qu'il y eût au monde. On craint trop les scélérats, en général ; on ne sait point que la plupart sont des imbéciles. Il n'eût pas fallu à l'abbé Ninfo la moitié des peines qu'il se donnait, pour faire le double de mal, s'il eût eu tant soit peu d'intelligence et de véritable pénétration.

Ainsi, l'on a vu qu'il était toujours à côté de la vérité dans ses découvertes; il avait pris mille déguisements et inventé mille arcanes classiques pour observer ce qui se passait à la villa Palmarosa, et il se croyait certain que Michel était l'amant de la princesse. Il était à cent lieues de soupçonner la nature du lien qui pouvait les rapprocher. Il eût pu aisément surprendre la religion du docteur Recuperati, dont l'honnêteté rigide manquait de prévoyance et de lumière; et pourtant, pour lui dérober le testament, il avait remis de jour en jour, et n'avait jamais réussi à lui inspirer la moindre confiance. Il lui était impossible, tant sa figure portait le cachet d'une bassesse sans mélange et sans bornes, de jouer pendant cinq minutes le rôle d'un homme de bien.

Ses vices le gênaient, comme il l'avouait et le proclamait lui-même quand il était ivre. Débauché, cupide, et intempérant au point de perdre la tête dans les moments où il avait le plus besoin de lucidité, il n'avait jamais mené à bien aucune intrigue difficile. Le cardinal s'était servi de lui longtemps comme d'un agent de police auquel rien ne répugnait, et il ne lui avait jamais attribué plus de valeur qu'à un instrument du dernier ordre. Dans ses jours d'esprit et de cynisme, le prélat l'avait flétri d'une épithète dont il ne pouvait se relever, et que nous ne saurions traduire.

Aussi n'avait-il jamais été pour rien dans les secrets de famille ou les affaires d'État qui avaient occupé la vie de monsignor Jeronimo. Le mépris qu'il lui inspirait avait survécu à la perte de sa mémoire, et le prélat paralytique, et presque en enfance, n'en avait même pas peur, et ne retrouvait de la parole avec lui que pour lui appliquer l'infâme surnom dont il l'avait gratifié.

Une autre preuve de l'idiotisme de l'abbé, c'était la confiance qu'il nourrissait de pouvoir séduire toutes les femmes qui lui faisaient envie.

« Avec un peu d'or et beaucoup de mensonges, disait-il, avec des menaces, des promesses et des compliments, on s'empare de la plus fière comme de la plus humble. »

En conséquence, il se flattait d'avoir part à la fortune d'Agathe en faisant enlever celui qu'il présumait être son amant. Il n'était capable que d'une chose, c'était de placer Michel sous la carabine d'un bandit, et de crier *feu* dans un moment de vanité et de cupidité déçues; il n'eût osé le tuer lui-même, de même qu'il n'eût osé faire outrage à Mila, si elle eût levé seulement une paire de ciseaux pour le menacer.

Mais quelque abject que fût cet homme, il avait une certaine puissance pour le mal; elle ne venait pas de lui, la méchanceté des autres hommes l'en avait investi. La police napolitaine lui prêtait son lâche et odieux secours, quand il le réclamait. Il avait fait exiler, ruiner ou lan-guir dans les cachots bien des victimes innocentes, et il eût fort bien pu s'emparer de Michel, sans aller chercher le secours des bandits de la montagne.

Mais il voulait pouvoir le rendre au besoin, pour une rançon considérable, et il voulait faire discuter l'affaire par des brigands avoués qui auraient intérêt à ne pas le trahir. Tout son rôle, en ceci, consistait donc à aller chercher des *bravi* et à leur dire : J'ai découvert une intrigue d'amour qui vaut de l'or. Faites le coup, et nous partagerons les produits. »

Mais en cela encore, il avait été dupe. Un *bravo* adroit, qui *travaillait* à la ville, sous la direction du Piccinino, et qui ne se fût point permis de rien faire sans le consulter, avait trompé l'abbé en l'attirant à un rendez-vous, où il n'avait pas vu le véritable Piccinino, mais auquel le Piccinino avait assisté derrière une cloison. Le Piccinino avait menacé ensuite de casser la tête au premier des deux complices qui parlerait ou qui agirait sans son ordre, et on le savait homme à tenir parole. D'ailleurs, ce jeune aventurier gouvernait sa bande avec une habileté si grande, un mélange de douceur et de despotisme si bien combinés, que jamais, sur une plus grande échelle, il est vrai, et dans des entreprises plus vastes, son père n'avait été à la fois aimé et redouté comme lui. Il pouvait donc être tranquille; ses secrets n'eussent pas été révélés à la torture, et il pouvait, cette fois, satisfaire le caprice qu'il avait souvent de terminer tout seul, sans confident et sans aide, une entreprise où il n'était pas besoin de force majeure, mais seulement de finesse et de ruse.

Voilà pourquoi le Piccinino, sûr de son plan, qui était des plus simples, voulait y mêler, pour son propre compte, des incidents poétiques, singuliers et romanesques, ou des enivrements réels, à son choix. Sa vive imagination et son caractère froid le lançaient sans cesse dans des essais contradictoires, d'où il savait sortir toujours, grâce à sa grande intelligence et à l'empire qu'il exerçait sur lui-même. Il avait toujours mené si bien sa barque que, hormis ses complices et le nombre très-restreint de ses amis intimes, personne n'aurait pu prouver que le fameux capitaine Piccinino, bâtard *del Destatore*, et le tranquille villageois Carmelo Tomabene, étaient le même homme. Ce dernier aussi passait bien pour un fils de Castro-Reale; mais il y en avait tant d'autres, dans la montagne, qui se vantaient de cette périlleuse origine!

XXXV.

LE BLASON.

L'ennemi vraiment redoutable, s'il eût voulu l'être, de la famille Lavoratori était donc le Piccinino; mais Mila ne s'en doutait point, et Fra-Angelo comptait sur cet élément d'héroïsme qui faisait, si l'on peut ainsi dire, la moitié de l'âme de son élève. Le bon religieux n'était pourtant pas sans inquiétude; il avait espéré qu'il le reverrait bientôt et qu'il pourrait s'assurer de ses dispositions; mais il l'avait attendu et cherché en vain. Il commençait à se demander s'il n'avait pas enfermé le loup dans la bergerie, et si ce n'était pas une grande faute que de s'associer aux gens capables de faire ce qu'on ne voudrait pas faire soi-même.

Il se rendit à la villa Palmarosa, à l'heure de la sieste, et trouva Agathe disposée à goûter les douceurs de ce moment d'apathie si nécessaire aux peuples du Midi.

« Soyez tranquille, mon bon père, lui dit-elle, mon inquiétude s'est dissipée avec la nuit. Au point du jour j'étais si peu rassurée sur les intentions de votre élève, que j'ai été moi-même m'assurer qu'il n'avait point égorgé Michel cette nuit. Mais l'enfant dormait paisiblement, et le Piccinino était sorti avant l'aube.

— Vous avez été vous informer vous-même, Madame? Quelle imprudence ! Et que dira-t-on dans le faubourg d'une telle démarche?

— On n'en saura jamais rien, je l'espère. J'ai été seule et à pied, bien enveloppée du *mazzaro* classique[1]; et si j'ai été rencontrée par quelqu'un de ma connaissance, à coup sûr je n'ai pas été reconnue. D'ailleurs, mon bon père, je n'ai plus de craintes sérieuses. L'abbé ne sait rien.

— Vous en êtes sûre?

— J'en suis très-sûre, et le cardinal est aussi incapa-

[1]. Manteau de soie noire qui enveloppe la taille et couvre la tête.

ble de se rien rappeler que le docteur me l'affirmait. L'abbé n'en a pas moins de mauvais desseins. Croiriez-vous qu'il suppose que Michel est mon amant?

— Et le Piccinino le croyait? dit le moine effrayé.

— Il ne le croit plus, répondit Agathe. J'ai reçu ce matin un billet de lui, où il me donne sa parole que je puis me tenir tranquille; que, dans la journée, l'abbé sera en son pouvoir, et que, jusque-là, il saura l'occuper si bien qu'aucun de nous n'en entendra parler. Je respire donc, et n'ai plus qu'un embarras, c'est de savoir comment je me délivrerai ensuite de l'intimité du capitaine Piccinino, qui menace de devenir trop assidu. Mais nous y aviserons plus tard : à chaque jour suffit son mal; et si, après tout, il me fallait en venir à lui dire la vérité... Vous ne le croyez pas homme à en abuser, n'est-ce pas?

— Je le sais homme à faire semblant de vouloir profiter et abuser de tout; mais ayez le courage de le traiter toujours comme un héros de franchise et de générosité, vous verrez qu'il voudra l'être et qu'il le sera en dépit du diable. »

La princesse et le capucin causèrent encore longtemps et se mirent mutuellement au courant de tout ce qu'ils savaient. Après quoi, Fra-Angelo se rendit au faubourg pour lever la consigne de Magnani, lui donner un nouveau rendez-vous de la part d'Agathe, et le remplacer pour escorter Michel-Ange et son père au palais de la Serra; car, malgré tout, Fra-Angelo n'aimait point l'idée qu'ils eussent à se trouver seuls dans la campagne, tant qu'il n'aurait pas vu lui-même le fils du *Destatore*.

Nous suivrons ces trois membres de la famille Lavoratori chez le marquis, et nous laisserons Mila attendre avec anxiété la visite du moine, tandis que Magnani, travaillant sur la galerie en face d'elle, était loin de se douter qu'après lui avoir demandé son assistance, elle guettait l'occasion de se dérober à ses regards. Elle avait promis à son père d'aller dîner chez son amie Nenna aussitôt qu'elle aurait lavé et repassé un voile qu'elle disait lui être indispensable pour sortir. Tout se passa comme son ami inconnu le lui avait annoncé. Elle vit le moine à la fontaine et n'eut pas besoin de feindre une grande terreur d'être surprise, car elle se demandait avec angoisse ce que Magnani penserait d'elle si, après ce qu'elle lui avait raconté, il l'apercevait causant de bonne volonté avec ce misérable.

Pour se dispenser de lui parler et de regarder son affreux visage, elle lui jeta un papier écrit qu'il lut avec transport, et s'éloigna en lui envoyant des baisers qui la firent frémir de dégoût et d'indignation.

A ce moment même son père, son frère et son oncle, bien loin de soupçonner les périls auxquels la pauvre enfant allait s'exposer pour eux, entraient dans le palais de la Serra. Cette riche demeure, plus moderne que celle de Palmarosa, dont elle n'était séparée que par leurs grands parcs respectifs et un étroit vallon couvert de jardins et de prairies, était remplie d'objets d'art, de statues, de vases et de magnifiques peintures, que M. de la Serra y avait rassemblés avec un intérêt de connaisseur sérieux et éclairé. Il vint lui-même au-devant des Angelo, leur serra la main affectueusement, et, en attendant que le repas fût servi, il les promena dans sa noble résidence, leur montrant et leur expliquant, avec courtoisie et avec autant d'esprit que de bon sens, les chefs-d'œuvre dont elle était ornée. Pier-Angelo, quoique simple ouvrier ornateur (*adornatore*), avait le goût et l'intelligence du beau dans les arts. Il était sensible à toutes ces merveilles qu'il connaissait déjà, et ses réflexions naïves et profondes animaient la conversation la plus sérieuse au lieu de la faire déroger. Michel fut d'abord un peu gêné devant le marquis; mais, remarquant bientôt combien le naturel et l'abandon de son père étaient de bon goût et avaient de mérite aux yeux d'un homme de sens comme le marquis, il se sentit plus à l'aise; enfin, lorsqu'il se trouva devant une table couverte de vermeil, parée et fleurie avec autant de soin que s'il se fût agi de traiter d'illustres convives, il oublia ses préventions, et causa avec autant de charme et d'aisance que s'il eût été le propre fils ou le neveu de la maison.

Une seule chose le tourmenta étrangement pendant ce dîner : c'était la figure et l'attitude qu'il supposait aux valets du marquis; je dis qu'il supposait, parce qu'il n'osait point lever les yeux sur eux. Il avait mainte fois dîné à la table des riches, lorsqu'il était à Rome, surtout depuis que, son père résidant à Catane, il n'y avait plus en pour lui de vie de famille qui le retînt dans son intérieur et qui le détournât de rechercher la société des jeunes élégants de la ville. Il ne redoutait donc aucun affront pour lui-même; mais, comme c'était la première fois qu'il voyait son père invité avec lui, chez un patricien, il souffrait mortellement de l'idée que les laquais pouvaient hausser les épaules et passer brutalement les assiettes à cet honnête vieillard.

Au fait, il pouvait y avoir un sentiment de colère et de dédain chez ces laquais, qui avaient vu tant de fois Pier-Angelo sur son échelle dans ce même palais, et qui l'avaient traité de pair à compagnon.

Néanmoins, soit que le marquis les eût prévenus par quelques mots de bienveillante et honorable explication propre à flatter et à consoler l'amour-propre chatouilleux de cette classe d'hommes, soit que Pier-Angelo fût tellement sympathique à tous ceux qui le connaissaient, que les valets même dérogeassent en sa faveur à leur morgue habituelle, ils le servirent avec beaucoup de déférence. Michel s'en aperçut enfin lorsque son père, se retournant vers un vieux valet de chambre qui remplissait son verre, lui dit avec bonhomie:

« Grand merci, mon vieux camarade, tu me sers en ami. Allons, je te rendrai cela dans l'occasion! »

Michel rougit et regarda le marquis, qui souriait d'un air satisfait et attendri. Le vieux serviteur souriait aussi à Pier-Angelo d'un air d'intelligence et d'amitié.

Après que le dessert fut enlevé, le marquis fut averti que messire Barbagallo, le majordome de la princesse, l'attendait dans une des salles du palais pour lui montrer un tableau. Ils le trouvèrent en conférence avec Fra-Angelo, dont la sobriété et l'activité ne s'arrangeaient point d'une longue séance à table, et qui leur avait demandé de pouvoir faire un tour de promenade aussitôt après le premier service.

Le marquis s'approcha d'abord seul de Barbagallo pour s'informer s'il n'avait rien de particulier à lui dire de la part de la princesse; et, quand ils eurent échangé à voix basse quelques paroles qui ne parurent avoir aucune importance, à en juger par leurs physionomies, le marquis revint vers Michel, et, passant son bras sous le sien:

« Vous aurez peut-être quelque plaisir, lui dit-il, à voir mes portraits de famille, qui sont dans une galerie séparée, et que je n'ai pas songé à vous montrer. Ne soyez pas effrayé de cette quantité d'aïeux qui se trouvent rassemblés chez moi. Vous les parcourrez d'un coup d'œil, et je vous arrêterai seulement devant ceux qui sont dus au pinceau de quelque maître. Au reste, c'est une intéressante collection de costumes, bonne à consulter pour un peintre d'histoire. Mais, avant d'y entrer, donnons un regard à celui que maître Barbagallo nous présente, et qu'il vient de déterrer dans les greniers de la villa Palmarosa. Mon cher enfant, ajouta-t-il à voix basse, accordez un salut à ce pauvre majordome, qui se confond en révérences devant vous, honteux, sans doute, de sa conduite envers vous au bal de la princesse. »

Michel remarqua enfin les avances du majordome et y répondit sans rancune. Depuis qu'il était réconcilié avec sa condition et avec lui-même, il se sentait revenu de sa susceptibilité et pensait, comme son père, qu'aucune impertinence ne peut atteindre l'homme qui possède sa propre estime.

« Ce que je présente à Votre Excellence, dit ensuite le majordome au marquis, est un Palmarosa fort endommagé; mais, quoique l'inscription eût presque entièrement disparu, j'ai réussi à la rétablir, et la voici sur un morceau de parchemin.

— Quoi! dit le marquis en souriant, vous avez pu lire ici que ce matamore était capitaine sous le règne du roi Manfred, et qu'il avait accompagné Jean de Procida à Constantinople? C'est admirable! Quant à moi, je lis l'inscription originale avec les yeux de la foi.

— Vous pouvez être assuré que je ne me trompe pas, reprit Barbagallo. Je connaissais parfaitement ce brave capitaine, et il y a longtemps que je cherchais à retrouver son portrait. »

Pier-Angelo éclata de rire.

« Ah! vous avez vécu de ce temps-là! dit-il: je vous savais plus vieux que moi, maître Barbagallo, mais je ne vous croyais pas capable d'avoir vu nos Vêpres siciliennes.

— Que ne les ai-je vues, moi! dit Fra-Angelo en soupirant.

— Il faut que je vous explique l'érudition de messire Barbagallo et l'intérêt qu'il prend à ma galerie de famille, dit le marquis à Michel. Il a passé sa vie à ce travail de patience, et personne ne connaît comme lui les généalogies de la Sicile. Ma famille est alliée dans le passé à celle de la princesse de Palmarosa, et encore plus à celle des Castro-Reale de Palerme, dont vous avez sans doute entendu parler.

— J'en ai entendu parler beaucoup hier, répondit Michel en souriant.

— Eh bien! me trouvant le dernier héritier naturel de cette famille, après la mort du célèbre prince surnommé *il Destatore*, tout ce qui fut recueilli pour moi de cette succession, dont je m'occupai fort peu, je vous assure, fut une collection d'ancêtres que je ne voulais même pas déballer, mais que messire Barbagallo, amoureux de ces sortes de curiosités, prit le soin de débarbouiller, de classer lui-même et de suspendre en bon ordre dans la galerie que vous allez voir. Déjà, dans cette galerie, outre mes aïeux directs, je possédais bon nombre des aïeux de la ligne de Palmarosa, et la princesse Agathe, qui ne prise pas ce genre de collections, m'envoya tous les siens, pensant qu'il valait mieux les réunir dans un seul local. Ç'a été pour maître Barbagallo l'occasion d'un long et minutieux travail, dont il s'est tiré avec honneur. Allons, venez tous, car j'ai bien des personnages à présenter à Michel, et il aura besoin, peut-être, de l'assistance de son père et de son oncle pour tenir tête à tant de morts.

— Je me retire pour ne pas importuner vos Seigneuries, dit maître Barbagallo après les avoir accompagnés jusqu'à la galerie pour y déposer son capitaine sicilien; je reviendrai une autre fois pour mettre mon tableau en place; à moins pourtant que M. le marquis ne souhaite que je fasse à maître Michel-Ange Lavoratori, dont je suis le très humble serviteur, aujourd'hui et toujours, l'histoire des originaux des portraits qui sont ici.

— Comment, monsieur le majordome, dit Michel en riant, vous connaissez l'histoire de tous ces personnages? Il y en a plus de trois cents!

— Il y en a cinq cent trente, Seigneurie, et non-seulement je connais leurs noms et tous les événements de leur vie, avec la date précise, mais encore je sais les noms, le sexe et l'âge de tous les enfants qui sont morts avant que la peinture ait retracé leurs traits pour les transmettre à la postérité. Il y en a eu trois cent vingt-sept, y compris les morts-nés. Je n'ai négligé que ceux qui n'ont pas pu recevoir le baptême.

— Cela est merveilleux! reprit Michel; et, puisque vous avez tant de mémoire, à votre place, j'aurais mieux aimé apprendre l'histoire du genre humain que celle d'une seule famille.

— Le genre humain ne me regarde pas, répondit gravement le majordome. Son Excellence le prince Dionigi de Palmarosa, père de la princesse actuelle, ne m'avait pas investi de la fonction d'enseigner l'histoire à ses enfants. Mais, comme j'aimais à m'occuper, et que j'avais beaucoup de reste, dans une maison où l'on n'a jamais donné ni festins ni fêtes depuis deux générations, il me conseilla, pour m'amuser, de résumer l'histoire de sa famille éparse dans une foule de volumes in-folio manuscrits, que vous pourrez voir dans la bibliothèque de Palmarosa, et que j'ai tous examinés, compulsés et commentés jusqu'à un *iota*.

— Et cela vous a-t-il amusé, en effet?

— Beaucoup, maître Pier-Angelo, répondit gravement le majordome au vieux peintre qui le raillait.

— Je vois, reprit Michel ironiquement, que vous n'êtes pas un économe ordinaire, Seigneurie, et que vous êtes plus cultivé que vos fonctions ne l'exigeaient.

— Mes fonctions sans être brillantes ont toujours été fort douces, répondit le majordome, même du temps du prince Dionigi, qui n'était doux pour nul autre que pour moi. Il m'avait pris en considération et presque en amitié, parce que j'étais un livre ouvert qu'il pouvait consulter à toute heure sur ses ascendants. Quant à la princesse sa fille, comme elle est bonne pour tout le monde, je ne puis qu'être heureux auprès d'elle. Je fais à peu près tout ce que je veux, et il n'y a qu'une chose qui me chagrine de sa part: c'est qu'elle ait renoncé à sa galerie de famille, qu'elle ne consulte jamais son arbre généalogique, et qu'elle ne daigne rien connaître à la science du blason. Le blason est pourtant une science charmante et que les dames cultivaient autrefois avec succès.

— Maintenant, cela rentre dans les attributions des peintres en décor et des doreurs sur bois, dit Michel en riant de nouveau. Ce sont des ornements heureux dont les vives couleurs et le caractère chevaleresque plaisent aux yeux et à l'imagination: voilà tout.

— Voilà tout? reprit l'intendant scandalisé; pardon, Seigneurie, ce n'est pas là tout. Le blason, c'est l'histoire écrite en hiéroglyphes *ad hoc*. Hélas! un temps viendra bientôt, peut-être, où l'on ne saura pas mieux lire cette écriture mystérieuse que les caractères sacramentels qui couvrent les tombes et les monuments de l'Égypte! Pourtant, que de choses profondes et ingénieusement exprimées dans ce langage figuré! Porter sur un cachet, sur un simple chaton de bague toute l'histoire de sa propre race, n'est-ce pas le résultat d'un art vraiment merveilleux? Et de quels signes plus concis et plus frappants les peuples civilisés se sont-ils jamais servis?

— Ce qu'il dit n'est pas sans un fond de raison et de bon sens, dit le marquis à demi-voix en s'adressant à Michel. Mais tu l'écoutes avec un dédain qui me frappe, jeune homme. Eh bien! dis tout ce que tu penses, j'aimerais à le savoir, à comprendre si tu es bien fondé à te railler de la noblesse avec un peu d'amertume, comme tu m'y sembles porté. Ne te gêne point; je t'écouterai avec autant de calme et de désintéressement que ces morts qui nous contemplent avec des yeux ternes, du fond de leurs cadres noircis par le temps.

XXXVI.

LES PORTRAITS DE FAMILLE.

« Eh bien, répondit Michel enhardi par la haute raison et la sincère bonté de son hôte, je dirai toute ma pensée; et que maître Barbagallo me permette de la dire devant lui, dût-elle le choquer dans ses croyances. Si l'étude de la science héraldique était un enseignement utile et moralisateur, maître Barbagallo, nourrisson privilégié de cette science, tiendrait tous les hommes pour égaux devant Dieu, et n'établirait de différence sur la terre qu'entre les hommes bornés ou méchants et les hommes intelligents ou vertueux. Il connaîtrait à fond la vanité des titres et la valeur suspecte des généalogies. Il aurait, sur l'histoire du genre humain, comme nous disions tout à l'heure, des données plus larges; et il jetterait sur cette grande histoire un coup d'œil aussi ferme que désintéressé. Au lieu que, si je ne me trompe, il la voit avec une certaine étroitesse que je ne puis accepter. Il estime la noblesse une race excellente, parce qu'elle est privilégiée, il méprise la plèbe, parce qu'elle est privée d'histoire et de souvenirs. Je parie qu'il se dédaigne lui-même à force d'admirer la grandeur d'autrui; à moins qu'il n'ait découvert, dans la poussière des bi-

Grand merci, mon vieux camarade. (Page 94.)

bliothèques, quelque document qui lui procure l'honneur de se croire apparenté au quatorzième degré avec quelque illustre famille.

— Je n'ai point cet honneur-là, dit le majordome un peu décontenancé; cependant, j'ai eu la satisfaction de m'assurer que je n'étais point issu d'une race vile : j'ai eu des ascendants mâles assez honorables dans le clergé et l'industrie.

— Je vous en fais mon compliment sincère, dit Michel avec ironie; quant à moi, je n'ai jamais songé à demander à mon père si nous avions eu des ascendants peintres d'enseignes, sacristains ou majordomes ; j'avoue même que cela m'est parfaitement indifférent, et que je n'ai jamais eu qu'une préoccupation à cet égard, c'est de devoir mon illustration à moi-même et de me créer mes armoiries avec une palette et des pinceaux.

— A la bonne heure, répondit le marquis, c'est une noble ambition ; tu voudrais être la souche d'une race illustre dans les arts, et acquérir ta noblesse au lieu de la laisser perdre, comme font tant de pauvres sires indignes d'un grand nom. Mais trouverais-tu mauvais d'avance que tes descendants fussent fiers de porter le tien?

— Oui, monsieur le marquis, je trouverais cela mauvais, si mes descendants étaient des ignorants et des sots.

— Mon ami, reprit le marquis avec un grand calme, je sais fort bien que la noblesse est dégénérée en tous pays, et je n'ai pas besoin de te dire qu'elle est d'autant moins pardonnable qu'elle avait plus d'illustration à porter et de grandeur à soutenir. Mais en sommes-nous à faire le procès à telle ou telle caste de la société, et avons-nous à nous occuper ici du plus ou moins de mérite des individus qui la composent? Ce qui pouvait être intéressant, et même utile pour nous tous, dans une discussion de ce genre, c'était l'examen de l'institution en elle-même. Veux-tu me dire tes idées, Michel, et si tu blâmes ou si tu approuves les distinctions établies entre les hommes?

— Je les approuve, dit Michel sans hésiter, car j'aspire moi-même à me distinguer ; mais je désavoue tout principe d'hérédité dans ces distinctions.

— Tout principe d'hérédité? reprit le marquis. En tant que fortune et pouvoir, je le conçois. C'est une idée française, une idée hardie....., elles me plaisent, ces

Il l'éleva au niveau de la tête du premier portrait. (Page 98.)

idées-là ! Mais, en tant que gloire désintéressée, en tant que pur honneur..., veux-tu me permettre de te faire quelques questions, mon enfant ?

« Supposons que Michel-Ange Lavoratori ici présent soit né il y a seulement deux ou trois cents ans. Supposons qu'il ait été l'émule de Raphaël ou de Titien, et qu'il ait laissé un nom digne de rivaliser avec ces noms magnifiques. Je suppose encore que ce palais où nous voici lui ait appartenu, et qu'il soit resté l'héritage de ses descendants. Supposons enfin que tu sois le dernier rejeton de cette famille et que tu ne cultives point l'art de la peinture. Tes inclinations t'ont poussé vers une autre profession, peut-être même n'as-tu aucune profession ; car tu es riche, les nobles travaux de ton illustre aïeul t'ont constitué une fortune que ses descendants t'ont transmise fidèlement. Tu es ici chez toi, dans la galerie de peinture où tes ancêtres sont venus successivement prendre place. De plus, tu connais leur histoire à tous. Elle a été consignée dans des manuscrits qui se sont conservés et continués avec soin dans ta famille.

« J'entre ici, moi, enfant ramassé sur les marches d'un hospice, supposons cela encore. J'ignore le nom de mon père et jusqu'à celui de l'infortunée qui m'a donné le jour. Je ne tiens à rien sur la terre dans le passé, et, né d'hier, je contemple avec surprise cette succession d'aïeux qui te fait vivre depuis bientôt trois siècles. Je t'interroge avec stupeur, et même je me sens porté à te railler un peu de vivre ainsi avec les morts et par les morts, et je doute que cette postérité brillante ne se soit pas un peu détériorée en route.

« Tu me réponds en me montrant avec orgueil le chef de ta race, le célèbre Michel-Ange Lavoratori, qui, de rien, était devenu un grand homme, et dont le souvenir ne sera jamais perdu. Puis, tu m'apprends un fait dont je m'émerveille : c'est que les fils et les filles de ce Michel, pleins de vénération pour la mémoire de leur père, ont voulu être aussi des artistes. L'un a été musicien, l'autre graveur, un troisième peintre. S'ils n'ont pas reçu du ciel les mêmes dons que leur père, ils ont du moins conservé dans leur âme et transmis à leurs enfants le respect et l'amour de l'art. Ceux-ci, à leur tour, ont agi de même, et tous ces portraits, toutes ces devises, toutes ces biographies, que tu me montres et m'expliques, m'offrent le spectacle de plusieurs générations d'artistes jaloux de ne point déroger à leur profession héréditaire. Certes, parmi tous ces postulants à la gloire, quelques-uns seulement ont mérité grandement le nom qu'ils portaient. Le génie est une exception, et tu m'as bientôt montré le petit nombre d'artistes remarquables qui ont continué par eux-mêmes la gloire de ta race. Mais ce petit nombre a suffi pour retremper votre sang généreux et pour entretenir dans les idées des générations intermédiaires un certain feu, une certaine fierté, une certaine soif de grandeur qui pourra encore produire des sujets distingués.

« Pourtant, moi, bâtard, isolé dans l'abîme des temps (je continue mon apologue), contempteur naturel de toutes les illustrations de famille, je cherche à rabaisser ton orgueil. Je souris d'un air de triomphe quand tu m'avoues que tel ou tel aïeul, dont le portrait me frappe par son air candide, n'a jamais été qu'un pauvre génie, une cervelle étroite ; que tel autre, dont je n'aime point le costume débraillé et la moustache hérissée, fut un mauvais sujet, un fou ou un fanatique ; enfin, je te donne à entendre que tu es un artiste dégénéré, parce que tu n'as point hérité du feu sacré, et que tu t'es endormi dans un doux *far niente*, en contemplant la vie fructueuse de tes pères.

« Alors tu me réponds ; et permets que je place dans ta bouche quelques paroles qui ne me paraissent pas dénuées de sens :

« Je ne suis rien par moi-même ; mais je serais moins
« encore si je ne tenais à un passé respectable. Je me
« sens accablé par l'apathie naturelle aux âmes privées
« d'inspiration, mais mon père m'a enseigné une chose
« qui de son sang a passé dans le mien : c'est que j'étais
« d'une race distinguée, et que si je ne pouvais rien
« faire pour raviver son éclat, je devais, du moins,
« m'abstenir des goûts et des idées qui pouvaient le ter-
« nir. A défaut de génie, j'ai le respect de la tradition
« de famille, et, ne pouvant m'enorgueillir de moi-même,
« je répare le tort que ma nullité pourrait faire à mes
« aïeux en leur rendant une sorte de culte. Je serais
« cent fois plus coupable si, me targuant de mon igno-
« rance, je brisais leurs images et profanais leur souve-
« nir par des airs de mépris. Renier son père parce qu'on
« ne peut l'égaler est le fait d'un sot ou d'un lâche. Il y
« a de la piété, au contraire, à invoquer son souvenir
« pour se faire pardonner de valoir moins que lui ; et les
« artistes que je fréquente et auxquels je ne puis mon-
« trer mes œuvres, m'écoutent, du moins, avec intérêt,
« quand je leur parle de celles de mes aïeux. »

« Voilà ce que tu me répondrais, Michel, et crois-tu que cela serait sans effet sur moi ? Il me semble que, si j'étais ce pauvre enfant abandonné que j'ai supposé, je tomberais dans une grande tristesse et que j'accuserais le sort de m'avoir jeté seul, et, pour ainsi dire, *irresponsable* sur la terre !

« Mais pour te conter un apologue moins lourd et plus conforme à ton imagination d'artiste, en voici un que tu interrompras dès le premier mot, si tu le connais déjà... On a attribué le fait à plusieurs personnages taillés sur le type de don Juan, et, comme les vieilles histoires se rajeunissent en traversant les générations, on l'a attribué, dans ces derniers temps, à César de Castro Reale, *Il Destatore*, ce fameux bandit, qui n'était un homme ordinaire ni dans le bien, ni dans le mal.

« A Palerme, dans le temps où il cherchait à s'étourdir dans de folles ivresses, incertain s'il parviendrait à s'abrutir, ou s'il se déciderait à lever l'étendard de la révolte, on raconte qu'il alla visiter, un soir, un antique palais qu'il venait de perdre au jeu, et qu'il voulait revoir une dernière fois avant d'en sortir pour n'y jamais rentrer. C'était le dernier débris de sa fortune, et le seul, peut-être, qui lui causât un regret ; car c'est là qu'il avait passé ses jeunes années, là que ses parents étaient, là, enfin, que les portraits de ses ancêtres étaient plongés dans la poussière d'un long oubli.

« Il y vint donc pour signifier à son intendant de recevoir, dès le lendemain, comme le possesseur de ce manoir, le seigneur qui l'avait gagné sur un coup de dé.

— Quoi ! dit cet intendant, qui avait, comme messire Barbagallo, le respect des traditions et des portraits de famille : vous avez tout joué, même la tombe de votre père, même les portraits de vos ancêtres ?

« Tout joué et tout perdu, répondit Castro-Reale avec insouciance. Pourtant, il est quelques objets que je suis en mesure de racheter, et que mon vainqueur au jeu ne me fera pas marchander. Voyons-les donc, ces portraits de famille ! Je ne me les rappelle plus. Je les ai admirés dans un temps où je ne m'y connaissais pas. S'il en est quelques-uns qui aient du mérite, je les marquerai pour m'en arranger ensuite avec leur nouveau possesseur. Prends un flambeau, et suis-moi.

« L'intendant, ému et tremblant, suivit son maître dans la galerie sombre et déserte. Castro-Reale marchait le premier avec une assurance hautaine ; mais on dit que, pour se donner du stoïcisme ou de l'insouciance jusqu'au bout, il avait bu d'une manière immodérée en arrivant dans son château. Il poussa lui-même la porte rouillée, et voyant que le vieux majordome tenait le flambeau d'une main vacillante, il le prit dans la sienne et l'éleva au niveau de la tête du premier portrait qui s'offrait à l'entrée de la galerie. C'était un fier guerrier armé de pied en cap, avec une large fraise de dentelle de Flandre sur sa cuirasse de fer. Tiens !...... le voici, Michel ! car ces mêmes tableaux, qui jouent un rôle dans mon récit, ils sont tous devant tes yeux ; ce sont les mêmes qu'on m'a envoyés de Palerme comme au dernier héritier de la famille. »

Michel regarda le vieux guerrier, et fut frappé de sa mâle figure, de sa rude moustache et de son air sévère.

« Eh bien, Excellence, dit-il, cette tête peu enjouée et peu bénigne fit rentrer le *dissoluto* en lui-même, sans doute ?

— D'autant plus, poursuivit le marquis, que cette tête s'anima, fit rouler ses yeux courroucés sous leurs sombres orbites, et prononça ces mots d'une voix sépulcrale : « *Je ne suis pas content de vous !* » Castro-Reale frissonna et recula d'épouvante ; mais, se croyant la dupe de sa propre imagination, il passa au portrait suivant et le regarda au visage avec une insolence qui tenait un peu du délire. C'était une antique et vénérable abbesse des Ursulines de Palerme, une arrière-grand'tante, morte en odeur de sainteté. Tu peux la regarder, Michel ; la voilà sur la droite, avec son voile, sa croix d'or, sa figure jaune et ridée comme du parchemin, son œil pénétrant et plein d'autorité. Je ne pense pas qu'elle te dise rien ; mais, lorsque Castro-Reale éleva la bougie jusqu'à elle, elle cligna des yeux comme éblouie de cette clarté soudaine, et lui dit d'une voix stridente : « *Je ne suis pas contente de vous !* »

« Cette fois le prince eut peur ; il se retourna vers l'intendant, dont les genoux se choquaient l'un contre l'autre. Mais, résolu de lutter encore contre les avertissements du monde surnaturel, il s'adressa brusquement à un troisième portrait, à celui du vieux magistrat que tu vois à côté de l'abbesse. Il posa la main sur le cadre, n'osant trop regarder son manteau d'hermine qui se confond avec une longue barbe blanche ; mais il essaya de le secouer en lui disant : « *Et vous ?* »

« *Ni moi non plus*, » répondit le magistrat du ton accablant d'un juge qui prononce une sentence de mort.

« Castro-Reale laissa, dit-on, tomber son flambeau, et, ne sachant ce qu'il faisait, trébuchant à chaque pas, il gagna le fond de la galerie, tandis que le pauvre majordome, transi de peur, se tenait éperdu à la porte par où ils venaient d'entrer, n'osant ni le suivre, ni l'abandonner. Il entendait son maître courir dans les ténèbres, d'un pas inégal et précipité, heurtant les meubles et murmurant des imprécations ; et il entendait aussi chaque portrait l'apostropher, au passage, de ces mots terribles et monotones : « *Ni moi non plus !... Ni moi non plus !.. Ni moi non plus !...* » Les voix s'affaiblissaient en se perdant une à une dans la profondeur de la galerie ; mais toutes répétaient clairement la sentence fatale, et Castro-Reale ne put échapper à cette longue malédiction dont aucun de ses ancêtres ne le dispensa. Il demeura bien longtemps, à ce qu'il paraît, à gagner la porte du fond. Quand il l'eut franchie et refermée avec violence derrière lui, comme s'il se fût cru poursuivi par des spectres, tout rentra dans le silence ; et je ne sache pas que, depuis ce jour-là, les portraits qui sont ici aient jamais repris la parole. »

— Dites le reste, dites le reste, Excellence ! s'écria Fra-Angelo qui avait écouté cette histoire avec des yeux brillants et la bouche entr'ouverte ; car, malgré son intelligence et l'instruction qu'il avait acquise, l'ex-bandit de l'Etna était trop moine et trop Sicilien pour n'y pas ajouter foi jusqu'à un certain point ; dites que, depuis ce moment là, ni l'intendant du palais de Castro-Reale, ni aucun habitant du pays de Palerme n'a jamais revu le prince de Castro-Reale. Il y avait, au bout de cette galerie, un pont-levis qu'on l'entendit franchir, et, comme on trouva son chapeau à plumes flottant sur l'eau, on présuma qu'il s'y était noyé, bien qu'on cherchât vainement son corps.

— Mais la leçon eut un effet plus salutaire, ajouta le marquis. Il s'enfuit dans la montagne, y organisa des partisans, et y combattit dix ans pour sauver ou du moins venger son pays. Fausse ou vraie, l'aventure eut cours assez longtemps, et le nouveau possesseur de Castro-Reale y crut, au point de ne vouloir pas garder ces terribles portraits de famille et de mes les envoyer sur-le-champ.

— Je ne sais si l'histoire est bien certaine, reprit Fra-Angelo. Je n'ai jamais osé le demander au prince ; mais il est certain que la résolution qu'il prit de se faire partisan lui vint dans le manoir de ses ancêtres, la dernière fois qu'il alla le visiter. Il est certain aussi qu'il y éprouva de violentes émotions, et qu'il n'aimait point qu'on lui parlât de ses aïeux. Il est certain encore que sa raison n'a jamais été bien saine depuis ce moment-là, et que, souvent, je l'ai entendu qui disait dans ses jours de chagrin : « Ah ! j'aurais dû me brûler la cervelle en franchissant le pont-levis de mon château pour la dernière fois. »

— Voilà certainement, dit Michel, tout ce qu'il y a de vrai dans ce conte fantastique. N'importe ! Quoiqu'il n'y ait pas la moindre relation entre ces personnages illustres et mon humble naissance, et bien que je ne sache pas avoir à me rien reprocher vis-à-vis d'eux, je serais un peu ému, ce me semble, s'il me fallait passer la nuit, seul, dans cette galerie.

— Moi, dit Pier-Angelo sans fausse honte, je ne crois pas un mot de l'histoire ; et pourtant monsieur le marquis me donnerait sa fortune, et son palais avec, que je n'en voudrais pas à la condition de rester seul une heure, après le soleil couché, avec madame l'abbesse, monseigneur le grand-justicier, et tous les illustres militaires et religieux qui sont ici. Les domestiques ont plus d'une fois essayé de m'y enfermer pour se divertir ; mais je ne m'y laissais pas prendre, car j'aurais plutôt sauté par les fenêtres.

— Et que conclurons-nous de la noblesse à propos de tout cela ? dit Michel en s'adressant au marquis.

— Nous en conclurons, mon enfant, répondit M. de la Serra, que la noblesse privilégiée est une injustice, mais que les traditions et les souvenirs de famille ont beaucoup de force, de poésie et d'utilité. En France, on a cédé à un beau mouvement en invitant la noblesse à brûler ses titres, et elle a accompli un devoir de savoir-vivre et de bon goût en consommant l'holocauste ; mais, ensuite, on a brisé des tombes, exhumé des cadavres, insulté jusqu'à l'image du Christ, comme si l'asile des morts n'était pas sacré, et comme si le fils de Marie était le patron des grands seigneurs et non celui des pauvres et des petits. Je pardonne à tous les délires de cette révolution, et je les comprends peut-être mieux que ceux qui vous en ont parlé, mon jeune ami ; mais je sais aussi qu'elle n'a pas été une philosophie bien complète et bien profonde, et que, par rapport à l'idée de noblesse, comme par rapport à toutes les autres idées, elle a su détruire plus qu'édifier, déraciner mieux que semer. Laissez-moi vous dire encore un mot à ce sujet, et nous irons prendre des glaces au grand air, car je crains que tous ces trépassés ne vous ennuient et ne vous attristent.

XXXVII.

BIANCA.

— Tenez, Michel, poursuivit M. de la Serra en prenant la main de Pier-Angelo dans sa main droite et celle de Fra-Angelo dans sa main gauche : tous les hommes sont nobles ! Et je parierais ma tête que la famille Lavoratori vaut celle de Castro-Reale. Si l'on juge des morts d'après les vivants, voici, certes, deux hommes qui ont dû avoir pour ancêtres des gens de bien, des hommes de tête et de cœur, tandis que le *Destatore*, mélange de grandes qualités et de défauts déplorables, tour à tour prince et bandit, dévot repentant et suicidé désespéré, a, certes, donné bien des démentis formels à la noblesse des fiers personnages dont l'effigie nous entoure. Si vous êtes riche un jour, Michel, vous commencerez une galerie de famille sans vous en apercevoir, car vous peindrez ces deux belles têtes de votre père et de votre oncle, et vous ne les vendrez jamais.

— Et celle de sa sœur ! s'écria Pier-Angelo, il ne l'oubliera pas non plus, car elle servira de preuve, un jour, que notre génération n'était pas désagréable à voir.

— Eh bien, ne trouvez-vous pas, reprit le marquis en s'adressant toujours à Michel, qu'il y a pour vous une chose bien regrettable ? C'est que vous n'ayez pas le portrait et que vous ne sachiez pas l'histoire du père de votre père et de votre oncle ?

— C'était un brave homme ! s'écria Pier-Angelo : il avait servi comme soldat, il fut ensuite bon ouvrier, et je l'ai connu bon père.

— Et son frère était moine comme moi, dit Fra-Angelo. Il fut pieux et sage ; son souvenir m'a beaucoup influencé quand j'hésitais à prendre le froc.

— Voyez l'influence des souvenirs de famille ! dit le marquis. Mais votre grand-père et votre grand-oncle, mes amis, qu'étaient-ils ?

— Quant à mon grand-oncle, répondit Pier-Angelo, je ne sais s'il a jamais existé. Mais mon grand-père était paysan.

— Comment vécut-il ?

— On me l'a dit dans mon enfance probablement, mais je ne m'en souviens pas.

— Et votre bisaïeul ?

— Je n'en ai jamais entendu parler.

— Ni moi non plus, répondit Fra-Angelo ; j'ai quelque vague souvenir que nous avons eu un trisaïeul marin, et des plus braves. Mais son nom m'a échappé. Le nom de Lavoratori ne date pour nous que de deux générations. C'est un sobriquet comme la plupart des noms plébéiens. Il marque la transition du métier dans notre famille, lorsque, de paysan de la montagne, notre grand-père passa à l'emploi d'artisan de la ville. Notre grand-père s'appelait Montanari : c'était un sobriquet aussi ; son grand-père s'appelait autrement, sans doute. Mais là commence pour nous la nuit éternelle, et notre généalogie se plonge dans un oubli qui équivaut au néant.

— Eh bien, reprit M. de la Serra, vous venez de résumer toute l'histoire du peuple dans l'exemple de votre lignée. Deux ou trois générations sentent un lien entre elles ; mais toutes celles qui ont précédé et toutes celles qui suivront leur sont à jamais étrangères. Est-ce que vous trouvez cela juste et digne, mon cher Michel ? N'est-ce pas une sorte de barbarie, un état sauvage, un mépris révoltant de la race humaine, que cet oubli complet du passé, cette insouciance de l'avenir, et cette absence de solidarité pour les générations intermédiaires ?

— Vous avez raison, et je vous comprends, monsieur le marquis, répondit Michel. L'histoire de chaque famille est celle du genre humain, et quiconque sait l'une sait l'autre. Certes, l'homme qui connaît ses aïeux, et qui, dès l'enfance, puise dans l'examen de leurs existences successives une série d'exemples à suivre ou à éviter, porte, pour ainsi dire, la vie humaine plus intense et plus complète dans son sein que celui qui ne se rattache qu'à deux ou trois ombres vagues et insaisissables du passé. C'est donc un grand privilége social que la noblesse d'origine; si elle impose de grands devoirs, elle fournit en principe de grandes lumières et de grands moyens. L'enfant qui épelle la connaissance du bien et du mal dans des livres écrits avec le propre sang qui coule dans ses veines, et dans les traits de ces visages peints qui lui retracent sa propre image comme des miroirs où il aime à se retrouver lui-même, devrait toujours être un grand homme, ou au moins, comme vous le disiez, un homme épris de la vraie grandeur, ce qui est une vertu acquise à défaut de vertu innée. Je comprends maintenant ce qu'il y a de vrai et de bon dans ce principe d'hérédité qui rend les générations solidaires les unes des autres. Ce qu'il y a de funeste, je ne vous le rappellerai pas, vous le savez mieux que moi.

— Ce qu'il y a de funeste, je vais le dire moi-même, reprit le marquis; c'est que la noblesse soit une jouissance exclusive où toutes les familles humaines n'y aient point part; c'est que les distinctions établies reposent sur un faux principe, et que le paysan héros ne soit pas illustré et inscrit dans l'histoire comme le héros patricien; c'est que les vertus domestiques de l'artisan ne soient pas enregistrées dans un livre toujours ouvert à sa postérité; c'est que la vertueuse et pauvre mère de famille, belle et chaste en vain, ne laisse pas son nom et son image sur les murs de son pauvre réduit; c'est que ce réduit du pauvre ne soit pas même un refuge assuré à ses descendants; c'est que tous les hommes ne soient pas riches et libres, afin de pouvoir consacrer des monuments, des pensées et des œuvres d'art à la religion de leur passé; c'est enfin que l'histoire de la race humaine n'existe pas, et ne se rattache qu'à quelques noms sauvés de l'oubli, qu'on appelle des noms illustres, sans songer qu'à de certaines époques des nations entières s'illustrèrent sous l'influence du même fait et de la même idée.

» Qui nous dira les noms de tous les enthousiastes et de tous les cœurs généreux qui jetèrent la bêche ou la houlette pour aller combattre les infidèles? Tu as des ancêtres parmi ceux-là, sans doute, Pier-Angelo, et tu n'en sais rien! Ceux de tous les moines sublimes qui prêchèrent la loi de Dieu à de barbares populations? Tes oncles sont là aussi, Fra-Angelo, et tu n'en sais rien non plus! Ah! mes amis, que de grands cœurs éteints à jamais, que de nobles actions ensevelies sans profit pour les vivants d'aujourd'hui! Que cette nuit impénétrable du passé est triste et fatale pour le peuple, et que je souffre de songer que vous êtes issus probablement du sang des martyrs et des braves sans que vous puissiez retrouver la moindre trace de leur passage sur vos sentiers! Tandis que moi, qui ne vous vaux point, je puis apprendre de maître Barbagallo quel oncle me naquit et me mourut ce mois-ci, il y a cinq cents ans! Voyez! d'un côté l'abus extravagant de cette religion patricienne, de l'autre l'horreur d'une tombe immense, qui dévore pêlemêle les os sacrés et les os impurs de la plèbe! L'oubli est un châtiment qui ne devrait frapper que les hommes pervers, et pourtant, dans nos orgueilleuses familles, il ne frappe personne; tandis que dans les vôtres il envahit les plus grandes vertus! L'histoire est confisquée à notre profit, et vous autres, vous ne semblez pas tenir à l'histoire, qui est votre ouvrage plus que le nôtre, cependant!

— Eh bien, dit Michel ému des idées et des sentiments du marquis, vous m'avez fait concevoir, pour la première fois, l'idée de noblesse. Je la plaçais dans quelques personnalités glorieuses qu'il fallait isoler de leur lignée. Maintenant, je conçois des pensées généreuses et fières, se succédant pour les générations, les rattachant les unes aux autres, et tenant autant de compte des humbles vertus que des actions éclatantes. C'est juger comme Dieu pèse, monsieur le marquis, et, si j'avais l'honneur et le chagrin d'être noble (car c'est un lourd fardeau pour qui le comprend), je voudrais voir et penser comme vous!

— Je t'en remercie, répondit M. de la Serra en lui prenant la main et en l'emmenant sur la terrasse de son palais. » Fra-Angelo et Pier-Angelo se regardèrent avec attendrissement; l'un et l'autre avaient compris toute la portée des idées du marquis, et ils se sentaient grandis et fortifiés par ce nouvel aspect qu'il venait de donner à la vie collective et à la vie individuelle. Quant à maître Barbagallo, il avait écouté cela avec un respect religieux, mais il n'y avait absolument rien compris; et il s'en allait, se demandant à lui-même comment on pouvait être noble sans palais, sans parchemins, sans armoiries, et surtout sans portraits de famille. Il en conclut que la noblesse ne pouvait se passer de richesse: merveilleuse découverte qui le fatigua beaucoup.

A ce moment-là, tandis que le bec d'un grand pélican de bois doré qui servait d'aiguille à une horloge monumentale, dans la galerie du palais de la Serra, marquait quatre heures de l'après-midi, les cinq ou six montres à répétition du Piccinino lui semblaient en retard, tant il attendait impatiemment l'arrivée de Mila. Il allait de la montre anglaise à la montre de Genève, dédaignant la montre de Catane qu'il aurait pu se procurer avec son argent (car les Catanais sont horlogers comme les Genevois), et de celle qui était entourée de brillants à celle qui était ornée de rubis. Amateur de bijoux, il ne prélevait sur le butin de ses hommes que les objets d'une qualité exquise. Personne ne savait donc mieux l'heure que lui, qui savait si bien la mettre à profit, et disposer avec méthode l'emploi du temps pour faire marcher ensemble la vie d'étude et de recueillement, la vie d'aventures, d'intrigues et de coups de main, enfin la vie de plaisir et de volupté qu'il ne pouvait et ne voulait savourer qu'en cachette.

Ardent jusqu'au despotisme dans l'impatience, autant il aimait à faire attendre les autres et à les inquiéter par d'habiles lenteurs, autant il était incapable d'attendre lui-même. Cette fois pourtant, il avait cédé à la nécessité de venir le premier au rendez-vous. Il ne pouvait compter que Mila aurait le courage de l'attendre, et même celui d'entrer chez lui, s'il n'allait pas lui-même à sa rencontre. Il y alla plus de dix fois, et revint sur ses pas avec humeur, n'osant se hasarder hors du chemin couvert qui bordait son jardin, et craignant, s'il rencontrait quelqu'un, d'avoir l'air d'être occupé d'un désir ou d'un projet quelconque. La principale science de l'arrangement de sa vie consistait à se montrer toujours calme et indifférent aux gens paisibles, toujours distrait et préoccupé aux gens affairés.

Enfin, lorsque Mila parut au haut du sentier vert qui descendait en précipice vers son verger, il était véritablement en colère contre elle, car elle était en retard d'un quart d'heure, et, parmi les belles filles de la montagne, grâce au discernement ou aux séductions du Piccinino, il n'en était pas une qui, dans une affaire d'amour, l'eût jamais laissé venir au rendez-vous le premier. Le cœur sauvage du bandit était donc agité d'une sombre fureur; il oubliait qu'il n'avait point affaire à une maîtresse, et il s'avança vers Mila d'un air impérieux, prit la bride de sa monture, et, soulevant la jeune fille dans ses bras dès qu'elle fut devant la porte du jardin, la fit glisser à terre en serrant son beau corps avec une sorte de violence.

Mais Mila, entr'ouvrant les plis de sa double mante de mousseline, et le regardant avec surprise: « Sommes-nous donc déjà en danger, seigneur? lui dit-elle, ou croyez-vous donc que je me sois fait suivre par quelqu'un? Non, non! Voyez, je suis seule, je suis venue avec confiance, et vous n'avez pas sujet d'être mécontent de moi. »

Le Piccinino rentra en lui-même en regardant Mila. Elle avait mis ingénument sa parure du dimanche pour se présenter devant son protecteur. Son corsage de velours pourpre laissait voir un second corset bleu-pâle, brodé et lacé avec goût. Un léger réseau de fil d'or, à la mode du pays, retenait sa splendide chevelure, et, pour préserver sa figure et sa toilette de l'ardeur du soleil, elle s'était couverte de la *mantellina*, grand et léger voile blanc qui enveloppe la tête et toute la personne, quand elle est jetée avec art et portée avec aisance. La vigoureuse mule du Piccinino, sellée d'un siége plat en velours garni de clous dorés, sur lequel une femme pouvait facilement s'asseoir de côté, était haletante et enflammée, comme elle eût été fière d'avoir porté et sauvé de tout péril une si belle amazone. On voyait bien, à son flanc baigné d'écume, que la petite Mila ne l'avait pas ménagée, ou qu'elle s'était confiée bravement à son ardeur. La course avait été périlleuse pourtant : des arêtes de laves à gravir, des torrents à traverser, des précipices à côtoyer; la mule avait pris le plus court. Elle avait grimpé et sauté comme une chèvre. Mila, voyant sa force et son adresse, n'avait pu, malgré son anxiété, se défendre de ce plaisir mystérieux et violent que les femmes trouvent dans le danger. Elle était fière d'avoir senti le courage physique s'éveiller en elle le courage moral; et, tandis que le Piccinino admirait l'éclat de ses yeux et de ses joues animées par la course, elle, ne songeant qu'aux mérites de la mule blanche, se retourna pour lui donner un baiser sur les naseaux, en lui disant : « Tu serais digne de porter le pape! »

Le brigand ne put s'empêcher de sourire, et il oublia sa colère.

— Chère enfant, dit-il, je suis heureux que ma bonne Bianca vous plaise, et maintenant je crois qu'elle serait digne de manger dans une auge d'or, comme le cheval d'un empereur romain. Mais venez vite, je ne voudrais pas qu'on vous vît entrer ici. »

Mila doubla le pas avec docilité, et, quand le bandit lui eut fait traverser son jardin après en avoir fermé la porte à double tour, elle se laissa conduire dans sa maison, dont la fraîcheur et la propreté la charmèrent.

« Êtes-vous donc ici chez vous, seigneur? demanda-t-elle au Piccinino.

— Non, répondit-il. Nous sommes chez Carmelo Tomabene, comme je vous l'ai dit; mais il est mon obligé et mon ami, et j'ai chez lui une chambre où je me retire quelquefois, quand j'ai besoin de repos et de solitude. »

Il lui fit traverser la maison qui était arrangée et meublée rustiquement, mais avec une apparence d'ordre, de solidité et de salubrité qu'ont rarement les habitations des paysans enrichis. Au fond de la galerie de ventilation qui traversait l'étage supérieur, il ouvrit une double porte dont la seconde était garnie de lames de fer, et introduisit Mila dans cette tour tronquée qu'il avait incorporée pour ainsi dire à son habitation, et dans laquelle il s'était mystérieusement créé un boudoir délicieux.

Aucune princesse n'en avait un plus riche, plus parfumé et orné d'objets plus rares. Aucun ouvrier n'y avait pourtant mis la main. Le Piccinino avait lui-même caché les murailles sous des étoffes de soie d'Orient brochées d'or et d'argent. Le divan de satin jaune était couvert d'une grande peau de tigre royal dont la tête fit d'abord peur à la jeune fille; mais elle se familiarisa bientôt jusqu'à toucher sa langue de velours écarlate, ses yeux d'émail, et à s'asseoir sur ses flancs rayés de noir. Puis elle promena ses regards éblouis sur les armes brillantes, sur les sabres turcs ornées de pierreries, sur les pipes à glands d'or, sur les brûle-parfums, sur les vases de Chine, sur ces mille objets d'un goût, d'un luxe, ou d'une étrangeté qui souriaient à son imagination, comme les descriptions de palais enchantés dont elle était remplie.

« C'est encore plus incompréhensible et plus beau que tout ce que j'ai vu au palais Palmarosa, se disait-elle, et certainement ce prince-ci est encore plus riche et plus illustre. C'est quelque prétendant à la couronne de Sicile, qui vient travailler en secret à la chute du gouvernement napolitain. » Qu'eût pensé la pauvre fille, si elle eût connu la source de ce luxe de pirate?

Tandis qu'elle regardait toutes choses avec l'admiration naïve d'un enfant, le Piccinino, qui avait fermé la porte au verrou et baissé le store chinois de la croisée, se mit à regarder Mila avec une surprise extrême. Il s'était attendu à la nécessité de lui débiter les plus incroyables histoires, les plus audacieux mensonges, pour la décider à le suivre dans son repaire, et la facilité de son succès commençait déjà à l'en dégoûter. Mila était bien la plus belle créature qu'il eût encore jamais vue; mais sa tranquillité était-elle de l'audace ou de la stupidité? Une fille si désirable pouvait-elle ignorer à ce point l'émotion que devaient produire ses charmes? Une fille si jeune pouvait-elle braver un tête-à-tête de ce genre, sans éprouver seulement un moment de crainte et d'embarras?

Le Piccinino, remarquant qu'elle avait au doigt une fort belle bague, et croyant suivre le fil de ses pensées en observant la direction de ses regards, lui dit en souriant : « Vous aimez les bijoux, ma chère Mila, et, comme toutes les jeunes filles, vous préférez encore la parure à toutes les choses de ce bas monde. Ma mère m'a laissé quelques joyaux de prix, qui sont là dans cette cassette de lapis, à côté de vous. Voulez-vous les regarder?

— S'il n'y a pas d'indiscrétion, je le veux bien, répondit Mila. »

Carmelo prit la cassette, la plaça sur les genoux de la jeune fille, et, s'agenouillant lui-même devant elle sur le bord de la peau de tigre, il étala sous ses yeux une masse de colliers, de bagues, de chaînes, d'agrafes, entassés dans la cassette avec une sorte de mépris superbe pour tant d'objets précieux, dont les uns étaient des chefs-d'œuvre de ciselure ancienne, les autres des trésors pour la beauté des pierres et la grosseur des diamants.

« Seigneur, dit la jeune fille en promenant ses doigts curieux sur toutes ces richesses, tandis que le Piccinino attachait sur elle à bout portant ses yeux secs et enflammés, vous n'avez pas assez de respect pour les bijoux de madame votre mère. La mienne ne m'a laissé que quelques rubans et une paire de ciseaux à branches d'argent, que je conserve comme des reliques, et qui sont rangés et serrés dans mon armoire avec grand soin. Si nous en avions le temps, avant l'arrivée de ce maudit abbé, je vous mettrais cette cassette en ordre.

— Ne prenez pas cette peine, dit le Piccinino; d'ailleurs le temps nous manquerait. Mais vous avez celui de puiser là tout ce qu'il vous plaira de garder.

— Moi? dit Mila en replaçant la cassette sur la table de mosaïque; qu'en ferais-je? Outre que j'aurais honte, moi, pauvre fileuse de soie, de porter les bijoux d'une princesse, et que vous ne devez donner ceux de votre mère qu'à la femme qui sera votre fiancée, je serais fort embarrassée de tous ces joujoux incommodes. J'aime les bijoux pour les voir, un peu aussi pour les toucher, comme les poules retournent, dit-on, avec leurs pattes, ce qui brille par terre. Mais j'aime mieux les voir au cou et aux bras d'une autre qu'aux miens. Je trouverais cela si gênant, que si j'en possédais, je ne m'en servirais jamais.

— Et le plaisir de posséder, vous le comptez donc pour rien? dit le bandit stupéfait du résultat de son épreuve.

— Posséder ce dont on n'a que faire me semble un grand embarras, dit-elle; et, à moins que ce ne soit un dépôt, je ne comprends pas qu'on surcharge sa vie de ces niaiseries.

— Voici pourtant une belle bague! dit le Piccinino en lui baisant la main.

— Oh! monseigneur, dit la jeune fille en retirant sa main d'un air fâché, êtes-vous digne de baiser cette bague?... Pardon, si je vous parle ainsi, mais c'est qu'elle n'est pas à moi, voyez-vous, et que je dois la rendre ce soir à la princesse Agathe, qui m'avait chargée de la reprendre chez le bijoutier.

— Je parie, dit le Piccinino en examinant toujours Mila avec défiance et suspicion, que la princesse Agathe vous comble de présents et que c'est à cause de cela que vous dédaignez les miens!

— Je ne dédaigne rien ni personne, répondit Mila; et quand la princesse Agathe jette une aiguille à tapisserie ou un bout de soie, je les ramasse et les garde comme des reliques. Mais si elle voulait me combler de riches présents, je la prierais de les garder pour ceux qui en ont besoin. Je dois pourtant dire la vérité : elle m'a donné un beau médaillon où j'ai mis des cheveux de mon frère. Mais je le cache, car je n'aimerais pas à me parer autrement que ma condition ne le comporte.

— Dites-moi, Mila, reprit le Piccinino après un instant de silence, vous n'avez donc plus peur?

— Non, seigneur, répondit-elle avec assurance ; depuis que je vous ai aperçu dans le chemin, auprès de cette maison, la peur m'a quittée. Jusque-là, je vous avoue que je tremblais fort, que je ne sais pas trop comment j'ai fait la route, et que derrière chaque buisson je croyais voir la tête de cet affreux abbé. Quand j'ai vu que la bonne Bianca me conduisait si loin, quand j'ai enfin aperçu cette tour et ces arbres : Mon Dieu! me disais-je, si mon protecteur n'avait pu s'y rendre! si ce méchant abbé, qui est capable de tout, l'avait fait prendre par les *campieri*, ou assassiner en chemin, que deviendrais-je? Alors j'étais épouvantée, non pas seulement à cause de moi, mais parce que je vous regarde comme notre ange gardien, et qu'il me semble que votre vie est bien plus précieuse que la mienne.

Le Piccinino, qui s'était senti très-froid, et quasi mécontent de Mila depuis son arrivée, éprouva une légère émotion et s'assit à ses côtés sur la peau de tigre.

XXXVIII.

COUP DE MAIN.

« Vous me portez donc un peu d'intérêt sincère, vous, mon enfant? lui dit-il en attachant sur elle ce dangereux regard dont il connaissait la puissance.

— Sincère? oui, sur mon âme, répondit la jeune fille, et je vous le dois bien, après celui que vous témoignez à ma famille.

— Et vous pensez que votre famille est dans les mêmes sentiments que vous?

— Mais... comment pourrait-il en être autrement?... Cependant, pour dire la vérité, personne ne m'a parlé de vous, et je ne sais point vos secrets : on m'a traitée comme une petite fille babillarde ; mais vous me rendez plus de justice, car vous voyez que je ne suis pas curieuse et que je ne vous demande pas seulement qui vous êtes.

— Et vous n'avez pas envie de le savoir? Ce n'est pas une manière de me le demander?

— Non, monseigneur, je n'oserais vous faire de questions, et j'aime mieux ne pas savoir ce que mes parents ont jugé devoir me taire. C'est ma fierté, à moi, de travailler avec vous à leur salut, sans vouloir soulever le bandeau dont ils ont couvert mes yeux.

— C'est beau à vous, Mila, dit le Piccinino, qui commençait à se sentir piqué de la grande tranquillité de cette jeune fille ; c'est trop beau peut-être.

— Pourquoi et comment cela peut-il être beau?

— Parce que vous bravez de grands dangers avec une imprudence sans exemple.

— Quels dangers, seigneur? ne m'avez-vous pas promis devant Dieu que vous me préserveriez de tout danger?

— De la part du vilain moine, je vous en réponds sur ma vie. Mais vous n'en avez donc pas soupçonné d'autres?

— Si fait, dit Mila après avoir réfléchi un instant. Vous avez prononcé à la fontaine un nom qui m'a fait grand'peur. Vous avez parlé comme si vous étiez lié avec le Piccinino. Mais vous m'avez dit encore une fois, ensuite : « Viens sans crainte ; » et je suis venue. Non pas sans crainte, je le confesse, tant que j'ai été seule sur les chemins. Quand je sortirai d'ici, je crois bien que j'aurai peur encore ; mais, tant que je suis avec vous, je ne crains riens ; je me sens très-brave, et il me semble que si on nous attaquait, j'aiderais à notre mutuelle défense.

— Même contre le Piccinino?

— Ah! cela, je n'en sais rien... Mais, mon Dieu! est-ce qu'il va venir?

— S'il venait ici, ce serait pour punir le moine et pour vous protéger. Pourquoi donc avez-vous si grand'peur de lui?

— Après tout, je n'en sais rien ; mais chez nous, quand une jeune fille s'en va seule par la campagne, on se moque d'elle, et on lui dit : « Prends garde au Piccinino! »

— Vous pensez alors qu'il égorge les jeunes filles?

— Oui, seigneur, car on dit que là où il les mène, elles n'en reviennent jamais, ou que si elles en reviennent, il vaudrait mieux pour elles d'y être restées.

— Ainsi, vous le haïssez?

— Non, je ne le hais pas, parce qu'on dit qu'il fait beaucoup de mal aux Napolitains, et que si on avait le courage de l'aider, il ferait beaucoup de bien à son pays. Mais j'ai peur de lui, ce qui n'est pas la même chose.

— Et l'on vous a dit qu'il était fort laid?

— Oui, parce qu'il a une grande barbe, et que je pense qu'il doit ressembler au moine que je déteste. Mais ce moine, il ne vient donc pas? Quand il sera venu, je pourrai m'en aller, n'est-ce pas, seigneur?

— Vous avez hâte de partir, Mila? vous vous déplaisez donc beaucoup ici?

— Oh! nullement ; mais j'aurais peur de m'en aller la nuit.

— Je vous reconduirai, moi.

— Vous êtes bien bon, seigneur ; je ne demande pas mieux, pourvu qu'on ne vous voie pas. Mais cet abbé Ninfo, est-ce que vous allez lui faire du mal?

— Aucun mal. Je présume que vous n'auriez pas de plaisir à l'entendre crier?

— Dieu du ciel! je ne voudrais être ni le témoin ni la cause d'aucune cruauté ; mais si le Piccinino vient ici, je tremble qu'il n'y ait du sang répandu. Vous souriez, seigneur! dit Mila en pâlissant... Oh! j'ai peur maintenant! Faites-moi partir aussitôt que l'abbé aura mis le pied dans la maison.

— Mila, je vous jure que l'abbé ne sera l'objet d'aucune cruauté de ma part. Dès que je serai assuré de sa personne, le Piccinino viendra et l'emmènera prisonnier.

— Et c'est par ordre de madame Agathe que tout cela se fait?

— Vous devriez le savoir.

— En ce cas, je suis tranquille. Elle ne voudrait pas la mort du dernier des hommes.

— Mila, vous êtes bien miséricordieuse, et je vous aurais crue plus forte et plus fière. Ainsi, vous n'auriez pas le courage de tuer cet homme s'il venait ici vous insulter?

— Pardon, seigneur, dit Mila en tirant de son sein un poignard que la princesse avait donné la veille à Magnani, et dont elle avait trouvé moyen de s'emparer sans qu'il s'en aperçût : de sang-froid, je ne pourrais pas voir égorger un homme sans m'évanouir, je crois ; mais offensée, je crois aussi que ma colère me mènerait loin.

— Ainsi, vous étiez armée en guerre, Mila? vous n'avez donc pas confiance en moi?

— Comme en Dieu, seigneur ; excepté que Dieu est partout, et qu'un malheur imprévu pouvait vous empêcher d'être ici.

— Savez-vous que c'est fort brave de votre part, Mila, d'être venue? et que si on le savait...

— Eh bien! seigneur?

— Au lieu d'admirer votre héroïsme, on blâmerait votre imprudence.

— Il y a une chose que je sais fort bien, reprit Mila, avec une sorte d'enjouement exalté ; c'est que, si on me savait enfermée ici, avec vous, je serais perdue.

— Sans doute! la médisance...

— La médisance et la calomnie! Il n'en faut pas la moitié pour qu'une jeune fille soit décriée et avilie à tout jamais.

— Et vous avez compté qu'un mystère impénétrable envelopperait à jamais votre démarche?

— J'ai compté sur votre discrétion, et j'ai mis le reste entre les mains de Dieu. Je sais fort bien qu'il y a beaucoup de risques à courir; mais ne m'avez-vous pas dit qu'il s'agissait de sauver la vie de mon père et l'honneur de madame Agathe?

— Et vous avez poussé le dévouement jusqu'à compromettre la vôtre sans trop de regret?

— Compromettre dans l'opinion? j'aime encore mieux cela que de laisser tuer et déshonorer ceux que j'aime. Victime pour victime, ne vaut-il pas mieux que ce soit moi? Mais qu'est-ce à dire, seigneur? vous me parlez singulièrement; on dirait que vous me blâmez d'avoir cru en vous, et de faire ce que vous m'avez conseillé?

— Non, Mila, je t'interroge; pardonne-moi si je veux te comprendre et te connaître, afin de t'estimer autant que tu le mérites.

— A la bonne heure, je vous répondrai toujours franchement.

— Eh bien! mon enfant, dites-moi tout. La pensée ne vous est-elle pas venue que je pourrais, moi, vous tendre un piége, et vous attirer ici pour vous outrager, ou du moins pour chercher à vous séduire? »

Mila regarda le Piccinino en face pour voir ce qui pouvait l'engager à lui présenter une semblable supposition. Si c'était une manière de l'éprouver, elle la trouvait offensante; si c'était une plaisanterie, elle la trouvait de mauvais goût de la part d'un homme qui lui paraissait un être supérieur et un personnage élevé. C'était le moment décisif pour elle et pour lui. Qu'elle eût éprouvé la moindre terreur (et elle n'était pas femme à la cacher, comme la princesse Agathe), le Piccinino s'enhardissait; car il savait que la peur est le commencement de la faiblesse. Mais elle le regarda avec une hardiesse si franche, et d'un air de mécontentement si brave, qu'il sentit enfin qu'il avait affaire à un être véritablement fort et sincère; et dès lors il n'eut plus la moindre envie d'engager le combat. Il sentit qu'une lutte de ruses avec une âme si droite ne pouvait lui procurer que la honte ou du remords.

« Eh bien! mon enfant, lui dit-il, en lui pressant la main d'une manière amicale et simple, je vois que vous avez eu en moi une confiance qui nous honore tous les deux. Voulez-vous me permettre de vous faire encore une question? Avez-vous un amant?

— Un amant? non, seigneur, répondit Mila en rougissant beaucoup; mais, sans hésiter, elle ajouta : Je puis vous dire seulement qu'il y a un homme que j'aime.

— Où est-il maintenant?

— A Catane.

— Est-il riche, bien élevé?

— Il a un noble cœur et deux bons bras.

— Et vous aime-t-il comme vous méritez de l'être?

— Cela ne vous regarde pas, seigneur; je ne répondrai plus rien à cette question-là.

— Vous êtes venue ici au risque de perdre son amour, pourtant!

— Hélas! vous le voyez bien, dit Mila en soupirant.

— O femmes! est-ce que vous vaudriez mieux que nous? » dit le Piccinino en se levant. Mais à peine eut-il jeté un coup d'œil dehors, qu'il prit Mila par la main.

« Voici l'abbé! dit-il; suivez-moi : pourquoi tremblez-vous?

— Ce n'est pas de peur, répondit-elle; c'est de répugnance et de déplaisir; mais je vous suis. »

Ils gagnèrent le jardin.

« Vous ne me laisserez pas seule avec lui, seulement une minute? dit Mila, au moment de franchir le seuil de la maison : s'il me donnait seulement un baiser sur la main, je serais forcée de brûler la place avec un fer rouge.

— Et moi je serais forcé de le tuer, répondit le Piccinino. »

Ils marchèrent sous la tonnelle jusqu'à un point où le berceau faisait ouverture. Là, le Piccinino se glissa derrière la treille et suivit ainsi Mila jusqu'à la porte du jardin. Rassurée par sa présence, elle l'ouvrit, et fit signe à l'abbé d'entrer.

« Vous êtes seule? lui dit-il en se hâtant d'entr'ouvrir son froc de moine, pour se montrer galamment habillé de noir, en abbé musqué. »

Elle ne lui répondit qu'en disant : « Entrez vite. » A peine eut-elle refermé la porte, que le Piccinino se montra, et jamais on ne vit figure plus désappointée que celle de l'abbé Ninfo. « Pardon, seigneur, dit le Piccinino, en prenant un air de simplicité qui étonna sa compagne; j'ai su par ma cousine Mila que vous désiriez voir mon pauvre jardin, et j'ai voulu vous y faire entrer moi-même. Excusez-moi, ce n'est qu'un jardin de paysan; mais les arbres fruitiers sont si vieux et si beaux qu'on vient de tous côtés pour les voir. Malheureusement j'ai affaire, et il faut que je m'en aille dans cinq minutes; mais ma cousine m'a promis de vous faire les honneurs du logis, et je me retirerai si Votre Seigneurie le permet, aussitôt que je lui aurai offert le vin et les fruits.

— Ne vous gênez pas, brave homme! répondit l'abbé, rassuré par ce discours. Allez à vos affaires, et ne faites pas de cérémonie. Allez, allez vite, vous dis-je, je n'entends pas vous déranger.

— Je m'en irai dès que je vous verrai à table; Seigneur Dieu! vous mourez de chaud. Nos chemins sont si durs! Venez à la maison, je vous verserai le premier coup, et puis, je m'en irai, puisque votre seigneurie veut bien y consentir.

— Mon cousin ne s'en ira pas tant que vous ne serez pas dans la maison, dit Mila, obéissant au regard d'intelligence du Piccinino. »

L'abbé, voyant qu'il ne se débarrasserait de cet hôte obséquieux qu'en cédant à son désir, traversa la tonnelle sans pouvoir adresser un mot ou un regard à Mila; car le Piccinino, jouant toujours son rôle de paysan respectueux et d'hôte empressé, se plaça entre eux. L'abbé fut introduit dans une salle fraîche et sombre, où une collation était servie. Mais, au moment d'y entrer, le Piccinino dit à l'oreille de Mila : « Laissez-moi remplir votre verre, mais ne le respirez seulement pas. »

Un moscatel couleur de topaze brillait dans un grand flacon placé dans un vase de terre cuite rempli d'eau fraîche. L'abbé, qui était un peu ému de la présence du paysan, but sans hésiter, d'un seul trait, le verre que celui-ci lui présenta.

« Maintenant, dit-il, partez vite, mon garçon! Je ne me pardonnerais pas de vous avoir fait manquer vos affaires.

— Mila, suis-moi, dit le Piccinino. Il faut fermer la porte après moi, car les enfants entreraient pour me voler mes pêches si le jardin restait ouvert, ne fût-ce qu'un instant. »

Mila ne se fit pas prier pour s'élancer sur les traces du Piccinino; mais il n'alla pas plus loin que la porte de la salle, et, quand il l'eut poussée derrière lui, il mit un doigt sur ses lèvres, se retourna, et resta l'œil collé au trou de la serrure, dans une immobilité complète. Après deux ou trois minutes, il se releva en disant tout haut : « C'est fini! » Et il rouvrit la porte toute grande.

Mila vit l'abbé, rouge et haletant, étendu sur le carreau.

— Ah! mon Dieu! s'écria-t-elle, est-ce que vous l'avez empoisonné, seigneur?

— Non, certes, répondit Carmelo; car il se peut que nous ayons besoin plus tard de ses paroles. Il n'est qu'endormi, le cher homme, mais endormi très-profondément.

— Oh! seigneur, ne parlez pas si haut : il nous voit, il nous entend! Il a les yeux ouverts et fixés sur nous.

— Et pourtant, il ne sait qui nous sommes, il ne comprend plus rien. Que lui sert de voir et d'entendre, puisque rien n'offre plus aucun sens à sa pauvre cervelle? N'approche pas, Mila, si la vipère engourdie te fait peur encore; moi, il faut que j'étudie encore un peu les effets de ce narcotique. Ils varient suivant les individus. »

Le Piccinino approcha tranquillement de l'abbé, tandis que Mila, stupéfaite, restait sur le seuil et le suivait des yeux avec terreur. Il toucha sa proie comme le loup flaire avant de dévorer. Il s'assura que la tête et les mains passaient rapidement d'une chaleur intense à

Le Piccinino ouvrit et parcourut encore quelques papiers. (Page 405.)

un froid glacial, que la figure se décolorait vite, que la respiration devenait égale et faible.

« C'est un bon résultat, dit-il comme se parlant à lui-même ; et une si faible dose ! Je suis content de l'expérience. Cela est très-préférable à des coups, à une lutte, à des cris étouffés par un bâillon ! n'est-ce pas Mila ? Une femme peut assister à cela sans attaque de nerfs ? Voilà les moyens que j'aime, et, si on les connaissait bien, on n'en emploierait jamais d'autres. Vous n'en parlerez pourtant jamais, Mila, entendez-vous ? car on en abuserait, et vous voyez que personne, non, personne, ne pourrait s'en préserver. Si j'avais voulu vous endormir comme cela, il n'eût tenu qu'à moi !... Accepteriez-vous maintenant un verre d'eau de ma main, si je vous l'offrais ?

— Oui, seigneur, je l'accepterais, répondit Mila, qui prit ce défi pour une plaisanterie. — Il plaisante à propos de tout, se disait Mila. C'est un esprit railleur comme Michel.

— Vous n'auriez donc pas plus de méfiance que ce pauvre abbé ? reprit le Piccinino d'un ton distrait ; car il était occupé à fouiller son dormeur avec beaucoup de sang-froid.

— Vous m'avez défendu de respirer seulement ce vin, répondit Mila ; donc vous n'aviez pas envie de me jouer un mauvais tour !

— Ah ! voici !... murmura le Piccinino, en prenant un portefeuille dans la poche de l'abbé. Ne vous impatientez pas, Mila ; il faut que j'examine cela. »

Et, s'asseyant devant la table, il ouvrit le portefeuille et en tira divers papiers dont il prit connaissance avec une promptitude calme.

« Une délation contre Marc-Antonio Ferrera !... un homme obscur ; sans doute un mari dont il voulait corrompre la femme ! Tenez, Mila, voici mon briquet à fumer. Voulez-vous allumer la lampe et brûler ça ? Ce Marc-Antonio ne se doute point que votre belle main le sauve de la prison....

« Et ceci ? Ah ! c'est plus significatif ; un avis anonyme donné au capitaine de la ville, que le marquis de la Serra ourdit une conspiration contre le gouvernement ! Le cher abbé voulait écarter le Sigisbée de la princesse,

Il rencontra une espèce de brigadier de *campieri*. (Page 108.)

ou l'occuper, tout au moins! L'imbécile! il ne sait pas seulement contrefaire son écriture! Au feu, Mila! ceci n'ira point à son adresse.

« Autre avis! continua le Piccinino en dépouillant toujours le portefeuille. Misérable! il voulait faire saisir le brave champion qui l'avait mis en relation avec le Piccinino! Ceci est à conserver. Malacarne verra qu'il a bien fait de ne point se fier aux promesses de ce drôle, et qu'il eût été bien puni de ne point s'adresser à son chef!

« Je m'étonne de ne rien trouver contre votre père, Mila. Ah! si fait! voilà! Toutes les mesures de monsieur l'abbé étaient prises pour frapper ce grand coup. Ce soir Pier-Angelo Lavoratori et..... Fra-Angelo aussi!... Ah! tu comptais sans ton hôte, ami! Tu ne savais pas que le Piccinino ne laissera jamais toucher à cette tête rasée! Que tu étais donc mal informé! Mais, Mila, cet homme, dont on se faisait un monstre, n'était qu'un idiot, en vérité!

— Et de quoi accusait-il mon père et mon oncle?

— De conspirer, toujours le même refrain; c'est si usé! Il y a une chose qui m'étonne; c'est que la police s'émeuve encore de ces vieilles platitudes. La police est aussi stupide que les gens qui la poussent.

— Donnez, donnez, que je brûle cela en conscience! s'écria Mila.

— En voici encore! qu'est-ce que c'est que... Antonio Magnani? »

Mila ne répondit pas; elle tendit la main pour saisir et brûler cette nouvelle dénonciation, avec tant de vivacité, que le Piccinino se retourna, et vit son visage coloré d'une soudaine rougeur.

« Je comprends, dit-il, en lui donnant le papier. Mais il aurait dû envoyer cette dénonciation avant d'oser vous faire la cour? Toujours trop tard, toujours à côté, pauvre homme! »

Le Piccinino ouvrit et parcourut encore quelques papiers qui ne mentionnaient que des noms inconnus, et que Mila fit brûler sans les regarder. Mais tout à coup il tressaillit et s'écria:

« Tout de bon? Ceci entre ses mains? A la bonne heure! Je ne vous aurais jamais cru capable de cette capture. Pardon! monsieur l'abbé, dit-il en mettant dans sa poche un papier plus volumineux que les autres, et en adressant un salut ironique à l'être misérable qui gisait à ses pieds, la bouche entr'ouverte et l'œil terne. Je vous rends mon estime jusqu'à un certain point. Vrai, je ne vous en croyais pas capable! »

L'œil de Ninfo parut s'animer. Il essaya de faire un mouvement, et une sorte de râle s'exhala de sa poitrine.

« Ah! est-ce que nous sommes encore là? dit le Piccinino en lui plaçant le goulou du flacon narcotisé dans la bouche. Ceci vous a réveillé? Ceci vous tenait plus au cœur que la belle Mila? En ce cas, vous ne deviez pas songer à la galanterie et venir ici au lieu de courir aux affaires! Dormez donc, Excellence, car, si vous comprenez, il vous faudra mourir! »

L'abbé retomba sur le carreau, son regard vitreux resta attaché comme celui d'un cadavre sur la figure ironique du Piccinino.

« Il a besoin de repos, dit ce dernier à Mila avec un cruel sourire; ne le dérangeons pas davantage. »

Il alla fermer avec de grandes barres de fer cadenassées les solides contrevents de la fenêtre, et sortit avec Mila, après avoir enfermé l'abbé à double tour et mis la clé dans sa poche.

XXXIX.

IDYLLE.

Le Piccinino ramena sa jeune compagne dans le jardin, et, devenu tout à coup pensif, il s'assit sur un banc, sans paraître se souvenir de sa présence. C'était pourtant à elle qu'il pensait; et voici ce qu'il se disait à lui-même :

« Laisser partir d'ici cette belle créature, aussi calme et aussi fière qu'elle y est entrée, ne sera-ce pas le fait d'un niais?

« Oui, ce serait le fait d'un niais pour l'homme qui aurait résolu sa perte; mais moi, je n'ai voulu qu'essayer l'empire de mon regard et de ma parole pour l'attirer dans ma cage, comme un bel oiseau qu'on aime à regarder de près, et auquel on donne ensuite la volée parce qu'on ne veut pas qu'il meure.

« Il y a toujours un peu de haine dans le désir violent qu'une femme nous inspire. » (C'est toujours le Piccinino qui raisonne et résume ses impressions.) « Car la victoire, en pareil cas, est affaire d'orgueil, et il est impossible de lutter, même en jouant, sans un peu de colère.

« Mais il n'y a pas plus de haine que de désir ou de dépit dans le sentiment que cette enfant m'inspire. Elle n'a pas seulement l'idée d'être coquette avec moi; elle ne me craint pas; elle me regarde en face sans rougir ; elle n'est pas émue par ma présence. Que j'abuse de son isolement et de sa faiblesse, elle se défendra peut-être mal, mais sortira d'ici toute en pleurs, ou elle se tuera peut-être, car il y en a qui se tuent... Elle détestera tout au moins mon souvenir et rougira de m'avoir appartenu. Or, il ne faut pas qu'un homme comme moi soit méprisé. Il faut que les femmes qui ne le connaissent point le craignent; il faut que celles qui le connaissent l'estiment ou le désirent : il faut que celles qui l'ont connu le regrettent.

« Il y a, certes, à la limite de l'audace et de la violence, une ivresse infinie, un sentiment complet de la victoire; mais c'est à la limite seulement : une ligne au delà, et il n'y a plus que bêtise et brutalité. Dès que la femme peut vous reprocher d'avoir employé la force, elle règne encore, bien que vaincue, et vous risquez de devenir sa esclave, pour avoir été son maître malgré elle. J'ai ouï dire qu'il y avait eu quelque chose de ce genre dans la vie de mon père, bien que Fra-Angelo n'ait pas voulu s'expliquer là-dessus. Mais tout le monde sait qu'il ne manquait de patience et qu'il s'enivrait. C'étaient les folies de son temps. On est plus civilisé et plus habile aujourd'hui. Plus moral? non; mais plus raffiné, et plus fort par conséquent.

« Y aurait-il beaucoup de science et de mérite à obtenir de cette fille ce qu'elle n'a pas encore accordé à son amant? Elle est trop confiante pour que la moitié du chemin ne soit pas facile. La moitié du chemin est faite, d'ailleurs. Elle a été fascinée par mes airs de vertu chevaleresque. Elle est venue, elle est entrée dans mon boudoir; elle s'est assise à mes côtés. Mais l'autre moitié serait peut-être seulement difficile, elle est impossible. Lui faire désirer de me combattre et de céder pour obtenir, voilà ce qui n'entrera jamais dans son esprit. Si elle était à moi, je l'habillerais en petit garçon et je l'emmènerais avec moi à la chasse. Au besoin, elle chasserait au Napolitain comme elle vient de chasser à l'abbé. Elle serait vite aguerrie. Je l'aimerais comme un page; je ne verrais point en elle une femme. »

— Eh bien, seigneur, dit Mila, un peu ennuyée du long silence de son hôte, est-ce que vous attendez l'arrivée du Piccinino? Est-ce que je ne pourrais pas m'en aller, à présent?

— Tu veux t'en aller? répondit le Piccinino en la regardant d'un air préoccupé.

— Pourquoi pas? vous avez mené les choses si vite qu'il est encore de bonne heure, et que je peux m'en retourner seule au grand jour. Je n'aurai plus peur, à présent que je sais où est l'abbé, et combien il est incapable de courir après moi.

— Tu ne veux donc pas que je t'accompagne, au moins jusqu'à Bel-Passo?

— Il me paraît bien inutile que vous vous dérangiez.

— Eh bien, va, Mila; tu es libre, puisque tu es si pressée de me quitter, et que tu te trouves si mal avec moi.

— Non, seigneur, ne dites pas cela, répondit ingénument la jeune fille. Je suis très-honorée de me trouver avec vous, et, s'il n'y avait pas à cela le danger que vous savez, d'être épiée et faussement accusée, j'aurais du plaisir à vous tenir compagnie; car vous me paraissez triste, et je servirais, du moins, à vous distraire. Quelquefois madame Agathe est triste aussi, et quand je veux la laisser seule, elle me dit : « Reste près de moi, ma petite Mila; quand même je ne te parle pas, ta présence me fait du bien. »

— Madame Agathe est triste quelquefois? En savez-vous la cause?

— Non; mais j'ai dans l'idée qu'elle s'ennuie. »

Là-dessus, le Piccinino fit beaucoup de questions, auxquelles Mila répondit avec sa naïveté habituelle, mais sans vouloir ni pouvoir lui apprendre autre chose que ce qu'il avait déjà entendu dire : à savoir qu'elle vivait dans la chasteté, dans la retraite, qu'elle faisait de bonnes œuvres, qu'elle lisait beaucoup, qu'elle aimait les arts, et qu'elle était d'une douceur et d'une tranquillité voisine de l'apathie, dans ses relations extérieures. Cependant la confiante Mila ajouta qu'elle était sûre que sa chère princesse était plus ardente et plus dévouée dans ses affections qu'on ne le pensait; qu'elle l'avait vue souvent s'émouvoir jusqu'aux larmes au récit de quelque infortune, ou seulement à celui de quelque naïveté touchante.

« Par exemple! dit le Piccinino; cite-m'en un exemple?

— Eh bien! une fois, dit Mila, je lui racontais qu'il y a eu un temps où nous étions bien pauvres, à Rome. Je n'avais alors que cinq ou six ans, et comme nous avions à peine de quoi manger, je disais quelquefois à mon frère Michel que je n'avais pas faim, afin qu'il mangeât ma part. Mais Michel, s'étant douté de mon motif, se mit à dire, de son côté, qu'il n'avait pas faim; si bien que souvent notre pain resta jusqu'au lendemain, sans que nous voulussions convenir, l'un et l'autre, que nous avions grande envie de le manger. Et cette cérémonie fit que nous nous rendions plus malheureux que nous ne l'étions réellement. Je racontais cela en riant à la princesse; tout à coup je la vis fondre en larmes, et elle me pressa contre son cœur en disant : « Pauvres enfants! pauvres chers enfants! » Voyez, seigneur, si c'est là un cœur froid et un esprit endormi, comme on veut bien le dire? »

Le Piccinino prit le bras de Mila sous le sien et la promena dans son jardin, tout en la faisant parler de la princesse. Toute son imagination se reportait vers cette femme qui lui avait fait une impression si vive, et il oublia complétement que Mila aussi avait occupé ses pensées et troublé ses sens pendant une partie de la journée.

La bonne Mila, toujours persuadée qu'elle parlait à un ami sincère, s'abandonna au plaisir de louer celle qu'elle chérissait avec enthousiasme, et *oublia qu'elle s'oubliait,* comme elle le dit elle-même, après une heure de promenade sous les magnifiques ombrages du jardin de Nicolosi.

Le Piccinino avait le cerveau impressionnable et l'humeur mobile. Toute sa vie était tour à tour méditation et curiosité. L'entretien gracieux et simple de cette jeune fille, la suavité de ses pensées, l'élan généreux de ses affections, et je ne sais quoi de grand, de brave et d'enjoué qu'elle tenait de son père et de son oncle, charmèrent peu à peu le bandit. Des perspectives nouvelles s'ouvraient devant lui, comme si, d'un drame tourmenté et fatigant, il entrait dans une idylle riante et paisible. Il avait trop d'intelligence pour ne pas comprendre tout, même ce qui était le plus opposé à ses instincts et à ses habitudes. Il avait dévoré les poëmes de Byron. Il s'était élevé dans ses rêves jusqu'à don Juan et jusqu'à Lara; mais il avait lu aussi Pétrarque, il le savait par cœur; et même il avait souri, au lieu de bâiller, en murmurant tout seul à voix basse les *concetti* de l'*Aminta* et du *Pastor fido.* Il se sentit calmé par ses épanchements avec la petite Mila, encore mieux qu'il ne l'était d'ordinaire lorsqu'il lisait ces puérilités sentimentales pour apaiser les orages de sa volonté.

Mais, enfin, le soleil baissait. Mila pensait à Magnani et demandait à partir.

« Eh bien, adieu, ma douce Mila, dit le Piccinino; mais, en te reconduisant jusqu'à la porte du jardin, je veux faire sérieusement pour toi ce que je n'ai jamais fait pour aucune femme que par intérêt ou par moquerie.

— Quoi donc, seigneur? dit Mila étonnée.

— Je veux te faire un bouquet, un bouquet tout virginal, avec les fleurs de mon jardin » répondit-il avec un sourire où, s'il entrait un peu de raillerie, c'était envers lui-même seulement.

Mila trouva cette galanterie beaucoup moins surprenante qu'elle ne le semblait au Piccinino. Il cueillit avec soin des roses blanches, des myrtes, de la fleur d'oranger; il ôta les épines des roses; il choisit les plus belles fleurs; et, avec plus d'adresse et de goût qu'il ne s'en fût supposé à lui-même, il fit un magnifique bouquet pour son aimable hôtesse.

« Ah! dit-il au moment de le lui offrir, n'oublions pas le cyclamen. Il doit y en avoir dans ces gazons... Non, non, Mila, ne cherche pas; je veux les cueillir moi-même, pour que la princesse ait du plaisir à respirer mon bouquet. Car tu lui diras qu'il vient de moi, et que c'est la seule galanterie que je me sois permise avec toi, après un tête-à-tête de deux heures dans ma maison.

— Vous ne me défendez donc pas de dire à madame Agathe que je suis venue ici?

— Tu le lui diras, Mila. Tu lui diras tout. Mais à elle seule, entends-tu? Tu me le jures sur ton salut, car je crois à cela, toi?

— Et vous, seigneur, est-ce que vous n'y croyez pas?

— Je crois, du moins, que je mériterais aujourd'hui d'aller en Paradis, et je mourais tout de suite; car j'ai le cœur pur d'un petit enfant depuis que tu es avec moi.

— Mais, si la princesse me demande qui vous êtes, seigneur, et de qui je lui parle, comment vous désignerai-je pour qu'elle le devine?

— Tu lui diras ce que je veux que tu saches aussi, Mila... Mais il se présentera peut-être des occasions, par la suite, où ma figure et mon nom ne se trouveront plus d'accord. Alors, tu te tairas, et, au besoin, tu feindras de ne m'avoir jamais vu; car, d'un mot, tu pourrais m'envoyer à la mort.

— A Dieu ne plaise! s'écria Mila avec effusion. Ah! seigneur, comptez sur ma prudence et sur ma discrétion comme si ma vie était liée à la vôtre.

— Eh bien! tu diras à la princesse que c'est Carmelo Tomabene qui l'a délivrée de l'abbé Ninfo, et qui t'a baisé la main avec autant de respect qu'il la baiserait à elle-même.

— C'est à moi de vous baiser la main, seigneur, répondit l'innocente fille, en portant la main du bandit à ses lèvres, dans la conviction que c'était au moins le fils d'un roi qui la traitait avec cette courtoisie protectrice; car vous me trompez, ajouta-t-elle. Carmelo Tomabene est un *villano*, et cette demeure n'est pas plus vôtre que son nom. Vous pourriez habiter un palais si vous le vouliez; mais vous vous cachez pour des motifs politiques que je ne dois pas et que ne veux pas savoir. J'ai dans l'idée que vous serez un jour roi de Sicile. Ah! que je voudrais être un homme, afin de me battre pour votre cause! car vous ferez le bonheur de votre peuple, j'en suis certaine, moi! »

La riante extravagance de Mila fit passer un éclair de folie dans la tête audacieuse du bandit. Il eut comme un instant de vertige et éprouva presque la même émotion que si elle eût deviné la vérité au lieu de faire un rêve.

Mais aussitôt il éclata d'un rire presque amer, qui ne dissipa point les illusions de Mila; elle crut que c'était un effort pour détruire ses soupçons indiscrets, et elle lui demanda candidement pardon de ce qui venait de lui échapper.

« Mon enfant, répondit-il en lui donnant un baiser au front et en l'aidant à remonter sur sa mule blanche, la princesse Agathe te dira qui je suis. Je te permets de le lui demander; mais, quand tu le sauras, souviens-toi que tu es ma complice, ou qu'il faut m'envoyer à la potence.

— J'irais plutôt moi-même! dit Mila en s'éloignant et en lui montrant qu'elle baisait respectueusement son bouquet. »

« Eh bien! se dit le Piccinino, voici la plus agréable et la plus romanesque aventure de ma vie. J'ai joué au roi déguisé, sans le savoir, sans m'en donner la peine, sans avoir rien médité ou préparé pour me procurer cet amusement. Les plaisirs imprévus sont les seuls vrais, dit-on; je commence à le croire. C'est peut-être pour avoir trop prémédité mes actions et trop arrangé ma vie que j'ai trouvé si souvent l'ennui et le dégoût au bout de mes entreprises. Charmante Mila! quelle fleur de poésie, quelle fraîcheur d'imagination dans ta jeune tête! Oh! que n'es-tu un adolescent de mon sexe! que ne puis-je te garder près de moi sans te faire rien perdre de tes riantes chimères et de ta bienfaisante pureté! Je trouverais la douceur de la femme dans un compagnon fidèle, sans risquer d'inspirer ou de ressentir la passion qui gâte et envenime toutes les intimités! Mais de tels êtres n'existent pas. La femme ne peut manquer de devenir coquette, l'homme ne peut pas cesser d'être brutal. Ah! il m'a manqué, il me manquera toujours de pouvoir aimer quelqu'un. Il m'eût fallu rencontrer un esprit différent de tous les autres, et encore plus différent de moi-même... ce qui est impossible!

« Suis-je donc un caractère d'exception? se demandait encore le Piccinino, en suivant des yeux la trace que les petits pieds de Mila avaient laissée sur le sable de son jardin. Il me semble que oui, quand je me compare aux montagnards avec lesquels je suis forcé de vivre, et à ces bandits que je dirige. Parmi eux, j'ai, dit-on, plus d'un frère. C'est qu'ils n'ont rien de moi. Les passions qui servent de lien entre nous diffèrent autant que les traits de nos visages et les forces de nos corps. Ils aiment le butin pour convertir en monnaie tout ce qui n'est pas monnaie; et moi, je n'aime que ce qui est précieux par la beauté ou la rareté. Ce qu'ils peuvent acquérir, ils le gardent par cupidité; moi, je le ménage par magnificence, afin de pouvoir agir royalement avec eux dans l'occasion, et d'étendre mon influence et mon pouvoir sur tout ce qui m'environne.

« L'or n'est donc pour moi qu'un moyen, tandis que pour eux c'est le but. Ils aiment les femmes comme des choses, et moi, hélas! je voudrais pouvoir les aimer comme des êtres! Ils sont enivrés par des actes de violence qui me répugnent, et dont je me sentirais humilié, moi, qui sais que je puis plaire, et qui n'ai jamais eu besoin de m'imposer. Non, non! ils ne sont pas mes frères; s'ils sont les fils du *Destatore*, ils sont les enfants de l'orgie et de son âge de décadence morale. Moi, je suis le fils de Castro-Reale; j'ai été engendré dans un jour de lucidité. Ma mère n'a pas été violée comme les autres. Elle s'est abandonnée volontairement, et je suis le fruit du commerce de deux âmes libres, qui ne m'ont pas donné la vie malgré elles.

« Mais, dans ce monde qui s'intitule la société, et que j'appelle, moi, le milieu légal, n'y a-t-il pas beaucoup d'êtres de l'un et de l'autre sexe, avec lesquels je pourrais m'entendre pour échapper à cette affreuse solitude de mes pensées? N'y a-t-il pas des hommes intelligents et doués de fines perceptions, dont je pourrais être l'ami? N'y a-t-il pas des femmes habiles et fières dont je pourrais être l'amant, sans être forcé de rire de la peine que je me serais donnée pour les vaincre? Enfin, suis-je condamné à ne jamais trouver d'émotions dans cette vie que j'ai embrassée comme la plus féconde en émotions violentes? Me faudra-t-il toujours dépenser des ressources d'imagination et de savoir-faire infinies, pour arriver au pillage d'une barque sur les récifs de la côte, ou d'une caravane de voyageurs dans les défilés de la montagne? Le tout pour conquérir beaucoup de petits objets de luxe, quelques sommes d'argent, et le cœur de quelques Anglaises laides ou folles, qui aiment les aventures de brigands comme un remède contre le spleen?

« Mais je me le suis fermé à jamais, ce monde où je pourrais trouver mes égaux et mes semblables. Je n'y puis pénétrer que par les portes secrètes de l'intrigue, et, si je veux paraître au grand jour, c'est à la condition d'y être suivi par le mystère de mon passé; c'est-à-dire par un arrêt de mort toujours suspendu sur ma tête. Quitterai-je le pays? C'est le seul peut-être où la profession de bandit soit plus périlleuse que déshonorante. Partout ailleurs, on me demandera la preuve que j'ai toujours vécu dans le monde légal: et, si je ne puis la fournir, on m'assimilera à ce que ces nations ont de plus avili dans les bourbiers obscurs de leur prétendue civilisation!

« O Mila! que vous avez éclairé de douleurs et d'épouvantes ce cœur où vous avez fait entrer un rayon de votre soleil! »

XL.

DÉCEPTION.

Ainsi se tourmentait cet homme si déplacé dans la vie par le contraste de son intelligence avec sa position. La culture de l'esprit, qui faisait ses délices, faisait aussi son tourment. Ayant lu de tout sans ordre et sans choix, les livres les plus pervers et les plus sublimes, et se laissant successivement impressionner par tous, il était aussi savant dans le mal que dans le bien, et il arrivait insensiblement à ce scepticisme qui ne croit plus à l'un ni à l'autre d'une manière absolue.

Il rentra dans sa maison pour y prendre quelques mesures relatives à l'abbé Ninfo, afin que, dans le cas imprévu où son domicile serait envahi, rien n'y portât les traces de la violence. Il fit disparaître le vin narcotisé, et en plaça de pur dans la carafe, afin de pouvoir en faire, au besoin, la feinte expérience sur lui-même. Il jeta l'abbé sur un lit de repos, éteignit la lampe qui brûlait encore, et balaya les cendres des papiers que Mila avait anéantis. Personne n'entrait jamais chez lui en son absence. Il n'avait point de serviteurs attitrés, et la propreté élégante qu'il maintenait lui-même dans sa maison ne lui coûtait pas beaucoup de peine, puisqu'il n'y occupait que peu de pièces, dans lesquelles même il n'entrait pas tous les jours. Il travaillait son jardin, dans ses heures de loisir, pour entretenir ses forces, et pour n'avoir pas l'air de déroger à sa condition de paysan. Il avait appliqué lui-même à toutes les issues de son habitation un système de clôture simple et solide qui pouvait résister longtemps à des tentatives d'effraction. Enfin, il lâcha deux énormes et affreux chiens de montagne, espèce de bêtes féroces, qui ne connaissaient que lui, et qui eussent infailliblement étranglé le prisonnier, s'il eût pu essayer de s'échapper.

Toutes ces précautions prises, le Piccinino alla se laver, se parfumer, et, avant de se diriger vers la plaine, il se montra dans le village de Nicolosi, où il était fort considéré de tous les habitants. Il causa en latin, avec le curé, sous le berceau de vigne du presbytère. Il échangea des quolibets malicieux avec les jolies filles de l'endroit, qui l'agaçaient du seuil de leurs maisons. Il donna plusieurs consultations d'affaires et d'agriculture à des gens sensés qui appréciaient son intelligence et ses lumières. Enfin, comme il sortait du village, il rencontra une espèce de brigadier de *campieri* avec lequel il fit route quelque temps, et qui lui apprit que le Piccinino continuait à échapper aux recherches de la police et de la brigade municipale.

Mila, impatiente de raconter tous ses secrets à la princesse, et de profiter, pour en savoir le mot, de la permission de son mystérieux prince, marchait aussi vite que le pouvait Bianca en descendant des pentes rapides et dangereuses. Mila ne songeait point à la retenir; elle aussi était rêveuse et absorbée. Les personnes très-pures et très calmes doivent avoir remarqué que, lorsqu'elles communiquent leur disposition d'esprit à des âmes agitées et troublées, leur propre sérénité diminue d'autant. Elles ne donnent qu'à la condition de s'endetter un peu; car la confiance est un échange, et il n'est point de cœur si riche et si fort qui ne risque quelque chose à la bienfaisance.

Peu à peu cependant, la belle Mila se sentit plus joyeuse qu'effrayée. La conversation du Piccinino avait laissé je ne sais quelle suave musique dans ses oreilles, et le parfum de son bouquet l'entretenait dans l'illusion qu'elle était toujours dans ce beau jardin rustique, sous l'ombrage des figuiers noirs et des pistachiers, foulant des tapis de mousse semés de mauve, d'orchis et de fraxinelle, accrochant parfois son voile aux aloès et aux rameaux de smylax épineux, dont la main empressée de son hôte le dégageait avec une respectueuse galanterie. Mila avait les goûts simples de sa condition, joints à la poésie romanesque de son intelligence. Si les fontaines de marbre et les statues de la villa Palmarosa la jetaient dans une extase rêveuse, les berceaux de vigne et les vieux pommiers sauvages du jardin de Carmelo parlaient davantage à son cœur. Elle avait déjà oublié le boudoir oriental du bandit; elle ne s'y était pas sentie à l'aise comme sous la tonnelle. Il s'y était montré ironique et froid presque tout le temps; au lieu que, parmi les buissons fleuris et près de la source argentée, il avait eu l'esprit naïf et le cœur tendre.

D'où vient que cette jeune fille, qui venait de voir des choses si bizarres ou si pénibles, le boudoir d'une reine dans la maison d'un paysan, et la scène d'affreuse léthargie de l'abbé Ninfo, ne se souvenait plus de ce qui aurait dû tant frapper son imagination? Cette surprise et cette frayeur s'étaient effacées comme un rêve, et son esprit restait absorbé par un dernier tableau frais et pur, où elle ne voyait plus que des fleurs, des gazons, des oiseaux babillant dans le feuillage, et un beau jeune homme qui la guidait dans ce labyrinthe enchanté, en lui disant de douces et chastes paroles.

Lorsque Mila eut dépassé la croix du *Destatore*, elle descendit de sa monture, ainsi que, par prudence pour elle-même, Carmelo le lui avait recommandé. Elle attacha les rênes à l'arçon de la selle, et fit siffler une branche aux oreilles de *Bianca*. L'intelligente bête bondit et reprit au galop le chemin de Nicolosi, n'ayant besoin de personne pour regagner son gîte. Mila continua donc la route à pied, évitant prudemment d'approcher de Mal-Passo; mais, par une véritable fatalité, Fra-Angelo revenait en cet instant du palais de la Serra, et il regagnait son couvent par un chemin détourné, si bien que Mila se trouva face à face avec lui.

La pauvrette essaya bien de croiser sa *mantellina* et de marcher vite, comme si elle ne voyait point son oncle.

« D'où venez-vous, Mila? fut l'apostrophe qui l'arrêta au passage, et d'un ton qui ne souffrait pas l'hésitation.

— Ah! mon oncle, répondit-elle en écartant son voile : je ne vous voyais pas, j'avais le soleil dans les yeux.

— D'où venez-vous, Mila? répéta le moine sans daigner discuter la vraisemblance de cette réponse.

— Eh bien! mon oncle, dit résolument Mila, je ne vous ferai pas de mensonge : je vous voyais fort bien.

— Je le sais; mais vous me direz d'où vous venez?

— Je viens du couvent, mon oncle... Je vous cherchais... et, ne vous y trouvant point, je retournais à la ville.

— Qu'aviez-vous donc de si pressé à me dire, ma chère fille? Il faut que ce soit bien important, pour que vous osiez courir seule ainsi la campagne, contrairement à vos habitudes? Allons, répondez donc! vous ne dites rien! vous ne pouvez pas mentir, Mila!

— Si fait, mon oncle, si fait!... Je venais... » Et elle s'arrêta court, tout éperdue, car elle n'avait rien préparé pour cette rencontre, et tout son esprit l'abandonnait.

— Vous perdez la tête, Mila, reprit le moine, car je vous dis que vous ne savez pas mentir, et vous me répondez : *Si fait!* Grâce au ciel, vous n'y entendez rien. N'essayez donc pas, mon enfant, et dites-moi franchement d'où vous venez-vous?

— Eh bien! mon oncle, je ne peux pas vous le dire.

— Oui-dà! s'écria Fra-Angelo en fronçant le sourcil. Je vous ordonne de le dire, moi!

— Impossible, mon cher oncle, impossible, dit Mila en baissant la tête, vermeille de honte, et les yeux pleins de larmes; car il lui était bien douloureux de voir, pour la première fois, son digne oncle courroucé contre elle.

— Alors, reprit Fra-Angelo, vous m'autorisez à croire que vous venez de faire une démarche insensée, ou une mauvaise action!

— Ni l'une ni l'autre! s'écria Mila en relevant la tête. J'en prends Dieu à témoin.

— O Dieu! dit le moine d'un ton désolé, que vous me faites de mal en parlant ainsi, Mila! seriez-vous capable de faire un faux serment?

— Non, mon oncle, non, jamais!

— Mentez à votre oncle, si bon vous semble, mais ne mentez pas à Dieu!

— Suis-je donc habituée à mentir! s'écria encore la jeune fille avec fierté, et dois-je être soupçonnée par mon oncle, par l'homme qui me connaît si bien, et à l'estime duquel je tiens plus qu'à ma vie?

— En ce cas, parle! répondit Fra-Angelo en lui prenant le poignet d'une manière qu'il crut engageante et paternelle, mais qui meurtrit le bras de l'enfant et lui arracha un cri d'effroi. Pourquoi donc cette terreur! reprit le moine stupéfait. Ah! vous êtes coupable, jeune fille; vous venez de faire, non un péché, je ne puis le croire, mais une folie, ce qui est le premier pas dans la mauvaise voie. S'il n'en était pas ainsi, vous ne reculeriez pas effrayée devant moi; vous n'auriez pas essayé de me cacher votre visage en passant; vous n'auriez pas surtout essayé de mentir! Et maintenant, comme il est impossible que vous ayez un secret innocent pour moi, vous ne refuseriez pas de vous expliquer.

— Eh bien, mon oncle, c'est pourtant un secret très-innocent qu'il m'est impossible de vous révéler. Ne m'interrogez plus. Je me laisserais tuer plutôt que de parler.

— Au moins, Mila, promettez-moi de le dire à votre père, ce secret que je ne dois pas savoir!

— Je ne vous promets pas cela; mais je vous jure que je le dirai à la princesse Agathe.

— Certes, j'estime et je vénère la princesse Agathe, répondit le moine; mais je sais que les femmes ont entre elles une rare indulgence pour certains écarts de conduite, et que les femmes vertueuses ont d'autant plus de tolérance qu'elles connaissent moins le mal. Je n'aime donc pas que vous ayez à chercher un refuge contre la honte dans le sein de votre amie, au lieu de pouvoir expliquer, la tête haute, votre conduite à vos parents. Allez, Mila, je n'insiste pas davantage puisque vous m'avez retiré votre confiance; mais je vous plains de n'avoir pas le cœur pur et tranquille, ce soir, comme vous l'aviez ce matin. Je plains mon frère qui mettait en vous son orgueil et sa joie; je plains le vôtre, qui bientôt sans doute aura à répondre de votre conduite devant les hommes, et qui se fera de mauvaises affaires s'il ne veut vous laisser insulter à son bras. Malheur, malheur aux hommes d'une famille, quand les femmes, qui en devraient garder l'honneur, comme les Vestales gardaient le feu sacré, violent les lois de la prudence, de la pudeur et de la vérité. »

Fra-Angelo passa outre, et la pauvre Mila resta atterrée sous cette malédiction, à genoux sur les pierres du chemin, la joue pâle et le cœur oppressé de sanglots.

« Hélas! se disait-elle, il me semblait jusqu'ici que ma conduite n'était pas seulement innocente, mais qu'elle était courageuse et méritoire. Oh! que les lois de la réserve et la nécessité d'une bonne réputation sont donc rudes pour les femmes, puisque, lors même qu'il s'agit de sauver sa famille, il faut s'attendre au blâme des êtres qu'on aime le mieux! Ai-je donc eu tort de me fier aux promesses du *prince?* Il pouvait me tromper, il est vrai! Mais puisque sa conduite m'a prouvé sa loyauté et sa vertu, dois-je me reprocher d'avoir cru en lui? N'était-ce pas la divination de la vérité qui me poussait vers lui, et non une folle et imprudente curiosité? »

Elle reprit le chemin de la plaine; mais, tout en marchant, elle interrogea sévèrement sa conscience, et quelques scrupules lui vinrent. N'avait-elle pas été poussée par l'orgueil d'accomplir des choses difficiles et périlleuses, dont on ne l'avait pas jugée capable? Ne s'était-elle pas laissée influencer par la grâce et la beauté de l'inconnu, et aurait-elle eu autant de confiance dans un homme moins jeune et moins éloquent?

« Mais qu'importe, après tout, se disait-elle. Quel mal ai-je fait, et qu'aurait-on à me reprocher, si on avait eu les yeux sur moi? J'ai risqué d'être méconnue et calomniée, et certes c'est une faute quand on agit ainsi par égoïsme ou par coquetterie; mais quand on s'expose pour sauver son père et son frère!

« Madame Agathe sera mon juge; elle me dira si j'ai bien ou mal fait, et si elle eût agi comme moi. »

Mais que devint la pauvre Mila, lorsque, dès les premiers mots de son récit, la princesse l'interrompit en lui disant : « O ma fille! c'était le Piccinino. »

Mila essaya de se débattre contre la réalité. Elle raconta qu'au dire de tout le monde, le Piccinino était court, trapu, mal fait, affligé d'une laideur atroce, et qu'il avait la figure ombragée d'une chevelure et d'une barbe touffues; tandis que l'étranger était si élégant dans sa petite taille, si gracieux et si noble dans ses manières!

« Mon enfant, dit la princesse, il y a un faux Piccinino qui joue le rôle de son maître auprès des gens dont ce dernier se méfie, et qu'il le jouerait au besoin en face des gendarmes et des juges, s'il tombait en leur pouvoir. C'est une horrible et féroce créature, qui ajoute, par la terreur de son aspect, à celle que répandent les expéditions de la bande. Le vrai Piccinino, celui qui s'intitule le *justicier d'aventure* et qui dirige toutes les opérations des brigands de la montagne, celui qu'on ne connaît point et qu'on saisirait sans pouvoir constater qu'il ait jamais été le chef ou le complice de ces bandes, c'est un beau jeune homme, instruit, éloquent, libertin et rusé : c'est Carmelo Tomabene que vous avez vu à la fontaine. »

Mila fut si interdite qu'elle faillit ne pas continuer son récit. Comment avouer qu'elle avait été la dupe d'un hypocrite, et qu'elle s'était mise à la merci d'un libertin? Elle confessa tout, cependant, avec une sincérité complète, et, quand elle eut fini, elle se remit à pleurer, en songeant aux dangers qu'elle avait courus et aux suppositions dont elle serait l'objet, si le Piccinino venait à se vanter de sa visite.

Mais Agathe, qui avait plus d'une fois tremblé en l'écoutant, et qui s'était promis de lui reprocher son imprudence, en lui démontrant que le Piccinino était trop habile pour avoir eu réellement besoin de son secours, fut désarmée par son chagrin naïf, et la pressa contre son sein pour la consoler. Ce qui la frappait d'ailleurs, au moins autant que la témérité de cette jeune fille, c'était le courage physique et moral qui l'avait inspirée; c'était sa résolution de se tuer à la moindre imminence d'une insulte; c'était son dévouement sans bornes et sa confiance généreuse. Elle la remercia donc avec tendresse de ce qu'elle avait été mue en partie par le désir de la délivrer d'un ennemi; et, enfin, en recevant l'assurance que l'abbé Ninfo était bien entre les mains du *justicier*; un autre sentiment de joie la domina tellement, qu'elle baisa les mains de la petite Mila en l'appelant sa bonne fée et son ange de salut.

Mila consolée et réconciliée avec elle-même, la princesse, retrouvant avec elle un éclair de gaieté enfantine, lui proposa de faire une autre toilette pour se rafraîchir de son voyage, et d'aller ensuite surprendre son père et son frère le marquis. « Nous irons à pied, lui dit-elle, car c'est tout près d'ici, en passant par nos jardins, et nous dînerons ensemble auparavant. Si bien que nous aurons l'ombre et la brise de la première heure de nuit, et puis un compagnon de voyage sur lequel vous ne comptez peut-être pas, mais qui ne vous déplaira point, car il est de vos amis.

— Nous verrons qui ce peut être, » dit en souriant Mila, qui devinait fort bien, mais qui, à l'endroit de son secret de cœur, et pour cela seulement, retrouvait toute la prudence de son esprit féminin.

Le repas et les préparatifs des deux amies prirent environ une heure; après quoi la caméristre vint dire à l'oreille de la princesse : « Le jeune homme d'hier soir, au fond du jardin, près de la grille de l'Est. »

« C'est cela, dit la princesse entraînant Mila; c'est notre chemin. » Et elles se mirent à courir à travers le parc, joyeuses et légères; car toutes deux renaissaient à l'espérance du bonheur.

Magnani se promenait mélancolique et absorbé, attendant qu'on vînt l'avertir d'entrer dans le palais, lorsque deux femmes voilées, sortant des buissons de myrtes et d'orangers et accourant à lui, s'emparèrent chacune d'un de ses bras, et l'entraînèrent dans leur course folâtre sans lui rien dire. Il les reconnut bien, la princesse cependant plutôt que Mila, qui ne lui paraissait pas vêtue comme de coutume sous sa mante légère; mais il se sentait trop ému pour parler, et il feignait d'accepter cette plaisanterie gracieuse avec gaieté. Le sourire errait sur ses lèvres, mais le trouble était dans son cœur, et s'il essayait de se distraire de celui que lui causait Agathe, il ne retrouvait pas beaucoup de calme en sentant Mila s'appuyer sur son bras.

Ce ne fut qu'à l'entrée du parc de la Serra que la princesse entr'ouvrit son voile pour lui dire : « Mon cher enfant, j'avais l'intention de causer avec vous chez moi; mais l'impatience que j'éprouve d'annoncer une bonne nouvelle à nos amis, réunis chez le marquis, m'a engagée à vous y amener avec nous. La soirée tout entière nous appartient, et je vous parlerai ici aussi bien qu'ailleurs. Mais avançons sans faire de bruit; on ne nous attend pas, et je veux que nous les surprenions. »

Le marquis et ses hôtes, après avoir longtemps causé, étaient encore sur la terrasse du palais à contempler l'horizon maritime embrasé par les derniers rayons du soleil, tandis que les étoiles s'allumaient au zénith. Michel écoutait avec un vif intérêt M. de la Serra, dont la conversation était instructive sans jamais cesser d'être aimable et naturelle. Quelle fut sa surprise, lorsque se retournant il vit trois personnes assises autour de la table chargée de rafraîchissements, qu'il venait de quitter pour s'approcher de la balustrade, et que, dans ces trois personnes, il reconnut Agathe, Mila et Magnani!

Il n'eut d'yeux d'abord que pour Agathe, à tel point qu'il reconnaissait à peine sa sœur et son ami. La princesse était cependant mise le plus simplement du monde, d'une petite robe de soie gris de perle avec un *guardaspalle* de dentelle noire jeté sur sa tête et sur ses épaules. Elle lui parut un peu moins jeune et moins fraîche qu'il ne l'avait vue aux lumières. Mais, au bout d'un instant, la grâce de ses manières, son sourire candide, son regard pur et ingénu, la lui firent trouver plus jeune et plus attrayante encore que le premier jour.

« Vous êtes étonné de voir ici votre chère enfant? dit-elle à Pier-Angelo. Mais ne vous avait-elle pas déclaré qu'elle ne dînerait point seule? Et vous voyez! vous l'avez laissée à la maison, et, comme la *Cenerentola*, elle vous paraît au milieu de la fête resplendissante de parure et de beauté. Quant à maître Magnani, c'est l'enchanteur qui l'accompagne; mais comme nous n'avons point affaire ici à don Magnifico, l'enchanteur ne fascinera pas ses yeux pour l'empêcher de reconnaître sa fille chérie. Cendrillon peut donc braver tous les regards, »

En parlant ainsi, Agathe enleva le voile de Mila, qui parut *resplendissante comme un soleil*; c'est le style de la légende.

Michel regarda sa sœur. Elle était radieuse de confiance et de gaieté. La princesse lui avait mis une robe de soie rose vif et plusieurs rangs de grosses perles fines autour du cou et des bras. Une couronne de fleurs naturelles d'une beauté splendide et arrangées avec un art exquis ceignait sa tête brune sans cacher les trésors de sa chevelure. Ses petits pieds étaient chaussés avec recherche, et ses jolis doigts faisaient rouler et étinceler le riche éventail d'Agathe avec autant de grâce et de distinction qu'une *marchesina*. C'était, à la fois, une muse de la renaissance, une jeune patricienne et une belle fille du Midi, brillante de santé, de noblesse et de poésie.

Agathe la regardait d'un air d'orgueil maternel, et parlait d'elle avec un tendre sourire à l'oreille de Pier-Angelo.

Michel observa ensuite Magnani. Ce dernier regardait tour à tour la modeste princesse et la belle filandière du faubourg avec une émotion étrange. Il ne comprenait pas plus que Michel dans quel rêve bizarre et enivrant il se trouvait lancé. Mais il est certain qu'il ne voyait plus Mila qu'à travers un reflet d'or et de feu émané d'Agathe et projeté sur elle comme par magie.

XLI.

JALOUSIE ET RECONNAISSANCE.

La princesse attira le marquis et Pier-Angelo à l'écart pour leur dire que l'abbé était entre les mains du Piccinino et qu'elle venait d'en recevoir la nouvelle par un témoin oculaire qu'il lui était interdit de nommer.

On apporta ensuite de nouveaux sorbets et on se remit à causer. Malgré le trouble et la timidité de Magnani, malgré l'enivrement et les distractions de Michel, la princesse et le marquis eurent bientôt tranquillisé ces deux jeunes gens, grâce à l'intelligente prévenance et au grand art d'être simple que possèdent les gens bien élevés quand le fond du caractère répond chez eux au charme du savoir-vivre. Ainsi, Agathe sut interroger Michel à propos des choses qu'il savait et sentait bien. De son côté, le jeune artiste fut ravi de la manière dont elle comprenait l'art, et il grava dans sa mémoire plusieurs définitions profondes qui lui échappèrent plutôt qu'elle ne les formula, tant il y eut de naturel dans son expression. En s'adressant à lui elle semblait le consulter plutôt que l'instruire, et son regard, animé d'une sympathie pénétrante, semblait chercher, dans celui de Michel, la sanction de ses opinions et de ses idées.

Magnani comprenait tout, et, s'il se hasardait rarement à prendre la parole, il était facile de lire dans sa physionomie intelligente que rien de ce qu'on disait ne dépassait la portée de son esprit. Ce jeune homme avait d'heureuses facultés qui seraient peut-être restées incultes sans sa passion romanesque. Dès le jour où il s'était épris de la princesse, il n'avait cessé d'occuper une partie de ses loisirs à lire et à s'instruire dans l'étude des œuvres d'art qu'il avait pu contempler. Il avait employé ses vacances, que les artisans appellent la *morte-saison*, à parcourir à pied la Sicile et à voir les richesses que l'antiquité a semées sur cette terre, si belle d'ailleurs par elle-même. Tout en se disant qu'il était résolu à rester humble et obscur, et en se persuadant qu'il ne voulait pas déroger à la rude simplicité de sa race, il avait été poussé à s'éclairer par un instinct irrésistible.

L'entretien, devenu général, fut plein d'abandon, de charme et même d'enjouement, grâce aux saillies de Pier-Angelo et aux naïvetés de Mila. Mais ces naïvetés furent si touchantes que, loin de faire souffrir l'amour-propre de Michel en présence de la princesse, elles lui firent apparaître sous un jour nouveau les quinze ans de sa petite sœur. Il est certain qu'il n'avait pas assez tenu compte de l'immense changement qu'une année de plus apporte dans les idées d'une jeune fille de cet âge, lorsque, croyant encore avoir affaire à un enfant irréfléchi et craintif, il avait, d'un mot, cherché à ruiner toutes les espérances de son cœur. Dans chaque parole que disait Mila il y avait pourtant un progrès bien grand de l'intelligence et de la volonté, et le contraste de ce développement de l'esprit avec l'inexpérience, la candeur et l'abandon de l'âme, offrait un spectacle à la fois plaisant et attendrissant. La princesse, avec ce tact délicat que possèdent seules les femmes, faisait ressortir par ses réponses la charmante Mila, et jamais Michel, ni Magnani, ni Pier-Angelo lui-même, ne se fussent avisés auparavant du plaisir qu'on pouvait goûter à causer avec cette jeune fille.

La lune monta, blanche comme l'argent, dans le ciel pur. Agathe proposa une promenade dans les jardins. On partit ensemble; mais bientôt la princesse s'éloigna avec Magnani, dont elle prit familièrement le bras, et ils se tinrent, pendant une demi-heure, à une telle distance de leurs amis, que souvent même Michel les perdit de vue.

Ce qu'Agathe put dire et confier au jeune artisan, pendant cette promenade, qui parut si longue et si extraordinaire au jeune Michel-Angelo, nous ne le dirons point ici; nous ne le dirons même pas du tout. Le lecteur le devinera en temps et lieu.

Mais Michel ne pouvait s'en faire la moindre idée, et il était au supplice. Il n'écoutait plus le marquis, il avait besoin de contredire et de tourmenter Mila. Il railla et blâma tout bas sa toilette, et la fit presque pleurer: si bien que la petite lui dit à l'oreille: « Michel, tu as toujours été jaloux, et tu l'es dans ce moment-ci.

— Et de quoi donc? répondit-il avec amertume: de la robe rose et de ton collier de perles?

— Non pas, dit-elle, mais de ce que la princesse témoigne de l'amitié et de la confiance à ton ami. Oh! quand nous étions enfants, je me souviens bien que tu boudais quand notre mère m'embrassait plus que toi! »

Lorsque la princesse et Magnani vinrent les rejoindre, Agathe paraissait calme et Magnani attendri. Pourtant sa noble figure était plus sérieuse encore que de coutume, et Michel remarqua que ses manières avaient subi un notable changement. Il ne paraissait plus éprouver la moindre confusion en présence d'Agathe. Lorsqu'elle lui adressait la parole, la réponse ne tremblait plus sur ses lèvres, il ne détournait plus ses regards avec effroi, et, au lieu de cette angoisse terrible qu'il avait montrée auparavant, il était calme, attentif et recueilli. On causa encore quelques instants, puis la princesse se leva pour partir. Le marquis lui offrit sa voiture. Elle la refusa.

« J'aime mieux m'en aller à pied, par les sentiers, comme je suis venue, dit-elle; et, comme il me faut un cavalier, quoique nous n'ayons plus d'ennemis à craindre, je prendrai le bras de Michel-Angelo.... à moins qu'il ne me le refuse! » ajouta-t-elle avec un sourire tranquille en voyant l'émotion du jeune homme.

Michel ne put rien répondre; il s'inclina et offrit son bras. Une heure plus tôt il aurait été transporté de joie. Maintenant, son orgueil souffrait de recevoir en public une faveur que Magnani avait obtenue en particulier et comme en secret.

Pier-Angelo partit de son côté avec sa fille, à laquelle Magnani n'offrit point le bras. Tant de cérémonie courtoise n'était point dans ses habitudes. Il affectait d'ignorer la politesse par haine pour l'imitation; mais, au fond, il avait toujours des manières douces et des formes bienveillantes. Au bout de dix pas, il se trouva si près de Mila, que, naturellement, pour l'aider à se diriger dans les ruelles obscures du faubourg, il prit le coude arrondi de la jeune fille dans sa main, et la guida ainsi, en la soutenant, jusque chez elle.

Michel était parti cuirassé dans sa fierté, accusant, *in petto*, la princesse de caprice et de coquetterie, et bien résolu à ne pas se laisser éblouir par ses avances. Cependant, il s'avouait à lui-même qu'il ne comprenait absolument rien au dépit qu'il ressentait contre elle. Il était forcé de se dire qu'elle était d'une incomparable bonté, et que si, en effet, elle était l'obligée du vieux Pier-Angelo, elle payait sa dette avec tous les trésors de sensibilité et de délicatesse que peut renfermer le cœur d'une femme.

Mais Michel ne pouvait oublier tous les problèmes que son imagination cherchait depuis deux jours à résoudre; et la manière dont, en ce moment même, la princesse serrait son bras en marchant, comme une amante passionnée ou comme une personne nerveuse peu habituée à la marche, en était un nouveau que n'expliquait pas suffisamment la vraisemblance d'un service rendu par son père à la signora.

Il avança d'abord résolument et en silence, se disant qu'il ne parlerait point le premier, qu'il ne se sentirait point ému, qu'il n'oublierait pas que le bras de Magnani avait pu être pressé de la même façon; qu'enfin il se tiendrait sur ses gardes: car, ou la princesse Agathe était folle, ou elle cachait, sous les dehors de la vertu et de l'abattement, une coquetterie insensée.

Mais tous ces beaux projets échouèrent bientôt. La région ombragée qu'ils traversaient, parmi des terres cultivées et plantées avec soin, était une suite de petits jardins appartenant à des artisans aisés ou à des bourgeois de la ville. Un joli sentier côtoyait ces enclos, séparés seulement par des buissons, des rosiers ou des plates-bandes d'herbes aromatiques. Çà et là des berceaux de vigne jetaient une ombre épaisse sur le pas de Michel. La lune ne lui prêtait plus que des rayons obliques et incertains. Mille parfums s'exhalaient de la campagne en fleurs, et la mer bruissait au loin d'une voix amoureuse derrière les collines. Les rossignols chantaient dans les jasmins. Quelques voix humaines chantaient aussi à distance et défiaient gaiement l'écho; mais il n'y avait personne sur le sentier que suivaient Michel et Agathe. Les petits jardins étaient déserts. Michel se sentait oppressé, sa marche se ralentissait, son bras tremblait convulsivement. Une légère brise faisait flotter près de son visage le voile de la princesse, et il s'imaginait entendre des paroles mystérieuses se glisser à son oreille. Il n'osait pas se retourner pour voir si c'était le souffle d'une femme ou celui de la nuit qui le caressait de si près.

« Mon cher Michel, lui dit la princesse d'un ton calme et confiant qui le fit tomber du ciel en terre, je vous demande pardon; mais il faut que je reprenne haleine. Je n'ai guère l'habitude de marcher, et je me sens très-fatiguée. Voici un banc sous une tonnelle de girofliers qui m'invite à m'asseoir cinq minutes, et je ne pense pas que les propriétaires de ce petit jardin me fissent un crime d'en profiter s'ils me voyaient. »

Michel la conduisit au banc qu'elle lui désignait, et, encore une fois ramené à la raison, il s'éloigna respectueusement de quelques pas pour aller contempler une petite fontaine dont le doux gazouillement ne put le distraire de sa rêverie.

« Oui, oui, c'était un rêve, ou bien c'est ma petite sœur Mila qui m'a donné ce baiser. Elle est railleuse et folâtre! elle eût pu m'expliquer le grand mystère du médaillon, si je l'eusse interrogée franchement et sérieu

Le Piccinino enjamber adroitement le mur. (Page 115.)

sement. Sans doute il y a à tout cela une cause très-naturelle dont je ne m'avise pas. N'en est-il pas toujours ainsi des causes premières? La seule qu'on ne devine pas, c'est justement la plus simple. Ah! si Mila savait avec quel danger elle se joue, et le mal dont elle pourrait préserver ma raison en me disant la vérité!... Je la presserai tellement demain qu'elle m'avouera tout! »

Et pendant que Michel se parlait ainsi à lui-même, l'eau cristalline murmurait toujours dans l'étroit bassin où tremblotait le spectre de la lune. C'était un petit monument de terre cuite, d'une naïveté classique, qui épanchait cette onde discrète ; un Cupidon marin saisissant une grosse carpe, dont la bouche lançait d'un pied de haut le filet d'eau dans le réservoir. L'artisan qui avait exécuté cette figurine avait voulu lui donner l'air mutin, mais il n'avait réussi qu'à donner aux gros yeux de la carpe une expression de férocité grotesque. Michel regardait ce groupe sans le voir, et c'était en vain que la nuit se faisait belle et parfumée ; lui, l'amant passionné de la nature, perdu dans ses propres pensées, lui refusait ce soir-là son hommage accoutumé.

Et pourtant ce murmure de l'eau agissait sur son ima-gination sans qu'il voulût s'en rendre compte. Il lui rappelait une harmonie semblable, le murmure timide et mélancolique dont la Naïade de marbre remplissait la grotte du palais Palmarosa en épanchant son urne dans la conque ; et les délices de son rêve repassaient devant lui, et Michel eût voulu pouvoir s'endormir là pour retrouver son hallucination.

« Mais quoi! se dit-il tout à coup, ne suis-je pas un novice bien ridicule? Ne s'est-on pas arrêté ici pour m'inviter à prolonger un tête-à-tête brûlant? Ce que j'ai pris pour une froide explication du trouble qu'on éprouvait, cette fatigue soudaine, cette fantaisie de s'asseoir dans le jardin du premier venu, n'est-ce point un encouragement à ma timidité farouche? »

Il s'approcha vivement de la princesse, et se sentit enhardi par l'ombre de la tonnelle. Le banc était si petit, qu'à moins de l'engager à lui faire place, il ne pouvait s'asseoir à ses côtés. Il s'assit sur l'herbe, non pas précisément à ses pieds, mais assez près pour être bientôt plus près encore.

« Eh bien, Michel, lui dit-elle avec une incroyable douceur dans la voix, êtes-vous donc fatigué, vous aussi?

Lequel de vous deux voudrait tuer son frère. (Page 119.)

— Je suis brisé, répondit-il d'un ton ému qui fit tressaillir la princesse.
— Quoi donc! seriez-vous malade, mon enfant? » lui dit-elle en étendant vers lui sa main qui rencontra, dans l'obscurité, la chevelure soyeuse du jeune homme.

D'un bond il fut à ses genoux, la tête courbée et comme fasciné sous cette main qui ne le repoussait point, les lèvres collées sur un pan de cette flottante robe de soie qui ne pouvait révéler ses transports; incertain, hors de lui, sans courage pour déclarer sa passion, sans force pour y résister.

« Michel, s'écria la princesse en laissant retomber sa main sur le front brûlant du jeune fou, vous avez la fièvre, mon enfant! votre tête brûle!... Oui, oui, ajouta-t-elle en touchant ses joues avec une tendre sollicitude, vous avez eu trop de fatigue ces jours derniers; vous avez veillé deux nuits de suite, et quoique vous vous soyez jeté quelques heures ce matin sur votre lit, vous n'avez peut-être pas dormi. Et moi, je vous ai fait trop parler ce soir. Il faut rentrer. Partons; vous me laisserez à la porte de mon parc; vous irez bien vite chez vous. Je voulais vous dire quelque chose ce soir; mais je crains que vous ne tombiez malade; quand vous serez tout à fait reposé, demain peut-être, je vous parlerai. »

Elle voulait se lever; mais Michel était agenouillé sur le bas de sa robe. Il retenait contre son visage, il attirait à ses lèvres cette belle main qui ne se dérobait point à ses caresses.

« Non, non, s'écria impétueusement Michel, laissez-moi mourir ici. Je sais bien que demain vous me chasserez à jamais de votre présence; je sais bien que je ne vous reverrai plus, maintenant que vous voyez ce qui se passe en moi. Mais il est trop tard, et je deviens fou! Ah! ne feignez pas de croire que je sois malade pour avoir travaillé le jour et veillé la nuit! Ne soyez pas effrayée de découvrir la vérité : c'est votre faute, Madame, vous l'avez voulu! Pouvais-je résister à tant de joies? Agathe, repoussez-moi, maudissez-moi; mais demain, mais ce soir, rendez-moi le baiser que j'ai rêvé dans la grotte de la Naïade!

— Ah! Michel, s'écria la princesse avec un accent impossible à rendre, tu l'as donc senti; tu m'as donc vue? tu sais donc tout? On te l'a dit, ou tu l'as deviné? C'est Dieu qui le veut. Et tu crains que je ne te chasse?

tu crains que je ne te maudisse? Oh! mon Dieu! est-ce possible! Et ce qui se passe dans ton cœur ne te révèle-t-il pas l'amour dont le mien est rempli?»

En parlant ainsi, la belle Agathe jeta ses deux bras autour du cou de Michel, et, attirant sa tête contre son sein, elle la couvrit de baisers ineffables.

Michel avait dix-huit ans, une âme de feu, une organisation inquiète et dévorante, un grand orgueil, un esprit entreprenant. Toutefois, son âme était pure comme son âge, et le bonheur le trouva chaste et religieusement prosterné. Toute sa jalousie, tous ses soupçons outrageants s'évanouirent. Il ne songea plus à se demander comment une personne si austère et qui passait pour n'avoir jamais eu d'amant, pouvait tout à coup, à la première vue, s'éprendre d'un enfant tel que lui, et le lui déclarer avec un abandon si complet. Il ne sentit que la joie d'être aimé, une reconnaissance enthousiaste et sans bornes, une adoration fervente, aveugle. Des bras d'Agathe il tomba à ses pieds et les couvrit de baisers passionnés, presque dévots.

«Non, non, pas à mes pieds, sur mon cœur!» s'écria la princesse; et l'y retenant longtemps avec une étreinte exaltée, elle fondit en larmes.

Ces larmes étaient si vraies, elles avaient une si sainte éloquence, que Michel fut inondé de sympathie. Son sein se gonfla et se brisa en sanglots, une volupté divine effaça toute idée de volupté terrestre. Il s'aperçut que cette femme ne lui inspirait aucun désir profane, qu'il était heureux et non agité dans ses bras, que mêler ses larmes aux siennes et se sentir aimé d'elle était un bonheur plus grand que tous les transports que sa jeunesse avait rêvés; qu'enfin il la respectait jusqu'à la crainte en la tenant pressée sur son cœur, et que jamais, entre elle et lui, il n'y aurait une pensée que les anges ne pussent lire en souriant.

Il sentit tout cela confusément sans doute, mais si profondément et d'une façon tellement victorieuse, qu'Agathe ne se douta jamais du mauvais mouvement de fatuité qui l'avait attiré à ses pieds quelques minutes auparavant.

Alors Agathe, levant vers le ciel ses beaux yeux humides, pâle au clair de la lune, et comme ravie dans une divine extase, s'écria avec transport : «O mon Dieu! que je te remercie! Voici le premier moment de bonheur que tu me donnes; mais je ne me plains pas de l'avoir attendu si longtemps : car il est si grand, si pur, si complet, qu'il efface et rachète toutes les douleurs de ma vie!»

Elle était si belle, elle parlait avec un enthousiasme si sincère, que Michel crut voir une sainte des anciens jours. «O mon Dieu! mon Dieu! dit-il d'une voix étouffée, moi aussi je te bénis! qu'ai-je fait pour mériter un semblable bonheur? Être aimé d'elle! Oh! c'est un rêve, je crains de m'éveiller!

— Non, ce n'est pas un rêve, Michel, reprit la princesse en reportant sur lui son regard inspiré; c'est la seule réalité de ma vie, et ce sera celle de toute la tienne. Dis-moi, quel autre être que toi pouvais-je aimer sur la terre? Jusqu'ici je n'ai fait que souffrir et languir; mais, à présent que tu es là, il me semble que j'étais née pour les plus grandes félicités humaines. Mon enfant, mon bien-aimé, ma consolation souveraine, mon seul amour! Oh! je ne puis plus parler, je ne saurais rien te dire, la joie m'inonde et m'accable!...

— Non, non, ne parlons pas, s'écria Michel, aucune parole ne pourrait rendre ce que j'éprouve; et, grâce au ciel, je ne comprends pas encore toute l'étendue de mon bonheur, car, si je le comprenais, il me semble que j'en mourrais!»

XLII.

CONTRE-TEMPS.

Des pas qui se firent entendre à peu de distance les arrachèrent tous les deux à cette enivrante divagation. La princesse se leva, un peu effrayée de l'approche de ces promeneurs, et, saisissant le bras de Michel, elle reprit avec lui le chemin de sa villa. Elle marchait plus vite qu'auparavant, soigneusement voilée, mais appuyée sur lui avec une sainte volupté. Et lui, palpitant, éperdu de joie, mais pénétré d'un respect immense, il osait à peine de temps en temps porter à ses lèvres la main d'Agathe qu'il tenait dans les siennes.

Ce ne fut qu'en apercevant devant lui la grille du jardin de la villa qu'il recouvra la parole avec l'inquiétude... «Eh quoi! déjà vous quitter? dit-il; nous séparer si tôt! C'est impossible! Je vais expirer d'ivresse et de désespoir.

— Il faut nous quitter ici, dit la princesse. Le temps n'est pas encore venu où nous ne nous quitterons plus. Mais cet heureux jour luira bientôt pour nous. Sois tranquille, laisse-moi faire. Repose-toi sur moi et sur ma tendresse infinie du soin de nous réunir pour jamais.

— Est-ce possible? ce que j'entends est-il sorti de votre bouche? Ce jour viendra! nous serons unis? nous ne nous quitterons jamais? Oh! ne vous jouez pas de ma simplicité! Je n'ose pas croire à tant de bonheur, et pourtant, quand c'est vous qui le dites, je ne peux pas douter!

— Doute plutôt de la durée des étoiles qui brillent sur nos têtes, doute plutôt de ta propre existence que de la force de mon âme pour vaincre ces obstacles qui te semblent si grands et qui me paraissent à moi si petits désormais! Ah! le jour où je n'aurai plus à craindre que le monde, je me sentirai bien forte, va!

— Le monde! dit Michel, oui, j'y songe; j'avais oublié tout ce qui n'était pas vous et moi. Le monde vous reniera, le monde s'indignera contre vous, et cela à cause de moi! Mon Dieu, pardonne-moi les élans d'orgueil que j'ai ressentis! Je les déteste à présent... Oh! que personne ne le sache jamais, et que mon bonheur soit enseveli dans le mystère! Je le veux ainsi, je ne souffrirai jamais que vous vous perdiez pour l'amour de moi.

— Noble enfant! s'écria la princesse, rassure-toi; nous vaincrons ensemble; mais je te remercie de ce mouvement de ton cœur. Oh! oui, tous tes élans sont généreux, je le sais. Je ne suis pas seulement heureuse, je suis fière de toi!»

Et elle prit à deux mains la tête de l'enfant pour l'embrasser encore.

Mais Michel crut entendre encore des pas à peu de distance, et la crainte de compromettre cette femme si brave l'emporta sur le sentiment de son bonheur. «Nous pouvons être surpris ou épiés, lui dit-il : je suis sûr qu'on vient par ici. Fuyez! moi je me tiendrai caché dans ces massifs jusqu'à ce que ces curieux ou ces passants se soient éloignés. Mais à demain, n'est-ce pas?...

— Oh! certes, à demain, répondit-elle. Viens ici dès le matin, comme pour travailler, et monte jusqu'à mon casino.»

Elle le pressa encore dans ses bras, et, entrant dans le parc, elle disparut derrière les arbres.

Le bruit qui s'était fait entendre avait cessé, comme si les gens qui s'approchaient avaient changé de direction.

Michel resta longtemps immobile et comme privé de raison. Après tant d'illusions charmantes, après tant d'efforts pour n'y point croire, il retombait plus que jamais sous l'empire des songes, du moins il le craignait. Il n'osait se croire éveillé, il avait peur de faire un pas, un mouvement, qui dissipassent encore une fois le prestige, comme dans la grotte de la Naïade. Il ne pouvait se décider à interroger la réalité. La vraisemblance même l'épouvantait. Comment et pourquoi Agathe l'aimait-elle? A cela il ne trouvait point de réponse, et alors il repoussait cette interrogation comme un blasphème. «Elle m'aime, elle me l'a dit! s'écriait-il intérieurement. En douter serait un crime; si je me méfiais de sa parole, je ne serais pas digne de son amour.»

Et il se plongeait dans un océan de délices. Il élevait ses pensées vers le ciel qui l'avait fait naître si heureux. Il se sentait capable des plus grandes choses, puisqu'il était jugé digne des plus grandes joies. Jamais il n'avait cru avec tant de ferveur à la bonté divine, jamais il ne s'était senti si fier et si humble, si pieux et si brave.

«Ah! pardonne-moi, mon Dieu, disait-il encore dans son cœur; jusqu'à ce jour je me croyais quelque chose.

J'avais de l'orgueil, je m'abandonnais à l'amour de moi-même ; et pourtant je n'étais pas aimé ! C'est d'aujourd'hui seulement que j'existe. J'ai reçu la vie, j'ai reçu une âme, je suis homme ! Mais je n'oublierai plus que, seul, je ne suis rien, et que l'enthousiasme qui me possède, la puissance qui me déborde, la chasteté dont je suis aujourd'hui le prix, sont nés sous le souffle de cette femme et ne vivent en moi que par elle. O jour de félicités sans bornes ! calme souverain, ambition assouvie sans égoïsme et sans remords ! Victoire enivrante qui laisse le cœur modeste et généreux ! L'amour est tout cela, et plus encore. Que tu es bon, mon Dieu, de ne m'avoir pas permis de le deviner d'avance, et que cette surprise augmente l'ivresse d'une âme au sortir de son propre néant !... »

Il allait se retirer lentement lorsqu'il vit une forme noire glisser le long du mur et disparaître dans les branches. Il se dissimula encore plus dans l'ombre pour observer, et bientôt il reconnut le Piccinino sortant de son manteau qu'il jeta par-dessus le mur, afin de se disposer à l'escalader plus lestement.

Tout le sang de Michel refina vers son cœur. Carmelo était-il attendu ? La princesse l'avait-elle autorisé à conférer avec elle, n'importe à quelle heure, à s'introduire, n'importe par quel moyen ? Il est vrai qu'il avait à traiter avec elle de secrets d'importance, et que sa manière la plus naturelle de marcher étant, comme il disait, le vol d'oiseau, l'escalade nocturne rentrait, pour lui, dans les choses naturelles. Il avait bien averti Agathe qu'il reviendrait peut-être sonner à la grille de son parterre au moment où elle l'attendrait le moins. Mais n'avait-elle pas eu tort de le lui permettre ? Qui pouvait deviner les intentions d'un homme comme le Piccinino ? Agathe était seule ; aurait-elle l'imprudence de lui ouvrir et de l'écouter ? Si elle poussait à ce point la confiance, Michel ne pouvait se résoudre à la partager. Avait-elle compris que cet homme était amoureux d'elle, ou qu'il feignait de l'être ? Que s'étaient-ils dit dans le parterre, lorsque Michel et le marquis avaient assisté à leur entretien sans l'entendre ?

Michel tombait du ciel en terre. Un violent accès de jalousie s'emparait de lui, et, pour se donner le change, il essayait de se persuader qu'il ne craignait que le danger d'une insulte pour sa dame bien-aimée. N'était-il pas de son devoir de veiller à sa sûreté et de la protéger envers et contre tous ?

Il ouvrit sans bruit la grille, dont il avait conservé la clef, ainsi que celle du parterre, et il se glissa dans le parc, résolu à observer l'ennemi. Mais, après avoir vu le Piccinino enjamber adroitement le mur, il lui fut impossible de retrouver aucune trace de lui.

Il se dirigea vers les rochers, et, s'étant bien assuré qu'il n'y avait personne devant lui, il se décida à gravir l'escalier de laves, se retournant à chaque instant pour voir si le Piccinino ne le suivait pas. Le cœur lui battait bien fort, car une rencontre avec lui sur cet escalier eût été décisive. En le voyant là, le bandit aurait compris qu'on l'avait trompé, que Michel était l'amant d'Agathe, et quelle n'eût pas été sa fureur ? Michel ne redoutait point une lutte sanglante pour lui-même ; mais comment prévenir la vengeance de Carmelo contre Agathe, s'il sortait vivant de cette rencontre ?

Néanmoins Michel monta jusqu'en haut, et s'étant bien assuré qu'il n'était pas suivi, il entra dans le parterre, la referma, et s'approcha du boudoir d'Agathe. Cette pièce était éclairée, mais déserte. Une femme de chambre vint au bout d'un instant éteindre le lustre et s'éloigna. Tout rentra dans le silence et l'obscurité.

Jamais Michel n'avait été aux prises avec une plus violente anxiété. Son cœur battait à se rompre, à mesure que ce silence et cette incertitude se prolongeaient. Que se passait-il dans les appartements d'Agathe ? Sa chambre à coucher était située derrière le boudoir, on pénétrait du parterre par une courte galerie où une lampe brûlait encore. Michel s'en aperçut en regardant à travers la serrure de la petite porte en bois sculpté et armorié. Peut-être cette porte n'était-elle pas fermée en dedans ?

Michel essaya, et, ne rencontrant pas d'obstacle, il entra dans le casino.

Où allait-il et que voulait-il ? Il ne le savait pas bien lui-même. Il se disait qu'il allait au secours d'Agathe menacée par le Piccinino. Il ne voulait pas se dire qu'il était poussé par le démon de la jalousie.

Il crut entendre parler dans la chambre d'Agathe. C'étaient deux voix de femme : ce pouvait être la camériste répondant à sa maîtresse ; mais ce pouvait être aussi la voix douce et quasi féminine de Carmelo.

Michel resta irrésolu et tremblant. S'il retournait dans le parterre, cette porte de la galerie serait sans doute bientôt fermée par la camériste, et alors, quel moyen de rentrer, à moins de casser une vitre du boudoir, expédient qui ne pouvait convenir qu'au Piccinino, et auquel Michel répugnait naturellement ?

Il lui semblait que des siècles s'étaient écoulés depuis qu'il avait vu le bandit escalader le mur ; il n'y avait pourtant pas un quart d'heure ; mais on peut vivre des années pendant une minute, et il se disait que, puisque le Piccinino tardait tant à le suivre, apparemment il l'avait précédé.

Tout à coup la porte de la chambre d'Agathe s'ouvrit, et Michel n'eut le temps de se dissimuler derrière le piédestal de la statue qui portait la lampe. « Ferme bien la porte du parterre, dit Agathe à sa camériste qui sortait, mais laisse celle-ci ouverte ; il fait horriblement chaud chez moi. »

La jeune fille rentra après avoir obéi aux ordres de sa maîtresse. Michel était rassuré, Agathe était seule avec sa femme de chambre. Mais il était enfermé, lui ! et comment sortirait-il ? ou comment expliquerait-il sa présence si on le découvrait ainsi caché à la porte de la princesse ?

« Je dirai la vérité, pensa-t-il sans s'avouer à lui-même que ce n'était que la moitié de la vérité. Je raconterai que j'ai vu le Piccinino escalader le mur du parc, et que je suis venu pour défendre celle que j'adore contre un homme auquel je ne me fie point. »

Mais il se promit d'attendre que la suivante se fût retirée, car il ne savait pas si elle avait la confiance entière de sa maîtresse, et s'il n'incriminerait point cette marque de leur intimité.

Peu d'instants après, Agathe la congédia en effet ; il se fit un bruit de portes et de pas, comme si cette femme fermait toutes les issues en se retirant. Ne voulant point tarder à se montrer, Michel entra résolument dans la chambre d'Agathe, mais il s'y trouva seul. Avant de se coucher, la princesse était entrée dans son oratoire, et Michel l'apercevait, agenouillée sur un coussin de velours. Elle était vêtue d'une longue robe blanche flottante ; ses cheveux noirs tombaient jusqu'à ses pieds, en deux grosses nattes dont le poids eût gêné son sommeil si elle les eût gardées la nuit autour de sa tête. Un faible reflet de lampe sous un globe bleuâtre l'éclairait d'une lueur transparente et triste qui la faisait ressembler à une ombre. Michel s'arrêta saisi de crainte et de respect.

Mais, comme il hésitait à interrompre sa prière et se demandait comment l'éveillerait son attention sans l'effrayer, il entendit ouvrir la porte de la petite galerie et des pas, si légers qu'il fallait l'oreille d'un jaloux pour les distinguer, s'approcher de la chambre d'Agathe. Michel n'eut que le temps de se jeter derrière le lit d'ébène sculpté et incrusté de figurines d'ivoire. Ce lit n'était pas collé à la muraille comme les nôtres, mais isolé, comme il est d'usage dans les pays chauds, et le pied tourné vers le centre de l'appartement. Entre le mur et le dossier élevé de ce meuble antique, il y avait donc assez de place pour que Michel pût se tenir caché. Il n'osa se hausser, dans la crainte d'agiter les rideaux de satin blanc brodés en soie mate. Il n'avait plus le temps de prendre beaucoup de précautions. Le hasard le servit, car, malgré le coup d'œil rapide et curieux que le Piccinino promena dans l'appartement, ce dernier ne vit aucun désordre, aucun mouvement qui pût trahir la présence d'un homme arrivé avant lui.

Il allait pourtant se livrer à une prudente perquisition

lorsque la princesse, avertie par le bruit léger de ses pas, se leva à demi en disant : « Est-ce toi, Nunziata? »

Ne recevant pas de réponse, elle écarta la portière qui lui cachait à demi l'intérieur de sa chambre à coucher, et vit le Piccinino debout en face d'elle. Elle se leva tout à fait et resta immobile de surprise et d'effroi.

Mais, sachant bien qu'elle ne devait pas trahir sa pénible émotion en présence d'un homme de ce caractère, elle garda le silence pour que sa voix altérée ne révélât rien, et elle marcha vers lui, comme si elle attendait qu'il lui expliquât son audacieuse visite.

Le Piccinino mit un genou en terre, et, lui présentant un parchemin plié :

« Madame, dit-il, je savais que vous deviez être dans une grande inquiétude à propos de cet acte important, et je n'ai pas voulu remettre jusqu'à demain pour vous le rapporter. Je suis venu ici dans la soirée ; mais vous étiez absente, et j'ai dû attendre que vous fussiez rentrée. Pardonnez si ma visite est un peu contraire aux convenances du monde où vous vivez ; mais Votre Altesse n'ignore pas que je suis forcé d'agir en toutes choses, et en cette occasion particulièrement, avec le plus grand secret.

— Seigneur capitaine, répondit Agathe après avoir ouvert et regardé le parchemin, je savais que le testament de mon oncle avait été soustrait, ce matin, au docteur Recuperati. Ce pauvre docteur est venu, tout hors de lui, dans l'après-midi, pour me conter sa mésaventure. Il ne pouvait imaginer comment son portefeuille avait été enlevé de sa poche, et il accusait l'abbé Ninfo. Je n'ai pas été inquiète parce que je comptais que, dans la journée, l'abbé Ninfo aurait à vous rendre compte de son larcin. J'ai donc rassuré le docteur en l'engageant à ne rien dire et en lui promettant que le testament serait bientôt retrouvé. Vous pouvez bien croire que je ne lui ai pas laissé pressentir de quelle façon et par quel moyen.

« Maintenant, capitaine, il ne me convient pas d'avoir entre les mains un acte que j'aurais l'air d'avoir soustrait par défiance des intentions de mon oncle ou de la loyauté du docteur. C'est vous qui le remettrez par une voie indirecte, mais sûre, au dépositaire qui l'avait accepté, quand le moment de le produire sera venu. Vous êtes trop ingénieux pour ne pas trouver cette voie sans vous trahir en aucune façon.

— Que je me charge encore de cela? Y songez-vous, Madame ? dit le Piccinino qui s'était relevé, et attendait avec impatience qu'on lui dît de s'asseoir ; » mais Agathe lui parlait debout, comme quelqu'un qui compte sur la prompte retraite de son interlocuteur ; et il voulait, à tout prix, prolonger l'entretien. Il souleva des difficultés.

« C'est impossible, dit-il, le cardinal a l'habitude de faire comprendre par ses regards ce qu'on lui représente le testament, et cela, il y songe tous les jours. Il est vrai, ajouta-t-il pour gagner du temps et en appuyant sa main sur le dossier d'une chaise, comme un homme très-fatigué, il est vrai que le cardinal étant privé de son truchement, l'abbé Ninfo, il serait facile au docteur de feindre qu'il ne comprend rien aux regards éloquents de Son Éminence... D'autant plus, continua le Piccinino en secouant un peu la chaise et en y appuyant son coude, que la stupidité habituelle du docteur rendrait la chose très-vraisemblable... Mais, reprit-il en offrant la chaise d'un air respectueux à la princesse pour qu'elle lui donnât l'exemple de s'asseoir, le cardinal peut être compris de quelque autre affidé qui mettrait le bon docteur au pied du mur en lui disant : « Vous voyez bien que Son Éminence veut voir le testament ! »

Et le Piccinino fit un geste gracieux pour lui montrer qu'il souffrait de rester debout devant lui.

Mais Agathe ne voulait pas comprendre, et surtout elle ne voulait pas garder le testament, afin de n'avoir pas à remercier le Piccinino, dans un moment pareil, en des termes qui l'eussent offensé par trop de réserve, ou encouragé par trop d'effusion. Elle tenait à conserver son attitude de fierté en l'accablant d'une confiance sans bornes à l'endroit de ses intérêts de fortune.

« Non, capitaine, répondit-elle toujours debout et maîtresse d'elle-même, le cardinal ne demandera plus à voir le testament, car son état a bien empiré depuis vingt-quatre heures. Il semble que ce misérable Ninfo le tînt dans un état d'excitation qui prolongeait son existence, car, depuis ce matin qu'il a disparu, mon oncle se livre à un repos d'esprit sans doute bien voisin du repos de la tombe. Ses yeux sont éteints, il ne paraît plus se soucier de rien autour de lui, et il ne se préoccupe pas de l'absence de son familier, et le docteur est forcé d'user des ressources de l'art pour combattre une somnolence dont il craint de ne pas voir le réveil.

— Le docteur Recuperati a toujours été inepte, reprit le Piccinino en s'asseyant sur le bord d'une console et en laissant tomber son manteau à ses pieds comme par mégarde. Je demande à Votre Altesse, ajouta-t-il en croisant ses bras sur sa poitrine, si les prétendues lois de l'humanité ne sont pas absurdes et fausses en pareil cas, comme presque toutes les lois du respect humain et de la convenance hypocrite? Quel bien procure-t-on à un moribond lorsqu'on essaie de le rappeler à la vie avec la certitude qu'on n'y parviendra pas et qu'on ne fait que prolonger son supplice en ce monde? Si j'étais à la place du docteur Recuperati, je me dirais que Son Éminence a bien assez vécu. L'avis de tous les honnêtes gens, et celui de Votre Altesse elle-même, est certainement que cet homme a trop vécu. Il serait bien temps de le laisser se reposer du voyage fatigant de la vie, puisqu'il paraît le désirer pour sa part et s'arranger commodément sur son oreiller pour son dernier somme... Je demande pardon à Votre Altesse si je m'appuie sur ce meuble, mes jambes se dérobent sous moi tant j'ai couru aujourd'hui pour mes affaires, et si je ne reprends haleine un instant, il me sera impossible de retourner ce soir à Nicolosi. »

Agathe fit signe au bandit qu'elle l'engageait à s'asseoir sur la chaise qui était restée entre eux ; mais elle demeura debout pour lui faire sentir qu'elle n'entendait point qu'il abusât longtemps de la permission.

XLIII.

CRISE.

« Il me semble, dit la princesse en posant le testament auprès du Piccinino sur la console, que nous sortons un peu de la question. Je rends compte des faits à Votre Seigneurie. Mon oncle a peu d'instants à vivre et ne pensera plus à son testament. Le jour de produire cet acte est donc proche. Mais je souhaiterais que, ce moment venu, il se trouvât dans les mains du docteur et non dans les miennes.

— C'est un scrupule fort noble, répondit le Piccinino, d'un ton ferme qui cachait son dépit ; mais je le partage pour mon propre compte, et, comme tout ce qui se passe d'étrange et de mystérieux dans la contrée est toujours attribué au fantastique capitaine Piccinino, je souhaite, moi, ne me mêler en rien de cette restitution. Votre Seigneurie voudra donc bien l'opérer comme elle le jugera convenable. Ce n'est pas moi qui ai dérobé le testament. Je l'ai trouvé sur le coupable, je le rapporte, et je crois avoir assez fait pour qu'on ne m'accuse pas de tiédeur. Sans aucun doute, la disparition de l'abbé Ninfo ne tardera pas à être remarquée, et le nom du Piccinino va être en jeu dans les imaginations populaires comme dans les cervelles sournoises des gens de police. De là, de nouvelles recherches ajoutées à celles dont ma véritable personnalité est l'objet, et auxquelles je n'ai échappé jusqu'ici que par miracle. J'ai accepté les risques de cette affaire ; je tiens *le monstre* dans mes chaînes ; Votre Altesse est tranquille sur le sort de ses amis et sur la liberté de ses démarches. Elle est en possession de son titre à la fortune : veut-elle ma vie? Je suis prêt à la lui donner cent fois pour elle ; mais qu'elle le dise et qu'elle ne me pousse point à ma perte par des faux-fuyants sans me laisser la consolation de savoir que je meurs pour elle. »

Le Piccinino accentua ces dernières paroles de manière à empêcher Agathe d'éviter plus longtemps des explications délicates.

« Capitaine, dit-elle en s'efforçant de sourire, vous me jugez mal si vous croyez que je veux me délivrer du fardeau de la reconnaissance envers vous. Ma répugnance à reprendre cet acte, qui représente pour moi la possession de grandes richesses, devrait vous prouver ma confiance en vous et l'intention où je suis de vous laisser disposer vous-même de tout ce qui m'appartient.

— Je ne comprends pas, Madame, répondit Carmelo en s'agitant sur sa chaise. Vous avez donc cru que je venais à votre secours pour faire une affaire, et rien de plus ?

— Capitaine, reprit Agathe sans se laisser émouvoir par l'indignation feinte ou réelle du Piccinino, vous vous intitulez vous-même, et avec raison, le *justificier d'aventure*. C'est-à-dire que vous rendez la justice suivant votre cœur et votre conscience, sans vous soucier des lois officielles, qui sont fort souvent contraires à celles de la justice naturelle et divine. Vous secourez les faibles, vous sauvez les victimes, vous protégez ceux dont les sentiments et les opinions vous paraissent mériter votre estime, contre ceux que vous regardez comme les ennemis de votre pays et de l'humanité. Vous punissez les lâches et vous empêchez l'accomplissement de leurs perfides desseins. Tout cela est une mission que le monde légal ne comprend pas toujours, mais dont je connais le mérite sérieux et la tournure héroïque. Ai-je donc besoin de vous tranquilliser sur l'estime que je fais de vous, et trouvez-vous que j'aie manqué à vous le témoigner ?

« Mais puisque le monde officiel renie votre intervention, et que, pour la continuer, vous êtes forcé de vous créer par vous-même des ressources d'une certaine importance, il serait insensé, il serait indiscret de réclamer votre protection sans avoir songé à vous offrir les moyens de l'exercer et de l'étendre davantage. J'y avais songé, moi, je le devais, et je m'étais promis de ne point traiter avec vous comme avec un avocat ordinaire, mais de vous laisser régler vous-même le prix de vos généreux et loyaux services. J'aurais cru vous faire injure en les taxant. A mes yeux, ils sont inappréciables : c'est pourquoi, en vous offrant de puiser à discrétion à une fortune princière, je serai encore obligée de compter sur votre modestie et votre désintéressement pour me croire acquittée avec vous.

— Ce sont là de bien flatteuses paroles, et le doux parler de Votre Altesse me charmerait si j'étais dans les idées qu'elle me suppose. Mais si elle daignait ne pas refuser de s'asseoir un instant pour m'entendre, je pourrais lui expliquer les miennes sans craindre d'abuser de la patience qu'elle m'accorde. »

« Allons ! pensa Agathe en s'asseyant à quelque distance du Piccinino, la persistance de cet homme est comme la destinée, inévitable. »

« J'aurai bientôt dit, reprit le Piccinino avec un malin sourire, lorsqu'il la vit enfin assise. Je fais mes affaires en faisant celles des autres, cela est vrai; mais chacun entend les profits de la vie comme il s'y sent porté par la circonstance. Avec certaines gens, il n'y a que de l'or à réclamer. Ce sont les cas vulgaires, le *courant*, comme on dit, je crois. Mais avec certaines autres personnes, riches de plus de qualités et de charmes encore que de ducats, l'homme intelligent aspire à de plus délicates récompenses. La richesse matérielle d'une personne comme la princesse Agathe est bien peu de chose en comparaison des trésors de générosité et de sensibilité que son cœur renferme... Et l'homme d'action qui s'est voué à la servir, s'il l'a fait avec une certaine promptitude et un certain zèle, n'est-il pas libre d'aspirer à quelque jouissance plus noble que celle de puiser dans sa bourse ? Oui, certes, il est des joies morales plus élevées et au prix desquelles l'offre de votre fortune me satisferait si peu, qu'elle blesse mon intelligence et mon cœur comme un affront. »

Agathe commença à se sentir gagner par la peur, car le Piccinino s'était levé et s'approchait d'elle. Elle n'osait changer de place, elle craignait de pâlir et de trembler; et pourtant, quelque brave qu'elle fût, la figure et la voix de ce jeune homme lui faisaient un mal affreux. Son costume, ses traits, ses manières, son organe, réveillaient en elle un monde de souvenirs, et quelque effort qu'elle fît pour l'élever au niveau de son estime et de sa gratitude, une aversion invincible fermait son âme à de tels sentiments. Elle avait si longtemps refusé à Fra-Angelo d'accepter cette intervention, que, certes, elle eût persisté à ne jamais y recourir, si elle n'eût été certaine que l'abbé Ninfo l'avait pressé de faire assassiner ou enlever Michel, en lui montrant le testament comme moyen de récompenser ses services.

Mais il était trop tard. Le noble et naïf capucin de Bel-Passo n'avait pas prévu que son élève, qu'il s'était habitué à regarder comme un enfant, pourrait devenir amoureux d'une femme plus âgée que lui de quelques années. Et pourtant quoi de plus facile à prévoir ? Mais les personnes qu'on respecte beaucoup n'ont pas d'âge. Pour Fra-Angelo, la princesse de Palmarosa, sainte Agathe de Catane, et la madone, n'avaient même plus de sexe. Si quelqu'un eût troublé son sommeil pour lui dire qu'en cet instant Agathe courait de grands dangers auprès de son élève, il se fût écrié : Ah ! le méchant enfant aura vu ses diamants ! Et, tout en se mettant en route pour voler au secours de la princesse, il se fût dit encore que, d'un mot, elle pouvait le tenir à distance; mais ce mot, Agathe éprouvait une répugnance insurmontable à le prononcer, et elle espérait toujours n'être pas forcée d'en venir là.

« Je comprends fort bien, monsieur le capitaine, dit-elle avec une froideur croissante, que vous me demandez mon estime pour toute récompense; mais je répète que je vous l'ai prouvée en cette occasion même, et je crois que votre fierté doit être satisfaite.

— Oui, Madame, ma fierté; mais il ne s'agit pas de ma fierté seulement. Vous ne la connaissez pas assez d'ailleurs pour en mesurer la portée et pour savoir si elle n'est pas au-dessus de tous les sacrifices d'argent que vous pourriez faire en ma faveur. Je ne veux pas de votre testament, je ne veux y avoir jamais aucune part, entendez-vous bien ? »

Et il s'agenouilla devant elle, et prit sa main avec une énergie farouche.

Agathe se leva, et, s'abandonnant à un mouvement d'indignation peut-être irréfléchi, elle prit le testament sur la console. « Puisqu'il en est ainsi, dit-elle en essayant de le déchirer, autant vaut que cette fortune ne soit ni à vous ni à moi ; car c'est là le moindre service que vous m'ayez rendu, capitaine ; et, s'il n'eût été lié à un autre plus important, je ne vous l'eusse jamais demandé. Laissez-moi anéantir ce titre, et ensuite vous pourrez me demander une part légitime dans mes affectations, sans que je rougisse de vous écouter. »

Mais le parchemin résista aux efforts de ses faibles mains, et le Piccinino eut le temps de le lui ôter et de le placer sous un gros bloc de mosaïque romaine qui ornait le dessus de la console et qu'elle aurait eu encore plus de peine à soulever.

« Laissons cela, dit-il en souriant, et n'y pensons plus. Supposons même que ce testament n'ait jamais existé; sachons bien qu'il ne peut pas être un lien entre nous, et que vous ne me devez rien, en échange de votre fortune. Je sais que vous êtes assez riche déjà pour vous passer de ces millions; je sais aussi que, n'eussiez-vous rien, vous n'accorderiez pas votre amitié pour un service d'argent que vous compliez payer avec de l'argent. J'admire votre fierté, Madame ; je la comprends et je suis fier de la comprendre. Ah ! maintenant que cette prosaïque pensée est écartée de nos cœurs, je me sens bien plus heureux, car j'espère ! Je me sens aussi bien plus hardi, car l'amitié d'une femme comme vous me paraît si désirable que je risquerais tout pour l'obtenir.

— Ne parlez pas encore d'amitié, dit Agathe en le repoussant, car il commençait à toucher à ses longues tresses de cheveux et à les rouler autour de son bras comme pour s'enchaîner à elle; parlez de la reconnaissance que je vous dois ; elle est grande, je ne la renierai jamais, et je vous la prouverai dans l'occasion, malgré vous, s'il le faut. Le service que vous m'avez rendu vous en assure d'autres de ma part, et un jour nous serons quittes! Mais l'amitié suppose une mutuelle sympathie, et, pour obtenir la mienne, il faut l'acquérir et la mériter.

— Que faut-il faire? s'écria le Piccinino avec feu. Parlez! oh! je vous en supplie, dites-moi ce qu'il faut faire pour être aimé de vous!

— Me respecter au fond de votre cœur, lui répondit-elle, et ne ne pas m'approcher avec ces yeux hardis et ce sourire de satisfaction qui m'offensent. »

En la voyant si haute et si froide, le Piccinino eut du dépit; mais il savait que le dépit est un mauvais conseiller. Il voulait plaire, et il se domina.

« Vous ne me comprenez pas, lui dit-il en la ramenant à sa place, et en s'asseyant auprès d'elle. Oh! non, vous ne comprenez rien à une âme comme la mienne! Vous êtes trop femme du monde, trop diplomate; et moi, je suis trop naïf, trop rude, trop sauvage! Vous craignez des emportements de ma part, parce que vous voyez que je vous aime éperdûment; mais vous ne craignez pas de me faire souffrir, parce que vous ne devinez pas le mal que peut me faire votre indifférence. Vous croyez qu'un montagnard de l'Etna, un brigand aventurier ne peut connaître que de grossiers transports; et, quand je vous demande votre cœur, vous croyez avoir votre personne à défendre. Si j'étais duc ou marquis, vous m'écouteriez sans effroi, vous me consoleriez de ma douleur; et, en me montrant votre amour comme impossible, vous m'offririez votre amitié. Et moi, je serais doux, patient, prosterné dans une reconnaissance mélancolique et tendre. C'est parce que je suis un homme simple, un paysan, que vous me refusez même le mot de sympathie! Votre orgueil s'alarme parce que vous croyez que je la réclame comme un droit acquis par mes services, et vous me jetez toujours mes services à la tête, comme si je m'en faisais un titre auprès de vous, comme si je m'en souvenais quand je vous vois et quand je vous parle! Hélas! c'est que je ne sais point m'exprimer; c'est que je dis ce que je pense, sans me torturer l'esprit à vous le persuader sans vous le dire. J'ignore l'art de vos flatteurs; je ne suis pas plus un courtisan de la beauté qu'un courtisan du pouvoir, et ma vie maudite ne me permet pas de me poser près de vous en cavalier servant comme le marquis de la Serra. Je n'ai qu'une heure dans la nuit pour venir, au péril de ma vie, vous dire que je suis votre esclave, et vous me répondez que vous ne voulez pas être ma souveraine, mais mon obligée, ma cliente, qui me paiera bien! Ah! fi! Madame, vous posez une bien froide main sur une âme en feu!

« Si vous ne me parliez que d'amitié, dit Agathe, si vous n'aspiriez réellement qu'à être un de mes amis, je vous répondrais que cela peut venir...

— Laissez-moi parler! reprit le Piccinino en s'animant et en s'illuminant de ce prestige de beauté qu'il avait quand il commençait à s'émouvoir réellement. Je n'osais d'abord vous demander que votre amitié, et c'est votre frayeur puérile qui a fait sortir le mot d'amour de mes lèvres. Eh bien! qu'est-ce qu'un homme peut dire de plus à une femme pour la rassurer? Je vous aime d'amour, donc vous ne devez pas trembler quand je prends votre main. Je vous respecte, vous le voyez bien, car nous sommes seuls et je suis maître de mes sens: mais je ne suis pas celui de mes pensées et des élans de ma passion. Je n'ai pas toute la vie pour vous la prouver. J'ai cet instant pour vous la dire, sachez-le donc. Si je pouvais passer tous les jours six heures à vos pieds, comme le marquis, je me trouverais peut-être heureux du sentiment que vous lui accordez; mais si j'ai seulement cette heure qui passe devant moi comme une vision, il me faut votre amour, ou un désespoir que je n'ose pressentir. Laissez-moi donc parler d'amour; écoutez-moi, et n'ayez pas peur. Si vous dites non, ce sera non, mais si vous m'entendiez sans songer à vous préserver, si vous vouliez tout de bon me comprendre, si vous vouliez oublier et votre monde, et l'orgueil qui n'ont rien à faire ici, et qui cessent d'exister dans la sphère où je respire, vous seriez attendrie, parce que vous seriez convaincue. Oh! oui. Si vous étiez une âme simple, et si vous ne mettiez pas les préjugés à la place des pures inspirations de la nature et de la vérité, vous sentiriez qu'il y a là un cœur plus jeune et plus ardent que tous ceux que vous avez repoussés, un cœur de lion ou de tigre avec les hommes, mais un cœur d'homme avec les femmes, un cœur d'enfant avec vous! Vous me plaindriez, du moins. Vous verriez ma vie telle qu'elle est : un tourment, une menace, un cauchemar perpétuels! Et une solitude!... Oh! c'est surtout la solitude de l'âme qui me tue, parce que mon âme est plus difficile encore que mes sens. Tenez! vous savez comment je me suis conduit avec Mila, ce matin! Certes, elle est belle, et son caractère n'est point un esprit ne sont d'une créature vulgaire. J'aurais voulu l'aimer, et, si j'avais senti que je l'aimais, n'eût-été qu'un instant, elle m'eût aimé, elle eût été à moi toute sa vie. Mais, auprès d'elle, je ne pensais qu'à vous. C'est vous que j'aime, et vous êtes la seule femme que j'aie jamais aimée, quoique j'aie été l'amant de bien des femmes! Aimez-moi donc, ne fût-ce qu'un moment, rien que le temps de me le dire, ou, en repassant ce soir à un certain endroit qu'on appelle la Croix du *Destatore*, je deviendrai fou! je gratterai la terre avec mes ongles pour insulter et jeter au vent les cendres de l'homme qui m'a donné la vie.

A ces derniers mots, Agathe perdit toute sa force; elle pâlit; un frisson parcourut tout son corps, et elle se rejeta sur le dossier de son fauteuil, comme si un spectre ensanglanté eût passé devant ses yeux.

« Ah! taisez-vous, taisez-vous! s'écria-t-elle; vous ne savez pas le mal que vous me faites! »

Le Piccinino ne pouvant comprendre la cause de cette émotion soudaine et terrible; il s'y méprit absolument. Il avait parlé avec une énergie d'accent et de regard qui eussent persuadé toute autre femme que la princesse. Il l'avait fascinée sous ses paupières ardentes; il l'avait enivrée de son souffle, du moins il le croyait. Il avait été si sourdement fondé à le croire, alors même qu'il n'avait pas éprouvé la moitié du désir que cette femme lui inspirait! Il la jugea vaincue, et, l'entourant de ses bras, cherchant ses lèvres, il comptait que la surprise de ses sens ferait le reste. Mais Agathe échappa à ses caresses avec une énergie inattendue, et, comme elle s'élançait vers une sonnette, Michel s'élança entre elle et le Piccinino, les yeux enflammés et un stylet à la main.

XLIV.

RÉVÉLATION.

A cette apparition inattendue, la stupeur du Piccinino fut telle qu'il resta immobile, sans songer ni à attaquer ni à se défendre. Aussi Michel, au moment de le frapper, s'arrêta-t-il, confondu de sa précipitation; mais, par un mouvement tellement rapide et adroit qu'il fut invisible, la main du Piccinino fut armée au moment où Michel retirait la sienne.

Néanmoins le bandit, après qu'un éclair de fureur eut jailli de ses yeux, retrouva son attitude dédaigneuse et froide. « A merveille, dit-il, je comprends tout maintenant, et plutôt que d'amener une scène aussi ridicule, la confiance de madame de Palmarosa aurait dû s'étendre jusqu'à me dire : Laissez-moi tranquille, je ne puis vous entendre, j'ai un amant caché derrière mon lit. Je me serais discrètement retiré, au lieu que maintenant il faut que je donne une leçon à maître Lavoratori, pour le punir de m'avoir vu jouer un rôle absurde. Tant pis pour vous, Signora, la leçon sera sanglante! »

Et il bondit vers Michel avec la souplesse d'un animal sauvage. Mais, quelque agile et rapide que fût son mouvement, la puissance miraculeuse de l'amour rendit Agathe plus prompte encore. Elle s'élança au devant du coup, et l'eût reçu dans la poitrine si le Piccinino n'eût rentré son poignard dans sa manche, si vite, qu'il semblait qu'il eût toujours eu la main vide.

« Que faites-vous, Madame? dit-il; je ne veux point

assassiner votre amant, mais me battre contre lui. Vous ne le voulez pas? Soit! Vous lui faites un rempart de votre sein? Je ne violerai pas une telle sauve-garde : mais je le retrouverai, comptez sur ma parole!

— Arrêtez! s'écria Agathe en le retenant par le bras, comme il se dirigeait vers la porte. Vous allez abjurer cette folle vengeance et donner la main à ce prétendu amant. Il s'y prêtera de bon cœur, lui, car lequel de vous deux voudrait tuer ou maudire son frère?

— Mon frère?... dit Michel stupéfait en laissant tomber son poignard.

— Mon frère, lui! dit le Piccinino sans quitter le sien. Cette parenté improvisée est fort peu vraisemblable, Madame. J'ai toujours ouï dire que la femme de Pier-Angelo avait été fort laide, et je doute que mon père ait jamais joué aucun mauvais tour aux maris qui n'avaient pas sujet d'être jaloux. Votre expédient n'est point ingénieux. Au revoir, Michel-Angelo Lavoratori!

— Je vous dis qu'il est votre frère! répéta la princesse avec force; le fils de votre père et non celui de Pier-Angelo, le fils d'une femme que vous ne pouvez outrager par vos mépris, et qui n'aurait pu vous écouter sans crime et sans folie. Ne comprenez-vous pas?

— Non, Madame, dit le Piccinino en haussant les épaules; je ne puis comprendre les rêveries qui vous viennent à l'esprit en ce moment pour sauver les jours de votre amant. Si ce pauvre garçon est un fils de mon père, tant pis pour lui; car il a bien d'autres frères que moi, qui ne valent pas grand'chose, et que je ne me gêne point pour frapper à la tête de la crosse de mon pistolet, quand ils manquent à l'obéissance et au respect qu'ils me doivent. Ainsi, ce nouveau membre de ma famille, le plus jeune de tous, ce me semble, sera châtié de ma main comme il le mérite; non pas devant vous, je n'aime point à voir les femmes tomber en convulsions; mais ce beau mignon ne sera pas toujours caché dans votre sein, Madame, et je sais où je le rejoindrai!

— Finissez de m'insulter, reprit Agathe d'un ton ferme, vous ne pouvez m'atteindre, et si vous n'êtes pas un lâche, vous ne devez pas parler ainsi à la femme de votre père.

— La femme de mon père! dit le bandit, qui commençait à écouter et à vouloir entendre. Mon père n'a jamais été marié, Signora! Ne vous moquez pas de moi.

— Votre père a été marié avec moi, Carmelo! et si vous en doutez, vous en trouverez la preuve authentique aux archives du couvent de Mal-Passo. Allez la demander à Fra-Angelo. Ce jeune homme ne s'appelle point Lavoratori : il s'appelle Castro-Reale, il est le fils, le seul fils légitime du prince César de Castro-Reale.

— Vous êtes donc ma mère? s'écria Michel en tombant sur ses genoux et embrassant ceux d'Agathe avec un mélange d'effroi, de remords et d'adoration.

— Tu le sais bien, lui dit-elle en pressant contre son flanc ému la tête de son fils. Maintenant, Carmelo, viens le tuer dans mes bras; nous mourrons ensemble! Mais, après avoir voulu commettre un inceste, tu consommeras un parricide! »

Le Piccinino, en proie à mille sentiments divers, croisa ses bras sur sa poitrine, et, le dos appuyé contre la muraille, il contempla en silence son frère et sa belle-mère, comme s'il eût voulu douter encore de la vérité. Michel se leva, marcha vers lui, et, lui tendant la main :

« Ton erreur a fait ton crime, dit-il, et je dois te le pardonner, puisque moi-même aussi je l'aimais sans savoir que j'aurais le bonheur d'être son fils. Ah! ne trouble pas ma joie par ton ressentiment! Sois mon frère, comme je veux être le tien! Au nom de Dieu qui nous ordonne de nous aimer, mets ta main dans la mienne, et viens aux pieds de ma mère pour qu'elle te pardonne et te bénisse avec moi. »

A ces paroles, dites avec l'effusion d'un cœur généreux et sincère, le Piccinino faillit s'attendrir; sa poitrine se serra comme si les larmes allaient le gagner; mais l'orgueil fut plus fort que la voix de la nature, et il rougit de l'émotion qui avait menacé de le vaincre.

« Retire-toi de moi, dit-il au jeune homme, je ne te connais pas; je suis étranger à toutes ces sensibleries de famille. J'ai aimé ma mère aussi, moi; mais avec elle sont mortes toutes mes affections. Je n'ai jamais rien senti pour mon père, que j'ai à peine connu, et qui m'a fort peu aimé, si ce n'est que j'avais un peu de vanité d'être le seul fils avoué d'un prince et d'un héros. Je croyais que ma mère était la seule femme qu'il eût aimée; mais on m'apprend qu'il avait trompé ma mère, qu'il était l'époux d'une autre, et je ne puis être heureux de cette découverte. Tu es fils légitime, toi, et moi je ne suis qu'un bâtard. Je m'étais habitué à croire que j'étais le seul fondé à me parer, si bon me semblait, du nom que tu vas porter dans le monde et que nul ne te contestera. Et tu veux que je t'aime, toi, doublement patricien et prince par le fait de ton père et de ta mère? toi, riche, toi, qui vas devenir puissant dans la contrée où je suis errant et poursuivi! Toi, qui, bon ou mauvais Sicilien, seras ménagé et flatté par la cour de Naples, et qui ne croiras peut-être pas toujours pouvoir refuser les faveurs et les emplois! Toi qui commanderas peut-être des armées ennemies pour ravager les foyers de tes compatriotes! Toi qui, général, ministre ou magistrat, feras peut-être tomber ma tête, et clouer une sentence d'infamie au poteau où elle sera plantée, pour servir d'exemple et de menace à mes autres frères de la montagne? Tu veux que je t'aime? Je te hais et te maudis, au contraire!

« Et cette femme! continua le Piccinino avec une amertume bilieuse, cette femme menteuse, et froide, qui m'a joué jusqu'au bout avec un art infernal, tu veux que je me prosterne devant elle, et que je demande des bénédictions à sa main souillée peut-être du sang de mon père? car je comprends maintenant plus qu'elle ne le voudrait, sans doute! Je ne croirai jamais qu'elle ait épousé de bonne grâce le bandit ruiné, honni, vaincu, dépravé par le malheur, qui ne s'appelait plus que le *Destatore*. Il l'aura enlevée et violentée.... Ah! oui! je me souviens à présent! Il y a une histoire comme cela qui revient par fragments sur les lèvres de Fra-Angelo. Une enfant, surprise à la promenade par les bandits, entraînée avec sa gouvernante dans la retraite du chef, renvoyée au bout de deux heures, mourante, outragée! Ah! mon père, vous fûtes à la fois un héros et un scélérat! Je le sais, et moi je vaux mieux que vous, car je hais ces violences, et l'obscur récit de Fra-Angelo m'a préservé pour jamais d'y chercher la volupté.... C'est donc vous, Agathe, qui avez été la victime de Castro-Reale! Je comprends maintenant pourquoi vous avez consenti à l'épouser secrètement au monastère de Mal-Passo; car ce mariage est un secret, le seul peut-être de ce genre qui n'ait jamais transpiré! Vous avez été habile, mais le reste de votre histoire s'éclaircit devant mes yeux. Je sais maintenant pourquoi vos parents vous ont tenue enfermée un an, si soigneusement qu'on vous a crue morte ou religieuse. Je sais pourquoi on a assassiné mon père, et je ne répondrais pas que vous fussiez innocente de sa mort!

— Infâme! s'écria la princesse indignée, oser me soupçonner du meurtre de l'homme que j'avais accepté pour époux?

— Si ce n'est toi, c'est donc ton père, ou bien quelqu'un des tiens! reprit le Piccinino en français, avec un rire douloureux. Mon père ne s'est pas tué lui-même, reprit-il en dialecte sicilien, et d'un air farouche. Il était capable d'un crime, mais non d'une lâcheté, et le pistolet qu'on a trouvé dans sa main, à la Croce del Destatore, ne lui avait jamais appartenu. Il n'était point réduit, par la défection partielle des siens, à se donner la mort pour échapper à ses ennemis, et la dévotion que Fra-Angelo cherchait à lui inspirer n'avait pas encore troublé sa raison à ce point qu'il crût devoir se châtier lui-même de ses égarements. Il a été assassiné, et, pour être si aisément surpris aussi près de la plaine, il a fallu qu'on l'attirât dans un piége. L'abbé Ninfo n'est pas étranger à cette trame sanglante. Je le saurai, car je le tiens, et, quoique je ne sois pas cruel, je lui infligerai la torture de mes propres mains jusqu'à ce qu'il se confesse! car ma mission, à moi, c'est de venger la mort de mon père, comme la tienne à toi, Michel, c'est de faire cause commune avec ceux qui l'ont ordonnée.

— Grand Dieu! dit Agathe sans se préoccuper davantage des accusations du Piccinino, chaque jour amènera donc la découverte d'un nouvel acte de fureur et de vengeance dans ma famille!... O sang des Atrides, que les furies ne vous réveillent jamais dans les veines de mon fils! Michel, que de devoirs ta naissance t'impose! Par combien de vertus ne dois-tu pas racheter tant de forfaits commis avant et depuis ta naissance! Carmelo, vous croyez que votre frère se tournera un jour contre son pays et contre vous! S'il en était ainsi, je vous demanderais de le tuer, aujourd'hui qu'il est pur et magnanime; car je sais, hélas! ce que deviennent les hommes qui abjurent l'amour de leur patrie et le respect dû aux vaincus!

— Le tuer tout de suite? dit le Piccinino; j'aurais bien envie de prendre au mot cette métaphore; ce ne serait pas long, car ce Sicilien de fraîche date ne sait pas plus manier un couteau que moi un crayon. Mais je ne l'ai pas fait hier soir quand l'idée m'en est venue sur la tombe de notre père, et j'attendrai que ma colère d'aujourd'hui soit tombée; car il ne faut tuer que de sang-froid et par jugement de la logique et de la conscience.

« Ah! Michel de Castro-Reale, je ne te connaissais pas hier, quoique l'abbé Ninfo t'eût désigné déjà à ma vengeance. J'étais jaloux de toi parce que je te croyais l'amant de celle qui se dit ta mère aujourd'hui, mais j'avais un pressentiment que cette femme ne méritait pas l'amour qui commençait à m'enflammer pour elle, et, en te voyant brave devant moi, je me disais : « Pourquoi tuer un homme brave pour une femme qui peut être lâche? »

— Taisez-vous, Carmelo, s'écria Michel en ramassant son stylet; que je connaisse ou non l'art du couteau, si vous ajoutez une parole de plus à vos outrages contre ma mère, j'aurai votre vie ou vous aurez la mienne.

— Tais-toi toi-même, enfant, dit le Piccinino en présentant sa poitrine demi-nue à Michel avec un air de dédain; la vertu du monde légal rend lâche, et tu l'es aussi, toi qui as été nourri des idées de ce monde-là; tu n'oserais seulement égratigner ma peau de lion, parce que tu respectes en moi ton frère. Mais je n'ai pas ces préjugés, et je te le prouverai, un jour où je serai calme! Aujourd'hui, je suis indigné, j'en conviens, et je veux te dire pourquoi : c'est que j'ai cru m'a trompé, et que je ne croyais aucun être humain capable de se jouer de ma crédulité; c'est que j'ai ajouté foi à la parole de cette femme lorsqu'elle m'a dit hier, dans ce parterre dont j'entends d'ici murmurer les fontaines, et sous le regard de cette lune, qui paraissait moins pure et moins calme que son visage : « Que peut-il y avoir de commun entre cet enfant et moi? » Quoi de commun? et tu es son fils! et tu le savais, toi qui m'as trompé aussi!

— Non, je ne le savais pas; et quant à ma mère...

— Ta mère et toi, vous êtes deux froids serpents, deux Palmarosa venimeux! Ah! je hais cette famille qui a tant persécuté mon pays et ma race, et j'en ferai quelque jour un rude exemple, même sur ceux qui prétendent être bons patriotes et seigneurs populaires. Je hais tous les nobles, moi! et tremblez devant ma sincérité, vous autres dont la bouche souffle le froid et le chaud! Je hais les nobles depuis un instant, depuis que je vois que je ne le suis pas, puisque j'ai un frère légitime et que je ne suis qu'un bâtard. Je hais le nom de Castro-Reale, puisque je ne puis le porter. Je suis envieux, vindicatif et ambitieux aussi, moi! mon intelligence et mon habileté justifiaient en moi cette prétention un peu mieux que l'art de la peinture chez le nourrisson des Muses et de Pier-Angelo! J'aurais été plus loin que lui si nos conditions fussent restées ce qu'elles étaient. Et ce qui rend ma vanité plus supportable que la tienne, prince Michel, puisque je te proclame avec fierté, tandis que tu la caches honteusement, sous prétexte de modestie. Enfin je suis l'enfant de la nature sauvage et de la liberté volontaire, tandis que tu es l'élève de la coutume et de la peur. Je pratique la ruse à la manière des loups, et ma ruse me mène au but. Tu joues avec le mensonge, à la manière des hommes, et tu manqueras toujours le but, sans avoir le mérite de la sincérité. Voilà notre vie à tous les deux. Si la tienne me gêne trop, je me débarrasserai de toi comme d'un obstacle, entends-tu? Malheur à toi si tu m'irrites! Adieu; ne souhaite pas de me revoir; voilà mon salut fraternel!

« Et quant à vous, princesse de Castro-Reale, dit-il en saluant Agathe avec ironie, vous qui eussiez bien pu vous dispenser de me laisser ramper à vos pieds, vous qui n'avez pas voulu jouer d'un rôle bien clair dans la catastrophe de la croix du *Destatore*, vous qui ne m'avez pas jugé digne de savoir vos mésaventures de jeunesse, et qui préfériez passer à mes yeux pour une vierge sans tache, sans vous soucier de me faire languir dans une attente insensée de vos précieuses faveurs, je vous souhaite d'heureux jours dans l'oubli de ce qui s'est passé entre nous, mais je m'en souviendrai, moi, et je vous avertis, Madame, que vous avez donné un bal sur un volcan, au réel comme au figuré.

En parlant ainsi, le Piccinino s'enveloppa la tête et les bras de son manteau, passa dans le boudoir, et, sans daigner attendre qu'on lui ouvrît les portes, il traversa d'un bond une des larges vitres qui donnaient sur le parterre. Puis il revint vers cette porte de la galerie dont il n'avait pas voulu franchir le seuil, et, à la manière des anciens fauteurs des Vêpres de Sicile, il entailla d'une croix, faite avec son poignard, l'écusson des Palmarosa, sculpté sur cette porte. Peu d'instants après, il était sur la montagne, fuyant comme une flèche.

« O ma mère! s'écria Michel en pressant dans ses bras Agathe oppressée, vous vous êtes fait un ennemi implacable pour me préserver d'ennemis imaginaires ou impuissants! Tendre mère, mère adorée, je ne te quitterai plus, ni jour ni nuit. Je coucherai en travers de ta porte, et si l'amour de ton fils ne peut te préserver, c'est que la Providence abandonne entièrement les hommes!

— Mon enfant, lui dit Agathe en l'étreignant dans ses bras, rassure-toi. Je suis navrée de tout ce que cet homme m'a remis devant les yeux, mais non effrayée de son injuste colère. Le secret de ta naissance ne pouvait lui être révélé plus tôt, car tu vois l'effet qu'a produit cette révélation. Mais le moment est venu où je n'ai plus à craindre pour toi que son ressentiment personnel, et celui-ci, nous l'apaiserons. La vengeance des Palmarosa va s'éteindre avec le dernier souffle que le cardinal Jeronimo exhale peut-être en cet instant. Si c'est une faute de l'avoir conjurée à l'aide de Carmelo, cette faute appartient à Fra-Angelo, qui croit connaître les hommes parce qu'il a toujours vécu avec des hommes en dehors de la société, les brigands et les moines. Mais je me fie encore à ses grands instincts. Cet homme, qui vient de se montrer à nous si méchant, et que je ne puis voir sans une souffrance mortelle, parce qu'il me rappelle l'auteur de toute mon infortune, n'est peut-être pas indigne du mouvement qui t'a porté à lui donner le nom de frère. C'est un tigre dans la colère, un renard dans la réflexion; mais entre ses heures de rage et ses heures de perfidie, il doit y avoir des heures d'abattement, où le sentiment humain reprend ses droits et lui arrache des larmes de regret et de désir : nous le ramènerons, je l'espère! La loyauté et la bonté doivent trouver le défaut de sa cuirasse. Au moment où il te maudissait, je l'ai vu hésiter, retenir des pleurs. Son père... ton père, Michel! avait une profonde et ardente sensibilité jusqu'au milieu de ses habitudes de démence sinistre... Je l'ai vu sangloter à mes pieds après m'avoir presque étranglée pour étouffer mes cris... Je l'ai vu ensuite repentant devant l'autel, lorsqu'il m'épousa, et, malgré la haine et l'épouvante qu'il m'inspira toujours, je me suis repentie moi-même, à l'heure de sa mort, de ne lui avoir pas pardonné. J'ai tremblé à son souvenir, mais je n'ai jamais osé maudire sa mémoire; et, depuis que je l'ai retrouvé, ô mon fils bien-aimé! j'ai essayé de le réhabiliter à mes propres yeux, afin de n'avoir point à le condamner devant toi. Ne rougis donc point de por-

Il vit une pauvre femme qui mendiait. (Page 125.)

ter le nom d'un homme qui n'a été fatal qu'à moi, et qui a fait de grandes choses pour son pays. Mais garde pour celui qui t'a élevé et dont tu as cru jusqu'à ce jour être le fils, le même amour, le même respect que tu lui portais ce matin, noble enfant, lorsque tu lui remettais la dot de Mila, en lui disant que tu resterais ouvrier à son service toute ta vie, plutôt que de l'abandonner!

— O Pier-Angelo, ô mon père! s'écria Michel avec une impétuosité qui fit déborder son cœur en sanglots, il n'y a rien de changé entre nous, et le jour où mes entrailles ne frémiraient plus pour toi d'un élan filial, je crois que j'aurais cessé de vivre. »

XLV.

SOUVENIRS.

Agathe était brisée par tant d'agitations et de fatigues. Sa santé était délicate, quoique son âme fût forte, et, en la voyant si pâle, avec la voix presque éteinte, Michel s'effraya. Il commença à ressentir les tendres et poignantes sollicitudes d'un sentiment tout nouveau pour lui. Il avait à peine connu l'amour qu'une mère peut inspirer. La femme de Pier-Angelo avait été bonne pour lui sans doute, mais, outre qu'il l'avait perdue dans un âge bien tendre, elle avait laissé dans sa mémoire l'impression d'une robuste et fière virago, irréprochable, mais violente, pleine de soins pour ses petits, mais parlant haut et frappant fort. Quelle différence avec cette nature exquise, cette beauté suave, cet être poétique qui s'appelait Agathe, et que Michel pouvait admirer comme l'idéal d'un artiste, tout en l'adorant comme une mère!

Il la supplia de se jeter sur son lit, et d'essayer de prendre une heure de repos.

« Je resterai près de vous, lui dit-il; je veillerai à votre chevet, je serai heureux de vous contempler, et quand vous ouvrirez les yeux, vous me trouverez là.

— Et toi, lui dit-elle, ce sera la troisième nuit que tu auras passée presque sans sommeil. Ah! que je souffre pour toi de la vie que nous menons depuis quelques jours!

— Ne vous inquiétez pas de moi, ma mère chérie, reprit le jeune homme en couvrant ses mains de baisers. J'ai très-bien dormi le matin, durant ces trois jours; et, maintenant je suis si heureux, malgré ce que nous venons de souffrir, qu'il me semble que je ne dormirai plus jamais. Je cherchais le sommeil pour vous retrouver dans mes rêves : à présent que le rêve s'est transporté dans ma vie réelle, je craindrais d'en perdre la notion en dormant. C'est à vous de vous reposer, ma mère... Ah ! que ce nom est doux, ma mère !

— Je n'ai pas plus envie de dormir que toi, dit-elle, je ne voudrais plus te quitter un instant. Et puisque le Piccinino me fait toujours trembler pour ta vie, quoi qu'il puisse en résulter, tu resteras avec moi jusqu'au jour. Je vais m'étendre sur mon lit, puisque tu le veux ; assieds-toi sur ce fauteuil, ta main dans la mienne, et si je n'ai plus la force de te parler, je t'entendrai du moins ; nous avons tant de choses à nous dire ! Je veux savoir ta vie depuis le premier jour que tu peux te rappeler jusqu'à celui-ci. »

Ils passèrent ainsi deux heures qui s'envolèrent pour eux comme deux minutes ; Michel dit toute sa vie, en effet, et n'en cacha pas même les émotions récentes. L'espèce d'attrait enthousiaste qu'il avait éprouvé pour sa mère sans la connaître, ne soulevait plus dans sa pensée aucune question délicate qui ne pût se traduire par des mots dignes de la sainteté de leurs nouvelles relations. Ceux dont il s'était servi avec lui-même avaient changé de sens, et ce qu'ils avaient pu avoir d'impropre s'était effacé comme les vagues paroles qu'on prononce dans la fièvre, et qui ne laissent pas de traces quand la raison et la santé sont revenues.

Et puis, d'ailleurs, Michel, sauf quelques mouvements de vanité, n'avait rien rêvé dont il eût à rougir maintenant vis-à-vis de lui-même. Il s'était cru aimé, il ne s'était guère trompé ! Il avait été envahi par une passion ardente, et il sentait qu'il aimait pas Agathe, devenue sa mère, avec moins d'enthousiasme, de reconnaissance, et même de jalousie, qu'il ne l'avait aimée une heure auparavant. Il s'expliquait maintenant pourquoi il ne l'avait jamais vue sans un élan infini de son âme vers elle, sans un intérêt tout-puissant, sans un sentiment d'orgueil secret qui avait comme un contre-coup en lui-même. Il se rappelait comment, la première fois qu'il l'avait vue, il lui avait semblé l'avoir vue de tout temps ; et quand il lui demanda l'explication de ce miracle, « Regarde toi dans une glace, lui dit-elle, et tu verras que mes traits te présentaient ta propre image ; cette ressemblance que Pier Angelo remarquait sans cesse avec joie, et qui m'enorgueillissait, me faisait pourtant trembler pour toi. Heureusement, elle n'a frappé personne, si ce n'est peut-être le cardinal, qui a fait arrêter sa chaise pour te regarder, le jour où tu te trouvais arrivé, et comme guidé par une main invisible, à la porte du palais de tes ancêtres. Mon oncle était jadis le plus soupçonneux et le plus clairvoyant des persécuteurs et des despotes. Certes, s'il t'eût vu avant de tomber en paralysie, il t'eût reconnu et fait jeter en prison, puis conduire en exil... peut-être assassiner ! sans t'avoir adressé une seule question. Tout affaibli qu'il était, il y a dix jours, il a attaché sur toi un regard qui avait éveillé les soupçons de Ninfo, et ses souvenirs s'étaient éclaircis jusqu'à vouloir s'enquérir de ton âge. Qui sait quelle fatale lumière se fût faite dans son cerveau, si la Providence ne t'eût inspiré de répondre que tu avais vingt-un ans au lieu de dix-huit !

— J'ai dix-huit ans, reprit Michel, et vous, ma mère ? vous me sembliez aussi jeune que moi ?

— J'en ai trente-deux, répondit Agathe, ne le savais-tu pas ?

— Non ? on aurait pu me dire que vous étiez ma sœur, je l'aurais cru en vous voyant ! Oh ! quel bonheur que vous soyez si belle et si jeune encore ! Vous vivrez autant que moi, n'est-ce pas ? Je n'aurai pas le malheur de vous perdre !... Vous perdre... Ah ! maintenant que ma vie est liée à la vôtre, la mort me fait peur, je ne voudrais mourir ni avant ni après vous !.... Mais, est-ce donc la première fois que nous nous trouvons réunis ? Je cherche dans les vagues souvenirs de ma première enfance avec l'espoir d'y ressaisir quelque chose de vous...

— Mon pauvre enfant, dit la princesse, je ne t'avais jamais vu avant le jour où, te regardant par une rosace de la galerie où tu dormais, je ne pus retenir un cri d'amour et de joie douloureuse qui te réveilla. Je ne connaissais même pas ton existence, il y a trois mois. Je te croyais mort le jour de ta naissance. Autrement, crois-tu donc que tu ne m'aurais pas vue accourir à Rome, sous un déguisement, pour te prendre dans mes bras et t'arracher aux dangers de l'isolement ? Le jour où Pier-Angelo m'apprit qu'il avait sauvé des mains d'une infâme accoucheuse qui allait te jeter dans un hospice par l'ordre de mes parents, qu'il s'était enfui avec toi en pays étranger, et qu'il t'avait élevé comme son fils, j'allais partir pour Rome. Je l'aurais fait, sans la prudence de Fra-Angelo, qui me démontra que la vie serait en danger tant que durerait celle du cardinal, et qu'il valait mieux attendre sa fin que de nous exposer tous à des soupçons et à des recherches. Ah ! mon fils, que j'ai souffert, tant que j'ai vécu seule avec les affreux souvenirs de ma jeunesse ! Flétrie dès l'enfance, maltraitée, enfermée et persécutée par ma famille, pour n'avoir jamais voulu révéler le nom de l'homme que j'avais consenti à épouser dès les premiers symptômes de ma grossesse ; séparée de mon enfant et maudite pour les larmes que sa prétendue mort m'arrachait, menacée de le voir périr sous mes yeux, quand je m'abandonnais à l'espérance qu'on m'avait trompée, j'ai vu s'écouler le plus beau temps de la vie dans les pleurs du désespoir et les frissons de l'épouvante.

« Je t'ai donné le jour dans cette chambre, Michel, à la place où nous voici. C'était alors une espèce de grenier longtemps inhabité qu'on avait converti en prison pour cacher la honte de mon état. On ne savait pas ce qui m'était arrivé. J'aurais à peine pu le dire, je l'avais à peine compris, tant j'étais jeune et pure d'imagination. Je pressentais que le récit de la vérité attirerait sur l'enfant que je portais dans mon sein, et sur son père, de nouvelles catastrophes. Ma gouvernante était morte le lendemain de notre désastre, sans pouvoir ou sans vouloir parler. Personne ne put m'arracher mon secret, même pendant les douleurs de l'enfantement ; et lorsque, comme des inquisiteurs, mon père et mon oncle, debout et insensibles auprès de mon lit, me menaçaient de la mort si je ne confessais ce qu'ils appelaient ma faute, je me bornais à répondre que j'étais innocente devant Dieu, et qu'à lui seul appartenait de punir ou de sauver le coupable.

« S'ils ont découvert, depuis, que j'étais la femme de Castro-Reale, c'est ce que je n'ai jamais pu savoir ; jamais son nom n'a été prononcé devant moi, jamais je n'ai été interrogée sur son compte. S'ils l'ont fait assassiner, et si l'abbé Ninfo les a aidés à le surprendre, comme le prétend Carmelo, c'est ce que je ne sais pas non plus, et ce dont, malheureusement, je ne puis les croire incapables.

« Je sais seulement qu'à l'époque de sa mort, et lorsque j'étais à peine rétablie de la crise de l'enfantement, ils voulurent me forcer à me marier. Jusque-là ils m'avaient présenté comme un éternel châtiment l'impossibilité de m'établir. Ils me tirèrent de ma prison où j'avais été gardée avec tant de soin que l'on me croyait au couvent à Palerme, et que rien n'avait transpiré au dehors. J'étais riche, belle, et de haute naissance. Vingt partis se présentèrent. Je repoussai avec horreur l'idée de tromper un honnête homme, ou de me confesser à un homme assez lâche pour m'accepter à cause de ma fortune. Ma résistance irrita mon père jusqu'à la fureur. Il feignit de me reconduire à Palerme. Mais il me ramena la nuit, dans cette chambre, et m'y tint encore enfermée une année entière.

« Cette prison était horrible, étouffante comme les plombs de Venise, car le soleil dardait sur une mince terrasse de métal, cet étage du palais n'ayant jamais été terminé, et n'étant couvert que provisoirement. J'y endurai la soif, les moustiques, l'abandon, l'isolement, le défaut d'air et de mouvement si nécessaires à la jeunesse. Et pourtant, je n'y mourus point, je n'y contractai aucune infirmité, tant était fort en moi le principe de la vie. Mon père, ne voulant confier à personne le soin de me garder, et craignant que la pitié de ses serviteurs n'adoucît mes souffrances, venait lui-même m'apporter mes aliments; et, quand ses intrigues politiques le retenaient dehors pendant des jours entiers, je subissais les tourments de la faim. Mais j'étais arrivée à une constance stoïque et je ne daignais pas me plaindre. J'ai puisé ainsi un certain courage et une certaine lumière dans cette épreuve, et je ne reproche point à Dieu de me l'avoir infligée. La notion du devoir et le goût de la justice sont de grands biens que l'on ne peut acheter trop cher! »

Agathe parlait ainsi, demi-couchée, et d'une voix faible qui s'animait peu à peu. Elle se releva sur son coude, et, secouant sa longue chevelure noire, elle dit à son fils, en lui montrant d'un geste le riche appartement où ils se trouvaient: « Michel! que les jouissances et l'orgueil de la naissance et de la fortune ne t'enivrent jamais! J'ai payé cher ces avantages, et, dans l'affreuse solitude de cette chambre, aujourd'hui si riante pour nous deux, j'ai passé de longues heures d'insomnie, couchée sur un grabat, consumée par la fièvre, et demandant à Dieu pourquoi il ne m'avait pas fait naître dans la grotte d'un chevrier ou sur la barque d'un pirate. Je soupirais après la liberté, et le dernier des mendiants me paraissait plus heureux que moi.

« Si j'avais été pauvre et obscure, j'eusse trouvé chez mes parents des consolations et de la pitié pour mon malheur; au lieu que les illustres Palmarosa faisaient un opprobre et un crime à leur fille de ne pas vouloir être forcée de mentir, et de se refuser à relever l'honneur de sa famille par une imposture. Je manquais de livres dans ma prison; on ne m'avait jamais donné qu'une éducation superficielle, et je ne comprenais rien à la persécution dont j'étais l'objet. Mais, dans cette lente et cruelle inaction, je fis des réflexions et je découvris de moi-même le néant de l'orgueil humain. Mon être moral changea, pour ainsi dire, et tout ce qui était satisfaction et profit pour la vanité des hommes, m'apparut, à mes dépens, sous son véritable jour.

« Mais, pourquoi dirais-je à mes dépens, au lieu de dire à mon profit? Que sont deux années de tortures au prix du bienfait de la vérité? Quand je revins à la liberté et à la vie, quand je sentis que je reprenais aisément la force de la jeunesse et que j'avais le temps et les moyens de mettre à profit les idées qui m'étaient venues, j'éprouvai un grand calme, et j'entrai dans une habitude déjà toute faite d'abnégation et de fermeté.

« Je renonçai à jamais connaître l'amour et l'hyménée. La pensée de cette ivresse était flétrie et souillée dans mon imagination; et, quant aux besoins du cœur, ils n'avaient plus en moi rien de personnel. Ils s'étaient agrandis au delà du cercle des passions égoïstes; j'avais conçu dans la souffrance une passion véritable, mais qui n'avait plus pour objet la jouissance et le triomphe d'un être isolé des misères générales par la prospérité de sa propre condition. Cette passion qui me rongeait comme la fièvre et avec la fièvre, je puis le dire, c'était la soif de combattre pour les faibles contre les oppresseurs, et de prodiguer autant de bienfaits et de consolations que ma famille avait semé de douleurs et d'épouvante. On m'avait élevée dans des idées de respect et de crainte envers la cour, de méfiance et de haine envers mes malheureux compatriotes. Sans mon propre malheur, j'aurais suivi peut-être ces habitudes et ces exemples d'insensibilité monstrueuse. Mon caractère nonchalant, comme celui des femmes de mon pays, n'eût jamais rien conçu de mieux, probablement, que les principes de ma race; car ma famille n'était pas de celles que la persécution a frappées, et à qui l'exil et la misère ont inspiré l'horreur du joug étranger et l'amour de la patrie. Mes parents, ardemment dévoués à la puissance officielle, avaient toujours été comblés de biens, et la prospérité nouvelle que va nous donner l'héritage du cardinal est une exception honteuse, au milieu de la ruine de tant de maisons illustres que j'ai vues crouler sous les taxes forcées et la proscription.

« A peine fus-je maîtresse de mes actions et de ma fortune, que je consacrai ma vie au soulagement du malheur. Comme femme, il m'était interdit de m'occuper de politique, de sciences sociales ou de philosophie. Et à quel homme cela est-il possible sous le joug qui nous accable? Mais ce que je pouvais faire, c'était de secourir les victimes de la tyrannie, de quelque classe qu'elles fussent. Je m'aperçus bientôt que le nombre en était si grand, que mes revenus n'y suffiraient point, quand même je me priverais du nécessaire. Alors, mon parti fut vite pris. J'avais la résolution de ne me point marier. J'ignorais ton existence, je me regardais comme seule au monde. Je me fis rendre un compte exact de ma fortune, soin que les riches patriciens de notre pays prennent bien rarement; leur incurie ne leur permet pas même d'aller voir leurs terres lorsqu'elles sont situées dans l'intérieur de l'île, et beaucoup d'entre nous n'ont jamais mis le pied sur leurs domaines. Je m'enquis et je pris par moi-même connaissance des miens; j'en aliénai d'abord en détail une partie, voulant donner à trèsbas prix, et la plupart du temps pour rien, des terres aux pauvres habitants de ces provinces. Cela ne réussit point. On ne sauve pas d'un trait de plume des races tombées dans le dernier abattement de la misère et de l'esclavage. J'essayai d'autres moyens que je te détaillerai plus tard. Ils échouèrent. Tout doit échouer quand les lois d'un pays ont décrété sa ruine. A peine avais-je fait une famille heureuse, que l'impôt, augmentant avec son bien-être, en faisait une famille misérable. Quelle situation d'ordre et de fixité peut-on créer, quand l'État prélève soixante pour cent sur l'humble travail comme sur l'oisiveté opulente?

« Je vis donc avec douleur que, dans les pays conquis et brisés, il n'y avait plus de salut que dans l'aumône, et je vouai ma vie à l'aumône. Cela demandait bien plus d'activité et de persévérance que des dons ratifiés et des sacrifices absolus. Cette existence de dons arbitraires et de sacrifices perpétuels est une tâche sans repos, sans limites et sans consolations; car l'aumône ne remédie qu'à un instant donné de la vie, elle engendre la nécessité de se renouveler et de s'étendre à l'infini, sans qu'on voie jamais le résultat du travail qu'on s'impose. Oh! qu'il est cruel de vivre et d'aimer, là où l'on panse à toute heure une plaie qui ne peut guérir, où l'on jette sans cesse son âme et ses forces dans un gouffre qui ne se ferme pas plus que celui de l'Etna!

« Je l'ai acceptée, cette tâche, et je la remplis à toute heure; j'en vois l'insuffisance et ne me rebute pas. Je ne m'indigne plus contre la paresse, la débauche et tous les vices qu'engendre la misère; ou, si je m'en indigne, ce n'est plus à l'égard de ceux qui les subissent, mais de ceux qui les infligent et les perpétuent. Je ne comprends pas trop ce qu'on appelle le discernement dans l'aumône. Cela est bon pour les pays de liberté, où la réprimande peut être bonne à quelque chose, et où les enseignements d'une moralité praticable sont à l'usage de tous. Chez nous, hélas! le malheur est si grand, que le bien et le mal sont pour beaucoup d'êtres, en âge de raison, des mots vides de sens; et prêcher l'ordre, la probité et la prévoyance pendant l'agonie de la faim, devient un pédantisme presque féroce.

« Mes revenus n'ont pas toujours suffi à tant de besoins, Michel, et tu trouveras l'héritage de ta mère secrètement miné par des fouilles si profondes, qu'il s'écroulera peut-être sur ma tombe. Sans l'héritage du cardinal, j'aurais aujourd'hui quelque regret de ne l'avoir pas laissé les moyens de servir ton pays à ta guise; mais demain tu seras plus riche que je ne l'ai jamais été, et tu gouverneras cette fortune selon ton cœur et tes principes, sans que je veuille t'imposer ma tâche. Dès demain, tu entreras en possession de cette puissance, et je ne m'inquiéterai pas de l'emploi que tu sauras en faire. Je suis sûre de toi. Tu as été à une bonne école, mon enfant, celle du malheur et du travail! Je sais comment tu répares des fautes légères; je sais de quels sacrifices ton âme est capable, quand elle est aux prises avec le sentiment du devoir. Apprête-toi donc à porter le poids de ta fortune nouvelle, à être prince de fait comme de nom. Depuis trois jours que tu es lancé dans des aventures étranges en apparence, tu as reçu plus d'un enseignement. Fra-Angelo, le marquis de la Serra, Magnani, Mila elle-même, l'adorable enfant, t'ont parlé un langage qui t'a fait une impression profonde, je le sais; je l'ai vu à ta conduite, à ta résolution d'être ouvrier, et, dès ce moment, je m'étais promis de te révéler le secret de ta destinée, quand même la vie du cardinal se prolongerait et nous forcerait à des précautions extérieures.

— O ma mère! que vous êtes grande, s'écria Michel, et que l'on vous connaît peu, vous que l'on croit dévote, apathique ou bizarre! Votre vie est celle d'une martyre et d'une sainte : rien pour vous, tout pour les autres!

— Ne m'en fais pas un si grand mérite, mon enfant, reprit Agathe. Je n'avais plus le droit, quelque innocente que je fusse, de prétendre au bonheur général. Je subissais une fatalité que tous mes efforts n'eussent pu que rendre plus pesante. En me refusant à l'amour, je n'ai fait que remplir le plus simple devoir que la loyauté impose à une femme. De même, en me faisant sœur de charité, j'obéissais au cri impérieux de ma conscience. J'avais été malheureuse, je connaissais le malheur par moi-même; je n'étais plus de ceux qui peuvent nier la souffrance d'autrui parce qu'ils ne l'ont jamais ressentie. J'ai peut-être fait le bien sans lumière; du moins je l'ai fait sans relâche et sans tiédeur. Mais, à mes yeux, faire le bien, ce n'est pas tant qu'on croit; faire ce bien-là, c'est tout simplement ne pas faire le mal : n'être pas égoïste, c'est n'être pas aveugle ou infâme. J'ai une telle pitié de ceux qui tirent vanité de leurs œuvres, que j'ai caché les miennes avec presque autant de soin que le secret de mon mariage et de ma naissance. On n'a rien compris à mon caractère. Je voulais qu'il en fût ainsi. Je n'ai donc pas le droit de me plaindre d'avoir été méconnue.

— Oh! moi, je vous connais, dit Michel, et mon cœur vous rendra au centuple tout le bonheur dont vous avez été privée.

— Je le sais, dit-elle, tes larmes me le prouvent, et je le sens; car, depuis que tu es là, si je n'avais eu mon histoire à te raconter, j'aurais oublié que j'ai été malheureuse.

— Merci! ô merci! mais ne dites pas que vous me laissez libre de mes actions et de ma conduite : je ne suis qu'un enfant, et je me sens si peu de chose auprès de vous que je ne veux jamais voir que par vos yeux, agir que d'après vos ordres. Je vous aiderai à porter le fardeau de la richesse et de l'aumône; mais je serai votre homme d'affaires, rien de plus. Moi, riche et prince! moi, revêtu d'une autorité quelconque quand vous êtes là! quand je suis votre fils!

— Mon enfant, il faut être un homme. Je n'ai pas eu le bonheur de t'élever; je ne l'eusse pas fait mieux que le vénérable Pier-Angelo. Mon affaire, maintenant, est de t'aimer, rien de plus, et c'est assez. Pour justifier mon amour, tu n'auras pas besoin que les portraits de tes ancêtres te disent jamais : « *Je ne suis pas content de vous.* » Tu feras en sorte d'entendre toujours ta mère te dire : « *Je suis contente de toi!* »

« Mais écoute, Michel!.. les cloches sonnent... toutes les cloches de la ville sonnent le glas d'une agonie, et c'est pour un grand personnage!... C'est ton parent, c'est ton ennemi, c'est le cardinal de Palmarosa qui va rendre à Dieu ses comptes terribles. Il fait jour, séparons-nous! Va prier pour que Dieu lui soit miséricordieux. Moi, je vais recevoir son dernier soupir! »

XLVI.

ÉPANOUISSEMENT.

Tandis que la princesse sonnait sa camériste et ordonnait qu'on mît les chevaux à son carrosse pour aller remplir ses derniers devoirs envers le cardinal mourant, Michel descendait dans le parc par l'escalier de lave du parterre; mais lorsqu'il n'était encore qu'à moitié de cet escalier, il aperçut messire Barbagallo, qui déjà était debout et commençait sa consciencieuse journée de surveillance, bien éloigné, le brave homme, de croire que ce riche palais et ces beaux jardins n'étaient plus que l'enseigne trompeuse et le vain simulacre d'une fortune opulente. A ses yeux, dépenser ses revenus en aumônes était une habitude seigneuriale et respectable. Il secondait honnêtement la princesse dans ces œuvres de charité. Mais entamer son capital eût été une faute immense, contraire à la dignité héréditaire d'un grand nom; et si Agathe l'eût éclairé ou consulté à cet égard, il n'eût pas eu assez de toute son érudition généalogique pour lui prouver qu'aucun Palmarosa n'eût commis ce crime de lèse-noblesse, à moins d'y être invité par son roi. Se dépouiller de sa véritable puissance pour des misérables! Fi! A moins qu'il ne s'agît d'un hospice, d'un monastère à fonder, monuments qui demeurent et font passer à la postérité la gloire et la vertu du fondateur, et au lieu d'effacer l'éclat d'un nom, lui donnent un nouveau lustre.

Michel, en voyant le majordome lui barrer innocemment le passage, (car Barbagallo s'obstinait à contempler un arbuste de l'Inde qu'il avait planté lui-même au bas de l'escalier, prit le parti de baisser la tête et de passer vite sans lui rien expliquer. Quelques heures plus tard, il n'aurait plus à se cacher; mais, par convenance, il valait mieux attendre la déclaration publique de la princesse.

Mais le majordome semblait être planté à côté de son arbuste. Il s'étonnait que le climat de Catane, qui selon lui était le premier climat du monde, ne convînt pas mieux que celui du tropique à cette plante précieuse; ce qui prouve qu'il entendait mieux la culture des arbres généalogiques que celle des arbres réels. Il s'était baissé et presque couché à terre pour voir si un ver rongeur n'attaquait point les racines de la plante languissante.

Michel, arrivé aux derniers degrés du rocher, prit le parti de sauter par-dessus messire Barbagallo, qui fit un grand cri, pensant peut-être que c'était le commencement d'une éruption volcanique, et qu'une pierre lancée de quelque cratère voisin venait de tomber à côté de lui.

Le gémissement qu'il fit entendre eut un son rauque si comique, que Michel éclata de rire.

« *Cristo!* » s'écria le majordome en reconnaissant le jeune artiste, que la princesse lui avait ordonné de traiter avec beaucoup d'égards désormais, mais qu'il était bien loin de croire le fils ou l'amant d'Agathe.

Mais, le premier effroi passé, il essaya de rassembler ses idées, pendant que Michel s'éloignait rapidement à travers le jardin. Il comprit que le fils de Pier-Angelo sortait du parterre avant le lever du soleil; du parterre de la princesse! ce sanctuaire réservé et fortifié, où un amant favorisé pouvait seul pénétrer pendant la nuit!

« Un amant à la princesse Agathe! et un tel amant! lorsque le marquis de la Serra, à peine digne d'aspirer à l'honneur de lui plaire, n'entrait ni ne sortait jamais que par la grande porte du palais!... »

Cela était impossible à supposer. Aussi, maître Barbagallo, ne pouvant rien objecter à un fait aussi palpable, et ne voulant point se permettre de le comprendre, se borna-t-il à répéter : « *Cristo!* » Et, après être resté immobile durant une ou deux minutes, il prit le parti de vaquer à ses occupations comme à l'ordinaire, et de s'interdire la faculté de penser à quoi que ce soit jusqu'à nouvel ordre.

Michel n'était guère moins étonné de sa propre situation, que le majordome de ce qu'il venait de voir. De tous les rêves qu'il avait cru faire depuis trois jours, le plus inattendu, le plus prodigieux, à coup sûr, était celui qui venait de couronner et d'expliquer les autres. Il marchait devant lui, et l'instinct de l'habitude le conduisait vers la maison du faubourg sans qu'il sût où il allait. Il regardait tous les objets qui frappaient sa vue comme des objets nouveaux. La splendeur des palais et la misère des habitations du peuple lui présentaient un contraste qui ne l'avait jamais attristé que comme un fait dont il avait eu à souffrir personnellement, mais qu'il avait accepté comme une loi fatale de la société. Maintenant qu'il se sentait libre, et fort dans cette société, la pitié et la bonté lui venaient au cœur, plus larges, plus désintéressées. Il se sentait meilleur depuis qu'il était du nombre des heureux, et le sentiment de son devoir vibrait dans sa poitrine avec le souffle généreux de sa mère. Il se sentait grandir, dans la sphère des êtres, depuis qu'il se voyait chargé du sort de ses semblables au lieu d'être opprimé par eux. Il se sentait prince, en un mot, et ne s'étonnait plus de s'être toujours senti ambitieux. Mais son ambition s'était ennoblie, dans sa conscience, le jour où il l'avait résumée pour répondre aux objections de Magnani; et, maintenant qu'elle était satisfaite, loin de le corrompre, elle l'exaltait et l'élevait au-dessus de lui-même. Il est des hommes, et malheureusement c'est le plus grand nombre, que la prospérité rabaisse et pervertit; mais une âme vraiment noble ne voit dans la puissance que le moyen de faire le bien, et les dix-huit ans de Michel, c'est l'âge où l'idéal est pur et l'esprit ouvert aux bonnes et grandes aspirations.

A l'entrée du faubourg, il vit une pauvre femme qui mendiait, un enfant dans les bras, trois autres pendus aux haillons de sa jupe. Des larmes lui vinrent aux yeux, et il porta simultanément ses deux mains aux poches de sa casaque, car depuis la veille il avait endossé la livrée du peuple, avec la résolution de la garder longtemps, toujours, s'il le fallait. Mais il s'aperçut que ses poches étaient vides, et il se souvint qu'il ne possédait rien encore. « Pardon, ma pauvre femme, dit-il, c'est demain que je vous donnerai. Soyez ici demain, j'y viendrai. »

La pauvresse crut qu'il se moquait d'elle, et lui dit d'un ton grave, en se drapant dans ses guenilles avec la majesté des peuples méridionaux : « Il ne faut pas se moquer des pauvres, mon garçon, cela porte malheur. »

— Oui! oui! dit Michel en s'éloignant; je le crois, je le sens! cela ne m'arrivera jamais! »

Un peu plus loin il rencontra des blanchisseuses qui étendaient sans façon leur linge sur une corde, en travers de la rue, sur la tête des passants. Michel se baissa, ce qu'il n'eût pas fait la veille; il eût dérangé l'obstacle d'une main impatiente. Deux jolies filles qui tenaient la corde pour la consolider lui en surent gré, et lui sourirent; mais quand Michel eut passé ce premier rideau de *biancheria*, et comme il se baissait pour en passer un second, il entendit la vieille lavandière qui disait à ses apprenties d'un ton de sibylle courroucée : « Baissez les yeux, Ninetta; ne tournez pas tant la tête, Rosalina! c'est ce petit Michel-Angelino Lavoratori, qui fait le grand peintre, et qui ne vaudra jamais son père! Foin des enfants qui renient la profession de leurs parents! »

« Il me fallait absolument la profession de prince, pensa Michel en souriant, car celle d'artiste m'eût attiré de grands reproches. »

Il entra dans sa maison, et, pour la première fois, il la trouva pittoresque et riante dans son désordre misérable. « C'est une vraie maison d'artiste du moyen âge, se dit-il; je n'y ai vécu que peu de jours, mais ils me marqueront dans ma vie comme de purs et doux souvenirs. » Il lui sembla qu'il le regrettait déjà un peu, cet humble nid de famille, et le besoin vague que, la veille, il avait éprouvé d'une demeure plus poétique et plus noble lui parut un désir maladif et insensé, tant il est vrai qu'on s'exagère les biens de la vie quand on ne les a pas.

« J'aurais très-bien pu passer toutes ces années, pensa-t-il, aussi heureux que je le serai dans un palais, pourvu que ma conscience y eût été satisfaite elle-même, comme elle l'a été quand Pier-Angelo m'a dit : « Eh bien, vous êtes un homme de cœur, vous ! » Tous les portraits des Castro-Reale et des Palmarosa pourront me dire qu'ils sont contents de moi; ils ne me donneront pas plus de joie que ne m'en a donné cette parole de mon père l'artisan. »

Il entra prince dans cette maison dont il était sorti ouvrier quelques heures auparavant, et il franchit le seuil avec un sentiment de respect. Puis il vola auprès du lit de son père, croyant le trouver endormi. Mais Pier-Angelo était dans la chambre de Mila, qui n'avait pas dormi tant elle était inquiète de n'avoir pas vu rentrer son frère. Le vieillard se doutait bien que la princesse l'avait retenu : mais il ne savait comment faire accepter à Mila la probabilité de cette hypothèse. Michel se jeta dans leurs bras et y pleura avec délices. Pier-Angelo comprit ce qui s'était passé, et pourquoi le jeune prince de Castro-Reale lui donnait le nom de père avec tant d'effusion, et ne voulait pas souffrir qu'il l'appelât *Michel*, mais *mon fils*, à chaque parole.

Mila s'étonna beaucoup de ce que Michel, au lieu de l'embrasser avec sa familiarité accoutumée, lui baisait la main à plusieurs reprises en l'appelant sa sœur chérie.

« Qu'y a-t-il donc, Michel? lui dit-elle, et pourquoi cet air respectueux avec moi? Tu dis qu'il ne s'est rien passé d'extraordinaire, que tu n'as couru aucun danger cette nuit, et pourtant tu nous dis bonjour comme un homme qui vient d'échapper à la mort, ou qui nous apporte le paradis dans le creux de sa main. Allons! puisque te voilà, nous sommes heureux comme les saints dans le ciel, c'est vrai ! car j'ai fait de bien mauvais rêves en t'attendant. J'ai réveillé ce pauvre Magnani deux heures avant le jour pour l'envoyer à la recherche; et il court encore. Il aura dû aller jusqu'à Bel-Passo, pour voir si tu n'étais pas avec notre oncle.

— Ce bon, ce cher Magnani ! s'écria Michel ; eh bien, j'irai à sa rencontre pour le rassurer et le revoir plus tôt. Mais, auparavant, je veux déjeuner avec vous deux, à notre petite table de famille ; manger ce riz que tu prépares si bien, Mila, et ces pastèques que ta main seule sait choisir.

— Voyez comme il est aimable les jours où il n'est pas fantasque ! dit Mila en regardant son frère. Quand il est dans ses accès d'humeur, rien n'est bon ; le riz est trop cuit et les pastèques sont gâtées. Aujourd'hui tout sera délicieux, avant même qu'on y ait goûté.

— Je serai tous les jours ainsi, désormais, ma sœur chérie, répondit Michel ; je n'aurai plus d'humeur, je ne te ferai plus de questions indiscrètes, et j'espère que tu n'auras pas de meilleur ami que moi au monde. »

Dès qu'il fut seul avec Pier-Angelo, Michel se mit à genoux. « Donnez-moi votre bénédiction, lui dit-il, et pardonnez-moi de n'avoir pas toujours été digne de vous. Je le serai désormais, et si je venais à hésiter un instant dans le chemin du devoir, promettez-moi de me gronder et de m'enseigner plus sévèrement que vous ne l'avez fait jusqu'ici.

— Prince, dit Pier-Angelo, j'aurais été plus rude, peut-être, si j'eusse été votre père ! mais...

— O mon père, s'écria Michel, ne m'appelez jamais ainsi, et ne me dites jamais que je ne suis pas votre fils. Sans doute je suis le plus heureux des hommes d'être le fils de la princesse Agathe ; mais ce serait mêler du fiel à mon bonheur que de vouloir m'habituer à n'être plus le vôtre ; et, si vous me traitez de prince, je ne veux jamais l'être; je veux rester ouvrier.

— Eh bien, soit ! dit Pier-Angelo en le pressant contre sa poitrine ; restons père et fils comme nous étions, j'aime mieux cela : d'autant plus que j'en aurais gardé l'habitude malgré moi, quand même tu t'en serais offensé. Maintenant, écoute ; je sais d'avance ce que tu vas me dire bientôt. Tu voudras m'enrichir. Je veux te dire d'avance que je te prie de ne pas me tourmenter là-dessus. Je veux rester ce que je suis ; je me trouve heureux. L'argent donne du souci ; je n'en ai jamais su garder. La princesse fera pour ta sœur ce qu'elle voudra ; mais je doute que la petite veuille sortir de sa condition. Si je ne me trompe, elle aime notre voisin Antonio Magnani et compte n'en point épouser d'autre. Magnani ne voudra rien recevoir de toi, je le connais ; c'est un homme comme moi, qui aime son métier et qui rougirait d'être aidé quand il gagne ce dont il a besoin. Ne le lâche pas, mon enfant ; j'ai accepté hier la dot de la sœur. Ce n'était pas encore le don d'un prince, c'était le salaire de l'artisan, le sacrifice d'un bon frère. J'en étais fier, et la sœur, quand elle le saura, n'en sera point honteuse ; mais je n'ai pas voulu le lui dire. Elle ne l'eût jamais accepté, tant elle est habituée à regarder ton avenir d'artiste comme une chose sacrée; et l'enfant est obstinée, tu le sais.

« Quant à moi, Michel, tu me connais aussi. Si j'étais riche, je serais honteux de travailler. On croirait que c'est par ladrerie, et pour ajouter un peu de gain à mon avoir. Travailler sans y être forcé, je ne le pourrais pas non plus : je suis un animal d'habitude, un artisan routinier; tous les jours seraient pour moi le dimanche, et autant qu'il m'est bon de m'égayer un peu à table le saint jour du repos, autant il me serait pernicieux de m'amuser tout le long de la semaine. L'ennui me prendrait, la tristesse par conséquent. Je tâcherais d'y échapper, peut-être, par l'intempérance, comme font tous ceux qui ne savent point lire et ne peuvent se récréer avec de belles histoires écrites. Il leur faut se nourrir le cerveau pourtant, quand le corps se repose, et c'est avec le vin qu'ils le nourrissent. Cela ne vaut rien, je le sais par expérience. Quand je vais à une noce, je m'amuse le premier jour, je m'y ennuie le second, je suis malade le troisième. Non, non! il me faut mon tablier, mon échelle, mon pot à colle et mes chansons, pour que les heures ne me paraissent pas doubles. Si tu rougis de moi...

« Mais non, je n'achève pas, cela t'offense ; tu ne rougirais jamais de moi. En ce cas, laisse-moi vivre à ma guise, et, quand je serai trop vieux et trop impotent pour travailler, tu me recueilleras, tu me soigneras, j'y consens, je te le promets! Je ne peux rien faire de mieux pour toi, j'espère?

— Vos désirs me seront sacrés, répondit Michel, et je comprends bien qu'il m'est impossible de m'acquitter envers vous avec de l'argent; ce serait trop facile de pouvoir, en un instant, et sans se donner aucune peine, se libérer d'une dette de toute la vie. Ah! que ne puis-je doubler le cours de la vôtre, et vous rendre, aux dépens de mon sang, les forces que vous avez usées pour me nourrir et m'élever!

— N'espère pas me payer autrement qu'en amitié, reprit le vieux artisan. La jeunesse ne peut revenir, et je ne désire rien qui soit contraire aux lois divines. Si j'ai travaillé pour toi, c'est avec plaisir et sans jamais compter sur une autre récompense que le bonheur dont je te verrais faire un bon usage. La princesse sait ma manière de penser à cet égard-là. Si elle me payait ton éducation, elle m'en ôterait le mérite et l'orgueil; car j'ai mon orgueil, moi aussi, et je serai fier d'entendre dire bientôt : « Quel bon Sicilien et quel bon prince que le Castro-Reale! C'est pourtant ce vieux fou de Pier-Angelo qui l'a élevé! » Allons, donne-moi ta main, et qu'il n'en soit plus question. Cela me blesserait un peu, je le confesse. Il paraît que le cardinal se meurt. Je veux que nous disions ensemble une prière pour lui, car il en a grand besoin; c'était un méchant homme, et la femme qui le portait à l'hospice, quand, avec l'aide de mon frère le moine, nous l'avons enlevé de ses bras, m'avait la mine de vouloir le jeter à la mer plutôt que dans la crèche des orphelins. Prions donc de bon cœur! Tiens, Michel, ce ne sera pas long! »

Et Pier-Angelo, découvrant sa tête, dit d'une voix forte, et avec un accent de sincérité profonde : « Mon Dieu! pardonnez-nous nos fautes et pardonnez à l'âme du cardinal Ieronimo, comme nous lui pardonnons nous-mêmes. Au nom du Père, du Fils et du Saint-Esprit. *Amen*. Michel, tu n'as pas dit *amen*?

— Ainsi soit-il, du fond de mon cœur, » répondit Michel pénétré de respect pour la manière naïvement évangélique dont Pier-Angelo pardonnait à son persécuteur.

Car monseigneur Ieronimo avait été bien dur au pauvre artisan. Il n'avait eu que des soupçons sur lui, et pourtant il l'avait poursuivi, jeté en prison, ruiné, contraint, enfin, à l'exil volontaire : ce qui était la plus grande douleur que le bon Pierre pût éprouver. Mais à cette heure suprême, il ne se souvenait de rien de ce qui lui était personnel.

Comme Mila recommençait à s'inquiéter pour Magnani, qui ne rentrait point, Michel partit pour aller à sa rencontre. Toutes les cloches de la ville sonnaient l'agonie du prélat; on disait des prières dans toutes les églises, et ce pauvre peuple opprimé, rançonné et durement châtié par lui à la moindre apparence de révolte, s'agenouillait dévotement sur les marches du parvis pour demander à Dieu de l'absoudre. Tous, sans doute, s'étaient réjouis intérieurement au premier son de la cloche, et devaient se réjouir encore au dernier. Mais les terreurs de l'enfer agissent si fortement sur ces vives imaginations, et l'idée d'un châtiment éternel est si effroyable, que les ressentiments de la vie disparaissaient devant cette menace que le tintement des cloches semblait faire planer sur toutes les têtes.

Michel, n'entendant point le glas final annoncer que la mort avait saisi sa proie, et prévoyant que sa mère ne quitterait le lit funèbre qu'à ce moment décisif, se dirigea vers la colline de Mal-Passo. Il voulait embrasser son ami et son oncle encore une fois avant de les voir saluer en lui le prince de Castro-Reale. Il redoutait surtout, de la part de Magnani, le moment où celui-ci s'armerait de fierté, et peut-être de froideur, dans la crainte injuste de ses dédains. Il tenait à lui demander d'avance la conservation de leur amitié, à en exiger la promesse solennelle, et à l'informer le premier de sa position après qu'il aurait cimenté cette fraternité sacrée entre eux en présence de Fra-Angelo.

Et puis, Michel pensait aussi au Piccinino. Il se disait qu'il n'y avait pas assez loin de Bel-Passo à Nicolosi pour qu'il ne pût aller trouver son frère avant qu'il eût rien entrepris contre la princesse et contre lui-même. Il ne pouvait se résoudre à attendre et à braver des vengeances qui pouvaient atteindre sa mère avant lui ; et, dût-il trouver le bâtard dans un accès de fureur pire que celui où il l'avait quitté, il le regardait comme le devoir d'un fils et d'un homme d'en essuyer seul les premières conséquences.

Chemin faisant, Michel se souvint qu'il était peintre en voyant le soleil levant resplendir dans la campagne. Un sentiment de tristesse profonde s'empara de lui tout à coup ; son avenir d'artiste semblait trembler pour lui, et, en repassant devant la grille de la villa Palmarosa, en regardant cette niche ornée d'une madone, d'où il avait salué les coupoles de Catane pour la première fois, son cœur se serra, comme si vingt ans, au lieu de douze jours, se fussent écoulés entre une vie arrivée à son dénouement et une aventureuse jeunesse, pleine de poésie, de craintes et d'espérances. La sécurité de sa nouvelle condition lui fit peur, et il se demanda avec effroi si le génie d'un peintre ne se trouverait pas mal logé dans le cerveau d'un riche et d'un prince. Que deviendraient l'ambition, la colère, la terreur, la rage du travail, les obstacles à vaincre, les succès à défendre, tous ces aiguillons puissants et nécessaires? Au lieu d'ennemis pour le stimuler, il n'aurait plus que des flatteurs pour corrompre son jugement et son goût; au lieu de la misère pour le forcer à la fatigue et le soutenir dans la fièvre, il serait rassasié d'avance de tous les avantages que l'art poursuit au moins autant que la gloire.

Il soupira profondément, et prit courage bientôt, en se disant qu'il serait digne d'avoir des amis qui lui diraient la vérité, et qu'en poursuivant le noble but de la gloire il y pourrait porter, plus qu'auparavant, une abnégation complète des profits du métier et des jugements grossiers de la foule.

En raisonnant ainsi, il arriva au monastère. Les cloches du couvent répondaient à celles de la ville, et ce dialogue monotone et lugubre se croisait dans l'air sonore du matin, à travers les chants des oiseaux et les harmonies de la brise.

XLVII.

LE VAUTOUR.

Magnani savait tout; car Agathe avait, sinon deviné, du moins soupçonné son amour, et, pour l'en guérir, elle lui avait raconté sa vie; elle lui avait montré son passé flétri et désolé, son présent sérieux et absorbé par le sentiment maternel. En lui témoignant cette confiance et cette amitié, elle avait du moins guéri la secrète blessure de sa fierté plébéienne. Elle avait fait comprendre délicatement que l'obstacle entre eux n'était pas la différence de leurs conditions et de leurs idées, mais celle de leurs âges et d'une destinée inflexible. Enfin, elle l'avait élevé jusqu'à elle en le traitant comme un frère, et si elle ne l'avait pas guéri tout à fait dès le premier effort, elle avait au moins effacé toute l'amertume de sa souffrance. Puis elle avait amené avec adresse le nom de Mila dans leur entretien, et, en comprenant que la princesse désirait leur union, Magnani s'était fait un devoir d'obéir à son vœu.

Ce devoir, il devait travailler à le remplir, et il sentait bien lui-même que, pour le punir de sa folie, Agathe lui indiquait la plus douce des expiations, pour ne pas dire la plus délicieuse. Comme il n'avait point partagé les inquiétudes de Mila à propos de l'absence de Michel, il était sorti uniquement pour lui complaire, et sans songer qu'il fût besoin d'aller à sa recherche. Il était venu trouver Fra-Angelo pour le consulter sur les sentiments de cette jeune fille, et pour lui demander ses conseils et son appui. Lorsqu'il arriva au monastère, la communauté récitait les prières des agonisants pour l'âme du cardinal, et il fut forcé d'attendre, dans le jardin aux allées de faïence et aux plates-bandes de laves, que Fra-Angelo pût venir le rejoindre. Cette lugubre psalmodie l'attrista, et il ne put se défendre d'un noir pressentiment en songeant qu'il venait caresser l'espoir des fiançailles au milieu d'une cérémonie funèbre.

Déjà la veille, avant de se séparer de Pier-Angelo, au retour du palais de la Serra, il avait sondé le vieux artisan sur les sentiments de sa fille. Pier-Angelo, charmé de cette espèce d'ouverture, lui avait dit naïvement qu'il le croyait aimé; mais, comme Magnani se méfiait de son bonheur et n'osait prendre confiance, Pier-Angelo lui avait conseillé de consulter son frère le capucin, qu'il s'était habitué, bien qu'il fût son aîné, à regarder comme le chef de sa famille.

Magnani était bien troublé, bien incertain. Cependant une voix mystérieuse lui disait que Mila l'aimait. Il se rappelait ses regards furtifs, ses subites rougeurs, ses larmes cachées, ses pâleurs mortelles, ses paroles même, qui semblaient une affectation d'indifférence suggérée par la fierté. Il espéra; il attendit avec impatience que les prières fussent finies, et quand Fra-Ang lo vint le trouver il le pria de lui prêter attention, de lui donner conseil, et, avant tout, de lui dire la vérité sans ménagement.

« Voici qui est grave, lui répondit le bon moine : j'ai toujours eu de l'amitié pour ta famille, mon fils, et une haute estime pour toi. Mais es-tu bien sûr de me connaître et de m'aimer assez pour me croire, si les conseils que je te donne contrarient tes secrets désirs? Car, nous autres moines, on nous consulte beaucoup et on nous écoute fort peu. Chacun vient nous confier ses pensées, ses passions, et même ses affaires, parce qu'on croit que des hommes sans intérêt direct dans la vie y voient plus clair que les autres. On se trompe. Nos conseils sont, la plupart du temps, ou trop complaisants ou trop austères pour être bons à suivre ou possibles à observer. Moi, je répugne aux conseils.

— Eh bien, dit Magnani, si vous ne me croyez pas capable de profiter de vos enseignements, voulez-vous me promettre de répondre sans hésitation et sans ménagement à une question que je vais vous adresser?

— L'hésitation n'est pas mon fait, ami. Mais, faute de ménagement, on peut faire beaucoup souffrir ceux qu'on aime, et tu veux que je sois cruel envers toi? Tu mets mon affection à une cruelle épreuve!

— Vous m'effrayez d'avance, père Angelo. Il me semble que vous avez déjà deviné la question que je vais vous faire.

— Dis toujours, pour voir si je ne me trompe pas.

— Et vous répondrez?

— Je répondrai.

— Eh bien, dit Magnani d'une voix tremblante, ferais-je bien de demander à votre frère la main de votre nièce Mila?

— Précisément, voilà ce que j'attendais. Mon frère m'a parlé de cela avant toi. Il pense que sa fille t'aime; il croit l'avoir deviné.

— Mon Dieu! s'il était vrai! dit Magnani en joignant les mains. »

Mais la figure de Fra-Angelo resta froide et triste.

« Vous ne me jugez pas digne d'être l'époux de Mila, reprit le modeste Magnani. Ah! mon frère, il est vrai! mais si vous saviez comme j'ai la ferme intention de le devenir!

— Ami, répondit le moine, le plus beau jour de la vie de Pier-Angelo et de la mienne serait le jour où tu deviendrais l'époux de Mila, si vous vous aimiez ardemment et sincèrement tous les deux ; car, nous autres religieux, nous savons cela : il faut aimer de toute son âme l'épouse à laquelle on se donne, que ce soit la famille ou la religion. Eh bien, je crois que tu aimes Mila, puisque tu la recherches; mais je ne sais point si Mila t'aime et si mon frère ne se trompe point.

— Hélas! reprit Magnani, je ne le sais pas non plus.

— Tu ne le sais pas? dit Fra-Angelo en fronçant légèrement le sourcil elle ne te l'a donc jamais dit?

— Jamais!

— Et pourtant, elle t'a accordé quelques innocentes faveurs? Elle s'est trouvée seule avec toi?

— Par rencontre ou par nécessité.

— Elle ne t'a jamais donné de rendez-vous?

— Jamais!

— Mais hier? hier, au coucher du soleil, elle ne s'est pas promenée avec toi de ce côté-ci?

— Hier, de ce côté-ci? dit Magnani en pâlissant; non, mon père.

— Sur ton salut?

— Sur mon salut et sur mon honneur!

— En ce cas, Magnani, il ne faut point songer à Mila. Mila aime quelqu'un, et ce n'est pas toi. Et, ce qu'il y a de pire, c'est que ni son père, ni moi, ne pouvons le deviner. Plût au ciel qu'une fille si dévouée, si laborieuse et si modeste jusqu'à ce jour, eût pris de l'inclination pour un homme tel que toi! Vous eussiez noblement élevé une famille, et votre union eût édifié le prochain. Mais Mila est un enfant, et un enfant romanesque, j'en ai peur. Désormais on veillera sur elle avec plus de soin; j'avertirai son père, et toi, homme de cœur, tu te tairas, tu l'oublieras.

— Quoi! s'écria Magnani, Mila, le type de la franchise, du courage et de l'innocence, aurait déjà une faute à se reprocher? Mon Dieu! la pudeur et la vérité n'existent donc plus sur la terre?

— Je ne dis pas cela, répondit le moine : j'espère que Mila est pure encore; mais elle est sur le chemin de sa perte si on ne la retient. Hier, au coucher du soleil, elle passait ici, seule et parée; elle évitait ma rencontre, elle refusait de s'expliquer, elle essayait de mentir. Ah! j'ai bien prié Dieu cette nuit pour elle, mais je n'ai guère dormi!

— Je garderai le secret de Mila, et je ne penserai plus à elle, dit Magnani atterré. »

Mais il continua à y penser. Il était dans sa nature douloureuse et forte, mais ennemie de toute confiance fanfaronne, de marcher toujours au-devant des obstacles, et de s'y arrêter sans savoir ni les franchir, ni les abandonner.

Michel arriva en cet instant; il semblait avoir subi une transformation magique depuis la veille, quoique son habit d'artisan fût resté sur ses épaules; mais son front et ses yeux s'étaient agrandis, ses narines aspiraient l'air plus largement, sa poitrine semblait s'être développée dans une nouvelle atmosphère. La fierté, la force et le calme de l'homme libre resplendissaient sur sa physionomie.

« Ah! lui dit Magnani en se jetant dans les bras que lui tendait le jeune prince, ton rêve est déjà accompli, Michel! C'était un beau rêve! le réveil est encore plus beau. Moi, je me débattais contre un cauchemar que ton bonheur fait évanouir, mais qui me laisse éperdu et brisé de fatigue. »

Un grand vautour qui s'envola brusquement (Page 129.)

Fra-Angelo les bénit tous deux, et, s'adressant au prince :

— Je salue avec joie, lui dit-il, ton avénement à la grandeur et à la puissance, en te voyant presser contre ton cœur l'homme du peuple de ton pays. Michel de Castro-Reale, Michel-Ange Lavoratori, je t'aimerai toujours comme mon neveu en t'aimant comme mon prince. Direz-vous maintenant, *excellence*, que c'est duperie aux gens de ma race de servir et d'aimer ceux de la vôtre?

— Ne me rappelez pas mes hérésies, mon digne oncle, répondit Michel. Je ne sais plus à quelle race j'appartiens aujourd'hui, je sens que je suis homme et Sicilien, voilà tout.

— Donc, vive la Sicile! s'écria le capucin en saluant l'Etna.

— Vive la Sicile! répondit Michel en saluant Catane. »

Magnani était attendri et affectueux. Il se réjouissait sincèrement du bonheur de Michel; mais, pour son compte, il était fort abattu de l'obstacle qui s'élevait entre Mila et lui, et il tremblait de retomber sous l'empire de sa première passion. Pourtant la mère est plus que la femme, et voir Agathe sous cet aspect nouveau rendit le culte de Magnani plus calme et plus sérieux qu'il ne l'avait été encore. Il sentit qu'il rougirait en présence de Michel s'il conservait la moindre trace de sa folie. Il résolut de l'effacer en lui-même, et, heureux de pouvoir toujours se dire qu'il avait consacré sa jeunesse, par un vœu, à la plus belle sainte du ciel, il garda son image et son souvenir en lui comme un parfum céleste.

Magnani était guéri; mais quelle triste guérison, à vingt-cinq ans, que d'abjurer tous les rêves de l'amour! Il se sentit plein de résignation; mais, à partir de ce moment, la vie ne fut plus pour lui qu'un devoir rigide et glacé.

Les rêveries et les tourments qui lui avaient fait aimer ce devoir n'existaient plus. Jamais il n'y eut d'homme plus isolé sur la terre, plus dégoûté de toutes les choses humaines, que ne le fut Magnani le jour de sa délivrance

Il quitta Michel et Fra-Angelo, qui voulaient se rendre sans tarder à Nicolosi, et passa tout le reste du jour à se promener seul au bord de la mer, vers les îles basaltiques de Jaciréale.

Le jeune prince et le moine partirent aussitôt après

Fra-Angelo triompha de l'hésitation des bandits. (Page 140.)

avoir résolu d'aller trouver le Piccinino. Ils approchaient de la sinistre croix du Destatore, lorsque les cloches de Catane, changeant de rhythme, firent entendre les notes lugubres qui annoncent la mort. Fra-Angelo fit un signe de croix sans s'arrêter; Michel songea à son père, assassiné peut-être par l'ordre de ce prélat impie, et doubla le pas afin de s'agenouiller sur la tombe de Castro-Reale.

Il ne se sentait pas encore le courage de regarder de près cette croix fatale, où il avait éprouvé des émotions si pénibles, alors même qu'il ne savait pas quel lien du sang l'attachait au bandit de l'Etna. Mais un grand vautour qui s'envola brusquement, du pied même de la croix, le força d'y porter les yeux involontairement. Un instant, il se crut la proie d'une odieuse hallucination. Un cadavre couché dans une mare de sang gisait à la place d'où le vautour s'enfuyait.

Glacés d'horreur, Michel et le moine s'approchèrent et reconnurent le cadavre de l'abbé Ninfo, à moitié défiguré par des coups de pistolet tirés à bout portant. Ce meurtre avait été prémédité ou accompli avec un rare sang-froid, car on s'était donné le temps et la peine d'écrire à la craie, et en lettres fines et pressées, sur la lave noire du piédestal de la croix, cette inscription d'une précision implacable :

« Ici fut trouvé, il y a aujourd'hui dix-huit ans, le cadavre d'un célèbre bandit, *il Destatore*, prince de Castro-Reale, vengeur des maux de son pays.

« L'on y trouvera aujourd'hui le cadavre de son assassin, l'abbé Ninfo, qui a confessé lui-même sa participation au crime. Un si lâche champion n'eût osé frapper un homme si brave. Il l'avait attiré dans un piége où il a fini par tomber lui-même, après dix-huit ans de forfaits impunis.

« Plus heureux que Castro-Reale frappé par des esclaves, Ninfo est tombé sous la main d'un homme libre.

« Si vous voulez savoir qui a condamné et payé l'assassinat du *Destatore*, demandez-le à Satan, qui, dans une heure, recevra à son tribunal l'âme perverse du cardinal Ieronimo de Palmarosa.

« N'accusez pas la veuve de Castro-Reale : elle est innocente.

« Michel de Castro-Reale, il y aura encore bien du sang à répandre avant que la mort de ton père soit vengée !

« Celui qui a écrit ces lignes est le bâtard de Castro-Reale, celui qu'on appelle le Piccinino et le Justicier d'aventure. C'est lui qui a tué le fourbe Ninfo. Il l'a fait au soleil levant, au son de la cloche qui annonçait l'agonie du cardinal de Palmarosa. Il l'a fait afin qu'on ne crût

pas que tous les scélérats peuvent mourir dans leur lit.
« Que le premier qui lira cette inscription la copie ou la retienne, et qu'il la porte au peuple de Catane! »

« Effaçons-la, dit Michel, ou l'audace de mon frère lui deviendra fatale.

— Non, ne l'effaçons pas, dit le moine. Ton frère est trop prudent pour n'être pas déjà loin d'ici, et nous n'avons pas le droit de priver les grands et le peuple de Catane d'un terrible exemple et d'une sanglante leçon. Assassiné, lui, le fier Castro-Reale? assassiné par le cardinal, attiré dans un piège par l'infâme abbé! Ah! j'aurais dû le deviner! Il y avait encore en lui trop d'énergie et de cœur pour descendre au suicide. Ah! Michel, n'accuse pas ton frère de trop de sévérité, et ne regarde pas ce châtiment comme un crime inutile. Tu ne sais pas ce que c'était que ton père dans ses bons jours, dans ses grands jours! Tu ne sais pas qu'il était en voie de s'amender et de redevenir le justicier des montagnes. Il se repentait. Il croyait en Dieu, il aimait toujours son pays, et il adorait ta mère! Qu'il eût pu vivre ainsi une année de plus, et elle l'eût aimé, et elle lui eût tout pardonné. Elle serait venue partager ses dangers, elle eût été la femme du brigand au lieu d'être la captive et la victime des assassins. Elle t'eût élevé elle-même, elle n'eût jamais été séparée de toi! Tu aurais sucé le lait sauvage d'une lionne, et tu aurais grandi dans la tempête. Tout serait mieux ainsi! La Sicile serait plus près de sa délivrance qu'elle ne le sera peut-être dans dix ans, et moi, je ne fusse pas resté moine! Au lieu de nous promener dans la montagne, les bras croisés, pour voir ce cadavre tombé dans un coin, et le Piccinino fuyant à travers les abîmes, nous serions tous ensemble, le mousquet au poing, livrant de rudes batailles aux Suisses de Naples, et marchant peut-être sur Catane, le drapeau jaune frissonnant en plis d'or à la brise du matin! Oui, tout serait mieux ainsi, je te le dis, prince de Castro-Reale!... Mais la volonté de Dieu soit faite! ajouta Fra-Angelo, se rappelant enfin qu'il était moine. Bien certains que le Piccinino avait dû quitter le val, longtemps même avant l'heure désignée dans l'inscription comme celle du meurtre, Michel et le capucin n'allèrent pas plus loin et s'éloignèrent de ce lieu sauvage où, pendant plusieurs heures encore, le cadavre de l'abbé pouvait bien être la proie du vautour, sans que personne vînt troubler son affreux festin. Comme ils revenaient sur leurs pas, ils virent l'oiseau sinistre passer sur leurs têtes et retourner à sa déplorable proie avec acharnement. « Mangé par les chiens et les vautours, dit le moine sans témoigner aucun trouble, c'est le sort que tu méritais! c'est la malédiction que, dans tous les temps, les peuples ont prononcée sur les espions et les traîtres. Vous voilà bien pâle, mon jeune prince, et vous me trouvez peut-être bien rude envers un prêtre, moi qui suis aussi un homme d'église. Que voulez-vous? J'ai beaucoup vu tuer et j'ai tué moi-même, peut-être plus qu'il ne faudrait pour le salut de mon âme! mais dans les pays conquis, voyez-vous, la guerre n'a pas toujours d'autres moyens que le meurtre privé. Ne croyez pas que le Piccinino soit plus méchant qu'un autre. Le ciel l'avait fait naître calme et patient; mais il y a des vertus qui deviendraient des vices chez nous, si on les conservait. La raison et le sentiment de la justice lui ont appris à être terrible, au besoin! Voyez, pourtant, qu'il a l'âme loyale au fond. Il est fort irrité contre votre mère, m'avez-vous dit, et vous avez craint sa vengeance. Vous voyez qu'il s'absout du crime dont la sainte femme n'a jamais conçu la pensée; vous voyez qu'il rend hommage à la vérité, même dans le feu de sa colère. Vous voyez aussi qu'au lieu de vous adresser une malédiction, il vous exhorte à faire cause commune avec lui, dans l'occasion. Non, non, Carmelo n'est pas un lâche! »

Michel était de l'avis du capucin; mais il garda le silence : il avait un grand effort à faire pour fraterniser avec l'âme sombre de ce sauvage raffiné qui s'appelait le Piccinino. Il voyait bien la secrète prédilection du moine pour le bandit. Aux yeux de Fra-Angelo, le bâtard était, bien plus que le prince, le fils légitime du *Destatore* et l'héritier de sa force. Mais Michel était trop accablé des émotions tour à tour délicieuses et horribles qu'il venait d'éprouver depuis quelques heures, pour suivre une conversation quelconque, et, eût-il trouvé le capucin trop vindicatif et trop enclin à un reste de férocité, il ne se sentait pas le droit de contredire et même de juger un homme auquel il devait la légitimité de sa naissance, la conservation de ses jours, et le bonheur de connaître sa mère.

Ils aperçurent de loin la villa du cardinal toute tendue de noir.

« Et vous aussi, Michel, vous allez être forcé de prendre le deuil, dit Fra-Angelo. Carmelo est plus heureux que vous en ce moment, de ne pas appartenir à la société. S'il était le fils de la princesse de Palmarosa, il lui faudrait porter la livrée menteuse de la douleur, le deuil de l'assassin de son père.

— Pour l'amour de ma mère, mon bon oncle, répondit le prince, ne me montrez pas le mauvais côté de ma position. Je ne puis songer encore à rien, sinon que je suis le fils de la plus noble, de la plus belle et de la meilleure des femmes.

— Bien, mon enfant; c'est bien. Pardonnez-moi, reprit le moine. Moi, je suis toujours dans le passé; je suis toujours avec le souvenir de mon pauvre capitaine assassiné. Pourquoi l'avais-je quitté? pourquoi étais-je déjà moine? Ah! j'ai été un lâche aussi! Si j'étais resté fidèle à sa mauvaise fortune et patient pour ses égarements, il ne serait pas tombé dans une misérable embûche, il vivrait peut-être encore! Il serait fier et heureux d'avoir deux fils, tous beaux et braves! Ah! *Destatore, Destatore!* voici que je te pleure avec plus d'amertume que la première fois. Apprendre que tu es mort d'une autre main que de la tienne, c'est recommencer à te perdre. »

Et le moine, tout à l'heure si dur et si insensible en foulant sous ses pieds le sang du traître, se mit à pleurer comme un enfant. Le vieux soldat, fidèle au delà de la mort, reparut en lui tout entier, et il embrassa Michel en disant : « Console-moi, fais-moi espérer que nous le vengerons! »

« Espérons pour la Sicile! répondit Michel. Nous avons mieux à faire que de venger nos querelles de famille, nous avons à sauver la patrie! Ah! la patrie! c'est un mot que tu avais besoin de m'expliquer hier, brave soldat; mais aujourd'hui, c'est un mot que je comprends bien. »

Ils se serrèrent fortement la main et entrèrent dans la villa Palmarosa.

XLVIII.

LE MARQUIS

Messire Barbagallo les attendait à la porte avec un visage plein d'anxiété. Dès qu'il aperçut Michel, il courut à sa rencontre et se mit à genoux pour lui baiser la main. « Debout, debout, Monsieur! lui dit le jeune prince, choqué de tant de servilité. Vous avez servi ma mère avec dévouement. Donnez-moi la main, comme il convient à un homme! »

Ils traversèrent le parc ensemble; mais Michel ne voulut pas encore recevoir les hommages de tous les valets, qui ne menaçaient pourtant pas d'être plus importuns que celui de l'intendant; car celui-ci le poursuivait en lui demandant cent fois pardon de la scène du bal, et en s'efforçant de lui prouver que si le décorum lui avait permis, en cette occasion, d'avoir ses lunettes, sa vue affaiblie ne l'eût pas empêché de remarquer qu'il ressemblait trait pour trait au grand capitaine Giovanni Palmarosa, mort en 1288, dont il avait porté la veille, en sa présence, le portrait au marquis de la Serra : « Ah! que je regrette, disait-il, que la princesse ait fait don de tous les Palmarosa au marquis! Mais Votre Altesse recouvrera cette noble et précieuse part de son héritage. Je suis certain que Son Excellence le marquis lui restituera par son testament, ou par une cession plus prompte encore, tous les ancêtres des deux familles.

— Je les trouve bien où ils sont, répondit Michel en

souriant. Je n'aime pas beaucoup les portraits qui ont le don de la parole. »

Il se déroba aux obsessions du majordome et tourna le rocher, afin d'entrer par le casino. Mais, comme il pénétrait dans le boudoir de sa mère, il vit que Barbagallo tout essoufflé l'avait suivi sur l'escalier : « Pardon, Altesse, disait-il d'une voix entrecoupée, madame la princesse est dans la grande galerie, au milieu de ses parents, de ses amis et de ses serviteurs, auxquels elle vient de faire la déclaration publique de son mariage avec le très-noble et très-illustre prince votre père. On n'attend plus que le très-digne frère Angelo, qui a dû recevoir un exprès, il y a deux heures, afin qu'il apportât du couvent les titres authentiques de ce mariage, qui doivent constater ses droits à la succession de Son Éminence, le très-haut, très-puissant et très-excellent prince cardinal...

— J'apporte les titres, répondit le moine; avez-vous tout dit, très-haut, très-puissant et très-excellent maître Barbagallo?

— Je dirai encore à Son Altesse, reprit l'intendant sans se déconcerter, qu'elle est attendue aussi avec impatience... mais que...

— Mais quoi? Ne me barrez pas toujours le passage avec vos airs suppliants, monsieur Barbagallo. Ma mère m'attend, laissez-moi courir vers elle; si vous avez quelque requête personnelle à me présenter, je vous écouterai une autre fois, et, d'avance, je vous promets tout.

— O mon noble maître, oui! s'écria Barbagallo en se mettant en travers de la porte, d'un air héroïque et en présentant à Michel un habit de gala à l'ancienne mode, tandis qu'un domestique, rapidement averti par un coup de sonnette, apportait une culotte de satin brodée d'or, une épée et des bas de soie à coins rouges. Oui, oui! c'est une demande personnelle que j'ose vous adresser. Vous ne pouvez pas vous présenter devant l'assemblée de famille qui vous attend, avec cette casaque de bure et cette grosse chemise. C'est impossible qu'un Palmarosa, qu'un Castro-Reale je veux dire, apparaisse, pour la première fois, à ses cousins-germains et issus de germains dans l'accoutrement d'un manœuvre. On sait les nobles infortunes de votre jeunesse et la condition indigne à laquelle votre grand cœur a su résister. Mais ce n'est pas une raison pour qu'on en voie la livrée sur le corps de Votre Altesse. Je me mettrai à ses genoux pour le supplier de se revêtir des habits de cérémonie que le prince Dionigi de Palmarosa, son grand-père, portait le jour de sa première présentation à la cour de Naples.

La première partie de ce discours avait vaincu la sévérité de Michel. Le moine et lui n'avaient pu résister à un accès de fou rire : mais à la fin de l'exorde fit cesser leur gaieté et rembrunit leurs fronts.

« Je suis bien sûr, dit Michel d'un ton sec, que ce n'est pas ma mère qui vous a chargé de me présenter ce déguisement ridicule, et qu'elle n'aurait aucun plaisir à me voir revêtir cette livrée-là! J'aime mieux celle que je porte encore et que je porterai le reste de cette journée, ne vous en déplaise, monsieur le majordome.

— Que Votre Altesse ne soit pas irritée contre moi, répondit Barbagallo tout confus en faisant signe au laquais de remporter l'habit au plus vite. J'ai agi peut-être inconsidérément en ne prenant conseil que de mon zèle... mais si...

— Mais non! laissez-moi, dit Michel en poussant la porte avec énergie; » et, prenant le bras de Fra-Angelo, il descendit l'escalier intérieur du Casino et entra résolument dans la grande salle, sous son costume d'artisan.

La princesse, vêtue de noir, était assise au fond de la galerie sur un sofa, entourée du marquis de la Serra, du docteur Recuperati, de Pier-Angelo, de plusieurs amis éprouvés des deux sexes et de plusieurs parents, à la mine plus ou moins malveillante ou consternée, malgré leurs efforts pour paraître touchés et émerveillés du roman de sa vie qu'elle venait de leur raconter. Mila était assise à ses pieds sur un coussin, belle, attendrie et pâle de surprise et d'émotion. D'autres groupes étaient espacés dans la galerie. C'étaient des amis moins intimes,

des parents plus éloignés, puis des gens de loi qu'Agathe avait appelés pour constater la validité de son mariage et la légitimité de son fils. Plus loin encore, les serviteurs de la maison, en service actif ou admis à la retraite, quelques ouvriers privilégiés, la famille Magnani entre autres; enfin l'élite de ces *clients* avec lesquels les seigneurs siciliens ont des relations de solidarité inconnues chez nous, et qui rappellent les antiques usages du patriciat romain.

On peut bien penser qu'Agathe ne s'était pas crue forcée de dire quelles raisons cruelles l'avaient décidée à épouser le trop fameux prince de Castro-Reale, ce bandit si brave et si redoutable, si dépravé et pourtant si naïf parfois, espèce de don Juan converti, sur lequel couraient encore plus d'histoires terribles, fantastiques, galantes et invraisemblables, qu'il n'en avait pu mener à fin. Elle préférait à l'aveu public d'une violence qui répugnait à sa pudeur et à sa fierté, l'aveu tacite d'un amour, romanesque, de sa part, jusqu'à l'extravagance, mais librement consenti et légitime. Le seul marquis de la Serra avait été le confident de sa véritable histoire; lui seul savait maintenant les malheurs d'Agathe, la cruauté de ses parents, l'assassinat présumé du *Destatore*, et les complots contre la vie de son fils au berceau. La princesse laissa pressentir aux autres que sa famille n'eût point approuvé ce mariage clandestin, et que son fils avait dû être élevé en secret pour ne point risquer d'être déshérité dans sa personne par ses parents maternels. Elle avait fait un récit court, simple et précis, et elle y avait porté une assurance, une dignité, un calme qu'elle devait à l'énergie du sentiment maternel. Avant qu'elle connût l'existence de son enfant, elle se serait donné la mort plutôt que de laisser soupçonner la dixième partie de son secret; mais, avec la volonté de faire reconnaître et accepter son fils, elle eût tout révélé si un aveu complet eût été nécessaire.

Elle avait fini de parler depuis un quart d'heure, quand Michel entra. Elle avait regardé tout son auditoire avec tranquillité. Elle savait à quoi s'en tenir sur l'attendrissement naïf des uns, sur la malignité déguisée des autres. Elle savait qu'elle aurait le courage de faire face à toutes les amplifications, à toutes les railleries, à toutes les méchancetés que sa déclaration allait faire éclater dans le public et surtout dans le grand monde. Elle était préparée à tout et se sentait bien forte, appuyée sur son fils, cette femme qui n'avait pas plus voulu de la protection d'un mari que des consolations d'un amant. Quelques-unes des personnes présentes, soit par malice, soit par bêtise, avaient essayé de lui faire ajouter quelques détails, quelques éclaircissements à sa déclaration. Elle avait répondu avec douceur et fermeté : « Ce n'est pas devant tant de témoins, et en un jour de deuil et de gravité pour ma maison que je puis me prêter volontairement à vous divertir ou à vous intéresser au récit d'une histoire d'amour. D'ailleurs, tout cela est un peu loin de ma mémoire. J'étais bien jeune alors, et, après vingt ans écoulés sur ces émotions, je pourrais difficilement me remettre à un point de vue qui vous fît comprendre le choix que j'avais jugé à propos de faire. Je permets qu'on le trouve extraordinaire, mais je ne permettrai à personne de le blâmer en ma présence; ce serait insulter à la mémoire de l'homme dont j'ai accepté le nom pour le transmettre à mon fils. »

On chuchotait avidement dans les groupes de cette assemblée déjà dispersée dans la vaste galerie. Le dernier de tous à l'extrémité de la salle, celui qui se composait de braves ouvriers et de fidèles serviteurs, était le seul grave, calme et secrètement attendri. Le père et la mère de Magnani étaient venus baiser, en pleurant, la main d'Agathe. Mila, dans son extase d'étonnement et de joie, était un peu triste au fond du cœur. Elle se disait que Magnani aurait dû être là, et elle ne le voyait point arriver, quoiqu'on l'eût cherché partout. Elle l'oublia cependant quand elle vit paraître Michel, et elle se leva pour s'élancer vers lui à travers les groupes malveillants ou stupéfiés qui s'ouvrirent pour laisser passer le prince artisan et sa casaque de laine. Mais elle s'arrêta, toute rouge et tout affligée : Michel n'était plus son frère. Elle ne devait plus l'embrasser.

Agathe, qui s'était levée avant elle, se retourna pour lui faire signe, et, la prenant par la main, elle marcha vers son fils avec la résolution et l'orgueil d'une mère et d'une reine. Elle le présenta d'abord à la bénédiction publique de son père et de son oncle adoptifs, puis aux poignées de main de ses amis et aux salutations de ses connaissances. Michel eut du plaisir à se montrer fier et froid avec ceux qui lui parurent tels; et quand il fut au milieu de la partie populaire de la réunion, il se montra tel qu'il se sentait, plein d'effusion et de franchise. Il n'eut pas de peine à se gagner ces cœurs-là, et il y fut accueilli comme si ces braves gens l'eussent vu naître et grandir sous leurs yeux.

Après la production des actes de mariage et de naissance, qui, ayant été contractés et enregistrés sous l'ancienne administration ecclésiastique, étaient parfaitement légitimes et authentiques, Agathe prit congé de l'assemblée de famille et se retira dans son appartement avec Michel, la famille Lavoratori et le marquis de la Serra. Là, on goûta encore sans trouble le bonheur d'être ensemble, et on se reposa un peu de la contrainte qu'on avait subie, en riant de l'incident de l'habit de gala du grand-père, heureuse imagination de Barbagallo! On s'amusa d'avance de tout ce qui allait être enfanté de monstrueux et de ridicule dans les premiers temps, par les imaginations catanaises, messinoises et palermitaines, sur la situation de la famille.

La journée ne s'écoula point sans qu'ils sentissent tous qu'ils auraient besoin d'un courage plus sérieux. La nouvelle de l'assassinat de l'abbé Ninfo, et surtout la copie de l'inscription audacieuse, arrivèrent dans la soirée et circulèrent rapidement par toute la ville. Des promeneurs avaient apporté l'écrit, des *campieri* apportèrent le cadavre. Comme cela avait une couleur politique, on en parla tout bas; mais comme cela était lié aux événements de la journée, à la mort du cardinal et à la déclaration d'Agathe, on en parla toute la nuit, jusqu'à en perdre l'envie de dormir. La plus belle et la plus grande ville possible, lorsqu'elle n'est point une des métropoles de la civilisation, est toujours, par l'esprit et les idées, une petite ville de province, surtout dans le midi de l'Europe.

La police s'émut d'ailleurs de la vengeance exercée sur l'un de ses employés. Les gens en faveur prirent, dans les salons, une attitude de menace contre la noblesse patriotique. Le parti napolitain fit entendre que le prince de Castro-Reale n'avait qu'à bien se tenir s'il voulait qu'on oubliât les forfaits de monsieur son père, et on fit bientôt pénétrer, jusque dans le boudoir de la princesse, de salutaires avertissements qu'on voulait bien lui donner. Un ami sincère, mais pusillanime, vint lui apprendre que son innocence proclamée par la main fantastique du Piccinino, et l'appel fait à son fils dans le même écrit pour qu'il eût à venger Castro-Reale, la compromettraient gravement, si elle ne se hâtait de faire quelques démarches prudentes, comme de présenter son fils aux puissances du moment, et de témoigner, d'une manière indirecte, mais claire, qu'elle abandonnait l'âme de son défunt brigand au diable et le corps de son beau-fils le bâtard au bourreau; qu'elle avait l'intention d'être une bonne, une vraie Palmarosa, comme l'avaient été son père et son oncle; enfin qu'elle se portait garant de la bonne éducation politique qu'elle saurait donner à l'héritier d'un nom aussi difficile à porter désormais que celui de Castro-Reale.

A ces avertissements, Agathe répondit avec calme et prudence qu'elle n'allait jamais dans le monde; qu'elle vivait, depuis vingt ans, dans une retraite tranquille, où aucun complot ne s'était jamais formé; que faire en ce moment des démarches pour se rapprocher du pouvoir, ce serait, en apparence, accepter des méfiances qu'elle ne méritait point; que son fils était encore un enfant, élevé dans une condition obscure et dans l'ignorance de tout ce qui n'était pas la poésie des arts; qu'enfin elle porterait hardiment, ainsi que lui, le nom de Castro-Reale, parce que c'était une lâcheté de renier ses engagements et son origine, et que tous deux sauraient le faire respecter, même sous l'œil de la police. Quant au Piccinino, elle feignit fort habilement de ne pas savoir ce qu'on voulait lui dire, et de ne pas croire à l'existence de ce fantôme insaisissable, espèce de Croquemitaine dont on faisait peur aux petits enfants et aux vieilles femmes du faubourg. Elle fut surprise et troublée de l'assassinat de l'abbé Ninfo; mais, comme le testament s'était retrouvé à propos dans les mains du docteur Recuperati, nul ne put soupçonner qu'une accointance secrète avec les bandits de la montagne l'eût remise en possession de son titre. Le docteur ne sut pas même qu'il lui avait été soustrait; car, au moment où il allait faire publiquement la déclaration que l'abbé Ninfo le lui avait volé, Agathe l'avait interrompu en lui disant: «Prenez garde, docteur, vous êtes fort distrait; n'accusez légèrement personne. Vous m'avez montré ce testament, il y a deux jours; ne l'auriez-vous pas laissé dans mon cabinet, sous un bloc de mosaïque?»

On avait été officiellement à l'endroit indiqué, et on avait trouvé le testament intact. Le docteur, émerveillé de son étourderie, y avait cru comme les autres.

Agathe avait trop souffert, elle avait eu de trop rudes secrets à garder pour ne pas être habile quand il fallait s'en donner la peine. Michel et le marquis admirèrent la présence d'esprit qu'elle déploya dans toute cette affaire, pour sortir d'une situation assez alarmante. Mais Fra-Angelo devint fort triste, et Michel se coucha, bien moins insouciant dans son palais qu'il n'avait fait dans sa mansarde. Les précautions indispensables, la dissimulation assidue dont il fallait s'armer, lui révélèrent les soucis et les dangers de la grandeur. Le capucin craignait qu'il ne se corrompît malgré lui. Michel ne craignait pas de se corrompre; mais il sentait qu'il lui faudrait s'observer et s'amoindrir pour garder son repos et son bonheur domestique, ou s'engager dans un combat qui ne finirait plus qu'avec sa fortune et sa vie.

Il s'y résigna. Il se dit qu'il serait prudent pour sa mère jusqu'au moment où il serait téméraire pour sa patrie. Mais déjà le temps de l'ivresse et du bonheur était passé; déjà commençait le devoir : les romans qu'on ne coupe pas au beau milieu du dénouement se rembrunissent à la dernière page, pour peu qu'ils aient le moindre fonds de vraisemblance.

Certaines personnes de goût et d'imagination veulent qu'un roman ne finisse point, et que l'esprit du lecteur fasse le reste. Certaines personnes judicieuses et méthodiques veulent voir tous les fils de l'intrigue se délier patiemment et tous les personnages s'établir pour le reste de leurs jours, ou mourir, afin qu'on n'ait plus à s'occuper d'eux. Je suis de l'avis des premiers, et je crois que j'aurais pu laisser le lecteur au pied de la croix du *Destatore*, lisant l'inscription qu'y avait tracée le justicier d'aventure. Il aurait fort bien pu inventer sans moi le chapitre qu'il vient de parcourir, je gage, avec tiédeur, se disant : « J'en étais sûr, je m'y attendais bien, cela va sans dire. »

Mais j'ai craint d'avoir affaire à un lecteur délicat qui ne se trouvât fort mal installé en la compagnie classiquement romantique d'un cadavre et d'un vautour.

Pourquoi tous les dénouements sont-ils plus ou moins manqués et insuffisants? la raison en est simple, c'est parce qu'il n'y a jamais de dénouements dans la vie, que le roman s'y continue sans fin, triste ou calme, poétique ou vulgaire, et qu'une chose de pure convention ne peut jamais avoir un caractère de vérité qui intéresse.

Mais puisque, contrairement à mon goût, j'ai résolu de tout expliquer, je reconnais que j'ai laissé Magnani sur la grève, Mila inquiète, le Piccinino à travers les champs, et le marquis de la Serra aux pieds de la princesse. Quant à ce dernier, il y avait à peu près douze ans qu'il était ainsi prosterné, et un jour de plus ou de moins ne changeait rien à son sort; mais, dès qu'il connut le secret d'Agathe et qu'il vit son fils en possession de tous ses droits et de tout son bonheur, il changea d'attitude, et, se relevant de toute la grandeur de son caractère chevaleresque et fidèle, il lui dit en présence de Michel :

« Madame, je vous aime comme je vous ai toujours aimée ; je vous estime d'autant plus que vous avez été plus fière et plus loyale, en refusant de contracter sous le beau titre de vierge une union où il vous eût fallu apporter en secret ceux de veuve et de mère. Mais si, parce que vous avez jadis subi un outrage, vous vous croyez déchue à mes yeux, vous ne connaissez point mon cœur. Si, parce que vous portez un nom bizarre et effrayant par les souvenirs qui s'y rattachent, vous pensez que je craindrais d'y faire succéder le mien, vous faites injure à mon dévouement pour vous. Ce sont là, au contraire, des raisons qui me font souhaiter plus que jamais d'être votre ami, votre soutien, votre défenseur et votre époux. On raille votre premier mariage à l'heure qu'il est. Accordez-moi votre main et on n'osera pas railler le second. On vous appelle la femme du brigand ; soyez la femme du plus raisonnable et du plus rangé des patriciens, afin qu'on sache bien que si vous pouvez enflammer l'imagination d'un homme terrible, vous savez aussi gouverner le cœur d'un homme calme. Votre fils a grand besoin d'un père, Madame. Il va être engagé dans plus d'un passage difficile et périlleux de la vie fatale que lui fait une race ennemie. Sachez bien que je l'aime déjà comme mon fils, et que ma vie et ma fortune sont à lui. Mais cela ne suffit pas : il faut que la sanction d'un mariage avec vous mette fin à la position équivoque où nous sommes vis-à-vis l'un de l'autre. Si je passe pour l'amant de sa mère, pourra-t-il m'aimer et m'estimer ? Ne sera-t-il pas ridicule, peut-être lâche, qu'il ait l'air de le souffrir sans honte et sans impatience ? Il faut donc que je m'éloigne de vous à présent, si vous refusez de faire alliance avec moi. Vous perdrez le meilleur de vos amis, et Michel aussi !... Quant à moi, je ne parle pas de la douleur que j'en ressentirais, je ne sais point de paroles qui puissent la rendre ; mais il ne s'agit point de moi, et ce n'est point par égoïsme que je vous implore. Non, je sais que vous ne connaissez point l'amour et que la passion vous effraie ; je sais quelle blessure votre âme a reçue, et quelle répugnance vous inspirent les idées qui enivrent l'imagination de ceux qui vous connaissent. Eh bien ! je ne serai que votre frère, je m'y engage sur l'honneur, si vous l'exigez. Michel sera votre unique enfant comme il est votre unique amour. Seulement, la loi et la morale publique me permettront d'être son meilleur ami, son guide, et le bouclier de l'honneur et de la réputation de sa mère. »

Le marquis fit ce long discours d'un ton calme, et en maintenant sa physionomie à l'unisson de ses paroles. Seulement une larme vint au bord de sa paupière, et il eut tort de vouloir la retenir, car elle était plus éloquente que toutes ses paroles.

La princesse rougit ; ce fut la première fois que le marquis l'avait vue rougir, et il en fut si bouleversé, qu'il perdit tout le sang-froid dont il s'était armé. Cette rougeur qui la faisait femme pour la première fois, à trente-deux ans, fut comme un rayon de soleil sur la neige, et Michel était un artiste trop délicat pour ne pas comprendre qu'elle avait encore gardé un secret au fond de son cœur, ou bien que son cœur, ranimé par la joie et la sécurité, pouvait commencer à aimer. Et quel homme en était plus digne que La Serra ?

Le jeune prince se mit à genoux : « O ma mère, dit-il, vous n'avez plus que vingt ans ! Tenez, regardez-vous ! ajouta-t-il en lui présentant un miroir à main oublié sur sa table par la camériste. Vous êtes si belle et si jeune, et vous voulez renoncer à l'amour ! Est-ce donc pour moi ? Serai-je plus heureux parce que votre vie sera moins complète et moins riante ? Vous respecterai-je moins, parce que je vous verrai plus respectée et mieux défendue ? Craignez-vous que je sois jaloux, comme Mila me le reprochait ?... Non, je ne serai point jaloux, à moins que je ne sente qu'il vous aime mieux que moi, et cela, je l'en défie ! Cher marquis, nous l'aimerons bien, n'est-ce pas, nous lui ferons oublier le passé ; nous la rendrons heureuse, elle qui ne l'a jamais été, et qui, seule au monde, méritait un bonheur absolu ! Ma mère, dites oui ; je ne me relèverai pas que vous n'ayez dit oui !

— J'y ai déjà songé, répondit Agathe en rougissant toujours. Je crois qu'il le faut pour toi, pour notre dignité à tous.

— Ne dites pas ainsi, s'écria Michel en la serrant dans ses bras : dites que c'est pour votre bonheur, si vous voulez que nous soyons heureux, lui et moi ! »

Agathe tendit sa main au marquis, et cacha la tête de son fils dans son sein. Elle avait honte qu'il vît la joie de son fiancé. Elle avait conservé la pudeur d'une jeune fille, et, dès ce jour, elle redevint si fraîche et si belle, que les méchants, qui veulent absolument trouver partout le mensonge et le crime, prétendaient que Michel n'était pas son fils, mais un amant installé dans sa maison sous ce titre profané. Toutes les calomnies et même les moqueries tombèrent pourtant devant l'annonce de son mariage avec M. de la Serra, qui devait avoir lieu à la fin de son deuil. On essaya bien encore de dénigrer l'amour *donquichottesque* du marquis, mais on l'envia plus qu'on ne le plaignit.

XLIX.

DANGER.

Cette nouvelle fit une grande impression sur Magnani. Elle acheva de le guérir et de l'attrister. Son âme exaltée ne pouvait se passer d'un amour exclusif et absorbant ; mais, apparemment, il s'était trompé lui-même lorsqu'il se persuadait n'avoir jamais connu l'espérance ; car, toute espérance devenue impossible, il ne se sentit plus assiégé du fantôme d'Agathe. Ce fut le fantôme de Mila qui s'empara de ses méditations et de ses insomnies. Mais cette passion débutait au milieu d'une souffrance pire que toutes les anciennes. Agathe lui était apparue comme un idéal qu'il ne pouvait atteindre. Mila lui apparaissait sous le même aspect, mais avec une certitude de plus, c'est qu'elle avait un amant.

Il se passa alors, au sein de cette famille de parents et d'amis, une série de petites anxiétés assez délicates et qui devinrent fort pénibles pour Mila et pour Magnani. Pier-Angelo voyait sa fille triste, et, n'y pouvant rien comprendre, il voulait avoir une explication cordiale avec Magnani et l'amener ouvertement à demander la main de Mila. Fra-Angelo n'était pas de son avis et le retenait. Cette contestation portée devant le doux tribunal de la princesse, avait amené, relativement à la promenade de Nicolosi, des explications satisfaisantes pour le père et pour l'oncle, mais qui pouvaient bien laisser quelque soupçon dans l'âme rigide et fière de l'amant. Fra-Angelo, qui avait fait le mal, se chargea de le réparer. Il alla trouver le jeune homme, et, sans lui révéler l'imprudence sublime de Mila, il lui dit qu'elle l'avait justifiée complétement dans son esprit, et qu'il avait découvert que cette mystérieuse promenade n'avait pour but qu'une noble et courageuse action.

Magnani ne fit point de questions. Autrement, le moine, qui ne savait point arranger la vérité, lui eût tout dit ; mais la loyauté de Magnani se refusait au soupçon, du moment que Fra-Angelo donnait sa parole. Il crut enfin au bonheur, et alla demander à Pier-Angelo de consacrer le sien.

Mais il était écrit que Magnani ne serait point heureux. Le jour où il se présenta pour faire sa déclaration et sa demande, Mila, au lieu de rester présente, quitta l'atelier de son père avec humeur et alla s'enfermer dans sa chambre. Elle était offensée dans le sanctuaire de son orgueil par les quatre ou cinq jours d'abattement et d'irrésolution de Magnani. Elle avait cru à une victoire plus prompte et plus facile. Elle rougissait déjà de l'avoir poursuivie si longtemps.

Et puis, elle était au courant de tout ce qui s'était passé durant ces jours d'angoisse. Elle savait que Michel n'approuvait pas qu'on se pressât tant d'amener Magnani à se déclarer. Michel seul avait su le secret de son ami, et il était effrayé pour sa sœur adoptive de la prompttitude d'une réaction vers elle, qui pouvait bien être un acte de désespoir. Mila en conclut que Michel savait à quoi s'en tenir sur la persistance de Magnani à aimer une autre femme, quoique ce jeune homme eût refusé de lui reprendre la bague de la princesse, et qu'il eût prié Mila de la conserver comme un gage de son estime et de son respect. Ce soir-là même, le soir où il l'avait ramenée du palais de la Serra, tandis que Michel restait auprès de sa mère, Magnani, tout enivré de sa beauté, de son esprit et de son succès, lui avait parlé avec tant de vivacité que c'était presque une déclaration d'amour. Mila avait eu encore la force de ne point l'encourager ouvertement. Mais elle s'était crue victorieuse, et le lendemain, c'est-à-dire le jour de la déclaration d'Agathe, elle avait compté le revoir à ses pieds et lui avouer enfin qu'il était aimé.

Mais ce jour-là il n'avait point paru, et les jours suivants il ne lui avait pas adressé une seule parole; il s'était borné à la saluer avec un respect glacial, lorsqu'il n'avait pu éviter ses regards. Mila, mortellement blessée et affligée, avait refusé de dire à son père la vérité, que le bonhomme, inquiet de sa pâleur, lui demandait presque à genoux. Elle avait persisté à nier qu'elle aimât le jeune voisin. Pier-Angelo n'avait rien trouvé de mieux, simple et rond comme il l'était, que de dire à sa fille :

« Console-toi, mon enfant, nous savons bien que vous vous aimez. Seulement il a été inquiet et jaloux à cause de l'affaire de Nicolosi ; mais, quand tu daigneras te justifier devant lui, il tombera à tes pieds. Demain tu l'y verras, j'en suis sûr.

— Ah ! maître Magnani se permet d'être jaloux et de me soupçonner ! avait répondu Mila avec feu. Il ne m'aime que d'hier, il ne sait pas si je l'aime, et lorsqu'un soupçon lui vient, au lieu de me le confier humblement et de travailler à supplanter le rival qui l'inquiète, il prend l'air d'un mari trompé, abandonne le soin de me convaincre et de me plaire, et croira me faire un grand honneur et un grand plaisir quand il viendra me dire qu'il daigne me pardonner ! Eh bien, moi, je ne lui pardonne pas. Voilà, mon père, ce que vous pouvez lui dire de ma part. »

L'enfant s'obstina si bien dans son dépit, que Pier-Angelo fut forcé d'amener Magnani à la porte de sa chambre, où elle le laissa frapper longtemps, et qu'elle ouvrit enfin, en disant d'un ton boudeur, qu'on la dérangeait impitoyablement dans sa sieste.

« Croyez-bien, dit Pier-Angelo à Magnani, que la perfide ne dormait pas, car elle sortait de chez moi au moment où vous êtes entré. Allons, enfants, mettez sous les pieds toutes ces vilaines querelles. Donnez-vous la main, puisque vous vous aimez, et embrassez-vous puisque je le permets. Non ? Mila est orgueilleuse comme l'était sa pauvre mère ! Ah ! mon ami Antonio, tu seras mené comme je l'étais, et tu n'en seras pas plus malheureux, va ! Allons, à genoux, en ce cas, et demande grâce. Signora Mila, faudra-t-il que votre père s'y mette aussi ?

— Père, répondit Mila, vermeille de plaisir, de fierté et de chagrin tout ensemble, écoutez-moi au lieu de me railler, car j'ai besoin de garder ma dignité sauve, moi ! Une femme n'a rien de plus précieux, et un homme, un père même, ne comprend jamais assez combien nous avons le droit d'être susceptibles. Je ne veux pas être aimée à demi, je ne veux pas servir de pis-aller et de remède à une passion mal guérie. Je sais que maître Magnani a été longtemps amoureux, et je crains qu'il ne le soit encore un peu, d'une belle inconnue. Eh bien ! je souhaite qu'il prenne le temps de l'oublier et qu'il me donne celui de savoir si je l'aime. Tout cela est trop nouveau pour être si tôt accepté. Je sais que, quand j'aurai donné ma parole, je ne la retirerai pas, quand même je regretterais de l'avoir fait. Je connaîtrai l'affection de Magnani, ajouta-t-elle en lui lançant un regard de reproche, à l'égalité de son humeur avec moi et à la persévérance de ses attentions. Il a quelque chose à réparer et moi quelque chose à pardonner.

— J'accepte cette épreuve, répondit Magnani, mais je ne l'accepte pas comme un châtiment ; je ne sens pas que j'aie été coupable de me livrer à la douleur et à l'abattement. Je ne me croyais point aimé, et je savais bien que je n'avais aucun droit à l'être. Je crois encore que je ne le suis pas, et c'est en tremblant que j'espère un peu.

— Ah ! que de belles paroles pour ne rien dire ! s'écria Pier-Angelo. Dans mon temps on était moins éloquent et plus sincère. On se disait : « M'aimes-tu ? — Oui ; et toi ? — Moi, comme un fou. — Moi de même, et jusqu'à la mort. » Cela valait bien vos dialogues, qui ont l'air d'un jeu, et d'un jeu où l'on cherche à s'ennuyer et à s'inquiéter l'un l'autre. Mais peut-être que c'est moi qui vous gêne. Je m'en vais ; quand vous serez seuls, vous vous entendrez mieux.

— Non, mon père, dit Mila qui craignait de se laisser fléchir et persuader trop vite ; quand même il aurait assez d'amour et d'esprit aujourd'hui pour se faire écouter, je sais que je me repentirais demain d'avoir été trop confiante. D'ailleurs, vous ne lui avez pas tout dit, je le sais. Je sais qu'il s'est permis d'être jaloux parce que j'ai fait une promenade singulière ; mais je sais aussi qu'en lui assurant que je n'y avais commis aucun péché, ce qu'il a eu la bonté de croire, mon oncle a cru devoir lui taire le but de cette promenade. Eh bien, moi, je souffre et je rougis de ce ménagement, dont on suppose apparemment qu'il a grand besoin, et je ne veux pas lui épargner la vérité tout entière.

— Comme tu voudras, ma fille, répondit Pier-Angelo. Je suis assez de ton avis, qu'il ne faut rien cacher de ce qu'on croit devoir dire. Parle donc comme tu le juges à propos. Cependant, souviens-toi que c'est aussi le secret de quelqu'un que tu as promis de ne jamais nommer.

— Je puis le nommer, puisque son nom est dans toutes les bouches, surtout depuis quelques jours, et que, s'il y a du danger à dire qu'on connaît l'homme qui porte ce nom, le danger est seulement pour ceux qui s'en vantent ; mon intention, d'ailleurs, n'est pas de révéler ce que je sais sur son compte ; je puis donc bien apprendre à maître Magnani que j'ai été passer volontairement deux heures en tête-à-tête avec le Piccinino, sans qu'il sache en quel endroit, ni pour quel motif.

— Je crois que la fièvre des déclarations va s'emparer de toutes les femmes, s'écria Pier-Angelo en riant ; depuis que la princesse Agathe en a fait une dont on parle tant, toutes vont se confesser en public ! »

Pier-Angelo disait plus vrai qu'il ne pensait. L'exemple du courage est contagieux chez les femmes, et la romanesque Mila avait une admiration si passionnée pour Agathe, qu'elle regrettait de n'avoir pas à proclamer, en cet instant, quelque mariage secret avec le Piccinino, pourvu toutefois qu'elle fût veuve et qu'elle pût épouser Magnani.

Mais cet aveu téméraire produisit un tout autre effet que celui qu'elle en attendait. L'inquiétude ne se peignit pas sur la figure de Magnani, et elle ne put se réjouir intérieurement d'avoir excité et réveillé son amour par un éclair de jalousie. Il devint plus triste et plus doux encore qu'à l'habitude, baisa la main de Mila et lui dit :

« Votre franchise est d'un noble cœur, Mila, mais il s'y mêle un peu d'orgueil. Sans doute, vous voulez me mettre à une rude épreuve en me disant une chose qui alarmerait au dernier point tout autre homme que moi. Mais je connais trop votre père et votre oncle pour craindre qu'ils m'aient trompé en me disant que vous aviez été sur la route des montagnes pour faire une bonne action. Ne cherchez donc point à m'intriguer ; cela serait d'un mauvais cœur, puisque vous n'auriez d'autre but que celui de me faire souffrir. Dites-moi tout, ou ne me dites rien. Je n'ai pas le droit d'exiger des révélations qui compromettraient quelqu'un ; mais j'ai celui de vous demander de ne point vous jouer de moi en cherchant à ébranler ma confiance en vous. »

Pier-Angelo trouva que cette fois Magnani avait parlé *comme un livre*, et qu'on ne pouvait faire, dans une occasion aussi délicate, une réponse plus honnête, plus généreuse et plus sensée.

Mais que s'était-il donc passé depuis peu de jours dans l'esprit de la petite Mila ? Peut-être qu'il ne faut jamais jouer avec le feu, quelque bon motif qui vous y porte, et qu'elle avait eu réellement tort d'aller à Nicolosi. Tant il y a que la réponse de Magnani ne lui plut pas autant qu'à son père, et qu'elle se sentit comme refroidie et piquée par l'espèce de leçon paternelle que venait de lui donner son amant.

« Déjà des sermons ! dit-elle en se levant, pour faire comprendre à Magnani qu'elle ne voulait pas aller plus loin avec lui ce jour-là ; et des sermons à moi, que vous prétendez aimer avec si peu d'espoir et de hardiesse ? Il me semble, au contraire, voisin, que vous comptez me trouver fort docile et fort soumise. Eh bien, j'ai peur que vous ne vous trompiez. Je suis un enfant, et je dois le savoir, on me le dit sans cesse ; mais je sais fort bien aussi que lorsqu'on aime, on ne voit aucun défaut, on ne trouve aucun tort à la personne aimée. Tout, de sa part, est charmant, ou tout au moins sérieux. On ne traite pas sa loyauté d'orgueil et sa fierté de taquinerie puérile. Vous voyez, Magnani, qu'il est fâcheux de voir trop clair en amour. Il y a une chanson qui dit que *Cupido è un bambino cieco*. Mon père la sait ; il vous la chantera. En attendant, sachez que la clairvoyance se communique, et que celui qui écarte le bandeau de ses yeux découvre en même temps ses propres défauts aux autres. Vous avez vu clairement que j'étais un peu hautaine, et vous croyez sans doute que je suis coquette. Moi, j'ai vu par là que vous étiez très-orgueilleux, et je crains que vous ne soyez un peu pédant. »

Les Angelo espérèrent que ce nuage passerait, et, qu'après avoir donné carrière à sa mutinerie, Mila n'en serait que plus tendre et Magnani plus heureux. En effet, il y eut encore entre eux des entretiens et des luttes de paroles et de sentiment où ils furent si près de s'entendre, que leurs soudains désaccords l'instant d'après, la tristesse de Magnani et l'agitation de Mila semblaient inexplicables. Magnani avait parfois peur de tant d'esprit et de volonté chez une femme. Mila avait peur de tant de gravité et de raison inflexible chez un homme. Magnani lui semblait incapable d'éprouver une grande passion, et elle voulait en inspirer une, parce qu'elle se sentait d'humeur à l'éprouver violemment pour son propre compte. Il parlait et pensait toujours comme la vertu même, et c'était avec une imperceptible nuance d'ironie que Mila l'appelait le *juste par excellence*.

Elle était très-coquette avec lui, et Magnani, au lieu d'être heureux de ce travail ingénieux et puissant entrepris pour lui plaire, craignait qu'elle ne fût un peu coquette avec tous les hommes. Ah ! s'il l'avait vue dans le boudoir du Piccinino, contenir et vaincre par sa chasteté exquise, par sa simplicité quasi virile les velléités sournoises et les mauvaises pensées du jeune bandit, Magnani aurait bien compris que Mila n'était point coquette, puisqu'elle ne l'était que pour lui seul.

Mais ce malheureux jeune homme ne connaissait point les femmes, et, pour avoir trop aimé dans le silence et la douleur, il ne comprenait rien encore aux délicats et mystérieux problèmes de l'amour partagé. Il avait trop de modestie ; il prenait trop au pied de la lettre les cruautés persifleuses de Mila, et il la grondait de se faire si méchante avec lui, quand il aurait dû l'en remercier à genoux.

Et puis, il faut tout dire. Cette affaire de Nicolosi avait été marquée du sceau de la fatalité, comme tout ce qui se rattachait, ne fût-ce que par le plus léger fil, à l'existence mystérieuse du Piccinino. Sans entrer dans les détails qui exigeaient de sa part, on avait dit à Magnani tout ce qui pouvait le rassurer sur cette aventure de Mila. Fra-Angelo, toujours fidèle à sa secrète prédilection pour le bandit, avait répondu de sa loyauté chevaleresque en une pareille circonstance. La princesse, maternellement éprise de Mila, avait parlé avec l'éloquence du cœur et du dévouement et du courage de cette jeune fille. Pier-Angelo avait tout arrangé pour le mieux dans son heureuse et confiante cervelle. Michel seul avait un peu frissonné en apprenant le fait, et il remerciait la Providence d'avoir fait un miracle pour sa noble et charmante sœur.

Mais, malgré sa grandeur d'âme, Magnani n'avait pu encore accepter la démarche de Mila comme une bonne inspiration, et, sans en jamais dire un mot, il souffrait mortellement. Cela se conçoit de reste.

Quant à Mila, les suites de son aventure étaient plus graves, quoiqu'elle ne s'en doutât pas encore. Ce chapitre de roman de sa vie de jeune fille avait laissé une trace ineffaçable dans son cerveau. Après avoir bien tremblé et bien pleuré en apprenant qu'elle s'était livrée étourdiment en otage au terrible Piccinino, elle avait pris son parti sur sa méprise, et elle s'était réconciliée en secret avec l'idée de ce personnage effrayant, qui ne lui avait légué, au lieu de honte, de remords et de désespoir, que des souvenirs poétiques, de l'estime pour elle-même et un bouquet de fleurs sans tache que, je ne sais par quel instinct, elle avait conservé précieusement et caché parmi ses reliques sentimentales, après l'avoir fait sécher avec un soin religieux.

Mila n'était pas coquette ; nous l'avons bien prouvé en disant combien elle l'était avec l'homme qu'elle regardait comme son fiancé. Elle n'était pas volage non plus ; elle lui eût gardé jusqu'à la mort une fidélité à toute épreuve. Mais il y a, dans le cœur d'une femme, des mystères d'autant plus déliés et profonds, que cette femme est mieux douée et d'une nature plus exquise. C'est d'ailleurs quelque chose de doux et de glorieux pour une jeune fille que d'avoir réussi à dominer un lion redoutable, et d'être sortie saine et sauve d'une terrible aventure par la seule puissance de sa grâce, de sa candeur et de son courage. Mila comprenait maintenant combien elle avait été forte et habile à son insu, en ce danger, et l'homme qui avait subi à ce point l'empire de son mérite ne pouvait pas lui sembler un homme méprisable ou vulgaire.

Une reconnaissance romanesque l'enchaînait donc au souvenir du capitaine Piccinino, et on eût pu lui en dire tout le mal possible sans ébranler sa confiance en lui. Elle l'avait pris pour un prince ; n'était-il pas fils de prince et frère de Michel ? Pour un héros, libérateur futur de son pays ; ne pouvait-il pas le devenir, et n'en avait-il pas l'ambition ? Son doux parler, ses belles manières l'avaient charmée ; et pourquoi non ? N'avait-elle pas un engouement plus vif encore pour la princesse Agathe, et cette admiration était-elle moins légitime et moins pure que l'autre ?

Tout cela n'empêchait pas Mila d'aimer Magnani assez ardemment pour être toujours sur le point de lui en faire l'aveu malgré elle ; mais huit jours s'étaient passés depuis leur première querelle sans que le modeste et craintif Magnani eût encore su arracher cet aveu.

Il eût obtenu cette victoire, un peu plus tard sans doute, le lendemain peut-être ! mais un événement inattendu vint bouleverser l'existence de Mila et compromettre gravement celle de tous les personnages de cette histoire.

Un soir que Michel se promenait dans les jardins de sa villa avec sa mère et le marquis, faisant tous trois des projets de dévouement réciproque et des rêves de bonheur, Fra-Angelo vint leur rendre visite, et Michel remarqua, à l'altération de sa figure et à l'agitation de ses manières, qu'il désirait lui parler en secret. Ils s'éloignèrent ensemble, comme par hasard, et le capucin, tirant de son sein un papier tout noirci et tout froissé, le lui présenta. Il ne contenait que ce peu de mots : « Je suis pris et blessé ; à l'aide, mon frère ! Malacarne vous dira le reste. Dans vingt-quatre heures il serait trop tard. »

Michel reconnut l'écriture nerveuse et serrée du Piccinino. Le billet était écrit avec son sang.

« Je suis au courant de ce qu'il faut faire, dit le moine. J'ai reçu la lettre il y a six heures. Tout est prêt. Je suis venu vous dire adieu, car je pourrai fort bien n'en pas revenir. »

Et il s'arrêta, comme s'il craignait d'ajouter quelque chose.

« Je vous entends, mon père, vous avez compté sur mon aide, répondit Michel ; je suis prêt. Laissez-moi embrasser ma mère.

— Si vous l'embrassez, elle verra que vous partez, elle vous retiendra.

Il se traîna sur les genoux. (Page 141.)

— Non, mais elle sera inquiète. Je ne l'embrasserai pas; partons. Chemin faisant, nous trouverons un motif à lui donner de mon absence et un exprès à lui envoyer.

— Ce serait fort dangereux pour elle et pour nous, reprit le moine. Laissez-moi faire : c'est cinq minutes de retard, mais il le faut. »

Il rejoignit la princesse, et lui parla ainsi en présence du marquis :

« Carmelo est caché dans notre couvent; il est dans les meilleurs sentiments pour Votre Altesse et pour Michel. Il veut se réconcilier avec lui avant de partir pour une longue expédition que nécessite l'affaire de l'abbé Ninfo et les rigueurs ombrageuses de la police depuis ce moment-là. Il a aussi quelques services à demander à son frère. Permettez donc que nous partions ensemble, et si nous étions observés, ce qui est fort possible, je garderais Michel au couvent jusqu'à ce qu'il pût en sortir sans danger. Fiez-vous à la prudence d'un homme qui connaît ces sortes d'affaires. Michel passera la nuit peut-être au couvent, et quand il resterait plus longtemps, ne vous alarmez pas, et surtout ne l'envoyez pas chercher; ne nous adressez aucun message qui pourrait être intercepté et nous faire découvrir donnant asile et protection au proscrit. Que Votre Altesse me pardonne de ne pouvoir en dire davantage pour la rassurer. Le temps presse ! »

Quoique fort effrayée, Agathe cacha son émotion, embrassa Michel, et le reconduisit jusqu'à la sortie du parc; puis elle l'arrêta :

« Tu n'as point d'argent sur toi, dit-elle; Carmelo peut en avoir besoin pour sa fuite. Je cours t'en chercher.

— Les femmes pensent à tout, dit Fra-Angelo; j'allais oublier le plus nécessaire. »

Agathe revint avec de l'or et un papier qui portait sa signature, et que Michel pouvait remplir à son gré, pour servir de mandat à son frère. Magnani venait d'arriver. Il devina, à l'agitation de la princesse et aux adieux que lui faisait Michel, en la rassurant, qu'il y avait un danger réel que l'on cachait à cette tendre mère.

« Est-ce que je vous serai nuisible si je vous accompagne? demanda-t-il au moine.

— Tout au contraire ! dit le moine, tu peux nous être fort utile au besoin. Viens ! »

Agathe remercia Magnani par un des regards de l'amour maternel qui sont plus éloquents que toutes les paroles.

Le marquis eût voulu se joindre à eux, mais Michel s'y opposa.

Ils aperçurent ceux qu'ils cherchaient (Page 142.)

« Nous rêvons des dangers chimériques, dit-il en riant, mais s'il y en avait pour moi, il y en aurait pour ma mère ; votre place est auprès d'elle, mon ami. Je vous confie ce que j'ai de plus cher au monde !... Ne voilà-t-il pas des adieux bien solennels pour une promenade au clair de la lune jusqu'à Bel-Passo ? »

L

MARCHE NOCTURNE.

Quand ils furent à cent pas du parc, Michel, qui voulait bien exposer son existence, mais non pas celle du fiancé de Mila dans une affaire à laquelle celui-ci était étranger et n'avait aucun devoir de conscience et de famille à remplir, pria le jeune artisan de s'en retourner à Catane. Ce n'était pas l'opinion de Fra-Angelo. Fanatique dans ses amitiés comme dans son patriotisme, il trouvait en Magnani un secours providentiel. C'était un robuste et brave champion de plus, et leur troupe était si restreinte ! Magnani valait trois hommes à lui seul ; le ciel l'avait envoyé à leur aide, il fallait profiter de son grand cœur et de son dévouement à la bonne cause.

Tout en marchant vite, ils discutèrent chaudement. Michel reprochait au moine son prosélytisme inhumain en cette circonstance ; le moine reprochait à Michel de ne pas vouloir les moyens en voulant la fin. Magnani termina ce débat par une fermeté invincible. « J'ai très-bien compris dès l'abord, dit-il, que Michel s'engageait dans une affaire plus sérieuse qu'on ne le disait à sa mère. Mon parti a été pris. J'ai fait à madame Agathe, en un autre moment, une promesse sacrée : c'est de ne jamais abandonner son fils à un danger que je pourrais partager avec lui. Je tiens à mon serment, et, que Michel le veuille ou non, je le suivrai où il ira. Je ne vois pas qu'il y ait d'autre moyen de m'en empêcher que de me faire sauter la cervelle ici. Choisissez, d'endurer ma société ou de me tuer, Michel...

— C'est bien ! c'est bien ! dit le moine ; mais silence, enfants ! Le pays se couvre, et il ne faut point parler le long des enclos. D'ailleurs, on marche moins vite quand on dispute. Ah ! Magnani, tu es un homme ! »

Magnani marchait au danger avec une bravoure froide et triste. Il ne se sentait point complétement heureux par l'amour ; un besoin d'émotions violentes le poussait au hasard, vers quelque but extrême qui lui apparaissait vaguement comme une transformation de son existence présente et une rupture décisive avec les incertitudes et les langueurs de son âme.

Michel était résolu plutôt que tranquille. Il savait bien qu'il était entraîné par un fanatique au secours d'un homme peut-être aussi dangereux qu'utile à la cause du bien. Il savait qu'il y risquait lui-même une existence plus heureuse et plus large que celle de ses compagnons ; mais il n'hésitait pas à faire acte de virilité dans une pareille circonstance. Le Piccinino était son frère, et quoiqu'il n'éprouvât pour lui qu'une sympathie mêlée de défiance et de tristesse, il comprenait son devoir. Peut-être aussi était-il devenu déjà assez *prince* pour ne pas supporter l'idée que le fils de son père pût périr au bout d'une corde, avec une sentence d'infamie clouée à la potence. Son cœur se serrait pourtant à l'idée des douleurs de sa mère s'il succombait à une si téméraire entreprise ; mais il se défendait de toute faiblesse humaine et marchait comme le vent, comme s'il eût espéré combler, par l'oubli, la distance qu'il se hâtait de mettre entre Agathe et lui.

Le couvent n'était nullement soupçonné ou surveillé, puisque le Piccinino n'y était point, et que la police du Val savait très-bien qu'il avait passé le Garreta pour s'enfoncer dans l'intérieur de l'île. Fra-Angelo avait supposé des dangers voisins pour empêcher la princesse de croire à des dangers éloignés plus réels.

Il fit entrer ses jeunes compagnons dans sa cellule et les aida à se travestir en moines. Ils se répartirent l'argent, le nerf de la guerre, comme disait Fra-Angelo, afin qu'un seul ne fût pas gêné par le poids des espèces. Ils cachèrent sous leurs frocs des armes bien éprouvées, de la poudre et des balles. Leur déguisement et leur équipement prirent quelque temps ; et là, Fra-Angelo qui était préservé par une ancienne expérience des dangers de la précipitation, examina tout avec un sang-froid minutieux. En effet, la liberté de leurs mouvements et de leurs actions reposait tout entière sur l'apparence extérieure qu'ils sauraient donner à leurs individus. Le capucin arrangea la barbe de Magnani, peignit les sourcils et les mains de Michel, changea le ton de leurs joues et de leurs lèvres par des procédés connus dans son ancienne profession, et avec des préparations si solides qu'elles pouvaient résister à l'action de la pluie, de la transpiration et du lavage forcé que la police emploie souvent en vain pour démasquer ses captures.

Quant à lui-même, le véritable capucin ne prit aucun soin de tromper les yeux sur son identité. Il lui importait peu d'être pris et pendu, pourvu qu'il sauvât auparavant le fils de son capitaine. Et puisqu'il s'agissait, pour y parvenir, de traverser le pays sous l'extérieur de gens paisibles, rien ne convenait mieux que son habit et sa figure véritables au rôle qu'il s'était assigné.

Quand les jeunes gens furent tout à fait arrangés, ils se regardèrent avec étonnement l'un et l'autre. Ils avaient peine à se reconnaître, et ils comprirent comment le Piccinino, plus expert encore que Fra-Angelo dans l'art des travestissements, avait pu sauver jusque là sa personnalité réelle à travers toutes ses aventures.

Et quand ils se virent montés sur de grandes mules maigres et ardentes, d'un aspect misérable, mais d'une force à toute épreuve, ils admirèrent le génie du moine, et lui en firent compliment.

« Je n'ai pas été seul à faire si vite tant de choses, leur répondit-il avec modestie ; j'ai été vigoureusement et habilement secondé, car nous ne sommes pas seuls dans notre expédition. Nous rencontrerons des pèlerins de différentes espèces sur le chemin que nous allons suivre. Enfants, saluez très-poliment tous les passants qui vous salueront ; mais gardez-vous de dire un mot à qui que ce soit sans avoir regardé de tous côtés. Si un accident imprévu nous séparait, vous trouverez d'autres guides et d'autres compagnons. Le mot de passe est celui-ci : *Amis, n'est-ce pas ici la route de Tre-Castagne?* Je n'ai pas besoin de vous dire que c'est la route tout opposée, et que nul autre que vos complices ne vous adressera une question aussi niaise. Vous répondrez cependant, par prudence, et comme en vous jouant : *Tout chemin conduit à Rome.* Et vous ne prendrez confiance entière que lorsqu'on aura ajouté : *Par la grâce de Dieu le père.* N'oubliez pas ! ne vous endormez pas sur vos mules ; ne les ménagez pas. Nous avons des relais en route ; pas un mot qui ne soit dit à l'oreille l'un de l'autre. »

Dès qu'ils se furent enfoncés dans la montagne, ils firent prendre à leurs mules une allure très-décidée, et franchirent plusieurs milles en fort peu de temps. Ainsi que Fra-Angelo le leur avait annoncé, ils firent diverses rencontres avec lesquelles les formules convenues furent échangées. Alors, le capucin s'approchait de ces voyageurs, leur parlait bas, et on se remettait en marche, en observant assez de distance pour n'avoir pas l'air de voyager ensemble, sans toutefois se mettre hors de la portée de la vue ou de l'ouïe.

Le temps était magnifiquement doux et lumineux à l'entrée des montagnes. La lune éclairait les masses de rochers et les précipices les plus romantiques ; mais, à mesure qu'ils s'élevèrent dans cette région sauvage, le froid se fit sentir et la brume voila l'éclat des astres. Magnani était perdu dans ses pensées ; mais le jeune prince se laissait aller au plaisir enfantin des aventures, et, loin de nourrir et de caresser, comme son ami, quelque sombre pressentiment, il s'avançait plein de confiance en sa bonne étoile.

Quant au moine, il s'abstenait de penser à quoi que ce soit d'étranger à l'entreprise qu'il dirigeait. L'œil attentif et perçant, l'oreille ouverte au moindre bruit, il veillait encore sur le moindre mouvement, sur la moindre attitude de corps de ses deux compagnons. Il les eût préservés du danger de s'endormir et de faire des chutes au premier relâchement de la main qui tenait les rênes, au moindre balancement suspect des capuchons.

Au bout de quinze milles, ils changèrent de mules dans une sorte d'ermitage qui semblait abandonné, mais où ils furent reçus dans l'obscurité par de prétendus muletiers, auxquels ils demandèrent la route du fameux village de *Tre-Castagne*, et qui leur répondirent, en leur serrant la main et en leur tenant l'étrier, que *tout chemin mène à Rome.* Fra-Angelo distribua de l'argent, de la poudre et des balles, qu'il portait dans son sac de quêteur, à tous ceux qu'il rencontra nantis de cet éloquent passe-port ; et quand ils touchèrent au but de leur voyage, Michel avait compté une vingtaine d'hommes de leur bande, tant muletiers que colporteurs, moines et paysans. Il y avait même trois femmes : c'était de jeunes gars dont la barbe n'avait pas encore poussé, et dont la voix n'était pas encore faite. Ils étaient fort bien accoutrés et jouaient parfaitement leurs rôles. Ils devaient servir d'estafettes ou de vedettes au besoin.

Voici quelle était la situation du Piccinino et comment il avait été fait prisonnier. Le meurtre de l'abbé Ninfo avait été accompli et proclamé avec une témérité insensée tout à fait contraire aux habitudes de prudence du jeune chef. Tuer un homme et s'en vanter par une inscription laissée sur le lieu même, au lieu de cacher son cadavre et de faire disparaître tout indice de l'événement, comme cela était si facile dans un pays comme l'Etna, c'était certainement un acte de désespoir et comme un défi jeté à la destinée dans un moment de frénésie. Cependant Carmelo, ne voulant pas se fermer à jamais sa chère retraite de Nicolosi, l'avait laissée bien rangée au cas d'une enquête qui amènerait des visites domiciliaires. Il avait promptement démeublé son riche boudoir et caché tout son luxe dans un souterrain situé sous sa maison, dont il était à peu près impossible de trouver l'entrée et de soupçonner l'existence. Enfin, au lever du soleil, il s'était montré, tranquille et enjoué, dans le bourg de Nicolosi, afin de pouvoir faire constater son *alibi*, si, prenant à la lettre la déclaration écrite sur le socle de la croix du *Destatore,* la police venait à avoir des soupçons sur lui et à s'enquérir de ce qu'il avait fait à cette heure. Le meurtre de l'abbé Ninfo avait été accompli au moins deux heures auparavant.

Tout cela fait, Carmelo s'était montré à cheval, dans le bourg, faisant quelques provisions pour un voyage de plusieurs journées, et disant à ses connaissances qu'il allait voir des terres à affermer dans l'intérieur de l'île.

Il était parti pour les monts Nébrodes, au nord de la

Sicile, résolu d'y passer quelques jours chez des affiliés de sa bande, afin de laisser écouler le temps des enquêtes et des recherches autour de Catane. Il connaissait les allures de la police du pays : ardentes et farouches au premier moment, craintives et fourbes au second, ennuyées et paresseuses au troisième.

Mais l'affaire de la croix du *Destatore* avait ému le pouvoir plus qu'un assassinat ordinaire. Celui-là avait un caractère politique et se trouvait lié à la nouvelle du moment, la déclaration d'Agathe et l'apparition de son fils sur la scène du monde. Des ordres rapides et sévères avaient été donnés sur tous les points. Carmelo ne se trouva point en sûreté dans les montagnes, d'autant plus que son acolyte, le faux Piccinino, l'y avait rejoint, et attirait sur lui tout le danger des poursuites. Carmelo ne voulait point abandonner cet homme farouche et sanguinaire, qui lui avait donné des preuves d'un dévouement sans bornes, d'une soumission aveugle, et qui consentait à jouer son rôle jusqu'au bout avec une audace pleine d'orgueil et de persévérance.

Il résolut donc de le faire évader avant de songer à sa propre sûreté. Le faux Piccinino, dont le vrai nom était *Massari*, dit *Verbum-Caro*, parce qu'il était natif du village de ce nom, avait une bravoure à toute épreuve, mais aussi peu d'habileté qu'un buffle en fureur. Carmelo gagna la mer avec lui, et s'occupa de trouver une barque pour le faire passer en Sardaigne. Mais, malgré la prudence qu'il apporta dans cette tentative, le pilote les trahit et les livra comme contrebandiers aux douaniers de la côte. Verbum-Caro se défendit comme un lion, et ne tomba qu'à moitié mort dans les mains de ses ennemis. Carmelo fut assez légèrement blessé, et tous deux furent conduits au premier fort pour être confiés à une brigade de *campieri*, parmi lesquels se trouvèrent deux hommes qui reconnurent le faux Piccinino pour l'avoir vu dans un engagement sur un autre point de l'île. Ils firent leur déclaration au magistrat de Céfalù, et l'on se réjouit d'avoir mis la main sur le fameux chef de la bande redoutée. Le vrai Piccinino ne passa que pour un de ses complices, bien que Verbum-Caro protestât qu'il ne le connaissait que depuis trois jours, et que c'était un jeune pêcheur qui voulait passer avec lui en Sardaigne pour ses affaires.

Carmelo répondit avec une présence d'esprit et un talent d'imposture qui l'eussent fait relâcher dans tout autre moment; mais les esprits étaient en émoi : on décida qu'il serait envoyé à Catane avec son dangereux compagnon pour voir son affaire éclaircie, et on les confia à une brigade de gendarmerie qui leur fit prendre la route de Catane en descendant par l'intérieur des montagnes jusqu'à la route du centre, qu'on jugeait plus sûre.

Cependant, les campieri furent attaqués aux environs de Sperlinga par quelques bandits qui avaient déjà appris l'arrestation des deux Piccinino; mais, au moment où les prisonniers allaient être délivrés, un renfort imprévu vint à l'aide des campieri, et mit les bandits en fuite. Ce fut pendant cette action que le Piccinino eut l'adresse de faire tomber à quelque distance un papier roulé autour d'un caillou qu'il tenait prêt pour la première occasion. Malacarne, qu'il avait reconnu parmi ses libérateurs, était un homme actif, intelligent et dévoué, un ancien brave de son père et un fidèle ami de Fra-Angelo. Le billet fut ramassé et porté à son adresse avec des renseignements précieux.

Dans la crainte bien fondée, comme l'on voit, d'une attaque dans les monts Nébrodes, pour la délivrance du Piccinino, les autorités de Céfalù avaient essayé de cacher l'importance de cette capture, et l'escorte des prisonniers ne s'en était pas vantée en partant. Mais ces mêmes autorités avaient dépêché un exprès à Catane pour demander qu'on envoyât un détachement de soldats suisses au-devant de l'escorte jusqu'à Sperlinga, où l'on s'arrêterait pour les attendre. Les bandits de la montagne, qui étaient aux aguets, avaient assassiné le courrier; et, s'étant assurés, par l'examen de ses dépêches, que le prisonnier était bien leur chef, ils avaient essayé, comme on l'a vu, de l'arracher des mains de l'escorte.

Le mauvais succès de cette tentative ne les avait pas rebutés. Carmelo était l'âme de leur destinée. Sa direction intelligente, son activité, l'esprit de justice tantôt sauvage, tantôt chevaleresque qui présidait à ses décisions envers eux, et un prestige énorme attaché à son nom et à sa personne, le leur rendaient aussi sacré que nécessaire. C'était l'avis unanime parmi eux, et parmi un grand nombre de montagnards, qui, sans le connaître, et sans le servir immédiatement, se trouvaient fort bien d'un échange de services avec lui et les siens, que le Piccinino mort, la profession de bandit n'était plus soutenable, et qu'il ne restait plus aux héros d'aventures qu'à se faire mendiants.

Malacarne rassembla donc quelques-uns de ses compagnons près de Sperlinga, et fit parvenir aux deux Piccinino l'avis qu'ils eussent à se faire bien malades, afin de rester là le plus possible, ce qui n'était pas difficile, car Verbum-Caro était dangereusement blessé, et, dans les efforts désespérés qu'il avait faits pour rompre ses liens, au moment de l'engagement dans la montagne, il avait rouvert sa plaie et perdu encore tant de sang, qu'il avait fallu le porter jusqu'à Sperlinga. En outre, les *campieri* savaient qu'il était de la plus grande importance de l'amener vivant, afin qu'on pût tenter de lui arracher des révélations sur le meurtre de Ninfo et l'existence de sa bande.

Aussitôt que Malacarne eut pris ses dispositions, il dit à ses compagnons, qui n'étaient encore qu'au nombre de huit, de se tenir prêts, et, montant sur le cheval du courrier assassiné, après l'avoir rasé de manière à le rendre méconnaissable, il traversa le pays en ligne droite jusqu'à Bel-Passo, avertissant sur son passage tous ceux sur lesquels il pouvait compter, de s'armer également et de l'attendre au retour. Secondé par Fra-Angelo, il passa six heures sur l'Etna à rassembler d'autres bandits, et, enfin, la seconde nuit après l'arrivée des prisonniers à Sperlinga, une vingtaine d'hommes résolus et exercés à ces sortes de coups de main, se trouvaient en marche vers la forteresse ou cantonnés au pied du rocher sur lequel elle est assise.

Fra-Angelo, le jeune prince de Castro-Reale et le fidèle Magnani venaient, en outre, pour diriger l'expédition, le premier en qualité de chef, car il connaissait le pays et la localité mieux que personne, ayant déjà enlevé cette bicoque en de meilleurs jours avec le *Destatore*; les deux autres en qualité de lieutenants, jeunes seigneurs du bon parti, forcés de garder l'anonyme, mais riches et puissants. Ainsi parlait Fra-Angelo, qui savait bien qu'il faut à la fois du positif et de la poésie pour stimuler des hommes qui combattent contre les lois.

Quand Fra-Angelo et ses amis quittèrent leurs montures pour s'enfoncer dans les âpres rochers de Sperlinga, ils purent compter leurs hommes, et ils apprirent qu'une vingtaine de paysans se tenaient épars à peu de distance, auxiliaires prudents qui les seconderaient aussitôt qu'ils verraient la chance se montrer favorable; hommes vindicatifs et sanguinaires, d'ailleurs, qui avaient bien des souffrances à faire expier à l'ennemi, et qui savaient faire prompte et terrible justice quand il n'y avait pas trop de danger à courir.

Néanmoins, une partie de la bande commençait à se démoraliser lorsque le moine arriva. Le lieutenant des *campieri*, qui gardait les prisonniers, avait envoyé demander dans la journée, à *Castro-Giovanni*, un nouveau renfort, qui devait arriver avec le jour. Cet officier s'inquiétait de ne pas voir arriver les Suisses, qu'il attendait avec impatience. L'esprit de la population ne le rassurait point. Peut-être s'était-il aperçu de quelque mouvement des bandits dans la montagne et de leurs accointances avec certaines gens de la ville. Enfin, il avait peur, ce que le moine regardait comme un gage de la victoire, et il avait donné l'ordre du départ pour le jour même, aimant mieux voir, disait-il, un misérable comme le Piccinino rendre son âme au diable sur le grand chemin, que d'exposer de braves soldats à être égorgés dans une forteresse sans porte et sans murailles.

Peut-être cet officier savait-il assez de latin pour avoir

lu, sur la porte de l'antique château normand où il était retranché, la fameuse devise que les Français touristes y vont contempler avec amour et reconnaissance : *Quod Siciliis placuit, Sperlinga sola negavit*. On sait que Sperlinga fut la seule place qui refusa de livrer les Angevins au temps des Vêpres-Siciliennes. Permis à nos compatriotes de lui en savoir gré ; mais il est certain que *Sperlinga* n'avait pas fait alors acte de patriotisme [1] ; et que si l'officier des *campieri* regardait le gouvernement actuel comme le vœu de la Sicile, il devait voir, dans le *negavit* de Sperlinga, une éternelle menace qui pouvait lui causer une terreur superstitieuse.

On attendait donc le renfort de Castro-Giovanni à tout instant. Les assiégeants allaient se trouver entre deux feux. L'imagination de quelques-uns rêvait aussi l'arrivée des Suisses, et le soldat suisse est la terreur des Siciliens. Aguerris et implacables, ces enfants de l'Helvétie, dont le service mercenaire auprès des gouvernements absolus est une honte pour leur république, frappent sans discernement sur tout ce qu'ils rencontrent, et le *campiere* qui hésiterait à se montrer moins brave et moins féroce qu'eux tombe le premier sous leurs balles.

Il y avait donc peur de part et d'autre ; mais Fra-Angelo triompha de l'hésitation des bandits avec quelques paroles d'une sauvage éloquence et d'une hardiesse sans égale. Après avoir adressé de véhéments reproches à ceux qui parlaient d'attendre, il déclara qu'il irait aussi, avec ses *deux princes*, se faire tuer sous les murs du fort, afin qu'on pût dire dans toute la Sicile : « Deux patriciens et un moine ont seuls travaillé à la délivrance du Piccinino. Les enfants de la montagne ont vu cela et n'ont pas bougé. La tyrannie triomphe, le peuple de Sicile est devenu lâche. »

Malacarne le seconda en déclarant qu'il irait aussi se faire tuer. « Et alors, leur dit-il, cherchez un chef et devenez ce que vous voudrez. » On n'hésita plus, et, pour ces hommes-là, il n'y a pas de milieu entre un découragement absolu et une rage effrénée. Fra-Angelo ne les eut pas plus tôt vus se mettre en mouvement, qu'il s'écria : « Le Piccinino est sauvé ! » Michel s'étonna qu'il pût prendre tant de confiance en des courages tout à l'heure si chancelants ; mais il vit bientôt que le capucin les connaissait mieux que lui.

LI.

CATASTROPHE.

La forteresse de Sperlinga, réputée jadis imprenable, n'étaitt plus dès lors qu'une ruine majestueuse, mais hors de défense. La ville, ou plutôt le hameau situé au-dessous, n'était plus habité que par une chétive population rongée par la fièvre et la misère. Tout cela était porté sur un rocher de grès blanchâtre, et les ouvrages élevés de la forteresse étaient creusés dans le roc même.

Les assiégeants gravirent le rocher du côté opposé à la ville. Il semblait inaccessible ; mais les bandits étaient trop exercés à ce genre d'assaut pour ne pas arriver rapidement sous les murs du fort. La moitié d'entre eux, commandée par Malacarne, gravit plus haut encore pour se poster dans un bastion abandonné perché à la dernière crête du pic. Ce bastion crénelé offrait une position sûre pour tirer presque perpendiculairement sur le château. Il fut convenu que Fra-Angelo et les siens se placeraient aux abords de la forteresse, qui n'était fermée que par une grande porte vermoulue, disjointe, mais peu nécessaire à enfoncer, cette opération pouvant prendre assez de temps pour donner à la garnison celui d'organiser la résistance. Malacarne devait faire tirer sur le château un certain nombre de coups de carabine, pendant que Fra-Angelo se tiendrait prêt à tomber sur ceux qui sortiraient. Puis il ferait semblant de fuir, et, pendant qu'on le poursuivrait, Malacarne descendrait pour prendre l'ennemi en queue et le placer entre deux feux.

La petite garnison, temporairement installée dans le château, se composait de trente hommes, nombre plus considérable qu'on ne s'y attendait, le renfort de Castro-Giovanni étant arrivé furtivement à l'entrée de la nuit, sans que les bandits, occupés à faire leurs préparatifs, et soigneux de se tenir cachés, les eussent vus monter par le chemin ou plutôt par l'escalier du village. La partie de l'escorte qui avait veillé la nuit précédente dormait enveloppée dans les manteaux, sur le pavé des grandes salles délabrées. Les nouveaux arrivés avaient allumé un énorme feu de branches de sapin dans la cour, et jouaient à la *mora* pour se tenir éveillés.

Les prisonniers occupaient la grande tour carrée : Verbum-Caro, épuisé et pantelant, étendu sur une botte de joncs ; le Piccinino, triste, mais calme, assis sur un banc de pierre, veillant mieux que ses gardiens. Déjà il avait entendu, dans le ravin, siffler un petit oiseau, et il avait reconnu, dans ce chant, inexact à dessein, le signal de Malacarne. Il travaillait patiemment à user, contre une pierre saillante, la corde qui lui liait les mains.

L'officier des *campieri* se tenait dans une salle voisine, assis sur l'unique chaise, et les coudes appuyés sur l'unique table qui fussent dans le château, et qu'encore il avait fallu aller chercher dans le village par voie de réquisition. C'était un jeune homme grossier, énergique, habitué à entretenir son humeur irascible par l'excitation du vin et du cigare, et à combattre peut-être en lui-même un reste d'amour pour son pays et de haine contre les Suisses. Il n'avait pas fait une heure de sieste depuis que le Piccinino était confié à sa garde, aussi tombait-il littéralement sous les assauts du sommeil. Son cigare allumé dans sa main lui brûlait de temps en temps le bout des doigts. Il s'éveillait en sursaut, prenait une bouffée de tabac, regardait par une grande crevasse située vis-à-vis de lui si l'horizon commençait à blanchir, et, sentant les atteintes du froid piquant qui régnait sur ce pic isolé, il frissonnait, serrait son manteau autour de lui, envoyant une malédiction au faux Piccinino qui râlait dans la salle voisine, et laissait bientôt retomber sa tête sur la table.

Une sentinelle veillait à chaque extrémité du château ; mais, soit la fatigue, soit l'incurie qui s'empare de l'esprit le plus inquiet lorsque le danger touche à sa fin, l'approche silencieuse et agile des bandits n'avait pas été signalée. Une troisième sentinelle veillait sur le bastion isolé dont Malacarne allait s'emparer, et cette circonstance faillit faire manquer tout le plan d'attaque.

En enjambant une brèche, Malacarne vit cet homme assis sous ses pieds, presque entre ses jambes. Il n'avait pas prévu cet obstacle ; il n'avait pas son poignard, mais son pistolet dans la main. Un coup de stylet donné à propos tranche la vie de l'homme sans lui donner le temps de crier. Le coup de pistolet est moins sûr, et, d'ailleurs, Malacarne ne voulait pas tirer avant que tous ses compagnons fussent postés de manière à engager un feu meurtrier sur le fort. Cependant, la sentinelle allait donner l'alarme, lors même que le bandit ferait un mouvement en arrière, car ses pieds étaient mal assurés, et, les pierres, dépourvues de ciment, commençaient à crouler autour de lui. Le *campiere* ne dormait pas. Il était transi de froid et avait abrité sa tête sous son manteau pour se préserver du vent aigu qui l'engourdissait.

Mais si cette précaution atténuait le bruit de la rafale et l'aidait à mieux saisir les bruits éloignés, elle l'empêchait d'entendre ceux qui se faisaient à ses côtés, et le capuchon rabattu sur ses yeux le rendait aveugle depuis un quart d'heure. C'était pourtant un bon soldat, incapable de s'endormir à son poste. Mais il n'est rien de si difficile que de savoir bien veiller. Il faut pour cela une intelligence active, et celle du *campiere* était vide de toute pensée. Il croyait observer parce qu'il ne ronflait pas. Cependant il ne fallait qu'un grain de sable roulant

---

[1] Quelque mal entendu que pouvait être, au point de vue du salut du pays l'hospitalité accordée aux Français par le château de Sperlinga, elle fut admirable de dévouement et d'obstination. Réfugiés et protecteurs moururent de faim dans la forteresse plutôt que de se rendre.

à ses pieds pour qu'il tirât son fusil. Il avait la main sur la détente.

Par une inspiration désespérée, Malacarne jeta ses deux mains de fer autour de la gorge du malheureux gardien, roula avec lui dans l'intérieur du bastion et le tint ainsi étouffé jusqu'à ce qu'un de ses compagnons vînt le poignarder entre ses bras.

Aussitôt après, ils se postèrent derrière les créneaux, de manière à ne pas craindre la riposte du fort; le feu qui brillait dans la cour leur permit de voir les *campieri* occupés à jouer sans méfiance, et ils prirent tout le temps de viser. Les armes furent rechargées précipitamment pendant que les assiégeants cherchaient les leurs; mais, avant qu'ils eussent songé à s'en servir, avant qu'ils eussent compris de quel côté ils étaient attaqués, une seconde décharge tomba sur eux d'aplomb et en blessa grièvement plusieurs. Deux ne se relevèrent point, un troisième tomba la figure en avant dans le feu, et y périt faute d'aide pour s'en retirer.

L'officier avait vu, de la tour, d'où partait cette attaque. Il accourait, rugissant, exaspéré. Il n'arriva pas à temps pour empêcher ses hommes d'envoyer aux murailles une décharge inutile. « Anes stupides, s'écria-t-il, vous usez vos munitions à tirer au hasard! Vous perdez la tête! Sortez, sortez! c'est dehors qu'il faut se battre! »

Mais il s'aperçut que lui-même avait perdu la tête, car il avait laissé son sabre sur la table où il s'était endormi. Six marches seulement le séparaient de cette salle. Il les franchit d'un seul bond car il savait bien qu'au bout d'un instant il lui faudrait combattre à l'arme blanche.

Mais, pendant la fusillade, le Piccinino avait réussi à défaire ses liens, et il avait profité du bruit pour enfoncer la porte mal assujettie de sa prison. Il avait sauté sur le sabre du lieutenant et renversé la torche de résine qui était fichée dans sa table. Lorsque l'officier rentra et chercha son arme à tâtons, il reçut en travers du visage une horrible blessure et tomba à la renverse. Carmelo s'élança sur lui et l'acheva. Puis il alla couper les liens de Verbum-Caro et lui mit dans les mains la gourde du lieutenant, en lui disant : « Fais ce que tu peux! »

Le faux Piccinino oublia en un clin d'œil ses souffrances et son état de faiblesse. Il se traîna sur ses genoux jusqu'à la porte, et là il réussit à se lever et à se tenir debout. Mais le vrai *Piccinino*, voyant qu'il ne pouvait marcher qu'en se tenant aux murs, lui jeta sur le corps le manteau de l'officier, le coiffa du chapeau d'uniforme, et lui dit de sortir sans se presser. Quant à lui, il descendit dans la cour abandonnée, arracha le manteau d'un des *campieri* qui venait d'être tué, se déguisa comme il put, et, fidèle à son compagnon, il vint le prendre par le bras pour l'emmener vers la porte du fort.

Tout le monde était sorti, sauf deux hommes qui devaient empêcher les prisonniers de profiter de la confusion pour s'évader, et qui revenaient prendre la garde de la tour. Le feu s'éteignait dans le préau et ne jetait plus qu'une lueur livide. « Le lieutenant blessé! » cria l'un d'eux en voyant Verbum-Caro soutenu par Carmelo, travesti lui-même. Verbum-Caro ne répondit point; mais, d'un geste, il leur enjoignit d'aller garder la tour. Puis il sortit le plus vite qu'il put avec son chef, qu'il suppliait de fuir sans lui, mais qui ne voulait à aucun prix l'abandonner.

Si c'était générosité chez le Piccinino, c'était sagesse aussi; car, en donnant de telles preuves d'affection à ses hommes, il s'assurait à jamais leur fidélité. Le faux Piccinino pouvait être repris dans un instant, mais s'il l'eût été, aucune torture ne lui eût fait avouer que son compagnon était le vrai Piccinino.

Déjà l'on se battait sur l'étroite plate-forme qui s'avançait devant le château, et les bandits commandés par Fra-Angelo feignaient de lâcher pied. Mais les *campieri*, privés de leur chef, agissaient sans ensemble et sans ordre. Lorsque la bande de Malacarne, descendant du bastion comme la foudre, vint s'emparer de la porte et leur montrer la retraite impossible, ils se sentirent perdus et s'arrêtèrent comme frappés de stupeur. En ce moment, Fra-Angelo, Michel, Magnani et leurs hommes, se retournèrent et les serrèrent de si près que leur position parut désespérée. Alors, les *campieri*, sachant que les brigands ne faisaient point de quartier, se battirent avec rage. Resserrés entre deux pans de muraille, ils avaient l'avantage de la position sur les bandits, qui étaient forcés d'éviter le précipice découvert. D'ailleurs, la bande de Malacarne venait d'être frappée de consternation.

A la vue des deux Piccinino, qui franchissaient la herse, et trompés par leur déguisement, les bandits avaient tiré sur eux. *Verbum-Caro* n'avait pas été touché; mais Carmelo, atteint par une balle à l'épaule, venait de tomber.

Malacarne s'était élancé sur lui pour l'achever, mais en reconnaissant son chef, il avait rugi de douleur, et ses hommes rassemblés autour de lui ne songeaient plus à se battre.

Pendant quelques instants, Fra-Angelo et Michel, qui combattaient au premier rang, faisant tête aux *campieri*, furent gravement exposés. Magnani s'avançait plus qu'eux encore; il voulait parer tous les coups qui cherchaient la poitrine de Michel, car on n'avait plus le temps de recharger les armes, on se battait au sabre et au couteau, et le généreux Magnani voulait faire un rempart de son corps au fils d'Agathe.

Tout à coup, Michel, qui le repoussait sans cesse, en le suppliant de ne songer qu'à lui-même, ne le vit plus à ses côtés. Michel attaquait avec fureur. Le premier dégoût du carnage s'étant dissipé, il s'était senti la proie d'une étrange et terrible exaltation nerveuse. Il n'était pas blessé; Fra-Angelo, qui avait une foi superstitieuse dans la destinée du jeune prince, lui avait prédit qu'il ne le serait pas; mais il eût pu l'être vingt fois qu'il ne l'eût pas senti, tant sa vie s'était concentrée dans le cerveau. Il était comme enivré par le danger, et comme enthousiasmé par la lutte. C'était une jouissance affreuse, mais violente; le sang de Castro-Reale s'éveillait et commençait à embraser les veines du lionceau. Quand la victoire se déclara pour les siens, et qu'ils purent rejoindre Malacarne en marchant sur des cadavres, Michel trouva que le combat avait été trop court et trop facile. Et cependant il avait été si sérieux, que presque tous les vainqueurs y avaient reçu quelque blessure. Les *campieri* avaient vendu chèrement leur vie, et si Malacarne n'eût retrouvé son énergie en voyant que le Piccinino se ranimait et se sentait assez de force pour se battre, la bande de Fra-Angelo eût pu être culbutée dans l'affreux ravin où elle se trouvait engagée.

L'aube grise et terne commençait à blanchir les cimes brumeuses qui fermaient l'horizon, lorsque les assiégeants rentrèrent dans la forteresse conquise. On devait la traverser pour se retirer, à couvert des regards des habitants de la ville, qui étaient sortis de leurs maisons et montaient timidement l'escalier de leur rue pour voir l'issue du combat. C'est à peine si cette population inquiète pouvait distinguer la masse agitée des combattants, éclairée seulement par les rapides éclairs des armes à feu. Quand on se battit corps à corps, les pâles citadins de Sperlinga restèrent glacés de terreur, en entendant les cris et les imprécations de cette lutte incompréhensible. Ils n'avaient aucune envie de secourir la garnison, et la plupart faisaient des vœux pour les bandits. Mais la peur des représailles les empêchait de venir à leur secours. Au lever de l'aube, on les aperçut presque nus, groupés sur des pointes de rocher comme des ombres frissonnantes, et s'agitant faiblement pour venir au secours du vainqueur.

Fra-Angelo et le Piccinino se gardèrent bien de les attendre. Ils entrèrent dans la forteresse précipitamment, chaque bandit y traînant un cadavre pour lui donner le *coup de sécurité*. Ils relevaient leurs blessés et défiguraient ceux d'entre eux qui étaient morts. Mais cette scène hideuse, pour laquelle Verbum-Caro retrouvait des forces, causa un dégoût mortel au Piccinino. Il donna des ordres à la hâte pour qu'on se dispersât et pour que chacun regagnât ses pénates ou son asile au plus vite. Puis il prit le bras de Fra-Angelo, et, confiant

Verbum-Caro aux soins de Malacarne et de sa bande, il voulut entraîner le moine dans sa fuite.

Mais Fra-Angelo, en proie à une anxiété affreuse, cherchait Michel et Magnani, et sans dire leurs noms à personne, il allait demandant les deux jeunes moines qui l'avaient accompagné. Il ne voulait point partir sans les avoir retrouvés, et son obstination désespérée menaçait de lui devenir funeste.

Enfin le Piccinino aperçut deux frocs tout au fond du ravin.

« Voici tes compagnons, dit-il au moine, en l'entraînant. Ils ont pris les devants : et je conçois qu'ils aient fui le spectacle affreux de cette victoire ; mais leur sensibilité ne les empêche pas d'être deux braves. Quels sont donc ces jeunes gens? Je les ai vus se battre comme deux lions ; ils ont l'habit de ton ordre. Mais je ne puis concevoir comment ces deux héros ont vécu dans ton cloître sans que je les connusse. »

Fra-Angelo ne répondit point ; ses yeux voilés de sang cherchaient à distinguer les deux moines. Il reconnaissait bien les costumes qu'il avait donnés à Michel et à son ami ; mais il ne comprenait pas leur inaction, et l'indifférence qui semblait les isoler du reste de la scène. L'un lui paraissait assis, l'autre à genoux près de lui. Fra-Angelo descendit le ravin avec tant d'ardeur et de préoccupation qu'il faillit plusieurs fois rouler dans l'abîme.

Le Piccinino, douloureusement blessé, mais plein de volonté et de stoïcisme, le suivit, sans s'occuper de lui-même, et bientôt ils se trouvèrent au fond du précipice, dans un lieu abrité de tous côtés et horriblement désert, avec un torrent sous les pieds. Forcés de tourner plusieurs roches perpendiculaires, ils avaient perdu de vue les deux moines, et l'obscurité qui régnait encore au fond de cette gorge leur permettait à peine de se diriger.

Ils n'osaient appeler ; enfin ils aperçurent ceux qu'ils cherchaient. L'un était assis, en effet, soutenu dans les bras de l'autre. Fra-Angelo s'élança, et abattit le premier capuchon que sa main rencontra. Il vit la belle figure de Magnani, couverte des ombres de la mort ; son sang ruisselait par terre : Michel en était inondé et se sentait défaillir, quoiqu'il n'eût pas d'autre mal qu'une immense et insupportable douleur de ne pouvoir soulager son ami et de le voir expirer dans ses bras.

Fra-Angelo voulut essayer de secourir le noble artisan ; mais Magnani retint doucement la main qu'il voulait porter sur sa blessure. « Laissez-moi mourir en paix, mon père, dit-il d'une voix si faible que le moine était obligé de mettre son oreille contre la bouche du moribond pour l'entendre. Je suis heureux de pouvoir vous dire adieu. Vous direz à la mère et à la sœur de Michel que je suis mort pour le défendre ; mais que Michel ne le sache pas! Il aura soin de ma famille, et vous la consolerez... Nous avons la victoire n'est-ce pas? dit-il en s'adressant au Piccinino, qu'il regarda d'un œil éteint sans le reconnaître.

« O Mila! s'écria involontairement le Piccinino, tu aurais été la femme d'un brave !

— Où es-tu, Michel? je ne te vois plus, dit Magnani en cherchant son ami avec ses mains défaillantes. Nous sommes à la mère et à la sœur... n'est-ce pas? aux portes de Catane, sans doute?... Tu vas embrasser ta mère? Ah! oui! J'entends le murmure de la naïade, ce bruit me rafraîchit ; l'eau pénètre dans ma blessure, bien froide... mais bien salutaire.

— Ranime-toi pour voir ma sœur et ma mère! s'écria Michel. Ah! tu vivras, nous ne nous quitterons jamais!

— Hélas! je connais ce sourire, dit le Piccinino à voix basse, en examinant les lèvres bleues de Magnani qui se contractaient ; ne le laissez plus parler.

— Mais je suis bien! dit Magnani d'une voix forte en étendant les bras. Je ne me sens point malade. Partons, mes amis! »

Il se leva par un mouvement convulsif, resta un instant debout et vacillant ; puis il retomba mort sur le sable que mouillait l'écume du ruisseau.

Michel resta atterré. Fra-Angelo ne perdit pas sa présence d'esprit, bien que sa poitrine, oppressée par de rudes sanglots, exhalât des rugissements rauques et déchirants. Il souleva une énorme pierre qui fermait l'entrée d'une des mille grottes creusées jadis dans le grès, pour en tirer les matériaux de la forteresse. Il entoura soigneusement le corps de Magnani des plis du froc qui le couvrait, et, l'ayant ainsi enseveli provisoirement, il referma la grotte avec la pierre.

Ensuite il prit le bras de Michel et l'emmena avec le Piccinino à quelque cent pas de là, dans une grotte plus vaste qui servait d'habitation à une misérable famille. Michel eût pu reconnaître, dans l'homme qui vint les rejoindre peu d'instants après, un des paysans alliés de la bande ; mais Michel ne comprenait rien et ne reconnaissait personne.

Le paysan aida le moine à panser la blessure du Piccinino, qui était profonde et qui commençait à le faire souffrir, au point qu'il avait besoin de toute sa volonté pour cacher ses angoisses.

Fra-Angelo était meilleur chirurgien que la plupart de ceux de son pays qui en portaient le diplôme. Il fit subir au Piccinino une cruelle mais rapide opération, pour extraire la balle. Le patient ne proféra pas une plainte, et Michel ne retrouva la notion de la réalité qu'en le voyant pâlir et grincer les dents :

« Mon frère, dit-il en prenant sa main crispée, allez vous donc mourir aussi?

— Plût au ciel que je fusse mort à la place de ton ami! répondit Carmelo avec une sorte de cruauté envers lui-même. Je ne souffrirais plus, et je serais pleuré. Au lieu que je souffrirai toute ma vie, et ne serai regretté de personne!

— Ami, dit le moine en jetant la balle par terre, est-ce ainsi que tu reconnais le dévouement de ton frère?

— Mon frère, répéta le Piccinino en portant la main de Michel à ses lèvres, tu ne l'as pas fait par affection pour moi, je le sais ; tu l'as fait pour ton honneur. Eh bien! tu es vengé de ma haine ; car tu conserves la tienne, et moi, je suis condamné à t'aimer! »

Deux larmes coulèrent sur la joue livide du bandit. Était-ce un mouvement de sensibilité véritable, ou la réaction nerveuse qui succède à la tension violente de la douleur physique? Il y avait sans doute de l'un et de l'autre.

Le paysan proposa un remède étrange que Fra-Angelo accepta avec un grand empressement. C'était une vase bitumineuse que l'on trouvait au fond d'une source voisine, sous une eau saumâtre chargée de soufre. Les gens du pays la recueillent et la conservent dans des pots de grès pour en faire des emplâtres, c'est leur panacée. Fra-Angelo en fit un appareil qu'il posa sur la blessure du bandit. Puis, l'ayant lavé et couvert de quelques hardes qu'on acheta sur l'heure au paysan, ayant aussi lavé Michel et lui-même du sang dont ils avaient été couverts dans le combat, il fit avaler quelques gorgées de vin à ses compagnons, plaça Carmelo sur le mulet de leur hôte, donna à ce dernier une bonne somme en or, et, pour lui montrer qu'il y avait de l'avantage à servir la bonne cause, et il le quitta en lui faisant jurer qu'il irait chercher, la nuit suivante, le corps de Magnani pour lui donner la sépulture avec autant de respect que s'il eût été son propre fils!

« Mon propre fils! dit le paysan d'une voix sourde : celui que les Suisses m'ont tué l'année dernière? »

Cette parole donna à Michel plus de confiance en cet homme que tout ce qu'il eût pu promettre et jurer. Il le regarda pour la première fois, et remarqua une singulière énergie et une exaltation fanatique sur cette figure terne et creuse. C'était plus qu'un bandit, c'était un loup cervier, un vautour, toujours prêt à tomber sur une proie ensanglantée pour la déchirer et assouvir sa rage dans ses entrailles. On voyait qu'il n'aurait pas assez de toute sa vie pour venger la mort de son fils. Il ne proposa point à ses hôtes de les guider dans leur fuite. Il lui tardait d'avoir rempli ses devoirs envers eux, afin d'aller voir dans le château si quelque *campiere* respirait encore, et d'insulter à son agonie.

LII.

CONCLUSION.

Les trois fugitifs mirent pour retourner à Catane le double du temps qui leur avait suffi pour venir à Sperlinga. Le Piccinino ne pouvait marcher longtemps sans tomber accablé par la fièvre sur le cou de son mulet. On faisait halte dans quelque grotte ou dans quelque ruine abandonnée, et le moine était forcé de lui faire boire du vin pour soutenir ses forces, bien qu'il reconnût que cela augmentait la fièvre.

Il fallait suivre des chemins escarpés et pénibles, ou plutôt éviter toute espèce de chemin, pour ne point s'exposer à des rencontres fâcheuses. Fra-Angelo comptait trouver, à mi-chemin de Catane, une famille de pauvres gens sur lesquels il pouvait compter comme sur lui-même, pour recueillir et soigner son malade; mais il ne trouva qu'une maison déserte et déjà à demi écroulée. La misère avait chassé ces infortunés de leur asile. Ils ne pouvaient payer l'impôt dont cette chaumière était frappé. Peut-être étaient-ils en prison.

C'était un grave désappointement pour le moine et pour son compagnon. Ils s'étaient éloignés à dessein du pays exploité par les bandits, parce que, vers le midi, l'absence de danger rendait la police moins active. Mais en voyant désert le seul asile sur lequel ils avaient pu compter dans cette partie des montagnes, ils furent réellement alarmés. Le Piccinino pressa en vain le moine et Michel de l'abandonner à sa destinée, prétendant que, dès qu'il se verrait seul, la nécessité lui donnerait peut-être des forces surnaturelles; ils s'y refusèrent, comme on peut croire, et, après avoir examiné tous les moyens, ils s'arrêtèrent au plus prompt et au plus sûr, quoiqu'il parût être le plus audacieux: c'était de conduire Carmelo dans le palais Palmarosa, et de l'y tenir caché jusqu'à ce qu'il fût en état de fuir. La princesse n'avait qu'à faire la moindre démarche de déférence auprès de certaines gens, pour écarter tout soupçon de sa conduite; et dans une pareille circonstance, lorsque Michel lui-même pouvait être soupçonné d'avoir aidé à la délivrance du Piccinino, elle n'hésiterait point à tromper le parti de la cour sur ses sentiments politiques.

Cette idée du moine eût répugné à Michel quelques jours auparavant: mais chaque événement le rendait plus Sicilien, en lui faisant mieux comprendre la nécessité de la ruse. Il y acquiesça donc, et on n'eut plus à s'occuper que de faire entrer le blessé dans le palais, sans que personne l'aperçût. C'était le seul point important, car la retraite où vivait Agathe, son domestique peu nombreux et aveuglément dévoué, la fidélité et la discrétion de sa cameriste Nunziata, qui, seule, pénétrait dans certaines pièces du casino, mille détails de l'existence habituellement mystérieuse de la princesse, rendaient cette retraite aussi sûre que possible. D'ailleurs, on aurait à deux pas le palais de la Serra pour y transporter le blessé, au cas où le palais Palmarosa ne pourrait plus offrir de sécurité. Il fut décidé que Michel prendrait les devants, et s'introduirait, à l'entrée de la nuit, chez sa mère; qu'il l'avertirait de l'arrivée du blessé, et l'aiderait à disposer tout pour le recevoir et le faire entrer secrètement quelques heures plus tard.

Agathe était dans un état d'anxiété impossible à décrire, lorsque Nunziata l'avertit que quelqu'un l'attendait dans son oratoire. Elle y courut, et, au premier aspect d'une robe de moine, elle faillit s'évanouir, croyant qu'un des frères de Bel-Passo venait lui apporter quelque nouvelle funeste. Mais, quelque bien déguisé que fût Michel, l'œil maternel ne fut pas longtemps incertain, et elle l'étreignit dans ses bras en fondant en larmes.

Michel lui cacha les dangers qu'il avait courus; elle les pressentit assez tôt, lorsque la délivrance du Piccinino deviendrait la nouvelle du pays. Il lui dit seulement qu'il avait été chercher son frère dans une retraite sauvage, où il était mourant et privé de secours,

qu'il le lui amenait pour le confier à ses soins et qu'il fallait préparer son nouvel asile.

Au milieu de la nuit, le blessé arriva sans encombre; mais il ne gravit point l'escalier de laves avec la même fierté d'allure que la dernière fois. Ses forces déclinaient de plus en plus. Fra-Angelo fut forcé de le porter jusqu'en haut. Il reconnut à peine Agathe, et pendant quelques jours il fut entre la vie et la mort.

L'inquiétude de Mila fut d'abord calmée lorsqu'elle apprit de Michel que Magnani était allé à Palerme pour lui rendre service. Mais il se passa bien des jours, et Magnani ne revenant pas, la famille s'étonna et s'alarma. Michel prétendait avoir reçu de ses nouvelles. Il était parti pour Rome, toujours pour lui rendre service, et, plus tard, on prétendit que l'affaire importante et secrète dont elle famille Palmarosa l'avait chargé le conduisait à Milan, à Venise, à Vienne. Que sais-je? On le fit voyager pendant des années, et, pour calmer l'inquiétude et la douleur des parents, on leur lut, à eux qui ne savaient pas lire, des fragments de prétendues lettres; on leur remit beaucoup d'argent qu'il était censé leur faire passer.

La famille Magnani fut riche et émerveillée de la fortune du pauvre Antonio. Elle vécut de mélancolie et d'espérance; sa vieille mère mourut, s'affligeant de ne l'avoir pas embrassé, mais chargeant Michel de lui envoyer sa bénédiction.

Quant à Mila, elle eût été difficile à tromper, si la princesse, résolue à lui épargner une plus grande douleur, ne lui en eût suggéré une dont elle pouvait mieux prendre son parti. Elle lui fit entendre peu à peu, et finit par lui déclarer que Magnani, partagé entre son ancienne passion et son nouvel amour, avait craint de ne pas la rendre heureuse, et qu'il était parti, résolu à attendre, pour reparaître, qu'il fût entièrement guéri du passé.

Mila trouva de la noblesse et de la sincérité dans ce procédé; mais elle se sentit piquée de n'avoir pas réussi toute seule à effacer le souvenir d'une passion si tenace. Elle travailla à se guérir, car on ne lui donnait pas pour certaine la guérison de son amant, et sa grande fierté vint à son secours. Chaque jour l'absence prolongée de Magnani la rendit plus forte et plus courageuse. Lorsqu'on parla du voyage de Rome, on lui fit entendre que Magnani ne surmontait point l'ancienne affection et renonçait à la nouvelle. Mila ne pleura point, elle pria sans amertume pour le bonheur d'un ingrat et reprit peu à peu la sérénité de son humeur.

Michel souffrit beaucoup, sans doute, de l'entendre accuser parfois cet absent, qui eût mérité un culte dans sa mémoire; mais il sacrifia tout au repos de sa chère sœur d'adoption. Il alla en secret, avec Fra-Angelo, voir la tombe de son ami. Le paysan qui l'avait enseveli les mena dans le cimetière d'un couvent voisin. De bons moines, patriotes comme ils le sont généralement en Sicile, l'y avaient porté durant la nuit, et avaient inscrit ces mots en latin sur une pierre qui lui servait de monument, parmi les roses blanches et les cytises en fleur :

« *Ici repose un martyr inconnu.* »

La convalescence du Piccinino fut plus longue qu'on ne s'y était attendu. La blessure guérit assez vite; mais une fièvre nerveuse d'un caractère assez grave le retint trois mois dans le boudoir d'Agathe, qui lui servait de chambre, et qui fut gardé avec un soin religieux.

Une révolution morale tendait à s'opérer chez ce jeune homme méfiant et entier. La sollicitude de Michel et de la princesse, la délicatesse de leurs consolations, ces mille douceurs de la bonté qu'il avait perdues avec sa mère et qu'il n'avait jamais espéré retrouver dans d'autres âmes, entamèrent peu à peu la sécheresse et l'orgueil dont il s'était cuirassé. Il avait toujours éprouvé un besoin ardent d'être aimé, bien qu'il ne fût pas capable lui-même de sentir l'affection avec autant de force et de persistance que la haine. Il fut d'abord comme blessé et humilié d'être forcé à la reconnaissance. Mais il arriva qu'un miracle du cœur d'Agathe en produisit un sur

Michel, et que ce miracle s'accomplit à son tour sur Carmelo. Agathe, quoique froide en apparence et exclusive dans ses sentiments, avait le cœur si large et si généreux qu'elle arrivait à aimer ceux qu'elle plaignait. Il y eut encore bien des moments où les froides théories du Piccinino lui firent horreur; mais la pitié fut plus forte lorsqu'elle comprit combien ce parti pris de se raidir contre toutes choses le rendait malheureux. Dans ses souffrances physiques et dans ses exaltations nerveuses, le Piccinino, après avoir vanté et prouvé la sûreté de sa clairvoyance à l'endroit des affections humaines, déplorait cette triste faculté avec une amertume qui frappait Agathe.

Un soir, qu'elle parlait de lui avec Michel, et que celui-ci lui avouait ne ressentir aucune sympathie pour son frère : « Le devoir l'amène, lui dit-elle, à le soigner, à t'exposer pour lui, à le combler de services et d'égards. Eh bien! il faut aimer son devoir, et ce frère en est un bien terrible. Le devoir serait donc plus doux si tu pouvais l'aimer. Essaie, Michel, peut-être qu'alors ce cœur de marbre changera aussi, car il a des facultés de sibylle. Il sent peut-être que tu ne l'aimes point, et il reste froid. Tu n'auras pas eu plus tôt un élan sincère et tendre vers lui, même sans le lui témoigner, qu'il le devinera et t'aimera peut-être à son tour. Moi, je vais essayer de te donner l'exemple. Je vais m'efforcer de me persuader qu'il est mon fils, un fils bien différent de toi, Michel, mais que ses défauts ne m'empêchent pas d'aimer. »

Agathe tint parole, et Michel voulut la seconder. Le Piccinino sentit de l'intérêt véritable pour son mal moral au milieu de tous ces soins vertueux prodigués à son mal physique; il s'attendrit peu à peu, et un jour il porta pour la première fois la main d'Agathe à ses lèvres, en lui disant :

« Vous êtes bonne comme ma mère. Oh ! que ne suis-je votre fils ! j'aimerais alors Michel, parce que les mêmes entrailles nous auraient portés. On n'est vraiment frères que par la femme. Elle seule peut nous faire comprendre ce qu'on appelle la voix du sang, le cri de la nature. »

Puis, un autre jour, il dit à Michel : « Je ne t'aime pas, parce que tu es le fils de mon père. Un homme qui a mêlé la pureté de son sang à celui de tant de femmes si diverses d'origine et de nature devait être une organisation mobile, compliquée, manquant d'unité : aussi ses fils diffèrent-ils entre eux comme le jour de la nuit. Si je venais à t'aimer, toi que j'estime et que j'admire, c'est parce que tu as une mère que j'aime et que je me persuade parfois être la mienne aussi. »

Quand le Piccinino fut en état de reprendre sa vie d'aventures, à laquelle il avait tant aspiré durant les langueurs de sa maladie, il fut tout à coup brisé à l'idée de rompre une vie qu'on lui avait faite si douce. Il voulut prendre un air dégagé, et refusa les offres d'un meilleur sort que lui faisaient Michel et Agathe ; mais il était évident qu'il était dévoré d'effroi et de regrets.

« Mon cher enfant, lui dit le marquis, vous devez accepter les moyens de rendre plus vaste et plus efficace la mission à laquelle vous vous êtes voué. Nous n'avons jamais eu la pensée de vous faire rentrer d'une manière puérile et poltronne dans cette société que vous dédaignez, et pour laquelle vous n'êtes point fait. Mais, sans subir de contrainte, sans changer rien à vos principes de négation et d'indépendance, vous pouvez faire une alliance véritable, au-dessus des lois établies, avec la véritable humanité. Jusqu'à ce jour, vous vous êtes trompé, en vous efforçant de haïr les hommes. Ce sont leurs méchantes et fausses institutions contre lesquelles vous protestez. Au fond du cœur, vous aimez vos semblables, puisque vous souffrez de leur aversion et de votre isolement. Comprenez donc mieux votre fonction de justicier d'aventure. Jusqu'ici, votre imagination a usurpé ce titre, puisque vous ne l'avez fait servir qu'à des vengeances personnelles et à la satisfaction de vos instincts. Ce qui vous a manqué pour jouer un plus beau rôle et servir plus grandement notre pays, c'est un plus vaste théâtre et des ressources proportionnées à votre ambition. Votre frère vous offre ces ressources; il est prêt à partager ses revenus avec vous, et ce partage vous rendra puissant dans votre œuvre sans vous lier à la société par aucun point. Vous ne pourriez, en effet, devenir seigneur et propriétaire sans contracter des engagements avec les choses légales ; mais, en puisant en secret dans l'amitié fraternelle la force qui vous est nécessaire, vous resterez étranger au monde où nous vivons, tout en devenant capable de travailler à en changer les vices. Vous pourrez sortir de cette vie malheureuse où vos efforts sont trop concentrés pour avoir de l'effet ; vous pourrez chercher ailleurs des compagnons et des adeptes, établir au loin des relations avec les ennemis du mal public, travailler pour la cause de l'esclavage universel, vous instruire des moyens qui peuvent le faire cesser, et revenir chez nous avec des lumières et des secours qui feront plus en un an que vos expéditions contre de malheureux campieri ne feraient dans toute votre vie. Vos facultés vous placent bien au-dessus de ce métier de bandit. Votre pénétration, votre sagacité, votre instruction étendue et variée, tout jusqu'au charme de votre visage et à la séduction de vos paroles, vous destine à être un homme d'action politique aussi prudent que téméraire, aussi habile que brave. Oui, vous êtes né conspirateur. Le hasard de la naissance vous a jeté dans cette voie, et votre organisation vous a rendu propre à y briller d'un grand éclat. Mais il y a de grandes conspirations, qui, lors même qu'elles avortent sur un point du globe, font marcher la cause de la liberté dans l'univers : et il y en a de petites qui finissent au bout d'une potence avec le héros inconnu qui les a ourdies. Que vous tombiez demain dans une embuscade, votre bande est dispersée, et le dernier soupir de l'indépendance nationale s'exhale de votre poitrine. Mais conspirez sous le soleil de l'humanité, au lieu de flibuster dans l'ombre de nos précipices, et un jour vous pourrez être le libérateur de nos frères, au lieu d'être la terreur de nos vieilles femmes. »

Ces paroles étaient à la fois dures et flatteuses pour l'amour-propre chatouilleux du Piccinino. Cette critique de sa vie passée le faisait souffrir ; mais le jugement porté sur sa capacité future le rassurait. Il rougit, pâlit, rêva, comprit. Il était trop intelligent pour se défendre contre la vérité. Agathe et Michel prirent ses mains avec affection, et le supplièrent à genoux d'accepter la moitié d'une fortune qu'ils lui devaient tout entière. Des larmes de fierté, d'espérance, de joie, et peut-être aussi de reconnaissance, s'échappèrent de ses yeux ardents, et il accepta.

Il faut dire aussi qu'un autre miracle s'était fait à l'insu de tous dans le cœur de cet homme étrange. L'amour, le pur amour l'avait vaincu. Mila avait été sa garde-malade, et Mila avait enchaîné le tigre. Elle en était fière avec raison, et puis elle était très-fière naturellement. L'amour du capitaine Piccinino la relevait à ses propres yeux de la tache que Magnani avait faite à sa gloire en l'abandonnant. Elle était brave aussi. Elle se sentait née pour quelque chose de plus difficile et de plus brillant que de filer de la soie. Ses instincts d'héroïsme et de poésie s'arrangeaient fort bien d'une existence périlleuse et pleine d'émotions. Carmelo, qui avait regretté, à leur première entrevue, qu'elle ne fût pas un petit garçon dont, comme Lara, il pourrait faire son page, changea d'avis, en se disant que la beauté d'une femme et le cœur d'une héroïne ajoutaient singulièrement au charme du jeune compagnon qu'il rêvait.

Cependant il n'obtint pas Mila tout de suite. Elle se fit elle-même le gage et la récompense de la docilité avec laquelle il suivrait les conseils de la princesse et du marquis. Je crois que ce jour viendra bientôt, s'il n'est déjà venu... Mais ici finit le roman, qui pourrait encore durer longtemps si l'on voulait, car je persiste à dire qu'aucun roman ne peut finir.

FIN DU PICCININO.

LA DERNIÈRE ALDINI

NOTICE

Les romans sont toujours plus ou moins des fantaisies, et il en est de ces fantaisies de l'imagination comme des nuages qui passent. D'où viennent les nuages et où vont-ils ?

J'ai rêvé, en me promenant à travers la forêt de Fontainebleau, tête à tête avec mon fils, à toute autre chose qu'à ce livre, que j'écrivais le soir dans une auberge, et que j'oubliais le matin, pour ne m'occuper que des fleurs et des papillons. Je pourrais raconter toutes nos courses et tous nos amusements avec exactitude, et il m'est impossible de dire pourquoi mon esprit s'en allait le soir à Venise. Je pourrais bien chercher une bonne raison ; mais il sera plus sincère d'avouer que je ne m'en souviens pas : il y a de cela quinze ou seize ans.

GEORGE SAND.

Nohant, 23 août 1853.

ALLA SIGNORA
CARLOTTA MARLIANI,
CONSULESSA DI SPAGNA.

Les mariniers de l'Adriatique ne mettent point en mer une barque neuve sans la décorer de l'image de la Madone. Que votre nom, écrit sur cette page, soit, ô ma belle et bonne amie, comme l'effigie de la céleste patronne, qui protége un frêle esquif livré aux flots capricieux.
GEORGE SAND.

PREMIÈRE PARTIE.

A cette époque-là, le signor Lélio n'était plus dans tout l'éclat de sa jeunesse ; soit qu'à force de remplir leur office généreux, ses poumons eussent pris un développement auquel avaient obéi les muscles de la poitrine, soit le grand soin que les chanteurs apportent à l'hygiène conservatrice de l'harmonieux instrument, son corps, qu'il appelait joyeusement l'*étui* de sa voix, avait acquis un assez raisonnable degré d'embonpoint. Cependant sa jambe avait conservé toute son élégance, et l'habitude gracieuse de tous ses gestes en faisait encore ce que sous l'Empire les femmes appelaient un beau cavalier.

Mais si Lélio pouvait encore remplir, sur les planches de la Fenice et de la Scala, l'emploi de *primo uomo* sans choquer ni le goût ni la vraisemblance; si sa voix toujours admirable et son grand talent le maintenaient au premier rang des artistes italiens; si ses abondants cheveux d'un beau gris de perle, et son grand œil noir plein de feu, attiraient encore le regard des femmes, aussi bien dans les salons que sur la scène, Lélio n'en était pas moins un homme sage, plein de réserve et de gravité dans l'occasion. Ce qui nous semblait étrange, c'est qu'avec les agréments que le ciel lui avait départis, avec les succès brillants de son honorable carrière, il n'était point et n'avait jamais été un homme à bonnes fortunes. Il avait, disait-on, inspiré de grandes passions; mais, soit qu'il ne les eût point partagées, soit qu'il en eût enseveli le roman dans l'oubli d'une conscience généreuse, personne ne pouvait raconter l'issue délicate de ces épisodes mystérieux. De fait, il n'avait compromis aucune femme. Les plus opulentes et les plus illustres maisons de l'Italie et de l'Allemagne l'accueillaient avec empressement; nulle part il n'avait porté le trouble et le scandale. Partout il jouissait d'une réputation de bonté, de loyauté, de sagesse irréprochable.

Pour nous artistes, ses amis et ses compagnons, il était bien aussi le meilleur et le plus estimable des hommes. Mais cette gaieté sereine, cette grâce bienveillante qu'il portait dans le commerce du monde, ne nous cachaient pas absolument un fond de mélancolie et l'habitude d'un chagrin secret. Un soir, après souper, comme nous fumions le *serraglio* sous nos treilles embaumées de Sainte-Marguerite, l'abbé Panorio nous parlait de lui-même, et nous disait les poétiques élans et les combats héroïques de son propre cœur avec une candeur respectable et touchante. Lélio, gagné par cet exemple et partageant notre effusion, pressé aussi un peu par les questions de l'abbé et les regards de Beppa, nous confessa enfin que l'art n'était pas la seule noble passion qu'il eût connue.

« *Ed io anché!* s'écria-t-il avec un soupir; et moi aussi j'ai aimé, j'ai combattu, j'ai triomphé!

— Avais-tu donc fait vœu de chasteté comme lui? dit Beppa en souriant et en touchant le bras de l'abbé du bout de son éventail noir.

— Je n'ai jamais fait aucun vœu, répondit Lélio; mais j'ai toujours été impérieusement commandé par le sentiment naturel de la justice et de la vérité. Je n'ai jamais compris qu'on pût être vraiment heureux un seul jour en risquant toute la destinée d'autrui. Je vous raconterai, si vous le voulez, deux époques de ma vie où l'amour a joué le principal rôle, et vous comprendrez qu'il a pu m'en coûter un peu d'être, je ne dis pas un héros, mais un homme.

— Voilà un début bien grave, dit Beppa, et je crains que ton récit ne ressemble à une sonate française. Il te faut une introduction musicale, attends! Est-ce là le ton qui te convient? » En même temps, elle tira de son luth quelques accords solennels, et joua les premières mesures d'un andante maestoso de Dusseck.

« Ce n'est pas cela, reprit Lélio en étouffant le son des cordes avec le manche de l'éventail de Beppa. Joue-moi plutôt une de ces valses allemandes, où la Joie et la Douleur, voluptueusement embrassées, semblent tourner doucement et montrer tour à tour une face pâle baignée de larmes et un front rayonnant couronné de fleurs.

— Fort bien! dit Beppa. Pendant ce temps Cupidon joue de la pochette, et marque la mesure à faux, ni plus ni moins qu'un maître de ballet; la Joie, impatientée, frappe du pied pour exciter la fade musicien qui gêne son élan impétueux. La Douleur, exténuée de fatigue, tourne ses yeux humides vers l'impitoyable racleur pour l'engager à ralentir cette rotation obstinée, et l'auditoire, ne sachant s'il doit rire ou pleurer, prend le parti de s'endormir. »

Et Beppa se mit à jouer la ritournelle d'une valse sentimentale, ralentissant et pressant chaque mesure alternativement, conformant avec rapidité l'expression de sa charmante figure, tantôt sémillante de joie, tantôt lugubre de tristesse, à ce mode ironique, et portant dans cette raillerie musicale toute l'énergie de son patriotisme artistique.

« Vous êtes une femme bornée! lui dit Lélio en passant ses ongles sur les cordes dont la vibration expira en un cri aigre et déchirant.

— Point-d'orgue germanique! s'écria la belle Vénitienne en éclatant de rire et en lui abandonnant la guitare.

— L'artiste, reprit Lélio, a pour patrie le monde entier, la grande *Bohême*, comme nous disons. *Per Dio!* faisons la guerre au despotisme autrichien, mais respectons la valse allemande! la valse de Weber, ô mes amis! la valse de Beethoven et de Schubert! Oh! écoutez, écoutez ce poème, ce drame, cette scène de désespoir, de passion et de joie délirante! »

En parlant ainsi, l'artiste fit résonner les cordes de l'instrument, et se mit à vocaliser, de toute la puissance de sa voix et de son âme, le chant sublime du *Désir* de Beethoven; puis, s'interrompant tout à coup et jetant sur l'herbe l'instrument encore plein de vibration pathétique:

« Jamais aucun chant, dit-il, n'a remué mon âme comme celui-là. Il faut bien l'avouer, notre musique italienne ne parle qu'aux sens ou à l'imagination exaltée; celle-ci parle au cœur et aux sentiments les plus profonds et les plus exquis. J'ai été comme vous, Beppa. J'ai résisté à la puissance du génie germanique; j'ai longtemps bouché les oreilles de mon corps et celles de mon intelligence à ces mélodies du Nord, que je ne pouvais ni ne voulais comprendre. Mais les temps sont venus où l'inspiration divine n'est plus arrêtée aux frontières des États par la couleur des uniformes et la bigarrure des bannières. Il y a dans l'air je ne sais quels anges ou quels sylphes, messagers invisibles du progrès, qui nous apportent l'harmonie et la poésie de tous les points de l'horizon. Ne nous enterrons pas sous nos ruines; mais que notre génie étende ses ailes et ouvre ses bras pour épouser tous les génies contemporains par-dessus les cimes des Alpes.

— Écoutez, comme il extravague! s'écria Beppa en essuyant son luth qu'un déjà couvert de rosée; moi qui le prenais pour un homme raisonnable!

— Pour un homme froid et peut-être égoïste, n'est-ce pas, Beppa? reprit l'artiste en se rasseyant d'un air mélancolique. Eh bien! j'ai cru moi-même être cet homme-là; car j'ai fait des actes de raison, et j'ai sacrifié aux exigences de la société. Mais quand la musique des régiments autrichiens fait retentir, le soir, les échos de nos grandes places et nos tranquilles eaux des airs de Freyschütz et des fragments de symphonie de Beethoven, je m'aperçois que j'ai des larmes en abondance, et que mes sacrifices n'ont pas été de peu de valeur. Un sens nouveau semble se révéler à moi : la mélancolie des regrets, l'habitude de la tristesse et le besoin de la rêverie, ces éléments qui n'entrent guère dans notre organisation méridionale, pénètrent désormais en moi par tous les pores, et je vois bien clairement que notre musique est restée incomplète, et l'art que je sers insuffisant à l'expression de mon âme; voilà pourquoi vous me voyez dégoûté du théâtre, blasé sur les émotions du triomphe, et peu désireux de conquérir de nouveaux applaudissements à l'aide des vieux moyens; c'est que je voudrais m'élancer dans une vie d'émotions nouvelles, et trouver dans le drame lyrique l'expression du drame de ma propre vie; mais alors je deviendrais peut-être triste et vaporeux comme un Hambourgeois, et tu me raillerais cruellement, Beppa! C'est ce qu'il ne faut pas. O mes bons amis, buvons! et vive la joyeuse Italie et Venise la belle!

Il porta son verre à ses lèvres; mais il le remit sur la table avec préoccupation, sans avoir avalé une seule goutte de vin. L'abbé lui répondit par un soupir, Beppa lui serra la main, et, après quelques instants d'un silence mélancolique, Lélio, pressé de remplir sa promesse, commença son récit en ces termes :

« Je suis, vous le savez, fils d'un pêcheur de Chioggia. Presque tous les habitants de cette rive ont le thorax bien développé et la voix forte. Ils l'auraient belle, s'il ne l'enrouaient de bonne heure à lutter sur leurs barques contre les bruits de la mer et des vents, à boire et à fumer immodérément pour conjurer le sommeil et la fatigue. C'est une belle race que nos Chioggiotes. On dit qu'un grand peintre français *Leopoldo Roberto*, est maintenant occupé à illustrer le type de leur beauté dans un tableau qu'il ne laisse voir à personne.

Quoique je sois d'une complexion assez robuste, comme vous voyez, mon père, en me comparant à mes frères, me jugea si frêle et si chétif, qu'il ne voulut m'enseigner ni à jeter le filet, ni à diriger la chaloupe et le chasse-marée. Il me montra seulement le maniement de la rame à deux mains, le *roguer* de la barquette, et il m'envoya gagner ma vie à Venise en qualité d'aide-gondolier de place. Ce fut une grande douleur et une grande humiliation pour moi que d'entrer ainsi en servage, de quitter la maison paternelle, le rivage de la mer, l'honorable et périlleuse profession de mes pères. Mais j'avais une belle voix, je savais bon nombre de fragments de l'Arioste et du Tasse. Je pouvais faire un agréable gondolier, et gagner, avec le temps et la patience, cinquante francs par mois au service des amateurs et des étrangers.

Vous ne savez pas, Zorzi, dit Lélio en s'interrompant et en se tournant vers moi, comment se développent chez nous, gens du peuple, le goût et le sentiment de la musique et de la poésie. Nous avions alors et nous avons encore (bien que cet usage menace de se perdre) nos trouvères et nos bardes, que nous appelons *cupidons;* rapsodes voyageurs, ils nous apportent des provinces centrales les notions incorrectes de la langue-mère, altérée, je ferais mieux de dire enrichie, de tout le génie des dialectes du nord et du midi. Hommes du peuple comme nous, doués à la fois de mémoire et d'imagination, ils ne se gênent nullement pour mêler leurs improvisations bizarres aux créations des poëtes. Prenant et laissant toujours sur leur passage quelque locution nouvelle, ils embellissent et leur langage et le texte de leurs auteurs d'une incroyable confusion d'idiomes. On pourrait les appeler les conservateurs de l'instabilité du langage dans les provinces frontières et sur tout le littoral. Notre ignorance accepte sans appel les décisions de cette académie ambulante; et vous avez eu souvent l'occasion d'admirer tantôt l'énergie, tantôt le grotesque de l'italien de nos poëtes, dans la bouche des chanteurs des lagunes.

C'est le dimanche à midi, sur la place publique de Chioggia, après la grand'messe, ou le soir dans les cabarets de la côte, que ces rapsodes charment, par leurs récitatifs entrecoupés de chant et de déclamation, un auditoire nombreux et passionné. Le *cupido* est ordinairement debout sur une table et joue de temps en temps une ritournelle ou un finale de sa façon sur un instrument quelconque, celui-ci sur la cornemuse calabroise, celui-là sur la vielle bergamasque, d'autres sur le violon, la flûte ou la guitare. Le peuple chioggiote, en apparence flegmatique et froid, écoute d'abord en fumant d'un air impassible et presque dédaigneux; mais aux grands coups de lance des héros de l'Arioste, à la mort des paladins, aux aventures des demoiselles délivrées et des géants pourfendus, l'auditoire s'éveille, s'anime, s'écrie et se passionne si bien, que les verres et les pipes volent en éclats, les tables et les siéges sont brisés, et souvent le cupido, prêt à devenir victime de l'enthousiasme excité pour lui, est forcé de s'enfuir, tandis que les dilettanti se répandent dans la campagne à la poursuite d'un ravisseur imaginaire aux cris d'*amazza ! amazza !* tue le monstre! tue le coquin ! à mort le brigand! courage, Astolphe ! courage, bon compagnon! avance! avance! tue! tue! C'est ainsi que les Chioggiotes, ivres de fumée de tabac, de vin et de poésie, remontent sur leurs bar-

ques et déclament aux flots et aux vents les fragments rompus de ces épopées délirantes.

J'étais le moins bruyant et le plus attentif de ces dilettanti. Comme j'étais fort assidu aux séances, et que j'en sortais toujours silencieux et pensif, mes parents en concluaient que j'étais un enfant docile et borné, à la fois désireux et incapable d'apprendre les *beaux-arts*. On trouvait ma voix agréable; mais, comme j'avais en moi le sentiment d'une accentuation plus pure et d'une déclamation moins forcenée que celle des *cupidons* et de leurs imitateurs, on décréta que j'étais, comme chanteur aussi bien que comme barcarole, *bon pour la ville,* retournant ainsi votre locution française à propos de choses de peu de valeur, — *bon pour la campagne.*

Je vous ai promis le récit de deux épisodes, et non celui de ma vie; je ne vous dirai donc pas le détail de toutes les souffrances par lesquelles je passai pour arriver, moyennant le régime du riz à l'eau et des coups de rame sur les épaules, à l'âge de quinze ans et à un très-médiocre talent de gondolier. Le seul plaisir que j'eusse, c'était celui d'entendre passer les sérénades; et, quand j'avais un instant de loisir, je m'échappais pour chercher et suivre les musiciens dans tous les coins de la ville. Ce plaisir était si vif que, s'il ne m'empêchait point de regretter la maison paternelle, il m'eût empêché du moins d'y retourner. Du reste, ma passion pour la musique était à l'état de goût sympathique, et non de penchant personnel; car ma voix était en pleine mue, et me semblait si désagréable, lorsque j'en faisais le timide essai, que je ne concevais pas d'autre avenir que celui de battre l'eau des lagunes, toute ma vie, au service du premier venu.

Mon maître et moi occupions souvent le *traguetto*, ou station de gondoles, sur le grand canal, au palais Aldini, vers l'image de *saint Zandegola* (contraction patoise du nom de San-Giovanni Decollato). En attendant la pratique, mon patron dormait, et j'étais chargé de guetter les passants pour leur offrir le service de nos rames. Ces heures, souvent pénibles dans les jours brûlants de l'été, étaient délicieuses pour moi au pied du palais Aldini, grâce à une magnifique voix de femme accompagnée par la harpe, dont les sons arrivaient distinctement jusqu'à moi. La fenêtre par laquelle s'échappaient ces sons divins était située au-dessus de ma tête, et le balcon avancé me servait d'abri contre la chaleur du jour. Ce petit coin était mon Éden, et je n'y repasse jamais sans que mon cœur tressaille au souvenir de ces modestes délices de mon adolescence. Une tendine de soie ombrageait alors le carré de balustrade de marbre blanc, brunie par les siècles et enlacée de liserons et de plantes pariétaires soigneusement cultivées par la belle hôtesse de cette riche demeure; car elle était belle; je l'avais entrevue quelquefois au balcon, et j'avais entendu dire aux autres gondoliers que c'était la femme la plus aimable et la plus courtisée de Venise. J'étais assez peu sensible à sa beauté, quoiqu'à Venise les gens du peuple aient des yeux pour les femmes du plus haut rang, et réciproquement, à ce qu'on assure. Pour moi, j'étais tout oreilles; et, quand je la voyais paraître, mon cœur battait de joie, parce que sa présence me donnait l'espoir de l'entendre bientôt chanter.

J'avais entendu dire aussi aux gondoliers du traguet que l'instrument dont elle s'accompagnait était une harpe; mais leurs descriptions étaient si confuses qu'il m'était impossible de me faire une idée nette de cet instrument. Ses accords me ravissaient, et c'est lui que je brûlais du désir de voir. Je m'en faisais un portrait fantastique; car on m'avait dit qu'il était tout d'or pur, plus grand que moi, et mon patron Masino en avait vu un qui était terminé par le buste d'une belle femme qu'on aurait dit prête à s'envoler, car elle avait des ailes. Je voyais donc la harpe dans mes rêves, tantôt sous la figure d'une sirène, et tantôt sous celle d'un oiseau; quelquefois je croyais voir passer une belle barque pavoisée, dont les cordages de soie rendaient des sons harmonieux. Une fois je rêvai que je trouvais une harpe au milieu des roseaux et des algues; mais au moment où j'écartais les herbes humides pour la saisir, je fus éveillé en sursaut, et ne pus jamais retrouver le souvenir distinct de sa forme.

Cette curiosité s'empara si fort de mon jeune cerveau, qu'un jour je finis par céder à une tentation maintes fois vaincue. Pendant que mon patron était au cabaret, je grimpai sur la couverture de ma gondole, et de là aux barreaux d'une fenêtre basse; puis enfin je m'accrochai à la balustrade du balcon, je l'enjambai et je me trouvai sous les rideaux de la tendine.

Je pus alors contempler l'intérieur d'un magnifique cabinet; mais le seul objet qui me frappa, ce fut la harpe muette au milieu des autres meubles qu'elle dominait fièrement. Le rayon qui pénétra dans le cabinet lorsque j'entr'ouvris le rideau vint frapper sur la dorure de l'instrument, et fit étinceler le beau cygne sculpté qui le surmontait. Je restai immobile d'admiration, ne pouvant me lasser d'en examiner les moindres détails, la structure élégante, qui me rappelait la proue des gondoles, les cordes diaphanes qui me semblèrent toutes d'or filé, les cuivres luisants et la boîte de bois satiné sur laquelle étaient peints des oiseaux, des fleurs et des papillons richement coloriés et d'un travail exquis.

Cependant, il me restait un doute, au milieu de tant de meubles superbes, dont la forme et l'usage m'étaient peu connus; ne m'étais-je pas trompé? était-ce bien la harpe que je contemplais? Je voulus m'en assurer; je pénétrai dans le cabinet, et je posai une main gauche et tremblante sur les cordes. Ô ravissement! elles me répondirent. Saisi d'un inexprimable vertige, je me mis à faire vibrer au hasard et avec une sorte de fureur toutes ces voix retentissantes, et je ne crois pas que l'orchestre le plus savant et le mieux gouverné m'ait jamais fait depuis autant de plaisir que l'effroyable confusion de sons dont je remplis l'appartement de la signora Aldini.

Mais ma joie ne fut pas de longue durée. Un valet de chambre qui rangeait les salles voisines accourut au bruit, et, furieux de voir un petit rustre en haillons s'introduire ainsi et s'abandonner à l'amour de l'art avec un si odieux dérèglement, se mit en devoir de me chasser à coups de balai. Il ne me convenait guère d'être congédié de la sorte, et je me retirai prudemment vers le balon, afin de m'en aller comme j'étais venu. Mais avant que j'eusse pu l'enjamber, le valet s'élança sur moi, et je me vis dans l'alternative d'être battu ou de faire un culbute ridicule. Je pris un parti violent, ce fut d'esquiver le choc en me laissant avec dextérité, et de saisir mon adversaire par les deux jambes, tandis qu'il donnait brusquement de la poitrine contre la balustrade. L'enlever ainsi de terre et le lancer dans le canal fut l'affaire d'un instant. C'est un jeu auquel les enfants s'exercent entre eux à Chioggia. Mais je n'avais pas eu le temps d'observer que la fenêtre était à vingt pieds de l'eau et que le pauvre diable de *cameriere* pouvait ne pas savoir nager.

Heureusement pour lui et pour moi, il revint aussitôt sur l'eau et s'accrocha aux barques du traguet. J'eus un instant de terreur en lui voyant faire le plongeon; mais, dès que je le vis sauvé, je songeai à me sauver moi-même: car il rugissait de fureur et allait ameuter contre moi tous les valets du palais Aldini. Enfilant la première porte qui s'offrit à moi, et courant à travers les galeries, j'allais franchir l'escalier, lorsque j'entendis des voix confuses qui venaient à ma rencontre. Je remontai précipitamment et me réfugiai sous les combles du palais, où je me cachai dans un grenier parmi de vieux tableaux rongés des vers, et des débris de meubles.

Je restai là deux jours et deux nuits sans prendre aucun aliment et sans oser me frayer un passage au milieu de mes ennemis. Il y avait tant de monde et de mouvement dans cette maison qu'on n'y pouvait faire un pas sans rencontrer quelqu'un. J'entendais par la lucarne les propos des valets qui se tenaient dans la galerie de l'étage inférieur. Ils s'entretenaient de moi presque continuellement, faisaient mille commentaires sur ma disparition, et se promettaient de m'infliger une rude correction s'ils réussissaient à me rattraper. J'entendais aussi mon patron sur sa barque s'étonner de mon absence, et se réjouir à l'idée de mon retour, dans des intentions non moins bienveillantes. J'étais brave et vigoureux; mais je sentais que je serais accablé par le nombre. L'idée d'être battu par mon patron ne m'occupait guère; c'était une chance du métier d'apprenti qui n'entraînait aucune honte. Mais celle d'être châtié par des laquais soulevait en moi une telle horreur, que je préférais mourir de faim. Il ne s'en fallut pas de beaucoup que mon aventure n'eût ce dénouement. À quinze ans, on supporte mal la diète. Une vieille camériste qui vint chercher un pigeon déserteur sous les combles trouva, au lieu de son fugitif, le pauvre *barcarolino* évanoui et presque mort au pied d'une vieille toile qui représentait une sainte Cécile. Ce qu'il y eut de plus frappant pour moi dans ma détresse, c'est que la sainte avait entre les bras une harpe de forme antique que j'eus tout le loisir de contempler au milieu des angoisses de la faim, et dont la vue me devint tellement odieuse, que pendant bien longtemps, par la suite, je ne pus supporter ni l'aspect ni le son de cet instrument fatal.

La bonne duègne me secourut et intéressa la signora Aldini à mon sort. Je fus promptement rétabli des suites du jeûne, et mon persécuteur, apaisé par cette expiation, agréa l'aveu de ma faute et l'expression brusque, mais sincère, de mes regrets. Mon père, en apprenant de mon patron que j'étais perdu, était accouru. Il fronça le sourcil lorsque madame Aldini lui manifesta l'intention de me prendre à son service. C'était un homme rude, mais fier et indépendant. C'était bien assez, selon lui, que je fusse condamné par ma délicate organisation à vivre à la ville. J'étais de trop bonne famille pour être valet, et quoique les gondoliers eussent de grandes prérogatives dans les maisons particulières, il y avait une distinction de rang bien marquée entre les gondoliers de la place et les *gondolieri di casa*. Ces derniers étaient mieux vêtus, il est vrai, et participaient au bien-être de la vie patricienne; mais ils étaient réputés laquais, et il n'y avait point de telle souillure dans ma famille. Néanmoins madame Aldini était si gracieuse et si bienveillante, que mon brave homme de père, tortillant son bonnet rouge dans ses mains avec embarras, et tirant à chaque instant, par habitude, sa pipe éteinte de sa poche, ne put que répondre à ses douces paroles et à ses généreuses promesses. Il résolut de me laisser libre, comptant bien que je refuserais. Mais moi, quoique je fusse bien dégoûté de la harpe, je ne songeais qu'à la musique. Je ne sais quelle puissance magnétique la signora Aldini exerçait sur moi; c'était une véritable passion, mais une passion d'artiste toute platonique et toute philharmonique. De la petite chambre basse où l'on m'avait recueilli pour me soigner, — car j'eus, par suite de mon jeûne, deux ou trois accès de fièvre, — je l'entendais chanter, et cette fois elle s'accompagnait avec le clavecin, dont elle jouait également bien de plusieurs instruments. Enivré de ses accents, je ne compris pas même les scrupules de mon père, et j'acceptai sans hésiter la place de gondolier en second au palais Aldini.

Il était de bon goût à cette époque d'être *bien monté* en barcarolles, c'est-à-dire que, de même que la gondole équivaut, à Venise, à l'*équipage* dans les autres pays, de même les gondoliers sont un objet à la fois de luxe et de nécessité comme les chevaux. Toutes les gondoles étant à peu près semblables, d'après le décret somptuaire de la république, qui les condamna indistinctement à être tendues de noir, c'était seulement par l'habit et par la tournure de leurs rameurs que les personnes opulentes pouvaient se faire remarquer dans la foule. La gondole du patricien élégant devait être conduite, à l'arrière, par un homme robuste et d'une beauté mâle, à l'avant, par un négrillon singulièrement accoutré, ou par un blondin indigène, sorte de page ou de jockey vêtu avec élégance, et placé là comme un ornement, comme la *poupée* à la proue des navires.

J'étais donc tout à fait propre à cet honorable emploi. J'étais un véritable enfant des lagunes, blond, rosé, très fort, avec des contours un peu féminins, ayant la tête, les pieds et les mains remarquablement petits, le buste large et musculeux, le cou et les bras ronds, nerveux et blancs. Ajoutez à cela une chevelure couleur d'ambre, fine, abondante, et bouclée naturellement; imaginez un charmant costume demi-Figaro, demi-Chérubin, et le plus souvent les jambes nues, la culotte de velours bleu de ciel attachée par une ceinture de soie écarlate, et la poitrine couverte seulement d'une chemise de batiste brodée plus blanche que la neige; vous aurez une idée du pauvre histrion en herbe qu'on appelait alors Nello, par contraction de son nom véritable, Daniele Gemello.

Comme il est de la destinée des petits chiens d'être cajolés par les maîtres imbéciles et battus par les vlaets jaloux, le sort de mes pareils était généralement un mélange assez honteux de tolérance illimitée de la part des uns, et de haine brutale de la part des autres. Heureusement pour moi, la Providence me jeta sur un coin béni : Bianca Aldini était la bonté, l'indulgence, la charité descendues sur la terre. Veuve à vingt ans, elle passait sa vie à soulager les pauvres, à consoler les affligés. Là où il y avait une larme à essuyer, un bienfait à verser, on la voyait bientôt accourir dans sa gondole, portant sur ses genoux sa petite fille âgée de quatre ans; miniature charmante, si frêle, si jolie, et toujours si fraîchement parée, qu'il semblait que les belles mains de sa mère fussent les seules au monde assez effilées, assez douces et assez moelleuses pour la toucher sans la froisser ou sans la briser. Madame Aldini était toujours vêtue elle-même avec un goût et une recherche que toutes les dames de Venise essayaient en vain d'égaler; immensément riche, elle aimait le luxe, et dépensait la moitié de son revenu à satisfaire ses goûts d'artiste et ses habitudes de patricienne. L'autre moitié passait en aumônes, en services rendus, en bienfaits de toute espèce. Quoique ce fût un assez beau *denier de veuve*, comme elle l'appelait, elle s'accusait naïvement d'être une âme tiède, de ne pas faire ce qu'elle devait; et, concevant de sa charité plus de repentir que d'orgueil, elle se promettait chaque jour de *quitter le siècle* et de s'occuper sérieusement de son salut. Vous voyez, d'après ce mélange de faiblesse féminine et de vertu chrétienne, qu'elle ne se piquait point d'être une âme forte, et que son intelligence n'était pas plus éclairée que ne le comportaient le temps et le monde où elle vivait. Avec cela, je ne sais s'il a jamais existé de femme meilleure et plus charmante. Les autres femmes, jalouses de sa beauté, de son opulence et de sa vertu, s'en vengeaient en assurant qu'elle était bornée et ignorante. Il y avait de la vérité dans cette accusation; mais Bianca n'en était pas moins aimable. Elle avait un fond de bon sens qui l'empêchait d'être jamais ridicule, et, quant à son manque d'instruction, la naïveté modeste qui en résultait était chez elle une grâce de plus. J'ai vu autour d'elle les hommes les plus éclairés et les plus graves ne jamais se lasser de son entretien.

Vivant ainsi à l'église et au théâtre, dans la mansarde du pauvre et dans les palais, elle portait avec elle en tous lieux la consolation ou le plaisir, elle imposait à tous la reconnaissance ou la gaieté. Son humeur était égale, enjouée, et le caractère de sa beauté suffisait à répandre la sérénité autour d'elle. Elle était de moyenne taille, blanche comme le lait et fraîche comme une fleur; tout en elle était douceur, jeunesse, aménité. De même que, dans toute sa gracieuse personne, on eût vainement cherché un angle aigu, de même son caractère n'offrit jamais la moindre aspérité, ni sa bonté la moindre lacune. A la fois active comme le dévouement évangélique et nonchalante comme la mollesse vénitienne, elle ne passait jamais plus de deux heures dans la journée au même endroit; mais dans son palais elle était toujours couchée sur un sofa, et dehors elle était toujours étendue dans sa gondole. Elle se disait faible sur les jambes, et ne montait ou ne descendait jamais un escalier sans être soutenue par deux personnes; dans ses appartements elle était toujours appuyée sur le bras de Salomé, une belle fille juive qui la servait et lui tenait compagnie. On disait à ce propos que madame Aldini était boiteuse par suite de la chute d'un meuble que son mari avait jeté sur elle dans un accès de colère, et qui lui avait fracturé la jambe : c'est ce que je n'ai jamais su précisément, bien que pendant plus de deux ans elle se soit appuyée sur mon bras pour sortir de son palais et pour y rentrer, tant elle mettait d'art et de soin à cacher cette infirmité.

Malgré sa bienveillance et sa douceur, Bianca ne manquait ni de discernement ni de prudence dans le choix des personnes qui l'entouraient; il est certain que nulle part je n'ai vu autant de braves gens réunis. Si vous me trouvez un peu de bonté et assez de fierté dans l'âme, c'est au séjour que j'ai fait dans cette maison qu'il faut l'attribuer. Il était impossible de n'y pas contracter l'habitude de bien penser, de bien dire et de bien faire; les valets étaient probes et laborieux, les amis fidèles et dévoués, les amants même... (car il faut bien l'avouer, il y eut des amants) étaient pleins d'honneur et de loyauté. J'avais là plusieurs patrons; de tous ces pouvoirs, la *signora* était le moins impératif. Au reste, tous étaient bons ou justes. Salomé, qui était le pouvoir exécutif de la maison, maintenait l'ordre avec un peu de sévérité; elle ne souriait guère, et le grand arc de ses sourcils se divisait rarement en deux quarts de cercle au-dessus de ses longs yeux noirs. Mais elle avait de l'équité, de la patience et un regard pénétrant qui ne méconnaissait jamais la sincérité. Mandola, premier gondolier, et mon précepteur immédiat, était un Hercule lombard, qu'à ses énormes favoris noirs et à ses formes athlétiques on eût pris pour Polyphème. Ce n'en était pas moins le paysan le plus doux, le plus calme et le plus humain qui ait jamais passé de ses montagnes à la civilisation des grandes cités. Enfin, le comte Lanfranchi, le plus bel homme de la république, que nous avions l'honneur de promener tous les soirs en gondole fermée avec madame Aldini, de dix heures à minuit, était bien le plus gracieux et le plus affable seigneur que j'aie rencontré dans ma vie.

Je n'ai jamais connu de feu monseigneur Aldini qu'un grand portrait en pied qui était à l'entrée de la galerie, dans un cadre superbe un peu détaché de la muraille, et semblant commander à une longue suite d'aïeux, tous de plus en plus noirs et vénérables, qui s'enfonçaient, par ordre chronologique, dans la profondeur sombre de cette vaste salle. Torquato Aldini était habillé dans le dernier goût du temps, avec un jabot de dentelle de Flandre et un habit du matin de gros d'été vert-pomme à brandebourgs rose vif; il était admirablement crêpé et poudré. Mais, malgré la galanterie de ce déshabillé pastoral, je ne pouvais le regarder sans baisser les yeux; car il y avait sur sa figure, d'un jaune brun, dans sa prunelle noire et ardente, dans sa bouche froide et dédaigneuse, dans son attitude impassible, et jusque dans le mouvement absolu de sa main longue et maigre, ornée de diamants, une expression de fierté arrogante et de rigueur inflexible que je n'avais jamais rencontrée sous le toit de ce palais. C'était un beau portrait, et le portrait d'un beau jeune homme : il était mort à quarante-cinq ans, à la suite d'un duel avec un Foscari, qui avait osé se dire de meilleure famille que lui. Il avait laissé une grande réputation de bravoure et de fermeté; mais on disait tout bas qu'il avait rendu sa femme très-malheureuse, et les domestiques n'avaient pas l'air de le regretter. Il leur avait imprimé une telle crainte, qu'ils ne passaient jamais le soir devant cette peinture, saisissante de vérité, sans se découvrir la tête, comme ils eussent fait devant la personne de leur ancien maître.

Il fallait que la dureté de son âme eût fait beaucoup souffrir la *signora* et l'eût bien dégoûtée du mariage, car elle ne voulait point contracter de nouveaux liens, et repoussait les meilleurs partis de la république. Cependant elle avait besoin d'aimer, car elle souffrait les assiduités du comte Lanfranchi, et ne semblait lui refuser des douceurs de l'hyménée que le serment indissoluble. Au bout d'un an, le comte, désespérant de lui inspirer la confiance nécessaire pour un tel engagement, et cherchant fortune ailleurs, lui confessa qu'une riche héritière lui donnait meilleure espérance. La signora lui rendit aussitôt généreusement sa liberté; fut fort triste et malade pendant plusieurs jours; mais, au bout d'un mois, le prince de Montalegri vint occuper dans sa gondole la place que l'ingrat Lanfranchi avait laissée vacante, et pendant un an encore, Mandola et moi promenâmes sur les lagunes ce couple bénévole, et en apparence fortuné.

J'avais un attachement très-vif pour la signora. Je ne concevais rien de plus beau et de meilleur qu'elle sur la terre. Quand elle tournait sur moi son beau regard presque maternel, quand elle m'adressait en souriant de douces paroles (les seules qui pussent sortir de ses lèvres charmantes), j'étais si fier et si content que, pour lui faire plaisir, je me serais jeté sous la carène tranchante du *Bucentaure*. Quand elle me donnait un ordre, j'avais des ailes ; quand elle s'appuyait sur moi, mon cœur palpitait de joie ; quand, pour faire remarquer ma belle chevelure au prince de Montalegri, elle posait doucement sa main de neige sur ma tête, je devenais rouge d'orgueil. Et pourtant je promenais sans jalousie le prince à ses côtés ; je répondais gaiement à ces quolibets pleins de bienveillance que les seigneurs de Venise aiment à échanger avec les barcarolles pour éprouver en eux l'esprit de repartie ; et, malgré l'excessive liberté dont le gondolier provoqué jouit en pareil cas, jamais je n'avais senti contre le prince le plus léger mouvement d'aigreur. C'était un bon jeune homme ; je lui savais gré d'avoir consolé la signora de l'abandon de M. Lanfranchi. Je n'avais pas cette sotte humilité qui s'incline devant les prérogatives du rang. En fait d'amour, nous ne les connaissons guère dans ce pays, et nous les connaissions encore moins dans ce temps-là. Il n'y avait pas une telle différence d'âge entre la signora et moi, que je ne pusse être amoureux d'elle. Le fait est que je serais embarrassé aujourd'hui de donner un nom à ce que j'éprouvais alors. C'était de l'amour peut-être, mais de l'amour pur comme mon âge ; et de l'amour tranquille, parce que j'étais sans ambition et sans cupidité.

Outre ma jeunesse, mon zèle et mon caractère facile et enjoué, j'avais plu particulièrement à la signora par mon amour pour la musique : elle prenait plaisir à voir l'émotion que j'éprouvais au son de sa belle voix, et chaque fois qu'elle chantait, elle me faisait appeler. Accorte et familière, elle me faisait entrer jusque dans son cabinet, et m'autorisait à m'asseoir auprès de Salomé. Il semblait qu'elle eût aimé à voir cette farouche camériste se départir un peu avec moi de son austérité. Mais Salomé m'imposait beaucoup plus que la signora, et jamais je ne fus tenté de m'enhardir auprès d'elle.

Un jour la signora me demanda si j'avais de la voix. Je lui répondis que j'en avais eu, mais qu'elle s'était perdue. Elle voulut que j'en fisse l'essai devant elle. Je m'en défendis, elle insista, il fallut céder. J'étais fort troublé, et convaincu qu'il me serait impossible d'articuler un son ; car il y avait bien un an que je ne m'en étais avisé. J'avais alors dix-sept ans. Ma voix était revenue, je ne m'en doutais pas. Je mis ma tête dans mes deux mains ; je tâchai de me rappeler une strophe de la *Jérusalem*, et le hasard me fit rencontrer celle qui exprime l'amour d'Olinde pour Sophronie, et qui se termine par ce vers :

Brama assai, poco spera, nulla chiede.

Alors, rassemblant mon courage et me mettant à crier de toute ma force comme si j'eusse été en pleine mer, je fis retentir les lambris étonnés de ce lai plaintif et sonore, sur lequel nous chantons dans les lagunes les prouesses de Roland et les amours d'Herminie. Je ne me méfiais pas de l'effet que j'allais produire ; comptant sur le filet enroué que j'avais fait sortir autrefois de ma poitrine, je faillis tomber à la renverse, lorsque l'instrument que je recélais en moi, à mon insu, manifesta sa puissance. Les tableaux suspendus à la muraille en frémirent, la signora sourit, et les cordes de la harpe répondirent par une longue vibration au choc de cette voix formidable.

« *Santo Dio !* s'écria Salomé en laissant tomber son ouvrage et en se bouchant les oreilles, le lion de Saint-Marc ne rugirait pas autrement ! » La petite Aldini, qui jouait sur le tapis, fut si épouvantée, qu'elle se mit à pleurer et à crier.

Je ne sais ce que fit la signora. Je sais seulement qu'elle, et l'enfant, et Salomé, et la harpe, et le cabinet, tout disparut, et que je courus à toutes jambes à travers les rues, sans savoir quel démon me poussait, jusqu'à la *Quinta-Valle* ; là, je me jetai dans une barque et j'arrivai à la grande prairie qu'on nomme aujourd'hui le Champ-de-Mars, et qui est encore le lieu le plus désert de la ville. A peine me vis-je seul et en liberté, que je me mis à chanter de toute la force de mes poumons. O miracle ! j'avais plus d'énergie et d'étendue dans la voix qu'aucun des *cupidi* que j'avais admirés à Chioggia. Jusque-là j'avais cru manquer de puissance, et j'en avais trop. Elle me débordait, elle me brisait. Je me jetai la figure dans les longues herbes, et, en proie à un accès de joie délirante, je fondis en larmes. O les premières larmes de l'artiste ! elles seules peuvent rivaliser de douceur ou d'amertume avec les premières larmes de l'amant.

Je me remis ensuite à chanter et à répéter cent fois de suite les strophes éparses dont j'avais gardé souvenance. A mesure que je chantais, le rude éclat de ma voix s'adoucissait, je sentais l'instrument devenir à chaque instant plus souple et plus docile. Je ne ressentais aucune fatigue ; plus je m'exerçais, plus il me semblait que ma respiration devenait facile et de longue haleine. Alors, je me hasardai à essayer les airs d'opéra et les romances que j'entendais chanter depuis deux ans à la signora. Depuis deux ans, j'avais bien appris et bien travaillé sans m'en douter. La méthode était entrée dans ma tête par routine, par instinct, et le sentiment dans mon âme par intuition, par sympathie. J'ai beaucoup de respect pour l'étude ; mais j'avoue qu'aucun chanteur n'a moins étudié que moi. J'étais doué d'une facilité et d'une mémoire merveilleuses. Il suffisait que j'eusse entendu un trait pour le rendre aussitôt avec netteté. J'en fis l'épreuve dès ce premier jour, et je parvins à chanter presque d'un bout à l'autre les morceaux les plus difficiles du répertoire de madame Aldini.

La nuit vint m'avertir de mettre un terme à mon enthousiasme. Je m'aperçus alors que j'avais manqué tout le jour à mon service, et je retournai au palais confus et repentant de ma faute. C'était la première de ce genre que j'eusse commise, et je ne craignais rien tant qu'un reproche de la signora, quelque doux qu'il dût être. Elle était en train de souper, et je me glissai timidement derrière sa chaise. Je ne la servais jamais à table ; car j'étais resté fier comme un Chioggiote, et j'avais gardé toutes les franchises attachées à mon emploi privilégié. Mais, voulant réparer mon tort par un acte d'humilité, je pris des mains de Salomé l'assiette de porcelaine de Chine qu'elle allait lui présenter, et j'avançai la main avec gaucherie. Madame Aldini feignit d'abord de ne pas y faire attention, et se laissa servir ainsi pendant quelques instants ; puis, tout d'un coup, rencontrant à la dérobée mon regard piteux, elle partit d'un grand éclat de rire en se renversant sur son fauteuil.

« Votre Seigneurie le gâte, dit la sévère Salomé en réprimant une imperceptible velléité de partager l'enjouement de sa maîtresse.

— Pourquoi le gronderais-je ? repartit la signora. Il s'est fait peur à lui-même ce matin, et, pour se punir, il s'est enfui, le pauvre ! Je parie qu'il n'a pas mangé de la journée. Allons, va souper, Nellino. Je te pardonne, à condition que tu ne me chanteras plus. »

Ce sarcasme bienveillant me sembla très-amer. C'était le premier auquel je fusse sensible ; car, malgré tous les éléments offerts au développement de ma vanité, c'était un sentiment que je ne connaissais pas encore. Mais l'orgueil venait de s'éveiller en moi avec la puissance, et, en raillant ma voix, on me semblait nier mon âme et attaquer ma vie.

Depuis ce jour, les leçons que me donnait à son insu la signora en s'exerçant devant moi me devinrent de plus en plus profitables. Tous les soirs j'allais m'exercer au Champ-de-Mars aussitôt que mon service était fini, et j'avais la conscience de mes progrès. Bientôt les leçons de la signora ne me suffirent plus. Elle chantait pour son plaisir, portant à l'étude une nonchalance superbe, et ne cherchait point à se perfectionner. J'avais un désir immodéré d'aller au théâtre ; mais, pendant tout le temps qu'elle y passait, j'étais condamné à garder la gondole, Mandola jouissant du privilége d'aller au parterre, ou d'écouter dans les corridors. J'obtins enfin de lui, un jour, qu'il me laissât entrer à sa place pendant un acte d'opéra, à la Fenice. On jouait le *Mariage secret*. Je ne chercherai point à vous rendre ce que j'éprouvai : je faillis devenir fou, et, manquant à la parole que j'avais donnée à mon compagnon, je le laissai se morfondre dans la gondole, et ne songeai à sortir que quand je vis la salle vide et les lustres éteints.

Alors je sentis le besoin impérieux, irrésistible, d'aller au théâtre tous les soirs. Je n'osais point demander la permission à madame Aldini : je craignais qu'elle ne vînt encore à railler ma passion infortunée (comme elle l'appelait) pour la musique. Cependant, il fallait mourir ou aller à la Fenice. J'eus la coupable pensée de quitter le service de la signora et de gagner ma vie en qualité de *facchino* à la journée, afin d'avoir le temps et le moyen d'aller le soir au théâtre. Je calculai qu'avec les petites économies que j'avais faites au palais Aldini, et en réduisant mon vêtement et ma nourriture au plus strict nécessaire, je pourrais satisfaire ma passion. Je pensai aussi à entrer au théâtre comme machiniste, comparse ou allumeur; l'emploi le plus abject m'eût semblé doux, pourvu que je pusse entendre de la musique tous les jours. Enfin, je pris le parti d'ouvrir mon cœur au bienveillant Montalegri. On lui avait raconté mon aventure musicale. Il commença par rire ; puis, comme j'insistais courageusement, il exigea pour condition que je lui fisse entendre ma voix. J'hésitai beaucoup : j'avais peur qu'il ne me désespérât par ses railleries, et quoique je n'eusse pour l'avenir aucun dessein formulé avec moi-même, je sentais que m'enlever l'espoir de savoir chanter un jour, c'était m'arracher la vie. Je me résignai pourtant : je chantai d'une voix tremblante le fragment d'un des airs que j'avais entendus une seule fois au théâtre. Mon émotion gagna le prince; je vis dans ses yeux qu'il prenait plaisir à m'entendre : je pris courage, je chantai mieux. Il leva les mains deux ou trois fois pour m'applaudir, puis il s'arrêta de peur de m'interrompre ; je chantai alors tout à fait bien, et quand j'eus fini, le prince, qui était un véritable dilettante, faillit m'embrasser et me donna les plus grands éloges. Il me remmena chez la signora et présenta ma pétition, qui fut ratifiée sur-le-champ. Mais on voulut aussi me faire chanter, et jamais je ne voulus y consentir. La fierté de ma résistance étonna madame Aldini sans l'irriter. Elle pensait la vaincre plus tard; mais elle n'en vint pas à bout aisément. Plus je suivais le théâtre, plus je faisais d'exercices et de progrès, plus aussi je sentais tout ce qui me manquait encore, et plus je craignais de me faire entendre et juger avant d'être sûr de moi-même. Enfin, un soir, au Lido, comme il faisait un clair de lune superbe, et que la promenade de la signora m'avait fait manquer et le théâtre et mon heure de promenade solitaire, je fus pris du besoin de chanter, et je cédai à l'inspiration. La signora et son amant m'écoutèrent en silence ; et quand j'eus fini, ils ne m'adressèrent pas un mot d'approbation ni de blâme. Mandola fut le seul qui, sensible à la musique comme un vrai Lombard, s'écria à plusieurs reprises, en écoutant mon jeune ténore : *Corpo del diavolo ! che buon basso !*

Je fus un peu piqué de l'indifférence ou de l'inattention de ma patronne. J'avais la conscience d'avoir assez bien chanté pour mériter un encouragement de sa bouche. Je ne comprenais pas non plus la froideur du prince d'après les éloges qu'il m'avait donnés deux mois auparavant. Plus tard je sus que ma maîtresse avait été émerveillée de mes dispositions et de mes moyens, mais qu'elle avait résolu, pour me punir de l'être tant fait prier, de paraître insensible à mon premier essai.

Je compris la leçon, et, quelques jours après, ayant été sommé par elle de chanter durant sa promenade, je m'en acquittai de bonne grâce. Elle était seule, étendue sur les coussins de la gondole, et paraissait livrée à une mélancolie qui ne lui était pas habituelle. Elle ne m'adressa pas la parole durant toute la promenade ; mais en rentrant, lorsque je lui offris mon bras pour remonter le perron du palais, elle me dit ce peu de mots, qui me laissa une émotion singulière : « Nello, tu m'as fait beaucoup de bien. Je te remercie. »

Les jours suivants, je lui offris moi-même de chanter. Elle parut accepter avec reconnaissance. La chaleur était accablante et les théâtres déserts ; la signora se disait malade; mais ce qui me frappa le plus, c'est que le prince, ordinairement si assidu à l'accompagner, ne venait plus avec elle qu'un soir sur deux, sur trois et même sur quatre. Je pensai que lui aussi commençait à être infidèle, et je m'en affligeai pour ma pauvre maîtresse. Je ne concevais pas son obstination à repousser le mariage ; il ne me paraissait pas juste que Montalegri, si doux et si bon en apparence, fût victime des torts de feu Torquato Aldini. D'un autre côté, je ne concevais pas davantage qu'une femme si aimable et si belle n'eût pour amants que de lâches spéculateurs plus avides de sa fortune qu'attachés à sa personne, et dégoûtés de l'une aussitôt qu'ils désespéraient d'obtenir l'autre.

Ces idées m'occupèrent tellement pendant quelques jours, que, malgré mon respect pour ma maîtresse, je ne pus m'empêcher de faire part de mes commentaires à Mandola. « Détrompe-toi, me répondit-il; cette fois, c'est le contraire de ce qui s'est passé avec Lanfranchi. C'est la signora qui se dégoûte du prince et qui trouve chaque soir un nouveau prétexte pour l'empêcher de la suivre. Quelle en est la raison? Cela est impossible à deviner, puisque nous qui la voyons, nous savons qu'elle est seule et qu'elle n'a aucun rendez-vous. Peut-être qu'elle tourne tout à fait à la dévotion et qu'elle veut se détacher du monde. »

Le soir même, j'essayai de chanter à la signora un cantique de la Vierge ; mais elle m'interrompit brusquement en me disant qu'elle n'avait pas envie de dormir, et me demanda les amours d'Armide et de Renaud. « Il s'est trompé, » dit Mandola, qui ne manquait pas de finesse, en feignant de m'excuser. Je changeai de mode, et je fus écouté avec attention.

Je remarquai bientôt qu'à force de chanter en plein air au balancement de la gondole, je me fatiguais beaucoup et que ma voix était en souffrance. Je consultai un professeur de musique qui venait au palais pour apprendre les éléments à la petite Alezia Aldini, alors âgée de six ans. Il me répondit que, si je continuais à chanter dehors, je perdrais ma voix avant la fin de l'année. Cette menace m'effraya tellement, que je résolus de ne plus chanter ainsi. Mais le lendemain la signora me demanda la barcarole nationale de la *Biondina*, d'un air si mélancoli que, avec un regard si doux et un visage si pâle, que je n'eus pas le courage de lui refuser le seul plaisir qu'elle parût capable de goûter depuis quelque temps.

Il était évident qu'elle maigrissait et qu'elle perdait de sa fraîcheur ; elle éloignait de plus en plus le prince. Elle passait sa vie en gondole, et même elle négligeait un peu les pauvres. Elle semblait succomber à un accablement dont nous cherchions vainement la cause.

Pendant une semaine, elle parut chercher à se distraire. Elle s'entoura de monde, et le soir elle se fit suivre par plusieurs gondoles où se placèrent ses amis et des musiciens qui lui donnèrent la sérénade. Une fois elle me pria de chanter. Je déclinai ma compétence en présence de musiciens de profession et de nombreux dilettanti. Elle insista d'abord avec douceur, et puis avec un peu de dépit ; je continuai de m'en défendre, et enfin elle m'ordonna d'un ton absolu de lui obéir. C'était la première fois de sa vie qu'elle s'emportait. Au lieu de comprendre que c'était la maladie qui changeait ainsi son caractère, et de faire acte de complaisance, je m'abandonnai à un mouvement d'orgueil invincible, et lui déclarai que je n'étais pas son esclave, que je m'étais engagé à conduire sa gondole et non à divertir ses convives ; et, en un mot, que j'avais failli perdre ma voix pour la distraire, et que, puisqu'elle me récompensait si mal de mon dévouement, je ne chanterais plus ni pour elle ni pour personne. Elle ne répondit rien ; les amis qui l'accompagnaient, étonnés de mon audace, gardaient le silence. Au

Le *cupido* est ordinairement debout sur une table. (Page 3.)

bout de quelques instants, Salomé fit un cri et saisit la petite Alezia, qui, endormie dans les bras de sa mère, avait failli tomber à l'eau. La signora était évanouie depuis quelques minutes, et personne ne s'en était aperçu.

J'abandonnai la rame ; je parlai au hasard ; je m'approchai de la signora ; j'étais si troublé, que j'eusse fait quelque folie si la prudente Salomé ne m'eût renvoyé impérieusement à mon poste. La signora revint à elle, on reprit à la hâte la route du palais. Mais la société était surprise et consternée, la musique allait tout de travers ; et, quant à moi, j'étais si désolé et si effrayé, que mes mains tremblantes ne pouvaient plus soutenir la rame. J'avais perdu la tête, j'accrochais toutes les gondoles. Mandola me maudissait ; mais, sourd à ses avertissements, je me retournais à chaque instant pour regarder madame Aldini, dont le front pâle, éclairé par la lune, semblait porter l'empreinte de la mort.

Elle passa une mauvaise nuit ; le lendemain elle eut la fièvre et garda le lit. Salomé refusa de me laisser entrer. Je me glissai malgré elle dans la chambre à coucher, et je me jetai à genoux devant la signora, en fondant en larmes. Elle me tendit sa main, que je couvris de baisers,

et me dit que j'avais eu raison de lui résister. « C'est moi, ajouta-t-elle avec une bonté angélique, qui suis exigeante, fantasque et impitoyable depuis quelque temps. Il faut me le pardonner, Nello ; je suis malade, et je sens que je ne peux plus gouverner mon humeur comme à l'ordinaire. J'oublie que vous n'êtes pas destiné à rester gondolier, et qu'un brillant avenir vous est réservé. Pardonnez-moi cela encore ; mon amitié pour vous est si grande, que j'ai eu le désir égoïste de vous garder près de moi, et d'enfouir votre talent dans cette condition basse et obscure qui vous écrase. Vous avez défendu votre indépendance et votre dignité, vous avez bien fait. Désormais vous serez libre, vous apprendrez la musique ; je n'épargnerai rien pour que votre voix se conserve et pour que votre talent se développe ; vous ne me rendrez plus d'autres services que ceux qui vous seront dictés par l'affection et la reconnaissance. »

Je lui jurai que je la servirais toute ma vie, que j'aimerais mieux mourir que de la quitter ; et, en vérité, j'avais pour elle un attachement si légitime et si profond, que je ne pensais pas faire un serment téméraire.

Elle fut mieux portante les jours suivants, et me força

Mais le seul objet qui me frappa ce fut la harpe. (Page 4.)

de prendre mes premières leçons de chant. Elle y assista et sembla y apporter le plus vif intérêt. Dans l'intervalle, elle me faisait étudier et répéter les principes, dont jusque-là je n'avais pas eu la moindre idée, bien que je m'y fusse conformé par instinct en m'abandonnant à mon chant naturel.

Mes progrès furent rapides ; je cessai tout service pénible. La signora prétendit que le double mouvement des rames la fatiguait, et afin que Mandola ne se plaignît pas d'être seul chargé de tout le travail, son salaire fut doublé. Quant à moi, j'étais toujours sur la gondole, mais assis à la proue, et occupé seulement à chercher dans les yeux de ma patronne ce qu'il fallait faire pour lui être agréable. Ses beaux yeux étaient bien tristes, bien voilés. Sa santé s'améliorait par instants, et puis s'altérait de nouveau. C'était là mon unique chagrin ; mais il était profond.

Elle perdait de plus en plus ses forces, et l'aide de nos bras ne lui suffisait plus pour monter les escaliers. Mandola était chargé de la porter comme un enfant, comme je portais la petite Alezia. Cette fillette devenait chaque jour plus belle ; mais le genre de sa beauté et son caractère en faisaient bien l'antipode de sa mère. Autant celle-ci était blanche et blonde, autant Alezia était brune. Ses cheveux tombaient déjà en deux fortes tresses d'ébène jusqu'à ses genoux ; ses petits bras ronds et veloutés ressortaient comme ceux d'une jeune Mauresque sur ses vêtements de soie, toujours blancs comme la neige ; car elle était vouée à la Vierge. Quant à son humeur, elle était étrange pour son âge. Je n'ai jamais vu d'enfant plus grave, plus méfiant, plus silencieux. Il semblait qu'elle eût hérité de l'humeur altière du seigneur Torquato. Jamais elle ne se familiarisait avec personne ; jamais elle ne tutoyait aucun de nous. Une caresse de Salomé lui semblait une offense, et c'est tout au plus si, à force de la porter, de la servir et de l'aduler, j'obtenais une fois par semaine qu'elle me laissât baiser le bout de ses petits doigts rosés, qu'elle soignait déjà comme eût fait une femme bien coquette. Elle était très-froide avec sa mère, et passait des heures entières assise auprès d'elle dans la gondole, les yeux attachés sur les flots, muette, insensible à tout en apparence, et rêveuse comme une statue. Mais si la signora lui adressait la plus légère réprimande, ou se mettait au lit avec un redoublement de fièvre, la petite entrait dans des accès de désespoir qui faisaient craindre pour sa vie ou pour sa raison.

Un jour, elle s'évanouit dans mes bras, parce que Mandola, qui portait sa mère, glissa sur une des marches du perron et tomba avec elle. La signora se blessa légèrement, et depuis cet instant ne voulut plus se fier à l'adresse du bon hercule lombard. Elle me demanda si j'aurais la force de remplir cet office. J'étais alors dans toute ma vigueur, et je lui répondis que je porterais bien quatre femmes comme elle et huit enfants comme le sien. Dès lors je la portai toujours; car, jusqu'à l'époque où je la quittai, ses forces ne revinrent pas.

Bientôt arriva le moment où la signora me sembla moins légère et l'escalier plus difficile à monter. Ce n'était pas elle qui augmentait le volume, c'était moi qui perdais mes forces au moment de l'entourer de mes bras. Je n'y comprenais rien d'abord, et puis ensuite je m'en fis de grands reproches; mais mon émotion était insurmontable. Cette taille souple et voluptueuse qui s'abandonnait à moi, cette tête charmante qui se penchait vers mon visage, ce bras d'albâtre qui entourait mon cou nu et brûlant, cette chevelure embaumée qui se mêlait à la mienne, c'en était trop pour un garçon de dix-sept ans. Il était impossible qu'elle ne sentît pas les battements précipités de mon cœur, et qu'elle ne vît pas dans mes yeux le trouble qu'elle jetait dans mes sens. « Je te fatigue, » me disait-elle quelquefois d'un air mourant. Je ne pouvais pas répondre à cette languissante ironie; ma tête s'égarait, et j'étais forcé de m'enfuir aussitôt que je l'avais déposée sur son fauteuil. Un jour, Salomé ne se trouva pas, comme de coutume, dans le cabinet pour la recevoir. J'eus quelque peine à arranger les coussins pour l'asseoir commodément. Mes bras s'enlacèrent autour d'elle; je me trouvai à ses pieds, et ma tête mourante se pencha sur ses genoux. Ses doigts étaient passés dans mes cheveux. Un frémissement subit de cette main me révéla ce que j'ignorais encore. Je n'étais pas le seul ému, je n'étais pas le seul prêt à succomber. Il n'y avait plus entre nous ni serviteur, ni patronne, ni barcarolle, ni signora; il y avait un jeune homme et une jeune femme amoureux l'un de l'autre. Un éclair traversa mon âme et jaillit de mes yeux. Elle me repoussa vivement, et s'écria d'une voix étouffée: *Va-t'en!* J'obéis, mais en triomphateur. Ce n'était plus le valet qui recevait un ordre: c'était l'amant qui faisait un sacrifice.

Un désir aveugle s'empara dès lors de tout mon être. Je ne fis aucune réflexion; je ne sentis ni crainte, ni scrupule, ni doute; je n'avais qu'une idée fixe, c'était de me trouver seul avec Bianca. Mais cela était difficile que sa position indépendante ne devait le faire présumer. Il semblait que Salomé devinât le péril et se fût imposé la tâche d'en préserver sa maîtresse. Elle ne la quittait jamais, si ce n'est le soir, lorsque la petite Alezia voulait se coucher à l'heure où sa mère allait à la promenade. Alors Mandola était l'inévitable témoin qui nous suivait sur les lagunes. Je voyais bien, aux regards et à l'inquiétude de la signora, qu'elle ne pouvait s'empêcher de désirer un tête-à-tête avec moi; mais elle était trop faible de caractère, soit pour le provoquer, soit pour l'éviter. Je ne manquais pas de hardiesse et de résolution; mais pour rien au monde je n'eusse voulu la compromettre, et d'ailleurs, tant que je n'étais pas vainqueur dans cette situation délicate, mon rôle pouvait être souverainement ridicule et même méprisable aux yeux des autres serviteurs de la signora.

Heureusement, le candide Mandola, qui n'était pas dépourvu de pénétration, avait pour moi une amitié qui ne s'est jamais démentie. Je ne serais pas étonné, quoiqu'il ne m'ait jamais donné le droit de l'affirmer, que, sous cette rude écorce, l'amour n'eût fait quelquefois tressaillir un cœur tendre lorsqu'il portait la signora dans ses bras. C'était d'ailleurs une grande imprudence à une jeune femme de livrer, comme elle l'avait fait, le secret et presque le spectacle de ses amours à deux hommes de notre âge, et il était bien impossible que nous fussions témoins, depuis deux ans, du bonheur d'autrui, sans avoir conçu, l'un et l'autre, quelque tentation importune. Quoi qu'il en soit, j'ai peine à croire que Mandola eût deviné si bien ce qui se passait en moi, si quelque chose d'analogue ne se fût passé en lui-même. Un soir qu'il me voyait absorbé, assis à la proue de la gondole et la tête cachée dans les deux mains, en attendant que la signora nous fit avertir, il me dit seulement ces mots: *Nello! Nello!!!* mais d'un ton qui me sembla renfermer tant de sens, que je levai la tête et le regardai avec une sorte d'épouvante, comme si mon sort eût été dans ses mains. — Il étouffa une sorte de soupir en ajoutant le dicton populaire: *Sara quel che sara!*

« Que veux-tu dire? m'écriai-je en me levant et en lui saisissant le bras. — Nello! Nello!... » répéta-t-il en secouant la tête. On vint m'avertir en ce moment de monter pour transporter la signora dans la gondole; mais le regard expressif de Mandola me suivit sur le perron et me jeta dans une émotion singulière.

Ce jour même, Mandola demanda à madame Aldini la permission de s'absenter pendant une semaine pour aller voir son père malade. Bianca parut effrayée et surprise de cette demande; mais elle l'accorda aussitôt, en ajoutant: « Mais qui donc conduira ma gondole? — Nello, répondit Mandola en me regardant avec attention. — Mais il ne sait pas *roguer*[1] seul, reprit la signora... Allons, rentrez-moi, nous chercherons demain un remplaçant provisoire. Va voir ton père, et soigne-le bien; je prierai pour lui. »

Le lendemain, la signora me fit appeler et me demanda si je m'étais enquis d'un barcarolle. Je ne répondis que par un sourire audacieux. La signora devint pâle, et me dit d'une voix tremblante: « Vous y songerez demain, je ne sortirai pas aujourd'hui. »

Je compris ma faute; mais la signora avait montré plus de peur que de colère, et mon espoir accrut mon insolence. Vers le soir, je vins lui demander s'il fallait faire avancer la gondole au perron. Elle me répondit d'un ton froid: « Je vous ai dit ce matin que je ne sortirai pas. » Je ne perdis pas courage. « Le temps a changé, signora, repris-je; le vent souffle du sirocco. Il fait beau pour vous, ce soir. » Elle tourna vers moi un regard accablant, en disant: « Je ne t'ai pas demandé le temps qu'il fait. Depuis quand me donnes-tu de ces conseils? » La lutte était engagée, je ne reculai point. « Depuis que vous semblez vouloir vous laisser mourir, » répondis-je avec véhémence. Elle parut céder à une force magnétique; car elle pencha sa tête languissamment sur sa main, et me dit d'une voix éteinte de faire avancer la gondole.

Je l'y transportai. Salomé voulut la suivre. Je pris sur moi de lui dire d'un ton absolu que sa maîtresse lui commandait de rester près de la signora Alezia. Je vis la signora rougir et pâlir, tandis que je prenais la rame et que je repoussais avec empressement le perron de marbre qui bientôt sembla fuir derrière nous.

Quand je me vis seulement à quelques brasses de distance du palais, il me sembla que je venais de conquérir le monde et que, les importuns écartés, ma victoire était assurée. Je ramai *con furore* jusqu'au milieu des lagunes sans me détourner, sans dire un seul mot, sans reprendre haleine. J'avais bien plutôt l'air d'un amant qui enlève sa maîtresse que d'un gondolier qui conduit sa patronne. Quand nous fûmes sans témoins, je jetai ma rame, et laissai la barque s'en aller à la dérive; mais, là, tout mon courage m'abandonna; il me fut impossible de parler à la signora, je n'osai même pas la regarder. Elle ne me donna aucun encouragement, et je la ramenai au palais, assez mortifié d'avoir repris le métier de barcarolle sans avoir obtenu la récompense que j'espérais.

Salomé me montra de l'humeur et m'humilia plusieurs fois, en m'accusant d'avoir l'air brusque et préoccupé. Je ne pouvais dire une parole à la signora sans que la camériste me reprit, prétendant que je ne m'exprimais pas d'une manière respectueuse. La signora, qui prenait toujours ma défense, ne parut pas seulement s'apercevoir, ce soir-là, des mortifications qu'on me faisait éprouver. J'étais outré. Pour la première fois, je rougissais

[1] Ramer, *vogar*.

sérieusement de ma position, et j'eusse songé à en sortir si l'invincible aimant du désir ne m'eût retenu en servage.

Pendant plusieurs jours je souffris beaucoup. La signora me laissait impitoyablement exténuer mes forces à la faire courir sur l'eau, en plein midi, par un temps d'automne sec et brûlant, en présence de toute la ville, qui m'avait vu longtemps assis dans sa gondole, à ses pieds, presque à ses côtés, et qui me voyait maintenant, couvert de sueur, retourner de la sublime profession de barde au dur métier de rameur. Mon amour se changea en colère. J'eus deux ou trois fois la tentation coupable de lui manquer de respect en public; et puis j'eus honte de moi-même, et je retombai dans l'accablement.

Un matin, il lui prit fantaisie d'aborder au Lido. La rive était déserte, le sable étincelait au soleil; ma tête était en feu, la sueur ruisselait sur ma poitrine. Au moment où je me baissais pour soulever madame Aldini, elle passa sur mon front humide son mouchoir de soie et me regarda avec une sorte de compassion tendre.

« *Poveretto!* me dit-elle, tu n'es pas fait pour le métier auquel je te condamne!

— Pour vous j'irais à l'*arsenal*[1], répondis-je avec feu.

— Et tu sacrifierais, reprit-elle, ta belle voix, et le grand talent que tu peux acquérir, et la noble profession d'artiste à laquelle tu peux arriver?

— Tout! lui répondis-je en pliant les deux genoux devant elle.

— Tu mens! reprit la signora d'un air triste. Retourne à ta place, ajouta-t-elle en me montrant la proue. Je veux me reposer un peu ici. »

Je retournai à la proue, mais je laissai ouverte la porte du *camerino* Je la voyais pâle et blonde, étendue sur les coussins noirs, enveloppée dans sa noire mantille, enfoncée et comme cachée dans le velours noir de cet habitacle mystérieux, qui semble fait pour les plaisirs furtifs et les voluptés défendues. Elle ressemblait à un beau cygne qui, pour éviter le chasseur, s'enfonce sous une sombre grotte. Je sentis ma raison m'abandonner; je me glissai sur mes genoux jusqu'auprès d'elle. Lui donner un baiser et mourir ensuite pour expier ma faute, c'était toute ma pensée. Elle avait les yeux fermés, elle faisait semblant de sommeiller; mais elle sentait le feu de mon haleine. Alors elle m'appela à voix haute comme si elle m'eût cru bien loin d'elle, et feignit de s'éveiller lentement, pour me donner le temps de m'éloigner. Elle m'ordonna de lui aller chercher à la *bottega du Lido* une eau de citron, et referma les yeux. Je mis un pied sur la rive, et ce fut tout. Je rentrai dans la gondole, je restai debout à la regarder. Elle rouvrit les yeux, et son regard semblait m'attirer par mille chaînes de fer et de diamant. Je fis un pas vers elle, elle referma les yeux de nouveau; j'en fis un second, elle les rouvrit encore, et affecta un air de surprise dédaigneuse. Je retournai vers la rive, et je revins encore dans la gondole. Ce jeu cruel dura plusieurs minutes. Elle m'attirait et me repoussait, comme l'épervier joue avec le passereau blessé à mort. La colère s'empara de moi; je poussai avec violence la porte du *camerino*, dont la glace vola en éclats. Elle jeta un cri auquel je ne daignai pas faire attention, et je m'élançai sur la rive en chantant d'une voix de tonnerre, que je croyais folâtre et dégagée:

La Biondina in gondoleta
L'altra sera mi o mena;
Dal piazer la povareta
La s'a in boto adormenta.
Ela dormiva su sto brazzo
Me intanto la svegliava;
E la barca che mnava
La tornava a adormenzar.

Je m'assis sur une des tombes hébraïques du Lido, j'y restai longtemps, je me fis attendre à dessein. Et puis tout à coup, pensant qu'elle souffrait peut-être de la soif, et pénétré de remords, je courus chercher le rafraîchis-

[1] Aux galères.

sement qu'elle m'avait demandé et le lui portai avec sollicitude. Néanmoins, j'espérais qu'elle me ferait une réprimande; j'aurais voulu être chassé, car ma condition n'était plus supportable. Elle me reçut sans colère, et, me remerciant même avec douceur, elle prit le verre que je lui présentais. Je vis alors que sa main était ensanglantée, les éclats de la glace l'avaient blessée; je ne pus retenir mes larmes. Je vis que les siennes coulaient aussi; mais elle ne m'adressa pas la parole, et je n'osai pas rompre ce silence plein de tendres reproches et de timides ardeurs.

Je pris la résolution d'étouffer cet amour insensé et de m'éloigner de Venise. J'essayais de me persuader que la signora ne l'avait jamais partagé, et que je m'étais flatté d'un espoir insolent; mais à chaque instant son regard, le son de sa voix, l'expression de son geste, sa tristesse même, qui semblait augmenter et diminuer avec la mienne, tout me ramenait à une confiance délirante et à des rêves dangereux.

Le destin semblait travailler à nous ôter le peu de forces qui nous restait. Mandola ne revenait pas. J'étais un très-médiocre rameur, malgré mon zèle et mon énergie; je connaissais mal les lagunes, je les avais toujours parcourues avec tant de préoccupation! Un soir j'égarai la gondole dans les paludes qui s'étendent entre le canal Saint-George et celui des Marane. La marée montante immergeait encore ces vastes bancs d'algues et de sables; mais le flot commença à se retirer avant que j'eusse pu regagner les eaux courantes: j'apercevais déjà à la pointe des plantes marines qu'une douce brise balançait au milieu de l'écume. Je fis force de rames, mais en vain. Le reflux mit à sec une plaine immense; la barque vint échouer doucement sur un lit de verdure et de coquillages. La nuit s'étendait sur le ciel et sur les eaux; les oiseaux de mer s'abattaient par milliers autour de nous en remplissant l'air de leurs cris plaintifs. J'appelai longtemps, ma voix se perdit dans l'espace; aucune barque de pêcheur ne se trouvait amarrée autour de la palude, aucune embarcation ne s'approchait de nos rives. Il fallait se résigner à attendre le secours du hasard ou de la marée montante du lendemain. Cette dernière alternative m'inquiétait beaucoup; je craignais pour ma maîtresse la fraîcheur de la nuit, et surtout les vapeurs malsaines que les paludes exhalent au lever du jour; j'essayais en vain de tirer la gondole vers une flaque d'eau. Outre cela ce qui n'eût servi qu'à nous faire gagner quelques pas, il eût fallu plus de six personnes pour soulever la barque engravée. Alors je résolus de traverser le marécage en m'enfonçant dans la vase, de gagner les eaux courantes et de les franchir à la nage, pour aller chercher du secours. C'était une entreprise insensée; car je ne connaissais pas la palude, et là, où les pêcheurs se dirigent habilement pour recueillir des *fruits de mer*, je me serais perdu dans les fondrières et dans les sables mouvants, au bout de quelques pas. Quand la signora vit que je résistais à sa défense et que j'allais m'aventurer, elle se leva avec vivacité, et trouvant la force de se tenir debout un instant, elle m'entoura de ses bras, et retomba en m'attirant presque sur son cœur. Alors j'oubliai tout ce qui m'inquiétait, et je m'écriai avec ivresse: « Oui! oui! restons ici, n'en sortons jamais; mourons-y de bonheur et d'amour, et que l'Adriatique ne s'éveille pas demain pour nous en tirer! »

Dans le premier moment de trouble, elle faillit s'abandonner à mes transports; mais retrouvant bientôt la force dont elle s'était armée: « Eh bien! oui, me dit-elle, en me donnant un baiser sur le front; eh bien! oui, je t'aime, et il y a déjà bien longtemps. C'est parce que je t'aimais que j'ai refusé d'épouser Lanfranchi, ne pouvant me résoudre à mettre un obstacle éternel entre toi et moi. C'est parce que je t'aimais que j'ai souffert l'amour de Montalegri, craignant de succomber à ma passion pour toi et voulant la combattre; c'est parce que je t'aime que je l'ai éloigné, ne pouvant plus supporter cet amour que je ne partageais pas; c'est parce que je t'aime que je ne veux pas encore m'abandonner à ce que j'éprouve aujourd'hui; car je veux te donner des preuves d'amour véritable, et je dois à ta fierté, longtemps humiliée, un autre dédommagement que de vaines caresses, un autre titre que celui d'amant. »

Je ne compris rien à ce langage. Quel autre titre que celui d'amant aurais-je pu désirer, quel autre bonheur que celui de posséder une telle maîtresse? J'avais eu de sots instants d'orgueil et d'emportement, mais c'est qu'alors j'étais malheureux, c'est que je croyais n'être pas aimé. « Pourvu que je le sois, m'écriai-je, pourvu que vous me le disiez comme à présent dans le mystère de la nuit, et que chaque soir à l'écart, loin des curieux et des envieux, vous me donniez un baiser comme tout à l'heure, pourvu que vous soyez à moi en secret, dans le sein de Dieu, ne serai-je pas plus fier et plus heureux que le doge de Venise! Que me faut-il de plus que de vivre près de vous et de savoir que vous m'appartenez! Ah! que tout le monde l'ignore; je n'ai pas besoin de faire des jaloux pour être glorieux, et ce n'est pas l'opinion des autres qui fera l'orgueil et la joie de mon âme.

— Et pourtant, répondit Bianca, tu seras humilié d'être mon serviteur, désormais? — Moi! m'écriai-je, je l'étais ce matin; demain j'en serai tien. — Quoi! dit-elle, tu ne me mépriserais pas si, m'étant abandonnée à ton amour, je te laissais dans l'abjection? — Il ne peut pas y avoir d'abjection à servir qui nous aime, lui répondis je. Si vous étiez ma femme, croyez-vous que je vous laisserais porter par un autre que moi? Pourrais-je être occupé d'autre chose que de vous soigner et de vous distraire? Salomé n'est pas humiliée de vous servir, et pourtant vous ne l'aimez pas autant que moi, n'est-ce pas, signora mia?

— O mon noble enfant! s'écria Bianca en pressant ma tête sur son sein avec transport, ô âme pure et désintéressée! Qu'on vienne donc dire maintenant qu'il n'y a de grands cœurs que ceux qui naissent dans les palais! Qu'on vienne donc nier la candeur et la sainteté de ces natures plébéiennes, rangées si bas par nos odieux préjugés et notre dédain stupide! O toi, le seul homme qui m'ait aimée pour moi-même, le seul qui n'ait aspiré ni à mon rang, ni à ma fortune, eh bien! c'est toi qui partageras l'un et l'autre, c'est toi qui me feras oublier les malheurs de mon premier hymen, et qui remplaceras par ton nom rustique le nom odieux d'Aldini que je porte avec regret! C'est toi qui commanderas à mes vassaux, et qui seras le seigneur de mes terres en même temps que le maître de ma vie. Nello, veux-tu m'épouser? »

Si la terre se fût entr'ouverte sous mes pieds, ou si la voûte des cieux se fût écroulée sur ma tête, je n'aurais pas éprouvé une commotion de surprise plus violente que celle qui me rendit muet devant une telle demande. Quand je fus un peu remis de ma stupéfaction, je ne sais ce que je répondis, ma tête se troublait, et il m'était impossible d'avoir une idée juste. Tout ce que put faire mon bon sens naturel fut de repousser des honneurs trop lourds pour mon âge et pour mon inexpérience. Bianca insista. « Écoute, me dit-elle, je ne suis point heureuse. Mon enjouement couvre depuis longtemps des peines profondes, et maintenant tu me vois malade et ne pouvant plus dissimuler mon ennui. Ma position dans le monde est fausse et amère; celle que je me suis faite vis-à-vis de moi-même est pire encore, et Dieu est mécontent de moi. Tu sais que je ne suis point de famille patricienne. Torquato Aldini m'épousa pour les grands biens que mon père avait amassés dans le commerce. Ce seigneur altier ne vit jamais en moi que l'instrument de sa fortune, il ne daigna jamais me traiter comme son égale; quelques-uns de ses parents l'encourageaient dans cette ridicule et cruelle attitude de maître et de seigneur qu'il avait prise avec moi dès le premier jour; les autres le blâmaient hautement de s'être mésallié pour payer ses dettes, et le traitaient froidement depuis son mariage. Après sa mort, tous refusèrent de me voir, et je me trouvai sans famille; car en entrant dans celle d'un noble, je m'étais aliéné l'estime et l'affection de la mienne propre. J'avais épousé Torquato par amour, et ceux de mes parents qui ne me regardaient pas comme insensée, me croyaient imbue d'une sotte vanité et d'une basse ambition. Voilà pourquoi, malgré ma fortune, ma jeunesse et un caractère serviable et inoffensif, tu vois que mes salons sont à peu près déserts et ma société fort restreinte. J'ai quelques excellents amis, et leur compagnie suffit à mon cœur. Mais je ne connais point l'enivrement du monde, et il ne m'a pas assez bien traitée pour que je lui fasse le sacrifice de mon bonheur. En t'épousant, je sais que je vais attirer sur moi, non plus seulement son indifférence, mais une malédiction irrévocable. Ne t'en effraie pas, tu vois que c'est de ma part un mince sacrifice.

— Mais pourquoi m'épouser? repris-je. Pourquoi braver inutilement cette malédiction, puisque je n'ai pas besoin de votre fortune pour être heureux, puisque vous n'avez pas besoin d'un engagement solennel de ma part pour être bien sûre que je vous aimerai toujours?

— Que tu sois mon mari ou mon amant, repartit Bianca, le monde ne le saura pas moins, et je n'en serai pas moins maudite et méprisée. Puisqu'il faut que d'une manière ou de l'autre ton amour me sépare entièrement du monde, je veux du moins me réconcilier avec Dieu, et trouver dans cet amour sanctifié par l'église la force de mépriser le monde à mon tour. Depuis longtemps, je vis mal, je pèche sans profit pour mon bonheur, j'expose mon salut éternel sans trouver la joie de mon âme. Maintenant je l'ai trouvée, et je veux la goûter pure et sans nuage; je veux dormir sans remords sur le sein d'un homme que j'aime; je veux pouvoir dire au monde : C'est toi qui perds et corromps les cœurs. L'amour de Nello m'a sauvée et purifiée, et j'ai un refuge contre toi; c'est Dieu qui m'a permis d'aimer Nello, et qui désormais me commande de l'aimer jusqu'à la mort. »

Bianca me parla longtemps encore de la sorte. Il y avait de la faiblesse, de l'enfantillage et de la bonté dans ces naïfs calculs de sa fierté, de son amour et de sa dévotion. Je n'étais pas moi-même un esprit fort. Il n'y avait pas longtemps que je ne m'agenouillais plus soir et matin, dans la chaloupe paternelle, devant l'image de saint Antoine peinte sur la voile, et quoique les belles dames de Venise me donnassent bien des distractions dans la basilique, je ne manquais jamais la messe, et j'avais encore au cou le scapulaire que ma mère y avait cousu en me donnant sa bénédiction le jour où je quittai Chioggia. Je me laissai donc vaincre et persuader par madame Aldini; et, sans résister ni m'engager davantage, je passai la nuit à ses pieds, soumis comme un enfant à ses scrupules religieux, enivré du seul bonheur de baiser ses mains et de respirer le parfum de son éventail. Ce fut une belle nuit, les étoiles étincelantes tremblotaient dans les petites mares d'eau que la mer avait oubliées sur la palude, la brise murmurait dans les varecs verdoyants. De temps en temps nous apercevions au loin le fanal d'une gondole glissant sur les flots, et nous ne songions plus à l'appeler à notre aide. La voix de l'Adriatique brisant de l'autre côté du Lido nous arrivait monotone et majestueuse. Nous nous livrions à mille rêves enchanteurs, nous formions mille projets délicieusement puérils. La lune se coucha lentement et s'ensevelit dans les flots assombris de l'horizon, comme une chaste vierge dans un linceul. Nous étions chastes comme elle, et elle sembla nous jeter un regard protecteur avant de se plonger dans les eaux.

Mais bientôt le froid se fit sentir, et une nappe de brume blanche s'étendit sur le marais. Je fermai le *camerino*, j'enveloppai Bianca dans ma cape rouge. Je m'assis tout près d'elle, je l'entourai de mes bras pour la préserver, je réchauffai ses mains et ses bras de mon haleine. Un calme délicieux semblait être descendu dans son cœur depuis qu'elle m'avait presque arraché la promesse de l'épouser. Elle pencha doucement sa tête sur mon épaule. La nuit était avancée; depuis plus de six heures nous exhalions en discours tendres et passionnés l'ardeur de nos âmes. Une douce fatigue s'empara au-si de moi, et nous nous endormîmes dans les bras l'un de l'autre, aussi purs que l'aube qui commençait à blanchir l'horizon. Ce fut notre nuit de noces, notre seule nuit d'amour, nuit virginale qui ne revint jamais, et dont le souvenir ne fut jamais souillé.

Des voix rudes m'éveillèrent; je courus à l'avant de la gondole, je vis plusieurs hommes qui venaient à nous. A l'heure du départ pour la pêche, l'embarcation échouée avait été signalée par une famille de mariniers qui m'aida à la pousser jusqu'au canal des Marane, d'où je la ramenai rapidement au palais.

Que j'étais heureux en posant le pied sur la première marche! Je ne songeais pas plus au palais qu'à la fortune de Bianca; c'était elle que je portais dans mes bras, qui, désormais, était mon bien, ma vie, ma maîtresse dans le sens noble et adorable du mot! Mais là finit ma joie. Salomé parut au seuil de cette maison consternée, où personne n'avait dormi depuis la veille. Salomé était pâle, on voyait qu'elle avait pleuré; c'était peut-être la seule fois de sa vie. Elle ne se permit pas d'interroger sa maîtresse: peut-être avait-elle déjà lu sur mon front la raison qui m'avait fait trouver cette nuit si courte. Elle avait été bien longue pour tous les autres habitants du palais. Tous croyaient qu'un accident funeste était arrivé à leur chère patronne. Plusieurs avaient erré toute la nuit pour nous chercher; d'autres l'avaient passée en prières, à brûler de petites bougies devant l'image de la Vierge. Quand l'inquiétude fut apaisée et la curiosité satisfaite, je remarquai que les idées prenaient un autre cours et les physionomies une autre expression. On examinait la mienne, et les femmes surtout, avec une avidité blessante. Quant au regard de Salomé, il était si accablant que je ne pouvais le supporter. Mandola arriva de la campagne au milieu de cette confusion. Il comprit en un instant de quoi il s'agissait; et, se penchant vers mon oreille, il me supplia d'avoir de la prudence; je feignis de ne pas savoir ce qu'il voulait dire; je m'efforçai de supporter ingénument toutes les investigations des autres. Mais, au bout de quelques instants, je ne pus résister à mon inquiétude, je m'introduisis dans l'appartement de Bianca.

Je la trouvai baignée de larmes auprès du lit de sa fille. L'enfant avait été éveillée au milieu de la nuit par le bruit des allées et venues des domestiques inquiets. Elle avait écouté leurs commentaires sur l'absence prolongée de la signora, et, s'imaginant que sa mère était noyée, elle était tombée en convulsion. Elle était à peine calmée en cet instant, et Bianca s'accusait des souffrances de sa fille, comme si elle en eût été la cause volontaire. « O ma Bianca, lui dis-je, consolez-vous, réjouissez-vous au contraire de ce que votre enfant et tous les êtres qui vous entourent vous aiment avec tant de passion. Eh bien! je veux vous aimer encore plus, afin que vous soyez la plus heureuse des femmes. — Ne dis pas que les autres m'aiment, répondit la signora avec un peu d'amertume. Il semble qu'ils me fassent tout bas un crime de cet amour qu'ils ont déjà deviné. Leurs regards m'offensent, leurs discours me blessent, et je crains qu'ils n'aient laissé échapper devant ma fille quelque parole imprudente. Salomé est franchement impertinente avec moi ce matin. Il est temps que je ferme la bouche à ces indiscrets commentaires. Tu le vois, Nello, on me fait un crime de t'aimer, et on m'approuvait presque d'aimer le cupide Lanfranchi. Toutes ces âmes sont basses ou folles. Il faut que, dès aujourd'hui, je leur déclare que ce n'est point avec mon amant, mais avec mon mari que j'ai passé la nuit. C'est le seul moyen qu'ils te respectent et qu'ils ne me trahissent pas. » Je la détournai d'agir aussi vite; je lui représentai qu'elle s'en repentirait peut-être, qu'elle n'avait pas assez réfléchi, que moi-même j'avais besoin de bien songer à ses offres, et que, dans tout ceci, elle n'avait pas assez pesé les suites de sa détermination en ce qui pourrait un jour concerner sa fille. J'obtins d'elle qu'elle prendrait patience et qu'elle se gouvernerait prudemment.

Il m'était impossible de porter un jugement éclairé sur ma situation. Elle était enivrante, et j'étais un enfant. Néanmoins une sorte de répugnance instinctive m'avertissait de me méfier des séductions de l'amour et de la fortune. J'étais agité, soucieux, partagé entre le désir et la terreur. Dans le sort brillant qui m'était offert, je ne voyais qu'une seule chose, la possession de la femme aimée. Toutes les richesses qui l'environnaient n'étaient pas même des accessoires à mon bonheur, c'étaient des conditions pénibles à accepter pour mon insouciance. J'étais comme les gens qui n'ont jamais souffert et qui ne conçoivent d'état meilleur ni pire que celui où ils ont vécu. J'étais libre et heureux dans le palais Aldini. Choyé de tous, autorisé à satisfaire toutes mes fantaisies, je n'avais aucune responsabilité, aucune fatigue de corps ni d'esprit. Chanter, dormir et me promener, c'était à peu près là toute ma vie, et vous savez, vous autres Vénitiens qui m'entendez, s'il en est une plus douce et mieux faite pour notre paresse et notre légèreté. Je me représentais le rôle d'époux et de maître comme quelque chose d'analogue à la surveillance exercée par Salomé sur les détails de l'intérieur, et ce rôle était loin de flatter mon ambition. Ce palais, dont j'avais la jouissance, était ma propriété dans le sens le plus agréable, celui de jouir de tout sans m'y occuper de rien. Que ma maîtresse y eût ajouté les voluptés de son amour, et j'eusse été le roi d'Italie.

Ce qui m'attristait aussi, c'était l'air sombre de Salomé et l'attitude embarrassée, mystérieuse et défiante de tous les autres serviteurs. Ils étaient nombreux, et c'étaient tous d'honnêtes gens, qui jusque-là m'avaient traité comme l'enfant de la maison. Dans ce blâme silencieux que je sentais peser sur moi, il y avait un avertissement que je ne pouvais pas, que je ne voulais pas mépriser; car, s'il partait un peu du sentiment naturel de la jalousie, il était dicté encore plus par l'intérêt affectueux qu'inspirait la signora.

Que n'eussé-je pas donné en ces instants d'angoisses pour avoir un bon conseil! Mais je ne savais à qui m'adresser, et j'étais le seul dépositaire des intentions secrètes de ma maîtresse. Elle passa la journée dans son lit avec sa fille, et le lendemain elle me fit venir pour me répéter encore tout ce qu'elle m'avait dit dans la palude. Tout le temps qu'elle me parla, il me sembla qu'elle avait raison, et qu'elle répondait victorieusement à tous mes scrupules; mais quand je me retrouvais seul, je retombais dans le malaise et dans l'irrésolution.

Je montai dans la galerie et je me jetai sur une chaise. Mes yeux distraits se promenaient sur cette longue file d'aïeux dont les portraits formaient le seul héritage que Torquato Aldini eût pu léguer à sa fille. Leurs figures enfumées, leurs barbes taillées en carré, en pointe, en losange, leurs robes de velours noir et leurs manteaux doublés d'hermine, leur donnaient un aspect imposant et sombre. Presque tous avaient été sénateurs, procurateurs ou conseillers; il y avait une foule d'oncles inquisiteurs; les moindres étaient abbés canoniques ou *capitani grandi*. — Au bout de la galerie, on voyait le ferral de la dernière galère équipée contre les Turcs par Tibério Aldini, grand-père de Torquato, alors que les puissants seigneurs de la république allaient à la guerre à leurs frais et mettaient leur gloire à servir volontairement la patrie de leurs biens et de leur personne. C'était une haute lanterne de cristal montée en cuivre doré, surmontée et soutenue par des enroulements de métal d'un goût bizarre et des ornements surchargés qui terminaient en pointe la proue du navire. Au-dessous de chaque portrait on voyait de longs bas-reliefs de chêne, retraçant les glorieux faits et gestes de ces illustres personnages. Je me mis à penser que si nous avions la guerre, et que si l'occasion m'était offerte de combattre pour mon pays, j'aurais bien autant de patriotisme et de courage que tous ces nobles aristocrates. Il ne me paraissait ni si étrange ni si méritoire de faire de grandes choses quand on avait la richesse et la puissance, et je me dis que le métier de grand seigneur ne devait pas être bien difficile. — Mais à l'époque où je me trouvais, nous n'avions plus, nous ne devions plus et nous ne pouvions plus avoir de guerre. La république n'était plus qu'un vain mot, sa force n'était qu'une ombre, et ses patriciens énervés n'avaient de grandeur que celle de leur nom. Il était d'autant plus difficile de s'élever jusqu'à eux dans leur opinion qu'il était plus aisé de les surpasser en réalité. Entrer en lutte avec leurs préjugés et leurs dédains, c'était donc une tâche indigne d'un homme, et les plébéiens avaient bien raison de mépriser ceux d'entre eux qui croyaient s'élever en recherchant la société et en copiant les ridicules des nobles.

Ces réflexions me vinrent d'abord confusément, puis elles se firent jour, et je m'aperçus que je pensais, comme je m'étais aperçu un beau matin que je pouvais chanter. Je commençai à me rendre compte de la répugnance que j'éprouvais à sortir de ma condition pour me donner en spectacle à la société comme un vaniteux et un ambitieux, et je me promis d'ensevelir dans le mystère mes amours avec Bianca.

En proie à ces réflexions, je me promenais le long de la galerie, et je regardais avec fierté cette orgueilleuse lignée à laquelle un enfant du peuple, un bacarolle de Chioggia, dédaignait de succéder. Je me sentais joyeux; je songeais à mon vieux père, et, au souvenir de la maison paternelle, longtemps oubliée et négligée, mes yeux s'humectaient de larmes. Je me trouvai au bout de la galerie, face à face avec le portrait de messer Torquato, et, pour la première fois, je le toisai hardiment de la tête aux pieds. C'était bien la noblesse titulaire incarnée. Son regard semblait repousser comme la pointe d'une épée, et sa main avait l'air de ne s'être jamais ouverte que pour commander à des inférieurs. Je pris plaisir à le braver. « Eh bien! lui disais-je en moi-même, tu aurais eu beau faire, je n'aurais jamais été ton valet. Ton air superbe ne m'eût pas intimidé, et je t'aurais regardé en face, comme je regarde cette toile. Tu n'aurais rien eu de prise sur moi, parce que mon cœur est plus fier que le tien ne le fut jamais, parce que je dédaigne cet or devant lequel tu t'es incliné, parce que je suis plus grand que toi aux yeux de la femme que tu as possédée. Malgré tout l'orgueil de ton sang, tu as courbé le genou devant elle pour obtenir ses richesses; et, quand tu as été riche par elle, tu l'as brisée et humiliée. C'est la conduite d'un lâche, et la mienne est celle d'un véritable noble, car je ne veux de toutes les richesses de Bianca que son cœur, dont tu n'étais pas digne. Et moi, je refuse ce que tu as imploré, afin de posséder ce qui est au-dessus de toutes choses à mes yeux, l'estime de Bianca. Et je l'aurai, car elle comprendra combien mon âme est au-dessus de celle d'un patricien endetté. Je n'ai pas de patrimoine à racheter, moi! Il n'y a pas d'hypothèques sur la chaloupe de mon père; et les habits que je porte sont à moi, parce que je les ai gagnés par mon travail. C'est moi qui serai le bienfaiteur, et non pas l'obligé, parce que je rendrai le bonheur et la vie à ce cœur brisé par toi, parce que je saurai me faire bénir et honorer, moi valet et amant, tandis que tu as été maudit et méprisé, toi époux et seigneur. »

Un léger bruit me fit tourner la tête. Je vis derrière moi la petite Alezia, qui traversait la galerie en traînant une poupée plus grande qu'elle. J'aimais cet enfant, malgré son caractère altier, à cause de l'amour qu'elle avait pour sa mère. Je voulus l'embrasser; mais, comme si elle eût senti dans l'atmosphère la réprobation qui, dans cette maison, pesait sur moi depuis deux jours, elle recula d'un air courroucé, et, s'enfuyant comme si elle eût eu quelque chose à craindre de moi, elle se pressa contre le portrait de son père. Je fus étonné en cet instant de la ressemblance que sa jolie petite tête brune avait déjà avec la figure hautaine de Torquato, et je m'arrêtai pour l'examiner avec un sentiment de tristesse profonde. Elle aussi semblait m'examiner attentivement. Tout d'un coup elle rompit le silence pour me dire d'un ton aigre et avec une expression d'indignation au-dessus de son âge : « Pourquoi donc avez-vous volé la bague de mon papa? »

En même temps elle allongeait son petit doigt vers moi pour désigner une belle bague en diamants montée à l'ancienne mode, que sa mère m'avait donnée quelques jours auparavant, et que j'avais eu l'enfantillage d'accepter; puis, se retournant et se dressant sur la pointe des pieds, elle posa le bout de son doigt sur celui du portrait qui était orné de la même bague exactement rendue, et je m'aperçus que l'imprudente Bianca avait fait présent à son gondolier d'un des plus précieux joyaux de famille de son époux.

Le rouge me monta au visage, et je reçus de cet enfant la leçon qui devait le plus me dégoûter des richesses mal acquises. Je souris, et lui remettant la bague : « C'est votre maman qui l'a laissée tomber de son doigt, lui dis-je, et je l'ai trouvée tout à l'heure dans la gondole.

— Je vais la lui porter, » dit la petite fille en l'arrachant plutôt qu'elle ne l'accepta de ma main. Elle sortit en courant, abandonnant sa poupée par terre. Je ramassai ce jouet, afin de m'assurer d'un petit fait que j'avais souvent observé chez Bianca. Alezia s'amusait à percer toutes ses poupées, à l'endroit du cœur, avec de longues épingles, et quelquefois elle restait des heures entières absorbée dans le plaisir muet et profond de ce jeu étrange.

Le soir, Mandola vint me trouver dans ma chambre. Il avait l'air gauche et embarrassé. Il avait beaucoup à me dire, mais il ne trouvait pas un mot. Sa figure était si bizarre que je partis d'un éclat de rire. « Vous avez tort, Nello, me dit-il d'un air peiné; je suis votre ami; vous avez tort! » Il voulait se retirer, je courus après lui, j'essayai de le faire s'expliquer; ce fut impossible. Je voyais bien qu'il avait le cœur plein de sages réflexions et de bons conseils; mais l'expression lui manquait, et toutes ses phrases avortées se terminaient, dans son patois mêlé de toutes les langues, par cette sentence : *E molto delica*, *delicatissimo*.

Enfin, je réussis à comprendre que le bruit s'était répandu, dans la maison, de mon prochain mariage avec la signora. Quelques mots d'impatience qu'on lui avait entendu dire à Salomé avaient suffi pour faire naître cette opinion. La signora avait dit textuellement en parlant de moi : « Le temps n'est pas loin où vous vous servirez, au lieu de lui commander. » Je niai obstinément l'application de ces paroles, et prétendis que je n'y comprenais rien du tout. « C'est bien, me dit Mandola; c'est ainsi que tu dois répondre, même à moi qui suis ton ami. Mais j'ai des yeux, je ne te fais pas de questions; je ne t'en ai jamais fait, Nello; seulement je viens t'avertir qu'il faut de la prudence. Les Aldini ne cherchent qu'un prétexte pour ôter à la signora la tutelle de la signora Alezia, et la signora mourra de chagrin si on lui enlève sa fille.

— Que dis-tu? m'écriai-je; quoi! on lui enlèverait sa fille à cause de moi!

— S'il est question de mariage, certainement, reprit l'honnête barcarolle; *autrement*... comme ce sont des choses qu'on ne peut jamais prouver... — Surtout quand elles n'existent pas, repris-je vivement. — Tu parles comme il faut, répondit Mandola; continue à te tenir sur tes gardes; ne te confie à personne, pas même à moi, et si tu as un peu d'influence sur la signora, engage-la à se bien cacher, surtout de Salomé. Salomé ne la trahira jamais; mais elle a la voix trop forte, et, quand elle querelle la signora, toute la maison entend ce qu'elles se disent. Si quelqu'un des amis de la signora venait à se douter de ce qui se passe, tout irait mal; car les amis, ce n'est pas comme les domestiques : cela ne sait pas garder un secret, et pourtant on se fie à eux plus qu'à nous! »

Les conseils du candide Mandola n'étaient point à dédaigner, d'autant plus qu'ils s'accordaient parfaitement avec mon instinct. Nous conduisîmes, le lendemain soir, la signora sur le canal de la Zucca, et Mandola, comprenant que j'avais à lui parler, s'endormit complaisamment sur la poupe. J'éteignis le fanal, je me glissai dans l'habitacle, et je causai longtemps avec Bianca. Elle s'étonna de mes refus, et me dit encore tout ce qu'elle crut propre à les vaincre. Je lui parlai avec fermeté, je lui dis que jamais je ne laisserais dire de moi que j'avais aimé une femme pour ses richesses, que je tenais autant au bon renom de ma famille qu'aucun patricien de Venise, que mes parents ne me pardonneraient jamais si je donnais un pareil scandale, et que je ne voulais pas plus me brouiller avec mon honnête homme de père, que brouiller la signora avec sa fille; car Alezia était ce qu'elle devait préférer et ce qu'elle préférait sans doute à tout au monde. Ce dernier argument eut plus de puissance que tous les autres. Elle fondit en larmes, et m'exprima son admiration et sa reconnaissance avec l'enthousiasme de la passion.

A partir de ce jour, tout rentra dans le repos au palais Aldini. Ce petit monde subalterne avait eu sa crise révolutionnaire. Il eut son pacificateur, et je m'amusai en secret de mon rôle de grand citoyen avec un héroïsme enfantin. Mandola qui commençait à devenir lettré, me regardait avec étonnement m'occuper des plus rudes travaux, et, me parlant tout bas d'un air paternel, m'appelait à la dérobée son *Cincinnato* et son *Pompilio*.

J'avais pris en effet avec moi-même, et je tins courageusement la résolution de ne plus recevoir le moindre bienfait de la femme dont je voulais être l'amant. Puisque le seul moyen de la posséder en secret, c'était de rester dans sa maison sur le pied de valet, il me semblait que je pouvais rétablir l'égalité entre elle et moi en proportionnant mes services à mon salaire. Jusque-là, ce salaire avait été considérable et non proportionné à mon travail, qui, pendant quelque temps même, avait été tout à fait nul. Je résolus de réparer le temps perdu ; je me mis à tout ranger, à tout nettoyer, à faire les commissions, à porter même l'eau et le bois, à vernir et à brosser la gondole, en un mot, à faire la besogne de dix personnes, et je la fis gaiement, en fredonnant mes plus beaux airs d'opéra et mes plus belles strophes épiques. Ce qui m'amusa le plus, ce fut de prendre soin des tableaux de famille et de secouer la poussière qui obscurcissait, chaque matin, le majestueux regard de Torquato. Quand j'avais fini sa toilette, je lui ôtais respectueusement mon bonnet en lui adressant ironiquement quelque parodie de mes vers héroïques.

Les prolétaires vénitiens, et les gondoliers particulièrement, ont, vous le savez, le goût des joyaux. Ils dépensent une bonne partie de ce qu'ils gagnent en bagues antiques, en camées de chemises, en épingles de cravate, en chaînes à breloques, etc. Je m'étais laissé donner beaucoup de ces hochets. Je les reportai tous à madame Aldini, et ne voulus même plus porter de boucles d'argent à mes souliers. Mais mon sacrifice le plus méritoire fut de renoncer à la musique. Je considérai que mon travail, quelque laborieux qu'il fût, ne pouvait compenser les dépenses que mon assiduité au théâtre et les leçons du professeur de chant occasionnaient à la signora. Je me déclarai enrhumé à perpétuité, et, au lieu d'aller à la Fenice avec elle, je me mis à lire dans les vestibules du théâtre. Je comprenais aussi que j'étais ignorant, et, bien que ma maîtresse ne le fût guère moins, je voulais étendre un peu mes idées et ne pas la faire rougir de mes bévues. J'étudiai la langue-mère avec ardeur, et je m'attachai à ne plus estropier misérablement les vers, comme tous les barcaroles ont coutume de le faire. Quelque chose aussi me disait, au fond du cœur, que cette étude me serait utile par la suite, et que ce que je perdais en progrès, sous le rapport du chant, je le regagnais de l'autre en réformant mon accent et ma prononciation.

Quelques jours de cette louable conduite suffirent à me rendre le calme. Jamais je n'avais été plus fort, plus gai, et, au dire de Salomé, plus beau qu'avec mes habits propres et modestes, mon air doux et mes mains brunies par le hâle. Tout le monde m'avait rendu la confiance, l'estime et les mille petits soins dont je jouissais auparavant. La belle Alezia, qui avait une grande déférence pour le jugement de sa gouvernante juive, me laissait même baiser le bout de ses tresses noires, ornées de nœuds écarlates et de perles fines.

Une seule personne restait triste et tourmentée, c'était la signora ; sa santé loin de revenir, empirait de jour en jour. A chaque instant, je surprenais ses beaux yeux bleus pleins de larmes, attachés sur moi avec un air de tendresse et de douleur inexprimable. Elle ne pouvait pas s'habituer à me voir travailler ainsi. J'aurais été son fils qu'elle ne se serait pas affligée davantage de me voir porter les fardeaux et recevoir la pluie. Sa sollicitude m'impatientait même un peu, et les efforts qu'elle faisait pour la renfermer la lui rendaient plus pénible encore.

Il s'était opéré en elle je ne sais quelle révolution imprévue. Cet amour qui avait fait jusque-là, comme elle me le disait elle-même, son tourment et sa joie, semblait ne plus faire désormais que sa consternation et sa honte. Elle n'évitait plus, comme autrefois, les occasions d'être seule avec moi ; au contraire, elle les faisait naître ; mais dès que je me mettais à ses genoux, elle éclatait en sanglots et changeait en scènes d'attendrissement les heures promises à la volupté. Je m'efforçais en vain de comprendre ce qui se passait en elle. Elle se faisait arracher des réponses vagues, toujours bonnes et tendres, mais déraisonnables, et qui me jetaient dans mille perplexités. Je ne savais comment m'y prendre pour consoler et fortifier cette âme abattue. J'étais dévoré de désirs, et il me semblait qu'une heure d'effusion et d'enthousiasme réciproque eût été plus éloquente que toutes ces paroles et toutes ces larmes ; mais je ressentais pour elle trop de respect et trop de dévouement pour ne pas lui faire le sacrifice de mes transports. Je sentais qu'il m'eût été facile de surprendre les sens de cette femme faible de corps et d'esprit ; mais je craignais trop les pleurs du lendemain, et je ne voulais devoir mon bonheur qu'à sa confiance et à son amour. Ce jour ne vint pas, et je dois dire, à la honte de la faiblesse féminine, que mes vœux eussent été comblés si j'avais eu moins de délicatesse et de désintéressement. J'avais espéré que Bianca m'encouragerait ; je vis bientôt qu'elle me craignait au contraire, et qu'à mon approche elle frémissait comme si je lui eusse apporté le crime et les remords. Je ne réussissais à la rassurer que pour la voir s'affliger davantage, et accuser la destinée comme s'il n'eût pas dépendu de sa volonté d'en tirer un meilleur parti. Puis, une secrète honte brisait cette âme timorée. La dévotion s'emparait d'elle de plus en plus ; son confesseur la gouvernait et l'épouvantait. Il lui défendait d'avoir des amants, et elle qui avait su résister au confesseur, quand il s'était agi de M. Lanfranchi et de M. Montalegri, ne trouvait pas pour moi le même courage. Peu à peu je parvins à lui arracher l'aveu de toutes ses souffrances et de tous ses combats. Elle avait révélé à son directeur tous les détails de notre amour, et il lui avait fait un crime énorme de cette affection basse et criminelle. Il lui avait interdit de penser au mariage avec moi, encore plus peut-être que de s'abandonner à la passion ; et il l'avait tellement effrayée en la menaçant de la repousser du sein de l'Eglise, que son esprit doux et craintif, partagé entre le désir de me rendre heureux et la peur de se damner, était en proie à une véritable agonie.

Madame Aldini avait eu jusque-là une dévotion si facile, si tolérante, si véritablement italienne, que je ne fus pas peu surpris de la voir tourner au sérieux précisément au milieu d'une de ces crises de la passion qui semblent le plus exclure de pareilles recrudescences. Je fis de grands efforts sur ma pauvre tête inexpérimentée pour comprendre ce phénomène, et j'en vins à bout. Bianca m'aimait peut-être plus qu'elle n'avait aimé le comte et le prince ; mais elle n'avait pas l'âme assez forte ni l'esprit assez éclairé pour s'élever au-dessus de l'opinion. Elle se plaignait de la morgue des autres ; mais elle donnait à cette morgue une valeur réelle par la peur qu'elle en avait. En un mot, elle était soumise plus que personne au préjugé qu'un instant elle avait voulu braver. Elle avait espéré trouver, dans l'appui de l'Eglise, par le sacrement et un redoublement de ferveur catholique, la force qu'elle ne trouvait pas en elle-même, et dont pourtant elle n'avait pas eu besoin avec ses précédents amants, parce qu'ils étaient patriciens et que le monde votait pour eux. Mais maintenant l'Eglise la menaçait, le monde allait la maudire ; combattre à la fois et le monde et l'Eglise était une tâche au-dessus de son énergie.

Et puis encore, peut-être son amour avait-il diminué au moment où j'en étais devenu digne ; peut-être, au lieu d'apprécier la grandeur d'âme qui m'avait fait redescendre volontairement du salon à l'office, elle avait cru voir, dans cette conduite courageuse, le manque d'élévation et le goût inné de la servitude. Elle croyait

Je vis derrière moi la petite Alezia. (Page 44.)

aussi que les menaces et les sarcasmes de ses autres valets m'avaient intimidé. Elle s'étonnait de ne me point trouver ambitieux, et cette absence d'ambition lui semblait la marque d'un esprit inerte ou craintif. Elle ne m'avoua point toutes ces choses; mais, dès que je fus sur la voie, je les devinai. Je n'en eus point de dépit. Comment pouvait-elle comprendre mon noble orgueil et ma chatouilleuse probité, elle qui avait accepté et partagé l'amour d'un Aldini et d'un Lanfranchi?

Sans doute elle ne me trouvait plus beau depuis que je ne voulais plus porter ni dentelles ni rubans. Mes mains, endurcies à son service, ne lui semblaient plus dignes de serrer la sienne. Elle m'avait aimé barcarolle, dans l'idée et dans l'espoir de faire de moi un agréable sigisbée; mais, du moment que je voulais rétablir entre elle et moi l'échange impartial des services, toutes ses illusions s'évanouissaient, et elle ne voyait plus en moi que le Chioggiote grossier, espèce de bœuf stupide et laborieux.

A mesure que ma raison s'éclaira de ces découvertes, l'orage de mes sens s'apaisa. Si j'avais eu affaire à une grande âme, ou seulement à un caractère énergique, c'eût été à mes yeux une tâche glorieuse que d'effacer les tristes souvenirs laissés dans ce cœur douloureux par mes prédécesseurs. Mais succéder à de tels hommes pour n'être pas compris, pour être sans doute un jour délaissé et oublié de même, c'était un bonheur que je ne pouvais plus acheter au prix d'une grande dépense de passion et de volonté. La signora Aldini était une bonne et belle femme; mais ne pouvais-je pas trouver dans une chaumière de Chioggia la beauté et la bonté réunies sans faire couler de larmes, sans causer de remords, et surtout sans laisser de honte?

Mon parti fut bientôt pris. Je résolus non-seulement de quitter la signora, mais le métier de valet. Tant que j'avais été amoureux de sa harpe et de sa personne, je n'avais pas eu le loisir de faire des réflexions sérieuses sur ma condition. Mais, du moment où je renonçais à d'imprudentes espérances, je voyais combien il est difficile de conserver sa dignité sauve sous la protection des grands, et je me rappelais les salutaires représentations que mon père m'avait faites autrefois et que j'avais mal écoutées.

Lorsque je lui fis pressentir mon dessein, quoiqu'elle

Le brave homme dormait. (Page 18.)

le combattit, je vis qu'elle recevait un grand allégement; le bonheur pouvait revenir habiter cette âme tendre et bienfaisante. La douce frivolité, qui faisait le fond de son caractère, reparaîtrait à la surface avec le premier amant qui saurait mettre de son côté le confesseur, les valets et le monde. Une grande passion l'eût brisée; une suite d'affections faciles et une multitude de petits dévouements devaient la faire vivre dans son élément naturel.

Je la forçai de convenir de tout ce que j'avais deviné. Elle ne s'était jamais beaucoup étudiée elle-même, et pratiquait une grande sincérité. Si l'héroïsme n'était pas en elle, du moins la prétention à l'héroïsme, et l'exigence altière qui en est la suite, n'y étaient pas non plus. Elle approuva ma résolution, mais en pleurant et en s'effrayant des regrets que j'allais lui laisser; car elle m'aimait encore, je n'en doute pas, de toute la puissance de son être.

Elle voulait s'inquiéter et s'occuper de ce que je deviendrais. Je ne le lui permis pas. La manière haute et brusque dont je l'interrompis lorsqu'elle parla d'offres de services lui ferma la bouche une fois pour toutes à cet égard. Je ne voulus même pas emporter les habits qu'elle m'avait fait faire. J'allai acheter, la veille de mon départ, un costume complet de marinier chioggiote, tout neuf, mais des plus grossiers, et je reparus ainsi devant elle pour la dernière fois.

Elle m'avait prié de venir à minuit, afin qu'elle pût me faire ses adieux sans témoins. Je lui sus gré de la tendresse familière avec laquelle elle m'embrassa. Il n'y avait peut-être pas, dans tout Venise, une seconde femme du monde assez sincère et assez sympathique pour vouloir renouveler cette assurance de son amour à un homme vêtu comme je l'étais. Des larmes coulèrent de ses yeux lorsqu'elle passa ses petites mains blanches sur la rude étoffe de ma cape bége doublée d'écarlate; puis elle sourit, et, relevant le capuchon sur ma tête, elle me regarda avec amour, et s'écria qu'elle ne m'avait jamais vu si beau, et qu'elle avait eu bien tort de me faire habiller autrement. L'effusion et la sincérité des remerciements que je lui adressai, les serments que je lui fis de lui être dévoué jusqu'à la mort et de ne jamais songer à elle que pour la bénir et la recommander à Dieu, la touchèrent beaucoup. Elle n'était pas habituée à être quittée ainsi.

« Tu as l'âme plus chevaleresque, me dit-elle, qu'aucun de ceux qui portent le titre de chevalier. »

Puis elle fut prise d'un accès d'enthousiasme : l'indépendance de mon caractère, l'insouciance avec laquelle j'allais braver la vie la plus dure au sortir du luxe et de la mollesse, le respect que j'avais conservé pour elle lorsqu'il m'était si facile d'abuser de sa faiblesse pour moi; tout, disait-elle, m'élevait au-dessus des autres hommes. Elle se jeta dans mes bras, presque à mes pieds, et me supplia encore de ne point partir et de l'épouser.

Cet élan était sincère, et, s'il ne fit point varier ma résolution, il rendit du moins la signora si belle et si attrayante pendant quelques instants, que je faillis manquer à mon héroïsme et me dédommager, dans cette dernière nuit, de tous les sacrifices faits à mon repos. Mais j'eus la force de résister et de sortir chaste d'un amour qui s'était cependant allumé par le désir des sens. Je partis baigné de ses pleurs et n'emportant, pour tout trésor et pour tout trophée, qu'une boucle de ses beaux cheveux blonds. En me retirant, je m'approchai du lit de la petite Alezia, et j'entr'ouvris doucement les rideaux pour la regarder une dernière fois. Elle s'éveilla aussitôt et ne me reconnut pas d'abord; car elle eut peur, mais à sa manière, sans crier, et en appelant sa mère d'une voix qu'elle s'efforçait de rendre ferme. « Signorina, lui dis-je, je suis l'*Orco*[1], et je viens vous demander pourquoi vous percez le cœur de vos poupées avec des épingles. »

Elle se leva sur son séant, et, me regardant d'un air malicieux, elle me répondit : « C'est pour voir si elles ont le sang bleu. »

Vous savez que *sangue blu*, dans le langage populaire de Venise, est le synonyme de noble.

« Mais elles n'ont pas de sang, repris-je, elles ne sont pas nobles!
— Elles sont plus nobles que toi, répondit-elle, elles n'ont pas de sang noir. »

Vous savez encore que le noir est la couleur des *nicoloti*, c'est-à-dire de la confrérie des bateliers.

« Mia signora, dis-je tout bas à madame Aldini en refermant le rideau de l'enfant, vous avez bien fait de ne pas répandre de l'encre sur votre écusson d'azur. Voilà une petite patricienne qui ne vous l'eût jamais pardonné.
— Et c'est moi, répondit-elle tristement, dont le cœur est percé, non pas d'une épingle, mais de mille épées ! »

Quand je fus dans la rue, je m'arrêtai pour regarder l'angle du palais que la lune découpait depuis le comble jusque dans les profondeurs fantastiques du grand canal. Une barque vint à passer, et, en agitant l'eau, coupa et brisa le reflet de cette grande ligne pure. Il me sembla que je venais de faire un beau rêve et que je m'éveillais dans les ténèbres. Je me mis à courir de toutes mes forces sans regarder derrière moi, et ne m'arrêtai qu'au pont della Paglia, là où les barques chioggiotes attendent les passagers, tandis que les mariniers, enveloppés hiver comme été dans leurs capes, dorment étendus sur les parapets et même en travers des degrés sous les pieds des passants. Je demandai si quelqu'un de mes compatriotes voulait me conduire chez mon père. « C'est toi, *parent?* » s'écrièrent-ils avec surprise. Ce mot de *parent*, que les Vénitiens ont donné ironiquement aux Chioggiotes, et que ceux-ci ont eu le bon sens d'accepter[2], fut si doux à mon oreille, que j'embrassai le premier qui me l'adressa. On me promit un départ dans une heure, et on m'adressa quelques questions dont on n'écouta pas la réponse. Le Chioggiote ne connaît guère l'usage des lits; mais en revanche il dort la nuit en marchant, en parlant, en ramant même. On m'offrit de faire un somme sur le lit commun, c'est-à-dire sur les dalles du quai. Je m'étendis par terre, la tête appuyée sur un de ces bons compagnons, tandis qu'un autre se servait de moi pour oreiller, et ainsi à la ronde. Je dormis comme aux meilleurs jours de mon enfance, et je rêvai que ma pauvre mère (qui était morte depuis un an) m'apparaissait au seuil de ma chaumière et me félicitait de mon retour. Je m'éveillai aux cris de *Chiosa ! Chiosa*[1] ! mille fois répétés, dont nos mariniers font retentir les voûtes du palais ducal et des prisons pour appeler les passagers. Il me semblait que c'était un cri de triomphe comme l'*Italiam! Italiam!* des Troyens dans l'Énéide. Je me jetai gaiement dans une barque, et, pensant à la nuit qu'avait dû passer Bianca, je me reprochai un peu mon bon sommeil. Mais je me réconciliai avec moi-même par la pensée de n'avoir pas empoisonné le repos de son lendemain.

On était en plein hiver, les nuits étaient longues; nous arrivâmes à Chioggia une heure avant le jour. Je courus à ma cabane. Mon père était déjà en mer : le plus jeune de mes frères gardait seul la maison. Il lui fallut bien du temps pour s'éveiller et me reconnaître. On voyait qu'il était habitué à dormir au bruit de la mer et des orages; car jo faillis briser la porte pour me faire entendre. Enfin, il me sauta au cou, passa sa cape, et me conduisit dans une barque à une demi-lieue en mer, à l'endroit où était ancrée celle de mon père. Le brave homme, en attendant l'heure favorable pour tendre ses filets, dormait là, suivant la coutume des vieux pêcheurs, étendu sur le dos, le corps et le visage abrités d'une couverture de crin, au claquement d'une bise aiguë. Les flots moutonnaient autour de lui et le couvraient d'écume; aucun bruit humain ne se faisait entendre dans les vastes solitudes de l'Adriatique. J'écartai doucement la couverture pour le regarder. Il était l'image de la force dans son repos. Sa barbe grise, aussi mêlée que les algues à la montée des flots, son sayon couleur de vase et son bonnet de laine d'un vert limoneux lui donnaient l'aspect d'un vieux Triton endormi dans sa conque. Il ne montra pas plus de surprise en s'éveillant que s'il m'eût attendu. « Oh! oh! dit-il, je rêvais de cette pauvre femme, et elle me disait : Lève-toi, vieux, voilà notre fils Daniel qui revient. »

DEUXIÈME PARTIE.

« Il ne s'agit pas, mes amis, continua le bon Lélio, de vous raconter toutes les vicissitudes par lesquelles je passai des grèves de Chioggia aux planches des premiers théâtres de l'Italie, et du métier de pêcheur à l'emploi de *primo tenore;* ce fut l'ouvrage de quelques années, et ma réputation grandit rapidement dès que le premier pas fut fait dans la carrière. Si jusque-là les circonstances furent souvent rebelles, mon facile caractère sut en tirer le meilleur parti possible, et je puis dire que mes grands succès et mes beaux jours ne furent pas payés trop cher.

Dix ans après mon départ de Venise, j'étais à Naples, et je jouais Roméo sur le théâtre de Saint-Charles. Le roi Murat et son brillant état-major, et toutes les beautés vaniteuses ou vénales de l'Italie, étaient là. Je ne me piquais pas d'être un patriote bien éclairé; mais je ne partageais pas l'engouement de cette époque pour la domination étrangère. Je ne me retournais pas vers un passé plus avilissant encore; je me nourrissais de ces premiers éléments du carbonarisme, qui fermentaient dès lors, sans forme et sans nom, de la Prusse à la Sicile.

Mon héroïsme était naïf et brûlant, comme le sont les religions à leur aurore. Je portais dans tout ce que je faisais, et principalement dans l'exercice de mon art, le sentiment de liberté railleuse et d'indépendance démocratique dont je m'inspirais chaque jour dans les clubs et dans les pamphlets clandestins. Les *Amis de la vérité*, les *Amis de la lumière*, les *Amis de la liberté*, telles étaient les dénominations sous lesquelles se groupaient les sympathies libérales; et jusque dans les rangs de l'armée française, aux côtés mêmes des chefs conquérants, nous avions des affiliés, enfants de votre grande

---

[1] Le diable rouge ou le follet des lagunes.
[2] La presqu'île de Chioggia fut originairement peuplée de cinq ou six familles qui ne se sont jamais alliées qu'entre elles.

[1] Chioggia! Chioggia!

révolution, qui, dans le secret de leur âme, se promettaient de laver la tache du 18 brumaire.

J'aimais ce rôle de Roméo, parce que j'y pouvais exprimer des sentiments de lutte guerrière et de haine chevaleresque. Lorsque mon auditoire, à demi français, battait des mains à mes élans dramatiques, je me sentais vengé de notre abaissement national; car c'était à leur propre malédiction, au souhait et à la menace de leur propre mort que ces vainqueurs applaudissaient à leur insu.

Un soir, au milieu d'un de mes plus beaux moments et lorsque la salle semblait prête à crouler sous des explosions d'enthousiasme, mes regards rencontrèrent, dans une loge d'avant-scène tout à fait appuyée sur le théâtre, une figure impassible dont l'aspect me glaça subitement. Vous ne savez pas, vous autres, quelles mystérieuses influences gouvernent l'inspiration du comédien, comme l'expression de certains visages le préoccupe et stimule ou enchaîne son audace. Quant à moi du moins, je ne sais pas me défendre d'une immédiate sympathie avec mon public, soit pour m'exalter si je le trouve récalcitrant et le dominer par la colère, soit pour me fondre avec lui dans un contact électrique et retremper ma sensibilité à l'effusion de la sienne. Mais certains regards, certaines paroles dites près de moi à la dérobée m'ont quelquefois troublé intérieurement au point qu'il m'a fallu tout l'effort de ma volonté pour en combattre l'effet.

La figure qui me frappait en cet instant était d'une beauté vraiment idéale; c'était incontestablement la plus belle femme qu'il y eût dans toute la salle de San-Carlo. Cependant toute la salle rugissait et trépignait d'admiration, et elle seule, la reine de cette soirée, semblait m'étudier froidement et apercevoir en moi des défauts inappréciables à l'œil vulgaire. C'était la muse du théâtre, c'était la sévère Melpomène en personne, avec son ovale régulier, son noir sourcil, son large front, ses cheveux d'ébène, son grand œil brillant d'un sombre éclat sous un vaste orbite, et sa lèvre froide, dont le sourire n'adoucit jamais l'arc inflexible; tout cela cependant avec une admirable fleur de jeunesse et des formes riches de santé, de souplesse et d'élégance.

« Quelle est donc cette belle fille brune à l'œil si froid? demandai-je dans l'entr'acte au comte Nasi, qui m'avait pris en grande amitié, et venait tous les soirs sur le théâtre pour causer avec moi.

— C'est la fille ou la nièce de la princesse Grimani, me répondit-il. Je ne la connais pas; car elle sort de je ne sais quel couvent, et sa mère ou sa tante est elle-même étrangère à nos contrées. Tout ce que je puis vous dire, c'est que le prince Grimani l'aime comme sa fille, qu'il la dotera bien, et que c'est un des plus beaux partis de l'Italie; ce qui n'empêche pas que je ne me mettrai pas sur les rangs.

— Et pourquoi?

— Parce qu'on la dit insolente et vaine, infatuée de sa naissance, et d'un caractère altier. J'aime si peu les femmes de cette trempe, que je ne veux seulement pas regarder celle-là lorsque je la rencontre. On dit qu'elle sera la reine des bals de l'hiver prochain, et que sa beauté est merveilleuse. Je n'en sais rien, je n'en veux rien savoir. Je ne puis souffrir non plus le Grimani : c'est un vrai hidalgo de comédie; et, s'il n'avait pas une belle fortune et une jeune femme qu'on dit aimable, je ne sais qui pourrait se résoudre à l'ennui de sa conversation ou à la raideur glaciale de son hospitalité.

Pendant l'acte suivant, je regardai de temps en temps la loge d'avant-scène. Je n'étais plus préoccupé de l'idée que j'avais là des juges malveillants, puisque ces Grimani avaient l'habitude d'un maintien superbe même avec les gens qu'ils estimaient être de leur classe. Je regardai la jeune fille avec l'impartialité d'un sculpteur ou d'un peintre : elle me parut encore plus belle qu'au premier aspect. Le vieux Grimani, qui était avec elle sur le devant de la loge, avait une assez belle tête austère et froide. Ce couple guindé me parut échanger quelques monosyllabes d'heure en heure, et à la fin de l'opéra il se leva lentement et sortit sans attendre le ballet.

Le lendemain je retrouvai le vieillard et la jeune fille à la même place et dans la même attitude flegmatique; je ne les vis pas s'émouvoir une seule fois, et le prince Grimani dormit délicieusement pendant les derniers actes. La jeune personne me parut au contraire donner toute son attention au spectacle. Ses grands yeux étaient attachés sur moi comme ceux d'un spectre, et ce regard fixe, scrutateur et profond finit par m'être si gênant, que je l'évitai avec soin. Mais, comme si un mauvais sort eût été jeté sur moi, plus j'essayais d'en détourner mes yeux, plus ils s'obstinaient à rencontrer ceux de la magicienne. Il y eut dans ce mystérieux magnétisme quelque chose de si étrangement puissant, que j'en ressentis une terreur puérile et que je craignis de ne pouvoir achever la pièce. Jamais je n'avais éprouvé rien de semblable. Il y avait des instants où je m'imaginais reconnaître cette figure de marbre, et je me sentais prêt à lui adresser amicalement la parole. D'autres fois je croyais voir en elle mon ennemi, mon mauvais génie, et j'étais tenté de lui jeter de violents reproches.

La *seconda donna* vint ajouter à ce malaise vraiment maladif en me disant tout bas : « Lélio, prends garde à toi, tu vas attraper la fièvre. Il y a là une femme qui te donnera la *jettatura* [1]. »

J'avais cru fermement à la *jettatura* pendant la plus longue moitié de ma vie. Je n'y croyais plus; mais l'amour du merveilleux, qu'on ne déloge pas aisément d'une tête italienne et surtout de celle d'un enfant du peuple, m'avait jeté dans les rêveries les plus exagérées du magnétisme animal. C'était l'époque où les belles fantaisies étaient en pleine floraison par le monde; Hoffmann écrivait ses Contes fantastiques, et le magnétisme était le pivot mystérieux sur lequel tournaient toutes les espérances de l'illuminisme. Soit que cette faiblesse se fût emparée de moi au point de me gouverner, soit qu'elle me surprît dans un moment où j'étais disposé à la maladie, je me sentis saisi de frissons, et je faillis m'évanouir en rentrant en scène. Ce misérable accablement fit enfin place à la colère, et dans un moment où je m'approchais de l'avant-scène avec la Checchina (cette *seconda donna* m'avait signalé le mauvais œil), je lui dis, en lui désignant ma belle ennemie et de manière à n'être pas entendu par le public, ces mots parodiés d'un de nos plus belles tragédies :

Bella e stupida.

L'éclat de la colère monta au front de la signora. Elle fit un mouvement pour réveiller le prince Grimani qui dormait de toute son âme; puis elle s'arrêta tout d'un coup, comme si elle eût changé d'avis, et resta les yeux toujours attachés sur moi, mais avec une expression de vengeance et de menace qui semblait dire : *Tu t'en repentiras.*

Le comte Nasi s'approcha de moi comme je quittais le théâtre après la représentation : « Lélio, me dit-il, vous êtes amoureux de la Grimani. — Suis-je donc ensorcelé, m'écriai-je, et d'où vient que je ne puis me débarrasser de cette apparition? — Et tu ne t'en débarrasseras pas de longtemps, pauvret, me dit la Checchina d'un air demi-naïf, demi-moqueur : cette Grimani, c'est le diable. Attends, ajouta-t-elle en me prenant le bras, je me connais en fièvre, et je gagerais... *Corpo della Madona!* s'écria-t-elle en pâlissant, tu as une fièvre terrible, mon pauvre Lélio!

— On a toujours la fièvre quand on joue et quand on chante de manière à la donner aux autres, dit le comte; venez souper avec moi, Lélio. »

Je refusai cette offre; j'étais malade en effet. Dans la nuit, j'eus une fièvre violente, et le lendemain je ne pus me lever. La Checchina vint s'installer à mon chevet, et ne me quitta pas tout le temps que je fus malade.

La Checchina était une fille de vingt ans, grande, forte, et d'une beauté un peu virile, quoique blanche et blonde. Elle était ma sœur et ma *parente*, c'est-à-dire qu'elle

[1]. Le regard du mauvais œil. C'est une superstition répandue dans toute l'Italie. A Naples, on porte des talismans en corail pour s'en préserver.

était de Chioggia comme moi. Comme moi, fille d'un pêcheur, elle avait longtemps employé sa force à battre, à coups de rames, les flots de l'Adriatique. Un amour sauvage de l'indépendance lui fit chercher dans la beauté de sa voix le moyen de s'assurer une profession libre et une vie nomade. Elle avait fui la maison paternelle et s'était mise à courir le monde à pied, chantant sur les places publiques. Le hasard me l'avait fait rencontrer à Milan, dans un hôtel garni où elle chantait devant la table d'hôte. A son accent je l'avais reconnue pour une Chioggiote; je l'avais interrogée; je m'étais rappelé l'avoir vue enfant; mais je m'étais bien gardé de me faire connaître d'elle pour un *parent*, et surtout pour ce Daniele Gemello qui avait quitté le pays un peu brusquement, à la suite d'un duel malheureux. Ce duel avait coûté la vie à un pauvre diable et le repos de bien des nuits à son meurtrier.

Permettez-moi de glisser rapidement sur ce fait, et de ne pas évoquer un souvenir amer durant notre placide veillée. Il me suffira de dire à Zorzi que le duel à coups de couteau était encore en pleine vigueur à Chioggia dans ma jeunesse, et que toute la population servait de témoin. On se battait en plein jour, sur la place publique, et on vengeait une injure par l'épreuve des armes, comme aux temps de la chevalerie. Le triste succès des miennes m'exila du pays; car le podestat n'était pas tolérant à cet égard, et les lois poursuivaient avec sévérité les restes de ces vieilles coutumes féroces. Ceci vous expliquera pourquoi j'avais toujours caché l'histoire de mes premières années, et pourquoi je courais le monde sous le nom de Lélio, faisant passer en secret de l'argent à ma famille, lui écrivant avec précaution, et ne lui révélant même pas quels étaient mes moyens d'existence, de crainte qu'en correspondant avec moi, elle ne s'attirât trop ouvertement l'inimitié des familles chioggiotes que la mort de mon agresseur avait plus ou moins irritées.

Mais comme un reste d'accent vénitien trahissait mon origine, je me donnais pour natif de Palestrina, et la Checchina avait pris l'habitude de m'appeler tour à tour son *pays*, son *cousin* et son *compère*.

Grâce à mes soins et à ma protection, la Checchina acquit rapidement un assez beau talent, et, à l'époque de ma vie dont je vous fais le récit, elle venait d'être engagée honorablement dans la troupe de San-Carlo.

C'était une étrange et excellente créature que cette Checchina : elle avait singulièrement gagné depuis le moment où je l'avais ramassée pour ainsi dire sur le pavé; mais il lui restait et il lui reste encore une certaine rusticité qu'elle ne perd pas toujours à point sur la scène, et qui fait d'elle la première actrice du monde dans les rôles de Zerlina. Dès lors elle avait corrigé beaucoup de l'ampleur de ses gestes et de la brusquerie de son intonation; mais elle en conservait encore assez pour être bien près du comique dans le pathétique. Cependant, comme elle avait de l'intelligence et de l'âme, elle s'élevait à une hauteur relative, dont le public ne pouvait pas lui savoir tout le gré qu'elle méritait. Les avis étaient partagés sur son compte, et un abbé disait qu'elle frisait le sublime et le bouffon de si près qu'entre les deux il ne lui restait plus assez de place pour ses grands bras.

Par malheur, la Checchina avait un travers dont ne sont pas exempts, du reste, les plus grands artistes. Elle ne se plaisait qu'aux rôles qui lui étaient défavorables, et, méprisant ceux où elle pouvait déployer sa verve, sa franchise et son allégresse pétulante, elle voulait absolument produire de grands effets dans la tragédie. En véritable villageoise, elle était enivrée de la richesse du costume, et s'imaginait réellement être reine quand elle portait le diadème et le manteau. Sa grande taille bien découplée, son allure dégagée et quasi-martiale, faisaient d'elle une magnifique statue lorsqu'elle était immobile. Mais à chaque instant le geste exagéré trahissait la jeune barcarolle, et quand je voulais l'avertir en scène de se modérer, je lui disais tout bas : « *Per Dio, non vogar! non siamo qui sull' Adriatico.* »

Si la Checchina a été ma maitresse, c'est ce qu'il vous importe peu de savoir, je présume; je puis affirmer seulement qu'elle ne l'était point à l'époque dont je vous entretiens, et que je ne devais ses soins affectueux qu'à la bonté de son cœur et à la fidélité de sa reconnaissance. Elle a toujours été pour moi une amie et une sœur dévouée, et s'exposa hardiment mainte fois à rompre avec ses amants les plus brillants, plutôt que de m'abandonner ou de me négliger quand ma santé ou mes intérêts réclamaient son zèle ou son concours.

Elle s'installa donc au pied de mon lit, et ne me quitta pas qu'elle ne m'eût guéri. Son assiduité auprès de moi contrariait bien un peu le comte Nasi, qui pourtant était mon ami sincère, et se fiait à ma parole, mais qui m'avouait à moi-même ce qu'il appelait sa misérable faiblesse. Lorsque j'exhortais la Checchina à ménager les susceptibilités involontaires de cet excellent jeune homme : « Laisse donc, me disait-elle, ne vois-tu pas qu'il faut l'habituer à respecter mon indépendance? Crois-tu que, quand je serai sa femme, je consentirai à abandonner mes amis du théâtre et à m'occuper de ce que les gens du monde penseront de moi? N'en crois rien, Lélio; je veux rester libre et n'obéir jamais qu'à la voix de mon cœur. » Elle se persuadait assez gratuitement que le comte était bien déterminé à l'épouser; et, cet égard, elle avait, à un merveilleux degré, le don de se faire illusion sur la force des passions qu'elle inspirait : rien ne pouvait se comparer à sa confiance en face d'une promesse, si ce n'est sa philosophie insouciante et son détachement héroïque en face d'une déception.

Je souffris beaucoup : ma maladie faillit même prendre un caractère grave. Les médecins me trouvaient dans une disposition hypertrophique très-prononcée, et les vives douleurs que je ressentais au cœur, l'affluence du sang vers cet organe, nécessitèrent de nombreuses saignées. Le reste de cette saison fut donc perdu pour moi, et, dès que je fus convalescent, j'allai prendre du repos et respirer un air doux au pied des Apennins, vers Casaggiolo, dans une belle villa que le comte possédait à quelques lieues de Florence. Il me promit de venir m'y rejoindre avec la Checchina, aussitôt que les représentations pour lesquelles elle était engagée lui permettraient de quitter Naples.

Quelques jours de cette charmante solitude me remirent assez bien pour qu'il me fût permis d'essayer, tantôt à cheval et tantôt à pied, d'assez longues promenades à travers les gorges étroites et les ravines pittoresques qui forment comme un premier degré aux masses imposantes de l'Apennin. Dans mes rêveries j'appelais cette région le *proscenium* de la grande montagne, et j'aimais à y chercher quelque amphithéâtre de collines ou quelque terrasse naturelle bien disposée pour m'y livrer tout seul et loin des regards à des élans de déclamation lyrique, auxquels répondaient les sonores échos ou le bruit mystérieux des eaux murmurantes fuyant sous les rochers.

Un jour je me trouvai, sans m'en apercevoir, vers la route de Florence. Elle traversait, comme un ruban éclatant de blancheur, des plaines verdoyantes doucement ondulées et semées de beaux jardins, de parcs touffus et d'élégantes villas. En cherchant à m'orienter, je m'arrêtai à la porte d'une de ces belles habitations. Cette porte se trouvait ouverte et laissait voir une allée de vieux arbres entrelacés mystérieusement. Sous cette voûte sombre et voluptueuse se promenait à pas lents une femme d'une taille élancée et d'une démarche si noble que je m'arrêtai pour la contempler et la suivre des yeux le plus longtemps possible. Comme elle s'éloignait sans paraître disposée à se retourner, il me prit une irrésistible fantaisie de voir ses traits, et j'y succombai sans trop me soucier de faire une inconvenance et de m'attirer une mortification. « Que sait-on, me disais-je, on trouve parfois dans notre deux pays des femmes si indulgentes! » Et puis je me disais que ma figure était trop connue pour qu'il me fût possible d'être jamais pris pour un voleur. Enfin, je comptais sur cette curiosité qu'on éprouve généralement à voir de près les manières et les traits d'un artiste un peu renommé.

Je m'aventurai donc dans l'allée couverte, et, marchant à grands pas, j'allais atteindre la promeneuse lorsque je vis venir à sa rencontre un jeune homme mis à la dernière mode et d'une jolie figure fade, qui m'aperçut avant que j'eusse le temps de m'enfoncer sous le taillis. J'étais à trois pas du noble couple. Le jeune homme s'arrêta devant la dame, lui offrit son bras, et lui dit en me regardant d'un air aussi surpris que possible pour un homme parfaitement cravaté :

« Ma chère cousine, quel est donc cet homme qui vous suit? »

La dame se retourna, et, à sa vue, j'éprouvai une émotion assez vive pour réveiller un instant mon mal. Mon cœur eut un tressaillement nerveux très-aigu en reconnaissant la jeune personne qui me regardait si étrangement de sa loge d'avant-scène, lors de l'invasion de ma maladie à Naples. Sa figure se colora légèrement, puis pâlit un peu. Mais aucun geste, aucune exclamation ne trahit son étonnement ou son indignation. Elle me toisa de la tête aux pieds avec un calme dédaigneux, et répondit avec une assurance inconcevable :

« Je ne le connais pas. »

Cette singulière assertion piqua ma curiosité. Il me sembla voir dans cette jeune fille un orgueil si bizarre et une dissimulation si consommée, que je me sentis entraîné tout d'un coup à risquer quelque folle aventure. Nous autres bohémiens, nous ne nous laissons pas beaucoup imposer par les usages du monde et par les lois de la convenance ; nous n'avons pas grand'peur d'être repoussés de ces théâtres particuliers où le monde à son tour pose devant nous, et où nous sentons si bien la supériorité de l'artiste; car là, personne ne sait nous rendre les vives émotions que nous savons donner. Les salons nous ennuient et nous glacent, en retour de la chaleur et de la vie que nous y portons. J'abordai donc fièrement mes nobles hôtes, fort peu soucieux de la manière dont ils m'accueilleraient, et résolu à m'introduire dans la maison sous le premier prétexte venu.

Je saluai gravement, et me donnai pour un accordeur d'instruments qu'on avait envoyé chercher à Florence d'une maison de campagne dont j'affectai d'estropier le nom.

« Ce n'est point ici. Vous pouvez vous en aller, » répondit sèchement la signora. Mais, en véritable fiancé, le cousin vint à mon aide.

« Chère cousine, dit-il, votre piano est tout à fait discord ; si monsieur avait le temps d'y passer une heure, nous pourrions faire de la musique ce soir. Je vous en prie ! Est-ce que vous n'y consentirez pas ? »

La jeune Grimani eut un méchant sourire sur les lèvres en répondant : « C'est comme il vous plaira, mon cousin. »

Veut-elle se divertir de moi ou de lui? pensai-je. Peut-être de tous les deux. Je m'inclinai légèrement en signe d'assentiment. Alors le cousin, avec une politesse nonchalante, me montra une porte de glace au bout de l'avenue, qui, s'abaissant en berceau, cachait la façade de la villa.

« Voyez, Monsieur, me dit-il, au fond du grand salon de compagnie, vous trouverez un salon d'étude. Le forte-piano est là. J'aurai l'honneur de vous revoir quand vous aurez fini. » Et, s'adressant à sa cousine : « Voulez-vous, lui dit-il, que nous allions jusqu'à la pièce d'eau ? »

Je la vis encore sourire imperceptiblement, mais avec une joie concentrée de la mortification que j'éprouvais, tandis qu'elle me laissait aller d'un côté et continuait sa promenade en sens opposé, appuyée sur son gracieux et honorable cousin.

Ce n'est pas une chose bien difficile que d'accorder à *peu près* un piano, et, quoique je ne l'eusse jamais essayé, je m'en tirai assez bien ; seulement j'y mis beaucoup plus de temps qu'il n'en eût fallu à une main expérimentée, et je voyais avec un peu d'impatience le soleil s'abaisser vers la cime des arbres ; car je n'avais d'autre prétexte, pour revoir ma singulière héroïne, que de lui faire essayer le piano lorsqu'il serait d'accord. Je me hâtais donc assez maladroitement, lorsqu'au milieu du monotone carillon dont je m'étourdissais, je levai la tête et vis la signora devant moi, à demi tournée vers la cheminée, mais m'observant dans la glace avec une malicieuse attention. Rencontrer son oblique regard et l'éviter fut l'affaire d'une seconde. Je continuai ma besogne avec le plus grand sang-froid, résolu à mon tour d'observer l'ennemi et de le voir venir.

La Grimani (je continuai à lui donner ce nom en moi-même, ne lui en connaissant pas d'autres) feignit d'arranger avec beaucoup de soin des fleurs dans les vases de la cheminée ; puis elle dérangea un fauteuil, le remit à la place d'où elle venait de l'ôter, laissa tomber son éventail, le ramassa avec un grand frôlement de robe, ouvrit une fenêtre qu'elle referma aussitôt, et, voyant que j'étais décidé à ne m'apercevoir de rien, elle prit le parti de laisser tomber un tabouret sur le bout de son joli petit pied et de faire une exclamation douloureuse. Je fus assez sot pour laisser brusquement tomber la clef à marteau sur les cordes métalliques, qui exhalèrent un gémissement lamentable. La signora frissonna, haussa les épaules, et, reprenant tout d'un coup son sang-froid, comme si nous eussions joué une scène de parodie, elle me regarda fixement en disant : « *Cosa, signore?* »

— J'ai cru que Votre Seigneurie me parlait, » répondis-je avec la même tranquillité, et je me remis à l'ouvrage. Elle resta debout au milieu de la chambre, comme pétrifiée d'étonnement devant tant d'audace, ou comme frappée d'une incertitude subite sur mon identité avec le personnage qu'elle avait cru reconnaître. Enfin, elle s'impatienta et me demanda presque grossièrement si j'avais bientôt fini.

« Oh ! mon Dieu, non ! signora, lui répondis-je, car voici une corde cassée. » En même temps, je tournai brusquement la clef sur la cheville que je serrais, et je fis sauter la corde. « Il me semble, reprit-elle, que ce piano vous donne beaucoup de peine. — Beaucoup, repris-je, toutes les cordes cassent. » Et j'en fis sauter une seconde. « C'est comme un fait exprès, s'écria-t-elle. — Oui, en vérité, repris-je encore, c'est un fait exprès. » Le cousin entra dans cet instant, et, pour le saluer, je fis sauter une troisième corde. C'était une des dernières basses ; elle fit une détonation épouvantable. Le cousin, qui ne s'y attendait point, fit un pas en arrière, et la signora partit d'un éclat de rire. Ce rire me parut étrange. Il n'allait ni à sa figure, ni à son maintien ; il avait quelque chose d'âpre et de saccadé, qui déconcerta le cousin, si bien que j'en eus presque pitié. « Je crains bien, dit la signora lorsque la fin de cette crise nerveuse lui permit de parler, que nous ne puissions pas faire de musique ce soir. Ce pauvre vieux *cembalo* est ensorcelé, toutes les cordes cassent, C'est un fait surnaturel, je vous assure, Hector ; il suffit de les regarder pour qu'elles se tordent et se brisent avec un bruit affreux. » Puis elle recommença à rire aux éclats avec sa figure en reçut le moindre enjouement. Le cousin se mit à rire par obéissance, et fut tout à coup interrompu par ces mots de la signora : « Mon Dieu ! mon cousin, ne riez donc pas ; vous n'en avez pas la moindre envie. »

Le cousin me parut très-habitué à être raillé et tourmenté. Mais il fut blessé sans doute que la chose se passât devant moi ; car il dit d'un ton fâché : « Et pourquoi donc, cousine, n'aurais-je pas envie de rire aussi bien que vous? — Parce que je vous dis que cela n'est pas, répondit la signora. Mais, dites-moi donc, Hector, ajouta-t-elle sans se soucier de la bizarrerie de la transition, avez-vous été à San-Carlo cette année? — Non, ma cousine. — En ce cas, vous n'avez pas entendu le fameux Lélio. »

Elle prononça ces derniers mots avec emphase ; mais elle n'eut pas l'impudence de me regarder tout de suite après, et j'eus le temps de réprimer le tressaillement que me causa ce coup de pierre au beau milieu du visage.

« Je ne l'ai ni entendu, ni vu, dit le naïf cousin, mais j'en ai beaucoup ouï parler. C'est un grand artiste, à ce qu'on assure.

— Très-grand, repartit la Grimani, plus grand que vous de toute la tête. Tenez ! il est de la taille de monsieur... Le connaissez-vous, Monsieur? ajouta-t-elle en se tournant vers moi. — Je le connais beaucoup, signora, répondis-je d'un ton acerbe; c'est un très-beau garçon, un très-grand comédien, un admirable chanteur, un causeur très-spirituel, un aventurier hardi et facétieux, et de plus intrépide duelliste, ce qui ne gâte rien. »

La signora regarda son cousin, me regarda ensuite d'un air insouciant comme pour me dire : « Peu m'importe. » Puis elle éclata de nouveau d'un rire inextinguible, qui n'avait rien de naturel et qui ne se communiqua ni au cousin ni à moi. Je me remis à poursuivre la dominante sur le clavier, et le signor Ettore piétina avec impatience, et fit crier ses bottes neuves sur le parquet, comme un homme fort mécontent de la conversation qui s'établissait si cavalièrement entre un ouvrier de mon espèce et sa noble fiancée.

« Ah çà! mon cousin, n'allez pas croire ce que monsieur vous dit de Lélio, reprit brusquement la signora en interrompant son rire convulsif. Quant à la grande beauté du personnage, je n'y saurais contredire : car je ne l'ai pas regardé; et d'ailleurs, sous le fard, sous les faux cheveux et les fausses moustaches, un acteur peut toujours sembler jeune et beau. Mais quant à être un admirable chanteur et un bon comédien, je le nie. Il chante faux d'abord, et ensuite il joue détestablement. Sa déclamation est emphatique, son geste vulgaire, l'expression de ses traits guindée. Quand il pleure, il grimace; quand il menace, il hurle; quand il est majestueux, il est ennuyeux; et, dans ses meilleurs moments, c'est-à-dire lorsqu'il se tient coi et ne dit mot, on peut lui appliquer le refrain de la chanson :

Brutto è quanto stupido.

Je suis fâché de n'être pas de l'avis de monsieur; mais je suis de l'avis du public, moi! Ce n'est pas ma faute si Lélio n'a pas eu le moindre succès à San-Carlo, et je ne vous conseille pas, mon cousin, de faire le voyage de Naples pour le voir. »

Ayant reçu cette cinglante leçon, je faillis un instant perdre la tête et chercher querelle au cousin pour punir la signora; mais le digne garçon ne m'en laissa pas le temps. « Voilà bien les femmes! s'écria-t-il, et surtout voilà bien vos inconcevables caprices, ma cousine! Il n'y a pas plus de trois jours, vous me disiez que Lélio était le plus bel acteur et le plus inimitable chanteur de toute l'Italie. Sans doute, vous me direz demain le contraire de ce que vous dites aujourd'hui, sauf à revenir après-demain... — Demain et après, et tous les jours de ma vie, cher cousin, interrompit précipitamment la signora, je dirai que vous êtes un fou et Lélio un sot. — Brava, signora, reprit le cousin à demi-voix en lui offrant son bras pour sortir du salon; on est un fou quand on vous aime et un sot quand on vous déplaît. — Avant que Vos Seigneuries se retirent, dis-je alors sans trahir la moindre émotion, je leur ferai observer que ce piano est en trop mauvais état pour que je puisse le réparer entièrement aujourd'hui. Je suis forcé de me retirer; mais, si Vos Seigneuries le désirent, je reviendrai demain. — Certainement, Monsieur, répondit le cousin avec une courtoisie protectrice en se retournant à demi vers moi; vous nous obligerez si vous revenez demain. » La Grimani, l'arrêtant d'un geste brusque et vigoureux, le força de se retourner tout à fait, resta immobile appuyée sur son bras, et me toisant d'un air de défi : « Monsieur reviendra demain? dit-elle en me voyant fermer le piano et prendre mon chapeau. — Je n'y manquerai certainement pas, » répondis-je en la saluant jusqu'à terre. Elle continua à tenir son cousin immobile à l'entrée de la salle, jusqu'à ce que, forcé de passer devant eux pour me retirer, je les saluai de nouveau en regardant cette fois ma Bradamante avec une assurance digne de la lutte qui s'engageait. Une étincelle de courage jaillit de son regard. J'y vis clairement que mon audace ne lui déplaisait pas, et que la lice ne me serait pas fermée.

Aussi je fus à mon poste le lendemain avant midi, et je trouvai l'héroïne au sien, assise au piano et frappant les touches muettes ou grinçantes avec une impassibilité admirable, comme si elle eût voulu me prouver par cette diabolique symphonie la haine et le mépris qu'elle avait pour la musique.

J'entrai avec calme et la saluai avec autant de respectueuse indifférence que si j'eusse été en effet l'accordeur de piano. Je posai trivialement mon chapeau sur une chaise, j'ôtai péniblement mes gants, imitant la gaucherie d'un homme qui n'est pas habitué à en porter. Je tirai de ma poche une boite de sapin remplie de bobines de laiton, et je commençai à en dérouler la longueur d'une corde, le tout avec gravité et simplicité. La signora allait toujours battant d'une manière impitoyable le malheureux piano, qui ne rendait plus que des sons à faire fuir les barbares les plus endurcis. Je vis alors qu'elle se divertissait à le fausser et à le briser de plus en plus, afin de me donner de la besogne, et je trouvai dans cette espièglerie plus de coquetterie que de méchanceté; car elle paraissait assez disposée à me tenir compagnie. Alors je lui dis du plus grand sérieux : « Votre Seigneurie trouve-t-elle que le piano commence à être d'accord? — J'en trouve l'harmonie satisfaisante, répondit-elle en se pinçant la lèvre pour ne pas rire, et les sons qu'il rend sont extrêmement agréables. — C'est un bel instrument, repris-je. — Et en très-bon état, ajouta-t-elle. — Votre Seigneurie a un très-beau talent sur le piano. — Comme vous voyez. — Voilà une valse charmante et très-bien exécutée. — N'est-ce pas? comment ne jouerait-on pas bien sur un instrument aussi bien accordé? Vous aimez la musique, Monsieur? — Peu, signora; mais celle que vous faites me va à l'âme. — En ce cas, je vais continuer. » Et elle écorcha avec un sourire féroce un des airs de bravura qu'elle m'avait entendu chanter avec le plus de succès au théâtre.

« Monsieur votre cousin se porte bien? lui dis-je, lorsqu'elle eut fini. — Il est à la chasse. — Votre Seigneurie aime le gibier? — Je l'aime démesurément. Et vous, Monsieur? — Je l'aime sincèrement et profondément. — Lequel aimez-vous mieux, du gibier ou de la musique? — J'aime la musique à table; mais dans ce moment-ci j'aimerais mieux du gibier. »

Elle se leva et sonna. A l'instant même un laquais parut comme s'il eût été une pièce de mécanique obéissant au ressort de la sonnette. « Apportez ici le pâté de gibier que j'ai vu ce matin dans l'office, » dit la signora, et deux minutes après le domestique reparut avec un pâté colossal, qu'à un signe de sa maîtresse il posa majestueusement sur le piano. Un grand plateau, couvert de vaisselle et de tout l'attirail nécessaire à la réfection des êtres civilisés, vint se placer comme par enchantement à l'autre bout de l'instrument, et la signora, d'une main forte et légère, brisa le rempart de croûte appétissante et fit une large brèche à la forteresse.

« Voilà une conquête à laquelle nos seigneurs les Français n'auront point de part, » dit-elle en s'emparant d'une perdrix qu'elle mit sur une assiette du Japon, et qu'elle alla dévorer à l'autre bout de la chambre, accroupie sur un coussin de velours à glands d'or.

Je la regardais avec étonnement, ne sachant pas trop si elle était folle ou si elle voulait me mystifier. « Vous ne mangez pas? me dit-elle sans se déranger. — Votre Seigneurie ne me l'a pas commandé, répondis-je. — Oh! ne vous gênez pas, » dit-elle en continuant à manger à belles dents.

Ce pâté avait une si bonne mine et un si bon fumet, que j'écoutai les conseils philosophiques de la raison positive. J'attirai une autre perdrix dans une autre assiette du Japon, que je posai sur le clavier du piano et que je me mis à dévorer de mon côté avec autant de zèle que la signora.

Si ce château n'est pas celui de la Belle au bois dormant, pensai-je, et que cette maligne fée n'en soit pas la seul être animé, il est évident que nous allons voir arriver un oncle, un père, ou une tante, ou une gouvernante, ou quelque chose qui soit censé, aux yeux des bonnes gens, servir de chaperon à cette tête indomptée. En cas d'une apparition de ce genre, je voudrais bien savoir jusqu'à quel point cette bizarre manière de déjeuner sur un piano en tête-à-tête avec la demoiselle de la maison sera trouvée séante. Peu m'importe, après tout ; il faut bien voir où me mèneront ces extravagances, et, s'il y a là-dessous une haine de femme, j'aurai mon tour, dussé-je l'attendre dix ans !

En même temps je regardais par-dessus le pupitre du piano ma belle hôtesse, qui mangeait d'une manière surnaturelle, et qui ne semblait nullement possédée de cette sotte manie qu'ont les demoiselles de ne manger qu'en secret, et de pincer les lèvres à table d'un air sentimental, comme si elles étaient d'une nature supérieure à la nôtre. Lord Byron n'avait pas encore mis à la mode le manque d'appétit chez le beau sexe. De sorte que ma fantasque signora s'en donnait à cœur joie, et qu'au bout de peu d'instants elle revint auprès de moi, pour tirer du pâté ébréché un filet de lièvre et une aile de faisan. Elle me regarda sans rire, et me dit d'un ton sentencieux : « Ce vent d'est donne faim. — Il me paraît que Votre Seigneurie est douée d'un bon estomac, lui dis-je. — Si on n'avait pas un bon estomac à quinze ans, répondit-elle, il faudrait y renoncer. — Quinze ans ! m'écriai-je en la regardant avec attention et en laissant tomber ma fourchette. — Quinze ans et deux mois, répondit-elle en retournant à son coussin avec son assiette de nouveau remplie ; ma mère n'en a pas encore trente-deux, et elle s'est remariée l'an dernier. N'est-ce pas singulier, dites-moi, une mère qui se marie avant sa fille ? Il est vrai que si ma petite mère chérie eût voulu attendre mon mariage, elle eût attendu longtemps. Qui donc voudrait épouser une personne, belle, à la vérité, mais *stupide* au delà de tout ce qu'on peut imaginer ? »

Il y avait tant de gaieté et de bonhomie dans l'air sérieux dont elle me plaisantait ; c'était un si joli *loustig* que cette grande fille aux yeux noirs et aux longues boucles de cheveux tombant sur un cou d'albâtre ; elle était assise sur son coussin avec une naïveté si gracieuse et en même temps si chaste, que toute ma défiance et tous mes mauvais desseins m'abandonnèrent. J'avais résolu de vider le flacon de vin afin d'endormir tout scrupule. Je repoussai le flacon, et, abandonnant mon assiette, appuyant mon coude sur le piano, je me mis à la considérer de nouveau et sous un nouvel aspect. Ce chiffre de quinze ans avait bouleversé toutes mes idées. J'ai toujours attaché beaucoup d'importance, quand j'ai voulu juger une personne, et surtout une personne du sexe féminin, à m'enquérir de son âge de la manière la plus authentique possible. L'habileté croît si rapidement chez le sexe que six mois de plus ou de moins font souvent que la candeur est fourberie ou la fourberie candeur. Jusque-là je m'étais imaginé que la Grimani avait au moins vingt ans ; car elle était si grande, si forte, si brune, et douée dans son regard, dans son maintien, dans ses moindres mouvements, d'une telle assurance, que tout le monde faisait le même anachronisme que moi à son premier abord. Mais, en la regardant mieux, je reconnus mon erreur. Ses épaules étaient larges et puissantes ; mais sa poitrine n'était pas encore développée. S'il y avait de la femme dans toute son attitude, il y avait certains airs et certaines expressions de visage qui révélaient l'enfant. Ne fût-ce que ce robuste appétit, cette absence totale de coquetterie, et l'inconvenance audacieuse du tête-à-tête qu'elle s'était réservé avec moi, il devint manifeste à mes yeux que je n'avais point affaire, comme je l'avais cru d'abord, à une femme orgueilleuse et rusée, mais à une pensionnaire espiègle, et je repoussai avec horreur la pensée d'abuser de son imprudence.

Je restais plongé dans cet examen, oubliant de répondre à la provocation significative que je venais de recevoir. Elle me regarda fixement, et cette fois je ne songeai pas à éviter son regard, mais à l'analyser. Elle avait les plus beaux yeux du monde, à fleur de tête, et très-ouverts ; leur direction était toujours nette, brusque et saisissante d'emblée l'objet de l'attention. Ce regard, très-rare chez une femme, était absolu et non effronté. C'était la révélation et l'action d'une âme courageuse, fière et franche. Il interrogeait toutes choses avec autorité, et semblait dire : Ne me cachez rien ; car, moi, je n'ai rien à cacher à personne.

Lorsqu'elle vit que je bravais son attention, elle fut alarmée, mais non intimidée ; et, se levant tout d'un coup, elle provoqua l'explication que je voulais lui demander. « Signor Lélio, me dit-elle, si vous avez fini de déjeuner, vous allez me dire ce que vous êtes venu faire ici.

— Je vais vous obéir, signora, répondis-je en allant ramasser son assiette et son verre qu'elle avait posés sur le parquet, et en les reportant sur le piano ; seulement, je prie Votre Seigneurie de me dire si l'accordeur de piano doit, pour vous répondre, s'asseoir devant le clavier, ou si le comédien Lélio doit se tenir debout, le chapeau à la main, et prêt à se retirer, après avoir eu l'honneur de vous parler.

— Monsieur Lélio voudra bien s'asseoir sur ce fauteuil, dit-elle en me désignant un siége placé à droite de la cheminée, et moi sur celui-ci, ajouta-t-elle en s'asseyant du côté gauche, en face de moi, à dix pieds environ de distance.

— Signora, lui dis-je en m'asseyant, il faut, pour vous obéir, que je reprenne les choses d'un peu haut. Il y a environ deux mois, je jouais *Roméo et Juliette* à San-Carlo. Il y avait dans une loge d'avant-scène...

— Il y avait dans une loge de votre mémoire, reprit la Grimani. Il y avait dans une loge d'avant-scène, à droite du théâtre, une jeune personne qui vous parut belle ; mais, en la regardant de plus près, vous trouvâtes que son visage était si dépourvu d'expression, que vous vîntes à vous écrier... en parlant à une de ces dames du théâtre, et assez haut pour que la jeune personne l'entendît...

— Au nom du ciel ! signora, interrompis-je, ne répétez pas les paroles échappées à mon délire, et sachez que je suis sujet à des irritations nerveuses qui me rendent presque fou. Dans cette disposition, tout me porte ombrage, tout me fait souffrir...

— Je ne vous demande pas pourquoi il vous plut de dire votre avis d'une façon si nette sur le compte de la demoiselle de l'avant-scène ; je vous prie seulement de me raconter le reste de l'histoire.

— Je suis obligé, pour être véridique et conséquent, d'insister sur le prologue. En proie à un premier accès de fièvre, début d'une maladie grave dont je suis à peine rétabli, je m'imaginai lire un profond dédain et une froide ironie sur le visage incomparablement beau de la demoiselle de l'avant-scène. J'en fus impatienté, puis troublé, puis bouleversé, au point que je perdis la tête, et que je me laissai aller à un mouvement brutal pour faire cesser le charme funeste qui enchaînait toutes mes facultés, et me paralysait au moment le plus énergique et le plus important de mon rôle. Il faut que Votre Seigneurie me pardonne une folie ; je crois au magnétisme, surtout les jours où je suis malade et où mon cerveau est faible comme mes jambes. Je m'imaginai que la demoiselle de l'avant-scène avait sur moi une influence pernicieuse ; et, durant la cruelle maladie qui s'empara de moi le lendemain de ma faute, je vous avouerai qu'elle m'apparut souvent dans mon délire ; mais toujours altière, toujours menaçante, et me promettant que je paierais cher le blasphème qui m'était échappé. Telle est, signora, la première partie de mon histoire. »

Je préparais mon bouclier pour recevoir une bordée d'épigrammes, en manière de commentaires, sur ce récit bizarre et, quoique vrai, très-invraisemblable, il faut l'avouer. Mais la jeune Grimani, me regardant avec une douceur que je ne soupçonnais pas pouvoir s'allier avec le caractère de sa beauté, me dit, en se penchant un peu sur le bras de son fauteuil : « En effet, seigneur Lélio, votre visage atteste de vives souffrances ; et, s'il faut tout vous avouer, lorsque je vous ai reconnu hier, je me suis dit que je vous avais bien mal regardé sur la scène ; car vous ne paraissiez alors plus jeune de dix ans ; et aujourd'hui je ne vous trouve pas **plus âgé que vous ne m'aviez semblé au théâtre** ; seulement je vous trouve l'air malade, et je suis bien affligée d'avoir été **un sujet d'irritation pour vous...** »

Lorsque je vis venir à sa rencontre un jeune homme... (Page 21.)

Je rapprochai involontairement mon fauteuil ; mais aussitôt mon interlocutrice reprit son ton railleur et fantasque.

« Passons à la seconde partie de votre histoire, monsieur Lélio, me dit-elle en jouant de l'éventail, et veuillez m'apprendre comment, au lieu de la fuir, vous êtes venu jusqu'ici relancer cette personne dont la vue vous est si odieuse et si funeste.

— C'est ici que l'auteur s'embarrasse, répondis-je en reculant mon fauteuil, qui roulait très-aisément au moindre mouvement de la conversation. Dirai-je que le hasard seul m'a conduit ici? Si je le dis, Votre Seigneurie le croira-t-elle ; et si je dis que ce n'est pas le hasard, Votre Seigneurie le souffrira-t-elle ?

— Il m'importe assez peu, dit-elle, que ce soit le hasard ou l'attraction magnétique, comme vous le diriez peut-être, qui vous amène dans ce pays ; je désire seulement savoir quel est le hasard qui vous a fait devenir accordeur de pianos.

— Le hasard de l'inspiration, signora ; le premier prétexte m'était bon pour m'introduire ici.

— Mais pourquoi vous introduire ici ?

— Je répondrai sincèrement si Votre Seigneurie daigne me dire auparavant quel est le hasard qui l'a déterminée à m'y laisser pénétrer, bien qu'elle m'eût reconnu au premier coup d'œil.

— Le hasard de la fantaisie, seigneur Lélio. Je m'ennuyais en tête-à-tête avec mon cousin, ou avec une vieille tante dévote que je connais à peine ; et, tandis que l'un est à la chasse et l'autre à l'église, j'ai pensé que je pourrais égayer par une folie la maussade solitude où on me laisse languir. »

Mon fauteuil se rapprocha de lui-même, et j'hésitai à prendre la main de la signora. Elle me paraissait effrontée en cet instant. Il y a des jeunes filles qui naissent femmes, et qui sont corrompues avant d'avoir perdu leur innocence. Celle-ci est bien un enfant, pensais-je, mais un enfant ennuyé de l'être, et je serais un grand sot de ne pas répondre à des agaceries faites avec tant de sang-froid et de hardiesse. Ma foi, tant pis pour le cousin ! Pourquoi aime-t-il la chasse plus que sa cousine ?...

Mais la signora ne fit aucune attention à l'agitation qui s'emparait de moi, et elle ajouta : « Maintenant la farce est jouée ; nous avons mangé le gibier de mon cousin, et

Et la signora... brisa le rempart de croûte. (Page 22.)

j'ai parlé avec un acteur. Voilà ma tante et mon prétendu mystifiés. La semaine dernière, mon cousin était furieux, parce que, selon lui, je faisais votre éloge avec trop d'enthousiasme. Maintenant, quand il me parlera de vous, et quand ma tante dira que les acteurs sont tous excommuniés en France, je baisserai les yeux d'un air modeste et béat, et je rirai en moi-même de penser que je connais le seigneur Lélio, et que j'ai déjeuné avec lui, ici même, sans que personne s'en doute. Mais maintenant il vous reste, monsieur Lélio, à me dire pourquoi vous avez voulu vous introduire ici à l'aide d'un faux rôle?

— Pardon, signora... vous avez dit un mot qui me frappe beaucoup... Vous avez fait la semaine dernière mon éloge avec *enthousiasme?*

— Oh! c'était uniquement pour faire enrager mon cousin. Je ne suis point enthousiaste de ma nature. »

Lorsqu'elle me raillait, je reprenais goût à l'aventure et j'étais prêt à m'enhardir. « Puisque vous êtes si sincère envers moi, répondis-je, je ne le serai pas moins envers Votre Seigneurie. Je me suis introduit ici avec l'intention de réparer mon crime et de demander humblement pardon à la beauté divine que j'ai blasphémée. »

En même temps je me laissai glisser de mon fauteuil, et je me trouvai aux genoux de la Grimani, bien près de m'emparer de ses belles mains. Elle ne parut pas s'en émouvoir beaucoup; seulement je vis que, pour dissimuler un peu d'embarras, elle feignait d'examiner les mandarins chinois dont les robes d'or et de pourpre chatoyaient sur son éventail. « Oh! mon Dieu! Monsieur, me dit-elle sans me regarder, vous êtes bien bon de croire que vous ayez à me demander pardon. D'abord, si j'ai l'air stupide, vous n'êtes pas du tout coupable de vous en être aperçu; en second lieu, si je ne l'ai pas, il m'est absolument indifférent que vous vous le persuadiez.

— Je jure par tous les dieux, et par Apollon en particulier, que je n'ai parlé ainsi que par colère, par folie, par un autre sentiment peut-être, qui alors ne faisait que de naître et troublait déjà mon esprit. Je voyais que vous me trouviez détestable, et que vous n'aviez pour moi aucune indulgence; pouvais-je me résigner tranquillement à perdre le seul suffrage qu'il m'eût été doux et glorieux de conquérir? Enfin, signora, je suis ici, j'ai découvert votre demeure, et, sachant à peine votre nom, je vous ai cherchée, poursuivie, atteinte, malgré la distance et les obstacles; me voici à vos pieds. Pensez-vous que j'aurais surmonté de telles difficultés si je n'avais été tourmenté de remords, non à cause de vous qui dédaignez avec raison l'effet de vos charmes sur un pauvre histrion comme moi, mais à cause de Dieu, dont j'ai outragé et dont j'ai méconnu la plus belle œuvre? »

Je me hasardai en parlant ainsi à prendre une de ses mains; mais elle se leva brusquement, en disant : « Levez-vous, Monsieur, levez-vous; voici mon cousin qui revient de la chasse. »

En effet, à peine avais-je eu le temps de courir au piano et de l'ouvrir, que le signor Ettore Grimani, en costume de chasse et le fusil à la main, entra et vint déposer aux pieds de sa cousine son carnier plein de gibier.

« Oh! ne vous approchez pas tant de moi, lui dit la signora, vous êtes horriblement crotté, et toutes ces bêtes ensanglantées me dégoûtent. Ah! Hector, je vous en prie, allez-vous-en, et emmenez tous ces grands vilains chiens qui sentent la vase et qui salissent le parquet. »

Force fut au cousin de se contenter de cet élan de reconnaissance et d'aller se parfumer à loisir dans sa chambre. Mais à peine était-il sorti de l'appartement qu'une sorte de duègne entra, et annonça à la signora que sa tante venait de rentrer et la priait de se rendre auprès d'elle.

« J'y vais, répondit la Grimani; et vous, Monsieur, dit-elle en se retournant vers moi, puisque cette touche est recassée, veuillez l'emporter et la recoller solidement. Il faudra la rapporter demain et achever de replacer les cordes qui manquent. N'est-ce pas, Monsieur, on peut compter sur votre parole? Vous serez exact?

— Oui, signora, vous pouvez y compter, » répondis-je, et je me retirai, emportant la touche d'ivoire qui n'était pas cassée.

Je fus exact au rendez-vous. Mais ne pensez point, mes chers amis, que je fusse amoureux de cette petite personne; c'est tout au plus si elle me plaisait. Elle était extrêmement belle; mais je voyais sa beauté par les yeux du corps, je ne la sentais pas par ceux de l'âme; si, par instants, je me prenais à aimer cette pétulance enfantine, bientôt après je retombais dans mes doutes et me disais qu'elle pouvait bien m'avoir menti, elle qui mentait à son cousin et à sa gouvernante avec tant d'aplomb; qu'elle avait peut-être bien une vingtaine d'années, comme je l'avais cru d'abord, et que peut-être aussi elle avait fait déjà plusieurs escapades pour lesquelles on l'avait séquestrée dans ce triste château, sans autre société que celle d'une vieille dévote destinée à la gourmander, et d'un excellent cousin prédestiné à endosser innocemment ses erreurs passées, présentes et futures.

Je la trouvai au salon avec ce cher cousin et trois ou quatre grands chiens de chasse, qui faillirent me dévorer. La signora, éminemment capricieuse, faisait ce jour-là à ces nobles animaux un accueil tout différent de la veille, et quoiqu'ils ne fussent guère moins crottés et moins insupportables, elle les laissait complaisamment s'étendre à ses pieds ou pêle-mêle sur un vaste sofa en velours rouge à crépines d'or. De temps en temps elle s'asseyait au milieu de cette meute pour caresser les uns, pour taquiner amicalement les autres.

Il me sembla bientôt que ce retour d'amitié vers les chiens était une coquetterie tendre envers son cousin, car le blond signor Ettore en paraissait très-flatté, et je ne sais lequel il aimait le mieux, de sa cousine ou de ses chiens.

Elle était d'une vivacité étourdissante, et son humeur me semblait montée à un tel diapason, elle m'envoyait dans la glace des œillades si accérées, que j'aspirais à voir le cousin s'éloigner. Il s'éloigna en effet bientôt. La signora lui donna une commission. Il se fit un peu prier, puis il obéit à un regard impérieux, à un : « *Vous ne voulez pas y aller?* » proféré d'un ton qu'il paraissait tout à fait incapable de braver.

A peine fut-il sorti, qu'abandonnant la tablature, je me levai en cherchant dans les yeux de la signora si je devais m'approcher d'elle, ou attendre qu'elle s'approchât de moi. Elle aussi était debout et semblait vouloir deviner dans mon regard ce à quoi j'allais me décider. Mais elle m'encourageait si peu, et ses lèvres semblaient entr'ouvertes pour me donner une telle leçon (si je venais par malheur à manquer d'esprit dans cette périlleuse rencontre), que je me sentis un peu troublé intérieurement. Je ne sais comment cet échange de regards à la fois provocateurs et méfiants, ce bouillonnement de tout notre être qui nous retenait l'un et l'autre dans l'immobilité, cette alternative d'audace et de crainte qui me paralysait au moment peut-être décisif de mon aventure, tout jusqu'à la robe de velours noir de la Grimani, et le brillant soleil qui, pénétrant en rayons d'or à travers les sombres rideaux de soie de l'appartement, venait s'éteindre à nos pieds dans un clair-obscur fantastique, l'heure, l'atmosphère brûlante, et le battement comprimé de mon cœur; tout me rappela vivement une scène de ma jeunesse assez analogue : la signora Bianca Aldini, dans l'ombre de sa gondole, enchaînant d'un regard magnétique un de mes pieds posé sur la barque et l'autre sur le rivage du Lido. Je ressentais le même trouble, la même agitation intérieure, le même désir, prêts à faire place à la même colère. Serait-ce donc, pensai-je, que je désirai autrefois la Bianca par amour-propre, ou que je désire aujourd'hui la Grimani par amour?

Il n'y avait pas moyen de m'élancer, en chantant d'un air dégagé, dans la campagne, comme jadis j'avais bondi sur la grève du Lido, pour me venger d'une innocente coquetterie. Je n'avais pas d'autre parti à prendre que de me rasseoir, et je n'avais d'autre vengeance à exercer que de recommencer sur le piano la quinte majeure : *A-mi-la-E-si-mi*.

Il faut convenir que cette façon d'exhaler mon dépit ne pouvait pas être bien triomphante. Un imperceptible sourire voltigea au coin de la lèvre de la signora, lorsque je pliai les genoux pour me rasseoir, et il me sembla lire ces mots charmants écrits sur sa physionomie : Lélio, vous êtes un enfant. Mais, lorsque je me relevai brusquement, prêt à faire rouler le piano au fond de la chambre pour voler à ses pieds, je lus clairement dans sa noire prunelle ces mots terribles : Monsieur, vous êtes un fou.

La signora Aldini, pensai-je, avait vingt-deux ans, j'en avais quinze ou seize, et j'en ai aujourd'hui vingt-deux. Que j'aie été dominé par la Bianca, c'est tout simple; mais que je sois joué par celle-ci, ce n'est pas dans l'ordre. Donc, il faut du sang-froid. Je me rassis avec calme, en disant :

« Pardon, signora, si je regarde l'heure à la pendule; je ne puis rester longtemps, et ce piano me paraît en assez bon état pour que je retourne à mes affaires.

— En bon état! répondit-elle avec un mouvement d'humeur bien marqué. Vous l'avez mis en si bon état que je crains de n'en jouer de ma vie. Mais j'en suis bien fâchée; vous avez entrepris de l'accorder : il faut, seigneur Lélio, que vous en veniez à votre honneur.

— Signora, repris-je, je ne tiens pas plus à accorder ce piano que vous ne tenez à en jouer. Si j'ai obéi à votre commandement en revenant ici, c'est afin de ne pas vous compromettre en cessant brusquement cette feinte. Mais Votre Seigneurie doit comprendre que la plaisanterie ne peut pas durer éternellement; que le troisième jour cela commence à n'être plus divertissant pour elle, et que le quatrième cela serait un peu dangereux pour moi-même. Je ne suis ni assez riche ni assez illustre pour avoir du temps à perdre. Votre Seigneurie voudra bien permettre que je me retire dans quelques minutes, et que ce soir un véritable accordeur vienne achever ma besogne, en alléguant que son confrère est malade et l'a envoyé à sa place. Je puis, sans livrer notre petit secret et sans me faire connaître, trouver un remplaçant qui me saura gré d'une bonne pratique de plus. »

La signora ne répondit pas un mot; mais elle devint pâle comme la mort, et de nouveau je me sentis vaincu. Le cousin rentra. Je ne pus réprimer un mouvement d'impatience. La signora s'en aperçut, et de nouveau elle triompha; et de nouveau, voyant bien que je ne voulais pas m'en aller, elle se fit un jeu de mes secrètes agitations.

Elle redevint vermeille et sémillante. Elle fit à son cousin mille agaceries qui tenaient un milieu si juste entre la tendresse et l'ironie, que ni lui ni moi ne sûmes bientôt à quoi nous en tenir. Puis tout d'un coup, lui tournant le dos et s'approchant de moi, elle me pria, à voix basse et d'un air mystérieux, de tenir le piano à un quart de ton au-dessous du diapason, parce qu'elle avait une voix de contr'alto. Qui voulait-elle mystifier du cousin ou de moi, en me disant ce grand secret d'un air si important? Je faillis aller donner une poignée de main à Hector, tant notre figure me parut également sotte et notre position ridicule. Mais je vis que le bon jeune homme y attachait plus d'importance que moi, et il me regarda de travers d'un air si sournois et si profond, que j'eus de la peine à m'empêcher de rire. Je répondis tout bas à la Grimani et d'un air encore plus confidentiel : « Signora, j'ai prévenu vos désirs, et le piano est juste au ton de l'orchestre de San-Carlo, qu'on baissa la saison dernière à cause de mon rhume. »

La signora prit alors le bras de son cousin d'un air théâtral, et l'emmena dans le jardin avec précipitation. Comme ils restèrent à se promener devant la façade, et que je voyais leurs ombres passer et repasser sur le rideau, je me mis derrière ce rideau, et j'écoutai leur conversation.

« C'est précisément ce que je voulais vous dire, cher cousin, disait la signora. Cet homme a une figure bizarre, effrayante; il ne se doute pas de ce que c'est qu'un piano, et jamais il ne viendra à bout de l'accorder. Vous verrez! C'est un chevalier d'industrie, n'en doutez pas. Ayons toujours l'œil sur lui, et tenez votre montre dans votre main quand il passera près de vous. Je vous jure que, pendant que je me penchais, sans me douter de rien, vers le piano, pour lui dire de le baisser, il a avancé la main pour me voler ma chaîne d'or.

— Eh! vous raillez, ma cousine! Il est impossible qu'un filou ait tant d'audace. Ce n'est pas du tout là ce que je veux vous dire, et vous feignez de ne pas me comprendre.

— Je feins, Hector? Vous m'accusez de feindre? Moi, feindre! En vérité, dites-moi si vous valez la peine que je me donnerais pour inventer un mensonge?

— Cette dureté est fort inutile, ma cousine. Il paraît que je vaux du moins la peine que vous cherchiez l'occasion de m'adresser des paroles mortifiantes.

— Mais, pour Dieu, de quoi parlez-vous, mon cousin? Et pourquoi dites-vous que cet homme...

— Je dis que cet homme n'est point un accordeur de pianos, qu'il n'accorde pas votre piano, qu'il n'a jamais accordé aucun piano. Je dis qu'il ne vous quitte pas de l'œil, qu'il épie tous vos mouvements, qu'il aspire toutes vos paroles. Je dis que c'est un homme qui vous aura vue quelque part, à Naples ou à Florence, au théâtre ou à la promenade, et qui est tombé amoureux de vous.

— Et qui s'est introduit ici *sous un déguisement*, pour me voir et pour me séduire peut-être, l'infâme, le scélérat! » En prononçant ces paroles d'un ton emphatique, la signora se renversa sur un banc en riant aux éclats. Comme je vis le cousin s'approcher de la porte du salon d'un air presque furieux, je retournai à mon poste, et, m'armant du marteau d'accordage, je résolus de l'en assommer s'il essayait de m'outrager; car j'avais déjà pressenti l'homme qui s'arrange de manière à ne pas se battre, et qui appelle ses valets quand on le brave à portée de l'antichambre. Il tombera raide mort avant de tirer le cordon de cette sonnette, pensai-je en serrant le marteau dans ma main et en jetant un rapide regard autour de moi. Mais mon aventure ne garda pas longtemps cette tournure dramatique.

Je revis la signora au bras de son cousin, se promenant sur la terrasse, et de temps en temps s'arrêtant devant la porte de glaces entr'ouverte, pour me regarder, elle, d'un air railleur, lui, d'un air embarrassé. Je ne savais plus ce qui se passait entre eux, et la colère me montait de plus en plus à la gorge.

Une jolie soubrette se trouva tout d'un coup en tiers sur la terrasse. La signora lui parlait d'un ton animé, tantôt riant, tantôt prenant un air absolu. La soubrette semblait hésiter; le cousin semblait supplier sa cousine de ne pas faire d'extravagance. Enfin la soubrette vint à moi d'un air confus, et me dit en rougissant jusqu'à la racine des cheveux : « Monsieur, la signora m'ordonne de vous dire, en propres termes, que vous êtes un insolent, et que vous feriez bien mieux d'accorder le piano que de la regarder comme vous faites. Pardon, Monsieur... Je crois bien que c'est une plaisanterie. — Et je le prends ainsi, répondis-je; mais répondez à la Signora que je lui présente mon profond respect, et que je la prie de ne pas me croire assez insolent pour la regarder. Je n'y pensais pas le moins du monde; et, s'il faut vous dire la vérité, à vous, ma belle enfant, c'est vous que je voyais au milieu de la prairie, et qui m'occupiez tellement que je ne songeais plus à continuer ma besogne.

— Moi! Monsieur, dit la soubrette en rougissant encore plus et en inclinant sa jolie tête sur son sein avec embarras. Comment pouvais-je occuper monsieur?

— Parce que vous êtes plus jolie cent fois que votre maîtresse, » lui dis-je en passant un bras autour d'elle et en lui donnant un baiser avant qu'elle eût le temps de se douter de ma fantaisie.

C'était une belle villageoise, une sœur de lait de la signora. Elle était brune aussi, grande et svelte, mais timide dans sa démarche, et aussi naïve, aussi douce dans son maintien que sa jeune maîtresse était résolue et rusée. Elle tomba dans un tel trouble en se voyant ainsi embrassée par surprise devant la signora, qui s'était approchée jusqu'au seuil du salon, entraînant son imbécile cousin, qu'elle s'enfuit en cachant son visage dans son tablier bleu brodé d'argent. La signora, qui ne s'attendait pas davantage à me voir prendre si philosophiquement ses impertinences, recula d'un pas, et le cousin, qui n'avait rien vu, répéta plusieurs fois de suite : « Qu'est-ce qu'il y a? Qu'est-ce que c'est? » La pauvre fillette continua de fuir sans vouloir répondre, et la signora éclata d'un rire forcé dont je feignis de ne pas m'apercevoir.

Au bout de peu d'instants, je la vis reparaître seule. Elle avait une expression de visage qui voulait être sévère, et qui était émue et troublée. « Il est heureux pour vous et pour moi, Monsieur, dit-elle d'une voix un peu altérée, que mon cousin soit crédule et simple; car sachez qu'il est jaloux et querelleur.

— En vérité, Mademoiselle? répondis-je gravement.

— Ne raillez pas, Monsieur, reprit-elle avec dépit. On peut être aisé de tromper quand on aime; mais on est brave quand on s'appelle Grimani.

— Je n'en doute point, Mademoiselle, répondis-je sur le même ton.

— Je vous prie donc, Monsieur, reprit-elle encore avec une véhémence involontaire, de ne plus vous montrer ici; car toutes ces plaisanteries pourraient mal finir.

— C'est comme il vous plaira, Mademoiselle, répondis-je toujours imperturbable.

— Il me paraît cependant, Monsieur, qu'elles vous divertissent beaucoup; car vous ne paraissez pas disposé à les terminer.

— Si je m'en amuse, signora, c'est par obéissance, comme on s'amuse en Italie sous le règne du grand Napoléon. Je voulais me retirer il y a une heure, et c'est vous qui n'avez pas voulu.

— Je ne l'ai pas voulu? Osez-vous dire que je ne l'ai pas voulu?

— Je voulais dire, signora, que vous n'y avez pas songé; car j'attendais que vous me donnassiez un prétexte pour me retirer d'une manière tant soit peu vraisemblable au beau milieu de ma besogne, et il m'était impossible, quant à moi, de l'imaginer. Cela serait si peu naturel dans l'état où est le piano, et j'ai une si ferme volonté de ne rien faire qui puisse vous compromettre, que je reviendrai demain...

— Vous ne le ferez pas...

— J'en demande bien pardon à Votre Seigneurie, je reviendrai.

— Et pourquoi donc, Monsieur? Et de quel droit?
— Je reviendrai pour satisfaire la curiosité du seigneur Hector, qui est fort intrigué de savoir qui je suis, et j'y reviendrai du droit que vous m'avez donné de faire face à l'homme dont vous avez voulu rire de moi.
— Est-ce une menace, seigneur Lélio? dit-elle en cachant sa frayeur sous le manteau de son orgueil.
— Non, signora. Un homme qui ne veut pas reculer devant un autre homme n'est pas un homme qui menace.
— Mais mon cousin ne vous a rien dit, Monsieur; c'est contre son gré que je vous ai fait ces plaisanteries.
— Mais il est jaloux et querelleur... De plus, il est brave. Moi, je ne suis pas jaloux, signora, je n'en ai ni le droit ni la fantaisie. Mais je suis querelleur aussi, et peut-être que, moi aussi, bien que je ne m'appelle pas Grimani, je suis brave; qu'en savez-vous?
— Oh! je n'en doute pas, Lélio! » s'écria-t-elle avec un accent qui me fit frémir de la tête aux pieds, tant il était différent de ce que j'entendais depuis trois jours.

Je la regardai avec surprise; elle baissa les yeux d'un air à la fois modeste et fier. Je fus désarmé encore une fois. « Signora, repris-je, je ferai ce que vous voudrez, rien que ce que vous voudrez, comme vous le voudrez. »

Elle hésita un instant. « Vous ne pouvez pas revenir comme accordeur de pianos, dit-elle, vous me compromettriez; car mon cousin va certainement dire à ma tante qu'il vous soupçonne d'être un chercheur d'aventures galantes; et, si ma tante le sait, elle le dira à ma mère. Or, monsieur Lélio, sachez que je ne me soucie que d'une personne au monde, c'est de ma mère; que je ne crains qu'une chose au monde, c'est le déplaisir de ma mère. Elle m'a pourtant bien mal élevée, vous le voyez; elle m'a horriblement gâtée... mais elle est si bonne, si douce, si tendre, si triste... Elle m'aime tant!... si vous saviez!... » Une grosse larme roula sur la noire paupière de la signora; elle essaya quelques instants de la retenir, mais elle vint tomber sur sa main. Ému, pénétré et terrassé par le terrible dieu avec lequel on ne joue pas en vain, je portai mes lèvres sur cette belle main, et je dévorai cette belle larme, poison subtil qui mit le feu dans mon sein. J'entendis revenir le cousin, et, me levant précipitamment: « Adieu, signora, lui dis-je, je vous obéirai aveuglément, je le jure sur mon honneur; si monsieur votre cousin m'offense, je me laisserai insulter; je serai lâche plutôt que de vous faire verser une seconde larme... » Et, la saluant jusqu'à terre, je me retirai. Le cousin ne me parut pas aussi belliqueux qu'elle me l'avait dépeint; car il me salua le premier, lorsque je passai devant lui. Je me retirai lentement, pénétré de tristesse; car j'aimais, et je devais ne pas revenir. En devenant sincère, mon amour devenait généreux.

Je me retournai plusieurs fois pour voir la robe de velours de la signora; mais elle avait disparu. Au moment où je franchissais la grille du parc, je l'aperçus dans une petite allée qui longeait la muraille intérieurement. Elle avait couru pour se trouver là en même temps que moi, et elle s'efforçait de prendre une démarche lente et rêveuse pour me faire croire que le hasard amenait cette rencontre; mais elle était tout essoufflée, et ses beaux bandeaux de cheveux noirs s'étaient dérangés le long des branches qu'elle avait rapidement écartées pour venir à travers le taillis. Je voulus m'approcher d'elle, elle me fit un signe comme pour m'indiquer qu'on la suivait. J'essayai de franchir la grille; je ne pouvais pas m'y décider. Elle me fit alors un signe d'adieu accompagné d'un regard et d'un sourire ineffables. En cet instant elle fut belle comme je ne l'avais point encore vue. Je mis une main sur mon cœur, l'autre sur mon front, et je m'enfuis, heureux et amoureux déjà comme un fou. Les branches avaient frémi à quelques pas derrière la signora; mais, là comme ailleurs, le cousin n'arrivait pas à temps: j'avais disparu.

Je trouvai chez moi une lettre de la Checchina. « Je me suis mise en route pour aller te rejoindre, me disait-elle, et me reposer sous les doux ombrages de Cafaggiolo des fatigues du théâtre. J'ai versé à San-Giovani; j'en suis quitte pour quelques contusions; mais ma voiture est brisée. Les maladroits ouvriers de ce village me demandent trois jours pour la réparer. Prends ta calèche, et viens me chercher, si tu ne veux que je périsse d'ennui dans cette auberge de muletiers, etc. » Je partis une heure après, et, au point du jour, j'arrivai à San-Giovani. « Comment se fait-il que tu sois seule? » lui dis-je en essayant de me débarrasser de ses grands bras et de ses fraternelles accolades, insupportables pour moi depuis ma maladie, à cause des parfums dont elle faisait un usage immodéré, soit qu'elle crût ainsi imiter les grandes dames, soit qu'elle aimât de passion tout ce qui flatte les sens. « Je me suis brouillée avec Nasi, me dit-elle; je l'ai planté là, et je ne veux plus entendre parler de lui! — Ce n'est pas très-sérieux, repris-je, puisque pour le fuir tu vas t'installer chez lui. — C'est très-sérieux, au contraire; car je lui ai défendu de me suivre. — Et c'est pour lui en ôter les moyens, apparemment, que tu prends sa voiture pour te sauver, et que tu la brises en chemin? — C'est sa faute; il fallait bien presser les postillons; pourquoi a-t-il la mauvaise habitude de courir après moi? J'aurais voulu me tuer en versant, et qu'il arrivât pour me voir expirer, et pour apprendre ce que c'est que de contrarier une femme comme moi. — C'est-à-dire une folle. Mais tu n'auras pas le plaisir de mourir pour te venger, puisque d'une part tu ne t'es pas fait de mal, et que de l'autre il n'a pas couru après toi. — Oh! il aura passé ici cette nuit sans se douter que j'y suis, et tu l'auras croisé en venant. Nous allons le trouver à Cafaggiolo. — Il est assez insensé pour cela. — Si j'en étais sûre, je voudrais rester ici huit jours cachée, afin de l'inquiéter, et de lui faire croire que je suis partie pour la France, comme je l'en ai menacé. — A ton plaisir, ma belle; je te salue et te laisse ma voiture. Quant à moi, j'ai peu de goût pour ce pays et pour cette auberge. — Si tu n'étais pas un sot, tu me vengerais, Lélio! — Merci! on me l'a déjà offense; tu ne l'es pas davantage, peut-être? — Oh! je le suis mortellement, Lélio! — Il aura refusé de te donner pour vingt-cinq mille francs de gants blancs, et il aura voulu te donner cinquante mille francs de diamants; quelque chose comme cela, sans doute? — Non, non, Lélio, il a voulu se marier! — Pourvu que ce ne soit pas avec toi, c'est une envie très-pardonnable. — Et ce qu'il y a de plus affreux, c'est qu'il s'était imaginé de me faire consentir à son mariage, et conserver mes bonnes grâces. Après une pareille insulte, crois-tu qu'il a eu l'audace de m'offrir un million, à condition que je le laisserais se marier, et que je lui resterais fidèle! — Un million! diable! voilà bien le quarantième million que je te vois refuser, ma pauvre Checchina. Il y aurait de quoi entretenir une famille royale avec les millions que tu as méprisés! — Tu plaisantes toujours, Lélio. Un jour viendra où tu verras que, si j'avais voulu j'aurais pu être reine tout comme une autre. Les sœurs de Napoléon sont-elles donc plus belles que moi? Ont-elles plus de talent, plus d'esprit, plus d'énergie! Ah! que je m'entendrais bien à tenir un royaume! — A peu près comme à tenir des livres en partie double dans un comptoir de commerce. Allons! tu as mis ta robe de chambre à l'envers, et tu essuies les pleurs de tes beaux yeux avec un des bas de soie. Fais trêve pour quelques instants à ces rêves d'ambition, habille-toi, et partons. »

Tout en regagnant la villa de Cafaggiolo et en laissant ma compagne de voyage donner un libre cours à ses déclamations héroïques, à ses divagations et à ses hâbleries, j'arrivai, non sans peine, à savoir que le bon Nasi avait été fasciné dans un bal par une belle personne et l'avait demandée en mariage; qu'il était venu signifier sa résolution à Checchina; que celle-ci ayant pris le parti de s'évanouir et d'avoir des convulsions, il avait été tellement épouvanté de la violence de son désespoir, qu'il l'avait suppliée d'accepter un terme moyen et de rester sa maîtresse malgré le mariage. Alors la Checchina, le voyant faiblir, avait orgueilleusement refusé de partager le cœur et la bourse de son amant. Elle avait demandé des chevaux de poste et signé ou feint de signer un engagement avec l'Opéra de Paris. Le débonnaire Nasi n'avait pu supporter l'idée de perdre une femme qu'il n'était pas sûr de ne plus adorer pour une femme que peut-être il n'adorait pas encore. Il avait demandé pardon à la cantatrice; il avait retiré sa demande et cessé ses démarches de mariage auprès de l'illustre beauté dont la Checchina ignorait le nom. Checchina s'était laissé attendrir; mais elle avait appris indirectement, le lendemain de ce grand sacrifice, que Nasi n'avait pas eu un grand mérite à le faire, puisqu'il venait entre la scène de fureur et la scène de raccommodement, d'être débouté de sa demande de mariage et dédaigné pour un heureux rival. La Checchina, outrée, était partie, laissant au comte une lettre foudroyante dans laquelle elle lui déclarait qu'elle ne le reverrait jamais, et, prenant la route de France, car tout chemin mène à Paris aussi bien qu'à Rome, elle courait attendre à Cafaggiolo que son amant la poursuivît et vînt mettre son corps en travers du chemin pour l'empêcher de pousser plus avant une vengeance dont elle commençait à s'ennuyer un peu.

Tout cela n'était pas dans le cerveau de la Checchina à l'état de calcul étroit et d'intrigue cupide. Elle aimait l'opulence, il est vrai, et ne pouvait s'en passer; mais elle avait tant de foi en sa destinée et tant d'audace dans le caractère, qu'elle risquait à chaque instant la fortune du jour pour celle du lendemain. Elle passait le Rubicon tous les matins, certaine de trouver sur l'autre rive un empire plus florissant que celui qu'elle abandonnait. Il n'y avait donc dans ces féminines rouéries rien de vil, parce qu'il n'y avait rien de craintif. Elle ne jouait pas la douleur; elle ne faisait ni fausses promesses ni feintes prières. Elle avait dans ses moments de contrariété de très-véritables attaques de nerfs. Pourquoi ses amants étaient-ils assez crédules pour prendre l'impétuosité de sa colère pour l'effet d'une douleur profonde combattue par l'orgueil? N'est-ce pas notre faute à tous quand nous sommes dupes de notre propre vanité?

D'ailleurs, quand même, pour conserver son empire, la Checchina aurait un peu joué la tragédie dans son boudoir, elle avait son excuse dans la grande sincérité de sa conduite. Je n'ai jamais rencontré de femme plus franche, plus fidèle aux amants qui lui étaient fidèles, plus téméraire dans ses aveux lorsqu'elle était vengée, plus incapable de ressaisir sa domination au prix d'un mensonge. Il est vrai qu'elle n'aimait pas assez pour cela, et que nul homme ne lui semblait valoir la peine de se contraindre et de s'humilier à ses propres yeux par une dissimulation prolongée. J'ai souvent pensé que nous étions bien fous, nous autres, d'exiger tant de franchise quand nous apprécions si peu le mérite de la fidélité. J'ai souvent éprouvé par moi-même qu'il faut plus de passion pour soutenir un mensonge qu'il ne faut de courage pour dire la vérité. Il est si facile d'être sincère avec ce qu'on n'aime pas! il est si agréable de l'être avec ce qu'on aime plus!

Cette simple réflexion vous expliquera pourquoi il me fut impossible d'aimer longtemps la Checchina, et comment il me fut impossible aussi de ne pas l'estimer toujours, en dépit de ses frasques insolentes et d'une ambition démesurée. Je compris vite que c'était une détestable amante et une excellente amie, et puis, il y avait une sorte de poésie dans cette énergie d'aventurière, dans ce détachement des richesses, inspiré par l'amour même des richesses; dans cette fatuité inconcevable, couronnée toujours d'un succès plus inconcevable encore. Elle se comparait sans cesse aux sœurs de Napoléon pour se préférer à elles, et à Napoléon pour s'égaler à lui. Cela était plaisant et pas trop ridicule. Dans sa sphère, elle avait autant d'audace et de bonheur que le grand conquérant. Elle n'eut jamais pour amants que des hommes jeunes, riches, beaux, et honnêtes; et je ne crois pas qu'un seul se soit jamais plaint d'elle après l'avoir quittée ou perdue; car au fond elle était grande et noble. Elle savait toujours racheter mille puérilités et mille malices par un acte décisif de force et de bonté. Enfin, pour tout dire, elle était brave au moral et au physique, et les gens de ce tempérament valent toujours quelque chose, où qu'ils soient et quoi qu'ils fassent.

« Ma pauvre enfant, lui disais-je chemin faisant, tu vas être bien attrapée si Nasi te prend au mot et te laisse partir pour la France. — Il n'y a pas de danger, disait-elle en souriant, oubliant qu'elle venait de me dire que pour rien au monde elle ne se laisserait fléchir par ses soumissions. — Mais enfin, supposons que cela arrive, que feras-tu? Tu n'as rien au monde, et tu n'as pas coutume de garder les dons des amants que tu quittes. C'est pour cela que je t'estime un peu, malgré tous tes crimes. Voyons, dis-moi, que vas-tu devenir? — J'aurai du chagrin, me répondit-elle; oui, vraiment, Lélio, j'aurai des regrets; car Nasi est un digne homme, un excellent cœur. Je parie que je pleurerai pendant... je ne sais pas combien de temps! Mais enfin on a une destinée ou on n'en a pas. Si Dieu veut que j'aille en France, c'est apparemment parce que je n'ai plus rien d'heureux à rencontrer en Italie. Si je me sépare de ce bon et tendre amant, c'est sans doute que là-bas un homme plus dévoué et plus courageux m'attend pour m'épouser, et pour prouver au monde que l'amour est au-dessus de tous les préjugés. N'en doute pas, Lélio, je serai princesse, reine peut-être. Une vieille sorcière de Malamocco me l'a prédit dans mon horoscope, lorsque je n'avais que quatre ans, et je l'ai toujours cru; preuve que cela doit être! — Preuve concluante, repris-je, argument sans réplique! Reine de Barataria, je te salue!

— Qu'est-ce que c'est que la Barataria? Est-ce que c'est le nouvel opéra de Cimarosa?

— Non, c'est le nom de l'étoile qui préside à ta destinée. »

Nous arrivâmes à Cafaggiolo et n'y trouvâmes point Nasi. « Ton étoile pâlit, la fortune t'abandonne, » dis-je à la Chioggiote. Elle se mordit les lèvres et reprit aussitôt avec un sourire : « Avant le lever du soleil, il y a toujours des brouillards sur les lagunes. Dans tous les cas, il faut prendre des forces, afin d'être préparé aux coups de la destinée. » En parlant ainsi, elle se mit à table, avala presque une daube truffée; après quoi elle dormit douze heures sans désemparer, passa trois heures à sa toilette, et pétilla d'esprit et d'absurdité jusqu'au soir. Nasi n'arriva point.

Pour moi, au milieu de la gaieté et de l'animation que cette bonne fille avait apportées dans ma solitude, j'étais préoccupé du souvenir de mon aventure à la villa Grimani, et tourmenté du désir de revoir ma belle patricienne. Mais quel moyen? Je me creusais vainement l'esprit pour en trouver un qui ne la compromît pas. En la quittant, je m'étais juré de ne faire aucune imprudence. En repassant dans ma mémoire le souvenir de ces derniers instants où elle m'avait semblé si naïve et si touchante, je sentais que je ne pouvais plus agir légèrement envers elle sans perdre ma propre estime. Je n'osais pas prendre des informations sur son entourage, encore moins sur son intérieur; je n'avais voulu voir personne dans les environs, et maintenant j'en étais presque fâché; car j'eusse pu apprendre par hasard ce que je n'osais demander directement. Le domestique qui me servait était un Napolitain arrivé avec moi et comme moi pour la première fois dans le pays. Le jardinier était idiot et sourd. Une vieille femme de charge, qui tenait la maison depuis l'enfance de Nasi, eût pu m'instruire peut-être; mais je n'osais l'interroger, elle était curieuse et bavarde. Elle s'inquiétait beaucoup de savoir où j'allais, et, pendant les trois jours que je ne lui avais pas rapporté de gibier, ni rendu compte de mes promenades, elle était si intriguée, que je tremblais qu'elle ne vînt à découvrir mon roman. Un nom seul eût pu la mettre sur la voie. Je me gardai donc bien de le prononcer. Je ne voulais pas aller à Florence, j'y étais trop connu; je m'y serais à peine montré, que j'eusse été inondé de visites. Or, dans la disposition maladive et misanthropique qui m'avait fait chercher la retraite de Cafaggiolo, j'avais caché mon nom et mon état tant aux gens des environs qu'aux serviteurs de la maison même. Je devais garder plus que jamais mon incognito; car je présumais que le comte allait arriver, et que ses velléités de mariage pourraient bien lui faire désirer d'ensevelir dans le mystère la présence de la Checchina dans sa maison.

Deux jours s'écoulèrent ainsi sans que Nasi revînt, lui

qui eût pu m'éclairer, et sans que j'osasse faire un pas dehors. La Checchina fut prise de vives douleurs et d'un gros rhume par suite des mésaventures de son voyage. Peut-être, ne sachant quelle figure faire vis-à-vis de moi, ne voulant pas avoir l'air d'attendre son infidèle après avoir juré qu'elle ne l'attendrait pas, n'était-elle pas fâchée d'avoir un prétexte pour rester à Cafaggiolo.

Un matin, ne pouvant y tenir, car cette signorina de quinze ans me trottait par la tête avec ses petites mains blanches et ses grands yeux noirs, je pris mon carnier, j'appelai mon chien, et je partis pour la chasse, n'oubliant que mon fusil. Je rôdai vainement autour de la villa Grimani, je n'aperçus pas un être vivant, je n'entendis pas un bruit humain. Toutes les grilles du parc étaient fermées, et je remarquai que dans la grande allée, d'où l'on apercevait le bas de la façade, on avait abattu de gros arbres, dont le branchage touffu interceptait complétement la vue. Était-ce à dessein qu'on avait dressé ces barricades? Était-ce une vengeance du cousin? Était-ce une précaution de la tante? Était-ce une malice de mon héroïne elle-même? Si je le croyais! me disais-je. Mais je ne le croyais pas. J'aimais bien mieux supposer qu'elle gémissait de mon absence et de sa captivité, et je faisais pour sa délivrance mille projets plus ridicules les uns que les autres.

En rentrant à Cafaggiolo, je trouvai dans la chambre de la Checchina une belle villageoise que je reconnus aussitôt pour la sœur de lait de la Grimani. « Voilà, me dit la Checchina, qui l'avait fait asseoir sans façon sur le pied de son lit, une belle enfant qui ne veut parler qu'à toi, Lélio. Je l'ai prise sous ma protection, parce que la vieille Cattina voulait la renvoyer insolemment. Moi, j'ai bien vu à son petit air modeste que c'est une honnête fille, et je ne lui ai pas fait de questions indiscrètes. N'est-ce pas, ma pauvre brunette? Allons, ne soyez pas honteuse, et passez dans le salon avec M. Lélio. Je ne suis pas curieuse, allez; j'ai autre chose à faire qu'à tourmenter mes amis.

— Venez, ma chère enfant, dis-je à la soubrette, et ne craignez rien; vous n'avez affaire ici qu'à d'honnêtes gens. »

La pauvre fille restait debout, éperdue, et triste à faire pitié. Bien qu'elle eût eu le courage de cacher jusque-là le motif de sa visite, elle tirait de sa poche et montrait à demi, dans son trouble, un billet qu'elle y renfonçait de nouveau, partagée entre le soin de son honneur et celui de l'honneur de sa maîtresse. « Oh! mon Dieu! dit-elle enfin d'une voix tremblante, si madame allait croire que je viens ici dans de mauvaises intentions!... — Moi, je n'en crois rien du tout, ma pauvrette, s'écria la bonne Checchina en ouvrant un livre et en lisant à travers d'un lorgnon, bien qu'elle eût une vue excellente, car elle croyait qu'il était de bon air d'avoir les yeux faibles. — C'est que madame a l'air si bon, et m'a reçue avec tant de confiance, reprit la jeune fille. — Votre air inspire cette confiance à tout le monde, reparti la cantatrice, et si je suis bonne avec vous, c'est que vous le méritez. Allez, allez, je ne suis pas indiscrète, contez vos affaires à M. Lélio, cela ne me fâchera pas le moins du monde. Allons, Lélio, emmène-la donc! Pauvre petite! elle se croit perdue. Va, mon enfant, les comédiens sont d'aussi braves gens que les autres, sois-en sûre. »

La jeune fille fit une profonde révérence et me suivit dans le salon. Son cœur battait à briser le lacet de son corsage de velours vert, et ses joues étaient écarlates comme sa jupe. Elle se hâta de tirer la lettre de sa poche, et, en me la remettant, elle recula de trois pas, tant elle craignait que je ne fusse aussi insolent avec elle que la première fois. Je la rassurai par le calme de mon maintien, et lui demandai si elle avait quelque chose de plus à me dire. « Il faut que j'attende la réponse, me dit-elle d'un air d'angoisse. — Eh bien, lui dis-je, allez l'attendre dans l'appartement de madame. » Et je la reconduisis auprès de la Checchina. « Cette brave fille, lui dis-je, veut entrer au service d'une dame de Florence que je connais particulièrement, et elle vient me demander une lettre de recommandation. Pendant que je vais l'écrire, voulez-vous permettre qu'elle reste près de vous? — Oui, oui, certes! » dit la Checchina en lui faisant signe de s'asseoir, et en lui souriant d'un air de protection amicale. Cette douceur et cette simplicité de manières envers les gens de son ancienne condition étaient au nombre des belles qualités de la Chioggiote. En même temps qu'elle minaudait les allures de la grande dame, elle conservait la bonté brusque et naïve de la batelière. Ses manières, souvent ridicules, étaient toujours bienveillantes; et, si elle aimait à trôner dans un lit de satin garni de dentelles devant cette pauvre villageoise, elle n'en avait pas moins dans le cœur et sur les lèvres de tendres encouragements pour son humilité.

La lettre de la signora était conçue en ces termes :

« Trois jours sans revenir! Ou vous n'avez guère d'esprit, ou vous n'avez guère d'envie de me revoir. Est-ce donc à moi de trouver le moyen de continuer nos amicales relations? Si vous ne l'avez pas cherché, vous êtes un sot; si vous ne l'avez pas trouvé, vous êtes ce que vous m'accusez d'être. La preuve que je ne suis *ne superba, ne stupida*, c'est que je vous donne un rendez-vous. Demain matin dimanche, je serai à la messe de huit heures à Florence, à *Santa-Maria del Sasso*. Ma tante est malade; Lila, ma sœur de lait, doit seule m'accompagner. Si le domestique et le cocher vous remarquent ou vous interrogent, donnez-leur de l'argent, ce sont des coquins. Adieu, à demain. »

Répondre, promettre, jurer, remercier, et remettre à la belle Lila le plus ampoulé des billets d'amour, ce fut l'affaire de peu d'instants. Mais quand je voulus glisser une pièce d'or dans la main de la messagère, j'en fus empêché par un regard plein de tristesse et de dignité. Elle avait cédé par dévouement à la fantaisie de sa maîtresse; mais il était évident que sa conscience lui reprochait cet acte de faiblesse, et que lui en offrir le paiment, c'eût été la châtier et l'humilier cruellement. Je me reprochais beaucoup en cet instant le baiser que j'avais osé lui dérober pour railler sa maîtresse, et j'essayai de réparer ma faute en la reconduisant jusqu'au bout du jardin avec autant de respect et de courtoisie que j'en eusse témoigné à une grande dame.

Je fus très-agité tout le reste du jour. La Checchina s'aperçut de ma préoccupation. « Voyons, Lélio, me dit-elle à la fin du souper que nous prenions tête à tête sur une jolie petite terrasse ombragée de pampres et de jasmins; je vois que tu es tourmenté: pourquoi ne m'ouvres-tu pas ton cœur? Ai-je jamais trahi un secret? Ne suis-je pas digne de ta confiance? Ai-je mérité qu'elle me fût retirée? — Non, ma bonne Checchina, lui répondis-je, je rends justice à ta discrétion (et il est certain que la Checchina eût gardé, comme Porcia, les confidences de Brutus); mais, ajoutai-je, si tous mes secrets t'appartiennent, il en est d'autres... — Je sais ce que tu vas me dire, dit-elle avec vivacité. Il en est d'autres qui ne sont pas à toi seul et dont tu n'as pas le droit de disposer; mais si, malgré toi, je les devine, dois-tu pousser le scrupule jusqu'à nier inutilement ce que je sais aussi bien que toi? Allons, ami, j'ai fort bien compris la visite de cette belle fille; j'ai vu sa main dans sa poche, et, avant qu'elle m'eût dit bonjour, je savais qu'elle apportait une lettre. A l'air timide et chagrin de cette pauvre Iris (la Checchina aimait beaucoup les comparaisons mythologiques depuis qu'elle épelait l'*Aminta di Tasso* et l'*Adone del Guarini*), j'ai bien compris qu'il y avait là une véritable histoire de roman, une grande dame craignant le monde ou une petite fille risquant son établissement futur avec quelque honnête bourgeois. Ce qu'il y a de certain, c'est que tu es fait une de ces conquêtes dont vous autres hommes êtes si fiers, parce qu'elles passent pour difficiles et demandent beaucoup de cachotteries. Tu vois que j'ai deviné? » Je répondis par un sourire. « Je ne t'en demande pas davantage, reprit-elle; je sais que tu ne dois trahir ni le nom, ni la demeure, ni la condition de la personne; d'ailleurs, cela ne m'intéresse pas. Mais je puis te demander si tu es enchanté ou désespéré, et tu dois me dire si je puis te servir à quelque chose.

— Si j'ai besoin de toi, je te le dirai, répondis-je ; et, quant à te faire savoir si je suis enchanté ou désespéré, je puis t'assurer que je ne suis encore ni l'un ni l'autre.

— Eh bien ! eh bien ! prends garde à l'un comme à l'autre ; car, dans les deux cas, il n'y aurait pas lieu à de si grandes émotions.

— Et qu'en sais-tu ?

— Mon cher Lélio, reprit-elle d'un ton sentencieux, supposons que tu sois enchanté. Qu'est-ce qu'une femme facile de plus ou de moins dans la vie d'un homme de théâtre : le théâtre, où les femmes sont si belles, si étincelantes d'esprit ? Vas-tu donc t'enivrer d'une bonne fortune du grand monde ? Vanité ! vanité ! Les femmes du monde sont aussi inférieures à nous sous tous les rapports que la vanité est inférieure à la gloire.

— Voilà qui est modeste, je t'en félicite, répondis-je ; mais ne pourrait-on pas retourner l'aphorisme, et dire que c'est la vanité, et non l'amour, qui attire les hommes du monde aux pieds des femmes de théâtre ?

— Oh ! quelle différence ! s'écria la Checchina. Une belle et grande actrice est un être privilégié de la nature et relevé par le prestige de l'art ; livrée aux regards des hommes dans tout l'éclat de sa beauté, de son talent et de sa célébrité, n'est-il pas naturel qu'elle excite l'admiration et qu'elle allume les désirs ? Pourquoi donc, vous autres, qui subjuguez la plupart d'entre nous avant les grands seigneurs ; vous, que nous épousons quand nous avons l'humeur sédentaire, et qui prélevez vos droits sur nous quand nous avons l'âme ardente ; vous qui laissez jouer à d'autres le rôle d'amants magnifiques, et qui toujours êtes l'amant préféré, ou tout au moins l'ami du cœur ; pourquoi tourneriez-vous vos pensées vers ces patriciennes qui vous sourient du bout des lèvres, et vous applaudissent du bout des doigts ? Ah ! Lélio ! Lélio ! je crains qu'ici ton bon sens ne soit fourvoyé dans quelque sotte aventure. A ta place, plutôt que d'être flatté des œillades de quelque marquise sur le retour, je ferais attention à une belle choriste, à la Torquata ou à la Gargani, par exemple... Eh oui ! eh oui ! s'écria-t-elle en s'animant à mesure que je souriais ; ces filles-là sont plus hardies en apparence, et je soutiens qu'elles sont moins corrompues en réalité que tes Cidalises de salon. Tu ne serais pas forcé de jouer auprès d'elles une longue comédie de sentiment, ou de livrer une misérable guerre de bel esprit... Mais voilà comme vous êtes ! L'écusson d'un carrosse, la livrée d'un laquais, c'en est assez pour embellir à vos yeux le premier laideron titré qui laisse tomber sur vous un regard de protection.

— Ma chère amie, repris-je, tout cela est fort sensé ; mais il ne manque à ton raisonnement que d'être appuyé sur un fait vrai. Pour mon honneur, tu aurais bien pu, je pense, supposer que la laideur et la vieillesse ne sont pas de rigueur chez une patricienne éprise d'un artiste. Il s'en est trouvé de jeunes et belles qui ont eu des yeux, et puisque tu me forces à te dire des choses ridicules dans un langage ridicule, pour te fermer la bouche, apprends que l'objet de *ma flamme* a quinze ans, et qu'elle est belle comme la *déesse Cypris*, dont tu apprends par cœur les prouesses en bouts rimés.

— Lélio ! s'écria la Checchina en éclatant de rire, tu es le fat le plus insupportable que j'aie jamais rencontré.

— Si je suis fat, belle princesse, m'écriai-je, il y a un peu de votre faute, à ce qu'on prétend.

— Eh bien ! dit-elle, si tu ne mens pas, si ta maîtresse est digne par sa beauté des folies que tu vas faire pour elle, prends bien garde à une chose, c'est qu'avant huit jours tu seras désespéré.

— Mais qu'avez-vous donc aujourd'hui, signora Checchina, pour me dire des choses si désobligeantes ?

— Lélio, ne rions plus, dit-elle en posant sa main sur la mienne avec amitié. Je te connais mieux que tu ne te connais toi-même. Tu es sérieusement amoureux, et tu vas souffrir...

— Allons ! allons, Checca, sur tes vieux jours tu te retireras à Malamocco, et tu y diras la bonne ou la mauvaise aventure aux bateliers des lagunes ; en attendant, laisse-moi, belle sorcière, affronter la mienne sans lâches pressentiments.

— Non ! non ! Je ne me tairai pas que je n'aie tiré ton horoscope. S'il s'agissait d'une femme faite pour toi, je ne voudrais pas t'inquiéter ; mais une noble, une femme du monde, marquise ou bourgeoise, il m'importe, je leur en veux ! Quand je vois cet imbécile de Nasi me négliger pour une créature qui ne me va pas, je parie, au genou, je me dis que tous les hommes sont vains et sots. Ainsi, je te prédis que tu ne seras point aimé, parce qu'une femme du monde ne peut pas aimer un comédien ; et, si par hasard tu es aimé, tu n'en seras que plus misérable ; car tu seras humilié.

— Humilié ! Checchina, qu'est-ce que vous dites donc là ?

— A quoi connaît-on l'amour, Lélio ? au plaisir qu'on donne ou à celui qu'on éprouve ?...

— Pardieu ! à l'un et à l'autre ! Où veux-tu en venir ?

— N'en est-il pas du dévouement comme du plaisir ? Ne faut-il pas qu'il soit réciproque ?

— Sans doute ; après ?

— Quel dévouement espères-tu rencontrer chez ta maîtresse ? quelques nuits de plaisir ? Tu sembles embarrassé de répondre.

— Je le suis, en effet ; je t'ai dit qu'elle avait quinze ans, et je suis un honnête homme.

— Espères-tu l'épouser ?

— Epouser, moi ! une fille riche et de grande maison ! Dieu m'en préserve ! Ah çà ! tu crois donc que je suis dévoré comme toi de la matrimoniomanie ?

— Mais je suppose, moi, que tu aies envie de l'épouser ; tu crois qu'elle y consentirait ? tu en es sûr ?

— Mais je te répète que pour rien au monde je ne veux épouser personne.

— Si c'est parce que tu serais mal venu à en avoir la prétention, ton rôle est triste, mon bon Lélio !

— *Corpo di Bacco !* tu m'ennuies, Checchina !

— C'est bien mon intention, cher ami de mon âme. Or donc, tu ne songes point à épouser, parce que ce serait une impertinente fantaisie de ta part, et que tu es un homme d'esprit. Tu ne songes point à séduire, parce que ce serait un crime, et que tu es un homme de cœur. Dis-moi, est-ce que ce sera bien amusant, ton roman ?

— Mais, créature épaisse et positive que tu es, tu n'entends rien au sentiment. Si je veux faire une pastorale, qui m'en empêchera ?

— Une pastorale, c'est joli en musique. En amour, ce doit être bien fade.

— Mais ce n'est ni criminel ni humiliant.

— Et pourquoi es-tu si agité ? Pourquoi es-tu triste, Lélio ?

— Tu rêves, Checchina ; je suis tranquille et joyeux comme de coutume. Laissons toutes ces paroles ; je ne te recommande pas le silence sur le peu que je t'ai dit, j'ai confiance en toi. Pour te rassurer sur ma situation d'esprit, sache seulement une chose : je suis plus fier de ma profession de comédien que jamais gentilhomme ne le fut de son marquisat. Il n'est au pouvoir de personne de m'en faire rougir. Je ne serai jamais assez fat, quoi qu'on en dises, pour désirer des dévouements extraordinaires, et si un peu d'amour réchauffe mon cœur en cet instant, la joie modeste d'en inspirer un peu me suffit. Je ne nie pas les nombreuses supériorités des femmes de théâtre sur les femmes du monde. Il y a plus de beauté, de grâce, d'esprit et de feu dans les coulisses que partout ailleurs, je le sais. Il n'y a pas plus de pudeur, de désintéressement, de chasteté et de fidélité chez les grandes dames que partout ailleurs, je le sais encore. Mais la jeunesse et la beauté sont partout des idoles qui nous font plier le genou ; et quant au préjugé, c'est déjà beaucoup pour une femme élevée sous des lois tyranniques d'avoir en secret un pauvre regard et un pauvre battement de cœur pour un homme que ses préjugés même lui défendent de considérer comme un être de son espèce. Ce pauvre regard, ce pauvre *palpito*, ce serait bien peu pour le vaste désir d'une grande passion ; mais je te l'ai dit, cousine, je n'en suis pas là.

Et trois ou quatre grands chiens de chasse... (Page 26.)

— Et qui te dit que tu n'y viendras pas?
— Alors il sera temps de me prêcher.
— Il sera trop tard, tu souffriras!
— Ah! Cassandra, laisse-moi vivre! »

Le lendemain, à sept heures du matin, j'errais lentement dans l'ombre des piliers de Santa-Maria. Ce rendez-vous était bien la plus grande imprudence que pût commettre ma jeune signora; car ma figure était aussi connue de la plupart des habitants de Florence que la grande route aux pieds de leurs chevaux. Je pris donc les plus minutieuses précautions pour entrer dans la ville à la lueur incertaine de l'aube, et je me tins caché sous les chapelles, la figure plongée dans mon manteau, me glissant en silence et n'éveillant point, par le moindre frôlement, les fidèles en prières parmi lesquels je cherchais à découvrir la dame de mes pensées. Je n'attendis pas longtemps : la belle Lila m'apparut au détour d'un pilier; elle me montra du regard un confessionnal vide dont la niche mystérieuse pouvait abriter deux personnes. Il y avait, dans le beau regard prompt et intelligent de cette jeune fille, quelque chose de triste qui m'alla au cœur; je m'agenouillai dans le confessional, et, peu d'instants après, une ombre noire se glissa près de moi et vint s'agenouiller à mes côtés. Lila se courba sur une chaise entre nous et les regards du public, qui, heureusement, était absorbé en cet instant par le commencement de la messe, et se prosternait bruyamment au son de la clochette de l'*introït*.

La signora était enveloppée d'un grand voile noir, et ses mains le retinrent croisé sur son visage pendant quelques instants. Elle ne me parlait point, elle courbait sa belle tête, comme si elle fût venue à l'église pour prier; mais, malgré tous ses efforts pour me paraître calme, je vis que son sein était oppressé, et qu'au milieu de son audace elle était frappée d'épouvante. Je n'osais la rassurer par des paroles tendres; car je la savais prompte à la repartie ironique, et je ne prévoyais pas quel ton elle prendrait avec moi en cette circonstance délicate. Je comprenais seulement que plus elle s'exposait avec moi, plus je devais me montrer respectueux et soumis. Avec un caractère comme le sien, l'impudence eût été promptement repoussée par le mépris. Enfin, je vis qu'il fallait le premier rompre le silence, et je la remerciai assez gauchement de la faveur de cette entrevue. Ma timidité

Voyons, Lélio, me dit-elle après souper... (Page 30.)

sembla lui rendre le courage. Elle souleva doucement le coin de son voile, appuya son bras avec plus d'aisance sur le bois du confessionnal, et me dit d'un ton demi-railleur, demi-attendri :

« De quoi me remerciez-vous, s'il vous plaît ?

— D'avoir compté sur ma soumission, Madame, répondis-je ; de n'avoir pas douté de l'empressement avec lequel je viendrais recevoir vos ordres.

— Ainsi, reprit-elle en raillant tout à fait, votre présence ici est un acte de pure soumission ?

— Je n'oserais pas me permettre de rien penser sur ma situation présente, sinon que je suis votre esclave, et qu'ayant une volonté souveraine à me manifester, vous m'avez commandé de venir m'agenouiller ici.

— Vous êtes un homme parfaitement élevé, » répondit-elle en dépliant lentement son éventail devant son visage et en remontant sa mitaine noire sur son bras arrondi, avec autant d'aisance que si elle eût parlé à son cousin.

Elle continua sur ce ton, et, en très-peu d'instants, je fus obsédé et presque attristé de son babil fantastique et mutin. « A quoi bon, me disais-je, tant d'audace pour si peu d'amour ! Un rendez-vous dans une église, à la vue de toute une population, le danger d'être découverte, maudite et reniée de sa famille et de toute sa caste, le tout pour échanger avec moi des quolibets, comme elle ferait avec une de ses amies en grande loge au théâtre ! Se plaît-elle donc aux aventures pour le seul amour du péril ? Si elle s'expose ainsi sans m'aimer, que fera-t-elle pour l'homme qu'elle aimera ? Et puis combien de fois déjà et pour qui ne s'est-elle pas exposée de la sorte ? Si elle ne l'a pas fait encore, c'est le temps et l'occasion qui lui ont manqué. Elle est si jeune ! Mais quelle énorme série d'aventures galantes ne recèle pas cet avenir dangereux, et combien d'hommes en abuseront, et combien de souillures terniront cette fleur charmante avide de s'épanouir au vent des passions !. »

Elle s'aperçut de ma préoccupation, et me dit d'un ton brusque :

« Vous avez l'air de vous ennuyer ? »

J'allais répondre, lorsqu'un petit bruit nous fit tourner la tête par un mouvement spontané. Derrière nous s'ouvrit la coulisse de bois qui ferme la lucarne grillée par laquelle le prêtre reçoit les confessions, et une tête jaune et ridée, au regard pénétrant et sévère, nous apparut comme un mauvais rêve. Je me détournai précipitamment avant que ce tiers malencontreux eût le temps d'examiner mes traits. Mais je n'osai m'éloigner, de peur d'attirer l'attention des personnes environnantes. J'entendis donc ces paroles adressées à l'oreille de ma complice :

« Signora, la personne qui est auprès de vous n'est point venue dans la maison du Seigneur pour entendre les saints offices. J'ai vu dans toute son attitude et dans les distractions qu'elle vous donne que l'église est profanée par un entretien illicite. Ordonnez à cette personne de se retirer, ou je me verrai forcé d'avertir madame votre tante du peu de ferveur que vous portez à l'audition de la sainte messe, et de la complaisance avec laquelle vous ouvrez l'oreille aux fades propos des jeunes gens qui se glissent près de vous. »

La lucarne se referma aussitôt, et nous demeurâmes quelques instants immobiles, craignant de nous trahir par un mouvement. Alors Lila, s'approchant tout près de nous, dit à voix basse à sa maîtresse :

« Mon Dieu, retirons-nous, signora ! M. l'abbé Cignola, qui rôdait dans l'église depuis un quart d'heure, vient d'entrer dans le confessionnal et d'en ressortir presque aussitôt après vous avoir regardée sans doute par la lucarne. Je crains bien qu'il ne vous ait reconnue, ou qu'il n'ait entendu ce que vous disiez.

— Je le crois bien ; car il m'a parlé, répondit la signora, dont le noir sourcil s'était froncé durant le discours de l'abbé avec une expression de bravade. Mais peu m'importe.

— Je dois me retirer, signora, dis-je en me levant ; en restant une minute de plus, j'achèverais de vous perdre. Puisque vous connaissez ma demeure, vous me ferez savoir vos volontés...

— Restez, me dit-elle en me retenant avec force. Si vous vous éloignez, je perds le seul moyen de me disculper. N'aie pas peur, Lila. Ne dis pas un mot, je te le défends. Mon cousin, dit-elle en élevant un peu la voix, donnez-moi le bras et allons-nous-en.

— Y songez-vous, signora ? Tout Florence me connaît. Jamais vous ne pourrez me faire passer pour votre cousin.

— Mais tout Florence ne me connaît pas, répondit-elle en passant son bras sous le mien et en me forçant à marcher avec elle. D'ailleurs, je suis hermétiquement voilée, et vous n'avez qu'à enfoncer votre chapeau. Allons ! ayez donc mal aux dents ! Mettez votre mouchoir sur votre visage. Hé vite ! voici des gens qui me connaissent et qui me regardent. Ayez de l'assurance et doublez le pas. »

En parlant ainsi, et en marchant avec vivacité, elle gagna la porte de l'église, appuyée sur mon bras. J'allais prendre congé d'elle et m'enfoncer dans la foule qui s'écoulait avec nous, car la messe venait de finir, lorsque l'abbé Cignola nous apparut de nouveau, debout sur le portique et feignant de s'entretenir avec un des bedeaux. Son oblique regard nous suivait attentivement. « N'est-ce pas, Hector, » dit la signora en passant près de lui et en penchant sa tête entre le visage de l'abbé et le mien. Lila tremblait de tous ses membres ; la signora aussi ; mais son émotion redoublait son courage. Une voiture aux armoiries et à la livrée des Grimani s'avançait à grand bruit, et le peuple, qui a toujours coutume de regarder avidement l'étalage du luxe, se pressait sous les roues et sous les pieds des chevaux. D'ailleurs, l'équipage de la vieille Grimani en particulier attirait toujours une nuée de mendiants ; car la pieuse dame avait coutume de répandre des aumônes sur son passage. Un grand laquais fut obligé de les repousser pour ouvrir la portière, et j'avançais toujours, conduisant la signora, et toujours suivi du regard inquisitorial de l'abbé Cignola. « Montez avec moi, » me dit la signora d'un ton absolu et avec un serrement de main énergique en s'élançant sur le marchepied. J'hésitais ; il me semblait que ce dernier coup d'audace allait consommer sa perte. « Montez donc, » me dit-elle avec une sorte de fureur ; et dès que je fus assis près d'elle, elle leva elle-même la glace, donnant à peine à Lila le temps de s'asseoir vis-à-vis de nous, et au domestique celui de fermer la portière. Et déjà nous roulions avec la rapidité de l'éclair à travers les rues de Florence.

« N'aie pas peur, ma bonne Lila, dit la signora en passant un de ses bras au cou de sa sœur de lait, et en lui donnant un gros baiser sur la joue ; tout cela s'arrangera. L'abbé Cignola n'a pas encore vu mon cousin, et il est impossible qu'il ait assez bien vu le seigneur Lélio aujourd'hui pour s'apercevoir plus tard de la supercherie.

— Oh ! signora, l'abbé Cignola est un homme qu'on ne trompe pas.

— Eh ! que m'importe ton abbé Cignola ? Je te dis que je fais croire à ma tante tout ce que je veux.

— Et le seigneur Hector dira bien qu'il ne vous a pas accompagnée à la messe, dis-je à mon tour.

— Oh ! pour celui-là, je vous réponds qu'il dira tout ce que je voudrai ; au besoin, je lui persuaderai à lui-même qu'il était à la messe tandis qu'il se figurait être à la chasse.

— Mais les domestiques, signora ? Le valet de pied a regardé M. Lélio avec un air singulier, et tout d'un coup il a reculé de surprise, comme s'il eût reconnu l'accordeur de pianos.

— Eh bien ! tu leur diras que j'ai rencontré cet homme-là dans l'église, et que je lui ai dit bonjour ; qu'il m'a dit avoir une course à faire dans nos environs, et que, comme je suis très-bonne, j'ai voulu lui épargner la peine d'y aller à pied. Nous allons le déposer devant la première maison de campagne que nous trouverons sur la route. Et tu ajouteras que je suis bien étourdie, que ma tante a bien sujet de gronder ; mais que je suis une excellente personne, quoique un peu folle, et que c'est bien affligeant de me voir toujours réprimandée. Comme ils m'aiment et que je leur ferai à chacun un petit cadeau, ils ne diront rien du tout. En voilà bien assez ; n'avez-vous pas autre chose à me dire tous deux que des condoléances sur un fait accompli ? Seigneur Lélio, comment trouvez-vous cette triste ville de Florence ? Tous ces vieux palais noirs ferrés jusqu'aux dents n'ont-ils pas l'air de prisons ? »

J'essayai de soutenir la conversation d'un air dégagé ; mais je n'étais rien moins que content. Je ne me sentais aucun goût pour des aventures où tout le risque était pour la femme et tout le tort de mon côté. Il me semblait que j'étais lestement traité, puisqu'on s'exposait pour moi à des dangers et à des malheurs qu'on ne me permettait pas de combattre ou de conjurer.

Je retombai malgré moi dans un silence pénible. La signora, ayant fait de vains efforts pour le vaincre, se tut aussi. La figure de Lila restait consternée. Nous étions sortis de la ville ; deux fois je fis remarquer que le lieu me semblait favorable pour arrêter la voiture et me déposer sur la route. Deux fois la signora s'y opposa d'un ton impérieux, disant que c'était trop près de la ville, et qu'on courait encore risque de rencontrer quelque figure de connaissance.

Depuis un quart d'heure nous ne disions plus un mot ; cette situation devenait horriblement désagréable. J'étais mécontent de la signora, qui m'avait engagé sans mon consentement dans une aventure où je ne pouvais marcher à ma guise. J'étais encore plus mécontent de moi-même pour m'être laissé entraîner à des enfantillages dont toute la honte devait retomber sur moi ; car, aux yeux des hommes les moins scrupuleux, corrompre ou compromettre une fille de quinze ans doit toujours être considéré comme une lâche et mauvaise action. J'allais décidément arrêter le cocher pour descendre, lorsqu'en me retournant vers mes compagnes de voyage je vis le visage de la signora inondé de larmes silencieuses. Je fis une exclamation de surprise, et, par un mouvement irrésistible, je pris sa main ; mais elle me la retira brusquement, et, se jetant au cou de Lila qui pleurait aussi, elle cacha, en sanglotant, sa tête dans le sein de sa fidèle soubrette.

« Au nom du ciel ! qu'avez-vous à pleurer d'une manière si déchirante, ma chère signora ? m'écriai-je en me laissant glisser presque à ses genoux. Si vous ne voulez pas me voir partir désespéré, dites-moi si cette malheureuse aventure est la cause de vos larmes, et si je puis détourner de vous les malheurs que vous redoutez. »

Elle releva sa tête penchée sur l'épaule de Lila, et me regardant avec une sorte d'indignation :

« Vous me croyez donc bien lâche! me dit-elle.

— Je ne crois rien, répondis-je, rien que ce que vous me direz. Mais vous vous détournez de moi et vous pleurez; comment puis-je savoir ce qui se passe dans votre âme? Ah! si je vous ai offensée ou si je vous ai déplu, si je suis la cause involontaire de votre chagrin, comment pourrais-je jamais me le pardonner?

— Ah! vous croyez que j'ai peur? répéta-t-elle avec une sorte d'amertume tendre. Vous me voyez pleurer, et vous dites : C'est une petite fille qui craint d'être grondée! »

Elle se mit à pleurer à chaudes larmes en cachant son visage dans son mouchoir. Je m'efforçais de la consoler, je la suppliais de me répondre, de me regarder, de s'expliquer; et, dans cet instant de trouble et d'attendrissement, je fus entraîné par un mouvement si paternel et si amical, que le hasard amena sur mes lèvres, au milieu des doux noms que je lui donnais, le nom d'un enfant qui m'avait été bien cher. Ce nom, j'avais gardé depuis longues années l'habitude de le donner involontairement à tous les beaux enfants que j'avais occasion de caresser. « Ma chère signorina, lui dis-je, ma bonne Alezia... » Je m'arrêtai, craignant de l'avoir offensée en lui donnant par mégarde un nom qui n'était pas le sien. Mais elle n'en parut pas offensée; elle me regarda avec un peu de surprise et me laissa prendre sa main que je couvris de baisers.

Cependant la voiture avançait rapide comme le vent, et avant que j'eusse pu obtenir l'explication que je demandais ardemment, Lila nous avertit qu'elle apercevait la villa Grimani, et qu'il fallait absolument nous séparer.

« Eh quoi! vais-je vous quitter ainsi? m'écriai-je, et combien de temps vais-je me consumer dans cette affreuse inquiétude?

— Eh bien! me dit-elle, venez ce soir dans le parc, le mur n'est pas bien haut. Je serai dans la petite allée qui longe le mur, auprès d'une statue que vous trouverez aisément en partant de la grille et en marchant toujours à droite. A une heure de la nuit! »

Je baisai de nouveau les mains de la signora.

— Oh! signora, signora! dit Lila d'un ton de reproche doux et triste.

— Lila, ne me contrarie pas, dit la signora avec véhémence; tu sais ce que je t'ai dit ce matin. »

Lila parut consternée.

« Qu'a donc dit la signora? demandai-je à la jeune fille.

— Elle veut se tuer, répondit Lila en sanglotant.

— Vous tuer, signora! m'écriai-je. Vous si belle, si gaie, si heureuse, si aimée!

— Si aimée, répondit-elle d'un air désespéré, et de qui donc suis-je aimée? de ma pauvre mère seulement et de cette bonne Lila.

— Et du pauvre artiste qui n'ose pas vous le dire, repris-je, et qui pourtant donnerait sa vie pour vous faire aimer la vôtre.

— Vous mentez! dit-elle avec force; vous ne m'aimez pas! »

Je saisis convulsivement son bras et je la regardai stupéfait. En ce moment la voiture s'arrêta brusquement. Lila venait de tirer le cordon. Je m'élançai à terre, et j'essayai, en saluant, de reprendre l'humble attitude de l'accordeur de pianos. Mais ces deux jeunes filles, qui avaient les yeux rouges, n'échappèrent point à l'œil clairvoyant du valet de pied. Il me regarda avec une attention très-grande, et, quand la voiture s'éloigna, il se retourna plusieurs fois pour me suivre des yeux. Je crus bien me rappeler confusément ses traits; mais je n'avais pas osé le regarder en face, et je ne pensais guère à chercher où j'avais rencontré cette grosse face pâle et barbue.

— Lélio, Lélio! me dit la Checchina en soupant, vous êtes bien joyeux aujourd'hui. Prenez garde de pleurer demain, mon enfant. »

A minuit, j'avais escaladé le mur du parc; mais à peine avais-je fait quelques pas dans l'allée qu'une main saisit mon manteau. A tout événement, je m'étais muni de ce que dans mon village nous appelions un petit couteau de nuit; j'allais en faire briller la lame, lorsque je reconnus la belle Lila.

« Un mot bien vite, seigneur Lélio, me dit-elle à voix basse; ne dites pas que vous êtes marié.

— Qu'est-ce à dire, mon aimable enfant? Je ne le suis pas.

— Cela ne me regarde pas, reprit Lila; mais je vous en supplie, ne parlez pas de cette dame qui demeure avec vous.

— Tu es donc dans mes intérêts, ma bonne Lila?

— Oh! non, Monsieur, certainement, non! Je fais tout ce que je peux pour empêcher la signora de commettre toutes ces imprudences. Mais elle ne m'écoute pas, et si je lui disais ce qui peut et ce qui doit l'éloigner pour toujours de vous... je ne sais ce qui en arriverait!

— Que veux-tu dire? Explique-toi.

— Hélas! vous avez vu aujourd'hui combien elle est exaltée. C'est un caractère si singulier! Quand on la chagrine, elle est capable de tout. Il y a un mois, lorsqu'on l'a séparée de sa mère pour l'enfermer ici, elle parlait de prendre du poison. Chaque fois que sa tante, qui est bien grondeuse, à la vérité, l'impatiente, elle a des attaques de nerfs qui tournent presque à la folie; et hier soir, comme je me hasardais à lui dire que peut-être vous aimiez quelqu'un, elle s'est élancée vers la fenêtre de sa chambre, en criant comme une folle : « Ah! si je le croyais!... » Je me suis jetée sur elle, je l'ai délacée, j'ai fermé ses fenêtres, je ne l'ai pas quittée de la nuit, et toute la nuit elle a pleuré, ou bien elle s'endormait pour se réveiller en sursaut et courait dans la chambre comme une insensée. Ah! monsieur Lélio, elle me donne bien du chagrin, je l'aime tant! car, malgré ses emportements et ses bizarreries, elle est si bonne, si aimante, si généreuse! Ne l'exaspérez pas, je vous en supplie; vous êtes un honnête homme, j'en suis sûre, je le sais; et puis à Naples tout le monde le disait, et la signora écoutait avec passion toutes les bonnes actions qu'on raconte de vous. Vous ne la tromperez donc pas, et puisque vous aimez cette belle dame que j'ai vue chez vous...

— Et qui te prouve que je l'aime, Lila? C'est ma sœur.

— Oh! monsieur Lélio, vous me trompez! car j'ai demandé à cette dame si vous étiez son frère, et elle m'a dit que non. Vous penserez que cela ne me regarde pas, et que je suis bien curieuse. Non, je ne suis pas curieuse, seigneur Lélio; mais je vous conjure d'avoir de l'amitié pour ma pauvre maîtresse, de l'amitié comme un frère en a pour sa sœur, comme un père pour sa fille. Songez donc! c'est un enfant qui sort du couvent et qui n'a pas l'idée du mal qu'on peut dire d'elle. Elle dit qu'elle s'en moque; mais je sais bien, moi, comment elle prend les choses quand elles arrivent. Parlez-lui bien doucement, faites-lui comprendre que vous ne pouvez la voir en cachette; mais promettez-lui d'aller la voir chez sa mère quand nous retournerons à Naples; car sa mère est si bonne, et elle aime tant sa fille, que, pour lui faire plaisir, je suis sûre qu'elle vous inviterait à venir chez elle. Peut-être qu'ainsi la folie de mademoiselle s'apaisera peu à peu. Avec des amusements, des distractions, on lui fait souvent changer d'idée. Je lui ai parlé du beau chat angora que j'ai vu dans votre salon et qui vous caressait pendant que vous lisiez sa lettre, si bien que vous lui avez donné un grand coup de pied pour le renvoyer. Ma maîtresse n'aime pas du tout les chiens; mais, en revanche, elle a l'amour des chats. Il lui a pris une si grande envie d'avoir le vôtre, que vous devriez lui en faire cadeau; je suis sûre que cela l'occuperait et l'égaierait pendant quelques jours.

— S'il ne faut que mon chat, répondis-je, pour consoler ta maîtresse d'une si longue absence, le mal n'est pas bien grand, et le remède est facile. Sois bien sûre, Lila, que je me conduirai avec ta maîtresse comme un père et un ami. Aie confiance en moi; mais laisse-moi la rejoindre, car elle m'attend peut-être.

— Oh! monsieur Lélio, encore un mot. Si vous voulez que mademoiselle vous écoute, n'allez pas lui dire que les gens du peuple valent les gens de qualité. Elle est entichée de sa noblesse... Que cela ne vous donne pas mauvaise opinion d'elle, c'est une maladie de famille ; ils sont tous comme cela dans la maison Grimani. Mais cela n'empêche pas ma jeune maîtresse d'être bonne et charitable. C'est seulement une idée qu'elle a dans la tête, et qui la fait entrer dans de grandes colères quand on la contrarie. Figurez-vous qu'elle a déjà refusé je ne sais combien de beaux jeunes gens bien riches, parce qu'elle dit qu'ils ne sont pas assez bien nés pour elle. Enfin, monsieur Lélio, dites d'abord comme elle à tout propos, et bientôt vous lui persuaderez tout ce que vous voudrez. Ah ! si vous pouviez la décider à épouser un jeune comte qui l'a demandée en mariage dernièrement !...

— Le comte Hector, son cousin ?

— Oh ! non ! celui-là est un sot, et il ennuie tout le monde ; jusqu'à ses chiens qui bâillent dès qu'ils l'aperçoivent.

Tout en écoutant le babil de Lila, que mes manières paternelles avaient complètement mise à l'aise, je l'entraînais vers le lieu du rendez-vous. Ce n'est pas que je ne l'écoutasse avec beaucoup d'intérêt ; tous ces détails, puérils en apparence, étaient fort importants à mes yeux ; car ils me conduisaient par induction à la connaissance de l'énigmatique personnage à qui j'avais affaire. Il faut avouer aussi qu'ils refroidissaient beaucoup mon ardeur, et que je commençais à trouver bien ridicule d'être le héros d'une passion en concurrence avec le premier jouet venu, avec mon chat Soliman, et qui sait ? peut-être avec le cousin Hector lui-même au premier jour. Les conseils de Lila étaient donc précisément ceux que je me donnais à moi-même et que j'avais le plus envie de suivre.

Nous trouvâmes la signora assise au pied de la colonne et toute vêtue de blanc, costume assez peu d'accord avec le mystère d'un rendez-vous en plein air, mais par cela même très-conforme à la logique de son caractère. En me voyant approcher, elle demeura tellement immobile, qu'on l'eût prise pour une statue placée aux pieds de la nymphe de marbre blanc.

Elle ne répondit rien à mes premières paroles. Le coude appuyé sur son genou et le menton dans sa main, elle était si rêveuse, si noblement posée, si belle, drapée dans son voile blanc au clair de la lune, que je l'eusse crue livrée à une contemplation sublime, sans l'amour du chat et celui du blason qui me revenaient en mémoire.

Comme elle me semblait décidée à ne pas faire attention à moi, j'essayai de prendre une de ses mains ; mais elle me la retira avec un dédain superbe en me disant d'un ton plus majestueux que Louis XIV :

« J'ai attendu ! »

Je ne pus m'empêcher de rire en entendant cette citation solennelle ; mais ma gaieté ne fit qu'augmenter son sérieux.

« A votre aise ! me dit-elle. Riez bien : l'heure et le lieu sont admirablement choisis pour cela ! »

Elle prononça ces mots avec un dépit amer, et je vis bien qu'elle était réellement fâchée. Alors, redevenant grave tout d'un coup, je lui demandai pardon de ma faute involontaire, et lui dis que pour rien au monde je ne voudrais lui causer un instant de chagrin. Elle me regarda d'un air indécis, comme si elle n'eût pas osé me croire. Mais je me mis à lui parler avec une effusion si sincère de mon dévouement et de mon affection, qu'elle ne tarda pas à se laisser persuader.

« Tant mieux ! tant mieux ! me dit-elle ; car, si vous ne m'aimiez pas, vous seriez bien ingrat, et je serais bien malheureuse. »

Et, comme je restais moi-même étonné de ces paroles :

« O Lélio ! s'écria-t-elle, ô Lélio ! je vous aime depuis le soir où je vous vis à Naples pour la première fois, jouant Roméo, où je vous regardais de cet air froid et dédaigneux qui vous épouvantait si fort. Ah ! vous étiez bien éloquent dans vos chants et bien passionné ce soir-là. La lune vous éclairait comme à présent, mais moins belle, et Juliette était vêtue de blanc, comme moi. Et pourtant vous ne me dites rien, Lélio ! »

Cette étrange fille exerçait sur moi une fascination perpétuelle qui m'entraînait toujours et partout au gré de sa mobile fantaisie. Tant qu'elle était loin de moi, ma pensée échappait à son empire, et j'analysais librement ses actions et ses paroles ; mais une fois près d'elle, j'arrivais à mon insu à n'avoir bientôt plus d'autre volonté que la sienne. Cet élan de tendresse réveilla mon ardeur assoupie. Tous mes beaux projets de sagesse s'en allèrent en fumée, et je ne trouvai plus sur mes lèvres que des paroles d'amour. A chaque instant, il est vrai, je me sentais saisi de remords ; mais j'avais beau faire, tous mes conseils paternels finissaient en paroles amoureuses. Une fatalité bizarre, ou plutôt cette lâcheté du cœur humain qui vous fait toujours céder à l'entraînement des délices présentes, me poussait toujours à dire le contraire de ce que me dictait ma conscience. Je me donnais à moi-même les meilleures raisons du monde pour me prouver que je n'avais pas tort : c'eût été une cruauté inutile de parler à cette enfant un langage qui eût déchiré son cœur ; il serait toujours temps de l'éclairer sur la vérité, et mille autres choses pareilles. Une circonstance qui semblait devoir diminuer le péril contribuait encore à l'augmenter : c'était la présence de Lila. Si elle n'eût pas été là, mon honnêteté naturelle m'eût fait veiller sur moi avec d'autant plus de soin que tout m'eût été possible dans un moment d'emportement, et je n'eusse probablement pas avancé d'un pas de peur d'aller trop loin. Mais, sûr de n'avoir rien à craindre de mes sens, je m'inquiétai bien moins de la liberté de mes paroles. Aussi ne fus-je pas longtemps sans arriver au ton de la passion la plus ardente, quoique la plus pure ; et, poussé par un mouvement irrésistible, je saisis une mèche des cheveux flottants de la jeune fille, et la baisai à deux reprises.

Je sentis alors qu'il était temps de m'en aller, et je m'éloignai rapidement de la signora en lui disant : « A demain. »

Pendant toute cette scène, j'avais peu à peu oublié le passé, et je n'avais pas un seul instant songé à l'avenir. La voix de Lila, qui me reconduisait, me tira de mon extase.

« O monsieur Lélio ! me dit-elle, vous ne m'avez pas tenu parole. Vous n'avez été ce soir ni le père ni l'ami de ma maîtresse.

— C'est vrai, lui répondis-je assez tristement ; c'est vrai, j'ai eu tort. Mais sois tranquille, mon enfant ; demain je réparerai tout. »

Le lendemain vint et fut pareil, et l'autre lendemain encore. Seulement je me sentis chaque jour plus fortement épris ; et ce qui n'était au premier rendez-vous qu'une velléité d'amour était déjà devenu au troisième une véritable passion. L'air désolé de Lila me l'eût bien fait voir si je ne m'en fusse moi-même aperçu le premier. Tout le long du chemin je rêvais à l'avenir de cet amour, et je rentrais à la maison triste et pâle. Checca ne fut pas longtemps à voir de quoi il s'agissait.

« Povero, me dit-elle, je t'avais bien dit que tu pleurerais bientôt. »

Et, comme je levais la tête pour nier : « Si tu n'as déjà pleuré, ajouta-t-elle, tu vas pleurer, et il y a de quoi. Ta position est triste et, et qui pis est, absurde. Tu aimes une jeune fille que ta fierté te défend de chercher à épouser, et que la délicatesse t'empêche de séduire. Tu ne veux pas lui demander sa main, d'abord parce que tu sais qu'en te l'accordant elle te ferait un immense sacrifice et s'exposerait pour toi à mille souffrances (tu es trop généreux pour vouloir d'un bonheur qui coûterait si cher), ensuite parce que tu craindrais même d'être refusé, et que tu es trop orgueilleux pour t'exposer au dédain. Tu ne veux pas non plus prendre ce que tu es résolu à ne pas demander, et tu aimerais mieux, j'en suis sûre, aller te faire moine que d'abuser de l'ignorance d'une fille qui se confie à toi. Il faut pourtant te décider à quelque chose, mon pauvre camarade, si tu ne veux pas que la fin du monde te trouve soupirant pour les étoiles et envoyant des baisers aux nuages. Que les chiens aboient après la lune ; nous autres artistes, nous devons vivre à tout prix et toujours. Prends donc un parti.

— Tu as raison, lui répondis-je gravement. » Et j'allai me coucher.

La nuit suivante, je retournai au rendez-vous. Je trouvai la signora exaltée et joyeuse, ainsi que la veille ; mais je restai quelque temps sombre et taciturne. Elle me plaisanta d'abord sur ma mine de carbonaro et me demanda en riant si je songeais à détrôner le pape, ou à reconstruire l'empire romain. Puis, voyant que je ne répondais pas, elle me regarda fixement ; et, me prenant la main : « Vous êtes triste, Lélio. Qu'avez-vous ? »

Je lui ouvris alors mon cœur, et lui dis que la passion que je nourrissais pour elle était un malheur pour moi.

« Un malheur ! et pourquoi ?

— Je vais vous le dire, signora. Vous êtes l'héritière d'une noble et illustre famille. Vous avez été nourrie dans le respect de vos aïeux et dans la pensée qu'on ne vaut que par l'ancienneté et l'éclat de sa race. Je suis un pauvre diable sans passé, un homme de rien, qui me suis fait moi-même le peu que je suis. Pourtant, je crois qu'un homme en vaut un autre, et ne m'estime l'inférieur de personne. Or, il est évident que vous ne m'épouseriez pas. Tout vous le défendrait, vos idées, vos habitudes, votre position. Vous qui avez refusé des patriciens, parce qu'ils n'étaient pas d'assez bonne maison, vous pourriez ou voudriez moins que toute autre vous abaisser jusqu'à un misérable comédien comme moi. De princesse à histrion il y a loin, signora. Je ne puis donc pas être votre mari. Que me reste-t-il ? La perspective d'un amour partagé, mais malheureux, s'il était jamais satisfait, ou l'espoir d'être plus ou moins longtemps votre amant. Je ne puis accepter ni l'un ni l'autre, signora. Vivre en face l'un de l'autre, pleins d'une passion toujours ardente et jamais assouvie, s'aimer avec crainte et réserve, se défier de soi-même autant que de l'objet aimé, c'est se soumettre volontairement à une souffrance insupportable, parce qu'elle n'a ni sens, ni espoir, ni but. Quant à vous posséder comme amant, quand je le pourrais, je ne le voudrais pas. Trop d'inquiétudes assiégeraient mon bonheur pour qu'il pût être complet. D'un côté, j'aurais toujours peur de vous compromettre ; je ne dormirais pas avec la crainte de devenir pour vous la cause d'un grand chagrin ou d'une ruine complète ; le jour je passerais des heures à rechercher tous les accidents qui pourraient amener votre malheur et par conséquent le mien, et la nuit je perdrais le temps de nos rendez-vous à trembler au bruit d'une feuille emportée par le vent, ou au cri d'un oiseau de nuit. Que sais-je ? tout me serait un épouvantail. Et pourquoi jeter ainsi ma vie en proie à mille vains fantômes ? pour un amour dont je ne pourrais jamais prévoir la durée, et qui ne compenserait pas les incertitudes de la journée par la sécurité du lendemain ; car tôt ou tard, il faut bien le dire, signora, vous vous marieriez. Et ce serait avec un autre, ce serait avec un homme noble et riche comme vous. Cela vous coûterait, je le sais ; je sais que votre âme est généreuse et sincère ; vous éprouveriez un vif désir de me rester fidèle, et votre cœur se révolterait à la pensée de prononcer un mot qui dût tuer, sinon ma vie, au moins tout mon bonheur. Mais les continuelles obsessions de votre famille, l'obligation même de veiller à votre réputation, tout vous pousserait malgré vous à prendre ce parti. Vous lutteriez longtemps peut-être et fortement ; mais vous souffririez d'autant plus. Votre affection pour moi serait toujours douce et tendre, mais moins expansive : et moi, qui verrais vos chagrins, et qui ne suis pas homme à accepter de longs et pénibles sacrifices sans les rendre, je vous forcerais moi-même, en m'éloignant, à ce mariage devenu nécessaire, aimant mieux vouer ma destinée tout entière à la douleur que de changer la vôtre par une lâcheté. Voilà, signora, ce que j'avais à vous dire, et vous devez comprendre maintenant pourquoi je crains que cet amour ne soit un malheur pour moi. »

Elle m'avait écouté dans le calme le plus parfait et le plus grand silence. Quand j'eus fini de parler, elle ne changea rien à son attitude. Seulement, comme je l'observais attentivement, je crus remarquer sur son visage l'expression d'une profonde incertitude. Je me dis alors que je ne m'étais pas trompé, que cette jeune fille était faible et vaine comme toutes les autres ; qu'elle avait seulement la bonne foi de le reconnaître dès qu'on le lui disait, et qu'elle aurait probablement celle de me l'avouer de même. Je lui gardai donc mon estime ; mais je sentis mon enthousiasme s'évanouir en un instant. Je me félicitais de ma clairvoyance et de ma résolution, quand je vis la signora se lever brusquement et s'éloigner de moi sans rien dire. Je n'étais pas préparé à ce coup, et je fus saisi d'une surprise douloureuse.

« Quoi ! sans un seul mot ! m'écriai-je. Me quitter, et pour jamais peut-être, sans m'adresser une parole de regret ou de consolation !

— Adieu ! me dit-elle en se retournant. De regret, je n'en puis avoir ; et de consolation, c'est moi qui en ai besoin. Vous ne m'avez pas comprise ; vous ne m'aimez pas.

— Moi !

— Et qui me comprendra, ajouta-t-elle en s'arrêtant, si vous ne me comprenez pas ? Et qui m'aimera, si vous ne m'aimez pas ? »

Elle secoua tristement la tête, puis croisa les bras sur sa poitrine en fixant les yeux à terre. Elle était à la fois si belle et si désolée, que j'eus une folle envie de me précipiter à ses pieds, et qu'une crainte vague de l'irriter m'en empêcha au même instant. Je restai immobile et silencieux, les regards attachés sur elle, attendant avec anxiété ce qu'elle allait faire ou dire. Au bout de quelques secondes, elle vint à moi lentement et d'un air recueilli, et, s'appuyant en face de moi contre le piédestal de la statue, elle me dit :

« Ainsi, vous m'avez crue lâche et vaniteuse ; vous avez cru que je pourrais donner mon amour à un homme et accepter le sien, sans lui donner en même temps toute ma vie. Vous avez pensé que je resterais près de vous tant que le vent serait propice, et que je m'éloignerais dès qu'il deviendrait contraire. Comment cela se fait-il ? Cependant vous êtes ferme et loyal, et vous ne commencez, j'en suis sûre, une action sérieuse que quand vous êtes résolu à la continuer jusqu'au bout. Pourquoi donc ne voulez-vous pas que je puisse faire ce que vous faites, et n'avez-vous pas de moi la bonne opinion que j'ai de vous ? Ou vous méprisez bien les femmes, ou vous vous êtes laissé bien tromper par mon étourderie. Je suis souvent folle, je le sais ; mais c'est peut-être un peu la faute de mon âge, et cela n'empêche pas d'être ferme et loyale. Du jour où j'ai senti que je vous aimais, Lélio, j'ai été résolue à vous épouser. Cela vous étonne. Vous vous rappelez non-seulement les pensées que j'ai dû avoir dans ma position, mais encore mes actions et mes paroles passées. Vous songez à tous ces patriciens que j'ai refusé d'épouser, parce qu'ils n'étaient pas assez nobles. Hélas ! mon pauvre ami, je suis esclave de mon public, comme vous vous plaignez quelquefois d'être du vôtre, et je suis obligée de jouer devant lui mon rôle jusqu'à ce que je trouve l'occasion de m'échapper de la scène. Mais, sous mon masque, j'ai gardé une âme libre, et, depuis que je possède ma raison, je suis résolue à ne me marier que selon mon cœur. Cependant, pour éloigner tous ces fades et impertinents patriciens dont vous me parlez, il me fallait un prétexte ; j'en cherchai un dans les préjugés même qui étaient communs à mes prétendants et à ma famille, et, blessant à la fois l'orgueil des uns et flattant celui des autres, je me prévalus de l'antiquité de ma race pour refuser la main d'hommes qui, tout nobles qu'ils étaient, ne se trouvaient pas encore, disais-je, assez nobles pour moi. Je réussis de la sorte à écarter tous ces importuns sans mécontenter ma famille ; car elle avait beau traiter mes refus de caprices d'enfant, et faire à ces poursuivants rebutés des excuses sur l'exagération de mon orgueil, elle n'en était pas moins, au fond, enchantée de ma fierté. Pendant un certain temps, je gagnai à cette conduite une plus grande liberté. Mais enfin le prince Grimani, mon beau-père, me dit qu'il était temps de prendre un parti, et me présenta son neveu, le comte Ettore, comme l'époux qu'il me destinait. Ce nouveau fiancé me déplut comme les autres, plus encore peut-être ; car l'excès de sa sottise m'amena bientôt à le mépriser complètement ; ce que voyant le prince, et pensant que ma mère, qui est excellente et m'aime de toute son âme, pourrait bien m'aider dans ma résistance contre lui, il résolut de m'éloigner d'elle, pour me contraindre plus aisément à l'obéissance. Il m'envoya ici vivre en tête-à-tête avec sa sœur et son neveu. Il espère que, forcée de choisir entre l'ennui et mon cousin Ettore, je finirai par me décider pour celui-ci ; mais il se trompe bien. Le comte Ettore est, en tout point, indigne de moi, et j'aimerais mieux mourir que de l'épouser. Je ne le leur avais pas encore dit, parce que je n'aimais personne, et que, fléau pour fléau, j'aimais autant celui-là qu'un autre. Mais maintenant je vous aime, Lélio ; je dirai à Ettore que je ne veux pas de lui ; nous partirons ensemble, nous irons trouver ma mère, nous lui dirons que nous nous aimons, et que nous voulons nous marier, elle nous donnera son consentement, et vous m'épouserez. Voulez-vous ? »

Dès ses premières paroles, j'avais écouté la signora avec un profond étonnement, qui ne cessa pas même lorsqu'elle eut fini. Cette noblesse de cœur, cette hardiesse de pensée, cette force d'esprit, cette audace virile, mêlée à tant de sensibilité féminine ; tout cela, réuni dans une fille si jeune, élevée au milieu de l'aristocratie la plus insolente, me causa une vive admiration, et ne sortis de ma surprise que pour passer à l'enthousiasme. Je fus sur le point de céder à mes transports, et de me jeter à ses genoux pour lui dire que j'étais heureux et fier d'être aimé d'une femme comme elle ; que je brûlais pour elle de la plus ardente passion, que je serais joyeux de donner ma vie pour elle, et que j'étais prêt à faire tout ce qu'elle voudrait. Mais la réflexion m'arrêta à temps, et je songeai à tous les inconvénients, à tous les dangers de la démarche qu'elle voulait tenter. Il était très-probable qu'elle serait refusée et sévèrement réprimandée ; et quelle serait alors sa position, après s'être échappée de chez sa tante, pour faire publiquement avec moi un voyage de quatre-vingts lieues ? Au lieu donc de m'abandonner aux mouvements tumultueux de mon cœur, je m'efforçai de redevenir calme, et au bout de quelques secondes de silence, je dis tranquillement à la signora : « Mais votre famille ?

— Il n'y a au monde qu'une seule personne à qui je reconnaisse des droits sur moi, et dont je craigne d'encourir la colère, c'est ma mère ; et je vous l'ai dit, ma mère est bonne comme un ange, et m'aime par-dessus tout. Son cœur consentira.

— O chère enfant ! m'écriai-je alors en lui prenant les mains, que je serrai contre ma poitrine ; Dieu sait si ce que vous voulez faire n'est pas le but de tous mes désirs ! C'est contre moi-même que je lutte quand je cherche à vous arrêter. Chaque objection que je vous fais est un espoir de bonheur que je m'enlève, et mon cœur souffre cruellement de tous les doutes de ma raison. Mais c'est de vous, mon cher ange bien-aimé, c'est de votre avenir, de votre réputation, de votre bonheur qu'il s'agit pour moi avant toute chose. J'aimerais mieux renoncer à vous que de vous voir souffrir à cause de moi. Ne vous alarmez donc pas de tous mes scrupules, n'y voyez pas l'indice du calme ou de l'indifférence, mais bien la preuve d'une tendresse sans bornes. Vous me dites que votre mère consentira, parce que vous la savez bonne. Mais vous êtes bien jeune, mon enfant ; malgré votre force d'esprit, vous ne savez pas quelles bizarres alliances se font souvent entre les sentiments les plus opposés. Je crois tout ce que vous me dites de votre mère ; mais savez-vous si son orgueil ne luttera pas contre son amour pour vous ? Elle croira peut-être, en empêchant votre union avec un comédien, remplir un devoir sacré.

— Peut-être, me répondit-elle, avez-vous raison à moitié. Ce n'est pas que je craigne l'orgueil de ma mère. Quoiqu'elle ait épousé deux princes, elle est de naissance bourgeoise, et n'a pas assez oublié son origine pour me faire un crime d'aimer un roturier. Mais l'influence du prince Grimani, une certaine faiblesse qui la fait céder presque toujours à l'opinion de ceux qui l'entourent, peut-être, en mettant les choses au pis, le besoin de se faire pardonner dans le monde où elle vit maintenant la médiocrité de sa naissance, l'empêcheraient de consentir facilement à notre mariage. Il n'y a alors qu'une chose à faire : c'est de nous marier d'abord, et de le lui déclarer ensuite. Quand notre union sera consacrée par l'Église, ma mère ne pourra pas se tourner contre moi. Elle souffrira peut-être un peu, moins de ma désobéissance, dont sa nouvelle famille la rendra pourtant responsable, que de ce qu'elle prendra pour un manque de confiance ; mais elle s'apaisera bien vite, soyez-en sûr, et, par amour pour moi, vous tendra les bras comme à son fils.

— Merci de vos offres généreuses, chère signora ; mais j'ai mon honneur à garder, aussi bien que le plus fier patricien. Si je vous épousais sans le consentement de vos parents, après vous avoir enlevée, on ne manquerait pas de m'accuser des projets les plus bas et les plus lâches. Et votre mère ! si, après notre mariage, elle vous refusait son pardon, ce serait sur moi qu'elle ferait tomber toute son indignation.

— Ainsi, pour m'épouser, reprit la signora, vous voudriez avoir au moins le consentement de ma mère ?

— Oui, signora.

— Et si vous étiez sûr de l'obtenir, vous n'hésiteriez plus ?

— Hélas ! pourquoi me tenter ? Que puis-je vous répondre, étant certain du contraire ?

— Alors.... »

Elle s'arrêta tout d'un coup incertaine, et pencha sa tête sur son sein. Quand elle la releva, elle était un peu pâle, et deux larmes brillaient dans ses yeux. J'allais lui en demander la cause ; mais elle ne m'en laissa pas le temps.

« Lila, dit-elle d'un ton impérieux, éloigne-toi. »

La suivante obéit à regret, et alla se placer assez loin de nous pour ne pas nous entendre, mais encore assez près pour nous voir. Sa maîtresse attendit qu'elle se fût éloignée pour rompre le silence. Alors elle me prit gravement la main, et commença :

« Je vais vous dire une chose que je n'ai jamais dite à personne, et que je m'étais bien promis de ne jamais dire. Il s'agit de ma mère, objet de toute ma vénération et de tout mon amour. Jugez de ce qu'il m'en coûte pour réveiller un souvenir qui pourrait, devant d'autres yeux que les miens, ternir sa pureté et sa bonne renommée ! Mais je sais que vous êtes bon, et que je puis vous parler comme je parlerais à Dieu, sans craindre de vous voir supposer le mal. »

Elle se tut un instant pour rassembler ses souvenirs, et reprit :

« Je me rappelle que dans mon enfance j'étais très-fière de ma noblesse. C'étaient, je crois, les flatteries obséquieuses des gens de notre maison qui m'avaient inspiré de si bonne heure ce sentiment, et m'avaient portée à mépriser tout ce qui n'était pas noble comme moi. Parmi tous les serviteurs de ma mère, un seul ne ressemblait point aux autres, et avait su garder dans son humble position toute la dignité qui sied à un homme. Aussi me paraissait-il insolent, et peu s'en fallait que je ne le haïsse. Toujours est-il que je le craignais, surtout depuis un jour que je l'avais vu me regarder d'un air très-sérieux pendant que je piquais avec une grande épingle noire mes plus belles poupées.

« Une nuit, je fus réveillée dans la chambre de ma mère, où mon petit lit se trouvait placé, par la voix d'un homme. Cette voix parlait à ma mère avec une gravité presque sévère, et celle-ci lui répondait d'un ton douloureusement timide et comme suppliant. Étonnée, je crus d'abord que c'était le confesseur de maman, et comme il semblait la gronder, selon sa coutume, je me mis à écouter de toutes mes oreilles, sans faire aucun bruit ni laisser soupçonner que je ne dormisse plus. On ne se méfiait pas de moi. On parlait librement. Mais quel entretien inouï ! Ma mère disait : *Si tu m'aimais, tu m'épouserais*, et l'homme refusait de l'épouser ! Puis ma mère pleurait, et l'homme aussi ; et j'entendais... ah ! Lélio ! il faut que j'aie bien de l'estime pour vous, puisque je vous raconte cela, j'entendais le bruit de leurs baisers. Il me semblait connaître cette voix d'homme ; mais je ne pouvais en croire le témoignage de mes oreilles. J'avais bien envie de regarder ; mais je n'osais pas faire un mouvement, parce que je sentais que je faisais une chose honteuse en écoutant; et comme j'avais déjà quelques sentiments élevés, je faisais même des efforts pour ne pas entendre. Mais j'entendais malgré moi. Enfin, l'homme dit à ma mère : *Adieu, je te quitte pour toujours, ne me refuse pas une tresse de tes beaux cheveux blonds.* Et ma mère répondit : *Coupe-la toi-même.*

« Le soin que ma mère prenait de mes cheveux m'avait habituée à considérer la chevelure d'une femme comme une chose très-précieuse; et lorsque je l'entendis donner une partie de la sienne, je fus prise d'un sentiment de jalousie et de chagrin, comme si elle se fût dépouillée d'un bien qu'elle ne devait sacrifier qu'à moi. Je me mis à pleurer silencieusement; mais, entendant qu'on s'approchait de mon lit, j'essuyai bien vite mes yeux et feignis de dormir. Alors on entr'ouvrit mes rideaux, et je vis un homme habillé de rouge que je ne reconnus pas d'abord, parce que je ne l'avais pas encore vu sous ce costume : j'eus peur de lui; mais il me parla, et je le reconnus bien vite ; c'était... Lélio! vous oublierez cette histoire, n'est-ce pas?

— Eh bien! signora ?... m'écriai-je en serrant convulsivement sa main.

— C'était Nello, notre gondolier... Eh bien ! Lélio, qu'avez-vous? Vous frémissez, votre main tremble... O ciel! vous blâmez beaucoup ma mère!...

—Non, signora, ne, répondis-je d'une voix éteinte; je vous écoute avec attention. La scène se passait à Venise?

— Vous l'avais-je dit?

— Je crois que oui; et c'était au palais Aldini, sans doute?

— Sans doute, puisque je vous dis que c'était dans la chambre de ma mère... Mais pourquoi cette émotion, Lélio?

— O mon Dieu! ô mon Dieu! vous vous appelez Alezia Aldini?

— Eh bien! à quoi songez-vous? dit-elle avec un peu d'impatience. On dirait que vous apprenez mon nom pour la première fois.

— Pardon, signora, votre nom de famille... Je vous avais toujours entendu appeler Grimani à Naples.

— Par des gens qui nous connaissaient peu, sans doute. Je suis la dernière des Aldini, une des plus anciennes familles de la république, orgueilleuse et ruinée. Mais ma mère est riche, et le prince Grimani, qui trouve ma naissance et ma fortune dignes de son neveu, tantôt me traite avec sévérité, tantôt me cajole pour me décider à l'épouser. Dans ses bons jours, il m'appelle sa chère fille ; et quand les étrangers lui demandent si je suis sa fille en effet, il répond, faisant allusion à son projet favori : « Sans doute, puisqu'elle sera comtesse Grimani. » Voilà pourquoi à Naples, où j'ai passé un mois, et où l'on ne me connaît guère, et dans ce pays-ci que j'habite depuis six semaines, où je ne vois ni ne connais personne, on me donne toujours un nom qui n'est pas le mien...

— Signora, repris-je en faisant effort sur moi-même pour rompre le silence pénible où j'étais tombé, daignerez-vous m'expliquer quel rapport peut avoir cette histoire avec notre amour, et comment, à l'aide du secret que vous possédez, vous pourriez arracher à votre mère un consentement qui lui répugnerait?

— Que dites-vous là, Lélio? Me supposez-vous capable d'un si odieux calcul? Si vous vouliez m'écouter, au lieu de passer vos mains sur votre front d'un air égaré... Mon ami, mon cher Lélio, quel nouveau chagrin, quel nouveau scrupule est donc entré dans votre âme depuis un instant?

— Chère signora, je vous supplie de continuer.

— Eh bien! sachez que cette aventure n'est jamais sortie de ma mémoire, qu'elle a causé tous les chagrins et toutes les joies de ma vie. Je compris que je ne devais jamais interroger ma mère sur ce sujet, ni en parler à personne. Vous êtes le premier, Lélio, sans en excepter ma bonne gouvernante Salomé, et ma sœur de lait, à qui je dois tout, qui ait reçu cette confidence. Mon orgueil souffrit de la faute de ma mère, quoi qu'il semblât rejaillir sur moi. Cependant je continuai d'adorer ma mère. Je l'aimai peut-être d'autant plus que je la sentais plus faible, plus exposée au secret anathème de mes parents du côté pa-ternel. Mais ma haine pour le peuple s'accrut de toute mon affection pour elle.

« Je vécus dans ces sentiments jusqu'à l'âge de quatorze ans, et ma mère ne parut pas s'en occuper. Au fond de l'âme, elle souffrait de mon dédain pour les classes inférieures, et un jour elle se décida à m'adresser de timides reproches. Je ne lui répondis rien, ce qui dut l'étonner; car j'avais l'habitude de discuter obstinément avec tout le monde et à propos de tout. Mais je sentais qu'il y avait une montagne entre ma mère et moi, et que nous ne pouvions raisonner avec désintéressement de part ni d'autre. Voyant que j'écoutais ses reproches avec une soumission miraculeuse, elle m'attira sur ses genoux, et, me caressant avec une ineffable tendresse, elle me parla de mon père dans les termes les plus convenables; mais elle m'apprit beaucoup de choses que je ne savais pas. J'avais toujours gardé pour ce père que j'avais à peine connu une sorte d'enthousiasme assez peu fondé. Quand j'appris qu'il n'avait épousé ma pauvre mère que sur fortune, et, qu'après l'avoir épousée, il l'avait méprisée pour son obscure naissance et son éducation bourgeoise, il se fit en moi une réaction, et peu s'en fallut que je ne le haïsse autant que je l'avais chéri. Ma mère ajouta bien des choses qui me parurent très-étranges et qui me frappèrent beaucoup, sur le malheur de faire un mariage de pure convenance, et je crus comprendre que déjà elle n'était pas beaucoup plus heureuse avec son nouveau mari qu'elle ne l'avait été avec celui dont elle me parlait.

« Cet entretien me fit une profonde impression, et je commençai à réfléchir sur cette nécessité de faire du mariage une affaire, et sur l'humiliation d'être recherchée à cause d'un nom ou à cause d'une dot. Je résolus de ne pas me marier, et quelque temps après, causant encore avec ma mère, je lui déclarai ma résolution, pensant qu'elle l'approuverait. Elle en sourit et me dit que le temps n'était pas éloigné où mon cœur aurait besoin d'une autre affection que la sienne. Je lui assurai le contraire; mais peu à peu je sentis que j'avais parlé témérairement : car un insupportable ennui me gagnait à mesure que nous quittions notre vie douce et retirée de Venise, pour les voyages et pour la société brillante des autres villes. Puis, j'étais très-grande et très-avancée pour mon âge, à peine étais-je sortie de l'enfance qu'on me parlait déjà de choix et d'établissement, et chaque jour j'entendais discuter les avantages et les inconvénients d'un nouveau parti. Je ne sentais pas encore l'amour s'éveiller en moi ; mais je sentais la répugnance et l'effroi qu'inspirent aux femmes bien nées les hommes sans cœur et sans esprit. J'étais difficile. Ayant vécu avec une si bonne mère, ayant été idolâtrée par elle, quel homme ne m'eût-il pas fallu rencontrer pour ne pas regretter amèrement son joug aimable et sa tendre protection! Ma fierté, déjà si irritable par elle-même, s'irrita chaque jour davantage à l'aspect de ces hommes si vains, si nuls et si guindés, qui osaient prétendre à moi. Je tenais à la naissance, parce que jusque-là je m'étais imaginé que les races illustres étaient supérieures aux autres en courage, en mérite, en politesse, en libéralité. Je n'avais vu la noblesse que du fond de la galerie de portraits du palais Aldini. Là tous mes aïeux m'apparaissaient dans leur gloire, ayant tous leurs grands faits d'armes ou leurs pieuses actions consignés sur des bas-reliefs de chêne. Celui-ci avait racheté trois cents esclaves à des corsaires barbaresques pour leur donner la vraie religion et la liberté; celui-là avait sacrifié tous ses biens pour le salut de la patrie dans une guerre; un troisième avait versé pour elle tout son sang au champ d'honneur. Mon admiration pour eux était donc légitime, et je ne sentais pas leur sang couler moins chaud et moins généreux dans mes veines. Mais combien les descendants des autres patriciens me parurent dégénérés! Ils n'avaient plus de leur race qu'une insupportable insuffisance et des prétentions révoltantes. Je me demandais où était la noblesse; je ne la trouvais plus que sur les écussons, aux portes des palais. Je résolus de me faire religieuse, et je priai ma mère avec tant d'instances de me laisser entrer

Lorsque l'abbé Cignola nous apparut... (Page 34.)

au couvent, qu'elle y consentit. Elle versa beaucoup de larmes en m'y laissant; le prince Grimani donnait les mains à mon caprice; car depuis qu'il avait déterré, dans je ne sais quel coin de la Lombardie, une espèce de neveu qui pouvait devenir riche à mes dépens et porter avec éclat, grâce à ma dot, l'impérissable nom des Grimani, il ne songeait qu'à me rendre obéissante, et il se flattait que la dévotion allait assouplir mon caractère. Quelle ardente piété, quelle soif du martyre il eût fallu avoir pour accepter Hector! On me retira du couvent, il y a trois mois; le fait est que j'y périssais d'ennui, et que la discipline inflexible que j'avais à subir était au-dessus de mes forces. D'ailleurs, je fus si heureuse de retourner chez ma mère, et elle de me reprendre! Cependant six semaines de couvent avaient bien changé mes idées. J'avais compris Jésus, que je n'avais prié jusqu'alors que du bout des lèvres. Dans mes heures de solitude, à l'église, dans l'enthousiasme de la prière, j'avais compris que le fils de Marie était l'ami des pauvres laborieux, et qu'il avait méprisé avec raison les grandeurs de ce monde. Enfin que vous dirai-je? en même temps que j'ouvrais mon cœur à de nouvelles sympathies, ce que dans mon enfance j'appelais intérieurement la bonté de ma mère se présenta à moi sous d'autres couleurs, et je n'y pensai plus qu'avec attendrissement. Puis, que se passait-il en moi? je l'ignore; mais je me disais : « Si je venais à faire comme maman, si je me prenais d'amour pour un homme d'une autre condition que la mienne, tout le monde me jetterait la pierre, excepté elle. Elle me prendrait dans ses bras, et cachant ma rougeur dans son sein, elle dirait : « Obéis à ton cœur, afin d'être plus heureuse que je ne l'ai été en brisant le mien. » Vous êtes ému, Lélio! O mon Dieu! c'est une larme qui vient de tomber sur ma main. Vous êtes vaincu, mon ami! Vous voyez que je ne suis ni folle, ni méchante; à présent, vous direz *oui*, et vous viendrez me chercher demain. Jurez-le! »

Je voulus parler; mais je ne pus trouver un mot, j'avais le frisson. Je me sentais défaillir. Les yeux fixés sur moi, elle attendait avec anxiété ma réponse. Pour moi, j'étais anéanti. Aux premières paroles de ce récit, j'avais été frappé de son étrange ressemblance avec ma propre histoire, mais quand elle en vint aux circonstances qu'il m'était impossible de méconnaître, je restai con-

Elle était si rêveuse. (Page 36.)

fondu et ébloui, comme si la foudre eût passé devant mes yeux. Mille pensées contraires et toutes sinistres s'emparèrent de ma tête. Je vis s'agiter devant moi, pareilles à des fantômes, les images du crime et du désespoir. Emu du souvenir de ce qui avait été, effrayé de l'idée de ce qui eût pu être, je me voyais à la fois l'amant de la mère et le mari de la fille. Alezia, cette enfant que j'avais vue au berceau, était là, devant moi, me parlant en même temps de son amour et de celui de sa mère.

Un monde de souvenirs se déroulait devant moi, et la petite Alezia s'y présentait comme l'objet d'une tendresse déjà craintive et douloureuse. Je me rappelais son orgueil, sa haine pour moi, et les paroles qu'elle m'avait dites un jour lorsqu'elle avait vu la bague de son père à mon doigt. Qui sait, pensai-je, si ses préjugés sont à jamais abjurés? Peut-être que, si en cet instant elle apprenait que je suis Nello, son ancien valet, elle rougirait de m'aimer.

« Signora, lui dis-je, vous aimiez autrefois, dites-vous, à percer le cœur de vos poupées avec une grande épingle. Pourquoi faisiez-vous cela?

— Que vous importe, me dit-elle, et pourquoi êtes-vous frappé de cette minutie?

— C'est que mon cœur souffre, et que vos épingles me reviennent naturellement à la mémoire.

— Je veux bien vous le dire pour vous montrer que ce n'était pas un mouvement de férocité, répondit-elle. J'entendais dire souvent, quand on parlait d'une lâcheté : « C'est n'avoir pas de sang dans le cœur; » et je prenais comme réelle cette expression figurée. Ainsi, quand je grondais mes poupées, je leur disais : « Vous êtes des lâches, et je m'en vais voir si vous avez du sang dans le cœur. »

— Vous méprisez bien les lâches, n'est-ce pas, signora? » lui dis-je, me demandant quelle opinion elle aurait un jour de moi si je cédais en cet instant à sa passion romanesque. Je retombai dans une pénible rêverie.

« Qu'avez-vous donc? » me dit Alezia.

Sa voix me rappela à moi. Je la regardai avec des yeux humides. Elle pleurait aussi, mais à cause de mon hésitation. Je le compris tout d'abord; et lui serrant paternellement les mains :

« O mon enfant! lui dis-je, ne m'accusez pas! Ne doutez pas de mon pauvre cœur. Je souffre tant, si vous saviez! »

Et je m'éloignai à grands pas, comme si en m'éloignant d'elle j'eusse pu fuir mon malheur. Rentré chez moi, je devins plus calme. Je repassai dans ma tête toute cette bizarre suite d'événements ; je m'en expliquai à moi-même tous les détails, et fis disparaître ainsi à mes propres yeux l'espèce de mystère qui m'avait d'abord glacé d'une terreur superstitieuse. Tout cela était étrange, mais naturel, jusqu'à ce nom de baptême, ce nom d'Alezia que j'avais toujours voulu savoir et que je n'avais jamais osé demander.

Je ne sais si un autre à ma place aurait pu conserver de l'amour pour la jeune Aldini. A la rigueur, je l'aurais pu sans crime ; car vous vous rappelez que j'étais resté l'amant chaste et soumis de sa mère. Mais ma conscience se soulevait à la pensée de cet inceste intellectuel. J'aimais la Grimani avec son prénom inconnu, je l'aimais de tout mon cœur et de tous mes sens ; mais Alezia, mais la signorina Aldini, la fille de Bianca, en vérité, je ne l'aimais pas ainsi, car il me semblait que j'étais son père. Le souvenir des grâces et des qualités charmantes de Bianca était resté frais et pur dans ma vie, il m'avait suivi partout comme une providence. Il m'avait rendu bon envers les femmes et vaillant envers moi-même. Si j'avais rencontré depuis beaucoup de beautés égoïstes et fausses, du moins cette certitude m'était restée qu'il en existe de généreuses et de naïves. Bianca ne m'avait fait aucun sacrifice, parce que je ne l'avais pas voulu ; mais si j'eusse accepté son abnégation, si j'eusse cédé à son entraînement, elle m'eût tout immolé, amis, famille, fortune, honneur, religion, et peut-être même sa fille ! Quelle dette sacrée n'avais-je pas contractée envers elle ! Étais-je pleinement acquitté par mes refus, par mon départ ? Non ; car elle était femme, c'est-à-dire faible, asservie, en butte à des arrêts implacables et aux insultes plus amères encore de l'ironie. Elle eût affronté tout cela, elle si craintive, si douce, si enfant à mille égards. Elle eût fait une chose sublime ; et moi, en acceptant, j'eusse fait une lâcheté. Je n'avais donc accompli qu'un devoir envers moi-même, et elle s'était exposée pour moi au martyre. Pauvre Bianca, mon premier, mon seul amour peut-être ! comme elle était restée belle dans mon souvenir ! « Mon Dieu, me disais-je, pourquoi ai-je peur qu'elle soit vieillie et flétrie ? Ne dois-je pas être indifférent à cela ? L'aimerais-je encore ? non, sans doute ; mais, laide ou belle, pourrais-je aujourd'hui la revoir sans danger ? » Et à cette pensée mon cœur battit si fort que je compris combien il m'était impossible d'être l'époux ou l'amant de sa fille.

Et puis, me prévaloir du passé (ne fût-ce que par une muette adhésion aux volontés d'Alezia) pour obtenir la fille de Bianca, c'eût été une action déshonorante. Faible comme je connaissais Bianca, je savais qu'elle se croirait engagée à nous donner son consentement ; mais je savais aussi que son vieux mari, sa famille et son confesseur surtout l'accableraient de chagrin. Elle avait pu se remarier et faire un second mariage de convenance. Elle était donc au fond femme du monde, esclave des préjugés, et son amour pour moi n'était qu'un sublime épisode, dont le souvenir peut-être faisait sa honte et son désespoir, tandis qu'il faisait ma gloire et ma joie. « Non, pauvre Bianca ! pensais-je, non, je ne suis pas quitte envers toi. Tu as bien assez souffert, assez tremblé peut-être, à l'idée qu'un valet colporterait de maison en maison le secret de ta faiblesse. Il est temps que tu dormes en paix, que tu ne rougisses plus des seuls jours heureux de ta jeunesse, et qu'apprenant l'éternel silence, l'éternel dévouement, l'éternel amour de Nello, tu puisses te dire, pauvre femme, qu'au milieu de ta vie enchaînée ou déçue tu as une fois connu l'amour et qu'il t'a inspiré. »

Je marchais avec agitation dans ma chambre, le jour commençait à poindre. C'est, dans la vie des hommes qui dorment peu, une heure décisive qui met fin aux incertitudes nourries dans les ténèbres, et qui change les projets en résolutions. J'eus un élan de joie enthousiaste et de légitime orgueil en songeant que Lélio le comédien n'était pas tombé au-dessous de Nello le gondolier. Quelquefois, dans mes idées de démocratie romanesque, je m'étais pris à rougir d'avoir abandonné le toit de joncs marins où j'aurais pu perpétuer une race forte, laborieuse et frugale ; je m'étais fait un crime d'avoir dédaigné l'humble profession de mes pères pour rechercher les amères jouissances du luxe, la vaine fumée de la gloire, les faux biens et les puérils travaux de l'art. Mais en accomplissant, sous les oripeaux de l'histrion, les mêmes actes de désintéressement et de fierté que j'avais accomplis sous la bure du batelier, j'ennoblissais deux fois ma vie, et deux fois j'élevais mon âme au-dessus de toutes les fausses grandeurs sociales. Ma conscience, ma dignité, me semblaient être la conscience et la dignité du peuple : en m'avilissant, j'eusse avili le peuple. « Carbonari ! carbonari ! m'écriai-je, je serai digne d'être l'un de vous. » Le culte de la délivrance est une foi nouvelle ; le libéralisme est une religion qui doit ennoblir ses adeptes, et faire, comme autrefois le jeune christianisme, de l'esclave un homme libre, de l'homme libre un saint ou un martyr.

J'écrivis la lettre suivante à la princesse Grimani :

« MADAME,

« Un grand danger a menacé la signorina ; pourquoi vous, tendre et courageuse mère, avez-vous consenti à l'éloigner de vous ? N'est-elle pas dans l'âge où tout peut décider de la vie d'une femme, un instant, un regard, un soupir ? N'est-ce pas maintenant que vous devez veiller sur elle à toute heure, la nuit comme le jour, épier ses moindres soucis, compter les battements de son cœur ? Vous, Madame, qui êtes si douce et pleine de condescendance pour les petites choses, mais qui, pour les grandes, savez trouver dans le foyer de votre cœur tant d'énergie et de résolution, voici le moment où vous devez montrer le courage de la lionne qui ne se laisse point arracher ses petits. Venez, Madame, venez ; reprenez votre fille, et qu'elle ne vous quitte plus. Pourquoi la laissez-vous dans des mains étrangères, livrée à une direction malhabile qui l'irrite et la pousserait à de grands écarts, si elle n'était votre fille, si le germe de vertu et de dignité déposé par vous dans son sein pouvait devenir le jouet du premier vent qui passe ? Ouvrez les yeux ; voyez que l'on contrarie les inclinations de votre enfant dans des choses légitimes et sacrées, et qu'ainsi l'on s'expose à la voir résister aux sages conseils et se faire une habitude d'indépendance que l'on ne pourra plus vaincre. Ne souffrez pas qu'on lui impose un mari qu'elle déteste, et craignez que cette aversion ne la porte à un choix précipité, plus funeste encore. Assurez sa liberté. Qu'elle ne soit enchaînée que par la sollicitude de votre amour éclairé, de crainte que, se méfiant de votre énergie protectrice, elle ne cherche dans sa fantaisie un dangereux appui. Au nom du ciel, venez !

« Et si vous voulez savoir, Madame, de quel droit je vous adresse cet appel, apprenez que j'ai vu votre fille sans savoir son nom, que j'ai failli devenir amoureux d'elle ; que je l'ai suivie, observée, cherchée, et qu'elle n'était pas plus bien gardée que je le voulais pour lui parler et employer (en vain sans doute) tous les artifices par lesquels on séduit une femme ordinaire. Grâce au ciel ! votre fille n'a pas même été exposée à mes téméraires prétentions. J'ai appris à temps qu'elle avait pour mère la personne que je vénère et que je respecte le plus au monde, et dès cet instant les abords de sa demeure sont devenus sacrés pour moi. Si je ne m'éloigne pas à l'instant même, c'est afin d'être prêt à répondre à vos plus sévères interrogatoires, si, vous méfiant de mon honneur, vous m'ordonnez de paraître devant vous et de vous rendre compte de ma conduite.

« Agréez, Madame, les humbles respects de votre esclave dévoué,
NELLO. »

Je cachetai cette lettre, songeant au moyen de la faire parvenir à son adresse avec le plus de célérité possible, sans qu'elle tombât en des mains étrangères. Je n'osais la porter moi-même, dans la crainte qu'Alezia irritée ne fît quelque acte de folie ou de désespoir en apprenant mon départ. D'ailleurs il était bien vrai que je voulais pouvoir m'ouvrir complètement à sa mère au moment où elle recevrait ma confidence tout entière; car je prévoyais bien qu'Alezia ne lui cacherait aucun détail de ce petit roman, dont je n'avais pas le droit de me faire l'historien exact sans son ordre. Je craignais d'ailleurs que l'énergie de cette jeune fille effrayant la faiblesse de sa mère du tableau de sa passion, celle-ci ne vînt à lui donner un consentement que je ne voulais pas ratifier. L'une et l'autre avaient besoin du secours de ma volonté calme et inébranlable, et c'était peut-être lorsqu'elles seraient en présence l'une de l'autre que j'aurais besoin d'une force qui manquerait à toutes deux.

J'en étais là lorsqu'on frappa à ma porte, et un homme s'approcha dans une attitude respectueuse. Comme il avait eu soin d'ôter sa livrée, je ne le reconnus pas d'abord pour le domestique qui m'avait tant regardé le jour de l'aventure de l'église; mais comme nous avions maintenant le loisir de nous examiner l'un l'autre, nous jetâmes spontanément un cri de surprise.

« C'est bien vous! me dit-il; je ne me trompais pas, vous êtes bien Nello?

— Mandola, mon vieil ami! » m'écriai-je, et je lui ouvris mes deux bras. Il hésita un instant, puis il s'y jeta avec effusion en pleurant de joie.

« Je vous avais bien reconnu; mais j'ai voulu m'en assurer, et, au premier moment dont je puis disposer, me voilà. Comment se fait-il qu'on vous appelle dans ce pays le seigneur Lélio, à moins que vous ne soyez ce chanteur fameux dont on parlait tant à Naples, et que je n'ai jamais été voir? car, voyez-vous, je m'endors toujours au théâtre, et, quant à la musique, je n'ai jamais pu y rien comprendre... Aussi la signora ne me force jamais de monter à sa loge avant la fin du spectacle.

— La signora! oh! parle-moi de la signora, mon vieux camarade.

— Moi, je parlais de la signora Alezia; car, pour la signora Bianca, elle ne va plus au théâtre. Elle a pris un confesseur piémontais, et elle est dans la plus haute dévotion depuis son second mariage. Pauvre bonne signora! je crains bien que ce mari-là ne la dédommage pas de l'autre. Ah! Nello, Nello, pourquoi n'as-tu pas?...

— Tais-toi, Mandola; pas un mot là-dessus. Il est des souvenirs qui ne doivent pas plus revenir sur nos lèvres que les morts ne doivent revenir à la vie. Dis-moi seulement où est la maîtresse en ce moment, et le moyen de lui faire parvenir une lettre en secret et sur-le-champ.

— Est-ce que c'est quelque chose d'important pour vous?

— C'est quelque chose de plus important pour elle.

— En ce cas, donnez-la-moi; je prends la poste à franc étrier, et je vais la lui remettre à Bologne, où elle est maintenant. Ne le saviez-vous pas?

— Nullement. Oh! tant mieux! Tu peux être auprès d'elle ce soir?

— Oui, par Bacchus! Pauvre maîtresse, qu'elle sera étonnée de recevoir de vos nouvelles! car, vois-tu, Nello, voyez-vous, signor...

— Appelle-moi Nello quand nous sommes seuls, et Lélio devant le monde, tant que l'affaire de Chioggia ne sera pas assoupie tout à fait.

— Oh! je sais. Pauvre Massatone! Mais cela commence à s'arranger.

— Que me disais-tu de la signora Bianca? C'est là ce qui m'importe.

— Je disais qu'elle deviendra bien rouge et bien pâle quand je lui remettrai une lettre en lui disant tout bas : « C'est de Nello! Madame sait bien, Nello! celui qui chantait si bien... » Alors elle me dira d'un ton sérieux, car elle n'est plus gaie comme autrefois, la pauvre signora : « C'est bien, Mandola, allez-vous-en à l'office. » Et puis elle me rappellera pour me dire d'un ton doux, car elle est toujours bonne : « Mon pauvre Mandola, vous devez être bien fatigué?... Salomé, donnez-lui du meilleur vin! »

— Et Salomé! m'écriai-je; est-elle mariée aussi?

— Oh! celle-là ne se mariera jamais. C'est toujours la même fille, pas plus vieille, pas plus jeune; ne souriant jamais, ne versant jamais une larme, adorant toujours madame, et lui résistant toujours; chérissant mademoiselle, et la grondant sans cesse; bonne au fond, mais point aimable... La signora Alezia vous a-t-elle reconnu?

— Nullement.

— Je le crois; j'ai eu bien de la peine moi-même à vous reconnaître. On change tant! Vous étiez si petit, si fluet!

— Mais pas trop, ce me semble?

— Et moi, continua Mandola avec une tristesse comique, j'étais si leste, si dégagé, si alerte, si joyeux! Ah! comme on vieillit! »

Je me pris à rire en voyant combien l'on s'abuse sur les grâces de sa jeunesse quand on avance en âge. Mandola était à peu près le même Hercule lombard que j'avais connu; il marchait toujours de côté comme une barque qui louvoie, et l'habitude de ramer en équilibre à la poupe de la gondole lui avait fait contracter celle de ne jamais se tenir sur ses deux jambes à la fois. On eût dit qu'il se méfiait toujours de l'aplomb du sol, et qu'il attendait le flot pour varier son attitude. J'eus bien de la peine à abréger notre entretien; il y prenait grand plaisir, et moi j'éprouvais un bonheur douloureux à entendre parler de cet intérieur de famille où mon âme s'était ouverte à la poésie, à l'art, à l'amour et à l'honneur. Je ne pouvais me défendre d'une secrète joie pleine d'attendrissement et de reconnaissance en entendant le brave Lombard me raconter les longs regrets de Bianca après mon départ, sa santé longtemps altérée, ses larmes cachées, sa langueur, son dégoût de la vie. Puis elle s'était ranimée. Un nouvel amour avait effleuré son cœur. Un homme fort séduisant, mais assez mal famé, espèce d'aventurier du haut lieu, l'avait recherchée en mariage; elle avait failli croire à cet amour. Éclairée à temps, elle avait frémi des dangers auxquels l'isolement exposait son repos et sa dignité; elle avait frémi surtout pour sa fille, et s'était rejetée dans la dévotion.

« Mais son mariage avec le prince Grimani? dis-je à Mandola.

— Oh! c'est l'ouvrage du confesseur, répondit-il.

— Allons, il y a une fatalité, et l'on n'y échappe pas. Pars, Mandola; voici de l'argent, voici la lettre. Ne perds pas un instant, et ne retourne pas à la villa Grimani sans m'avoir parlé; car j'ai des recommandations importantes à te faire. » Il partit.

Je me jetai sur mon lit, et je commençai à m'endormir lorsque j'entendis les pas rapides d'un cheval dans l'allée du jardin sur laquelle donnait ma fenêtre. Je me demandai si ce n'était pas Mandola qui revenait, ayant oublié une partie de ses instructions. Je vainquis donc la fatigue, et me mis à la croisée. Mais, au lieu de Mandola, je vis une femme en amazone et la tête couverte d'une épaisse mantille de crêpe noir qui tombait sur ses épaules et voilait toute sa taille aussi bien que son visage. Elle montait un superbe cheval tout fumant de sueur; et, sautant à terre avant que son domestique eût trouvé le temps de lui donner la main, elle parla à voix très-basse à la vieille Cattina, que la curiosité bien plus que le zèle avait fait accourir à sa rencontre. Je frissonnai en songeant qui ce pouvait, qui ce devait être; et, maudissant l'imprudence de cette démarche, je me rhabillai à la hâte. Quand je fus prêt, Cattina ne venant point m'avertir, je m'élançai précipitamment dans l'escalier, craignant que la téméraire visiteuse ne restât sous le péristyle exposée à quelque regard indiscret. Mais je rencontrai sur les dernières marches Cattina, qui retournait à son travail après avoir introduit l'inconnue dans la maison.

« Où est cette dame? lui demandai-je vivement.

— Cette dame! répondit la vieille, quelle dame, mon *béni* seigneur Lélio?

— Quelle ruse veux-tu essayer là, vieille folle? N'ai-je pas vu entrer une dame en noir, et n'a-t-elle pas demandé à me parler?

— Non, sur la foi du baptême, monsieur Lélio. Cette

dame a demandé la signora Checchina, et sans vous nommer. Elle m'a mis ce demi-sequin dans la main pour m'engager à cacher sa présence *aux autres habitants de la maison.* C'est ainsi qu'elle a dit.

— Est-ce que tu l'as vue, Cattina, cette dame?

— J'ai vu sa robe et son voile, et une grande mèche de cheveux noirs qui s'était détachée, et qui tombait sur une petite main superbe.... et deux grands yeux qui brillaient sous la dentelle comme deux lampes derrière un rideau.

— Et où l'as-tu fait entrer?

— Dans le petit salon de la signora Checchina, pendant que la signora s'habille pour la recevoir.

— C'est bien, Cattina; sois discrète, puisqu'on te l'a commandé. »

Je restai incertain si c'était Alezia qui venait se confier à la Checchina. Je devais l'empêcher sur-le-champ, et à tout prix, de rester dans cette maison, où chaque instant pouvait contribuer à la perte de sa réputation; mais si ce n'était point elle, de quel droit irais-je interroger une personne qui sans doute avait quelque grave intérêt à se cacher de la sorte? De ma fenêtre je n'avais pu juger la taille de cette femme voilée qui tout à coup s'était trouvée placée de manière à ce que je ne visse que le sommet de sa tête. J'avais examiné le domestique pendant qu'il emmenait les chevaux à l'écart dans un massif d'arbres que sa maîtresse lui avait désigné d'un geste. Je n'avais jamais vu ce visage; mais ce n'était pas une raison pour qu'il n'appartînt pas à la maison Grimani, dont, certes, je n'avais pas vu tous les serviteurs. Je répugnais à l'interroger et à tenter de le corrompre. Je résolus d'aller trouver la Checchina; je savais le temps qu'il lui fallait pour faire la plus simple toilette; elle ne devait pas encore être en présence de la visiteuse, et je pouvais entrer dans sa chambre sans traverser le salon d'attente. Je connaissais le mystérieux passage par lequel l'appartement de Nasi communiquait avec celui de ses maîtresses, cette villa de Cafaggiolo étant un véritable *petite maison* dans le goût français du XVIIIᵉ siècle.

Je trouvai en effet la Checchina à demi vêtue, se frottant les yeux et s'apprêtant avec une nonchalance seigneuriale à cette matinale audience.

« Qu'est-ce à dire? s'écria-t-elle en me voyant entrer par son alcôve.

— Vite, un mot, Checchina, lui dis-je à l'oreille. Renvoie ta femme de chambre.

— Dépêche-toi, me dit-elle quand nous fûmes seuls, car il y a là quelqu'un qui m'attend.

— Je le sais, et c'est de cela que je viens te parler. Connais-tu cette femme qui te demande un entretien?

— Qu'en sais-je? Elle n'a pas voulu dire son nom à ma femme de chambre, et là-dessus je lui ai fait répondre que je ne recevais pas, surtout à sept heures du matin, les personnes que je ne connais point; mais elle ne s'est pas rebutée, et elle a supplié Térésa avec tant d'instance (il est même probable qu'elle lui a donné de l'argent pour la mettre dans ses intérêts), que celle-ci est venue me tourmenter, et j'ai cédé, mais non sans un grand déplaisir de sortir si tôt du lit, car j'ai lu les amours d'Angélique et de Médor fort avant dans la nuit.

— Ecoute, Checchina, je crois que cette femme est... celle que tu sais.

— Oh! crois-tu? En ce cas, va la trouver; je comprends pourquoi elle me fait demander, et pourquoi tu entres par le passage secret. Allons, je serai discrète, et charmée surtout de me rendormir tandis que tu seras le plus heureux des hommes.

— Non, ma bonne Francesca, tu te trompes. Si je m'étais ménagé un rendez-vous sous tes auspices, sois sûre que je t'en aurais demandé la permission. D'ailleurs je n'en suis pas à ce point, et mon roman touche à sa fin, qui est la plus froide et la plus morale de toutes les fins. Mais cette jeune personne se perd si tu ne viens pas à son secours. N'accueille aucun des projets romanesques qu'elle vient sans doute te confier; fais-la partir sur-le-champ, qu'elle retourne chez ses parents à l'instant même. Si par hasard elle demande à me parler en ta présence, dis-lui que je suis absent et que je ne rentrerai pas de la journée.

— Quoi! Lélio! tu n'es pas plus passionné que cela, et on fait pour toi des extravagances! Peste! Voyez ce que c'est que d'être fat, on réussit toujours! Mais si tu te trompais, *cugino;* si par hasard cette belle aventurière, au lieu d'être ta Dulcinée, était une de ces pauvres filles dont tout pays fourmille, qui veulent entrer au théâtre pour fuir des parents cruels? Écoute, j'ai une inspiration. Entrons ensemble dans le petit salon; en faisant avancer le paravent devant la porte, au moment où nous entrerons tu peux te glisser en même temps que moi dans la chambre, te tenir caché, tout entendre et tout voir. Si cette femme est ta maîtresse, il est important que tu saches bien et vite ce dont il s'agit: car ce qu'elle me dira, je te le répéterais mot à mot, il sera donc plus tôt fait de l'entendre. »

J'hésitais, et pourtant j'avais bien envie de suivre ce mauvais conseil.

« Mais si c'est une autre femme, objectai-je, si elle a un secret à te confier?

— Avons-nous des secrets l'un pour l'autre? dit Checchina, et as-tu moins d'estime que moi pour toi-même? Allons, pas de sot scrupule, viens. »

Elle appela Térésa, lui dit deux mots à l'oreille, et quand le paravent fut arrangé, elle la renvoya et m'entraîna avec elle dans le salon. Je ne fus pas caché deux minutes sans trouver au paravent protecteur une brisure par laquelle je pouvais voir la dame mystérieuse. Elle n'avait pas encore relevé son voile; mais déjà je reconnaissais la taille élégante et les belles mains d'Alezia Aldini.

La pauvre enfant tremblait de tous ses membres; je la plaignais et la blâmais, car le boudoir où nous nous trouvions n'était pas décoré dans un goût très-chaste, et les bronzes antiques, les statuettes de marbre qui l'ornaient, quoique d'un choix exquis sous le rapport de l'art, n'étaient rien moins que faits pour attirer les regards d'une jeune fille ou d'une femme timide. Et en pensant que c'était Alezia Aldini qui avait osé pénétrer dans ce temple païen, j'étais malgré moi, par un reste d'amour peut-être, plus blessé que reconnaissant de sa démarche.

La Checchina, tout en se hâtant, n'avait pourtant pas négligé le soin si cher aux femmes d'éblouir par l'éclat de la toilette les personnes de leur sexe. Elle avait jeté sur ses épaules une robe de chambre de cachemire des Indes, objet d'un grand luxe à cette époque; elle avait roulé ses cheveux dénoués sous un réseau de bandelettes d'or et de pourpre; car l'antique était alors à la mode; et sur ses jambes nues, qui étaient fortes et belles comme celles d'une statue de Diane, elle avait glissé une sorte de brodequin de peau de tigre, qui dissimulait ingénieusement la vulgaire nécessité des pantoufles. Elle avait chargé ses doigts de diamants et de camées, et tenait son éventail étincelant comme un sceptre de théâtre, tandis que l'inconnue, pour se donner une contenance, tourmentait gauchement le sien, qui était simplement de satin noir. Celle-ci était visiblement consternée de la beauté de Checca, beauté un peu virile, mais incontestable. Avec sa robe turque, sa chaussure mède et sa coiffure grecque, elle devait assez ressembler à ces femmes de satrapes qui se couvraient sans discernement des riches dépouilles des nations étrangères.

Elle salua son hôtesse d'un air de protection un peu impertinent; puis, s'étendant avec nonchalance sur une ottomane, elle prit l'attitude la plus grecque qu'elle put imaginer. Tout cet étalage fit son effet: la jeune fille resta interdite et n'osa rompre le silence.

« Eh bien! Madame ou Mademoiselle, dit la Checca en dépliant lentement son éventail, car j'ignore absolument à qui j'ai le plaisir de parler .. je suis à vos ordres. »

Alors l'inconnue, d'une voix claire et un peu âpre, avec un accent anglais très-prononcé, répondit en ces termes:

« Pardonnez-moi, Madame, d'être venue vous déranger si matin, et recevez mes remercîments pour la bonté que vous avez de m'accueillir. Je me nomme *Barbara Tempest*, et suis fille d'un lord établi depuis peu à Florence. Mes parents me font apprendre la musique, et j'ai déjà quelque talent; mais j'avais une très-excellente institutrice qui est partie pour Milan, et mes parents veulent me donner pour maître de chant cet insipide Tosani, qui me dégoûtera à jamais de l'art avec sa vieille méthode et ses cadences ridicules. J'ai ouï dire que le signor Lélio (que j'ai entendu chanter plusieurs fois à Naples) allait venir dans ce pays, et qu'il avait loué pour la saison cette maison, dont je connais le propriétaire. J'ai un désir irrésistible de recevoir des leçons de ce chanteur célèbre, et j'en ai fait la demande à mes parents, qui me l'ont accordée; mais ils en ont parlé à plusieurs personnes, et il leur a été dit que le signor Lélio était d'un caractère très-fier et un peu bizarre, qu'en outre il était affilié à ce qu'on appelle, je crois, la charbonnerie, c'est-à-dire qu'il a fait serment d'exterminer tous les riches et tous les nobles, et qu'en attendant il les déteste. Il ne laisse échapper, a-t-on dit à mon père, aucune occasion de leur témoigner son aversion, et, quand par hasard il consent à leur rendre quelque service, à chanter dans leurs soirées ou à donner des leçons dans leurs familles, c'est après s'être fait prier dans les termes les plus humbles. Si on lui prouve, par des instances très-grandes, combien on estime son talent et sa personne, il cède et redevient fort aimable; mais si on le traite comme un artiste ordinaire, il refuse sèchement et n'épargne pas les moqueries. Voilà, Madame, ce qu'on a dit à mes parents, et voilà ce qu'ils redoutent; car ils tirent un peu vanité de leur nom et de leur position dans le monde. Quant à moi, je n'ai aucun préjugé, et j'ai une admiration si vive pour le talent, que rien ne me coûterait pour obtenir de M. Lélio la faveur d'être son élève.

« Je me suis dit bien souvent que si j'étais à même de lui parler, certainement il ferait droit à ma requête. Mais, outre que je n'aurai peut-être pas l'occasion de le rencontrer, il ne serait pas convenable qu'une jeune personne s'adressât ainsi à un jeune homme. Je pensais à cela précisément ce matin en me promenant à cheval. Vous savez, Madame, que dans mon pays les demoiselles sortent seules, et vont à la promenade accompagnées de leur domestique. Je sors donc de grand matin afin d'éviter la chaleur du jour, qui nous paraît bien terrible à nous autres gens du Nord. Comme je passais devant cette jolie maison, j'ai demandé à un paysan à qui elle appartenait. Quand j'ai su qu'elle était à M. le comte Nasi, qui est l'ami de ma famille, sachant précisément qu'il l'avait louée à M. Lélio, j'ai demandé si ce dernier était arrivé. « Pas encore, m'a-t-on répondu; mais sa femme est venue d'avance pour préparer son établissement de campagne; c'est une dame très-belle et très-bonne. » Alors, Madame, il m'est venu en tête l'idée d'entrer chez vous et de vous intéresser à mon désir, afin que vous m'accordiez votre protection toute-puissante auprès de votre mari, et qu'il veuille bien accéder à la demande de mes parents, lorsqu'ils la lui adresseront. Puis-je vous demander aussi, Madame, de vouloir bien garder mon petit secret, et de prier M. Lélio de le garder également? car ma famille me blâmerait beaucoup de cette démarche, qui n'a pourtant rien que de très-innocent comme vous le voyez. »

Elle avait débité ce discours avec une volubilité si britannique; en saccadant ses mots, en traînant sur les syllabes brèves et en étranglant les longues, elle faisait de si plaisants anglicismes, que je ne songeai plus à voir Alezia dans cette jeune lady, à la fois prude et téméraire. La Checchina, de son côté, ne songea plus qu'à se divertir de son étrangeté. Moi, qui n'étais guère en train de prendre plaisir à ce jeu, je me serais volontiers retiré; mais le moindre bruit eût trahi ma présence et jeté l'épouvante dans le cœur ingénu de miss Barbara.

« En vérité, miss, répondit la Checchina en cachant une forte envie de rire derrière un flacon d'essence de rose, votre demande est fort embarrassante, et je ne sais comment y répondre. Je vous avouerai que je n'ai pas sur M. Lélio l'empire que vous voulez bien m'attribuer...

— Ne seriez-vous pas sa femme? dit la jeune Anglaise avec candeur.

— Oh! miss, s'écria la Checchina en prenant un air de prude du plus mauvais ton, une jeune personne avoir de telles idées! Fi donc! Est-ce qu'en Angleterre l'usage permet aux demoiselles de faire de pareilles suppositions? »

La pauvre Barbara fut tout à fait troublée.

« Je ne sais pas si ma question était offensante, dit-elle d'un ton ému mais plein de résolution; il est certain que ce n'était pas mon intention. Vous pourriez n'être pas la femme de M. Lélio, et vivre avec lui sans crime. Vous pourriez être sa sœur... Voilà tout ce que j'ai voulu dire, Madame.

— Et ne pourrais-je pas aussi bien, dit Checca, n'être ni sa femme, ni sa sœur, ni sa maîtresse, mais demeurer ici chez moi? Ne puis-je pas aussi bien être la comtesse Nasi?

— Oh! Madame, répliqua ingénument Barbara, je sais bien que M. Nasi n'est pas marié.

— Il peut l'être en secret, miss.

— Ce serait donc bien récemment; car il m'a demandée en mariage il n'y a pas plus de quinze jours.

— Ah! c'est vous, Mademoiselle? » s'écria la Checchina avec un geste tragique qui fit tomber son éventail. Il y eut un moment de silence. Puis la jeune femme, voulant absolument le rompre, sembla faire un grand effort sur elle-même, quitta sa chaise et ramassa l'éventail de la prima donna. Elle le lui présenta avec une grâce charmante, et lui dit d'un ton caressant, que rendait plus naïf encore son accent étranger:

« Vous aurez la bonté, n'est-ce pas, Madame, de parler de moi à monsieur votre frère?

— Vous voulez dire mon mari? » répondit Checchina en recevant son éventail d'un air moqueur et en toisant la jeune Anglaise avec une curiosité malveillante. L'Anglaise retomba sur sa chaise comme si elle eût été frappée à mort; et la Checchina, qui détestait les femmes du monde et prenait une joie féroce à les écraser quand elle se trouvait en rivalité avec elles, ajouta en se pavanant d'un air distrait dans la glace placée au-dessus de l'ottomane:

« Écoutez, chère miss Barbara. Je vous veux du bien; car vous me paraissez charmante. Mais il faut que vous me disiez toute la vérité. Je crains que ce ne soit pas l'amour de l'art qui vous amène ici, mais bien une sorte d'inclination pour Lélio. Il a inspiré sans le vouloir beaucoup de passions romanesques dans sa vie, et je connais plus de dix pensionnaires qui en sont folles.

— Rassurez-vous, Madame, répondit l'Anglaise avec un accent italien qui me fit tressaillir, je ne saurais avoir la moindre inclination pour un homme marié; et quand je suis entrée dans cette maison, je savais que vous étiez la femme de M. Lélio. »

La Checchina fut un peu déconcertée du ton ferme et dédaigneux de cette réponse; mais, résolue de la pousser à bout et redoublant d'impertinence, elle se remit bientôt et lui dit avec un sourire étudié:

« Chère Barbara, vous me rassurez, et je vous crois l'âme trop noble pour vouloir m'enlever le cœur de Lélio; mais je ne puis vous cacher que j'ai une misérable faiblesse. Je suis d'une jalousie effrénée, tout me porte ombrage. Vous êtes peut-être plus belle que moi, et je le crains si j'en juge par le joli pied que j'aperçois et par les grands yeux que je devine. Vous serez indifférente pour Lélio, puisqu'il m'appartient; vous êtes fière et généreuse, mais Lélio peut devenir amoureux de vous: vous ne seriez pas la première qui lui aurait tourné la tête. C'est un volage; il s'enflamme pour toutes les belles femmes qu'il rencontre. Chère signora Barbara, ayez donc la complaisance de relever votre voile, afin que je voie ce que j'ai à craindre, et, pour parler à la française, si je puis exposer Lélio au feu de vos batteries. »

L'Anglaise fit un geste de dégoût, puis sembla hésiter; et, se levant enfin de toute sa hauteur, elle répondit en commençant à détacher son voile:

« Regardez-moi, Madame, et rappelez-vous bien mes

traits, afin d'en faire la description au seigneur Lélio ; et, si en vous écoutant il paraît ému, gardez-vous de l'envoyer vers moi ; car, s'il venait à vous être infidèle, je déclare que ce serait un malheur pour lui et qu'il n'obtiendrait que mon mépris. »

En parlant ainsi, elle avait découvert sa figure. Elle me tournait le dos, et j'essayais vainement de surprendre ses traits dans la glace. Mais avais-je besoin du témoignage de mes yeux, et celui de mes oreilles ne suffisait-il pas? Elle avait oublié tout à fait son accent anglais et parlait le plus pur italien avec cette voix sonore et vibrante qui m'avait si souvent ému jusqu'au fond de l'âme.

« Pardon, miss, dit la Checchina sans se déconcerter, vous êtes si belle, que toutes mes craintes se réveillent. Je ne puis croire que Lélio ne vous ait pas déjà vue et qu'il ne soit pas d'accord avec vous pour me tromper.

— S'il vous demande mon nom, dit Alezia en arrachant avec violence une des grandes épingles d'acier bruni qui retenaient sur sa tête le pli de son voile, remettez-lui ceci de ma part, et dites-lui que mon blason porte une épingle avec cette devise : « Au cœur qui n'a pas de sang! »

En ce moment, ne pouvant rester sous le coup d'un tel mépris, je sortis brusquement de ma cachette et m'élançai vers Alezia avec assurance. « Non, signora, lui dis-je, ne croyez pas aux plaisanteries de mon amie Francesca. Tout ceci est une comédie qu'il lui a plu de jouer, vous prenant pour ce que vous vouliez paraître et ne sachant pas l'importance de ses mensonges; c'est une comédie que j'ai laissé jouer, vous reconnaissant à peine, tant vous avez imité avec talent l'accent et les manières d'une Anglaise. »

Alezia ne parut ni surprise ni émue de mon apparition. Elle avait le calme et la dignité que les femmes *de condition* possèdent entre toutes les autres lorsqu'elles sont dans leur droit. A voir son impassibilité, éclairée peu à peu d'un charmant sourire d'ironie, on eût pu croire que son âme n'avait jamais connu la passion, et qu'elle était incapable de la connaître.

« Vous trouvez que j'ai bien joué mon rôle, Monsieur? répliqua-t-elle ; cela vous prouve que j'avais peut-être quelque disposition pour cette profession que vous ennoblissez par vos talents et vos vertus. Je vous remercie profondément de m'avoir ménagé l'occasion de vous donner la comédie, et je rends grâces à madame, qui a bien voulu me donner la réplique. Mais je suis déjà dégoûtée de cet art sublime. Il faut y porter une expérience qui me coûterait trop à acquérir et une force d'esprit dont vous seul au monde êtes capable.

— Non, signora; vous êtes dans l'erreur, repris-je avec fermeté. Je n'ai point l'expérience du mal, et je n'ai de force que pour repousser des soupçons déshonorants. Je ne suis ni l'époux ni l'amant de Francesca. Elle est mon amie, ma sœur d'adoption, la confidente discrète et dévouée de tous mes sentiments; et pourtant elle ignore qui vous êtes, bien qu'elle vous soit aussi dévouée qu'à moi-même.

— Je déclare, signora, dit Francesca en s'asseyant d'une manière plus convenable, que je comprends fort peu ce qui se passe ici, et comment Lélio vous a laissé concevoir de pareils soupçons, lorsqu'il lui était si facile de les détruire. Ce qu'il vous dit en ce moment est la vérité, et vous n'imaginez pas, j'espère, que je voulusse me prêter à vous tromper, si j'étais autre chose pour lui qu'une amie bien calme et bien désintéressée. »

Alezia commença à trembler de tous ses membres, comme saisie de fièvre ; et elle se rassit pâle et recueillie. Elle doutait encore.

« Tu as été méchante, ma cousine, dis-je tout bas à la Checchina. Tu as pris plaisir à faire souffrir un cœur pur pour venger ton sot amour-propre. Ne devrais-tu pas remercier ta rivale, puisqu'elle a refusé Nasi? »

La bonne Checca s'approcha d'Alezia, lui prit les mains familièrement et s'accroupit sur un coussin à ses pieds.

« Mon bel ange, lui dit-elle, ne doutez pas de nous; vous ne connaissez pas la douce et honnête liberté des bohémiens. Dans votre monde on nous calomnie et on nous fait un crime de nos meilleures actions. Puisque vous avez permis à Lélio de vous aimer, c'est que vous ne partagez pas ces préventions injustes. Croyez donc bien que, à moins d'être la plus vile des créatures, je ne puis m'entendre avec Lélio pour vous tromper. Je comprends à peine quel plaisir ou quel profit j'en pourrais tirer. Ainsi calmez-vous, ma jolie signora. Pardonnez-moi de vous avoir arraché votre secret par mes folles plaisanteries. Vous devez avouer que, si la signora marchesina se fût jouée des comédiens, ce n'eût pas été dans l'ordre. Mais, au reste, tout ceci est fort heureux, et vous avez eu là une idée bonne et courageuse. Vous auriez conservé des soupçons et souffert longtemps, tandis que vous voilà rassurée, n'est-il pas vrai, *marchesina mia?* Et vous croyez bien que j'ai un trop grand cœur pour vous trahir en aucune façon? Allons, mon cher ange, il faut retourner auprès de vos parents, et Lélio ira vous voir aussitôt que vous le voudrez. Soyez tranquille, je vous l'enverrai, moi, et j'empêcherai bien qu'il ne vous donne d'autres sujets de chagrin. Ah! *porerina*, les hommes sont au monde pour désoler les femmes, et le meilleur d'entre eux ne vaut pas la dernière d'entre nous. Vous êtes une pauvre enfant qui ne connaît pas encore la souffrance. Cela ne viendra que trop tôt si vous livrez votre pauvre cœur au tourment d'amour, *oimè!* »

Francesca ajouta bien d'autres choses toutes pleines de bonté et de sens. En même temps qu'Alezia était un peu blessée de cette familiarité naïve, elle était touchée de tant de bienveillance et vaincue par tant de franchise. Elle ne répondait pas encore aux caresses de Checca; mais de grosses larmes coulaient lentement sur ses joues livides. Enfin son cœur se brisa, et elle se jeta en sanglotant sur le sein de sa nouvelle amie.

« O Lélio! me dit-elle, me pardonnerez-vous l'outrage d'un pareil soupçon? N'accusez que l'état maladif où je suis, depuis quelques jours, de corps et d'esprit. C'est Lila qui, croyant me guérir et voulant m'empêcher de faire ce qu'elle appelle un coup de tête, m'a confié cette nuit que vous viviez ici avec une très-belle personne qui n'était pas votre sœur, ainsi qu'elle l'avait cru d'abord, mais votre femme ou votre maîtresse. Vous pensez bien que je n'ai pas pu fermer l'œil; j'ai roulé dans ma tête les projets les plus tragiques et les plus extravagants. Enfin, je me suis arrêtée à l'idée que Lila avait pu se tromper, et j'ai voulu savoir la vérité par moi-même. Au point du jour, tandis que, vaincue par la fatigue, cette pauvre fille dormait dans ma chambre sur le tapis, je suis sortie sur la pointe du pied; j'ai appelé le plus soumis et le plus stupide des domestiques de ma tante, je lui ai fait seller le cheval de mon cousin Hector, qui est très-fougueux, et qui a failli dix fois me renverser. Mais que m'importait la vie? Je me disais : « Hélas! n'est pas tué qui veut! » et j'ai pris la route de Cafaggiolo, sans savoir ce que j'allais y faire. Chemin faisant, j'ai trouvé le conte que je me suis permis de faire à madame. Oh ! qu'elle me le pardonne! Je voulais savoir si elle vous aimait, Lélio; si elle était aimée de vous, si elle avait des droits sur vous, si vous me trompiez. Pardonnez-moi tous deux; vous êtes si bons! vous me pardonnerez, et vous m'aimerez aussi, n'est-ce pas, Madame?

— Chère madonetta! je t'aime déjà de toute mon âme, » répondit la Checchina en lui passant ses grands bras nus autour du cou et en l'embrassant à l'étouffer.

Je désirais terminer cette scène et renvoyer Alezia chez sa tante. Je la suppliai de ne pas s'exposer davantage, et je me levai pour faire avancer son cheval; mais elle me retint en me disant avec force : « A quoi songez-vous, Lélio? Renvoyez chevaux et domestique chez ma tante; demandez la poste, et partons sur-le-champ. Votre amie sera assez bonne pour nous accompagner. Nous irons trouver ma mère, et je me jetterai à ses pieds en lui disant : « Je suis compromise, je suis perdue aux yeux du monde; je me suis enfuie de chez ma tante en plein jour, avec éclat. Il est trop tard pour réparer le tort que je me suis fait volontairement et délibérément. J'aime Lélio, et il m'aime; je lui ai donné ma vie. Il ne me reste sur la terre que lui et vous. Voulez-vous me maudire? »

Cette résolution me jetait dans une affreuse perplexité. Je la combattis en vain. Alezia s'irrita de mes scrupules, m'accusa de ne pas l'aimer, et invoqua le jugement de Francesca. Celle-ci voulait monter en voiture avec Alezia, et la conduire à sa mère sans moi. Moi, je voulais décider la signora à retourner chez sa tante, à écrire de là à sa mère, et à attendre sa réponse pour prendre un parti. Je m'engageais à ne plus avoir aucun scrupule de conscience, si la mère consentait ; mais je ne voulais pas compromettre la fille : c'était une action odieuse que je suppliais Alezia de m'épargner. Elle me répondait que, si elle écrivait, sa mère montrerait sa lettre au prince Grimani, et que celui-ci la ferait enfermer dans un couvent.

Au milieu de ce débat, Lila, que Cattina s'efforçait en vain d'arrêter dans l'escalier, se précipita impétueusement au milieu de nous, rouge, essoufflée, près de s'évanouir. Quelques instants se passèrent avant qu'elle pût parler. Enfin elle nous dit, en mots entrecoupés, qu'elle avait devancé à la course le seigneur Hector Grimani, dont le cheval était heureusement boiteux, et ne pouvait passer par les prairies fermées de haies vives ; mais qu'il était derrière elle, qu'il s'était informé tout le long du chemin de la route qu'Alezia avait suivie, et qu'il allait arriver dans un instant. Toute la maison Grimani savait, grâce à lui, la fuite de la signora. En vain la tante avait voulu faire des recherches avec prudence et imposer silence aux déclamations extravagantes d'Hector. Il faisait si grand bruit, que tout le pays serait informé dans la journée de sa position ridicule et de la démarche hasardée de la signora, si elle n'y mettait ordre elle-même en allant à sa rencontre, en lui fermant la bouche, et en retournant avec lui à la villa Grimani. Je fus de l'avis de Lila. Alezia pliait son cousin à toutes ses volontés. Rien n'était encore désespéré, si elle voulait sauter sur son cheval et retourner chez sa tante ; elle pouvait prendre un autre chemin que celui par lequel venait Hector, tandis qu'on enverrait au-devant de lui des gens pour le dépister et l'empêcher d'arriver jusqu'à Cafaggiolo. Tout fut inutile. Alezia resta inébranlable. « Qu'il vienne, disait-elle, laissez-le entrer dans la maison, et nous le jetterons par la fenêtre s'il ose pénétrer jusqu'ici. » La Checchina riait comme une folle de cette idée, et, sur la description railleuse qu'Alezia faisait de son cousin, elle promettait, à elle seule, d'en débarrasser la compagnie. Toutes ces bravades et cette gaieté insensée, dans un moment décisif, me causaient un chagrin extrême.

Tout à coup une chaise de poste parut au bout de la longue avenue de figuiers qui conduisaient de la grande route à la villa Nasi. « C'est Nasi! s'écria Checchina. — Si c'était Bianca! pensai-je. — Oh! s'écria Lila, voici madame votre tante elle-même qui vient vous chercher.

— Je résisterai à ma tante aussi bien qu'à mon cousin, répondit Alezia ; car ils agissent indignement à mon égard. Ils veulent publier ma honte, m'abreuver de chagrins et d'humiliations, afin de me subjuguer. Lélio, cachez-moi, ou protégez-moi. — Ne craignez rien, lui dis-je ; si c'est ainsi qu'on veut agir envers vous, nul n'entrera ici. Je vais recevoir madame votre tante au seuil de la maison, et puisqu'il est trop tard pour vous en faire sortir, je jure que personne n'y pénétrera. »

Je descendis précipitamment ; je trouvai Cattina qui écoutait aux portes. Je la menaçai de la tuer si elle disait un mot ; puis, songeant qu'aucune crainte n'était assez forte pour l'empêcher de céder au pouvoir de l'argent, je me ravisai, et, retournant sur mes pas, je la pris par le bras, la poussai dans une sorte d'office qui n'avait qu'une lucarne où elle ne pouvait atteindre ; je fermai la porte sur elle à double tour malgré sa colère, je mis la clef dans ma poche, et je courus au-devant de la chaise de poste.

Mais de toutes nos appréhensions, la plus embarrassante se réalisa. Nasi sortit de la voiture et se jeta à mon cou. Comment l'empêcher d'entrer chez lui, comment lui cacher ce qui se passait? Il était facile de l'empêcher de violer l'incognito d'Alezia, en lui disant qu'une femme était venue pour moi dans sa maison, et que je le priais de ne point chercher à la voir. Mais la journée ne se passerait pas sans que la fuite d'Alezia et le désordre de la maison Grimani ne vinssent à ses oreilles. Une semaine suffirait pour l'apprendre à toute la contrée. Je ne savais vraiment que faire. Nasi, ne comprenant rien à mon air troublé, commençait à s'inquiéter et à craindre que la Checchina n'eût fait, par colère ou désespoir, quelque coup de tête. Il montait l'escalier avec précipitation ; déjà il tenait le bouton de la porte de l'appartement de Checca, lorsque je l'arrêtai par le bras en lui disant d'un air très-sérieux que je le priais de ne pas entrer.

« Qu'est-ce à dire, Lélio ? me dit-il d'une voix tremblante et en pâlissant ; Francesca est ici et ne vient point à ma rencontre ; vous me recevez d'un air glacé, et vous voulez m'empêcher d'entrer chez ma maîtresse ? C'est pourtant vous qui m'avez écrit de revenir près d'elle, et vous sembliez vouloir nous réconcilier ; que se passe-t-il donc entre vous ? »

J'allais répondre, lorsque la porte s'ouvrit, et Alezia parut, couverte de son voile. En voyant Nasi, elle tressaillit et s'arrêta.

« Je comprends maintenant, je comprends, dit Nasi en souriant ; mille pardons, mon cher Lélio ! dis-moi dans quelle pièce je dois me retirer. — Ici, Monsieur ! dit Alezia d'une voix ferme en lui prenant le bras et en l'entraînant dans le boudoir d'où elle venait de sortir et où se trouvaient toujours Francesca et Lila. » Je le suivis. Checchina, en voyant paraître le comte, prit son air le plus farouche, précisément celui qu'elle avait dans le rôle d'Arsace, lorsqu'elle faisait la partie de soprano dans la *Sémiramis* de Bianchi. Lila se mit devant la porte pour empêcher de nouvelles visites, et Alezia, écartant son voile, dit au comte stupéfait :

« Monsieur le comte, vous m'avez demandée en mariage, il y a quinze jours. Le peu de temps pendant lequel j'ai eu le plaisir de vous voir à Naples a suffi pour me donner de vous une plus haute idée que de tous mes autres prétendants. Ma mère m'a écrit pour me conjurer, pour m'ordonner presque d'agréer vos recherches. Le prince Grimani ajoutait en post-scriptum que, si définitivement j'avais de l'éloignement pour mon cousin Hector, il me permettait de revenir auprès de ma mère, à condition que je vous accepterais sur-le-champ pour mari. D'après ma réponse on devait venir me chercher pour me conduire à Venise et vous y donner rendez-vous, ou me laisser indéfiniment chez ma tante avec mon cousin. Eh bien! malgré l'aversion que mon cousin m'inspire, malgré les tracasseries dont ma tante m'abreuve, malgré l'ardent désir que j'éprouve de revoir ma bonne mère et ma chère Venise ; enfin, malgré la grande estime que j'ai pour vous, monsieur le comte, j'ai refusé. Vous avez dû croire que j'accordais la préférence à mon cousin... Tenez! dit-elle en s'interrompant et en portant avec calme ses regards vers la croisée, le voilà qui entre à cheval jusque dans votre jardin. Arrêtez! monsieur Lélio, ajouta-t-elle en me saisissant le bras, comme je m'élançais pour sortir ; vous m'accorderez bien qu'en cet instant il n'y a ici d'autre volonté à écouter que la mienne. Placez-vous avec Lila devant cette porte jusqu'à ce que j'aie fini de parler. »

Je dérangeai Lila, et je tins la porte à sa place. Alezia continua :

« J'ai refusé, monsieur le comte, parce que je ne pouvais loyalement accepter vos honorables propositions. J'ai répondu à l'aimable lettre que vous aviez jointe à celle de ma mère.

— Oui, signora, dit le comte, vous m'avez répondu avec une bonté dont j'ai été fort touché, mais avec une franchise qui ne me laissait aucun espoir ; et si je reviens dans le pays que vous habitez, ce n'est point avec l'intention de vous importuner de nouveau, mais avec celle d'être votre serviteur soumis et votre ami dévoué, si vous daignez jamais faire appel à mes respectueux sentiments.

— Je le sais, et je compte sur vous, répondit Alezia en lui tendant sa main d'un air noblement affectueux. Le moment est venu, plus vite que vous ne l'auriez imaginé, de mettre ces généreux sentiments à l'épreuve. Si j'ai refusé votre main, c'est que j'aime Lélio ; si je suis

Le lendemain matin, on trouva Ercolano assassiné... (Page 42.)

bien qu'il dit vrai. Je te fais serment que, depuis hier matin, lorsque je t'ai apporté les feuillages que tu m'avais demandé de cueillir, je ne suis pas entrée dans la grotte.

— Ah! Mila, c'est trop fort. Tu n'étais pas menteuse autrefois, et je suis fâché de te voir ce vilain défaut maintenant.

— Taisez-vous, frère, vous m'offensez, dit Mila en retirant son bras avec fierté. Je n'ai jamais menti, et je ne commencerai pas aujourd'hui pour vous faire plaisir.

— Petite sœur, reprit Michel en se rapprochant d'elle et en doublant le pas pour la suivre, car elle s'en allait en avant, piquée et affligée, voulez-vous bien me montrer le bijou que madame Agathe vous a donné?

— Non, maître Michel-Ange, répondit la jeune fille; vous n'êtes pas digne de le regarder. Dans le temps où je coupais vos cheveux pour les porter sur mon cœur, vous n'étiez pas méchant comme vous l'êtes devenu depuis.

— A votre place, j'ôterais le médaillon de mon sein, dit Michel avec ironie, et je le jetterais tout de suite au nez du méchant frère qui me tourmente de la sorte.

— Tenez! le voilà! dit la petite fille en saisissant dans son corset le médaillon, et en le remettant à Michel avec dépit; vous pouvez reprendre vos cheveux, je n'y tiens plus. Seulement, rendez-moi le bijou : j'y tiens, parce que c'est le don d'une personne meilleure que vous.

— Deux médaillons semblables! se dit Michel en les réunissant dans sa main : est-ce la suite de ma vision? »

XIX.

JEUNES AMOURS.

Michel n'osa point demander à sa sœur l'explication d'un tel prodige. Il courut s'enfermer dans sa petite chambre, et, s'asseyant sur son lit, au lieu de dormir, il ouvrit et compara le contenant et le contenu de ces joyaux identiques. Ils étaient absolument pareils : ils renfermaient les mêmes cheveux, à tel point que lorsqu'il les eut examinés et touchés longtemps, il ne sut plus lequel appartenait à sa sœur. Il se rappela alors une parole de celle-ci, qui l'avait peu frappé, quoiqu'elle lui eût paru singulière au premier instant. Mila prétendait qu'entre les mains du bijoutier la mèche de cheveux qu'elle avait confiée à la princesse avait diminué de moitié.

Mais il l'oublia, ce vœu formidable... (Page 51.)

Point d'éclaircissements possibles à ce fait bizarre. La princesse ne connaissait pas Michel ; elle ne l'avait jamais vu, il n'était point encore à Catane lorsqu'elle avait pris le scapulaire de Mila pour l'échanger contre cette riche monture. Il est difficile de croire qu'une femme puisse s'éprendre d'un homme à la seule vue de la couleur de ses cheveux. Michel eut beau chercher, il ne trouva que cette explication peu satisfaisante pour son ardente curiosité : la princesse avait peut-être aimé une personne dont les cheveux étaient absolument de la même nuance et de la même finesse que ceux de Michel. Elle les portait dans un médaillon. En voyant le culte de la jeune Mila pour cette relique fraternelle, elle avait fait faire un médaillon tout pareil au sien, et le lui avait donné.

Mais que les vraisemblances de la vie sont invraisemblables pour une tête de dix-huit ans ! Michel trouvait bien plus probable d'avoir été aimé avant d'avoir été vu ; et, quand il fut vaincu enfin par le sommeil, les deux médaillons étaient encore dans sa main entr'ouverte.

Quand il s'éveilla, vers midi, il n'en trouva plus qu'un : l'autre était tombé dans ses draps, apparemment. Il défit et bouleversa son lit, passa une heure à fouiller toutes les fentes de son plancher, tous les plis de ses vêtements étendus sur une chaise à son chevet. Un des deux talismans avait disparu.

« Ceci, pensa-t-il, est un tour de mademoiselle Mila. » La porte de sa chambrette ne fermait qu'au loquet, et la jeune fille travaillait, en chantant, dans la mansarde contiguë à la sienne.

« Ah ! vous voici enfin levé ? lui dit-elle d'un air boudeur, lorsqu'il se présenta devant elle. C'est fort heureux ! Voulez-vous maintenant me rendre mon médaillon ?

— Il me semble, petite, que vous êtes venue le reprendre pendant que je dormais.

— Puisque vous le tenez dans votre main ! s'écria-t-elle en lui saisissant la main à l'improviste. Voyons, ouvrez-la, ou je vous pique les doigts avec mon aiguille.

— Je le veux bien, dit-il, mais ce bijou n'est pas le vôtre. Vous m'avez déjà repris celui qui vous appartient.

— Vraiment ! dit Mila en arrachant le bijou de la main de son frère, qui se défendait faiblement en la regardant avec attention ; ceci n'est pas à moi ? Vous croyez que je peux m'y tromper ?

rosier qui se trouvait là, et qu'il écrasait de tout son poids. Je ne m'attendais pas du tout à vous retrouver ici ; je vous croyais à Naples.

— Que vous l'ayez cru ou non, peu importe. Vous voici, et me voici. De quoi s'agit-il ?

— Pardieu, mon cher, il s'agit de m'aider à retrouver ma cousine Alezia Aldini, qui se permet de courir seule à cheval sans la permission de ma mère, et qui, m'a-t-on dit, est par ici.

— Qu'entendez-vous par ce mot : *par ici?* Si vous pensez que la personne dont vous parlez soit dans les environs, suivez la rue, cherchez.

— Mais que diable, mon cher, elle est ici ! dit Hector forcé par le ton de Nasi et par la présence de ses témoins de se prononcer un peu plus nettement. Elle est dans votre maison ou dans votre jardin ; car l'on l'a vue entrer dans votre avenue, et, sang de Dieu ! voilà son cheval là-bas ! c'est-à-dire mon cheval ; car il lui a plu de le prendre pour courir les champs, et de me laisser sa haquenée. » Et il essayait par un gros rire forcé d'égayer un entretien que Nasi ne semblait pas disposé à traiter si gaiement.

« Monsieur, répondit-il, je n'ai pas l'honneur de vous connaître assez pour que vous m'appeliez *mon cher;* je vous prie donc de me traiter comme je vous traite. Ensuite, je vous ferai observer que ma maison n'est point une auberge, ni mon jardin une promenade publique, pour que les passants se permettent de l'explorer.

— Ma foi, Monsieur, si vous n'êtes pas content, dit Hector, j'en suis fâché. Je croyais vous connaître assez pour me permettre d'entrer chez vous, et je ne savais pas que votre maison de campagne fût un château-fort.

— Telle qu'elle est, monsieur, palais, ou chaumière, j'en suis le maître, et je vous prie de vous tenir pour averti que personne n'y entre sans ma permission.

— Par Bacchus ! monsieur le comte, vous avez bien peur que je vous demande la permission d'entrer chez vous ; car vous me la refusez d'avance avec une aigreur qui me donne beaucoup à penser. Si, comme je le crois, Alezia Aldini est dans cette maison, je commence à espérer pour elle qu'elle y est venue pour vous ; donnez-m'en l'assurance, et je me retire satisfait.

— Je ne reconnais à personne, Monsieur, répondit Nasi, le droit de m'adresser aucune espèce de questions ; et à vous, moins qu'à tout autre, celui de m'interroger sur le compte d'une femme que votre conduite outrage en cet instant.

— Eh ! mordieu, je suis son cousin ! Elle est confiée à ma mère ; que voulez-vous que ma mère réponde à mon oncle, le prince Grimani, lorsqu'il lui demandera sa belle-fille ? Et comment voulez-vous que ma mère, qui est âgée et infirme, coure après une jeune écervelée qui monte à cheval comme un dragon ?

— Je suis certain, Monsieur, dit Nasi, que madame votre mère ne vous a pas chargé de chercher sa nièce d'une manière aussi bruyante, et de la demander à tout venant d'une manière aussi déplacée ; car, en ce cas, sa sollicitude serait un outrage plus qu'une protection, et mettre l'objet d'une telle protection à l'abri de votre zèle serait un devoir pour moi.

— Allons, dit Hector, je vois que vous ne voulez pas nous rendre notre fugitive. Vous êtes un chevalier des anciens temps, monsieur le comte ! Souvenez-vous que désormais ma mère est déchargée de toute responsabilité envers la mère de mademoiselle Aldini. Vous arrangerez cette affaire désagréable comme vous l'entendrez pour votre propre compte. Quant à moi, je m'en lave les mains, j'ai fait ce que je devais et ce que je pouvais. Je vous prierai seulement de dire à Alezia Aldini qu'elle est bien libre d'épouser qui bon lui semblera, et que pour ma part je n'y mettrai pas d'obstacle. Je vous cède mes droits, mon cher comte ; puissiez-vous n'avoir jamais à chercher votre femme dans la maison d'autrui, car vous voyez par mon exemple combien on y fait sotte figure.

— Beaucoup de gens pensent, monsieur le comte, répondit Nasi, qu'il y a toujours moyen d'ennoblir la position la plus fâcheuse et de faire respecter la plus ridicule. Il n'y a de sottes figures que là où il y a de sottes démarches. »

A cette réponse sévère, un murmure significatif des deux amis fit sentir à Hector qu'il ne pouvait plus reculer.

« Monsieur le comte, dit-il à Nasi, vous parlez de sottes démarches. Qu'appelez-vous sottes démarches, je vous prie ?

— Vous donnerez à mes paroles l'explication que vous voudrez, Monsieur.

— Vous m'insultez, Monsieur !

— C'est vous qui en êtes juge, monsieur. Pour moi, cela ne me regarde pas.

— Vous me rendrez raison, je présume ?

— Fort bien, Monsieur.

— Votre heure ?

— Celle que vous voudrez.

— Demain matin à huit heures, dans la prairie de Maso, si vous le voulez bien, Monsieur. Mes témoins seront ces messieurs.

— Très-bien, Monsieur ; mon ami que voici sera le mien. »

Hector me regarda avec un sourire de dédain, et, emmenant à l'écart Nasi avec ses deux compagnons, il lui dit :

« Ah çà, mon cher comte, permettez-moi de vous dire que c'est pousser la plaisanterie trop loin. Maintenant qu'il s'agit de se battre, il faudrait, ce me semble, un peu de sérieux. Mes témoins sont gens de qualité : monsieur est le marquis de Mazzorbo, et voici monsieur de Monteverbasco. Je ne pense pas que vous puissiez leur associer comme témoin ce monsieur à qui j'ai fait donner vingt francs l'autre jour pour avoir accordé un piano chez ma mère. Vraiment, je n'y conçois rien. Hier on découvre que ce monsieur a une intrigue avec ma cousine, et aujourd'hui vous nous dites que c'est votre ami intime. Veuillez nous dire au moins son nom.

— Vous vous trompez positivement, monsieur le comte. Ce *monsieur,* comme vous dites, n'accorde point de pianos, et n'a jamais mis le pied chez votre cousine. C'est le signor Lélio, l'un de nos plus grands artistes, et l'un des hommes les plus braves et les plus loyaux que je connaisse.»

J'avais entendu confusément le commencement de cette conversation, et, voyant qu'il s'agissait de moi, je m'étais rapproché assez rapidement. Quand j'entendis le comte Hector parler tout haut d'une *intrigue* à propos d'Alezia, la mauvaise humeur où m'avait mis le combat engagé sans moi se changea en colère, et je résolus de faire payer à quelqu'un de nos adversaires la fausseté de ma position. Je ne pouvais m'en prendre au comte Hector, déjà provoqué par Nasi ; ce fut sur M. de Monteverbasco que tomba l'orage. Le digne gentillâtre, en apprenant mon nom, s'était contenté de dire d'un air étonné :

« Tiens ! »

Je m'approchai de lui, et, le regardant en face d'un air menaçant :

« Que voulez-vous dire, Monsieur ?

— Moi, Monsieur, je n'ai rien dit.

— Pardonnez-moi, Monsieur, vous avez dit : *C'est encore pire.*

— Non, Monsieur, je ne l'ai pas dit.

— Si, Monsieur, vous l'avez dit.

— Si vous y tenez absolument, Monsieur, mettons que je l'ai dit.

— Ah ! vous en convenez enfin. Eh bien ! Monsieur, si vous ne me trouvez pas bon pour témoin, je saurai bien vous forcer à me trouver bon pour adversaire.

— Est-ce une provocation, Monsieur ?

— Monsieur, ce sera tout ce qu'il vous plaira. Mais je vous avertis que votre nom ne me revient pas, et que votre figure me déplaît.

— C'est bien, monsieur ; nous prendrons donc, si cela vous convient, le rendez-vous de ces messieurs.

— Parfaitement. Messieurs, j'ai l'honneur de vous saluer. »

Après quoi nous rentrâmes, Nasi et moi, dans la maison, non sans avoir recommandé le silence aux domestiques.

La conduite d'Hector Grimani en cette occurrence me

fit connaître un type d'homme du monde que je n'avais pas encore observé. Si j'avais songé à porter un jugement sur Hector, les premières fois que je l'avais vu à la villa Grimani, alors qu'il se renfermait dans sa cravate et dans sa nullité pour paraître supportable à sa cousine, j'aurais prononcé que c'était un homme faible, inoffensif, froid et bon. Cet homme si grêle pouvait-il nourrir un sentiment d'hostilité? Ces manières si méthodiquement élégantes pouvaient-elles cacher un instinct de domination brutale et de lâche ressentiment? Je ne l'aurais point cru; je ne m'attendais pas à le voir demander raison à Nasi de sa dure réception; car je le croyais plus poli et moins brave, et je fus étonné qu'ayant été assez sot pour s'attirer de telles leçons, il fût assez assez résolu pour s'en venger. Le fait est qu'Hector n'était pas un de ces hommes sans conséquence qui ne font jamais ni mal ni bien. Il était maussade, présomptueux; mais, sentant malgré lui sa médiocrité intellectuelle, il se laissait toujours dominer dans les discussions; puis, bientôt poussé par la haine et la vengeance, il demandait à se battre. Il se battait souvent et toujours mal à propos, de sorte que sa bravoure tardive et entêtée lui faisait plus de tort que de bien.

Avant de laisser Nasi retourner auprès d'Alezia, je le pris à l'écart et lui dis que tout ce qui venait de se passer était arrivé bien malgré moi, que mon intention n'avait jamais été de séduire, d'enlever, ni d'épouser mademoiselle Aldini, et que ma ferme résolution était de m'éloigner d'elle sur-le-champ et pour toujours, à moins que je ne fusse forcé par l'honneur à l'épouser en réparation du tort qu'elle venait de se faire à cause de moi. Je voulais que Nasi en fût juge. « Mais avant de vous raconter toute cette histoire, lui dis-je, il faut songer au plus pressé, et nous arranger de manière à compromettre le moins possible notre jeune hôtesse. Je dois vous confier un fait qu'elle ignore, c'est que sa mère sera ici demain soir. Je vais établir un homme de planton au prochain relais, afin qu'au lieu d'aller chercher sa fille à la villa Grimani, elle vienne ici directement la prendre. Dès que j'aurai remis la signora Alezia entre les mains de sa mère, j'espère que tout s'arrangera; mais, jusque-là, quelle explication vais-je lui donner de l'extrême réserve dans laquelle je veux me renfermer envers elle?

— Le mieux, dit Nasi, serait de la décider à sortir d'ici, et à retourner chez sa tante, ou du moins à se retirer dans un couvent pendant vingt-quatre heures. Je vais essayer de lui faire comprendre que sa position ici n'est pas tenable. »

Il alla trouver Alezia. Mais toutes ses bonnes raisons furent inutiles. Checca, fidèle à ses habitudes de jactance, avait dit à Alezia qu'elle était la maîtresse de Nasi, que le comte s'était détaché d'elle après une querelle, et qu'alors il avait pu demander Alezia en mariage; mais que, guéri par son refus, et ramené par un invincible amour aux pieds de sa maîtresse, il était prêt à l'épouser. Alezia se croyait donc très-convenablement chez Nasi, elle était charmée de le voir prendre, comme elle, le parti de se livrer au penchant de son cœur et de rompre avec l'opinion. Elle se promettait de trouver dans ce couple heureux une société pour toute sa vie et une amitié à toute épreuve. En quittant la maison de Nasi, elle craignait mes scrupules, et les efforts de sa famille pour la réconcilier avec le monde. Elle voulait donc obstinément se perdre, et elle finit par déclarer à Nasi qu'elle ne sortirait de chez lui que contrainte par la force.

« En ce cas, signora, lui dit le comte, vous me permettrez d'agir de mon côté comme l'honneur me l'ordonne. Je suis votre frère, vous l'avez voulu. J'ai accepté ce rôle avec reconnaissance et soumission, et j'ai déjà fait acte de protection fraternelle en éloignant de vous les insolentes réclamations du comte Hector. Je continuerai d'agir d'après les conseils de mon respect et de mon dévouement; mais si les droits d'un frère ne s'étendent pas jusqu'à commander à sa sœur, du moins ils l'autorisent à écarter d'elle tout ce qui pourrait nuire à sa réputation. Vous permettrez donc que j'empêche Lélio de rentrer dans cette maison tant que votre mère n'y sera pas, et je viens de lui envoyer un exprès, afin que demain soir vous puissiez l'embrasser.

— Demain soir? s'écria Alezia, c'est trop tôt. Non, je ne le veux pas. Quelque bonheur que j'aie à revoir ma mère-aimée, je veux avoir le temps d'être compromise aux yeux du monde, et perdue sans retour pour lui. Je veux partir avec Lélio, et courir au-devant de ma mère. Quand on saura que j'ai voyagé avec Lélio, personne ne m'excusera, personne ne pourra me pardonner, excepté ma mère.

— Lélio n'obéira pas à votre volonté, ma chère sœur, répondit Nasi; il n'obéira qu'à la mienne; car son âme n'est que délicatesse et loyauté, et il m'a pris pour arbitre suprême.

— Eh bien! dit Alezia en riant, allez lui ordonner de ma part de venir ici.

— Je vais le trouver, répondit Nasi; car je vois que vous n'êtes disposée à écouter aucune parole sage. Et je vais avec lui faire préparer deux chambres pour lui et pour moi dans l'auberge du village que vous voyez d'ici au bout de l'avenue. Si vous étiez encore exposée à quelque offense de la part de M. Hector Grimani, vous n'auriez qu'à faire signe de votre fenêtre et à faire sonner la cloche du jardin, nous serions sous les armes à l'instant même. Mais soyez tranquille, il ne reviendra pas. Vous allez donc vous emparer de l'appartement de Lélio, qui est plus convenable pour vous que celui-ci. Votre femme de chambre restera ici pour vous servir et pour m'apporter vos ordres, s'il vous plaît de m'en donner. »

Nasi étant venu me rejoindre et m'ayant rapporté cet entretien, je lui ouvris mon cœur et lui confiai à peu près tout ce que j'éprouvais, sans toutefois lui parler de Bianca. Je lui expliquai comment je m'étais étourdiment engagé dans une aventure dont l'héroïne m'avait d'abord semblé coquette jusqu'à l'effronterie, et comment, en découvrant de jour en jour la pureté de son âme et l'élévation de son caractère, je m'étais trouvé amené malgré moi à jouer le rôle d'un homme prêt à tout accepter et à tout entreprendre. « Vous n'aimez donc pas la signora Aldini? » dit le comte avec un étonnement où je crus voir percer un peu de mépris pour moi. Je n'en fus pas blessé; car je savais ne pas mériter ce mépris, et il me rendit mon estime quand il sut quelles luttes j'avais soutenues pour rester vertueux, quoique dévoré d'amour et de désirs. Mais quand il fallut expliquer au comte comment il se faisait que je fusse si positivement décidé à ne pas épouser Alezia, quelque indulgence qu'elle trouvât dans le cœur de sa mère, je fus embarrassé. Je lui fis alors une question : je lui demandai si Alezia serait tellement compromise par l'action qu'elle venait de faire, qu'il fût de mon devoir de l'épouser pour réhabiliter son honneur. Le comte sourit, et, me prenant la main avec affection : « Mon bon Lélio, me dit-il, vous ne savez pas encore à quel point le monde où Alezia est née renferme de sottise, et combien la sévérité cache de corruption. Sachez, afin d'en rire et de mépriser de semblables idées autant que je les méprise, sachez qu'Alezia séduite par vous dans la maison de sa tante, après avoir été votre maîtresse pendant un an, pourvu que la chose se fût passée sans bruit et sans scandale, pourrait encore faire ce qu'on appelle un bon mariage, et qu'aucune grande maison ne lui serait fermée. Elle entendrait chuchoter autour d'elle, et quelques femmes austères défendraient à leurs filles, nouvellement mariées, de se lier avec elle; mais elle n'en serait pas plus à la mode et entourée de plus d'hommages par les hommes. Mais si vous épousiez Alezia, fût-il prouvé qu'elle est restée pure comme un ange jusqu'au jour de son mariage, on ne lui pardonnerait jamais d'être la femme d'un comédien. Vous êtes un de ces hommes sur lesquels aucune calomnie n'a de prise. Beaucoup de gens sensés penseraient peut-être qu'Alezia a fait un noble choix et une bonne action en vous épousant; bien peu l'oseraient dire tout haut, et je suppose qu'elle devînt veuve, les portes fermées sur elle ne se rouvriraient jamais; car elle ne trouverait jamais un homme du monde qui voulût l'épouser après vous; sa famille la considérerait comme morte, et il ne serait même plus permis à sa mère de prononcer son nom. Voilà le sort qui attend Alezia si vous l'épousez. Réfléchissez, et si vous n'êtes pas sûr de l'aimer toujours, craignez un mariage malheureux ; car il ne vous sera plus possible de la rendre à sa famille et à ses amis quand elle aura porté votre nom. Si, au contraire, vous vous sentez la force de l'aimer toujours, épousez-la ; car son dévouement pour vous est sublime, et nul homme au monde n'en est plus digne que vous. »

Je restai rêveur, et le comte craignit de m'avoir blessé par sa franchise, malgré les réflexions obligeantes par lesquelles il avait essayé d'en adoucir l'amertume. Je le rassurai.

« Ce n'est point à cela que je songe, lui dis-je ; je songe à la signora Bianca, je veux dire à la princesse Grimani, et aux chagrins dont sa vie serait abreuvée si j'épousais sa fille.

— Ils seraient grands en effet, répliqua le comte ; et si vous connaissiez cette aimable et charmante femme, vous y regarderiez à deux fois avant de l'exposer à la colère de ces insolents et implacables Grimani.

— Je ne l'y exposerai point, répondis-je avec force et comme me parlant à moi-même.

— Cette résolution ne part peut-être point d'un cœur fortement épris, dit le comte ; mais, ce qui vaut mieux, elle part d'un cœur généreux et noble. Quoi que vous fassiez, je reste votre ami, et je soutiens votre détermination envers et contre tous. »

Je l'embrassai, et nous passâmes le reste de la journée en tête-à-tête, à l'auberge voisine. Il me fit raconter encore toute mon aventure ; et l'intérêt avec lequel il m'interrogeait sur les plus petits détails, l'air d'anxiété secrète dont il écoutait le récit des circonstances périlleuses où ma vertu s'était trouvée à l'épreuve, me firent bien voir que ce noble cœur était fortement épris d'Alezia Aldini. En même temps qu'il souffrait d'entendre ces récits, il était évident pour moi que chaque preuve de courage et de dévouement que m'avait donnée Alezia enflammait son enthousiasme, et malgré lui ranimait son amour. A chaque instant, il m'interrompait pour me dire : « C'est beau, cela, Lélio ! c'est beau ! c'est grand ! A votre place je n'aurais pas tant de courage ! Je ferais mille folies pour cette femme. » Cependant, quand je lui donnais mes raisons (et je les lui donnais toutes, sans toutefois lui parler de l'amour que j'avais eu autrefois pour Bianca), il approuvait ma sagesse et ma fermeté ; et lorsque malgré moi je redevenais triste, il me disait : « Courage ! allons, courage ! Encore dix-huit ou vingt heures, et Alezia sera sauvée. Je crois que nous traiterons demain les Grimani de manière à leur ôter l'envie d'ébruiter l'affaire. La princesse emmènera sa fille, et un jour Alezia vous bénira d'avoir été plus sage qu'elle ; car l'amour ne vit qu'un jour, et les préjugés ont des racines indestructibles. »

Nous passâmes quelques heures de la nuit à mettre ordre à nos affaires ; à tout événement, Nasi légua sa villa à la Checchina. La conduite de cette bonne fille envers Alezia avait rempli d'estime et de reconnaissance l'âme généreuse du comte.

Quand nous eûmes fini, nous prîmes quelques heures de sommeil ; et, au point du jour, je m'éveillai. Quelqu'un entrait dans ma chambre : c'était Checca.

« Tu te trompes, lui dis-je ; la chambre de Nasi est ici proche.

— Ce n'est pas lui, mais toi que je cherche, dit-elle. Écoute : il ne faut pas que tu épouses cette marchesina.

— Pourquoi, ma chère Francesca ?

— Je vais te le dire : les obstacles et les dangers exaltent son amour pour toi ; mais elle n'est ni si forte d'esprit ni si libre de préjugés qu'elle le prétend. Elle est bonne, aimable, charmante ; crois-moi, je l'aime de tout mon cœur ; mais elle m'a dit sans s'en apercevoir, en causant avec moi, plus de cent choses qui me prouvent qu'elle est forte toute pour toi d'un sacrifice immense, et qu'elle le regrettera un jour si tu n'en sens pas le prix aussi bien qu'elle. Et, dis-moi, pouvons-nous apprécier ces sacrifices, nous autres qui sommes pleins de justes préventions contre le monde, et qui le méprisons autant qu'il nous méprise ? Non, non ; un jour viendrait, Lélio, je te le prédis, où, même sans regretter le monde, elle t'accuserait d'ingratitude au premier grief qu'elle aurait contre toi, et c'est un triste rôle pour un homme que d'être l'obligé insolvable de sa femme. »

En trois mots je fis savoir à la Checca quelles étaient mes intentions à l'égard d'Alezia. Quand elle vit que j'abondais dans son sens : « Mon bon Lélio, dit-elle, il m'est venu une idée. Il n'est pas question ici de penser à soi seul, ou du moins il faut penser à soi noblement, et assurer l'orgueil de la conscience pour l'avenir. Nasi aime Alezia. Elle n'a point été ta maîtresse ; il peut l'épouser : il faut qu'il l'épouse. » Je ne savais trop si Checca, mue par un sentiment d'inquiétude jalouse, ne me parlait pas ainsi pour me faire parler à mon tour ; mais elle ajouta, sans me donner le temps de répondre :

« Sois sûr de ce que je te dis, Lélio ; Nasi est fou d'elle. Il est triste à mourir. Il la regarde avec des yeux qui semblent dire *Que ne suis-je Lélio !* et, quand il me témoigne de l'affection, je vois bien que c'est par reconnaissance de ce que je fais pour elle.

— En vérité, le crois-tu, ma bonne Checca ? lui dis-je, frappé de la pénétration et du grand sens qu'elle déployait dans les grandes occasions, elle si absurde dans les petites.

— Je te dis que j'en suis sûre. Il faut donc qu'ils se marient. Laissons-les ensemble. Partons sur-le-champ.

— Partons la nuit prochaine, je le veux bien, répondis-je ; jusque-là c'est impossible. Je t'en dirai la raison dans quelques heures. Retourne auprès d'Alezia avant qu'elle s'éveille.

— Oh ! elle ne dort pas, répondit Checca ; elle n'a fait que se promener en long et en large toute la nuit avec agitation. Sa soubrette Lila, qui a voulu coucher dans sa chambre, cause avec elle de temps en temps, et l'irrite beaucoup par ses remontrances ; car elle n'approuve pas l'amour de sa maîtresse pour toi, je t'en avertis. Mais, quand elle se met à soupirer et à dire : *Povera signora Bianca ! povera principessa madre !* la belle Alezia fond en larmes et se jette sur son lit en sanglotant. Alors la soubrette la supplie de ne pas faire mourir sa mère de chagrin. J'entends tout cela de ma chambre. Adieu, j'y retourne. Si tu es bien décidé à repousser ce mariage, songe à mon projet, et prépare-toi à servir l'amour de notre pauvre comte. »

A huit heures du matin, nous nous rendîmes sur le terrain. Le comte Hector tirait l'épée comme Saint-Georges ; et bien lui prenait de s'être beaucoup exercé à ce détestable argument, car c'était le seul qu'il eût à son service. Nasi fut blessé peu grièvement, par bonheur. Hector se conduisit assez bien ; sans faire d'excuses pour sa conduite à l'égard de Nasi, il convint qu'il avait mal parlé de sa cousine dans un premier mouvement de colère, et il pria Nasi de lui en demander pardon de sa part. Il termina en demandant à ses deux amis leur parole d'honneur de garder le secret sur toute cette aventure, et ils la donnèrent. Comme nous étions témoins l'un de l'autre, Nasi ne voulut point quitter le terrain avant que je me fusse battu. Son domestique pansa sa blessure sur le lieu même, et le combat commença entre M. de Monteverbasco et moi. Je le blessai assez grièvement, mais non à mort, et, son médecin l'ayant transporté dans sa voiture, nous rentrâmes, Nasi et moi, à la villa. Comme il ne voulait point faire savoir à l'auberge qu'il était blessé, il se fit transporter dans le kiosque de son jardin. La Checchina, prévenue en secret de ce qui venait de se passer, vint nous joindre, et l'entoura des soins que son état réclamait. Quand il fut de force à se montrer, il pria la Checchina de dire à Alezia qu'il avait fait une chute de cheval, et il se présenta pour lui souhaiter le bonjour. Mais la vieille Cattina, qu'on avait délivrée, et qui, malgré la leçon, ne pouvait s'empêcher de s'enquérir de tout, afin de le redire à tous, savait déjà que nous nous étions battus, et déjà elle avait été le dire à Alezia, qui courut se jeter dans les bras du comte dès qu'il entra au salon. Quand elle l'eut remercié avec effusion, elle lui demanda où j'étais. Ce fut en vain que le comte répondit que j'étais aux arrêts par son ordre dans le kiosque : elle s'obstina à croire que j'étais dangereusement blessé, et qu'on voulait le lui cacher. Elle menaçait de descendre au jardin pour s'en assurer par elle-même. Le comte tenait beaucoup à ce qu'elle ne fît pas d'imprudence devant les domestiques. Il aima mieux venir me chercher et m'amener devant elle. Alors Alezia, sans s'inquiéter de la présence de Nasi et de Checchina, me fit de grands reproches sur ce qu'elle appelait mes scrupules exagérés. « Vous ne m'aimez guère, me disait-elle, puisque, quand je veux absolument me compromettre pour vous, vous ne voulez pas m'aider. » Elle me dit les choses les plus folles et les plus tendres, sans manquer à l'instinct d'exquise pudeur que possèdent les jeunes filles quand elles ont de l'esprit. Checchina, qui écoutait ce dialogue au point de vue de l'art, était émerveillée, comme elle me dit par la suite, *della parte della marchesina*. Quant à Nasi, je rencontrai dix fois son regard mélancolique attaché sur Alezia et sur moi avec une émotion indicible.

Alezia devenait embarrassante par sa véhémence. Elle me trouvait froid, contraint; elle prétendait que mon regard manquait de joie, c'est-à-dire de franchise. Elle s'alarmait de mes dispositions, elle s'indignait de mon peu de courage. Elle avait la fièvre, elle était belle comme la sibylle du Dominiquin. J'étais fort malheureux en cet instant, car mon amour se réveillait, et je sentais tout le prix du sacrifice qu'il fallait faire.

Une voiture entra dans le jardin, et nous ne l'entendîmes pas, tant l'entretien était animé. Tout à coup la porte s'ouvrit, et la princesse Grimani parut.

Alezia poussa un cri perçant et s'élança dans les bras de sa mère, qui la tint longtemps embrassée sans dire une seule parole; puis elle tomba suffoquée sur une chaise. Sa fille et Lila, à ses pieds, la couvraient de caresses. Je ne sais ce que lui dit Nasi, je ne sais ce qu'elle lui répondit en lui serrant les mains. J'étais cloué à ma place; je revoyais Bianca après dix ans d'absence. Combien elle était changée! mais qu'elle me paraissait touchante, malgré la perte de sa beauté première! Que ses grands yeux bleus, enfoncés dans leurs orbites creusées par les larmes, me parurent plus tendres encore et plus doux que je ne me les rappelais. Combien sa pâleur m'émut, et comme sa taille, amincie et un peu brisée, me parut mieux convenir à cette âme aimante et fatiguée. Elle ne me reconnaissait pas; et, lorsque Nasi me nomma, elle parut surprise; car ce nom de Lélio ne lui apprenait rien. Enfin je me décidai à lui parler; mais à peine eut-elle entendu le premier mot, que, me reconnaissant au son de ma voix, elle se leva et me tendit les bras en s'écriant :

« Ah! mon cher Nello!

— Nello! s'écria Alezia en se relevant avec précipitation; Nello le gondolier?

— Ne le savais-tu pas, lui dit sa mère, et ne le reconnais-tu qu'en cet instant?

— Ah! je comprends, dit Alezia d'une voix étouffée, je comprends pourquoi il ne peut pas m'aimer? » Et elle tomba évanouie de toute sa hauteur sur le parquet.

Je passai le reste du jour dans le salon avec Nasi et Checca. Alezia était au lit, en proie à des attaques de nerfs et à un violent délire. Sa mère était enfermée avec elle. Nous soupâmes fort tristement tous les trois. Enfin, vers dix heures, Bianca vint nous dire que sa fille était calmée et que bientôt elle reviendrait causer avec moi. Vers minuit elle revint, et nous passâmes deux heures ensemble, tandis que Nasi et Checchina étaient allés tenir compagnie à Alezia, qui se trouvait beaucoup mieux et avait demandé de toute sa voix de les voir. Bianca fut bonne comme un ange avec moi. En toute autre circonstance, peut-être son titre de princesse et sa nouvelle position l'eussent gênée; mais la tendresse maternelle étouffait en elle tout autre sentiment. Elle ne songeait qu'à me témoigner sa reconnaissance : elle l'exprima dans les termes les plus flatteurs et de la manière la plus affectueuse. Elle ne sembla pas un seul instant avoir conçu l'idée que je pusse hésiter à lui rendre sa fille et à repousser la pensée de l'épouser. Je lui en sus gré. Ce fut la seule manière dont elle m'exprima que le passé était vivant dans sa mémoire. J'eus la délicatesse de n'y faire aucune allusion; cependant j'eusse été heureux qu'elle ne craignît pas de m'en parler avec abandon : c'eût été une marque d'estime plus grande que toutes les autres.

Sans doute Alezia lui avait tout raconté; sans doute elle lui avait fait une confession générale de toutes les pensées de sa vie, depuis la nuit où elle avait surpris ses amours avec le gondolier jusqu'à celle où elle avait confié ce secret au comédien Lélio. Sans doute les souffrances mutuelles d'un tel épanchement avaient été purifiées par le feu de l'amour maternel et filial. Bianca me dit que sa fille était calme, résignée, qu'elle désirait me voir *un jour* et me témoigner son amitié inaltérable, sa haute estime, sa vive reconnaissance... En un mot, le sacrifice était consommé.

Je ne quittai pas la princesse sans lui témoigner le désir que j'avais de voir un jour Alezia agréer l'amour de Nasi, et je l'engageai à cultiver les dispositions de ce brave et excellent jeune homme.

Je retournai à mon auberge à quatre heures du matin. J'y trouvai Nasi, qui, selon mes instructions, avait tout fait préparer pour mon départ. Lorsqu'il me vit arriver avec Francesca, il crut qu'elle venait me reconduire et lui dire adieu. Quelle fut sa surprise lorsqu'elle l'embrassa en lui disant d'un ton vraiment impérial :

« Nasi, soyez libre! faites-vous aimer d'Alezia; je vous rends vos promesses et vous conserve mon amitié.

— Lélio, s'écria-t-il, m'enlevez-vous donc aussi celle-là?

— Croyez-vous à mon honneur? lui dis-je. Ne vous ai-je pas donné assez de preuves depuis hier? Et doutez-vous de la grandeur d'âme de Francesca? »

Il se jeta dans nos bras en pleurant. Nous montâmes en voiture au lever du soleil. Au moment où nous passâmes devant la villa Nasi, une persienne s'ouvrit avec précaution, et une femme se pencha pour nous voir. Elle avait une main sur son cœur, l'autre tendue vers moi en signe d'adieu, et elle levait les yeux au ciel en signe de remerciement : c'était Bianca.

Trois mois après, Checca et moi nous arrivâmes à Venise par une belle soirée d'automne. Nous avions un engagement à la Fenice, et nous allâmes nous loger sur le grand canal, dans le meilleur hôtel de la ville. Nous passâmes les premières heures de notre arrivée à déballer nos malles et à mettre en ordre toute notre garde-robe de théâtre. Nous ne dînâmes qu'ensuite. Il était déjà assez tard. Au dessert on m'apporta plusieurs paquets de lettres, parmi lesquels un seul fixa mon attention. Après l'avoir parcouru, j'allai ouvrir la fenêtre du balcon, j'y fis monter avec moi Checca, et lui dis de regarder vis-à-vis. Parmi les nombreux palais qui projetaient leurs ombres sur les eaux du canal, il y en avait un, placé en face même de notre appartement, qui se distinguait par sa grandeur et son antiquité. Il venait d'être magnifiquement restauré. Tout avait un air de fête. A travers les fenêtres on apercevait, à la lueur de mille bougies, de riches bouquets de fleurs et de somptueux rideaux, et l'on entendait les sons harmonieux d'un puissant orchestre. Des gondoles illuminées, glissant silencieusement sur le grand canal, venaient déposer à la porte du palais des femmes parées de fleurs ou de pierreries étincelantes avec leurs cavaliers en habit de cérémonie.

« Sais-tu, dis-je à Checca, quel est ce palais qui est devant nous et pourquoi se donne cette fête?

— Non, et je ne m'en inquiète guère.

— C'est le palais Aldini, où l'on célèbre le mariage d'Alezia Aldini avec le comte Nasi.

— Bah! » me dit-elle avec un air demi-étonné, demi-indifférent.

Je lui montrai le paquet que j'avais reçu. Il était de Nasi. Il contenait deux lettres de faire part, deux autres lettres autographes, l'une de Nasi pour elle, l'autre d'Alezia pour moi, charmantes toutes deux.

« Tu vois, repris-je lorsque Checca eut fini de lire, que nous n'avons pas à nous plaindre de leurs procédés. Ce paquet nous a cherchés à Florence et à Milan, et s'il ne nous est parvenu qu'ici, c'est la faute de nos voyages. Ces lettres sont, du reste, aussi bienveillantes et aussi agréables que possible. On reconnaît aisément qu'elles ont été écrites par de nobles cœurs. Tout grands seigneurs qu'ils sont, ils ne craignent pas de nous parler, l'un de son amitié, l'autre de sa reconnaissance.

— Oui, mais en attendant ils ne nous invitent pas à leurs noces.

— D'abord, ils ne nous savent pas ici ; et puis ensuite, ma pauvre sœur, les nobles et les riches n'invitent les chanteurs à leurs réunions que pour les faire chanter ; et ceux qui ne veulent pas chanter pour amuser les amphitryons, on ne les invite pas du tout. C'est là la justice du monde ; et, tout bons et tout raisonnables que sont nos deux jeunes amis, vivant dans ce monde, ils sont obligés de se soumettre à ses lois.

— Ma foi ! tant pis pour eux, mon brave Lélio ! Qu'ils s'arrangent. Ils nous laissent nous amuser sans eux ; laissons-les s'ennuyer sans nous. Narguons l'orgueil des grands, rions de leurs sottises, dépensons gaiement la richesse quand nous l'avons, recevons sans souci la pauvreté si elle vient ; sauvons avant tout notre liberté, jouissons de la vie quand même, et vive la Bohême ! »

Là finit le récit de Lélio. Quand il eut cessé de parler, nous gardâmes un silence mélancolique. Notre ami paraissait plus triste encore que tous les autres. Tout à coup il releva sa tête, qu'il avait appuyée sur sa main, et nous dit :

« Le dernier soir dont je vous parle, il y avait beaucoup de Français invités à la fête ; et comme ils étaient alors très-engoués de la musique allemande, ils avaient fait jouer pendant toute la nuit les valses de Weber et de Beethoven. C'est pour cela que ces valses me sont si chères ; elles me rappellent une époque de ma vie que je regretterai toujours malgré les souffrances dont elle fut remplie. Il faut avouer, mes amis, que le destin s'est montré cruel envers moi, en me faisant trouver deux amours si ardents, si sincères, si dévoués, sans me permettre de jouir d'aucun. Hélas ! mon temps est fini maintenant, et je ne retrouverai plus de ces nobles passions dont il faut avoir épuisé au moins une pour pouvoir dire qu'on a connu la vie.

— Ne te plains pas, lui répondit Beppa, qu'avait réveillée le chagrin de son camarade ; tu as derrière toi une vie irréprochable, autour de toi une belle gloire et de bonnes amitiés, dans l'avenir et toujours l'indépendance ; et je te dis que, quand tu voudras, l'amour ne te fera pas défaut. Remplis donc encore une fois ton verre de ce vin généreux, trinque joyeusement avec nous, et fais-nous répéter en chœur le refrain sacré. »

Lélio hésita un instant, remplit son verre, fit un profond soupir ; puis un éclair de jeunesse et de gaieté jaillissant de ses beaux yeux noirs, humides de larmes, il chanta d'une voix tonnante, à laquelle nous répondîmes en chœur : Vive la Bohême !

FIN DE LA DERNIÈRE ALDINI.

LE POËME DE MYRZA

Durant les quatre ou cinq siècles au milieu desquels est jeté le grand événement de la vie du Christ, l'intelligence humaine fut en proie aux douleurs et aux déchirements de l'enfantement. Les hommes supérieurs de la civilisation, sentant la nécessité d'un renouvellement total dans les idées et dans la conduite des nations, furent éclairés de ces lueurs divines dont Jésus fut le centre et le foyer. Les sectes se formèrent autour de sa courte et sublime apparition, comme des rayons plus ou moins chauds de son astre. Il y eut des caraïtes, des saducéens et des esséniens, des manichéens et des gnostiques, des épicuriens, des stoïciens et des cyniques, des philosophes et des prophètes, des devins et des astrologues, des solitaires et des martyrs : les uns partant du spiritualisme de Jésus, comme Origène et Manès; les autres essayant d'y aller, sur les pas de Platon et de Pythagore; tous escortant l'Évangile, soit devant, soit derrière, et travaillant par leur dévouement ou leur résistance à consolider son triomphe.

Dans cette confusion de croyances, dans ce conflit de rêves, de travaux fiévreux de la pensée, de divinations maladives et de vertiges sublimes, une nouvelle forme fut donnée à certains esprits, une forme agréable, élastique, qui seule convenait aux esprits éclairés et aux caractères faciles : cette disposition de l'esprit humain qui domine dans tous les temps de dépravation, et chez toutes les nations très-civilisées, nous l'appellerons, pour nous servir d'une expression moderne, *éclectisme*, quoique cette dénomination n'ait pas eu dans tout temps le même sens; nous nous en tenons à celui qu'elle implique aujourd'hui, pour qualifier la situation morale des hommes qui n'appartenaient à aucune religion au temps dont il est question ici.

Parmi ces éclectiques, on vit des hommes d'un caractère et d'un esprit tout opposés, des hommes graves et des hommes frivoles, des savants et des femmes; car cette doctrine, qui consistait dans l'absence de toute règle, accueillait toute sorte de pédantisme et toute sorte de poésie. Les rhéteurs s'y remplissaient l'estomac d'arguments, et les poëtes s'y gonflaient le cerveau de métaphores. L'Inde et la Chaldée, Homère et Moïse, tout était bon à ces esprits avides et curieux de nouveautés, indifférents en face des solutions : heureux caractères qui, Dieu merci, fleurirent toujours ici-bas au milieu de nos lourdes polémiques. Grands diseurs de sentences, sincères admirateurs de la vertu et de la foi, le tout par amour du beau et par estime de la sagesse, vrais épicuriens dans la pratique de la vie, prophètes élégants et joyeux, bardes demi-bibliques et demi-païens, intelligences saisissantes, fines, éclairées, pleines de crédulités poétiques et de scepticisme modeste; en un mot, ce que sont aujourd'hui nos véritables artistes.

Le petit poëme qu'on va lire fut récité, en vers hébraïques, sous un portique de Césarée, par une femme nommée Myrza, laquelle était une des prophétesses de ce temps-là, espèce mixte entre la bohémienne et la sibylle, poëte en jupons comme il en existe encore, mais d'un caractère hardi et tranché qui s'est perdu dans le monde, aventurière sans patrie, sans famille et sans dieux, grande liseuse de romans et de psaumes, initiée successivement par ses amants et ses confesseurs aux diverses religions qui s'arrachaient lambeau par lambeau l'empire de l'esprit humain. Cette femme était belle, quoique n'appartenant plus à la première jeunesse; elle jouait habilement le luth et la cithare, et, changeant de rhythme, de croyance et de langage selon les pays qu'elle parcourait, elle traversait les querelles philosophiques et religieuses de son siècle, semant partout quelques fleurs de poésie, et laissant sur ses traces un étrange et vague parfum d'amour, de sainteté et de folie; bonne personne du reste, que les princes faisaient asseoir par curiosité à leur table, et que le peuple écoutait avec admiration sur la place publique. Voici son poëme tel que, de traduction en traduction, il a pu arriver jusqu'à nous. Nous osons parfaitement le livrer aux savants, aux poëtes et aux chrétiens de ce temps-ci, sachant le bon marché que notre siècle panthéiste fait de toutes choses, et la complaisance que son ennui lui inspire pour toutes sortes de rêves.

I.

En ce temps-là, longtemps avant le commencement des jours que les hommes ont essayé de compter, Dieu appela devant lui quatre Esprits, qui parcouraient d'un vol capricieux les plaines de l'espace : Allez, leur dit-il, prenez-vous par la main, marchez ensemble, et travaillez de concert.

Ils obéirent, et, ne se quittant plus, présidèrent chacun à une des œuvres de Dieu; et un nouvel astre parut dans l'éther : cet astre est la terre que nous habitons aujourd'hui, et ces quatre Esprits sont les éléments qui la composent.

Mais deux de ces Esprits, se sentant plus puissants, firent la guerre aux deux autres.

L'eau et le feu ravagèrent la terre, et l'air fut tantôt infecté des vapeurs humides des marais, et tantôt embrasé des feux d'un soleil dévorant.

Et pendant un nombre de siècles que l'homme ne sait pas, mais qui sont dans l'éternité de Dieu moins qu'une heure dans la vie de l'homme, notre globe bondit dans l'immensité, comme une cavale sauvage, sans guide et sans frein; sa course ne fut réglée que par le caprice des Esprits à qui Dieu l'avait abandonné; tantôt, emporté d'un essor fougueux, il s'approcha du soleil jusqu'à s'y brûler; tantôt il s'endormit languissant et morne, loin des rayons vivifiants que chaque printemps nous ramène. Il y eut des jours d'une année et des nuits d'un siècle. Le globe n'ayant pas encore arrêté sa forme, les froides régions qu'habitent le Calédonien et le Scandinave furent calcinées par des étés brûlants. Les contrées où la chaleur bronze les hommes se couvrirent de

Que le peuple écoutait sur la place publique. (Page 55.)

glaciers incommensurables. L'Esprit du feu descendit dans le sein de la terre; on eût dit qu'un démon enfonçait ses ongles et ses dents dans les entrailles du globe : des rugissements sourds s'échappaient des rochers ébranlés, et la terre s'agitait comme une femme dans les convulsions de l'enfantement. Quelquefois le monstre, en se retournant dans le ventre de sa mère, sapait les fondements d'une montagne, et creusait sous les vallées des voûtes sans appui. La montagne et la vallée disparaissaient ensemble, et des lacs de bitume s'étendaient en bouillonnant sur les débris amoncelés; une fumée âcre et fétide empoisonnait l'atmosphère; les plantes se desséchaient, et l'eau, appelée par le feu, ravageait à son tour le flanc déchiré de sa sœur.

Enfin le feu s'ouvrit un passage à travers le roc et l'argile, et se répandit au dehors comme un fleuve débordé. La mer, brisant ses digues de la veille, fit chaque jour de nouvelles invasions, et chaque jour déserta ses nouveaux rivages comme un lit trop étroit. On voyait, dans l'espace d'une nuit, s'élever des montagnes de fange ou de cendre, que le soleil et le vent façonnaient à leur gré; des ravins se creusaient tels que la vie d'un homme voyageant le jour et la nuit n'eût pas suffi pour en trouver le fond; des météores gigantesques erraient sur les eaux comme des soleils détachés de la voûte céleste, et les vagues de l'océan roulaient sur les sommets que les nuages enveloppent aujourd'hui bien loin au-dessus de la demeure des hommes.

Dans cette lutte, la terre et l'eau, jalouses l'une de l'autre, se mirent à créer des plantes et des animaux qui à leur tour se firent la guerre entre eux; des lianes immenses essayèrent d'arrêter le cours des fleuves, mais les fleuves enfantèrent des polypes monstrueux, qui saisirent les lianes dans leurs bras vivants, et leur étreinte fut telle, que des myriades de races d'animaux s'y arrêtèrent et y périrent; et de tous ces débris se forma le sol que nous foulons aujourd'hui, et sous lequel a disparu l'ancien monde.

Cependant à toutes ces existences d'un jour succédaient d'autres existences; les races se perdaient et se renouvelaient; la matière inépuisable se reproduisait sous mille formes. Du sein des mers sortaient les baleines semblables à des îles, et les léviathans hideux rampant sur le sable avec des crocodiles de vingt bras,

L'ange du sommeil l'appela. (Page 64.)

ses. Nul ne sait le nombre et la forme des espèces tombées en poussière; l'imagination de l'homme ne saurait les reconstruire; si elle le pouvait, l'homme mourrait d'épouvante à la seule idée de les voir. L'abeille fut peut-être la sœur de l'éléphant; peut-être une race d'insectes, aujourd'hui perdue, détruisit celle du mammouth, que l'homme appelle le colosse de la création. Dans ces marécages qui couvraient des continents entiers, il dut naître des serpents qui, en se déroulant, faisaient le tour du globe, et les aigles de ces montagnes, infranchissables pour nos gazelles abâtardies, enlevaient dans leurs serres des rhinocéros de cent coudées. En même temps que les dragons ailés arrivaient des nuages de l'orient, les licornes indomptables descendaient de l'occident, et quand une troisième race de monstres, poussée par le vent du sud, avait dévoré les deux autres, elle périssait gorgée de nourriture, et l'odeur de la corruption appelait l'hyène du nord, des vautours plus grands que l'hyène, et des fourmis plus grandes que les vautours; et sur ces montagnes de cadavres, parmi ces lacs de sang livide, au milieu de ces bêtes immondes, dévorées et dévorantes, des arbres sans nom élevaient jusqu'aux nues la profusion de leurs rameaux splendides, et des roses plus belles et plus grandes que les filles des hommes ne le furent jamais, exhalaient des parfums dont s'enivraient les esprits de la terre, couverts de robes diaprées, aujourd'hui réduits à la taille du papillon, et aux trois grains d'or de l'étamine de nos fleurs.

Ces volcans, ces déluges, ces cataclysmes, cet ouvrage informe du temps et de la matière, les saintes Écritures l'appellent l'âge du chaos. Or, tandis que les quatre Esprits se livraient à la guerre, il arriva qu'ils passèrent près du char de Dieu, et, frappés de terreur, ils s'arrêtèrent. Dieu les appela et leur dit : Qu'avez-vous fait? Pourquoi ce monde que je vous ai confié marche-t-il comme s'il était ivre? Avez-vous bu la coupe de l'orgueil? Prétendez-vous faire les œuvres de l'Éternel? Un esprit plus puissant que vous va se lever à ma voix; il vous enchaînera, et vous forcera de vivre en paix.

L'Éternel passa; et quand les quatre Esprits virent s'effacer dans l'espace le cercle de feu que traçaient les roues de son char, ils reprirent courage, et, se regardant, ils se dirent : Pourquoi ne résisterions-nous pas à l'Éternel? Ne sommes-nous pas éternels, nous aussi? Il nous a créés, mais il ne peut nous détruire, car il nous a dit: Vous n'aurez pas de fin. L'Éternel ne peut reprendre sa parole. Il nous a donné ce monde. Mais c'est nous qui l'avons couvert de plantes et d'animaux. Nous aussi, nous sommes créateurs. Unissons-nous, armons nos volcans en guerre. Que l'océan gronde, que la lave bouillonne, que la foudre sillonne les airs, et vienne l'Éternel pour nous donner des lois!

En parlant ainsi, ils cessèrent de se haïr; et, abaissant leur vol sur les montagnes les plus élevées de la terre: Nous allons, dirent-ils, entasser ces monts les uns sur les autres, et nous atteindrons ainsi à la demeure de Dieu. Nous le renverserons, et nous régnerons sur tous les mondes.

Mais comme ils commençaient leur travail insensé, un ange envoyé par le Seigneur versa sur eux la coupe du mépris, et, saisis de torpeur, ils s'endormirent comme des hommes pris de vin.

Et quand ils se réveillèrent, ils virent sur la mousse un être inconnu, plus beau qu'eux, quoique délicat et frêle. Sa tête n'était pas flamboyante, et son corps n'était pas couvert d'une armure d'écailles de serpent; le ver à soie semblait avoir filé l'or de sa chevelure, et sa peau était lisse et blanche comme le tissu des lis.

Les Esprits étonnés l'entourèrent pour le contempler, s'émerveillant de sa beauté, et se demandant l'un à l'autre si c'était là un esprit ou un corps. Cependant cette créature dormait paisiblement sur la mousse, et les fleurs se penchaient sur elle comme pour l'admirer; les oiseaux et les insectes voltigeaient autour d'elle, n'osant becqueter ses lèvres de pourpre, et formant un rideau d'ailes doucement agitées entre son visage et le soleil du matin, qui semblait jaloux aussi de le regarder. Alors l'Esprit des eaux: — Quel est celui-ci? et qui de nous l'a produit à l'insu des autres? Si c'est de la terre qu'il est sorti, d'où vient que les vapeurs de mes rives n'en savent rien? et où est le feu qui l'a fécondé? Est-ce une plante, puisqu'il soit sans plumes, et sans fourrure, et sans écaille? Et si c'est une plante, d'où vient que je n'ai point arrosé son germe, d'où vient que l'air n'a pas aidé sa tige à s'élever et son calice à se colorer? Si c'est une créature, où est son créateur? Si c'est un esprit, de quel droit vient-il s'établir dans notre empire, et comment souffrons-nous qu'il s'y repose? Enchaînons-le, et que la bouche des volcans se referme derrière lui, car il faut qu'il aille au fond de la terre et qu'il n'en sorte plus.

L'Esprit de la terre répondit: Ceci est un corps, car le sommeil l'engourdit et le gouverne comme les animaux; ce n'est pas une plante, car il respire et semble destiné au mouvement comme l'oiseau ou le quadrupède: cependant il n'a point d'ailes, et ne saurait voler; il n'a pas les défenses du sanglier, ni les ongles du tigre pour combattre, ni même l'écaille de la tortue pour s'abriter. C'est un animal faible, et le moindre de nos animaux pourrait empêcher de se reproduire et d'exister. Et puisque aucun de nous ne l'a créé, il faut que ce soit l'Éternel qui, par dérision, l'ait fait éclore, afin de nous surprendre et de nous effrayer; mais il suffira du froid pour lui donner la mort.

— Ne nous en inquiétons point, dirent les autres, il est en notre pouvoir, éveillons-le, et voyons comme il marche et comme il se nourrit. Puisqu'il n'a ni ailes, ni nageoires, ni arme d'aucune espèce, pour s'ouvrir un chemin et se construire une demeure, il ne saurait vivre dans aucun élément.

Et les quatre Esprits de révolte se mirent à railler et à mépriser l'œuvre du Dieu tout-puissant.

Alors cet être nouveau s'éveilla, et, à leur grande surprise, il ne se mit ni à fuir, ni à ramper comme les serpents, ni à marcher comme les quadrupèdes; il se dressa sur ses pieds, et sa tête se trouvant tournée vers le ciel, il éleva son regard, et les Esprits de révolte virent, dans sa prunelle, étinceler un feu divin. Quel est, dirent-ils, celui-ci, qui ne rampe, ni ne vole, et qui a un rayon du soleil dans les yeux? Va-t-il monter vers le ciel comme une fumée? et d'où vient qu'avec un corps si chétif il est plus beau que le plus beau des anges du ciel? — Alors ils furent saisis de crainte, et l'interrogèrent en tremblant.

Mais cette créature ne les entendit pas; on eût dit que ses yeux ne pouvaient distinguer leur forme, car elle ne leur donna aucun signe d'attention, et ne répondit rien à leurs questions.

Ils se réjouirent donc de nouveau, en disant: Cette bête n'a ni le sens de l'ouïe, ni le sens de la vue; elle ne saurait faire entendre aucun cri, elle est plus stupide que les autres bêtes. Celles-ci ne nous comprennent pas et ne nous voient pas non plus; mais l'instinct les avertit de notre présence; et un tressaillement secret s'empare du plus petit oiseau, lorsque le volcan gronde, ou lorsque l'orage s'approche; l'ours et le chien s'enfuient en hurlant, le dauphin s'éloigne des rivages, et le dragon se réfugie sur les arbres les plus élevés des forêts; mais cette bête n'a pas de sens, et les polypes seuls suffiront pour la dévorer.

Alors la créature inconnue éleva la voix, une voix plus douce que celle des oiseaux les plus mélodieux, et elle chanta un cantique d'actions de grâces au Seigneur, dans une langue que les Esprits de révolte ne comprirent pas.

Et leur colère fut grande, car ils se crurent insultés par cette langue mystérieuse, et ces accents d'amour et de ferveur remplirent leur sein de haine et de rage. Ils voulurent saisir leur ennemi; mais l'ennemi, ne daignant pas les voir, se prosterna devant l'Éternel, puis se releva avec un front rempli d'allégresse, et se mit à descendre vers la vallée, sans cesser d'être debout, et posant ses pieds sur le bord des abîmes avec autant d'adresse et de tranquillité que l'antilope ou le renard. Comme les pierres et les épines offensaient sa peau, il cueillit des herbes et des feuilles, et se fit une chaussure avec tant de promptitude et d'industrie, que les Esprits de révolte prirent plaisir à le regarder.

Cependant, à mesure que la créature de Dieu marchait, la terre semblait devenir plus riante, et la nature se parait de mille grâces nouvelles. Les plantes exhalaient de plus doux parfums, et la créature, comme saisie d'un amour universel, se courbait, respirait les fleurs, se penchait sur les cailloux transparents, souriait aux oiseaux, aux arbres, aux vents du matin. Et le vent caressait mollement sa poitrine; les oiseaux la suivaient avec des chants de joie; les papillons venaient se poser sur les fleurs qu'elle leur présentait; les arbres se courbaient vers elle et lui offraient leurs fruits à l'envi l'un de l'autre. Elle mangeait les fruits, et, loin de dévorer avidement comme les bêtes, semblait savourer avec délices les sucs parfumés de l'orange et de la grenade. Une biche, suivie de son faon, vint à elle, et lui offrit son lait qu'elle recueillit dans une conque de nacre, qu'elle porta joyeusement à ses lèvres en caressant la biche; puis elle présenta la coquille au faon, qui but après elle, et qui la suivit, ainsi que sa mère.

Les Esprits suivaient en silence, et ne concevaient rien à ce qu'ils voyaient; enfin ils se réveillèrent de leur stupeur et dirent: C'est assez nous laisser insulter par une œuvre de ténèbres et d'ignorance; ce vain fantôme d'ange a un corps et se repait comme les bêtes; il doit être, comme elles, sujet à la mort et à la pourriture. Si la biche et son faon, l'oiseau et l'insecte, si l'arbre et son fruit, si l'herbe et la brise se soumettent à lui, voici venir le léopard et la panthère qui vont le déchirer.

Mais le léopard passa sans toucher à la créature de Dieu, et la panthère, l'ayant regardée un instant avec méfiance, vint offrir son dos souple et doux à la main caressante de son nouveau maître.

— Voici le serpent qui va le couvrir de morsures empoisonnées, dirent les Esprits de haine. Le serpent dormait sur le sable. La créature divine l'appela dans cette langue inconnue qu'elle avait parlée à l'Éternel, et le serpent, déroulant ses anneaux, vint mettre sa tête humiliée sous le pied du maître, qui se détourna sans lui faire ni mal ni injure. L'éléphant s'approchant, les Esprits espérèrent qu'il les débarrasserait de l'étranger, mais l'éléphant, ayant pris des fruits dans sa main, le suivit, obéissant à sa parole, et cueillant à son tour les fruits et les fleurs sur les branches les plus élevées pour les lui offrir avec sa trompe. Le chameau arriva, et, pliant les genoux, offrit son dos à l'étranger, et le porta dans la vallée. Alors les Esprits, transportés de colère, s'assemblèrent sur une cime élevée; ils réunirent leurs efforts pour créer un monstre qui surpassât en laideur, en force et en cruauté les monstres les plus hideux qu'eût produits la terre. Mais comme le Seigneur, qui jusqu'alors avait habité avec eux, s'était retiré, ils ne purent rien créer d'abord. Enfin, après beaucoup de conjurations adressées aux éléments qu'ils croyaient gouverner, ils firent sortir de terre un dragon redoutable, et le forcèrent avec des menaces de marcher contre la créature de Dieu. Mais celle-ci, le voyant venir, monta sur le cheval, appela l'hippopotame, le taureau, et tous les animaux forts de la terre et de la mer, et les oiseaux forts du ciel, et tous se rangèrent autour d'elle comme une armée. Le cheval bondit d'orgueil sous son maître, et le porta comme un roi à la rencontre de l'ennemi. Alors le dragon épouvanté revint vers ceux qui l'avaient envoyé, et leur dit: — Vous voyez ce qui arrive; toutes les créatures se rangent sous sa loi, celui-ci est le roi de la terre, et l'esprit de Dieu est en lui. — Et le dragon étendant ses ailes, l'Esprit de ténèbres qui était en lui s'envola, et sa dépouille restant par terre, l'étranger la ramassa, la regarda, et s'en fit un vêtement pour traverser les régions froides.

Car elle continua sa course vers le nord, et parcourut le monde entier, se construisant partout des chariots avec les arbres des forêts et les métaux de la terre; mangeant de tous les fruits; se faisant aimer et servir par toutes les créatures; traversant les fleuves à la nage, ou sur des nacelles que son adresse improvisait; s'habituant à tous les climats; prenant son sommeil à l'ombre des forêts, à l'abri dans les grottes, ou dans des tentes de feuillage qu'elle dressait au coucher du soleil; sachant tirer le feu d'un caillou ou d'une branche sèche, et partout louant l'Éternel, chantant ses bienfaits, et implorant son appui.

Quand cet être singulier eut fait le tour de la terre et s'y fut installé comme dans son domaine, les Esprits de révolte, enchaînés jusque-là par la curiosité, résolurent de détruire ce qu'ils croyaient être leur ouvrage, et de bouleverser le globe, afin d'anéantir leur ennemi avec lui. — Ouvre une crevasse sous ses pieds, dirent-ils à la terre, et dévore-le dans la gueule béante de tes abîmes. — Mais la terre refusa d'obéir, et répondit: Celui-ci est l'envoyé de Dieu, le roi de la création. Ils dirent au volcan de l'envelopper d'un lac de feu et de faire pleuvoir sur lui des pierres embrasées; mais le volcan refusa, et répondit comme la terre. La mer refusa d'inonder, et l'air de laisser passer la foudre. Alors les Esprits virent qu'ils n'avaient plus de pouvoir, et, feignant de se soumettre à l'envoyé de Dieu, ils s'offrirent au Seigneur pour être les ministres de son favori. Mais Dieu, connaissant leur dessein, répondit: La mer ne sortira plus de ses bornes, la terre ne quittera plus la voie que je lui ai tracée dans l'espace, le soleil ne s'éteindra plus, l'air ne sera plus infecté de miasmes fétides; vous serez enchaînés à jamais, et vous obéirez en esclaves, non pas à mon envoyé, mais à l'ordre que je vous assigne, et qui est ma parole, la loi éternelle de l'univers. Quant à celui-ci, que vous ne connaissez pas, c'est mon œuvre, et je l'ai faite en souriant pour vous railler et vous montrer que par vous-mêmes vous ne pouvez rien. Je lui ai donné les besoins des animaux, un corps frêle, sans défense et sans vêtement; je l'ai mise nue sur la terre. Et vous voyez qu'en un jour elle a eu des chaussures, des vêtements, des esclaves, de quoi pourvoir à tous ses besoins, et régner sur la force sans posséder la force. Vous n'avez pas compris où était sa puissance, et voyant qu'elle n'avait les avantages naturels d'aucun animal, vous vous êtes demandé comment elle savait gouverner l'instinct de tous les animaux et leur commander. C'est que j'ai mis en elle une étincelle de mon esprit, et qu'elle est à la fois corps et intelligence, matière et lumière. Allez, et que le monde soit son héritage. Elle ne vous commandera pas, car elle pourrait, comme vous, s'enivrer d'orgueil et succomber à son tour. Allez, et sachez le nom du plus beau de mes anges, c'est l'homme.

II.

La terre devint donc l'apanage de l'homme: il n'avait ni ailes d'or, ni auréole de lumière; il ne pouvait contempler les splendeurs du tabernacle de Jéhovah; mais la part d'intelligence qu'il avait reçue était si grande, qu'il savait toutes les merveilles de l'univers sans les avoir jamais vues, et qu'il aimait Dieu et le servait mieux que les Séraphins brûlants qui environnent son trône. Son âme voyait ce que les yeux de son corps ne pouvaient apercevoir. Il devinait par la réflexion les plus profonds mystères de la nature, et sa pensée était plus rapide que l'éclair.

Ce que voyant, les Esprits jaloux se disaient entre eux: Dieu a fait pour celui-ci plus que pour nous tous. Le plus petit insecte, il est vrai, s'élève plus haut que lui dans l'air qu'il respire; mais le plus puissant des Archanges ne saurait monter aussi hardiment et aussi vite dans l'éther de l'immensité que l'esprit de l'homme par sa volonté.

Et Dieu, se complaisant dans son ouvrage, créa beaucoup d'autres hommes semblables au premier, et en couvrit la face de la terre, en leur disant: La terre est à vous, cultivez-la, et vivez de ses fruits. Gouvernez les animaux; les espèces ne périront plus, la terre ne sera plus ravagée, les plantes et les animaux se reproduiront toujours, et vous, vous ne mourrez point.

Les hommes vivaient ensemble, et ils étaient heureux; ils ne connaissaient pas le mal, ils étaient purs, sans avoir la vanité de savoir qu'ils l'étaient; car ils l'étaient tous également, et ils ne s'imaginaient point que la source de leur grandeur fût en eux-mêmes. Ils adoraient le Seigneur, et se servaient de ses dons avec frugalité. Ils respectaient la vie des animaux, et n'employaient leur dépouille à leur usage que lorsque les animaux mouraient selon les lois de la nature. Ils considéraient les bêtes comme des productions choisies de la matière, qui, étant douées de sensibilité et d'une sorte de volonté, avaient des droits sacrés à leur protection. Les bêtes ne s'enfuyaient pas à leur approche, et comme le chien obéit encore aujourd'hui à son maître et comprend ses ordres, le lion, le castor et tous les autres animaux comprenaient le geste, le regard et l'autorité de l'homme; ils l'aidaient à bâtir des maisons, des temples, à exécuter des migrations sur les continents, à cultiver la terre, à travailler les métaux et à les façonner, non en vile monnaie ou en armes cruelles, mais en instruments de travail et en ornements pour les temples.

Or, tout était commun parmi les hommes, le travail et les fruits de la terre. Ils se regardaient tous comme vivant sous la volonté de Dieu, chargés de veiller à l'équilibre de cette nature dont ils étaient rois; ils s'occupaient sans cesse à réparer les ravages des précédents cataclysmes, à dessécher les marais fétides qui corrompaient l'air et engendraient trop de reptiles et d'insectes, à ouvrir des canaux pour l'écoulement des lacs et des étangs, à rassembler en troupeaux les animaux trop nombreux sur certains points du globe, et à les conduire vers d'autres régions désertes, à distribuer de même la végétation selon les climats qui lui convenaient; car, avant l'homme, la matière, livrée à sa vorace faculté de produire, s'épuisait sans cesse, et, renaissant de ses propres débris, offrait partout des ruines auprès des créations nouvelles. Cet homme, que les Esprits des terribles éléments avaient pris d'abord pour un souffle débile dans le corps d'une bête avortée, devint donc, sans autre magie et sans autre prestige que sa patience et son industrie, plus puissant que les éléments eux-mêmes. La terre fut bientôt un jardin si beau et si fécond, que les anges du ciel venaient s'y promener, et ne pouvant converser directement avec les hommes, parce que Dieu l'avait défendu, ils chantaient doucement dans les brises et dans les flots, et les hommes les voyaient alors en songe avec les yeux de l'âme.

Mais il arriva que, la terre étant pacifiée et embellie, et l'ordre des saisons réglé, le travail devint moins actif. Les hommes eurent plus de temps à donner à la prière et à la méditation : leur nombre n'augmentait pas et ne diminuait pas; il avait été calculé par l'Eternel, pour opérer les grands travaux, qui se terminaient maintenant, et l'esprit humain commençait à souffrir de sa propre force, et à désirer quelque chose au delà de ce qu'il possédait. Les hommes voulaient, pour faire cesser leur inquiétude, que Dieu leur accordât un don; mais ils ne savaient lequel, car ils ne souffraient que parce qu'ils ne manquaient plus de rien.

Leur sommeil devint moins paisible; durant les belles nuits d'été, ils s'asseyaient par groupes sur les hauteurs, et au lieu de contempler avec bonheur, comme autrefois, le cours des astres et la beauté de la voûte céleste, ils soupiraient tristement, et dans leurs cantiques éplorés ils demandaient à Dieu de faire cesser leur ennui.

Alors il y en eut qui dirent : — Les bêtes souffrent les maladies du corps, et elles meurent; les hommes ne sont pas soumis aux maux de la chair, et ne meurent pas. Bénissons Dieu. Mais l'esprit de l'homme souffre une douleur dont il ne sait pas le remède. Demandons à Dieu qu'il nous ôte la réflexion, et nous laisse seulement l'intelligence nécessaire pour commander aux animaux.

Mais cet avis fut combattu par quelques-uns, qui considéraient la richesse de leur intelligence comme ce qu'ils avaient de plus précieux au monde.

Il y en eut d'autres qui s'avisèrent d'un désir plus noble, et dirent : — Nous avons comparé le sommeil paisible des bêtes aux aspirations de nos veilles brûlantes, et nous avons découvert les causes de nos ennuis; dépêchons les oiseaux en messagers aux hommes de tous les pays. Et quand la foule, accourue de toutes parts, se fut réunie autour de ces sages, debout sous le portique des temples, ils parlèrent ainsi :

— Le malheur de l'homme ne vient pas d'une cause accidentelle; cette cause est son organisation défectueuse et le triste destin qu'il accomplit dans l'univers. C'est un être borné dans ses jouissances, quoique infini dans ses désirs. Il souffre, et ne sait comment se guérir : cela est injuste, car les animaux connaissent la plante qui doit leur rendre l'appétit lorsqu'ils l'ont perdu, et l'âme de l'homme ne peut embrasser le but de ses vagues désirs. Mais ce n'est pas le seul avantage que les bêtes aient sur nous. Elles sont divisées en sexes différents; c'est pourquoi elles se cherchent, se rapprochent et s'unissent dans une extase qui les élève au-dessus d'elles-mêmes, et qui nous est inconnue. Le charme qui les attire est si puissant, qu'il n'est aucune caresse, aucune menace de l'homme, aucun attrait de la gourmandise, aucune injonction de la faim qui les empêche de courir au fond des bois et des vallées à la suite les unes des autres. Le tigre ou le lion enfermé loin de sa compagne se couche en rugissant, et semble renoncer à la vie, car il refuse toute nourriture. Le cheval séparé de la cavale, le taureau de la génisse, au temps de leurs amours, deviennent indociles, et brisent les chariots. Tous devinent l'approche de leur compagne : le loup sent venir la louve du fond des forêts ténébreuses; le chien hurle et tressaille à l'arrivée de la lice sans la voir ni l'entendre; l'oiseau sait se frayer une route au travers des plaines immenses de l'air pour aller rejoindre sa compagne : il n'a vu qu'un point noir vers l'horizon, et pourtant il ne se trompe pas; l'ibis ne court point après la grue, ni le chardonneret après la mésange. Qui donc leur enseigne ces merveilleux instincts qui ne sont pas donnés à l'homme? C'est l'amour qu'ils ont pour un sexe différent du leur.

Quant à nous, nous ne connaissons pas ces sublimes extases, ces transports de joie et ces caresses enivrantes : nous aimons à converser ensemble, à partager nos repas; mais cette amitié n'est pas assez puissante pour que la séparation soit désespérée, ni pour que le battement du cœur nous annonce l'approche de l'ami absent. Nous n'avons que des peines légères et des joies tièdes. Dieu seul, Dieu notre immortel principe, nous ravit d'une joie inaccoutumée: mais pouvons-nous toujours penser à lui? Sa grandeur, que nous adorons, nous défend-elle de comparer notre destinée à celle des autres créatures, et de leur envier les biens que nous n'avons pas?

D'autres hommes se levèrent à leur tour, et dirent :
— Les bêtes ont encore un avantage que nous n'avons pas. Elles se reproduisent d'elles-mêmes, elles donnent la vie à des créatures de leur espèce, qui sont leur chair et leur sang. Il y a plusieurs siècles, avant que la terre fût tranquille et féconde, la reproduction nous semblait une tâche pénible, un sceau de misère imprimé à la matière. Nous avions compassion de la jument obligée de porter son fruit dans son flanc durant le cours de plusieurs lunes, de la perdrix forcée de couver patiemment ses œufs et de les féconder par la chaleur de son sein. Nous pensions que l'homme avait assez de cultiver la terre et de protéger les animaux; que Dieu, dans sa sagesse, l'avait dispensé du rude travail de la génération, et lui avait donné l'immortalité, la jeunesse et la santé éternelle, pour marquer sa royauté sur la terre. Mais aujourd'hui nos grands travaux sont accomplis. Les animaux, libres et paisibles sous notre domination, s'aiment avec plus de bonheur encore, et nous voyons en eux des joies et des forces que nous n'avons pas. Nous admirons le soin avec lequel l'hirondelle nourrit sa compagne accroupie sur ses œufs, nous admirons surtout la mère qui décrit de grands cercles dans les cieux pour attraper une pauvre mouche, dont elle se prive afin de l'apporter à ses enfants, car les oiseaux à cette époque sont maigres et malades; mais le gazouillement de leurs oisillons semble les réjouir plus que toutes les graines d'un champ, et plus encore peut-être que les caresses de l'amour. Les plus faibles créatures acquièrent alors une folle audace pour la défense de ce qu'elles ont de plus cher : la brebis défend son agneau contre le loup, et la poule, cachant ses poussins sous son aile, glousse avec colère quand le renard approche; c'est elle qui meurt la première, et l'ennemi est forcé de passer sur son cadavre pour s'emparer de la famille abandonnée.

Tout cela n'est-il pas digne d'admiration? et s'il y a des fatigues et des douleurs attachées à ces devoirs, n'y a-t-il pas des ravissements et des émotions qui les rachètent? Quand ce ne serait que pour chasser l'ennui que nous éprouvons, ne devrions-nous pas les demander à Dieu?

Quand ceux-là eurent dit, il y en eut d'autres qui répondirent : — Avez-vous songé à ce que vous proposez? Si l'homme se reproduisait sans cesser d'être immortel, la terre ne pourrait bientôt lui suffire. Voulez-vous accepter la maladie, la vieillesse et la mort en échange des biens et des maux dont vous parlez? Lequel de nous peut concevoir l'idée de mourir? N'est-ce pas demander à Dieu qu'il fasse de nous la dernière créature du monde? Lequel de nous voudra renoncer à être ange?

— Nous ne sommes pas des anges, reprirent les premiers. Les anges que nous voyons dans nos rêves ont des ailes pour parcourir l'immensité, et quoiqu'ils se révèlent à nous sous une forme à peu près semblable à la nôtre, cette forme n'est pas saisissable; nous ne pouvons les retenir au matin, lorsqu'ils s'éloignent; nous embrassons le vide, ils nous échappent comme notre ombre au soleil. Ils n'ont de commun avec nous que l'esprit, lequel n'est que la moitié de nous-mêmes. Nous appartenons à la terre où notre corps est à jamais fixé. Si nous sommes condamnés à la misère d'exister corporellement, pouvons-nous sans injustice être privés des avantages accordés aux autres animaux? Pourquoi serions-nous imparfaits et déshérités du bonheur qui leur est échu?

Ces différents avis excitèrent dans l'esprit des hommes une douloureuse inquiétude. Les uns pensaient qu'en effet la partie physique était incomplète chez eux; les autres répondaient que l'immortalité, l'absence de maladie et de caducité, étaient des compensations suffisantes à cette absence de sexe.

Et, en effet, rien n'était plus suave et plus paisible en ce temps-là que le sort de l'homme. N'éprouvant que des besoins immédiatement satisfaits par la fécondité de la terre et la liberté commune, la faim, la soif et le sommeil étaient pour lui une source de jouissance douce et jamais de douleur. La privation était inconnue; aucun despotisme social n'imposait les corvées et la fatigue; il n'y avait ni larmes, ni jalousies, ni injustices, ni violences. Rien n'était un sujet de rivalité ou de contestation. L'abondance régnait avec l'amitié et la bienveillance.

Mais cette secrète inquiétude, qui est la cause de toutes les grandeurs et de toutes les misères de l'esprit, tourmentait presque également ceux qui désiraient un changement dans leur sort et ceux qui le redoutaient.

Alors les hommes firent de grandes prières dans les temples, et ils invoquèrent Dieu afin qu'il daignât se manifester.

Mais l'Eternel garda le silence; car il veut que les hommes et les anges soient librement placés entre l'erreur et la vérité. Autrement l'ange et l'homme seraient Dieu.

III.

Mais comme le cœur de l'homme était humble et doux en ce temps-là, la sagesse éternelle fut touchée; car les hommes ne disaient pas : — Il nous faut cela, fais-le; mais ils disaient : — Tu sais ce qui nous convient, sois béni; — et ils souffraient sans blasphémer.

La Sagesse, la Miséricorde et la Nécessité, les trois essences infinies du Dieu vivant, tinrent conseil dans le sein de l'Eternel; et comme il fallait que l'homme connût l'amour ou la mort, la matière ne pouvant s'augmenter indéfiniment, l'Esprit saint dit par la bouche de la Sagesse :

« Livrons l'homme aux chances de sa destinée; que sa vie sur la terre soit éphémère et douloureuse, qu'il connaisse le bien et le mal, et qu'entre les deux il soit libre de choisir. »

Alors le Verbe de miséricorde ajouta : « Que dans la douleur il ait pour remède l'espérance, et dans le bonheur pour loi la charité. »

Jehovah envoya donc ses anges sur la terre en leur disant : « Qu'il soit fait à chaque homme selon son désir. »

Et l'ange étant entré la nuit dans la demeure des hommes, et au nom de l'Eternel ayant interrogé leurs pensées, il n'en trouva qu'un seul qui désirât l'amour au point d'accepter la mort sans crainte. C'était un de ceux qui n'avaient jamais rien demandé au Seigneur. Il vivait retiré sur une montagne, occupé le soir à contempler les étoiles, et le jour à nourrir les chevrettes et les chamois. C'était une âme forte et un des plus beaux parmi les anges terrestres.

L'ange du sommeil l'appela, et lui dit comme aux autres hommes : — Fils de Dieu, demandes-tu la fille de Dieu? Et cet homme, au lieu de répondre en frissonnant comme les autres : Que la volonté de Dieu soit faite, s'écria, en se soulevant sur sa couche : — Où est la fille de Dieu? L'ange lui répondit : — Sors de ta demeure, tu la trouveras au bord de la source, elle vient vers toi, elle vient du sein de Dieu.

Alors l'ange disparut, et l'homme, s'étant levé plein de surprise, se sentit accablé d'une grande tristesse; car il pensa que c'était un vain songe, et que la fille de Dieu n'était pas au bord de la source.

Cependant il se leva et sortit de sa demeure, et il trouva la fille de Dieu qui marchait vers lui, mais qui, le voyant venir, s'arrêta tremblante au bord de la source.

Et comme la source était sombre, et qu'il distinguait à peine une forme vague, il lui dit : — Etes-vous la fille de Dieu? — Oui, répondit-elle, et je cherche le fils de Dieu.

— Je suis le fils de Dieu, reprit l'homme, vous êtes ma sœur et mon amour. Que venez-vous m'annoncer de la part de Dieu?

— Rien, répondit la femme, car Dieu ne m'a rien enseigné, et je ne sais pourquoi il m'envoie. Il y a un instant que j'existe; j'ai entendu une voix qui m'a dit : « Fille de Dieu, va sur la terre, et tu trouveras le fils de Dieu qui t'attend. » J'ai reconnu que c'était la voix de l'Eternel, et je suis venue.

L'homme lui dit : — Suis-moi, car tu es le don de Dieu, et tout ce qui m'appartient t'appartient.

Il marcha devant elle, et elle le suivit jusqu'à la porte de sa demeure, qui était faite de bois de cèdre et recouverte d'écorce de palmier. Il y avait un lit de mousse fraîche; l'homme cueillit les fleurs d'un rosier qui tapissait le seuil, et, les effeuillant sur sa couche, il y fit asseoir la femme en lui disant : — L'Eternel soit béni.

Et, allumant une torche de mélèze, il la regarda, et la trouva si belle qu'il pleura, et il ne sut quelle rosée tombait de ses yeux, car jusque-là l'homme n'avait jamais pleuré.

Et l'homme connut la femme dans les pleurs et dans la joie.

Quand l'étoile du matin vint à pâlir sur la mer, l'homme s'éveilla, il ne faisait pas encore jour dans sa demeure. Se souvenant de ce qui lui était arrivé, il n'osait point tâter sa couche, car il craignait d'avoir fait un rêve, et il attendit le jour, désirant et redoutant ce qu'il attendait.

Mais la femme, qui s'était éveillée, lui parla, et sa voix fut plus douce à l'homme que celle de l'alouette qui venait chanter sur sa fenêtre au lever de l'aube.

Mais aussitôt il se mit à verser des pleurs d'amertume et de désolation.

Ce que voyant, elle pleura aussi, et lui dit : — Pourquoi pleures-tu?

— C'est, dit l'homme, que je t'ai, et que bientôt je ne t'aurai plus, car il faut que je meure; c'est à ce prix que je t'ai reçue de l'Eternel. Avant de te voir, je ne m'inquiétais pas de mourir; la faiblesse et la peur sont entrées en moi avec l'amour. Car tu vaux mieux que la vie, et pourtant je te perdrai avec elle.

La femme cessa de pleurer, et, avec un sourire qui fit passer dans le cœur de l'homme une espérance inconnue, elle lui dit : — Si tu dois mourir, je mourrai aussi, et j'aime mieux un seul jour avec toi que l'éternité sans toi.

Cette parole de la femme endormit la douleur de l'homme. Il courut chercher des fruits et du lait pour la nourrir, et des fleurs pour la parer. Et, dans le jour, quand il se remit au travail, il planta de nouveaux arbres fruitiers, en songeant au surcroît de besoins que la présence d'un nouvel être apportait dans sa retraite, sans songer qu'un arbre serait moins prompt à grandir que lui et la femme à mourir.

Cependant le souci avait pénétré chez lui avec la femme. La pensée de la mort empoisonnait toutes ses joies. Il priait Dieu avec plus de crainte que d'amour; les moindres bruits de la nuit l'effrayaient, et, au lieu d'écouter avec une religieuse admiration les murmures des grandes mers, il tressaillait sur son lit, comme si la voix des éléments eût pleuré à son oreille, comme si les oiseaux de la tempête lui eussent apporté des nouvelles funèbres. La femme était plus courageuse ou plus imprévoyante. Ses faibles membres se fatiguaient vite, et, quand son époux trouvait dans le travail une excitation douloureuse, elle s'étendait nonchalante sur les fleurs de la montagne, et s'endormait dans une sainte langueur en murmurant des paroles de bénédiction pour son époux et pour son Dieu.

Elle ne savait rien des choses de la terre où elle venait d'être jetée; elle trouvait partout de la joie, et ne s'effrayait de rien. La brièveté de la vie, si terrible pour l'homme, lui semblait un bienfait de la Providence. L'homme la contemplait chaque jour avec une surprise et une admiration nouvelles. Il la regardait comme supérieure à lui, malgré sa faiblesse, et souvent il lui disait : — Tu n'es pas ma sœur, tu n'es pas ma femme, tu es un ange que Dieu m'a envoyé pour me consoler, et qu'il me reprendra peut-être dans quelques jours, car il est impossible que tu meures. Une si belle création ne peut pas être anéantie. Promets-moi que, si tu me vois mourir, tu retourneras aux cieux pour n'appartenir à personne après moi.

Et elle promettait en souriant tout ce qu'il voulait, car elle ne savait pas si elle était immortelle, elle ne s'en inquiétait pas, pourvu que son époux lui répétât sans cesse qu'il l'aimait plus que sa vie.

Or, ils vivaient sur une montagne élevée, loin des lieux habités par les autres hommes; car l'époux de la femme, tourmenté de crainte, avait transporté sa demeure et ses troupeaux dans le désert, afin de mieux cacher le trésor qui faisait son bonheur et ses angoisses. — Je ne comprends pas, lui disait-il, le sentiment que vous m'avez inspiré pour mes frères. Je les chérissais avant de vous connaître, et, malgré mon goût pour la solitude, j'aurais tout partagé volontiers avec eux. Quand je descendais dans la vallée aux jours de fête, leur vue réjouissait mon âme, et je priais avec plus de ferveur prosterné au milieu d'eux dans le temple. Aujourd'hui leur approche m'est odieuse, et quand je les vois de loin je me cache, de peur qu'ils ne m'abordent et ne cherchent à pénétrer aux lieux où vous êtes. A la seule idée qu'un de mes frères pourrait vous apercevoir, je frissonne comme si l'heure de ma mort était venue. L'autre jour j'ai vu près d'ici la trace d'un pied humain sur le sable, et j'aurais voulu être un rocher pour attendre au bord du sentier l'audacieux qui pouvait revenir, et l'écraser à son passage. Mais, hélas! ajoutait-il, les autres hommes sont immortels, et seul je puis craindre la chute d'un rocher. Si je tombais dans un précipice, vous descendriez dans la vallée pour être nourrie et protégée par un autre homme, et vous m'auriez bientôt oublié ; car il n'est pas un de ces immortels qui ne fît le sacrifice de son immortalité pour vous posséder. C'est pourquoi, malgré mon amour pour vous, je ne puis m'empêcher de désirer que la mort vous atteigne aussi tôt que moi.

Et la femme lui répondait : — Si tu tombais dans un ravin, je m'y jetterais après toi ; et si Dieu me refusait la mort, je mutilerais mon corps et je détruirais ma beauté pour ne pas plaire à un autre.

Lorsque la femme mit au monde son premier-né, il lui sembla que sa mort était proche, car elle sentait de grandes douleurs; et comme son époux criait avec angoisses vers le Seigneur, elle lui dit : — Ne pleurez point et réjouissez-vous, car mon corps se brise, et mon âme est heureuse de ce qui m'arrive ; je sens que je ne suis pas immortelle, et que je ne resterai pas sans vous sur la terre.

L'époux de la femme fut rencontré dans les montagnes par quelques-uns de ses frères, et ceux-ci virent qu'il était pâle et maigri, et qu'une singulière inquiétude était répandue sur sa figure. Ils racontèrent ce qu'ils avaient vu ; et comme jusque-là les fatigues et l'ennui n'avaient point été assez rudes à l'esprit de l'homme pour que son corps indestructible pût en recevoir une telle altération, chacun s'étonna de ce qu'il entendait de la bouche de ces témoins, comme s'ils eussent annoncé l'apparition d'une nouvelle race dans le monde, ou une perturbation dans l'ordre de la nature.

Plusieurs, entraînés par la curiosité, s'enfoncèrent dans les montagnes pour chercher leur frère ; mais il avait si bien caché sa demeure derrière les lianes des forêts et les pics des rochers, qu'il se passa plusieurs années avant qu'on la découvrît. Enfin il fut rencontré, et ceux qui le virent s'écrièrent : — Homme, quel mal as-tu fait pour être ainsi vieilli et malade comme les animaux périssables ? Il répondit : — Je ne ressemble pas à mes frères, mais je n'ai fait aucun mal, et Dieu m'a visité et révélé plusieurs secrets que je vous enseignerai. Il parlait ainsi pour donner le change à leur curiosité, et pendant la nuit il essaya de transporter sa famille dans un lieu encore plus inaccessible. Mais le jour le surprit avant qu'il fût parvenu à sa nouvelle retraite, et il fut rencontré avec sa femme montée sur un âne sauvage, et ses enfants, dont le plus jeune était dans ses bras.

A cette vue, les voyageurs se prosternèrent ; la femme leur parut si belle qu'ils la prirent pour un ange ; et, malgré la résistance de l'époux, ils l'entraînèrent dans la vallée, la firent entrer dans le temple, et, lui élevant un autel, ils l'adorèrent. Ce fut la première idolâtrie.

L'époux espérait que le respect les empêcherait de convoiter cette femme ; mais elle, craignant d'offenser le Seigneur, brisa les liens de fleurs dont on l'avait enlacée, et tomba dans les bras de son époux en s'écriant : — Je ne suis point une divinité, mais une esclave de Dieu, une créature périssable et faible, la femme et la sœur de cet homme. Je lui appartiens, parce que Dieu m'a envoyée vers lui ; si vous essayez de m'en séparer, je me briserai la tête contre cet autel, et vous me verrez mourir, car je suis mortelle, et mon époux l'est aussi.

A ces mots, les voyageurs éprouvèrent une émotion inconnue, et furent saisis d'une sympathie étrange pour ces deux infortunés ; comme ils étaient bons et justes, ils respectèrent la fidélité de la femme. Ils la contemplèrent avec admiration, prirent ses enfants dans leurs bras, et, ravis de leur beauté délicate et de leurs naïves paroles, ils se mirent à les aimer.

Alors le peuple immortel, tombant à genoux, s'écria : — O Dieu, ôte-nous l'immortalité, et donne à chacun de nous une femme comme celle-ci ; nous aimerons ses enfants, et nous travaillerons pour notre famille jusqu'à l'heure où tu nous enverras la mort ; nous te bénirons tous les jours si tu exauces notre vœu.

La voûte du temple fut enlevée par une main invisible, un escalier ardent, dont chaque marche était une nuance de l'arc-en-ciel, parut se dérouler jusqu'à la terre. Du sommet invisible de cet escalier, on vit descendre des formes vagues et lumineuses, qui peu à peu se dessinèrent en se rapprochant ; des chœurs de femmes plus belles que toutes les fleurs de la terre et toutes les étoiles des cieux remplirent le sanctuaire en chantant ; un ange était venu s'abattre sur le dernier degré, et à chaque femme qui le franchissait, il appelait un homme qu'il choisissait selon les desseins de Dieu, et mettait la main de l'époux dans la sienne.

Quelques hommes, cependant, voulurent conserver leur immortalité. Mais l'amour de la femme était si enivrant et si précieux, qu'ils ne purent résister au désir de le goûter, et qu'ils essayèrent de séduire les femmes de leurs frères. Mais ils moururent de mort violente ; Dieu les châtia, afin que le premier crime commis sur la terre n'eût point d'imitateurs.

Pendant longtemps, malgré les souffrances de cette race éphémère, l'âge d'or régna parmi les hommes, et la fidélité fut observée entre les époux.

Mais peu à peu le principe divin et immortel qui avait animé les premiers hommes s'affaiblissant de génération en génération, l'adultère, la haine, la jalousie, la violence, le meurtre et tous les maux de la race présente se répandirent dans l'humanité ; Dieu fut obligé de voiler sa face et de rappeler à lui ses anges. La Providence devint de plus en plus mystérieuse et muette, la terre moins féconde, l'homme plus débile, et sa conscience plus voilée et plus incertaine. Les sociétés inventèrent, pour se maintenir, des lois qui hâtèrent leur chute ; la vertu devint difficile et se réfugia dans quelques âmes choisies. Mais Dieu infligea pour châtiment éternel à cette race perverse le besoin d'aimer. A mesure que les lois plus absurdes ou plus cruelles multipliaient l'adultère, l'instinct de mutuelle fidélité devenait de jour en jour plus impérieux : aujourd'hui encore il fait le tourment et le regret des cœurs les plus corrompus. Les courtisanes se retirent au désert pour pleurer l'amour qu'elles n'ont plus droit d'attendre de l'homme, et le demandent à Dieu. Les libertins se désolent dans la débauche et appellent avec des sanglots furieux une femme chaste et fidèle qu'ils ne peuvent trouver. L'homme a oublié son immortalité ; il s'est consolé de ne plus être l'égal des anges, mais il ne se consolera jamais d'avoir perdu l'amour, l'amour qui avait amené la mort par la main, et si beau qu'il avait obtenu grâce pour la laideur de cette sœur terrible : il ne sera guéri qu'en le retrouvant. Car, écoutez les Juifs : ils disent que la femme a apporté en dot le péché et la mort, mais ils disent aussi qu'au dernier jour elle écrasera la tête du serpent, qui est le génie du mal....

Comme Myrza achevait les derniers versets de son poëme, des prophètes austères, qui l'avaient entendue, dirent au peuple assemblé autour d'elle : — Lapidez cette femme impie ; elle insulte à la vraie religion et à toutes les religions, en confondant sous la forme allégorique les dogmes et les principes de toutes les genèses. Elle joue sur les cordes de son luth avec les choses les plus saintes, et la poésie qu'elle chante est un poison subtil qui égare les hommes. Ramassez des pierres et lapidez cette femme de mauvaise vie, qui ose venir ici prêcher les vertus qu'elle a foulées aux pieds ; lapidez-la, car ses lèvres souillées profanent les noms de divinité et de chasteté.

Mais le peuple refusa de lapider Myrza. — La vertu, répondit un vieux prêtre d'Esculape, est comme la science : elle est toujours belle, utile et sainte, quelle que soit la bouche qui l'annonce, et nous tirons des plantes les plus humbles que chaque jour le passant foule sur les chemins un baume précieux pour les blessures. Laissez partir cette sibylle ; elle vient souvent ici, nous la connaissons et nous l'aimons. Ses fictions nous plaisent, à nous, vieux adorateurs des puissants dieux de l'Olympe, et les jeunes partisans des religions nouvelles y trouvent un fonds de saine morale et de douce philosophie. Nous l'écoutons en souriant, et nos femmes lui font d'innocents présents de jeunes agneaux et de robes de laine sans tache. Qu'elle parte et qu'elle revienne, nous ne la maudissons point ; et si ses voies sont mauvaises, que Minerve les redresse et l'accompagne.

— Mais nous parlons au nom de la vertu, reprirent les prophètes ; nous avons fait serment de ne jamais connaître un embrassement féminin.....

— Hier, interrompit une femme, d'autres prophètes nous engageaient, au nom de je sais quel nouveau dieu, à nous abandonner à notre appétit ; et la veille, d'autres nous disaient d'être esclaves d'un seul maître : les uns fixent la chasteté d'une femme au nombre de sept maris, les autres veulent qu'elle n'en ait point, nous ne savons plus à qui entendre. Mais ce que dit cette Myrza nous plaît : elle nous amuse et ne nous enseigne point. Que ses fautes soient oubliées, et qu'elle soit vêtue d'une robe de pourpre, pour être conduite au temple du Destin, qui est le dieu des dieux.

Et comme les disciples des prophètes furieux s'acharnaient à la maudire, et ramassaient de la boue et des pierres, le peuple prit parti pour elle, et voulut la porter en triomphe. Mais elle se dégagea, et, montant sur le dromadaire qui l'avait amenée, elle dit à ce peuple en le quittant : — Laissez-moi partir, et si ces hommes vous disent quelque chose de bon, écoutez-le, et recueillez-le de quelque part qu'il vienne. Pour moi, je vous ai dit ma foi, c'est l'amour. Et voyez pourtant que je suis seule, que j'arrive seule, et que je pars seule.... Alors Myrza répandit beaucoup de larmes, puis elle ajouta :

— Comprenez-vous mes pleurs, et savez-vous où je vais ?

Et elle s'en alla par la route qui mène au désert de Thébaïde.

GEORGE SAND.

HAMLET.

O Hamlet, dis-nous le secret de ta douleur immense, et pourquoi nous nous sentons vibrer autour de toi, comme autant d'échos de ta plainte mystérieuse ? Est-ce seulement qu'on a assassiné ton père, et que tu ne te sens pas la force de le venger ? C'est là une destinée tragique, mais exceptionnelle et bizarre, qui se peint seulement à notre imagination et qui ne remuerait guère nos cœurs, s'il n'y avait pas en toi autre chose qu'un souvenir, une vision et un serment. Hamlet le nanois [1], que nous importe à nous, hommes d'aujourd'hui, le crime d'une reine, le meurtre d'un roi, et la colère d'un prince dépossédé ? Nous avons vu bien d'autres drames de sang que ce drame imaginaire où ton prestige nous entraîne. Quel mystère de poignante sympathie le poëte qui t'a donné l'être, a-t-il donc enfermé dans ton sein et comme attaché à ton nom ?

Création sublime, n'est-ce donc pas que tu résumes en toi toutes les souffrances d'une âme pure jetée au milieu de la corruption et condamnée à lutter contre le mal qui l'étreint et la brise ? Il n'y a pas d'autre fatalité dans ta vie, Hamlet, et ton délire n'a pas d'autre cause. Jeune, tendre et confiant, l'âme ouverte à l'amour et à l'amitié, la découverte du crime commis dans ta maison vient bouleverser toutes tes affections, toutes tes croyances. Tu pleurais un mort chéri, et tu t'étonnais de le pleurer seul. Un vague soupçon planait à peine sur ton esprit : tout à coup ce soupçon devient certitude ; une vision déchirante, un songe peut-être, t'a éclairé, et dès lors, frappé de vertige, tu sens ta raison ébranlée, et ta vie n'est plus qu'un accès de délire amer et sombre.

Car tu es fou, Hamlet, et tu ne mens pas quand tu dis :

His madness is poor Hamlet's ennemy.

On ne se joue pas impunément avec la folie, et, d'ailleurs, le choix de ton rôle de fou atteste que tu es dominé par la préoccupation, l'angoisse et la terreur de la démence. Tu ne feins pas à la manière de Brutus, car tu n'es pas l'austère Brutus. Amoureux et poëte, rêveur tendre et studieux écolier, tu n'as rien de cette nature implacable et patiente du conspirateur. Pauvre Hamlet, ton âme est trop fière et trop aimante pour supporter la douleur et couver la vengeance. Te voilà forcé de haïr les hommes, toi qui naquis pour les aimer, et dès ce premier choc te voilà brisé sans retour. C'est l'horreur du crime, le mépris du mensonge et l'effroi du mal, qui mettent tous les éléments de ton être en guerre les uns contre les autres. Oh ! qui ne te plaindrait d'être ainsi détourné de tes voies et lancé sur une pente fatale !

L'harmonie de tes facultés est bien amèrement troublée, ô victime de l'iniquité ! Aux heures où tu philosophes sur la vie et sur la mort, sur le mystère de la tombe et la peur de l'inconnu, tu sembles avoir retrouvé toutes les lumières de ton intelligence : mais c'est à ces heures-là même que nous devinons le mieux ton désastre, ce désastre moral dont tu ne peux plus mesurer l'étendue, et qui se voile en vain sous de brillantes et solennelles pa-

[1] This is. I. Hamlet the dane !...

roles. Plus que jamais divisé contre toi-même, peut-on dire que, dans ces moments de rêverie où ton âme quitte la terre, tu t'appartiennes réellement? Non, car alors le souvenir de tes maux et de tes excès est comme effacé de ta mémoire affaiblie, et la moitié de ton âme est paralysée. Lorsque tu te demandes ce que c'est qu'*être ou n'être pas, mourir ou dormir... ou rêver!...* tu ne vois pas Ophélia agenouillée près de toi; et lorsque tu songes au destin d'Alexandre et au néant de la gloire, en soulevant le crâne d'Yorick, tu ne te souviens pas du meurtre que tu as commis, et de ton intelligence se perd dans des abstractions où tu n'as pas la notion distincte de ton propre malheur. Est-ce un état de raison que celui où le cerveau fonctionne dans l'oubli absolu des déchirements du cœur? L'homme n'est-il pas décomplété quand il ne peut plus penser et sentir que séparément et tour à tour?

Qu'on ne nous dise donc plus que tu n'es pas fou, car tu serais odieux, et nous sentons si bien au contraire que tu ne t'appartiens plus, que ta violence et ta cruauté nous nous font plus souffrir que toi-même.

Le noble Hamlet brise la frêle Ophélia en brisant l'amour dans son propre sein, et il ne comprend pas qu'il la tue. Il ne la reconnaît que dans son linceul, et ses regrets disent sa surprise et son repentir. Le noble Hamlet brise l'orgueil impuni de sa mère, et son propre cœur se brise de remords et de pitié en accomplissant ce devoir effroyable. Le noble Hamlet raille et insulte Laërte, et bientôt il s'accuse et se repent devant lui, mais sans paraître se rendre compte du mal qu'il lui a fait, et en lui disant : « Le ciel m'est témoin que je vous ai toujours aimé. » Partout Hamlet est noble et bon, mais aussi partout Hamlet est hors de lui et gouverné par la démence, démence rêveuse et accablante quand il est seul ou avec Horatio, démence furieuse et méprisante quand il est en contact avec les sots et les méchants de ce monde.

La folie est toujours ou si repoussante, ou si navrante, que nous en détournons les yeux avec effroi. La pauvre Ophélia elle-même, si pure, si douce et si belle, n'a le don de nous intéresser qu'un instant, après que sa raison l'a abandonnée. Son délire est trop complet, bien qu'inoffensif. Ce n'est là qu'une douleur toute personnelle. D'où vient donc, ô triste Hamlet, que ta folie, à toi, nous attache et nous passionne du commencement à la fin? C'est à cause que ta douleur est la nôtre à tous, et c'est cela qui la fait si humaine et si vraie. C'est ce dessèchement qui se fait en toi de toutes les sources de la vie, l'amour, la confiance, la franchise et la bonté. C'est ce déplorable adieu que tu es forcé de dire à la paix de ta conscience et aux instincts de ta tendresse. C'est cette nécessité de devenir ombrageux, hautain, violent, ironique, vindicatif et cruel. C'est cette fatalité qui arme contre ton semblable ta main loyale et brave. C'est cet amour même du vrai et du juste qui te condamne à devenir stupide ou méchant; et, ne pouvant être ni l'un ni l'autre, tu te sens devenir fou :

They fool me to the top of my bent
They compell me to play the fool till I can endure to do it no longer

Hélas! cette amertume de ta vie, ce désespoir tour à tour furieux et morne se résument en un cri intérieur dont le retentissement se fait en nous tous, et qui peut se traduire ainsi : Mon Dieu, pourquoi des méchants parmi nous? Mon Dieu, mon Dieu, pourquoi le mal dans ton œuvre?

Oui, te voilà tout entier, Hamlet, dans ce cri de l'humanité révoltée contre elle-même. Voilà le secret de tes larmes, de tes fureurs et de tes épouvantes. Voilà le secret de notre pitié, de notre tendresse et de notre effroi pour ton mal. Lequel de nous oserait dire, quand il contemple l'étendue de ce mal auquel la terre est livrée, qu'il sera plus fort, plus juste et plus patient que toi? Lequel de nous, quand il s'égare aux abstractions de la métaphysique, ou, quand il s'abandonne aux entraînements de la réalité, aux jouissances de l'esprit, aux amusements de la jeunesse, aux espérances de l'amour, oserait se flatter qu'il n'est pas un fou, un esprit débile et troublé en qui le souvenir de l'inévitable fatalité s'efface trop aisément, en qui le moi égoïste ou frivole étouffe le sentiment de la vérité et le culte de la sagesse? Soit que nous cherchions dans les livres la cause du malheur et de l'impuissance de l'homme, soit que nous demandions le secret fatal à la rêverie, soit que nous tâchions de nous y soustraire par l'étourdissement du plaisir, nous sommes toujours des infirmes de corps et d'esprit, dominés par d'insondables mystères, épouvantés avec excès, oublieux avec ivresse, poltrons ou fanfarons, prompts à épuiser la coupe de nos joies, prompts à nous lasser de la recherche du vrai, et tristes surtout, toujours tristes!

Pleure, Hamlet, pleure! Il n'y a vraiment que des sujets de larmes ici-bas! Tremble aussi; car il n'est rien de si effrayant que notre destinée en ce monde. Tue et meurs, détruis et disparais : c'est le sort de l'homme. Depuis le berceau jusqu'à la tombe, depuis Adam jusqu'à toi, Hamlet, depuis tes jours jusqu'aux nôtres, la voix de la terre est un éternel sanglot qui se perd dans l'éternel silence des cieux.

GEORGE SAND.

SIMON

NOTICE

Simon vint, je crois, en 1836, vers le même temps que *Mauprat*. Le roman n'est pas, je crois, des mieux conduits; mais il m'a semblé que maître Parquet et sa fille Bonne étaient des personnages assez vrais. J'avais connu leurs types, en plusieurs exemplaires, dans la réalité.

GEORGE SAND.

Nohant, octobre 1852.

A MADAME LA COMTESSE DE ***.

Mystérieuse amie, soyez la patronne de ce pauvre petit conte.
Patricienne, excusez les antipathies du conteur rustique.
Madame, ne dites à personne que vous êtes sa sœur.
Cœur trois fois noble, descendez jusqu'à lui et rendez-le fier.
Comtesse, soyez pardonnée.
Étoile cachée, reconnaissez-vous à ces litanies.

I.

A quelque distance du chef-lieu de préfecture, dans un beau vallon de la Marche, on remarque, au-dessus d'un village nommé Fougères, un vieux château plus recommandable par l'ancienneté et la solidité de sa construction que par sa forme ou son étendue. Il paraît avoir été fortifié. Sa position sur la pointe d'une colline assez escarpée à l'ouest, et les ruines d'un petit fort posé vis-à-vis sur une autre colline, semblent l'attester. En 1820, on voyait encore plusieurs bastions et de larges pans de murailles former une dentelure imposante autour du château; mais ces débris encombrant les cours de la ferme, les propriétaires en vendaient chaque année les matériaux, et même les donnaient à ceux des habitants qui voulaient bien prendre la peine de les emporter. Ces propriétaires étaient de riches fermiers qui habitaient une maison blanche à un étage et couverte en tuiles, à deux portées de fusil du château. Quelques portions de bâtiment, qui avaient été les communs et les écuries du châtelain, servaient désormais d'étables pour les troupeaux et de logement pour les garçons de ferme. Quant aux vastes salles du manoir féodal, elles étaient vides, délabrées, et seulement bien munies de portes et fenêtres, car elles servaient de greniers à blé. Ce n'est pas que le pays produise beaucoup de grains ; mais les cultivateurs qui avaient acheté les terres de Fougères comme biens nationaux, avaient amassé une assez belle fortune en s'approvisionnant, dans le Berri, de céréales qu'ils entassaient dans leur château, et revendaient dans leur province à un plus haut prix. C'est une spéculation dont le peuple se trouverait bien, si le spéculateur consentait à subir avec lui le déficit des mauvaises années. Mais alors, au contraire, sous prétexte du grand dommage que les rats et les charançons ont fait dans les greniers, il porte ses denrées à un taux exorbitant, et s'engraisse des derniers deniers que le pauvre se laisse arracher au temps de la disette.

Les frères Mathieu, propriétaires de Fougères, avaient, à tort ou à raison, encouru ce reproche de rapacité ; il est certain qu'on entendit avec joie, dans le hameau, circuler la nouvelle suivante :

Le comte de Fougères, émigré, que le retour des Bourbons n'avait pas encore ramené en France, écrivait d'Italie à M. Parquet, ancien procureur, maintenant avoué au chef-lieu du département, pour lui annoncer qu'ayant relevé sa fortune par des spéculations commerciales, il désirait revenir dans sa patrie et reprendre possession du domaine de ses pères. Il chargeait donc M. Parquet d'entrer en négociation avec les acquéreurs du château et de ses dépendances, non sans lui recommander de bien cacher de quelle part venaient ces propositions.

Pourtant, le comte de Fougères, las de la profession de négociant qu'il exerçait depuis vingt ans au delà des Alpes, et voyant la possibilité de reprendre ses honneurs et ses titres en France, ne put s'empêcher d'écrire son espoir et son impatience à ses parents et à ses alliés, lesquels, pour leur part, ne purent s'empêcher de dire tout haut que la noblesse n'était pas tout à fait écrasée par la révolution, et que bientôt peut-être on verrait les armoiries de la famille refleurir au tympan des portes du château de Fougères.

Pourquoi la population reçut-elle cette nouvelle avec plaisir ? La famille de Fougères n'avait laissé dans le pays que le souvenir de dîners fort honorables et d'une politesse exquise. Cela s'appelait des bienfaits, parce qu'une quantité de marmitons, de braconniers et de filles de basse-cour avaient trouvé leur compte à servir dans cette maison. Le bonheur des riches est inappréciable, puisqu'en se contentant de manger leurs revenus de quelque façon que ce soit, ils répandent l'abondance autour d'eux. Le pauvre les bénit, pourvu qu'il lui soit accordé de gagner, au prix de ses sueurs, un mince salaire. Le bourgeois les salue et les honore, pour peu qu'il en obtienne une marque de protection. Leurs égaux les soutiennent de leur crédit et de leur influence, pourvu qu'ils fassent un bon usage de leur argent, c'est-à-dire pourvu qu'ils ne soient ni trop économes ni trop généreux. Ces habitudes contractées depuis le commencement de la société n'avaient pas tendu à s'affaiblir sous l'empire. La restauration venait leur donner un nouveau sacre en rendant ou accordant à l'aristocratie des titres et des privilèges tacites, dont tout le monde feignait de ne point accepter l'injustice et le ridicule, et que tout le monde recherchait, respectait ou enviait. Il en est, il en sera encore longtemps ainsi. Le système monarchique ne tend pas à ennoblir le cœur de l'homme.

Quelques vieux paysans patriotes déclamèrent un peu contre les bastions qu'on allait reconstruire, contre les meurtrières du haut desquelles on allait assommer le pauvre peuple. Mais on n'y crut pas. La seule logique que connaisse le paysan, c'est le sentiment de sa force. On ne s'effraya donc pas du retour des anciens maîtres : on en plaisanta un peu, on le désira encore davantage. Les fermiers enrichis sont de mauvais seigneurs pour la plupart ; l'économie, qui faisait leur vertu dans le travail, devient leur grand vice dans la jouissance. Le journalier les trouve rudes et parcimonieux ; il aime mieux avoir affaire à ces hommes aux mains blanches qui ne savent pas au juste combien pèse le soc d'une charrue au bras d'un rustre, et qui paient selon les convenances plus que selon le tarif.

Et puis le maire, l'adjoint, le percepteur, le curé et toutes les autorités civiles et religieuses du canton, tressaillaient d'aise à l'idée de ces estimables dîners qui leur revenaient de droit si la noble famille recouvrait son héritage. On a beau dire, les fonctionnaires ont un grand crédit sur l'esprit du peuple. Ils proclament, ils placardent, ils emprisonnent et ils délivrent, ils protégent et ils nuisent. Jamais des hommes qui ont à leur disposition les pancartes imprimées, les ménétriers, les gendarmes, les clefs de l'hôpital et les listes de dénonciation, ne seront des personnages indifférents. Ils pourront se passer du suffrage de leurs administrés, et leurs administrés ne pourront se dispenser de leur complaire. Quand donc le curé, le maire, les adjoints, le percepteur, le juge de paix, et *tutti quanti*, eurent décidé que le retour de la famille de Fougères était un bonheur inappréciable pour la commune, les vieilles femmes dirent des prières pour qu'il plût au ciel de la ramener bien vite ; la jeunesse du village se réjouit à l'idée des fêtes champêtres qui auraient lieu pour célébrer son installation, et les journaliers tinrent une espèce de conseil dans lequel il fut résolu qu'on demanderait au nouveau seigneur l'augmentation d'un sou par jour dans le salaire du travail agricole.

M. de Fougères, qui, en recevant de son avoué M. Parquet la promesse d'un succès, s'était rendu à Paris afin d'être plus à portée de négocier son affaire, fut informé de ces détails, et reçut même une lettre écrite par le garde champêtre de Fougères, et revêtue, en guise de signatures, d'une vingtaine de croix, par laquelle on le suppliait d'accéder à cette demande d'augmentation dans le salaire des journées. On ajoutait que la commune faisait des vœux pour la réussite des négociations de M. Parquet, qu'on espérait qu'en fin de cause, pour peu que les frères Mathieu montrassent de l'obstination, sa majesté le *Roi Dix-Huit* ferait finir ces difficultés et *lâcherait un ordre* de mettre dehors les *spogliateurs* de la famille de M. le comte.

M. de Fougères avait trop bien appris la vie réelle durant son exil pour ne pas savoir que les affaires ne se faisaient pas ainsi ; mais, en véritable négociant qu'il était, il comprit le parti qu'il pouvait tirer des dispositions de ses ex-vassaux. Il chargea ses émissaires de promettre une augmentation de deux sous par jour aux journaliers ; et dès lors ce qu'il avait prévu arriva. Il n'y eut sorte de vexations sourdes et perfides dont les frères Mathieu ne fussent accablés. On arrachait l'épine qui bordait leurs prés, afin que toutes les brebis du pays pussent, en passant, manger et coucher l'herbe ; et si un des agneaux de la ferme Mathieu venait, par la négligence du berger, à tondre la largeur de sa langue chez le voisin, on le mettait en fourrière, et le garde champêtre, qui était à la tête de la conspiration pour cause de vengeance particulière, dressait procès-verbal et constatait un délit tel que quinze vaches n'eussent su le faire. D'autres fois on habituait les oies de toute la commune à chercher pâture jusque dans le jardin des Mathieu ; et si une de leurs poules s'avisait de voler sur le chaume d'un toit, on lui tordait le cou sans pitié, sous prétexte qu'elle avait cherché à dégrader la maison. On poussa la dérision jusqu'à empoisonner leurs chiens, sous prétexte qu'ils avaient eu l'*intention* de mordre les enfants du village.

Mais l'artifice tourna contre son auteur ; les frères Mathieu comprirent bientôt de quoi il s'agissait. Paysans eux-mêmes, et paysans marchois, qui plus est, ils savaient les ruses de la guerre. Ils commencèrent par lâcher pied, et, quittant leur habitation de Fougères, ils s'allèrent fixer dans une autre propriété qu'ils avaient près de la ville. De cette manière, les vexations eurent moins d'ardeur, ne tombant plus directement sur les objets d'animadversion qu'on voulait expulser. Les paysans continuèrent à faire un peu de pillage, dans un pur esprit de rapine, ayant pris goût à la chose. Mais les Mathieu se souciérent médiocrement d'un déficit momentané dans leurs revenus ; ce déficit dût-il durer deux ou trois ans, ils se promirent de le faire payer cher à M. le comte, et se réjouirent de voir les habitants de Fougères contracter des habitudes de filouterie qu'il ne leur serait pas facile désormais de perdre et dont leur nouveau seigneur serait la première victime.

Les négociations durèrent quatre ans, et M. de Fougères dut s'estimer heureux de payer sa terre cent mille francs au-dessus de sa valeur. L'avoué Parquet lui écrivit : « Hâtez-vous de les prendre au mot, car, si vous tardez un peu, ils en demanderont le double. » Le comte se soumit, et le contrat fut rédigé.

II.

Parmi le petit nombre des vieux partisans de la liberté qui voyaient d'un mauvais œil et dans un triste silence le retour de l'ancien seigneur, il y avait un personnage remarquable, et dont, pour la première fois peut-être, dans le cours de sa longue carrière, l'influence se voyait méconnue. C'était une femme âgée de soixante-dix ans, et courbée par les fatigues et les chagrins plus encore que par la vieillesse. Malgré son existence débile, son visage avait encore une expression de vivacité intelligente, et son caractère n'avait rien de la fermeté virile qui l'avait rendue respectable à tous les habitants du village. Cette femme s'appelait Jeanne Féline ; elle était veuve d'un laboureur, et n'avait conservé d'une nombreuse famille qu'un fils, dernier enfant de sa vieillesse, faible de corps, mais doué comme elle d'une noble intelligence. Cette intelligence, qui brille rarement sous le chaume, parce que les facultés élevées n'y trouvent point l'occasion de se développer, avait su se faire jour dans la famille Féline. Le frère de Jeanne, de simple pâtre, était devenu un prêtre aussi estimable par ses mœurs que par ses lumières. Il avait laissé une mémoire honorable dans le pays, et le mince héritage de douze cents livres de rente à sa sœur, ce qui pour elle était une véritable fortune. Se voyant arrivée à la vieillesse, et n'ayant plus qu'un enfant peu propre par sa constitution à suivre la profession de ses pères, Jeanne lui avait fait donner une éducation aussi bonne que ses moyens l'avaient permis. L'école du village, puis le collège de la ville avaient suffi au jeune Simon pour comprendre qu'il était destiné à vivre de l'intelligence et non d'un travail manuel ; mais lorsque sa mère voulut le faire entrer au séminaire, la bonne femme n'appréciant, dans sa piété, aucune vocation plus haute que l'état religieux, le jeune homme montra une invincible répugnance, et la supplia de le laisser partir pour quelque grande ville où il pût achever son éducation et tenter une autre carrière. Ce fut une grande douleur pour Jeanne ; mais elle céda aux raisons que lui donnait son fils.

« J'ai toujours reconnu, lui dit-elle, que l'esprit de sagesse était dans notre famille. Mon père fut un homme sage et craignant Dieu. Mon frère a été un homme sage, instruit dans la science et aimant Dieu. Vous devez être sage aussi, quand les épreuves de la jeunesse seront finies. Je pense donc que votre dessein vous est inspiré par le bon ange. Peut-être aussi que la volonté divine n'est pas de laisser finir notre race. Vous en êtes le dernier rejeton ; c'était peut-être un désir téméraire de ma part que celui de vous engager dans le célibat. Sans doute, les moindres familles sont aussi précieuses devant Dieu que les plus illustres, et nul homme n'a le droit de tarir dans ses veines le sang de sa lignée, s'il n'a des frères ou des sœurs pour la perpétuer. Allez donc où vous voulez, mon fils, et que la volonté d'en haut soit faite. »

Ainsi parlait, ainsi pensait la mère Féline. C'était une noble créature, vraiment religieuse, et n'ayant d'une paysanne que le costume, la frugalité et les laborieuses habitudes ; ou plutôt c'était une de ces paysannes comme il a dû en exister beaucoup avant que les mœurs patriarcales eussent été remplacées par l'âge de fer de la corruption et de la servitude. Mais cet âge d'or a-t-il jamais existé lui-même ?

Jeanne était née sage et droite ; son frère, l'abbé Féline, l'avait perfectionnée par ses exemples et par ses discours. Il lui avait tout au plus appris à lire ; mais il lui avait enseigné par toutes les actions, par toutes les pensées, par toutes les paroles de sa vie, le véritable esprit du christianisme. Cet esprit de religion, si effacé, si corrompu, si perverti, si souillé par ses ministres, depuis le fondateur jusqu'à nos jours, semble heureusement, de temps à autre, se réveiller, avec sa pureté sans tache et sa simplicité antique, dans quelques âmes d'élite qui le font encore comprendre et goûter autour d'elles. L'abbé Féline, et par suite sa sœur Jeanne, étaient de ces nobles âmes, les seules et les vraies âmes apostoliques, dont l'apparition a toujours été rare, quelque nombreux que fussent les ministres et les adeptes du culte. Il y en a beaucoup d'appelés, mais peu d'élus, a dit le Christ. Beaucoup prennent le thyrse, a dit Platon, mais peu sont inspirés par le dieu.

Malheureusement, cet enthousiasme de la foi et cette simplicité de cœur qui font l'homme pieux sont presque impossibles à conserver dans le contact de notre civilisation investigatrice. Le jeune Simon subit la fatalité attachée à notre époque ; il ne put pas éclairer son esprit sans perdre le trésor de son enfance, la conviction. Cependant il demeura aussi attaché à la foi catholique qu'il est possible de l'être à un homme de ce monde. Le souvenir des vertus de son oncle, le spectacle de la sainte vieillesse de sa mère, lui restèrent sous les yeux comme un monument sacré devant lequel il devait passer toute sa vie en s'inclinant et sans oser porter ostensiblement un regard d'examen profane dans le sanctuaire. Il eut donc soin de cacher à Jeanne les ravages que l'esprit de raisonnement et de scepticisme avaient faits en lui. Chaque fois que les vacances lui permettaient de revenir passer l'automne auprès d'elle, il veillait attentivement à ce que rien ne trahit la situation de son esprit. Il lui fut facile d'agir ainsi sans hypocrisie et sans effort. Il trouvait chez cette vénérable femme une haute sagesse et une poétique naïveté, qui ne permettaient jamais à l'ennui ou au dédain de condamner ou de critiquer le moindre de ses actes. D'ailleurs, un profond sentiment d'amour unissait ces âmes formées de la même essence, et jamais rien de ce qui remplissait l'une ne pouvait fatiguer ni blesser l'autre.

Dans leur ignorance des besoins de la civilisation, Jeanne et Simon s'étaient crus assez riches pour vivre l'un et l'autre avec les douze cents livres de rente léguées par le curé ; la moitié de ce même revenu avait suffi à la première éducation du jeune homme, l'autre avait procuré une douce aisance à la sobre et rustique existence de Jeanne ; mais Simon, qui désirait vivement aller étudier à Paris, et qui déjà se trouvait endetté à Poitiers après deux ans de séjour, éprouva de grandes perplexités. Il lui était odieux de penser à abandonner son entreprise et de retomber dans l'ignorance du paysan. Il lui était plus odieux encore de retrancher à sa mère l'humble bien-être qu'il eût voulu doubler au prix de sa vie. Il songea sérieusement à se brûler la cervelle ; son caractère avait trop de force pour communiquer sa douleur ; Féline l'ignora, mais elle s'effraya de voir la sombre mélancolie qui envahissait cette jeune âme, et qui, dès cette époque, y laissa les traces ineffaçables d'une rude et profonde souffrance.

Heureusement dans cette détresse le ciel envoya un ami à Simon : ce fut son parrain, le voisin Parquet, un des meilleurs hommes que cette province ait possédés. Parquet était natif du village de Fougères, et, bien que sa charge l'eût établi à la ville dans une maison confortable achetée de ses deniers, il aimait à venir passer les trois jours de la semaine dont il pouvait disposer dans la maisonnette de ses ancêtres. Trois procureurs de père en fils, tous bons vivants, laborieux, et s'étant, à ce qu'il semblait, fait une règle héréditaire de gagner beaucoup, afin de beaucoup dépenser sans ruiner leurs enfants. Néanmoins, maître Simon Parquet, après avoir montré beaucoup de penchant à la prodigalité dans sa jeunesse, était devenu assez rangé dans son âge mûr pour amasser une jolie fortune. Ce miracle s'était opéré, disait-on, par l'amour qu'il portait à sa fille chérie, qu'il voulait voir avantageusement établie. Le fait est que la parcimonie de sa femme lui avait fait autrefois aimer le désordre, par esprit de contradiction; mais aussitôt que la dame fut morte, Parquet goûta beaucoup moins de plaisir en mangeant le fruit qui n'était plus défendu, et trouva dans ses ressources assez de temps et d'argent pour bien profiter et pour bien user de la vie; il demeura généreux et devint sage. Sa fille était agréable sans être jolie, sensée plus que spirituelle, douce, laborieuse, pleine d'ordre pour sa maison, de soin pour son père et de bonté pour tous; elle semblait avoir pris à cœur de mériter le doux nom de *Bonne*, que son père lui avait donné par suite d'idées systématiques analogues à celles de M. Shandy.

La maison de campagne de maître Parquet était située à l'entrée du village, au-dessus de la chaumière de Jeanne Féline, au-dessous du château de Fougères. Ces trois habitations, avec leurs grandes et petites dépendances, couvraient la colline. L'ancien parc du château, converti en pâturage, descendait jusqu'aux confins du jardin symétrique de M. Parquet, et le mur crépi de ce dernier n'était séparé que par un sentier de la haie qui fermait le potager rustique de la mère Féline. Ce voisinage intime avait permis aux deux familles de se connaître et de s'apprécier. Simon Féline et Bonne Parquet étaient amis et compagnons d'enfance. L'avoué avait été uni d'une profonde estime et d'une vive amitié avec l'abbé Féline; on disait même que, dans sa jeunesse, il avait soupiré inutilement pour les yeux noirs de Jeanne. Il est certain que, dans son amitié pour cette vieille femme, il y avait un mélange de respect et de galanterie surannée qui faisait parfois sourire le grave Simon. C'était, du reste, la seule passion romanesque qui eût trouvé place dans l'existence très-positive de l'ex-procureur. Des distractions fort peu exquises, et qu'il appelait assez mal à propos *les consolations d'une douce philosophie*, étaient venues à son secours, et avaient empêché, disait-il, que sa vie ne fût livrée à un désespoir abrutissant. Depuis cette époque *de rêves enchanteurs et de larmes vaines*, il avait vu Jeanne devenir mère de douze enfants. Dans sa prospérité comme dans sa douleur, elle avait toujours trouvé dans M. Parquet un digne voisin et un ami dévoué.

L'excellent homme était rempli de finesse et de pénétration. Il devina plutôt qu'il ne découvrit le secret de Simon. Il lui arracha enfin l'aveu de ses dettes et de son embarras. Alors, l'emmenant dans son cabinet, à la ville : « Tiens, lui dit-il en lui mettant un portefeuille dans la main, voici une somme de dix mille francs que je viens de recevoir d'un riche, pour lui en avoir fait gagner autrefois quatre cent mille. C'est une aubaine sur laquelle je ne comptais plus, le client s'étant ruiné et enrichi deux ou trois fois depuis. Personne ne sait que cette somme m'est venue, pas même ma fille; garde-moi le secret. Il n'est pas bon qu'un jeune homme laisse dire qu'il a reçu un service. La plus noble chose du monde, c'est de l'accepter d'un véritable ami; mais le monde ne comprend rien à cela. Peut-être qu'un autre t'eût proposé de te compter une pension ou de payer tes lettres de change. Ce dernier point est contraire à mes principes d'ordre, et, quant au premier, je trouve qu'il en coûte assez à ton orgueil d'accepter une fois. Renouveler cette cérémonie serait te condamner à un supplice périodique. Tu as du cœur, tu as de la modération; cette somme doit te suffire pour passer à Paris plusieurs années, à moins que tu ne contractes des vices. Songe à cela, c'est ton affaire. Tout ce que je te dirais à cet égard n'y changerait rien. Dieu te garde d'une jeunesse orageuse comme fut la mienne! »

Simon, étourdi d'un service si considérable, voulut en vain le refuser en exprimant ses craintes de ne pouvoir le rendre assez vite.

« Je te donne trente ans de crédit, répondit Parquet en riant; tu paieras aux enfants de ma fille, avec les intérêts, si tu veux. Je ne cherche point à blesser ta fierté.

— Mais s'il m'arrive de mourir sans m'acquitter, comment fera ma mère?

— Aussi je ne te demande pas de billet, reprit l'avoué d'un ton brusque; ni ta mère ni mes héritiers n'en sauront rien. Allons, va-t'en, en voilà assez; sache seulement que je ne suis ni si généreux ni si imprudent que tu le penses. Simon, tu es destiné à faire ton chemin, souviens-toi de ce que je te dis : le neveu de mon pauvre Féline, le fils de Jeanne, n'est pas dévoué à l'obscurité. Avant qu'il soit vingt ans peut-être, je serai fort honoré de ta protection. Je ne ris pas. Adieu, Simon, laisse-moi déjeuner. »

Simon paya mille francs de dettes qu'il avait à Poitiers, et alla travailler à Paris. Il n'aimait pas l'étude des lois, et avait songé à y renoncer. Mais le service que Parquet venait de lui rendre lui faisait presque un devoir de persévérer dans une profession qui, en raison des études déjà faites et de la protection assurée à ses débuts par son vieil ami, lui offrirait plus vite que toute autre les moyens de s'acquitter. L'enfant travailla donc avec courage, avec héroïsme; il simplifia ses dépenses autant que possible, et rendit sa vie aussi solitaire que celle d'un jeune lévite. La nature ne l'avait pas fait pour cette retraite et pour ces privations; des passions ardentes fermentaient dans son sein; une énergie extraordinaire, le besoin d'une large existence, le débordaient. Il sut comprimer les élans de son caractère sous la terrible loi de la conscience. Toute cette existence de sacrifices et de mortifications fut un véritable martyre, dont pas un ami ne reçut la confidence; Dieu seul en fut témoin. Jeanne s'effraya de la maigreur et de la pâleur de son fils, lorsqu'elle le revit les années suivantes. Elle sut seulement qu'il avait la mauvaise habitude de travailler la nuit. Parquet se demanda si c'était le vice ou la sagesse qui avait terni déjà la fleur de la jeunesse sur ce noble visage. Il n'osa le lui demander à lui-même, car Simon n'était pas très-expansif; il était dévoré de fierté, et, quoiqu'il ressentît au fond du cœur une vive reconnaissance pour son ami, il ne pouvait surmonter la souffrance qu'il éprouvait auprès de lui. Il le fuyait avec douleur et n'avait pas seulement la force de lui dire : « Je travaille, et j'espère le succès de mes peines; » car il rougissait de sa honte même, il ne craignait rien tant que de se l'entendre reprocher. Le caractère de Parquet étant plus ouvert et plus hardi, il ne comprit pas les sentiments de Simon, et les attribua à la honte ou au remords d'avoir mal employé son temps et son argent. Il eut la délicatesse de ne pas lui faire de question et de ne pas sembler s'apercevoir de son embarras. Bonne, qui ne sut à quoi attribuer la conduite de son compagnon d'enfance, s'en affligea assez sérieusement pour faire craindre à son père que ce jeune homme ne lui inspirât un sentiment plus vif que la simple amitié.

Cependant, à l'automne de 1824, Simon revint avec son diplôme d'avocat et sa thèse en latin dédiée à l'ami Parquet. Personne ne s'attendait à un succès aussi prompt. Simon ne l'avait pas même annoncé à sa mère dans ses lettres. Ce fut un grand jour de joie et d'attendrissement pour les deux vieillards. Bonne eut les larmes aux yeux en serrant la main de son jeune ami. Mais la tristesse et la pâleur de Simon ne s'animèrent pas un instant. Il sembla impatient de voir finir le dîner que Parquet donnait, pour lui faire fête, aux notables du pays et aux plus proches amis. Il s'éclipsa sur le premier prétexte qu'il put trouver, et alla se promener seul dans la montagne. Tous les jours suivants il montra le même amour pour la solitude, le même besoin de silence et d'oubli. Parquet l'engageait avec chaleur à s'emparer de la première affaire qui serait plaidée à la fin des vacances, et à faire son début au barreau. Simon lui serrait la main et répondait : « Avant tout, il faut que je me repose. Je suis accablé de fatigue. »

Cela n'était que trop vrai. Mais à ce malaise venait se joindre une tristesse profonde. Simon portait au dedans de lui-même la lèpre qui consume les âmes actives lorsque leur destinée ne répond pas à leurs facultés. Il était dévoré d'une inquiétude sans cause et d'une impatience sans but qu'il eût été bien embarrassé d'expliquer et de confier à tout autre qu'à lui-même, car il comprenait à peine son mal et n'osait se l'avouer. Il était ambitieux.

Il se sentait à l'étroit dans la vie et ne savait vers quelle issue s'envoler. Ce qu'il avait souhaité d'être ne lui semblait plus, maintenant qu'il avait mis les deux pieds sur cet échelon, qu'une conquête dérisoire hasardée sur le champ de l'infini. Simple paysan, il avait désiré une profession éclairée ; avocat, il rêvait les succès parlementaires de la politique, sans savoir encore s'il aurait assez de talent oratoire pour défendre la propriété d'une haie ou d'un sillon. Ainsi partagé entre le mépris de sa condition présente, le désir de monter au-dessus et la crainte de rester au-dessous, il était en proie à de véritables angoisses et les cachait avec soin, sachant mieux que personne que cet état tenait de la folie et qu'il fallait le surmonter par l'effort de sa propre volonté. Cette maladie de l'âme est commune aujourd'hui à tous les jeunes gens qui abandonnent la position de leur famille pour en conquérir une plus élevée. C'est une pitié que de les en voir tous atteints, même les plus médiocres, chez qui l'ambition (déjà si répréhensible dans les grandes âmes lorsqu'elle y naît trop vite) devient ridicule et insupportable, n'étant fondée sur aucune prétention légitime. Simon n'était pas de ces génies avortés qui se dévorent du regret de n'avoir pu exister. Il sentait sa force, il savait ce qu'il avait accompli, ce qu'il accomplirait encore. Mais *quand?* Toute la question était une question de temps. Il savait bien qu'à l'heure dite il reprendrait la charrue pour tracer dans le roc le pénible sillon de sa vie. Il souffrait par anticipation les douleurs de ce nouveau martyre, auquel il savait bien que la mollesse et l'amour grossier de soi-même ne viendraient pas le soustraire. Il souffrait, mais non pas comme la plupart de ceux qui se lamentent de leur impuissance ; il subissait en silence le mal des grandes âmes. Il sentait se former en lui un géant, et sa frêle jeunesse pliait sous le poids de cet autre lui-même qui grondait dans son sein.

Il s'appliquait cette métaphore, et souvent, lorsqu'au fond d'un ravin, il se jetait avec accablement sur la bruyère, il se disait en lui-même qu'il était comme une femme enceinte, fatiguée de porter le fruit de ses entrailles. « Quand donc te produirai-je au jour, dragon ? s'écriait-il sous délire ; quand donc te lancerai-je devant moi à travers le monde pour m'y frayer une route ? Seras-tu vaste comme mon aspiration, seras-tu étroit comme ma poitrine ? Est-ce la cité, est-ce la souris qui va sortir de ce pénible et long enfantement ? »

En attendant cette heure terrible, il s'étendait sur la mousse des collines et à l'ombre des forêts de bouleaux qui serpentent sur les bords pittoresques de la Creuse ; il goûtait parfois quelques heures d'un sommeil agité comme l'onde du torrent et comme le vent de l'orage. Tantôt il marchait avec rapidité pendant tout un jour, tantôt il restait assis sur un rocher, du lever au coucher du soleil. Sa santé périssait, mais son âme ne vivait qu'avec plus d'intensité, et son courage renaissait avec les douleurs physiques qui lui donnaient un aliment.

A ces maux se réunissaient les irritations bilieuses d'un sentiment politique très-prononcé. A vingt-deux ans, les sentiments sont des principes, et les principes-là sont des passions. Simon avait sucé les idées républicaines au sein de sa mère. Son père, soldat de la république, avait été massacré par les chouans. L'abbé Féline avait compris la fraternité des hommes comme Jésus l'avait enseignée, et Jeanne, imbue de ses pensées, admettait si peu le droit divin pour les dignités temporelles, qu'à son insu, vingt fois par jour, elle était hérétique. Son fils prenait plaisir à l'entendre proférer ces saints blasphèmes. Il se gardait de les lui faire apercevoir, et s'enivrait de l'énergie de cette sauvage vertu qui répondait si bien à toutes les fibres de son être. « Ma mère, s'écriait-il quelquefois avec enthousiasme, vous étiez digne d'être une matrone romaine aux plus beaux jours de la république. » Jeanne ne savait pas l'histoire romaine, mais elle avait réellement les vertus de l'ancienne Rome.

A cette époque, où il était sérieusement question du retour des anciens privilèges, où l'on présentait des lois sur le droit d'aînesse, où l'on votait des indemnités pour les émigrés, quoique la mère et le fils Féline n'eussent aucune prévention personnelle contre la famille de Fougères, ils virent avec regret tout l'attirail aratoire des frères Mathieu sortir du donjon féodal pour faire place à la livrée du comte. La vieille Jeanne prévoyait bien, dans son expérience, que, l'amour du nouveau une fois calmé, ce maître tant désiré ne manquerait ni d'ennemis ni de défauts. Elle était blessée, surtout, d'entendre le jeune curé de Fougères parler de lui rendre des honneurs semblables à ceux qui escorteraient les reliques d'un saint, et demandait par quelles vertus cet inconnu avait mérité qu'on parlât d'aller le recevoir en procession. Néanmoins, comme elle ne s'exprimait devant ses concitoyens qu'avec douceur et mesure, malgré le grand crédit que ses vertus, sa sagesse et sa piété lui avaient acquis sur leurs esprits, ils la traitèrent un peu comme Cassandre, et n'en continuèrent pas moins d'élever des reposoirs sur la route par laquelle le comte de Fougères devait arriver.

III.

Quelques jours avant celui où le comte de Fougères était attendu dans son domaine, on vit, dès le matin, mademoiselle Bonne faire charger un mulet des plus beaux fruits de son jardin, fruits rares dans le pays, et que M. Parquet soignait presque aussi tendrement que sa fille. Le digne homme était parti la veille. Bonne monta en croupe, suivant l'usage, derrière son domestique. On attacha le mulet chargé de vivres à la queue du cheval que montaient la demoiselle et son écuyer en blouse et en guêtres de toile. Dans cet équipage, la fille de l'avoué descendit au petit trot le chemin tournant qui se plonge avec rapidité dans la vallée ; car, quoique Fougères soit situé dans un joli vallon bien creusé en entonnoir, le sol de ce vallon est encore beaucoup plus élevé que celui de la vallée principale, où l'on découvre au loin les clochers du chef-lieu, et notre hameau est caché dans ces collines rocailleuses qu'on décore du nom de montagnes dans le pays, comme un nid de milan dans le cratère éteint d'un ancien volcan.

Le soleil, encore rouge, commençait à monter sur l'horizon de bruyères qui se découpe en lignes arrondies vers tous les points de ce paysage, lorsque Simon, en débusquant d'un sentier rapide caché dans les genêts épineux, se trouva face à face sur la route avec sa douce voisine. Pour tout autre que la rencontre de cette aimable personne eût été ce que le vol d'une colombe était jadis pour les augures. Mais Simon, toujours brusque et préoccupé, ne s'aperçut point de la vive rougeur qui colora les joues de la jeune fille, et du mélange de plaisir et de peine qui passa dans son regard.

« Eh bien, mademoiselle Bonne, lui dit-il de sa voix pleine et grave, vous voilà donc entrée en fonctions ? je vous en fais mon compliment.

— Que voulez-vous dire, monsieur Simon ? répondit mademoiselle Parquet un peu fâchée de cette apostrophe.

— Mais n'allez-vous pas à la ville pour cette grande et solennelle cérémonie de la signature du contrat ? M. le comte, notre bon et illustre seigneur, veux-je dire, n'est-il pas arrivé chez vous hier soir, et ne daigne-t-il pas manger vos provisions en attendant qu'il ait la bonté de nous apporter ici sa botte à baiser ? Ne vous voilà-t-il pas en route pour courir à sa rencontre, lui préparer son dîner et le saluer avec tout le respect d'une humble vassale ? Combien de temps allez-vous nous dérober la présence de cet astre resplendissant ? Songez à l'impatience...

— Taisez-vous, monsieur Simon, interrompit Bonne avec un peu d'humeur. Toutes ces plaisanteries-là sont fort méchantes. Croyez-vous que mon père et moi soyons les humbles serviteurs de qui que ce soit ? Pensez-vous que votre monsieur le comte soit autre chose pour nous qu'un client et un hôte envers lequel nous n'avons que des devoirs de probité et de politesse à remplir ?

— A Dieu ne plaise que j'en pense autrement ! répondit Simon avec plus de douceur. Cependant, voisine, il me semble que votre père n'avait pas jugé convenable ou du moins nécessaire, de vous emmener hier avec lui.

D'où vient donc que vous voilà en route ce matin pour le rejoindre?

— C'est que j'ai reçu un exprès et une lettre de lui au point du jour, répondit Bonne.

— Si matin? répliqua Simon d'un air de doute.

— Tenez, monsieur le censeur! dit Bonne en tirant de son sein un billet qu'elle lui jeta.

— Oh! je vous crois, s'écria-t-il en voulant le lui rendre.

— Non pas, non pas, repartit la jeune fille; vous m'accusez de courir au-devant d'un homme malgré la défense de mon père, je veux que vous me fassiez des excuses.

— A la bonne heure, dit Simon en jetant les yeux sur le billet, qui était conçu en ces termes :

« Lève-toi vite, ma chère enfant, et viens me trouver. M. de Fougères n'est point un freluquet; ou, s'il l'est, son équipage du moins ne me donne pas de crainte. En outre, il m'a amené une dame que je suis fort en peine de recevoir convenablement. J'ai besoin de ta présence au logis. Apporte des fruits, des gâteaux et des confitures.

« *Ton père qui t'aime.* »

— En ce cas, chère voisine, dit Simon en lui rendant le billet, je vous demande pardon et déclare que je suis un brutal.

— Est-ce là tout? répondit Bonne en lui tendant la main.

— Je déclare, dit-il en la lui baisant, que vous êtes Bonne la bien baptisée. C'est le mot de ma mère toutes les fois qu'elle vous nomme.

— Et répondez-vous toujours *amen*?

— Toujours.

— Surtout quand vous ne pensez pas à autre chose?

— Pourquoi cela? que signifie ce reproche? » répondit Simon avec beaucoup d'étonnement.

Bonne rougit et baissa les yeux avec embarras. Elle eût mieux aimé que Simon soutînt cette petite guerre que de ne pas comprendre l'intérêt qu'elle y mettait. Elle n'avait pas assez de vivacité dans l'esprit pour continuer sur ce ton, et pour réparer une étourderie par une plaisanterie quelconque. Elle se troubla, et lui dit adieu en frappant le flanc de son cheval avec une branche de peuplier qui lui servait de cravache. Simon la suivit des yeux quelques minutes avec surprise; puis, haussant les épaules comme un homme qui s'aperçoit de l'emploi puéril de son temps et de son attention, il reprit en sifflant le cours de sa promenade solitaire. La pauvre Bonne avait eu un instant de joie et de confiance imprudente. Elle l'avait cru jaloux en le voyant blâmer son empressement d'aller recevoir M. de Fougères; mais d'ordinaire elle s'apercevait vite, après les lueurs d'espoir, qu'elle s'était abusée, et que Simon n'était pas même occupé d'elle.

La Marche est un pays montueux qui n'a rien de grandiose, mais dont l'aspect, à la fois calme et sauvage, m'a toujours paru propre à tenter un ermite ou un poëte. Plusieurs personnes le préfèrent à l'Auvergne, en ce qu'il a un caractère plus simple et plus décidé. L'Auvergne, dont le ciel me garde d'ailleurs de médire! a des beautés un peu empruntées aux Alpes, mais réduites à des dimensions trop étroites pour produire de grands effets. Le pays marchois, son voisin, a, si je puis m'exprimer ainsi, plus de bonhomie et de naïveté dans son désordre; ses montagnes de fougères ne se hérissent pas de roches menaçantes; elles entr'ouvrent çà et là leur robe de verdure pour montrer leurs flancs arides que ronge un lichen blanchâtre. Les torrents fougueux ne s'élancent pas de leur sein et ne grondent pas parmi les décombres; de mystérieux ruisseaux, cachés sous la mousse, filtrent goutte à goutte le long des parois granitiques et s'y creusent parfois un bassin qui suffit à désaltérer la bécassine solitaire ou le vanneau à la voix mélancolique. Le bouleau allonge sa taille serrée dans un étui de satin blanc, et balance son léger branchage sur le versant des ravins rocailleux; là où la croupe des collines s'arrondit sous le pied des pâtres, une herbe longue et fine, bien coupée

de ruisseaux et bien plantée de hêtres et de châtaigniers, nourrit de grands moutons très-blancs et couverts d'une laine plate et rude, des poulains trapus et robustes, des vaches naines fécondes en lait excellent. Dans les vallées, on cultive l'orge, l'avoine et le seigle; sur les monticules, on engraisse les troupeaux. Dans la partie plus sauvage qu'on appelle la montagne, et où le vallon de Fougères se trouve jeté comme une oasis, on trouve du gibier en abondance, et on recueille la digitale, cette belle plante sauvage que la mode des anévrismes a mise en faveur, et qui élève dans les lieux les plus arides ses hautes pyramides de cloches purpurines, tigrées de noir et de blanc. Là aussi le buis sauvage et le houx aux feuilles d'émeraude tapissent les gorges où serpente la Creuse. La Creuse est une des plus charmantes rivières de France; c'est un torrent profond et rapide, mais silencieux et calme dans sa course, encaissé, limpide, toujours couronné de verdure, et baisant le pied de ces *monti ameni* qu'eût aimés Métastase.

Somme toute, le pays est pauvre; les gros propriétaires y mènent plus joyeuse vie que dans les provinces plus fertiles, comme il arrive toujours. Nulle part la bonne chère ne compte des dévots plus fervents. Mais le paysan économe, laborieux et frugal, habitué à la rudesse de son sort, et dédaignant de l'adoucir par de folles dépenses, vit de châtaignes et de sarrasin; il aime l'argent plus que le bien-être; la chicane est son élément, le commerce tant soit peu frauduleux est son art et son théâtre. Un marchand forain marchois est pour les provinces voisines un personnage aussi redoutable que nécessaire; il a le talent incroyable de tromper toujours et de ne jamais perdre son crédit. J'en ai connu plus d'un qui aurait donné des leçons de diplomatie au prince de Talleyrand. Le cultivateur du Berri est destiné, de père en fils, à être sa proie, le nourrir, à l'enrichir et à le donner au diable, qui le lui renvoie chaque année plus rusé, plus prodigue de belles paroles, plus irrésistible et plus fripon.

Simon Féline était une de ces natures supérieures par leur habileté et leur puissance, qui peuvent faire beaucoup de mal ou beaucoup de bien, suivant la direction qui leur est imprimée. Dès le principe, son éducation éteignit en lui l'instinct marchois de maquignonnage, et développa d'abord le sentiment religieux. A l'âge de puberté, l'éducation philosophique vint mêler la logique à la pensée, la réflexion à l'enthousiasme; puis, la passion sillonna son âme de ces grands éclairs qui peu à peu devaient la révéler à elle-même. Mais au milieu de ces ouragans elle conserva toujours un caractère de mysticisme, et l'amour de la contemplation domina l'esprit d'examen. A côté de sa soif d'avenir et de ses appétits de puissance, Simon conservait dans la solitude un sentiment d'extase religieuse. Il s'y plongeait pour guérir les blessures qu'il avait reçues dans un choc imaginaire avec la société; et parfois, au lieu du rôle actif qu'il avait entrevu, il se surprenait à caresser je ne sais quel rêve de perfection chrétienne et philosophique, quasi militante, quasi monacale.

Il passait souvent, comme je l'ai déjà dit, des journées entières au fond des bois, sans épuiser la vigueur de cette imagination qu'il n'osait monter au logis. Le jour de sa rencontre avec mademoiselle Parquet, il fit une assez longue course pour n'être de retour que vers le soir. Avant de regagner sa chaumière, Simon voulut voir coucher le soleil au même lieu d'où il avait contemplé son lever. C'était le sommet de la dernière colline qui encadrait le vallon, et sur lequel s'élevaient les ruines du petit fort destiné jadis à répondre aux batteries du château et à garder l'entrée du vallon. De cette colline on jouissait d'une vue magnifique; on plongeait d'une part dans le vallon de Fougères, et de l'autre on embrassait la vaste et profonde arène où serpente la Creuse. Simon aimait de prédilection cette ruine qu'habitaient de grands lézards verts et des orfraies au plumage flamboyant. La seule tour qui restait debout en entier avait été aussi un but de promenade quotidienne pour l'abbé Féline. Simon avait à peine connu ce digne homme; mais il en conservait un vague souvenir, exalté par l'enthousiasme de sa mère et par la vénération des habitants. Il ne passait pas un jour sans aller saluer ces décombres sur lesquels son oncle s'était tant de fois assis dans le silence de la méditation, et dont plusieurs pierres portaient encore les initiales de son nom, creusées avec un couteau. L'abbé avait donné à cette tour le nom de *Tour de la Duchesse*, parce qu'un de ces grands oiseaux de nuit, remarquables par leur voix effrayante, et assez rares en tous pays, en avait fait longtemps sa demeure ; ce nom s'était conservé dans les environs, et les amis superstitieux du bon curé prétendaient que, la nuit anniversaire de ses funérailles, la *duchesse* revenait encore se percher sur le sommet de la tour et jeter de longs cris de détresse jusqu'au premier coup de l'*Angelus* du matin.

Assis sur le seuil de la tour, Simon regardait l'astre magnifique s'abaisser lentement sur les collines de Glenny, lorsqu'il entendit une voix inconnue parler à deux pas de lui une langue étrangère, et en se retournant il vit deux personnages d'un aspect fort singulier.

Le plus rapproché était un homme d'environ cinquante ans, d'une figure assez ouverte en apparence, mais moins agréable au second coup d'œil qu'au premier. Cette physionomie, qui n'avait pourtant rien de repoussant, était singularisée par une coiffure poudrée à ailes de pigeon, tout à fait surannée ; une large cravate tombant sur un ample jabot, des culottes courtes, des bottes à revers et un habit à basques très-longues, rappelaient exactement le costume qu'on portait en France au commencement de l'empire. Ce personnage stationnaire tenait une cravache de laquelle il désignait les objets environnants à sa compagne ; et, au milieu du dialecte ultramontain qu'il parlait, Simon fut surpris de lui entendre prononcer purement le nom des collines et des villages qui s'étendaient sous leurs yeux.

La compagne de ce voyageur bizarre était une jeune femme d'une taille élégante que dessinait un habit d'amazone. Mais, au lieu du chapeau de castor que portent chez nous les femmes avec ce costume, l'étrangère était coiffée seulement d'un grand voile de dentelle noire qui tombait sur ses épaules et se nouait sur sa poitrine. Au lieu de cravache, elle avait à la main une ombrelle, et, occupée de l'autre main à dégager sa longue jupe des ronces qui l'accrochaient, elle avançait lentement, tournant souvent la tête en arrière, ou rabattant son voile et son ombrelle pour se préserver de l'éclat du soleil couchant qui dardait sur ses rayons au niveau de l'horizon. Tout cela fut cause que, malgré l'attention avec laquelle Simon stupéfait observait l'un et l'autre inconnus, il ne put voir que confusément les traits de la jeune dame.

IV.

Par suite de son caractère farouche, ennemi des puérilités de la conversation et de toute espèce d'oisiveté d'esprit, Simon se leva après deux ou trois minutes d'examen, et fit quelques pas pour fuir les importuns qui prenaient possession de sa solitude ; mais l'homme à ailes de pigeon, courant vers lui avec une politesse empressée, lui adressa la parole dans le patois des montagnes, pour lui faire cette question dont Simon resta stupéfait :

« Mille pardons si je vous dérange, Monsieur ; mais n'êtes-vous pas un parent de feu le digne abbé Féline ?

— Je suis son neveu, répondit Simon en français ; car le patois marchois ne lui était déjà plus familier, après quelques années de séjour au dehors.

— En ce cas, Monsieur, dit l'étranger, parlant français à son tour sans le moindre accent ultramontain, permettez-moi de presser votre main avec une vive émotion. Votre figure me rappelle exactement les nobles traits d'un des hommes les plus estimables dont notre province honore la mémoire. Vous devez être le fils de... Permettez que je recueille mes souvenirs... » Après un moment d'hésitation, il ajouta : « Vous devez être un des fils de sa sœur ; elle venait de se marier lorsque le règne de la terreur me chassa de mon pays.

— Je suis le dernier de ses fils, » répondit Simon de plus en plus étonné de la prodigieuse mémoire de celui qu'il reconnaissait devoir être le comte de Fougères. Et il en était presque touché, lorsque la pensée lui vint que, le comte ayant déjà pu prendre des renseignements de M. Parquet sur les personnes du village, il pouvait bien y avoir un peu de charlatanisme dans cette affectation de tendre souvenance. Alors, ramené au sentiment d'antipathie qu'il avait pour tout objet d'adulation, et retirant sa main qu'il avait laissé prendre, il salua et tenta encore de s'éloigner.

Mais M. de Fougères ne lui en laissa pas le loisir. Il l'accabla de questions sur sa famille, sur ses voisins, sur ses études, et parut attendre ses réponses avec tant d'intérêt que Simon ne put jamais trouver un instant pour s'échapper. Malgré ses préventions et sa méfiance, il ne put s'empêcher de remarquer dans ce bavardage une naïveté puérile qui ressemblait à de la bonhomie. Il acheva de se réconcilier avec lui lorsque le comte lui dit qu'il était parti de la ville, à cheval, aussitôt après la signature du contrat, afin d'éviter les honneurs solennels qui l'attendaient sur son passage. « Le bon M. Parquet m'a dit, ajouta-t-il, que ces braves gens voulaient faire des folies pour nous. Je pensais qu'en arrivant plusieurs jours plus tôt qu'ils n'y comptaient j'échapperais à cette ovation ridicule ; mais avant de serrer la main de mes anciens amis, je n'ai pu résister au désir de contempler ce beau site et de monter jusqu'à la tour où, dans mon adolescence, je venais rêver comme vous, monsieur Féline. Oui, j'y suis venu souvent avec votre oncle lorsqu'il n'était encore que séminariste ; nous y avons parlé plus d'une fois de l'incertitude de l'avenir et des vicissitudes de la fortune. La ruine de ma caste était assez imminente alors pour qu'il pût me prédire les désastres qui m'attendaient. Il me prêchait le courage, le détachement, le travail... Oui, mon cher monsieur, continua le comte en voyant que Simon l'écoutait avec intérêt, et je puis dire que ses bons conseils n'ont pas été entièrement perdus... Je n'ai pas été de ceux qui passèrent le temps à se lamenter, ou qui oublièrent leur dignité jusqu'à tendre la main. J'ai pensé que travailler était plus noble que mendier. Et puis, je suis un franc Marchois, voyez-vous ! J'avais emporté d'ici l'instinct industrieux qui n'abandonne jamais le montagnard. Savez-vous ce que je fis ? Je réalisai le produit de quelques diamants que j'avais réussi à sauver ainsi qu'un peu d'or ; j'achetai un petit fonds de commerce, et je me fixai dans une ville où le négoce commençait à fleurir. Les affaires de Trieste prospérèrent vite, et les miennes par conséquent. Nous étions une colonie de transfuges de tous pays : Français, Anglais, Orientaux, Italiens. Les habitants nous accueillaient avec empressement. Les débris de la noblesse vénitienne, à laquelle on avait arraché sa fortune, son gouvernement et jusqu'à sa nationalité, vinrent plus tard se joindre à nous, pour acquérir ou pour consommer. Oh ! maintenant, Trieste est une ville de commerce d'une grande importance. J'en revendique ma part de gloire, entendez-vous ? On a dit assez de mal des émigrés, et la plupart d'entre eux l'ont mérité ; il est juste que l'on ne confonde pas les boucs avec les brebis, comme disait le bon abbé Féline. J'ai reçu plusieurs lettres de lui dans mon exil, et je les ai conservées ; je vous les ferai voir. Elles sont pleines d'approbation et d'encouragement. Ce sont là des titres véritables, monsieur Féline ; on peut en être fier, n'est-ce pas ? *Non è vero, Fiamma ?* » ajouta-t-il en se tournant, avec la vivacité inquiète et un peu triviale qui caractérisait ses manières, vers la jeune dame qui l'accompagnait, et qui, depuis un instant seulement, s'était rapprochée de lui.

La personne qui portait ce nom étrange ne répondit que par un signe de tête ; mais elle releva son ombrelle, et ses yeux rencontrèrent ceux de Simon Féline.

Lorsque deux personnes d'un caractère analogue très-énergique se regardent pour la première fois, sans aucun doute il se passe entre elles, avant de se reconnaître et de sympathiser, une sorte de lutte mystérieuse qui les émeut profondément. Pressées de s'adopter, mais incer-

Et en se retournant, il vit deux personnages.... (Page 7.)

taines et craintives, ces âmes sœurs s'appellent et se repoussent en même temps. Elles cherchent à se saisir et craignent de se laisser étreindre. La haine et l'amour sont alors des passions également imminentes, également prêtes à jaillir comme l'éclair du choc de ces natures qui ont la dureté du caillou, et qui, comme lui, recèlent le feu sacré dans leur sein.

Simon Féline ne put s'expliquer l'effet que cette femme produisit sur lui. Il eut besoin de toute sa force pour soutenir un regard qui, en cet instant sans doute, rencontrait le seul être auquel il pût faire comprendre toute sa puissance. Ce regard, qui n'avait probablement rien de surnaturel pour le vulgaire, fit tressaillir Féline comme un appel ou comme un défi ; il ne sut pas lequel des deux ; mais toute sa volonté se concentra dans son œil pour y répondre ou pour l'affronter. Le visage de la femme inconnue n'avait pourtant rien qui ressemblât à l'effronterie ; son front semblait être le siége d'une audace noble ; le reste du visage, pâle et d'une régulière beauté, exprimait un calme voisin de la froideur. Le regard seul était un mystère ; il semblait être le ministre d'une pensée scrutatrice et impénétrable. Simon était d'une organisation délicate et nerveuse ; son émotion fut si vive que son trouble intérieur produisit quelque chose comme un sentiment de colère et de répulsion.

Tout cela se passa plus rapidement que la parole ne peut le raconter; mais, depuis le moment où elle leva son ombrelle jusqu'à celui où elle la baisa lentement sur son visage, tant d'étonnement se peignit sur celui de Simon que le comte de Fougères en fut frappé. Il attribua à la seule admiration la fixité du regard de sa nouvelle connaissance et la légère contraction de sa bouche.

« C'est ma fille, lui dit-il d'un air de vanité satisfaite, mon unique enfant ; c'est une Italienne. J'aurais voulu l'élever un peu plus à la française ; mais son sexe la plaçait sous l'autorité plus immédiate de sa mère...

— Vous vous êtes marié en pays étranger ? » demanda Simon, qui dès cet instant affecta des manières très-assurées, sans doute pour faire sentir à mademoiselle de Fougères qu'elle ne l'avait pas intimidé.

Le comte, qui n'aimait rien tant que de parler de lui, de sa famille et de ses affaires, satisfit la curiosité feinte ou réelle de son interlocuteur.

« J'ai épousé une Vénitienne, répondit-il, et j'ai eu le

C'est ma fille, lui dit-il... (Page 8.)

malheur de la perdre il y a quelques années ; c'est ce qui m'a dégoûté de l'Italie. C'était une Falier, grande famille qui reçut une rude atteinte dans la personne de Marino, le doge décapité ; vous savez cette histoire? Les descendants ont été ruinés du coup, ce qui ne les empêche pas d'être d'une illustre race... Au reste, ce sont là des vanités dont la raison de notre siècle fait justice. Ce qui fait la véritable puissance aujourd'hui, ce n'est pas le parchemin, c'est l'argent... Eh ! eh ! n'est-ce pas, monsieur Féline? *Non è vero, Fiamma?*

— *E l'onore,* » prononça derrière l'ombrelle une voix à la fois mâle et douce, qui fit tressaillir Simon. Ce timbre pectoral et grave des femmes italiennes, indice de courage et de générosité, n'avait jamais frappé son oreille. Quand une Française n'a pas une voix flûtée, elle a une voix rauque et choquante. Il n'appartient qu'aux ultramontaines d'avoir ces notes pleines et harmonieuses qui font douter au premier instant si elles sortent d'une poitrine de femme ou de celle d'un adolescent. Cet organe sévère, cette réponse fière et laconique, détruisirent en un instant les préventions défavorables de Simon.

Le comte parut un peu confus, même un peu mécontent ; mais il se hâta de parler d'autre chose. Il semblait dominé par la supériorité de sa fille ; du moins, malgré le peu d'attention qu'elle accordait à la conversation, marchant toujours deux pas en arrière et ne répondant que par monosyllabes, il ne pouvait résister à l'habitude d'invoquer toujours son suffrage et de terminer toutes ses périodes par ce *Non è vero, Fiamma?* qui produisait un effet magnétique sur Simon et le forçait à reporter ses regards sur la silencieuse Italienne.

Quoique le comte de Fougères eût complétement détruit l'idée que Simon s'était faite de la morgue et des prétentions ridicules d'un émigré redevenu seigneur de village, il était bien loin d'avoir gagné son cœur par ses cajoleries. Il est vrai que Simon le prenait pour un excellent homme, plein de franchise et d'abandon ; néanmoins, et comme si l'esprit de contradiction se fût emparé de son jugement, il était choqué de je ne sais quoi de bourgeois que le châtelain de Fougères avait contracté, sans doute, à son comptoir. Il en était à se dire qu'il valait mieux être ce que la société nous a fait que de jouer un rôle amphibie entre la roture et le patriciat. Il trouvait ce désaccord frappant dans chaque parole du comte, et ne pouvant, d'après son extérieur expansif, l'attribuer à la mauvaise foi, il l'attribuait à un manque total d'intelligence et de logique. Par exemple, il eut envie de sourire quand l'ex-négociant de Trieste lui dit :

« Qu'est-ce qu'un nom? je vous le demande ; est-il propriété plus chimérique ou plus inutile? Quand *j'ai monté ma boutique* à Trieste, je commençai par quitter mon nom et mon titre, et je reconstruisis ma fortune sous celui de signor Spazzetta, ce qui veut dire M. Labrosse. Eh bien ! mon commerce a prospéré, mon nom est devenu estimable et m'a ouvert le plus grand crédit. Je voudrais bien que quelqu'un vînt me prouver que le nom de Spazzetta ne vaut pas celui de Fougères ! »

Simon, fatigué de ce raisonnement absurde, se permit, dans sa franchise montagnarde, de le contredire, mais sans aigreur.

« Permettez-moi de croire, Monsieur, lui dit-il, que vous n'êtes pas bien convaincu de ce que vous dites ou que vous n'y avez pas bien réfléchi ; car si vous estimiez beaucoup votre nom de commerce, vous le conserveriez aujourd'hui ; et si vous n'aviez pas estimé infiniment votre nom de famille, vous ne l'auriez jamais quitté, et vous n'auriez pas craint de le compromettre dans le négoce. Enfin, vous devez préférer un titre seigneurial à un nom de maison d'entrepôt, puisque vous avez fait de grands sacrifices d'argent pour rentrer dans la possession de votre domaine héréditaire. »

Ces réflexions parurent frapper le comte, et soulevant un œil très-vif, quoique fatigué par des rides nombreuses, il examina Simon d'un air de surprise et de doute. Mais reprenant aussitôt l'aisance communicative de ses manières : « Et l'amour du pays, Monsieur, le comptez-vous pour rien? reprit-il. Croyez-vous qu'on oublie les lieux qui vous ont vu naître ? Ah! jeune homme! vous ne savez pas ce que c'est que l'exil. »

Toute raison de sentiment imposait silence à Simon. Lors même qu'il ne l'eût pas crue bien sincère, il n'eût osé montrer ses doutes. Quelle objection la délicatesse nous permet-elle lorsqu'on invoque des choses que nous respectons nous-mêmes? Lorsque les patriciens nous vantent l'excellence de leur race ennoblie par les exploits de leurs pères, nous sommes sans réponse ; nous ne saurions dire que nous ne faisons point de cas de l'héroïsme, et nous ne pouvons pas leur insinuer qu'il faudrait avant tout ressembler à leurs pères.

La nuit tombait lorsque Simon, forcé de descendre le sentier de la colline avec le comte, put enfin espérer de le quitter. Pour rien au monde, après avoir si chaudement blâmé l'empressement des habitants à courir à la rencontre de leur seigneur, il n'eût voulu se rendre leur complice en lui servant d'escorte. Il prévint donc l'offre que le comte allait lui faire de l'accompagner à pied, et doubla le pas sous prétexte de faire avancer ses chevaux de selle, que tenait un domestique, sous un massif de châtaigniers, au bord de la route. Cette politesse, qui était si peu dans son caractère, facilita son évasion ; mais, après avoir fait signe au jockey d'aller rejoindre ses maîtres, il ne put surmonter la curiosité de jeter un dernier regard sur la fière Italienne dont les yeux noirs l'avaient troublé un moment. Se cachant dans le massif, il vit mademoiselle de Fougères monter avec calme et lenteur sur le cheval de pays qu'elle avait loué à la ville. C'était une haquenée noire et échevelée, vigoureuse et peu habituée à l'obéissance. Elle semblait se croire libre d'aller à sa fantaisie sous la main d'une femme ; mais la brune amazone lui fit sentir si durement le mors et l'éperon, qu'elle se cabra d'une manière furieuse à plusieurs reprises. « Finissez, Fiamma, finissez ces imprudences, pour l'amour de Dieu ! s'écria le comte d'un air plus ennuyé qu'effrayé ; cette affreuse bête va vous tuer !

— Non, mon père, répondit la jeune fille en italien ; elle va m'obéir. »

Et en effet, Fiamma mit tranquillement sa monture au trot, sans avoir changé un seul instant de visage. Simon crut retrouver, dans cette parole, l'esprit despotique du sang patricien, et il s'éloigna en maudissant cette race incorrigible qui aspire sans cesse à traiter les hommes comme des chevaux.

V.

Pendant qu'à la faveur des ombres de la nuit, et en suivant un chemin dont le comte avait conservé le plan dans un des mille recoins de sa méthodique mémoire, les voyageurs longeaient le village et se glissaient incognito vers la demeure de M. Parquet ; l'avoué, monté sur sa mule et portant sa fille en croupe, revenait aussi à Fougères, murmurant un peu contre l'activité inquiète de son hôte.

« Après tout, disait-il à la mélancolique mademoiselle Bonne, j'approuve fort le bon sens qu'il a eu de se soustraire à la cérémonie grotesque qu'on lui réservait, mais, quant à moi, j'aurais voulu voir cela, ne fût-ce que pour me dépoiler un tant soit peu la rate. Ce Fougères est un bon diable, pas trop ridicule, et ne manquant pas de sens à certains égards. Mais quand, après tout, il aurait essuyé les salves d'artillerie du village avec leurs fusils sans batteries, quand il aurait avalé la harangue du maire, celle du curé et celle du garde champêtre, ce n'eût pas été trop payer le bonheur qu'il a eu de ne perdre que cent mille francs sur son marché. Le pauvre comte ! il était bien tranquille et bien heureux là-bas dans son pays d'Istrie, où il vendait de la belle et bonne chandelle, d'excellent amadou, du savon, du poivre..., car, il ne faut pas gazer, notre cher comte était épicier. Qu'on appelle ce commerce-là comme on voudra, et qu'on y gagne tout l'argent du monde, ce n'est pas moins le même commerce que fait en petit la mère L'Oignon à Fougères.

— Comment, épicier ! reprit naïvement mademoiselle Parquet ; j'avais cru lui entendre dire qu'il était *armateur*...

— Eh ! sans doute, armateur en épiceries. Eh ! mon Dieu ! à présent il va faire le commerce des bestiaux. Je ne sais pas lequel est moins noble du mouton ou de sa graisse, du bœuf ou de sa corne, de l'abeille ou de son miel. Cependant ces gens-là s'imaginent que la propriété d'une terre les relève, surtout quand il y a quelque vieux pan de muraille armoriée qui croule sur le bord d'un ravin. Jolie habitation, ma foi ! que celle du château de Fougères ! Avant de la rendre supportable, il lui faudra encore dépenser cinquante mille francs. Je parie qu'il avait là-bas une bonne maison bien close et bien meublée, sur la vente de laquelle il aura perdu moitié, dans son empressement de revoir ses tourelles lézardées et ses belles salles délabrées, où les rats tiennent cour plénière.

— Il m'a pourtant semblé, reprit Bonne, être un homme dégagé de tous ces vieux préjugés.

— Est-ce que tu le crois sincère ? répondit vivement M. Parquet. Il se peut qu'il aime l'argent, et j'ai cru m'en apercevoir, malgré la sottise qu'il a faite de racheter son fief... mais sois sûre qu'il est encore plus vaniteux que cupide. Quand tu verras un noble cracher sur son blason, souviens-toi de ce que je te dis, Bonne, tu verras ton père travailler gratis pour les riches.

— Avez-vous fait attention à sa fille, mon père ? dit mademoiselle Parquet en sortant d'une sorte de rêverie.

— Eh ! eh ! si j'avais seulement une trentaine d'années de moins, j'y ferais beaucoup d'attention. Ce n'est pas qu'il faille croire les mauvaises plaisanteries de nos amis, Bonne, entends-tu? J'ai toujours été un homme sage et donnant le bon exemple ; mais je veux dire que mademoiselle de Fougères est une gaillarde bien tournée et qui a une paire d'yeux noirs... Je n'ai jamais vu d'yeux aussi beaux, si ce n'est lorsque Jeanne Féline avait vingt-cinq ans.

— Il y a longtemps de cela, mon père, interrompit Bonne en souriant.

— Eh ! sans doute, il y a longtemps, répondit l'avoué. Je n'avais que quinze ans alors. Je la regardais lorsqu'elle allait à l'église : c'était un ange, belle comme mademoiselle de Fougères, et bonne comme toi, ma fille.

— Et croyez-vous, mon père, que mademoiselle de Fougères ne soit pas aussi bonne qu'elle est belle?

— Oh! cela, je n'en sais rien; si elle est bonne, c'est de trop : car elle a de l'esprit comme un diable et tout le jugement qui manque à son père.

— Elle ne me paraît pas approuver beaucoup son obstination à revoir Fougères, et le séjour de notre village paraît la tenter médiocrement, » ajouta mademoiselle Bonne.

Tandis que le père et la fille devisaient ainsi, la mule, arrivée à la porte du logis, s'était arrêtée, et M. Parquet, en mettant pied à terre pour ouvrir cette porte et en cherchant les clefs dans ses poches, continuait la conversation sans faire attention à Simon Féline, qui était à deux pas de lui, appuyé contre la haie de son jardin.

« Sans doute médiocrement, répétait l'ex-procureur. Une fille de cet âge-là, qu'on amène en France, doit avoir laissé sur la rive étrangère quelque damoiseau épris d'elle. Si j'avais été le galant d'une si belle créature, je ne me le serais pas laissé enlever.

— Est-ce votre avis en pareille matière, monsieur Parquet? dit Simon en souriant.

— Au diable, grommela M. Parquet. Oh! bonsoir, voisin Simon, répondit-il; vous écoutiez? Vraiment, pensa-t-il en faisant entrer dans sa cour le mulet qui portait Bonne, je ne viendrai donc jamais à bout de me persuader que je suis vieux et que ma fille est jeune? Ah! qu'il est difficile de parler convenablement à une fille dont on est le père.»

Tandis que M. Parquet donnait des ordres à l'écurie, mademoiselle Bonne en donnait à la cuisine, et s'occupait avec activité de préparer le lit et le souper de ses hôtes. Ils arrivèrent peu d'instants après. Ce n'était pas un petit embarras pour l'avoué que d'héberger ces illustres personnages de la ville et à la campagne. La maison du village était très-petite; cependant o le était très-confortable, comme tout ce qui devait contribuer à embellir l'existence de M. Parquet. M. Parquet était à la fois le plus poétique et le plus positif de tous les hommes. Quand il avait les pieds bien chauds, un fauteuil bien mollet, une table bien servie, de bon vin dans un large verre, il était capable de s'attendrir jusqu'aux larmes, et de déclamer un sonnet de Pétrarque en regardant du coin de l'œil la vieille Jeanne Féline, occupée gravement à tourner son rouet sur le seuil de sa porte. Quoiqu'il fût encore actif, alerte, bien qu'un peu gros, et préservé de toute infirmité, il prenait parfois le ton plaintif et philosophique pour célébrer en petits vers, dans le goût de La Fare et de Chaulieu, la *solennité de la tombe, qui s'entr'ouvrait pour le recevoir, et sur le bord de laquelle il voulait encore effeuiller les roses du plaisir.*

Mais le mérite de M. Parquet ne se bornait pas à l'aimable humeur d'un vieillard anacréontique. C'était un homme généreux, un ami sincère, un voisin cordial, et, qui plus est, un homme d'affaires voué, depuis le commencement de sa carrière, au culte de la plus stricte probité. Il avait trop d'esprit et de sens pour n'avoir pas su arranger sa vie de manière à contenter les autres et soi-même. Sa profonde pratique, sa profonde et impitoyable connaissance des rouéries de la procédure, et son activité infatigable, en avaient fait, dans la province, l'homme de sa classe le plus important et le plus recherché. A ces talents il joignait, tant bien que mal, celui de la parole; car M. Parquet cumulait les fonctions d'avoué et celles d'avocat. Il s'exprimait en bons termes, pérorait avec abondance, et dans les affaires civiles, grâce à une dialectique serrée et à une obstination puissante, il était presque toujours sûr du succès. Il est vrai qu'au criminel il produisait des effets de moins bon aloi. Comme tout avocat de province, il aimait de passion les secours de cour d'assises; c'est l'occasion d'arrondir des périodes sonores, et de lancer des métaphores chatoyantes. Les juges et le gros public en étaient émerveillés; les dames de la ville pleuraient à chaudes larmes, et pendant trois jours, maître Parquet, rouge et bouffi, conservait dans son ménage l'accent emphatique et le geste théâtral. Il faut avouer que, dans cet état d'irritation et de triomphe,

il était beaucoup moins aimable que de coutume. Il s'enivrait de ses propres paroles et tombait dans des divagations un peu trop prolongées ; ou bien il se maintenait dans un état de colère factice qui faisait trembler ses chiens et ses servantes. A l'entendre alors demander son café d'une voix tonnante, ou s'emporter, à la lecture du journal, contre les abus de la tyrannie, on l'eût pris pour un Cromwell ou pour un Spartacus. Mais mademoiselle Bonne, qui connaissait son caractère, s'en effrayait fort peu, et ne craignait pas de l'interrompre pour lui dire :

« Mon père, si tu parles si fort, tu seras enroué demain matin, et tu ne pourras pas plaider.

— C'est vrai, répondait l'excellent homme avec douceur. Ah! Bonne, le ciel t'a placée près de moi comme un ange gardien, pour me préserver de moi-même. Fais-moi taire et emporte les liqueurs. Que sommes-nous sans les femmes? des animaux cruels, livrés à de funestes emportements. Mais elles! comme des divinités bienfaisantes, elles veillent sur nous et adoucissent la rudesse de nos âmes! Allons, Bonne, laisse-moi m'attendrir, et verse-moi encore un peu d'anisette.

— Non, mon père, c'est assez, disait la jeune fille; vous avez déjà tué la gorge.

— O mon enfant! reprenait l'avocat d'une voix plaintive et d'un regard suppliant, refuseras-tu les consolations du dieu de l'Inde et de la Thrace à un vieillard infortuné dont les forces s'éteignent? Vois, ma tête s'affaiblit et se penche vers la tombe, ma voix tremblante se glace dans mon gosier par l'effet de l'âge et du malheur... »

Si, au milieu de ces lamentations élégiaques, un client importun venait interrompre maître Parquet, il bondissait comme un lion sur son fauteuil, et s'écriait d'une voix de stentor :

« Laissez-moi tranquille, laissez-moi jouir de la vie; je vous donne tous au diable! Je ne veux pas entendre parler d'affaires quand je dîne. »

Cependant, si quelque lucrative occasion se présentait, ou s'il s'agissait de rendre service à un ami, maître Parquet revenait à la raison comme par enchantement. Toujours sage dans sa conduite et entendant bien ses intérêts, toujours bon et prêt à se dévouer pour les siens, il passait des fumées du souper aux subtilités de la chicane avec une aisance merveilleuse. Quelques-uns de ceux qui ne le connaissaient qu'à demi le croyaient égoïste, parce qu'ils le voyaient sensuel. Ils ne saisissaient qu'un côté de cet homme richement organisé pour jouir de la vie, jaloux d'associer les autres à son bonheur, et prêt à quitter les douceurs du coin du feu afin d'avoir la volupté d'y revenir, le cœur rempli du témoignage d'une bonne action. C'est ainsi qu'il était épicurien, disait-il gaiement. Il pratiquait en grand la doctrine.

Du reste, quand il avait affaire aux fripons ou aux ladres, c'était le plus fin matois et le plus impitoyable écorcheur qu'eût jamais en arrêté son ordre. Autant il se montrait modeste et généreux envers les pauvres, autant il rançonnait les riches A l'égard des avares, il était sardonique jusqu'à la cruauté. Il avait coutume de dire que l'argent du pauvre n'avait pour lui qu'une mauvaise odeur de cuivre; mais le cuivre même du mauvais riche avait une couleur d'or qui l'affriandait.

Ce n'était donc pas par déférence pour son rang ni par pur esprit d'hospitalité qu'il se faisait l'homme d'affaires et l'aubergiste du comte de Fougères. Sans flatter ses travers, il avait le bon goût de ne point les choquer, et disait tout bas à sa fille que cet homme devait avoir les poches pleines de sequins de Venise, dont il ne lui serait pas désagréable de connaître l'effigie. Bonne, dont le rôle était plus désintéressé, regardait comme un point d'honneur de recevoir convenablement ses hôtes, et surtout de montrer à mademoiselle de Fougères qu'elle possédait à fond la science de l'économie domestique. La candide enfant s'imaginait que, dans toutes les positions de la vie, les soins du ménage sont la gloire la plus brillante de la femme. Mais, hélas, la jeune étrangère ne s'apercevait pas seulement de la manière dont le linge était blanchi et parfumé. Elle n'accordait pas la plus légère marque d'admiration à la cuisson des confitures. Elle se contentait de dire, en prenant la main de Bonne, chaque fois qu'elle lui présentait quelque chose : « C'est bon, c'est bien. On est bien chez vous; vous êtes bonne comme un ange; » et la fille de l'avoué, étonnée de ce ton brusque et affectueux, ne pouvait s'empêcher d'aimer l'Italienne, bien qu'elle renversât toutes ses notions sur l'idéal de la sympathie.

M. Parquet, ayant appris, de la bouche de M. de Fougères, sa rencontre et sa connaissance avec Simon Féline, voulut, moins pour faire honneur à son hôte que pour se désennuyer d'une société qui le gênait un peu, aller chercher son voisin et le faire souper chez lui; mais il ne put y déterminer Simon. Le jeune républicain eût trop craint de paraître rechercher la faveur du puissant.

« Je sais que le seigneur est affable, répondit-il aux instances de Parquet, mais je sens que j'aurais de la peine à l'être autant que lui; et n'étant pas disposé à lui accorder une dose de bienveillance égale à celle qu'il me jette à la tête, je crois qu'il est bon que nos relations en restent là. »

Parquet fut obligé d'aller dire à M. de Fougères que son jeune ami, fatigué d'avoir chassé tout le jour, était déjà couché et endormi. On se mit à table; mais, malgré les soins que l'on avait pris pour cacher l'arrivée du comte, il n'était pas possible qu'un aussi grand événement fût ignoré tout un soir, et une députation de villageois, ayant en tête le garde champêtre, orateur fort remarquable, se présenta à la porte et frappa de manière à l'enfoncer jusqu'à ce qu'on eût pris le parti de capituler et d'écouter le compliment. Après ceux-là arriva une seconde bande avec les violons, la cornemuse et les coups de pistolet; puis un chœur de dindonnières qui chanta faux une ballade en quatre-vingt-dix couplets dans le dialecte barbare du pays, et présenta des bouquets à mademoiselle de Fougères. Enfin, l'arrière-garde des poissons et des goujats, qui s'attendaient bien à prendre la truelle pour recrépir le vieux château, ferma la marche avec des brandons, des pétards et des cris de joie à faire dresser les cheveux sur la tête. Par émulation, le sacristain courut sonner les cloches, tous les chiens du village se mirent à pousser des hurlements affreux auxquels répondirent du fond des bois tous les loups de la montagne. Jamais, de mémoire d'homme, on n'avait entendu un pareil vacarme dans le vallon de Fougères. En vain le comte supplia qu'on lui épargnât ces honneurs; en vain le procureur furieux menaça de faire jouer la pompe-arrosoir du jardin sur les récalcitrants; en vain les deux demoiselles se barricadèrent dans leur chambre pour échapper au bruit et à l'ennui de ces adorations. On vit dans cette mémorable soirée combien l'amour des peuples est ardent pour ses maîtres quand il ne les connaît pas. Les pétards, le désordre et les chants se prolongèrent bien avant dans la nuit. Le comte avait donné de l'argent qu'on alla boire au cabaret. Personne ne put dormir dans le village. La mère Féline en eut un peu de mécontentement, et Simon en témoigna beaucoup d'humeur.

Simon se leva au point du jour et alla chercher, dans les retraites les plus désertes des ravins, le repos et le silence que la présence des étrangers avait chassés du village. Dans ses rêves de philosophie poétique, l'état rustique lui avait toujours semblé le plus pur et le plus agréable à Dieu; lorsque, dans les villes, il avait été choqué des désordres et de la corruption des hommes civilisés, il avait aimé à reporter sa pensée sur ces paisibles habitants de la campagne, sur ce peuple de pâtres et de laboureurs qu'il voyait au travers de Virgile et de la magie des souvenirs de l'enfance. Mais à mesure qu'il avait avancé dans les réalités de la vie, de vives souffrances s'étaient fait sentir. Il voyait maintenant que, là comme ailleurs, l'homme de bien était une exception, que les turpitudes que l'on ne pouvait commettre faute de moyens d'exécution étaient effectivement les seules qu'on ne pouvait pas; que les hommes grossiers n'étaient pas des hommes simples, et que cette vie de frugalité n'était pas une vie de tempérance. Il en était vivement affecté, et par instants sa douleur tournait à la colère et à la misanthropie.

C'est une crise grave, une épreuve terrible dans la destinée d'un jeune homme, que cette époque de transition entre les beaux rêves de l'adolescence contemplative et les expériences tristes de la vie d'action ! Presque tous ceux qui la subissent y succombent. Il faut une âme forte et riche en générosité pour résister au découragement qui naît de la déception. Les esprits faibles, en pareille occasion, se dégradent et se corrompent; les imaginations vives et superbes s'endurcissent et se dessèchent. Il n'appartient qu'aux hommes d'intelligence et de cœur de résister à la tentation qu'ils éprouvent de haïr ou d'imiter la foule, ou besoin de se détacher de l'humanité par le mépris, ou de se laisser choir à son niveau par l'abrutissement. Simon sentit qu'il fallait combattre de toute sa force l'amertume empoisonnée de ce calice. Son organisation ardente lui eût ouvert assez volontiers l'accès du vice; son intelligence élevée lui eût également suggéré le dédain de ses semblables. Sa perte était imminente, car il était de ces hommes qui ne peuvent se perdre à demi. Il n'avait pas à choisir entre le rôle de la sensualité qui se vautre dans le bourbier et celui de la raison orgueilleuse qui s'en prend à Dieu et aux hommes de sa chute. Il lui fallait jouer ces deux rôles à la fois, sans pouvoir abjurer une des deux faces de son être. Heureusement, il en possédait une troisième, la bonté du cœur, le besoin d'amour et de pitié. Celle-là l'emporta. C'est elle qui lui fit verser des larmes abondantes au fond des bois, et qui lui donna la force d'y rester pour ne pas voir la sottise et l'avilissement de ses concitoyens, pour n'être pas tenté de maudire ce qu'il ne pouvait empêcher.

Il prit le parti d'aller voir un parent qui demeurait dans la montagne. Il fit ce voyage à pied, le long des ravins, lits desséchés des torrents d'hiver. Il resta plusieurs jours absent, et, quand il revint au village, M. de Fougères était parti. Depuis cette époque jusqu'au printemps suivant, le comte habita la ville. Il y loua une maison et y reçut toute la province. Il trouva la même servilité dans toutes les classes. Il était riche, sagement honorable, et, pour des dîners de province, ses dîners ne manquaient pas de mérite. Il était en outre assez bien en cour pour faire obtenir de petits emplois à des gens incapables, ou pour prévenir les destitutions méritées par l'inconduite. Les créatures servent mieux la vanité que les amis. M. de Fougères put bientôt jouir d'un grand crédit et de ce qu'on appelle l'estime générale, c'est-à-dire l'instinct de solidarité dans les intérêts bourgeois. Dès le lendemain de son arrivée à Fougères, il avait mis les ouvriers en besogne. La maison blanche des frères Mathieu avait été convertie en grange, et les greniers à blé du château redevenaient des salles de plaisance. Les grosses réparations furent peu considérables; la carcasse du vieux donjon était solide et saine. Les maçons furent employés à relever les tourelles qui pouvaient encore servir de communs autour du préau, à déblayer les ruines qui gênaient, à rétrécir et à régulariser autant que possible l'ancienne enceinte. Avec tous ces soins on réussit à faire du château un logis assez laid, fort incommode encore, très-froid, mais vaste, et meublé avec une richesse apparente. Comme on vit passer beaucoup de dorures et d'étoffes hautes en couleur, on ne manqua pas de dire d'abord que M. de Fougères déployait un luxe éblouissant; mais un connaisseur eût facilement reconnu que, dans tous ces objets de parade, il n'y avait aucune valeur réelle. M. de Fougères tenait, dans ses choix, le milieu entre l'ostentation des anciens nobles et l'économie du marchand d'épices. Il eut pendant ce semestre une vie très-agitée et qui semblait convenir exclusivement à ses habitudes de tracasserie commerciale. Il allait de Paris à Guéret, de Limoges à Fougères, avec autant de facilité que ses ancêtres eussent été de leur chambre à coucher à la tribune de leur chapelle. Il achetait, il revendait, il spéculait sur tout; il étonnait ses fournisseurs par sa finesse, sa mémoire et sa ponctualité dans les plus petites choses. On s'aperçut bientôt dans le pays qu'il n'y avait pas tant à gagner avec lui qu'on se l'était imaginé. Il était impossible de le tromper ; et quand il avait supputé à un centime près la valeur d'un objet, il déclarait généreusement que le gain du marchand devait être de *tant*. Ce *tant*, tout équitable qu'il était, la plume à la main, était si peu de chose au prix de ce qu'on avait espéré arracher de sa vanité, qu'on était fort mécontent. Mais on n'osait pas le dire : car on voyait bien que le comte était encore généreux (retiré des affaires comme il l'était) de discuter tout bas les secrets du métier et de ne pas les révéler à ses pareils. A ces vexations honnêtes, il joignait les formes d'une obséquieuse politesse contractée en Italie, le pays des révérences et des belles paroles. Les mauvais plaisants de l'endroit prétendaient que lorsqu'on allait lui rendre visite, dans la précipitation avec laquelle il offrait une chaise et sa protection, il lui arrivait souvent encore de faire à la hâte un cornet de papier pour présenter la cannelle ou la cassonade qu'il était habitué à débiter. Du reste, on le disait bon homme, serviable, incapable d'un mauvais procédé. On avait espéré trouver en lui un supérieur avec tous les avantages *y attachés*. Il fallait bien se contenter de n'avoir affaire qu'à un égal. Les ouvriers de Fougères employés à la journée étaient les plus satisfaits ; ils étaient surveillés de près, à la vérité, par des agents sévères, mais ils avaient leurs deux sous d'augmentation de salaire, et chaque fois que le comte venait donner un coup d'œil aux travaux, ils avaient copieusement pour boire. Il eût pu avoir tous les vices, on l'eût porté en triomphe s'il l'eût voulu.

Quant à mademoiselle de Fougères, on n'en disait absolument rien, sinon que c'était une très-belle personne, ne parlant pas français. On attribuait à cette ignorance de la langue sa réserve et son absence de liaison avec les femmes du pays. Cependant quelques beaux esprits, qui prétendaient savoir l'italien, ayant essayé de lier conversation avec elle, ne l'avaient pas trouvée moins laconique dans ses réponses. M. de Fougères, qui semblait inquiet lorsqu'on parlait à sa fille, non de ce qu'on lui disait, mais de ce qu'elle allait répondre, cherchait à pallier la sécheresse de ses manières en disant aux uns qu'elle était fort timide et craignait de faire des fautes de français ; aux autres, qu'elle n'était pas habituée à parler l'italien, mais le dialecte de Venise et de Trieste.

Simon, pressé par M. Parquet de faire son début au barreau, s'en abstint pendant tout l'hiver. Ce ne fut chez lui ni l'effet de la paresse ni celui du dégoût. Le métier d'avocat lui inspirait, il est vrai, une extrême répugnance, mais il ne voulait pas se soustraire à la tâche pénible de la vie. Aux heures où les flatteries de l'ambition faisaient place au spectacle de la nécessité aride, quand cette montagne d'ennuis et de misères s'élevait entre lui et le but inconnu et chimérique peut-être de ses vagues désirs, il se raidissait contre la difficulté et comparait sa destinée au calvaire que tout homme de bien doit gravir courageusement, sans se demander si le terme du voyage sera le ciel ou la croix, la potence ou l'immortalité.

Le retard qu'il voulait apporter à ses débuts ne fut fondé d'abord que sur le besoin de repos physique et intellectuel, puis sur la crainte de n'être pas suffisamment éclairé touchant les devoirs de sa nouvelle profession. Il avait jusque-là étudié la lettre des lois ; maintenant il en voulait pénétrer l'esprit, afin de l'observer ou de le combattre, selon qu'il conviendrait à sa conscience et à sa raison de le faire. Enfermé dans sa cabane, durant les soirs d'hiver, avec les livres poudreux que lui prêtait M. Parquet, il lisait quelques pages et méditait durant de longues heures. Son imagination se détournait bien souvent de la voie et faisait de fougueux écarts dans les espaces de la pensée. Mais ces excursions ne sont jamais sans fruit pour une grande intelligence, elle y va en écolier, elle en revient en conquérant. Simon pensait qu'il y a bien des manières d'être orateur, et que, malgré les systèmes arrêtés de M. Parquet sur la forme et sur le fond, chaque homme doué de la parole a en soi ses moyens de conviction et ses éléments de puissance propres à lui-même. Ennemi-né des discussions inutiles, il écoutait les leçons et les préceptes de son vieil ami avec le respect de la jeunesse et de l'affection ; mais il notait, dans le secret de sa raison, les objections qu'il eût faites à un disciple, et renfermait le secret de sa supériorité autant par prudence que par modestie. Une seule fois, il s'était laissé aller à discuter un point de droit public, et Parquet, frappé de la hardiesse de ses opinions, s'était écrié : « Diable ! mon cher ami, quand on pense ainsi, il ne faut pas le dire trop tôt. Avant de faire le législateur, il faut se résoudre à être légiste. Si un homme célèbre se permet de censurer la loi, on l'écoute ; mais si un enfant comme vous s'en avise, on se moque de lui.

— Vous avez raison, » répondit Simon ; et il se tut aussitôt.

Cependant, décidé à ne pas suivre une routine pour laquelle il ne se sentait pas fait, il voulait se laisser mûrir autant que possible. Rien ne le pressait plus de se lancer dans la carrière, maintenant qu'il était reçu avocat, qu'il n'avait plus de dépense à faire, et qu'il était sûr de s'acquitter quand il voudrait. D'ailleurs, il travaillait à faire des extraits, des recherches et des analyses, pour aider M. Parquet dans son travail, et celui-ci s'en trouvait si bien qu'il était obligé de faire un effort de générosité et de désintéressement pour l'engager à travailler pour son propre compte.

Durant cet hiver, qui fut assez doux pour le climat, Simon eut soin d'éviter la rencontre du comte de Fougères. Malgré les prévenances dont l'accablait ce gentilhomme, il ne sentait aucune sympathie pour lui. Il y avait dans son extérieur une absence de dignité qui le choquait plus que n'eût fait la morgue seigneuriale d'un vrai patricien. Il lui semblait toujours voir, dans les concessions libérales de son langage et dans la politesse insinuante de ses manières, la peur d'être maltraité dans une nouvelle révolution et d'être forcé de retourner à son comptoir de Trieste.

Mademoiselle de Fougères menait une vie assez étrange pour une jeune personne. Elle semblait aimer la solitude passionnément, ou goûter fort peu la société de la province. Du moins elle ne paraissait dans le salon de son père que le temps strictement nécessaire pour en faire les honneurs, et dont elle s'acquittait avec une politesse froide et silencieuse. Elle n'accompagnait pas son père dans ses fréquents voyages, et restait enfermée dans sa chambre avec des livres, ou montait à cheval, escortée d'un seul domestique. Quelquefois elle venait à Fougères faire une visite à mademoiselle Parquet, ou donner un coup d'œil rapide aux travaux du château. Il lui arrivait parfois alors de sortir avec Bonne pour faire une promenade à pied dans la montagne, ou même de s'enfoncer dans les ravins, à cheval et entièrement seule.

Simon, qui, malgré le froid et les glaces, continuait son genre de vie errante et rêveuse, la rencontra quelquefois dans les lieux les plus déserts, tantôt galopant sur le bord du torrent avec une hardiesse téméraire, tantôt immobile sur un rocher, tandis que son cheval, fumant, cherchait, sous le givre, quelques brins d'herbe aux environs. Lorsqu'elle était surprise dans ses méditations, elle se levait précipitamment, appelait son cheval, qu'elle avait dressé comme un chien à venir au nom de *Sauvage*, lui ordonnait de se tendre sur les jambes afin qu'elle pût atteindre à l'étrier sans le secours de personne, et, se lançant au milieu des rochers ou sur le versant glacé des collines, elle disparaissait avec la rapidité d'une flèche. Ces rencontres avaient un caractère romanesque qui plaisait à Simon, quoiqu'il n'y attachât pas plus d'importance que ces petits incidents ne méritaient.

Cependant, malgré le sentiment d'orgueil qui l'empêchait de s'abandonner à l'attrait d'une beauté placée hors de sa sphère, et destinée sans doute à n'avoir jamais pour lui qu'un dédain insolent s'il essayait de franchir la ligne chimérique qui les séparait, Simon ne pouvait défendre son imagination d'accueillir un peu trop obstinément l'image de cette personne fantastique. C'était une si belle créature, que tout être doué de poésie devait lui rendre hommage, au moins un hommage d'artiste, calme, désintéressé, sincère ; et Simon était plus poëte et plus artiste qu'il ne croyait l'être.

Peu à peu cette image devint si importune, qu'il désira s'en débarrasser, et appeler à son secours l'impression pénible qu'elle lui avait faite au premier abord. Il chercha un motif d'antipathie à lui opposer et fit des questions sur son compte, afin d'entendre répéter qu'elle semblait hautaine et froide. En outre, on blâmait beaucoup dans le pays ses courses à cheval et son genre de vie solitaire. En province, tout ce qui est excentrique est criminel. Cependant l'attrait de curiosité qui, chez Simon, se cachait sous ses efforts d'aversion, ne fut pas satisfait par les réponses vagues qu'il obtint. Il se résolut à presser de questions mademoiselle Bonne, qui seule semblait connaître un peu l'étrangère. Jusque-là, Bonne avait détourné la conversation lorsqu'il s'était agi de sa mystérieuse amie ; mais, lorsque Simon insista, elle lui répondit avec un peu d'humeur :

« Cela ne vous regarde pas. Quel que soit le caractère de mademoiselle de Fougères, il ne lui plaît pas apparemment qu'on le juge, puisqu'elle ne le montre pas. Elle m'a priée, une fois pour toutes, de ne jamais redire à personne un mot de nos conversations, quelque puériles et indifférentes qu'elles pussent être. Il y a bien des choses dans son caractère que je ne comprends pas ; elle a beaucoup plus d'esprit que moi. Qu'il vous suffise de savoir que c'est une personne que j'estime et que j'aime de toute mon âme. »

Simon essaya de la faire parler en piquant son amour-propre. « Si vous voulez que je vous dise ma pensée, chère voisine, reprit-il, vous saurez que je doute fort de votre intimité avec mademoiselle de Fougères. Je croirais presque qu'il y a de votre part un peu de vanité, je ne dis pas à être liée avec notre future châtelaine, mais à être la seule confidente d'une personne si réservée dans sa conduite et dans ses paroles. D'abord, permettez-moi de vous demander en quelle langue s'expriment ces épanchements de vos âmes, car mademoiselle de Fougères ne sait pas, à ce que l'on dit, assembler trois phrases de la nôtre. »

Mais cet artifice ne réussit point. Bonne se prit à sourire et lui répondit : « Êtes-vous bien sûr que je ne sache pas l'italien ? » Il fut impossible d'en obtenir autre chose.

VI.

Par une belle matinée du printemps de 1825, Simon étant sorti avec son fusil donna la chasse à un de ces milans de forte race qu'on trouve dans la Marche. Cousins germains de l'aigle, presque aussi grands que lui, ils en ont le courage et l'intelligence. Les enfants qui peuvent s'en emparer dans le nid élèvent et les habituent à chasser les souris de la maison. Ils deviennent très-familiers et très-doux. J'en ai vu un qui prenait très-délicatement des mouches sur le visage d'un enfant endormi, en l'effleurant de ce bec terrible dont il déchirait les lapereaux et les couleuvres.

Simon, ayant cru blesser légèrement sa proie, la vit s'éloigner et se perdre, et continua sa promenade. Au bout de quelques heures, il repassa par la même gorge ; et comme il pensait à tout autre chose, il vit tout à coup mademoiselle de Fougères qui descendait précipitamment la colline au-dessus de lui, en lui criant : « Arrêtez-le, arrêtez-le ! il est à vos pieds ! » Il crut qu'elle avait laissé échapper son cheval et se pencha sur le ravin pour le chercher ; mais il n'aperçut rien, et, reportant ses regards sur mademoiselle de Fougères, il vit qu'elle venait à lui en courant toujours, et qu'elle avait les mains et la figure ensanglantées. Soit l'effet de la compassion qu'éprouve un noble cœur à l'aspect de la souffrance, soit la douleur de voir une si belle créature en cet état, Simon fut surpris d'une angoisse inexprimable en pensant qu'elle venait de faire une chute de cheval. Il s'élança vers elle pour la secourir ; mais son visage n'exprimait point la souffrance : elle avait le teint animé d'un éclat que Simon ne lui avait pas encore vu, et, riant d'un rire juvénile, elle lui montrait une touffe de bruyères vers laquelle elle se hâtait d'arriver en criant : « Il est là ! courez donc dessus ! » Avant que Simon eût pu comprendre de quoi il s'agissait, elle s'élança sur sa proie et jeta dessus son écharpe de soie, que l'oiseau mit en pièces en se débattant. C'était le milan royal que Simon avait démonté le matin, et qu'il avait perdu. Il se hâta de faire cesser le combat furieux qu'il livrait à la jeune amazone, et dans lequel tous deux montraient un courage et un acharnement singuliers ; l'oiseau, renversé sur le dos, se défendait avec désespoir des ongles et du bec ; la jeune fille, malgré les blessures qu'elle recevait, s'obstinait à le saisir et semblait résolue à se laisser déchirer plutôt que de renoncer à sa conquête. Simon le vainquit, lui lia les pieds avec sa cravate, et, le prenant par le bec, le présenta à mademoiselle de Fougères. Accablée de fatigue, elle s'était jetée sur la bruyère, et son cœur palpitait si fort que Simon en pouvait distinguer les battements ; elle était déjà redevenue pâle. Simon jeta le milan à ses pieds, et, s'agenouillant près d'elle avec vivacité, lui demanda si elle était grièvement blessée.

« Je n'en sais rien, répondit-elle, je ne crois pas.
— Mais vous êtes couverte de sang ?
— Bah ! c'est le sang de cette bête rebelle.
— Je vous assure qu'elle vous a déchirée ; vos gants sont en lambeaux. »

Sans attendre sa réponse, il lui prit la main, et, lui retirant ses gants avec précaution, il vit qu'elle avait reçu des entailles profondes.

— Vous voyez que c'est bien votre sang, lui dit-il d'une voix émue et cherchant à l'étancher.
— Bon ! dit-elle, je ne m'en suis pas aperçue. Je voulais l'avoir et je le tiens.
— Mais vous souffrez ; vous êtes pâle.
— Non, je suis essoufflée.
— Vous êtes blessée au visage.
— Oh ! vraiment ? le combat aurait-il été si acharné ? Eh bien ! c'est bon ; je suis d'autant plus fière de la victoire, quoique, après tout, c'est à vous que je la dois. Je l'avais saisi trois fois, trois fois il m'a échappé. Je ne sais ce qui serait arrivé si je ne vous eusse pas rencontré. Maintenant, il faut voir s'il est blessé mortellement. J'espère que non.
— Il faudrait voir d'abord si vous n'êtes pas blessée vous-même auprès de l'œil. Voulez-vous descendre jusqu'au ruisseau ?
— Bah ! ce n'est pas nécessaire. Je ne sens aucun mal.
— Mais ce n'est pas une raison ; venez, je vous en supplie. Je vous aiderai à descendre ; je porterai ce vilain animal, qui mériterait bien que je lui tordisse le cou.
— Oh ! ne vous avisez pas de cela, s'écria la jeune fille ; j'ai payé sa conquête de mon sang : j'y tiens. »

Elle se laissa emmener au bord du ruisseau. Près de son lit, un rocher à pic s'élevait de quelques pieds au-dessus du sable. Simon voulut aider la chasseresse à franchir ; mais, dédaignant de poser sa main dans la sienne, elle sauta avec l'agilité superbe d'une nymphe de Diane. Elle était si belle de courage et de gaieté, que Simon lui pardonna le reste de fierté que conservaient jusque-là ses manières. Peut-être même trouva-t-il en cet instant que c'était elle qui avait un attrait de plus. Son âme était trop ardente pour ne pas s'élancer tout entière vers cette noble création ; il était comme hors de lui-même et ne songeait pas seulement à s'expliquer le désordre de ses esprits. Lui, dont les émotions avaient toujours été si concentrées et les manières si graves que sa mère elle-même en obtenait rarement un baiser, il se sentait prêt maintenant à entourer cette jeune fille de ses bras et à la presser contre son cœur, non avec le trouble d'un désir amoureux (il était loin d'y songer), mais avec l'effusion d'une tendresse fraternelle pour un enfant blessé ; c'était un caractère trop impétueux, un cœur trop chaste pour subir la contrainte d'une vaine timidité ou pour accepter celle des préjugés, lorsqu'il était vivement ému. Il prit le mouchoir de mademoiselle de Fougères, le trempa dans l'eau, et se mit à lui laver les tempes avec tant de soin, d'affection et de simplicité, qu'elle, à son tour, sentit sa méfiance et sa rudesse habituelles céder à l'ascendant d'une irrésistible sympathie. « Dieu merci ! vous n'êtes pas blessée au visage, lui dit-il avec attendrissement ; c'est avec ses ailes ensanglantées que l'insensé vous aura fait ces taches ; mais vos mains ! laissez-les tremper dans l'eau... laissez-moi les voir... il y a vraiment beaucoup de mal !... » Et Simon, qui avait la vue courte, se baissant pour les regarder, en approcha ses lèvres avec un entraînement incroyable. Mademoiselle de Fougères retira brusquement ses mains et fixa sur lui ce regard sévère qui l'avait choqué à la première rencontre. Mais cette fois il trouva sa fierté légitime ; ses yeux lui firent une réponse si amicale, si franche et si persuasive, qu'elle s'adoucit tout à coup ; elle reprit confiance, et lui dit d'un air gai :

« Vous avez du sang sur les lèvres, et savez-vous bien quel sang ?

— C'est du sang aristocratique, répondit Simon, mais c'est le vôtre.

— C'est du sang noble, Monsieur, reprit l'Italienne avec hauteur ; c'est du pur sang républicain. Êtes-vous digne de porter un pareil cachet sur la bouche ?

— Juste ciel ! s'écria Simon en se levant, si je n'en suis pas digne encore par mes actions, je le suis par mes sentiments ; mais, ajouta-t-il en retombant à genoux près d'elle, vous vous moquez de moi, vous n'êtes pas républicaine ; vous ne pouvez pas l'être.

— Apprenez, répondit-elle, que je suis d'un pays où on ne peut pas cesser de l'être à moins de se dégrader. Notre république a duré plus que celle de Rome, et ce n'est que d'hier que nous sommes esclaves ; mais sachez que nous savons haïr nos tyrans, nous autres. Un Vénitien, à moins d'avoir abjuré sa patrie, ne baiserait pas la main d'une Allemande, tandis que vous êtes à genoux près de moi, que vous croyez monarchique.

— Je sais que vous êtes belle comme un ange et brave comme un lion, et à présent que je vous sais républicaine, je baiserais vos pieds si vous me le permettiez.

— Vous êtes forts en beaux discours sur la liberté, vous autres, reprit-elle ; mais nous avons un proverbe que vous devez comprendre : *Più fatti che parole*. A l'heure qu'il est nous sommes sous le joug, et on nous croit écrasés parce que nous les portons en silence ; mais on ne sait pas ce que sera notre réveil quand l'heure sera venue.

— Je crains qu'elle n'arrive pas plus tôt pour vous que pour nous, répondit Simon ; si toutes les âmes italiennes étaient aussi courageuses que la vôtre, si tous les cœurs français étaient aussi convaincus que le mien, nous ne subirions pas la honte des lois étrangères.

— Espérons des jours meilleurs, dit Fiamma ; mais ce n'est pas le moment de parler politique. Pourquoi ne venez-vous pas chez mon père ?

— Mais, dit Simon un peu embarrassé, je n'ai pas l'honneur de le connaître.

— Il vous a engagé plusieurs fois, je le sais ; pourquoi avez-vous refusé ?

— Vous savez combien mes opinions diffèrent des siennes, et vous me le demandez ?

— Mon père n'a point d'opinions politiques, répondit brusquement Fiamma ; et, à cause de cela, il serait désobligeant autant qu'inutile de discuter avec lui. C'est un homme très-doux et très-poli, et si les gens de bien ne s'éloignaient pas de lui à cause de ses prétendues opinions, il ne serait pas réduit à remplir son salon de cette canaille qui s'y traîne à genoux.

— Vous parlez bien durement de vos courtisans, dit Simon, si votre père les accueillait avec une franchise aussi rude, j'ai peine à croire qu'ils fussent aussi empressés à lui rendre hommage.

— Sans doute, si mon père avait assez de force pour comprendre ses véritables intérêts et sa véritable dignité, il aurait en France un beau rôle à jouer. Mais votre noblesse française est démoralisée ; vous l'avez si maltraitée qu'elle ne sait plus ce qu'elle fait. Ce n'est pas ainsi que nous agissons et que nous pensons chez nous. Le peuple n'a qu'un ennemi : l'étranger ; ses vieux nobles sont les capitaines qu'il choisirait si le temps était venu de marcher au combat. Nous sommes familiers avec le peuple, nous autres ; nous savons qu'il nous aime, et il sait que nous ne le craignons pas. Ce n'est pas lui qui a profité de nos dépouilles ; ce n'est pas lui qui voudrait en profiter, si on pouvait nous dépouiller encore. Mais nous sommes ruinés, et nous n'en valons que mieux ; je suis convaincue qu'il n'est pas bon de faire fortune, et j'ai vu souvent perdre en mérite ce qu'on gagnait en argent. Restez donc pauvre le plus longtemps que vous pourrez, monsieur Féline, et ne vous pressez pas de faire servir votre intelligence à votre bien-être.

— C'est ce dont on ne manquerait pas de m'accuser si je me montrais chez votre père dans la société de ceux qui vont et vient, répondit Simon, et je suis malheureux de vous connaître à présent ; car j'aurai souvent la tentation de m'exposer au blâme de ceux qui pensent bien.

— Si cela doit être, il faut résister à la tentation, reprit la jeune fille avec l'air grave et assuré qui lui était habituel ; mais dans peu de jours nous serons installés à Fougères, et je pense bien que vous pourrez nous voir sans vous compromettre. J'espère que mon père se réservera chaque semaine des jours de liberté, où les gens de cœur pourront l'aborder sans connaître les valets de l'administration. Du moins j'y travaillerai de tout mon pouvoir. Maintenant occupons-nous de ma capture ; il faut que vous lui rendiez le même service qu'à moi, et que vous examiniez ses plaies. »

Simon obéit, soigna le captif blessé, et procéda sur-le-champ à l'amputation de l'aile brisée ; après quoi il l'enveloppa d'un linge humide et se chargea de le soigner, s'engageant sur l'honneur à le porter lui-même au château dès qu'il serait guéri et apprivoisé.

« Ce n'est pas tout, lui dit-elle ; vous allez m'aider à chercher mon cheval, que j'ai abandonné dans le bois.

— Je cours le chercher, et je vous l'amènerai ici, répondit Simon.

— Non pas, dit Fiamma en souriant ; selon vos coutumes et vos idées françaises, je suis votre ennemie ; vous ne devez pas me servir.

— Selon mon cœur et selon ma raison, je suis votre ami le plus respectueux et le plus dévoué, répondit Simon. Dites-moi de quel côté vous avez laissé Sauvage.

— Vous savez son nom ? dit-elle en souriant ; allons-y ensemble. Il n'obéit qu'à ma voix et à celle de mon serviteur ; et puisque vous êtes mon ami...

— Je suis à la fois l'un et l'autre, reprit Simon. Voulez-vous prendre mon bras ?

— Ce n'est pas la coutume de mon pays, répondit Fiamma. Chez nous, les femmes n'ont pas besoin de s'appuyer sur un défenseur. Le peuple ne les coudoie pas. Nous sortons seules et à toute heure. Personne ne nous insulte. On nous respecte parce qu'on nous aime. Ici, on ne nous distingue des hommes que pour nous opprimer ou nous railler. C'est un méchant pays que votre France. J'espère que vous valez mieux qu'elle.

— Faites une révolution en Italie, répondit Simon, et j'irai m'y faire tuer sous vos drapeaux. »

Tout en parlant ainsi ils arrivèrent à la lisière du bois. Fiamma appela son cheval à plusieurs reprises, et bientôt il fit entendre le bruit de son sabot sur les cailloux. Comme elle avait les mains empaquetées, Simon l'aida à monter et la conduisit jusqu'à l'entrée du vallon en tenant Sauvage par la bride. Chemin faisant, ils échangèrent, en peu de paroles, les confidences de toute leur vie. C'était une histoire bien courte et bien pure de part et d'autre. Ils étaient du même âge. Fiamma avait chéri sa mère comme Féline chérissait la sienne. Depuis qu'elle l'avait perdue, elle avait vécu à la campagne dans une villa que son père avait achetée entre les bords de l'Adriatique et le pied des Alpes. Là, Fiamma s'était habituée à une vie active, aventureuse et guerrière, tantôt chassant l'ours et le chamois dans les montagnes, tantôt bravant la tempête sur mer dans une barque, et toujours se nourrissant de l'idée romanesque qu'un jour peut-être elle pourrait faire la guerre en partisan dans ces contrées dont elle connaissait tous les sentiers. L'absence de M. de

Le garde-champêtre, orateur fort remarquable... (Page 12.)

Fougères, qui était venu en France pour racheter ses terres, l'avait laissée maîtresse de ses actions, et son indépendance naturelle avait pris un développement qu'il n'était plus possible de restreindre. Cependant le respect qu'elle avait pour son père était seul capable de lui dicter des lois ; elle avait obéi à ses ordres en quittant l'Italie avec une gouvernante. Après peu de mois de séjour à Paris, elle était venue s'établir à Guéret, en attendant qu'elle s'établît à Fougères.

« Il me tarde que cela soit fait, dit-elle en achevant son récit. Puisqu'il faut abandonner ma patrie, j'aime mieux vivre dans ce vallon sauvage, qui me rappelle certains sites à l'entrée de mes Alpes chéries, que dans vos villes prosaïques et dans ce pandémonium sans physionomie et sans caractère que vous appelez votre capitale, et que vous devriez appeler votre peste, votre abîme et votre fléau. Maintenant, adieu ; je vous prie d'appeler notre milan *Italia*, de ne pas oublier que nous en avons fait la conquête ensemble et d'en avoir bien soin. Si quelqu'un vous parle de moi, dites que je ne sais pas deux mots de français ; je ne me soucie pas de parler avec tous ces laquais de la royauté qui ont baisé le knout des Cosaques et le bâton des caporaux schlagueurs de l'Autriche.

— Laissez-moi baiser le sabot de votre cheval, dit Simon en riant ; c'est une noble créature qui n'obéit qu'à vous.

— Et qui ne m'obéit que par amitié, reprit Fiamma. Mais ne touchez pas à son sabot, et donnez-moi une poignée de main : *E viva la libertà !* »

Elle lui tendit sa main qui saignait encore, et entra dans le vallon au galop. Simon baisa encore ce sang généreux et essuya ses doigts à nu sur sa poitrine. Puis il alla s'enfermer dans sa chambre, et, jetant sa tête dans ses mains, il resta éveillé jusqu'au matin dans un état d'ivresse impossible à décrire.

VIII.

Simon demeura plus de vingt-quatre heures sous le charme de cette aventure. Aucune réflexion fâcheuse ne pouvait trouver place au milieu de son enivrement. Les âmes les plus fortes sont les plus spontanément vaincues et les plus complètement envahies par une passion digne

Il est là ! courez donc dessus ! (Page 44.)

d'elles. En elles, rien ne résiste, rien ne se défend de l'enthousiasme, parce que leur premier besoin est de chérir et d'admirer. Les conseils de la prudence et de l'intérêt personnel sont étouffés par ce besoin d'amour et de dévouement qui les déborde.

Mais, après les élans de la joie et le sentiment de l'adoration, Simon sentit le besoin de renouveler cette pure jouissance à la source qui l'avait produite. Il lui fallait revoir mademoiselle de Fougères ; tout ce qui n'était pas elle n'existait plus. La tendresse que sa mère lui avait uniquement et exclusivement inspirée jusque-là s'affaiblissait elle-même sous les tressaillements convulsifs de son cœur impatient. Il s'effraya des ravages de cet incendie, sans penser d'abord à l'éteindre ; mais plusieurs jours écoulés sans revoir Fiamma portèrent son désir à un tel point d'angoisse et de souffrance qu'il sentit la nécessité de le combattre.

Simon ne s'était pas beaucoup inquiété jusque-là de ce qu'il éprouvait. Il n'avait pas encore aimé, il ne savait pas à quel ennemi il avait affaire ; il s'imaginait qu'il triompherait dès qu'il serait bien résolu à triompher, dès qu'il lui serait prouvé que les souffrances de cet amour l'emportaient sur les joies. Cet instant venu, il appela la réflexion à son secours. Il se demanda sur quelle certitude était fondée cette admiration extatique qui absorbait toutes ses pensés, quel lien durable quelques paroles échangées avec cette jeune fille pouvaient avoir cimenté. En quoi s'était-elle montrée grande, forte, magnanime, brave, sincère ? Qu'avait-il vu ? une lutte enfantine avec un oiseau de proie, et l'ardeur romanesque d'une jeune tête pour des idées généreuses dont l'application serait peut-être au-dessus de la portée de son caractère.

Mais, hélas ! toutes les réflexions de Simon manquèrent leur but, et ses armes tournèrent leur pointe contre son cœur. Plus il y songeait, plus Fiamma se trouvait digne de son enthousiasme. Ce n'était pas un enfant, la femme qui se condamnait au silence et à la feinte depuis six mois plutôt que d'échanger ses nobles pensées avec des êtres indignes de la comprendre ; et ce qu'aucune adulation n'avait pu obtenir de sa défiance stoïque, Simon l'avait conquis avec un regard. Profond comme la sagesse et hardi comme la bonne foi, celui de Fiamma avait lu en lui rapidement, et sa langue s'était déliée comme par magie. Elle lui avait dit le secret de son âme, le mystère de sa vie; et elle ne lui avait pas seulement recommandé le silence, tant elle semblait sûre de sa discrétion. Il y avait en elle quelque chose de viril qui semblait fait pour ressentir l'amitié sérieuse et l'estime tranquille. Avec quel dévouement une telle créature n'était-elle pas capable de braver la mort pour une noble cause, elle qui pour un jouet d'enfant se laissait déchirer du bec de l'aigle comme une jeune Spartiate! Enfin, les séductions d'aucune vanité n'étaient capables de l'entraîner, puisqu'elle s'était fait un genre de vie entièrement en dehors de celui que la fortune de son père semblait lui tracer, puisqu'elle fuyait les salons pour les bois, les fades conversations pour la lecture, et les flagorneries d'une petite cour pour l'entretien ingénu de la douce mademoiselle Parquet. Il se demandait comment il n'avait pas compris, dès le premier jour de sa rencontre sur la colline, le feu divin caché sous le voile de cette mystérieuse Isis; comment cette voix généreuse qui avait prononcé avec un accent si ferme le mot d'*honneur* à son oreille n'avait pas éveillé jusqu'au fond de ses entrailles le sentiment d'une fraternité sainte; puis, il se l'expliquait en se disant qu'une femme comme elle était la réalisation d'un si beau rêve qu'en touchant à cette réalité on n'osait pas encore y croire.

Simon ne songea plus à lutter contre son admiration, mais il résolut de s'efforcer à en modérer l'exaltation. Il sentait qu'il lui serait impossible désormais de faire attention à aucune autre femme; mais il se disait que la société ayant posé une barrière insurmontable entre celle-là et lui, il ne devait pas se nourrir d'illusions auprès d'elle. Mademoiselle de Fougères était indépendante par son caractère et par sa position. Elle était majeure, et sa mère, disait-on, lui avait laissé de quoi vivre. Mais Simon eût rougi de rechercher la main d'une riche héritière. Il se disait qu'au premier mot d'amour d'un jeune bachelier, elle devait s'imaginer nécessairement qu'il avait des vues de séduction méprisables. L'idée seule que l'opinion publique eût pu lui attribuer ces sentiments le faisait frémir de colère et de honte. Il prit donc la ferme résolution, au cas même où mademoiselle de Fougères accorderait plus d'attention à son dévouement qu'il n'était raisonnable de s'y attendre, de s'en tenir avec elle aux termes de la plus respectueuse amitié. Pour cela, il ne fallait pas être surpris par ces émotions irrésistibles qui l'avaient dominé auprès d'elle. Simon espéra en avoir la force; mais, pour y parvenir, il se décida à s'éloigner pendant quelque temps des lieux qui lui retraçaient trop vivement cette scène d'enchantement. Il partit pour Nevers, où un étudiant de ses amis, récemment reçu avocat, l'appelait pour fêter son installation.

Pendant ce temps, le comte de Fougères vint prendre possession de sa nouvelle demeure. Les villageois tenaient trop à lui faire payer une sorte de *denier à Dieu* pour lui épargner de nouvelles fêtes et de nouveaux honneurs. Quand il vit que rien ne pouvait l'y soustraire, il s'exécuta noblement et paya une barrique de vin aux chers vassaux, en désirant de tout son cœur que leur vive affection se refroidît un peu à son égard. Ce n'était pas là le moyen. Il fut fêté, chanté, complimenté, aubadé encore une fois de cornemuse, bombardé encore une fois de pétards. Il se comporta en bon prince, donna une quantité exorbitante de poignées de main, leva son chapeau jusque devant les chiens du village, varia à l'infini l'arrangement des mots invariables de ses gracieuses réponses, subit les plus interminables et les plus fatigantes conversations avec une patience évangélique, baisa enfin, comme disait poétiquement M. Parquet, le bas de la robe de la déesse *Incongruité*, s'étant fait souverain populaire autant que possible, alla se coucher brisé de fatigue, infecté de miasmes prolétaires, et supputant dans sa cervelle administrative de combien (en raison de ses avances de fonds en affabilité paternelle) il augmenterait le loyer de ceux-ci et diminuerait les gages de ceux-là.

Mademoiselle de Fougères montra un caractère qui fut décidément taxé de hauteur et d'impertinence, en s'enfermant dans sa chambre durant toutes ces pasquinades sentimentales. Elle se rendit invisible, et son père ne put faire plier cette franchise sauvage devant les considérations politiques de sa situation; elle avait une manière muette et respectueuse de lui résister qui le brisait comme une paille, lui, mesquin d'idées, de sentiments et de langage. Il sentait qu'il ne pouvait régner sur cette âme de fer que par la conviction, et que précisément la puissance de conviction lui manquait. Désespérant de corriger sa fille, il prenait le parti de lui permettre de se cacher ou de se taire.

Quelques jours après ces fêtes extraordinaires, la fête patronale du village arriva. M. de Fougères était parti la veille pour une foire de bestiaux dans le Bourbonnais; car, à peine investi de la dignité de châtelain, il était redevenu commerçant. De tous les personnages qui lui avaient témoigné leur zèle, un seul croyait n'avoir pas assez plié le genou devant son nom et devant son titre. C'était le curé, jeune homme sans jugement et sans vraie piété, qui, ayant lu je ne sais quelle chartre ecclésiastique, s'imagina ressusciter une coutume singulière à la première occasion. Le jour de la fête patronale, le sacristain fut dépêché auprès de mademoiselle de Fougères pour la prier de ne pas manquer d'assister à la bénédiction du saint-sacrement. Ce message étonna beaucoup la jeune Italienne. Elle trouva étrange qu'un prêtre s'arrogeât le droit de lui tracer son devoir de cette manière. Néanmoins elle ne crut pas pouvoir se dispenser d'accomplir ce devoir, que son éducation lui rendait sacré. Mais, redoutant quelque embûche dans le genre de celles qu'elle avait su éviter jusque-là, elle ne monta pas à la tribune réservée aux anciens seigneurs de Fougères, tribune placée en évidence à la droite du chœur, et que le curé avait fait décorer à ses frais d'un tapis et de plusieurs fauteuils. Fiamma attendit que les vêpres fussent commencées, et, se glissant dans l'église sous le costume le plus simple, elle se mêla à la foule des femmes qui, dans ces campagnes, s'agenouillent sur le pavé de l'église. Elle détestait les adulations faites à une classe quelconque, mais elle pensait que devant Dieu elle ne pouvait se courber avec trop d'humilité.

C'est en vain qu'elle espérait échapper au regard investigateur du curé ou à celui du sacristain qui était chargé de la découvrir. L'église était fort petite, et l'usage du pays veut que toutes les femmes soient séparées des hommes et rassemblées dans une des nefs. Entre le *Magnificat* et le *Pange lingua*, dans l'intervalle réservé à l'officiant pour revêtir ses ornements pontificaux, le sacristain traversa la foule féminine et vint supplier mademoiselle de Fougères, de la part du curé, de prendre une place plus convenable à son rang. Sur son refus de monter à la tribune, l'opiniâtre desservant lui apporter auprès de la balustrade qui sépare les deux sexes, à l'entrée du chœur, un fauteuil et un coussin, comme il eût fait pour son évêque. Il pensait que mademoiselle de Fougères ne résisterait pas à cette honorable invitation, et il se décida à monter à l'autel.

Pendant ce temps, les rangs de femmes qui séparaient mademoiselle de Fougères du fauteuil insolent s'étaient entr'ouverts, et tous les regards la sollicitaient pour qu'elle daignât en prendre possession. La seule Jeanne Féline, un peu distraite de sa fervente prière et profondément choquée dans son sens droit et incorruptible de ce qui se passait, abaissa son livre, releva son capulet, et fixa sur mademoiselle de Fougères ce regard où l'orgueil de la vertu et le feu de la jeunesse brillaient au milieu des ravages de l'âge et de la douleur. Fiamma la vit et reconnut la mère de Simon, à une lointaine analogie de traits, à une similitude frappante d'expression. Elle avait entendu mademoiselle Parquet vanter le mérite de cette femme, elle avait désiré rencontrer l'occasion de la connaître. Elle soutint donc son regard et lui exprima par le sien qu'elle était prête à entrer en communication avec elle.

Madame Féline, hardie et ingénue comme la vérité, lui adressa aussitôt la parole pour lui dire à demi-voix:

« Eh bien! Mademoiselle, qu'est-ce que votre conscience vous ordonne de faire?

— Ma conscience, répondit Fiamma sans hésiter, m'ordonne de rester ici, et de vous offrir ce fauteuil comme une marque de respect qui vous est due. »

Jeanne Féline s'attendait si peu à cette réponse, qu'elle resta stupéfaite.

Mademoiselle de Fougères n'était pas une personne que l'on pût accuser, comme son père, de courtiser la popularité. On lui reprochait le défaut contraire, et Jeanne n'avait pas compris pourquoi elle était restée mêlée à la foule depuis le commencement de la cérémonie. Enfin son visage s'adoucit ; et, résistant à Fiamma qui voulait la conduire au fauteuil, elle lui dit :

« Non pas moi : il me siérait mal de prendre une place d'honneur devant Dieu qui connaît le fond du cœur et ses misères. Mais voyez! la doyenne du village, celle qui a vu quatre générations, et qui d'ordinaire a une chaise, est ici par terre. On l'a oubliée à cause de vous aujourd'hui. »

Mademoiselle de Fougères suivit la direction du geste de Jeanne, et vit une femme centenaire à laquelle de jeunes filles avaient fait une sorte de coussin avec leurs capes de futaine. Elle s'approcha d'elle, et, avec l'aide de madame Féline, elle l'aida à se relever et à s'installer sur le fauteuil. La doyenne se laissa faire, ne comprenant rien à ce qui se passait, et remerciant d'un signe de sa tête tremblante. Mademoiselle de Fougères se mit à genoux sur le pavé auprès de Jeanne, de manière à être entièrement cachée par le dossier du grand fauteuil sur lequel la doyenne, qui ne remplissait plus ses devoirs de piété que par habitude, s'assoupit doucement au bout de quelques minutes.

Cependant le curé, qui n'avait pas la vue très-bonne et qui savait d'ailleurs que le regard baissé convient à la ferveur de l'officiant, aperçut confusément une femme coiffée de blanc sur le fauteuil. Il pensa que sa négociation avait réussi et se mit à officier tranquillement ; mais lorsqu'au moment réservé à l'explosion de son vaste projet, après avoir descendu les trois marches de l'autel et s'être mis à genoux pour encenser le saint-sacrement, il se releva, traversa le chœur et s'avança vers le fauteuil pour rendre le même honneur à mademoiselle de Fougères, selon les us et coutumes de l'ancienne féodalité, il s'aperçut de sa méprise, et son bras resta suspendu entre le ciel et la terre, tandis que toute la congrégation des fidèles, l'œil ouvert et la bouche béante, se demandait la cause des honneurs insolites rendus à la mère Mathurin.

Le jeune curé ne perdit point la tête, et, voyant que mademoiselle de Fougères avait mis un peu d'obstination et de malice dans cette aventure, il lui prouva qu'elle n'aurait pas le dernier mot ; car il se retourna vivement de l'autre côté et se mit à encenser la tribune seigneuriale, comme pour rendre à cette place vide les honneurs dus au titre plus qu'à la personne. Tout le village resta ébahi, et il fallut plus de six mois pour faire adopter la véritable version de cet événement aux commentateurs exténués de recherches et de discussions. Les parents de la mère doyenne ne manquèrent pas de dire qu'elle avait été bénie en vertu d'un ancien usage qui décernait cette préférence aux centenaires, et que M. le curé avait trouvé dans les archives de la commune. Quant à elle, comme elle était à peu près aveugle et dormait plus qu'à demi pendant qu'on lui rendait cet honneur ; comme son oreille avait le bonheur d'être fermée pour jamais à toutes les paroles humaines et à tous les bruits de la terre, elle mourut sans savoir qu'elle avait été encensée.

Depuis cette aventure, Jeanne Féline conçut une haute estime pour mademoiselle de Fougères ; et, au lieu d'éviter de parler d'elle comme elle avait fait jusqu'alors, elle questionna mademoiselle Bonne avec intérêt sur le caractère de sa noble amie. Bonne avait tant de respect pour la sagesse et la prudence de sa voisine, qu'elle se crut dispensée avec elle du secret que Fiamma lui avait imposé. Elle lui confia les sentiments généreux et les vertus vraiment libérales de cette jeune fille, et lui dit le désir qu'elle avait témoigné de la connaître. Malgré le plaisir que la bonne Féline ressentit de ces réponses, elle se défendit de faire connaissance avec la châtelaine.

« Comment voulez-vous que cela se fasse ? répondit-elle. Son père trouverait mauvais sans doute au fond du cœur qu'elle vînt me voir ; et quant à moi, je ne saurais aller demander à ses domestiques la permission de l'approcher. J'attendrai l'occasion ; et, si je la rencontre, je lui dirai ma satisfaction de sa conduite à l'église. Sans la sagesse de cette enfant, M. le curé, qui est vraiment trop léger pour un ministre du Seigneur, eût offensé la majesté de Dieu par un véritable scandale. »

Madame Féline étant dans ces dispositions, l'occasion ne se fit pas attendre. Un matin que mademoiselle de Fougères passait devant sa cabane pour aller voir mademoiselle Parquet, elle vit Jeanne penchée sur sa petite fenêtre à hauteur d'appui, qu'encadrait le pampre rustique. La bonne dame était occupée à faire manger dans sa main le milan royal.

« Bonjour, Italia! » dit Fiamma en passant.

Madame Féline releva la tête, et, charmée de voir la jeune fille, elle lia conversation avec elle. L'éducation et la santé de l'oiseau étaient un sujet tout trouvé.

« Comment se fait-il que vous sachiez son nom ? demanda Jeanne. Je ne l'ai dit à personne, car je ne pouvais pas m'en souvenir ; mais, quand vous l'avez prononcé, j'ai bien reconnu celui que mon fils lui donnait ; car c'est mon fils qui l'a rapporté de la montagne.

— Et qui l'a pris dans la gorge aux Hérissons, reprit Fiamma.

— Vraiment! vous le savez? s'écria Jeanne. Vous l'avez donc rencontré à la chasse?

— Et j'ai même chassé avec lui ce jour-là, répondit mademoiselle de Fougères. J'ai encore sur les mains les marques de courage de monsieur, ajouta-t-elle en donnant une petite tape à l'oiseau ; et c'est M. Simon qui nous a servi de chirurgien à tous deux.

— En vérité!... Oh! à présent, dit madame Féline en secouant la tête avec un sourire, je comprends l'amitié qu'il portait à ce gourmand, et pourquoi il m'a tant recommandé en partant d'en avoir soin. Allons! maintenant j'en prendrai plus de souci encore ; car, si vous êtes telle que vous semblez être, je vous aime, vous !

— Vous ne pouvez pas me dire une chose plus agréable, » répondit Fiamma en portant vivement à ses lèvres la main ridée que lui tendait Jeanne. Puis, comme si ce mouvement impétueux eût trahi quelque secrète pensée de son cœur, elle rougit et garda le silence. Féline ne pouvait interpréter cette émotion : elle se mit tout de suite à lui parler du curé et de la doyenne, de la république et de la monarchie, de la religion, de tout ce qui l'intéressait, et par-dessus tout de son fils. Mademoiselle de Fougères fut étonnée du sens profond et même de la grâce spirituelle et naïve de cet esprit supérieur, vierge de toute corruption sociale. Elle n'avait pas cru qu'il fût possible de joindre si peu de culture à tant de fonds. Ce fut pour elle un sujet d'admiration et bientôt d'enthousiasme ; car autant Fiamma était indomptable dans ses antipathies, autant elle était passionnée dans ses amitiés. C'est en effet un magnifique spectacle pour une âme tourmentée de l'amour du beau et contristée par la vue du laid, que celui d'une organisation assez riche pour se passer d'embellissement factice et pour recevoir tout de Dieu et d'elle-même. En peu de jours une affection profonde, une sympathie complète s'établit entre Jeanne et Fiamma. Mettant de côté l'une et l'autre les entraves de ces considérations sociales faites pour le vulgaire, elles se lièrent étroitement, et Jeanne passa autant d'heures dans la chambre et dans l'oratoire de Fiamma que celle-ci en passa dans la cabane et dans le potager rustique de Jeanne. Mademoiselle Parquet se joignit souvent à leurs entretiens, et sa jeune amie lui apprit à connaître madame Féline. Jusque-là Bonne n'avait respecté en elle qu'une solide vertu, une admirable bonté ; elle ignorait qu'il y eût aussi à admirer une haute intelligence. Elle s'étonna d'abord de voir que Fiamma, avec toutes ses lectures et toutes ses connaissances, ne s'ennuyait pas un instant dans la compagnie d'une femme qui n'avait jamais lu que la Bible. Fiamma lui fit comprendre que la Bible était la source de toute sagesse et de toute poésie; que l'esprit de ces pages divines s'était incarné dans la personne de Jeanne, dont toutes les paroles, comme toutes les pensées, avaient la grandeur et la simplicité des saintes Écritures. L'âme de Bonne fit elle-même un progrès dans le contact de ces deux âmes supérieures à la sienne, non en bonté, mais en vigueur.

VIII.

Un jour, au mois de mai, vers midi, l'air étant fort chaud au dehors, et la cabane de Féline remplie d'une agréable fraîcheur, ces trois femmes étaient réunies dans une douce intimité. Jeanne, enfoncée dans son vieux fauteuil, roulait un écheveau de fil de chanvre sur une noix; Italia, perchée sur le pivot du dévidoir, et conservant encore un peu d'irritabilité, poussait de temps en temps un petit cri aigre-doux, allongeait le bec pour saisir le fil, mais sans oser toucher aux doigts de son institutrice; mademoiselle Parquet, assise sur le buffet, lisait tout haut le livre de Ruth dans la vieille Bible de la famille Féline, dont le caractère était si fin que Jeanne ne pouvait plus le distinguer. Quant à mademoiselle de Fougères, fatiguée d'une course rapide qu'elle avait faite avec Sauvage dans la matinée, elle s'était assise sur une botte de pois secs, aux pieds de Jeanne; et, cédant au bien-être que lui apportaient la fraîcheur, le repos, le bruit monotone et doux de la voix qui lisait, elle s'était laissée aller au sommeil. Jeanne, semblable à la vieille Noémi, avait attiré sur ses genoux la tête de cette fille chérie, et chassait avec tendresse les insectes dont le bourdonnement eût pu la tourmenter. Simon entra dans ce moment. Il arrivait de Nevers; on ne l'attendait pas encore. Il fit un pas et resta immobile. Le soleil, glissant à travers le feuillage de la croisée et tombant en poussière d'or sur le front humide et sur les cheveux de jais de Fiamma, lui montra d'abord le dernier objet qu'il dût s'attendre à rencontrer dans sa cabane et sur le giron de sa mère. Il venait de faire bien des efforts depuis trois mois pour chasser de son âme l'image de cette femme, et c'était là qu'il la retrouvait! Il crut rêver, resta quelques instants sans pouvoir articuler un mot; et enfin, joignant les mains, il murmura une parole que ni sa mère ni Bonne ne pouvaient comprendre: *O fatum!* Fiamma reconnut sa voix et n'ouvrit pas les yeux. Ce fut le premier artifice de sa vie.

L'amour n'est que magie et divination. Elle vit à travers ses paupières abaissées et frémissantes de curiosité l'émotion et la joie mêlée de consternation qu'éprouvait Simon. Madame Féline, poussant un cri de joie, avait tendu les bras à son fils. Fiamma, l'entendant s'approcher, jugea qu'il était temps de se réveiller: elle prit le parti de soulever sa tête et de se frotter les yeux pendant qu'il embrassait sa mère. « Oh! dit la bonne femme, vous voilà un peu étonné, Simon! vous me pensiez trop vieille pour avoir d'autres enfants que vous, et pourtant voilà que je suis devenue mère de deux filles en votre absence.

— Vous êtes heureuse, ma mère, répondit-il; mais moi, me voilà humilié; car je ne suis pas digne d'être leur frère.

— Je ne sais pas si Bonne est superbe à ce point de ne vouloir pas reconnaître votre parenté, dit mademoiselle de Fougères en lui tendant la main; mais, quant à moi, j'avais déjà signé avec vous un pacte de fraternité d'opinions. » Simon ne put rien répondre. Il lui pressa la main avec un trouble plus indiscret que tout ce qu'il eût pu dire; et, pour se donner de l'aplomb, il demanda à Bonne la permission de l'embrasser, ce dont il s'acquitta avec assurance. Cette marque d'amitié enorgueillit Bonne comme une préférence; elle ne connaissait rien aux rouerics ingénues de la passion.

Madame Féline s'empressa de questionner son fils sur sa santé, sur la fatigue, sur la faim qu'il devait éprouver. Il demanda à manger, afin d'avoir une occupation et un maintien. Il ne pouvait se remettre de son désordre. Un champion qui s'est préparé longtemps à un rude combat, et qui, en arrivant, voit l'ennemi tranquille et déjà maître du champ de bataille, n'est pas plus bouleversé et embarrassé de son rôle que ne l'était Simon. Bonne courut dans tous les coins de la cabane pour aider Jeanne à rassembler quelques aliments et à les servir sur une petite table. Voulant marquer son affection à sa manière, l'excellente fille alla cueillir des fruits au jardin, et revint toute rouge et tout empressée, sans songer que les hommes s'éprennent plus volontiers d'une chimère que d'un bien qui s'offre de lui-même.

« Il n'y a que moi, dit mademoiselle de Fougères à Simon, qui ne fasse rien pour vous ici. Vous êtes comme Jésus arrivant chez Marthe et Marie. Je suis celle qui se tient tranquille à écouter le Seigneur, tandis que l'autre travaille et se dévoue.

— Et cependant, répondit Simon, le Seigneur préféra Marie, et conseilla à sa sœur de ne pas prendre une peine inutile.

— Pourquoi me dites-vous cela si bas? reprit mademoiselle de Fougères avec sa brusquerie accoutumée. On dirait que vous craigniez une méchante application de vos paroles.

— Oh! j'espère qu'il ne se prend pas pour *notre Seigneur!* répliqua mademoiselle Bonne en riant.

— Mais voulez-vous que je vous aide, chère amie? dit mademoiselle de Fougères. Ce ne sera pas pour faire ma cour à *monsignor Popolo,* je vous prie de le croire; ce sera pour vous soulager, *mia buona*.

— Oh! je n'ai pas besoin de vous, ma *dogaressa,* répondit Bonne, à qui sa compagne avait appris quelques mots italiens. Vos mains sont trop fines pour les soins du ménage.

— Croyez-vous? dit vivement Fiamma. Pourquoi traînez-vous ce seau d'eau avec tant de gaucherie, ma petite?

— Voulez-vous bien me faire le plaisir de l'enlever de terre d'un demi-pouce? répondit l'autre jeune fille d'un air de défi.

— Je vais vous montrer comme il faut vous y prendre, dit Fiamma sur le même ton; car vraiment, ma mignonne, vous n'y entendez rien, et vous me faites peine. »

Alors, saisissant d'une seule main le seau rempli d'eau, elle l'enleva de terre et le posa sur la table.

« Oh! la force et le courage du lion de Venise! » s'écria Simon avec chaleur.

Bonne fut un peu piquée.

« Ne vous fâchez pas, cher ange, dit Fiamma à son amie; la prudence des serpents et la douceur des colombes vous restent en partage. Mais quant à cela, ajouta-t-elle en étendant son bras blanc et ferme comme du marbre de Carrare, sachez qu'il y a autant de différence entre mes muscles et les vôtres qu'entre vos collines de la Marche et nos montagnes des Alpes, entre vos petites graines de sarrasin et nos larges épis de maïs. Allons, Bonne, c'est vous qui êtes la dogaresse; je suis la montagnarde: c'est moi qui suis Marthe à mon tour; vous êtes Marie. Le Seigneur vous bénira; je vous cède mes droits. Mais, chut! voici madame Féline; ne disons pas de légèretés sur des choses aussi saintes; elle nous gronderait, et elle ferait bien. »

Tandis que Simon se condamnait à déjeuner, quoiqu'il fût trop oppressé pour en avoir envie; que Bonne, assise à table entre lui et madame Féline, feignait d'écouter la relation de son voyage avec curiosité, afin d'avoir le droit de lui verser du cidre et de lui couper du pain d'orge; tandis que mademoiselle de Fougères jouait avec Italia et luttait avec elle d'attitudes impérieuses en la contrefaisant et en imitant ses cris d'impatience, M. Parquet entra dans la chaumière.

« *Bravi tutti!* s'écria-t-il en voyant cette aimable compagnie; le ciel est favorable aux braves gens. » Et après avoir embrassé tendrement son filleul, il baisa la main de mademoiselle de Fougères avec assez de grâce pour montrer qu'il avait été faire un tour de promenade à Versailles dans sa jeunesse. Puis, jetant un coup d'œil perspicace de l'un à l'autre: « Y a-t-il longtemps que vous n'avez reçu de nouvelles de monsieur votre père, belle demoiselle? » demanda-t-il à Fiamma d'un air très-significatif.

Cette question fut pour Simon comme une goutte d'eau froide sur un brasier. Il était en train de se laisser aller à de nouveaux enchantements; le seul nom du comte réveilla en lui mille réflexions pénibles. Il examina le visage de mademoiselle de Fougères pour savoir si elle avait quelque appréhension du retour de son père; mais la noble harmonie de ce visage n'était jamais troublée par des craintes légères.

« Je l'attends demain, répondit-elle tranquillement ; mais il se pourrait cependant qu'il fût déjà de retour, car il est si actif en toutes choses qu'il part et revient toujours plus tôt qu'il ne l'avait projeté.

— Et s'il était à cette heure au château? fit observer Simon, incapable de maîtriser son inquiétude.

— Il y serait sans doute occupé déjà de mille soins, répondit-elle, et plus pressé de compter avec son régisseur que de toute autre chose. »

Elle resta encore une demi-heure, affectant beaucoup de calme ; puis elle mit son chapeau et pria M. Parquet de lui donner le bras jusqu'au château. Dès qu'ils furent sortis de la chaumière : « Pourquoi ne m'avez-vous pas appris tout franchement que mon père était arrivé? lui dit-elle. Croyez-vous que je n'aie pas lu cela sur votre figure ?

— En vérité! fit l'avoué. Fin contre fin...

— Il ne s'agit pas de nous adresser des compliments réciproques, interrompit la pétulante Fiamma. Voyons, mon cher sigisbée, que signifiait votre physionomie ? qu'avez-vous dans l'esprit ?

— J'ai dans l'esprit, répondit Parquet d'un ton doux et paternel, que vous avez écouté un peu trop votre bon cœur durant cette dernière absence de M. le comte. Je vous l'ai dit, Jeanne Féline est un ange de vertu; je ne vous souhaiterais pas de plus haute noblesse que d'être sa fille. Simon est un digne jeune homme qui mériterait de Dieu la faveur d'avoir une sœur telle que vous; mais votre père, qui n'entend rien aux relations de sentiments, si belles et si saintes qu'elles soient, blâmera certainement votre intimité avec cette famille de paysans. Il n'eût pas approuvé que vous vissiez madame Féline sur le pied d'égalité, comme vous faites ; à plus forte raison maintenant que vous êtes de retour. Vous savez tout ce que la malice du public peut imaginer en cette occasion. Avez-vous réfléchi à cela? Ne croyez-vous pas que désormais, du moins pendant les semaines du séjour de M. de Fougères au château, vous feriez bien de cesser vos relations avec la maison Féline ?

— Je sais, mon ami, répondit Fiamma, que ce serait une conduite prudente, si tant est que l'intérêt personnel doive céder à l'absurdité par crainte de querelles ; je sais que mon père, tout en accablant M. Féline de compliments et de prévenances, le remercierait volontiers de ne pas répondre à ses invitations. Malgré sa ponctualité à saluer profondément madame Féline et à lui demander de ses nouvelles dans la rue, il n'oserait lui offrir une chaise dans son salon à côté de la femme du sous-préfet. Cependant il faudra bien qu'il en vienne là. Il m'en coûtera quelque peine ; j'essuierai des admonestations ennuyeuses, et j'entendrai émettre des principes de morale et de bienséance qui feront bouillir mon sang dans mes veines; mais, comme à l'ordinaire, je tiendrai bon, je serai respectueuse, et ma volonté sera faite. Ne vous inquiétez donc de rien ; mon père est un homme qu'il faut forcer à bien agir en le prenant au mot. Je me charge de faire dîner madame Féline à sa table ; chargez-vous d'amener M. Féline à lui rendre visite.

— Mais vous tenez donc bien à la société de ces Féline? demanda M. Parquet, qui voulait toujours savoir le fin mot de toute affaire, et ne commençait aucune démarche, si légère qu'elle fût, sans avoir confessé sa partie.

— J'y tiens comme je tiens à vous et à votre fille, répondit Fiamma avec fermeté. Si mon père croyait conforme à ses intérêts et à ses préjugés de m'éloigner de vous, pensez-vous que je ne résisterais pas de toutes mes forces à cette injustice?

— Vous avez une manière de dire, reprit maître Parquet tout attendri, qui fait qu'on vous obéit aveuglément ; vous me feriez fabriquer de la fausse monnaie. Cependant, avant de vous céder, je veux, ma chère fille, pour me venger de l'ascendant que vous prenez sur moi, vous adresser quelques reproches. Vous n'avez pas assez de déférence pour votre père ; vous lui faites trop sentir votre supériorité... Ecoutez-moi jusqu'au bout. Je sais que vous avez avec lui le meilleur ton, et que jamais une parole blessante n'est sortie de votre bouche; mais, voyez-vous ! si Bonne, avec tout votre respect extérieur, me traitait comme vous le traitez au fond de l'âme, j'aimerais mieux qu'elle m'arrachât ma perruque et qu'elle me la jetât au visage, sauf à se rendre ensuite à mes raisons.

— Ah! monsieur Parquet, s'écria Fiamma d'un ton douloureux, pouvez-vous comparer la sympathie de cœur et la conformité des principes qui vous lient à votre fille avec ce qui se passe entre M. de Fougères et moi? Je conviens que, dans ma conduite envers lui, je manque souvent de prudence.

— Prudence! interrompit M. Parquet avec un mouvement chagrin. Voilà de ces mots qui sont cruels à entendre! Je ne m'explique pas, Fiamma, que vous, si généreuse, si tendre, si dévouée pour nous, vous n'ayez pas dans le cœur le moindre sentiment d'affection pour votre père. Moi, je suis enchanté que vous ne lui ressembliez pas ; je l'aime médiocrement, et vous, je vous chéris comme une seconde fille; mais enfin, cette clairvoyance, cette lucidité cruelle avec laquelle vous pesez les défauts de celui qui vous a donné le jour...

— Arrêtez, Parquet, s'écria Fiamma, et regardez le mal que vous me faites !

Parquet fut effrayé de l'altération de son visage et de la pâleur mortelle de ses lèvres.

— Eh bien ! mon Dieu, s'écria-t-il à son tour, ne parlons plus de tout cela.

— Oh! mon ami! n'en parlons jamais, répondit la jeune fille en faisant un effort pour marcher ; car vous me feriez dire ce que je ne veux pas, ce que je ne dois jamais dire à personne.

— Juste ciel ! reprit M. Parquet, dont la curiosité s'éveilla vivement. A-t-il donc eu quelque tort exécrable à votre égard? Avez-vous contre lui des sujets de plainte assez terribles pour étouffer la voix du sang?

— Non, monsieur Parquet, ce n'est pas cela, répondit-elle. Il y a dans ma vie un mystère que je ne peux jamais révéler et dont je ne peux me plaindre qu'à la destinée. Ne m'interrogez pas, mais soyez indulgent pour moi et ne me jugez pas. Ma situation est si exceptionnelle que mon caractère et ma conduite doivent être bizarres.

— Adieu, voici en effet la chaise de poste du comte dans la cour. Faites ce que je vous ai dit : *vale et me ama.* »

Pauvre enfant ! pensa M. Parquet en retournant chez lui. Il faut qu'elle ait une âme bien orageuse, ou que ce Fougères soit un bien méchant cuistre avec ses ailes de pigeon ! Allons ! il y aura eu là quelque cas d'inclination contrariée. Ah ! les jeunes filles ! L'amour, c'est l'insecte rongeur qui s'attaque aux plus belles roses ! Décidément, pour ma part, je renonce aux lois du trop aimable Cupidon, et je m'abandonne aux consolations d'une douce philosophie.

IX.

Gouverné entièrement par la chère dogaresse (c'est ainsi qu'en raison de son caractère absolu et de ses manières impériales l'érudit avoué avait surnommé mademoiselle de Fougères), M. Parquet céda à ses désirs et se contenta de lui adresser de temps en temps une tendre admonestation, à laquelle Fiamma mettait fin par des réticences mystérieuses. Au grand étonnement de l'avoué, madame Féline et son fils reçurent au salon du château un accueil tel que, malgré l'extrême fierté de Jeanne et la méfiance ombrageuse de Simon, ils ne craignirent point d'y retourner plusieurs fois, et purent se trouver presque tous les jours avec mademoiselle de Fougères, soit chez eux, soit chez M. Parquet, sans craindre de voir ces précieuses relations interrompues par une intervention étrangère. L'avoué, qui seul connaissait à fond le caractère du comte, avait sujet d'être plus surpris qu'eux ; car il ne l'avait jamais vu plier sous aucun ascendant, et il savait que ses formes gracieuses et son habil prévenant cachaient une opiniâtreté inflexible et beaucoup de despotisme. Sa fille était la seule personne de son ménage qu'il ne dominât point. Toutes les autres étaient réduites à une servilité qu'on eût pu prendre pour de l'amour, à voir le ton patelin dont il leur commandait en présence des étrangers, mais qui n'était rien moins que cela aux yeux de M. Parquet, initié aux mystères de l'intérieur. Il est vrai que Fiamma était un être organisé pour une résistance indomptable. Mais autant notre avoué avait juré impossible que le père entravât les libertés de la fille, autant il lui avait semblé certain que jamais la fille n'obtiendrait un acte de complaisance paternelle. Leurs deux existences avaient marché côte à côte, s'effleurant tous les jours et ne se touchant jamais. Leurs goûts, en se montrant diamétralement opposés, semblaient consacrer irrévocablement un divorce de deux êtres que la société avait condamnés à vivre sous le même toit, et que le sentiment des convenances enveloppait à cet égard d'un voile impénétrable pour le public. En voyant le comte vaincu, ou du moins entamé dans cette lutte mystérieuse, M. Parquet se livra à mille commentaires. Un homme qui savait le secret de toutes les familles ne pouvait se résoudre tranquillement à ignorer celui-là. Cependant Fiamma, qui connaissait tous ses faibles et qui déployait toutes les coquetteries enfantines de son esprit pour le gouverner, seule au monde sut résister à sa curiosité et le museler.

Dans les premiers temps, Simon, résolu à s'observer héroïquement, eut beaucoup à souffrir. Toutes ses joies avaient un aiguillon empoisonné. Il se croyait toujours à la veille d'une explosion dont le dénoûment devait le couvrir de honte et de remords. Mais peu à peu il se rassura. La conduite et le caractère de mademoiselle de Fougères vinrent à son aide d'une façon merveilleuse. Soit qu'elle eût deviné le secret de Simon et qu'elle employât toute la pudeur de son âme à en refouler l'aveu trop prompt, soit qu'elle portât dans son affection pour lui le calme d'une sagesse au-dessus de son âge, elle mit dans leurs relations le charme d'une confiance réciproque. En le voyant tous les jours, Simon découvrit qu'elle possédait au plus haut point la force et la tranquillité morales qu'excluent ordinairement des facultés impétueuses et des besoins d'activité comme ceux dont elle était douée. A l'emportement d'amour qui l'avait surpris d'abord vinrent se joindre un respect et une vénération dont la douceur se répandit sur toutes ses pensées. Pendant six mois, cette sérénité fut si saintement soutenue de part et d'autre que ces deux jeunes gens, dont l'un était bien presque aussi homme que l'autre, se crurent destinés à se chérir toute leur vie comme deux frères. Mais un événement important dans leur vie uniforme et paisible vint réveiller chez Simon l'intensité douloureuse de son amour.

Au retour de l'hiver, M. de Fougères reçut la visite d'un parent de sa défunte épouse, qui arrivait d'Italie, chargé pour lui de valeurs considérables, réalisation de ses derniers fonds commerciaux, qu'il voulait placer en fonds de terre pour *arrondir* sa propriété. Le comte n'était pas homme à accueillir froidement un hôte chargé d'or, et son estime pour le marquis d'Asolo était fondée déjà sur la fortune que possédait ce jeune patricien par lui-même. Il lui pardonnait d'être républicain, parce qu'en Vénétie l'opinion républicaine n'engage pas à d'autre dévouement à la cause populaire qu'à la haine de l'étranger et à des actes de résistance contre lui dans l'occasion. Il plaisait au noble caractère de Fiamma de poétiser cet esprit libéral de ses compatriotes ; mais elle savait bien au fond que la république de Venise était aussi loin de son idéal politique, que la France constitutionnelle l'était encore, à ses yeux, de Venise esclave. Elle n'en disait rien à Simon par orgueil national ; elle s'en plaignait avec son compatriote, parce qu'il n'eût pu lui faire partager ses illusions.

Elle avait vu quelquefois le marquis en Italie et le connaissait assez peu ; mais la vue d'un compatriote et d'un co-opinionnaire fut pour elle un événement agréable au fond de l'exil. C'était un bon jeune homme, extraordinairement cultivé pour un Lombard. Quoique un peu gros, il était d'une beauté remarquable ; l'expression de son visage était sereine, noble et douce ; la santé, le courage et l'amour de la vie brillaient dans ses yeux d'un tel éclat qu'on eût pu parfois s'y tromper et y voir le feu de l'intelligence. Tout en lui inspirait la confiance et l'estime. Il avait un cœur aimant et sincère, le caractère loyal et brave, l'imagination vive et toujours prête pour la grande passion, comme cela est d'usage en son pays. Il était venu en France pour s'instruire des choses et des hommes, et il avait tiré assez bon parti de son voyage. Mais, au milieu de son cours de philosophie et de politique, l'amour des aventures, si naturel à vingt-cinq ans, l'avait poussé en personne à Fougères, où la présence de sa belle cousine lui faisait espérer de bâtir un roman négligé en Italie.

C'était un de ces hommes un peu corrompus, mais encore naïfs, que le monde entraîne, et qui ne sont pas fâchés d'y paraître beaucoup plus roués qu'ils ne le sont en effet. Une femme d'esprit peut les rendre aussi sérieusement amoureux qu'ils affectent d'être incapables de le devenir, surtout si, comme Fiamma, elle ne songe pas à opérer ce miracle. Asolo était fort capable d'enlever sa cousine si elle eût été aussi éventée qu'elle avait passé pour l'être dans sa province d'Italie, où ses courses à cheval et sa vie indépendante avaient, comme en Marche, excité, non le blâme, mais le doute et la curiosité de ceux qui ne voyaient pas de près sa conduite irréprochable. Il avait assez d'esprit pour la jouer et la punir s'il l'eût trouvée habile en coquetterie ; mais, quand il la vit si différente de ce qu'il l'avait jugée de loin ; quand il la trouva si forte, si prudente, si fière, et en même temps si bonne, si franche et si naïve, il en devint éperdûment amoureux ; et, au bout de huit jours passés près d'elle, il lui eût offert, s'il l'eût osé déjà, son nom et sa fortune, son sang et sa vie. Cette facilité à se prendre à l'amour est le beau côté des âmes que le vice entraîne facilement. Elle est plus remarquable en Italie, où les organisations, plus fécondes et plus mobiles, passent du plaisir grossier à l'exaltation romanesque, comme de l'apathie politique à l'héroïsme, avec une promptitude et une bonne foi extraordinaires. Ces âmes ont plusieurs caractères opposés qui vivent dans le même être en bonne intelligence, chacun régnant à son tour. Asolo avait fait assez bon marché de son républicanisme dans le beau monde de Paris. Il l'avait, un peu traité comme un habit de parade qui, n'étant pas de mode à l'étranger, devait être remplacé par le costume de bon ton du pays ; mais, quand il vit Fiamma si belle et si romanesque sur ce chapitre, il reprit l'habit ultramontain, et les principes républicains retrouvèrent de l'éloquence dans sa bouche, grâce à cette belle langue italienne, où les lieux communs ont encore de la pompe et de la grandeur.

Dans les premiers jours il adopta ce rôle pour lui plaire ; mais avant la fin de la semaine il était aussi convaincu que déclamatoire, et, sans aucun doute il eût sacrifié son marquisat de Vénétie et versé tout son sang pour un regard de son héroïne.

Fiamma, confiante et bonne pour ceux qui semblaient penser comme elle, crut le voir à son état normal et le prit en grande amitié. Cependant elle la lui eût fait acheter par quelque malice si elle eût connu sa conduite antérieure dans les salons parisiens.

Le comte de Fougères, enchanté de son allié le premier jour, en rabattit beaucoup lorsque cette explosion de patriotisme eut lieu. Il craignit que cet insensé ne se discréditât complètement, d'autant plus que, pour complaire à sa cousine, le Lombard affecta de terrasser le préfet et le receveur général dans un déjeuner orageux où le bon vin aida à son éloquence. Les vulgaires amis du pouvoir ont ce bonheur inappréciable qu'entre eux ils se craignent et se regardent comme tous également capables de dénonciation. Le comte devint pâle comme la mort. Il était porté comme candidat à la députation, et, s'il avait fait de grands sacrifices pour racheter son fief, c'était dans l'espoir d'être pair de France un jour, quand le roi daignerait élargir les mailles du filet et donner de l'élasticité aux institutions. Il lui fallut beaucoup d'habileté pour expliquer à ses hôtes ce que c'était que la république vénitienne et pour leur prouver que le marquis venait de parler dans le sens aristocratique.

Mais toute chose a son bon côté pour le navigateur habile, attentif au moindre souffle du vent. Le comte crut bientôt s'apercevoir d'une différence extraordinaire dans les manières de sa fille ; et, espérant l'accomplissement d'un miracle dans ses idées, il fit entendre au cousin qu'elle serait un jour aussi riche qu'elle était belle. Sa joie fut grande quand le marquis lui répondit clairement qu'il serait le plus heureux des hommes s'il pouvait fléchir l'obstination avec laquelle sa cousine semblait s'être vouée au célibat, et qu'il suppliait le comte de lui laisser le temps de prouver son dévouement à cette belle insensible. La permission de prolonger son séjour à Fougères lui fut accordée d'autant plus vite, qu'il écouta fort peu attentivement l'énumération des biens du beau-père, ce qui montrait le désintéressement d'un homme vraiment épris et peu chatouilleux sur la rédaction d'un contrat.

Cependant, comme le comte se souvint de l'opiniâtreté avec laquelle Fiamma avait refusé plusieurs propositions de mariage et avec quelle sécheresse elle avait traité à Paris tous les jeunes gens qu'elle avait soupçonnés d'avoir des prétentions à sa main, il ne regarda pas encore la partie comme gagnée, et conseilla au marquis de ne pas brusquer sa déclaration.

Les semaines s'écoulèrent donc pour le marquis d'une manière charmante au château de Fougères. De plus en plus amoureux, il conçut beaucoup d'espoir, que Fiamma, lui ayant dit dès le principe qu'elle ne voulait pas se marier, ne lui reparla plus de ses projets pour l'avenir et lui témoigna désormais une affection sincère. Dans l'attente du succès, le marquis, un peu impatient, un peu dépité de voir toujours la famille Féline et la famille Parquet s'opposer de longs tête-à-tête avec sa cousine, mais plein de franchise dans le fond de l'âme et touché de l'amitié qu'on lui témoignait, vécut pendant ces jours rigoureux de l'hiver d'une vie chaude et pleine qui faisait diversion à celle du monde. Fiamma lui avait présenté ses amis de village, et elle avait prié ceux-ci d'adopter la parenté de son cousin. L'esprit enjoué, l'originalité tout italienne de Parquet et la grâce modeste de Bonne charmèrent le marquis. Il goûta moins Simon, dont les longs regards, tournés sans cesse vers Fiamma, lui donnèrent tout de suite à penser. Mais le calme des manières de celui-ci avec la jeune légiste et la comparaison que le brillant marquis fit de cette figure maigre, pâle et souffrante, avec l'image radieuse que lui présentait son miroir, le rassurèrent bientôt ; il était fat, comme tout Italien jeune et passablement fait, mais d'une fatuité qui n'a rien d'insolent, et qui se résigne d'autant mieux à manquer un succès qu'elle est plus certaine d'en obtenir beaucoup d'autres.

Quant à la mère Féline, Asolo n'y comprit rien du tout. Il pensa que l'affection de Fiamma pour cette vieille venait de quelque habitude de dévote, de quelque association de chapelet ou d'ex-voto. Jeanne passait sa vie à jeûner pour donner son pain aux pauvres ; elle soignait les malades, et instruisait les orphelins dans la religion. Le marquis pensa qu'elle était le ministre des charités, la surintendante des aumônes de la châtelaine ; et, empressé de complaire à tout ce qui plaisait à Fiamma, il se mit à chanter des cantiques à madame Féline. Il avait une voix magnifique, et le soir, dans le silence du parc ou du verger, tous se taisaient pour l'écouter. La bonne Jeanne était émue jusqu'aux larmes de cette pure mélodie italienne qu'elle entendait pour la première fois de sa vie, et pendant ce temps le marquis se réjouissait de faire souffrir son pâle et silencieux rival.

On prétend que les femmes seules ont le secret de ces petites rivalités d'amour-propre. J'en appelle à tout homme de bonne foi : est-il un de nous qui n'ait eu envie de jeter par la fenêtre un rival assez heureux pour attendrir par ses chants la femme que nous aimons ? Ne sommes-nous pas jaloux de sa science, de son esprit, de sa réputation, de son cheval, de son habit ? Ne trouvons-nous pas fort mauvais que notre maîtresse s'aperçoive de ses avantages ? Plus ces avantages sont puérils, plus nous en sommes blessés.

Simon souffrait horriblement. Cette parenté, cette familiarité, ce dialecte qu'il ne comprenait pas, cette habitation actuelle sous le même toit, tout le blessait. Dans les premiers jours cependant il trouvait naturel que Fiamma eût du plaisir à retrouver un parent, un compatriote, un débris de sa chère république ; mais, lorsqu'il vit cette prétendue visite se prolonger indéfiniment et ce compatriote devenir un ami, il le craignit d'abord comme tel ; puis il découvrit qu'il était amoureux, qu'il cherchait à se faire aimer, et toutes les tortures de la jalousie entrèrent dans son cœur.

Trop fier pour montrer ses angoisses, sachant d'ailleurs qu'il ne pouvait faire à Fiamma ni question ni reproche sans trahir le secret d'une passion qu'elle devait ignorer, craignant par-dessus tout la vanité du Lombard, il résolut de s'éloigner, sauf à en mourir de désespoir.

X.

Un matin, Fiamma, profitant d'un de ces rayons de soleil si précieux dans les montagnes en hiver, était montée à cheval avec son parent, et le hasard les avait conduits à la gorge aux Hérissons, non loin de l'endroit où l'aventure du milan était arrivée. Fiamma tomba dans la rêverie, et Ruggier Asolo, surpris de cette mélancolie subite, la pressa de questions. Elle voulut d'abord les éluder ; mais, comme il insista et qu'elle avait de l'amitié pour lui, elle chercha quelque sujet de chagrin assez important qu'elle pût lui donner comme une confidence pour le satisfaire. Elle ne trouva rien de mieux à lui dire, si ce n'est que l'aspect de ces montagnes lui rappelait sa patrie et le remplissait de tristesse.

« Juste ciel ! s'écria le marquis, et qui vous empêche d'y retourner ?

— Mon père a vendu ses dernières propriétés et jusqu'à la maison de campagne que j'aimais. C'est là que ma mère m'avait élevée et, pour ainsi dire, cachée, afin de me soustraire aux tracasseries odieuses de cette vie de lucre et de parcimonie, qu'on appelle une honnête industrie. C'est là qu'après la mort de cette *malheureuse bien-aimée* j'aurais voulu passer le reste de mes jours dans l'étude, le silence et la prière ; mais la destinée, qui me condamnait à être riche, en dépit de mon mépris pour toutes les jouissances du luxe, m'a poursuivie jusque-là. Elle a vendu et rasé mon ermitage ; elle m'a jetée dans ce pays glacé, loin des souvenirs qui m'étaient chers et chez une nation que je méprise. Voilà pourquoi je suis triste quelquefois ; car je suis plus heureuse que je ne croyais possible de l'être à une fille qui a perdu sa mère. Je me suis soumise aux habitudes et au climat de cette contrée ; la rigueur de ce ciel mélancolique convient d'ailleurs aux soucis de mon cœur. J'ai rencontré dans ce village un bonheur inespéré. Ce vallon renfermait des êtres qui devaient s'emparer de ma destinée, la fixer, l'asservir et la consoler ! Chose étrange que les desseins cachés de la Providence ! Qui m'eût prédit cela, alors que je gravissais les rives escarpées de la Piave, et les forêts terribles de Feltre, si chères au vieux Titien ?

— *Anima mia*, répondit le marquis avec sa tendresse d'expressions italiennes, vous ne pouvez pas vivre dans ce nid de corbeaux, parmi ces bonnes gens qui ne vous vont pas à la cheville. Quelque effort que vous fassiez pour les élever jusqu'à vous. Que le cher comte, votre père, ait trouvé à satisfaire ses vues d'intérêt et d'ambition en

« Bonjour, Italia ! » dit Fiamma. (Page 19.)

revenant ici, c'est fort bien, et il a eu le droit de vous y traîner à sa suite ; mais la nature et la société, la voix de Dieu et celle du peuple, vous rappellent dans notre belle patrie. Avec vos talents, votre caractère viril et magnanime, votre courage héroïque, vous êtes appelée à y jouer un rôle actif...

— Croyez-vous? s'écria Fiamma, dont les yeux brillaient d'un feu sauvage. Ah! s'il y avait quelque chose à faire pour la liberté ; si les seigneurs de nos campagnes, si les paysans de nos vallons, si le peuple de nos villes, pouvaient se réveiller! Si seulement ces généreux bandits de nos Alpes, qui se retranchèrent dans les gorges des torrents pour fermer le passage aux soldats étrangers, et qui moururent tous jusqu'au dernier, comme les hommes des Thermopyles, plutôt que de subir un joug infâme ; si ces bandes héroïques de contrebandiers et de pâtres, auxquels il n'a manqué que des chefs à la fois puissants et fidèles, pouvaient se ranimer et sortir de leurs cendres éparses sous nos bruyères!... Mais quelles folies disons-nous ! Parlons d'autre chose, cousin ; cela me donne la fièvre.

— Eh bien ! ayons la fièvre, et parlons-en, ma Fiamma.

Songe, noble sœur, qu'à force de parler de son mal on s'indigne contre sa faiblesse, on se lève et on marche. Sache que chaque jour, dans notre Italie, un patriote, à force de se plaindre comme nous, s'éveille et se tient prêt à nous suivre. Les paysans sont prêts, je te le dis, cousine. Les hommes des Alpes n'ont pas changé ; leur courage n'a pas plus faibli sous la verge autrichienne que les cimes de nos glaciers n'ont fondu au soleil. Il ne leur manque que des chefs qui s'entendent. Sait-on où s'arrêterait l'avalanche qu'une poignée d'hommes pourrait détacher? Toi et moi, et cinq ou six de nos amis qui sont résolus à me suivre et à m'obéir aveuglément, c'en serait assez pour entraîner la première masse.

— O Ruggier ! s'écria Fiamma en crispant la main qui tenait les rênes et en faisant cabrer son cheval, si vous disiez vrai, s'il y avait seulement une lueur d'espoir !... mais, hélas ! tout cela est un cauchemar. Il vous est permis de tenter de le réaliser ; mais moi, misérable ! ce détestable accoutrement de femme, qui me comprime le cœur, me force à rester là immobile, à faire de stériles vœux et à me déchirer les entrailles de colère !

— Tu seras parmi nous, Fiamma ! s'écria le marquis,

Elle avait poussé son cheval jusqu'au bord du ravin. (Page 26.)

profitant de sa fantaisie et entraîné par son amour à la partager. Tu serais, à notre tête, la Jeanne d'Arc de l'Italie, belle et sainte comme elle, comme elle brave et inspirée! Crois-tu que cette héroïne ait eu plus de force et de cœur que toi? Crois-tu qu'elle ait aimé sa patrie avec plus d'ardeur? Vois, Dieu semble t'avoir formée exprès pour un rôle extraordinaire. Dès le premier jour où je t'ai vue, j'ai pressenti ta grandeur future, j'ai vu sur ton visage le sceau d'une mission divine. Vois ta beauté, vois ton intelligence, vois ta santé robuste qui s'accommode de tous les climats, de toutes les privations; vois ta hardiesse si contraire à l'esprit de ton sexe ; vois jusqu'à ta force musculaire, jusqu'à cette petite main qui est de fer pour dompter un cheval et qui porterait un mousquet aussi bien que Carpaccio!... »

Fiamma tressaillit comme si une flèche l'eût touchée. « Qu'avez vous donc? lui dit son cousin en voyant une vive rougeur couvrir aussitôt son visage; chère enfant, si le brave bandit Carpaccio n'avait pas été pendu à deux pas de mon domaine d'Asolo peu d'années après votre naissance, je croirais qu'une aventure de roman vous a rendu ce souvenir terrible.

— Parlons d'autre chose, je vous prie, répondit Fiamma, je me sens mal ; vous flattez trop mon penchant à l'exaltation. Toutes ces chimères sont bonnes à forger sur le versant des Alpes, quand on n'a qu'un pas à faire pour être hors de la portée de ce monde railleur et sceptique qui paralyse toutes les idées grandes en les traitant de folles. Ici, au milieu du cloaque, on est ridicule rien que de se promener sur un cheval pour prendre l'air. Rentrons, cousin ; le froid me gagne. »

Ruggier Asolo tourna son cheval dans la direction que lui imposait Fiamma du bout de sa cravache; mais il avait fait vibrer une corde dont il espérait tirer tous les tons de sa mélopée. Ramenant sa cousine, malgré elle, à l'idée romanesque d'une guerre de partisans, il la ramenait au désir de revoir l'Italie et de le suivre. Fiamma était tellement absorbée par la partie poétique de cette idée, qu'elle ne songeait seulement pas aux conséquences positives que son cousin cherchait à déduire comme moyens d'exécution. La voyant enflammée d'une ardeur guerrière, il commençait à faire entendre clairement l'offre de son amour et de sa main, lorsqu'il s'aperçut que Fiamma ne l'écoutait plus. Elle avait poussé son cheval jusqu'au bord du ravin; et de là elle contemplait un objet éloigné dans la vallée de la Creuse.

« Dites-moi, mon bon Ruggier, dit-elle en l'interrompant, ce voyageur à cheval là-bas, sur le chemin de Guéret, n'est-ce pas Simon Féline?

— Oui, c'est lui, répondit Ruggier, autant que je puis reconnaître cette taille voûtée et ce chapeau à la mode il y a trois ans. Votre ami Simon est vraiment taillé, chère cousine, pour faire un curé de village. J'espère que vous le ferez entrer au séminaire, et qu'il confessera dans quelques années vos jolis petits péchés.

— Dites-moi, cousin, reprit Fiamma sans entendre qu'il lui parlait, la tête de son cheval n'est-elle pas tournée du côté de la ville, et n'a-t-il pas un porte-manteau derrière lui?

— Exactement comme vous dites, ma cousine; vous avez une vue excellente pour discerner tout l'attirail presbytérien de M. Féline. Je crois que, pour vous plaire, nous serons obligés de l'emmener avec nous. Il pourra servir d'aumônier à notre petite armée.

— Ne plaisantez pas sur Simon Féline, cousin Ruggier, répondit Fiamma d'un ton ferme et grave. C'est un homme qui vaudrait à lui seul plus que nous tous ensemble; et s'il avait un rôle de prêtre à jouer parmi nous, sachez qu'il aurait plus d'âme, plus de génie et plus d'éloquence que saint Bernard pour prêcher les nouvelles croisades contre la tyrannie et pour en montrer le chemin. Mais pourquoi s'en va-t-il, et sans nous avoir prévenus? ajouta-t-elle avec beaucoup de préoccupation, et comme se parlant à elle-même.

Elle tomba dans une rêverie profonde, et son cheval, qu'elle faisait bondir comme un chevreuil quelques instants auparavant, obéissant à l'impulsion de son bras calme et détendu, se mit à suivre au pas le sentier. Ruggier étonné la vit se pencher devant une roche sous laquelle l'eau du torrent. C'est là qu'elle s'était assise avec Simon, lorsqu'il avait lavé lui-même le sang de son visage, alors que le torrent, desséché par l'été, n'était qu'un paisible ruisseau. A la vive exaltation qu'elle venait d'éprouver succédèrent des pensées d'un autre genre, et des larmes qu'elle ne put retenir mouillèrent sa paupière. Alors elle laissa tomber tout à fait de ses mains la bride de Sauvage, et le docile animal, obéissant à toutes ses impressions, s'arrêta.

« Adieu, Italie! dit-elle d'une voix étouffée. C'en est fait! Tu viens de recevoir le dernier élan de mon cœur, la dernière étreinte de mon amoureuse ambition. Montagnes sublimes, patrie bien-aimée, terre poétique, nous ne nous reverrons plus; c'est ici que je suis enchaînée; ce rocher abritera mes os.

— Ne vous désespérez pas ainsi, ma vie, mon bien! s'écria le marquis avec feu, vous me déchirez l'âme. Eh quoi! le courage vous manque-t-il au moment d'accomplir le vœu de toute votre vie! Ne suis-je pas à vos pieds! Ne comprenez-vous pas que mon âme tout entière...

— C'est vous qui ne me comprenez pas, ami Ruggier, interrompit Fiamma; et puisque vous avez surpris le secret de mes pensées, puisque vous avez vu quelle puissance une ambition enthousiaste et folle exerce sur moi, je veux lever tout à fait le voile qui me couvre à vos yeux, et vous montrer le fond de mon cœur. J'ai dans le sang une ardeur martiale qui m'égare souvent et me jette dans un monde imaginaire où nulle affection humaine ne semble pouvoir me suivre. Vous devez croire que la guerre et les aventures sont les seules passions que je connaisse. Eh bien! sachez que ce n'est là qu'une face de mon être. J'ai cru longtemps n'en avoir pas d'autre; mais j'ai reconnu depuis peu que c'était une maladie de mon âme oisive, et qu'une passion plus vraie, plus douce, plus conforme à la destinée que le ciel marque aux femmes, dominait et calmait dans mon cœur ces agitations fébriles, ces désirs presque féroces de vengeance politique. Cette passion, c'est l'amour. Vous êtes mon parent, soyez mon confident et mon ami. Nous allons quitter bientôt, sans doute. Vous allez revoir l'Italie où je ne retournerai plus. Peut-être ne presserai-je plus jamais votre main

loyale. Souvenez-vous, quand nous serons de nouveau séparés par les Alpes, que, ne pouvant rien vous offrir pour marque d'amitié et vous laisser comme gage de souvenir, je vous ai donné le secret de mon cœur et l'ai mis dans le vôtre. J'aime Simon Féline. »

Le marquis fut tellement bouleversé de cette naïve confidence qu'il eut un véritable mouvement de fureur et de désespoir. Tournant un regard inexplicable vers le ciel, puis sur sa cousine, il eut envie de jurer, de pleurer et de rire en même temps; mais comme chez les hommes de sa trempe l'affection et la vanité ne se détronent jamais complétement l'une l'autre, le sentiment de l'orgueil blessé et la crainte d'être ridicule emportèrent son amour, comme le vent balaie la neige nouvellement tombée. Un sang-froid sublime rendit à ses manières la politesse, la grâce et le bon goût avec lesquels doit s'exprimer le plus parfait dédain.

« Ce que vous me dites m'étonne peu, chère cousine, répondit-il. Dans l'isolement où vous vivez, il est naturel que le seul homme que vous connaissiez soit celui dont vous vous enamouriez... »

Il allait débiter avec une admirable douceur une longue suite de riens charmants dont l'ironie eût semblé l'effet de la maladresse et de l'indifférence; mais Fiamma, dont l'humeur était peu endurante, se sentit blessée de cette première remarque et l'interrompit en lui disant:

« Vous vous trompez d'une unité, mon cher cousin, en disant que Simon Féline est le seul homme que j'aie pu choisir. Vous êtes deux ici, et vous avez certes d'assez grandes qualités pour lutter avec lui dans mon estime; en outre, personne ne peut nier que vous ne soyez plus grand, plus beau, plus riche et mieux habillé que Simon le presbytérien; il y avait donc bien des raisons pour que je me prisse pour votre amour d'une passion romanesque, de préférence à ce pauvre paysan que j'ai vu tout à l'heure passer là-bas sur la route, et dont le départ m'a fait plus de peine que la réalisation de tous mes châteaux en Espagne ne me ferait de plaisir. Eh bien! cependant, je vous jure que je n'ai pas plus songé à m'énamourer de vous que vous de moi. Continuez vos observations, cousin, je vous écoute. »

Le marquis, voyant qu'il n'aurait pas beau jeu avec Fiamma Faliero, prit le parti d'abjurer toute amertume et de parler sérieusement et de bonne amitié avec elle. Il discuta avec beaucoup de calme et de bonne foi les chances d'un mariage entre elle et Simon.

« Je n'en vois aucune d'admissible, lui répondit Fiamma, je n'ai jamais compté là-dessus; je ne sais même pas si je l'ai jamais souhaité. Cette amitié fraternelle, exclusive de tout autre amour et de toute autre union, satisfait le besoin de mon âme et n'ébranle pas l'aversion que j'ai pour le mariage. »

Ils rentrèrent fort bons amis. Le marquis témoigna beaucoup de reconnaissance de la marque de confiance qu'il venait de recevoir; mais, dès qu'il fut entré, il commanda à son valet de chambre de recharger sa voiture et de demander des chevaux de poste. Il exprima au comte, dans des termes laconiques, la douleur d'avoir été repoussé, et son impatience ne se calma qu'en voyant les chevaux entrer dans la cour. Alors un reste d'amour fit passer un vif attendrissement dans son âme. L'air de regret sincère avec lequel Fiamma, après avoir écouté le mensonge accoutumé d'une *lettre imprévue* et d'une *affaire importante*, lui serra cordialement la main, amena sur ses lèvres quelques paroles entrecoupées et dans ses yeux quelques larmes passionnées. Il sentit que cet épisode laisserait un souvenir tendre dans sa vie. On peut croire cependant qu'il n'en mourut pas de douleur, et qu'il reparut trois jours après, en parfaite santé, au balcon de l'Opéra italien.

XI.

Le plus grand désir du comte de Fougères, depuis qu'il avait sa fille auprès de lui, c'était de s'en débarrasser. Il semblait que la destinée capricieuse, jalouse d'opérer dans cette famille le contraste le plus complet, eût imposé à la fille la haine du mariage en raison inverse de l'impatience que le père éprouvait de la voir établie. Outre les raisons mystérieuses que M. Parquet cherchait à déduire de cette manie réciproque, il en existait de bien palpables, et qui, prenant leur source dans le caractère de l'un et de l'autre, suffisait presque pour l'expliquer. M. de Fougères était de la véritable race des avares. Son intelligence n'était développée que sous la face de l'habileté et de l'activité en affaires, et la seule vanité qu'il eût, c'était celle d'être riche. Il n'appliquait pas trop cette vanité aux menus détails de la vie, et l'économie se faisait remarquer dans toutes ses habitudes. Son point d'honneur était d'avoir toujours à sa disposition des sommes considérables pour tenter des coups de fortune, et de savoir doubler à point son enjeu dans les calculs de la finance. C'est ainsi qu'il n'avait hésité pas à jurer son patriciat lorsque les chances de la destinée lui avaient fait entrevoir le succès dans le négoce; c'est ainsi qu'il venait d'abjurer le négoce pour reprendre le patriciat en voyant la fortune sourire de nouveau à cette classe disgraciée. Il avait compté qu'un titre et un château le mettraient à même de briguer toutes les faveurs de la nouvelle cour de France. Ensuite il calcula qu'une belle fille étant un fonds de commerce, c'était bien longtemps le laisser dormir, et qu'un gendre influent par sa naissance pourrait l'aider dans son ambition. C'était dans ces idées qu'il s'était souvenu de sa fille, à peu près oubliée en Italie, et que, rendant grâces au caprice qui lui avait fait aimer le célibat jusqu'à l'âge de vingt deux ans, il l'avait rappelée auprès de lui et l'avait produite à Paris dans les salons du faubourg Saint-Germain. Mais quand il vit que ce caprice était insurmontable, il éprouva beaucoup de regret d'avoir eu les bras une personne qu'il connaissait à peine, et dont le caractère inflexible et les idées absolues lui étaient un continuel sujet de malaise et de contrariété. Les opinions républicaines de cette enfant enthousiaste avaient achevé de le désespérer; il craignait à chaque instant qu'elle ne le compromît; il rougissait d'elle, et, ne la comprenant nullement, il la regardait sincèrement comme une folle du genre sérieux et spleenétique.

Alors il n'avait plus désiré que de s'en défaire à tout prix, pourvu toutefois que son gendre futur eût assez de fortune ou assez d'amour pour ne pas lui demander une dot considérable, et pourvu surtout que sa naissance fût assez élevée pour ne porter aucune atteinte au blason de Fougères. Le comte faisait en réalité très-peu de cas de la noblesse; il comprenait nullement le parti poétique et chevaleresque que la vanité peut en tirer. Mais comme à cette époque c'était le premier point p ur parvenir, comme d'ailleurs le comte n'avait pas d'autre titre à la faveur royale que sa naissance et sa qualité d'émigré, il eût mieux aimé garder sa fille toute sa vie auprès de lui que de la donner à un roturier.

Malheureusement cette fille était majeure, et, avec les singularités de son humeur et l'audace tranquille de ses résolutions, il était à craindre qu'elle ne fît un choix étrange. Son père avait frémi de la voir liée si étroitement à la famille Féline. Il avait eu avec elle à ce sujet une seule explication, à la suite de laquelle il s'était résigné, comme par miracle, à la laisser maîtresse de ses actions, et même à faire un accueil obligeant à ses nouveaux amis. Mais, depuis, cette intimité lui avait donné de nouvelles inquiétudes, et le bon accueil que Fiamma avait fait à son cousin l'avait soulagé à temps d'une grande anxiété. Soit que le marquis d'Asolo, abjurant ses opinions, se fixât en France et se rattachât aux principes de la cour, soit qu'il retournât faire de la république en Italie et reconquérir les privilèges de la seigneurie vénitienne, c'était un beau parti pour l'ambition, et le plus un moyen de se délivrer de celle qu'en public le comte appelait sa fille chérie, affectant de la consulter sur tout et de rechercher sans cesse son approbation, quoiqu'en réalité tous les sacrifices de sa tendresse paternelle se fussent bornés à contracter l'innocente habitude de finir toutes ses dissertations par ces trois mots : *Non è vero, Fiamma?*

Lorsqu'il vit le marquis d'Asolo si brusquement éconduit, il entra dans un de ces accès de violence dont les gens du dehors ne l'eussent jamais cru capable, mais devant lesquels sa maison avait souvent l'occasion de trembler. Il appela sa fille au moment où le cousin s'éloignait de Fougères dans sa chaise de poste, tandis que Fiamma prenait elle-même le chemin de la maison Féline; alors, la priant de remonter dans sa chambre, il l'y suivit, et en ferma les fenêtres et les portes pour que l'explosion de sa colère ne se fît pas entendre au loin.

Fiamma avait prévu cette éruption volcanique. Elle la contempla avec une insensibilité apparente, quoiqu'une fureur profonde embrasât les secrets replis de son âme orgueilleuse. Quand le comte eut frappé sur la table (sans pourtant s'oublier lui-même jusqu'à la briser); quand il eut lancé autour de lui les éclairs de ses petits yeux bridés, et qu'il lui eut intimé, dans les termes les plus blessants qu'il pût trouver, l'ordre d'entrer dans un couvent ou de cesser toute relation avec la famille Féline, elle le pria avec un sang-froid cruel de modérer son emportement, dans la crainte, lui dit-elle, d'un de ces accès de toux nerveuse auxquels il était sujet; puis, s'asseyant de manière à ne pas friper sa robe et à conserver dans leur liberté tous les mouvements de son corps, elle lui répondit ainsi dans le plus pur toscan, avec cette gesticulation noble et avec cet accent sonore et un peu ampoulé des Vénitiens lorsqu'ils quittent leur dialecte rapide et serré :

« Il me semble que l'objet de cette décision a déjà été discuté entre nous au printemps dernier, et que nous avons pris des conclusions à cet égard. *Votre Seigneurie* les aurait-elle oubliées, ou bien me serais-je écartée des conventions que notre mutuelle parole d'honneur avait rendues sacrées?

— Oui, certes, Mademoiselle! vous avez violé ces conventions et vos promesses. J'ai été bien sot, pour ma part, de me fier aux singeries majestueuses d'une petite comédienne qui passe sa vie à essayer de m'en imposer par ses poses tragiques et ses réponses solennelles! Vous avez beaucoup trop suivi le théâtre de la Fenice, Signora, et je dois m'estimer heureux que vous n'ayez pas pris la fantaisie de monter sur les planches.

— Vous devriez savoir, Monsieur, qu'il n'y a aucune fantaisie folle et désespérée dont il soit prudent de défier une fille dans ma position. Cependant vous avez raison d'être sûr que vous me défieriez en vain de faire une chose qui ne fût pas conforme à mon orgueil et à ma réserve habituelle.

— En vérité, c'est bien de la bonté de votre part! reprit le comte avec aigreur. Et en quoi, s'il vous plaît, votre position est-elle si malheureuse?

— Je ne me suis pas servie de cette expression, Monsieur, répondit Fiamma. Je ne me suis jamais permis de qualifier en aucune façon la position que vous m'avez faite...

— Laissez cette ironie, répondit brusquement le comte; je sais de reste ce que valent vos simulacres de respect et de politesse. Allons, répondez franchement: d'où vient votre inconcevable ardeur à me désespérer, et votre obstination surhumaine à prendre toujours le parti diamétralement contraire à celui qui pourrait satisfaire la raison et ma sollicitude pour un enfant ingrat? »

Les tentatives de déclamation sentimentale étaient ordinairement le second point des remontrances du comte. C'était le moment où Fiamma voyait clairement faiblir son adversaire sous le sentiment d'une honte intérieure. Un sourire d'une amère éloquence effleura ses lèvres pâles. Puis, après un instant de silence, que le comte oppressé n'eut pas la force de rompre, elle lui dit avec une douceur d'intonation qui cherchait à pallier la rudesse de son raisonnement:

« Pourquoi, mon père, chercher vainement à raviver en vous-même un sentiment qui n'a jamais habité vos entrailles? Je ne me suis jamais plainte, et mon intention n'est pas de rompre l'éternel silence que le devoir m'impose. Si je comprends bien le sujet de votre colère, vous me faites un crime de n'avoir point écouté les propositions du marquis d'Asolo, et vous craignez que je ne songe à contracter une union disproportionnée selon vous avec Simon Féline. J'ai l'honneur de vous rappeler que vous avez reçu de moi une parole sacrée de négation à cet égard. Mon intention, aujourd'hui comme alors, est de ne point me marier; et quoique vous ne connaissiez point mon caractère, vous avez pu examiner assez ma conduite pour savoir que je ne suis point capable de me livrer à un sentiment contraire à mes devoirs et à ma fierté. Vouée au célibat par mes goûts et par mes convictions, j'ai l'honneur de vous renouveler l'engagement formel que j'ai pris de ne jamais disposer de moi sans votre approbation, tant que vous continuerez à me traiter avec la justice et la modération que j'implore et que je réclame de votre sagesse et de votre prudence.

— Oui, sans doute! répliqua le comte en faisant des efforts pour redevenir plus calme, tandis qu'un profond dépit succédait à sa violence irréfléchie. Vous voudrez bien ne pas vous aller joindre à quelque troupe de bohémiens dans vos Alpes, ou ne pas vous marier à un paysan de ce village, tant que je consentirai à vous laisser vivre de la façon la plus étrange et la plus indécente qu'une jeune personne puisse rêver, tant que je vous verrai tranquillement courir les bois à cheval avec je ne sais qui; tant que je fermerai les yeux sur je ne sais quelle intrigue sentimentale dont moi seul peut-être ici suis la dupe... »

Le feu de la colère monta au visage de mademoiselle de Fougères. Elle se leva, et regarda son père en face avec une telle expression de reproche et une telle fierté d'innocence, qu'il fut obligé un instant de baisser les yeux. Jamais elle n'avait mieux mérité le nom symbolique que sa mère lui avait choisi.

« Monsieur, dit-elle en prenant sa voix de contralto trois notes plus bas qu'à l'ordinaire, il y a vingt-deux ans que je suis au monde, déshéritée de votre tendresse et même de votre attention. J'ai accepté cette indifférence sans surprise et sans dépit, comme une chose juste et naturelle... »

Le comte se leva à son tour en frémissant, et ses petits yeux sortirent de sa tête.

— Que voulez-vous dire, Fiamma? s'écria-t-il avec un accent de fureur et d'angoisse.

— Rien qui doive vous irriter à ce point, répondit Fiamma tranquillement. Je veux dire (et j'ai le droit de le dire) que vos intérêts commerciaux et l'importance de vos affaires ne vous ont jamais permis de vous occuper de moi, et que j'ai compris combien mon éducation et mes goûts me rendaient étrangère aux sujets de votre sollicitude.

— Est-ce là tout ce que vous vouliez dire? reprit le comte toujours debout et tremblant.

— Quelle autre chose pourrais-je avoir à vous dire? répondit Fiamma avec une froideur dont l'autorité le força de se rasseoir.

— Continuez votre discours à grand effet, dit-il en levant les épaules et en se tournant de côté sur son fauteuil avec impatience; puisqu'il faut que j'avale votre récitatif, allez, que j'arrive au moins au *finale* le plus tôt possible.

— Je dis, Monsieur, reprit Fiamma, insensible en apparence à une raillerie qui lui déchirait les entrailles, car rien n'est plus amer à une personne grave et de bonne foi que le reproche de charlatanisme; je dis, Monsieur, qu'il y a vingt-deux ans que j'existe, et que vous ne vous occupez pas de moi. Il y en a six *aujourd'hui* (je vous prie de remarquer cet anniversaire) que je vis absolument seule, privée d'une mère adorable, sans conseil, sans appui, entièrement livrée à moi-même. Quoique vivant loin de moi depuis le jour de ma naissance, quoique séparé de moi par les Alpes durant cinq de ces dernières années, vous avez pu prendre sur moi assez d'informations pour savoir que jamais le soupçon d'une faute n'a effleuré ma vie, que jamais l'ombre d'un homme n'a passé sur le mur du parc où vous m'avez laissée à la garde d'une servante infirme et débonnaire; et depuis que je suis sous vos yeux, si vous avez daigné les jeter sur mes démarches, vous avez pu savoir que je n'ai eu que deux tête-à-tête en ma vie avec un homme : le premier fut amené par M. Féline par l'effet d'un hasard que je vous ai raconté ; le second, avec le marquis d'Asolo, fut amené par l'effet de votre désir et de votre volonté.

— Est-il vrai que cela soit ainsi? dit le comte, embarrassé de son rôle et craignant d'avoir à demander pardon.

— Vous m'avez fait l'honneur jusqu'ici, répondit Fiamma, de croire à ma parole et de ne pas la récuser.

— Et c'est peut-être une folie que j'ai faite, répliqua-t-il avec une aménité mêlée d'humeur. Vous êtes toujours là prête à vous emporter comme un cheval ombrageux ou à vous défendre comme un lion blessé! Que sais-je, après tout, moi, de votre vie passée? Je n'y étais pas...

— Puisque *vous n'y étiez pas*, Monsieur, reprit Fiamma avec force, vous supposez sans doute que vous n'aviez rien à craindre pour moi des dangers de la jeunesse et de l'isolement, ou bien...

— Sans doute! sans doute! certainement! interrompit le comte, honteux, terrassé et pressé d'échapper à cette logique rigoureuse. Eh bien! voyons; à quoi nous arrêtons-nous? Vous n'aimez pas votre cousin, et vous ne voulez pas vous marier? Vous ne voulez pas non plus de M. Féline, mais vous voulez le voir, me contraindre à le recevoir ici pour empêcher qu'on en jase, et passer votre vie chez la vieille femme à dire des *oremus* et à faire de la politique de village. Tout cela me serait fort égal s'il était possible qu'on connût l'inflexibilité de vos principes et la régularité de vos mœurs; mais vous n'avez pas daigné vous laisser connaître, et l'on fait déjà sur vous, dans le pays, des commentaires de toute sorte. Il faut donc que ces relations inconvenantes et cette intimité déplacée cessent absolument, ou bien je vous exhorterai à suivre la première intention que vous eûtes en arrivant en France, qui était de vous retirer dans un couvent, et à laquelle je m'opposai, espérant que vous prendriez le parti de vous établir plus avantageusement.

— Vous avez trop de bonté pour moi maintenant, Monsieur, répondit Fiamma; mais je vous ferai observer qu'aucune loi ne condamne plus les filles à entrer au couvent malgré elles, et que, d'ailleurs, je suis majeure, par conséquent libre de fixer mon domicile où il me plaira. Le sentiment des convenances et la crainte du scandale m'ont engagée jusqu'ici à vous imposer le déplaisir de ma présence; mais si votre désir est de m'éloigner des lieux que vous habitez, je vous prierai de me laisser choisir ma retraite et vivre avec les quinze cents livres de rente que ma mère m'a léguées et qui ont suffi jusqu'ici, même dans l'intérieur de votre riche maison, à toutes mes dépenses. Votre Seigneurie le sait!... »

Elle appuya sur ces derniers mots avec affectation.

« En vérité, Fiamma, vous me rendrez fou, s'écria le comte en mettant ses deux mains sur ses tempes. Vous joignez à votre amertume de caractère des singularités inouïes. Vous vous obstinez à vivre misérablement au sein du luxe, pour faire croire apparemment que je suis avare envers vous.

— J'espère, Monsieur, répondit-elle, que vous ne me supposez pas de si lâches pensées, et que vous voudrez bien attribuer à mes goûts seulement la modestie de mes habitudes.

— Enfin, vous dites, reprit le comte impatienté, que vous voulez vivre ici à votre guise, en dépit du déshonneur qui peut rejaillir sur moi, ou me couvrir d'une autre sorte de déshonneur en allant vivre seule et loin de moi! Il faut que je passe pour un lâche Cassandre ou pour un tyran domestique : charmante alternative, en vérité!

— Non, Monsieur, répondit Fiamma, je ne veux point vous mettre dans cette alternative. S'il est vrai que mes relations avec la famille Féline soient un objet de scandale, vous avez le droit de m'en avertir, et je suis prête à les faire cesser s'il est nécessaire. Mais le hasard s'est chargé à point de remédier au mal. M. Féline est part ce matin du village, pour se fixer à Guéret, où il va exercer sa profession, et où vous savez que je ne vais jamais. Nos entrevues ici deviendront donc assez rares et assez courtes pour n'attirer l'attention de personne.

— A la bonne heure, dit le comte de Fougères, heureux d'en être quitte à si bon marché. Maintenant, restons tranquilles, Fiamma, et n'ayons plus de querelles; car cela me fait un mal affreux, et voilà que je commence à tousser.

— Il me semble, Monsieur, que ce n'est pas moi qui les provoque, répliqua-t-elle.

Le comte affecta d'être suffoqué par son asthme, afin de terminer une discussion où, comme de coutume, il avait été forcé de battre en retraite. Il sortit en se maudissant de n'avoir pas su résister à un mouvement de colère, et en se promettant bien de ne plus s'occuper de longtemps de la conduite et de l'avenir de sa fille.

XII.

Fiamma, non moins impatiente que le comte de voir arriver la fin d'une discussion où elle avait parlé cependant avec lenteur et gravité, courut chez la mère Féline. Elle la trouva triste et malade; elle lui dit qu'elle avait aperçu de loin Simon sur la route de Guéret, et demanda s'il reviendrait le soir, quoique, à voir son attirail, elle eût bien observé qu'il allait faire une longue absence. Le ton dont madame Féline lui répondit qu'il ne reviendrait pas même le lendemain, lui fit comprendre, qu'elle ne s'était pas trompée dans ses conjectures. Fiamma depuis plusieurs jours avait compris la douleur de Simon et n'avait cherché qu'une occasion pour la faire cesser. Cette impatience d'avoir une explication avec le marquis avait été remarquée et interprétée en sens contraire par l'infortuné Simon. Il était parti une heure trop tôt. Le cœur de Fiamma se brisait en songeant aux tortures qu'il avait dû éprouver et qu'il éprouvait sans doute encore; mais, d'un autre côté, ce départ étant devenu une chose nécessaire, elle devait maintenir son jeune ami dans sa résolution courageuse. Il lui restait à chercher un moyen de lui donner des consolations sans affaiblir ce courage : elle y songea un instant; c'était une position délicate que la sienne vis-à-vis de Jeanne. Il était facile de voir dans les traits et dans les manières de la vieille femme qu'elle avait deviné récemment le secret de son fils et qu'elle croyait ses douleurs sans remède.

« C'est le jour des départs, lui dit tout d'un coup Fiamma, sans paraître comprendre l'importance de celui de Simon. Mon cousin vient de partir tout à l'heure!

— De partir! sainte Vierge! s'écria la vieille femme avec la vivacité de l'amour maternel; votre cousin est parti, chère demoiselle? Chère enfant! et comment donc si vite?

— C'est un petit secret que je ne veux confier qu'à vous, ma chère vieille mère, » répondit Fiamma; et, approchant son escabeau de la chaise de Jeanne, elle lui parla ainsi en baissant la voix d'un petit air mystérieux : « Vous saurez que le cher cousin s'était mis en tête de m'épouser.

— Je le savais bien, interrompit Jeanne, nous en parlions avec Simon tous les soirs...

— Vous en parliez? qu'en disait-il?

— Il me demandait s'il ne me semblait pas que ce jeune homme fût amoureux de vous, et s'il était possible que, la chose étant, vous ne vous en aperçussiez pas... Je vous demande pardon de nos réflexions, ma petite, cela ne nous regardait pas; mais, moi, je vous aime tant que je ne puis me lasser de parler de vous et d'y penser.

— Eh bien! mère Féline, vous ne vous trompiez pas si vous supposiez que je m'en étais aperçue. Il y avait huit jours que je savais le beau secret de mon cousin et que je m'attendais à une déclaration, lorsque j'ai trouvé l'occasion de prévenir ses frais d'éloquence et de lui déclarer, moi, que je ne voulais me soumettre ni à l'amour ni au mariage.

— Il paraît que vous avez parlé clairement et prononcé sans appel, puisqu'il est parti tout de suite?

— Une heure après! Voyez comme l'amour est chose facile à guérir! A l'heure qu'il est, je suis sûre qu'il est à l'auberge de Guéret et qu'il se regarde dans un beau miroir de poche pour s'assurer que l'air de nos montagnes n'a pas altéré la fraîcheur de ses lèvres et la rondeur de ses joues. Mais pourquoi secouez-vous la tête, mère? On dirait que, dans votre jugement, l'amour est une chose plus sérieuse que cela?

— Quant à moi, je n'ai pas connu ses douleurs dans ma jeunesse, répondit Jeanne. J'aimai Pierre Féline, mon cousin, et je l'épousai. Nous étions pauvres tous deux; j'étais une paysanne comme lui; il n'y eut ni obstacles ni retards. Quand il est mort, j'étais vieille déjà; alors j'étais habituée au malheur; j'avais enterré successivement onze enfants, et, sans mon Simon, je n'avais plus qu'à mourir. La douleur est le fait de la vieillesse; je ne me révoltai pas d'être éprouvée après avoir été heureuse. Cependant, si j'étais appelée aujourd'hui à voir périr mon Simon, mon dernier bonheur, ma seule consolation!... Ah! Dieu me préserve seulement d'y songer!

— Et pourquoi auriez-vous cette affreuse pensée? Simon est d'une bonne santé.

— Hélas! pas trop!

— Mais il a la force d'âme qui commande au corps de vivre.

— Il n'a bien que trop de force d'âme comme cela! elle le ronge! Mais parlons de vous, Fiamma.

— Non, parlons de lui, mère Jeanne. Moi, je suis forte, bien portante, tranquille, délivrée de mon cousin; occupons-nous de Simon. Il est parti triste, j'ai vu cela ces jours-ci. Je ne vous demande pas ce qu'il avait; je m'en doute.

— Vous vous en doutez? s'écria Jeanne en relevant sa tête inclinée par l'âge, et en fixant ses yeux encore vifs et beaux sur Fiamma.

— Sans doute, répondit la jeune hypocrite; je sais combien sa profession lui est antipathique; je sais pourtant qu'il n'y a plus à reculer. Il m'a confié ses dégoûts, ses ennuis, ses craintes pour l'avenir.

— En effet, c'est là ce qui le tourmente, répondit Jeanne, et je suis fâchée qu'il ne vous ait pas parlé avant de partir; mais il avait tant de chagrin de nous quitter, qu'il a craint de manquer de force s'il nous faisait des adieux.

— Je comprends tout cela, reprit Fiamma; cependant je trouve qu'il est parti un peu brusquement; je lui aurais donné du courage s'il m'eût consultée.

— Oui, certes, dit Jeanne, s'il vous eût vue aujourd'hui, il serait parti moins malheureux.

— Il faudra qu'il revienne causer avec nous, dit Fiamma; mais pas avant quelques jours, afin de ne pas perdre le fruit de ce grand effort. En attendant, ne pourriez-vous lui écrire, mère Féline?

— Hélas! je ne lui écris jamais, et pour cause.

— Oh bien! sainte femme, vous ne savez pas écrire; je pose les deux genoux devant vous, illettrée sublime!

— Qu'est-ce que vous dites là, mon enfant? vous vous moquez de moi?

— Je baise le bas de ta robe, sainte Geneviève-des-Prés, paysanne sur la terre, reine dans les cieux! Mais voyons, je vais écrire à Simon sous votre dictée...

— Eh bien oui! Mais non; j'ai bien des petits secrets à lui dire, dans lesquels vous êtes de trop, mignonne.

— En vérité? Eh bien! je vais lui écrire de ma part, et vous lui porterez ma lettre.

— Bonté divine! que lui écrirez-vous donc?

— Rien d'important ni d'efficace pour le consoler, malheureusement. L'avenir seul peut y porter le remède à ses maux; mais je lui parlerai de mon amitié, de celle de son parrain, de celle de Bonne... Je lui dirai qu'il se doit à nous tous, à vous surtout, sa mère chérie... qu'il faut espérer, prendre courage, soigner sa santé, surmonter ses peines, vivre enfin, et nous aimer comme nous l'aimons.

— Écrivez donc tout cela, cher ange, et je le porte-

rai moi-même; car j'ai quelque chose en outre à lui dire.
— Quoi donc? dit la malicieuse Fiamma.
— Rien qui vous concerne, dit la vieille femme.
— Oh! je le crois! » reprit l'enfant avec un sourire.

Elle se plaça dans un coin pour écrire, et la vieille se prépara au départ; elle mit son jupon rayé, sa cape de molleton blanc et ses mitons de laine tricotée.

« Mais, comment irai-je? s'écria-t-elle tout d'un coup; il a emprunté le cheval de M. Parquet pour s'en aller, et la mule de mademoiselle Bonne est en campagne.
— Je vous prêterai Sauvage.
— Oh! oh! non pas, je ne suis pas lasse de vivre tant que j'aurai mon Simon!
— Comment donc faire? dit Fiamma. Chercher un cheval dans le village? cela va nous retarder. Il est déjà quatre heures. Et si nous n'en trouvons pas, il faudra que Simon passe cette soirée dans la tristesse!
— Et cette nuit, dit Jeanne, oh! c'est cette nuit que je redoute pour lui; la dernière a été si terrible!
— Pauvre Simon! dit Fiamma. Allons, mère Féline, il n'y a qu'un moyen. Vous monterez sur Sauvage; il est doux comme un mouton quand je suis avec lui. Je le tiendrai par la bride, et je vous conduirai à pied jusqu'à la ville.
— Il y a trois lieues! Je ne le souffrirai jamais. Prenez-moi en croupe.
— Sauvage n'est pas habitué à cela; il pourrait nous jeter toutes deux par terre; d'ailleurs il est si petit que nous serions fort mal à l'aise sur son dos. Allons, je cours le chercher; êtes-vous prête?
— Je ne me laisserai jamais conduire ainsi par vous.
— Il le faut pourtant bien; ce sera charmant, nous aurons l'air de la *Fuite en Égypte*.
— Mais que va-t-on dire? Il ne faut pas nous montrer ainsi dans le village.
— Traversez-le à pied, et attendez-moi au grand buis, à l'entrée de la montagne; nous irons par la Coursière, nous ne rencontrerons personne. Allons, partez; j'y serai aussitôt que vous. »

Un quart d'heure après, ces deux femmes cheminaient sur le sentier sinueux de la montagne, Jeanne assise sur le petit cheval et enveloppée dans sa cape. Fiamma marchait devant elle, un petit manteau espagnol jeté sur l'épaule, la bride passée au bras, et de temps en temps parlant à Sauvage pour le calmer; car il était fort ennuyé d'aller ainsi au pas, et de n'être pas sollicité de caracoler de temps en temps. Cependant, le sentier devenant de plus en plus difficile et escarpé, la nuit commençant à tomber, l'instinct de la prudence le rendit calme et attentif à tous ses pas. Quoique Fiamma marchât comme un Basque, franchissant les roches et se débarrassant des broussailles avec plus de légèreté que Sauvage lui-même, il était sept heures du soir lorsqu'elle aperçut les lumières de la ville. Elle engagea sa vieille amie à mettre pied à terre pour descendre le versant rapide de la dernière colline; et tandis que Sauvage la suivait de lui-même comme un chien, elle soutint Jeanne de son bras robuste, et la conduisit jusqu'aux premières maisons. Là, elle lui remit sa lettre pour Simon, et, après l'avoir embrassée, elle remonta sur son cheval.

« Bon Dieu! dit Jeanne, si je ne craignais pas les mauvaises langues, je vous emmènerais avec moi coucher à la ville. Voilà le vent qui se lève; il fait noir comme dans l'enfer, et si la neige venait à tomber! Hélas! je suis effrayée de vous voir partir ainsi, seule, à cette heure, par ce froid mortel.
— Allons, bonne mère, ne craignez rien; donnez-moi votre bénédiction, elle me préservera de tout danger. Je vous salue, je vous aime, et comme une véritable héroïne de roman, *je m'élance à cheval dans la nuit orageuse.* »

Jeanne, transie de froid, resta pourtant immobile à l'entrée de la rue jusqu'à ce qu'elle eût cessé d'entendre le galop de Sauvage sur la terre durcie par la gelée. « O neige! ne tombe pas, murmura la vieille femme en se signant; lune blanche, lève-toi vite; et vous, sainte Vierge, veillez sur elle! »

Lorsqu'elle arriva au domicile de maître Parquet, elle fut enchantée d'apprendre de la servante que l'avoué était au café, et que Simon était seul dans l'étude. Elle entra, et le vit appuyé contre le poêle, la tête dans ses mains. Le bruit des petits sabots plats de sa mère le fit tressaillir. Avant qu'elle eût parlé, il avait reconnu son pas encore égal et ferme. Il s'élança dans ses bras, et pour la première fois de sa vie il s'abandonna au besoin de se laisser consoler par la tendresse maternelle. Un torrent de larmes coula de ses yeux sur le sein de la vieille Jeanne.

« Vous avez fui votre mère, et votre mère court après vous, lui dit-elle avec l'accent grondeur de la tendresse. Autrefois vous n'eussiez pas agi ainsi, votre mère était votre seul amour; à présent j'ai une rivale, un ange que j'aime aussi, mais que j'aime moins que vous. Pourquoi l'aimez-vous plus que moi?
— Oh! ma bonne vieille, ma sainte mère! ne me faites pas de reproches, répondit Simon; je suis trop malheureux. N'empoisonnez pas cet instant où la seule vue de vos cheveux blancs suffit à me donner de la joie au milieu de mon désespoir. Ne croyez pas que je vous aime moins que par le passé. Tant que je vous aurai, je pourrai tout supporter; quand vous mourrez, je mourrai.
— Tais-toi, enfant. Il y a quelqu'un qui saura bien te consoler!... Tais-toi, écoute. Le cousin est parti; on ne l'aime pas, on ne veut pas de lui; il ne reviendra pas.
— Grand Dieu! ma mère, ne me trompez-vous pas pour me consoler? » s'écria Simon.

Et il se fit raconter les moindres détails de l'entrevue de Fiamma avec sa mère. Il était si ému, si oppressé, qu'il écoutait à peine la réponse à ses mille questions, tant il avait hâte d'en faire de nouvelles! Il ne comprenait pas la plupart du temps, et se faisait répéter cent fois la même chose. Ce ne fut qu'au bout d'une heure de conversation qu'il comprit la manière dont Fiamma avait accompagné sa mère; et alors seulement Jeanne, rassurée sur le désespoir de son fils, sentit se réveiller ses inquiétudes pour Fiamma, et laissa échapper ces mots:

« O mon Dieu! je ne m'effraie pour elle ni de la nuit ni de la solitude; elle a un bon cheval, elle est brave et forte comme lui; mais s'il venait à tomber de la neige avant qu'elle fût rentrée! C'est si dangereux dans nos montagnes! »

Simon pâlit et fit signe à Jeanne d'écouter. Le vent sifflait avec violence autour de cette maison bien close et bien chauffée. Simon pensa au froid qui devait glacer les membres de Fiamma durant cette nuit rigoureuse; l'angoisse passa dans son cœur, il courut ouvrir la fenêtre: des flocons de neige, amoncelés sur la vitre, tombèrent à ses pieds. Un cri sympathique partit du sein et de celui de sa mère; puis ils restèrent immobiles et pâles à se regarder en silence.

Simon courut seller le cheval de M. Parquet, et bientôt il fut sur le sentier de la montagne, courant à toute bride sur les traces de Sauvage. Hélas! la neige les avait couvertes. Jeanne n'avait pas dit un mot pour l'empêcher de partir. Mais, quand elle se trouva seule, le poids d'une double inquiétude tombant sur son cœur, elle leva les bras vers le ciel et lui demanda de ne pas voir lever le jour si son fils ne devait pas revenir. Cependant, elle se rassura peu à peu en voyant que la neige n'épaississait pas. Simon rentra à deux heures du matin. Il avait été loin sans atteindre la trace de Fiamma. Elle avait été rapide comme le vent et les nuages. Mais la neige ayant cessé de tomber et la lune s'étant levée dans tout son éclat, il avait reconnu la piste de Sauvage, et, un peu en arrière, celle de plusieurs loups qui avaient dû le suivre assez longtemps; car il avait remarqué ces traces jusqu'à l'entrée du village de Fougères. Là les sabots du cheval s'étaient montrés délivrés de leur sinistre cortège, et il avait espéré atteindre la brave amazone, mais en vain. Il avait conduit sa monture à la cabane pour la faire reposer un instant, et, pendant ce temps, il s'était glissé dans les cours du château. Il avait vu, à la lueur des flambeaux, Sauvage fumant de sueur, entre deux palefreniers empressés à le frotter et à l'envelopper de couvertures. Il avait même entendu dire à un de ces laquais : « Diable ! voilà une drôle de promenade ! Heureusement que M. le comte est couché. Sa toux nerveuse l'occupe plus que sa fille. » L'autre avait répondu : « C'est bon ! cela ne nous regarde pas. Mademoiselle n'est pas ce qu'elle paraît, ni monsieur non plus. Mademoiselle est bonne, il ne faut pas parler d'elle. Monsieur a le diable au corps, il faut avoir soin d'en dire du bien. »

Simon était revenu à Guéret par la grande route. C'était le plus long, mais il y avait moins de dangers et de difficultés. En attendant, M. Parquet s'était fait raconter toute l'histoire, et, quoique madame Féline eût caché le secret de Simon, il avait tout compris et tout deviné d'avance. Ils soupèrent tous trois ensemble, et, tout en buvant la presque totalité du vin chaud qu'il avait fait préparer pour son filleul. M. Parquet parla ainsi :

« Enfant, tu es amoureux de mademoiselle de Fougères, et tu ne lui déplais pas. Elle a fait vœu de célibat, tu as fait vœu de ne lui parler jamais de ton amour, M. de Fougères ne consentira jamais à te la donner ; voilà trois obstacles à ton mariage. Cependant ces trois là ne pèsent pas une once si tu viens à bout de lever le quatrième ; et celui-là, c'est ta misère et ton obscurité. Il faut sortir d'incertitude ; il faut plaider d'aujourd'hui en huit. Si tu n'as pas de talent, il faut en acquérir ; si tu en as, il n'y a plus qu'un peu de patience à prendre, un peu d'argent à gagner, et mademoiselle de Fougères est à toi. »

Simon, dont le cœur frémissait durant ce discours, supplia son cher parrain de ne point le leurrer de ces chimères. Mais M. Parquet était un optimiste absolu après boire.

« Cela sera comme je te dis, s'écria-t-il avec colère ; tu as du talent, j'en suis sûr. Quand j'avance une chose pareille, on doit me croire. Tu seras un jour célèbre, et par conséquent riche et puissant. C'est assez reculer, il faut sauter ; il faut jeter ton anneau ducal dans l'Adriatique ; il faut être le doge de notre dogaresse. Tu as tout ce qu'il faut dans ta cervelle et dans ta poitrine, dans ton âme et dans tes poumons pour être orateur. Dans huit jours la question sera résolue, ou bien il faudra poser une nouvelle question sans se rebuter. »

Simon, craignant que le vin chaud et les divagations décevantes de son parrain ne vinssent à lui porter à la tête, alla se coucher. En se déshabillant, il trouva dans son gilet la lettre que sa mère lui avait remise de la part de Fiamma, et que, dans son effroi à l'aspect de la neige et dans les agitations qui en avaient été la suite, il n'avait pas pu lire. A ce surcroît de bonheur, il baisa la lettre avec effusion ; il l'ouvrit d'une main tremblante. Il croyait y trouver une amicale semonce ; il n'y trouva que ces mots :

« Simon, travaillez. Je vous aime. »

Pendant que, brisé de fatigue, mais heureux comme il ne l'avait jamais été de sa vie, il s'endormait dans un bon lit, sa mère, conduite galamment par l'avoué jusqu'à la porte de la meilleure chambre de la maison, lui adressait quelques reproches.

« Vous échauffez trop la tête de mon pauvre enfant, lui disait-elle. Vous lui promettez comme certaines des choses impossibles. Au premier obstacle, vous le verrez perdre courage pour s'être trop vite flatté ; et ce sera votre faute, voisin.

— Ne craignez donc rien, répondit M. Parquet ; il lui faut un aiguillon. L'ambition s'est endormie ; il faut se servir de l'amour pour l'aider à poser hardiment les fondements de sa destinée. Il importe peu qu'il épouse sa belle, pourvu qu'il épouse sa profession. »

XIII.

Simon débuta. Parquet lui avait réservé une belle affaire ; il la lui avait gardée avec amour. C'était un beau crime à grand effet, avec passion, scènes tragiques, mystères, tout ce qui rend le spectacle de la cour d'assises si émouvant pour le peuple. Tout le monde s'étonna de voir que Parquet cédait le monopole de cette matière à succès à un enfant dont on n'espérait pas grand'chose, attendu son extérieur débile et ses manières réservées. La plupart des dilettanti de déclamation faillirent se retirer avec humeur. Simon fit un effort inouï sur le dégoût qu'il éprouvait à se mettre en évidence et sur la timidité naturelle à l'homme consciencieux. Il articula les premiers mots avec une angoisse inexprimable. Ses genoux se dérobaient sous lui ; un nuage flottait autour de sa tête. Plusieurs fois il hésita à se rasseoir ou à s'enfuir. Il avait écrit sur une feuille volante de ses pièces, au moment de se lever : « Cet instant va décider de ma vie. S'il y a une lueur d'espoir, je vais la rallumer ou l'éteindre à jamais. » C'était à Fiamma qu'il pensait. La crise était arrivée : il allait faire un pas vers elle ou voir un abîme s'ouvrir entre eux. L'importance du succès n'était pas en rapport avec le tort irréparable de la défaite. Avec du talent, il avait une chance pour posséder cette femme ; sans talent, il les avait toutes pour la perdre. Que de motifs de terreur et d'éblouissement !

Mais il avait mis sur son cœur le billet de Fiamma, les trois seuls mots qu'il possédait de son écriture. Il eut confiance en cette relique, et continua, quoique sa parole fût confuse et entrecoupée. Le bon Parquet, assis à ses côtés, était plus à plaindre encore que lui ; il rougissait et pâlissait tour à tour. Il portait alternativement un regard d'anxiété sur Simon, comme pour le supplier d'avoir courage ; puis, comme s'il eût craint d'avoir été aperçu, il reportait son regard terrible et menaçant sur les juges, pour défendre à leurs visages cette expression de pitié ou d'ironie qui condamne et décourage. Enfin, il se tournait de temps en temps vers le public, pour faire taire ses chuchotements et ses murmures d'un air à la fois imposant et paternel qui semblait dire : « Prenez patience, vous allez être satisfaits ; c'est moi qui vous en réponds. »

Cette agonie ne fut pas longue, Simon eut bientôt pris le dessus. Sa taille se redressa et grandit peu à peu. Sa voix pure et grave prit de la force, sans perdre un reste d'émotion qui lui donnait plus de puissance encore. Son visage resta pâle et mélancolique ; mais ses grands yeux noirs lancèrent des éclairs, et une majesté sublime entoura son front d'une invisible auréole. D'abord on s'étonna de la simplicité de ses paroles et de la sobriété de ses gestes, et on disait encore : *Pas mal*, lorsque Parquet murmurait déjà entre ses lèvres : *Bien ! bien !* Mais bientôt la conviction passa dans tous les cœurs, et l'orateur s'empara de son auditoire au point que l'esprit s'abstint de le juger. Les fibres furent émues, les âmes subirent la loi d'obéissance sympathique qu'il est donné aux âmes supérieures de leur imposer. Ceux qui aimaient le plus la métaphore ampoulée pleurèrent comme les autres, et ne s'aperçurent pas que la métaphore manquait à son discours. Parquet, plus habitué à l'analyse, s'en aperçut, et ne s'étonna pas qu'on pût être grand par d'autres moyens que ceux qu'il avait estimés jusqu'alors. Il avait trop de sens pour ne pas le savoir depuis longtemps ; mais il n'eût pas cru qu'un auditoire grossier pût se passer d'un peu de ce qu'il appelait la *poudre aux yeux*. De ce moment il se sentit supplanté, et la faiblesse de la nature lui fit éprouver un mouvement de chagrin ; mais ce chagrin ne dura pas plus de temps qu'il n'en fallut pour prendre une large prise de tabac en fronçant un peu le sourcil. En secouant sur son rabat l'excédant de ce copieux chargement, le digne homme secoua les légers grains de misère humaine qui eussent pu obscurcir la sincérité de sa joie. Il fondit en larmes en embrassant son filleul à la fin de l'audience, et en lui disant : « C'est fini, je ne plaide plus, et désormais c'est par toi que je triomphe. »

Ils avaient fait trois pas dans la rue, lorsque Parquet, s'arrêtant pour regarder une paysanne qui passait aussi vite que la foule pouvait le permettre, se dit comme à lui-même :

« Ouais ! voilà une montagnarde qui a la main bien blanche ! »

Simon se retourna précipitamment ; il ne vit qu'une femme enveloppée d'une cape qui cachait entièrement

Vous avez violé ces conventions... (Page 27.)

son visage, parce que d'une main elle la tenait abaissée comme pour défendre une vue faible de l'éclat du soleil. Cette main était si belle et cette démarche si alerte, que Simon ne put s'y tromper. C'était Fiamma. Il eut bien de la peine à s'empêcher de courir après elle.

« Gardez-vous-en bien, lui dit Parquet : ce serait une indiscrétion. Puisqu'on se déguise, c'est qu'on ne veut pas que vous sachiez qu'on était là. D'ailleurs, peut-être nous sommes-nous trompés !

— Ce n'est pas moi qu'elle peut tromper en se déguisant, dit Simon. N'ai-je pas reconnu ces deux raies bleues au poignet, reste des cruautés du bec d'Italia?...

— Oh! l'œil de l'amant! dit Parquet. Eh bien! Simon, qu'est-ce que je te disais? On t'aime, et tu as du talent; et un jour...

— Et un jour je me brûlerai la cervelle, répondit Simon en lui pressant vivement le bras, si je me laisse prendre à vos belles paroles. Mon ami, épargnez-moi, dans ce moment surtout, où je n'ai pas bien ma tête, et où je ne me soutiens plus qu'avec peine...

— Appuie-toi sur moi, lui dit Parquet, tâchons de rejoindre ta mère dans cette foule, et viens avec moi boire du bishof à la maison. Je n'y manque jamais après avoir plaidé, et je m'en trouve bien : d'ailleurs je ne serai pas fâché d'en boire moi-même ; j'ai sué, tremblé et brûlé plus que toi en t'écoutant. »

Simon, n'osant aller encore à Fougères, écrivit à Fiamma pour la remercier des encouragements qu'elle lui avait donnés et auxquels il devait le bonheur de son début. Il était bien résolu à ne pas violer son vœu, mais néanmoins il lui échappa malgré lui des paroles passionnées et l'expression d'une vague espérance.

Fiamma le comprit et lui répondit une lettre fort affectueuse, mais plus réservée qu'il ne s'y était attendu. Elle semblait rétracter avec une extrême adresse le sens passionné que Simon eût pu donner aux trois mots de son premier billet, et lui faire entendre qu'il y aurait folie de sa part à prendre pour une déclaration d'amour cette parole écrite, ou plutôt criée du fond d'une âme fraternelle, en un moment de sainte sollicitude. En parlant succinctement du départ de son cousin, elle ne perdait pas l'occasion de parler de son aversion pour le mariage et de l'incapacité de son âme pour tout autre sentiment que l'amitié et le dévouement politique. Elle finissait en

Elle lui parla ainsi... (Page 29.)

engageant Simon à lui écrire souvent, à lui rendre compte de toutes les actions et de toutes les émotions de sa vie, comme il avait coutume de le faire à Fougères ; elle se liait par une promesse réciproque.

Simon ne fut pas aussi reconnaissant de cette lettre qu'il eût dû l'être ; il eût accusé mademoiselle de Fougères d'un mouvement de hauteur, s'il n'eût rapporté au mystère de sa conduite, relativement au vœu de célibat, toutes les démarches qu'il ne comprenait pas bien ; mais cette excuse ne lui était que plus cruelle, car ce mystère le tourmentait étrangement. Il avait entendu Parquet faire mille suppositions, dont la plus constante était celle d'un engagement pris en Italie, en raison d'un amour contrarié. Cependant, comme mademoiselle de Fougères ne parlait jamais de retourner dans son pays, quoiqu'elle fût majeure et libre de quitter son père ou de lui arracher son consentement, il était probable qu'il n'y avait plus pour elle aucun espoir de ce côté-là. C'était peut-être à un mort qu'elle conservait cette noble fidélité, que M. Parquet ne regardait cependant pas comme inviolable. Il encourageait donc Simon à garder l'espérance, et le pauvre enfant, quoique rongé par cette espérance dévorante, la conservait malgré lui, tout en niant qu'il l'eût jamais conçue.

Cependant les mois et les années s'écoulèrent sans apporter aucun changement dans leur situation respective, et l'espoir de Simon s'évanouit. Mademoiselle de Fougères se montra constamment la même : aussi bonne, aussi dévouée, aussi exclusivement occupée de lui ; mais jamais il n'y eut plus dans ses lettres une parole équivoque, jamais dans ses manières une contradiction, si légère qu'elle fût, avec ses paroles. Sa vie fut toujours aussi solitaire, aussi calme au dehors, aussi orageuse au dedans. Lorsque le feu de la jeunesse tourmentait cette tête ardente, le grand air, le vent des montagnes, la chaleur du soleil, suffisaient à la rafraîchir ou à l'éteindre par la fatigue. Quelquefois elle se levait avant le jour, allait brider elle-même son cheval, et disparaissait avec lui jusqu'au soir. Jamais on ne la rencontra en aucune compagnie que ce fût. Deux pistolets d'arçon, dont elle se fût fort bien servie au besoin, et un grand chien-loup horriblement hargneux qu'elle s'adjoignit pour garde du corps, la mettaient à l'abri des hommes et des bêtes.

D'ailleurs, au bout d'un certain temps, elle avait inspiré assez d'estime et de respect pour être sûre de ne rencontrer nulle part d'hostilité insolente ou de trouver partout des défenseurs empressés. L'opinion, qui s'abuse souvent, mais qui s'éclaire toujours, redevint peu à peu équitable envers elle. Quoiqu'elle fît des libéralités fort strictes, eu égard à l'argent qu'on lui supposait disponible, quoique son maintien semblât toujours altier et son caractère incapable d'aucune concession à la force populaire, le peuple du village et des environs, émerveillé de la pureté de ses mœurs avec une vie si indépendante et une beauté si remarquable, la prit, sinon en grande amitié, du moins en grande considération. On lui demandait plus souvent des conseils que des aumônes, et on se laissait volontiers guider par elle dans les affaires délicates. M. Parquet prétendait qu'elle lui enlevait beaucoup de clientèles à force de concilier les inimitiés et d'apaiser des ressentiments. La sagesse et l'équité semblaient être la base de son caractère et en exclure un peu la tendresse et l'enthousiasme.

Simon le pensait ainsi; Parquet, devant qui elle s'observait moins, en jugeait autrement. Souvent, lorsqu'ils parlaient d'elle ensemble, le jeune homme opinait que l'amour était une passion inconnue à Fiamma; Parquet secouait la tête.

« Qu'elle n'en ait pas pour toi, lui disait-il, je n'en répondrais pas; je ne sais plus à quoi m'en tenir à cet égard; mais qu'elle n'en ait jamais eu pour personne ou qu'elle ne soit jamais capable d'en avoir, c'est ce qu'on ne me persuadera pas aisément. Tu plaides mieux que moi, Féline, mais tu ne connais pas mieux le cœur humain. Sois sûr que j'ai surpris chez elle bien des contradictions : par exemple, un jour elle nous fit un grand discours pour nous prouver qu'il valait mieux soulager peu à peu le pauvre, et l'aider à sortir lui-même de sa misère, que de lui donner tout à coup le bien-être dont il ne ferait qu'abuser. Cela pouvait être fort juste; mais deux heures après je vis que cette modération n'était guère dans son caractère; car en passant devant la maison du pauvre Mion, et en le voyant entrer avec ses enfants sous sa misérable hutte, où l'on ne peut se tenir debout, elle s'écria avec chaleur : « O ciel! avec mille francs on donnerait à cette famille un logement sain, et cependant elle reste courbée sous ce hangar, à la porte d'un château ! ... » Je lui fis observer qu'elle pouvait bien disposer d'un billet de mille francs pour les malheureux; M. de Fougères m'avait encore dit la veille : « Engagez donc Fiamma à me demander tout ce qu'elle désire, et j'y souscrirai. Je ne me plains que de son excessive économie. » Fiamma alors changea de visage et me répondit d'un air étrange : « Parquet, vous devriez être habitué à cette vérité aussi ancienne que le monde : ne vous fiez pas à l'apparence. » Va, Simon, ajoutait Parquet, sois sûr qu'il y a là *un mystère d'iniquité* de la part de M. de Fougères. Simon lui renvoyait en riant cette phrase de cour d'assises et trouvait la supposition folle. Il était bien prouvé désormais pour tout le monde que M. de Fougères était un hypocrite de bonté, mais non de probité; un homme dur, égoïste, étroit d'idées et de sentiments, peureux et avare; mais il était impossible de trouver en lui assez d'étoffe pour en habiller le personnage du plus maigre scélérat.

Cependant, comme les gens heureux et faits pour l'être se lassent vite des investigations actives et s'accommodent de tout ce qui s'accommode à eux, M. Parquet finit par accepter mademoiselle de Fougères pour ce qu'elle voulait être, et il en vint même à conseiller à Simon de la regarder comme sa sœur et de ne plus songer à devenir son amant ou son époux. Simon s'efforça de s'habituer à cette conviction; mais il avait beau faire, la force de son amour l'écartait à chaque instant avec impatience. Trop fier pour vouloir être plaint, depuis longtemps il avait cessé d'avouer sa passion, et il la cachait désormais non-seulement à son ami, mais encore à sa mère. Jeanne n'en était pas dupe; on ne trompe pas une mère comme elle; mais elle respectait son courage, et seule peut-être contre tous elle ne désespérait pas de le voir récompensé.

Plusieurs partis se présentèrent inutilement pour mademoiselle de Fougères. Il en fut ainsi pour mademoiselle Parquet. Cette jeune personne montra, il est vrai, un peu d'hésitation chaque fois, et ne se prononça jamais, comme son amie, contre le mariage; mais, au fond du cœur, plus elle voyait ou croyait voir Simon renoncer à son amour pour Fiamma, plus elle se flattait qu'il reconnaîtrait combien elle était elle-même un parti sortable, et offrant (à lui spécialement) toutes les garanties du bonheur et du bien-être. Elle garda aussi son secret, même avec Fiamma, ayant un peu de honte d'aimer un homme qui se montrait si peu empressé de l'obtenir, et craignant, en prenant un arbitre, de perdre la faible espérance qu'elle conservait encore.

L'amour ayant pris dans le cœur de Simon un caractère grave, constant, mélancolique, il continua ses débuts avec le plus grand succès. Il fut aidé à se faire connaître par l'abandon que lui fit M. Parquet de sa toque d'avocat. Se réservant les tracas lucratifs de l'étude, il lui fit plaider toutes les causes qu'il eût plaidées lui-même. Depuis longtemps il avait caressé cette espérance de se retirer du barreau en y laissant un successeur digne de lui et créé par lui. Il avait mis là tout son orgueil, et il triomphait de ne pas laisser l'héritage de sa clientèle aux rivaux qui avaient osé lutter contre lui durant sa vie oratoire. Il se sentait trop vieux pour parler avec les mêmes avantages qu'autrefois. Ses dents l'abandonnaient; et il disait souvent qu'il avait bien fait d'imiter les grands comédiens, qui se retirent avant d'avoir perdu la faveur du public idolâtre. Simon s'acquitta, envers lui et malgré lui, des avances généreuses qu'il en avait reçues; mais, après avoir satisfait à ce devoir, il montra assez peu d'empressement à profiter de sa réputation et de sa force. Appelé au loin, il s'y traînait nonchalamment et plaidait en artiste plutôt qu'en praticien, c'està-dire selon que l'occasion lui semblait belle pour faire un grand acte de justice ou de talent, sans s'occuper beaucoup de ses profits personnels. Parquet le louait de sa générosité, mais il s'attachait à lui prouver qu'elle pouvait s'accommoder d'une volonté active et soutenue de faire fortune. Simon se voyait forcé de lui avouer que l'ambition était morte dans son cœur, qu'il n'aimait son métier que sous la face de l'art, et que peu lui importait l'avenir. Ses opinions politiques étaient pourtant toujours aussi prononcées et sa foi aussi ardente; aussi il semblait ne pouvoir s'attribuer la force de lui faire faire de grands progrès. Fiamma, qui l'étudiait attentivement dans les rares entrevues qu'elle avait avec lui et dans les nombreuses lettres qu'elle en recevait, comprit que l'amour était devenu chez lui un mal plutôt qu'un bien, et qu'il était nécessaire d'opérer en lui une révolution.

XIV.

Elle alla un jour frapper à la porte de M. de Fougères et pria son valet de chambre de lui dire qu'elle désirait lui parler, s'il en avait le temps, et qu'elle l'attendait dans son appartement; car elle n'entrait jamais dans celui de M. de Fougères, et, comme leurs occupations n'avaient rien de commun, ils passaient quelquefois plusieurs jours sous le même toit sans se voir. Un instant après qu'elle fut rentrée chez elle, M. de Fougères se présenta. Il avait dans les manières une aménité charmante depuis quelque temps; et comme il conservait cette bonne disposition avec elle, jusque dans le tête-à-tête, s'empressant de lui complaire et recherchant son approbation sur les choses les plus frivoles, elle avait lieu de penser qu'il avait quelque concession de principes à lui demander.

« Me voici, ma chère Fiamma, lui dit-il, et je suis d'autant plus content d'avoir été appelé par vous que j'avais moi-même à vous parler d'une affaire importante.

— Écouterai-je, Monsieur, les ordres que vous avez à me donner, ou commencerai-je par vous présenter ma supplique?

— Pourquoi ne m'appelez-vous pas votre père, Fiamma? Je suis affligé de la froideur de vos manières avec moi.

Nous avons été longtemps sans nous connaître; mais aujourd'hui que nous avons lieu de nous estimer réciproquement, un peu d'affection ne viendra-t-elle pas de vous à moi?

— Je vous appellerai mon père si vous le désirez, » répondit Fiamma assez froidement; car, à voir le patelinage de ce préambule, elle craignait une tentative d'empiétement sur son indépendance et ne se livrait nullement à la flatterie. Elle entra tout de suite en matière et demanda, non la *permission*, mais l'*approbation* de se retirer dans un couvent. Fiamma avait alors vingt-cinq ans, et il était difficile de lui imposer d'autres lois que celles des convenances, celles de l'affection n'existant pas.

M. de Fougères montra un peu de malaise. « Certainement, ma chère fille, dit-il, je ne puis ni ne veux m'opposer à aucune de vos volontés; mais si, par tendresse et par raison, je puis obtenir de vous que vous n'exécutiez pas ce dessein, dans les circonstances où nous nous trouvons vis-à-vis l'un de l'autre... » Il s'arrêta avec embarras.

« Je vous avoue, Monsieur, dit-elle, que j'ignore absolument ce qu'ont d'extraordinaire ces circonstances, et par conséquent ce qu'elles ont de commun avec le désir que je manifeste.

— En vérité, Fiamma, vou. l'ignorez, et ce n'est pas en raison de ces circonstances que vous désirez vous éloigner de moi?

— Je vous le jure, Monsieur.

— En ce cas, ma fille, que votre volonté soit faite. Seulement vous ne refuserez pas de sanctionner par votre présence l'acte qui va changer mon existence... » Ici le comte entra dans une apologie tourmentée et fatigante de sa conduite, durant laquelle il répéta plus de vingt fois : *Non è vero, Fiamma?* pour arriver au résultat difficile qui lui tenait à la gorge. Enfin il avoua, avec beaucoup de trouble et d'appréhension, qu'il était à la veille de se remarier.

« En vérité! s'écria Fiamma en tressaillant sur sa chaise. Eh bien! mon père, je vous approuve et même je vous remercie; vous me pouviez m'apprendre une plus heureuse nouvelle, et la joie que j'en ressens est si vive que je ne sais comment l'exprimer. »

Le comte la regarda en face attentivement, et, voyant en effet la satisfaction briller sur son visage, il devint rêveur et lui dit en oubliant tout à fait son rôle :

« Mais pourquoi donc êtes-vous si réjouie, Fiamma? Je suis obligé de vous faire observer que les conséquences de ce mariage peuvent diminuer votre fortune considérablement, et que toute autre personne, dans votre position, m'en ferait peut-être un reproche. Il y a dans toutes vos pensées quelque chose d'inexplicable pour moi... »

Fiamma sourit. « Vous êtes habitué, Monsieur, lui dit-elle, à mettre la richesse en tête des causes du bonheur. Je crois que vous avez raison, vivant de la vie d'action et de réalité. Quant à moi, habituée à me nourrir de rêveries et de contemplations, je ne fais aucun cas, *Votre Seigneurie le sait*, des biens temporels. (*Ella lo sa!* était une locution habituelle de Fiamma avec son père, équivalente au *Non è vero?* de celui-ci.) Destinée au célibat, continua-t-elle, j'ai toujours pensé avec regret que ces richesses si précieuses et si nécessaires aux hommes, acquises par vous avec tant de peines et de soucis, deviendraient stériles entre mes mains, et qu'il était bien regrettable que vous n'eussiez pas d'autres enfants que moi pour perpétuer votre nom et utiliser votre fortune.

— Dites-vous ce que vous pensez, Fiamma? s'écria le comte en l'observant toujours attentivement.

— Votre Seigneurie le sait.

— Pourquoi dites-vous que je le sais?

— *Ella sa*, reprit Fiamma, que quinze cents livres de rente me suffisent pour être à l'aise, que je n'ai point le goût du luxe, que mes vêtements sont d'une excessive simplicité, que je n'ai point de domestique particulier, que je me sers moi-même, que je ne sors jamais qu'avec mon cheval, lequel dans le pays a coûté cinquante écus.

— Je sais tout cela, Fiamma, et je m'en étonne; maintenant j'espère que, loin de vous regarder comme ruinée et forcée à cette économie, vous vous souviendrez que la moitié et même le quart de votre héritage est encore assez considérable pour vous faire riche, et que s'il vous plaît de vous marier...

— Votre Seigneurie sait que je ne le veux pas. Maintenant veut-elle me permettre d'entrer au couvent le plus tôt possible? »

Ce n'était pas l'avis du comte. Il était d'une insigne poltronnerie devant l'opinion publique; et, comme tous les gens sans vertu, toute l'affaire de sa vie, après l'argent (et peut-être à cause de la considération dont il avait besoin pour s'enrichir), était de passer pour les avoir toutes. Il craignait beaucoup qu'on ne blâmât son mariage, et il sentait qu'il était facile à sa fille, soit par ses plaintes, soit par une affectation de silence et de retraite monastique, de se donner pour une victime de cette fantaisie. Il la suppla de venir à Paris avec lui, afin d'assister à son mariage, et d'y fixer ensuite sa résidence dans le couvent qu'il lui plairait de choisir, mais non d'une manière absolue; car il désirait qu'elle reparût avec lui momentanément dans la province, afin qu'on ne les crût pas brouillés ensemble.

Tout cet arrangement se conciliait assez avec les projets de Fiamma. Elle consentit à tout, et son père la quitta enchanté d'elle, bénissant cette fois sa bizarrerie et lui baisant la main avec une grâce tout italienne.

La nouvelle du mariage de M. de Fougères avec une riche veuve encore jeune se répandit bientôt. Le comte avait coupé ses ailes de pigeon, supprimé la poudre, les culottes courtes, et s'était, en un mot, adonisé. On s'aperçut alors qu'il n'était pas si vieux qu'on l'avait cru. Ses cheveux étaient encore bruns, sa tournure alerte, et l'on pouvait craindre pour sa fille l'arrivée de plusieurs héritiers dans la famille. Fiamma s'en réjouissait sincèrement. Parquet, tout en connaissant son indifférence pour les richesses, trouvait encore dans cette joie excessive quelque chose d'extraordinaire.

Quant à Simon, une grande douleur était entrée dans son âme, et mille pressentiments sinistres lui rendirent effrayant ce départ de Fiamma; elle annonçait cependant son retour pour le printemps suivant avec sa future belle-mère.

Mais peu à peu Simon comprit, à ses lettres, que le bonheur de sa présence était perdu pour lui. Quand il sut qu'elle était entrée dans un couvent, son désespoir augmenta. Il craignit, avec quelque apparence de raison, qu'elle ne s'y enfermât pour toujours : elle avait passé l'âge où le grand air et l'exercice sont indispensables, et le couvent n'apporta guère d'autre modification à son genre de vie. Depuis longtemps il la voyait rarement et n'avait que des communications épistolaires avec elle. Mais les précieuses entrevues, et surtout ces longues lettres si bonnes, si philosophiques, si sages, si pures de morale et de sentiment, qui l'eussent empêché de se corrompre s'il eût été disposé à le faire, et qui l'eussent fait grand s'il ne l'eût été par lui-même, allaient peut-être lui manquer pour jamais.

Peu à peu, en effet, les lettres devinrent rares et laconiques, et la probabilité que Fiamma rétablit sa résidence habituelle à Fougères devint précaire. Il écrivit d'autant plus qu'on lui écrivait moins, et témoigna sa douleur très-vivement. On lui répondit avec bonté, mais de manière à lui prouver la nécessité de se soumettre.

Alors Simon perdit tout à fait l'espoir qu'il avait gardé mystérieusement au fond de son cœur. Il pleura avec amertume, s'irrita contre la destinée, accusa Fiamma d'avoir un cœur de fer, et songea à se brûler la cervelle. Peut-être l'eût-il fait s'il n'eût pas eu de mère.

Alors ce que Fiamma avait prévu arriva. Il abandonna les rêves de l'amour, et conservant l'amertume du regret au fond de ses entrailles comme un cadavre qui reste enseveli sous les eaux, il se jeta tout à fait dans la vie active. L'ambition se ralluma, car il fallait à Simon Féline le repos de la tombe ou la vie des passions. Il se rendit aux conseils de M. Parquet, et s'occupa exclusivement de son état. Sa renommée grandit, et son crédit devint tel en peu de temps qu'il put compter à coup sûr sur une fortune considérable pour l'avenir et sur une haute carrière politique.

Au milieu des fatigues et des ennuis de cette existence laborieuse, la crainte de perdre bientôt sa mère et d'être livré seul et sans affection exclusive au caprice de la destinée se fit vivement sentir. Jeanne faiblissait, non de caractère, mais de santé. Elle avait quelquefois des absences de mémoire, et semblait vivre dans une sorte de somnambulisme. Quand elle retrouvait la plénitude de ses facultés, c'était avec une intensité qui ressemblait à la fièvre, et faisait craindre la fin prochaine d'une vie qui avait perdu la régularité de son cours.

Simon Féline avait de si grandes obligations à l'excellent M. Parquet, qu'il était avide de trouver un moyen de s'acquitter. Ces raisons, réunies à un peu de dépit contre celle qui s'était emparée si longtemps de lui exclusivement pour l'abandonner tout d'un coup sans motif, lui firent songer à rechercher Bonne Parquet en mariage. Il en parla à son père.

« Doucement, doucement! répondit l'avoué. Ce serait le vœu le plus cher de mon cœur, et tu te souviens que ce l'était avant que nous eussions pensé à faire de toi un grand personnage ; je n'y ai renoncé qu'en te voyant amoureux de notre pauvre dogaresse, que voici, hélas! bien loin de nous, et peut-être pour toujours. Maintenant, si tu veux épouser Bonne, et que Bonne veuille t'épouser, c'est bien. Mais prenons garde...

— Craignez-vous que je ne sois pas bien guéri de mon amour insensé? dit Simon; il y a plus de quatre ans que je ne me flatte plus; c'est une assez longue épreuve.

— Il n'y a pas si longtemps que cela! dit Parquet en hochant la tête. Enfin, réfléchis... Tu es un gros bonnet à présent, maître Simon ; et cependant j'aimerais mieux que ma fille n'eût pas l'honneur de porter ton nom que de la voir manquer du bonheur domestique si nécessaire aux femmes, vu que rien ne le remplace pour elles. Ma pauvre Bonne n'est pas une princesse de roman comme notre chère dogaresse, qui l'a supplantée, et que je voudrais voir ici, dût-elle la supplanter encore! Dans tous les cas, garde-toi de parler de tes intentions avant d'être bien sûr de toi. »

Simon, sans faire part à Bonne de ces projets, se montra plus occupé d'elle que par le passé. Il l'examina avec attention, et remarqua dans cette jeune fille les plus belles qualités du cœur. Bonne, plus jeune de plusieurs années que ses amis Simon et Fiamma, avait acquis des agréments au lieu d'en perdre ; elle était devenue, sans être précisément belle. En outre, elle s'était parée d'un petit défaut dont l'absurdité des hommes démontre la puissance, lorsqu'au contraire il devrait ôter du prix à la femme qui l'acquiert. A force de voir soupirer autour d'elle d'honorables adorateurs, elle était devenue un peu coquette. Sa naïveté timide s'était laissé corrompre ou s'était embellie (comme il vous plaira) de mille petites ruses demi-élégantes, demi-villageoises. Depuis que son amie Fiamma était partie, elle s'était approprié quelques-unes de ses belles manières ; et quelquefois elle se surprenait à faire la dogaresse, tout en faisant manger ses poules ou en préparant le bishof de son père.

Simon, qui avait été longtemps sans la voir, s'étonna de ce changement et se laissa prendre à un piège bien simple et bien connu, mais qui ne manque jamais son effet. Il se trouva en concurrence avec un rival, et il désira, ne fût-ce que par orgueil, le faire renvoyer. Il avait dans le caractère un peu l'amour de la domination. C'est le mal des âmes qui se sentent fortes, et souvent cette preuve de leur force est la source de leurs faiblesses. Bonne s'aperçut de la surprise qu'il éprouvait de ne pas supplanter son concurrent aussi vite qu'il se l'était imaginé ; elle changea cette surprise en dépit avec un peu de ruse. Le concurrent était un jeune médecin d'une belle et bonne figure, ne manquant pas de talent, et assez capable, non de lutter avec Simon, mais de faire oublier une ingratitude. Bonne, en petite rusée, l'accueillit d'autant mieux qu'elle vit Simon plus assidu.

M. Parquet s'aperçut de ce manége, et, ne reconnaissant pas là la droiture accoutumée de sa chère enfant, il la gronda un peu.

« Écoutez, cher papa, lui dit-elle, M. Simon est un capricieux qui m'a fait assez souffrir. Je l'ai attendu longtemps, croyant que tout le monde croyait, qu'il finirait par se prononcer. Il ne l'a pas fait dans le temps où je ne souffrais aucun galant près de moi pour ne pas le décourager. A présent, il daigne s'apercevoir que j'existe, que je ne suis pas tout à fait aussi bête qu'il se l'était imaginé, et il trouve fort mauvais, sans doute, que je ne mette pas à genoux devant lui. Moi, je vous dirai que je suis un peu revenue de mes idées romanesques, et que je ne mourrai pas de chagrin s'il m'abandonne de nouveau. En raison de cela, je prends mes précautions. D'ailleurs, tout n'est pas fini d'un certain côté, et j'ai écrit une lettre dont j'attends l'effet. »

M. Parquet l'interrogea vivement pour savoir quel était le sujet de cette lettre. Il sut seulement d'abord qu'elle était adressée à Fiamma ; enfin, comme il était extrêmement curieux et passablement absolu, il obtint que sa fille lui en montrât le brouillon, l'original étant parti.

« Ma noble amie, votre père va, dit-on, arriver ici à
« la fin du mois. Vous nous aviez fait espérer d'abord
« que vous l'accompagneriez, et maintenant vos domes-
« tiques disent qu'ils ne vous attendent pas. Je vous sup-
« plie, ma bien-aimée, de faire votre possible pour venir.
« Je touche à une épreuve difficile de ma vie. Je suis
« exposée à de grands dangers, parmi lesquels vous
« seule pouvez me guider et me protéger. Si vous avez
« jamais eu de l'amitié pour moi, venez, au nom du ciel !
« Je compte sur votre cœur généreux, que ni la piété
« fervente à laquelle vous vous livrez, ni le bonheur dont
« vous semblez jouir dans la solitude, n'ont pu refroidir
« à mon égard. Adieu, ma dogaresse chérie. Je vous
« attends. »

« Et quelle est votre intention, mademoiselle Diplomatie ? dit M. Parquet en achevant ce billet.

— Oh ! mon père ! je n'en sais trop rien, répondit Bonne ; mais il est certain que de ma vie je ne ferai la moindre démarche importante et ne me permettrai la moindre pensée trop vive sans consulter Fiamma. »

Parquet ne comprenant rien à ces mystères de jeunes filles, pria Simon de ne pas être trop assidu auprès de Bonne. « N'allez pas chasser encore cet amoureux qu'elle a aujourd'hui, lui dit-il, et qui n'est pas à mépriser ; car on ne sait pas ce qui peut arriver, et ma fille est d'âge à se marier. »

Ces choses se passaient à la ville, où la famille Parquet vivait désormais habituellement. A l'époque où le comte de Fougères dut revenir, Bonne retourna au village pour attendre son amie. Fiamma n'avait pas répondu, mais elle arriva et courut embrasser mademoiselle Parquet, qui eut, ce jour-là et les jours suivants, de longues conférences avec elle.

XV.

Cinq ans après l'époque où Simon était entré un matin dans sa chaumière en revenant d'un voyage entrepris avec l'intention d'oublier Fiamma, et où il l'avait trouvée endormie sur le sein de sa mère, il entra dans cette même maisonnette toujours pauvre, toujours fraîche et propre, toujours entourée de feuillage. Madame Féline n'avait voulu rien changer à sa manière de vivre, et c'est tout au plus si son fils avait pu lui faire accepter de légers dons. Comme alors Simon ne s'attendait point à revoir Fiamma, Bonne ne lui avait pas fait confidence de sa démarche, et la famille de Fougères était arrivée la veille seulement. Il retrouva le groupe de ces trois femmes à peu près tel qu'il l'avait vu jadis lorsqu'il s'écria : *O Fatum!* Seulement Jeanne tournait moins vite son fil autour de son peloton et le laissait souvent tomber, et Italia, devenu excessivement chauve et déguenillé, reposait dans une attitude mélancolique sur le seuil de la maison. Fiamma ne dormait pas, elle attendait Simon; elle n'était pas à beaucoup près aussi calme et aussi gaie que la première fois. Elle se leva dès qu'il parut et marcha à sa rencontre... Simon ne l'avait pas vue depuis deux ans. Il croyait bien être guéri de ce que cette affection avait eu de violent et d'exclusif; mais à peine l'eut-il aperçue qu'il devint pâle comme la mort, et, s'appuyant contre le mur de la cabane, il s'écria dans une sorte d'égarement : « Oui, c'est ma destinée ! »

Fiamma lui prit la main avec tendresse.

« Allons, embrassez-le donc! lui dit Bonne en la poussant avec un peu de brusquerie dans les bras de Féline. C'est à présent un plus grand personnage que vous, madame la dogaresse.

— Pourquoi êtes-vous changée, Fiamma? dit vivement Féline en regardant son amie; mon Dieu! qu'y a-t-il? Je ne vous ai jamais vue ainsi. Vous est-il arrivé malheur? J'ai cru que cela n'était pas fait pour moi.

— Allons donc! s'écria Bonne avec une familiarité qu'elle n'avait jamais eue avec Simon, vous voyez bien que c'est la joie de vous revoir. Et vous, faut-il que je vous apporte une glace pour vous montrer la belle figure que vous faites?

— Mon amie, dit-elle à Fiamma, une demi-heure après, en traversant le verger de la mère Féline, vous voyez que je ne me suis pas trompée. Croyez-vous que je puisse épouser un homme qui se trouve mal en me voyant? Et pensez-vous qu'à l'heure qu'il est il se souvienne de m'avoir priée avant-hier d'être sa femme?

— Pourquoi non ? et qu'importe?

— Taisez-vous, taisez-vous, fourbe! s'écria Bonne; vous savez bien qu'il vous aime et qu'il n'en guérira jamais. Mais rassurez-vous, mon amie; je ne comptais pas sur un pareil miracle, et j'ai dit hier à mon jeune médecin qu'il pouvait revenir ce soir, que je lui donnerais mon dernier mot. Vous pouvez imaginer quel il sera, et voyez ! je n'en meurs pas de désespoir ! Ai-je maigri depuis une demi-heure? Mes cheveux n'ont pas blanchi, que je sache? Ne m'est-il pas tombé quelque dent? C'est inexplicable, mais depuis que Simon s'est trouvé mal je me sens tout à fait bien ; il ne me reste pas la plus petite incertitude ni le moindre regret. Allez, ma Fiamma, vous êtes la seule femme que cet homme-là puisse aimer, de même qu'il est le seul homme...

— Ne dites pas cela, vous ne le savez pas, Bonne, interrompit Fiamma d'un ton si grave que Bonne n'osa pas répliquer. »

M. Parquet eut le soir un long entretien avec sa fille, à la suite duquel il l'embrassa en fondant en larmes, et en lui disant : « Bonne, les noms symboliques ont toujours porté bonheur, tu es ce que je connais de meilleur et de plus estimable au monde. Il est minuit, mais c'est égal; il faut que j'aille trouver la dogaresse; elle se couche tard, et d'ailleurs elle peut bien recevoir en robe de chambre un vieux sigisbée comme moi... Il fut un temps... Mais la douce philosophie... »

En murmurant ses réflexions favorites, M. Parquet prit sa canne, son chapeau, et, par les jardins du château, frappa à la porte vitrée de l'appartement de Fiamma. Elle était en prières et paraissait fort agitée. Elle tressaillit en entendant un bruit de pas sous sa fenêtre; mais en reconnaissant la voix de son sigisbée, elle se rassura et courut lui ouvrir.

Après un assez long exorde : « Il faut en finir, lui dit-il, Simon vous aime à la folie; ce qui le prouve, c'est qu'il m'a demandé ma fille avant-hier, et qu'aujourd'hui il ne s'en souvient pas plus que de la première pomme qu'il a cueillie. Ma fille vient de lui écrire à ce sujet. Tenez, voyez quelle lettre! et sachez comme on vous aime ici. »

« Mon bon Simon, quoique vous m'ayez reproché
« l'autre jour une coquette de village, je vous dirai
« qu'une vraie coquette vous écrirait aujourd'hui, d'un
« petit ton sec, qu'elle ne vous aime pas et qu'elle dé-
« daigne vos propositions; mais à Dieu ne plaise que je
« renie l'amitié sainte que j'ai pour vous depuis que
« j'existe! Si je vous écris, ce n'est pas pour sauver

« mon orgueil humilié, c'est pour vous épargner l'em-
« barras de me retirer votre demande. Non, mon bon
« Simon ! vous vous êtes trompé; vous ne m'aimez pas.
« Vous aimez celle que j'aime aussi de toute mon âme.
« Nous allons réunir nos efforts, mon père et moi, pour
« qu'elle renonce au couvent. Tout le désir de mon cœur
« serait de vivre entre vous deux, à condition que vous
« reporteriez une partie de votre amitié pour moi sur le
« mari que j'ai choisi et à qui je commanderai de vous
« chérir et de vous estimer. *Ella lo sa*, comme dit *quel-
« qu'un*. Adieu, Simon.

« Votre sœur, BONNE. »

— Laissez-moi baiser cette lettre, dit Fiamma, non à cause de ce qu'elle croit produire, mais à cause de la sainteté du cœur de celle qui l'a écrite. Ah! Parquet, c'est bien là votre fille !... Mais ne vous abusez pas, mon ami; je ne peux pas épouser Simon. Il n'y faut pas songer.

— Oh! cette fois, je n'y renoncerai pas aisément, répliqua Parquet; car c'est la dernière tentative que je ferai. Si je ne réussis pas, vous dis-je, c'est une affaire finie. Mais je vous avertis, Fiamma, que je ne sortirai pas d'ici sans vous avoir confessée, et que vous me direz votre secret, ou je l'irai demander à votre père, à votre belle-mère, à vos deux petits frères, à l'univers entier.

— Taisez-vous, mon sigisbée ; ne parlez pas si haut. Vous n'aurez mon secret qu'avec ma vie, et cependant ma vie est aussi pure devant Dieu et devant les hommes que celle de votre fille chérie. En outre, sachez que mon secret importe peu maintenant à mes projets de solitude. Mon père a levé tous mes scrupules par son mariage et la naissance de ses deux jumeaux, qui, Dieu merci ! se portent bien et seront peut-être suivis de beaucoup d'autres. Maintenant, si je ne me marie pas, je vais vous dire pourquoi : c'est que, jusqu'ici, je n'ai pu épouser Simon Féline, et que maintenant je ne peux pas en épouser d'autre.

— Il faut parler catégoriquement. Pourquoi ne pouviez-vous pas épouser Féline?

— Parce qu'il n'avait rien.

— Singulière réponse dans votre bouche ! Et maintenant, pourquoi ne pouvez-vous pas en épouser un autre ?

— Parce que je le préfère à tout autre.

— Bon, ceci est mieux, Eh bien ! pourquoi ne pouvez-vous pas l'épouser maintenant?

— Parce qu'il est riche.

— Oh! ma foi, je m'y perds ! Je ne suis pas le sphinx; et cependant je vais me casser la tête contre les murs si vous ne parlez autrement.

— Eh bien ! je vais m'expliquer mieux. Sachez que, par une raison qu'il m'est impossible de vous dire, j'ai renoncé volontairement à jamais rien recevoir de mon père tant qu'il vivra ; et j'aurai beaucoup hésité, même après sa mort, à accepter son héritage, si aujourd'hui je ne voyais son héritage reporté en majeure partie sur une famille de son choix.

— Quelle chose étrange ! et pourquoi cela?

— C'est là ce que je ne vous dirai pas ; mon père ignorait cette résolution, et j'ai des raisons pour la lui cacher.

— En vérité?

— En vérité ; il ignore encore que j'ai fait vœu de pauvreté en entrant dans l'âge de raison.

— Bon Dieu ! c'est donc une affaire de dévotion? un vœu de pauvreté, de chasteté?... Ah! pour le vœu d'humilité, dogaresse, vous y avez manqué souvent !

— C'est possible, répondit Fiamma en souriant, mais écoutez-moi. Conduite par lui dans le monde, destinée à faire un mariage d'argent ou de convenance, il fallait, ou apporter de l'argent, et je n'en voulais pas recevoir de mon père ; ou en trouver, et je n'en voulais pas recevoir de mon mari. Je ne me souciais, vous le concevrez aisément, ni d'un jeune homme qui m'eût prise à la condition d'une fortune que je ne pouvais accepter, ni d'un vieillard qui eût daigné me donner la sienne en apprenant que je n'avais rien... et puis, pour refuser cette dot, il eût fallu laisser deviner mes motifs à mon père, et c'est là ce que je craignais plus que la mort.

— Hum! dit Parquet, pensez-vous bien qu'un renard aussi madré ait pu vivre auprès d'un secret où son argent jouait un rô'e, sans le découvrir?

— J'espère que oui; mais quand même je saurais qu'il en est informé, j'aimerais mieux mourir que de m'en expliquer avec lui. Il est certaines choses qu'il ne dirait pas devant moi sans que... mais ne divaguons pas, Parquet; réfléchissez en outre que je ne pouvais pas m'assurer d'un mari qui respecterait mes scrupules, et qui n'accepterait pas tout d'abord la dot que mon père eût offerte.

— Sans doute, mais Simon Féline pourtant...

— Simon Féline était le seul homme de la terre qui m'eût inspiré cette confiance; mais, outre les difficultés que mon père eût faites et ferait encore pour accepter l'alliance d'un fils de laboureur, Féline, n'ayant rien, ne pouvait se charger d'une famille avant d'avoir un état bien assuré.

— Et, cet état une fois bien assuré, ne songeâtes-vous pas qu'il serait possible de lever les autres difficultés? votre père n'eût-il pas dérogé un peu devant la considération de ne point vous donner de dot?

— Je ne le pense pas. Il était préoccupé alors de la fantaisie d'avoir des places et des honneurs, et rien de ce qui eût pu lui faire perdre les faveurs de la cour ne lui eût semblé admissible.

— Mais, que diable! une fille majeure...

— Parquet, je dois plus de respect extérieur à la volonté de M. de Fougères que si j'étais avec lui dans des termes ordinaires. Je suis dépositaire d'un secret plus sacré que mon bonheur et que ma vie, et tout ce qui pourrait amener un éclat entre lui et moi m'est plus défendu et plus impossible que si toutes les lois de la terre s'y opposaient.

— Étrange! étrange! dit Parquet en se frappant le front; mais, lorsque votre père se maria, il avait renoncé à son ambition administrative; car il ne prit une femme qu'en désespoir de cause: nous le savons, quoi qu'il en dise. Il eût pu entendre raison pour votre mariage avec Simon, si vous m'eussiez chargé de cela. Simon était déjà à flot; moins qu'aujourd'hui, il est vrai, mais assez pour voguer avec vous.

— Non, mon ami, vous vous trompez. J'ai mieux compris que vous la position de Simon. Je l'ai examinée avec plus d'attention et de sollicitude, quoique vous n'en ayez pas manqué; j'ai vu que Simon n'était pas seulement un homme de talent, j'ai vu qu'il était un homme de génie, et qu'il avait le champ précieux de son avenir à cultiver avec soin. Sa tendresse pour moi, les soins du ménage, les soucis de famille qui paralysent les plus belles facultés, eussent gêné son essor...

— Non, vous vous trompez, Fiamma, je vous jure; tout cela pour vous, et avec vous, l'eût fait marcher plus vite.

— Je ne le pensai pas, et je n'en juge pas encore ainsi. Ma présence lui devenait funeste; je m'éloignai. Ajoutez à toutes ces raisons que revenir en sa faveur sur une résolution tellement annoncée depuis longtemps, arracher de force un époux aux entraves que des dispositions fortuites de la société plaçaient en dehors de ma sphère, quereller mon père, risquer mon secret, faire du scandale, remplir la province de mon nom sans être assurée du succès, suffisant pour m'empêcher de le tenter, moi, fière au point de ne pas souffrir seulement qu'on me connaisse assez pour savoir quelle langue je parle.

— Mais maintenant qu'allons-nous faire?

— Maintenant, nous resterons comme nous sommes. Simon est riche; et bientôt Simon sera puissant avec la révolution qui se prépare en France. Moi, je n'ai rien; je ne peux plus vouloir d'un époux qui m'enrichirait du fruit de son travail, quand moi, par un caprice inexplicable, je renoncerais à ma dot.

— Oh! si c'est là tout, c'est peu de chose. 1° Simon Féline se soucie fort peu de votre dot, je crois qu'il sera charmé de ne pas avoir à compter avec votre père; 2° quant à vos scrupules de fierté, j'espère qu'il saura bien les lever; 3° je sais une chose que vous ne savez pas, et qui va singulièrement amener à vous monsieur le comte. Je ne répondrais pas qu'avant deux jours je n'en fisse un agneau.

— Que voulez-vous dire?

— Eh! cela c'est mon secret, à moi aussi, et je le garde. Maintenant je me retire, et vous me permettez d'emporter quelque espoir?

— Oh! surtout gardez-vous de mettre de nouvelles chimères dans l'esprit de ce jeune homme.

— Vous ne l'aimez donc pas?

— Vous me faites une question à laquelle je ne répondrais pas affirmativement quand même j'aurais dans le cœur la plus belle passion de roman qui ait jamais été inventée.

— Je ne vous demande pas de me dire si vous l'aimez. Seulement, si vous ne l'aimez pas, dites-le, afin que je ne prenne pas une peine inutile... Allons, parlez: dites que vous ne l'aimez pas!... »

De nouveaux coups se firent entendre à la porte vitrée, et Bonne parut toute tremblante.

« Mon père! ma Fiamma! s'écria-t-elle, Simon a disparu. Madame Féline est gravement indisposée: elle a le délire. Je ne sais que faire pour la calmer; elle demande son fils, elle demande sa fille Fiamma. Venez la voir et m'aider à la soigner. »

Les trois amis se précipitèrent vers la demeure de Féline. La vieille femme était assise sur son lit et parlait toute seule avec force.

« O mon Dieu! voilà comme était ma mère mourante, dit Fiamma d'une voix étouffée en pressant le bras de Parquet. Je n'aurai pas la force de voir cela. Le délire me gagne. Oh! le secret... l'heure fatale... la nuit... la mort!... Laissez-moi m'enfuir, mes amis!

— Au nom du ciel! prenez courage, mon enfant, dit M. Parquet. Voici madame Féline qui vous a reconnue. Elle se calme; elle avance les bras vers vous pour vous saisir. Approchez, surmontez l'horreur de vos souvenirs.

— Oui, vous avez raison, dit Fiamma; manquer de force ici serait un crime. »

Elle s'approcha du lit et couvrit de baisers la main de Jeanne.

« O mon enfant! lui dit la vieille femme, pourquoi avez-vous pris cette terrible nuit pour vous marier? C'est l'anniversaire des funérailles de mon frère le curé, un ange qui est retourné au ciel, et dont il eût fallu respecter la mémoire. C'est un jour de deuil, et non pas un jour de fête. Mais Simon était si pressé d'aller à l'église! Jamais je n'ai pu l'en empêcher; je l'ai appelé par toute la maison. Il est parti sans moi, sans sa vieille mère, pour une cérémonie comme celle-là! Vous le rendez fou, ma mignonne. Dites-moi, le curé vous a-t-il encensée? Vous en êtes digne autant que fille d'Ève peut l'être. Ma Fiamma, ma Ruth bien-aimée, mais où est mon fils? Il est donc resté à l'église? Oh! n'entends-je pas le cri de la *duchesse*? Elle chante les funérailles de mon pauvre frère. Vous les avez oubliées, vous autres; vous avez fait sonner les cloches de la joie; et moi je pleure... »

Elle fondit en larmes comme un enfant; puis elle s'endormit au milieu des caresses de Bonne, et qu'elle avait fait appeler, arriva, et lui trouva un simple mouvement de fièvre, qui se calmait de moment en moment. Seulement, elle se réveillait parfois pour dire à l'oreille de Fiamma: « Simon est allé à l'église. Pourquoi Simon ne revient-il pas? »

Ces paroles frappèrent Fiamma. Elle commença à concevoir de l'inquiétude pour son ami, et, ne partageant pas l'opinion où l'on était que Simon fût retourné à Guéret la veille au soir, elle s'esquiva pour monter dans sa chambre. Tout y était dans le plus grand désordre, le lit défait, les vêtements épars; cette nuit avait dû être terrible pour Simon. Alors, laissant ses amis auprès de Jeanne, et poussée machinalement par les paroles qu'elle lui avait entendue répéter dans son délire, elle courut à l'église. Elle la trouva fermée, déserte aux alentours. Seulement un chien qui hurlait à la lune, devant le porche reblanchi, lui causa une impression de terreur superstitieuse. En cherchant au hasard où elle dirigerait ses pas, le sentier qui menait à la tour de la Duchesse s'offrit à elle, et elle s'y jeta en courant, appelée par une sorte de divination. L'horloge sonna trois heures du matin, lorsque Fiamma, au milieu de la rosée, et à la lueur de la lune qui s'abaissait vers l'horizon, tandis que le crépuscule commençait à paraître, atteignit les ruines du petit fort. Elle appela Simon. Un cri étouffé lui répondit, et aussitôt la figure pâle de son amant sortit du milieu des ruines. Il avait l'air si sombre que Fiamma en eut peur, elle qui n'avait peur de rien au monde.

« C'est vous! s'écria-t-il; que venez-vous faire ici? Que voulez-vous de moi? N'êtes-vous pas lasse de me tuer! Faut-il que je vous aide? Avez-vous apporté le fer ou le poison? Êtes-vous un spectre ou une femme? Pourquoi vous êtes-vous emparée de toute ma vie? Pourquoi m'ôtez-vous le présent et l'avenir? Pourquoi êtes-vous revenue? J'allais guérir peut-être, et maintenant je suis perdu.

— Simon, vous êtes dans le délire, répondit-elle en voulant lui prendre la main.

— Laissez-moi, s'écria-t-il en la repoussant; ne me touchez pas, je suis capable de vous tuer !... Vous êtes ma damnation, vous êtes l'enfer qui me consume! Savez-vous ce que vous faites de moi? un fou et un lâche !... Allez demander à Bonne Parquet ce que je lui ai dit avant-hier, et demandez-moi ce que je vais lui dire aujourd'hui. Tout mon sang ne pourra laver l'insulte faite aux cheveux blancs de son père; son père! mon plus ancien ami, mon bienfaiteur, mon père aussi à moi; car je lui dois tout. Sans lui, je serais retourné à la charrue et j'y serais resté. Oh! il est vrai que je ne vous aurais pas connue, ou que je n'eusse jamais songé à vous aimer. Et ce vénérable prêtre, qui m'a béni le jour de ma naissance en me disant: « Suis la noble profession de tes pères; ouvre de ton bras un sillon pénible; connais la misère, et, avec elle, la résignation ! » ce frère de ma mère, dont la cloche va sonner la commémoration funéraire au lever du jour, il ne serait pas là, autour de moi, depuis le lever de la lune pour me reprocher ma faute, pour me dire : « Tu vas faire une infamie ! » et cependant j'aimerais mieux souffrir mille morts et me laisser enterrer sous la boue que de remettre les pieds dans la maison où est la fille que j'ai outragée. Dis-moi, Fiamma, connais-tu un moyen pour faire une trahison sans se déshonorer?

— Simon, calmez-vous, répondit-elle en lui prenant les mains de force, rappelez-vous qui vous êtes et à qui vous parlez. Regardez-moi, moi! vous dis-je; ne me reconnaissez-vous pas?

— Oh! je te reconnais! dit Simon en tombant à genoux avec une autre expression d'égarement dans les yeux; tu es l'étoile du matin, toujours blanche ; l'étoile des mers, dont aucun nuage ne peut ternir l'éclat! Tu es tout ce que j'aime, tout ce que j'aimerai sur la terre.

— Simon, au nom du ciel! revenez à la raison, lui dit-elle. Vos douleurs ne sont pas fondées; vous n'avez pas outragé vos amis. J'ai là une lettre de Bonne pour vous; je ne devrais peut-être pas me charger de vous la remettre; mais je vous vois si agité.

— Quelle lettre? Que peut-elle m'écrire? Charge-t-elle son amant de me tuer? Oh! à la bonne heure ! Si je pouvais lui donner ma vie au lieu de mon cœur qui ne m'appartient plus !

— Bonne vous rend votre promesse et s'engage ailleurs; elle vous aime toujours; vous êtes toujours, après elle, ce que son père aime le mieux au monde. M'entendez-vous, me comprenez-vous, Simon?

— Je vous entends, et je ne sais pas si c'est un rêve. Où êtes-vous venue ici? Oh! certainement je rêve. »

Il mit ses deux mains sur son visage et resta abîmé dans une rêverie profonde. Fiamma, ne sachant comment le ramener à la raison et l'arracher à cet état violent qui lui déchirait l'âme, oubliant dans cet état d'agitation toute la réserve de son caractère, et subissant l'effet du délire qu'elle venait de contempler deux fois dans quelques heures, jeta ses bras autour du cou de Simon et fondit en larmes.

« O mon Dieu! que vous ai-je fait? s'écria-t-elle, et pourquoi ne me reconnaissez-vous plus? Pourquoi ne m'aimez-vous plus? Pourquoi m'avez-vous maudite? Est-ce que vous allez mourir comme ma mère, en m'éloignant de vous, en me criant : « Ote-toi de là, ma honte ! Ote-toi de là, mon crime ! » Hélas! je n'ai jamais fait de mal à personne, et tout ce que j'aime me repousse, tout ce que j'aime meurt dans les convulsions, en me disant que c'est moi qui suis le péché et la mort ! »

En parlant ainsi, elle se laissa tomber des bras de Simon sur la pierre couverte de mousse; et, cachant son visage sous les tresses éparses de ses cheveux noirs, elle éclata en sanglots. Pleurer était une chose aussi rare que violente pour Fiamma.

Simon sortit comme d'un profond sommeil en entendant les accents de douleur de cette voix chérie; sans comprendre ce qu'elle disait, il l'écouta; il la vit par terre, abîmée dans ses larmes, couverte de la pluie glacée du matin. Il jeta un cri de surprise, et, la saisissant dans ses bras, il la pressa contre son cœur en l'appelant des plus doux noms, et en réchauffant de baisers sa belle chevelure et ses mains humides. Peu à peu ils se reconnurent, et, revenus à eux-mêmes, ils n'eurent pas la force de détacher leurs bras enlacés et leurs lèvres unies; ils se dirent tout ce que, depuis cinq ans, ils renfermaient dans leur âme avec l'héroïsme de la vertu. Fiamma savait bien tout ce que Simon avait souffert; mais tout ce qu'elle lui apprit était si nouveau pour lui qu'il faillit mourir de joie.

« Comment n'en étais-tu pas sûr? lui dit-elle; comment ne m'as-tu pas vu dans toute ma conduite, que, malgré le peu d'espoir que je m'étais permis; tous mes désirs, tous mes efforts ont tendu à t'élever jusqu'à moi et à me conserver pour toi? Hélas! qu'est-ce que je fais aujourd'hui qu'il y a encore tant d'obstacles, et pourquoi ai-je la confiance de te dévoiler les secrets de mon âme, moi qui toujours les épanchements ont toujours été des crimes, et qui en commets sans doute un à l'heure qu'il est, en te donnant des espérances que je ne pourrai peut-être pas réaliser?

— O ma sœur! ô ma femme! s'écria Simon, ne parle pas d'obstacles. Dis-moi que tu m'aimes, dis-moi que c'est de l'amour que tu as pour moi depuis cinq ans... Non, ne dis pas cela, je ne le mérite pas; dis que c'est de l'amour que tu as maintenant. C'est encore un bonheur et une gloire à rendre le ciel jaloux. Dis-moi que tu savais que je t'aimais et que tu le voulais, et que tu ne m'as ni oublié, ni déshérité de ta tendresse, et laisse-moi faire le reste. Quoi que ce soit au monde, je lèverai cet obstacle comme une paille. Est-il quelque chose d'impossible à un amour pareil au mien, à une joie comme celle que j'éprouve? Laisse-moi me mettre à genoux devant toi et baiser l'herbe que foule ton pied. O Fiamma! c'est ici que je t'ai vue pour la première fois. Le soleil se couchait dans toute sa magnificence; il t'embrasait de sa beauté, il t'inondait de ses reflets ardents. Tu étais si belle que tu me fis peur. Je ne croyais point aux anges; je te pris pour un démon. J'étais si troublé que je te vis à peine. Un nuage t'enveloppait, et tes yeux seuls l'illuminaient de leurs éclairs. Il me sembla ensuite que je ne te voyais pas pour la première fois, que je t'avais déjà vue quelque part, dans mes rêves peut-être. Souvenir de la tombe ou révélation de l'autre vie, tu étais ma sœur. J'avais ce type de grandeur et de beauté devant les yeux depuis que je songeais à la beauté et à la grandeur. Et cependant tu m'épouvantais par l'air d'autorité surhumaine avec lequel tu semblais dire : « Je suis ton maître et ton Dieu; mets-toi à genoux et commence à m'adorer, car c'est ta destinée. » Mais quand je te rencontrai ensuite couverte de ce sang que j'ai encore sur les lèvres, je tombai à tes pieds, je te rendis hom-

Sa taille se redressa, et... (Page 34.)

mage sans hésiter, sans comprendre ce que je faisais. O Fiamma! si tu savais quel amour furieux cette goutte de ton sang m'a inoculé! »

Ils auraient oublié la marche des heures sans un incident que le hasard, toujours poétique en faveur des amants, fit naître au milieu de leur entretien passionné. L'oiseau de nuit qui faisait sa ronde autour des ruines, apercevant les premières clartés du soleil, s'envola épouvanté vers la tour qui lui servait de retraite. Ses yeux myopes, déjà troublés par l'éclat du jour, ne distinguèrent pas le couple assis au pied de sa demeure, et il effleura leurs fronts de son aile en poussant un long cri d'alarme.

« C'est la *duchesse*! dit Simon en se levant, c'est son dernier cri du matin; c'est l'heure et le jour où l'abbé Féline, le vénérable frère de ma mère, a rendu son âme au Seigneur. Fiamma, tous les hommes ont coutume de se glorifier du mérite de leurs ancêtres ou de leurs parents. Ce n'est pas là un préjugé, je le sens à la force morale et aux sentiments religieux que j'ai tirés toute ma vie du souvenir de ce bon prêtre. C'est là l'humble gloire de mon humble famille. Je l'ai invoquée toutes les fois que mes maux ont ébranlé mon courage, et que j'ai craint d'offenser son ombre sacrée, toujours debout entre moi et l'attrait du mal. Jamais je n'ai laissé écouler cette heure solennelle sans me prosterner chaque année, ou dans le secret de ma cellule quand j'étais loin d'ici, ou devant le modeste autel qui recevait autrefois les ferventes prières de mon oncle. Viens avec moi, ma bien-aimée; viens t'agenouiller dans cette petite église dont il fut le lévite assidu, et où jamais il n'entra sans avoir le cœur et les mains pures. Ce n'est pas pour lui qu'il faut prier, c'est pour nous-mêmes, afin que les impérissables sympathies de son âme immortelle descendent sur nous, afin que l'émulation de ses vertus nous rende semblables à lui, afin aussi que Dieu, qui lui accorda de bonne heure le ciel, son seul amour, bénisse notre amour qui, pour nous, est le ciel. »

Les deux amants, appuyés l'un sur l'autre, descendirent le sentier et se rendirent à l'église du village, où ils prièrent avec enthousiasme. Simon avait un profond sentiment de la perfection de la Divinité et de l'immortalité de l'âme. Fiamma, Italienne et femme, était franchement catholique. Pour n'être point remarqués par le

Et cachant son visage... (Page 30.)

grand nombre de villageoises et de vieillards des deux sexes qui venaient régulièrement dire, ce jour-là, les prières des morts pour l'abbé Féline, ils avaient traversé les ombrages du cimetière, et ils montèrent à la travée par la petite porte de la sacristie. Cette fois, Fiamma prit place dans la tribune seigneuriale; Simon était à ses côtés. Un rideau rouge les cachait à tout autre regard que celui des anges gardiens du saint lieu. Par une fente de ce rideau, Simon vit l'autel étinceler aux rayons empourprés du matin. Tout était prêt pour le service funèbre qui devait être célébré à midi. La piété de Bonne s'était occupée la veille de ces saints devoirs en remplacement de Jeanne, qui, pour la première fois, n'en avait pas eu la force. Le drap mortuaire, avec sa grande croix d'argent, était étendu sur le cénotaphe et semé de violettes printanières. Des lis sans tache, mêlés à des branches de cyprès fraîchement coupées, embaumaient le chœur. Les oiseaux chantaient et voltigeaient autour des fenêtres entr'ouvertes, devant lesquelles on voyait se balancer les branches des arbres émus par la brise matinale. A l'intérieur régnait un religieux silence, interrompu seulement de temps à autre par les pas inégaux d'un vieillard qui entrait avec précaution, ou par le cri d'un enfant que sa mère allaitait en priant.

« O mon amie! dit Simon à l'oreille de sa fiancée, quel charme indicible votre présence répand sur cette heure ordinairement si mélancolique dans ma vie! Quelle promesse de bonheur m'apporte-t-elle donc pour que l'aspect d'un cercueil et le souvenir d'un mort fassent naître en moi des idées si suaves et un calme si délicieux?

— Tout est beau et serein dans la mort du juste, lui répondit Fiamma; son départ cause des larmes, mais son souvenir laisse l'espérance et la consolation sur la terre. »

XVI.

Fiamma sortit la première de l'église; elle n'avait point osé dire à Simon l'indisposition de sa mère, et elle voulait avoir de ses nouvelles par elle-même avant de rentrer au château. Elle la trouva dormant d'un sommeil paisible. Ne se sentant pas la force d'aller à l'église, Jeanne avait fait mettre son livre de prières et son crucifix sur son lit. Le psautier était ouvert au *De profun-*

dis, et le rosaire était enlacé aux mains jointes de la vieille femme, qui s'était doucement assoupie en s'entretenant avec l'âme de son frère. Bonne travaillait auprès d'elle. Fiamma baisa le front ridé de Jeanne sans l'éveiller, et pressa Bonne contre son cœur. Celle-ci vit bien, à l'émotion de son amie, qu'il s'était passé quelque chose d'extraordinaire. Elle voulut la suivre sur le seuil de la chaumière et l'interroger. Mais il n'y a rien de si pudique que le sentiment de l'amour. Fiamma s'enfuit en mettant son doigt sur sa bouche, comme si le sommeil de madame Féline eût été la seule cause de sa réserve.

Bientôt Simon rentra. Il s'inquiétait de ne pas voir arriver à l'église sa mère toujours si matinale et si exacte surtout pour cette commémoration. Il s'effraya encore plus en la voyant couchée; mais Bonne le rassura, et ils se mirent à causer à voix basse. Bonne était curieuse, non des sottes puérilités de la vie, mais de tout ce qui intéressait son cœur aimant. Sa noble conduite réclamait toute la confiance de Simon. Il lui ouvrit son âme, lui avoua sa joie et ses espérances, et lui dit que c'était à elle qu'il devrait son bonheur. Cette dernière parole acheva de consoler Bonne de son sacrifice, et, dès qu'elle fut bien assurée que l'amour de Simon était payé de retour, elle sentit dans son cœur le même calme et le même désintéressement qu'elle aurait eus si Féline eût toujours été son frère.

Dans l'après-midi, Simon alla trouver M. Parquet au sortir de l'office. Jusqu'au dernier coup de la cloche, le bon avoué s'était livré au sommeil, et, sans le pieux devoir qu'il avait à remplir envers son défunt ami, il déclarait qu'après une nuit si remplie d'émotions il ne se fût pas si tôt arraché aux *caresses de Morphée*.

« Mon ami, lui dit son filleul, je viens vous déclarer qu'il faut que vous arrangiez à tout prix mon mariage.

— Oh! oh! décidément? dit M. Parquet, qui n'avait pas revu sa fille dans la journée. Il y a pourtant des réflexions à vous soumettre encore. J'ai parlé de vous à mademoiselle de Fougères.

— Et moi aussi, mon ami, je lui ai parlé.

— Ah! et elle vous a ôté tout espoir? Alors je désespère moi-même...

— Non, mon cher Parquet, ne désespérez pas, elle m'aime.

— Elle vous l'a dit? Je le savais, moi, mais je ne croyais pas qu'elle vous épouserait. Du moment qu'elle vous l'a dit, elle consent à vous épouser; car c'est une fille qui ne se laisse pas entraîner par la passion. Tout ce qu'elle dit, tout ce qu'elle fait est le résultat d'une volonté arrêtée. Ainsi, ce n'est pas Bonne que vous venez me demander, c'est Fiamma?

— Oui, mon père.

— Tu as raison de m'appeler ainsi; je ne cesserai jamais de te regarder comme mon fils. Attends-moi donc ici, je vais et je reviens.

— Mais où donc courez-vous si vite?

— Chez M. de Fougères.

— C'est vous presser beaucoup. Avez-vous réfléchi à cette première démarche? Avez-vous consulté Fiamma sur le moyen d'obtenir le consentement de son père sans blesser la prudence et sans ajouter de nouveaux obstacles à ceux qui existent déjà?

— Et quels sont-ils, ces obstacles?

— Je les ignore, mais je présume que c'est la vanité nobiliaire du comte.

— Si c'est là tout, j'ai ton affaire dans ma poche.

— Comment?

— Il suffit. Fiamma t'a-t-elle dit son grand secret?

— Non, en vérité.

— Alors je ne sais ce que je fais ni où je marche. Cette fille a une tête de fer, et nous ne la tenons pas encore. Voyons, que t'a-t-elle promis?

— Rien. Mais elle m'aime.

— Eh bien! alors il faut agir sans elle. Il y a dans son âme quelque scrupule, quelque terreur qu'il faut vaincre. Elle ne veut pas de dot, et tu es riche: voilà, je crois, son objection.

— Et moi, si elle a une dot, je ne veux pas d'elle. Voici la mienne.

— Bon! dit l'avoué, c'est ainsi que je l'entends. Allons, ma canne, où l'ai-je posée? et mon chapeau?

— Où allez-vous donc de ce pas, mon père? dit Bonne, qui rentrait en cet instant.

— Au château.

— Alors remettez donc votre habit neuf que vous venez de quitter.

— Non pas; ce serait faire trop d'honneur à cet *avaricieux*.

— Comment! vous allez au château avec cet habit troué qui ne vous sert qu'au jardinage?

— Sans nul doute, et avec mes sabots encore! Crois-tu pas que je vais m'attifer pour un Fougères?

— Mais sa femme? On doit des égards aux dames.

— Sa femme? Elle me trouvera encore trop bien.

— Je vous assure, mon père, que vous avez tort. J'ai trouvé hier M. le comte bien froid pour vous. Vous perdrez sa clientèle, vous verrez cela. Et puis, en vous voyant si malpropre, cette dame va penser que je suis une paresseuse, une fille sans cœur, qui ne songe qu'à sa toilette et qui ne soigne pas celle de son père.

— Je ne perdrai la clientèle de personne, répondit l'avoué d'un ton superbe, et personne ne se permettra de faire de réflexions sur mon compte. »

En parlant ainsi, il prit le chemin du château. Il y entra d'un air rogue, sans essuyer ses sabots à la porte, à la grande indignation des laquais. Il demanda le comte à voix haute, pénétra dans le salon tout d'une pièce, sans être annoncé, faisant craquer les parquets, crachant sur les tapis et couvrant les meubles de tabac.

Ces manières bourrues, chez un homme aussi fin et aussi prudent que maître Parquet, pénétrèrent de terreur la jeune comtesse de Fougères, qui travaillait dans l'embrasure d'une fenêtre. Au lieu d'essayer de lui faire baisser le ton, ce à quoi elle n'eût pas manqué en toute autre occasion, elle l'accabla de politesses et alla elle-même chercher son mari, afin que Parquet ne s'avisât pas de dire, comme le grand roi: *J'ai failli attendre.* La nouvelle comtesse de Fougères était une veuve de province, entendant ses intérêts tout aussi bien que le comte, et tout à fait digne d'être sa moitié. Mais depuis quelque temps elle avait un tort grave aux yeux de M. de Fougères. Une grande partie de ses biens était mise en échec par un procès dont l'issue donnait des craintes assez fondées.

« Je vous demande un million de pardons, s'écria le comte de Fougères en entrant et en se tenant courbé, afin d'avoir un air excessivement poli, sans faire trop de révérences affectées; je vous ai fait attendre bien malgré moi. J'ai voulu rester jusqu'à la fin de l'office et aller même jeter à mon tour de l'eau bénite sur la tombe de ce digne abbé Féline.

— Vous avez pris trop de peine, monsieur le comte, répondit Parquet brusquement; l'abbé Féline est au ciel depuis longtemps, et nous n'y sommes pas encore, nous autres.

— Hélas! sans doute, répliqua le comte d'un ton patelin; qui peut se croire digne d'y entrer?

— Ceux-là seuls qui méprisent les biens de la terre, reprit l'avoué. Mais, voyons, monsieur le comte, je ne suis pas venu ici pour un entretien mystique; je viens vous dire que je ne puis souscrire à votre demande.

— En vérité! s'écria le comte, affectant un air consterné et une grande surprise, afin de ramener, s'il était possible, quelque remords dans l'âme de Parquet.

— En vérité, monsieur le comte. Vous m'avez fait là une demande injuste, et dont je ne pouvais pas être l'interprète sans inconvenance et sans folie.

— Vous n'avez donc pas rempli ma commission auprès de M. Féline?

— Des choses de cette importance, monsieur le comte, ne se traitent pas ordinairement par ambassade, mais de puissance à puissance. Ah! il se peut que le mot vous paraisse fort, mais il en est ainsi. Simon Féline, mon filleul, le fils de la mère Jeanne, est à cette heure une grande puissance devant laquelle les titres et les fortunes baissent pavillon ; car il n'y a ni fortune ni rang sans le droit ; et l'avocat en est l'organe, l'interprète et le défenseur... »

Précisément Fiamma avait prêté, quelques jours auparavant, à M. Parquet, la comédie de l'*Avocat vénitien*, par Goldoni : l'avoué en avait été si ravi qu'il en avait traduit sur-le-champ toutes les déclamations, et il en récita plusieurs à M. de Fougères avec une mémoire impitoyable, à titre d'improvisation.

« Et juste ciel ! répondit le comte, tout étourdi de son éloquence et des éclats de cette voix qui n'avait pas perdu les inflexions du prétoire, personne plus que moi, mon cher monsieur Parquet, n'admire le talent et ne le salue plus profondément en toute occasion. M. Simon Féline en particulier est l'homme dont j'admire le plus le noble caractère et les hautes facultés ; ne le lui avez-vous pas dit de ma part?

— Je lui ai dit tout ce qu'il convenait de lui dire.

— Lui avez-vous dit combien cette affaire a d'importance pour moi, ma pauvre femme? Songe-t-il qu'en se chargeant des intérêts de la partie adverse, il se pose l'antagoniste d'une famille honorable, et en particulier d'un homme qui l'a comblé des égards dus à son mérite, d'un ancien ami de sa famille, et de son digne oncle surtout ; d'un homme enfin qui, s'élevant au-dessus des préjugés de sa caste et devinant le brillant avenir du jeune avocat, l'a reçu avec distinction alors que sa position dans le monde était encore précaire?

— La position de Simon n'a jamais été précaire, permettez-moi de vous le dire, monsieur le comte : Simon est né homme de génie ; avec cela et le moindre secours d'un ami on arrive à tout. Ce secours ne lui a pas manqué, et, s'il l'eusse fait défaut, vingt autres eussent acquitté leur dette de reconnaissance envers cette noble famille ; oui, *noble*, monsieur le comte : la noblesse est dans les sentiments de l'âme et non pas dans le sang des artères. »

Ici M. Parquet plaça à propos une nouvelle déclamation qui ne fit pas moins d'effet que la première.

« Hélas ! monsieur Parquet, dit le comte qui devenait plus poli à mesure que son dépit secret et sa mortelle impatience augmentaient, vous prêchez un converti ! En quoi ai-je pu blesser M. Féline et lui faire croire que je ne rendais pas justice à son mérite? M'a-t-on prêté quelque propos inconvenant? Ai-je manqué d'égards directement ou indirectement à sa famille? Ma fille aurait-elle oublié, en arrivant, d'aller s'informer de la santé de madame Féline? Elles étaient fort liées ensemble autrefois, et je voyais avec plaisir des relations aussi édifiantes. Ne les ai-je pas encouragées, loin de les contrarier?...

— Et pour quelle raison les eussiez-vous contrariées? C'eût été une folie, une lâcheté indigne d'un homme aussi éclairé et aussi délicat que vous l'êtes, monsieur le comte.

— Vous savez donc bien à quel point je dédaigne l'importance que mes pareils mettent à ces vaines distinctions! Comment M. Féline a-t-il pu s'imaginer que j'étais arrêté, dans mon désir de lui demander l'appui de son talent, par d'aussi sottes considérations?

— M. Féline ne s'imagine rien du tout, monsieur le comte ; c'est moi qui me suis imaginé une chose que je vais vous dire franchement et qui n'est pas dépourvue de raison. Écoutez-moi bien. De père en fils les Parquet ont placé les Fougères en tête de leur clientèle ; c'est bien. Vous avez eu une affaire, vous en avez eu deux, vous en avez eu trois ; M⁰ Simon Parquet a remué les dossiers de M. le comte Foulon de Fougères ; il a plaidé ses causes au barreau, et, soit la bonté des causes, soit le zèle de l'avocat, soit l'aptitude de l'avoué, M. de Fougères a gagné trois procès...

— Je n'attribue mes victoires qu'à votre talent et à votre zèle, mon cher monsieur Parquet.

— Laissez-moi dire. J'arrive à la péripétie, au quatrième acte (M. Parquet avait toujours le rôle d'Alberto Casaboni dans la tête), je veux dire au quatrième procès. M. de Fougères épouse une dame de bonne maison et passablement riche, qui lui donne deux héritiers d'un coup et qui lui en fait espérer d'autres. C'est le cas, sinon d'augmenter sa fortune, du moins de ne pas la laisser péricliter. Or, il se trouve qu'une difficulté inattendue se présente, et que madame de Fougères, selon toute apparence, va perdre cinq cent mille francs, peut-être plus, légués à ladite dame par testament d'un sien oncle. *Dicat testator et erit lex*. Mais ledit testament ne paraît pas avoir été rédigé dans l'exercice d'une pleine liberté d'esprit...

— Vous savez bien, monsieur Parquet, que le bon droit est du côté...

— Je ne me prononce pas, monsieur le comte, j'expose l'affaire. M. le comte de Fougères se trouve donc dans la nécessité de s'en remettre une quatrième fois au zèle et à la loyauté de M⁰ Simon Parquet. »

Le comte étouffa un soupir d'angoisses ; M. Parquet passa à un effet d'éloquence, et dit avec un accent pathétique :

« Mais M⁰ Simon Parquet n'est plus ce robuste athlète, ce lutteur antique qui, semblable au discobole, lançait dans l'arène avec la rapidité de la foudre un argument à deux tranchants. Sa gloire a pâli, ses tempes sont dévastées, ses dents se sont éclaircies, sa faible voix (M. Parquet prononça ces mots d'une voix de stentor) ne porte plus, dans l'âme de ses adversaires et de ses juges, le frisson de la crainte ou les émotions de la conviction. Assis sur son siège, comme il convient à un sage vieillard, à un jurisconsulte expérimenté, il ne se mêle plus aux luttes judiciaires ; il éclaire, il dirige l'avocat ; mais il lui laisse savourer les vaines fumées du triomphe et recueillir les décevantes acclamations de la foule. En un mot, il a cédé à son filleul, à son ami, à son disciple, à son fils adoptif, le célèbre avocat Simon Féline, le sceptre de la parole. »

M. de Fougères prit le parti d'accepter une prise de tabac d'Espagne que lui offrit M⁰ Parquet en terminant cette période ; celui-ci respira et reprit sur un ton de discussion sophistique :

« Il était simple, il était juste, il était naturel, il était vraisemblable, il était, dis-je, en quelque sorte certain, que M. le comte de Fougères, confiant à M⁰ Parquet la direction de ce nouveau procès, le chargerait de demander au premier avocat de la province et à un des premiers de la France, à M⁰ Simon Féline, s'il lui était agréable de se charger de plaider sa cause. Jamais aucun des clients de M⁰ Parquet n'avait encore manqué à cette marque d'estime envers le disciple bien-aimé du vieux patron, envers le trop honoré patron de l'illustre disciple ; M. le comte de Fougères y a cependant manqué, et certes, ici ce n'est ni l'exacte connaissance des formes du monde, ni le sentiment des convenances sociales, qui ont manqué à l'accusé... je veux dire à M. le comte de Fougères ; ce n'est pas non plus la malice, le déchaînement, la haine, la jalousie, le mépris ; ce n'est aucune de ces passions violentes qui ont induit M. de Fougères à faire un aussi sanglant affront à M⁰ Simon Parquet et à mon client.... je veux dire à M⁰ Simon Féline. Non, Messieurs, M. de Fougères est un homme recommandable à tous égards, exempt de passions mauvaises, incapable de méchants procédés...

— Allons, mon bon monsieur Parquet, dit le comte d'un ton caressant, espérant faire abandonner à son terrible antagoniste ce plaidoyer impitoyable, dans lequel il se trouvait, par une étrange inadvertance de l'orateur, jouer à la fois le rôle du tribunal et celui de l'accusé. Au fait ! mon cher ami, que me reprochez-vous donc ? Quelles méfiances me prêtez-vous ? Pourquoi n'avez-vous pas compris que le hasard, l'éloignement, des considérations particulières envers un avocat respectable, ancien ami de la famille de ma femme, le désir de ma femme elle-même, tout cela réuni, et rien autre chose que cela pourtant, m'a suggéré la malheureuse idée de charger M*** de plaider pour moi?

— Ah ! malheureuse est l'idée, certainement ! s'écria M. Parquet en se barbouillant la face de tabac. Trois fois malheureuse est l'idée qui vous a conduit à cette démarche ! C'est une impasse, monsieur le comte, il faut y rester et attendre que la muraille tombe! M*** plaidant contre Simon Féline, voyez-vous, c'est la tentative la plus étrange, la plus folle, la plus déplorable, la plus désespérée, que la démence ou la fatalité puisse inspirer. Où diable aviez-vous l'esprit? Pardon, si je jure; l'intérêt que je porte au succès d'une affaire qui m'est confiée me fait regarder avec douleur l'avenir et le dénoûment de celle-ci.

— Eh! mon Dieu! M. Féline plaide donc décidément contre moi? On l'en a donc prié? Il y a donc consenti? Il s'y est donc engagé? C'est donc irrévocable? Ah! monsieur Parquet, il n'eût tenu qu'à vous, il ne tiendrait peut-être qu'à vous encore de l'empêcher de prendre part à cette lutte. Sur mon honneur, je vous jure que, s'il en était temps encore, si je ne craignais de faire un outrage à l'avocat distingué que j'ai eu l'imprudence, la maladresse de lui préférer, j'irais supplier M. Féline d'être mon défenseur. Ne le pouvant pas, ne puis-je espérer du moins qu'en raison de toutes les considérations que j'ai fait valoir tout à l'heure, il ne prendra pas parti contre moi? M. Féline est-il à cela près? Avec son immense réputation, ses larges profits, ses occupations multipliées, les mille occasions de faire sa fortune et de déployer son talent qui se présentent à lui sans cesse...

— Tous les jours, à toute heure, il n'est occupé qu'à remercier des clients et à renvoyer des pièces.

— Eh bien! comment ne peut-il pas faire le sacrifice d'une seule affaire, lorsqu'il y va d'intérêts aussi graves pour *un ami?*

— Hum! pensa M. Parquet, M. le comte a lâché un mot bien fort, il tombe dans la nasse. Pour *un ami*, reprit-il, c'est beaucoup dire. Simon se moque de trois, de six, de douze affaires de plus ou de moins; mais il n'est pas insensible à une méfiance injuste, à des soupçons injurieux.

— Au nom du ciel! expliquez-vous enfin, s'écria le comte avec vivacité; qu'ai-je fait? qu'ai-je dit? que me reproche-t-il?

— Il faut donc vous le dire?

— Je vous le demande en grâce, à mains jointes.

— Eh bien! je le dirai. Il y a de la politique en dessous de ces cartes-là, monsieur le comte. »

Parquet vit aussitôt qu'il approchait du joint; car, malgré toute son adresse, le comte se troubla.

« Il y a de la politique, reprit Parquet avec fermeté et abandonnant toute son emphase ironique. Vous adversaires sont des plébéiens, des ennemis particuliers et assez en vue de la puissance ministérielle. Qui a droit? Nul ne le sait mieux que vous, ni moi, ni vos adversaires. A chance égale, Simon aurait eu beaucoup de sympathie pour la cause des plébéiens, fort peu pour la vôtre; Simon n'aime pas les patriciens, et son opinion républicaine vous a fait peur. Simon n'eût peut-être pas entrepris votre cause; c'est possible, je l'ignore. Ce qu'il y a de certain, ce dont je réponds sur ma tête, c'est qu'au cas où il l'eût acceptée il l'eût défendue avec loyauté, avec force, et, j'ose le dire, il l'eût gagnée. Mais vous avez craint un refus, ce qui est une faiblesse d'amour-propre; ou bien vous avez craint quelque chose de pire, une trahison... Dites, l'avez-vous craint, oui ou non?

— Jamais, monsieur Parquet, jamais, je vous en donne...

— Ne jurez pas, monsieur le comte; vous l'avez dit à quelqu'un, et voici vos paroles : « Ces gens-là s'entendent tous entre eux; comment voulez-vous qu'on se fonde sur le sérieux d'un débat judiciaire entre des gens qui vont le soir fraterniser au cabaret, ou, ce qu'il y a de pire, se prêtent mutuellement des serments épouvantables dans un club carbonaro? »

— Je n'ai jamais dit cela, monsieur Parquet, s'écria le comte au désespoir. Je suis le plus malheureux des hommes; on m'a indignement calomnié. »

Sa détresse fit pitié à M. Parquet, en même temps qu'elle lui donna envie de rire; car mieux que personne il savait l'innocence de M. de Fougères quant à ce propos. L'amplification était close dans le cerveau de M. Parquet. Le comte avait confié son affaire à un autre que Simon, par méfiance de son habileté et par crainte aussi de sa trop grande délicatesse. L'affaire était mauvaise; il le savait. Ce n'était pas un orateur éloquent et chaleureux qu'il lui fallait, c'était un ergoteur intrépide, un sophiste spécieux. Il pouvait triompher avec l'homme qu'il avait choisi, mais non pas triompher de Simon plaidant pour ses coopinionnaires, et qui, dans une position tout à fait favorable au développement de son caractère, devait là, plus qu'en aucune autre occasion, déployer cette puissance, cette bravoure et cette rudesse d'honnêteté qui faisaient sa plus grande force. D'un mot il culbuterait toutes les controverses, d'autant plus que c'était un homme à tout oser en matière politique et à tout dire sans le moindre ménagement.

Il est vrai aussi que les adversaires du comte n'avaient pas encore choisi Simon pour leur défenseur; que Simon n'avait pas songé à leur en servir; qu'il ignorait même le prétendu affront fait par M. de Fougères à son intégrité; en un mot, que toute cette indignation et toutes ces menaces étaient le savant artifice que depuis la veille maître Parquet tenait en réserve avec le plus grand mystère, sachant bien que Simon ne s'y prêterait pas volontiers.

L'artifice, il faut aussi le dire, n'eût pas été loin sans la timidité d'esprit du comte; mais, sous le caractère le plus obstiné, cet homme cachait la tête la plus faible. Toujours habitué à louvoyer, à tout oser sous le voile d'une hypocrite politesse, dès qu'on l'attaquait en face, il était perdu. Cela était difficile; il inspirait trop de dégoût aux âmes fortes; il leurrait de trop de promesses et de protestations les esprits faibles, pour qu'on daignât ou pour qu'on osât lui faire des reproches; et certes, M. Parquet ne s'en fût jamais donné la peine sans l'espoir et la volonté de tirer parti de sa confusion pour son grand dessein.

Ce qu'il avait prévu arriva. Le comte se retrancha, pour sa justification, dans des serments d'estime, de confiance, de dévouement, d'affection pour la cause plébéienne et pour Simon Féline spécialement. Il fit bon marché de la noblesse, de la parenté, de la monarchie, de toutes les hiérarchies sociales, à condition qu'on lui laisserait gagner son procès. Depuis longtemps il s'était réservé tant de portes ouvertes qu'il était difficile de le saisir. M. Parquet le poussa et l'égara dans son propre labyrinthe; il le força de s'enferrer jusqu'au bout.

— Allons, lui dit-il, il ne faut pas tant vous échauffer contre ceux qui ont répété vos paroles. Ce n'est pas un grand mal, après tout, dans votre position; vous avez été forcé d'émigrer. La révolution vous a dépouillé, banni. Il est simple que vous ayez des préventions contre nous et que vous nous confondiez tous dans vos ressentiments.

— Je n'ai point de ressentiments, s'écria le comte, je n'ai aucune espèce de prévention. Je n'en veux à personne; je n'accuse pas la noblesse de ses propres revers. Je sais que tous les hommes sont égaux devant Dieu comme devant la loi, devant toute opinion saine comme devant tout droit social. Enfin, j'estime maître Parquet, honnête homme, habile, généreux, instruit, cent fois plus qu'un gentilhomme ignorant, égoïste, borné.

— C'est fort bon, je le crois jusqu'à un certain point, répondit M. Parquet; mais cependant je vais vous mettre à une épreuve. Si j'avais vingt-cinq ans, une jolie aisance et une certaine réputation, et que je fusse amoureux de votre fille, me la donneriez-vous en mariage?

— Pourquoi non? dit le comte, qui ne se méfiait guère des vues de M. Parquet sur Fiamma.

— A moi, Parquet? vous consentiriez à être mon beau-père, à entendre appeler votre fille madame Parquet? à avoir pour gendre un procureur? Vous ne dites pas ce que vous pensez, monsieur le comte!

— Je ne pense pas, dit le comte en riant, qu'à votre âge vous me demandiez la main de ma fille; mais si vous aviez vingt-cinq ans et que vous me tendissiez un piège innocent, je vous dirais : Allez à l'appartement de Fiamma, mon cher Parquet, et si elle vous accorde son cœur, je vous accorde sa main. Je serais flatté et honoré de l'alliance d'un homme tel que vous.

— Eh bien! vous êtes un brave homme! Touchez là!

s'écria M. Parquet avec des yeux pétillants d'une malice que M. de Fougères prit pour l'expression de l'amour-propre satisfait. Je vais chercher Simon, je vous l'amène...

— Allez, mon ami, allez vite, mon bon Parquet, dit le comte en lui pressant les mains, je vous en aurai une éternelle reconnaissance.

— Et vous lui donnerez votre fille en mariage, reprit Parquet; moyennant quoi, il refusera de plaider contre vous, et s'engagera, pour l'avenir, à plaider gratis tous les procès que vous pourrez avoir, jusqu'à la concurrence de deux cents...

— Ma fille en mariage!... dit M. de Fougères en reculant de trois pas et en pâlissant de colère. Est-ce là la condition? M. Féline veut épouser Fiamma?

— Eh bien! pourquoi pas?... reprit M. Parquet d'un air assuré; le trouvez-vous trop vieux, celui-là? Il est juste de l'âge de Fiamma; il est beau comme un ange, il s'est fait un plus grand nom que celui que vos pères vous ont laissé. Il appartient à la plus honnête famille du pays. Il gagne de vingt-cinq à trente mille francs par an. Il a toutes les supériorités, toutes les vertus, toutes les grâces. Il vous demande votre fille, et vous hésitez?

— Ma fille ne veut pas se marier, répondit sèchement le comte.

— Est-ce là l'unique cause de votre refus, monsieur le comte?

— Oui, monsieur Parquet, l'unique; mais vous savez qu'elle est invincible.

— Je ne sais rien du tout, monsieur le comte, que ce qu'il vous plaira de me dire franchement. M'autorisez-vous à faire ce que vous venez d'imaginer vous-même, de monter à l'appartement de Fiamma et de lui demander son cœur et sa main, non pour moi, vieux barbon, mais pour Simon Féline, et, si j'obtiens cette promesse, la ratifierez-vous sur-le-champ?

— Sur-le-champ, monsieur Parquet, répondit le comte, à qui la réflexion venait de rendre le calme de l'hypocrisie; seulement permettez-moi de vous dire que cette manière de procéder, imaginée par moi dans la chaleur de l'entretien et dans la gaieté d'une supposition, est contraire dans l'application à toutes les convenances. Nous arriverons au même but sans blesser la pudeur de Fiamma.

— Fiamma n'a pas besoin de pudeur avec moi, je vous assure, monsieur le comte. Je pourrais être votre père, à plus forte raison le sien; laissez-moi donc aller lui parler, et je vous réponds qu'elle ne se gênera pas pour me dire ce qu'elle pense.

— Je ne puis permettre que cela se passe ainsi, reprit le comte; ma femme sert de mère à Fiamma: c'est à elle qu'il faudrait s'adresser d'abord, elle en causerait avec ma fille...

— Votre femme est de l'âge de Fiamma et ne peut jouer sérieusement le rôle de sa mère; ensuite, je doute qu'elle ait beaucoup d'influence sur son esprit; ainsi on peut s'éviter la peine de chercher ce prétexte.

— Ce prétexte? Pensez-vous que je me serve de prétexte? dit le comte blessé; croyez-vous que je ne sois pas assez franc et assez maître de mes actions pour refuser ou pour accorder la main de ma fille?

— C'est précisément là l'objet de la question, répondit hardiment Parquet, à qui il n'était pas facile d'en imposer; mais voici Fiamma elle-même, et c'est devant vous qu'elle va me répondre.

— Qu'il ne soit pas question en cet instant ni de cette manière, je vous en prie, » dit le comte en s'efforçant de faire sentir son autorité à M. Parquet; mais Parquet était déterminé à tout braver. Mademoiselle de Fougères entrait en cet instant. Il marcha au-devant d'elle et la prit par le bras, comme s'il eût craint qu'on ne la lui arrachât avant qu'il eût parlé. « Fiamma, dit-il en l'amenant vers son père, répondez à une question très-concise: voulez-vous épouser Simon Féline? » Fiamma tressaillit, puis elle se remit aussitôt, regarda le visage impassible de son père, et vit, à la blancheur de ses lèvres, qu'il était dévoré de ressentiment. Elle répondit sans hésiter :
« J'y consens, si mon père le permet.

— Une fille bien née ne répond jamais ainsi, dit le comte en se levant; avant de déclarer aussi librement ses désirs, elle demande conseil à ses parents. Il y a une espèce d'effronterie à procéder de la sorte. Il est évident que je ne puis vous refuser mon consentement; je ne le puis, ni ne le veux; car j'estime infiniment le choix que vous avez fait. Seulement je trouve dans le mystère de ce choix, et dans la manière dont on a surpris ma franchise, tout ce qu'il y a de plus opposé à la décence de la femme, à la loyauté de l'ami, et au respect dû au père. »

Ayant ainsi parlé avec cette apparence de dignité que les vieux aristocrates possèdent au plus haut degré, et qu'ils savent ressaisir dans les occasions mêmes où leurs actions manquent le plus de la véritable dignité, il repoussa du pied le fauteuil qui était derrière lui et sortit brusquement de la chambre.

« Ce consentement équivaut à un refus, dit Fiamma à son ami; Parquet, nous avons été trop vite.

— La balle est lancée, dit Parquet, il ne faut plus la laisser retomber.

— Je me charge de plier mon père comme un roseau si M. Féline consent à refuser ma dot.

— Il n'y consent pas, répondit Parquet: il exige qu'il en soit ainsi.

— Si mon père ne cède pas à cette séduction, il n'y a plus d'espérance, reprit Fiamma, car une explication serait inévitable entre lui et moi, et j'aime mieux me faire religieuse que d'épouser Simon au prix de cette explication.

— Toujours le secret! dit Parquet avec humeur en se retirant. Comment faire marcher une affaire dont les pièces ne sont pas au dossier! »

XVII.

Fiamma, prévoyant bien que la colère de son père aurait une prochaine explosion, s'était sauvée au fond du parc, espérant éviter sa vue pendant les premières heures. Mais le destin voulut qu'ils se rencontrassent dans l'endroit le plus retiré de l'enclos. M. de Fougères allait précisément là cacher et étouffer son dépit; et voyant l'objet de sa fureur, il oublia la résolution qu'il avait prise de se modérer. Ses petits yeux grossirent et gonflèrent ses paupières ridées; il fut forcé de se jeter sur un banc pour ne pas étouffer.

C'était en effet une grande contrariété pour le comte que cette ouverture inattendue de M. Parquet et l'adhésion subite qu'y avait donnée sa fille. En voyant Fiamma se retirer au couvent et ne plus faire chez lui que des apparitions de stricte bienséance, il s'était flatté, pendant deux ans, d'en être tout à fait débarrassé. Sa joie avait été au comble lorsque Fiamma lui avait dit, huit jours auparavant, que son intention était de prendre le voile, et qu'elle allait l'accompagner à Fougères pour faire ses adieux à ses amis du village et leur donner l'assurance de la liberté d'esprit et de la satisfaction véritable avec lesquelles elle embrassait l'état monastique. Ce voyage avait paru d'autant plus convenable et d'autant plus avantageux à M. de Fougères vis-à-vis de l'opinion publique, qu'il se croyait plus assuré de la résolution inébranlable de sa fille. La crainte d'une inclination de sa part pour Féline n'avait jamais été sérieuse en lui, et, s'il l'avait eue, depuis longtemps elle s'était dissipée. Il ignorait leur correspondance, et, lors même qu'il en eût été le confident, il eût pu croire que Simon était guéri de son amour et que Fiamma ne l'avait jamais partagé.

La scène qui venait d'avoir lieu avait donc été pour lui un coup de foudre. Ce n'est pas qu'une alliance avec Féline fût désormais aussi disproportionnée à ses yeux qu'elle l'eût été deux ou trois ans auparavant. Depuis la veille surtout, M. de Fougères commençait à apprécier les avantages de la position et l'importance des talents de Simon. Il avait vu en arrivant les sommités aristocratiques de la province. Il avait dîné à la préfecture, et là tous les convives avaient déploré les opinions de

M. Féline avec une chaleur qui prouvait le cas qu'on faisait de sa force ou la crainte qu'elle inspirait. On s'était surtout étonné de l'imprudence qu'avait commise M. de Fougères en ne le choisissant pas pour avocat ou en ne s'assurant pas d'avance de sa neutralité. Le séjour de Paris rend essentiellement dédaigneux pour les talents de la province; on s'imagine que la capitale absorbe toutes les supériorités et en déshérite le reste du sol. Cela était arrivé à M. de Fougères; il s'éveilla péniblement de cette erreur dès les premières opinions qu'il entendit émettre à *ses pairs* sur la puissance de Féline. Cette jeune renommée avait pris subitement tant d'éclat, que la surprise et l'inquiétude du plaideur furent extrêmes. Il courut aussitôt se confier à M. Parquet. C'est pour cela que Bonne, prenant son embarras de la froideur, était revenue au village, la veille dans la soirée, pénétrée de l'idée que le comte avait découvert les projets de son père à l'égard de Fiamma, et qu'il en était offensé.

Cependant M. de Fougères s'était flatté que Simon n'oserait pas résister à la crainte de se faire un ennemi d'un homme tel que lui, et il avait pris le parti de le flagorner dans la personne de M. Parquet, n'imaginant guère qu'il allait tomber dans un piège. Il y était tombé avec une simplicité qui le couvrait de honte à ses propres yeux, et qui poussait à l'exaspération l'aversion profonde qu'il avait pour la caste plébéienne. En raison de ses adulations et de ses platitudes devant cette caste, M. de Fougères lui portait, dans le secret de son cœur, la haine héréditaire dont les nobles ne guériront jamais et que ressentent avec plus d'amertume ceux d'entre eux qui ont la lâcheté de mendier son appui et de la tromper par couardise.

Ayant depuis deux ans concentré toutes ses affections (si toutefois les avares ont des affections) sur sa nouvelle famille, il mettait son orgueil et sa joie à ménager une grande fortune à ses héritiers. Il avait regardé Fiamma comme morte, et il avait eu la politesse de lui offrir une vingtaine de mille francs de dot pour épouser le Seigneur, à peu près comme il eût réservé cette somme à des obsèques dignes du rang de sa famille. Mais Fiamma avait refusé jusqu'à ce don, en alléguant que le petit héritage de sa mère lui suffirait pour entrer au couvent et pour s'y ensevelir.

Maintenant, au lieu de cette heureuse conclusion à l'importune existence de sa *fille chérie* (il l'appelait ainsi surtout depuis qu'elle approchait de la tombe où il eût voulu la clouer vivante), il prévoyait qu'il faudrait s'exécuter et lui donner une dot convenable. Il supposait que Féline avait des dettes ou de l'ambition; il regardait cette race d'avocats et de procureurs comme une armée ennemie, qui le couvrirait de b âme dans le pays s'il ne faisait pas honorablement les choses, et, en fin de cause, il savait que sa fille pouvait se passer de son consentement. Son cœur était donc dévoré de toutes les chenilles de l'avarice, et il ne voyait aucune issue à son embarras; car la seule chose qui l'eût rassuré, la résolution de Fiamma contre le mariage, venait d'être subitement révoquée d'une manière laconique et absolue dont il ne connaissait que trop la valeur. Il n'avait donc qu'un moyen de se soulager, c'était de se mettre en colère; et il faut que cette envie soit bien irrésistible, puisqu'elle aggravait tout le mal et qu'il s'y abandonna néanmoins.

Il éclata donc en reproches amers sur la trahison de M. Parquet, dont Fiamma s'était rendue complice en le traitant comme un père de comédie. Il qualifia ce projet de sourde et méprisable intrigue, et la conduite de Fiamma d'hypocrisie consommée. « C'était donc là où devaient vous conduire cette dévotion austère, lui dit-il, et cet amour insatiable de la retraite! J'en ferai compliment aux nonnes qui en ont été les dupes ou complices. J'admire beaucoup aussi le prétexte que vous m'avez donné, pour venir me demander, sous le manteau de la prudence, la main de M. Féline; car c'est vous qui faites ici le rôle de l'homme. Ce n'est pas lui qui veut m'arracher mon consentement, c'est vous-même. C'est vous sans doute qui viendrez à la tête des notaires me présenter une de ces sommations qu'on appelle *respectueuses* par ironie sans doute pour l'autorité paternelle.

— Monsieur, répondit Fiamma avec le même calme qu'elle avait toujours apporté dans ces pénibles relations, j'espère que je n'aurai pas recours à de semblables moyens, et qu'après avoir mûri l'idée de ce mariage dans votre sagesse vous l'approuverez avec bonté. Si vous étiez plus calme, je vous prierais de m'expliquer sur quoi vous fondez vos répugnances; mais vous ne m'entendriez pas dans ce moment-ci. Je me bornerai à vous dire que vous n'avez pas été trompé; que cela du moins a toujours été éloigné de ma pensée et de mon intention; que je suis absolument étrangère à la forme que M. Parquet a pu donner aux propositions de M. Féline; que j'ai été de bonne foi dans tout ce que j'ai fait jusqu'ici, et qu'avant-hier encore ma résolution de prendre le voile me semblait inébranlable. Je suis venue ici, croyant assister au mariage de M. Féline avec Bonne Parquet; et lorsque je vous donnai autrefois ma parole d'honneur de ne jamais laisser concevoir à M. Féline des espérances contraires à la raison ou à l'honneur…

— Alors vous mentiez comme aujourd'hui! s'écria M. de Fougères. Il fallait que vous fussiez bien éprise déjà de cet homme pour qu'un seul jour passé ici, après une aussi longue séparation, vous ait mis aussi bien d'accord. Allons, je ne suis pas un Géronte. Quoique vous soyez une intrigante habile, vous ne me ferez pas croire que le temps de votre retraite au couvent ait été très-saintement employé. Après une vie comme celle que vous meniez ici, après des jours et des nuits passés on ne sait où, je ne serais pas étonné que des raisons majeures ne vous eussent tout d'un coup forcée à vous cacher, et je présume que M. Féline, ayant fait fortune, est saisi aujourd'hui d'un remords de conscience; car vous êtes tous fort pieux, lui, sa mère, vous, et la confidente, mademoiselle Parquet…

— Monsieur, dit Fiamma avec énergie, vous m'outragez et je ne le souffrirai pas, car vous n'en avez pas le droit. Dieu sait que vous n'avez aucun droit sur moi.

— J'en ai que vous ignorez, Mademoiselle, et qu'il est temps de vous faire savoir, s'écria le comte hors de lui. J'ai le droit du bienfaiteur sur l'obligé, de celui qui donne sur celui qui reçoit; j'ai le droit qu'un homme acquiert en subissant dans sa maison la présence d'un étranger et en l'y élevant par compassion. Ce droit, signora Carpaccio, le comte de Fougères l'a acquis en daignant nourrir la fille d'un bandit et d'une…

— Et d'une femme parfaite, indignement sacrifiée à un misérable tel que vous, répondit Fiamma d'un air et d'un ton qui forcèrent le comte à se rasseoir. Puisque vous savez tout, monsieur le comte, sachez bien que, de mon côté, je n'ignore rien, et je vais vous le prouver. Restez ici; ne bougez pas, ne m'interrompez pas, je vous le défends! La mémoire de ma mère est sacrée pour moi. N'espérez pas la flétrir à mes yeux, ni me faire rougir de devoir le jour à un chef de partisans, à un héros qui est mort pour sa patrie, et dont je suis plus fière que de vos ancêtres, dont une loi absurde et impie me force de porter le nom. Bianca Faliero, de la race ducale de Venise, et Dionigi Carpaccio, paysan des Alpes, défenseur et martyr de la liberté, c'était une noble alliance, et il n'y a qu'une grande âme comme celle de ma mère qui dût savoir préférer la protection généreuse du brave partisan à l'avilissement faveur du comte de Stagenbracht.

— Que voulez-vous dire? s'écria le comte en essayant de se lever et en bondissant sur son siége avec égarement; quel nom avez-vous prononcé? A quelle impure source de calomnie avez-vous puisé l'ingratitude et l'outrage dont vous payez ma miséricorde envers vous?

— La voici, cette source impure! dit Fiamma en tirant de son sein un paquet de lettres; c'est celle de votre fortune, signor Spazetta. Voici les preuves de votre infamie, écrites et signées de votre propre main; voici les pièces du marché que vous avez conclu avec un seigneur autrichien pour lui vendre votre femme; voici votre première espérance de racheter le fief de Fougères, monsieur le comte ; car voici la quittance de l'à-compte que vous avez reçu sur l'espoir du déshonneur de ma mère. Mais elle n'a pas voulu le consommer pour vous ni l'accepter pour elle-même ; voici la concession de cette maison de campagne où vous aviez consigné ma mère, pour la soustraire, disiez-vous, aux fatigues du commerce et rétablir sa santé délicate ; mais, en effet, pour la placer sous la main du comte, à trois pas de sa villa... Mais vous aviez compté sans le secours du chevaleresque Carpaccio, monsieur le comte. Malheureusement il rôdait autour du château de M. Stagenbracht, lorsque les cris de ma mère, qu'on enlevait par son ordre et par votre permission, parvinrent jusqu'à lui. C'est alors que, par une tentative désespérée, trois contre dix, il la délivra et fit ce que vous auriez dû faire, en tuant de sa propre main le ravisseur. Si la reconnaissance de ma mère pour ce libérateur, et son admiration pour un courage intrépide, lui ont fait fouler aux pieds le préjugé du rang et manquer à des devoirs que vous aviez indignement souillés le premier, c'est à Dieu seul qu'appartient la remontrance et le pardon. Quant à vous, monsieur le comte, au lieu d'insulter les cendres de cette femme infortunée, c'est à vous qu'il appartient de baisser la tête et de vous taire, car vous voyez que je suis bien informée. »

Le comte resta, en effet, immobile, silencieux, atterré.

« Je vous ai dit, continua Fiamma, ce que je devais vous dire pour l'honneur de ma mère ; quant au mien, Monsieur, il me reste à vous rappeler que vous avez encore moins le droit d'y porter atteinte : car vous êtes un étranger pour moi, et non-seulement il n'y a aucun lien de famille entre nous, mais encore j'ai été élevée loin de vos yeux, sans que vous ayez jamais rien fait pour moi... Ne m'interrompez pas. Je sais fort bien que la crainte de voir ébruiter votre crime vous a disposé envers ma mère à une indulgence qu'un honnête homme n'eût puisée que dans sa propre générosité. Je sens que vous avez daigné ne point la priver du nécessaire, d'autant plus qu'elle tenait de sa famille les faibles ressources que je possède aujourd'hui. Je sais que vous ne l'avez point maltraitée et que vous vous êtes contenté de l'insulter et de la menacer. Je sais enfin que vous l'avez laissée mourir sans l'attrister de votre présence : voilà votre clémence envers elle. Quant à vos bontés pour moi, les voici : vous m'avez laissée vivre avec mon modeste héritage jusqu'au moment où, pensant acquérir des protections par mon établissement, vous m'avez arrachée à ma retraite et au tombeau de ma mère pour me jeter dans un monde où je n'ai pas voulu servir d'échelon à votre fortune. Je savais de quoi vous étiez capable, monsieur le comte ; mais ce qui me rassurait, c'est qu'un contrat de vente illégitime eût été plus nuisible que favorable à vos nouveaux intérêts. Il ne s'agissait plus pour vous de payer un fonds de commerce d'épiceries, vous vouliez désormais jeter de l'éclat sur votre maison. Je ne me serais jamais rapprochée de vous, sans le secret inviolable que je devais aux malheurs de ma mère, sans la prudence extrême avec laquelle je voulais, par une apparence de déférence à vos volontés, éloigner ici, comme en Italie, tout soupçon sur la légitimité de ma naissance. Croyez bien que c'est pour elle, pour elle seule, pour le repos de son âme inquiète, pour le respect dû à ses cendres abandonnées, que je me suis résignée pendant plusieurs années à vivre près de vous et à vous disputer pas à pas mon indépendance sans vous pousser à bout. Un ami imprudent a allumé aujourd'hui votre fureur contre moi, au point qu'elle a rompu toutes les digues. Cette explication, la première que nous avons ensemble sur un tel sujet, et la dernière que nous aurons, je m'en flatte, a été amenée par un concours de circonstances étrangères à ma volonté ; mais puisqu'il en est ainsi, je m'épargnerai les pieux mensonges que je voulais vous faire sur mon vœu de pauvreté, je vous dirai franchement ce que je vous aurais dit à travers un voile. Vous pouvez donner ma main à Simon Féline sans craindre que je fasse valoir sur votre fortune des droits que j'ai, aux termes de la loi, mais que ma conscience et ma liberté repoussent. La seule condition à laquelle j'ai accordé la promesse de ma main est celle-ci : Pour sauver les apparences et mettre vos enfants légitimes à couvert de toute réclamation de la part des miens (si Dieu permet que le sang de Carpaccio ne soit pas maudit), M. Féline signera une quittance de tous les biens présents et futurs, que votre respect pour les convenances et mes droits d'héritage m'eussent assurés...

— M. Féline sait-il donc le secret de votre naissance ? dit M. de Fougères avec anxiété.

— Ni celui-là, ni le *votre*, Monsieur, répondit Fiamma : ces deux secrets sont inséparables, vous devez le comprendre, et si, en divulgant l'un, on flétrissait la mémoire de ma mère, je serais forcée de divulguer l'autre pour la justifier. Ainsi, soyez tranquille ; ces papiers que j'ai trouvés sur elle après sa mort ne seront jamais produits au jour si vous ne m'y contraignez par un acte de folie, et ils seront anéantis avec moi sans que mon époux lui-même en soupçonne l'existence. »

Depuis le moment où M. de Fougères avait aperçu les papiers dans la main de Fiamma jusqu'à celui où elle les remit dans son sein, il avait été partagé entre le trouble de la consternation et la tentation de s'élancer sur elle pour les lui arracher. S'il n'avait pas réalisé cette dernière pensée, c'est qu'il savait Fiamma forte de corps et intrépide de caractère, capable de se laisser arracher la vie plutôt que de livrer le dépôt qu'elle possédait ; d'ailleurs il avait espéré l'obtenir de bonne grâce. Il balbutia donc quelques mots pour faire entendre que son consentement au mariage était attaché à l'anéantissement de ces terribles preuves. Fiamma ne lui répondit que par un sourire qui exprimait un refus inflexible, et, le saluant sans daigner lui demander une promesse qu'il ne pouvait pas refuser, elle s'éloigna en silence. Alors le comte se leva et fit deux pas sur ses traces, vivement tenté de la saisir par surprise et d'employer la violence pour arracher sa sentence d'infamie. Mais, au même instant, la pâle et calme figure de Simon Féline parut de l'autre côté de la haie, dans le jardin du voisin Parquet.

Le comte le salua profondément, tourna sur ses talons et disparut.

Le mariage de Simon Féline et de Fiamma Faliero fut célébré à la fin du printemps, dans la petite église où ils avaient dit une si fervente prière le jour de leurs mutuels aveux. A côté de ce beau couple, on vit l'aimable Bonne s'engager dans les mêmes liens avec le jeune médecin qui l'aimait, et qu'elle ne haïssait pas, c'était son expression. Le comte de Fougères assista au mariage avec une exquise aménité. Jamais on ne l'avait vu si empressé de plaire à tout le monde. Heureusement pour lui, cette noce se passait en famille, au village, et sans éclat dans la maison Parquet. Aucun de ses *pairs*, et sa nouvelle épouse elle-même, qui fut très à propos malade ce jour-là, ne put être témoin des détails de cette fête, qui consomma sa mésalliance. La bonne mère Féline se trouva assez bien rétablie pour en recevoir tous les honneurs. Tout se passa avec calme, avec douceur, avec simplicité, avec cette dignité si rare dans la célébration de l'hyménée. Aucun propos obscène ne ternit la blancheur du front des deux charmantes épousées. Le seul maître Parquet ne put s'empêcher de glisser quelques madrigaux semi-anacréontiques, qu'on lui pardonna, vu qu'il avait bu un peu plus que de raison. Cependant ni lui ni aucun des convives ne dépassa les bornes d'un *aimable abandon* et d'une *douce philosophie*. Le curé prit part au repas, après avoir promis à Jeanne de ne plus s'aviser d'encenser personne. Le seul événement fâcheux qui résulta de ces modestes réjouissances, ce fut la mort d'Italia, que l'on trouva le lendemain matin étendu sur les débris du festin et victime de son intempérance.

En vertu d'un arrangement que conseilla et que décida M. Parquet, M. de Fougères renonça aux principaux avantages du testament fait en faveur de sa famille, afin de ne pas perdre le tout, et l'honneur de sa famille par-dessus le marché.

Cet échec, que ne compensait pas en entier la renonciation de Féline à toute dot ou héritage, l'affligea bien, et il quitta précipitamment le pays, heureux du moins

Il y entra d'un air rogue.... (Page 42.)

de se débarrasser du voisinage et de l'intimité, non de la famille Féline, qui ne l'importunait guère de ses empressements, mais de M. Parquet, qui, affectant de le prendre désormais au mot et de le traiter d'égal à égal, s'amusait à le faire cruellement souffrir.

Il est vraisemblable que les relations du village avec le château eussent été de plus en plus rares et froides, sans un événement qui vint tout à coup plier jusqu'à terre l'épine dorsale du comte de Fougères : la chute d'une dynastie et l'établissement d'une autre. Le règne du tiers-état sembla effacer tous les vestiges d'orgueil nobiliaire que M. de Fougères n'avait pas laissés dans la boutique de M. Spazetta. Tant que la royauté bourgeoise n'eut pas pris décidément le dessus sur les résistances sincères, le comte, espérant tout, ou plutôt craignant tout de l'influence des avocats et de la puissance des grandes âmes, se fit l'adulateur de son gendre, et par conséquent de M. Parquet. Simon avait peine à dissimuler son dégoût pour cette conduite, et M. Parquet y trouvait un inépuisable sujet de moquerie et de divertissement. Mais quand la puissance régnante eut absorbé ou paralysé l'opposition ; quand, n'ayant plus peur du parti républicain, elle se tourna vers l'aristocratie et chercha à la conquérir, M. de Fougères suivit l'exemple de la mauvaise race de courtisans qui ne peut pas perdre l'habitude de servir ; et, cessant de faire de l'indignation au fond de son château avec le sardonique M. Parquet, il se brouilla avec lui et avec Simon sur le premier prétexte venu ; puis il revint à Paris faire sa cour à quiconque lui donna l'espoir de le pousser à la pairie, chimérique espoir qu'il avait caressé sous le règne précédent.

FIN DE SIMON.

LE SECRÉTAIRE INTIME

NOTICE

Le *Secrétaire intime* est une fantaisie sans rime ni raison qui m'est venue en 1833, après avoir relu les *Contes fantastiques* d'Hoffman. Cela manque d'ensemble et atteste une grande inexpérience littéraire. La fable est-elle amusante? L'imagination, à défaut de la vraisemblance, y trouve-t-elle son compte? Mon point de vue a tellement changé, que je ne suis plus un juge impartial des essais de ma jeunesse.

Nohant, 13 octobre 1853.

GEORGE SAND.

I.

Par une belle journée, cheminait sur la route de Lyon à Avignon un jeune homme de bonne mine. Il se nommait Louis de Saint-Julien, et portait à bon droit le titre de comte, car il était d'une des meilleures familles de sa province. Néanmoins il allait à pied avec un petit sac sur le dos; sa toilette était plus que modeste, et ses pieds enflaient d'heure en heure sous ses guêtres de cuir poudreux.

Ce jeune homme, élevé à la campagne par un bon et honnête curé, avait beaucoup de droiture, passablement d'esprit, et une instruction assez recommandable pour espérer l'emploi de précepteur, de sous-bibliothécaire ou de secrétaire intime. Il avait des qualités et même des vertus. Il avait aussi des travers et même des défauts; mais il n'avait point de vices. Il était bon et romanesque, mais orgueilleux et craintif, c'est-à-dire susceptible et méfiant, comme tous les gens sans expérience de la vie et sans connaissance du monde.

Si ce rapide exposé de son caractère ne suffit point pour exciter l'intérêt du lecteur, peut-être la lectrice lui accordera-t-elle un peu de bienveillance en apprenant que M. Louis de Saint-Julien avait de très-beaux yeux, la main blanche, les dents blanches et les cheveux noirs.

Pourquoi ce jeune homme voyageait-il à pied? c'est qu'apparemment il n'avait pas le moyen d'aller en voiture. D'où venait-il? c'est ce que nous vous dirons en temps et lieu. Où allait-il? il ne le savait pas lui-même. On peut résumer cependant son passé et son avenir en peu de mots : il venait du triste pays de la réalité, et il tâchait de s'élancer à tout hasard vers le joyeux pays des chimères.

Depuis huit jours qu'il était en route, il avait héroïquement supporté la fatigue, le soleil, la poussière, les mauvais gîtes, et l'effroi insurmontable du chemin toujours triste et silencieux sur les talons d'un homme sans argent. Mais une écorchure à la cheville le força de s'asseoir au bord d'une haie, près d'une métairie où l'on avait récemment établi un relais de poste aux chevaux.

Il y était depuis un instant lorsqu'une très-belle et leste berline de voyage vint à passer devant lui; elle était suivie d'une calèche et d'une chaise de poste qui paraissaient contenir la suite ou la famille de quelque personnage considérable.

L'idée vint à Julien de monter derrière une de ces voitures; mais à peine y fut-il installé, que le postillon, jetant de côté un regard exercé à ce genre d'observation, découvrit la silhouette du délinquant, qui courait avec l'ombre de la voiture sur le sable blanc du chemin. Aussitôt il s'arrêta et lui commanda impérieusement de descendre. Saint-Julien descendit et s'adressa aux personnes qui étaient dans la chaise, s'imaginant dans sa confiance honnête qu'une telle demande ne pouvait être repoussée que par un postillon grossier; mais les deux personnes qui occupaient la voiture étaient une lectrice et un majordome, gens essentiellement hautains et insolents par état. Ils refusèrent avec impertinence. — Vous n'êtes que des laquais mal appris! leur cria Saint-Julien en colère, et l'on voit bien que c'est vous qui êtes faits pour monter derrière la voiture des gens comme il faut.

Saint-Julien parlait haut et fort; le chemin était montueux, et les trois voitures marchaient lentement et sans bruit sans un sable mat et chaud. La voix de Julien et celle du postillon, qui l'insultait pour complaire aux voyageurs de la chaise, furent entendues de la personne qui occupait la berline. Elle se pencha hors de la portière pour regarder ce qui se passait derrière elle, et Saint-Julien vit avec une émotion enfantine le plus beau buste de femme qu'il eût jamais imaginé; mais il n'eut pas le temps de l'admirer; car dès qu'elle jeta les yeux sur lui, il baissa timidement les siens. Alors cette femme si belle, s'adressant au postillon et à ses gens d'une grosse voix de contralto et avec un accent étranger assez ronflant, les gourmanda vertement et interpella le jeune voyageur avec familiarité : — Viens çà, mon enfant, lui dit-elle, monte sur le siège de ma voiture; accorde seulement un coin grand comme la main à ma levrette blanche qui est sur le marchepied. Va, dépêche-toi; garde tes compliments et tes révérences pour un autre jour.

Saint-Julien ne se le fit pas dire deux fois, et, tout haletant de fatigue et d'émotion, il grimpa sur le siège et prit la levrette sur ses genoux. La voiture partit au galop en arrivant au sommet de la côte.

Au relais suivant, qui fut atteint avec une grande rapidité, Saint-Julien descendit, dans la crainte d'abuser de la permission qu'on lui avait donnée; et comme il se mêla aux postillons, aux chevaux, aux poules et aux mendiants qui encombrent toujours un relais de poste, il put regarder la belle voyageuse à son aise. Elle ne faisait aucune attention à lui et lançait tous ses laquais l'un après l'autre d'un ton demi-colère, demi-jovial. C'était une personne étrange, et comme Julien n'en avait jamais vu. Elle était grande, élancée, ses épaules étaient larges; son cou blanc et dégagé avait des attitudes à la fois cavalières et majestueuses. Elle paraissait bien avoir trente ans, mais elle n'en avait peut-être que vingt-cinq; c'était une femme un peu fatiguée; mais sa pâleur, ses joues minces et le demi-cercle bleuâtre creusé sous ses grands yeux noirs donnaient une expression de volonté pensive, d'intelligence saisissante et de fermeté mélancolique à toute cette tête, dont la beauté linéaire pouvait d'ailleurs supporter la comparaison avec les camées antiques les plus parfaits.

La richesse et la coquetterie de son costume de voyage n'étonnèrent pas moins Julien que ses manières. Elle paraissait très-vive et très-bonne, et jetait de l'argent aux pauvres à pleines mains. Il y avait dans sa voiture deux autres personnes, que Saint-Julien ne songea pas à regarder, tant il était absorbé par celle-là.

Au moment de repartir, elle se pencha de nouveau; et, cherchant des yeux Saint-Julien, elle le vit qui s'approchait, le chapeau à la main, pour lui faire ses remerciments. Il n'eût pas osé renouveler sa demande; mais elle le prévint. « Eh bien! lui dit-elle, est-ce que tu restes ici?

— Madame, répondit Julien, je me rends à Avignon; mais je craindrais...

— Eh bien! eh bien! dit-elle avec sa voix mâle et brève, je t'y conduirai avant la nuit, moi. Allons, remonte. »

Ils arrivèrent en effet avant la nuit. Saint-Julien avait eu bien envie de se retourner cent fois durant le voyage et de jeter un coup d'œil furtif dans la voiture, où il eût pu plonger en faisant un mouvement; mais il ne l'osa pas, car il sentit que sa curiosité aurait le caractère de la grossièreté et de l'ingratitude. Seulement il était descendu à tous les relais pour regarder la belle voyageuse à la dérobée, pour examiner ses actions, écouter ses paroles, scruter sa conduite, en affectant l'air indifférent et distrait. Il avait trouvé en elle ce continuel mélange du caractère impérial et du caractère bon enfant, qui ne le menait à aucune découverte. Il n'eût pas osé s'adresser aux personnes de sa suite pour exprimer la curiosité imprudente qui chauffait dans sa tête. Il était dans une très-grande anxiété en s'adressant les questions suivantes : — Est-ce une reine ou une courtisane? — Comment le savoir? — Que m'importe? Pourquoi suis-je si intrigué par une femme que j'ai vue aujourd'hui et que je ne verrai plus demain?

La voyageuse et sa suite entrèrent avec grand fracas dans la principale auberge d'Avignon. Saint-Julien se hâta de se jeter en bas de la voiture, afin de s'enfuir et de n'avoir pas l'air d'un mendiant parasite.

Mais à la vue de l'aubergiste et de ses aides de camp en veste blanche qui accouraient à la rencontre de la voyageuse, il s'arrêta, enchaîné par une invincible curiosité, et il entendit ces mots, qui lui ôtèrent un poids énorme de dessus le cœur, partir de la bouche du patron :

« J'attendais Votre Altesse, et j'espère qu'elle sera contente. »

Saint-Julien, rassuré sur une crainte pénible, se résolut alors à faire sa première folie. Au lieu d'aller chercher, comme à l'ordinaire, un gîte obscur et frugal dans quelque faubourg de la ville, il demanda une chambre dans le même hôtel que la princesse, afin de la voir encore, ne fût-ce qu'un instant et de loin, au risque de dépenser plus d'argent en un jour qu'il n'avait fait depuis qu'il était en voyage.

Il ne rencontra que des figures accortes et des soins prévenants, parce qu'on le crut attaché au service de la princesse, et que les riches sont en vénération dans toutes les auberges du monde.

Après s'être retiré dans sa chambre pour faire un peu de toilette, il s'assit dans la cour sur un banc et attacha son regard sur les fenêtres où il supposa que pouvait se montrer la princesse. Son espérance fut promptement réalisée : les fenêtres s'ouvrirent, deux personnes apportèrent un fauteuil et un marchepied sur le balcon, et la princesse vint s'y étendre d'une façon assez nonchalante en fumant des cigarettes ambrées; tandis qu'un petit homme sec et poudré apporta une chaise auprès d'elle, déploya lentement un papier, et se mit à lui faire d'un ton de voix respectueux la lecture d'une gazette italienne.

Tout en fumant une douzaine de cigarettes que lui présentait tout allumées une très-jolie suivante qu'à l'élégance de sa toilette Saint-Julien prit au moins pour une marquise, l'altesse ultramontaine le regarda en clignotant de l'œil d'une manière qui le fit rougir jusqu'à la racine des cheveux. Puis elle se tourna vers sa suivante, et, sans égard pour les poumons de l'abbé, qui lisait pour les murailles :

« Ginetta, est-ce que c'est l'enfant que nous avons ramassé ce matin sur la route?
— Oui, Altesse.
— Il a donc changé de costume?
— Altesse, il me semble que oui.
— Il loge donc ici?
— Apparemment, Altesse.
— Eh bien! l'abbé, pourquoi vous interrompez-vous?
— J'ai cru que Votre Altesse ne daignait plus entendre la lecture des journaux.
— Qu'est-ce que cela vous fait? »

L'abbé reprit sa tâche. La princesse demanda quelque chose à Ginetta, qui revint avec un lorgnon. La princesse lorgna Julien.

Saint-Julien était d'une très-délicate et très-intéressante beauté : pâlie par le chagrin et la fatigue, sa figure était pleine de langueur et de tendresse.

La princesse remit le lorgnon à Ginetta en lui disant : « *Non è troppo brutto.* » Puis elle reprit le lorgnon et regarda encore Julien. L'abbé lisait toujours.

Saint-Julien n'avait pu faire une brillante toilette; il avait tiré de son petit sac de voyage une blouse de coutil, un pantalon blanc, une chemise blanche et fine; mais cette blouse, serrée autour de la taille, dessinait un corps souple et mince comme celui d'une femme; sa chemise ouverte laissait voir un cou de neige à demi caché par de longs cheveux noirs. Une barrette de velours noir posée de travers lui donnait un air de page amoureux et poëte. « Maintenant qu'il n'est plus couvert de poussière, dit Ginetta, il a l'air tout à fait bien né.
— Hum! dit la princesse en jetant son cigare sur le journal que lisait l'abbé, et qui prit feu sous le nez du digne personnage, c'est quelque pauvre étudiant. »

Saint-Julien n'entendait point ce que disaient ces deux femmes; mais il vit bien qu'elles s'occupaient de lui, car elles ne se donnaient pas la moindre peine pour le cacher. Il fut un peu piqué de se voir presque montré au doigt, comme s'il n'eût pas été un homme et comme si elles eussent cru impossible de se compromettre vis-à-vis de lui. Pour échapper à cette impertinente investigation, il rentra dans la salle des voyageurs.

Il était au moment de s'asseoir à la table d'hôte lorsqu'il se sentit frapper sur l'épaule; et, se retournant brusquement, il vit cette piètre figure et cette maigre personne de l'abbé qui lui était apparue sur le balcon.

L'abbé, l'ayant attiré dans un coin et l'ayant accablé de révérences obséquieuses, lui demanda s'il voulait souper avec Son Altesse sérénissime la princesse de Cavalcanti. Saint-Julien faillit tomber à la renverse; puis, reprenant ses esprits, il s'imagina que sous la triste mine de l'abbé pouvait bien s'être cachée quelque humeur ironique et facétieuse; et, s'armant de beaucoup de sang-froid : « Certainement, Monsieur, répondit-il, quand elle m'aura fait l'honneur de m'inviter.
— Aussi, Monsieur, reprit l'abbé en se courbant jusqu'à terre, c'est une commission que je remplis.
— Oh! cela ne suffit pas, dit Saint-Julien, qui se crut joué et persiflé par la princesse elle-même. Entre gens de notre rang, madame la princesse Cavalcanti sait bien qu'on n'emploie pas un abbé en guise d'ambassadeur. Je veux traiter avec un personnage plus important que Votre Seigneurie, ou recevoir une lettre signée de l'illustre main de Son Altesse. »

L'abbé ne fit pas la moindre objection à cette prétention singulière; son visage n'exprima pas la moindre opinion personnelle sur la négociation qu'il remplissait. Il salua profondément Julien, et le quitta en lui disant qu'il allait porter sa réponse à la princesse.

Saint-Julien revint s'asseoir à la table d'hôte, convaincu qu'il venait de déjouer une mystification. Il avait si peu l'usage du monde, que ses étonnements n'étaient pas de longue durée. « Apparemment, se disait-il, que ces choses-là se font dans la société. »

Il était retombé dans sa gravité habituelle, lorsqu'il fut réveillé par le nom de Cavalcanti, qu'il entendit prononcer confusément au bout de la table.

« Monsieur, dit-il à un commis voyageur qui était à son côté, qu'est-ce donc que la princesse Cavalcanti?
— Bah! dit le commis en relevant sa moustache blonde et en se donnant l'air dédaigneux d'un homme qui n'a rien de neuf à apprendre dans l'univers, la princesse Quintilia Cavalcanti? Je ne m'en soucie guère; une princesse comme tant d'autres! Race italienne croisée allemande. Elle était riche; on lui a fait épouser je ne sais quel principicule d'Autriche, qui a consenti pour obtenir sa fortune à ne pas lui donner son nom. Ces choses-là se font en Italie : j'ai passé par ce pays-là, et je le connais comme mes poches. Elle vient de Paris et retourne dans ses États. C'est une principauté esclavone qui peut bien rapporter un million de rente. Bah! qu'est-ce que cela? Nous avons dans le commerce des fortunes plus belles qui font moins d'étalage.
— Mais quel est le caractère de cette princesse Cavalcanti?
— Son caractère! dit le commis voyageur d'un ton d'ironie méprisante; qu'est-ce que vous en voulez faire, de son caractère? »

Saint-Julien allait répondre lorsque le maître de l'auberge lui frappa sur l'épaule et l'engagea à sortir un instant avec lui.

« Monsieur, lui dit-il d'un air consterné, il se passe des choses bien extraordinaires entre vous et son Altesse madame la princesse de Cavalcanti.
— Comment, Monsieur?...
— Comment, Monsieur! Son Altesse vous invite à venir souper avec elle, et vous refusez! Vous êtes cause que cet excellent abbé Scipion vient d'être sévèrement grondé. La princesse ne veut pas croire qu'il se soit acquitté convenablement de son message, et s'en prend à lui de l'affront qu'elle reçoit. Enfin elle m'a commandé de venir vous demander une explication de votre conduite.
— Ah! par exemple, voilà qui est trop fort, dit Julien. Il plaît à cette dame de me persifler, et je n'aurais pas le droit de m'y refuser!...
— Madame la princesse est fort absolue, dit l'aubergiste à demi-voix; mais...
— Mais madame la princesse de Cavalcanti peut être absolue tant qu'il lui plaira! s'écria Saint-Julien. Elle n'est pas ici dans ses États, et je ne sais aucune loi française qui lui donne le droit de me faire souper de force avec elle...
— Pour l'amour du ciel, Monsieur, ne le prenez pas ainsi. Si madame de Cavalcanti recevait une injure dans ma maison, elle serait capable de n'y plus descendre. Une princesse qui passe ici presque tous les ans, Monsieur! qui ne s'arrête pas deux jours sans faire moins de cinq cents francs de dépense!... Au nom de Dieu, Monsieur, allez, allez souper avec elle. Le souper sera parfait. J'y ai mis la main moi-même. Il y a des faisans truffés que le roi de France ne dédaignerait pas, des gelées qui...
— Eh! Monsieur, laissez-moi tranquille...
— Vraiment, dit l'aubergiste d'un air consterné en croisant ses mains sur son gros ventre, je ne sais plus comment je vis, je n'y conçois rien. Comment! un jeune homme qui refuse de souper avec la plus belle princesse du monde, dans la crainte qu'on ne se moque de lui! Ah! si madame la princesse savait que c'est là votre motif, c'est pour le coup qu'elle dirait que les Français sont bien ridicules!
— Au fait, se dit Julien, je suis peut-être un grand sot de me méfier ainsi. Quand on se moquerait de moi, après tout! je tâcherai, s'il en est ainsi, d'avoir ma revanche. Eh bien! dit-il à l'aubergiste, allez présenter mes excuses à madame la princesse, et dites-lui que j'obéis à ses ordres.
— Dieu soit loué! s'écria l'aubergiste. Vous ne vous en repentirez pas; vous mangerez les plus belles truites de Vaucluse!... » Et il s'enfuit transporté de joie.

Saint-Julien, voulant lui donner le temps de faire sa

commission, rentra dans la salle des voyageurs. Il remarqua un grand homme pâle, d'une assez belle figure, qui errait autour des tables et qui semblait enregistrer les paroles des autres. Saint-Julien pensa que c'était un mouchard, parce qu'il n'avait jamais vu de mouchard, et que, dans son extrême méfiance, il prenait tous les curieux pour des espions. Personne cependant n'avait moins l'air que cet individu. Il était lent, mélancolique, distrait, et ne semblait pas manquer d'une certaine niaiserie. Au moment où il passa près de Saint-Julien, il prononça entre ses dents, à deux reprises différentes et en appuyant sur les deux premières syllabes, le nom de Quintilia Cavalcanti.

Puis il retourna auprès de la table, et fit des questions sur cette princesse Cavalcanti.

« Ma foi ! Monsieur, répondit une personne à laquelle il s'adressa, je ne puis trop vous dire ; demandez à ce jeune homme qui est auprès du poêle. C'est un de ses domestiques. »

Saint-Julien rougit jusqu'aux yeux, et, tournant brusquement le dos, il s'apprêtait à sortir de la salle ; mais l'étranger, avec une singulière insistance, l'arrêta par le bras, et, le saluant avec la politesse d'un homme qui croit faire une grande concession à la nécessité : « Monsieur, lui dit-il, auriez-vous la bonté de me dire si madame la princesse de Cavalcanti arrive directement de Paris ?

— Je n'en sais rien, Monsieur, répondit Saint-Julien sèchement. Je ne la connais pas du tout.

— Ah ! Monsieur, je vous demande mille pardons. On m'avait dit... »

Saint-Julien le salua brusquement et s'éloigna. Le voyageur pâle revint auprès de la table.

« Eh bien ? lui dit le commis voyageur, qui avait observé sa méprise.

— Vous m'avez fait faire une bévue, dit le voyageur pâle à la personne qui l'avait d'abord adressé à Saint-Julien.

— Je vous en demande pardon, dit celui-ci. Je croyais avoir vu ce jeune homme sur le siége de la voiture. »

Le commis voyageur, qui était facétieux comme tous les commis voyageurs du monde, crut que l'occasion était bien trouvée de faire ce qu'il appelait une farce. Il savait fort bien que Saint-Julien ne connaissait pas la princesse, puisque c'était précisément à lui qu'il avait adressé une question semblable à celle du voyageur pâle ; mais il lui sembla plaisant de faire durer la méprise de ce dernier.

« Parbleu ! Monsieur, dit-il, je suis sûr, moi, que vous ne vous êtes pas trompé. Je connais très-bien la figure de ce garçon-là : c'est le valet de chambre de madame de Cavalcanti. Si vous connaissiez le caractère de ces valets italiens, vous sauriez qu'ils ne disent pas une parole gratis ; vous lui auriez offert cent sous.

— En effet, » pensa le voyageur, qui tenait extraordinairement à satisfaire sa curiosité. Il prit un louis dans sa bourse et courut après Saint-Julien.

Celui-ci attendait sous le péristyle que l'hôte vînt le chercher pour l'introduire chez la princesse. Le voyageur pâle l'accosta de nouveau, mais plus hardiment que la première fois, et, cherchant sa main, il y glissa la pièce de vingt francs.

Saint-Julien, qui ne comprenait rien à ce geste, prit l'argent, et le regarda en tenant sa main ouverte dans l'attitude d'un homme stupéfait.

« Maintenant, mon ami, répondez-moi, dit le voyageur pâle. Combien de temps madame la princesse Cavalcanti a-t-elle passé à Paris ?

— Comment ! encore ? s'écria Julien furieux en jetant la pièce d'or par terre. Décidément ces gens sont fous avec leur princesse Cavalcanti. »

Il s'enfuit dans la cour, et dans sa colère il faillit s'enfuir de la maison, pensant que tout le monde était d'accord pour le persifler. En ce moment, l'aubergiste lui prit le bras en lui disant d'un air empressé : « Venez, venez, Monsieur, tout est arrangé ; l'abbé a été grondé ; la princesse vous attend. »

II.

Au moment d'entrer dans l'appartement de la princesse, Saint-Julien retrouva cette assurance à laquelle nous atteignons quand les circonstances forcent notre timidité dans ses derniers retranchements. Il serra la boucle de sa ceinture, prit d'une main sa barrette, passa l'autre dans ses cheveux, et entra tout résolu de s'asseoir en blouse de coutil à la table de madame de Cavalcanti, fût-elle princesse ou comédienne.

Elle était debout et marchait dans sa chambre, tout en causant avec ses compagnons de voyage. Lorsqu'elle vit Saint-Julien, elle fit deux pas vers lui, et lui dit : — « Allons donc, Monsieur, vous vous êtes fait bien prier ! Est-ce que vous craignez de compromettre votre généalogie en vous asseyant à notre table ? Il n'y a pas de noblesse qui n'ait eu son commencement, Monsieur, et la vôtre elle-même...

— La mienne, Madame ! répondit Saint-Julien en l'interrompant sans façon, date de l'an mil cent sept. »

La princesse, qui ne se doutait guère des méfiances de Saint-Julien, partit d'un grand éclat de rire. L'espiègle Ginetta, qui était en train d'emporter quelques chiffons de sa maîtresse, ne put s'empêcher d'en faire autant ; l'abbé, voyant rire la princesse, se mit à rire sans savoir de quoi il était question. Le seul personnage qui ne parût pas prendre part à cette gaieté fut un grand officier en habit de fantaisie chocolat, sanglé d'or sur la poitrine, emmoustaché jusqu'aux tempes, cambré comme une danseuse, éperonné comme un coq de combat. Il roulait des yeux de faucon en voyant l'aplomb de Saint-Julien et la bonne humeur de la princesse ; mais Saint-Julien se fiait si peu à tout ce qu'il voyait, qu'il s'imagina les voir échanger des regards d'intelligence.

« Allons, mettons-nous à table, dit la princesse en voyant fumer le potage. Quand la première faim sera apaisée, nous prierons monsieur de nous raconter les faits et gestes de ses ancêtres. En vérité, il est bien fâcheux, pour nous autres souverains légitimes, que tous les Français ne soient pas dans les idées de celui-ci. Il nous viendrait de par delà les Alpes moins d'*influenza* contre la santé de nos aristocraties. »

Saint-Julien se mit à manger avec assurance et à regarder avec une apparente liberté d'esprit les personnes qui l'entouraient. « Si je suis assis, en effet, à la table d'une Altesse Sérénissime, se dit-il, l'honneur est moins grand que je ne l'imaginais ; car voici des gens qu'elle a traités comme des laquais toute la journée, et qui sont tout aussi bien assis que moi devant son souper. »

La princesse avait coutume, en effet, de faire manger à sa table, lorsqu'elle était en voyage seulement, ses principaux serviteurs : l'abbé, qui était son secrétaire ; la lectrice, duègne silencieuse qui découpait le gibier ; l'intendant de la maison, et même la Ginetta, sa favorite ; deux autres domestiques d'un rang inférieur servaient le repas, deux autres encore aidaient l'aubergiste à monter le souper. « C'est au moins la maîtresse d'un prince, pensa Saint-Julien, elle est assez belle pour cela. » Et il la regarda encore, quoiqu'il fût bien désenchanté par cette supposition.

Elle était admirablement belle à la clarté des bougies ; le ton de sa peau, un peu bilieux dans le jour, devenait le soir d'une blancheur mate qui était admirable. A mesure que le souper avançait, ses yeux prenaient un éclat éblouissant ; sa parole était plus brève, plus incisive, sa conversation étincelait d'esprit ; mais, à l'exception de la Ginetta, qui, en qualité d'enfant gâté, mettait son mot partout, et singeait assez bien les airs et le ton de sa maîtresse, tous les autres convives la secondaient fort mal. La lectrice et l'abbé approuvaient de l'œil et du sourire toutes ses opinions, et n'osaient ouvrir la bouche. Le premier écuyer d'honneur paraissait joindre à une très-maussade disposition accidentelle une nullité d'esprit passée à l'état chronique. La princesse semblait être en humeur de causer ; mais elle faisait de vains efforts pour tirer quelque chose de ce mannequin brodé sur toutes les coutures. Saint-Julien se sentait bien la force de parler avec elle, mais il n'osait pas se livrer. Enfin il prit son parti, et, affrontant ce regard curieusement glacial que chacun laisse tomber en pareille circonstance sur celui qui n'a pas encore parlé, il débuta par une franche et hardie contradiction à un aphorisme moqueur de madame Cavalcanti. Sans s'apercevoir qu'il inquiétait l'écuyer d'honneur, qui n'entendait pas bien le français, il s'exprima dans cette langue. La princesse, qui la possédait parfaitement, lui répondit de même, et, pendant un quart d'heure, toute la table écouta leur dialogue dans un religieux silence.

A vingt ans, on passe rapidement du mépris à l'enthousiasme. On est si porté à augurer favorablement des hommes, qu'on fait immense, exagérée, la réparation qu'on leur accorde à la moindre apparence de sagesse. Saint-Julien, frappé du grand sens que la princesse déploya dans la discussion, était bien près de tomber dans cet excès, quoiqu'il y eût des instants encore où l'idée d'une scène habilement jouée pour le railler venait faire danser des fantômes devant ses yeux éblouis. Il était tenté de prendre toute cette cour italienne pour une troupe de comédiens ambulants. « La prima donna, se disait-il, joue le rôle de cette princesse au nom précieux ; l'aide de camp n'est qu'un ténor sans voix et sans âme ; cet intendant sourd et muet est peut-être habitué au rôle de la statue du Commandeur ; la Ginetta est une vraie Zerlina ; et quant à cet abbé stupide, c'est sans doute quelque banquier juif que la prima donna traîne à sa suite et qui défraie toute la troupe. »

Après le dîner, la princesse, s'adressant à son premier écuyer, lui dit en italien : « Lucioli, allez de ma part rendre visite à mon ami le maréchal de camp ***, qui réside dans cette ville. Informez-vous de son adresse, dites-lui que l'empressement et la fatigue du voyage m'ont empêchée de l'inviter à souper, mais que je vous ai chargé de lui exprimer ses sentiments. Allez. »

Lucioli, assez mécontent d'une mission qui pouvait bien n'être qu'un prétexte pour l'éloigner, n'osa résister et sortit.

Dès qu'il fut dehors, l'abbé vint demander à Son Altesse si elle n'avait rien à lui commander, et, sur sa réponse négative, il se retira.

Saint-Julien, ne sachant quelle contenance faire, allait se retirer aussi ; mais elle le rappela en lui disant qu'elle avait pris plaisir à sa conversation, et qu'elle désirait causer encore avec lui.

Saint-Julien trembla de la tête aux pieds. Un sentiment de répugnance qui allait jusqu'à l'horreur était le seul qui pût s'allier à l'idée d'une femme d'un rang auguste livrée à la galanterie. Il trouvait une telle femme d'autant plus haïssable qu'elle était plus à craindre, entourée de moyens de séduction, l'âme remplie de traîtrise et d'habileté. Il regarda fixement la princesse italienne, et se tint debout auprès de la porte, dans une attitude hautaine et froide.

Le princesse Cavalcanti ne parut pas y faire attention ; elle fit un signe à Ginetta et remit un volume à la lectrice. Aussitôt la soubrette reparut avec une toilette portative en laque japonaise qu'elle dressa sur une table. Elle tira d'un sac de velours brodé un énorme peigne d'écaille blonde incrusté d'or ; et, détachant la résille de soie qui retenait les cheveux de sa maîtresse, elle se mit à la peigner, mais lentement, et d'une façon insolente et coquette, qui semblait n'avoir pas d'autre but que d'étaler aux yeux de Saint-Julien le luxe de cette magnifique chevelure.

Au fait, il n'en existait peut-être pas de plus belle en Europe. Elle était d'un noir de corbeau, lisse, égale, si luisante sur les tempes qu'on en eût pris le double bandeau pour un satin brillant ; si longue et si épaisse qu'elle tombait jusqu'à terre et couvrait toute la taille comme un manteau. Saint-Julien n'avait rien vu de semblable, si ce n'est dans ses élucubrations fantastiques. Le peigne doré de la Ginetta se jouait en éclairs dans ce fleuve d'ébène, tantôt faisant voltiger les légères tresses sur les épaules de la princesse, tantôt posant sur sa poitrine de grandes masses semblables à des écharpes de jais ; et puis, rassemblant tout ce trésor sous son peigne immense, elle le faisait ruisseler aux lumières comme un flot d'encre.

Avec sa tunique de damas jaune, brodée tout autour de laine rouge, sa jupe et son pantalon de mousseline blanche, sa ceinture en torsade de soie, liée autour des reins et tombant jusqu'aux genoux ; avec ses babouches brodées, ses larges manches ouvertes et sa chevelure flottante, la riche Quintilia ressemblait à une princesse grecque. Ianthé, Haïdé, n'eussent pas été des noms trop poétiques pour cette beauté orientale du type le plus pur.

Pendant cette toilette inutile et voluptueuse, la duegne lisait, et la princesse semblait ne pas écouter, occupée qu'elle était d'ôter et de remettre ses bagues, de nettoyer ses ongles avec une crème parfumée et de les essuyer avec une batiste garnie de dentelles.

Saint-Julien ne pouvait pas la regarder sans une admiration qu'il combattait en vain. Pour conjurer l'enchanteresse, il eût voulu écouter la lecture. C'était un livre allemand qu'il n'entendait pas.

« Fanciullo, lui dit la princesse sans lever les yeux sur lui, comprends-tu cela ?

— Pas un mot, Madame.

— Mistress White, dit-elle en anglais à la lectrice, lisez le texte latin qui est en regard. Je présume, ajouta-t-elle en regardant Saint-Julien, que vous avez fait vos études, monsieur le gentilhomme ? »

Louis ne répondit que par un signe de tête ; la lectrice lut le texte en latin.

C'était un ouvrage de métaphysique allemande, la plus propre à donner des vertiges.

La princesse interrompait de temps en temps la lecture, et, tout en continuant ses féminines recherches de toilette, contredisait et redressait la logique du livre avec une supériorité si mâle, avec une intelligence si pénétrante ; elle jetait un coup d'œil si net, si hardi sur les subtilités de cette mystérieuse analyse, que Julien ne savait plus à quelle opinion s'arrêter. Pressé par elle de donner son avis sur les rêveries de l'ascétique Allemand, il déploya tout son petit savoir ; mais il vit bientôt que c'était peu de chose en comparaison de celui de madame Cavalcanti. Elle le critiqua doucement, le battit avec bienveillance, et finit par l'écouter avec plus d'attention, lorsque, abandonnant la controverse ergoteuse, il se fia davantage aux lumières naturelles de sa raison et aux inspirations de sa conscience. Quintilia, le voyant dans une bonne voie, l'écoutait parler. Insensiblement il se livra à ce bien-être intellectuel qu'on éprouve à se rendre un compte lumineux de ses propres idées.

Il quitta peu à peu la place éloignée et l'attitude contrainte où la honte l'avait retenu. Il était embarqué dans la plus belle de ses argumentations lorsqu'il s'aperçut qu'il était appuyé sur la toilette de madame Cavalcanti, vis-à-vis d'elle, et sous le feu immédiat de ses grands yeux noirs. Elle avait jeté ses brosses à ongles et repoussé le peigne de Ginetta ; tout enveloppée de ses longs cheveux, elle avait croisé sa jambe droite sur son genou gauche, et ses mains autour de son genou droit. Dans cette attitude d'une grâce tout orientale, elle le regardait avec un sourire de douceur angélique, mêlé à une certaine contraction de sourcil qui exprimait un sérieux intérêt.

Saint-Julien, tout épouvanté du danger qu'il courait, s'arrêta d'un air effaré au milieu d'une phrase ; mais il voulut en vain donner une expression farouche à son regard, malgré lui il en laissa jaillir une flamme amoureuse et chaste qui fit sourire la princesse.

« C'est assez, dit-elle à sa lectrice ; mistress White, vous pouvez vous retirer. »

Louis n'y comprit rien, la tête lui tournait. Il voyait approcher le moment décisif avec terreur ; il pensait au rôle ridicule qu'il allait jouer en repoussant les avances de la plus belle personne du monde. Pourtant il se jurait à lui-même de ne jamais servir aux méprisants plaisirs d'une femme, fût-il devenu lui-même le plus roué des hommes.

Tout à coup la princesse lui dit avec aisance :

« Bonsoir, mon cher enfant; je suppose que vous avez besoin de repos, et je sens le sommeil me gagner aussi. Ce n'est pas que votre conversation soit faite pour endormir; elle m'a été infiniment agréable, et je désirerais prolonger le plaisir de cette rencontre. Si vos projets de voyages s'accordaient avec les siens, je vous offrirais une place dans ma voiture... Voyons, où allez-vous?

— Je l'ignore, Madame; je suis un aventurier sans fortune et sans asile; mais, quelque misérable que je sois, je ne consentirai jamais à être à charge à personne.

— Je le crois, la princesse avec une bonté grave; mais entre des personnes qui s'estiment, il peut y avoir un échange de services profitable et honorable à toutes deux. Vous avez des talents, j'ai besoin des talents d'autrui; nous pouvons être utiles l'un à l'autre. Venez me voir demain matin; peut-être pourrons-nous ne pas nous séparer si tôt, après nous être entendus si vite et si bien. »

En achevant ces mots, elle lui tendit la main et la lui serra avec l'honnête familiarité d'un jeune homme. Saint-Julien, en descendant l'escalier, entendit les verrous de l'appartement se tirer derrière lui.

« Allons, dit-il, j'étais un fou et un niais; madame Cavalcanti est la plus belle, la plus noble, la meilleure des femmes. »

III.

Julien eut bien de la peine à s'endormir. Toute cette journée se présentait à sa mémoire comme un chapitre de roman; et lorsqu'il s'éveilla le lendemain, il eut peine à croire que ce ne fût pas un rêve. Empressé d'aller trouver la princesse, qui devait partir de bonne heure, il s'habilla à la hâte et se rendit chez elle le cœur joyeux, l'esprit tout allégé des doutes injustes de la veille. Il trouva madame Cavalcanti déjà prête à partir. Ginetta lui préparait son chocolat tandis qu'elle parcourait une brochure sur l'économie politique.

« Mon enfant, dit-elle à Julien, j'ai pensé à vous; je sais à quelle force vous avez mis dans vos études, ce n'est ni trop ni trop peu. Avez-vous étudié en particulier quelque chose dont nous n'ayons pas parlé hier?

— Non pas, que je sache. Votre Altesse m'a prouvé qu'elle en savait beaucoup plus que moi sur toutes choses; c'est pourquoi je ne vois pas comment je pourrais lui être utile.

— Vous êtes précisément l'homme que je cherchais; je veux réduire le nombre des personnes qui me sont attachées et en épurer le choix; je veux réunir en une seule les fonctions de ma lectrice et celles de mon secrétaire. Je marie l'une avantageusement à un homme dont j'ai besoin de me divertir; l'autre est un sot dont je ferai un excellent chanoine avec mille écus de rente. Tous deux seront contents, et vous les remplacerez auprès de moi. Vous cumulerez les appointements dont ils jouissaient, mille écus d'une part et quatre mille francs de l'autre; de plus l'entretien complet, le logement, la table, etc. »

Cette offre, éblouissante pour un homme sans ressource comme l'était alors Saint-Julien, l'effraya plus qu'elle ne le séduisit.

« Excusez ma franchise, dit-il après un moment d'hésitation; mais j'ai de l'orgueil: je suis le seul rejeton d'une noble famille; je ne rougis point de travailler pour vivre, mais je craindrais de porter une livrée en acceptant les bienfaits d'un prince.

— Il n'est question ni de livrée ni de bienfaits, dit la princesse; les fonctions dont je vous charge vous placent dans mon intimité.

— C'est un grand bonheur sans doute, reprit Julien embarrassé; mais, ajouta-t-il en baissant la voix, mademoiselle Ginetta est admise aussi à l'intimité de Votre Altesse.

— J'entends, reprit-elle; vous craigniez d'être mon laquais. Rassurez-vous, Monsieur, j'estime les âmes fières et ne les blesse jamais. Si vous m'avez vue traiter en esclave le pauvre abbé Scipione, c'est qu'il a été au-devant d'un rôle que je ne lui avais pas destiné. Essayez de ma proposition; si vous ne vous fiez pas à ma délicatesse, le jour où je cesserai de vous traiter honorablement, ne serez-vous pas libre de me quitter?

— Je n'ai pas d'autre réponse à vous faire, Madame, répondit Saint-Julien entraîné, que de mettre à vos pieds mon dévouement et ma reconnaissance.

— Je les accepte avec amitié, reprit Quintilia en ouvrant un grand livre à fermoir d'or; veuillez écrire vous-même sur cette feuille nos conventions, avec votre nom, votre âge, votre pays. Je signerai. »

Quand la princesse eut signé ce feuillet et un double que Julien mit dans son portefeuille, elle fit appeler tous ses gens, depuis l'aide de camp jusqu'au jockey, et, tout en prenant son chocolat, elle leur dit avec lenteur et d'un ton absolu;

— M. l'abbé Scipione et mistress White cessent de faire partie de ma maison. C'est M. le comte de Saint-Julien qui les remplace. White et Scipione ne cessent pas d'être mes amis, et savent qu'il ne s'agit pas pour eux de disgrâce, mais de récompense. Voici M. de Saint-Julien. Qu'il soit traité avec respect, et qu'on ne l'appelle jamais autrement que M. le comte. Que tous mes serviteurs me restent attachés et soumis; ils savent que je ne leur manquerai pas dans leurs vieux jours. Ne tirez pas vos mouchoirs et ne faites pas semblant de pleurer de tendresse. Je sais que vous m'aimez; il est inutile d'en exagérer le témoignage. Je vous salue. Allez-vous-en. »

Elle tira sa montre de sa ceinture et ajouta :

« Je veux être partie dans une demi-heure. »

L'auditoire s'inclina et disparut dans un profond silence. Les ordres de la princesse n'avaient pas rencontré la moindre apparence de blâme ou même d'étonnement sur ces figures prosternées. L'exercice ferme d'une autorité absolue a un caractère de grandeur dont il est difficile de ne pas être séduit, même lorsqu'il se renferme dans d'étroites limites. Saint-Julien s'étonna de sentir le respect s'installer pour ainsi dire dans son âme sans répugnance et sans effort.

Il retourna dans sa chambre pour prendre quelques effets, et il redescendait l'escalier avec son petit sac de voyage sous le bras, lorsque le grand voyageur pâle qui lui avait montré la veille une si étrange curiosité accourut vers lui et le salua en lui adressant mille excuses obséquieuses sur son impertinente méprise. Saint-Julien eût bien voulu l'éviter, mais ce fut impossible. Il fut forcé d'échanger quelques phrases de politesse avec lui, espérant en être quitte de la sorte. Il se flattait d'un vain espoir; le voyageur pâle, saisissant son bras, lui dit du ton pathétique et solennel d'un homme qui vous inviterait à son enterrement, qu'il avait quelque chose d'important à lui dire, un service immense à lui demander. Saint-Julien, qui, malgré ses défiances continuelles, était bon et obligeant, se résigna à écouter les confidences du voyageur pâle.

« Monsieur, lui dit celui-ci, prenez-moi pour un fou, j'y consens; mais, au nom du ciel! ne me prenez pas pour un insolent, et répondez à la question que je vous ai adressée hier soir : Qu'est-ce que la princesse Quintilia Cavalcanti?

— Je vous jure, Monsieur, que je ne le sais guère plus que vous, répondit Saint-Julien; et pour vous le prouver, je vais vous dire de quelle manière j'ai fait connaissance avec elle. »

Quand il eut terminé son récit, que le voyageur écouta d'un air attentif, celui-ci s'écria :

« Ceci est romanesque et bizarre, et me confirme dans l'opinion où je suis que cette étrange personne est ma belle inconnue du bal de l'Opéra.

— Qu'est-ce que vous voulez dire? demanda Saint-Julien en ouvrant de grands yeux.

— Puisque vous avez eu la bonté de me conter votre aventure, répliqua le voyageur, je vais vous dire la mienne. J'étais, il y a six semaines, au bal de l'Opéra à Paris ; je fus agacé par un domino si plein d'extravagance, de gentillesse et de grâce, que j'en fus *absolument* enivré. Je l'entraînai dans une loge, et *elle* me montra son visage : c'était le plus beau, le plus expressif que j'aie vu de ma vie. Je la suivis tout le temps du bal, bien qu'après m'avoir fait mille coquetteries elle semblât faire tous ses efforts pour m'échapper. Elle réussit un instant à s'éclipser ; mais guidé par cette seconde vue que l'amour nous donne, je la rejoignais sous le péristyle, au moment où elle montait dans une voiture élégante qui n'avait ni chiffre ni livrée. Je la suppliai de m'écouter ; alors elle me dit qu'elle occupait un rang élevé dans le monde, qu'elle avait des convenances à garder, et qu'elle mettait des conditions à mon bonheur. Je jurai de les accepter toutes. Elle me dit que la première serait de me laisser bander les yeux. J'y consentis ; et, dès que nous fûmes assis dans la voiture, elle m'attacha son mouchoir sur les yeux en riant comme une folle. Lorsque la voiture s'arrêta, elle me prit le bras d'une main ferme, me fit descendre, et me conduisit si lestement que j'eus de la peine à ne pas tomber plusieurs fois en chemin. Enfin elle me poussa rudement, et je tombai avec effroi sur un excellent sofa. En même temps elle fit sauter le bandeau, et je me trouvai dans un riche cabinet où tout annonçait le goût des arts et l'élévation des idées. Elle me laissa examiner tout avec curiosité : c'était, comme je m'en aperçus en regardant ses livres, une personne savante, lisant le grec, le latin et le français. Elle était Italienne, et semblait avoir vécu parmi ce qu'il y a de plus élevé dans la société, tant elle avait de noblesse dans les manières et d'élégance dans la conversation. Je vous avouerai que je faillis d'abord en devenir fou d'orgueil et de joie, et qu'ensuite je fus ébloui et effrayé de la distance qui existait sous tous les rapports entre une telle femme et moi. Autant j'avais été confiant et fat durant le bal, autant je devins humble et craintif quand je fus bien convaincu que je n'avais point affaire à une intrigante, mais à une personne d'un rang et d'un esprit supérieurs. Ma timidité lui plut sans doute ; car elle redevint folâtre et même provocante. »

Saint-Julien rougit, et le voyageur s'en apercevant, lui dit d'un air plus grave et un visage plus pâle que de coutume :

« Vous me trouvez peut-être fat, Monsieur, et pourtant ce que je vous disais en confidence est de la plus exacte vérité. Je n'ai l'air ni fanfaron, ni mauvais plaisant, n'est-il pas vrai ?

— Non, certainement, répliqua Julien. Je vous écoute, veuillez continuer.

— C'était une étrange créature, grave, diserte, railleuse, haute et digne, insolente, et, vous dirai-je tout ? un peu effrontée. Après m'avoir imposé silence avec autorité pour un mot hasardé, elle me disait les choses les plus comiques et les moins chastes du monde.

— En vérité ? dit Julien saisi de dégoût.

— Il n'est que trop vrai, poursuivit le voyageur. Eh bien, malgré ces bizarreries, et peut-être à cause de ces bizarreries, j'en devins éperdument amoureux, non de cet amour idéal et pur dont votre âge est capable, mais d'un amour inquiet, dévorant comme un désir. Enfin, Monsieur, je fus, ce soir-là, le plus heureux des hommes, et je sollicitai avec ardeur la faveur de la voir le lendemain ; elle me le promit à la condition que je ne chercherais à savoir ni son nom, ni sa demeure. Je jurai de respecter ses volontés. Elle me banda de nouveau les yeux, me conduisit dehors, et me fit remonter en voiture. Au bout d'une demi-heure on m'en fit descendre. Au moment où j'étais sur le marchepied, une joue douce et parfumée, que je reconnus bien, effleura la mienne, et une voix, que je ne pourrai jamais oublier, me glissa ces mots dans l'oreille : *A demain*. J'arrachai le bandeau ; mais on me poussa sur le pavé, et la portière se referma précipitamment derrière moi. La voiture n'avait point de lanternes et partit comme un trait. J'étais dans une des plus sombres allées des Champs-Élysées. Je ne vis rien, et j'eus bientôt cessé d'entendre le bruit de la voiture, quelques efforts que je fisse pour la suivre. Il faisait un verglas affreux ; je tombais à chaque pas, et je pris le parti de rentrer chez moi.

— Et le lendemain ? dit Julien.

— Je n'ai jamais revu mon inconnue, si ce n'est tout à l'heure, à une des fenêtres qui donnent sur la cour de cette auberge ; et c'est la princesse Quintilia Cavalcanti.

— Vous en êtes sûr, Monsieur ? dit Julien triste et consterné.

— J'en ai une autre preuve, dit le voyageur en tirant de son sein une montre fort élégante et en l'ouvrant : regardez ce chiffre ; n'est-ce pas celui de Quintilia Cavalcanti, avec cette abréviation PRA, c'est-à-dire princi- pessa ? Maudite abréviation qui m'a tant fait chercher !

— Comment avez-vous cette montre ? dit Julien.

— Par un hasard étrange, j'en avais une absolument semblable, et je l'avais posée sur la cheminée du boudoir où je fus conduit pour mon masque. La cherchant précipitamment, je pris celle-ci qui était suspendue à côté, et ce ne fut qu'au bout de quelques jours que je m'aperçus du chiffre gravé dans l'intérieur.

— Je ne sais si je rêve, dit Saint-Julien en regardant la montre ; mais il me semble que j'en ai vu tout à l'heure une semblable dans les mains de cette femme.

— Une montre de platine russe, travaillée en Orient, dit le voyageur, avec des incrustations d'or émaillé !

— Je crois que oui, dit Julien.

— Eh bien, ouvrez-la, Monsieur, et vous y trouverez le nom de Charles de Dortan ; faites-le, au nom du ciel !

— Comment voulez-vous que j'aille demander à la princesse de voir sa montre ? et d'ailleurs qu'y gagnerez-vous ?

— Oh ! je veux lui reprocher son effronterie ; on ne se joue pas ainsi d'un homme de bonne foi qui s'est soumis à tant de précautions mystérieuses. Il faut démasquer une infâme coquette, ou bien il faut qu'elle me tienne ses promesses, et je garderai à jamais le silence sur cette aventure ; car, après tout, Monsieur, je suis encore capable d'en être amoureux comme un fou.

— Je vous en fais mon compliment, dit froidement Saint-Julien ; pour moi, je hais cette sorte de femmes, et je...

— Voici la voiture qui va partir ! s'écria le voyageur : je veux l'attendre au passage, lui crier mon nom aux oreilles, la terrasser de mon regard... Mais de grâce, Monsieur, allez d'abord lui dire que je veux lui parler, que je suis Charles de Dortan ; elle sait très-bien mon nom, elle me l'a demandé. Et d'ailleurs elle a ma montre... »

Le majordome de la princesse vint appeler Julien ; celui-ci obéit, et trouva le page, la duègne et les autres installés dans les voitures de suite et prêts à partir. La princesse parut bientôt avec la Ginetta ; elles étaient coiffées de grands voiles noirs pour se préserver de la poussière de la route. La princesse avait levé le sien ; mais quand elle vit sa voiture entourée de curieux, elle sembla éprouver un sentiment d'impatience et d'ennui, et baissa son voile sur son visage. En ce moment le voyageur pâle s'élançait pour la voir ; il s'élança trop tard et ne la vit pas.

Alors, n'osant adresser la parole à cette femme dont il ne distinguait pas les traits, il prit le bras de Saint-Julien et d'un ton d'instance :

« De grâce, dites mon nom. »

Saint-Julien céda machinalement et dit à la princesse :

« Madame, voici M. Charles de Dortan.

— Je n'ai pas l'honneur de le connaître, répondit la princesse, et je le salue. Allons, Messieurs, en voiture ; dépêchons-nous ! »

A ce ton absolu, les serviteurs de la princesse écartèrent précipitamment les curieux, et Quintilia monta en voiture sans que le voyageur pâle osât lui parler. Saint-Julien le vit serrer les poings et s'élancer avec anxiété sur un banc pour regarder dans la voiture.

Elle paraissait bien avoir trente ans.. (Page 2.)

— Qu'est-ce que c'est que cet homme-là qui nous regarde tant? dit nonchalamment la princesse en s'étendant à demi au fond de la voiture, dont Saint-Julien et la Ginetta occupaient le devant.

— Je ne sais pas, Madame, répondit la Ginetta avec candeur en relevant son voile.

— C'est M. Charles de Dortan, dit Saint-Julien indigné.

— N'est-ce pas un horloger? » dit la princesse avec tant de calme, que Saint-Julien ne put savoir si c'était une question de bonne foi ou une plaisanterie effrontée.

La princesse releva aussi son voile, se tourna vers Dortan, et lui dit d'un ton froid et impératif :

« Monsieur, reculez-vous ; on ne regarde pas ainsi une femme. »

Dortan devint pâle comme la lune et resta fasciné à sa place.

La voiture partit au galop.

« Ces Français sont insolents! dit la Ginetta au bout d'un instant.

— Pourquoi? dit la princesse, qui avait déjà oublié l'incident.

— Il faut, pensa Julien, que ce Dortan soit un imbécile ou un fou. »

Les manières tranquilles de la princesse le subjuguèrent bientôt, et il lui sembla avoir rêvé l'histoire de Dortan. Pendant ce temps le chemin se dérobait sous les pieds des chevaux, et Avignon s'effaçait dans la poussière de l'horizon.

IV.

Les journées de ce voyage passèrent comme un songe pour Julien. La princesse s'était faite homme pour lui parler. Elle avait un art infini pour tirer de chaque question tout le parti possible, pour la simplifier, l'éclaircir et la revêtir ensuite de tout l'éclat de sa pensée vaste et brillante. Toutes ses opinions révélaient une âme forte, une volonté implacable, une logique âpre et serrée. Ce caractère viril éblouissait le jeune comte. Une chose seule l'affligeait, c'était de n'y pas voir percer plus de sensibilité; un peu plus d'entraînement, un peu moins de raison, l'eussent rendu plus séduisant sans lui

Vraiment, dit l'aubergiste... (Page 3.)

ôter peut-être sa puissance. Mais Saint-Julien ne savait pas encore précisément s'il se trompait en augurant de la beauté de l'intelligence plus que de la bonté du cœur. Peut-être cette âme si vaste avait-elle encore plus d'une face à lui montrer, plus d'un trésor à lui révéler. Seulement il s'effrayait de la trouver plus disposée à la critique qu'à la sympathie lorsqu'il s'écartait de la réalité positive pour s'égarer à la suite de quelque rêverie sentimentale.

Et d'un autre côté pourtant il aimait cette froideur d'imagination qui, selon lui, devait prendre sa source dans une habitude de mœurs rigides et sages. La familiarité chaste des manières et du langage achevait d'effacer la fâcheuse impression qu'il avait reçue d'abord des manières hardies et de la brusque familiarité de la princesse. Comment accorder d'ailleurs les principes d'ordre et de noble harmonie qu'elle émettait si nettement à tout propos avec des habitudes de désordre et d'effronterie? La dépravation dans une âme si élevée eût été une monstruosité.

Peu après il lui sembla que cette femme cachait sa bonté comme une faiblesse, mais qu'un foyer de charité brûlait dans son âme. Elle n'était occupée que de théories philanthropiques, et s'indignait de voir sur sa route tant de misère sans soulagement. Elle imaginait alors des moyens pour y remédier et s'étonnait qu'on ne s'en avisât pas.

« Mais, disait-elle avec colère, ces misérables bâtards qui gouvernent le monde à titre de rois ont bien autre chose à faire que de secourir ceux qui souffrent. Occupés de leurs fades plaisirs, ils s'amusent puérilement et mesquinement jusqu'à ce que la voix des peuples fasse crouler leurs trônes trop longtemps sourds à la plainte. »

Alors elle parlait de la difficulté de maintenir l'intelligence entre les gouvernements et les peuples. Elle ne la trouvait pas insurmontable. « Mais que peuvent faire, ajoutait-elle, tous ces idiots couronnés? » Et après avoir lumineusement examiné et critiqué le système de tous les cabinets de l'Europe, dont son œil pénétrant semblait avoir surpris tous les secrets, elle élevait sur des bases philosophiques son système de gouvernement absolu.

« Les grands rois font les grands peuples, disait-elle ; tout se réduit à cet aphorisme banal ; mais il n'y a pas encore eu de grands rois sur la terre, il n'y a eu que de grands capitaines, des héros d'ambition, d'intelligence et de bravoure ; pas un seul prince à la fois hardi, loyal, éclairé, froid, persévérant. Dans toutes les biographies illustres, la nature infirme perce toujours. Ce n'est pourtant pas à dire qu'il faille abandonner l'œuvre et désespérer de l'avenir du monde. L'esprit humain n'a pas encore atteint la limite où il doit s'arrêter : tout ce qui est nettement concevable est exécutable. »

Après avoir parlé ainsi, elle tombait dans de profondes rêveries ; ses sourcils se fronçaient légèrement. Son grand œil sombre semblait s'enfoncer dans ses orbites ; l'ambition agrandissait son front brûlant. On l'eût prise pour la fille de Napoléon.

Dans ces instants-là Saint-Julien avait peur d'elle.

« Qu'est-ce que la charité ? qu'est-ce que l'amour ? se disait-il ; que sont toutes les vertus et toutes les poésies, et tous les sentiments pieux et tendres pour une âme brûlée de ces ambitions immenses ? »

Mais s'il la voyait jeter aux pauvres l'or de sa bourse et jusqu'aux pièces de son vêtement ; s'il l'entendait, d'une voix amicale et presque maternelle, interroger les malades et consoler les affligés, il était plus touché de ces marques de bonté familière qu'il ne l'eût été d'actions plus grandes faites par une autre femme.

Un jour un postillon tomba sous ses chevaux et fut grièvement blessé. La princesse s'élança la première à son secours ; et, sans crainte de souiller son vêtement dans le sang et dans la poussière, sans craindre d'être atteinte et blessée elle-même par les pieds des chevaux, au milieu desquels elle se jeta, le secourut et le pansa de ses propres mains. Elle le fit avec tant de zèle et de soin, que Saint-Julien aurait cru qu'elle y mettait de l'affectation s'il ne l'eût vue tancer sérieusement son page, qui criait pour une égratignure, repousser avec colère les mendiants qui étalaient sous ses yeux de fausses plaies, négliger, en un mot, toutes les occasions de déployer une compassion inutile et crédule.

Enfin on arriva à Monteregale, et la princesse, ayant fait ouvrir sa voiture, montra de loin à Saint-Julien les tours d'une jolie forteresse en miniature qui dominait sa capitale. La capitale blanche et mignonne parut bientôt elle-même au milieu d'une vallée délicieuse. La garnison, composée de cinq cents hommes, arriva à la rencontre de sa gracieuse souveraine. Les douze pièces de canon des forts firent le plus beau bruit qu'elles purent, et l'inévitable harangue des magistrats fut prononcée aux portes de la ville.

Quintilia parut recevoir ces honneurs avec un peu de hauteur et d'ironie. Peut-être en eût-elle mieux supporté l'ennui si l'éclat d'une plus vaste puissance les eût rehaussés au gré de son orgueil. Cependant elle se donna la peine de faire à Saint-Julien les honneurs de sa petite principauté avec beaucoup de gaieté. Elle eut l'esprit de ne point trop souffrir du ridicule de ses magistrats, de la mesquinerie de ses forces militaires et de l'exiguïté de ses domaines. Elle s'exécuta de bonne grâce pour rire, et ne perdit néanmoins aucune occasion de lui faire adroitement remarquer les effets d'une sage administration.

Au reste elle prenait trop de peine. Saint-Julien, qui n'avait jamais vu que les tourelles lézardées du manoir héréditaire et leurs rustiques alentours, était rempli d'une naïve admiration pour cet appareil de royauté domestique. La beauté du ciel, les riches couleurs du paysage, l'élégance coquette du palais, construit dans le goût oriental sur les dessins de la princesse, les grands airs des seigneurs de sa petite cour, les costumes un peu surannés, mais riches, des dignitaires de sa maison, tout prenait aux yeux du jeune campagnard un aspect de splendeur et de majesté qui lui faisait envisager sa destinée comme un rêve.

Arrivée dans son palais, Quintilia fut tellement obsédée de révérences et de compliments, qu'elle ne put songer à installer son nouveau secrétaire. Lorsque Saint-Julien voulut aller prendre du repos, les valets, mesurant leur considération à la magnificence de son costume, l'envoyèrent dans une mansarde. Il y fit peu d'attention. Délicat de complexion et peu habitué à la fatigue, il s'y endormit profondément.

Le lendemain matin, il fut éveillé par la Ginetta.

« Monsieur le comte, lui dit-elle avec l'aplomb d'une personne qui sent toute la dignité de son personnage, vous êtes mal ici. Son Altesse ne sait pas où l'on vous a logé ; mais, comme elle n'a pas eu le temps de s'occuper de vous hier, elle vous prie d'attendre ici un jour ou deux, d'y prendre vos repas, d'en sortir le moins possible, de ne point vous montrer à beaucoup de personnes, de ne parler à aucune, et d'être assuré qu'elle s'occupe de vous installer d'une manière dont vous serez content. »

Après ce discours, la Ginetta le salua et sortit d'un air majestueux. Saint-Julien se conforma religieusement aux intentions de sa souveraine. Un vieux valet de chambre lui apporta des aliments très-choisis, le servit respectueusement sans lui adresser un mot, et lui remit quelques livres. Ce fut le seul souvenir qu'il eut de la princesse durant trois jours.

Le soir de cette troisième journée, comme il commençait à s'impatienter et à s'inquiéter un peu de cet abandon, il entendit, en même temps que l'horloge qui sonnait minuit, les pas légers d'une femme, et la Ginetta reparut.

« Venez, Monsieur, lui dit-elle d'un ton respectueux, mais avec un regard assez moqueur. Son Altesse Sérénissime m'ordonne de vous conduire à votre nouveau domicile. »

Saint-Julien la suivit à travers les combles du palais. Après de nombreux détours, elle ouvrit une porte dont elle avait la clef sur elle ; mais, comme Julien allait la franchir à son tour, une figure allumée par la colère s'élança au-devant d'eux en s'écriant :

« Où allez-vous ?

— Que vous importe ? répondit hardiment la Ginetta. »

A la clarté vacillante du flambeau que portait la soubrette, Saint-Julien reconnut l'écuyer ou l'aide de camp Lucioli, qui jetait sur lui des regards furieux.

« J'ai le commandement de cette partie du château, dit-il : vous ne passerez point sans ma permission.

— En voici une qui vaut bien la vôtre, dit-elle en lui exhibant un papier.

Lucioli y jeta les yeux, le froissa dans ses mains avec exaspération et le jeta sur les marches de l'escalier en proférant un horrible jurement. Puis il disparut après avoir lancé à Julien un nouveau regard de haine et de vengeance.

Cette rapide scène réveilla tous les doutes du jeune homme.

« Ou je n'ai aucune espèce de jugement, se dit-il, ou cette conduite est celle d'un amant disgracié qui voit en moi son successeur. »

Cette idée le troubla tellement, qu'il arriva tout tremblant au bas de l'escalier. Lorsque Ginetta se retourna pour lui remettre la clef de l'appartement, il était pâle, et ses genoux se dérobaient sous lui.

« Eh bien ! lui dit la soubrette à l'œil brillant, vous avez peur ?

— Non pas de Lucioli, Mademoiselle, répondit froidement Saint-Julien.

— Et de quoi donc alors ? dit-elle avec ingénuité. Tenez, Monsieur, vous êtes chez vous. La princesse vous fera avertir quand elle pourra vous recevoir. Un serviteur particulier répondra à votre sonnette. Bonne nuit, monsieur le comte. »

Elle lui lança un regard équivoque, où Saint-Julien ne put distinguer la malice ingénue d'un enfant de la raillerie agaçante d'une coquette. Il entra chez lui tout confus de ses vaines agitations, et craignant de jouer vis-à-vis de lui-même le rôle d'un fat.

L'appartement était décoré avec un goût exquis. Les draperies en étaient si fraîches, que Saint-Julien ne put s'empêcher de penser, malgré ses scrupules, que ce logement avait été préparé pour lui tout exprès. La simplicité austère des ornements, la sobriété des choses de luxe, le choix des objets d'art, semblaient avoir une destination expresse pour ses goûts et son caractère. Les gravures représentaient les poëtes que Julien aimait, ses livres favoris garnissaient les armoires de glace. Il y avait même une grande Bible entr'ouverte à un psaume qu'il avait souvent cité avec admiration durant le voyage.

« Il est impossible que ces choses soient l'effet du hasard, dit-il; mais que suis-je pour qu'elle s'occupe ainsi de moi, pour qu'elle m'honore d'une amitié si délicate? Quintilia! dût le monde me couvrir de sa sanglante moquerie, je m'estimerais bien malheureux s'il me fallait échanger le trésor de cette sainte affection contre une nuit de ton plaisir!... Et pourtant quel orgueil serait donc le mien si j'aspirais à être le seul amant d'une femme comme elle? Suis-je fou? suis-je sot? »

Le lendemain matin, il se hasarda à tirer la tresse de soie de sa sonnette, moins par le besoin qu'il avait d'un domestique que par un sentiment de curiosité inquiète et vague appliqué à toutes les choses qui l'entouraient. Deux minutes après, il vit entrer le page de la princesse. C'était un enfant de seize ans, si fluet et si petit qu'il paraissait en avoir douze. Sa physionomie fine et mobile, son air enjoué, hardi et pétulant, son costume théâtral, sa chevelure blonde et frisée, réalisaient le plus beau type de page espiègle et d'enfant gâté qui ait jamais porté l'éventail d'une reine.

« Eh quoi! c'est toi, Galeotto? dit le jeune comte avec surprise.

« Oui, c'est moi, répondit le page avec fierté : la princesse me met à vos ordres; mais écoutez. Vous ne devez jamais oublier que je me nomme Galeotto *degli Stratigopoli*, descendant de princes esclavons, et que je suis votre égal en toutes choses. Si la pauvreté a fait de moi un aventurier, elle n'en pourra jamais faire un valet. Sachez donc que je suis ici ami et compagnon. J'obéis à la princesse; je la servirai à genoux, parce qu'elle est femme et belle; mais vous, je ne consentirai jamais qu'à vous obliger... Est-ce convenu?

— Je n'ai pas besoin d'un serviteur, répondit Saint-Julien, et j'ai besoin d'un ami. Vous voyez que le hasard me sert bien, n'est-il pas vrai? »

Galeotto lui tendit la main, et un sourire amical entr'ouvrit sa bouche vermeille.

« Son Altesse, reprit-il, m'avait bien dit que nous nous entendrions et que nous serions frères. Elle désire que nous n'ayons point de rapports avec les laquais. Jeunes comme nous voici, pauvres comme nous l'étions hier, nous n'avons pas besoin de valets de chambre; mais nous avons besoin mutuellement de conseil et de société. C'est pourquoi nos gentilles cellules sont voisines l'une de l'autre, une sonnette communique de vous à moi; mais prenez-y bien garde, la même communication existe de moi à vous, et pour commencer vous allez voir. »

Le page sortit, et peu après une sonnette cachée dans les draperies du lit de Saint-Julien fut ébranlée avec autorité. Le jeune comte comprit, et se hâta de sortir de sa chambre. Au bout de quelques pas il vit Galeotto sur le seuil de la sienne.

« Mon jeune maître, dit Saint-Julien, me voici, j'ai entendu votre appel.

— C'est bien, dit le page; maintenant retournons chez vous, je vais vous aider à vous habiller. Cela est d'une haute importance, ajouta-t-il, voyant que Julien faisait quelque cérémonie; j'accomplis ma mission, laissez-moi faire. »

Alors Galeotto tira de sa poche une clef de vermeil dont il se servit pour ouvrir les tiroirs d'un grand coffre de cèdre qui servait de commode dans la chambre de Saint-Julien. Il y prit des vêtements d'une forme étrange, devant lesquels le jeune Français se récria, saisi de répugnance :

« Vous êtes un niais, mon bon ami, lui dit le page; vous craignez d'être ridicule en vous affublant d'un costume de comédie. Il ne fallait pas vous mettre sous la domination d'une femme. Vous oubliez donc que nous jouons ici les premiers rôles après le singe et le perroquet? J'ai fait comme vous la première fois qu'on m'ôta ma petite soutane râpée (car je m'étais enfui du séminaire par-dessus les murs), pour me mettre ce justaucorps de soie, ces bas brodés et ces plumes, qui me donnent l'air d'un kakatoès. Je pleurai, je criai (j'avais douze ans alors); je voulus déchirer mes manchettes et jeter mon bonnet sur les toits; mais la Ginetta, qui est une fille d'esprit, me fit la leçon, et je vous assure que je me trouve aujourd'hui fort à mon avantage. Voyez, ajouta le malin page en se promenant devant une glace où il se répétait de la tête aux pieds; cette petite jambe fine et ce pied de femme ne seraient-ils pas perdus sous un pantalon de soldat et sous une botte hongroise? Croyez-vous que ma taille fût aussi souple et mes mouvements aussi gracieux sous les traits d'un dolman ou sous le drap de votre frac grossier? Quant à mes dentelles, elles ne sont pas beaucoup plus blanches que mes mains, c'est en dire assez; et mes cheveux, que vous trouvez peut-être un peu efféminés, Monsieur, c'est la Ginetta qui les frise et les parfume. Allez, mon cher, fiez-vous aux femmes pour savoir ce qui nous sied; là où elles règnent, nous ne sommes pas trop malheureux.

— Galeotto, dit Saint-Julien en cédant d'un air tout rêveur à ses instigations, je vous avoue que, s'il en est ainsi, cette cour n'est pas trop de mon goût. Vous êtes spirituel, brillant; cette vie doit vous plaire. D'ailleurs, vous n'avez pas encore atteint l'âge où la nécessité d'un rôle plus sérieux se fait sentir. Vous avez bien déjà la fierté d'un homme; mais vous avez encore l'heureuse légèreté d'un enfant. Pour moi, je suis déjà vieux; car j'ai l'humeur mélancolique, le caractère nonchalant. Une vie de fêtes ne me convient guère; je ne sais pas plaire aux femmes; j'aimerais mieux vivre à la manière d'un homme.

— Admirable princesse! s'écria Galeotto en lui boutonnant son pourpoint de velours noir.

— Je ne voudrais pas plus que vous porter un mousquet sur un bastion et fumer dans un corps de garde, continua Julien; je ne me sens pas fait pour cette vie rude, ennemie du développement de l'intelligence.

— Sublime bon sens de Son Altesse! reprit le page en lui attachant au-dessus du genou une jarretière d'argent ciselé.

— Mais je voudrais, continua Saint-Julien, pouvoir accomplir ici quelque travail utile, et avoir le droit de consacrer à l'étude mes heures de loisir.

— Vive son Altesse Sérénissime! s'écria le page.

— Qu'avez-vous donc à plaisanter ainsi? dit Julien. Vous ne m'écoutez pas.

— Parfaitement, au contraire, répondit l'enfant; et si je me récrie en vous écoutant, c'est de voir que Son Altesse vous connaisse déjà si bien. Tout ce que vous me dites là, elle me l'a dit hier soir; et vous pensez bien qu'après vous avoir si nettement jugé, elle a trop d'esprit pour vous détourner de votre vocation. Tout ce que vous désirez, elle vous l'a préparé; elle est entrée dans le fond de votre cerveau par la prunelle de vos yeux, elle a saisi votre âme dans le son de votre voix. Attendez quelques jours, et si vous n'êtes pas content de votre sort, il faudra vous aller pendre, car c'est que vous aurez le spleen. En attendant, regardez-vous, et dites-moi si le choix de ce vêtement ne révèle pas chez notre souveraine le sentiment de l'art et de l'intelligence du cœur.

— Je vois que vous êtes très-ironique, dit Julien en se regardant sans se voir; moi, ce n'est pas mon humeur.

— Seriez-vous susceptible?

— Peut-être un peu, je l'avoue à ma honte.

— Vous auriez tort; mais, sur mon honneur! je ne raille pas. Regardez-vous; je sors pour ne pas vous intimider. »

Le nonchalant Julien resta debout devant sa glace sans penser à suivre le conseil du page. Peu à peu, il s'examina avec répugnance d'abord, puis avec étonnement, et enfin avec un certain plaisir. Ce pourpoint noir, cette large fraise blanche, ces longs cheveux lisses et tombant sur les tempes, allaient si parfaitement à la figure pâle, à la démarche timide, à l'air doux et un peu méfiant du jeune philosophe, qu'on ne pouvait plus le concevoir autrement après l'avoir vu vêtu ainsi. Saint-Julien ne s'était jamais aperçu de sa beauté. Aucun des rustiques amis qui avaient entouré son enfance ne s'en était avisé ; on l'avait, au contraire habitué à regarder la délicatesse de sa personne comme une disgrâce de la nature ou comme une organisation assez méprisable. Pour la première fois, en se voyant semblable à un type qu'il avait souvent admiré dans les copies gravées des anciens tableaux, il s'étonna de ne point trouver sa ténuité ridicule et sa gaucherie disgracieuse. Une satisfaction ingénue se répandit sur sa figure et l'absorba tellement, qu'il resta près d'un quart d'heure en extase devant lui-même, s'oubliant complètement, et prenant la glace où il se regardait, dans son immobilité contemplative, pour un beau tableau suspendu devant lui.

Deux figures épanouies qui se montrèrent au second plan détruisirent son illusion. Il s'éveilla comme d'un songe, et vit derrière lui le page et la Ginetta, qui l'applaudissaient en riant de toute leur âme. Un peu confus d'être surpris ainsi, le jeune comte s'adossa à la boiserie de sa chambre, et, se croisant les bras, attendit que leur gaieté se fût exhalée ; mais son regard triste et un peu méprisant ne put en réprimer l'élan. Le page sauta sur le lit en se tenant les flancs, et la Ginetta se laissa tomber sur un carreau avec la grâce d'une chatte qui joue.

Mais, se levant tout à coup et croisant ses bras sur sa poitrine, elle s'adossa à la boiserie, précisément en face de Julien, et dans la même attitude que lui. Puis elle le regarda du haut en bas avec une attention sérieuse.

Se tournant ensuite vers le page, elle lui dit d'un ton grave : « Seulement la jambe un peu grêle et les genoux un peu rapprochés ; mais ce n'est pas disgracieux, tant s'en faut. »

Saint-Julien, très-piqué de leurs manières, se sentait rougir de honte et de colère lorsqu'on entendit sonner onze heures. Le page et la soubrette, tressaillant comme des lévriers au son du cor, le saisirent chacun par un bras en s'écriant : « Vite, vite, à notre poste ! » et avant qu'il eût eu le temps de se reconnaître, il se trouva dans la chambre de la princesse.

V.

Quintilia était étendue sur de riches tapis et fumait du latakié dans une longue chibouque couverte de pierreries. Elle portait toujours ce costume grec qu'elle semblait affectionner, mais dont l'éclat, cette fois, était éblouissant. Les étoffes de soie des Indes à fond blanc semé de fleurs étaient bordées d'ornements en pierres précieuses ; les diamants étincelaient sur ses épaules et sur ses bras. Sa calotte de velours bleu de ciel, posée sur ses longs cheveux flottants, était brodée de perles fines avec une rare perfection. Un riche poignard brillait dans sa ceinture de cachemire. Un jeune axis apprivoisé dormait à ses pieds, le nez allongé sur une de ses pattes fluettes. Appuyée sur le coude, et s'entourant des nuages odorants du latakié, la princesse, fermant les yeux à demi, semblait plongée dans une de ces molles extases dont les peuples du Levant savent si bien savourer la paisible béatitude. La Ginetta se mit à lui préparer du café, et le page à remplir sa pipe, qu'elle lui tendit d'un air nonchalant, après lui avoir fait un très-petit signe de tête amical. Julien restait debout au milieu de la chambre, éperdu d'admiration, mais singulièrement embarrassé de sa personne.

Quintilia, soufflant au milieu du nuage d'opale qui flottait autour d'elle, distingua enfin son secrétaire intime, qui attendait craintivement ses ordres « Ah ! c'est toi, Giuliano ? dit-elle en lui tendant sa belle main ; es-tu bien dans ton nouvel appartement ? Trouves-tu que j'aie été un bon factotum dans ton petit palais ? A ton tour, tu auras des choses à faire pour moi ; mais nous parlerons de cela demain. Aujourd'hui je te présente à mes courtisans ; songe à faire bonne contenance. Voyons ; ton costume ? marche un peu. Comment le trouves-tu, Ginetta ?

— Je suis absolument de l'avis de Votre Altesse.

— Et toi, Galeotto ?

— Si mademoiselle n'avait rien dit, j'aurais dit quelque chose ; mais je ne trouve rien de plus spirituel à répondre que ce qu'elle a trouvé.

— Ginetta, dit la princesse, je vous défends de tourmenter Galeotto. D'ailleurs, ajouta-t-elle en voyant l'air triste et contraint de Saint-Julien, ces enfantillages ne sont pas du goût de M. le comte, et il vous faudra, avec lui, brider un peu votre folle humeur.

— Madame, dit Julien, qui craignait de jouer le rôle d'un pédant, laissez, je vous en prie, leur gaieté s'exercer à mes dépens ; je suis un paysan sans grâce et sans esprit, leurs sarcasmes me formeront peut-être.

— C'est notre amitié qui prendra ce soin, dit Quintilia. Mais, dis-moi, enfant, tu ne m'as pas conté ton histoire, et je ne sais pas encore par quelle bizarrerie du destin monsieur le comte de Saint-Julien m'a fait l'honneur de me suivre en Illyrie. Je gagerais qu'il y a là-dessous quelque aventure d'amour, quelque grande passion de roman, contrariée par des parents inflexibles ; tu m'as bien l'air d'être venu à moi par-dessus les murs. Voyons, Ragazzo, quelle escapade avez-vous faite ? pour quelle dette de jeu, pour quel grand coup d'épée, pour quelle fille enlevée ou séduite avez-vous pris votre pays par pointe ? »

En parlant ainsi, elle posa son pied chaussé d'un bas de soie bleuâtre lamé d'argent sur le flanc de sa biche tachetée, et, tout en prenant sa chiboque des mains du page, elle le baisa au front avec indolence.

Cette familiarité ne troubla nullement Galeotto, qui semblait tout à fait dévoué à son rôle d'enfant ; mais elle fit monter le sang au visage du timide Julien.

« Voyons, dit la princesse sans y faire attention ; nous avons encore une heure à attendre l'ouverture du cérémonial ; veux-tu nous raconter tes aventures ?

— Hélas ! Madame, répondit Julien, il vaudrait mieux m'ordonner de vous lire un conte des *Mille et une Nuits* ou un des romanesques épisodes de Cervantès ; ce serait plus amusant pour Votre Altesse que les obscures souffrances d'un héros aussi vulgaire et d'un conteur aussi médiocre que je le suis.

— Je crois comprendre ta répugnance, Giuliano, reprit la princesse ; tu crains d'être écouté avec indifférence : tu te trompes ; il ne s'agit pas pour moi de satisfaire une curiosité oisive ; je voudrais lire jusqu'au fond de ton cœur, afin d'éclairer mon amitié sur les moyens de te rendre heureux. Si tu doutes de l'intérêt avec lequel je t'entendre, attends que la confiance te vienne. C'est à nous de savoir la mériter.

— Je serais un sot et un ingrat, répondit Julien, si je doutais de la bienveillance de Votre Altesse après les bontés dont elle m'a comblé ; je crois aussi à l'amitié de mon jeune confrère, à la discrétion de la signora Gina. D'ailleurs il n'y a point de piquants mystères dans mon histoire, et les malheurs domestiques dont j'ai souffert ne peuvent être aggravés ni adoucis par la publicité. »

Galeotto prit la main de Julien et le fit asseoir sur le tapis, entre lui et l'axis favori. Le jeune comte raconta son histoire en ces termes :

« Je suis né en Normandie, de parents nobles, mais ruinés par la révolution du siècle dernier. Ma mère, en partant pour l'étranger, fut heureuse de pouvoir confier mon éducation à un prêtre à qui elle avait rendu d'importants services dans des temps meilleurs, et qui, par reconnaissance, se chargea de moi. J'avais six ans quand on m'installa au presbytère dans un riant village de ma patrie. Le curé était encore jeune, mais c'était un homme austère et fervent comme un chrétien des anciens jours. Intelligent et instruit, il se plut à étendre le cercle de mes idées aussi loin qu'il est possible de le faire sans dépasser les limites sacrées de la foi. Il jugeait toutes les choses humaines avec sévérité, et l'extrême pureté de sa conscience lui donnait le droit d'être ferme et absolu avec les méchants. Il était peu susceptible d'enthousiasme, si ce n'est lorsqu'il s'agissait de flétrir le vice par des paroles véhémentes et de repousser l'hypocrite ostentation des faux dévots.

« Malgré cette noble sincérité et l'horreur qu'il éprouvait pour tout machiavélisme religieux, cet homme respectable était peu compris et peu aimé. On l'accusait de manquer de tolérance, et on le confondait avec les fanatiques qui, sous la robe du lévite, recèlent la haine et l'aigreur jalouse des cœurs froissés. Mais on était injuste envers lui, je puis l'affirmer. C'était le plus chaste et en même temps le moins chagrin des prêtres. La fermeté, l'esprit d'ordre et l'amour de la justice, qui étaient les principaux traits de son caractère, entretenaient dans ses manières et dans ses mœurs une sérénité patriarcale. Sa maison était rigoureusement bien tenue ; sa sœur, digne et excellente ménagère, distribuait ses aumônes avec discernement, et il avait si bien surveillé la paroisse, qu'on n'y voyait plus aucun malfaiteur ni aucun vagabond troubler le repos ou effaroucher la conscience des honnêtes gens.

« C'est là ce qui faisait dire à des philanthropes imprudents qu'il se conduisait plutôt en justicier inflexible qu'en apôtre miséricordieux. Ces gens-là ne voulaient pas comprendre qu'il faisait la guerre au vice, et ne haïssait dans les hommes que la souillure de leurs péchés.

« Pour moi, j'aimais en lui toutes choses, mais principalement cette vertueuse rigueur, qui éclairait tous les doutes de ma conscience et qui aplanissait toutes les difficultés de mon chemin. Guidé par lui, je me sentais capable d'être vertueux comme lui. Ses conseils, ses encouragements et ses éloges m'inondaient d'une joie céleste, et je ne craignais point de chercher dans un noble orgueil la force dont l'homme a besoin pour traverser les séductions coupables. Il m'exhortait à ce sentiment d'estime envers moi-même, et me le faisait envisager comme la plus sûre garantie contre la dépravation d'un siècle sans croyance. »

A cet endroit du récit de Julien, la Ginetta laissa tomber son éventail, et ses regards vagues, qui tenaient le milieu entre le sommeil et la préoccupation, troublèrent un peu le narrateur. Galeotto sourit à demi et lui dit : « Prenez courage, mon cher monsieur de Fénelon ; cette frivole Cidalise n'est bonne qu'à découper du papier et à friser des petits chiens. » La princesse lui imposa silence et pria Saint-Julien de continuer.

« Lorsque j'entrai dans l'adolescence, un trouble inconnu vint porter l'épouvante dans mes rêves et dans mes prières. Je m'en confessai à mon instituteur, non comme à un prêtre, mais comme à un ami. Il me répondit avec franchise et me révéla hardiment tous les secrets de la vie. — Si vous étiez destiné à la virginité du sacerdoce, me dit-il, j'essaierais de prolonger votre ignorance ou d'éteindre par la crainte les ardeurs de votre jeune imagination ; mais le germe des passions se révèle chez vous avec trop de vivacité pour que j'essaie jamais de vous retirer du monde, où votre place est marquée. Il ne s'agit que de bien diriger les passions, pour qu'elles soient fertiles en nobles pensées et en belles actions.

« Alors il essaya de me peindre les deux sortes d'amours qui souillent ou purifient les âmes : l'attrait du plaisir qui, sans l'autre amour, ne conduit qu'à l'abrutissement de l'esprit ; et l'amour du cœur, qui rapproche les êtres vertueux et produit l'union sainte de l'homme et de la femme. Il me parla de cette compagne d'Adam, de ce rayon du ciel envoyé au sommeil du premier homme, comme le plus beau don que Dieu eût mis en réserve pour couronner l'œuvre de la création. Il me parla aussi de cet être dégénéré qui, dans notre société corrompue, dément sa céleste origine et enivre l'homme des poisons de la luxure, fruit amer et impérissable de l'arbre de la science. Les portraits qu'il me fit de la femme pure et de la femme vicieuse imprimèrent dans mon cœur, encore enfant, deux images ineffaçables : l'une, divine et couronnée, comme les vierges de nos églises, d'une sainte auréole ; l'autre, hideuse et grimaçante comme un rêve funeste. Que cette idée fût erronée dans sa candeur, cela est hors de doute pour moi aujourd'hui, et pourtant je n'ai pu perdre entièrement cette impression obstinée de ma première jeunesse. La laideur du corps et celle de l'âme me semblent toujours inséparables au premier abord ; et quand je vois la beauté du visage servir de masque à la corruption du cœur, j'en suis révolté comme d'une double imposture, et je suis saisi de terreur comme à l'aspect d'un bouleversement dans l'ordre éternel de l'univers.

« Au retour des Bourbons en France, mes parents revinrent de l'émigration, et je quittai avec regret le presbytère pour aller vivre dans le château délabré de mes ancêtres. Mon père sacrifia ses dernières ressources pour rentrer en possession du manoir qui portait son nom ; mais il ne put racheter qu'une très-petite partie des terres environnantes, et l'entretien d'une vaste maison et d'un parc sans rapport achevèrent de rendre notre existence précaire et triste. Néanmoins je me flattais, dans les commencements, de goûter un bonheur nouveau pour moi dans l'intimité de ma mère, dont je me rappelais avec amour les caresses et les premiers soins. Elle était encore belle malgré ses cinquante ans, et à un esprit naturel et enjoué elle joignait assez d'instruction et de jugement ; mais, par une inconcevable fatalité, nos opinions différaient sur beaucoup de points. Il est vrai que ma mère, douce et facile dans son humeur railleuse, attachait peu d'importance à nos discussions et semblait ne pas s'apercevoir de l'impression pénible que j'en recevais ; mais il m'était cruel de trouver dans une femme que j'aurais voulu entourer du plus saint respect une légèreté de principes si différente de ce que j'en attendais. Peu à peu, la frivolité avec laquelle ma mère traitait mes plus chères croyances, l'espèce de pitié moqueuse qu'elle avait pour mon caractère, me rendirent plus hardi, et j'essayai de l'amener à mes idées ; mais alors elle m'imposa silence avec hauteur, et me reprocha aigrement ce qu'elle appelait le pédantisme de l'intolérance. Mon père ne se mêlait jamais à nos contestations ; presque toujours endormi dans son fauteuil, il ne prenait intérêt qu'à sa partie de piquet, que ma mère faisait, il est vrai, avec une obligeance infatigable ; et, pourvu que rien ne gênât ses habitudes paresseuses, il s'accommodait de tous les visages et de tous les caractères. Un ami subalterne de la maison me rendit, presque malgré moi, le triste service de m'apprendre que ma mère avait souvent trompé autrefois ce débonnaire mari, et me conseilla de heurter moins imprudemment ses souvenirs, et, peut-être les reproches secrets de sa conscience, par la rigidité de mes principes. Je le remerciai de son avis, et j'en profitai. Je compris que je n'avais plus le droit de discuter, puisque c'était m'arroger celui de censurer la conduite de ma mère ; mais en rentrant dans la voie d'un froid respect, je sentis s'évanouir en moi cette sainte affection dont j'avais conçu l'espoir.

« Je me retirai en moi-même ; je devins mélancolique, souffrant, et l'ennui s'empara de moi. Je pris dans cet isolement de l'âme une habitude de réserve qui acheva de m'aliéner le cœur de mes parents. Ils me le témoignèrent cruellement quatre ou cinq fois, et à la dernière je pris mon parti. Je partis dans la nuit, leur laissant une lettre d'humbles excuses, et leur promettant que, quelle que fût ma fortune, ils n'auraient jamais à rougir de moi. Je me mis donc en route, au hasard, tristement, et presque sans ressources, la gêne où vivaient mes parents m'interdisant de leur demander le moindre sacrifice ; j'espérai en la Providence et un peu en mon courage. Votre Altesse sait le reste, et grâce à sa bonté, je n'ai pas eu longtemps à supporter les fatigues et les privations de mon voyage.

— Je te remercie, mon cher Julien, dit la princesse. Je vois que tu es un honnête homme et un noble cœur ; mais laisse-moi te parler en amie et remplacer la mère que tu as abandonnée. Je crains que tu ne sois un peu entaché, à ton insu et malgré toi, de l'esprit d'obstination et d'orgueil que l'on reproche avec raison au clergé de France. Tu a subi l'influence des prêtres dans ce qu'elle a de bon principalement, mais aussi un peu dans ce qu'elle a de dangereux. Ton curé de village est sans doute un homme vertueux et franc; mais peut-être ceux qui lui reprochaient de manquer d'indulgence et de miséricorde n'avaient-ils pas absolument tort. Je n'aime pas qu'on chasse d'un pays les vagabonds et les malfaiteurs; c'est se défaire de la peste en faveur de son prochain. Il vaudrait mieux essayer de fixer et d'employer les uns, de corriger ou de contenir les autres. Ta mère me paraît une bonne femme que tu aurais mieux fait d'accepter avec ses qualités et ses défauts, et je l'estimerais encore mieux si tu avais ignoré ou enseveli dans un éternel oubli les fautes de sa jeunesse. Prends-y garde, mon enfant : ce caractère absolu, cette froide habitude de condamner en silence et de fuir sans retour et sans pardon tout ce qui ne nous ressemble pas, peut bien nous rendre coupables, dangereux aux autres et à nous-mêmes. Tu vois déjà que tu t'es fait souffrir, que tu as gâté le bonheur possible de la vie de famille; et sans doute ta mère, quelque frivole qu'elle soit, doit avoir pleuré ton départ et ses motifs. Lui donnes-tu quelquefois de tes nouvelles, au moins?

— Oui, Madame, répondit Saint-Julien.

— Eh bien, fais-le toujours, reprit-elle, et que le ton de tes lettres lui fasse oublier ce que ton absence a de cruel et de mortifiant. Au reste, ajouta la princesse en se levant et en lui tendant la main, vous avez bien fait de nous dire toutes ces choses, monsieur le comte; nous saurons mieux le respect que nous devons à vos chagrins. Mes enfants, dit-elle aux deux autres, vous avez trop d'esprit et de délicatesse pour ne pas le comprendre, le cœur de San-Giuliano n'est pas du même âge que le vôtre. Il ne faut pas le traiter comme un camarade d'enfance. Et toi, mon ami, dit-elle au jeune comte, il faut faire aussi quelque concession à leur jeunesse, et tâcher de te distraire avec eux. Nous réunirons tous nos efforts pour te faire l'avenir meilleur que le passé; si nous échouons, c'est que l'amitié est sans puissance et ton âme sans oubli. »

L'heure étant venue où la princesse devait se montrer pour la première fois depuis son retour à toute sa cour assemblée, elle prit le bras de Julien pour se lever; puis elle passa sur sa robe de soie une pelisse de velours brodée d'or et fourrée de zibeline. Le page prit son éventail de plumes de paon. On remit à Julien un livre à riches fermoirs sur lequel il devait inscrire les demandes présentées à la souveraine. La Ginetta, qui avait des privilèges particuliers, se mêla à trois grandes dames autrichiennes qui, par droit de noblesse, avaient la charge honorifique de paraître en public les suivantes de la princesse. Elles n'étaient guère flattées de voir une Vénitienne sans naissance et, disaient-elles, sans conduite, marcher du même pas et lui ôter sans façon des mains la queue du manteau ducal; mais la princesse avait des volontés absolues. Elle eût chassé ces douairières plutôt que de contrarier sa jeune favorite, et aucun homme de cour ne trouvait à redire à l'admission d'une si belle personne dans les salles de réception.

Quand la princesse eut agréé les hommages de ses flatteurs, elle leur présenta son secrétaire intime, le comte de Saint-Julien. Au ton de sa voix, tous comprirent que ce n'était pas à la lettre un successeur de l'abbé Scipione, et qu'il fallait se conduire autrement avec lui. Saint-Julien fut donc étourdi et presque effrayé des protestations et des avances qui lui furent faites de tous côtés. Il était bien loin d'avoir conçu une si haute idée de son rôle. « Eh! mon Dieu! se disait-il, si j'étais l'époux de la princesse, on ne me traiterait pas mieux. Tous ces gens-là doivent pourtant bien savoir dans quel costume je suis arrivé ici. » En voyant combien les hommes sont rampants et souples devant tout ce qui semble accaparer la faveur du maître, il s'étonna d'avoir été si craintif. « Qu'est-ce donc que cette grandeur que j'avais rêvée? se dit-il; où sont les hommes élevés qui soutiennent la dignité de leur rang par de nobles actions, et qui ont le cœur fier et hardi comme la devise de leurs ancêtres? Les vrais nobles sont-ils aussi rares que les vrais talents? »

Le jour même, on célébra le mariage de l'aide de camp Lucioli avec la lectrice mistress White. Ce fut un grand sujet d'étonnement pour Julien, de voir ce beau jeune homme épouser une vieille fille d'un rang obscur et d'un esprit médiocre. Personne ne songea à partager la surprise de Julien. La duègne était richement dotée par la princesse, et Lucioli pourrait désormais satisfaire ses étroites vanités et déployer un luxe insolent. Il était réconcilié avec sa situation, et trouvait dans le maintien grave de Quintilia plus d'indulgence pour son amour-propre qu'il ne l'avait espéré.

En effet, la princesse présida cette cérémonie avec un sang-froid imperturbable. Il était impossible de se douter, à son air austère et maternel, qu'elle fût occupée à se divertir sérieusement d'une victime insolente et lâche. Dans aucun recoin de la chapelle on n'osa échanger le plus furtif sourire. Les lèvres de Quintilia étaient immobiles et serrées comme celles d'un mathématicien qui résout intérieurement un problème. Julien se méfia néanmoins de cette affectation, et quand vers minuit la princesse se retrouva dans son appartement avec lui, Ginetta et Galeotto, il ne s'étonna guère de la scène qui eut lieu devant lui. La Ginetta, mettant son mouchoir sur sa bouche, semblait attendre dans une impatience douloureuse le signal de sa délivrance, lorsque Quintilia, se laissant tomber tout de son long sur le tapis, lui donna l'exemple d'un rire inextinguible et presque convulsif. Le page fit la troisième partie, et Julien resta ébahi à les contempler jusqu'à ce que, les rires un peu apaisés, un feu roulant et croisé de sarcasmes amers et d'observations caustiques lui fit comprendre qu'on venait de jouer la plus majestueuse des farces dont un amant rebuté ou disgracié pût être la victime ou le bouffon.

« Je n'aime pas cela, dit-il au page lorsqu'ils se retrouvèrent ensemble dans leur appartement. Ou Lucioli est un pauvre niais qu'on mystifie sans pitié, ou c'est un misérable qui se console avec de l'argent, et qu'il faudrait plutôt chasser.

— Vous avez l'air, dit le page d'un ton assez sec et sérieux, de critiquer la conduite de notre bienfaitrice; je vous dirai, moi aussi, monsieur de Saint-Julien, je n'aime pas cela.

— Mettez-vous à ma place, répondit Julien un peu confus; ne penseriez-vous pas, en voyant des choses si étranges, que la princesse est bien cruelle envers ceux qui osent s'élever jusqu'à elle, ou bien inconstante envers ceux qu'elle y fait monter un instant? »

Le page ne répondit que par un grand éclat de rire; puis, reprenant aussitôt son sérieux, il quitta Saint-Julien en lui disant : « Mon ami, ni le dévouement ni la prudence n'admettent l'esprit d'analyse. »

VI.

Le lendemain, la princesse appela Saint-Julien et s'enferma avec lui dans son cabinet. Elle était occupée de mille projets. Elle voulait apporter de notables économies à son luxe, fonder un nouvel hôpital, réduire les richesses d'un chapitre religieux, écrire un traité sur l'économie politique, et mille autres choses encore. Saint-Julien fut épouvanté de tout ce qu'elle voulait réaliser, et il pensa un instant que la vie d'un homme ne suffirait pas à en faire le détail. Néanmoins elle lui posa si nettement les points principaux, elle le seconda par des explications si précises et si lucides, qu'il commença bientôt à voir clair dans ce qu'il avait pris d'abord pour le chaos d'une tête de femme. Lorsqu'elle le renvoya, elle lui confia une besogne assez considérable, qu'il eut à lui rendre le lendemain et dont elle fut contente, bien qu'elle y fît de nombreuses annotations.

Plusieurs mois furent employés à dresser et à préparer ce travail. Durant tout ce temps, la princesse fut enfermée dans son palais; les fêtes et les réceptions furent suspendues; les rues furent silencieuses, et les façades ne s'illuminèrent plus de l'éclat des flambeaux. Quintilia, vêtue d'une longue robe de velours noir, et relevant ses beaux cheveux sous un voile, sembla oublier la parure, le bruit et le faste, dont elle était ordinairement avide. Plongée dans de sérieuses études et d'utiles réflexions, elle ne se permettait pas d'autre délassement que de fumer le soir sur une terrasse avec ses intimes confidents, à savoir : le page, le secrétaire intime et la Ginetta. Quelquefois elle se promenait avec eux en gondole sur la jolie petite rivière appelée Célina, qui traversait la principauté; mais la gaieté folâtre était bannie de leurs entretiens. Ses projets du lendemain, ses travaux de la veille, la mettaient dans un rapport immédiat et continuel avec Saint-Julien. La familiarité qui en résulta avait quelque chose de paisible et de fraternel, qui était mieux que de l'amitié, et qui cependant ne ressemblait pas à l'amour. Du moins Julien le croyait; mais son âme était dominée, toutes ses facultés absorbées par une seule pensée. Si les heures où la princesse l'exilait de sa présence n'eussent été assidûment remplies par le travail qu'elle lui imposait et par les courts instants de repos qu'il était forcé de prendre, elles lui eussent semblé insupportables. Mais dès son réveil, il se rendait près d'elle et ne la quittait plus que le soir. Elle prenait ses repas avec lui, des repas courts et presque napoléoniens. Si quelquefois elle se reposait de ses fatigues intellectuelles par quelques idées plus douces, elle y associait toujours son jeune protégé. Elle l'entretenait des arts, qu'elle chérissait et dont il avait le vif sentiment; elle écoutait avec intérêt quelques douces et naïves poésies dont le jeune homme s'inspirait auprès d'elle, ou bien elle lui parlait des bienfaits d'une vie laborieuse et réglée, des charmes d'une amitié chaste et sainte. Saint-Julien l'écoutait avec délices, et, à voir son front serein, son regard maternel, il oubliait qu'une passion orageuse ou fatale pût naître auprès d'une telle femme; il se persuadait être arrivé au terme du plus beau vœu qu'une âme noble puisse faire; il croyait avoir atteint pour toujours un bonheur sans mélange et sans remords. Quelquefois, il est vrai, lorsqu'il se retrouvait seul au sortir de ces douces causeries, sa tête s'enflammait, son cœur battait précipitamment, son émotion devenait une souffrance vague; mais un sentiment pieux succédait à ces agitations. Il remerciait Dieu de l'avoir tiré d'une condition douloureuse pour le combler de telles joies, il versait des larmes, il prononçait le nom de Quintilia et l'associait au nom de Marie, la Vierge des cieux. Quand il avait soulagé son cœur dans ces extases, il reprenait avec ardeur la tâche que sa souveraine lui avait confiée, et se livrait par anticipation au plaisir de mériter et d'obtenir ses éloges et ses remercîments.

Entièrement séparé de l'entourage extérieur de la princesse, il n'avait de relations qu'avec Galeotto et la Ginetta. Son caractère timide et un peu fier, ses occupations sérieuses et soutenues, et surtout le sentiment de bien-être intérieur qui lui rendait tout épanchement inutile, s'opposaient à toute communication entre lui et le reste des hommes. Il vécut donc dans un tel isolement de tout ce qui n'était pas Quintilia, qu'il savait à peine les noms des personnes qu'il rencontrait dans l'intérieur du palais. Et pourtant une passion réelle, dévorante, à jamais tenace, s'allumait en lui à son insu, à l'ombre de cette confiance dangereuse. L'imagination de ce jeune homme était si pure, il avait si peu connu l'amour, qu'il ne croyait pas à ses tourments et les éprouvait sans les reconnaître.

Six mois s'étaient écoulés ainsi. Un soir, le travail se trouva terminé. La princesse avait été tout ce jour-là plus grave et plus réfléchie que de coutume. Elle traça de sa main une dernière page à la fin du registre que Julien venait de lui présenter. Pendant qu'elle l'écrivait, Ginetta, qui s'était introduite sans bruit dans l'appartement, attendait avec une sorte d'anxiété qu'elle eût fini; son œil noir et mobile interrogeait impatiemment tantôt la porte où Julien apercevait un pan du manteau de Galeotto, tantôt le front assombri et le sourcil plissé de la princesse. Enfin, la princesse posa sa plume d'un air distrait, cacha sa tête dans ses mains, reprit la plume, joua un instant avec une tresse de ses cheveux qui s'était détachée, puis tressaillit, traça précipitamment quelques chiffres, signa le registre, le ferma et le poussa loin d'elle. Puis, tenant toujours sa plume, elle se leva, se tourna vers Ginetta et la planta dans une grosse touffe de ses cheveux noirs. La soubrette fit un cri de joie. « Est-ce enfin terminé, Madame? s'écria-t-elle; votre belle main va-t-elle quitter la plume et reprendre le sceptre et l'éventail? Sommes-nous arrivés au bout de ce pâle carême? le plaisir va-t-il briser la pierre du cercueil où vous l'avez enseveli? me permettrez-vous de jeter au vent cette vilaine plume que vous venez de mettre dans mes cheveux, et qui me semble peser comme du plomb?

— Fais-en un auto-da-fé, répondit Quintilia, je ne travaillerai plus cette année.

— Vive la liberté! s'écria Galeotto en entrant d'un bond. Au risque d'être grondé, il faut que je vienne mettre un genou en terre devant ma souveraine, et que je la prie de *briser les cercles de fer de son écuyer*.

— Reprends ton vol, mon beau papillon, dit la princesse en l'embrassant au front.

— Par la Vierge! dit le page en se relevant, il y avait plus de six mois que Votre Altesse n'avait fait cet honneur à son pauvre nain. Nous voici tous sauvés; nous renaissons, nous dépouillons nos chrysalides, nous ressuscitons. Alleluia.

— Brûlons la maudite plume! dit Ginetta.

— Non, dit le page en s'en emparant. Attachons-la à la barrette de monsieur le secrétaire intime, et jetons tout dans la Célina, le pédant et son encre, l'ennui et les registres.

— Non pas, dit la princesse; à votre tour, respectez le travail, la réflexion, l'économie. Mon bon Giuliano, nous nous retrouverons tête à tête dans la poussière des livres. Aujourd'hui, reposons-nous, quittons nos habits noirs. Rions avec ces enfants, redevenons jeunes. Page, fais illuminer le fronton de mon palais. Toi, Ginetta, rends la liberté à ma chevelure, et enlève cette dernière tache d'encre à mon doigt. »

La Ginetta frotta les mains de la princesse avec de l'essence de citron. Le page ouvrit les fenêtres et donna en criant des signaux à la cantonade; puis il entraîna Julien sur la terrasse, et lui remettant un magnifique bouquet de fleurs :

« Portez-le à Son Altesse, lui dit-il, mettez-vous à ses pieds, et tâchez qu'elle ait pour vous un doux regard. Quittez surtout cet air consterné. De quoi vous étonnez-vous? Pensez-vous que nous étions converties pour jamais, et que tout irait toujours selon vos goûts et vos idées? Mais apprenez à connaître l'amitié. Je pourrais me venger aujourd'hui de tout l'ennui que vous m'avez causé; je veux, au contraire, vous aider à ressaisir votre crédit qui chancelle.

— Vraiment, je vous jure que je ne comprends pas, reprit Julien en prenant le bouquet machinalement.

— Allez, allez! cria le page en le poussant. Si vous êtes habile, ne perdez pas le temps et l'occasion, car voici le tourbillon qui nous enveloppe et le sabbat qui commence. »

Les accords de cent instruments montaient en effet dans les airs, et déjà des pétards et des fusées volaient par les rues.

— Qu'est-ce donc que tout ce bruit? dit Julien.

— C'est mon ouvrage, dit Galeotto d'un air enivré; c'est ce qui doit sauver ou perdre bien des flatteurs, faire voler les uns comme des aigles, barboter les autres comme des oisons. »

Saint-Julien, poussé par les épaules, approcha de la princesse d'un air gauche et confus.

Elle était déjà transformée en une autre femme que celle qu'il voyait depuis six mois. Elle avait les cheveux parfumés, le front couvert de diamants de sept couleurs, une folle et magnifique parure. Son corps avait changé d'attitude et sa figure d'expression. Elle était sans con-

Je me nomme Galeotto *degli Stratigopoli*... (Page 11.)

tredit beaucoup plus jeune, plus belle et plus séduisante qu'avec sa robe noire et son air pensif. Mais Saint-Julien l'avait aimée beaucoup mieux ainsi, et maintenant elle l'effrayait comme autrefois ; ses doutes évanouis longtemps se réveillaient, sa confiance et sa joie pâlissaient à mesure que la beauté de Quintilia s'illuminait d'un éclat plus vif.

« Un genou en terre, lui dit le page à l'oreille, et tâchez de baiser sa main. »

Julien crut qu'on le persiflait ; peu s'en fallut qu'il n'accusât Quintilia d'être complice d'une mystification préparée contre lui. Il se laissa tomber à demi sur le carreau de velours qui était à ses pieds, et, tout palpitant, il leva sur elle un regard qui semblait être un triste et doux reproche. Mais, au lieu de le railler, comme il s'y attendait, Quintilia lui prit la main.

« Eh quoi ! des fleurs à la main de Giuliano ! lui dit-elle avec gaieté ; mais je crois que le monde est bouleversé, et tu m'apportes précisément les fleurs que j'aime, la rose turque et la pompadoura qui enivre ! Donne, donne, Giuliano. Toi aussi, tu veux donc te rajeunir et te retremper ! Bien, mon fils ; faisons-leur voir que le travail ne nous a pas rendus stupides, et que nos esprits ne sont point émoussés comme nos plumes. »

Quintilia, en disant ces folles paroles, embrassa son secrétaire intime sur les deux joues. C'était la première fois, et il s'y attendait si peu, que sa tête se troubla, et il lui fut impossible de comprendre ce qui se passait autour de lui.

Un feu d'artifice fut tiré sur l'eau, et un grand souper, qui sembla improvisé, mais que Galeotto et Ginetta tenaient prêt depuis longtemps, prolongea la fête assez avant dans la nuit. Saint-Julien suivit d'abord machinalement Quintilia ; il était encore sous l'impression délirante de ce baiser : il ne songea qu'à la trouver belle dans sa nouvelle parure, gracieuse et spirituelle avec ceux qui venaient la complimenter. Mais peu à peu cet entourage de courtisans qu'il avait perdu l'habitude de voir se placer entre elle et lui, ce bruit qui ne lui permettait plus d'être seul entendu, ce mouvement qui semblait enivrer Quintilia, lui devinrent odieux. Il fut souvent tenté de quitter cette cohue et d'aller s'enfermer dans sa chambre. Un sentiment de jalousie inquiète et chagrine le retint auprès de la princesse.

Que suis-je donc? s'écria Julien... (Page 18.)

VII.

« Mon ami, lui dit Galeotto le lendemain matin, vous avez été souverainement ridicule hier soir.
— Et pourquoi donc?
— Triste, pâle, et l'air consterné! Prenez garde à vous. La princesse est en humeur de se divertir : si vous ne vous amusez pas, vous êtes perdu.
— Perdu! dit Saint-Julien. Comment et pourquoi?
— Pourquoi?..... parce que vous l'ennuierez, mon ami. Comment? parce qu'elle oubliera jusqu'à votre nom.
— Où sommes-nous, mon Dieu? dit Julien en passant sa main sur ses yeux, dans un sentiment d'invincible tristesse. Est-ce un rêve que je fais? Tout est-il donc si changé depuis douze heures!
— Vous ne connaissez pas le monde, reprit le page; vous ne savez pas qu'il faut ne compter sur rien, être préparé à tout, et posséder vingt habits dans son magasin pour être toujours prêt à changer avec ceux qui changent.

— Mais expliquez-moi Quintilia; que m'importent les autres?
— Quintilia! dit le page en baissant la voix. Que je vous explique cette femme, moi!.. Eh! mon ami, j'ai seize ans! Je ne manque pas d'intrigue, d'ambition et d'une certaine intelligence; je vois, j'entends; je n'essaie pas de comprendre; j'obéis, je devine ce qu'on va me commander : il me semble que c'est quelque chose pour mon âge. Mais trouver la raison de ce que je vois, de ce que j'entends et de ce que je fais, c'est plus qu'il n'appartient à mon inexpérience et à ma jeunesse. C'est vous, monsieur le philosophe, qui devriez me donner la clé des énigmes autour desquelles je tourne comme une folle planète, sans savoir où me mène mon soleil.
— Je ne vous demande qu'une chose, dit Saint-Julien en fixant ses grands yeux tristes sur les yeux malins et brillants de Galeotto. Je vois bien qu'il y a en elle deux femmes distinctes, une vraie et une artificielle; une qui est née ce qu'elle est, une autre que les hommes et le siècle ont formée : laquelle des deux est l'œuvre de Dieu? »

Le page eut sur les lèvres une contraction nerveuse,

comme s'il allait dire un mot cynique. Saint-Julien devina les deux syllabes qui erraient sur cette bouche moqueuse, et un frisson douloureux lui passa de la tête aux pieds. Mais le page se levant aussitôt et changeant de manière et de langage avec cette facilité de courtisan qui était innée en lui :

« Votre question n'a pas le sens commun, mon ami, lui dit-il en se promenant dans la chambre d'un air grave. Le sentiment et la métaphysique vous ont troublé le jugement. Est-ce que nous sommes *nés* quelque chose? C'est bien assez d'être nés gentilshommes, canaille ou prince. Ce n'est pas Dieu qui préside à ces distinctions; et pour notre caractère, c'est l'éducation et le hasard qui s'en mêlent. Si j'étais phrénologiste, je vous dirais quelles bosses du crâne de Son Altesse nécessitent la contradiction que vous voyez en elle ; mais, n'étant qu'un ignorant, j'aime mieux admirer ses cheveux noirs et recevoir sur mon pauvre front étroit et borné le baiser d'une bouche ducale. »

En se rappelant le baiser qu'il avait reçu, Saint-Julien frémit, et devint tour à tour rouge et pâle. Le page s'en aperçut, et, s'arrêtant devant lui les bras croisés sur sa poitrine :

« Mon ami, lui dit-il, tu es amoureux ; tu es perdu !
— Amoureux! dit Julien troublé; non, je ne le suis pas. J'aime ma souveraine avec vénération, avec...
— Tais-toi, tu extravagues, reprit Galeotto. Nous ne sommes plus au temps de la chevalerie. Aujourd'hui un gentilhomme, et même un pâtissier, peut épouser une princesse. Tu es amoureux, mais tu es fou.
— Épargnez-moi vos railleries, Galeotto...
— Non, je ne raille pas. Hier, quand vous avez reçu ce baiser sur les joues, vous avez failli vous trouver mal. Pour un homme qui ne voudrait que parvenir, c'eût été d'un effet excellent. Ces timidités-là ont plus de succès ici que les fatuités de Lucioli. Ce n'est pas vous qu'on mariera à une duègne, et qu'on enverra prendre l'air à la campagne avec mille francs de rente et une momie ambulante comme mistress White. Mais c'est vous à qui l'on mettra un collier de vermeil au cou, et qu'on laissera vieillir couché en rond sur un coussin entre la biche tachetée et la levrette blanche.
— Mais quel rôle si important jouez-vous donc vous-même ici? dit Saint-Julien un peu piqué.
— Aucun, le page; mais je ne suis pas amoureux; et quand on me baise au front, je n'oublie pas que je suis un jouet, un petit animal domestique, un enfant condamné à ne pas grandir. Alors, en attendant que je sois homme et qu'on s'en aperçoive, je rends à la Ginetta les baisers qu'on me donne. Fais comme moi, Giuliano. Ginetta est une belle et bonne fille. »

Saint-Julien eut comme un éblouissement, et s'appuyant sur le bras de son fauteuil.

« O mon Dieu ! s'écria-t-il avec angoisse, où m'avez-vous conduit ? dans quel antre de corruption m'avez-vous jeté ? »

Galeotto répondit par un éclat de rire à cette mystique apostrophe.

Le naïf Julien le regardait avec surprise et avec une sorte de terreur. Élevé aux champs, plein d'innocence et de candeur, il ne pouvait comprendre la précoce dépravation de cet enfant de la civilisation.

« Si jeune et si beau ! continua-t-il en le regardant avec une sincérité de douleur qui augmenta la gaieté du page; avec un front si pur et tant de grâce, être déjà si sec, si froid, si raisonneur! Avoir déjà vaincu l'amour, et l'enthousiasme, et les sens ! avoir arrangé toute sa vie pour l'ambition, et n'avoir ni foi ni folle imagination qui vous détourne du chemin! Quoi! pas même amoureux de la Ginetta! Moqueur et méprisant sous les lèvres de celle-ci, méfiant et froid sous les lèvres de l'autre !... Qu'aimez-vous donc, qu'aimerez-vous, vieillard de seize ans?

— J'aimerai, dit le page, j'aimerai l'argent et le pouvoir : l'argent, pour avoir de bons chevaux, de riches habits, et des femmes dont je ne serai pas forcé d'être amoureux au point de me brûler la cervelle en cas d'abandon ; de ces femmes qui ont tout juste assez d'esprit pour nous donner un instant d'ivresse, seul bien que la femme puisse promettre et tenir, menteuse et lascive qu'elle est de sa nature; le pouvoir, pour humilier les fourbes et les sots qui me flattent et me haïssent, pour jeter dans la poussière les faces orgueilleuses qui se baissent pour me regarder. Oui, oui, l'argent et le pouvoir: tout homme qui n'est pas imbécile ou fou doit viser à cela et mépriser le reste.

— De qui tenez-vous ce principe? dit Saint-Julien. Est-ce de vous-même, est-ce de Quintilia?
— Oh! toujours à cheval sur votre idée fixe! Que m'importe Quintilia? Croyez-vous que je veux pourrir dans ce misérable cabotinage de royauté? Croyez-vous que cette parodie de czarine, et ces ombres de courtisans, et ces forteresses de pain d'épice, et cet appareil militaire qu'on a fait avec de la moelle de sureau et des grains de plomb, et ce palais qui servirait de surtout à la table d'un banquier, et ces places dont ne voudrait pas le groom d'un pair d'Angleterre; croyez-vous vraiment que tout cela m'attache et me séduise? C'est bon pour vous, vertueux prestolet, qui vous croyez au sommet des grandeurs du monde, et qui prenez le théâtre de Polichinelle pour la Scala ou pour San-Carlo. Moins heureux que vous, je ne sais pas m'abuser ainsi ; je sens que l'univers n'est pas trop vaste pour mon activité, et j'étouffe dans ce poêle, où nous chauffons comme de pauvres marrons qu'une femme tire du feu au profit du diable. Allons, Giuliano, suivez votre vocation, et ne vous effrayez pas de la mienne. C'est moi qui devrais m'étonner et me taire à la renverse, et interroger avec stupeur les étoiles fantasques, à la vue d'une candeur comme la vôtre. C'est vous, mon ami, qui êtes une exception, une rareté, une merveille dans ce siècle de raison et d'égoïsme. Vous êtes peut-être un ange devant Dieu ; mais les hommes, à coup sûr, vous montreraient à la foire s'ils savaient ce que vous êtes.
— Que suis-je donc? s'écria Julien, confondu de surprise.
— Voulez-vous que je vous le dise? Vous ne vous en fâcherez pas?
— Non.
— Vous êtes un niais.
— Et Quintilia?
— Je vous le dirai quelque jour si nous nous rencontrons à cent lieues d'ici. »

VIII.

Une grande fête se préparait au palais. Jamais Julien n'avait vu un tel luxe et de si folles dépenses. Personne ne pouvait plus aborder la princesse s'il ne venait l'entretenir de chiffons, de lustres et de musiciens. Le pauvre secrétaire intime, étranger à toutes ces choses, errait pâle et triste au milieu de ce désordre, dans la poussière des préparatifs et dans la cohue des ouvriers. Trois jours entiers s'écoulèrent sans qu'il vît la princesse. Il tomba dans une noire mélancolie et pleura son beau rêve effacé, ses douces illusions perdues. Le matin de la fête, elle se souvint de lui et le fit appeler pour lui remettre le costume qu'il devait porter; elle lui donna gravement les instructions les plus frivoles, lui demanda conseil sur la coupe des manches que Ginetta lui essayait; puis elle oublia sa présence et le laissa sortir sans s'en apercevoir.

Le bal fut magnifique. Grâce à la plus bizarre et à la plus folle des inventions de la princesse, toute la cour représenta une immense collection de papillons et d'insectes. Des justaucorps bigarrés serraient la taille; de grandes ailes d'étoffe, montées sur du laiton imperceptible, se déployaient derrière leurs épaules ou le long des flancs; et l'on ne pouvait trop admirer l'exactitude des nuances, la forme des accidents, la coupe et l'attitude des ailes, et jusqu'à la physionomie de chaque insecte reproduite par la coiffure du personnage chargé de le représenter. Le bon abbé Scipione, métamorphosé en sauterelle, gambadait agréablement dans son mince vêtement de crêpe vert tendre. Le pimpant Lucioli, emprisonné dans une écaille bombée de satin marron, et le ventre couvert d'un gilet rayé de noir et de blanc, représentait admirablement un hanneton de la plus grosse espèce connue. La grande et mince marchesa Lucioli, ex-mistress White, était fort brillante sous un long corps de velours noir et de grandes ailes de taffetas jaune rayé de noir. Avec sa longue face pâle, les déchiquetures de ses ailes et sa démarche péniblement folâtre, on l'eût prise pour ce grand papillon nommé Podalyre, qui est si embarrassé de sa longue stature que les hirondelles dédaignent de le poursuivre et le laissent se débattre contre le vent, pêle-mêle avec les feuilles jaunies et dentelées du sycomore. Le beau page Galeotto représentait le charmant papillon Argus; les pierreries de toutes couleurs ruisselaient sur ses ailes de velours bleu tendre, doublées d'un satin nuancé de rose, d'abricot et de nacre. La Ginetta portait un corselet d'azur rayé de noir; elle était coiffée de ses cheveux bruns relevés en grosses touffes sur ses tempes. Belle avec sa tête large et plate, mince dans son corsage étroit, folâtre sous ses transparentes ailes de crêpe bleu, elle offrait le plus beau type d'*agrillon-demoiselle* qu'on eût vu depuis longtemps. Quant à Julien, on l'avait déguisé en *antyope*, avec des ailes de velours noir frangées d'or.

C'était la princesse elle-même qui avait présidé au choix et à la distribution de tous ces costumes. Elle avait consulté vingt savants et compulsé tous les traités d'entomologie de sa bibliothèque pour arriver à une perfection capable de donner le délire de la joie au plus grave de tous les professeurs d'histoire naturelle. Elle avait assorti chaque rôle, ou au moins chaque couleur, au caractère ou à la physionomie de chaque personne. On voyait autour d'elle de belles Vénitiennes déguisées en guêpes, en noctuelles, en piérides; de brillants officiers convertis en cerfs-volants, en capricornes, en sphinx. On vit plusieurs jeunes abbés en fourmis et le majordome en araignée. On admira beaucoup le sphinx Atropos. La *manthe prêcheresse* eut un plein succès, et les femmes jetèrent des cris d'épouvante à l'aspect du grand bousier sacré des Égyptiens.

Mais parmi ces cohortes aériennes, Quintilia se distinguait par la richesse et la simplicité de son costume. Elle avait choisi pour emblème le blanc phalène de la nuit. Sa robe et ses ailes de gaze d'argent mat tombaient négligemment le long de sa taille. Elle avait pour coiffure deux marabouts blancs qui, s'abaissant de son front sur chacune de ses épaules, représentaient fort agréablement deux antennes moelleuses.

Les salles étaient tapissées et jonchées de fleurs; des échelles de soie, cachées dans des guirlandes de roses, étaient tendues le long des murs ou suspendues aux voûtes. Les plus hardis grimpaient sur ces frêles soutiens, se tenaient accrochés, les ailes pliées, au-dessous des plafonds, se balançaient entre les colonnes, ou s'élançaient de l'une à l'autre en agitant leurs ailes diaphanes. C'était un spectacle vraiment magique, et dont la nouveauté enivra Saint-Julien un instant. Mais des angoisses inattendues l'arrachèrent bientôt à ces naïves satisfactions. Quintilia, entourée d'hommages et de vœux, se livrait au plaisir d'être admirée avec tant de jeunesse et d'enivrement que Saint-Julien crut ne plus pouvoir douter de l'erreur où six mois de retraite et de bonheur calme l'avaient plongé. « Insensé! se dit-il, comment ai-je pu croire que cette femme avait autre chose dans le cœur que la vanité de son sexe et l'orgueil de son rang? comment ai-je pu m'abuser à ce point sur la galanterie et le désordre qui règnent ici? Quel plaisir a-t-elle pris à me duper et à se duper elle-même sur de prétendus projets philanthropiques, sur les hautes ambitions d'une âme généreuse, lorsque le plus ardent de ses vœux, la plus enivrante de ses joies, c'est une fête ruineuse et le fade hommage des cours! »

Et malgré ces tristes réflexions, il la suivait avec anxiété; il épiait tous ses regards, il se glissait à son insu sur tous ses pas. Lorsqu'elle semblait s'occuper d'un homme plus que d'un autre, son cœur battait, sa tête s'égarait, il était prêt à faire une scène ridicule; puis il s'arrêtait pour se demander compte de ses propres agitations et s'effrayer de ressentir l'amour en même temps que l'aversion.

Dans le mouvement d'une valse, la coiffure de la princesse s'étant un peu dérangée, elle s'esquiva et entra dans ses appartements pour la réparer. Elle ne voulut pas appeler à son secours Ginetta, qui était emportée par la danse au fond des salles du bal. Elle se retira donc seule et sans bruit dans son cabinet de toilette; mais au moment d'en fermer la porte, elle vit derrière elle une pâle figure : c'était Saint-Julien qui l'avait suivie. Dans le délire de son chagrin, il s'était imaginé lui voir échanger un signe avec Lucioli, et il avait perdu la tête.

« Et que veux-tu, Giuliano? lui dit-elle avec surprise; tu sembles triste ou malade! As-tu quelque chose à me dire? Que puis-je faire pour toi?
— Je vous dérange, Madame, répondit-il d'une voix entrecoupée; ordonnez-moi de vous laisser seule.
— Non, reprit-elle avec une parfaite insouciance, assieds-toi sur ce divan pendant que je vais raccommoder ma plume; et si tu as quelque confidence à me faire, je t'écoute. »

Julien s'assit et garda le silence. Quintilia, debout devant son miroir et lui tournant le dos, refit sa coiffure tranquillement. Quand elle eut fini, elle pensa à lui et le regarda dans sa glace. Il était prêt à se trouver mal.

Elle vint droit à lui, et lui prenant la main avec une assurance qui semblait partir de la bonté de son cœur au moins autant que de la hardiesse de son caractère : « Tu as quelque chose, lui dit-elle, tu souffres, tu es malade ou malheureux, lequel des deux? Parle, je suis ton amie, moi. »

Saint-Julien pencha son visage sur les belles mains de Quintilia et les couvrit de larmes.

« Tu es amoureux, lui dit-elle en les lui pressant avec affection.
— Oh! Madame!
— Oui, n'est-ce pas?
— Eh bien! oui!
— De qui?
— Je n'oserais jamais...
— C'est de la Ginetta?
— Non, Madame.
— Alors c'est de moi?
— Oui, Madame.
— Eh bien! tant pis pour toi, répondit-elle avec un geste d'impatience voisin de la colère; tant pis pour nous deux! »

Saint-Julien crut l'avoir blessée dans l'orgueil de son rang. « Pardonnez-moi, lui dit-il, je suis un sot et un insolent. Vous allez me chasser; mais je préviendrai vos ordres à cet égard : tout ce que j'aurais osé désirer était un mot de pitié avant de perdre pour jamais le bonheur de vous voir.
— Eh! mon Dieu, tu ne sais ce que tu dis, Saint-Julien. Je ne te chasserai pas, et si tu pars, ce sera bien contre mon gré. Tu me crois offensée, tu te trompes; si je t'aimais, je te le dirais; et si je te le disais, je t'épouserais. »

Saint-Julien fut tout étourdi de ce discours, et faillit se frotter les yeux comme un homme qui vient de rêver. Mais il sentit aussi tout ce que cette franchise avait de mortifiant pour lui. Il baissa les yeux et balbutia quelques paroles.

« Allons, ne prends pas cet air désespéré. Vois-tu, Julien, tous les jeunes gens sont fats ou romanesques. Tu n'es pas fat, mais tu es romanesque; tu te crois amoureux de moi, tu ne l'es pas. Comment le serais-tu? tu ne me connais pas.
— Eh bien, Madame, s'écria Saint-Julien, vous avez raison en ceci; je ne vous connais pas, et si je vous connaissais, je serais radicalement guéri ou décidément incurable. Je vous aimerais au point de me brûler la cervelle, ou je vous haïrais assez pour vous fuir sans

regret. Mais le fait est que je ne sais point qui vous êtes, et l'incertitude où je vis me dévore. Tantôt je vous prie dans le secret de mon cœur comme un ange de Dieu, et tantôt... oui, je vous dirai tout, tantôt je vous compare à Catherine II.

— Sauf les meurtres, les empoisonnements et autres misères semblables, qui, après tout, ne constitueraient pas une grande différence, dit la princesse avec une froide ironie. » Alors, prenant son éventail de plumes, elle s'assit en ajoutant avec un calme dérisoire : « Continuez, monsieur le comte, j'écoute votre harangue. »

— Raillez-moi, méprisez-moi, dit Julien au désespoir, vous avez raison ; traitez-moi comme un fou, je le suis. Et que m'importe votre colère ? que m'importe votre mépris ? Au moment de vous perdre à jamais, et ne risquant plus rien, je puis bien tout vous dire.

— Dites, Julien, répondit-elle tranquillement.

— Eh bien, je vous dirai, Madame, que cela ne peut pas durer et qu'il faut que je parte. Vous me traitez avec confiance, et je n'en suis pas digne ; vous m'accablez de bontés, et je suis ingrat. Au lieu de me borner à vous servir et à vous chérir en silence, je m'inquiète de toutes vos actions. Je vous soupçonne des plus infâmes turpitudes, je vous épie comme si j'étais chargé de vous assassiner. Je questionne vos gens, j'interroge vos regards, je commente vos paroles, je hais votre parure ; je voudrais tuer tous ceux qui vous admirent. Je suis jaloux, jaloux et méfiant ! Moquez-vous ! oh ! oui, moquez-vous ! Je me moque de moi-même bien plus amèrement que personne ne le fera. Depuis trois jours surtout je suis fou, complétement fou. Je suis à chaque instant sur le point de vous adresser des reproches et de vous demander compte de mes tourments ! Moi à vous ! moi, votre valet !.... Madame, je sais que je suis votre valet...

— Vous prenez trop de peine, interrompit la princesse. Je ne pense pas à vous humilier, ces moyens sont bons pour qui n'en a pas d'autres. Vous n'êtes point mon valet, Monsieur, et vous ne le serez jamais. Je croyais m'être expliquée assez clairement tout à l'heure à cet égard. D'ailleurs, quand même vous le seriez, il y aurait un cas où vous auriez le droit de me parler comme vous le faites. Savez-vous lequel ?

— Dites, Madame, je n'ai plus peur : je suis perdu !

— Je vous le dirai sans colère et sans mépris. Ce cas, Julien, c'est celui où je vous aurais encouragé pendant seulement... combien dirai-je ? cinq minutes ?... Est ce trop ?

— Votre moquerie est sanglante, Madame, et je l'ai méritée ! Non, vous ne m'avez pas encouragé pendant cinq minutes ; vous ne m'avez pas adressé un regard, pas une syllabe qui m'ait donné droit d'espérer...

— A moins que vous n'ayez pris pour des preuves de mon amour ou pour des avances de ma coquetterie les attentions et les soins d'une honnête amitié, les témoignages d'une loyale estime... On m'avait souvent dit que les femmes au-dessous de cinquante ans n'avaient pas le droit d'agir comme je le fais ; que la franchise ne leur servait à rien ; que leur témoignage n'était pas reçu devant la prétendue justice du bon sens : j'en avais fait l'expérience... mais avec qui ? avec des sots et des lâches. Je vous prenais pour un homme capable de me juger.

— Madame, Madame, vous êtes injuste ! Vous m'avez interrogé d'un ton d'autorité, vous avez été au-devant de mes aveux. Tout mon tort est donc de n'avoir pas menti quand vous m'avez dit tout à l'heure : Si tu es amoureux, c'est de moi.

— Votre tort n'est pas de me le dire, Julien, mais c'est de l'être.

— Croyez-vous donc que de tels sentiments se commandent ?

— Peut-être ! si j'étais homme, je serais l'ami de Quintilia. Je la comprendrais, je la devinerais, et je l'estimerais peut-être !...

— Eh bien ! laissez-moi vous comprendre, dit Julien en se jetant à genoux sans s'approcher d'elle, et peut-être pourrai-je être votre ami en même temps que votre sujet.

— Monsieur le comte, dit la princesse en se levant, je ne rends compte de moi à personne. Depuis longtemps j'ai appris à mépriser l'opinion des hommes. N'avez-vous pas lu la devise de mon blason : *Dieu est mon juge ?* »

Elle sortit, et Julien, toujours à genoux, resta atterré à sa place.

IX.

Quand il fut revenu de sa première consternation, il tomba dans le désespoir ; et cachant son front dans ses mains :

« Malheureux fou ! s'écria-t-il, est-il possible que tu aies fait ce que tu as fait, et dit ce que tu as dit ! Comment ! c'est toi qui es là dans le cabinet de toilette de la princesse ? Qui t'a amené ici ? comment as-tu osé ? au milieu de quel vertige as-tu trouvé tant d'insolence, et où as-tu pris tout ce que tu as dit d'orgueilleux et d'insensé ? Quoi ! voici le dénoûment d'une vie si belle, d'un bonheur si grand ? Tu as été pendant six mois le roi du monde, et te voilà méprisé, chassé !... ou, ce qui sera pire encore, toléré peut-être comme un écolier ridicule, comme un cuistre sans conséquence, relégué parmi les subalternes au-dessus desquels on t'avait élevé ! Ah ! partons, partons ! fuyons ces angoisses, ces incertitudes sans fin, ces doutes cuisants... » En parlant ainsi, il restait cloué à sa place et pleurait comme un enfant.

« Tu t'affectes trop, lui dit tranquillement Galeotto, qui était entré sans qu'il s'en aperçût et qui l'écoutait divaguer. Je t'apporte déjà une meilleure nouvelle. Son Altesse te défend de sortir du palais, et t'ordonne de venir lui parler dans sa chambre demain après le bal.

— Quoi ! s'écria Saint-Julien, elle a dit !...

— Ce que je te dis, rien de plus. Mais il me semble que c'est assez clair pour que je sache tout ce qui s'est passé. Tu as risqué la déclaration. Eh bien ! tu n'as pas eu tort. Qui sait ? ta bonne foi peut te servir plus que l'esprit des autres. Qu'as-tu à me regarder d'un air effaré ? Son Altesse s'est fâchée sérieusement, ce qu'il paraît. Cela vaut mieux, après tout, que le calme de la raillerie ; elle avait l'air sombre en rentrant au bal, et, bien qu'elle se soit mise tout de suite à danser avec le duc de Gurck, la danse a langui pendant trois minutes ; on se battait les flancs pour avoir l'air de ne pas voir le front courroucé de la souveraine, mais le fait est que personne ne pouvait en détourner les yeux. Oh ! les princes sont un centre d'attraction magnétique ! Être prince, c'est magnifique, en vérité ! Il n'y a qu'une chose que j'aime mieux, c'est d'être page et d'en rire !... »

Saint-Julien ne l'écoutait pas. Galeotto le prit par le bras et l'entraîna dans les jardins.

« Écoute, lui dit-il quand ils furent seuls ensemble, je suis ton ami et veux te servir. Es-tu réellement amoureux ?

— Moi, dit Saint-Julien moitié par fierté, moitié par délire, je ne le suis pas ! Comment peut-on être amoureux d'une femme qu'on ne connaît pas !

— Oh ! bien ! j'aime à t'entendre parler ainsi. En ce cas tu as des idées plus saines que je ne pensais ; mais à quoi vises-tu ici ? quoi qu'il arrive, cela ne peut pas te mener bien loin. Personne n'a fait son chemin avant toi, et tu ne le feras pas non plus.

— Explique-toi, au nom du ciel !...

— Tu veux être l'amant de la princesse ? »

Saint-Julien fit un geste d'horreur que le page ne vit pas.

« Tu veux, continua-t-il, régner sur ce petit domaine, commander à ces petits grands seigneurs ? C'est peu de chose ; mais encore c'est mieux que rien, et, pour un bachelier gentillâtre, cela peut sembler assez joli pendant quelque temps. Eh bien ! prends garde ; car il y a dix à parier contre un que tu ne régneras ici sur rien et sur personne. On peut plaire, mais non gouverner ; on peut remonter fièrement le col de sa cravate ; mais à quoi bon si l'on a quelque chose de plus dans la tête qu'un frivole amour ! Avec cette femme il n'y a pas d'avancement possible ; on n'est jamais que son amant, c'est-à-dire son très-humble serviteur. C'est à toi de savoir si tu veux consacrer tant de soins et de peines à ce résultat où bien d'autres t'ont devancé, où bien d'autres te succéderont. »

Ce discours refroidit tellement l'imagination du pauvre secrétaire intime, qu'il se sentit capable de parler le même langage que Galeotto. Il espéra s'éclairer enfin en feignant de partager ses idées.

« Il faut, avant de te répondre, que je réfléchisse, répliqua-t-il. Mais, pour réfléchir à coup sûr, il me faudrait des renseignements historiques plus détaillés que ceux que j'ai. Peux-tu me les fournir, et le veux-tu ?

— Oui, car j'ai pitié de ton embarras ; et si tu me trahis quelque jour, j'aurai ma revanche : je tiens ton secret. »

Saint-Julien frémit de la situation où sa dissimulation le plaçait ; néanmoins il continua.

« Eh bien, dit-il, raconte-moi un peu la vie de madame Cavalcanti.

— Pour cela, non !

— Comment, tu refuses ?

— Je me récuse, je ne sais rien, et personne ne sait rien, si ce n'est la Ginetta ; encore j'en doute. Ou la bouche de cette fille est un cercueil, ou bien la princesse jette au feu tous les bonnets où qu'elle leur trouve l'air de savoir ses pensées. Je te dirai tout ce que je sais, et ce ne sera pas long. Je te dirai tout ce que je présume, et ce sera logique. Elle fut mariée à douze ans par procuration, et devint veuve sans avoir jamais vu la figure de son mari. Ce fut heureux pour elle : il était laid et sot. Le gentilhomme chargé d'épouser la princesse par procuration s'appelait Max tout court. Il était bâtard de je ne sais quel roitelet d'Allemagne. Il avait douze ans comme la princesse. Ce fut une cérémonie plaisante, à ce qu'on dit. Les deux enfants étaient, à ce que raconte emphatiquement l'abbé Scipione, chamarrés d'ordres de tous les pays, de diamants et de broderies ; graves comme des portraits de famille, beaux comme des anges, à ce que prétend mistress White. Ils jouèrent à la poupée en sortant de l'église et mangèrent des bonbons pendant tout le bal. Je ne sais par suite de quels arrangements diplomatiques le bâtard Max passa trois ans à la cour de Cavalcanti. Au bout de ce temps il fut banni et presque chassé *con furore* par les parents de la princesse. Mais la princesse, devenue veuve et orpheline...

— Rappela Max ? dit Julien.

— Pas du tout, elle l'oublia, et aima je ne sais lequel de ses pages ; dans ce temps-là les pages étaient en faveur apparemment. Oh ! les temps sont bien changés ! Ensuite, ensuite, que sais-je ! qu'on l'aima-t-elle pas ! » Galeotto garda le silence un instant, puis il ajouta : « Penses-tu qu'elle ait jamais aimé quelqu'un ?

— Je deviendrai fou, dit Julien ; ou plutôt je le suis déjà, car il me semble que les autres le sont. Galeotto, que faut-il que je pense de toi ? veux-tu m'insulter ? as-tu envie de te battre avec moi ? parle !

— Vive la Vierge ! qu'est-ce que nous avons donc bu ? dit Galeotto ; nous sommes tous ivres-morts, et nous extravaguons d'une manière déplorable. Laisse-moi rassembler mes idées, qui s'envolent comme des flocons de duvet au souffle de mes paroles. Que t'ai-je dit ? ce que je pouvais te dire. Crois-tu, qu'excepté la Ginetta, il y ait ici quelqu'un qui puisse avoir de meilleurs renseignements que moi ? Eh bien ! cherche, questionne, regarde, écoute aux portes ; et si tu apprends quelque chose, viens m'en faire part ; car, moi aussi, je suis curieux, et souvent je suis vraiment en colère de ne pouvoir regarder au travers de tous ces réseaux l'espèce de moucherons dont se nourrit l'araignée. Eh bien ! je ne vois rien, je ne sais rien ; voilà ce que je puis t'assurer. Ici personne ne parle, par la raison que personne ne pense. On croit aux intrigues de la princesse ou on n'y croit pas : c'est tout un. Personne n'a assez de principes pour apprécier sa vertu, personne n'a assez d'esprit pour profiter de ses vices ; car est-elle la plus austère ou la plus perverse des femmes, nul ne le sait, et nous ne le saurons peut-être jamais. De telles femmes devraient être marquées, au front, d'un zéro pour montrer qu'elles sont en dehors de l'espèce humaine, et qu'il faut les traiter comme des abstractions.

— Mais pourquoi ? s'écria Julien ; pourquoi ? pourquoi ?

— Parce qu'elles ne disent rien, ne font rien, ne pensent rien et ne sentent rien comme les autres. Ce sont des natures forcées, des intelligences dépravées, des mots détournés de leur sens, des cordes détendues qui n'ont plus de son appréciable à l'oreille. Ce sont des êtres faussés, des énigmes sans mot, des arabesques diaboliques, des figures comme on en voit dans les rêves d'une digestion pénible ou dans les élucubrations bachiques d'après souper. Ce sont des paysages comme ceux que la gelée applique sur les vitres ; on y voit de tout et on n'y voit rien. En un mot, ce ne sont pas des hommes, ce ne sont pas des femmes ; ce sont des cuistres.

— Vous avez peut-être raison, dit Saint-Julien étonné.

— Ce sont des êtres, continua le page, qui aiment et qui n'aiment pas ; aujourd'hui jouant un rôle, demain un autre ; tantôt poëtes, tantôt philosophes, tantôt métaphysiciens. Cela n'a pas d'âge, pas de caractère, pas de sexe, et cela se sauve par des prétentions et des singeries de royauté.

— Vous haïssez donc cette femme ? dit Saint-Julien.

— Je ne puis ni la haïr ni l'aimer ; elle n'existe pas pour moi. C'est une chose, et non une personne ; une chose curieuse, bizarre, amusante parfois ; c'est une chose couronnée, voilà tout. On s'incline devant le diadème, mais le cerveau ne serait pas bon à gouverner un couvent de petites filles.

— Eh bien, je crois que vous vous trompez ; je crois qu'il commanderait bien une armée. C'est là sans doute une femme incapable de tout ce que j'aime dans une femme, mais propre à ce que j'admire dans un homme. Elle est peut-être susceptible d'héroïsme ; que nous importe à nous, qui ne sommes ni rois ni généraux ?

— Si j'étais général ou roi, reprit le page, je n'en serais que plus absolu dans mon ménage, et je voudrais bien voir que ma sœur, ma maîtresse ou ma mère vînt commander à mes soldats ou à mes sujets ! Mais, sois tranquille, les hommes maintiendront en bride le beau sexe qui se révolte, et la loi salique deviendra une mesure de sûreté universelle. Je dis mesure de sûreté, parce qu'avec des femmes-rois, quelles qu'elles soient, messalines ou pédantes, on n'est pas bien certain de s'éveiller tous les matins.

— Au moins, avec celle-ci, dit Saint-Julien, effrayé de ce que le page semblait faire pressentir, il n'y a point lieu à de semblables craintes.

— Ne l'as-tu pas trop grièvement offensée aujourd'hui ? Saint-Julien, dit le page en baissant la voix, tâche d'obtenir ton pardon, ou plutôt va-t'en ; car peut-être...

— Galeotto, parle ; est-elle ainsi ? prouve-le-moi, et je ne l'aimerai plus, je ne souffrirai plus.

— Je serais franc avec toi si tu l'étais avec moi ; mais peut-être ne l'es-tu pas !

— Comment ?

— Peut-être me fais-tu parler depuis une heure sur des choses que tu sais mieux que moi ?

— Me prenez-vous pour un espion ?

— Non ; mais je suis sans expérience, moi ; je suis né prudent ; le peu de choses que j'ai vues dans ma vie n'a pas été propre à me rendre bienveillant. Je n'ose croire à rien ; je crains par-dessus tout d'être dupe, et par conséquent ridicule. J'aime mieux arranger tout pour le pire dans mon imagination : si je suis détrompé, alors tant mieux ; si je ne le suis pas, j'aurai donc bien fait de me tenir sur mes gardes.

— Ô cœur froid ! esprit sombre ! dit Saint-Julien ; sous cet extérieur gracieux, avec ces joyeuses manières, tant de fiel et de mépris pour tous ! Mais en quoi ai-je

mérité votre défiance? que m'avez-vous vu faire de mal?
— Rien ; aussi je ne t'accuse de rien. Seulement, je me dis parfois que tu n'es peut-être pas aussi simple que tu veux le paraître, et que tu affectes de ne rien devoir, afin qu'on l'apprenne tout. Voyons, jure ton honneur, es-tu l'amant de la princesse?
— Sur mon honneur ! je ne le suis pas.
— La Ginetta prétend la même chose ; mais c'est une menteuse si rusée ! Cependant la chose est bien invraisemblable, Julien. Quoi ! tu lui as plu si vite ; elle t'a ramassé sur le chemin pour ta jolie figure ; elle t'a fait souper avec elle à Avignon, le soir même, après avoir envoyé Lucioli je ne sais où ; puis elle a marié tout à coup et éloigné d'elle ce pauvre favori, qui depuis un an la suivait partout. Et voilà six mois que vous êtes enfermés ensemble, tête à tête, du matin au soir ; et avec ses manières libres, son ton cavalier, son sang-froid cynique, elle t'aurait laissé pâlir et soupirer en vain ! Et vos graves travaux (auxquels je ne crois guère) n'auraient pas été interrompus de temps en temps par des épanchements plus doux ! Allons, allons, Julien, vous l'avez fâchée aujourd'hui ; vous vous serez conduit comme une fille de village avec un officier de garnison : vous lui aurez demandé le mariage... Mais hier, mais ce matin encore, vous sembliez être bien en faveur, et je pensais que j'étais un niais, moi qui vous avais conseillé l'audace. J'ai souvent ri de votre émotion, de votre timidité, Saint-Julien ; et peut-être était-ce vous qui, à ces heures-là, vous divertissiez à mes dépens.
— Comment l'aurais-je fait, et pourquoi?
— Pourquoi? parce que je vous ai peut-être laissé prendre une place que j'aurais dû occuper. Voyons, franchement, est-ce que je ne devrais pas être son amant, moi?
— Je vous dirai ce que vous venez de me dire : sais-je si vous ne l'êtes pas?
— Vive Dieu ! s'écria le page gaiement, je ne le suis pas! et, mort-Dieu! j'en enrage, ajouta-t-il d'un ton demi-plaisant, demi-colère. Fiez-vous à moi, Saint-Julien, car voici que je m'épanche avec vous ; je me laisse aller jusqu'à me moquer de moi-même.
— Je ne me moquerai pas, dit le bon Julien avec douceur, d'une erreur que j'ai partagée. Vous êtes amoureux aussi de la princesse?
— Moi! non pas, s'il vous plaît; parlez pour vous, je vous en prie.
— Mais vous l'avez été?
— Per Bacco! jamais, que je sache! Amoureux de cette reine de Saba! Quand j'avais douze ans elle me faisait une peur de tous les diables avec ses yeux noirs et son nez aquilin ; à présent, elle me donne des nausées d'ennui avec ses affaires d'État, ses conversations esthétiques, ses papillons et son latin. Après cela, elle est jolie femme, et je ne vous blâme pas d'être amoureux d'elle. J'aurais été bien aise d'être son favori, parce que j'aimerais assez faire le petit prince pendant quelque temps ; mais elle m'a toujours fait l'honneur de me traiter comme un enfant en sevrage; et, soit mépris, soit affectation, elle s'obstine perpétuellement à rabattre cinq ou six ans de mon âge véritable. J'ai une manière de me venger : c'est de la gratifier de cinq ou six ans de trop auprès de tous les étrangers qui me demandent son âge à l'oreille.
— Vous voyez bien cependant, dit le mélancolique Julien, qu'on peut vivre dans son intimité pendant des mois et des années sans être aussi heureux que vous le supposez.
— Oh! la belle preuve ! me prenez-vous pour un fat? ne sais-je pas bien qu'en effet je n'ai pas trop l'air d'un homme? Vous commencez à avoir de la barbe au menton, vous ! Dieu sait si j'en aurai jamais... Et cependant vous n'êtes pas un roué. Allons, décidément je vous crois : vous n'êtes pas son amant, mais vous voulez l'être.
— J'y renoncerais aisément si vous me disiez tout ce que vous savez.
— Le reste de l'histoire de Max?

— Qu'est-ce donc que le reste de cette histoire?
— C'est, comme tout ce que je sais, un bruit mystérieux, un soupçon vague, rien de plus.
— Mais encore? est-ce que cela aurait rapport aux affreuses idées de meurtre et de poison qui m'ont passé par la tête tout à l'heure en vous écoutant?
— Oui, Julien ; ce fut dit-on, une disgrâce un peu plus sérieuse que celle de Lucioli. Mais permettez que je remette ces trois mots à demain ; et puisque nous sommes dans la même position à peu près l'un et l'autre, unissons-nous et donnons-nous la main.
— Contre qui? dit Julien.
— Contre l'hypocrisie féminine, répondit Galeotto. Vous êtes amoureux et maltraité ; moi, j'étais prétendant, et j'ai été oublié. Il faut que nous sachions si nous sommes sacrifiés à ces butors d'officiers autrichiens qui dansent là-bas tout bottés, ou à ces Parisiens crottés, pour lesquels Son Altesse quitte une fois tous les ans son *vaste empire* et notre beau climat. Il faut que nous sachions si nous avons affaire à Minerve, la pâle et pédante déesse, ou à l'impure Vénus. Pour moi, je suis outré de tourner en vain depuis des années autour d'un cercle mystérieux que je n'entame jamais d'une ligne sans être aussitôt rejeté d'une ligne en dehors. Je suis furieux de savoir tous les secrets de toilette de la Ginetta, et de n'avoir pu tirer de sa bouche scellée un mot qui apaise ma curiosité. Mais quel rôle est-ce donc que je joue ici? Voilà un joli page ! qui ne sait rien, qui ne découvre rien, qui ne se glisse pas par le trou de la serrure comme un lutin, qui ne surprend pas les paroles confiées à l'oreiller, qui ne prélève pas ses droits sur la beauté avant d'introduire l'amant dans le boudoir couleur de rose! Un brillant page, ma foi! qui remet des lettres comme un simple valet, sans savoir si ce sont des ordonnances de police ou des billets doux. O siècle ! ô abrutissement ! Allons, allons, il faut savoir. Jure-moi de me dire tout ce qui t'arrivera. Je te jure de te dire tout ce que je découvrirai. »

Julien, étourdi de son babillage, épuisé de conjectures et ne sachant plus à qui se vouer, jura tout ce que voulut Galeotto et retourna au bal.

X.

Il eut soin de ne pas se montrer devant la princesse, et se contenta de rôder autour de la salle où elle se tenait, tantôt la regardant valser au travers des guirlandes enlacées aux colonnades, tantôt s'enfonçant sous les galeries où les lumières commençaient à s'éteindre, à la suite de quelques groupes mystérieux qui semblaient s'occuper d'affaires plus graves que la danse et la musique. Saint-Julien, transformé volontairement en espion, était triste et mal à l'aise. C'était la première fois qu'il voulait arriver à la connaissance de la vérité par des moyens que sa conscience désavouait. En même temps il trouvait dans l'agitation de la curiosité quelque chose d'aiguillonnant et d'inconnu qui n'était pas sans plaisir.

Il se sentait un peu blessé d'avoir été traité comme un enfant, d'avoir vécu six mois enfermé dans un coin de ce palais, où lui seul peut-être ignorait ce qu'il avait intérêt à savoir. Maintenant il se croyait travailler à une belle vengeance, il croyait presque remplir un devoir envers lui-même, en repoussant de toute sa force des convictions qui l'avaient rendu heureux, mais qui peut-être l'avaient trompé. Saint-Julien avait à un degré éminent cette morgue brutale que nous avons tous à l'égard des femmes. Nous ne voulons les estimer qu'autant que le monde les estime, et nous rougirions d'être seuls à leur rendre justice. Chez Julien, la méfiance, propre aux caractères timides et concentrés, et cet orgueil presque monastique qui est comme un revers de médaille chez les hommes austères, ajoutaient une nouvelle force à sa résolution. Sombre, honteux et palpitant, il croyait sortir d'un rêve, et regardait comme autant de choses nouvelles tout ce qui se passait autour de lui. Il ne pouvait entendre murmurer à son oreille une phrase insignifiante sans y chercher un sens profond et une lumière inconnue. Il croyait voir sur tous les visages qui le regardaient une expression de sarcasme ou de mépris. Il fallait qu'il fût étrangement troublé ; car rien n'était plus compassé, plus prudent et plus grave que toute cette petite cour imbue de principes d'obéissance passive, et pénétrée des avantages positifs de sa dépendance. Saint-Julien, bien convaincu qu'il ne tirerait aucun éclaircissement de tous ces valets, se mit à observer de près les figures étrangères. Celles-là n'étaient pas moins composées devant la princesse ; mais peut-être ces vassaux des autres maîtres se permettaient-ils *in petto* une manière de voir quelconque sur madame de Cavalcanti.

Saint-Julien avait remarqué, dès le commencement du bal, les assiduités du duc de Gurck, jeune et beau Carinthien qui était arrivé la veille à la résidence, et en l'honneur de qui, se disait-on tout bas, la superbe fête avait été ordonnée. Il remarqua depuis, que la faveur du duc pâlissait sensiblement, que sa conversation s'appauvrissait, que ses bons mots baissaient de plus en plus, que sa valse se ralentissait ; enfin que dans le cercle étincelant où, comme un radieux soleil, Quintilia entraînait ses dociles planètes, l'astre du charmant comte de Steinach brillait d'un éclat plus vif, et l'étoile pâlie du duc allait toujours s'éloignant du centre d'attraction comme un monde abandonné du céleste foyer de vie et de lumière. En deux mots, le comte de Steinach était entré dans l'orbe de Mercure, et le duc de Gurck accomplissait péniblement la vaste et froide rotation de Saturne.

Saint-Julien vit le duc frapper doucement l'épaule de Shrabb, son conseiller privé ; et, un instant après, tous deux, s'esquivant par un côté différent, avaient disparu de la salle.

Saint-Julien suivit avec précaution Gurck, qui était sorti le dernier, il le vit rejoindre son compagnon au bord de la pièce d'eau, et, protégé par les sombres bosquets du parc, il entendit la conversation des deux Autrichiens.

« Eh bien, dit Shrabb, je crois que notre mission est terminée et que Steinach l'emporte sur nous.

— Je pourrais désespérer comme vous, dit le duc d'un ton piqué, si je ne m'intéressais dans cette affaire qu'aux projets de notre maître ; mais il s'agit pour moi d'une ambition plus personnelle. La princesse est éblouissante, et après m'être chargé par soumission d'un rôle dont j'ignorais les avantages, je soutiendrai désormais ce rôle pour mon compte.

— J'entends : pour votre gloire ! dit Shrabb.

— Et pour mon plaisir, dit Gurck.

— Et si elle se moque de Steinach et de vous ? reprit Shrabb.

— Nous avons toujours un moyen, répliqua Gurck, c'est de redemander l'*homme anéanti*.

— Mais elle dira qu'elle n'a pas de comptes à nous rendre, qu'elle ne sait ce qu'il est devenu...

— Je la sommerai, au nom de mon souverain, de représenter la personne de Max, ou les preuves de sa mort...

— Mais, enfin, c'est une exigence absurde et injuste ; elle répondra que...»

Ici la voix de Shrabb fut affaiblie par un coup de vent qui passa au bord de l'eau ; et, comme les deux interlocuteurs s'éloignaient de Saint-Julien, il n'entendit plus que cette phrase de Gurck, commencée d'une voix brève, mais dont le vent emporta le reste...

« Trois cents cavaliers qui sauront bien réduire... »

Ils gagnèrent en marchant un endroit découvert où la lune commençait à donner. Saint-Julien n'osa les suivre et prit le parti de retourner au bal. Comme il montait le grand escalier, il rencontra Galeotto, qui le cherchait. Celui-ci l'emmena au fond de la galerie, et lui dit d'un air triomphant :

« Vivat ! je viens de découvrir un secret d'État...

— Et moi, dit Julien, je viens d'entrevoir un mystère d'iniquité, et je reste glacé d'horreur au bord du précipice, n'osant me pencher pour y regarder.

— Oh ! oh ! reprit Galeotto, ton histoire me paraît plus grave que la mienne. Qu'es-ce ? qu'as-tu appris ? Raconte le premier. »

Saint-Julien rapporta mot pour mot ce qu'il avait entendu. « Ceci ne m'apprend rien, dit le page. Je sais tout ce qu'on pense de la disparition de Max, et ces gens-là ne sont pas mieux informés que nous. Quant aux projets de M. de Gurck et de son très-gracieux souverain, je vais te les expliquer. La petite principauté de Monteregale, que nous avons le bonheur d'occuper sous les lois augustes de notre adorable princesse...

— Fais-moi grâce de tes phrases, et va au fait.

— Je viens d'entendre parler diplomatie, je ne peux m'exprimer autrement. Cette charmante principauté, quoique enfouie comme un diamant dans les sables du littoral, a eu l'honneur d'attirer les regards d'un voisin puissant qui n'en a que faire, mais qui, étant sans doute embarrassé de récompenser toutes ses créatures, a pensé naturellement à en coiffer quelqu'une avec ce joyau. A cet effet on a envoyé ici le comte de Steinach, homme irrésistible de profession, qui doit subjuguer la princesse, l'épouser, et devenir notre très-gracieux seigneur. D'un autre côté, un autre voisin non moins puissant voudrait faire entrer dans je ne sais quelle prétendue ligne d'alliance tous les principicules des États illyriens. Sachant que notre Quintilia est, après tout, une femme volontaire et opiniâtre qui ne manque pas d'influence sur ses petits voisins, il a employé, pour déjouer les projets du comte de Steinach, dont les opinions lui seraient contraires, l'inimitable duc de Gurck et son auxiliaire le profond Shrabb. Ces deux héros doivent, l'un par son encolure magnifique, l'autre par son éloquence entraînante, détourner la princesse d'une autre alliance que celle de leur maître. Or, pour résumer cette importante complication, je t'annonce que la princesse, objet de ces entreprises gigantesques et de ces graves combinaisons, est placée entre deux feux, le comte de Steinach et le duc de Gurck, qui tous deux aspirent au bonheur d'être ses amis intimes. Ce qui prouve que tu n'as pas pris absolument le temps convenable pour lui faire ta déclaration, et qu'après six mois passés dans un respectueux tête-à-tête dans le cabinet particulier de Son Altesse, monsieur le secrétaire intime n'aurait pas dû attendre précisément le jour où madame prend ses habits roses, et jette par-dessus les toits sa plume et la clef de son cabinet pour aller danser déguisée en phalène avec deux princes étrangers parfaitement brodés et admirablement impertinents...

— Mais comment, dit Julien cherchant à arracher le dépit de son cœur, as-tu fait pour découvrir toutes ces choses ?

— J'ai été séduit.

— Comment cela ?

— Je me suis vendu.

— Juste ciel ! qu'est-ce à dire ?

— C'est-à-dire que j'ai fait semblant de me vendre. J'ai bavardé à tort et à travers avec le page du comte de Steinach, je lui ai inspiré de la confiance, je lui ai fait dire ce qu'il me fallait savoir pour deviner le reste. Et puis j'ai fait semblant d'être pénétré d'admiration pour la chevelure et les manchettes du comte, d'avoir conçu la plus haute estime pour son jabot, enfin d'être fasciné par lui, de le désirer ardemment pour souverain, de lui être tout dévoué, etc. ; si bien que le page, enchanté de me voir dans les mêmes intérêts de son maître et s'exagérant beaucoup mon crédit auprès de la princesse, doit me présenter au comte dès demain et lui faire agréer mes services. Enfin, je vais donc remplir mon rôle de page tel qu'il est tracé dans toutes les chroniques, drames, ballades et romans ! Je vais donc remettre les billets d'un galant chevalier, chanter ses romances aux pieds de ma souveraine, et faire l'éloge de sa valeur dans les combats ! Comme je vais m'en donner et m'amuser d'eux tous ! *à l'opra* ! Julien, tâche de devenir l'auxiliaire du duc, et ce sera une comédie à en mourir de rire.

— Je ne suis pas assez spirituel pour feindre, dit Julien ; d'ailleurs tu me dis que tu t'es vendu...

— Oh ! doucement, je te prie. Le page m'a promis

Ils gagnèrent en marchant un endroit découvert...! (Page 23.)

monts et merveilles de la part du comte. J'ai fait semblant d'accepter; mais je ne suis pas Italien à ce point-là. Je dois déjà recevoir demain un très-joli cheval dont j'ai paru prendre envie; je le rendrai certes au comte quand j'aurai réussi à faire manquer son mariage; mais je me servirai si bien du palefroi qu'il aura à peine la force, quand je le rendrai, d'aller des écuries de monsieur le comte à l'abattoir.

— Mais cette histoire de Max? dit Julien préoccupé.

— Ah! tu n'as en tête que des idées lugubres; amusons-nous aujourd'hui, sauf à nous envoler comme lui par les airs demain matin!...»

XI

Lorsque Julien rentra dans le bal, il remarqua un personnage qu'il n'avait pas encore vu. C'était un très-joli scarabée appelé par les entomologistes *criocère du lis*. Il est d'un beau rouge luisant, avec une face très-effilée et fort spirituelle. Les personnes qui l'ont examiné au microscope lui ont reconnu plusieurs protubérances avantageuses et un regard plein d'affabilité. Ce scarabée produisait dans le bal une très-grande sensation, non pas tant à cause de son corselet, dont la perfection effaçait tous les autres, qu'à cause de son visage, qui était miraculeusement imité. Il portait un masque si semblable à la nature, que le professeur d'histoire naturelle de la cour se frotta l'œil gauche et se demanda s'il n'avait pas devant la pupille le verre de son excellentissime microscope, garni d'un véritable criocère. S'étant bien convaincu que ce gigantesque scarabée était vraiment devant lui dans des proportions réelles et palpables, il tomba dans une sorte de délire, et, se redressant sur son fauteuil, il s'écria en pâlissant et en levant ses mains jointes au-dessus de sa tête : « Pardonne-moi, ô maître de la nature, pardonne-moi, puissant Créateur, la mort de tant d'insectes inoffensifs! Oui, j'en conviens, j'ai massacré les plus innocents papillons! j'ai percé d'une épingle et condamné à un épouvantable supplice les plus irréprochables coléoptères! mais je ne l'ai fait ni par haine ni par vengeance; j'en prends à témoin la lumière du soleil, ou, pour mieux dire, celle de la lune, qui doit être levée, car il est deux heures trente-

O phytophage gigantesque! fantôme menaçant!... (Page 25.)

cinq minutes dix-sept secondes; et dans cette saison.....
— Pour l'amour du ciel! » remettez-vous, mon cher maître Cantharide! s'écria la princesse en avalant son mouchoir pour ne pas éclater de rire; car les princes ne rient point impunément, et ils n'ont pas même la liberté de sourire sans voir autour d'eux assez de figures épanouies pour les faire mourir du spleen. La princesse, qui aimait beaucoup le digne maître Cantharide, ne voulut point donner à la cour, rassemblée avec stupeur autour de lui, l'exemple d'une gaieté qui fût devenue insultante. Mais le criocère s'étant approché, comme les autres, pour savoir la cause de la défaillance dans laquelle maître Cantharide venait de tomber, l'infortuné savant, voyant de plus près cette face de criocère si bien imitée, eut un véritable accès de frénésie. « O spectre! spectre effrayant! s'écria-t-il, non, il n'y a pas un costumier sur la terre qui, même en suivant les instructions des plus grands savants de l'univers, soit capable d'exécuter une pareille tête de criocère. O phytophage gigantesque! fantôme menaçant! éloigne-toi, épargne-moi, pardonne-moi. Hélas! il est bien vrai que, la nuit dernière, je t'ai ramassé dans le calice d'un beau lis penché sur la pièce d'eau; il est vrai que je t'ai arraché sans pitié de ton palais embaumé, et que je t'ai inhumainement saisi dans la poussière d'or où tu te réfugiais! Oui, j'ai mis fin à ton innocente vie, à une vie toute d'amour, de liberté, de zéphire et de bonheur. Je t'ai dépecé membre par membre, viscère par viscère; j'ai enfoncé dans tes flancs une pince cruelle et des aiguilles acérées; je t'ai vu mourir dans les convulsions d'une lente agonie. Oh! que Dieu me le pardonne! j'en ai d'épouvantables remords. Malgré les crimes énormes que j'ai accumulés sur ma tête, jamais je n'en ai commis d'aussi atroce que celui de ta mort. Modeste et gracieuse créature, hélas! hélas! quand je te vis étendue par morceaux sur le talc de mon microscope, je fus saisi d'horreur, et je me demandai de quel droit... Mais épargne-moi ta vue; ton fantôme exagéré jusqu'aux proportions humaines me glace d'effroi. Que deviendrais-je, ô ciel! si tous les insectes que j'ai mutilés, écartelés, empalés, m'apparaissaient, à cette heure, armés de leurs cornes, de leurs dents, de leurs scies, de leurs griffes, de leurs aiguillons... »

La gravité de la princesse ne put tenir plus longtemps à ce discours extraordinaire; elle eut le malheur de rencontrer le regard de la Ginetta, et aussitôt, comme un élan sympathique, leur gaieté déborda en un double éclat de rire. Aussitôt tous les courtisans, même ceux qui n'avaient pas entendu un mot du discours de maître Cantharide, se livrèrent aux transports d'une gaieté convulsive. Ils se tordirent les bras, se fendirent la bouche jusqu'aux oreilles, et quelques-uns qui étaient sous les yeux de la princesse espérèrent obtenir son attention en se laissant choir sur le parquet. Au bruit de tous ces rires, à la vue de toutes ces contorsions, le pauvre Cantharide crut être arrivé à sa dernière heure, et rendre ses comptes en enfer, au milieu d'un sabbat de fantômes et de démons métamorphosés en insectes. Il se crut saisi d'épouvante, et s'enfuit en renversant tout ce qui se trouva sur son passage, et en s'écriant d'une voix étouffée : « Scaraboni! Scarafaggi... »

La princesse, craignant pour sa santé, imposa d'un geste le silence et l'immobilité; et, s'élançant sur ses traces, elle le saisit par une de ses ailes de cantharide; car le professeur avait choisi le costume du beau scarabée dont la princesse lui avait donné le surnom.

« Mon cher maître, lui dit-elle, mon excellent ami, veuillez vous calmer et être bien certain que tout ceci n'est qu'une illusion de votre cerveau malade. Vous vous livrez à de trop graves études depuis quelque temps, cher Cantharide, et votre âme sensible vous crée des souffrances et des remords que le plus pur et le plus austère des chrétiens vous envierait. De grâce, revenez prendre part à nos plaisirs et admirer avec nous le costume admirable de ce criocère.

— Ah! gracieuse princesse! s'écria Cantharide en jetant autour de lui un regard effaré, si vous tenez un peu à la vie de votre humble serviteur, faites que cet effroyable criocère ne se présente jamais devant mes yeux. Non, ce n'est pas avec du carton et du verre qu'on a pu imiter le globe de ces yeux à mille millions de facettes qui rendent l'existence intellectuelle et physique des insectes si supérieure à la nôtre. Il n'y a pas de cristal assez limpide pour rendre l'éclat diamantin d'un œil de scarabée; non, il n'y en a point, et il n'est personne qui ait assez bien observé une physionomie d'insecte pour la reproduire ainsi. Je n'aurais pas pu le faire moi-même; et cependant il n'est au monde qu'un homme qui soit supérieur à moi-même dans cette connaissance : c'est un jeune homme que j'ai connu à Paris, et qui s'appelait... »

En ce moment le criocère, qui était immédiatement derrière maître Cantharide, se pencha à son oreille, et lui dit un mot qui fit tressaillir le savant de la tête aux pieds. « Juste ciel! s'écria-t-il, en croirai-je le témoignage de l'ouïe? » Et s'élançant dans les bras du criocère, il le serra si étroitement contre son sein, qu'il se cassa une aile et trois pattes.

La princesse, voyant cette scène ridicule se terminer d'une manière aussi touchante, laissa les deux scarabées se retirer à l'écart et causer d'une manière fort animée. Elle retourna à la danse lorsque l'abbé Scipione, qui ce jour-là était chargé, par une faveur toute spéciale, des fonctions de grand maître des cérémonies, s'approcha d'elle humblement et lui demanda la faveur de quelques instants d'entretien. Quintilia l'appela sur un balcon auprès duquel elle se trouvait; et Saint-Julien, qui ne la perdait pas de vue, sortant par une autre porte vitrée, se trouva sur le balcon tout auprès d'elle, mais caché dans un bosquet touffu de géraniums et de clématites odorantes.

« Très-illustre et gracieuse souveraine, dit l'abbé, il se présente un incident de haute importance, mais sur lequel il m'est absolument impossible de prendre un parti sans la volonté de Votre Altesse.

— Parle, Scipione, répondit Quintilia, et dis-moi quelle est cette grave circonstance.

— Votre Altesse, dit l'abbé, m'a donné pour consigne de ne laisser entrer aucune personne masquée dans le bal; elle a décidé seulement permettre que chacun pût ajouter à sa coiffure ou adapter à son visage un trait distinctif de l'insecte qu'il s'est chargé de représenter. Les uns ont donc été autorisés à prendre des nez postiches, les autres des fronts métalliques, d'autres des dards, d'autres des yeux de verre, etc.; mais ici le cas est tout différent...

— Eh bien! quoi? dit la princesse impatientée.

— Pardon si j'abuse des précieux instants de Votre Altesse, reprit l'abbé; mais je dois signaler une infraction notable aux lois qu'elle a établies : le criocère du lis, comme l'appelle, je crois, notre cher maître Cantarella...

— Eh bien! le criocère du lis, n'en finirons-nous pas d'aujourd'hui avec lui?

— Oserai-je faire observer à Votre Altesse que le criocère du lis porte un masque complet qui ne laisse voir aucune des parties de son visage? Cette circonstance n'a pu échapper à la sagacité de Son Altesse, et sans doute il ne me convient pas... »

Quintilia fit un geste d'impatience; le pauvre abbé s'arrêta effrayé, puis il reprit en tremblant :

« J'ai cru qu'il était de mon devoir de soumettre à Votre Altesse cette difficulté. Si elle approuve l'exception en faveur du criocère..

— Non, pas du tout, répliqua brusquement la princesse. Qui s'est permis de manquer ainsi à mes ordres? Comment s'appelle-t-il?

— Juste ciel! dit l'abbé, j'ai cru, en voyant la bonne et charmante humeur de Votre Altesse, qu'elle savait fort bien le nom de ce personnage; pour moi, je l'ignore absolument.

— Comment, l'abbé! s'écria Quintilia avec colère, il y a ici, dans mon palais, dans mes salons, une personne dont vous ne savez pas le nom! Un inconnu, un insolent, un espion peut-être! Et vous appelez cela remplir les fonctions dont je vous charge! Par le nom de mon père! je vous chasserai.

— Très-gracieuse souveraine... s'écria le pauvre abbé en se jetant à genoux.

— Allez, allez, Monsieur, reprit Quintilia d'un ton impérieux, allez savoir le nom de celui qui me désobéit et me brave de la sorte. Toute cette scène absurde que maître Cantharide nous a faite m'a empêchée de faire attention à ce masque. Je croyais que c'était un des nôtres; je croyais n'être entourée que d'amis; je me reposais sur vous de ce soin. Ne me répondez rien, vous êtes inexcusable. Allez, et rapportez-moi une réponse sur-le-champ. Je vous attends ici. Je ne remettrai pas le pied dans un salon où un inconnu masqué ose se montrer devant moi. Cours; et si ce n'est point une personne invitée, qu'elle soit chassée à l'instant.

Le pauvre abbé, pâle et inondé d'une sueur froide, s'élança dans le bal en murmurant d'une voix sourde : *Maschera! ah! maschera maladetta!*

« Monsieur, dit-il à l'étranger avec une arogance qu'il déployait pour la première fois de sa vie, qui êtes-vous? Son Altesse veut le savoir. »

L'étranger se pencha à l'oreille du grand maître des cérémonies et lui dit son nom; mais il ne fit point sur lui le même effet que sur maître Cantharide. « Je ne vous connais pas, dit l'abbé; et comme vous n'êtes pas invité, j'ai ordre de vous faire sortir.

— Allez dire d'abord mon nom à la princesse, répondit l'étranger, et si elle m'ordonne de sortir... »

Une contestation allait s'élever sans l'intercession de maître Cantharide.

« Lui! s'écria-t-il, faire sortir un homme comme lui, le premier entomologiste du monde, l'homme le plus aimable que j'aie jamais rencontré!... Restez ici, mon ami, je prends tout sur moi, et j'accompagne l'abbé pour dire à la princesse qui vous êtes.

— Cela est inutile, répondit l'étranger, la princesse me connaît. Que monsieur consente seulement à lui dire mon nom. »

L'abbé céda à contre-cœur et retourna vers la princesse, qui l'attendait toujours sur le balcon. Les lèvres lui flageolaient, et il eut de la peine à articuler le nom qu'on lui avait transmis.

« Rosenhaïm! s'écria-t-elle violemment; l'ai-je bien

entendu? Parlez plus haut; ou plutôt non! parlez plus bas. Rosenhaïm!
— Rosenhaïm, répéta l'abbé prêt à s'évanouir.
Mais la princesse, au lieu de l'accabler de sa colère, fit un grand cri, et s'élançant à son cou, elle l'embrassa avec force en s'écriant : « Ah! l'abbé! mon cher abbé! » L'abbé crut d'abord qu'elle avait dessein de l'étrangler; mais quand il vit la joie briller sur ses traits, et qu'il sentit sur ses vieilles joues desséchées l'étreinte d'une bouche sérénissime, il se précipita à genoux, et n'exprima sa surprise et sa reconnaissance que par un torrent de larmes. Alors la princesse, craignant d'avoir été entendue, regarda autour d'elle, puis lui parla à l'oreille si bas, que Saint-Julien ne put entendre que les derniers mots : « Et sois muet comme si tu étais mort. »
« Pour le coup, pensa Saint-Julien, je touche à une grande crise; je vais découvrir quelque chose d'infernal. »
La princesse resta immobile sur le balcon pendant cinq minutes. Elle avait l'air d'une statue éclairée par la lune; puis elle leva tout à coup ses deux bras vers le ciel étoilé, fit un grand soupir, mit sa main sur son cœur, et rentra dans le bal avec un visage parfaitement calme.
Saint-Julien chercha du regard le mystérieux étranger; il avait disparu. La princesse se retira peu après et ne reparut plus. Saint-Julien passa le reste de la nuit à errer dans le palais sans pouvoir découvrir autre chose. Il se trouva de nouveau face à face avec Galeotto, qui remontait l'escalier d'un air préoccupé.
« Où vas tu? lui dit-il.
— Je cherche le criocère, répondit le page; mais il faut qu'il ait pris sa volée dans les airs, et que ce soit un scarabée véritable, comme l'a cru maître Cantharide...
— Je crois que nous ne découvrirons plus rien aujourd'hui, dit Saint-Julien. Je suis accablé de fatigue, je vais me coucher.
— Je fais serment de ne pas me coucher, reprit le page, avant de savoir quel est cet étranger.
— Sais-tu ce que c'est que Rosenhaïm? demanda Saint-Julien.
— Pas le moins du monde, dit le page.
— En ce cas nous ne savons rien, reprit Saint-Julien, et il quitta la fête. »

XII.

« Comment! mon cher Cantharide, disait le lendemain Quintilia à son savant bibliothécaire, toute cette scène tragique n'était qu'une moquerie?
— Comme j'ai eu l'honneur de vous le dire, très-illustre princesse.
— Mais sais-tu, mon cher maître, que je pourrais bien m'en fâcher, et trouver ta comédie un peu impertinente?
— Elle a pu être de mauvais goût; mais Votre Altesse doit m'excuser en faveur du dénoûment.
— Sans doute, sans doute, mon ami, reprit la princesse; mais garde-toi de jamais te vanter devant qui que ce soit de cette mauvaise plaisanterie. Tout le monde en a été dupe comme moi, et personne n'a les mêmes raisons pour te le pardonner. A l'heure qu'il est, je suis sûre qu'il n'est question d'autre chose dans toute la résidence que de la manie singulière dont, par suite de trop graves études, ta pauvre cervelle a été atteinte hier au milieu de la fête.
— Déjà, répondit le savant, plus de trente personnes sont venues ce matin s'informer de ma santé; et pour ne pas me trahir, tout en déclarant que j'étais infiniment plus calme, j'ai affecté d'éviter avec horreur de parler d'aucune chose qui eût rapport à l'histoire des insectes.
— C'est pourquoi les bonnes âmes, répliqua la princesse, ont dû chercher avec affectation tous les moyens de ramener la conversation sur ce sujet, afin de satisfaire leur curiosité au risque de te rendre tout à fait fou. Mais explique-moi une circonstance que je ne comprends pas bien. Notre ami m'a raconté comment, voulant me surprendre, il t'avait prévenu de son arrivée; comment tu l'avais reçu et caché dans ton pavillon du parc, où tu l'avais déguisé avec soin sous ce costume de criocère. Je conçois pourquoi, voyant que je ne faisais aucune attention à lui, tu as débité ce grotesque monologue qui a tant diverti toute la cour et moi-même, tandis que tu t'enorgueillissais intérieurement de notre crédulité et de ta fourberie. Mais dis-moi pourquoi, au moment où je courus après toi, et où le criocère, s'approchant de ton oreille, parut te dire une parole mystérieuse, tu fis un grand cri de surprise et te jetas à son cou comme à la nouvelle d'une joie inespérée?
— C'était, très-illustre princesse, répondit le professeur, pour fixer encore plus votre attention sur lui; et si vous eussiez bien voulu écouter mes paroles, vous eussiez deviné sur-le-champ quel était ce personnage mystérieux. Je vous disais alors textuellement les paroles que voici : « Il n'est personne qui ait assez bien observé une physionomie d'insecte pour la reproduire ainsi; je n'aurais pu le faire moi-même, et cependant il n'est qu'un homme au monde qui soit supérieur à moi dans cette science... »
— Je me souviens fort bien du reste de la phrase, interrompit la princesse; tu ajoutas : « C'est un jeune homme que j'ai connu à Paris, et qui s'appelait... » Ici, je te pinçai le bras; car, te croyant véritablement en délire, je craignis que tu ne vinsses à prononcer ce nom qui ne doit jamais sortir d'aucune bouche... Le cri plaintif qui t'échappa en recevant ce conseil de prudence fut aussitôt étouffé par les embrassements de notre ami...
— Et j'espérais, gracieuse princesse, interrompit à son tour le professeur, en ramenant votre esprit vers cette personne dont j'ai eu le bonheur de faire la connaissance à Paris, et pour laquelle j'ai conçu tant d'estime et d'admiration, vous seriez en même temps frappée de me voir m'élancer dans les bras du criocère, objet jusque-là de mon épouvante. Toute cette scène était concertée entre lui et moi. Il devait, en passant entre Votre Altesse et l'oreille de son très-humble sujet, prononcer son propre nom assez haut pour qu'il fût entendu de deux personnes. Mais, par malheur, Votre Altesse fut importunée en cet instant d'une fadeur du duc de Gurck; et notre ami, qui voulait surtout éviter les regards de ce seigneur, m'entraîna un peu plus loin, remettant à un moment plus propice...
— Ne vous semble-t-il pas, interrompit Quintilia, que quelqu'un vient de passer devant la fenêtre? J'ai cru voir une ombre sur le mur derrière vous.
— Je ne le pense pas, interrompit le professeur; mais, pour plus de prudence, fermons les portes et les fenêtres. »
En parlant ainsi, le professeur alla gravement fermer la fenêtre auprès de laquelle le petit Galeotto, accroupi dans les jasmins, avait écouté l'entretien précédent. C'est pourquoi il n'en put entendre davantage, et revint au palais assez mortifié d'avoir été dérangé au moment où peut-être il allait s'emparer du fameux secret.
Ce jour et le lendemain se passèrent sans qu'il fût possible à Saint-Julien et au page d'approcher de la princesse autrement qu'en public. Le premier ne s'étonnait pas d'être banni des appartements particuliers, et tout ce qui lui passait de bizarre et d'alarmant par la cervelle sur le compte de la princesse l'empêchait de se livrer au chagrin qu'il éprouvait, malgré lui, d'avoir perdu sa faveur. Je ne sais si ce fut un reste d'attachement pour elle, ou son avidité d'apprendre ce qu'il désirait tant savoir, qui le fit céder aux conseils et aux prières de Galeotto. Quoi qu'il en soit, il ne quitta pas la résidence. Le page mettait tant d'activité et d'espièglerie dans ses recherches, qu'il avait réussi à griser en quelque sorte le mélancolique et nonchalant Julien; il lui avait communiqué un peu de sa gaieté méchante, et le jeune homme, croyant toujours faire un rêve, se jetait ironiquement dans un caractère fantasque et affecté.
Cependant, au bout de quarante-huit heures, le rôle qu'il jouait lui devint insupportable. Sa gaieté tomba

tout à coup. Tout ce qui se passait autour de lui lui causa une sorte d'horreur. Il se sentit suffoqué d'ennui et de tristesse ; et comme les premiers sons du concert de la cour commençaient à s'élever dans la brise du soir, il s'enveloppa de son manteau, et, s'éloignant rapidement, il traversa le parc et gagna une grille qui donnait sur la campagne. Alors il monta sur une des collines qui entouraient la résidence, et s'égara pendant une heure environ dans les bois dont ces collines sont revêtues.

Quand il fut las de marcher, il s'arrêta au hasard dans le premier endroit venu, et s'aperçut qu'il était dans un lieu découvert, beaucoup plus près du palais qu'il ne pensait l'être d'abord. Il s'étendit sur la bruyère et contempla, dans le vague de la nuit, le paysage incertain qui se déployait sous ses yeux. Le parc ducal était jeté au bas des montagnes par grandes masses noires, traversées çà et là d'une allée de sable blanchâtre, et semées de rotondes de gazon, de temples, de kiosques, d'autels emblématiques, et de statues de marbre qui apparaissaient dans l'ombre comme des fantômes immobiles. Le palais tremblait avec ses mille fenêtres illuminées dans les eaux de la Celina. Un grand cercle de brume enveloppait la ville jetée en amphithéâtre autour du parc ; et quelques fusées silencieuses, lancées dans les airs, partaient à intervalles réguliers des divers points de la résidence.

Le sirocco, qui jusque-là avait soufflé avec force, tomba tout à coup, et le temps devint serein ; les étoiles brillèrent, et la nuit fut assez claire pour que Saint-Julien pût saisir davantage les détails de ce tableau magique. A mesure que ses yeux s'en emparaient, l'air, devenant plus sonore, lui permit d'entendre le son des instruments monter jusqu'à lui. Il se coucha tout à fait contre terre, et remarqua que, plus on baisse les yeux au niveau du sol, plus la campagne prend un aspect magique et délicieux. Les plans semblent se détacher les uns des autres ; les masses se découpent plus nettement ; les ombres se distribuent avec plus d'harmonie. On est comme les spectateurs placés au parterre d'un théâtre, pour les yeux desquels tous les effets de décorations sont calculés, et qui jouissent mieux que ceux des loges de toutes les illusions de la scène.

En même temps, Saint-Julien saisit distinctement toute la mélodie du concert. Les sons lui arrivaient faibles, mais purs, et les vibrations de certaines notes et de certains instruments étaient si aériennes et si pénétrantes, que tous ses nerfs en furent détendus et soulagés. Il commença à respirer plus librement, et des larmes coulèrent sur ses joues brûlantes.

Un rinforzando de tous les instruments lui annonça que le concerto arrivait au *tutti finale*, et en effet les derniers accords s'élevèrent dans l'air et s'évanouirent. Saint-Julien écouta encore longtemps après que la musique eut cessé, n'entendant plus que le murmure uniforme d'un petit ruisseau qui s'échappait du taillis auprès de lui, il se leva pour s'en aller. C'est alors seulement qu'il aperçut un homme d'une taille élégante qui était debout à quelques pas de lui, et qui semblait partager son extase. Lorsque Saint-Julien passa près de lui, il s'inclina poliment pour le saluer, et le suivit à quelque distance. Comme Saint-Julien avait pris le devant et descendait assez lestement parmi les rochers au travers desquels passait le sentier, l'inconnu l'appela du titre de signore et le pria de l'attendre un peu.

« Que désire Votre Seigneurie ? répondit Saint-Julien. »

L'inconnu reconnut à ce peu de mots italiens l'accent français de Saint-Julien, et, s'exprimant en français avec beaucoup de facilité, quoiqu'il eût pour sa part l'accent allemand, il lui demanda la permission de retourner avec lui à la ville.

« Excusez l'indiscrétion de ma demande, ajouta-t-il. Je suis étranger et nouvellement établi dans ce pays-ci. Le sentier, que j'ai parcouru lorsqu'il faisait encore jour, ne m'est pas aussi familier qu'à vous, et, de plus, j'ai la vue très-basse. Si je ne vous semble pas importun, je marcherai derrière vous et profiterai de votre expérience.

— De tout mon cœur, répondit Saint-Julien, qui fut gagné sur-le-champ par le son de voix et les manières de l'étranger. Je vais ralentir mon pas, et je suis sûr que votre conversation m'empêchera d'apercevoir ce petit retard. »

En effet, la conversation fut bientôt engagée en commençant par la musique ; elle parcourut toutes les choses générales dont peuvent s'entretenir deux personnes qui ne se connaissent pas.

Cette conversation fut tellement agréable pour l'un et pour l'autre, qu'une sorte de sympathie s'établit entre eux, et qu'ils éprouvèrent le besoin de prolonger leur rencontre. L'étranger proposa à Saint-Julien d'entrer avec lui dans une birreria. Saint-Julien accepta ; et son compagnon ayant demandé de la bière et du tabac, ils passèrent encore une heure ensemble. Ils s'apprirent mutuellement leurs noms et leur profession.

« Je suis de Munich, dit l'étranger, je me nomme Spark, et j'ai trente ans ; je suis étudiant et rien de plus. Je ne suis pas riche, mais je suis assez studieux et assez économe pour me contenter de mon sort, et trouver la vie une assez bonne chose. Je voyage depuis quelque temps pour mon instruction, et le hasard m'a amené dans cette petite principauté, dont j'ai trouvé l'aspect si beau et le séjour si agréable, que j'ai résolu d'y passer quelques semaines. Je serai heureux si vous me permettez de vous rencontrer de temps en temps à cette taverne ou de faire un tour de promenade avec vous à vos moments perdus. »

Saint-Julien accepta avec empressement, et ils se donnèrent rendez-vous à la même table pour le lendemain, à la même heure.

Lorsque Saint-Julien rentra au château, le concert était terminé. Minuit sonnait, et la princesse, fatiguée des veilles précédentes, se retirait dans ses appartements. A peine le jeune secrétaire était-il rentré dans le sien, qu'on frappa doucement à sa porte, et la voix de Ginetta lui dit à travers la serrure que Son Altesse le demandait.

XIII.

Quintilia était assise auprès de sa fenêtre, et contemplait la nuit, plongée dans une douce rêverie. Son visage avait une expression de sérénité que Saint-Julien ne lui avait pas vue depuis longtemps. Il s'était présenté avec un sentiment de haine et d'arrogance. L'attitude calme de la princesse lui imposa ; et, obéissant à un signe qu'elle lui fit, il s'assit sans oser dire une parole. Ginetta sortit et tira la porte sur elle. Aussitôt qu'elle fut seule avec Julien, la princesse lui tendit la main, et lui dit d'une voix ferme et douce : « Soyons amis. »

Saint-Julien céda plus à son trouble qu'à son penchant en touchant respectueusement la main de la princesse ; puis il resta debout et décontenancé. Elle lui fit de nouveau signe de se rasseoir à quelques pas d'elle, et il obéit.

« J'ai été sévère envers vous, Julien, lui dit-elle avec dignité et avec douceur. Vous avez été injuste envers moi ; vous avez voulu me traiter comme une autre femme, et vous vous êtes trompé. Je suis depuis longtemps dans une situation exceptionnelle ; mon caractère, mon esprit et jusqu'à mes manières ont dû porter un cachet particulier. Peut-être l'empreinte en est-elle mauvaise. Je sais qu'elle a choqué bien des gens, je sais que je suis souvent méconnue. Je ne dirai pas que cela m'est indifférent, je n'ai ni cet orgueil ni cette philosophie ; mais ma destinée est arrangée d'une certaine façon qui rend inévitables et même nécessaires toutes les choses que je fais, tous les goûts que j'ai, et par conséquent tous les soupçons que je laisse naître. Mon rôle se borne à conserver assez de force pour ne pas dévier d'une ligne dans la route que je me suis tracée, et tous les efforts de ma raison tendent à voir clair dans ma vie et dans mon cœur. Jusqu'ici j'ai repoussé avec succès toutes les influences extérieures ; je suis restée ce que Dieu m'a faite, et, comme un métal brut, je ne me suis façonnée à la guise de personne.

« On ne s'isole pas impunément, Julien, et j'ai dû m'attendre à inspirer la défiance et la haine. Elles ne m'ont pas fait céder un pouce de terrain. La personne qui est aujourd'hui devant vous est la même qui entra dans son indépendance il y a dix ans, et qui traversa toutes choses sans y rien laisser d'elle. J'ai pris beaucoup d'autrui, je n'ai rien donné qu'à Dieu et à une tombe. »

Ce mot de tombe se mêla à je ne sais quelle idée dans l'esprit de Julien. Il éprouva une certaine terreur dont il ne put se rendre compte.

La princesse continua :

« Absolument insensible aux petites ambitions qui eussent pu enivrer une autre, résolue à vivre en moi-même, et ne trouvant la vie possible qu'avec un sentiment et une idée étrangers à tout ce qui m'environnait socialement, je me suis arrangée pour rendre au moins supportable l'existence que j'avais embrassée. Je me suis livrée à tous mes goûts, j'ai cherché toutes les distractions, toutes les amitiés qui me tentaient. J'ai aimé la chasse, la fatigue, la science, l'étude, et j'ai rêvé l'amitié, ayant, comme je vous l'ai dit, enseveli l'amour à part. L'amitié m'a souvent trompée, et cependant j'y crois encore. Mon âme s'est habituée à l'espérer. Si cette espérance devient irréalisable, je saurai encore bien vivre sans elle. Il y a quelque chose dans cette âme qui peut se passer de vous tous; mais ma vie peut être plus belle, mon cœur plus stoïque, ma conduite plus ferme, ma conscience plus heureuse si l'amitié me sourit. C'est pourquoi, Julien, je fais pour vous ce que je n'ai fait que pour bien peu de gens : je m'explique et je me justifie. Si vous avez l'âme fière et le cœur pur, comme je n'en doute pas, vous comprendrez quelle preuve d'amitié je vous donne ici. »

Saint-Julien, subjugué, s'inclina profondément. Elle lui fit signe qu'elle avait encore à lui parler, et elle continua :

« Rester fidèle à un serment, à un souvenir, à un nom, ce n'est pas un rôle possible à proclamer pour une femme riche et adulée; ce serait chercher la raillerie, porter un défi à tous les désirs, s'exposer à des dangers qui ne sont pas dans la vie ordinaire. Je gardai mon secret aussi religieusement que mon cœur, et, repoussant toute explication, toute proclamation de sentiment, je marchai dans une voie cachée sans dire où je prétendais aller. J'y marchai sans affectation, sans hypocrisie, sans plaintes, sans forfanterie; j'y marchai le front levé, la main ouverte, l'esprit libre, l'œil clairvoyant et l'oreille fermée à la flatterie. Voyez-vous que j'aie fait beaucoup de mal autour de moi?

— Non, Madame. Je sais que vous êtes un bon prince, dit Julien attendri. Hélas! pourquoi ne voulez-vous être que cela?

— Ne me plains pas et ne m'admire pas, répondit-elle. D'abord ma souffrance fut amère; mais Dieu fit un miracle, et je devins heureuse. Ceci est un secret que je ne puis te révéler maintenant, mais que je te dirai, j'espère, quelque jour. Sache bien seulement que j'ai eu dès lors peu de mérite à garder ma résolution, et que les avantages de mon sort l'ont emporté de beaucoup sur ses inconvénients. Ces inconvénients ont été graves pourtant, Julien, et vous me les avez fait sentir plus cruellement qu'un autre. Vous m'avez jugée sur les apparences, comme vous faites tous, et vous avez dit : Cela n'est pas, parce que cela n'est pas probable. Avec un tel raisonnement on évite cent déceptions et on manque une amitié. Manquer une amitié, Julien, c'est faire une grande perte, car, si l'on rencontrait une seule amitié parfaite dans toute sa vie, on pourrait presque se passer d'amour. Honneur aux âmes courageuses qui se livrent, et n'ont pas peur des trahisons! celles-là boivent la coupe d'Alexandre et risquent leur vie pour conquérir un ami. Eh bien! moi, j'ai cherché des amis, pour les trouver j'ai joué plus que ma vie : j'ai exposé ma réputation, et Dieu sait si elle a dû être salie et insultée par ceux qui ne m'ont pas comprise, et qui m'ont prise pour le but de leurs viles ambitions. En les détrompant, je suis devenue leur ennemie, et il n'est point de calomnie si noire qu'ils n'aient inventée. Vous avez cru peut-être, en me voyant continuer ma route, que je n'entendais pas les cris et les huées dont on me poursuivait? Vous pensez que j'accueille imprudemment un homme comme confident, comme serviteur ou comme ami, sans savoir qu'on le fera passer pour mon amant, et que peut-être lui-même ira s'en vanter. Je sais ou je prévois tous les dangers de mes hardiesses; mais j'ose toujours : je puise mon courage à une source inépuisable, ma loyauté. Le monde ne m'en tient pas compte; mais je marche toujours, et j'arriverai peut-être à le convaincre. Un jour il me connaîtra sans doute, et si ce jour n'arrive pas, peu m'importe, j'aurai ouvert la voie à d'autres femmes. D'autres femmes réussiront, d'autres femmes oseront être franches; et sans dépouiller la douceur de leur sexe, elles prendront peut-être la fermeté du vôtre. Elles oseront se confier à leur propre force, fouler aux pieds l'hypocrite prudence, ce rempart du vice, et dire à leur amant : « Celui-ci n'est que mon ami, » sans que l'amant les soupçonne ou les épie...

— Rêve doré, répondit Julien, espoir d'une âme enthousiaste!

— Non, je ne suis pas enthousiaste, reprit-elle; mais je me connais, je me sens, et quand je porte mes regards sur le passé, je vois toute ma vie faite d'une seule pièce, et je me dis que certes je ne suis pas la seule au monde qui n'ait jamais menti. Ne me prenez pas pour une femme vertueuse, Julien. Je ne sais pas ce que c'est que la vertu; j'y crois, comme on croit à la Providence, sans la définir, sans la comprendre. Je ne sais pas ce que c'est que de combattre avec soi-même; je n'en ai jamais eu l'occasion. Je ne me suis jamais imposé de principes, je n'en ai jamais senti le besoin; je n'ai jamais été entraînée où je ne voulais pas aller : je me suis livrée à toutes mes fantaisies sans jamais être en danger. Un homme qui n'a pas en son âme de plaie honteuse à cacher peut boire jusqu'à perdre la raison et montrer à nu tous les replis de sa conscience. Une femme qui n'aime pas le vice peut ne pas le craindre; elle peut traverser cette fange sans faire une seule tache à sa robe; elle peut toucher aux souillures de l'âme d'autrui comme la sœur de charité touche à la lèpre des hôpitaux, elle a le droit de tolérance et de pardon, et si elle n'en use pas, c'est qu'elle est méchante. Être méchante et chaste, c'est être froide; être chaste et bonne, c'est être honnête. Je n'ai jamais cru que cela fût difficile pour les âmes bien dirigées; mais combien peu le sont en effet! Je plains celles que la fatalité a flétries, et je ne les outrage pas. C'est le grand tort qu'on me reproche, Julien, je le sais; je sais le blâme que m'ont attiré certaines amitiés; je sais avec quelle ironie on a accueilli mes efforts quand j'ai voulu soutenir et consoler ceux que la foule accablait. C'est ici que j'ai fait usage de la force que Dieu m'avait donnée et que j'ai permis à mon orgueil de se lever pour faire face à l'injustice. C'est à cause de cela que j'ai livré mon front aux outrages des Juifs et couvert mon cœur d'une cuirasse d'airain pour y protéger la pitié. Ceux qui se sont réfugiés sous mon égide n'ont pas été livrés, et la populace s'est enrouée à crier après moi.

— Je le sais, Madame, dit Julien; depuis deux ou trois jours seulement je regarde autour de moi, et je sais ce que pensent de vous-même ceux qui vous craignent et qui n'osent pas le dire. Je sais qu'en vous voyant accueillir des femmes décriées et protéger des hommes persécutés, on vous accuse de partager leurs égarements passés. Et j'admirerais le courage avec lequel vous les relevez, si je ne prévoyais, si je ne savais qu'il vous faudra les rabaisser et les rejeter où vous les avez pris...

— Vous pensez, Julien, qu'il n'y a pas de cure complète pour mes malades? Moi, je ne désespère jamais de personne. Nous avons raison tous deux : vous, si vous me donnez un conseil de prudence; moi, si je m'impose un devoir de miséricorde. Toute la question est de savoir si j'ai assez de force pour accepter les conséquences

fâcheuses de mes dévouements : si je l'ai, qu'a-t-on à me reprocher? n'ai-je pas le droit de me nuire?
— Quel étrange caractère! dit Julien. Je ne sais si j'en suis ravi ou épouvanté.
— Vous me dites ce qu'on m'a souvent dit, reprit-elle. Moi, je m'étonne de sembler étrange ; et quand je commençai, je m'attendais à ne rencontrer que des auxiliaires et des amis. Quelle fut ma surprise quand on me fit entendre que j'étais folle! Folle! mais je m'étonne toujours de le paraître! C'est vous, c'est vous tous qui êtes fous, et non pas moi qui suis folle!
— Mais, Madame, quel bien fait-on aux méchants en protégeant leur insolence.
— Je hais l'insolence et ne la protége pas. Je n'accueille que le repentir et la souffrance.
— Ou l'hypocrisie qui en prend le masque?
— Il est vrai que j'ai été dupe, Julien; ce sont les épines du chemin. On se pique les pieds et l'on saigne. Mais faut-il donc retourner en arrière quand on entend plus loin des larmes et des cris qui vous appellent? La crainte d'être trompé! pour les esprits qui sentent le besoin de bien faire, c'est une lâcheté qu'il faut vaincre. On ne fait l'aumône qu'à ses dépens.
— Hélas! Madame, vous étiez née pour être reine d'un grand peuple et faire de grandes choses.
— Ou bien, répondit-elle en souriant, pour être sœur de la Miséricorde; c'était là le plus beau rôle, et je l'ai manqué.
— Mais quel bien avez-vous donc réussi à faire? dit Julien tristement. Vos prisons sont élargies, vos hôpitaux sont plus sains, et votre bonté est un refuge pour tous ceux qui l'invoquent. Mais, pour avoir amélioré le sort des misérables, vous avez ennobli leurs âmes anéanties, leurs mauvais penchants, ou leur lâche fainéantise? Nous en avons souvent parlé, Madame, et vous m'avez avoué que vos vœux à cet égard n'avaient pas été souvent exaucés. Prenons un exemple auprès de nous et dans une classe plus élevée, ajouta-t-il, poussé par un reste d'intention insidieuse et méfiante. Lucioli passait pour un fourbe et un ambitieux. Votre tolérance a fermé les yeux longtemps, et vous l'avez élevé jusqu'à votre confiance ; et pourtant il vous a fallu ensuite voir clair et le repousser.
— C'est encore une épine qui m'est entrée au talon, répondit-elle. Le jour où cet humble serviteur est devenu insolent, je l'ai repoussé, en effet, et si j'avais profité de la leçon, Julien, je ne vous aurais pas attiré auprès de moi ; je ne vous aurais pas donné ma confiance, dans la crainte que vous ne fussiez un second Lucioli. Vous voyez bien, mon ami, que les fous ont leur sagesse qui en vaut bien une autre. »
Cette réponse attendrit Julien.
« Vous êtes bonne et grande, lui dit-il, et je ne mérite peut-être pas votre amitié.
— Attendez, Julien, lui dit-elle en souriant, nous ne sommes pas encore réconciliés. Je vous ai expliqué mon caractère et mes idées ; vous m'avez comprise. Il vous reste à me croire, et je ne vous ai donné aucune preuve de ma sincérité. »
Julien tressaillit de joie, croyant toucher à la solution de tous ses doutes. Dans son âme rigide, le besoin d'estimer était bien plus grand que le besoin d'aimer; aussi cette parole de Quintilia lui fut-elle plus douce qu'une parole d'amour.
« Oh! oui, s'écria-t-il ingénument, donnez-les-moi ces preuves, afin que je pleure de repentir à vos genoux, afin que je vous respecte et vous bénisse à jamais. Oui, oui, prouvez-moi que vous êtes vraie, et je ferai tout ce que vous voudrez. Je resterai toute ma vie à votre service ; j'étoufferai mon amour dans mon sein plutôt que de vous en importuner jamais. »
Il s'arrêta, car il vit le regard de Quintilia s'attacher à lui avec froideur et une sorte de dédain. Il y eut un instant de silence si pénible à Julien, qu'il se mit à marcher avec agitation dans la chambre.
La princesse reprit sa marche calme et lui dit, en lui montrant une grande cassette de bois de santal incrustée de nacre :

« Je puis ouvrir le coffre que voici et vous donner des preuves irrécusables de la loyauté de toute ma vie. Je pourrais vous montrer en moins de cinq minutes sur quoi se fondent toutes les calomnies débitées contre moi, et à quel point les secrètes vanteries de Lucioli, et celles de bien d'autres avant lui, ont été vaines et odieuses. Mais en sommes-nous là, Julien, et votre amitié est-elle à ce prix? »
Julien n'osa répondre; il pâlit et resta immobile.
« M'avez-vous jamais vue faire quelque chose de mal?
— Non, Madame, je n'ai rien vu de tel, répondit-il.
— Ai-je jamais exprimé une idée basse? ai-je montré un sentiment vil durant six mois que nous avons passés tête à tête dans mon cabinet?
— Non, Madame.
— Avez-vous eu parfois une entière confiance en moi?
— Oui, Madame, presque toujours.
— Qu'est-ce qui vous l'a donc ôtée?
— Ne me condamnez pas à vous le dire, Madame ; des apparences, des récits ridicules, la présence de Ginetta auprès de vous, votre air et vos manières par moments, et, plus que tout cela, vos bizarreries, vos goûts si opposés entre eux et qui se succèdent sans s'exclure ; tout ce que je ne comprends pas m'effraie... Mais qu'avez-vous à faire de mon estime?
— Je ne vous la demande pas, Monsieur, répondit la princesse, j'espérais pouvoir la réclamer. »
Ils gardèrent de nouveau le silence, et la princesse, faisant un visible effort pour dompter sa propre fierté, reprit la parole.
« Vous êtes brutal, lui dit-elle, et nul homme de votre âge n'a osé me parler comme vous faites. C'est cela qui fait que je vous estime et que je voudrais être estimée de vous. Voyez pourtant ce que c'est que la confiance, Julien! ne tiendrait-il pas à moi de penser en cet instant que vous êtes le plus rusé et le plus habile des ambitieux qui se soient cachés sous une écorce rude et franche? Pourtant je sais que vous ne me trompez pas, et que bien réellement vous me mettez le marché à la main. Votre départ ou ma justification. Ma justification! ajouta-t-elle avec une expression de dépit, tenez, voici la clé de ce coffre ; » et elle la jeta avec colère aux pieds de Julien.
— Je ne la ramasserai point, dit-il avec dépit à son tour ; vous me regardez comme un insolent ; je l'ai mérité et je m'en vais.
— Adieu donc! lui dit-elle en lui tendant la main ; il est malheureux que nous n'ayons pu rester amis comme nous l'avons été.
Il s'approcha pour prendre sa main, et il vit qu'elle pleurait. Toute sa colère tomba, et, s'arrêtant devant elle avec la gaucherie d'un enfant qui n'ose pas demander pardon. Il se mit à pleurer aussi.
« Ah! Julien, lui dit-elle, est-il possible que mes amis me fassent tant souffrir! Pourquoi ne sont-ils pas comme moi, pourquoi ne croient-ils pas en moi comme je crois en eux? Qu'est-ce qui brise donc ainsi mes affections? pourquoi toutes les sympathies que j'inspire sont-elles étouffées en naissant? pourquoi suis-je méprisée par les uns, méconnue par les autres? Qu'ai-je fait pour cela? Quand toute ma vie a été un éternel sacrifice à l'amitié, faudra-t-il que j'achète la confiance de ceux à qui je donne la mienne. Quand je vous ai ramassé dans un fossé, un jour que vous étiez blessé, haletant, couvert de poussière et assez mal vêtu, pourquoi ne vous ai-je pas pris pour un vagabond et un aventurier de bas étage? pourquoi ai-je cru à la candeur de votre regard et à la noblesse de vos paroles? J'ai donc l'air faux et l'expression ambiguë, moi? Eh quoi! vous demandez aux autres ce que vous devez penser de moi! votre cœur ne vous le dit pas, je n'en ai donc pas su trouver le chemin? Et que m'importe votre estime quand je l'aurai forcée? Vous me rendrez ce qui me sera dû, et votre âme ne me donnera rien...
— Vous avez raison, dit Saint-Julien en se jetant à ses pieds; gardez vos preuves, je n'en veux pas. Gardez votre amour à celui qui l'a mérité. Quant à mon res-

pect, à mon dévouement, à mon amitié, si j'ose répéter le mot dont vous vous servez, mettez-les à l'épreuve. Vous avez vaincu une nature bien méfiante et bien chagrine. Il faut que Dieu ait récompensé votre grandeur d'âme d'une puissance bien grande sur l'âme d'autrui. Ah! ne vous plaignez plus; vous trouverez des amis toutes les fois que vous le voudrez; et d'ailleurs, si les amis vous manquent, je tâcherai de me mettre en cent pour vous obéir. »

Quintilia, tout en larmes, se jeta à son cou; il l'embrassa avec l'effusion d'un frère. En ce moment on frappa doucement à la porte, et la princesse alla ouvrir elle-même; c'était la Ginetta qui était chargée d'une commission pressée. La princesse passa avec elle sur le balcon, en faisant signe à Julien de rester. Leur entretien lui sembla long; et, cédant à l'émotion délicieuse dont son cœur était plein, il désirait vivement voir reparaître Quintilia, et en recevoir encore quelque parole d'amitié avant de se retirer. Dans son impatience, il touchait aux objets qui étaient épars sur le bureau sans les regarder et presque sans les voir. Il se trouva qu'il eut dans les mains la montre de la princesse, et qu'il l'ouvrit machinalement comme pour compter les minutes que la Ginetta lui dérobait. En jetant les yeux sur l'intérieur de la boîte, un froid mortel passa dans ses veines. Un souvenir confus et douloureux l'oppressa, puis une curiosité irrésistible s'empara de lui. Il se pencha sous une bougie, et lut distinctement le nom de Charles Dortan.

« Infâme! » dit-il d'une voix sourde en jetant avec violence la montre sur le bureau; puis il la reprit, voulant bien se convaincre que ses yeux ne l'avaient pas trompé. Il lut de nouveau le nom fatal, observa la boîte de platine avec les incrustations d'or émaillé; elle était absolument pareille à celle que le voyageur pâle lui avait montrée à Avignon, le matin de son départ, dans la cour de l'auberge.

Cette histoire, qui d'abord l'avait vivement ému, lui était bientôt sortie de l'esprit. A cette époque, Julien, beaucoup moins expérimenté, était beaucoup plus en garde contre ses impressions. Il s'était dit que le récit du voyageur était romanesque et invraisemblable, que son nom et son visage n'avaient pas fait le moindre effet sur la princesse, et que M. Dortan lui-même n'avait pas soutenu son rôle jusqu'au bout, puisqu'il n'avait pas osé lui adresser la parole. Ce devait être un maniaque ou un hâbleur impertinent, déterminé à se jouer de la simplicité de son interlocuteur. Enfin, cette aventure n'était plus revenue que confusément et comme un rêve absurde et pénible dans la mémoire de Saint-Julien.

En acquérant la preuve irrécusable de la sincérité de Charles Dortan, une indignation profonde s'empara de lui. Cette femme, qui exposait si magnifiquement la prétendue franchise de son âme et qui en offrait des preuves, ne lui parut plus qu'une effrontée comédienne, une coquette odieuse, jouant tous les rôles pour son plaisir, et méprisant toutes les vertus qu'elle affichait.

Elle rentra en cet instant, et Julien fit tous les efforts pour cacher l'état où il était; mais il prenait une peine inutile : la princesse pensait à tout autre chose. Elle erra dans sa chambre d'un air empressé, et dit à Ginetta, à plusieurs reprises : « Vite, vite, mon mantelet avec un capuchon de velours et la petite lanterne sourde.... » Tout à coup elle s'aperçut de la présence de Julien, et parut un peu contrariée de ce qui venait de lui échapper dans sa préoccupation. Néanmoins elle vint à lui avec beaucoup d'aplomb, et lui tendit la main en lui donnant le bonsoir. Saint-Julien baisa sa main lentement en tâchant de prendre l'insolence affectée d'un courtisan, et il lui adressa la phrase la plus impertinente qu'il put inventer. Elle ne l'entendit pas et lui répondit : « Oui, oui, à demain. Bonne nuit, mon cher enfant. »

XIV.

Dévoré de colère et de haine, le pauvre Julien entra dans la chambre de Galeotto. Le page s'était endormi sur un roman.

« Ah! c'est toi, lui dit-il en balbutiant, d'où viens-tu donc? On ne t'a pas vu de toute la soirée.

— Je viens de chez la Cavalcanti, répondit Julien.

— Oh! oh! qu'est-ce? dit le page en se mettant sur son séant. Vous venez d'être chassé, monsieur le secrétaire intime, ou vous êtes le plus heureux des hommes! Alors, permettez-moi d'ôter mon bonnet de nuit pour saluer Votre Altesse! Prince pour trente-six heures au moins!

— Je ne descendrai jamais si bas, répondit Julien.

— Qu'est-il donc arrivé?

— Rien, Galeotto, sinon que je sais maintenant à quoi m'en tenir sur le compte de cette femme. Vous lui faisiez trop d'honneur quand vous la traitiez de pédante, quand vous disiez qu'il était fort possible qu'elle n'eût jamais eu assez de sensibilité pour commettre une faute. Non, non, ce n'est pas cela. C'est une rouée impudente qui se passe toutes ses fantaisies, qui se livre en secret à tous ses vices, et qui a la prétention d'être un modèle de chasteté virginale et de sentimentalité allemande. C'est une effrontée courtisane avec des prétentions d'abbesse et la moqueuse hypocrisie d'une marquise de la régence. C'est ce qu'il y a de plus hideux au monde, le vice sous le masque de la vertu.

Après cette préface, Saint-Julien fit le récit de la soirée.

« Je suis bien aise d'apprendre cela, répondit Galeotto d'un air pensif; mais, en vérité, j'en suis étonné. Cette femme est donc bien habile; car il y a eu des jours où elle m'a imposé à moi-même. Vous pouvez m'en croire, Julien; je ne suis pas crédule, et pourtant il y a eu des jours où, en l'entendant parler comme elle fait, j'ai presque eu des remords de mes jugements de la veille... Il est bien vrai que ces jours-là étaient rares, et que je me moquais de moi-même le lendemain. Eh bien! ce que vous me dites m'étonne comme si je m'étais attendu à autre chose... Êtes-vous bien sûr de ne pas vous tromper, Saint-Julien?

— J'en suis très-sûr, Galeotto; et comme j'étais aussi dans une continuelle alternative de confiance et de méfiance (à l'exception des jours de méfiance étaient rares, et les autres fréquents), il se trouve que je suis encore plus consterné que vous.

— Consterné! s'écria Galeotto. Est-ce que je suis consterné, moi? Non? certes, je ne le suis pas. Que m'importe? je n'ai jamais été amoureux d'elle. Et voulez-vous que je vous dise ce qui se passe maintenant dans mon cerveau? C'est singulier, mais c'est réel. Je crois que je suis capable maintenant de devenir amoureux de cette femme-là.

— Quoi! à présent que vous devez la mépriser?

— Je ne la méprise pas, tant s'en faut! oh! à présent, c'est bien différent! Je la croyais pédante, absurde, je la trouvais ridicule, et je me moquais d'elle. Je ne m'en moquerai plus; car elle n'est plus rien de tout cela à mes yeux. Elle est adroite, menteuse, impudente, elle sait jouer tous les rôles, si bien que son véritable caractère échappe aux regards. Savez-vous que c'est là une femme supérieure, une vraie femme de cour, propre à remuer le monde, si elle était à la tête d'un vaste empire? Avec une conscience si flexible, tant d'art, tant de sang-froid, tant de perfidie, on peut aller loin... Et qui nous dit qu'elle n'ira pas loin? Qu'il se présente une bonne occasion, et elle fera parler d'elle. Savez-vous quelle est la première des facultés? celle d'imposer aux autres. La véritable grandeur, c'est la puissance qu'on exerce sur les esprits; c'est ainsi qu'on arrive à s'exercer sur les choses. Allons, c'est dit, me voilà réconcilié avec elle. Je ne rougis plus d'être son page. Je pourrai prendre de bonnes leçons auprès d'elle, et, pour mieux profiter à son école, je veux à mon tour être son amant... » Il garda un instant le silence, puis il ajouta d'un air réfléchi : « Si je le peux; car la chose m'est démontrée à présent plus difficile que je ne le pensais, et vaut la peine d'être tentée... Peste! c'est quelque chose que d'y parvenir!

— Ce n'est pas si difficile, reprit Julien. Il suffit que vous passiez dans la rue auprès d'elle, et que votre

Il s'étendit sur la bruyère... (Page 28.)

figure lui plaise. Vous n'attendrez pas longtemps avant d'être enlevé dans sa voiture et introduit dans ses appartements secrets.

— Eh bien! raison de plus! vive Dieu! des femmes qui ont de pareils désirs et qui les contentent d'une façon si dégagée ne sont pas abordables pour tout le monde. On peut vivre dix ans sous le même toit sans obtenir de leur baiser la main. Elles peuvent résister au plus séduisant et au plus habile des hommes. On ne les prend pas par surprise, celles-là. Elles se donnent ou se rendent; le plaisir est à celui dont la mine leur plaît; l'honneur, à celui dont l'esprit les subjugue. Maintenant, je mettrais ma main au feu que le Lucioli n'a jamais été son amant. Il était trop maladroit, le cher homme! Elle aurait pu lui ouvrir la porte du boudoir, s'il avait su cacher l'intention qu'il avait d'entrer dans la salle du conseil. Pour moi, qui ne me soucie guère d'être prince de Monteregale, je viserai plus haut désormais. Je tâcherai qu'elle me donne sa confiance, et qu'elle m'apprenne à régner sur les hommes par le mensonge.

— Ainsi ce qui me guérit de mon amour allume le vôtre? dit Saint-Julien.

— Appelez cela de l'amour, si vous voulez. Je l'appellerai autrement : curiosité, aptitude, amour de la science, comme il vous plaira.

— Et ce qui fait que je la hais et la méprise vous réconcilie avec elle?

— Complétement; mais je n'en continuerai pas moins la petite guerre d'observation que nous lui faisons. Tout au contraire, j'y mettrai plus de zèle que jamais, et mes découvertes auront plus d'importance à mes yeux. Sois tranquille, Julien, je ne te trahirai jamais, quoi qu'il m'arrive.

— Vous pouvez me trahir tant qu'il vous plaira, je ne resterai pas longtemps ici. Mais écoutez; avant que je vous souhaite le bonsoir, il faut que vous me racontiez cette histoire de Max.

— Ce ne sera pas long. Max était l'amant de Son Altesse. Lorsqu'à la mort du duc son époux, qu'elle n'a jamais vu, comme je vous l'ai déjà dit, elle devint souveraine libre et absolue, Max était tellement en faveur auprès d'elle que, suivant l'opinion de toute la cour, il allait l'épouser. Il était donc traité ici avec le plus profond respect, tout bâtard de seize ans qu'il était. Mais

Il le trouva déjà à table, fumant... (Page 34.)

une nuit, à souper, comme la gloriole et le marasquin de Hongrie portaient à la tête du jeune favori, il lui arriva de débiter je ne sais quelle rodomontade en présence de Son Altesse. Son Altesse fronça, dit-on, le sourcil d'une manière imperceptible, et ne dit pas un mot. Le lendemain matin, les serviteurs de Max ne le trouvèrent ni dans son lit, ni dans sa chambre, ni dans son palais, ni dans la ville, ni dans la province. On le chercha et on l'attendit vainement. Il ne reparut jamais, on n'a jamais entendu parler de lui; il paraît que ce fut un assassinat fort bien exécuté.

— Et personne n'a demandé vengeance de cet attentat?

— Max était un bâtard dont on avait été sans doute bien aise de se débarrasser en l'envoyant dans une petite cour où il semblait prendre racine. Qu'il eût fini par un meurtre ou par un mariage, on fut sans doute bien aise de n'avoir plus à y songer; et l'on n'y songea plus; et l'on n'en parla plus que tout bas, afin de n'avoir pas à le réclamer ou à le venger. Mais il arrive qu'à présent on veut se servir de son nom comme d'un épouvantail pour forcer Son Altesse à acquiescer à des vues politiques, et l'envoyé Gurck machine une fort belle réclamation de la personne de Max, si sa beauté personnelle échoue dans les premières entreprises. Tu sais cela?

— C'est une justice du ciel qui tombe à l'improviste sur le crime impuni, s'écria Julien.

— Bah! bah! à présent que je vois les choses sous leur vrai point de vue, dit Galeotto, je trouve que ce fut un coup hardi pour une princesse de seize ans.

— Elle avait seize ans! quelle horreur! dit Julien.

— Bah! bah! reprit Galeotto, les crimes des princes ne sont pas ceux de tout le monde. Vous savez ce qu'il y a à dire là-dessus. Il y a dans les grandes destinées des résolutions inévitables, et c'est quelque chose que de savoir les prendre à temps et les accomplir habilement. Un enlèvement qui ne fait pas de bruit; un meurtre qui ne fait pas de taches; un homme qu'on anéantit comme on raierait un chiffre, et qui s'évapore au milieu d'une ville comme une goutte d'eau sèche au soleil! Allons, ce n'est pas maladroit, il faut en convenir. Et pas l'ombre d'un remords sur un front de seize ans! et jamais la trace d'un souvenir amer dans toute une vie traînée en public! c'est là de la force, et bien des hommes ne l'auraient pas.

J'espère que vous ne l'auriez pas vous-même, dit Saint-Julien en lui tournant le dos.

— Attendez! encore un mot avant d'aller vous coucher, lui cria Galeotto. Avez-vous découvert quelque chose sur le Rosenhaïm?

— Rien sur celui-là, répondit Saint-Julien.

— Que sera-t-il devenu? dit Galeotto. Maître Cantharide est dans ce secret : il aura piqué ce criocère avec une épingle, et il l'aura mis dans un de ses cartons.

— Faut-il s'inquiéter de ce que devient un homme, dit Saint-Julien, dans une cour où un importun s'évapore comme une goutte d'eau sèche au soleil?

— Je crois que tu tournes mes métaphores en ridicule, dit le page ; je te pardonne si tu te charges de pénétrer dans le pavillon du parc.

— Dans le pavillon où le professeur d'histoire naturelle fait ses expériences, et s'amuse à trancher, la nuit, de l'astrologue et de l'alchimiste en braquant son télescope vers la lune, et en effrayant les chiens par d'innocentes explosions d'électricité?

— Il y a autre chose dans ce pavillon, dit le page, qu'une vieille parodie de sorcier et un tonnerre de poche.

— Madame Cavalcanti fait-elle semblant d'aller s'entretenir avec les ombres, en y traitant ses galants la nuit? Bah! c'est là qu'est caché l'amant mystérieux du trimestre, le monsieur de Rosenhaïm?

— Peut-être! Mais cet amant-là est peut-être plus qu'un amant... Il y avait peut-être quelque principe politique, quelque projet diplomatique, sous ce masque de criocère. Ce n'est pas moi qui ai été dupe des jongleries du professeur. Ce Rosenhaïm me fait l'effet d'un antidote opposé aux philtres de Gurck et de Steinach... Mais enfin il n'est ici que depuis trois jours, et depuis trois jours je vois la princesse fréquenter le pavillon. Sais-tu un conte étrange que m'a fait la Ginetta?

— Voyons.

— Un jour que, selon sa coutume, elle défendait sa maîtresse avec chaleur, elle crut m'ôter toute envie de croire à l'assassinat de Max en me disant que Son Altesse l'avait aimé passionnément, et que c'était le seul homme qu'elle eût aimé ainsi. Je lui répondis que je le croyais comme elle, et d'autant plus que c'était le seul que Son Altesse eût fait assassiner. Alors Ginetta se mit tout à fait en colère, ce qui la rendit bavarde une seule fois en sa vie. Elle me dit que non-seulement Son Altesse avait aimé Max, mais qu'elle l'aimait encore, tout mort qu'il était. La preuve, ajouta-t-elle, c'est que tous les jours elle va s'enfermer dans le souterrain du pavillon auprès d'une tombe de marbre qu'elle y a fait secrètement construire, et... Mais vraiment, Julien, vous me regardez d'un air si dédaigneux que je n'ose pas continuer cette histoire. Elle est fantasque au point que vous allez me rire au nez si j'ai seulement l'audace de la répéter telle qu'on me l'a donnée.

— Comme je pense que vous n'y ajoutez pas foi... dit Julien.

— Je ne sais pas, je ne sais pas, dit le page. Les femmes sont si romanesques, et les vastes cerveaux tiennent tant de choses! Chez les êtres doués d'intelligence et de force, il y a de si singuliers contrastes, de si ténébreuses rêveries! Bah! dans ce monde, il faut tout croire et ne rien croire. Il faut voir!

— Mais enfin, dit Julien, cette tombe de marbre?...

— Contient une boîte d'or, s'il faut en croire la Ginetta.

— Et cette boîte d'or, que contient-elle?

— Je n'en sais rien, et la Ginetta prétend n'en rien savoir; mais elle dit que cette boîte a la forme et le volume de celles dans lesquelles on embaume des cœurs humains...

— Cette histoire est dégoûtante, dit Julien d'un air sombre, après un long silence. Assassiner un homme et le pleurer, lui faire percer le cœur à coups de poignard, et faire ensuite arracher de ses entrailles pour l'embaumer et le conserver comme une relique ou comme un trophée ; s'enfoncer tous les jours dans une cave avec un tombeau et un remords, et en sortant de là se prostituer au premier passant... si tout cela est possible, à la bonne heure. Il frappa du pied le parquet avec violence, et, portant sa main à son front, il s'écria avec angoisse : « O mon père, mon vieux château, mes laboureurs, mes bois, mes livres, mon pays! où êtes-vous? où est le temps où j'ignorais tout ce que je sais à présent? »

Il était si triste et si abattu que Galeotto n'osa pas le railler, comme il faisait ordinairement lorsqu'il se livrait à sa sensibilité. Julien se promena en silence dans la chambre, puis il ajouta d'un ton amer :

« Si cet amant inconnu est caché dans le pavillon, ce doit être une savoureuse émotion pour elle que de recevoir ses caresses auprès du mausolée de Max. Peut-être est-ce dans cette cave que le malheureux a été massacré? Peut-être que sa tombe sert de lit aux monstrueux plaisirs de Quintilia? Quelle horreur! Il me semble que je rêve. En effet, elle s'est vantée à moi aujourd'hui d'avoir enseveli son propre cœur dans un cercueil. C'est là une belle métaphore! mais elle n'a pas dit qu'elle y eût enseveli son corps, et pardieu! elle a bien fait, car il y aurait assez de gens pour lui donner un démenti... Tenez,... levez-vous et venez à la fenêtre. Voyez-vous cette étincelle pâle et furtive qui court le long des allées du parc? C'est la petite lanterne sourde qu'on a donné ordre à Ginetta d'allumer pour aller au rendez-vous.

— En vérité? cria le page en s'habillant précipitamment.

— Oui, dit Julien, c'est une distraction qu'on a eue devant moi. Mais que faites-vous donc?

— Parbleu ! je m'habille et j'y cours. Quoi! il y a un rendez-vous à épier, et vous ne me le dites pas! et je reste là à babiller quand je devrais être sur la piste de la louve!

— Voilà le seul mot à propos que vous ayez dit de la journée, dit sèchement Julien en le voyant s'enfuir à demi habillé et se glisser comme un chat dans l'ombre des corridors. »

Julien alla se mettre au lit; mais il eut un sommeil affreux. Il rêva que des assassins se jetaient sur lui, lui ouvraient la poitrine et en arrachaient son cœur tout palpitant, tandis que Quintilia, debout, immobile et pâle, vêtue d'une grande robe rouge, les regardait opérer avec un horrible sang-froid en leur tendant une boîte d'or ciselé toute pleine de sang.

XV.

Saint-Julien passa la journée enfermé dans sa chambre, résolu à se faire passer pour malade si la princesse le faisait demander. Mais elle ne le demanda pas; et, fatigué de souffrir seul, il sortit vers le soir pour se distraire un peu. Il se rappela alors l'étudiant dont il avait fait la connaissance la veille, et avec lequel il avait un rendez-vous à la taverne du Soleil-d'Or.

Il le trouva déjà à table, fumant vis-à-vis une cruche de bière non débouchée et de deux verres retournés.

Ils s'abordèrent cordialement; mais Saint-Julien ne put prendre sur lui d'être gai, et l'étudiant se chargea obligeamment de faire presque tous les frais de la conversation. Il se montra encore plus aimable que la veille, et ils restèrent ensemble jusqu'à onze heures du soir. Alors Spark se leva, disant qu'il était esclave de ses habitudes régulières, et qu'il ne se couchait jamais plus tard. Mais il lui proposa une partie de promenade pour le lendemain. Saint-Julien ne désirait rien tant que de fuir l'air de la cour : il fit demander le lendemain à Quintilia si elle n'aurait point d'ordre à lui donner dans la journée; et, comme elle lui fit répondre qu'il pouvait disposer de son temps le reste de la semaine, il ne passa à la résidence, durant plusieurs jours, que les heures consacrées au sommeil. Il employa toutes ses journées à errer dans les montagnes, tantôt seul, tantôt avec son étudiant allemand, qui, chaque jour, l'attirait par une sympathie plus vive.

Saint-Julien fut bientôt sous le charme de ce jeune homme, et il eût été difficile qu'avec son excellent cœur et l'élévation de ses sentiments il en eût été autrement. Spark était un de ces hommes d'une nature si droite et si harmonieuse qu'on les juge d'emblée, et qu'on n'a rien à retrancher par la suite à l'estime qu'on leur a vouée tout d'abord. Il était simple et franc, ne visait à aucune supériorité, et touchait juste à toutes choses ; il paraissait savoir plus qu'il ne disait, mais sa réserve n'avait rien de hautain. Il faisait des frais pour plaire, mais il n'allait pas jusqu'à cette insupportable coquetterie de langage qui rend l'esprit faux et le cœur sec. Il paraissait à la fois ferme et obligeant, sensible pour les autres et insouciant pour lui-même. Il avait en la Providence une confiance romanesque, mais non puérile, qui semblait être la conséquence d'une vie probe et d'un cœur généreux. Sa sensibilité n'était pas fougueuse et maladive comme celle de Julien ; et le jeune homme sentit de plus en plus chaque jour le besoin de s'appuyer sur la douceur et sur la sérénité de cette âme plus forte et plus calme que la sienne. Oppressé par son chagrin, dévoré d'incertitudes, ne sachant à quoi se résoudre à l'égard de la princesse et à l'égard de lui-même, il résolut de se confier à cet homme si intelligent, si bon, et pourtant si paisible, et de lui demander conseil. Il éprouvait bien quelque répugnance à ouvrir ainsi son cœur, car il n'était pas né expansif. Galeotto avait surpris ses secrets et ne les comprenait pas ; d'ailleurs le caractère de ce jeune courtisan était trop opposé au sien pour qu'il pût trouver quelque avantage dans sa société. Il avait l'art, au contraire, d'aigrir tous ses maux et d'envenimer toutes ses blessures.

Quoi qu'il pût lui en coûter, il prit le parti de consulter Spark, et, un matin que leur promenade les avait ramenés sur la colline où ils s'étaient rencontrés pour la première fois, il le pria de s'asseoir sur la bruyère, et de suspendre son cours d'observations botaniques pour en faire un de psychologie.

« Sur qui ? demanda Spark en souriant. Est-ce sur vous ou moi ?

— Ce sera sur moi si vous le permettez, mon cher Spark. J'ai un secret qui m'étouffe et que je ne puis dire à personne. Il faut que je vous le dise.

— De tout mon cœur, répondit l'étudiant. Je ne me récuserai pas en affectant une modestie désobligeante. Les gens qui ont peur d'écouter une confidence sont ceux qui craignent d'avoir un secret à garder ou un service à rendre.

— J'ai besoin, en effet, d'un très-grand service, dit Saint-Julien ; mais ce n'est pas votre bras que je réclame pour me tirer du mauvais pas où je me trouve, c'est votre cœur que j'appelle au secours du mien, c'est votre raison que je veux interroger ; c'est un bon conseil que je vous demande.

— C'est demander beaucoup, répondit Spark, et je ne vous promets pas de réussir. J'y ferai pourtant tout mon possible. Nous chercherons à nous deux, et Dieu nous aidera.

— Vous êtes vis-à-vis des choses qui m'intéressent dans une position tout à fait désintéressée, dit Julien ; vous ne connaissez point la personne dont j'ai à vous entretenir, et vous la jugerez simplement sur les faits que j'ai à vous raconter.

— Prenez garde, mon cher ami, dit Spark, cela est sérieux. Si vous dénaturez les faits et si vous en ignorez quelqu'un, nous pourrons bien porter un faux jugement.

— Vous jugerez seulement ceux que je sais et que je vous dirai ; et, comme vous ne serez pas sous le charme de la vipère, vous pourrez voir plus clair que moi.

— Il s'agit d'une histoire d'amour et d'une femme, à ce que je vois ?

— Il s'agit d'une femme. Connaissez-vous la princesse Quintilia ?

— Comment voulez-vous que je la connaisse ? il y a huit jours que je suis ici.

— Quelqu'un vous en a-t-il parlé ?

— Oui ; des bourgeois qu'elle a obligés, des pauvres qu'elle a secourus, m'ont dit que c'était une femme bienfaisante.

— Toutes ces femmes-là le sont, dit Julien.

— Quelles femmes ? demanda Spark avec beaucoup d'ingénuité.

— Ah ! Spark, s'écria Saint-Julien, je vois bien que vous ne la connaissez pas ; vous ne me demanderiez pas ce qu'elle est.

— Vous paraissez n'en avoir pas une haute opinion, dit Spark. Si votre opinion est arrêtée ainsi, pourquoi me consultez-vous ?

— Pour savoir si je dois la fuir et l'oublier, ou la poursuivre et la démasquer. Je vais vous raconter ce qui m'est arrivé depuis sept mois que j'ai quitté la maison paternelle. »

Spark écouta l'histoire de Julien avec beaucoup d'attention, mais avec tant de calme que le narrateur ne put, à aucun endroit de son récit, pressentir le jugement que portait l'auditeur. La belle et calme figure de l'étudiant ne fit pas un pli, et la fumée de sa pipe s'échappa par bouffées aussi régulières que la veille, lorsqu'il avait écouté Julien faire lecture de la Gazette d'Ausbourg à la Taverne du Soleil d'Or.

Quand Saint-Julien eut tout dit, Spark fit une espèce de grimace qui consiste à avancer un peu la lèvre inférieure, et qu'on peut généralement traduire par ces mots : « Tout cela ne vaut guère la peine que vous vous donnez. »

Après un instant de silence, il posa sa pipe sur le gazon, et lui dit :

« Mon ami, avant de vous dire ce que je pense de la princesse Quintilia, permettez-moi de vous dire ce que je pense de vous-même. Vous êtes très-noble, mais très-orgueilleux ; très-vertueux, mais très-intolérant ; très-sincère, et pourtant très-méfiant. D'où vient cela ? N'aurièz-vous pas été élevé par un prêtre catholique ?

— Oui, répondit Julien, et ce fut mon meilleur ami.

— Alors je comprends votre caractère ; et, tout en le reconnaissant pour très-beau (je vous parle strictement vrai), je voudrais que vous prissiez sur vous de le modifier et d'en équarrir l'écorce rude et noueuse. Je ne trouve point que le jeune page vous ait donné de bons conseils. Je le regarde comme un méchant cœur et un intrigant dangereux. Loin de railler, comme il le fait, l'austérité de vos principes, je les approuve rigoureusement, et je déclare que si votre princesse Quintilia était telle que vous la jugez aujourd'hui, vous feriez bien de la fuir et de l'oublier. Mais… » Ici Spark fit une pause et réfléchit ; puis il continua :

« Mais je crois que vous êtes absolument dans l'erreur sur son compte, et que c'est une excellente femme.

— Quoi ! malgré l'assassinat de Max ?

— Je ne crois pas à l'assassinat de Max, dit Spark en souriant ; je ne croirai jamais que la mort d'un homme soit suffisamment prouvée par son absence, et le meurtre d'un amant par une parole légère d'un côté et un froncement de sourcils de l'autre. Cette histoire me paraît bonne à endormir les petits enfants et à leur donner de mauvais rêves.

— Vous ne croyez pas au crime ? empêchez-moi d'y croire. Je ne demande pas mieux que d'ôter ce charbon allumé de mon cœur. Mais le vice, la débauche ?

— Oh ! oh ! la galanterie, vous voulez dire ? On peut être une femme galante et être une bonne femme. Pour moi, je n'aime pas les femmes galantes, mais je ne leur jette pas de pavés à la tête, et je passe auprès d'elles sans leur rien dire. Si la princesse Quintilia est ainsi, n'en dites pas de mal ; quittez-la et n'y pensez plus.

— Tout cela vous semble facile, Spark. J'ai l'âme dévorée de colère et de jalousie.

— Vous avez tort.

— Mais enfin, ce que je vous ai raconté vous prouve bien que cette femme…

— Ce que vous avez raconté ne me prouve rien, sinon que vous avez contracté dans vos chagrins l'habitude d'une malveillance fâcheuse. Otez, ôtez cela de votre cerveau ; c'est une mauvaise herbe.

— Mais, mon ami, une femme qui fait de pareils discours sur la candeur et le sentiment, et qui a pour amant, d'abord un Lucioli qu'elle traîne partout, et qui se vante partout de ses faveurs!...

— Hum! dit Spark, ce Lucioli me semble être un fat et un sot que je ne me ferais pas faute de rosser s'il tombait sous ma main et si j'étais ami de la princesse.

— S'il l'a décriée, c'est bien sa faute, à elle; pourquoi a-t-elle affiché comme un bouquet de noces?

— Parce qu'elle est bonne et confiante, comme elle vous l'a dit. Tout ce qu'elle vous a dit là, Saint-Julien, me paraît sincère; j'y crois. J'aime ce caractère, j'approuve ces idées. Je ne dis pas que ce soit un exemple à suivre pour les femmes qui ne veulent pas être calomniées et persécutées; mais pour un homme de cœur qui se moque de l'opinion d'autrui et qui ne s'en rapporte qu'à sa conscience, c'est une belle maîtresse à aimer toute sa vie.

— Vraiment! Spark, votre confiance me confond; je ne sais pas si j'ai envie de vous embrasser comme le meilleur des hommes ou de vous plaindre comme un fou.

— Comme vous voudrez, mon cher Julien; vous m'avez demandé ma façon de penser, je vous la dis.

— Et je donnerais un de mes bras pour la partager. Mais enfin cette montre, ce Charles de Dortan?

— Ce Dortan est un sot qu'elle aura mis à la porte au moment le plus hardi de la plaisanterie.

— Une femme qui se respecte fait-elle de semblables plaisanteries? Elle se soucie donc bien peu du danger qu'elle court? Plaisante-t-elle aussi avec la vengeance qu'un homme peut tirer? A la place de ce Dortan, je suivrais une pareille femme au bout du monde, et je la forcerais de tenir ses promesses, et je lui cracherais ensuite au visage. »

Le front de Spark se couvrit de rougeur, comme si l'idée d'une telle violence de ressentiment eût révolté son âme honnête et douce. Mais il reprit aussitôt son calme accoutumé, et dit d'un ton de certitude qui imposa à Julien:

« Cette histoire est fausse. Ce Charles de Dortan sera quelque garçon horloger qui aura porté une montre de sa façon à la princesse, et qui aura bâti toute cette niaise aventure pour se moquer de vous, ou parce qu'il y a des fats d'une rare impudence, ou parce que ce monsieur est fou.

— Vous arrangez tout pour le mieux, et je me suis dit tout cela sans pouvoir me le persuader radicalement. N'ai-je pas vu la joie avec laquelle elle a appris l'arrivée de ce masque inconnu?

— Qu'est-ce que cela prouve, s'il vous plaît? Ne saute-t-on pas de joie à l'arrivée d'un frère et même d'un ami? Les femmes sont plus démonstratives que nous, et les Italiennes le sont entre toutes les femmes.

— Mais ce Rosenhaïm est caché dans le pavillon. Cache-t-on ses amis?

— Souvent, surtout quand il s'agit de politique. Qu'est-ce que vous comprenez à la politique, vous? Et puis, il n'y a peut-être pas plus de Rosenhaïm dans le pavillon que de Max dans le tombeau.

— Vous ne croyez donc pas à la mort de Max?

— J'ai dans l'idée, au contraire, que ce prétendu cœur inhumé dans un coffret d'or bat bien chaud et bien joyeux à l'heure qu'il est.

— Mais la princesse elle-même le fait passer pour mort.

— Le fait-elle passer pour mort? Ah! en ce cas il est mort. Mais tout le monde peut mourir sans être aidé. »

Et Spark, reprenant sa pipe, se mit à la charger paisiblement.

« Les griefs qui vous restent contre elle, ajouta-t-il après avoir rallumé son tabac, sont donc son air cavalier, sa gaieté juvénile, son humeur pour les papillons, ses travaux politiques, sa soubrette Ginetta, sa camaraderie avec vous autres qu'elle traite en amis, comme une bonne femme qu'elle est, tandis que vous ne la comprenez pas... Et bien! à votre place, je l'aimerais de tout mon cœur, et je passerais ma vie à son service.

— Mais si j'acceptais tout cela comme vous, si je me remettais à croire en elle, j'en serais amoureux fou... et si elle ne m'aimait pas, je deviendrais le plus malheureux des hommes. Je suis absolu et entier dans tout, Spark. A la manière dont cette femme m'a bouleversé le cerveau, je vois bien que si je ne me guéris pas par la méfiance, il faudra que je me brûle la cervelle par désespoir.

— Non, dit Spark.

— Je deviendrai fou, vous dis-je, si elle ne m'aime pas.

— Non, vous dis-je, vous vous consolerez, vous vous guérirez. D'ailleurs elle vous aime beaucoup; tout ce qu'elle a fait pour vous le prouve bien.

— Oh! j'ai trop souffert de cette tranquille amitié; j'ai renfermé trop de tourments dans mon sein! cela ne peut recommencer.

— Vous êtes un ingrat. Vous m'avez dit que ces six premiers mois avaient été les plus beaux de votre vie. Écoutez, Julien: vous êtes aigri et malade; vous ne jugez pas bien votre position, vous ne vous connaissez plus vous-même. Croyez-en mon conseil. Avant de savoir de quoi il s'agissait, je ne pensais pas pouvoir trancher la question si hardiment; à présent je me sens une grande confiance en ma raison; les choses me semblent claires et indubitables. Voulez-vous me promettre de faire ce que je vous dirai?

— Je vous promets de le tenter, dit Julien.

— Renfermez-vous donc en vous-même, et fermez vos poumons à l'atmosphère empoisonnée du dehors; vivez avec Dieu et avec votre cœur, qui est bon; fuyez la cour, les envieux, les sots, les méchants, et surtout le petit page; restez auprès de la princesse, je veux lui servir de garant. Elle ne vous trompe pas. Je l'ai vue passer à cheval l'autre jour; elle a une grande bouche, un sourire franc, des yeux vifs et bons; j'aime sa figure et ses manières. Servez-la fidèlement, et ne croyez d'elle que ce qu'elle vous en dira. Si votre amour persiste et vous fait souffrir, dites-le-lui, parlez-lui-en beaucoup et souvent.

— Vous croyez qu'elle m'écoutera? dit Julien, dont les yeux brillèrent de joie.

— Sans doute elle vous écoutera, puisqu'elle vous a déjà écouté, elle vous plaindra, elle ne vous aimera pas plus qu'elle ne fait...

— Vous croyez? dit Julien redevenant triste.

— J'en suis presque sûr. Mais n'importe, parlez-lui toujours, elle vous consolera en redoublant de soins et d'amitié. Avec cette amitié-là, Julien, avec l'amour du travail, avec le bon témoignage de votre conscience et un peu de foi en la Providence, vous ne serez pas malheureux, croyez-en ma promesse.

— Et si avec tout cela je suis joué, reprit Julien, si au bout de dix ans d'une pareille vie je m'aperçois que j'ai bercé une chimère sur mon cœur?

— Vous aurez eu dix ans de bonheur, et vous serez en droit de dire à Dieu quand vous paraîtrez devant lui: « Seigneur, on m'a trompé, et je n'ai pas fait mal; on m'a fait du mal, et je ne me suis pas vengé! » Et vous verrez ce que Dieu vous répondra. Allez, on ne se repent jamais d'être bon, même dès cette vie. Quand on s'en repent, on cesse de l'être.

— Honnête et excellent ami! s'écria Saint-Julien en serrant vivement la main de Spark, je suivrai vos conseils, et je viendrai souvent chercher auprès de vous le baume céleste qui guérit les plaies de l'âme. »

Julien rentra au palais la poitrine soulagée d'une montagne d'ennuis, et, pour la première fois depuis bien des jours, il pria Dieu.

XVI.

Quintilia le fit appeler le lendemain matin. Elle avait l'air si heureux et si bon, que Saint-Julien se sentit tout disposé à suivre les conseils de Spark.

« J'ai des lettres à te dicter, lui dit-elle en lui tapant doucement l'épaule d'un air familier. Assieds-toi là et prends ta meilleure plume. »

Julien s'assit. La montre fatale était toujours sur le bureau; il sentit un mouvement de rage contre ce fâcheux accusateur, et feignant de la pousser gauchement avec son coude, il la jeta par terre.

La princesse s'en aperçut à peine; et quand il la ramassa en s'excusant de l'avoir brisée, elle parut fort indifférente à cet accident.

« Ginetta, dit-elle, emporte ma montre, que ce maladroit de Julien vient de casser. Il est décidé que je ne puis pas la garder, et qu'il lui arrivera toujours malheur. Fais-la raccommoder et garde-la pour toi. »

Julien regarda la princesse attentivement. Elle était aussi parfaitement calme que le jour où elle avait regardé en face M. Dortan sans paraître le reconnaître. Mais il lui sembla que la Ginetta rougissait un peu. Était-ce de plaisir d'avoir la montre, ou perdait-elle contenance devant tant d'audace?

Julien sentit la sienne augmenter, comme il lui arrivait toujours dans ses moments d'émotion; et regardant alternativement la princesse et sa suivante :

« La signora Gina, dit-il, connaît peut-être à Paris un horloger habile à qui elle pourra confier la réparation de cette montre!
— Pourquoi à Paris? dit la princesse; nous avons d'excellents horlogers à Venise. »

Elle n'avait pas changé de visage, et la Gina semblait être redevenue impénétrable. Saint-Julien insista obstinément.

« Si la signora Gina veut bien le permettre, c'est moi qui me chargerai de la réparation, puisque c'est moi qui ai causé le dommage.
— Arrangez-vous ensemble, dit la princesse, cela ne me regarde plus. La montre appartient à Gina.
— Et je l'enverrai, continua Saint-Julien, à un de mes amis qui habite Paris, et qui s'appelle Charles de Dortan. »

Gina se troubla visiblement. La princesse n'y prit pas garde, et répéta le nom de Charles de Dortan.

« Je crois qu'en effet son nom est sur cette montre, dit-elle en s'adressant à Ginetta. N'est-ce pas l'ouvrier à qui tu l'as confiée à Paris, après l'avoir jetée par terre comme Julien vient de faire?
— Oui, Madame, répondit Ginetta remise de son trouble, c'est un horloger qu'on m'a désigné comme très-habile, et qui, selon l'usage, a gravé son nom sur la boîte. »

Julien, frappé de tant d'assurance, et ne sachant plus que penser, tenta un dernier effort.

« Le hasard, dit-il, me l'a fait rencontrer à Avignon précisément le jour... »

Ginetta l'interrompit, et s'adressant à Quintilia :

« Votre Altesse ne se souvient-elle plus de cet homme qui voulait absolument lui parler?
— Non, dit la princesse avec un sang-froid imperturbable. Que voulait-il? ne l'avais-tu pas payé?
— Il m'avait beaucoup priée de le recommander à Votre Altesse, à laquelle il voulait vendre une pendule à musique, mais elle était de mauvais goût.
— Ah! dit la princesse d'un ton d'indifférence et de distraction; en ce cas, Julien, mets-toi à écrire; et toi, Gina, laisse-nous. »

Elle semblait n'avoir pas pris le moindre intérêt à cette délicate explication, et pourtant Saint-Julien se disait : « Il y a quelque chose là-dessous. Spark lui-même aurait été frappé de la rougeur de Ginetta. » Il prit sa plume et commença sous la dictée de la princesse.

« Monsieur le duc,

« Votre personne est charmante, votre esprit supé-
« rieur et votre emploi magnifique. Je compte écrire
« directement à votre auguste souverain, et le remercier
« de vous avoir choisi pour remplir cette importante et
« agréable mission auprès de moi. Il m'est impossible
« de vous voir aujourd'hui; et d'ailleurs j'ai besoin,
« pour répondre aux propositions de Votre Excellence,
« du plus grand calme et de la plus austère réflexion. Je
« craindrais de subir l'influence expansive de votre es-
« prit en traitant de vive voix une question si grave.
« Après mûre délibération, je me crois donc autorisée,
« par ma conscience et ma volonté, à refuser positive-
« ment l'alliance qui m'est offerte. Mes opinions sont
« invariables sur ce point, et vous les connaissez. La
« liberté de fait établie par moi, souverain absolu en vertu
« de pouvoirs absolus, etc., etc..... »

Saint-Julien écrivit sous sa dictée plusieurs lignes qu'il aurait pu tracer de lui-même, tant il était au fait des systèmes du potentat femelle de Monteregale.

Quand il eut terminé la partie politique de cette lettre (et nous en ferons grâce au lecteur, comme d'une chose étrangère à cette histoire), il continua sous la dictée de la princesse :

« Quant à la question que Votre Excellence m'a dit
« tenir en réserve en cas de refus définitif de ma part,
« je demande en grâce qu'elle me soit exposée sur-le-
« champ; car des occupations du plus grand intérêt pour
« moi vont me forcer à faire un petit voyage en Italie.
« Ce sera pour moi un grand regret que de voir abréger
« le séjour de Votre Excellence dans mes États, et j'au-
« rais vivement désiré qu'il me fût permis d'en jouir
« plus longtemps. »

— Ajoutez les formules d'usage, dit la princesse à Saint-Julien, et puis donnez-moi votre plume. »

Quand elle eut signé et fait mettre le nom du duc de Gurck sur l'adresse, elle sonna, et le page se présenta.

« Portez cette lettre à M. de Gurck, lui dit-elle, et rapportez-moi la réponse. S'il demande à me voir, dites que c'est impossible. »

Galeotto fut frappé de l'air froid et absolu de la princesse. Il eut besoin de rassembler tout son courage pour lui faire entendre qu'il avait un message secret pour elle.

« Je n'ai pas de secrets où vous puissiez être pour quelque chose, reprit-elle sèchement. Parlez devant M. de Saint-Julien, je vous le permets. »

Le page hésita; elle ajouta : « Je vous l'ordonne. »

Galeotto, banni des appartements particuliers depuis plusieurs jours sans en savoir la cause, avait beaucoup compté sur le moment où il lui serait permis d'approcher de la princesse. Il avait fait part à Julien de l'intention où il était de nuire au comte de Steinach, tout en feignant de le servir et tout en travaillant pour son propre compte. Mais, quoique ces projets ne fussent point un secret pour lui, il était vivement contrarié de l'avoir pour témoin de sa conduite. Rien ne paralyse la ruse comme l'œil d'un juge prêt à censurer notre maladresse ou à s'effrayer de notre perfidie.

Néanmoins il fallait parler. Il donna quelques mots d'une explication moitié plaisante, moitié mystérieuse, et finit en tirant de son sein une lettre renfermée sous trois enveloppes.

Mais Quintilia, devant qui le page avait mis un genou en terre, n'avança point la main pour recevoir la lettre, et lui ordonna de la décacheter et de la lire tout haut.

Galeotto se troubla. « M'avez-vous entendue? répéta la princesse.

Alors, prenant courage, Galeotto imagina de lire hardiment la lettre d'un ton pathétique et en feignant un trouble toujours croissant. C'était une déclaration d'amour du comte de Steinach, rédigée dans des termes aussi passionnés que son rang avait pu le lui permettre.

Le malin page la déclama d'une voix tremblante et comme s'il eût été frappé de l'application qu'il pouvait se faire des expressions timides et brûlantes de la lettre. Il affecta plusieurs fois de manquer de force pour achever une phrase et de tenir le papier d'une main tremblante. Enfin il joua si bien la comédie, que Saint-Julien en eût été dupe complètement sans le dernier entretien qu'ils avaient eu ensemble.

Mais la princesse ne parut émue ni de l'amour de Steinach, ni de celui que Galeotto feignait d'abriter timidement sous les ailes de la diplomatie sentimentale.

« Cela est pitoyable, » dit-elle, quand le page eut fini. Et, lui arrachant la lettre des mains, elle la jeta dans une corbeille de bambou qui était sous le bureau et dans laquelle elle avait coutume d'entasser pêle-mêle tous les papiers inutiles.

« Mais, tout mauvais que soit cet italien, ajouta-t-elle, le comte de Steinach, qui ne sait aucune langue, pas même la sienne, n'aurait jamais été capable de l'écrire. C'est vous qui avez composé ce pathos, Galeotto. » Et, sans attendre sa réponse, elle se tourna vers Julien.

— Écris sous ma dictée une autre lettre, lui dit-elle. Galeotto attendra, et les portera toutes deux à leur adresse. »

Elle lui dicta une formule de renvoi moqueuse et impertinente pour Steinach comme celle destinée à Gurch; elle la signa de même, la cacheta et la remit en silence à Galeotto. Le page voulut faire une question; elle lui ferma la bouche d'un regard et lui montra la porte d'un geste.

En attendant qu'il fût de retour, elle s'entretint amicalement avec Saint-Julien. Elle lui parut si franche et si bonne, qu'il céda au mouvement de son propre cœur et se sentit plus que jamais dominé par elle. Les souffrances qu'il avait éprouvées lui rendirent plus vives les joies qu'il retrouvait. Il bénit intérieurement les conseils de son ami et reprit confiance dans la vie.

Au bout d'une heure, Galeotto revint. Il s'était composé un maintien grave et froid; mais il cachait mal le dépit qu'il éprouvait d'avoir été si rudement traité par Quintilia. Elle était naturellement brusque et emportée; mais ordinairement elle oubliait en moins d'une heure ses ressentiments et jusqu'à la cause qui les avait produits. Cette fois pourtant, elle reçut le page aussi mal qu'elle l'avait congédié. Il voulut transmettre une réponse verbale de la part du comte de Steinach; elle lui dit: « Vous répondrez quand je vous interrogerai. » Puis, prenant la lettre de M. de Gurck, elle la décacheta et la passa à Julien.

« Lisez tout haut, lui dit-elle; et vous, monsieur Galeotto de Stratigopoli, asseyez-vous au bout de la chambre et attendez mes ordres. »

Saint-Julien lut:

« Madame,

« La réponse de Votre Altesse est tellement décisive, « que je croirais manquer au respect que je lui dois en « insistant davantage. J'obéis à l'ordre qu'elle me donne « en lui soumettant textuellement la réclamation de mon « souverain.

« Un envoyé de notre cabinet, portant le titre de che-« valier et le nom de Max, chargé, il y a quinze ans, de « représenter le prince de Monterégale au mariage de « Votre Altesse, s'est établi auprès d'elle avec le con-« sentement de ses protecteurs. Mais ayant été rappelé « au bout de quatre ans, il n'a point répondu aux or-« dres de sa cour, et jamais il n'a reparu. Il est sommé « aujourd'hui de rendre compte de sa conduite durant « cette longue absence et de se présenter devant moi, duc « de Gurck, fondé de pouvoir, etc., pour me remettre « certains papiers et répondre à certaines questions qui « doivent décider de son identité. A défaut de cet acte « de soumission de la part du chevalier Max, Votre Al-« tesse serait sommée de donner les preuves de son dé-« cès ou de désigner le lieu de sa retraite; et, à défaut « de cette satisfaction, elle serait reconnue en état d'hos-« tilité contre notre gouvernement, etc. »

— Fort bien, dit Quintilia. Reprenez votre plume et écrivez:

« Je ne reconnais à aucun souverain de la terre le « droit de me faire une demande arbitraire ou une ques-« tion absurde. Je n'ai aucun compte à rendre des actions « d'autrui; et jamais prince, petit ou grand, n'a été le « gardien des étrangers résidant sur ses terres. Tout ce « que je puis faire pour seconder les vœux de votre cour, « c'est de vous permettre de publier et d'afficher dans « mes États un ordre directement adressé au chevalier « Max de la part de son souverain. S'il se rend à cet « ordre, je serai charmée de voir cesser vos inquiétudes « à son égard. »

Quintilia signa, cacheta, et, s'adressant au page:
« Maintenant, Monsieur, lui dit-elle, qu'avez-vous à dire de la part de M. de Steinach?
— Le comte, au désespoir..., répondit Galeotto.
— Faites-moi grâce des phrases de M. le comte, interrompit Quintilia; à quoi se décide-t-il?
— Il se soumet à vos ordres.
— Quels ordres? je lui ai donné le choix: partir ou se taire.
— Il se taira.
— A la bonne heure. Celui-là n'est qu'un sot, et je ne veux pas l'offenser s'il ne m'y contraint pas. L'autre est un insolent. Allez porter ma lettre, et revenez. »

La princesse se remit à causer avec Julien de choses étrangères à ce qui venait de se passer. Elle avait tant de calme et de lucidité d'esprit, que Saint-Julien se déclara absurde dans ses soupçons.

Galeotto revint. Il demandait, de la part du duc de Gurck, la faveur d'un entretien particulier avant son départ.

« Nous verrons, répondit Quintilia; c'est assez s'occuper de ces messieurs pour aujourd'hui. C'est à vous que j'ai affaire, monsieur de Stratigopoli. Voici un billet que vous porterez à mon trésorier. Il vous comptera une somme qui vous mettra en état de voyager durant quelques années. C'est, je crois, l'objet de vos désirs. Vous trouverez bon que d'ici à quelques heures je dispose pour votre remplaçant de l'appartement que vous occupez dans le palais. Pour faciliter votre départ, j'ai commandé des chevaux de poste qui viendront vous prendre ce soir, et qui vous conduiront jusqu'à la frontière. Je vous prie de garder la voiture pour continuer votre voyage. Vous désignerez vous-même la route qu'il vous plaira de prendre. Je fais des vœux pour votre avenir, et j'ai l'honneur de vous saluer. »

Galeotto, frappé de la foudre, pâlit et balbutia; mais il vit dans les yeux de la princesse que l'arrêt était irrévocable. Il crut que Julien l'avait trahi. Incertain du parti qu'il prendrait, mais forcé d'obéir, et résolu à se venger, il s'inclina profondément et sortit sans dire un seul mot.

Saint-Julien voulut intercéder en sa faveur; mais la princesse lui imposa silence avec douceur, et lui permit d'aller faire ses adieux au page.

Il le trouva au bas du grand escalier, et témoigna sa surprise et son chagrin avec tant de candeur, que le page en fut ébranlé.

« Si vous n'êtes pas sincère en ce moment, lui dit-il, vous êtes le premier des fourbes et le dernier des hommes. Après tout, je n'en sais rien, je ne pense pas, je crois rêver. Je ne sais ni ce qui m'arrive, ni ce que j'éprouve, ni ce que j'ai à faire.

— Il faut faire semblant d'obéir, lui dit Julien, et attendre à la frontière l'ordre de votre rappel. Il est impossible que la princesse ait des griefs sérieux contre vous. Elle se sera doutée de votre liaison avec Steinach, et elle aura voulu vous effrayer. Mais je vous justifierai de mon mieux; Gina pleurera à ses pieds, et vous lui écrirez; elle se laissera fléchir.

— Je ne sais pas, je ne sais pas, dit le page d'un air méfiant. Je ne sais pas si vous ne me trahissez pas; je ne sais pas si la Gina ne me donne pas ce soir pour successeur le page de Steinach ou le chasseur de Gurck, tandis que la princesse recevra dans le pavillon mystérieux Rosenhaïm, qu'elle embrassait si tendrement cette nuit sur le seuil en l'appelant son *seul* amour, ou bien le duc de Gurck qui saura peut-être se faire craindre, ou le Steinach qu'elle fait semblant de rudoyer, ou le tendre

Julien qui a su cacher son indignation dévote, ou qui s'est fait tolérant... Je ne sais pas ce qui se passe dans la tête des autres; j'aviserai à voir clair dans la mienne. Si vous me trompez, monsieur le secrétaire intime, ne chantez pas encore victoire. Je ne me tiens pas pour battu, et souvent les choses qui semblent m'échapper sont celles dont je suis sûr, parce qu'alors il me prend envie de m'en emparer... Attendez... Venez avec moi chez le trésorier; je vous permets de répéter à la princesse tout ce que vous me verrez faire et dire. »

Ils entrèrent ensemble chez le trésorier, et Galeotto présenta le billet qui lui avait été remis cacheté. Lorsque le trésorier énonça la somme qu'il allait compter au jeune page, celui-ci eut un moment d'émotion. C'était beaucoup plus qu'il n'avait espéré dans sa petite ambition, et pendant un instant il abandonna l'idée singulière qui venait de le préoccuper. Mais tandis que le trésorier comptait l'argent, il se mit à marcher dans la salle avec anxiété. Cette petite fortune le mettait à même de satisfaire son goût pour les voyages, et d'aller se présenter d'une manière brillante dans quelque autre cour plus importante que celle de Monteregale. Mais, en même temps qu'il arrivait à l'accomplissement d'un vœu de plusieurs années, il renonçait à une entreprise conçue depuis quelques jours. Dans son amour pour l'intrigue, il avait caressé l'espoir de lutter avec l'expérience et ce qu'il appelait l'habileté de Quintilia. Il s'était proposé pour but de ses premières armes en ce genre d'écarter, ne fût-ce que pendant quelques jours, des rivaux plus hauts et plus arrogants que lui. L'emporter sur eux lui paraissait une satisfaction nécessaire à son amour-propre froissé. Enfin, tandis qu'une vanité cupide l'engageait à prendre l'argent et à chercher ailleurs un autre genre de succès, une vanité raffinée, un véritable dépit d'homme de cour, l'engageaient à sacrifier sa petite fortune à l'espoir incertain d'un frivole triomphe.

Ce dépit l'emporta, et au moment où le trésorier lui présenta une partie de sa fortune en or, et le reste en billets sur diverses banques étrangères qu'il avait désignées d'abord, il demanda du papier pour écrire un reçu, fit une déclaration d'amour à la princesse, et lui annonça qu'il n'avait besoin de rien au monde, puisqu'il allait mourir de chagrin; puis il redemanda le bon signé d'elle qu'il venait de remettre au trésorier; il le déchira, en mit les morceaux dans sa lettre, chargea le trésorier de la faire porter à Quintilia, jeta dédaigneusement les billets de banque sur la table, donna un coup de pied théâtral dans les piles d'or, et, tournant le dos au trésorier stupéfait, sortit sans emporter un écu.

Julien, qui ne vit dans cette conduite qu'un acte de fierté, trouva le mouvement très-beau et l'approuva. En même temps il mit tout ce qu'il possédait à la disposition du page.

« Je ne sais pas, je ne sais pas, répéta celui-ci, toujours sur ses gardes. Il est possible que vous soyez de bonne foi, il est possible aussi que vous me fassiez cette offre sans grand mérite. Quoi qu'il en soit, je n'ai besoin de rien; je ne vais pas loin, et vous ne serez pas longtemps sans entendre parler de moi. Vous pouvez dire cela à Son Altesse. La frontière est à trois lieues d'ici. On peut avoir un pied sur les terres du voisin et un œil dans la résidence... Adieu, adieu. Merci de votre amitié si elle est vraie; si elle est feinte, on saura s'en passer. »

Il monta en voiture en tenant le même langage, et laissa Julien très-offensé et très-affligé de ses doutes. Il demanda à voir la princesse, et lui rapporta la conduite magnanime du page, en la suppliant de le rappeler. Mais Quintilia, qui avait déjà reçu la lettre de Galeotto par son trésorier, ne parut point touchée de cette forfanterie. « Je ne puis pas lui faire grâce, dit-elle; cesse de me parler de lui, ce serait me déplaire en pure perte. Il l'accuse de lui avoir nui auprès de moi, mon pauvre Julien. Accepte cette injustice en châtiment de celles que tu as commises, et apprends, mon cher enfant, combien il est cruel d'être accusé quand on n'est pas coupable. »

XVII.

Saint-Julien, forcé d'abandonner la cause de Galeotto, alla passer la soirée avec Spark à la taverne du Soleil-d'Or. Il lui raconta ce qui était arrivé; et Spark, avec son optimisme habituel, déclara que le renvoi du page était une mesure fort sage de la part de la princesse et un événement fort heureux pour Saint-Julien. Il tâcha aussi de le consoler des soupçons injurieux de Galeotto, en lui disant que l'estime d'un pareil homme était presque une flétrissure.

Pendant que Spark parlait de la sorte, Saint-Julien crut voir derrière le rideau de coutil de la tente sous laquelle ils étaient assis l'ombre flottante d'un individu de petite taille qui semblait les écouter. Ils parlèrent tout à fait bas, et l'ombre disparut. Mais lorsque, onze heures ayant sonné, Spark, selon sa coutume, eut pris congé de son ami, Saint-Julien, au détour de la rue, qui était fort sombre en cet endroit, se sentit frapper sur l'épaule. Il se retourna vivement et vit un petit homme, enveloppé dans un manteau, qui lui dit à voix basse : « Tais-toi, je suis Galeotto. » Ils prirent une rue déserte et s'entretinrent à demi-voix.

« Eh quoi! dit Julien, te voilà déjà revenu? Il n'y a pas plus de six heures que je t'ai vu monter en voiture.

— Il n'en faut pas tant dans un empire où l'on ne peut pas tirer sur un lièvre sans risquer de tuer le gibier de ses voisins. Je me suis fait descendre à la frontière; j'ai pris une tasse de chocolat et mis mon porte-manteau à l'auberge; puis, prenant par la route des montagnes, je suis revenu à la résidence sans rencontrer personne. Oh! doucement, madame Quintilia, vous n'avez pas encore de Sibérie à votre service. Mais écoute, Julien; je sais à quoi m'en tenir sur ton compte. Tu m'as trahi sans le vouloir et sans le savoir; tu t'es trahi toi-même; tu as été confiant comme de coutume, et il faut bien que je te pardonne de m'avoir rendu victime de ta niaiserie, car je présume que tu le seras à ton tour avant peu. Apparemment qu'on a encore besoin de toi, puisqu'on ne nous a pas renvoyés ensemble.

— Que veux-tu dire? demanda Saint-Julien.

— Écoute, écoute, répliqua le page; j'ai entendu ta conversation avec cet étudiant, que le diable emporte et dont je ne sais pas le nom.

— Il s'appelle Spark, et c'est le meilleur des hommes.

— Tant mieux pour la Quintilia; il est son amant, et il paraît qu'il nous recommande au prône. Pauvre homme! nous pourrons le récompenser de sa peine quelque jour. Le règne d'un homme n'est pas ici de longue durée; il y a du temps et de l'espoir pour tout le monde.

— Galeotto, je crois que vous êtes fou, dit Saint-Julien; vous croyez que Spark est l'amant de la princesse. Il ne la connaît pas; il arrive de Munich. Il l'a vue passer l'autre jour pour la première fois; il n'a jamais mis le pied au palais...

— Belles raisons! demandez à M. de Dortan comment on fait connaissance avec les dames. Votre fumeur allemand a la taille assez bien prise, et son fade visage blond vaut bien les favoris teints de Lucioli. Il a vu passer la princesse l'autre jour.

— Quand cela, l'autre jour? est-ce hier?

— C'est bien tout ce qu'il faut, je crois. S'il l'a vue passer, c'est qu'il passait aussi apparemment, ou bien il était assis la toque sur l'oreille et la pipe à la bouche. Madame Quintilia ne fume-t-elle pas comme une Géorgienne? Cette pipe l'aura charmée. Elle lui aura fait un signe, ou Ginetta aura porté un petit billet.

— Galeotto, la tête vous tourne; le soupçon devient votre monomanie; si vous continuez ainsi, vous prendrez votre ombre pour un voleur.

— Seigneur Candide, dit le page, savez-vous lire et connaissez-vous l'écriture de la princesse?

— Eh bien! eh bien! qu'as-tu? dit Julien tout tremblant.

Ajoutez les formules d'usage... (Page 37.)

— Approchons de cette lanterne, dit Galeotto, et lisez ce billet, que M. Sparco ou Sparchi, je ne sais comment vous l'appelez, a laissé misérablement tomber de sa poche tout à l'heure, tout en se donnant avec vous les airs d'un profond scélérat. »

Saint-Julien reconnut sur-le-champ l'écriture de Quintilia, et lut avec stupeur ce peu de mots :

« Puisque je ne puis voir Rosenhaïm au pavillon cette « nuit, j'irai te trouver, cher Spark; laisse ouverte la « porte de la maison qui donne sur la rivière. »

« Tu vois, dit Galeotto, que M. Sparchi est un bon diable, très-accommodant, point jaloux et vraiment philosophe. Nous autres, nous aurions peut-être le sot orgueil de vouloir au moins être rois absolus pendant trois jours. Peu lui importe; à ce bon Allemand, qu'une belle princesse vienne le trouver la nuit. Il ôtera sa pipe de sa bouche pour dire : « Eh! eh! » Mais que le pavillon et M. de Rosenhaïm aient la préférence et remettent son bonheur au lendemain, » il reprendra sa pipe en disant : « Ah! ah! » Eh bien! Julien, qu'as-tu à faire cette mine de tortue en colère? Marchons.

— Où veux-tu que nous allions?

— Au bord de la rivière. Nous verrons passer la princesse incognito ; et nous aurons soin de baisser les yeux comme les sujets du prince Irénéus, lorsqu'ils le rencontraient vêtu de cette fameuse redingote verte qui, au dire de tout le monde, le rendait méconnaissable.

— Galeotto, dit Julien avec angoisse, je crois que tu es le diable. »

Ils passèrent quelque temps à chercher, autour de la maison que Spark habitait, une cachette convenable. Cette maison appartenait à un menuisier qui avait consenti à la céder tout entière pour quelque temps. Spark y vivait donc seul et ignoré dans l'endroit le plus désert de la résidence. Ses fenêtres donnaient sur la Célina et sur des massifs de saules où les deux amis purent facilement se cacher. Un quart d'heure après minuit, le silence fut troublé par un léger bruit de sillage, et ils virent glisser devant eux une petite barque montée par deux hommes.

« Ce n'est pas cela, dit Julien.

— Silence! dit Galeotto. Il me semble que je reconnais le coup de rames. La Gina est fille d'un gondolier de Venise. »

Saint-Julien... se sentit frapper sur l'épaule. (Page 39.)

La barque vint aborder tout près d'eux, et un des deux hommes se pencha pour amarrer à un des saules du rivage, tandis que l'autre, sautant légèrement sur la grève, lui dit à voix basse :
« Tu m'attendras ici.
— Oui, Madame, répondit-il ; » et tandis que le premier gagnait d'un bond la porte de la maisonnette, le prétendu batelier se roula dans son manteau et se coucha au fond de la barque.
« Gina, dit le page d'une voix flûtée en se penchant vers elle. »
La Gina tressaillit, se leva et regarda autour d'elle avec inquiétude ; mais le page s'était rejeté dans l'ombre et s'y tenait immobile. Elle crut s'être trompée et se recoucha dans la barque. Galeotto prit le bras de Julien, et l'emmena sans bruit à distance de la rivière.
« Maintenant diras-tu que je suis le diable et que je fais passer des fantômes devant tes yeux ? lui dit-il.
— Galeotto, répondit Julien, vous me faites faire de tristes rêves ; mais si quelqu'un joue ici le rôle de Satan, c'est cette femme impure qui a sur les lèvres de si chastes paroles au service de son impudente fausseté. Mais dites-moi donc pourquoi elle est ainsi avec nous ? Que ne nous traite-t-elle comme Dortan, comme Spark et comme Rosenhaïm ? Pourquoi ne recevons-nous pas le matin un rendez-vous pour le soir sans autre cérémonie ? A quoi bon la peine qu'elle prend pour nous inspirer du respect et de la crainte ?
— Vous ne le savez pas, dit Galeotto en riant. C'est que nous vivons auprès d'elle, et qu'elle a besoin de serviteurs qui la craignent et de dupes qui l'admirent. Et puis les femmes blasées deviennent romanesques, c'est-à-dire dépravées de cœur et de tête. Elles mettent fort bien à part le plaisir et à part le sentiment. La confiance niaise d'un enfant comme vous les amuse et flatte leur vanité. C'est une occupation de la matinée, en attendant l'amant du soir, qui est aimable à sa manière sans faire tort à la vôtre. De quoi vous inquiétez-vous ? vous avez le beau rôle.
— Par l'éternelle damnation de l'enfer ! s'écria Julien, c'est un rôle abject et stupide. »
Galeotto éclata de rire. « Bonsoir, lui dit-il. Je vais demander asile à une *demoiselle* de ma connaissance ; toi, retourne au palais et prépare un sonnet pastoral

pour le présenter demain dans un bouquet sur l'assiette de Son Altesse. »

Saint-Julien, au lieu de se retirer, alla se cacher sous les saules jusqu'au moment où Quintilia sortit de la maisonnette. Spark lui donnait le bras. Il l'accompagna jusqu'au bord de la barque, et s'arrêtant sous les saules, à trois pas de Saint-Julien, il l'embrassa. Ce baiser fit involontairement tressaillir Saint-Julien, et le cœur lui battit violemment.

Gina se réveilla en sursaut lorsque sa maîtresse sauta dans la barque.

« Rentrez vite, dit Quintilia au jeune Allemand. »

Il obéit; mais il resta à sa fenêtre jusqu'à ce que la barque se fût perdue dans la brume. Saint-Julien, caché sous les saules, la suivait aussi des yeux. La princesse avait ôté son chapeau, le vent agitait ses cheveux, elle était debout et belle comme un ange sous son costume d'homme.

XVIII.

Pendant le reste de la nuit, Saint-Julien fut en proie à des angoisses plus vives que toutes celles qu'il avait déjà éprouvées. Décidément il méprisait Quintilia; car la découverte de cette dernière turpitude confirmait toutes les autres. Pour mentir ainsi, il fallait avoir l'assurance que donne une longue carrière de vices. « Mais, se disait Saint-Julien, pourquoi prendre tant de soin avec moi et si peu avec les autres? Pourquoi ne s'est-elle pas confiée à moi comme elle se confie à Spark? Elle ne le connaît pas, et elle se jette dans ses bras aujourd'hui sans avoir le moindre souci du mépris qu'il aura pour elle demain matin. Assez orgueilleuse pour repousser les insolentes prétentions de Gurck et de Steinach, elle se livre le même soir à un pauvre étudiant dont elle sait à peine le nom. Pourquoi ne s'est-elle pas montrée à moi telle qu'elle est? Je l'aurais aimée peut-être, et du moins l'affection que j'aurais eue pour elle ne m'aurait pas rendu malheureux. Franche, hardie et galante, je l'aurais aimée comme un homme. J'aurais été discret comme la Ginetta, s'il l'avait fallu; et du moins, lorsque j'aurais causé avec elle, je n'aurais pas été sur un continuel qui-vive. Je n'aurais pas joué un rôle ridicule; je ne me serais pas laissé subjuguer par de fausses vertus. Une telle femme ne m'eût pas inspiré d'amour; mais, du moment qu'elle m'aurait loyalement avoué ses faiblesses, je ne me serais pas cru en droit de la mépriser. Par combien de hautes facultés et de qualités nobles ne pouvait-elle pas racheter un vice! J'aurais été tolérant, l'amitié peut l'être. Croyait-elle ne pouvoir faire de moi son ami sans monter sur un piédestal et sans diviniser en elle la boue humaine? Elle n'est pas si craintive, elle qui fait gloire de pardonner à ceux que les hommes condamnent. Croyait-elle pouvoir se farder de tant de perfections sans me forcer à l'aimer passionnément? Oh! elle n'est pas si ingénue; elle sait ce qu'elle veut et ce qu'elle peut. Mais que voulait-elle de moi? Elle m'a pris par caprice comme elle avait pris Dortan, comme elle prend Spark; et pourtant elle n'a pas fait de moi son amant. Elle m'a traité comme un personnage politique dont l'estime lui serait utile, et elle a mis en œuvre toute l'habileté d'une fille de Satan pour me fermer les yeux à l'évidence. Oh! la savante comédie que de me jeter une clef qui ouvrait sans doute un coffre vide, et de me dire tout ce qui devait empêcher un homme d'honneur de la ramasser! Elle a pleuré vraiment! et moi aussi. O dérision! Est-ce ainsi, mon Dieu, qu'on se joue de ceux qui croient en votre nom! Mais enfin pourquoi ces raffinements d'hypocrisie avec moi? Elle laisse croire aux autres tout ce que bon leur semble; elle ne s'est jamais expliquée avec Galeotto, et c'est pour moi seul qu'elle s'impose un rôle si magnifique. »

Julien rentra au palais et se retourna cent fois dans son lit, cherchant toujours une réponse à cette question. Il n'en trouva pas d'autre que celle que Galeotto lui avait faite : c'est que Quintilia, en femme raffinée voulait essayer de tout, même de ce dont elle n'était pas capable; c'est qu'elle voulait satisfaire sa vanité ou sa curiosité en inspirant un véritable amour, en contemplant du sein de la débauche le spectacle, nouveau pour elle, des souffrances timides d'un cœur pur. Ce n'était qu'un essai qu'elle voulait faire, une scène ou deux à bien jouer, un amusement à se donner gratis; c'était une partie engagée avec un partenaire qui mettait tout son avoir et qui devait perdre ou gagner sans qu'elle risquât rien au jeu.

Cette idée transporta Julien de colère; il ne put dormir et alla courir les bois toute la journée. Il aperçut Spark dans un sentier et s'éloigna précipitamment. Il ne savait plus que penser de son ami. Tantôt il le regardait comme un intrigant spirituel, capable de parler des jours entiers sur la vertu, mais capable aussi de frayer gaiement avec le vice; tantôt il le regardait comme un intrigant plus fourbe que Quintilia elle-même et faisant pour elle le métier d'espion.

Il rentra le soir, harassé de fatigue, et monta à sa chambre, incertain s'il se coucherait ou s'il se ferait servir à souper. Il trouva sa porte fermée en dedans au verrou, et une espèce de voix de bal masqué lui glissa *qui est là?* au travers de la serrure.

« Parbleu! qui est là vous-même? répondit-il, je suis moi, et je veux rentrer chez moi. »

Aussitôt la porte s'ouvrit, et il recula de surprise en voyant Galeotto. « Silence! pas d'exclamations! dit le page; j'ai trouvé plaisant de me cacher dans le palais même et de choisir ta chambre pour mon asile. Je me suis glissé, avec la nuit, par les jardins, et j'ai pris le petit escalier. Me voici installé, personne ne s'en doute; mais que Dieu te maudisse pour m'avoir fait attendre ainsi ton retour! Je n'ai pas soupé, je meurs de faim. Ah çà! toi qui peux circuler dans les corridors, va me chercher bien vite quelque perdrix froide aux citrons, avec deux ou trois bouteilles du meilleur vin qui te tombera sous la main; et si dans ton chemin tu vois passer quelque gelée aux roses ou quelque pastèque confite d'Alexandrie, ne néglige pas de te l'approprier ces douceurs. Un page italien ne se nourrit pas comme un groom anglais; et depuis que j'ai changé de régime, je me sens tout spleenétique. »

Saint-Julien ne fut pas fâché de retrouver son malicieux compagnon; l'ironie était la seule distraction dont il se sentit capable en cet instant. Il se glissa dans les offices, et revint avec un faisan, deux bouteilles de vin de Chypre et un gâteau de pistaches.

Ils fermèrent les fenêtres, baissèrent les rideaux et poussèrent tous les verrous, après quoi ils se mirent à souper. Les railleuses folies de Galeotto et la chaleur du vin fouettèrent peu à peu les esprits de Julien, et, au lieu de s'endormir sur sa chaise, comme d'abord il en avait menacé son compagnon, il tomba dans un état d'exaltation moitié fébrile et moitié bachique qui divertit singulièrement le malin page. Après une heure de babil, il se calma tout à coup, et devint si sombre que Galeotto, n'en pouvant plus tirer une parole, prit le parti de se jeter sur le lit et de s'assoupir.

Saint-Julien ressentait d'assez vives douleurs à la tête et à la poitrine; mais il était tout à fait dégrisé, il ne lui restait qu'une exaltation nerveuse qui le disposait à la colère.

« Non, se disait-il en marchant lentement dans sa chambre, à la lueur rouge d'une lampe prête à s'éteindre, non, il n'en sera pas ainsi. Je n'aurai pas été pris pour jouet et pour passe-temps; on ne m'aura pas mis dans une collection pour me regarder à la loupe comme un des insectes de M. Cantharide; je ne m'en irai pas sottement promener au loin la blessure que m'a faite une flèche empoisonnée, tandis qu'on fera la description de mon cerveau lunatique et la dissection de mes phrases de roman entre une séance métaphysique et une joyeuse prouesse de nuit. Je ne laisserai pas incruster l'épisode du secrétaire intime dans les annales galantes de la cour ou dans les mémoires secrets de la princesse. Si M. Spark ou quelque autre rédige le chapitre, je veux lui fournir un dénoûment digne de l'exposition. Voyons! voyons! Galeotto, ne dors pas comme une huître, et dis-moi la première parole qu'on adresse à une princesse quand on sort de dessous son lit.

— Ah! c'est selon, dit Galeotto en bâillant; on se jette à genoux et on demande pardon d'une voix étouffée; ou bien, et c'est le mieux, on ne dit rien, et on demande pardon plus tard.

— Si elle crie, que fait-on?
— Fi donc! est-ce qu'une femme crie?
— Mais si elle se met en colère?
— Est-ce qu'on est un sot?
— On n'en est pas dupe, bien. Mais si la crainte d'être surprise et l'inopportunité du moment lui donnaient de la vertu...

— Quand on a entrepris de pareilles choses, on n'hésite pas, quels que soient les premiers obstacles. Être insolent à demi, c'est faire la plus sotte figure possible; il vaudrait cent fois mieux ne l'être pas du tout. En toutes choses, pour réussir il faut oser; et quand on est audacieux on a quatre-vingt-dix-neuf chances pour soi, tandis que la vertu des femmes n'en a qu'une.

— Soit... Bonsoir, Galeotto. Dans une heure j'aurai disparu comme Max le bâtard, ou je serai vengé comme il convient à un homme.

— Par le diable! es-tu devenu fou, Julien? Où vas-tu? qu'as-tu dans la cervelle?

— De quoi parlons-nous depuis deux heures?
— Ma foi! je n'en sais rien. Nous parlons sans rien dire, en conséquence de quoi tu vas te faire assassiner.

— Il me faut ce danger pour me donner du cœur. Si ce n'était pas un acte de témérité, ce serait une lâcheté insigne. Je n'aurais jamais le courage d'embrasser cette femme si je n'y risquais pas un coup de poignard.

— Et si tu n'avais pas bu une dose exorbitante de vin de Chypre. Est-ce que ces entreprises-là te conviennent? Allons donc! tu es fou Julien. Regarde-moi en face, ne me vois-tu pas double?»

Julien s'arrêta et le regarda en face.

« Ma foi! tu me fais peur, dit-le, le page, tu as l'air d'un spectre très-sournois. Mais songe que si tu n'es gris qu'à demi... il y a encore du vin, achève la bouteille.

— Je ne suis pas gris du tout, dit Julien; je suis offensé. Je veux me venger, voilà tout.

— Eh bien! s'écria Galeotto, tu as raison. Par la barbe que j'aurai peut-être un jour, c'est une idée que tu as là! Si j'étais dans la même position que toi, je l'aurais déjà risqué. Pour moi qui veux réussir pour mon compte, c'est bien différent. Mais tu es trop vertueux, toi, pour y chercher autre chose qu'une sainte vengeance. Va, mon fils, et que Dieu te protège! Mais prends mon stylet et laisse-moi aller avec toi jusqu'à la porte.

— Non, dit Julien, il ne faut pas qu'on te voie; et quant à le poignard, si je l'avais, je serais trop tenté d'assassiner la femme au lieu de l'embrasser.

— Un instant, un instant! pour Dieu, un instant! dit Galeotto, c'est une idée plaisante; mais ne te dépêche pas comme si c'était une idée raisonnable.

— Était-ce une idée raisonnable que de jeter l'argent au nez du trésorier et de partir les mains vides? Je puis bien risquer ma vie pour sauver mon honneur, quand vous sacrifiez votre fortune pour satisfaire votre vanité. Allons, c'est assez.

— Mais, Saint-Julien, songez un peu à ce que vous allez dire d'abord. Ne soyez pas impertinent pour commencer. Flattez, pleurez, et puis tombez dans le délire; sanglotez, menacez, demandez pardon, et que des paroles humbles et suppliantes fassent passer les actions les plus hardies. Entendez-vous, Saint-Julien? c'est le rôle que vous devez jouer. Si vous preniez un air de matamore, cela ne vous irait pas du tout, elle verrait que vous vous moquez. Laissez-lui croire jusqu'à la fin que c'est elle qui se moque de vous; et quand elle vous aura pris en pitié, quand elle croira que vous êtes transporté de joie et de reconnaissance, alors dites tout ce que vous voudrez. La colère parle toujours bien, mais elle écrit encore mieux. Écrivez, Julien, et sauvez-vous.

— Oui, demain, répondit Saint-Julien.
— Et ce soir priez et sanglotez.
— Laissez-moi faire, je n'aurai qu'à me rappeler ce que j'ai été, et je dirai mon amour passé comme on récite un rôle; adieu. »

Il prit la lumière, et, sans faire attention à Galeotto, qui continuait à lui donner ses instructions, il sortit et le laissa dans l'obscurité.

A peine le page fut-il seul, qu'il se demanda si Julien ne faisait pas la plus grande sottise du monde. Il l'avait un peu poussé pour voir comment l'événement justifierait ses idées générales sur les femmes, qu'il jugeait depuis longtemps ne connaissait pas encore, et pour savoir quelle dose de fierté et d'effronterie possédait Quintilia. Il s'était promis de profiter également des succès ou des fautes de Saint-Julien, et il n'était pas fâché de le voir se mettre en avant et accaparer tous les dangers de l'entreprise.

Néanmoins la peur le prit en songeant qu'au cas où Saint-Julien ferait une maladresse, il serait perdu par contre-coup, si on le trouvait dans sa chambre. Il pouvait passer pour son complice; et quoique Galeotto eût souvent traité l'histoire de Max de conte de bonne femme, il y croyait fermement. Il n'était pas très-brave, et sa délicate constitution excusait assez cette faiblesse d'esprit. Il songea donc à se mettre au large pour commencer et à s'enfuir par le petit escalier; mais, à sa grande surprise, il le trouva fermé en dehors, et tous ses efforts pour ébranler la porte furent inutiles; alors il se décida à traverser l'intérieur du palais, au risque d'être rencontré et reconnu dans les corridors. Il n'y avait probablement pas d'ordre donné contre lui, et dès qu'il aurait gagné les jardins, il était bien sûr de s'échapper; mais une secrète terreur le pénétra lorsqu'il vit que Saint-Julien, dans sa distraction, avait fermé la porte en dehors en retirant la clef. Il fallut se résigner à l'attendre, et il se rassura un peu en se disant que Saint-Julien était capable de revenir amoureux après s'être prosterné devant la princesse. « Au fait, se dit-il, j'aurais une bien pauvre idée de Quintilia si elle ne réussissait à jouer encore une fois un fou qui a la bonté de la prendre au sérieux. »

XIX.

Saint-Julien se glissa par des passages dérobés jusqu'au cabinet de toilette de la princesse. Il l'ouvrit sans bruit, traversa dans l'obscurité la chambre à coucher, et s'approcha avec précaution de son cabinet de travail, d'où il voyait s'échapper par la porte entr'ouverte un pâle rayon de lumière. En appliquant son visage à cette fente, il put voir et entendre ce qui se passait dans le cabinet.

Quintilia était couchée dans un hamac de soie des Indes. Elle était vêtue d'une robe ample et légère, et ses cheveux dénoués tombaient sur ses épaules nues. La Ginetta, assise sur un pliant, balançait mollement le hamac, dont elle tenait les tresses d'argent dans sa main. Une lampe d'albâtre suspendue au plafond répandait une lueur voluptueuse, et des parfums exquis s'exhalaient d'un réchaud de vermeil allumé au milieu de la chambre.

« Je suis horriblement lasse, dit la princesse, parle-moi, Ginetta, empêche-moi de m'endormir.

— Vous menez une vie trop rude, répondit la soubrette. Tout le jour aux affaires et toute la nuit aux amours. A peine dormez-vous quatre heures le matin. Certes, ce n'est pas assez.

— Tu parles pour toi, ma pauvre enfant, et tu as raison. Je te fais courir toute la nuit, et tu dois souvent me maudire. Mais ne peux-tu dormir le jour, toi qui n'as rien à gouverner?

— Ah! Madame, qui est-ce qui n'a pas ses soucis?
— Est-ce que tu as des soucis, toi? Voilà déjà que tu es consolée de la perte de Galeotto.

— Comment ne le serais-je pas? un monstre qui nous calomnie toutes deux!

— Ginetta, Ginetta! vous êtes une volage, et vous

avez raison si cela vous sauve des chagrins. Je ne me mêle pas de vos sentiments; je ne sais si vous êtes blâmable, mais je ne veux voir en vous que ce qu'il y a de bon : votre discrétion à toute épreuve, votre dévouement.

— Et ma reconnaissance, dit la Ginetta; car je vous en dois une bien grande.

— Et pourquoi, mon enfant?

— Parce que vous avez été bonne envers moi, et c'est tout ce que je sais de vous. Je ne m'occupe pas du reste ; et quand je ne comprends pas, je ne cherche pas à comprendre. Ah! Madame, voilà que vous vous endormez!

— Vraiment, je ne puis m'en empêcher. Écoute, Ginetta, quelle est l'heure qui sonne?

— Minuit.

— Eh bien! puisque nous ne partons qu'à une heure, j'aime mieux dormir ce peu de temps et me réveiller après, quoi qu'il m'en coûte, que de lutter ainsi contre la fatigue. Laisse-moi donc m'assoupir, et réveille-moi quand il le faudra.

En ce cas je vais m'occuper dans ma chambre; car si je reste ici dans ce demi-jour, je vais m'endormir aussi.

— Va, mon enfant, et sois toujours bonne et fidèle. »

Saint-Julien entendit Ginetta sortir par la porte opposée et la refermer sur elle. Il attendit trois minutes, et quand il se fut assuré que la princesse commençait à s'endormir, il entra sur la pointe du pied et s'approcha d'elle.

Maintenant qu'il ne l'aimait plus et qu'il la regardait comme une courtisane, il était plus effrayé qu'enivré des voluptés qui semblaient nager autour d'elle; et en même temps qu'un trouble pénible oppressait sa poitrine, un sentiment de curiosité avide l'excitait à l'insolence. Il pouvait compter les pulsations de son cœur et respirer son haleine embrasée. En se laissant aller à ses impressions naturelles, il sentait un mélange de désir et de crainte; mais lorsqu'il se rappelait l'amour insensé qu'il avait eu pour cette femme, il ne sentait plus que le besoin de la vengeance. Cependant, tout en contemplant cette figure noble, embellie par le calme du sommeil, il se prit malgré lui à douter de l'infamie dont il la croyait marquée au front. Ce front était si pur, sous ses longs cheveux noirs; cette attitude accablée marquait tant d'oubli du moment présent, tant d'insouciance de ce qui se passait dans l'âme de Julien, qu'il fut comme frappé d'un respect involontaire. Il la regardait attentivement, cherchant à surprendre, dans le secret de ses rêves, dans l'agitation de son sein, la révélation immédiate d'un caractère avili et d'une habitude de dépravation. Une syllabe furtive échappée de ses lèvres, un soupir lascif, eussent suffi pour lui donner l'insolence qui lui manquait; mais un sommeil tranquille ressemblait tellement à l'innocence, que Saint-Julien fut un instant sur le point de se retirer sans bruit et de renoncer à son entreprise.

Cependant le souvenir de Galeotto, qui l'attendait et qui se moquerait de lui, le fit rougir de sa timidité; et songeant que les moments étaient précieux, il résolut de déposer un baiser sur les lèvres de Quintilia; mais en vain il se pencha vers elle, il ne put s'y décider, et il se contenta de baiser sa main.

« Qu'est-ce donc? lui dit-elle en s'éveillant sans trop de surprise et sans la moindre frayeur.

— C'est celui qui vous aime et qui se meurt pour vous, lui répondit-il.

— Julien! dit-elle en se soulevant sur un bras, comment cela se fait-il? quelle heure est-il? où sommes-nous? qui a pris ma main? que veux-tu et que dis-tu?

— Je dis qu'il faut que vous ayez pitié de moi ou que je meure, » dit Julien en se jetant à ses pieds et en essayant de reprendre sa main; mais elle la lui tendit d'elle-même, et lui dit avec douceur :

« Eh! mon Dieu! que t'est-il arrivé, mon pauvre enfant? D'où vient que tu es entré ici? Quel malheur te menace? Que puis-je faire pour toi?

— Ne le savez-vous pas?

— Non, je ne sais rien; je dormais. Que se passe-t-il? que t'a-t-on fait?

— Ah! s'écria Julien, dominé par l'indignation, vous êtes fort habile, en vérité; vous feignez de ne pas savoir les choses les plus simples, et pourtant...

— Et pourtant quoi? » dit Quintilia stupéfaite en se mettant sur son séant.

Alors, s'apercevant qu'elle avait les épaules nues, elle n'en témoigna pas un grand trouble et lui dit : « Mon cher enfant, je te prie de me donner un châle, et puis tu m'expliqueras ce qui t'afflige et te trouble si fort. »

Saint-Julien pensa qu'elle ne lui demandait son châle que pour qu'il songeât à l'admirer ses épaules. Il l'entoura de ses bras en s'écriant : « Restez ainsi, restez ainsi, écoutez-moi!

— Julien! vous êtes égaré, lui dit-elle en le repoussant avec douceur; il est impossible que vous n'ayez pas quelque chose d'extraordinaire : dites-moi donc vite ce que c'est; car vous m'effrayez, et je ne vous reconnais plus.

— Bon! pensa Julien, elle fait semblant d'oublier son châle; elle fait semblant de ne pas me comprendre pour que je m'enhardisse davantage. Elle veut avoir l'air de se laisser surprendre; le moment est venu, et elle m'aide merveilleusement.

— O Quintilia! s'écria-t-il, ne sais-tu pas que je t'adore et que je perds la raison en voulant essayer de te vaincre? Ne sais-tu pas que cela est au-dessus des forces humaines, et qu'il faut te fléchir ou mourir? »

En même temps qu'il la serrait dans ses bras, il sentit s'allumer en lui les feux du désir; et, oubliant sa haine et son ressentiment, il n'eut plus besoin de feindre. Il se conjura avec ardeur, il déroba sur ses bras nus des baisers brûlants; et comme elle le repoussait sans colère et cherchait à le ramener à la raison par des paroles affectueuses et compatissantes, il crut qu'il pouvait s'enhardir, et il employa la force pour baiser ses cheveux flottants sur son cou. Mais il n'avait pas prévu ce qui arriva.

La princesse se leva tout à coup, et, l'éloignant d'un bras vigoureux, lui dit d'un ton où l'étonnement dominait encore la colère : « Est-ce que votre respect et votre amitié étaient un jeu? aviez-vous donc résolu d'agir ainsi?

— J'ai résolu de vous vaincre, dussé-je expier mon crime par mille morts, » répondit Julien avec exaspération; et se flattant de bien suivre le conseil de Galeotto en redoublant de hardiesse, il l'entoura de nouveau de ses bras. »

Mais la Quintilia était aussi grande et aussi forte que lui : c'était une femme d'une vigueur peu commune et d'un caractère ferme et violent quand on la poussait à bout. Elle le saisit à la gorge et la lui serra d'une main si virile, qu'il tomba pâle et suffoqué à ses pieds. Alors elle s'élança sur lui, lui mit un genou sur la poitrine, et avant qu'il eût eu le temps de se reconnaître, elle fit briller au-dessus de son visage la lame du poignard qui ne la quittait jamais. Saint-Julien pensa à Max et fit un effort pour se dégager. Elle lui posa la pointe du poignard sur les artères du cou en lui disant : « Si tu fais un mouvement, tu es mort. » Et de l'autre main elle agita précipitamment la sonnette dont la torsade dorée pendait du milieu du plafond jusque sur le hamac. Saint-Julien essaya encore de se dégager; il sentit l'acier entrer légèrement dans sa chair, et quelques gouttes chaudes de son sang humecter sa poitrine. « Chien que vous êtes! lui dit Quintilia avec l'accent de la colère et du mépris, prenez soin de votre vie; épargnez-moi le dégoût de vous tuer moi-même. »

Des pas précipités se firent entendre. La sonnette que la princesse avait ébranlée appelait ordinairement dans la chambre de Ginetta; mais, quand elle était secouée avec force, elle donnait l'alarme aux valets couchés dans une autre pièce. En entendant venir ces témoins de sa honteuse défaite, et peut-être ces vengeurs de la princesse outragée, Saint-Julien fit un dernier effort et se dégagea; il en fut quitte pour une coupure peu profonde; et, gagnant la porte par laquelle il était entré, il s'enfuit à toutes jambes.

XX.

Mais ce qu'il ne savait pas, c'est que la princesse, informée par un de ses gens de la présence de Galeotto dans le palais, en avait fait fermer toutes les portes et garder toutes les issues. Elle n'avait pas voulu faire procéder à une recherche qui eût jeté l'alarme; mais elle avait recommandé qu'on s'emparât du rebelle à la moindre tentative qu'il ferait pour sortir de sa retraite.

Saint-Julien, voyant donc à toutes les portes des hallebardes croisées et des figures menaçantes, prit le parti d'aller se renfermer dans sa chambre et d'y attendre son sort. En le voyant entrer pâle, effacé et la poitrine tachée de sang, Galeotto, épouvanté, s'écria comme en délire : « Monaldeschi! Monaldeschi! »

Il s'attendait à le voir tomber mort au bout d'un instant; mais Saint-Julien, ayant essuyé sa poitrine et repris ses forces, lui raconta d'une voix entrecoupée ce qui venait de se passer. Cette fois Galeotto ne trouva pas à rire. Toutes ces précautions pour garder les portes et cette fureur de Quintilia contre Julien ne lui faisaient rien présager de bon pour lui-même.

« Mon avis, lui dit-il, est que nous mettions tout en œuvre pour nous sauver d'ici. Sautons par la fenêtre; mieux vaut nous casser les deux jambes que d'être inhumés dans des cercueils d'or comme Max. »

Saint-Julien ouvrit la fenêtre et vit quatre hommes armés de fusils au bas du mur.

« Il n'y faut pas songer, dit-il; toute fuite, toute résistance est inutile. Attendons, peut-être que cet orage se calmera. Je n'entends plus aucun bruit.

— Quintilia se met rarement en fureur, dit le page; mais l'Italienne est vindicative plus que vous ne pensez. Que le diable vous emporte! Vous me mettez dans une belle position! Voici que je vais passer pour votre complice, et que l'on m'égorgera incognito avec vous dans quelque cave du palais. Tout cela est votre faute. Vous avez voulu faire le vainqueur, et vous vous serez comporté comme un sot.

— Vous êtes un sot vous-même, répondit Julien. Pourquoi êtes-vous venu vous cacher dans ma chambre? Ce n'est pas moi qui vous y ai engagé. »

Leur querelle fût devenue plus vive si un bruit de pas ne se fût fait entendre. Les deux pauvres jeunes gens se regardèrent avec consternation. Galeotto, pâle et à demi évanoui, se laissa tomber sur le lit. Saint-Julien, plus courageux, attendit les assassins de pied ferme. Ils entrèrent et prièrent poliment les deux victimes de se laisser bander les yeux et attacher les mains. Saint-Julien voulut se révolter contre ce traitement humiliant ; mais le chef des hommes armés qui remplissaient la chambre lui dit avec douceur :

« Monsieur, si vous faites la moindre résistance, j'emploierai la force, ce qui vous rendra le traitement plus désagréable encore. »

Il n'y avait rien à répondre à cet argument; Saint-Julien se soumit. Quant à Galeotto, le pauvre enfant était tellement glacé de peur, qu'il fallut presque l'emporter.

Lorsqu'on délia leurs mains et qu'on ôta leurs bandeaux, ils se virent dans un cachot étroit, et on les laissa dans les ténèbres.

« Malédiction! dit le page, voici notre dernier jour!

— Plaise au ciel que vous disiez vrai, répondit Julien, et qu'on ne nous laisse pas mourir lentement de langueur et de froid! »

Ils s'assirent tous deux sur la paille, et, trop consternés pour se communiquer leur terreur, ils restèrent dans un morne silence. La jeunesse du page vint pourtant à son secours. Au bout de deux heures, Saint-Julien l'entendit ronfler; pour lui, ses agitations cruelles ne lui permirent pas de goûter le moindre repos.

Lorsque Galeotto s'éveilla et qu'il vit, à faible jour qui éclairait le cachot, Saint-Julien triste, mais en apparence calme, à ses côtés, il retrouva sa fierté, et, craignant de s'être montré pusillanime, il affecta une insouciance qu'il était loin d'avoir. Son esprit facétieux vint à son secours, et il exhorta son compagnon à braver gaiement l'adversité. Saint-Julien sourit en songeant à la grande vaillance de Panurge après la tempête. Néanmoins, comme le danger pouvait bien n'être pas passé, et que, dans tous les cas, il avait entraîné le pauvre page dans une aventure peu agréable, Saint-Julien eut assez d'égards pour lui et feignit de croire à son courage. Ils passèrent une assez maussade journée et prirent le plus maigre des repas. La résolution de Galeotto faillit s'évanouir en cette circonstance; mais le sang-froid de Julien le piqua d'honneur; et, chacun jouant de son mieux un rôle héroïque vis-à-vis de l'autre, ils arrivèrent bravement jusqu'à la nuit. Alors Julien, accablé de fatigue, s'étendit sur la paille et s'endormit. Mais, au bout de quelques heures, ils furent éveillés par le bruit des verrous et des clefs tournant dans la serrure ; la lueur sinistre d'une torche pénétra dans le cachot, et lui montra la sombre figure du geôlier conduisant quatre hommes masqués. A cette vue, Galeotto jeta un cri d'épouvante, et Julien jugea que sa dernière heure était sonnée. Alors s'armant de toute la fermeté d'âme dont il était capable, il s'avança gravement au-devant de ses bourreaux et leur dit :

« Je sais ce que vous voulez faire de moi. Ne me faites pas languir. »

Mais on ne lui répondit pas un mot, et on lui attacha les mains comme la veille. Au moment où on lui remettait un bandeau sur les yeux, il demanda si on allait le séparer de son compagnon d'infortune.

« Vous pouvez lui faire vos adieux, répondit une voix creuse et lugubre qui partait de dessous un des masques. »

Les deux jeunes gens s'embrassèrent. On emmena Julien en silence, et Galeotto navré resta seul dans la prison.

Saint-Julien, après avoir marché longtemps, s'aperçut qu'on lui faisait descendre un escalier, et tout à coup il se trouva les mains libres. Son premier mouvement fut d'arracher son bandeau; il se vit seul dans un caveau de marbre magnifiquement sculpté selon le goût sarrasin. Quatre lampes de bronze fumaient aux angles d'un tombeau de marbre noir sur lequel une figure d'albâtre était couchée dans l'attitude du sommeil. Saint-Julien resta frappé de terreur en reconnaissant le caveau et le monument dont Galeotto lui avait parlé, et lisant sur la face principale du cénotaphe les trois lettres d'argent qui formaient le nom de Max.

« Dieu juste! s'écria-t-il en s'agenouillant sur le tapis de velours noir qui revêtait les marches du mausolée, si vous laissez consommer de tels actes d'iniquité, donnez-nous au moins la force de franchir ce rude passage. A genoux sur le seuil d'une autre vie, je vous demande pardon des fautes que j'ai commises en celle-ci... »

En parlant ainsi, il se pencha, et ses yeux s'étant attachés sur la figure d'albâtre, il fut frappé de la ressemblance qu'elle présentait. C'était la tête et le corps d'un jeune homme de quinze ans enveloppé dans une légère draperie semblable à un linceul. Mais dans le calme de cette charmante figure et dans tous les linéaments du visage Julien trouva une similitude extraordinaire avec les traits de Spark, quoique ceux-ci fussent virils et plus développés.

Un léger bruit le tira de sa rêverie. Il se retourna et vit une grande figure vêtue de noir et armée d'un instrument singulier ressemblant à une large et brillante épée; Julien fut frappé de terreur.

« Exécuteur de meurtres infâmes, s'écria-t-il, toi qui as versé sans doute le sang de celui qui repose ici, spectre de la vengeance! puisque je dois être ta victime...

— Mon cher monsieur de Saint-Julien, répondit le sombre personnage avec civilité, vous vous trompez absolument. Je ne suis ni un exécuteur de meurtres infâmes ni le spectre de la vengeance. Je suis un professeur d'histoire naturelle fort paisible et incapable d'aucun mauvais dessein.

En parlant ainsi, maître Cantharide, car c'était lui dans son docte habit de drap noir et dans ses véritables culottes de satin, souleva sa grande épée et la dirigea vers Julien.

« Je serais bien sot, pensa rapidement le jeune homme, de me laisser égorger par ce facétieux bourreau lorsque je suis seul avec lui et que je puis lui sauter à la gorge. »

Il allait le faire en effet lorsque maître Cantharide, toujours plein de courtoisie, le pria de prendre une des extrémités de l'instrument et de l'aider à soulever le couvercle du sépulcre.

Cette nouvelle facétie parut si horrible à Saint-Julien, qu'il recula en pâlissant, et regarda autour de lui, s'attendant à voir paraître ses meurtriers au premier signe de résistance.

« Ne soyez pas effrayé, lui dit le professeur, vous ne courez aucun danger, à moins que vous ne cherchiez à vous enfuir ou à me maltraiter, et je vous crois trop bien élevé pour cela. Veuillez m'aider, vous dis-je; c'est la volonté de Son Altesse, notre très-gracieuse souveraine, Quintilia première, et je suppose que vous n'êtes pas accessible à des frayeurs d'enfant.»

Saint-Julien, toujours plein de méfiance, mais résolu à montrer du cœur, aida maître Cantharide à soulever le couvercle du sacorphage. Le professeur enleva un grand crêpe noir, et pria Saint-Julien de prendre la boîte d'or en forme de cœur qui était dessous. Saint-Julien frissonna; mais pensant qu'on voulait peut-être l'effrayer seulement par le spectacle du châtiment d'un autre, il prit la boîte et la présenta d'une main tremblante au professeur, qui l'ouvrit en pressant un ressort, et la lui rendit en disant : « Regardez ce qu'il y a dedans. »

Un nuage passa sur les yeux du jeune homme, et pendant quelques secondes il lui sembla voir un objet hideux, sans forme et sans nom, au fond du terrible coffret. Enfin sa vue s'éclaircit, son cœur reprit le mouvement, et il ne vit dans le velours blanc dont la boîte était doublée qu'un paquet de lettres attachées par un ruban noir.

— Lisez ces papiers, Monsieur, dit le professeur, c'est la volonté de Son Altesse. Je vais rester auprès de vous pour suppléer par mes explications aux lacunes qui vous en rendraient le sens difficile. »

Saint-Julien, ne pouvant plus se soutenir, s'assit sur les marches du tombeau. Le professeur posa une des lampes à côté de lui et déplia le premier papier.

C'était un acte de mariage contracté légalement et religieusement, mais secrètement, entre la princesse Quintilia et le chevalier Max. Ce contrat avait plus de dix ans de date.

Le second papier était un billet ainsi conçu :

« J'ai eu le malheur de vous déplaire, et je l'ai mé-
« rité. L'orgueil a enflé mon cœur un instant, et vous
« m'avez rigoureusement puni. Cependant vous avez été
« trop sévère. C'était un doux et noble orgueil que le
« mien; la joie d'être aimé de vous, l'espoir de possé-
« der bientôt la plus noble femme de l'univers, ont pu
« m'enivrer, et, dans un moment d'exaltation, me faire
« oublier la prudence. Vous m'avez pris pour un lâche
« courtisan, avide de monter sur un trône et de couvrir
« d'un titre de duc son titre de bâtard. Oh ! vous vous
« êtes trompée, Quintilia, j'en prends le ciel à témoin.
« Vous avez été cruelle, et pourtant je ne vous maudis
« pas; je vais mourir loin de vous. Puissent ma con-
« duite et ma fin vous prouver que je n'aimais en vous
« que vous-même. Puissiez-vous me plaindre, me par-
« donner, pleurer un peu sur moi, et trouver dans un
« autre cœur l'amour qui était dans le mien, et que vous
« avez méconnu !

« MAX. »

« Ne connaissez-vous pas l'écriture de ce billet, monsieur le comte? dit le professeur lorsque Saint-Julien eut fini.

— Je la connais en effet, répondit Julien. Si ce n'est point un rêve, c'est celle d'un homme qui habite la ville depuis peu, et qui s'appelle Spark.

— Je crois qu'il vous sera facile de vous en assurer en lisant les lettres suivantes. Mais auparavant, il faut que je vous prie de remarquer la date de celle-ci. Elle correspond, vous le voyez, au lendemain du prétendu meurtre du chevalier Max, et il y aura quinze ans dans deux mois. Vous savez, m'a-t-on dit, les motifs de l'altercation qui eut lieu dans la nuit entre la princesse et son jeune fiancé, après un souper où celui-ci s'était comporté assez légèrement. Max et Quintilia étaient alors deux enfants. La princesse avait seize ans, son amant en avait quinze. Leur querelle eut toute l'importance qu'à cet âge on donne aux petites choses. Son Altesse déclara au triste Max qu'elle ne serait jamais à lui, et, dans un mouvement de colère, lui ordonna de ne jamais reparaître devant elle. Il ne suivit que trop cet ordre précipité. Amoureux et fier, le noble jeune homme fut révolté d'avoir été soupçonné d'une basse ambition ; il partit mystérieusement dans la nuit, et alla vivre à Paris sous le nom de Rosenhaïm. Là, renonçant à toute pensée de fortune, à tout espoir d'avenir, à toute vanité humaine, il s'ensevelit, pour ainsi dire, et ne donna, pendant cinq ans, aucun signe de son existence à qui que ce soit. La princesse, après avoir pleuré son absence, reprit courage et gaieté; car elle se flatta qu'il reviendrait. Résolue à lui pardonner, elle attendit qu'il fît les premières tentatives pour obtenir sa grâce. Au bout de quelque temps, n'entendant point parler de lui, elle crut qu'il s'était déjà consolé, et, quoique dévorée de chagrin, elle affecta de ne plus penser à lui, et souffrit les assiduités de ses nouveaux adorateurs; mais, fidèle en dépit d'elle-même à l'unique amour de sa vie, elle ne put se résoudre à faire un nouveau choix. On a beaucoup douté de la conduite de Quintilia, Monsieur ; vous aurez des preuves irrécusables de tout ce que je vous dis...

— Eh quoi ! Monsieur, dit Julien, est-ce donc une justification dont la princesse vous charge? C'est me faire trop d'honneur et prendre trop de peine. Je suis résigné à tous les châtiments.

— Je ne suis pas chargé de discuter avec vous, répondit le maître. Il faut que vous ayez la bonté de m'écouter, puisque mon devoir est de parler. J'en appelle à votre politesse. »

Le ton froid et sec blessa profondément Julien. Il se tut, et écouta d'un air morne, qu'il affectait de rendre indifférent.

Le professeur reprit :

« Une année s'était écoulée ainsi ; la princesse, cédant à son inquiétude et à sa douleur, fit faire des recherches dans tous les pays et prendre secrètement des informations dans toutes les cours de l'Europe, sans qu'il fût possible de retrouver les traces de l'infortuné Max. Alors, convaincue qu'il s'était donné la mort et qu'elle avait blessé le cœur le plus noble et le plus sincère, une passion plus vive s'alluma dans le sien ; elle nourrit sa douleur avec toute l'exaltation de son âge, mais en secret et loin de tous les regards. Pour mieux s'y livrer, elle fit creuser ce caveau et sculpter ce tombeau, où elle venait pleurer chaque jour.

« Trois autres années s'écoulèrent, et je vins me fixer à Monteregale. La princesse cherchait dans les sciences une distraction à ses ennuis et un refuge contre les illusions de la vie auxquelles elle avait fait vœu de résister désormais. Elle se plut à mes entretiens et m'appela auprès d'elle jusqu'à ce que je fusse fixé dans son palais. Une affaire d'intérêt l'ayant conduite à Paris, elle me permit de l'y accompagner. Je n'avais jamais vu cette ville célèbre, et je désirais examiner les précieuses collections scientifiques qu'elle possède.

« C'est en explorant les cabinets d'histoire naturelle et les bibliothèques, que je fis par hasard la connaissance du prétendu Rosenhaïm. Je n'avais jamais vu ce jeune homme, et je fus frappé de sa beauté, de sa grâce, de son caractère noble et de ses manières affectueuses. L'amour de la science nous rapprocha bien vite. Je fus ébloui de ses connaissances et charmé de son aptitude.

Mais en même temps je m'affligeai de voir toujours ses traits empreints d'une mélancolie profonde; et lorsque j'interrogeais ses pensées sur d'autres sujets que la science et la philosophie, j'étais effrayé du découragement dont cette âme si jeune et si pure était déjà flétrie. Je cherchai à obtenir sa confiance. Il me répondit qu'un amour malheureux l'avait pour jamais dégoûté de la société, que le seul lien qui l'attachait au monde était rompu, et que, renonçant à toute carrière d'ambition, il s'était fixé à Paris dans la condition la plus obscure, et ne trouvait plus de bonheur que dans la science et les arts, qu'il cultivait avec enthousiasme.

« Ce récit me toucha vivement, et je lui demandai la permission de le voir plus intimement. Il me conduisit dans sa mansarde; elle était bien pauvre, mais charmante de propreté et toute brillante de fleurs et d'oiseaux. Comme j'examinais avec délices une aéride d'Afrique, il m'arriva de m'écrier : « Que vous êtes heureux de posséder une plante aussi rare ! j'en ai fait souvent la description à Son Altesse Quintilia, et jamais je n'ai pu me procurer... » Mais je m'arrêtai, effrayé de l'impression que ce nom lui avait faite. Il devint pâle comme un caméléon, et se laissa tomber sur une chaise. Ensuite il devint rouge comme une pivoine, et me fit les questions les plus empressées et les plus singulières. A toutes mes réponses, il tombait dans une sorte de délire, et, quand il apprit que Son Altesse était à Paris, il s'élança vers la porte comme un fou; puis il s'arrêta, et tomba évanoui sur le seuil.

« Je m'empressai de le secourir, mais en revenant à lui il s'entoura de réserve et de défaites. Je ne pus jamais en tirer que des explications vagues et sans vraisemblance; il me conjura surtout de ne pas parler de lui à la princesse, mais de lui fournir le moyen de la voir sans en être vu. Je lui dis qu'elle devait assister le lendemain à une séance de botanique chez un de mes amis, professeur distingué. Il s'y glissa, mais se tint tellement caché, je ne sais dans quel coin, que je ne pus le joindre et lui parler.

« Je savais très-vaguement l'histoire de Max, et j'ignorais à cette époque la secrète douleur de la princesse. Je ne pensais donc point à l'avertir de la rencontre que j'avais faite, et j'étais loin d'établir dans ma pensée aucun rapprochement entre Max et Rosenhaïm. Cependant je fus tellement frappé du changement qui s'opérait dans les traits et les manières de mon jeune ami au seul nom de Quintilia, que je crus devoir me permettre d'en parler à la signora Ginetta. Cette jeune personne, un peu légère, dit-on, pour son compte, mais pleine de franchise et de dévouement pour sa maîtresse, fit de grandes exclamations de joie en m'écoutant, et s'écria : « Oh! c'est lui, ce doit être lui. Je n'ai jamais cru à sa mort... » Elle voulait courir vers sa maîtresse; et puis elle s'arrêta en pensant que, si elle se trompait dans ses conjectures, ce serait faire saigner le cœur de la princesse d'une fausse joie et d'une affreuse déception. Elle m'engagea à mettre Quintilia et Rosenhaïm en présence comme par hasard, m'assurant que si c'était Max en effet, la princesse se jetterait dans ses bras.

« Cette rencontre a eu lieu déjà plusieurs fois, lui dis-je. Depuis que Rosenhaïm sait que la princesse est ici, il n'y a pas de jour qu'il ne se repaisse du douloureux plaisir de la suivre et de la contempler. Il est vrai qu'il se cache tellement, qu'il a dû être impossible à Son Altesse de le remarquer. En outre, il m'a recommandé le secret en termes si positifs, que je crains de l'offenser en le trahissant.

— C'est pour cela, reprit la Ginetta, que mon moyen est bon et nécessaire. »

« Nous nous concertâmes ensemble, et le lendemain j'engageai Rosenhaïm à venir voir une collection de médailles antiques dont je venais de faire emplette pour le cabinet de la princesse. Je lui jurai (et j'avoue que, pour la seule fois de ma vie, je fis un faux serment; mais ce fut à bonne intention), que la princesse ne venait jamais chez moi, quoique j'occupasse une maison voisine de la sienne. Rosenhaïm se laissa entraîner, et de son côté la Ginetta eut l'esprit d'amener la princesse dans mon appartement pour voir mes médailles. J'ai trop peu d'éloquence pour vous faire la description de la scène dont je fus témoin. D'ailleurs, elle se termina d'une manière qui faillit me rendre fou; les deux amants furent près de mourir, et la princesse surtout, que la surprise avait suffoquée, retrouva avec peine l'usage de ses sens.

« Cette touchante réconciliation fut suivie promptement d'un mariage dont vous venez de lire l'acte authentique.

« La princesse voulait se déclarer et ramener son époux avec éclat à Monteregale ; mais rien au monde ne put déterminer Max à partager son rang. Et vous pouvez lire à ce sujet la seconde lettre que vous avez là sous la main. »

Saint-Julien, entraîné par l'intérêt romanesque de ce récit, lut ce qui suit.

XXI.

« Non, ma bien-aimée, non, jamais ! La nature humaine est fragile et pleine de misérables passions. Une seule est grande et belle, c'est l'amour. Mais c'est une flamme divine qu'il faut garder comme on gardait jadis le feu sacré dans les cassolettes fermées sur un autel d'or; c'est un parfum qu'il faut envelopper et sceller, de peur qu'il ne s'évapore; une empreinte précieuse qu'il ne faut pas exposer au frottement de la circulation, de peur qu'on ne l'efface. Que notre cœur soit un tabernacle mystérieux et sacré où reposera le dieu. Vivons l'un pour l'autre, et que le monde n'en sache rien. Ne me contraignez pas à porter au travers des envieux ou des indifférents un visage radieux de bonheur, qui serait une insulte pour eux tous, et qu'ils s'efforceraient de ternir à vos yeux. Non, non ; j'ai trop souffert du contact empoisonné de votre cour, et je sais trop peu comment il faudrait s'y conduire pour ne pas s'y perdre. Mon caractère fut de tout temps opposé à la contrainte et à la méfiance; et, malgré une enfance passée tout entière dans cette atmosphère mortelle, je n'avais pu corriger mon imprudente vivacité. Je ne puis jamais oublier ce qu'il m'en a coûté et par quelles années de désespoir j'ai expié un instant d'étourderie. Si nous eussions été alors de pauvres bourgeois allemands au milieu d'une honnête famille, et ne craignant rien les uns des autres, j'aurais pu être bien plus expansif, Quintilia, et vous voir sourire à ma joie candide. Mais, hélas! j'étais un aventurier, un bâtard ; vous étiez un prince, et notre hymen devait être un mystère. Je n'avais pas le droit de parler de mon bonheur et ne pouvais pas me réjouir sans avoir l'air insolent et vain. Aujourd'hui votre générosité m'accorde un dédommagement dont je sens toute la grandeur; mais je n'en ai pas besoin. Être aimé de vous, vous presser dans mes bras et vous appeler ma femme; vous voir moins souvent, mais sans témoins importuns, sans ennemis de mon bonheur toujours placés entre vous et moi; pouvoir me livrer à mes transports, à ma reconnaissance, sans jamais être soupçonné d'aucun motif d'intérêt; être aux pieds de ma maîtresse et de ma femme sans avoir l'air de ramper devant ma souveraine ou de solliciter ma bienfaitrice, n'est-ce pas là un bonheur plus sûr et plus vrai? D'ailleurs j'ai contracté dans la solitude et dans le travail des goûts et des habitudes si différents de ce qui se fait autour de vous, que j'y serais perpétuellement déplacé et malheureux. Laissez-moi dans ma chère obscurité. J'ai trouvé dans mon malheur une amie généreuse qui m'a sauvé de moi-même, qui m'a préservé du suicide, et qui pendant cinq ans m'a aidé à vivre sans chercher à vous arracher de mon cœur ni à ternir la pureté de votre image dans ma mémoire. Cette amie, c'est l'étude. Je serais un ingrat si je l'abandonnais à présent que j'ai retrouvé l'objet de tous mes vœux. Laissez-moi dans ma mansarde; c'est le temple où je l'ai servie, le sanctuaire où elle s'est révélée à moi, où elle a fait descendre du ciel la

Ils virent glisser devant eux une petite barque... (Page 40.)

science vêtue de sa robe étoilée. Ma vocation est là, j'en suis bien convaincu. Permettez-moi d'aller tous les ans passer quelque temps auprès de vous; mais que personne ne le sache, et que mon nom s'efface de la mémoire des hommes. Que votre cœur soit l'unique page où je le retrouve inscrit quand j'irai vous offrir le mien, toujours embrasé d'une flamme nouvelle, » etc.

Le professeur, continuant son récit, apprit à Saint-Julien qu'après de vains efforts pour arracher Rosenhaïm à sa retraite, Quintilia avait fini par consentir à l'épouser secrètement et à retourner sans lui dans ses États. Mais depuis lors elle avait été passer tous les hivers un certain temps à Paris, et tous les étés Max était venu habiter pendant plusieurs semaines le pavillon du parc. Son séjour à Monteregale avait toujours été enveloppé du plus profond mystère, et toujours il était venu à l'improviste, procurant ainsi à sa femme la plus douce surprise et lui prouvant qu'il comptait sur elle au point de ne jamais craindre d'arriver mal à propos. « Cette union a toujours été si belle et si pure, continua le professeur, qu'elle prouve l'excellence des lois de Lycurgue, qui enjoignaient aux maris de n'aller trouver leurs femmes qu'avec toutes les précautions que prennent les amants pour n'être pas observés. »

Saint-Julien, à l'invitation du professeur, ouvrit au hasard plusieurs lettres de Max et de la princesse, et y trouva partout les expressions d'une tendresse exaltée jointe à la confiance la plus absolue et à l'amitié la plus douce et la plus sainte. En voici quelques-unes que Saint-Julien lut au hasard par fragments :

«... Autrefois, Max, je fis un beau rêve : je m'imaginai qu'il suffisait d'être sans détour pour être sainement jugé, et que la bouche qui ne mentait pas devait être écoutée avec confiance. Je me persuadais que la vertu était un vêtement d'or éclatant qui devait faire remarquer les justes au milieu de la foule; je croyais que nul ne pouvait feindre la sérénité d'une âme pure, et que le calme n'habitait point les fronts souillés. Je me trompais, puisque je fus cent fois la dupe des traîtres; et alors je cessai de me révolter contre les injustices d'autrui à mon égard. Tous ces hommes qui me jugent et me condamnent ont sans doute été trompés aussi souvent que moi. Toutes ces convictions, qui composent la voix de l'opinion, ont sans doute été troublées et abu-

Saint-Julien s'assit sur les marches du tombeau. (Page 46.)

sées par les méchants comme le fut la mienne. Si l'on me confond avec ceux qui mentent, c'est la faute de ceux-ci, et non celle du monde, qui craint et qui se méfie avec raison de ce qu'il ne comprend pas. Je ne méprise donc pas le monde, je ne le hais pas; mais je ne veux jamais l'aduler ni le craindre. C'est un géant aveugle, qui va fauchant indistinctement le froment et l'ivraie. Haïssons les fourbes qui ont crevé l'œil du cyclope, et laissons-le passer sans lui nuire et sans souffrir qu'il nous nuise. Laissons-le passer comme une montagne qui croule, comme un torrent qui suit son cours. Il est au sein des plaines des oasis où l'on peut aller vivre ignoré, loin des vains bruits de l'orage. C'est dans ton cœur, Max, que je me suis retirée et que je vis au milieu des vivants sans avoir rien de commun avec eux. . . . .

« Je suis décidée à laisser dire. Je ne me baisserai pas pour regarder si l'on a mis de la boue sur le chemin où je dois passer. Je passerai, et j'essuierai mes pieds au seuil de ta maison; et tu me recevras dans tes bras, car toi, tu sais bien que je suis pure. »

Voici la réponse de Max :

« Tu as raison, mon amie. Tu es ma femme et ma sœur, tu es ma maîtresse, mon bonheur et ma gloire. Que m'importe le reste? Je sais qui tu es et ce que tu as été pour moi depuis vingt ans; car il y a vingt ans que nous nous aimons, Quintilia! Je n'étais qu'un enfant lorsqu'on m'envoya représenter un vieillard à la cérémonie de tes noces. Tu avais douze ans, et nous étions trop petits pour monter sur le grand trône ducal qu'on avait élevé pour nous. Il fallut que le digne abbé Scipione te prît dans ses bras pour t'asseoir sur le siége de brocart; et, sans l'aimable duc de Gurck, qui était plus grand que moi, et qui dans ce temps-là ne songeait guère à être mon rival, je n'aurais pu m'asseoir à tes côtés. C'est moi qui te mis au doigt l'anneau nuptial. O le premier beau jour de ma vie! je ne t'oublierai jamais, et jamais je ne me lasserai de te repasser joyeusement dans ma mémoire. Que vous étiez déjà belle, ô ma petite princesse, avec vos grands yeux noirs, vos joues vermeilles et veloutées, vos cheveux bouclés sur vos épaules, et cette grande robe de drap d'argent dont vous ne pouviez traîner la queue longue, et cette immense fraise de dentelle où votre petite tête prenait des attitudes royales, tandis que votre sourire espiègle démentait toute cette gravité affectée ! Savez-vous que j'étais déjà amoureux comme un fou ? Ne vous souvenez-vous pas de la déclaration que je vous fis après la cérémonie, en jouant aux jonchets avec vous dans la chambre de votre gouvernante ? La chère mistress White voulut m'imposer silence ; mais vous prîtes un air majestueux pour lui dire : « A présent, White, je suis mariée, et personne n'a le droit de se mêler de ma conduite. Monsieur le chevalier, vous êtes mon époux, le seul que je connaisse, le seul que j'accepte et que j'aime. Si M. le duc de Monteregale s'imagine que je suis sa femme, il se trompe. On dit qu'il est vieux et laid : je le déteste. S'il vient me menacer, je lui ferai la guerre, et vous le tuerez, n'est-ce pas, chevalier ? » Alors, comme mistress White, malgré l'inconvenance de ces propos, ne pouvait s'empêcher de sourire, vous lui dites d'un ton imposant : « De quoi riez-vous, White ? N'avons-nous pas lu ensemble l'histoire de David combattant Goliath ? »

« Oh ! que vous étiez gentille, ma chère femme ! quelle singulière petite fille vous faisiez ! Sensible et mutine, caressante et irritable, bonne et colère, jouant toujours un grand rôle de reine qui semblait aller tout naturellement à votre petite personne, récitant des vers latins, improvisant des discours de réception, condamnant à mort votre perruche et lui faisant grâce avec gravité, demandant pardon à votre bonne quand vous l'aviez affligée, et l'embrassant avec les grâces insinuantes d'une petite femme. . . . . . Je n'oublierai jamais rien de tout cela, chère amie, quoique ce soit déjà si loin, si loin !

« Évidemment on pensait dès ce temps-là à nous marier tout de bon, aussitôt que le duc de Monteregale, qu'on savait bien dès lors atteint d'une maladie mortelle, vous aurait laissée libre. Le souverain qui vous persécute, et qui, je crois, m'a fait l'honneur de me mettre au monde, voulait absolument que vos biens fussent l'apanage d'un de ses protégés. Mais qu'il est heureux pour nous que le destin ait déjoué ses projets ! Si j'étais maintenant ton mari publiquement, je serais peut-être ton maître, peut-être ton esclave. Qui sait ? Que seraient devenus nos caractères dans ce conflit de volontés étrangères occupées à nous façonner selon leurs intérêts, sans se soucier de notre affection et de notre bonheur ? Vois comme nous avons raison de croire à la Providence ! c'est elle qui nous a séparés pour nous réunir ensuite avec toutes les conditions d'indépendance et de confiance mutuelle qui devaient assurer la durée de notre union : c'est à toi seule que je le dois ; ou plutôt c'est à Dieu, qui, touché de mon désespoir, te gardait à moi, fidèle et sainte femme, en qui je me repose comme en lui.

« Laisse donc dire, et crois en moi ! Quand l'univers se lèverait en masse pour te lapider, je saurais bien encore te défendre et te faire un rempart de mon corps. Laisse dire. N'aie jamais l'air de savoir si on dit du mal de toi. Lis les pamphlets des beaux esprits de ta cour si cela t'amuse ; mais ne t'en fâche jamais, car tu aurais l'air de les avoir lus, et c'est un honneur qu'il ne faut leur faire qu'à leur insu. Agis toujours comme si tu comptais sur la justice de l'opinion ; c'est la seule prudence que je t'enseignerai. Pour le reste, fais ce que tu voudras, je ne crois jamais que tu aies des explications à me donner sur quoi que ce soit. Que peut le monde sur notre bonheur ? Penses-tu qu'entre ses paroles et la tienne j'hésite un instant ? Qu'ai-je besoin de savoir comment tu agis avec les autres ? Ne sais-je pas comment tu as agi envers moi ? Depuis vingt ans que nous nous connaissons, m'as-tu dit un mot qui s'écartât de la vérité ? m'as-tu fait une promesse que tu n'aies pas religieusement accomplie ?

« Oh ! qu'il est beau le monde que nous habitons à nous deux, vous et moi, sommes seuls, aucune voix fâcheuse du dehors n'en trouble la délicieuse harmonie. Les flèches que d'impuissants ennemis nous lancent viennent mourir à nos pieds, et tu les regardes tomber en souriant. L'orage gronde là-bas, mais nous, retirés sur les cimes élevées, près des cieux, nous voyons les anges nous appeler au travers d'un voile d'azur, et nous entendons leurs divins concerts, auxquels nos âmes ardentes mêlent leurs pieuses inspirations, etc. »

A cette lettre, Quintilia répondait ainsi :

« Que je t'aime, mon Allemand, avec ta bonté naïve et ta poésie enthousiaste ! toujours le même depuis tant d'années ! Nous avons donc trouvé le secret d'être toujours amants, quoique mariés ? car nous sommes mariés, sais-tu cela ? moi, je n'y pense jamais, excepté quand on m'engage de la part de mes chers cousins, les princes voisins, à prendre un époux de leur choix. Alors, en songeant à l'opportunité de leurs instances et au succès probable de leurs intrigues, il me prend des accès d'une gaieté persifleuse dont plus d'un bel esprit d'ambassade s'est mordu la lèvre en temps et lieu. Oui, oui, mon enfant, nous avons bien fait de cacher notre bonheur et d'interdire l'accès de notre Eden aux profanes dont le souffle en aurait terni l'éclat. Le mariage, tel que le monde l'a fait, est le plus amer et le plus dérisoire des parjures de l'homme envers Dieu. A présent, je vois comme dans les cours et autour des princes les plus religieux serments servent aux plus viles intrigues, et je m'applaudis de ne t'avoir pas jeté au milieu de ces hommes et de ces choses-là. Tu sais à peine que tout cela existe ; tu es plus heureux que toi, Max ! tu ne vois pas ces turpitudes ; quand tu quittes ta chère retraite, c'est pour être plus heureux encore auprès de ta femme. Moi, je les traverse, et au sein de ce monde bruyant je suis seule et triste. Mais souvent au milieu de la foule ton image m'apparaît, et, comme une céleste révélation, me remplit de force et d'espérance. Alors je songe aux jours de bonheur qui nous réunissent, et je les vois si purs, si enivrants, que je me soumets à les acheter au prix des peines et des fatigues de ma vie présente. Oh ! je les achèterais au prix de mon sang, et je ne croirais pas les avoir trop payés !

« Parfois, au milieu d'un bal splendide, abrutie en quelque sorte par l'ennui de la représentation, une circonstance légère, un son, le parfum d'une fleur, me réveille et me ranime tout à coup ; frappée d'une émotion inexplicable, il me semble que je viens d'entendre ta voix ou de respirer tes cheveux ; je tressaille, mon cœur bat avec violence, c'est comme si j'allais mourir. Alors je m'enfuis, je m'enfonce dans l'ombre des jardins, et je vais pleurer de souffrance et de bonheur dans notre cher pavillon. Quelquefois par de violentes aspirations je voudrais franchir l'espace et suivre ma pensée qui s'élance vers toi ; mon désir devient un feu qui consume ma poitrine, la force me manque. J'accuse le destin qui nous sépare ; prête à renier mon bonheur, je pleure et je perds courage. Mais alors je descends dans le caveau, et, sur la tombe qu'autrefois je te fis élever, je pleure de joie et je remercie Dieu qui t'a rendu à moi. J'aime à ouvrir cette tombe vide où nous serons à jamais réunis un jour ; j'aime à contempler cette boîte où j'enferme aujourd'hui nos lettres, et où je fis vœu autrefois d'enfermer mon cœur afin qu'il restât fidèle et que mon amour fût enseveli vivant avec toi, etc. »

XXII.

La lecture de ces lettres affecta Julien d'un sentiment douloureux.

« J'en ai assez vu, Monsieur, dit-il au professeur, si la princesse veut m'humilier par la comparaison qu'elle fait de mon caractère avec celui de M. Max...

— Je présume que la princesse, interrompit le professeur, ne fait aucune comparaison entre vous deux ; mais écoutez le reste de cette histoire :

« Le jour du bal entomologique, le chevalier Max arriva déguisé par mes soins, et la princesse, surprise au milieu des ennuis de la diplomatie qu'elle s'efforçait en vain de couvrir par le bruit des fêtes, ne reçut jamais son époux avec tant de joie. Il fut d'abord installé comme de coutume dans ce pavillon. Mais lorsqu'elle eut compris les menaces et les prières du duc de Gurck, elle pensa qu'au lieu de cacher Max il serait peut-être bientôt nécessaire de le faire paraître. Ce n'est pas que la princesse tienne à se justifier des horribles soupçons que les cabinets de ses voisins affectent d'avoir conçus à cet égard; elle sait bien que ce sont là de misérables ruses; et, quant à l'opinion publique, elle a trop appris à ses dépens le cas qu'elle en doit faire pour plier maintenant devant elle. Mais la crainte d'une invasion l'empêchera de braver trop ouvertement le ressentiment d'un prince plus puissant qu'elle. Elle ne veut pas exposer la liberté de ses sujets pour une question d'orgueil personnel.

« Il a donc été décidé que Max cesserait de se cacher, et vivrait tranquillement à la résidence sous un nom supposé, afin de se laisser reconnaître au besoin. Peu désireux de se montrer en public, il habite un lieu retiré, et ne se montre guère autour du palais. Personne jusqu'ici n'a fait attention à lui. Quinze ans d'absence l'ont tellement changé, qu'il serait difficile qu'on le reconnût s'il ne produisait des preuves de son identité. C'est ce qu'il fera auprès du duc de Gurck. Il a existé entre eux des rapports particuliers dans lesquels le duc ne s'est pas conduit d'une manière assez honorable pour désirer que Max soit encore vivant. Il baissera le ton dès que l'époux de la princesse lui aura dit deux mots en particulier. C'est ce qui doit arriver ce soir même; car, après s'être amusée de l'arrogance de Gurck, Son Altesse commence à ne pouvoir plus la tolérer.

« Maintenant, Monsieur, que vous êtes au courant, lisez les dernières lettres que Max écrivait, il y a peu de jours, à Son Altesse :

« Sais-tu, ma chère enfant, que l'on cause beaucoup sur ton compte, et que de grands seigneurs, si humbles et si flexibles devant toi aux lumières du bal, tiennent des propos impertinents dans les allées sombres de ton jardin? Comme ils ont peu de méfiance du pavillon, ils viennent souvent s'asseoir dans l'obscurité sur les bancs qui l'entourent, et, séparé d'eux par les persiennes du petit salon, j'entends leurs fades quolibets. Dieu me préserve de te les répéter et de te nommer les sots qui les inventent! Si, les croyant tes amis, tu te confiais à eux, mon devoir serait de t'éclairer sur leur compte; mais je sais le cas que tu fais d'eux tous, et je n'en fais pas plus de leurs discours que toi de leur personne.

« Il faut pourtant que je te fasse part d'une observation qui m'est venue en écoutant gloser sur ton entourage et tes habitudes. On dit que tes secrétaires intimes, tes écuyers et tes pages sont tes amants. Eh bien! moi, j'ai bien autre chose à te reprocher, à propos de tes écuyers et de tes pages! je trouve que tu ne les traites pas assez comme des hommes. Tu les choisis beaux et bien faits, et tu ne mettrais pas plus de soin à acheter un cheval qu'à enrôler un serviteur. Tu leur donnes des fonctions et des habits d'homme, mais tu leur fais jouer un rôle de lévrier; ils courent devant toi ou dorment à tes pieds comme de vrais petits chiens, et tu n'y fais pas plus attention que s'ils n'étaient pas de la même espèce que toi et moi.

« Cela n'est pas bien, ma chère femme. Tu n'es pas orgueilleuse, je le sais; tu n'agis ainsi que par simplicité et par étourderie. Mais tu es imprudente et cruelle peut-être sans le savoir. Songes-tu bien que ces hommes-là sont jeunes, qu'ils sont capables d'ambition et d'amour? Si, dans l'espérance d'atteindre à une condition plus élevée, ils supportent le ridicule de leur condition présente, voilà des gens que tu avilis ou tu aides au moins à s'avilir eux-mêmes. Si c'est par affection pour toi qu'ils se soumettent à tous tes petits caprices, songes-tu bien qu'il faut reconnaître cette affection par la tienne ou passer pour ingrate? Tu es douce envers eux, je le sais, tu ne les humilies ni par tes paroles ni par tes manières. Tu les combles de présents, et tu flattes tous leurs goûts avec prodigalité. Ils doivent t'adorer, Quintilia; car je sais combien tu mets de délicatesse et de grâce dans toutes tes relations. Mais ne pense pas que ce soit assez

pour les rendre heureux, s'ils te chérissent comme ils le doivent. Tes douces paroles et tes aimables sourires, s'ils ont un peu de sérieux dans l'esprit et de fierté dans l'âme, ne peuvent les consoler de la continuelle mascarade à laquelle tu les condamnes. Tu exposes leur cœur à bien des dangers; ils sont jeunes, imprévoyants, avantageux peut-être, tu les attires vers toi, tu les admets à ton intimité, tu leur montres naïvement tout ce caractère extérieur de bonhomie, de gaieté et de folle camaraderie qui ferait tourner la tête à maître Cantharide lui-même si l'amour des insectes ne le retenait au fond du pavillon à l'abri de tes séductions innocentes; et quand les pauvres fous se sont flattés d'avoir au moins ta confiance, ils s'aperçoivent que tu ne leur as montré que ton vêtement. Ils s'effraient de ne pas connaître le mystère de ta destinée. Ils se demandent si tu es un ange ou un démon, une de ces rochers de glace que le soleil ne fond jamais, ou un de ces torrents fougueux qui tombent à grand bruit, dévastant tout ce qui s'oppose à leur course fantasque et terrible. Alors, Quintilia, ces hommes, s'ils sont méchants, deviennent tes ennemis. C'est là le moindre inconvénient à mes yeux; tes ennemis n'existent pas pour moi. Mais si ces hommes sont bons, ils deviennent malheureux. C'est ce qui est arrivé à Saint-Julien. Crois-moi, il t'aime; que ce soit d'amour ou d'amitié, il t'aime assurément, et il souffre d'être si bien traité et si peu aimé; car, d'après ce que tu m'as dit de lui, c'est un homme délicat et intelligent. Ne joue pas avec son repos, ma chère amie; explique-toi avec lui; si tu as pour lui plus de confiance et d'estime que pour les autres, ne le lui laisse pas ignorer. Si tu n'en fais pas plus de cas que de Galeotto ou de ta chevrette, ne lui laisse pas concevoir des espérances funestes; car ton cœur est à moi, je le sais, et ma pitié pour les autres ne va pas jusqu'à vouloir partager avec eux, au moins! »

Réponse :

« Nous nous sommes si peu vus hier soir que je n'ai pas eu le temps de m'expliquer avec toi complétement sur le compte de Saint-Julien. Voici une heure dont je puis disposer pour t'écrire, tandis que Saint-Julien lui-même griffonne autre chose sous ma dictée. Je veux te tirer d'inquiétude à ce sujet, afin de n'avoir plus à te parler ce soir que de toi.

« D'abord il faut que je convienne que j'ai peut-être des torts envers les autres. Je suis bien étourdie et souvent bien égoïste dans mon ennui et dans mes amusements. Cela vient de ce que je vis toujours seule au milieu de tous, n'aimant qu'un souvenir, ne contemplant qu'une forme absente, et ne pouvant partager les impressions de ceux qui vivent à mes côtés. Quand je sors de mes rêveries pour tomber au milieu d'eux dans la réalité, je suis comme une somnambule qui fait des choses bizarres et inattendues dans un état qui n'est ni la veille ni le sommeil. On m'accuse d'être très-fantasque, et vraiment je vois bien que cela est. J'ai mille caprices qui s'évanouissent avant d'être satisfaits. Dans les effets que je fais pour chasser ma tristesse ou ma joie intérieure, je semble brusque et froide à ceux qui tout à l'heure me trouvaient expansive et douce. J'essaierai de me corriger, je te le promets. Mais j'aurai bien de la peine à être comme tout le monde, à m'apercevoir à toute heure de ce qui se passe autour de moi, à prévoir les inconvénients de chaque chose, à éviter le danger pour moi ou pour autrui. Il en est un que je ne puis jamais craindre, c'est celui d'être distraite de toi; et cette grande sécurité où je vis pour moi-même, cette confiance que j'ai dans ma force contre tout ce qui n'est pas toi, me rend insensible en apparence aux souffrances des autres. C'est que je ne vois pas, c'est que je ne comprends pas ce qu'ils disent, ce qu'ils font et ce qu'ils pensent; c'est que je ne sais moi-même ni ce que je dis ni ce que je fais en pensant à toi. Oui, cela est de l'égoïsme. Tu as raison de me gronder, j'aviserai à mieux réfléchir.

« Mais, pour le moment, je crois qu'il y a peu de malfait, s'il y en a. Ceux qui pouvaient devenir mes ennemis ou mes victimes sont éloignés. Je n'ai autour de moi que la Gina, que j'aime et qui le mérite, Galeotto et Saint-Julien. Le Galeotto, pour commencer, est, je t'assure, de la véritable espèce des chiens savants. Je ne suis point injuste, et il ne faut pas me dire que je me trompe ou que je lui fais injure en le traitant comme tel. C'est un petit être sans cœur et sans tête, joli, bien peigné, plein de caquet, de bons petits mots, équivalant à la danse des roquets sur leurs pattes de derrière. Il n'aime personne, ni moi, ni la Ginetta, qui cependant, je crois, l'aime un peu plus que son confesseur ne le lui a permis. Il aime les bonbons, les rubans, les plumes, la danse, les feux d'artifice, les chevaux barbes, les bagues de pierreries et les compliments. Je l'ai pris pour sa jolie personne, j'en conviens. Serait-il convenable que le manteau ducal de Mon Altesse fût porté par un nain difforme ou par un négrillon? C'était la mode autrefois, mais c'était une vilaine mode. J'ai horreur des monstres, j'aime à m'entourer de belles choses et de beaux visages. J'aime le luxe en tout, j'aime les beaux appartements, les beaux costumes, les beaux chiens, les beaux pages, les belles fleurs, les belles pipes, les parfums, la musique, le beau temps, les grandes fêtes, tout ce qui flatte les sens d'une manière noble. En cela je tiens du Galeotto; mais j'ai de plus que lui une tête et un cœur, et je mêle le goût des arts à mes fantaisies. Tu aimes cela en moi, et tu t'amuses quelquefois un jour entier à me dessiner un costume de bal. Aussi tu en as toujours l'étrenne. Quel plaisir de le tirer pour la première fois de son coffre, et de te recevoir au pavillon dans mon plus bel attirail de reine! Tu me regardes avec tant de plaisir, il te passe par la tête tant d'amour, de fantômes, de poésie et de délire quand tu me possèdes à toi seul, dans tout l'éclat de ma richesse et de ma coquetterie! car je suis coquette, tu le sais, et je ne le nie pas. Mais je ne montre à la foule que la parure dont tu as joui avant elle, et la foule qui m'admire n'a même en cela que ton reste.

« Mais me voici loin de Galeotto. Je te disais donc et je te répète que celui-là n'a rien à craindre auprès de moi, et vivra, tant que je voudrai, de pralines et de bouts rimés.

« Quant à Julien, c'est autre chose. Celui-là aussi, je l'ai choisi sur sa bonne mine; mais comme j'ai trouvé en lui plutôt l'expression d'une âme noble que l'éclat d'une beauté d'apparat, j'en ai fait non un page, mais un secrétaire intime, c'est-à-dire un agréable compagnon d'études, un ami sincère et une espèce de confident de mes projets philosophiques, littéraires, scientifiques, politiques, etc.; car que n'ai-je pas dans la tête? Et tu travailles sans cesse à agrandir le cercle où mon âme avide s'élance, n'aimant que toi dans toute cette création, que j'aime à cause de toi!

« J'aime et j'estime Saint-Julien, sois-en sûr. Je ne joue pas avec son repos, j'en serais désespérée. Je sais qu'il m'aime plus que je ne voudrais. Cela s'est fait je ne sais comment; car je croyais ne lui avoir montré de mon caractère que ce qui devait établir entre lui et moi une amitié virile. Le mal est arrivé. Je tâcherai de le réparer et de lui faire comprendre ce qu'il peut et doit espérer et connaître de moi. Malheureusement il se mêle dans son amour des idées de blâme et de soupçon que je répugne à combattre moi-même. Nous verrons. Il faudra peut-être que tu m'aides; nous en reparlerons. Adieu jusqu'à ce soir. Aime-moi, Max, aime-moi telle que je suis, aime mes défauts et mes travers. Si tu en avais, je les aimerais. »

Le billet suivant, plus récemment daté que les précédents, était le dernier de la collection.

« Ma chère femme, puisque je ne puis te voir avant cette nuit, je veux t'écrire un mot tout de suite. Julien m'a ouvert son cœur : il t'aime passionnément ; mais on a troublé son esprit de mille contes absurdes et odieux. Je lui ai conseillé de rester près de toi et de tâcher de changer son amour en une douce et bienfaisante amitié. Seconde ses efforts, sois indulgente et bonne avec lui. Ne te fâche pas si dans les commencements son langage ressemble plus à la passion qu'au sentiment. C'est un enfant, mais un enfant excellent, dont il faudrait fortifier l'esprit et tranquilliser l'âme. Je désire que tu le gardes et qu'il te soit un ami fidèle. Tu as tant d'esprit et de bonté, que tu peux certainement le guérir et le convaincre. Mais, écoute, chasse de ta maison à l'heure même ton petit page Galeotto, comme le plus venimeux aspic qui se soit jamais caché sous les fleurs. Chasse-le tout de suite, je t'en dirai la raison ce soir. Je crains que la Ginetta ne soit coupable aussi de quelque légèreté envers toi. Il y a une sotte histoire de montre et d'horloger à laquelle je ne comprends rien, et que je ne veux pas même te raconter avant d'avoir pris des informations à ce sujet. Les discours de Julien m'ont prouvé que la Gina t'est dévouée sincèrement, et que sa discrétion sur ce qui nous concerne est à toute épreuve. Mais la coquetterie de cette petite n'est peut-être pas sans inconvénients, et tu feras bien, si ce que je présume se confirme, de la gronder fort... et de lui pardonner. A ce soir.

« SPARK. »

« Maintenant nous avons fini, Monsieur, dit le professeur; veuillez me suivre.

— Où dois-je vous suivre, Monsieur? dit Julien. Après tout ce que je viens de lire, je vois qu'à beaucoup d'égards j'ai été la dupe des plus sots mensonges et des plus absurdes préventions. Je ne puis plus croire à une vengeance indigne de Quintilia. Menez-moi vers elle, Monsieur, ou plutôt laissez-moi sortir d'ici. Je courrai me jeter à ses pieds, j'obtiendrai mon pardon...

— Monsieur, répondit maître Cantharide, dans une heure vous serez libre; la princesse doit se rendre ici avec le duc de Gurck avant le feu d'artifice; vous pourrez la voir lorsqu'elle sortira. En attendant, venez avec moi; je compte que vous n'aurez pas la désobligeance de me refuser.

Saint-Julien suivit le professeur; il espérait se débarrasser de lui dans le jardin; mais, en traversant les allées que l'on commençait à illuminer, il vit qu'il était suivi de près par les quatre hommes qui l'avaient emmené. Il fallait se résigner et obéir de bonne grâce aux volontés obséquieuses du professeur.

On le fit entrer au palais par de petits escaliers. Il se flatta alors qu'on allait le reconduire à son appartement, et l'y tenir prisonnier jusqu'à son explication avec Quintilia. Il en tirait un bon augure; mais, à sa grande surprise, on le fit entrer dans les appartements de la princesse, et le professeur, l'ayant accompagné jusqu'au cabinet de travail, lui remit une petite clé en lui disant :

« Veuillez ouvrir le coffre de santal et prendre connaissance des papiers qu'il contient.

Puis il le salua profondément, et sortit après l'avoir enfermé à double tour dans le cabinet. Saint-Julien jeta la clé par terre avec dépit.

— Et que m'importe à présent? s'écria-t-il. Qu'ai-je besoin de vous respecter, si vous ne songez plus avec moi qu'à vous faire craindre! O Quintilia! votre orgueil m'a perdu! Pourquoi m'avez-vous traité comme un ancien ami, moi qui ne vous connaissais pas? Max mérite tout votre amour par sa confiance; mais à quel autre avez-vous donné le droit de croire ainsi en vous sans être ridicule? Hélas! il eût fallu vous deviner!... Vous avez été trop exigeante, en vérité; mais vous deviez vous douter de l'affection qui, en dépit de mes soupçons, vivait toujours au fond de mon cœur! Cette haine, cette soif de vengeance, cette folie qui m'a porté au crime, n'étaient-ce pas les conséquences d'une passion violente?... Suis-je seul ici? n'êtes-vous pas cachée derrière une cloison pour voir et entendre ce que je fais? Quintilia, m'écoutez-vous? Eh bien! écoutez-moi, écoutez-moi, je suis un misérable!... Je suis au désespoir!... »

Julien n'en put dire davantage; il se laissa tomber sur une chaise et fondit en larmes. Aucun bruit, aucun mouvement ne répondit à ses sanglots. Seul dans la demi-clarté que jetait la lampe d'albâtre, il promenait ses regards mornes sur ce cabinet qui lui rappelait de si heureux jours. C'est là qu'il avait passé le seul beau temps de sa vie. C'est là que pendant six mois il s'était abandonné aux douceurs d'une amitié si sainte et d'une admiration si fervente. Mais combien de souffrances et d'agitations! quel siècle de peines et d'événements le séparait déjà de cet heureux souvenir! Combien d'injures, de colères et d'injustices s'étaient accumulées sur sa conscience depuis un mois, un mois fatal, plus rempli à lui seul de soucis et de tergiversations que toutes les années de sa vie! « Mais que lui dirai-je pour m'excuser? pensait-il. Comment pourrai-je lui faire oublier la plus grossière insulte qu'un homme puisse faire à une femme de cœur?... »

Dans ses perplexités, il lui vint à l'esprit de se conformer aux ordres de Quintilia en lisant les papiers renfermés dans le coffre. Peut-être y trouverait-il une lettre de la princesse pour lui, et cette idée le fit tressaillir d'impatience. Il courut au coffre et prit connaissance de toutes les lettres qu'il contenait. Il ne s'y trouvait pas une ligne pour lui.

XXIII.

Le biographe de la princesse Quintilia, qui nous a transmis les documents relatifs au chevalier Max, n'a jamais pu nous fournir de renseignements précis sur les papiers qu'elle conservait dans son secrétaire. Saint-Julien ne s'est point expliqué à cet égard. Il a dit seulement quelle impression avait produite sur lui cette lecture. Tout nous porte à croire que c'était une collection de lettres autographes adressées à la princesse. Saint-Julien reconnut dans plusieurs de ces lettres l'écriture de Lucioli, avec laquelle il avait eu souvent l'occasion de se familiariser.

Quand il eut refermé le secrétaire, il cacha son visage dans ses mains et resta absorbé dans ses pensées. Puis il le rouvrit et écrivit à la princesse ce qui suit :

« Un témoignage manquait à ceux-ci, et je vais vous le fournir de bonne grâce. A genoux dans votre appartement, seul, et le cœur brisé de remords, je déclare que j'ai été infâme envers vous, que j'ai payé vos bienfaits de la plus noire ingratitude. Il me serait facile de faire comme tous ceux dont l'écriture compose ce recueil, c'est-à-dire de me soumettre à une disgrâce méritée, et de me consoler en disant tout bas à l'oreille de tout le monde que j'ai été votre amant. Tous ceux-là l'ont dit, sans s'inquiéter des preuves du contraire que vous laissiez entre les mains. Ils savaient bien que vous répugneriez à vous en servir, que vous étiez au-dessus du soupçon dans l'esprit de quelques-uns, et que vous ne feriez pas assez de cas des autres pour vous disculper auprès d'eux. Ainsi, ils vous ont impunément calomniée, et ils ont eu le monde pour les croire, pour les féliciter ou les plaindre aux dépens de votre honneur. J'ai été plus criminel qu'eux tous; mais je ne serai pas vil. Je ne répondrai pas par un lâche sourire à ceux qui me demanderont ce qui s'est passé entre vous et moi pendant six mois de tête-à-tête. Je leur dirai : « Allez demander à Quintilia quel témoignage de ma gloire elle a entre les mains. Recevez-le, ce témoignage, Madame, comme une expiation de mon forfait, comme le cri d'une conscience déchirée. Vous m'aviez accordé la chaste protection d'une sœur, et je vous en ai récompensée par l'insulte et l'outrage. Je mérite tous les châtiments que vous voudrez m'infliger; mais je ne crois pas qu'il en existe un plus humiliant et plus atroce que celui que je m'inflige moi-même en signant cet écrit : LOUIS DE SAINT-JULIEN. »

Louis, ayant posé ce papier sur les autres, ferma le coffre de sandal et se promena dans la chambre avec agitation. Le hamac suspendu au milieu, la lampe blême et triste, l'éventail de plumes de paon oublié à terre à côté d'une pantoufle brodée d'argent, un reste de parfum répandu dans l'air, minuit qui sonnait à l'horloge du palais, tout rappelait à Saint-Julien le moment fatal où son erreur l'avait porté à une tentative odieuse. Avec ses remords et son désespoir, son amour se rallumait plus profond et plus grave. Il se jeta à genoux auprès du hamac, et baisa la pantoufle comme une relique; puis il recommença à parler avec véhémence.

« N'y a-t-il personne ici pour me plaindre? s'écria-t-il; car je suis encore plus malheureux que coupable. Oh! voyez, voyez mes larmes; croyez-vous qu'elles ne soient pas sincères? Quintilia, si vous m'entendez, prenez pitié de moi! Gina, Gina, n'êtes-vous pas là quelque part? ne voulez-vous pas intercéder pour moi? Vous êtes bonne, vous! Et vous, Max! vous qui êtes heureux, ne serez-vous pas généreux avec moi, ne me pardonnerez-vous pas, pour qu'elle me pardonne, votre Quintilia, votre femme? Ah! je l'aime! oui, je l'aime avec passion; mais je vous aime aussi et je ne suis pas jaloux; je souffre, je pleure, voilà tout... Vous ne pouvez pas m'en vouloir, vous savez que j'étais fou; vous avez vu ce que je souffrais, vous étiez mon ami alors! ne l'êtes-vous plus? Spark, où êtes-vous? J'espère en vous! Qu'on me dise où est Spark, cet homme si bon et si vrai! qu'on me laisse aller vers lui; Spark! Spark! »

Las de secouer la porte inflexible et d'invoquer les murailles silencieuses, Julien se laissa tomber épuisé auprès de la fenêtre entr'ouverte. Il y avait encore bal cette nuit-là. Une apparente réconciliation ayant eu lieu entre la princesse et M. de Gurck, cette fête devait clore le mois consacré aux plaisirs. Saint-Julien vit le grand corps de bâtiment qui donnait sur la Célina resplendissant de lumières; les sons de l'orchestre arrivaient jusqu'à lui, et, de l'aile obscure où il se trouvait alors, il pouvait voir passer et repasser devant les vastes fenêtres de la salle de danse les robes brillantes et les têtes empanachées. Deux ou trois fois il lui sembla reconnaître le costume grec que la princesse portait souvent. La vue de cette fête insouciante aigrit tellement sa douleur, qu'il résolut de sortir de son inaction, dût-il briser les portes.

Mais la consigne venait apparemment d'être levée; car la première porte qu'il toucha n'offrit aucune résistance, et il se trouva seul dans les corridors faiblement éclairés. Il courut au hasard, rencontra des figures qu'il vit de face, essaya de pénétrer dans le bal, et fut repoussé parce qu'il n'était pas en toilette. Alors il descendit précipitamment le grand escalier, et s'arrêta en voyant la Ginetta sur la dernière marche. Elle avait un costume éblouissant, et, gracieusement appuyée sur un grand vase de jaspe rempli de lis jaunes, elle écoutait, en jouant avec son éventail, les fadeurs de cinq ou six hommes.

Julien, pâle, les cheveux et les vêtements en désordre, s'élança au milieu de ce groupe, et, s'adressant à Gina, lui dit avec agitation : « Mademoiselle, ayez la bonté de m'accorder un instant... » Mais la Gina, l'ayant regardé d'un air froid et dédaigneux, passa son bras sous celui d'un des cavaliers qui l'entouraient, et s'éloigna sans lui répondre, en murmurant à demi-voix quelques paroles; il crut entendre le mot de *matto* accolé à son nom. Les jeunes gens qui s'en allaient avec elle se retournèrent plusieurs fois pour regarder Julien. Indigné de ces manières insultantes, il n'osait pourtant en demander raison; car l'idée que sa folie était le sujet de toutes les conversations, et qu'il ne pouvait plus faire un pas sans être traité avec ironie ou avec mépris, l'écrasait de honte et de crainte. Il se sentait défaillir; mais, rassemblant toutes ses forces, il se mit à courir dans le jardin, espérant trouver quelqu'un qui le prendrait en pitié. Le jardin lui sembla d'abord presque désert. Bientôt il s'aperçut que des groupes inquiets et curieux se répandaient dans les endroits sombres, et particulièrement vers la partie où était situé le pavillon. Alors il se rappela que la princesse devait y conduire le duc de Gurck pour le mettre en présence de Max, et il se décida à demander à la première personne qu'il rencontra si la princesse était toujours dans la salle de bal. Le personnage auquel il s'adressa n'était rien autre que le gracieux Lucioli. En le reconnaissant, Julien, qui l'avait toujours détesté, fut prêt à lui tourner le dos sans attendre sa réponse. Mais, au lieu de l'air insolent que Lucioli prenait ordinairement de préférence avec Julien, il lui présenta la main et s'informa de sa santé avec beaucoup de courtoisie.

« La signora Gina nous a dit que depuis trois jours vous étiez au lit avec la fièvre, et, à voir votre pâleur, je croirais assez que vous n'êtes pas guéri. »

— Voulez-vous me faire jouer la scène de Basile chez Bartholo? dit Julien avec aigreur. N'allez-vous pas dire que je sens la fièvre? Dites-moi, de grâce, si la princesse est au bal?

— Elle vient de sortir, mon cher monsieur, et vous devinez avec qui?

— Non, en vérité!

— Avec quel autre que le favori du jour, le duc de Gurck?

— Vraiment? dit Julien d'un ton moqueur et méprisant, dont Lucioli ne se fit pas l'application.

— Que voulez-vous, mon cher comte! reprit-il en baissant la voix; la faveur des princes et surtout celle des princesses, est un brillant météore qui ne fait que luire et s'effacer. Nos yeux ont vu cette lumière, et ils l'ont perdue, n'est-il pas vrai? Vous et moi, heureux hier, disgraciés aujourd'hui, nous pourrions prédire à Gurck ce qui lui arrivera demain; mais qu'importe? Ne faut-il pas que chacun ait part aux rayons du soleil? Mais vous prenez les choses trop au sérieux, mon cher comte; vous êtes défait comme un spectre. Eh! que diable! regardez-moi, mon cher, on ne meurt pas de ces choses-là.

Saint-Julien venait de voir apparemment dans les papiers de la princesse des documents très-contraires à cette prétention de Lucioli; car il fut indigné de son impudence, au point de se demander s'il ne ferait pas bien de le souffleter. Mais, en se rappelant sa propre conduite, il fut accablé de l'idée qu'il était encore plus coupable, et il se contenta de lui tourner le dos.

A quelques pas de là, il vit un groupe d'Autrichiens, et s'y mêla dans l'obscurité.

« Je vous dis que nous voici au dénoûment, disait l'un d'eux en mauvais français; la petite princesse s'humanise avec nous; il était temps, l'opinion se révoltait contre elle dans sa propre cour; M. de Shrabb avait pris des mesures pour qu'on ne parlât pas d'autre chose depuis huit jours; le scandale grondait sourdement, et il l'aurait fait éclater si la princesse n'eût entendu raison et promis une satisfaction complète au duc. — Mais, dit un autre interlocuteur, fera-t-il apparaître Max dans un miroir magique? Le professeur Cantharide aura-t-il le pouvoir de dire à Lazare: Levez-vous? — Et si le mort ne ressuscite pas, dit un troisième, en quoi consistera la satisfaction promise à M. de Gurck? »

Un gros rire mal étouffé accueillit cette question et résuma toutes les réponses.

Saint-Julien, saisi de dégoût, mais toujours sous le coup du découragement et du remords, se dirigea vers la grande salle de verdure où le feu d'artifice se préparait et où presque toute la cour était déjà rassemblée. Une agitation qui n'était pas ordinaire, semblait régner dans les esprits. Julien comprit, à quelques paroles saisies de côté et d'autre, qu'on attendait avec anxiété le résultat de la conférence du pavillon, et que personne ne croyait à l'existence de Max. Les plus insolents dans leurs commentaires étaient ceux dont Julien venait d'apprécier au juste le véritable crédit auprès de la princesse en feuilletant les papiers du coffre de sandal.

Tout à coup une figure nouvelle à la cour, mais que Saint-Julien se souvint confusément d'avoir vue ailleurs, vint à lui, et lui demanda avec empressement un mot d'entretien particulier.

« Qui êtes-vous? lui dit Julien vivement en le suivant à l'écart. Je vous ai vu... Oui, c'est vous! Vous êtes Charles de Dortan!

— Silence! lui dit le voyageur pâle d'un air mystérieux. Si mon nom allait jusqu'aux oreilles de la princesse, elle me ferait peut-être chasser.

— Que venez-vous donc faire ici?

— Parlons bas, je vous en prie. Lorsque je vous rencontrai à Avignon, j'allais aussi en Italie. Me trouvant à Venise et entendant vanter en plusieurs endroits les talents et la beauté de la princesse Cavalcanti, l'amour, le dépit, l'espoir, que sais-je!... enfin, je suis venu ici, et, à la faveur d'un costume brillant et d'un faux nom, j'en ai imposé au maître des cérémonies lui-même. Je me suis glissé jusqu'ici; mais j'y suis fort mal à l'aise, n'y étant connu de personne. Je crains que mon isolement dans cette foule ne me fasse suspecter. Ayez la bonté de marcher avec moi jusqu'à ce que la princesse paraisse. Alors je risquerai mon sort.

— Quel que soit votre projet, répondit froidement Julien, je le crois absurde, d'autant plus que vous ne connaissez pas la princesse, et que votre aventure avec elle est un rêve ou un roman.

— Que signifie le ton que vous prenez? dit Dortan avec colère; au lieu de me rendre service, voulez-vous m'insulter?

— Vous n'êtes qu'un horloger, dit Saint-Julien en levant les épaules.

— Un horloger, moi! s'écria Dortan stupéfait. J'ai bien entendu dire tout à l'heure à une dame que vous aviez une fièvre cérébrale; je vois que vous avez le délire.

— Le délire! non, mordieu! reprit Saint-Julien. Voyons, qui êtes-vous? D'où connaissez-vous la princesse? donnez-moi votre parole d'honneur... Oui, vous avez raison, je crois que je perds la tête. »

Ils s'assirent sur un banc. Là Julien, ayant gardé un instant le silence et réfléchi à cette singulière rencontre, fut saisi d'une étrange idée. Fatigué du rôle pénible qu'il jouait vis à vis de lui-même, il chercha à se persuader qu'il n'était pas si coupable; que Quintilia venait de le jouer de nouveau, et que l'arrivée de Dortan était une circonstance fatale, une prévision de la destinée pour le retirer de l'abîme où il allait rouler encore une fois. Sa méfiance innée se réveilla avec toutes ses objections. Au fait, l'histoire de la montre n'avait jamais été expliquée. Il se pouvait que la princesse aimât son mari et le préférât à ses amants; mais il se pouvait aussi qu'elle se permît parfois certaines distractions, surtout dans le mystère et l'impunité. Avec le caractère de Sparck cela était si facile!

Cette idée, confusément développée dans son cerveau, le porta à faire mille questions à Dortan. Les réponses de celui-ci avaient un tel caractère de vérité, que Saint-Julien ne savait plus à quoi s'arrêter.

« Mais enfin, lui dit-il, pourquoi ne lui parlâtes-vous pas vous-même à Avignon lorsque vous la vîtes monter en voiture?

— Je la vis, je la reconnus fort bien; c'est elle, je n'en puis douter; mais elle me regardait d'un air si étonné, elle affectait si admirablement de ne m'avoir jamais vu, que je me troublai, et la crainte de parler sottement m'empêcha de parler... »

Tout à coup Dortan fit un cri, se leva et se rassit précipitamment, et, saisissant le bras de Julien, dit d'une voix étouffée:

« La voilà, c'est elle! oui, c'est elle!...

— Où donc? s'écria Saint-Julien, ému lui-même, et cherchant des yeux avec anxiété.

— Quoi! vous ne la voyez pas? dit Dortan baissant la voix de plus en plus. Ici, tout près de nous, cette belle reine en robe de satin de Perse!

— Qui? celle dont un freluquet ramasse l'éventail?

— Eh! sans doute.

— C'est là votre dame du bal masqué, votre conquête d'une nuit, votre princesse Quintilia?

— Oui, sur mon honneur!

— Eh! mon cher, dit Saint-Julien en se levant pour s'en aller, vous vous êtes un peu trompé: c'est la Gina, la Ginetta, la suivante, la confidente, la camériste, comme vous voudrez...

— Est-il possible? dit Dortan avec consternation; ne me trompez-vous pas?

— Allez, mon cher, abordez-la sans crainte, et comptez que la chose vaut mieux ainsi pour vous. C'est une aimable personne et nullement prude. Vous avez cru charmer une princesse, vous n'avez eu affaire qu'à la soubrette. C'est une conquête un peu moins glorieuse, mais plus certaine ; profitez-en si le cœur vous en dit. »

Il s'éloigna précipitamment et plus honteux que jamais de ses méfiances toujours renaissantes ; il remercia Dieu d'avoir vaincu la dernière, et se dirigea vers le pavillon, décidé à mériter sa grâce par le plus fervent repentir.

XXIV.

Il en approcha sans obstacle ; mais lorsqu'il voulut franchir l'enceinte du parterre qui l'entourait, des sentinelles posées de distance en distance lui ordonnèrent de passer au large. Comme il semblait résister à cet ordre, il fut couché en joue par un garde de service, et forcé d'attendre dans l'allée. Au bout de quelques instants les sentinelles, se repliant sur cette partie du parc, le forcèrent à reculer sous la futaie. Ce ne fut donc que de loin que Saint-Julien aperçut la princesse ; elle marchait seule, et les paillettes de son costume brillaient dans la nuit comme des étincelles mystérieuses. Il fit de vains efforts pour arriver jusqu'à elle ; il ne put la rejoindre qu'à l'entrée de la salle de verdure, et aussitôt elle lui entourée de tant de monde, qu'il fut impossible à Julien d'en espérer un regard. Il attendit vainement la fin du feu d'artifice ; aucun moment favorable ne se présenta. Il vit Dortan, qui semblait avoir été assez bien accueilli par la Ginetta. Un magicien fut introduit et s'offrit pour dire la bonne aventure. La princesse lui tendit sa main la première, et tous s'empressant à son exemple, le magicien, qui, au milieu de son patois étrange, semblait être un homme spirituel et sensé, distribua à chacun sa part d'éloges et de railleries avec autant de justice que les convenances le permirent. Saint-Julien s'approcha, et, malgré la grande barbe et les sourcils postiches du nécromant, il reconnut Max, qui s'amusait aux dépens de toute la cour, et particulièrement du duc de Gurck. Celui-ci, quoique charmant comme à l'ordinaire, semblait quelquefois singulièrement embarrassé auprès de la princesse. Son trouble augmenta à certaines paroles que lui adressa le magicien, et qui semblèrent n'offrir aucun sens aux autres personnes. Enfin la princesse donna le signal, et on rentra au palais pour le souper. Là Julien fut arrêté par l'abbé Scipione, qui lui dit : « Monsieur, vous vous êtes promené dans les jardins, c'est fort bien, je n'avais aucun ordre pour en empêcher ; mais je suis forcé de vous faire observer que votre toilette, plus que négligée, vous interdit l'accès du bal. Son Altesse nous a fait part du mauvais état de votre santé, et nous en sommes vivement touchés ; mais cela ne vous autorise point à enfreindre l'étiquette. »

Saint-Julien se rendit à ces objections, et, tirant un bon augure de l'explication que Quintilia avait donnée à tout le monde de son absence, il se retira dans sa chambre et attendit la fin du bal pour lui demander un instant d'entretien. Lorsque le moment fut venu, il adressa sa demande par un valet de service ; mais il lui fut répondu que la princesse ne donnait pas d'audience à pareille heure.

L'idée vint alors à Saint-Julien d'aller trouver Spark, qui devait être rentré à sa petite maison du faubourg. Il descendit ; et comme il traversait les jardins avec la foule qui se retirait, il entendit annoncer le départ de Gurck et de Shrabb pour le lendemain matin. Il se glissa dans les groupes et surprit divers commentaires.

« Oh ! disaient les uns, allons-nous avoir la guerre ?
— Non, répondaient les autres. On a entendu M. de Gurck dire à M. de Shrabb qu'il était pleinement satisfait et qu'il n'avait plus rien à faire ici.
— C'est bien là le trait d'un Lovelace comme Gurck !
— Et pourquoi ? Il paraît que Max est retrouvé, que Gurck l'a vu, lui a parlé...
— Allons donc ! allons donc ! allez conter de pareilles folies aux vieilles femmes du faubourg ! Est-ce qu'on retrouve ainsi du jour au lendemain un homme perdu depuis quinze ans ?
— Il est vrai qu'on peut trouver un imposteur qui, pour quelque argent, au moyen d'une ressemblance et de faux papiers...
— Bah ! on ne se donne pas tant de peine, dit à voix basse le marquis de Lucioli en regardant Julien d'un air d'intelligence. On ouvre la porte du pavillon au duc de Gurck et on s'explique. Quel est donc l'homme qui, en pareille circonstance, ne se déclarerait pas satisfait ? Vous connaissez le pavillon, monsieur le comte ?
— Pas plus que vous, monsieur le marquis, répondit Julien d'un ton sec. »

Il courut à la maison de Spark. Il y entra sans effort ; elle était déserte ; il y attendit le jour. Spark ne revint pas. Accablé de fatigue, il prit le parti d'aller louer une chambre dans une auberge. Quand il se fut un peu reposé, il courut au palais et se rendit à son appartement. Il y trouva l'abbé Scipione, qui le reçut avec politesse et lui dit : « Vous me voyez empressé à mettre en ordre vos effets afin de les emballer et de les faire transporter au lieu que vous m'indiquerez. Son Altesse nous a fait savoir que des événements survenus dans votre famille vous forçaient à nous quitter. Vous m'en voyez pénétré de regret et occupé à m'installer dans cet appartement ; car la volonté de notre très-gracieuse souveraine est de me faire reprendre les fonctions de secrétaire intime que j'occupais avant Votre Excellence. »

Saint-Julien, trop orgueilleux pour montrer sa douleur, indiqua à l'abbé l'auberge où il s'était installé provisoirement, et fit demander la Ginetta ; celle-ci lui fit répondre qu'elle était malade. Il demanda directement audience à la princesse ; elle fit répondre qu'elle n'avait pas le temps. Son refus fut accompagné cependant d'une phrase polie, mais glaciale.

Saint-Julien retourna au faubourg et vit le menuisier propriétaire de la maison de Spark. Il apprit de lui que le jeune Allemand était parti et ne reviendrait que dans quelques mois.

Julien résolut d'attendre quelques jours avant de faire de nouvelles tentatives pour obtenir sa grâce. Il resta tristement à l'auberge, attendant d'heure en heure un message de la cour. Enfin il se décida à retourner au palais. Les personnes qui le rencontrèrent l'abordèrent poliment, mais lui témoignèrent une extrême surprise de ce qu'il n'était point encore parti. Il essaya de pénétrer jusqu'à la princesse ; mais ce fut impossible, et pendant trois jours ses demandes furent repoussées avec une politesse et une indifférence aussi cruelles l'une que l'autre.

Le soir du troisième jour il s'avisa d'aller trouver maître Cantharide et de s'humilier jusqu'à le prier d'intercéder pour lui.

« J'ignore absolument, lui répondit le professeur, les raisons de la conduite de Son Altesse à votre égard. J'ai exécuté ponctuellement ses ordres sans en savoir et sans en chercher le motif. Si vous me demandez des explications, vous tombez donc bien mal ; mais si vous me demandez un conseil d'ami, voici celui que je vous donne : Partez, et n'espérez pas fléchir Son Altesse ; elle n'est jamais revenue sur un arrêt semblable. Autant elle a de peine à employer la rigueur, autant il lui est impossible de pardonner quand elle s'est décidée à punir. Les émoluments de votre place vous ayant été remis exactement chaque mois, la princesse ne vous fera pas l'affront de vous remettre, comme à M. de Stratigopoli, des présents que vous refuseriez. Elle vous congédie simplement, et désire sans doute qu'il n'y ait aucune humiliation extérieure pour vous dans votre renvoi, puisqu'elle n'a fait entendre aucune expression de mécontentement contre vous, et qu'elle n'a donné aucun ordre public qui vous force à sortir de ses États. Mais croyez-moi, sortez-en avant que vos vaines supplications vous attirent la raillerie de vos ennemis et le ridicule qui s'attache si facilement aux imprudents. »

Julien sentit que le professeur avait raison ; la conduite de Quintilia impliquait un mépris plus profond et plus irrévocable que tous les témoignages de colère qu'il avait espérés. Le lendemain soir, une voiture de poste aux armoiries de la cour s'arrêta devant la porte de son auberge. L'abbé Scipione en descendit, et, se faisant introduire dans la chambre, lui dit : « Voici, monsieur le comte, la voiture que vous avez fait demander à Son Altesse pour vous conduire jusqu'à Milan. »

Vous n'êtes qu'un horloger... (Page 54.)

Avant que Julien eût trouvé la force de répondre, les valets entrèrent, fermèrent ses malles, les chargèrent sur la voiture, et, tout en ayant l'air d'exécuter ses ordres, l'emballèrent pour ainsi dire avec ses paquets. L'abbé lui fit mille humbles salutations, et les chevaux prirent le galop. Cependant, à la sortie de la ville, on amena un homme enveloppé d'un manteau, et on le fit monter auprès de Julien; c'était Galeotto.

« Béni soit le ciel! s'écria le page; tu n'es donc pas mort, mon pauvre camarade?

— J'aimerais mieux la mort que le chagrin dont je suis dévoré, répondit Julien, Mais d'où viens-tu, et qu'es-tu devenu depuis notre séparation?

— Je sors de la prison où tu m'as laissé. Seulement on m'avait mis dans une pièce plus commode et plus saine que notre vilain cachot. On vient de m'en tirer après m'avoir lu une sentence d'exil éternel, accompagnée de promesse de peine de mort si je remets les pieds sur le territoire; ce qui ne m'arrivera jamais, j'en prends à témoin tous les saints et tous les diables. »

Galeotto écouta, non sans surprise, mais sans grand repentir, le récit de Julien. Un peu touché d'abord, il finit par railler son compagnon de se laisser ainsi abattre. En arrivant à Milan, il ouvrit son portefeuille, qu'on lui avait rendu avec ses autres effets, et il y trouva en billets de banque la somme qu'il avait refusée. Cette fois il ne la refusa pas, et prit congé de Julien, non sans lui avoir fait des offres de service que celui-ci refusa.

Saint-Julien, resté seul, hésita et fut malade pendant quelques jours. Puis il perdit tout reste d'espoir et partit pour la France.

Il trouva son père mourant et eut la consolation en même temps que la douleur de lui fermer les yeux. Sa mère fut admirable de soins et de dévouement au chevet du moribond. Lorsqu'elle l'eut perdu, son regret fut si profond et si sincère, que Louis se repentit d'avoir méconnu un cœur vraiment bon. Il eut souvent occasion, en voyant les derniers moments de son père adoucis par une telle affection, de reconnaître une grande vérité : c'est que la tolérance et la bonté avaient providentiellement leurs avantages. Louis avait méprisé sa mère pour des fautes que son père avait pardonnées; il avait méprisé son père pour une indulgence que sa mère sut récompenser. « Je ne serai jamais trompé, se dit Julien tristement; mais ne mourrai-je pas abandonné? » Il se mit à penser à l'avenir de Spark : « Celui-là, se dit-il, ne sera ni délaissé ni trompé. Et moi! et moi! qui sait si pour mon châtiment, malgré toutes mes précautions, je ne serai pas l'un et l'autre! »

Il s'appliqua de tout son cœur à réparer ses torts envers sa mère; avec de la douceur, il arriva à vivre parfaitement avec elle. Toute discussion cessa, toute aigreur disparut entre eux; la brave dame tomba dans la dévotion, et bientôt, loin de railler l'austérité de son fils et de le blesser, comme autrefois, par des plaisanteries, elle devint plus humble et plus contrite vis-à-vis de lui qu'il ne l'eût souhaité dans ses plus grands accès d'orgueil.

Le séjour de la maison paternelle lui devint peu à peu supportable. Il souffrit longtemps, et longtemps son âme fut fermée à l'espoir d'une nouvelle vie et de nouvelles affections. Cependant l'étude le sauva du découragement, et peu à peu sa santé, fortement compromise par le chagrin, se rétablit.

Un an s'était écoulé; il était venu passer quelques semaines à Paris, lorsqu'un soir, en sortant de l'Opéra, il vit passer une femme couverte de pierreries, sur les traces de laquelle on se précipitait. Bien qu'il n'eût entrevu que sa robe de velours et son bras nu, il tressaillit et faillit s'évanouir. Puis il courut à son tour et reconnut madame Cavalcanti. Au moment où elle montait en voiture, il s'élança vers elle en criant; mais elle le regarda fixement d'un air étonné, puis elle dit à ses laquais de fermer la portière, leva la glace et disparut. Ce fut la dernière fois que Saint-Julien la vit.

Cependant, le lendemain matin il vit Max entrer dans sa chambre. L'époux de Quintilia n'avait pas changé sa condition; rien n'avait altéré sa sérénité; son visage était toujours jeune et son âme généreuse. « J'ai demandé pardon pour vous, dit-il; on m'a chargé de vous dire qu'on s'intéresse à votre sort et qu'on fait des vœux pour vous. Mais je n'ai pu obtenir qu'on vous accordât une entrevue, et j'ai vu qu'on y avait une telle répugnance que je n'ai pas osé insister. Je n'en sais pas au juste les motifs, je ne veux pas les savoir; mais je n'oublierai jamais que vous avez eu de la confiance en moi, et je ne puis cesser de vous aimer. Je vous ai cherché souvent sans vous rencontrer; et si je ne vous eusse fait suivre hier au soir, je ne saurais pas encore ce que vous êtes devenu. Je viens vous apporter mon adresse et vous engager à venir me trouver toutes les fois que vous aurez besoin de l'aide ou des consolations de l'amitié. Je ne puis rester davantage aujourd'hui, ajouta-t-il sans laisser à Saint-Julien le temps de le remercier. Quintilia part ce soir pour l'Italie, et j'ai hâte de retourner près d'elle; c'est un jour qui n'a pas trop d'heures pour moi, et où je suis forcé aujourd'hui, tout comme il y a quinze ans, à lutter contre mon propre cœur pour ne pas consentir à la suivre. A revoir. Vous savez où me trouver dorénavant. Attendez, ajouta-t-il encore en revenant sur ses pas; Quintilia m'a chargé de vous rendre un papier dont j'ignore le contenu; elle dit qu'elle n'en a pas besoin pour être sûre de votre honneur, et qu'elle ne gardera jamais d'armes contre vous. Je rapporte ses paroles textuellement, c'est à vous de les comprendre; moi, tout cela ne me regarde pas. »

Saint-Julien, resté seul, ouvrit le papier, et reconnut le billet expiatoire qu'il avait mis dans le coffre de sandal comme un témoignage de sa propre honte. Il resta pénétré de reconnaissance pour Spark; mais il ne put se décider à aller voir. Il retourna chez sa mère, où l'étude des sciences et celle de la sagesse achevèrent sa guérison.

Quelque temps après, il devint amoureux d'une belle personne très-sage et l'épousa; car le mariage seul pouvait convenir à un caractère ferme et austère comme le sien. Soit que l'ardeur de ses passions fût émoussée par le mauvais succès de son premier amour, soit qu'il eût profité d'une grande leçon, il fut moins jaloux qu'on n'aurait dû s'y attendre. Sa femme fut assez heureuse et n'en abusa pas. Saint-Julien resta mélancolique, peu expansif, en proie souvent à des luttes intérieures qu'il ne confia jamais à personne; mais toute sa vie fut irréprochable, et quoiqu'il ne fût pas naturellement porté à la bienveillance, il pratiqua la tolérance et la charité, sans grâce, il est vrai, mais sans restriction.

GEORGE SAND.

FIN DU SECRÉTAIRE INTIME.

GEORGE DE GUÉRIN.

« George-Maurice Guérin du Cayla naquit au château du Cayla, département du Tarn, vers 1810 ou 1811. Sa famille était une des plus anciennes du Languedoc. Il commença ses études à Toulouse, et les acheva au collége Stanislas, à Paris, sortit du collége de 1829 à 1830, passa près d'une année en Bretagne, revint à Paris, y développa ses facultés, mais par un travail sans suite, abandonné et repris souvent. Sa vie jusqu'à son mariage, qui eut lieu en 1838, fut très-simple, nullement littéraire dans le sens extérieur que l'on donne à ce mot. Il n'aborda jamais aucun journal, ne publia rien, et partagea son temps entre ses lectures, ses secrètes études poétiques, et le monde qu'il aimait beaucoup. Il mourut l'année dernière, au château du Cayla, chez son père, ne laissant que des fragments, et en très-petit nombre. »

Telle est la courte notice biographique qui nous a été transmise sur un beau talent ignoré de lui-même, et révélé seulement à quelques amis, aujourd'hui désireux de rendre hommage à sa mémoire par la publication d'un ou deux fragments de poésie, seul héritage qu'il ait laissé, comme malgré lui, à la postérité. Après avoir lu ces fragments, nous nous sommes engagé à cette publication avec ce sentiment de profonde sympathie que chacun éprouve pour le génie moissonné dans sa fleur, et croyant fermement accomplir un devoir envers le poëte comme envers le public. Après la mort à la fois pénible et dramatique d'Hégésippe Moreau, cette notice et ces citations méritent quelque attention. S'il y a une similitude dans ces mélancoliques destinées, dans ces gloires méritées, mais non couronnées, dans ces morts prématurées et obscures, il y a contraste dans la nature du talent, dans le caractère de l'individu, dans les causes du dégoût de la vie (car il y a spleen chez l'un et chez l'autre), il y a surtout matière à des réflexions différentes. Les nôtres seront courtes et respectueuses, car la douleur de George Guérin fut silencieuse et noblement portée jusqu'à la tombe.

Devant tant d'exemples de poésies et de morts *spleeniques* que notre siècle voit éclore et inhumer, le moraliste a un triste devoir à remplir. Le désir inquiet des jouissances matérielles de la vie et le besoin des vulgaires satisfactions de la vanité, devenus des causes d'amertume, de colère et de suicide, ne sauraient être réprimés par de trop sévères arrêts, et la pitié sympathique qu'inspirent de telles catastrophes doit trouver son correctif dans une critique austère et courageuse. L'auteur du poétique drame de *Chatterton* l'a bien senti; car il a placé auprès du martyr de l'ambition littéraire un quaker rigide dans ses mœurs et tendre dans ses sentiments, qui s'efforce de relever tantôt par la sagesse, tantôt par l'amour, ce cœur amer et brisé. Mais en face d'une douleur muette, comprimée, sans orgueil et sans fiel, au spectacle d'une vie qui se consume faute d'aliments nobles, et qui s'éteint sans lâche blasphème, il y a des enseignements profonds que chacun de nous peut appliquer à soi-même dans l'état social où nous vivons aujourd'hui. Le simple bon sens humain peut alors remonter aux causes et prononcer, entre le poëte qui s'en va et la société qui demeure, lequel fut ingrat, oublieux, insensible.

George Guérin ne fut ni ambitieux, ni cupide, ni vain. Ses lettres confidentielles, intimes et sublimes révélations à son ami le plus cher, montrent une résignation portée jusqu'à l'indifférence en tout ce qui touche à la gloire éphémère des lettres. « Il portait dans le monde (c'est ce même ami qui parle) une élégance parfaite, des manières pleines de noblesse et un langage exquis, ne jetait pas d'éclat, n'avait pas de trait, mais quelque chose de doux, de fin et de charmant que je n'ai vu qu'en lui, et dont l'effet était irrésistible. Il aimait extrêmement la conversation; et quand il rencontrait par hasard des gens qui savaient causer, il s'animait et jouissait de ce qu'ils disaient comme il jouissait de la musique, des parfums et de la lumière. » Il était malade, et sa paresse à produire, sa paresse à vivre, s'il est permis de dire ainsi, sans hâter sa mort, empêchèrent peut-être l'effort intérieur qui pouvait en conjurer l'arrêt. Ce n'est donc pas directement à la société qu'on peut imputer cette fin prématurée, mais c'est bien à elle qu'on doit reprocher hautement et fortement cette langueur profonde, cet abattement douloureux où ses forces se consumèrent, sans qu'aucune révélation de l'idéal qu'il cherchait ardemment vînt à son secours, sans qu'aucun enseignement solide et vivifiant pénétrât de force dans sa solitude intellectuelle. Mais avant de signaler l'horrible insensibilité, ou, pour mieux dire, la déplorable nullité du rôle maternel de cette société à l'égard de ses plus nobles enfants, nous peindrons davantage le caractère de celui-ci, et l'on comprendra dès lors ce qui lui a manqué pour réchauffer dans ses veines l'amour de la vie.

C'était une de ces âmes froissées par la réalité commune, tendrement éprises du beau et du vrai, douloureusement indignées contre leur propre insuffisance à le découvrir, vouées en un mot à ces mystérieuses souffrances dont René, Obermann et Werther offrent sous des faces différentes le résumé poétique. Les quinze lettres de George Guérin que nous avons entre les mains sont une monodie non moins touchante et non moins belle que les plus beaux poëmes psychologiques destinés et livrés à la publicité. Pour nous, elles ont un caractère plus sacré encore, car c'est le secret d'une tristesse naïve, sans draperies, sans spectateurs et sans art; et il y a là une poésie naturelle, une grandeur instinctive, une élévation de style et d'idées, auxquelles n'arrivent pas les œuvres écrites en vue du public et retouchées sur les épreuves d'imprimerie. Nous en citerons plusieurs fragments, regrettant beaucoup que leur caractère confidentiel ne nous permette pas de les transcrire en entier. On n'y trouverait pas un détail de l'intimité la plus délicate à révéler qui ne fût senti et présenté avec grandeur et poésie. Ce sont, sauf les détails que, comme artiste, nous regrettons le plus de passer sous silence. . . . .

« Je vous dirais bien des choses, du fond de l'ennui où je suis plongé, *de profundis clamarem ad te*; mais il faut que je m'interdise ces folies. Elles n'ôtent rien au mal, et l'on prend la ridicule habitude de se plaindre. Nous avons tant de ridicules que nous ne connaissons pas, qu'il faut, du moins autant que nous le pouvons, nous garder de ceux qui sont manifestes. Vous m'avez dit un jour qu'en sortant du collége je devais être exagéré et en proie aux sottes manies qui ont travaillé toute cette jeunesse d'alors, mais qu'aujourd'hui, sans doute, j'étais *vrai*, et ne jouais pas à l'ennui et au dégoût. Ah ! n'en doutez pas ; si je n'ai pas de bon sens, j'ai du moins un peu de ce goût qui est le bon sens de l'esprit, et rien, à mon jugement, n'est plus choquant, surtout à notre âge, que ces affectations de collége. Dieu merci, je ressemble assez peu à ce que j'étais dans ce temps-là ; et si j'affectais quelque chose, ce serait de faire oublier ma personne d'alors. J'ai le malheur de m'ennuyer aujourd'hui comme je faisais sous la grille de Stanislas, *voilà la ressemblance*. A cette époque de mon ennui, j'en disais plus qu'il n'y en avait ; aujourd'hui j'en dis moins qu'il n'y en a, *voilà la différence*. . . . . . .

« Le jour est triste, et je suis comme le jour ; ah ! mon ami, que sommes-nous, ou plutôt que suis-je, pour souffrir ainsi sans relâche de toutes choses autour de moi, et voir mon humeur suivre les variations de la lumière? J'ai pensé quelque temps que cette sensibilité bizarre était un travers de ma jeunesse qui disparaîtrait avec elle. Mais le progrès des ans, en quoi j'espérais, me fait voir que j'ai un mal incurable et qui va s'aigrissant. Les journées les plus unies, les plus paisibles, sont encore pour moi traversées de mille accidents imperceptibles qui n'atteignent que moi. Cela s'élève à des degrés que vous ne pourriez croire. Aussi qu'y a-t-il de plus rompu que ma vie, et quel fil si léger qui soit plus mobile que mon âme? J'ai à peine écrit quelques pages de ce travail qui avait d'abord tant d'attraits ; qui sait quand je le terminerai ? Mais j'y mettrai le dernier mot assurément ; je ne veux pas accepter le dédit cent fois offert par ce mien esprit, le plus inconstant et le plus prompt au dégoût qui fut jamais. Vaille que vaille, vous aurez cette pièce, pièce en effet, et des plus pesantes.

«..... Si j'en croyais mes lueurs de bon sens, je renoncerais pour toute ma vie à écrire un seul mot de composition. Plus j'avance, plus le fantôme (l'idéal) s'élève et devient insaisissable. Ce mot propre, cette expression, la *seule* qui *convient*, dont parle La Bruyère, je n'ai jamais reconnu, au contentement de mon esprit, que je l'eusse trouvé : et, l'eussé-je attrapé, reste l'arrangement et les combinaisons infinies, et la variété, et le piquant, et le solide, et la nouveauté dans les termes usés ; l'imprévu, l'image dans le mot, et le contour, la justesse des proportions, enfin tout, le don d'écrire, le talent ; et, de tout cela, je n'ai guère que la bonne volonté. — Pardonnez-moi ce cours de rhétorique. Il faut garder et couvrir ces choses. Fi donc, le pédant ! »

Pour qui aura lu attentivement *le Centaure*, cette recherche scrupuleuse et hardie dont la prétendue insuffisance est confessée ici avec trop de modestie, est clairement révélée. Mais, au risque de passer pour pédant nous-même, nous n'hésiterons pas à dire qu'il faut lire deux et même trois fois *le Centaure* pour en apprécier les beautés, la nouveauté de la forme, l'originalité non abrupte et sauvage, mais raisonnée et voulue, de la phrase, de l'image, de l'expression et du contour. On y verra une persistance laborieuse pour resserrer dans les termes poétiques les plus élevés et les plus coucis une idée vaste, profonde et mystérieuse comme le monde primitif à demi épanoui dans sa fraîcheur matinale, à demi assoupi encore dans le placenta divin. C'est en cela que la nature de ce petit chef-d'œuvre nous semble différer essentiellement de la manière de M. Ballanche, qui, à défaut des termes poétiques, n'hésite pas à employer les termes philosophiques modernes, et aussi de Chénier, qui ne songe qu'à reproduire l'élégance, la pureté et comme la beauté sculpturale des Grecs. Nul n'admire Ballanche plus que nous. Cependant nous ne pouvons nous défendre de considérer comme un notable défaut cette ressource technique qui l'a affranchi parfois du travail de l'artiste, et qui détruit l'harmonie et la plastique de son style, d'ailleurs si beau, si large et si coloré d'originalité *primitive*. La pièce de vers, malheureusement inachevée, qui est placée à la suite du *Centaure*, ne me paraît pas non plus, comme il pourra sembler à quelques-uns au premier abord, une imitation de la manière de Chénier. Ces deux essais de M. de Guérin ne sont point des pastiches de Ballanche et de Chénier, mais bien des développements et des perfectionnements tentés dans la voie suivie par eux. Il ne semble même pas s'être préoccupé de l'un ou de l'autre, car nulle part dans ses lettres, qui sont pleines de ses citations et de ses lectures, il n'a placé leur nom. Sans doute il les a admirés et sentis, mais il a dû, avant tout, obéir à son sentiment personnel, à son entraînement prononcé, et l'on peut dire passionné, vers les secrets de la nature. Il ne l'a point aimée en poëte seulement, il l'a idolâtrée. Il a été panthéiste à la manière de Gœthe sans le savoir, et peut-être s'est-il assez peu soucié des Grecs, peut-être n'a-t-il vu en eux que les dépositaires des mythes sacrés de Cybèle, sans trop se demander si leurs poëtes avaient le don de la chanter mieux que lui. Son ambition n'est pas tant de la décrire que de la comprendre, et les derniers versets du *Centaure*, révèlent assez le tourment d'une ardente imagination qui ne se contente pas des mots et des images, mais qui interroge avec ferveur les mystères de la création. Il ne lui faut rien moins pour apaiser l'ambition de son intelligence perdue dans la sphère des abstractions. Il ne se contenterait pas de peindre et de chanter comme Chénier, il ne se contenterait pas d'interpréter systématiquement comme Ballanche. Il veut savoir, il veut surprendre et saisir le sens caché des signes divins imprimés sur la face de la terre ; mais il n'a embrassé que des nuages, et son âme s'est brisée dans cette étreinte au-dessus des forces humaines. C'est être déjà bien grand que d'avoir entrepris comme un vrai Titan d'escalader l'Olympe et de détrôner Jupiter. Un autre fragment de ses lettres exprimera avec grandeur et simplicité cet amour à la fois instinctif et abstrait de la nature.

« 11 *avril* 1838. — Hier, accès de fièvre dans les formes ; aujourd'hui, faiblesse, atonie, épuisement. On vient d'ouvrir les fenêtres ; le ciel est pur et le soleil magnifique.

Ah ! que ne suis-je assis à l'ombre des forêts !

« Vous rirez de cette exclamation, puisqu'on ne voit pas encore aux arbres les plus précoces ces premiers boutons que Bernardin de Saint-Pierre appelle des gouttes de verdure. Mais peut-être qu'au sein des forêts, dans la saison où la vie remonte jusqu'à l'extrémité des rameaux, je recevrai quelque bienfait, et que j'aurai ma part dans l'abondance de la fécondité et de la chaleur. Je reviens, comme vous voyez, à mes anciennes imaginations sur les choses naturelles, invincible tendance de ma pensée, sorte de passion qui me donne des enthousiasmes, des pleurs, des éclats de joie, et un éternel aliment de songerie. Et pourtant, je ne suis ni physicien, ni naturaliste, ni homme de savant. Il y a un mot qui est le dieu de mon imagination, le tyran, devrais-je dire, qui la fascine, l'attire, lui donne un travail sans relâche, et l'entraînera je ne sais où : c'est le mot de *vie*. Mon amour des choses naturelles ne va pas au détail et aux recherches analytiques et opiniâtres de la science, mais à l'universalité de ce qui est, à la manière orientale. Si je ne craignais de sortir de ma paresse et de passer pour fou, j'écrirais des rêveries à tenir en admiration toute l'Allemagne, et la France en assoupissement. »

Dans une autre lettre, il exprime l'identification de son être avec la nature d'une manière encore plus vive et plus matériellement sympathique.

« J'ai le cœur si plein, l'imagination si inquiète, qu'il faut que je cherche quelque consolation à tout cela en m'abandonnant avec vous. Je déborde de larmes, moi qui souffre si singulièrement des larmes des autres. Un trouble mêlé de douleurs et de charmes s'est emparé de toute mon âme. L'avenir plein de ténèbres où je vais entrer, le présent qui me comble de biens et de maux, mon étrange cœur, d'incroyables combats, des épanchements d'affection à entraîner avec soi l'âme et la vie et tout ce que je puis être; la beauté du jour, la puissance de l'air et du soleil, *all*, tout ce qui peut rendre éperdue une faible créature, me remplit et m'environne. Vraiment je ne sais pas en quoi j'éclaterais s'il survenait en ce moment une musique comme celle de la *Pastorale*. Dieu me ferait peut-être la grâce de laisser s'en aller de toutes parts tout ce qui compose ma vie. Il y a pour moi tel moment où il me semble qu'il ne faudrait que le toucher du doigt le plus léger pour que mon existence se dissipât. La présence du bonheur me trouble, et je souffre même d'un certain froid que je ressens ; mais je n'ai pas fait deux pas au dehors que l'agitation me prend, un regret infini, une ivresse de souvenir, des récapitulations qui exaltent tout le passé et qui sont plus riches que la présence même du bonheur; enfin ce qui est, à ce qu'il semble, une loi de ma nature, toutes choses mieux ressenties que senties. — Demain, vous verrez chez vous quelqu'un de fort maussade, et en proie au froid le plus cruel. Ce sera le fol de ce soir.

Caddi come corpo morto cade.

Adieu; la soirée est admirable; que la nuit qui s'apprête vous comble de sa beauté. »

Est-il beaucoup de pages de *Werther* qui soient supérieures à cette lettre écrite rapidement, non relue, car elle est à peine ponctuée, et jetée à la poste, dont elle porte le timbre comme toutes les autres?

Je ne puis résister au plaisir de transcrire mot à mot tout ce qu'il m'est permis de publier.

« Le ciel de ce soir est digne de la Grèce. Que faisons-nous pendant ces belles fêtes de l'air et de la lumière? Je suis inquiet et ne sais trop à quoi me dévouer; ces longs jours paisibles ne me communiquent pas le calme. Le soleil et la pureté de l'étendue me font venir toutes sortes d'étranges pensées dont mon esprit s'irrite. L'infini se découvre davantage, et les limites sont plus cruelles; que sais-je enfin? je ne vous répéterai pas mes ennuis; c'est une vieille ballade dont je vous ai bercé jusqu'au sommeil. — J'ai songé aujourd'hui au petit usage que nous faisons de nos jours ; je ne parle pas de l'ambition, c'est dans ce temps chose si vulgaire, et les gens sont travaillés de rêves si ridicules, qu'il faut se glorifier dans sa paresse et se faire, au milieu de ces esprits éclatants, une auréole d'obscurité : je veux dire que nous vivons plus tourmentés par notre imagination que ne l'était Tantale par la fraîcheur de l'eau qui irritait ses lèvres et le charmant coloris des fruits qui fuyaient sa faim. J'ai tout l'air de mettre ici la vie dans les jouissances, et je ne m'en défendrai pas trop, le tout bien entendu dans les intérêts de notre immortel esprit et pour son service bien compris; car, disait Sheridan, si la pensée est lente à venir, un verre de bon vin la stimule, et, quand elle est venue, un bon verre de vin la récompense. Ah! oui, n'en déplaise aux spiritualistes et partant à moi-même, un verre de bon vin est l'âme de notre âme, et vaut mieux pour le profit intérieur que toutes les choses dont on nous repaît. Mais je parle comme un hôte du Caveau, moi qui voulais dire simplement que la vie ne vaut pas une libation. . . . .

Débrouillez tout cela si vous pouvez. Pour moi, grâce à Dieu, je commence à me soucier assez peu de ce qui peut se passer en moi, et veux enfin me démêler de moi-même en plantant là cette psychologie qui est un mot disgracieux et une manie de notre siècle. »

Il avait pourtant la conscience de son génie, car il dit quelque part :

« Je ne tirerai jamais rien de bon de ce maudit cerveau où cependant, j'en suis sûr, loge quelque chose qui n'est pas sans prix; c'est la destinée de la perle dans l'huître au fond de l'Océan. Combien, et de la plus belle eau, qui ne seront jamais tirées à la lumière ! »

Ailleurs il se raille lui-même et sans amertume, sans dépit contre la gloire qui ne vient pas à lui, et qu'il ne veut pas chercher.

« Vous voulez donc que j'écrive quelque folie sur ce fol de Benvenuto? Ce ne sera que vision d'un bout à l'autre. Ni l'art, ni l'histoire ne s'en trouveront bien. Je n'ai pas l'ombre d'une idée sur l'idéal, et l'histoire ne connaît point de galant homme plus ignorant que moi à son endroit. N'importe, je vous obéirai. N'êtes-vous pas pour moi tout le public et la *postérité?* Mais ne me trouvez-vous pas plaisant avec ce mot où sont renfermés tous les hommes à venir qui se transmettront fidèlement de l'un à l'autre la plus complète ignorance du nom de votre pauvre serviteur? Je veux dire que je n'aspire qu'à vous, à votre suffrage, et que je fais bon marché de tout le reste, la postérité comprise, pour être aussi sage que le renard gascon. »

Une seule fois il exprime la fantaisie de se faire imprimer dans une *Revue* « pour battre un peu monnaie, » et presque aussitôt il abandonne ce projet en disant : « Mais je n'ai dans la tête que des sujets insensés !.... Hélas, rien n'est beau comme l'idéal; mais aussi quoi de plus délicat et de plus dangereux à toucher! Ce rêve si léger se change en plomb souventefois dont on est rudement froissé. Je finirai ma complainte aujourd'hui par un vers de celle du juif errant :

« Hélas ! mon Dieu ! »

. . . .

Il y a des mots admirables jetés çà et là dans ses lettres, de ceux que les écrivains de profession mettent en réserve pour les enchâsser au bout de leurs périodes comme le gros diamant au faîte du diadème. Il dit quelque part :

« Quand je goûte cette sorte de bien-être dans l'irritation, je ne puis comparer ma pensée (c'est presque fou) qu'à un feu du ciel qui frémit à l'horizon entre deux mondes. »

Et, vers la fin de la même lettre, il raconte que ses parentes s'inquiètent de l'altération de ses traits; cependant il leur cache le ravage intérieur de la maladie.

« Ah ! disent-elles en se ravisant, c'est le retranchement de vos cheveux qui vous rend d'une mine si austère. — Les cheveux repousseront, et il n'y aura que plus d'ombre. »

J'ai cité autant que possible, mais j'ai dû taire tout ce qui tient à la vie intérieure. C'est pourtant là que se révèle le cœur du poète. Ce cœur, je puis l'attester, quoi qu'en dise le noble rêveur qui s'accuse et se tourmente sans cesse comme à plaisir, est aussi délicat, aussi affectueux, aussi large que son intelligence. L'amitié est sentie et exprimée par lui de la façon la plus exquise et la plus profonde. L'amour aussi est placé là comme une religion; mais peut-être cet amour de poète ne se contente-t-il absolument que dans les choses incréées. Quoi qu'il en soit, et bien qu'à toute page un gémissement lui échappe, cet homme qui, dans son culte de l'idéal, voudrait s'idéaliser lui-même et ne sait pas s'habituer à l'infirmité de sa propre nature, cet homme est indulgent aux autres, fraternel, dévoué avec une sorte de stoïcisme, esclave de sa parole, simple dans ses goûts, charmé de la vue d'un camélia, résigné à la maladie, heureux d'être couché, tranquille derrière ses rideaux, « et plus près naturellement du pays des songes. » Il n'a d'amertume que contre la mobilité de son humeur et la susceptibilité excessive d'une organisation sans doute trop exquise pour supporter la vie telle qu'elle est arrangée en ce triste monde. Qu'a-t-il donc manqué à cet enfant privilégié du ciel? Qu'eût-il donc fallu pour que cette sensitive, si souvent froissée et repliée sur elle-même, s'ouvrît aux rayons d'un soleil bienfaisant? C'est précisément le soleil de l'intelligence, c'est la foi; c'est une religion, une notion nette et grande de la mission des hommes en ce monde, des causes et des fins de l'humanité, des devoirs de l'homme par rapport à ses semblables, et des droits de ce même homme envers la société universelle. C'est là ce secret terrible que le Centaure cherchait sur les lèvres de Cybèle endormie, ce son mystérieux qu'il eût voulu recueillir sur la pierre magique où Apollon avait posé sa lyre. Il sentait l'infini dans l'univers, mais il ne le sentait pas en lui-même. Effrayé de ce néant imaginaire qui a tant pesé sur l'âme de Byron et des grands poètes sceptiques, il eût voulu se réfugier dans les demeures profondes des antiques divinités, symboles imparfaits de la vie partout féconde, éternelle et divine; il eût voulu dissoudre son être dans les éléments, dans les bois, dans les eaux, dans ce qu'il appelle les *choses naturelles*; il eût voulu dépouiller son être comme un vêtement trop lourd, et remonter comme une essence subtile dans le sein du Créateur, pour savoir ce que signifie cette vie d'un jour sur la terre et ce silence qui règne en deçà du berceau comme au-delà de la tombe.

Dira-t-on que ce fut là un rêveur, un insensé, et que cette existence flétrie, cette mort désolée, sont des faits individuels, des maladies de l'esprit qui ne prouvent rien contre l'organisation de la société humaine? Où donc est le tort, dira-t-on peut-être, si les individus agitent de telles questions dans leur sein, que la société ne puisse les résoudre? En admettant l'humanité aussi continuellement progressive que vous la rêvez, n'y aura-t-il pas, dans des âges plus avancés, des individus qui seront encore en avant de leur siècle? N'y en aura-t-il pas tant que l'humanité subsistera, et sera-t-elle coupable chaque fois qu'une avidité dévorante poussera quelques-uns de ses membres à troubler son cours auguste et mesuré par l'impatience de leur idéal et le mépris des croyances reçues?

Il serait facile de répondre à de telles questions; mais les esprits qui condamnent ainsi les idéalistes impatients du temps présent ne sont pas mission pour juger de la société future. Ont-ils le droit d'y jeter seulement un regard, eux qui n'ont pas la volonté de moraliser et d'élever les intérêts de la vie actuelle? eux qui n'ont ni respect, ni sympathie, ni pitié pour les tortures des âmes tendres et religieuses, veuves de toute religion et de toute charité? eux qui vivent des bienfaits de la terre sans rechercher la source d'où ils découlent? eux qui ont fait le siècle athée et qui exploitent l'athéisme, regardant naître et mourir avec une ironique tolérance les religions qui essaient d'éclore et celles qui sont à leur déclin? eux qui consacrent en théorie les principes du dogme éternel de l'égalité, de la liberté et de la fraternité, en maintenant dans le fait l'esclavage, l'inégalité, la discorde? Qu'a-t-elle donc fait pour notre éducation morale, et que fait-elle pour nos enfants, cette société conservée avec tant d'amour et de soin? Pour nous, ce furent des prêtres investis de la puissance gouvernementale qui tyrannisaient nos consciences sans permettre l'exercice de la raison humaine. Pour nos enfants, ce sont des athées qui, s'inquiétant ni de la raison ni de la conscience, leur prêchent pour toute doctrine le maintien d'un ordre monstrueux, inique, impossible. Étonnez-vous donc que cette génération produise des intelligences qui avortent, faute d'un enseignement fait pour elles, et des cerveaux qui se brisent dans la recherche d'une vérité que vous flétrissez de ridicule, que vous traitez de folie coupable et d'inaptitude à la vie sociale? Il vous sied mal, en vérité, de dire que ceux-là sont les fous, car vous êtes insensés vous-mêmes de croire à un ordre basé sur l'absence de tout principe de justice et de vérité. Nos enfants n'accepteront pas vos enseignements, et, si vous réussissez à les corrompre, ce ne sera pas à votre profit.

Peut-être un jour vous diront-ils à leur tour : — Laissez-nous pleurer nos martyrs, nous autres poètes sans patrie, lyres brisées, qui savons bien la cause de leur gémissement et du nôtre. Vous ne comprenez pas le mal qui les a tués; eux-mêmes ne l'ont pas compris. Pour voir clair en soi-même, pour s'expliquer ces langueurs, ces découragements, pour trouver un nom à ces ennuis sans fin, à ces désirs insaisissables et sans forme connue, il faudrait avoir déjà une première initiation; et, dans ce temps de décadence et de transformation, les plus grandes intelligences ne l'ont eue que bien tard et ne l'ont conquise qu'après de bien rudes souffrances. Saint Augustin n'avait-il pas le spleen, lui aussi, et savait-il, avant d'ouvrir les yeux au christianisme, quelle lumière lui manquait pour dissiper les ténèbres de son âme? S quelques-uns d'entre nous aujourd'hui ouvrent aussi les yeux à une lumière nouvelle, n'est-ce pas que la Providence les favorise étrangement? et ne leur faut-il pas chercher ce grain de foi dans l'obscurité, dans la tourmente, assaillis par le doute, l'ironie, l'absence de toute sympathie, de tout exemple, de tout concours fraternel, de toute protection dans les hautes régions de la puissance? Où sont donc les hommes forts qui se sont levés dans un concile nouveau pour dire : « Il importe de s'enquérir enfin des secrets de la vie et de la mort, et de dire aux petits et aux simples ce qu'ils ont à faire en ce monde. » Ils savent bien déjà que Dieu n'est pas un vain mot, et qu'il ne les a pas créés pour servir, pour mendier ou pour conquérir leur vie par le meurtre et le pillage. Essayez de parler enfin à vos frères cœur à cœur, conscience à conscience; vous verrez bien que des langues que vous croyez muettes se délieront, et que de grands enseignements monteront d'en bas vers vous, tandis que la lumière d'en haut descendra sur vos têtes. Essayez,... mais vous ne le pouvez pas, occupés que vous êtes de reprendre et de recrépir de toutes parts ces digues que le flot envahit; l'existence matérielle de cette société absorbe tous vos soins et dépasse toutes vos forces. En attendant, les puissances de l'esprit se développent et se dressent de toutes parts autour de vous. Parmi ces spectres menaçants, quelques-uns s'effacent et rentrent dans la nuit, parce que l'heure de la vie n'a pas sonné, ou que le souffle impétueux qui les animait ne pouvait lutter plus longtemps dans l'horreur de ce chaos; mais il en est d'autres qui sauront attendre, et vous les retrouverez debout pour vous dire : Vous avez laissé mourir nos frères, et nous, nous ne voulons pas mourir.

LE CENTAURE.

J'ai reçu la naissance dans les antres de ces montagnes. Comme le fleuve de cette vallée dont les gouttes primitives coulent de quelque roche qui pleure dans une grotte profonde, le premier instant de ma vie tomba dans les ténèbres d'un séjour reculé et sans troubler son silence. Quand nos mères approchent de leur délivrance, elles s'écartent vers les cavernes et, dans le fond des plus sauvages, au plus épais de l'ombre, elles enfantent sans élever une plainte des fruits silencieux comme elles-mêmes. Leur lait puissant nous fait surmonter sans langueur ni lutte douteuse les premières difficultés de la vie; et cependant nous sortons de nos cavernes plus tard que vous de vos berceaux. C'est qu'il est répandu parmi nous qu'il faut soustraire et envelopper les premiers temps de l'existence, comme des jours remplis par les dieux. Mon accroissement eut son cours presque entier dans les ombres où j'étais né. Le fond de mon séjour se trouvait si avancé dans l'épaisseur de la montagne, que j'eusse ignoré le côté de l'issue, si, détournant quelquefois dans cette ouverture, les vents n'y eussent jeté des fraîcheurs et des troubles soudains. Quelquefois aussi, ma mère rentrait environnée du parfum des vallées ou ruisselante des flots qu'elle fréquentait. Or, ces retours qu'elle faisait, sans m'instruire jamais des vallons ni des fleuves, mais suivie de leurs émanations, inquiétaient mes esprits, et je rôdais tout agité dans mes ombres. Quels sont-ils, me disais-je, ces *dehors* où ma mère s'emporte, et qu'y règne-t-il de si puissant qui l'appelle à soi si fréquemment? Mais qu'y ressent-on et si opposé qu'elle en revienne chaque jour diversement émue? Ma mère rentrait, tantôt animée d'une joie profonde, et tantôt triste et traînante et comme blessée. La joie qu'elle rapportait se marquait de loin dans quelques traits de sa marche et s'épandait de ses regards. J'en éprouvais des communications dans tout mon sein; mais ses abattements me gagnaient bien davantage et m'entraînaient bien plus avant dans les conjectures où mon esprit se portait. Dans ces moments, je m'inquiétais de mes forces, j'y reconnaissais une puissance qui ne pouvait demeurer solitaire, et, me prenant, soit à secouer mes bras, soit à multiplier mon galop dans les ombres spacieuses de la caverne, je m'efforçais de découvrir dans les coups que je frappais au vide, et par l'emportement des pas que j'y faisais, vers quoi mes bras devaient s'étendre et mes pieds m'emporter... Depuis j'ai noué mes bras autour du buste des centaures, et du corps des héros, et du tronc des chênes; mes mains ont tenté les rochers, les eaux, les plantes innombrables et les plus subtiles impressions de l'air, car je les élève dans les nuits aveugles et calmes pour qu'elles surprennent les souffles et en tirent des signes pour augurer mon chemin; mes pieds, voyez, ô Mélampe, comme ils sont usés! Et cependant, tout glacé que je suis dans ces extrémités de l'âge, il est des jours où, en pleine lumière, sur les sommets, s'agite de ces courses de ma jeunesse dans la caverne, et, pour le même dessein, brandissant mes bras et employant tous les restes de ma rapidité.

Ces troubles alternaient avec de longues absences de tout mouvement inquiet. Dès lors, je ne possédais plus d'autre sentiment dans mon être entier que celui de la croissance et des degrés de vie qui montaient dans mon sein. Ayant perdu l'amour de l'emportement et retiré dans un repos absolu, je goûtais sans altération le bienfait des dieux qui se répandait en moi. Le calme et les ombres président au charme secret du sentiment de la vie. Ombres qui habitez les cavernes de ces montagnes, je dois à vos soins silencieux l'éducation cachée qui m'a si fortement nourri, et d'avoir, sous votre garde, goûté la vie toute pure et telle qu'elle me venait sortant du sein des dieux! Quand je descendis de votre asile dans la lumière du jour, je chancelai et ne la saluai pas, car elle s'empara de moi avec violence, m'enivrant comme eût fait une liqueur funeste soudainement versée dans mon sein, et j'éprouvai que mon être, jusque-là si ferme et si simple, s'ébranlait et perdait beaucoup de lui-même, comme s'il eût dû se disperser dans les vents.

O Mélampe, qui voulez savoir la vie des centaures, par quelle volonté des dieux avez-vous été guidé vers moi, le plus vieux et le plus triste de tous? Il y a longtemps que je n'exerce plus rien de leur vie. Je ne quitte plus ce sommet de montagne où l'âge m'a confiné. La pointe de mes flèches ne me sert plus qu'à déraciner les plantes tenaces; les lacs tranquilles me connaissent encore, mais les fleuves m'ont oublié. Je vous dirai quelques points de ma jeunesse; mais ces souvenirs, issus d'une mémoire altérée, se traînent comme les flots d'une libation avare en tombant d'une urne endommagée. Je vous ai exprimé aisément les premières années, parce qu'elles furent calmes et parfaites; c'était la vie seule et simple qui m'abreuvait, cela se retient et se récite sans peine. Un dieu, supplié de raconter sa vie, la mettrait en deux mots, ô Mélampe!

L'usage de ma jeunesse fut rapide et rempli d'agitation. Je vivais de mouvement et ne connaissais pas de borne à mes pas. Dans la fierté de mes forces libres, j'errais m'étendant de toutes parts dans ces déserts. Un jour que je suivais une vallée où s'engagent peu les centaures, je découvris un homme qui côtoyait le fleuve sur la rive contraire. C'était le premier qui s'offrît à ma vue; je le méprisai. Voilà tout au plus, me dis-je, la moitié de mon être! Que ses pas sont courts et sa démarche malaisée! Ses yeux semblent mesurer l'espace avec tristesse. Sans doute, c'est un centaure renversé par les dieux et qu'ils ont réduit à se traîner ainsi.

Je me délassais souvent de mes journées dans le lit des fleuves. Une moitié de moi-même, cachée dans les eaux, s'agitait pour le surmonter, tandis que l'autre s'élevait tranquille et que je portais mes bras oisifs bien au-dessus des flots. Je m'oubliais ainsi au milieu des ondes, cédant aux entraînements de leurs cours, qui m'emmenait au loin et conduisait leur hôte sauvage à tous les charmes des rivages. Combien de fois, surpris par la nuit, j'ai suivi les courants sous les ombres qui se répandaient, déposant jusque dans le fond des vallées l'influence nocturne des dieux! Ma vie fougueuse se tempérait alors au point de ne laisser plus qu'un léger sentiment de mon existence répandu par tout mon être avec une égale mesure, comme, dans les eaux où je nageais, les lueurs de la déesse qui parcourt les nuits. Mélampe, ma vieillesse regrette les fleuves; paisibles la plupart et monotones, ils suivent leur destinée avec plus de calme que les centaures, et une sagesse plus bienfaisante que celle des hommes. Quand je sortais de leur sein, j'étais suivi de leurs dons, qui m'accompagnaient des jours entiers et ne se retiraient qu'avec lenteur, à la manière des parfums.

Une inconstance sauvage et aveugle disposait de mes pas. Au milieu des courses les plus violentes, il m'arrivait de rompre subitement mon galop, comme si un abîme se fût rencontré à mes pieds, ou bien un dieu debout devant moi. Ces immobilités soudaines me laissaient ressentir ma vie tout émue par les emportements où j'étais. Autrefois j'ai coupé dans les forêts des rameaux qu'en courant j'élevais par-dessus ma tête; la vitesse de la course suspendait la mobilité du feuillage, qui ne rendait plus qu'un frémissement léger; mais au moindre repos le vent et l'agitation rentraient dans le rameau, qui reprenait le cours de ses murmures. Ainsi ma vie, à l'interruption subite des carrières impétueuses que je fournissais à travers ces vallées, frémissait dans tout mon sein. Je l'entendais courir en bouillonnant et rouler le feu qu'elle avait pris dans l'espace ardemment franchi. Mes flancs animés luttaient contre ses flots dont ils étaient pressés intérieurement, et goûtaient dans ces tempêtes la volupté qui n'est connue que des rivages de la mer, de renfermer sans aucune perte une vie montée à son comble et irritée. Cependant, la tête inclinée au vent qui m'apportait le frais, je considérais la cime des montagnes devenues lointaines en quelques instants, les arbres des rivages et les eaux des fleuves, celles-ci portées d'un cours traînant, ceux-là attachés dans le sein de la terre, et mobiles seulement par leurs branchages soumis aux souffles de l'air qui les font gémir. « Moi seul, me disais-je, j'ai le mouvement libre, et j'emporte à mon gré ma vie de l'un à l'autre bout de ces vallées. Je suis plus heureux que les torrents qui tombent des montagnes pour n'y plus remonter. Le roulement de mes pas est plus beau que les plaintes des bois et que les bruits de l'onde, c'est le retentissement du centaure errant et qui se guide lui-même. » Ainsi, tandis que mes flancs agités possédaient l'ivresse de la course, plus haut j'en ressentais l'orgueil, et, détournant la tête, je m'arrêtais quelque temps à considérer ma croupe fumante.

La jeunesse est semblable aux forêts verdoyantes tourmentées par les vents : elle agite de tous côtés les riches présents de la vie, et toujours quelque profond murmure règne dans son feuillage. Vivant avec l'abandon des fleuves, respirant sans cesse Cybèle, soit dans le lit des vallées, soit à la cime des montagnes, je bondissais partout comme une vie aveugle et déchaînée. Mais lorsque la nuit, remplie du calme des dieux, me trouvait sur le penchant des monts, elle me conduisait à l'entrée des cavernes, et m'y apaisait comme elle apaise les vagues de la mer, laissant survivre en moi de légères ondulations qui écartaient le sommeil sans altérer mon repos. Couché sur le seuil de ma retraite, les flancs cachés dans l'antre et la tête sous le ciel, je suivais le spectacle des ombres. Alors la vie étrangère qui m'avait pénétré durant le jour se détachait de moi goutte à goutte, retournant au sein paisible de Cybèle, comme après l'ondée les débris de la pluie attachée aux feuillages font leur chute et rejoignent les eaux. On dit que les dieux marins quittent, durant les ombres, leurs palais profonds, et, s'asseyant sur les promontoires, étendent leurs regards sur les flots. Ainsi je veillais ayant à mes pieds une étendue de vie semblable à la mer assoupie. Rendu à l'existence distincte et pleine, il me paraissait que je sortais de naître, et que des eaux profondes qui m'avaient conçu dans leur sein venaient de me laisser sur le haut de la montagne, comme un dauphin oublié sur les sirtes par les flots d'Amphitrite.

Mes regards couraient librement et gagnaient les points les plus éloignés. Comme des rivages toujours humides, le cours des montagnes du couchant demeurait empreint de lueurs mal essuyées par les ombres. Là survivaient, dans les clartés pâles, des sommets nus et purs. Là, je voyais descendre tantôt le dieu Pan, toujours solitaire, tantôt le chœur des divinités secrètes, ou passer quelque nymphe des montagnes enivrée par la nuit. Quelquefois les aigles du mont Olympe traversaient le haut du ciel et s'évanouissaient dans les constellations reculées ou sous les bois inspirés. L'esprit des dieux, venant à s'agiter, troublait soudainement le calme des vieux chênes.

Vous poursuivez la sagesse, ô Mélampe! qui est la science de la volonté des dieux, vous errez parmi les peuples comme un mortel égaré par les destinées. Il est dans ces lieux une pierre qui, dès qu'on la touche, rend un son semblable à celui des cordes d'un instrument qui se rompent, et les hommes racontent qu'Apollon, qui chassait son troupeau dans ces déserts, ayant mis sa lyre sur cette pierre, y laissa cette mélodie. O Mélampe, les dieux errants ont posé leur lyre sur les pierres, mais aucun... aucun ne l'y a oubliée. Au temps où je veillais dans les cavernes, j'ai cru quelquefois que j'allais surprendre les rêves de Cybèle endormie, et que la mère des dieux, trahie par les songes, perdrait quelques secrets; mais je n'ai jamais reconnu que des sons qui se dissolvaient dans le souffle de la nuit, ou des mots inarticulés comme le bouillonnement des fleuves.

« O Macarée, me dit un jour le grand Chiron dont je suivais la vieillesse, nous sommes tous deux centaures des montagnes, mais que nos pratiques sont opposées! Vous le voyez, tous les soins de mes journées consistent dans la recherche des plantes, et vous, vous êtes semblable à ces mortels qui ont recueilli sur les eaux ou dans les bois et porté à leurs lèvres quelques fragments du chalumeau rompu par le dieu Pan. Dès lors ces mortels, ayant respiré dans ces débris du dieu un esprit sauvage ou peut-être gagné quelque fureur secrète, entrent dans les déserts, se plongent aux forêts, côtoient les eaux, se mêlent aux montagnes, inquiets et portés d'un dessein inconnu. Les cavales aimées par les vents dans la Scythie la plus lointaine, ne sont ni plus farouches que vous, ni plus tristes le soir, quand l'Aquilon s'est retiré. Cherchez-vous les dieux, ô Macarée, et d'où sont issus les hommes, les animaux et les principes du feu universel? Mais le vieil Océan, père de toutes choses, retient en lui-même ces secrets, et les nymphes qui l'entourent décrivent en chantant un chœur éternel devant lui, pour couvrir ce qui pourrait s'évader de ses lèvres entr'ouvertes par le sommeil. Les mortels qui touchèrent les dieux par leur vertu, ont reçu de leurs mains des lyres pour charmer les peuples, ou des semences nouvelles pour les enrichir, mais rien de leur bouche inexorable.

« Dans ma jeunesse, Apollon m'inclina vers les plantes, et m'apprit à dépouiller dans leurs veines les sucs bienfaisants. Depuis j'ai gardé fidèlement la grande demeure de ces montagnes, inquiet, mais me détournant sans cesse à la quête des simples, et communiquant les vertus que je découvre. Voyez-vous d'ici la cime chauve du mont Œta? Alcide l'a dépouillée pour construire son bûcher. O Macarée! les demi-dieux enfants des dieux étendent la dépouille des lions sur les bûchers, et se consument au sommet des montagnes! les poisons de la terre infectent le sang reçu des immortels! Et nous, centaures engendrés par un mortel audacieux dans le sein d'une vapeur semblable à une déesse, qu'attendrions-nous du secours de Jupiter, qui a foudroyé le père de notre race? Le vautour des dieux déchire éternellement les entrailles de l'ouvrier qui forma le premier homme. O Macarée! hommes et centaures reconnaissent pour auteurs de leur sang des soustracteurs du privilège des immortels, et peut-être que tout ce qui se meut hors d'eux-mêmes n'est qu'un larcin qu'on leur a fait, qu'un léger débris de leur nature emporté au loin, comme la semence qui vole, par le souffle tout-puissant du destin. On publie qu'Égée, père de Thésée, cacha sous le poids d'une roche, au bord de la mer, des souvenirs et des marques à quoi son fils pût un jour reconnaître sa naissance. Les dieux jaloux ont enfoui quelque part les témoignages de la descendance des choses; mais au bord de quel océan ont-ils roulé la pierre qui les couvre, ô Macarée! »

Telle était la sagesse où me portait le grand Chiron. Réduit à la dernière vieillesse, le centaure nourrissait dans son esprit les plus hauts discours. Son buste encore hardi s'affaissait à peine sur ses flancs, qu'il surmontait en marquant une légère inclinaison, comme un chêne attristé par les vents, et la force de ses pas souffrait à peine de la perte des années. On eût dit qu'il retenait des restes de l'immortalité autrefois reçue d'Apollon, mais qu'il avait rendue à ce dieu.

Pour moi, ô Mélampe, je décline dans la vieillesse, calme comme le coucher des constellations. Je garde encore assez de hardiesse pour gagner le haut des rochers où je m'attarde soit à considérer les nuages sauvages et inquiets, soit à voir venir de l'horizon les Hyades pluvieuses, les Pléiades ou le grand Orion; mais je reconnais que je me réduis et me perds rapidement comme une neige flottant sur les eaux, et que prochainement j'irai me mêler aux fleuves qui coulent dans le vaste sein de la terre.

FRAGMENT.

Non, ce n'est plus assez de la roche lointaine
Où mes jours, consumés à contempler les mers,
Ont nourri dans mon sein un amour qui m'entraîne;
A suivre aveuglément l'attrait des flots amers.
Il me faut sur le bord une grotte profonde
Que l'orage remplit d'écume et de clameurs,
Où, quand le dieu du jour se lève sur le monde,
L'œil règne et se contente au vaste sein de l'onde,
Ou suit à l'horizon la fuite des rameurs.
J'aime Téthys: ses bords ont des sables humides:
La pente qui m'attire y conduit mes pieds nus;
Son haleine a gonflé mes songes trop timides,
Et je vogue en dormant à des points inconnus.
L'amour, qui dans le sein des roches les plus dures
Tire de son sommeil la source des ruisseaux,
Du désir de la mer émeut ses faibles eaux,
La conduit vers le jour par des veines obscures,
Et qui, précipitant sa pente et ses murmures,
Dans l'abîme cherché termine ses travaux;
C'est le mien. Mon destin s'incline vers la plage.
Le secret de mon mal est au sein de Téthys
J'irai, goûterai les plantes du rivage,
Et peut-être en mon sein tombera le breuvage
Qui change en dieux des mers les mortels engloutis.
Non; je transporterai mon chaume des montagnes
Sur la pente du sable, aux bords pleins de fraîcheur;
Là, je verrai Téthys répandant sa blancheur,
A l'éclat de ses pieds entraîner ses compagnes;
Là, ma pensée aura ses humides campagnes,
J'aurai même une barque, et je serai pêcheur.
Ah! les dieux retirés aux antres qu'on ignore,
Les dieux secrets, plongés dans le charme des eaux,
Se plaisent à ravir un berger aux troupeaux,
Mes regards aux vallons, mon souffle aux chalumeaux,
Pour charger mon esprit du mal qui le dévore.

J'étais berger; j'avais plus de mille brebis.
Berger je suis encor; mes brebis sont fidèles:
Mais qu'aux champs refroidis languissent les épis,
Et meurent dans mon sein les soins que j'eus pour elles!
Au cours de l'abandon je laisse errer leurs pas;
Et je me livre aux dieux que je ne connais pas!...
J'immolerai ce soir aux Nymphes des montagnes.
. . . .

Nymphes, divinités dont le pouvoir conduit
Les racines des bois et le cours des Fontaines,
Qui nourrissez les airs de fécondes haleines,
Et des sources que Pan entretient toujours pleines,
Aux champs menez la vie à grands flots et sans bruit,
Comme la nuit répand le sommeil dans nos veines,
Dieux des monts et des bois, dieux nommés ou cachés,
De qui le charme vient à tous lieux solitaires;

La vitesse de la course... (Page 61.)

Et toi, dieu des bergers à ces lieux attachés,
Pan, qui dans les forêts m'entr'ouvris tes mystères,
Vous tous, dieux de ma vie et que j'ai tant aimés;
De vos bienfaits en moi réveillez la mémoire,
Pour m'ôter ce penchant et ravir la victoire
Aux perfides attraits dans la mer enfermés.
Comme un fruit suspendu dans l'ombre du feuillage,
Mon destin s'est formé dans l'épaisseur des bois.
J'ai grandi, recouvert d'une chaleur sauvage,
Et le vent qui rompait le tissu de l'ombrage
Me découvrit le ciel pour la première fois.
Les faveurs de nos dieux m'ont touché dès l'enfance;
Mes plus jeunes regards ont aimé les forêts,
Et mes plus jeunes pas ont suivi le silence
Qui m'entraînait bien loin dans l'ombre et les secrets.
Mais le jour, où du haut d'une cime perdue,
Je vis (ce fut pour moi comme un brillant réveil!)
Le monde parcouru par les feux du soleil,
Et les champs et les eaux couchés dans l'étendue,
L'étendue enivra mon esprit et mes yeux;
Je voulus égaler mes regards à l'espace,
Et posséder sans borne, en égarant ma trace,
L'ouverture des champs avec celle des cieux.
Aux bergers appartient l'espace et la lumière,
En parcourant les monts ils épuisent le jour;

Ils sont chers à la nuit, qui s'ouvre tout entière
A leurs pas inconnus, et laisse leur paupière
Ouverte aux feux perdus dans leurs profond séjour.
Je courus aux bergers, je reconnus leur fêtes,
Je marchai, je goûtai le charme des troupeaux,
Et, sur le haut des monts comme au sein des retraites,
Les dieux, qui m'attiraient dans leurs faveurs secrètes,
Dans des pièges divins prenaient mes sens nouveaux.
Dans les réduits secrets que le gazon recèle,
Un ver, du jour éteint recueillant les débris,
Lorsque tout s'obscurcit, devient une étincelle,
Et, plein des traits perdus de la flamme éternelle,
Goûte encor le soleil dans l'ombre des abris.
Ainsi. . . . .

Le Centaure, qui est complet, et ce fragment de vers, qu'on pourrait intituler *Glaucus*, sont les seuls essais que nous ayons pu recueillir. Si les parents et les amis de M. de Guérin en retrouvaient d'autres, nous les engageons à les réunir et à les publier.

GEORGE SAND

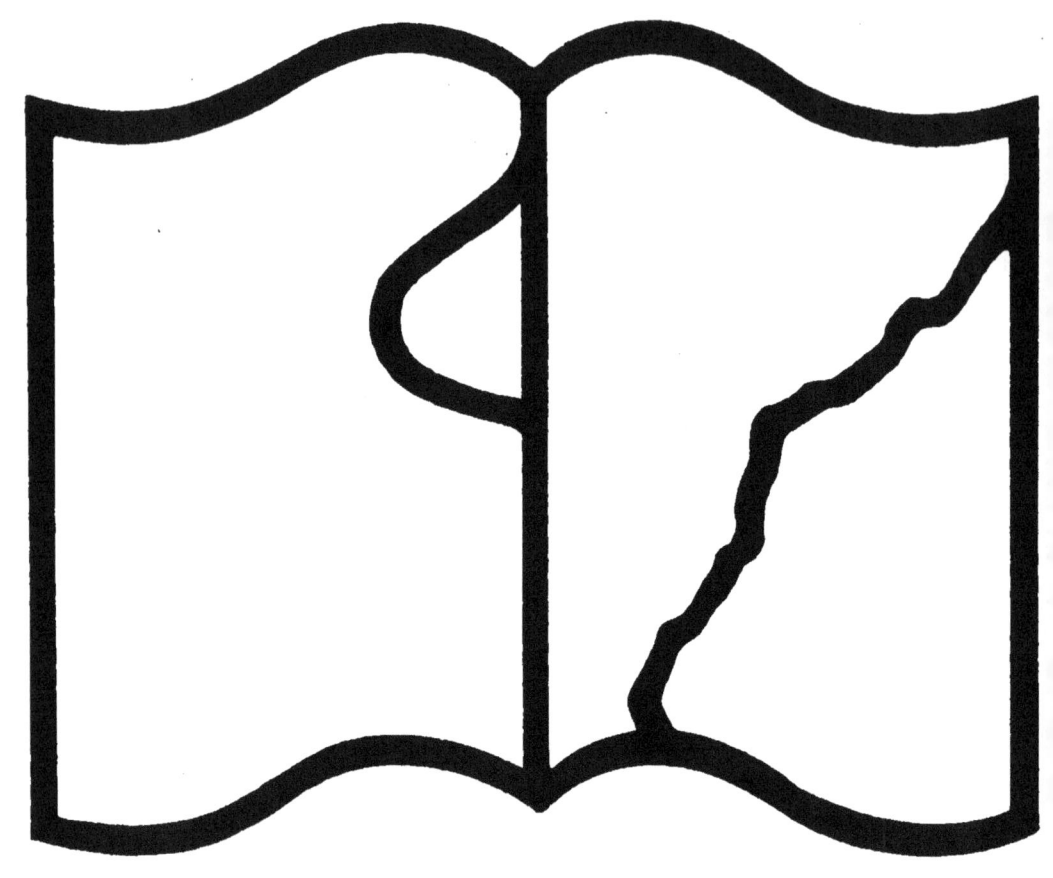

Texte détérioré — reliure défectueuse

NF Z 43-120-11

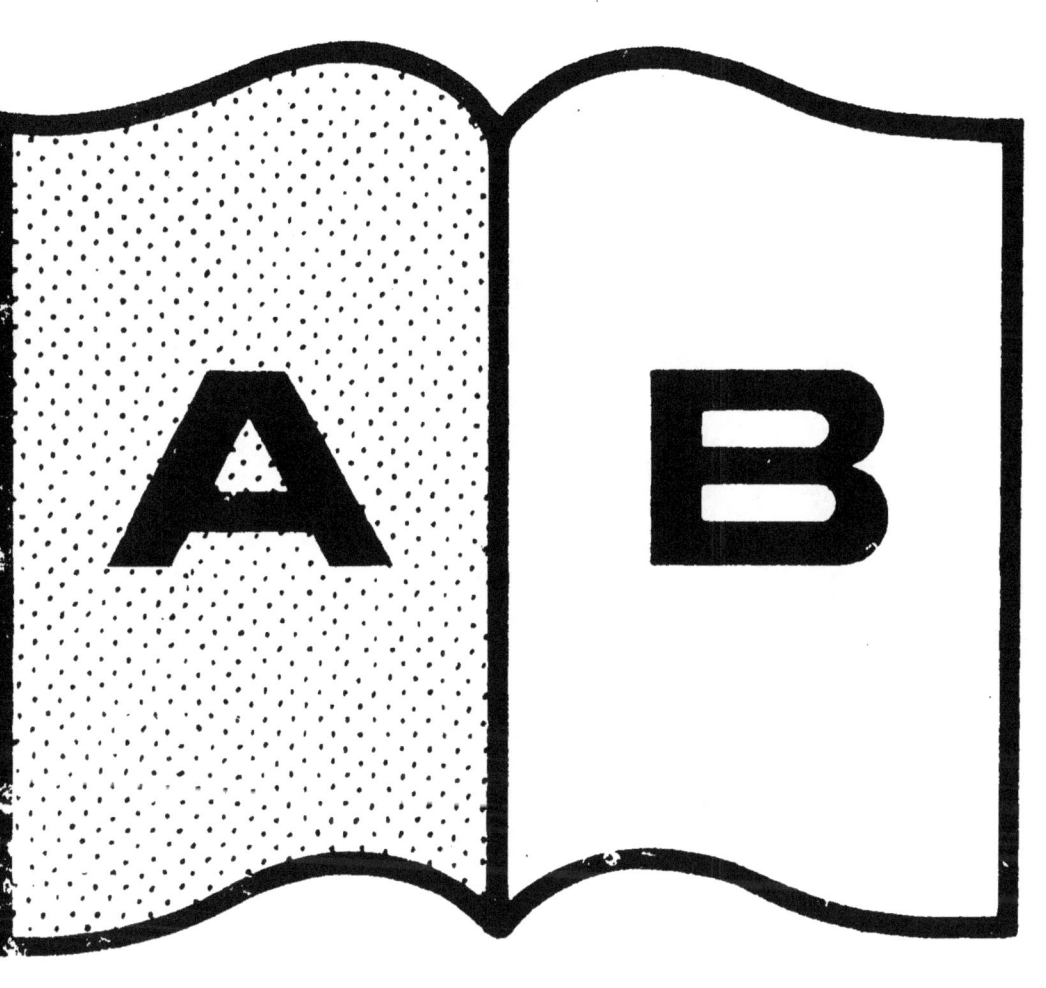

Contraste insuffisant

NF Z 43-120-14

www.ingramcontent.com/pod-product-compliance
Lightning Source LLC
Chambersburg PA
CBHW062010180426
43199CB00034B/2118